Arbeiten und Editionen zur Mittleren Deutschen Literatur. Neue Folge

Band 1

Arbeiten und Editionen
zur Mittleren Deutschen Literatur (AuE)

Neue Folge

Herausgegeben von Hans-Gert Roloff

Band 1

frommann-holzboog

Nicodemus Frischlin (1547-1590)

Poetische und prosaische Praxis
unter den Bedingungen des konfessionellen Zeitalters

Tübinger Vorträge

Herausgegeben von Sabine Holtz und Dieter Mertens

Stuttgart-Bad Cannstatt 1999

Abbildung auf dem Umschlag:
Porträt von Nicodemus Frischlin aus einem Druck von 1578.
Universitätsbibliothek Tübingen.

Der Druck erfolgte mit freundlicher Unterstützung der Vereinigung der Freunde
der Universität Tübingen (Universitätsbund) e.V.

Die Deutsche Bibliothek – CIP-Einheitsaufnahme

Nicodemus Frischlin : (1547 - 1590) ; poetische und prosaische
Praxis unter den Bedingungen des konfessionellen Zeitalters ;
Tübinger Vorträge / hrsg. von Sabine Holtz und Dieter Mertens. –
Stuttgart-Bad Cannstatt : frommann-holzboog, 1999
(Arbeiten und Editionen zur mittleren deutschen Literatur ; N.F., Bd. 1)
ISBN 3-7728-1832-3

© Friedrich Frommann Verlag · Günther Holzboog
Stuttgart-Bad Cannstatt 1999
Druck: Präzis-Druck, Karlsruhe
Einband: Held, Rottenburg
Gedruckt auf säurefreiem und alterungsbeständigem Papier

Volker Press (1939-1993)
zum Gedächtnis

Inhalt

Vorwort

Die Universität Tübingen hat den 400. Todestag Nicodemus Frischlins im Jahr 1990 zum Anlaß genommen, die Erforschung des Oeuvres und der Bedingungen des literarischen Schaffens Frischlins durch die Veranstaltung einer Fachkonferenz zu fördern. Da in jüngerer Zeit Literatur- und Geschichtswissenschaft sich dem Späthumanismus bzw. dem »konfessionellen Zeitalter« intensiver zugewendet und auch die Frischlinforschung neu angestoßen haben, da sogar eine Ausgabe der Dramen Frischlins angekündigt und vorbereitet wurde, schien das Datum für eine solche Konferenz wissenschaftlich gerechtfertigt und günstig.

Im Auftrag des Universitätspräsidenten Prof. Dr. h.c. Adolf Theis berieten über die Konzeption der Tagung Wilfried Barner, Hermann Bausinger, Gerd Brinkhus, Hubert Cancik, Sabine Holtz, Walter Jens, Joachim–Felix Leonhard (Direktor der Universitätsbibliothek Tübingen und Gastgeber der Beratungen), Volker Press, Volker Schäfer (Direktor des Universitätsarchivs Tübingen), Dieter Stievermann und der Unterzeichnete. Die Durchführung sollte das vom Unterzeichneten geleitete Institut für geschichtliche Landeskunde und historische Hilfswissenschaften übernehmen. Auch materielle Unterstützung wurde vielfach gewährt. Die finanzielle Förderung in erster Linie der Deutschen Forschungsgemeinschaft, sodann des Tübinger Universitätsbundes, der Stiftung der Württembergischen Hypothekenbank für Kunst und Wissenschaft, der Stiftung »Humanismus heute« des Landes Baden–Württemberg und der Landeszentralbank Baden–Württemberg haben die Tagung ermöglicht. Die Zentrale Verwaltung der Universität Tübingen stellte nicht nur den »Großen Senat« als ebenso ehrwürdigen wie annehmlichen Tagungsraum zur Verfügung, sondern stand auch bei der Organisation vielfältig hilfreich zur Seite.

Die Tagung fand vom 28. bis 30. November 1990 in Tübingen statt. Am ersten Tag befaßten sich die Teilnehmer unter der Moderation von Volker Press und Notker Hammerstein mit den institutionellen und politischen Bedingungen des Wirkens und der Wirkung Frischlins. Sie diskutierten die Referate von Anton Schindling, »Institutionen gelehrter

Bildung im Zeitalter des Späthumanimus«; von Siegfried Wollgast, »Frischlin als junger Müntzer? Zu einer Polemik«; von Manfred Rudersdorf, »Hof und Regierung Herzog Ludwigs von Württemberg« und von Dieter Stievermann, »Der sozialgeschichtliche Hintergrund des Falles Frischlin«. Am Abend präsentierten Gerd Brinkhus und Volker Schäfer in den Fürstenzimmern des Schlosses Hohentübingen Quellen zu Frischlins Leben und Werk aus der Universitätbibliothek und dem Universitätsarchiv Tübingen. Der zweite Tag und Teil der Tagung, den Hubert Cancik und Wilfried Barner moderierten, stand unter dem Thema »Frischlin und das Drama: Antikerezeption und aktuelle Situierung«. Es sprachen Joachim Leeker, »Frischlins Caesar–Stücke im Spiegel der Tradition«; Richard E. Schade, »Frischlins ›Phasma‹: Krise, Konfession und Komödie«; Fidel Rädle, »Zur Konfessionspolemik in Frischlins Dramen«; David Price »Die Macht des Wortes: Humanistische Gesellschaftskritik und Frischlins ›Susanna‹«. Am dritten Tag wurden »Wissenschaft, Literatur und Buchwesen« diskutiert. Dazu referierten Barbara Bauer über »Frischlin und die Astronomie«, Wilhelm Kühlmann über »Akademischer Humanismus und revolutionäres Erbe – Nicodemus Frischlins Rede ›Oratio de vita rustica‹«, Günter Hess über »Deutsch und Latein bei Frischlin«, Gerd Brinkhus über »Das Buchwesen zur Zeit Frischlins« und Hans–Gert Roloff erläuterte »Konzept, Stand und Fortgang der Frischlin–Ausgabe«; es moderierten Anton Schindling und der Unterzeichnete. Die Schlußdiskussion eröffnete Theodor Verweyen mit einem engagierten und anregenden Resümee. Am 1.12.1990 besichtigten die Tagungsteilnehmer die Frischlin–Ausstellung in Balingen, die von Hedwig Röckelein und Casimir Bumiller konzipiert und mit einem Katalog (... ein unruhig Poet. Nikodemus Frischlin 1547–1590. Veröffentlichungen des Stadtarchivs Balingen 2, Balingen 1990) versehen worden ist.

Im Sommersemester 1991 veranstaltete das Studium generale der Universität Tübingen sodann eine Ringvorlesung über »Orthodoxie und Renaissance in Württemberg: Nicodemus Frischlin (1547–1590)«. In diesem Rahmen lasen Volker Press, Volker Schäfer, Robert J. W. Evans, Wilfried Barner, Jörg Baur und Hubert Cancik über eben die Themen, mit denen ihre hier im Druck vorgelegten Beiträge überschrieben sind. Dieter Stievermann und Günter Hess sprachen zu den Hörern des Studium generale über ihre für die Tagung übernommenen Themen. Die Schlußvorlesung über die »Renaissance in Württemberg« hielt Volker Himmelein; seinen ganz auf Lichtbilder gestützten kunsthistorischen Vortrag nicht etwa für eine Druckveröffentlichung in das rein verbale Medium überführen zu sollen, hat er sich von vornherein ausbedungen. Darum sei an die 1986 im Heidelberger Schloß gezeigte Landesausstellung »Die Renaissance im deutschen Südwesten« erinnert, die Volker Himmelein organisiert und in einem zweibändigen Katalog dokumentiert hat. Allen Förderern, Referenten, Teilnehmern und Mitarbeitern gebührt großer Dank.

Das vorliegende Buch vereinigt unter dem Titel der Fachtagung deren Beiträge mit denen der Ringvorlesung, ausgenommen die eben genannte Schlußveranstaltung. Hinzugekommen ist ein Aufsatz Casimir Bumillers. Die Autoren beider Veranstaltungen haben diskutiert und Anregungen in die Druckfassungen übernehmen können. Die Diskussion der Tagung gleichwohl eigens zu dokumentieren, erwies sich dann doch als wenig zweckmäßig und zudem, im ehrwürdigen »Großen Senat« mit ehrwürdiger Technik aufgenommen, als außerordentlich schwierig und teilweise sogar undurchführbar. Die hier gewählte Anordnung der Beiträge folgt drei Gesichtspunkten. Die erste Gruppe zeigt die Bedingungen des Wirkens Frischlins auf, in der zweiten rücken seine Person und seine kontroversen prosaischen Schriften in den Mittelpunkt, in der dritten poetische Werke.

Der Band erscheint bedauerlicherweise mit sehr großer Verspätung. Dies hat mehrere Gründe. Der erste, aber mitlerweile geringfügigste bestand darin, daß der Band zwei Veranstaltungen dokumentiert, von denen die spätere sich über ein ganzes Semester erstreckte. Als die Manuskripte schließlich beisammen und bearbeitet waren und 1993 an den seinerzeit vorgesehenen Verlag gingen, traten wider Erwarten Probleme finanzieller Art auf. Umso mehr ist der Vereinigung der Freunde der Universität Tübingen (Universitätsbund), namentlich dem Vorstandsvorsitzenden, SKH Carl Herzog von Württemberg, und dem Universitätskanzler, Herrn Prof. Dr. Adolf Sandberger, für die Unterstützung der Drucklegung zu danken.

Hans–Gert Roloff hat im Anschluß an seine Vorstellung der Frischlin–Ausgabe dankenswerterweise sofort die Bereitschaft bekundet, diesen Vortrags–Band im Umfeld der Werk–Ausgabe zu plazieren. Ein solches Vorgehen erschien der Sache angemessen und erwies sich bald auch angesichts der finanziellen Untiefen als ratsam. So ist das Manuskript dieses Tagungsbandes dem verlegerischen Kurs der Ausgabe gefolgt und hat mit ihr Schwierigkeiten und Hemmnisse geteilt. Der Verlagswechsel hat die mehrmalige Einrichtung des Manuskripts für den Druck erforderlich gemacht. Das Verdienst der ersten Einrichtung 1993 kommt Sabine Holtz, Tübingen, zu, das Verdienst der folgenden Einrichtungen (1996, 1997/98), die nun die hohen Anforderungen des Verlages frommann–holzboog zu erfüllen hatten, gebührt Frau Susanne Kames–Hübsch, Freiburg.

Der Gang individueller und sogar kollektiver Schicksale ist unschwer in der Lage, das Planen, Beantragen, Durchführen und Dokumentieren wissenschaftlicher Tagungen zu überholen – auf dem Weg von der Frischlin–Tagung zum vorliegenden Frischlin–Band hat sich dies mehrfach gezeigt. So konnte der DAAD zugesagte Reisekosten nach dem 3.10.1990 wegen entfallener Zuständigkeit nicht mehr zahlen; Primos Simoniti von Tübingens Partneruniversität Ljubeljana, um ein Referat über Frischlins dortiges Wirken gebeten, mußte mit Hinweis auf aktuelle, sehr unsichere politische Entwicklungen absagen. Außerordentlich schmerzlich ist der frühe Tod von Volker Press. Volker Press hat an allen Phasen der Tübinger Frischlin–Aktivitäten lebhaftesten Anteil genommen, er hat sie sogar mit inauguriert und durch klugen Rat ständig begleitet. Im Oktober 1993 ist er plötzlich gestorben. Eine Gestalt wie Frischlin konnte sein Interesse ganz besonders beflügeln, weil an ihr der Zusammenhang von Kulturgeschichte, Sozialgeschichte und politischer Geschichte des Alten Reiches, von landes– und reichspolitischen Bedingungen exemplarisch zu demonstrieren sind. Press' Beitrag »Württemberg, Habsburg und der deutsche Protestantismus unter Herzog Ludwig (1568–1593)« ist vielleicht der letzte, den er zur Gänze noch selber hat fertigstellen können. Dieser Frischlin–Band soll seinem Andenken gewidmet sein. Der Gedanke, dies zu tun, lag manchem auf der Zunge; Hans–Gert Roloff und Anton Schindling, inzwischen der Tübinger Nachfolger von Volker Press, haben ihn dankenswerterweise ausgesprochen und so die Herausgeber ermutigt.

14

Dank gebührt vielen: den Autoren, Moderatoren, Diskutanten der beiden Veranstaltungen – der Tagung wie der Ringvorlesung –, den Eigentümern der Bildvorlagen, den organisatorischen Helfern etlicher Institutionen, vor allem in Tübingen, den Geldgebern, Förderern und Fürsprechern und den Mitarbeitern. Ganz besonderer Dank gebührt Frau Dr. Sabine Holtz, Tübingen, Frau Susanne Kames–Hübsch, Herrn Dr. Markus Müller, Frau Luzia Thiel und Herrn Stefan Schlelein, alle Freiburg. Sabine Holtz hat die Manuskripte erbeten, entgegengenommen, redigiert, erstmalig technisch und formal bearbeitet und 1993 über den Reihenherausgeber an den damals vorgesehenen Verlag gelangen lassen. Nach dem Wechsel hat – nach monatelangen Stellensperren – Susanne Kames–Hübsch die neuerlichen Bearbeitungen des Buchmanuskripts vorgenommen und, neben ihren sonstigen Aufgaben, mit größter Sorgfalt und Geduld und in Kontakt mit den je zuständigen Mitarbeiterinnen oder Mitarbeitern des Verlages frommann–holzboog das Manuskript druckfertig gestaltet. Markus Müller hat sachkundigen Rat erteilt und Korrektur gelesen sowie unter Mithilfe insbesondere von Luzia Thiel und Stefan Schlelein das Register erstellt. Der abschließende Dank gebührt Hans–Gert Roloff für die Aufnahme des Bandes in die »Arbeiten und Editionen zur Mittleren Deutschen Literatur«, deren Neue Folge er eröffnet, und dem Verlag frommann–holzboog.

Freiburg im Breisgau   Dieter Mertens

Volker Press

Württemberg, Habsburg
und der deutsche Protestantismus
unter Herzog Ludwig (1568- 1593)

Im gleichen Jahr 1568, in dem Nikodemus Frischlin seine Professur an
der Universität Tübingen antrat, folgte auf Württembergs großen Herzog
Christoph sein minder bedeutender Sohn Ludwig. Mit dem Herzog und
seinem Hof war Frischlin bis zu seiner Katastrophe aufs engste verbunden – und der Herzog überlebte den unglücklichen Professor nur um ein
Jahr.[1]

Die 23 Jahre Herzog Ludwigs stehen ganz im Schatten der 18 seines
Vaters Christoph, der mit Recht zu den bedeutendsten Fürsten Württembergs gezählt wird, ein traditioneller Liebling württembergischer Landesgeschichtsschreibung, den man gern in Kontrast setzte zum ungelieb-
ten kantigen Vater, Herzog Ulrich. Über Ulrich meinte einer seiner
schärfsten Kritiker, Hansmartin Decker–Hauff, 1966 in seiner Stuttgarter
Stadtgeschichte:

> [...] und zuletzt werden wir erkennen, daß hier, von all seiner Brutalität, von
> all seinen Rechtsbrüchen gezeichnet, ein kranker, vom Verfolgungswahn
> geplagter, von Mißtrauen verzehrter, von Haßausbrüchen geschüttelter
> Kranker vor uns steht.[2]

---

1   Zu Herzog Ludwig: Alberti, Ludwig von. In: Allgemeine Deutsche Biographie.
    Bd. 19. Leipzig 1884. S. 597f.; Heerbrand, Jacob: Oratio funebris de vita et obitu il-
    lustrissimi Ludovici, ducis Vvirtembergici. Tübingen 1593; Sattler, Christian Fride-
    rich: Geschichte des Herzogtums Würtemberg unter der Regierung der Herzogen.
    Teil 5. Ulm 1772. S. 1–152; Stälin, Christoph Friedrich von: Wirtembergische Ge-
    schichte. Bd. 4. Stuttgart 1873. S. 776–828; Rudersdorf, Manfred: Herzog Ludwig
    (1568–1593). In: Uhland, Robert (Hg.): 900 Jahre Haus Württemberg. Leben und
    Leistung für Land und Volk. Stuttgart ³1985. S. 163–173; Borst, Otto: Württemberg
    und seine Herren. Landesgeschichte in Lebensbildern. Esslingen/München 1988.
    S. 91–98.
2   Decker–Hauff, Hansmartin: Geschichte der Stadt Stuttgart. Bd. I: Von der Frühzeit

Gleichwohl wird man Ulrichs historische Bedeutung nicht gering schätzen dürfen: den Wiedergewinn der Eigenständigkeit, die Einführung der Reformation und die Etablierung eines evangelischen Kirchenregiments für Württemberg verbinden sich mit seinem Namen.[3] Am Ende seines Lebens erlebte der starrsinnige, von Mißtrauen zerfressene alte Herzog Ulrich seine Katastrophe: er hatte sich 1534 im Kaadener Vertrag bei seiner Restitution in ein sog. »Afterlehensverhältnis« zu Österreich begeben müssen, d.h. das Herzogtum Württemberg, 1495 von Kaiser Maximilian I. mit stolzen Vorrechten auf der Basis einer fürstengleichen Grafschaft kreiert, ging nicht mehr unmittelbar vom Kaiser zu Lehen, sondern von Österreich, das sein heftiger Rivale im schwäbischen Raum gewesen war; der Herzog schuldete fortan dem Landesherrn Österreichs besondere Treue, unter der Drohung der Felonie, d.h. des Verlustes der Herrschaft bei Untreue. Dies war nicht nur eine aufsehenerregende Statusminderung, sondern auch eine beträchtliche Einengung des Handlungsspielraums, selbst des konfessionellen: war doch fortan jede *Sakramentiererei*, d.h. ein Übergang zum reformierten Bekenntnis, ausgeschlossen.[4] Die Falle von Kaadener Vertrag und Afterlehensverhältnis schien zuzuklappen, als sich der evangelische Ulrich 1546 der antikaiserlichen Politik des evangelischen Schmalkaldischen Bundes und seinen militärischen Aktionen angeschlossen hatte. Da Truppen überdies österreichisches Gebiet angegriffen hatten, lag ein klarer Bruch des Lehensverhältnisses

bis zur Reformation. Stuttgart 1966. S. 322f. Ähnlich noch 1987 zum 500. Geburtstag Herzog Ulrichs. Zitat bei: Raff, Gerhard: Hie gut Wirtemberg allewege. Das Haus Württemberg von Graf Ulrich dem Stifter bis Herzog Ludwig. Stuttgart 1988. S. 474.

3 Schneider, Eugen. In: Allgemeine Deutsche Biographie. Bd. 39. Leipzig 1895. S. 237–243; Stälin (wie Anm. 1) S. 442–476; Rauscher, Julius: Württembergische Reformationsgeschichte. Stuttgart 1934; Heyd, Ludwig Friedrich: Ulrich, Herzog zu Württemberg. 3 Bde. Tübingen 1841/44; Press, Volker: Herzog Ulrich (1498–1550). In: Uhland (wie Anm. 1) S. 110–135; Brecht, Martin / Ehmer, Hermann: Südwestdeutsche Reformationsgeschichte. Stuttgart 1984. S. 195–304.

4 Bofinger, Wilhelm: Kirche und württembergischer Territorialstaat. In: Blätter für württembergische Kirchengeschichte 65 (1965) S. 75–149; Press, Volker: Die württembergische Restitution von 1534 – reichspolitische Voraussetzungen und Konsequenzen. In: Blätter für württembergische Kirchengeschichte 87 (1987) S. 44–71; ders.: Ein Epochenjahr der württembergischen Geschichte. Restitution und Reformation 1534. In: Zeitschrift für württembergische Landesgeschichte 47 (1988) S. 203–234.

vor. Unter diesem Damoklesschwert mußte Ulrich nach der Niederlage der Schmalkaldener dem Kaiser erhebliche Konzessionen machen – und doch stets den Verlust seines Landes befürchten.[5]

Ulrich starb 1550 sozusagen rechtzeitig – und es war die Politik seines Sohnes Christoph, die schließlich das Herzogtum aus seiner prekären, seine Selbständigkeit und seine junge lutherische Identität gleichermaßen bedrohenden Situation befreite.[6] Herzog Christoph hat aber auch wie kein anderer Fürst den württembergischen Landesstaat geprägt. Er verband eine entschiedene lutherische Konfessionalisierung mit einer intensiven administrativen Durchdringung des Landes, für die die berühmten Ordnungen des Herzogs stehen.[7] Gewiß spielten daneben seine Räte durchaus eine beachtliche Rolle, aber es war die ureigenste Handschrift des Herzogs, der eine unendliche Zahl von Schriftstücken kommentierte und die Geschicke Württembergs nach 1550 bestimmte. In unserem Zusammenhang muß Christophs Regierungszeit skizziert werden, weil sie auch für die Jahre Herzog Ludwigs bestimmend war.

Christoph beantwortete die habsburgische Bedrohung von Selbständigkeit und Konfession Württembergs zunächst mit einem Appell an das Land. Er versicherte sich des württembergischen Landtags, der mit dem Herzog das Interesse an der fortbestehenden Selbständigkeit des Landes gemeinsam hatte – ein glänzender Schachzug, der die herzogliche Position

---

5 Bossert, Gustav: Das Interim in Württemberg. Halle 1895; Brecht / Ehmer (wie Anm. 3) S. 286f.
6 Zu Herzog Christoph: Stälin, Paul. In: Allgemeine Deutsche Biographie. Bd. 4. Leipzig 1876. S. 243–250; Uhland, Robert. In: Neue Deutsche Biographie. Bd. 3. Berlin 1957. S. 248f.; Ehmer, Hermann. In: Theologische Realenzyklopädie. Bd. 8. Berlin, New York 1981. S. 68–71; Pfister, Johann Christian: Herzog Christoph zu Wirtemberg. 2 Bde. Tübingen 1819/20; Kugler, Bernhard: Christoph, Herzog zu Wirtemberg. 2 Bde. Stuttgart 1868/72; Stalin (wie Anm. 1) S. 477–726; Maurer, Hans–Martin: Herzog Christoph als Landesherr. In: Blätter für württembergische Kirchengeschichte 68/69 (1968/69) S. 112–138; ders.: Herzog Christoph (1550–1560). In: Uhland (wie Anm. 1) S. 136–162; ders.: Herzog Christophs Utopie einer christlichen Gesellschaft. In: Blätter für württembergische Kirchengeschichte 88 (1988) S. 111–123.
7 Brecht, Martin: Kirchenordnung und Kirchenzucht in Württemberg vom 16. bis zum 18. Jahrhundert. Stuttgart 1967; Maurer (wie Anm. 6, Herzog Christoph als Landesherr); Brecht / Ehmer (wie Anm. 3) S. 316–342; Bernhardt, Walter: Die Zentralbehörden im Herzogtum Württemberg und ihre Beamten 1520–1629. 2 Bde. Stuttgart 1972/73.

im Spiel mit den Habsburgern verstärkte und auf Dauer die Rolle des Landtags in Württemberg absicherte.[8] Der Herzog begriff, daß die gleichfalls entschieden evangelischen Stände seine eigene Position stützten und daß man sich ihres Rückhalts bedienen konnte.[9] Das Bündnis zwischen Herzog und Landtag unter der Klammer eines gemeinsamen lutherischen Bekenntnisses schuf eine mächtige Barriere gegenüber dem Zugriff des Hauses Österreich; allerdings hat Christoph, was weniger gern zitiert wird, stets eisern an seinen landesfürstlichen Prärogativen gegenüber seinem Landtag festgehalten; er sicherte zwar, im Einvernehmen mit den Landständen, die lutherische Konfession, soweit es ging, ab, doch hat er niemals den landesfürstlichen Religionsbann, d.h. sein Recht, über die Konfession zu entscheiden, preisgegeben.[10]

Gleichwohl blieb der Zwang, sich politisch mit dem übermächtigen, durch das Afterlehensverhältnis verstärkten österreichischen Druck auseinanderzusetzen – ein abermaliger ernstlicher Konflikt mit König Ferdinand, der sich nur mühselig von seinen Gebietsforderungen abbringen ließ, wäre höchst gefährlich gewesen.[11] Christoph gelang es schließlich, unterstützt von seinem katholischen Vetter Herzog Albrecht V. von Bayern und dem habsburgischen Thronfolger, seit 1564 Kaiser Maximilian II., nicht nur die bedrohlichen Vorstöße Ferdinands I. abzuwehren (1553 verzichtete Ferdinand gegen eine namhafte Summe auf den Felonieprozeß, nicht aber auf das Afterlehensverhältnis)[12], sondern sich auch eine angesehene reichspolitische Position zu erringen. Christoph manövrierte sich aus der gefährlichen Bedrängnis, indem er im Zusammenspiel mit

8 Grube, Walter: Der Stuttgarter Landtag 1457–1957. Von den Landständen zum demokratischem Parlament. Stuttgart 1957. S. 197–236.
9 Zur Rolle der Stände im 16. Jahrhundert allgemein: Press, Volker: Formen des Ständewesens in den deutschen Territorialstaaten des 16. und 17. Jahrhunderts. In: Baumgart, Peter (Hg.): Ständetum und Staatsbildung in Brandenburg–Preußen. Berlin 1983. S. 280–318.
10 Grube (wie Anm. 8) S. 227; Brecht / Ehmer (wie Anm. 3) S. 339f.; Rapp, Adolf: Die Bedeutung der Konfession in der Geschichte Württembergs. Tübingen 1926.
11 Press, Volker: Die Herzöge von Württemberg, der Kaiser und das Reich. In: Uhland (wie Anm. 1) S. 412–433. Hier: S. 421f.; Mertens, Dieter: Württemberg. Demnächst in: Schwarzmeier, Hansmartin (Hg.): Handbuch der Baden–Württembergischen Geschichte. Bd. 2. Stuttgart 1994.
12 Stälin (wie Anm. 1) passim; Kugler (wie Anm. 6, Bd. 1) S. 138–152, S. 225–238.

den genannten Partnern sowie mit Kursachsen zu einer der Hauptstützen des Augsburger Religionsfriedens von 1555 im Reich wurde.[13] Damit aber hing das endgültige Bekenntnis zum Luthertum zusammen, in dessen Geist man das lästige Interim, die von Karl V. verordnete Zwischenreligion, die die Evangelischen wieder der alten Kirche zuführen sollte, beseitigen konnte. Das Luthertum Württembergs entsprach also gleichermaßen den religiösen Neigungen des Herzogs wie dem Zwang zur reichsrechtlichen Legalität, den die politische Katastrophe Herzog Ulrichs den Württembergern wieder nachhaltig vor Augen geführt hatte. Mit der typischen Kombination von Kaisertreue und orthodoxem Luthertum, über die hinaus Württemberg keinen Spielraum hatte, gelang es Christoph, sich nicht nur einen Freiraum zu schaffen, sondern auch eine wichtige reichspolitische Position zu erringen. Er wurde zu einem der bedeutendsten Verfechter des orthodoxen Luthertums im Reich, wobei ihm die Universität Tübingen den nötigen intellektuellen Rückhalt gab.[14]

Reichspolitisch bemühte er sich folglich um ein Zusammenspiel mit den Habsburgern, vor allem nach 1564 mit dem mit ihm befreundeten, zuerst protestantischen, dann protestantenfreundlichen Kaiser Maximilian II.[15] – dem eigentlichen Kaiser des Augsburger Religionsfriedens. Über die religiöse Haltung Maximilians ist sicher das letzte Wort noch

13 Vgl. Ritter, Moriz: Deutsche Geschichte im Zeitalter der Gegenreformation und des Dreißigjährigen Krieges (1555–1648). Bd. 1. Stuttgart 1889. S. 79–140; Heckel, Martin: Deutschland im konfessionellen Zeitalter. Göttingen 1983. S. 33–99; Rabe, Horst: Reich und Glaubensspaltung. Deutschland 1500–1600. München 1989. S. 293–301, S. 304–349.

14 Sehr prononcirt: Rudersdorf, Manfred: Lutherische Erneuerung oder Zweite Reformation? Die Beispiele Württemberg und Hessen. In: Schilling, Heinz (Hg.): Die reformierte Konfessionalisierung in Deutschland – Das Problem der »Zweiten Reformation«. Gütersloh 1986. S. 130–153.

15 Maurenbrecher, Wilhelm. In: Allgemeine Deutsche Biographie. Bd. 20. Leipzig 1884. S. 736–743; Press, Volker. In: Neue Deutsche Biographie. Bd. 16. Berlin 1990. S. 471–475; Edelmayer, Friedrich. In: Theologische Realenzyklopädie. Bd. 20. Berlin/New York 1990. S. 295–298; Holtzmann, Robert: Kaiser Maximilian II. bis zu seiner Thronbesteigung 1527–1564. Berlin 1903; Hopfen, Otto Helmut: Kaiser Maximilian II. und der Kompromißkatholizismus. München 1895; Bibl, Viktor: Maximilian II. Der rätselhafte Kaiser. Hellerau 1929; Rudersdorf, Manfred: Maximilian II. 1564–1576. In: Schindling, Anton / Ziegler, Walter (Hgg.): Die Kaiser der Neuzeit 1519–1918. Heiliges Römisches Reich, Österreich, Deutschland. München 1990. S. 79–97, 474f.

nicht gesprochen. Gewiß ist, daß der Kaiser, nicht zu unterschätzen, auch in der Kontinuität habsburgischer Kirchenreformpolitik stand, die bereits auf Karl V. zurückging, und auf eine evangelisch–katholische Konvergenz durch Reformen setzte. Daß der entschiedene Lutheraner Christoph auf diese Politik einschwenkte, bedarf ebenfalls noch der Klärung – gewiß ist, daß der Herzog genau wußte, was er tat.[16]

Sein striktes Festhalten an der reichsrechtlichen Legalität eröffnete dem Württemberger wieder eine bedeutende Rolle. Er konnte die Hegemonialposition Württembergs im Schwäbischen Reichskreis ausbauen, aus dem sich einst das stärkere Österreich zurückgezogen hatte[17] – seit 1564 regierte übrigens in der Nachbarschaft eine eigene Innsbrucker Linie, ein Puffer gegenüber dem Kaiser sozusagen, was den Umgang mit diesem erleichterte. Weil Österreich niemanden in seine eigenen Angelegenheiten hineinreden lassen wollte, konnte es auch im Schwäbischen Kreis nicht mitsprechen – dort war allerdings eine große Zahl seiner Parteigänger versammelt, welche mit dem anderen kreisausschreibenden Fürsten, dem schwachen Bischof von Konstanz, ein Gegengewicht gegen das protestantische Württemberg bildeten. Das katholische Oberschwaben als Partner im Schwäbischen Reichskreis[18] markierte also neben dem Afterlehensverhältnis eine weitere Kette, die für Württemberg eine andere Linie als die der strikten Loyalität gegenüber Kaiser und Reich nicht zuließ.

Hinzu kam ein weithin unbekanntes Problem, nämlich der Anspruch des Herzogs Christoph auf die Grafschaft Glatz in Schlesien, der auf das Erbe seines Onkels Erzbischof Ernst von Salzburg zurückging – und mit Bayern ausgekämpft werden mußte.[19] Da die bayerischen Truppen im Dreißigjährigen Krieg die einschlägigen Akten aus Stuttgart weggeführt

---

16 Über die Konfessionspolitik Maximilians II. dürfte das letzte Wort noch nicht gesprochen sein.

17 Ernst, Viktor: Die Entstehung der Exekutionsordnung von 1555. Württembergische Vierteljahreshefte für Landesgeschichte NF 40 (1901) S. 1–110; Laufs, Adolf: Der Schwäbische Reichskreis. Studien über Einungswesen und Reichsverfassung im deutschen Südwesten zu Beginn der Neuzeit. Aalen 1971. S. 213–381.

18 Press, Volker: Oberschwaben in der frühen Neuzeit. Demnächst in: Zeitschrift für württembergische Landesgeschichte.

19 Dazu demnächst die Dissertation von Brendle, Franz: Zwischen Bayern, Württemberg und Österreich. Die Jugendzeit Herzog Christophs.

hatten, ist dieses wichtige Problem der württembergischen Landesgeschichtsschreibung nicht mehr bewußt. Christoph vermied jeglichen Konflikt mit dem Kaiser und gewann gerade dadurch einen erweiterten Handlungsspielraum zur Gestaltung des Schwäbischen Kreises und zum Ausbau seiner Stellung als schwäbische Vormacht; als der württembergische Herzog bereits 1552 mit Gewalt die Fusion des Stiftes Ellwangen mit dem Staat des Deutschmeisters verhinderte und dem Augsburger Kardinal Otto Truchseß von Waldburg zur Propstei verhalf, berief er sich auf die überkommene württembergische Schirmherrschaft über das Stift, handelte aber gewiß auch als Oberst des Schwäbischen Kreises, als regionale Vormacht zugunsten Ferdinands, gegen Karl V. – und im Sinne der überkommenen politischen Ordnung Schwabens.[20] Christophs großes Prestige und seinen regionalen Einfluß zeigt die führende Rolle im 1554 begründeten Heidelberger Bund.[21]

Als Ordnungsmacht in Schwaben württembergische Interessen verfechtend, hat sich Christoph auch den Autonomiebestrebungen des niederen Adels entgegengesetzt und 1563 in Maulbronn, gemeinsam mit Kurpfalz, Bayern und anderen süddeutschen Fürsten, versucht, der bedrohlich erscheinenden, entstehenden Reichsritterschaft entgegenzuwirken – die Krise um den fränkischen Reichsritter Wilhelm von Grumbach ließ die Fürsten noch einmal eine allgemeine Adelserhebung fürchten.[22] Aber gleichzeitig setzte schon der Bruch mit dem Pfälzer Partner ein, denn im gleichen Maulbronn standen sich bereits 1564 Heidelberger und Tübinger Theologen gegenüber, um über den schon sehr offensichtlichen Übergang der Kurpfalz zum reformierten Bekenntnis zu diskutieren; ein bitterer Konflikt zeichnete sich ab und eskalierte sehr schnell.[23] In ge-

20 Stälin (wie Anm. 1) S. 540f.
21 Lutz, Heinrich: Christianitas Afflicta. Göttingen 1964; Sicken, Bernhard: Der Heidelberger Verein (1553–1556). In: Zeitschrift für württembergische Landesgeschichte 32 (1973) S. 320–435; Press, Volker: Die Bundespläne Kaiser Karls V. und die Reichsverfassung. In: Lutz, Heinrich (Hg.): Das römisch–deutsche Reich im politischen System Karls V. München/Wien 1982. S. 55–106.
22 Press, Volker: Die Ritterschaft im Kraichgau zwischen Reich und Territorium 1500–1623. In: Zeitschrift für die Geschichte des Oberrheins 121 (1974) S. 35–98. Hier: S. 52–55; ders.: Wilhelm von Grumbach und die deutsche Adelskrise der 1560er Jahre. In: Blätter für deutsche Landesgeschichte 113 (1977) S. 396–431.
23 Kluckhohn, August: Friedrich der Fromme, Kurfürst von der Pfalz, der Schützer der

wisser Weise war die Kurpfalz aus der reichsrechtlichen Legitimität aus-
gebrochen. Christophs Gegnerschaft zu den Unabhängigkeitsbestrebungen
des Adels blieb, aber sie wurde überlagert vom Konflikt mit den reformierten Pfälzern, deren Calvinismus und reichspolitischem Revisionismus man das eigene Rezept von Luthertum und Reichstreue gegensetzte.
Herzog Christoph betrieb mit Kaiser Maximilian II. und Albrecht V. von
Bayern auf dem Augsburger Reichstag von 1556 sogar den Ausschluß
der reformierten Kurpfalz aus dem Religionsfrieden im Sinne reichspolitischer Legalität – der sächsische Kurfürst August I. war allerdings vorsichtiger, als er den Coup aus der Einsicht heraus verhinderte, daß man
so die Katholiken zu Schiedsrichtern im evangelischen Lager machte.
Das Augsburger Spiel von 1566 endete mit einer diplomatischen Niederlage Christophs; der Konfessionalismus triumphierte über die Konver-
genzhoffnungen erasmianischer Katholiken und orthodoxer Lutheraner.[24]
Strikt wahrte Christoph die grundsätzliche Solidarität der Reichsfürsten, die auch unter Karl V. funktioniert und dabei die Reformation be-
günstigt hatte – so wie er eifersüchtig über seinen eigenen Religionsbann
wachte, so akzeptierte er jenen seiner katholischen Standesgenossen. Für
die bayerischen Lutheraner, die im Zuge jener gleichen Adelskrise, der
der Maulbronner Konvent gegolten hatte, unter dem scharfen Druck des
Landesfürsten standen, der sie der Verschwörung bezichtigte – für sie
hatte der Herzog nur den Trost im Glauben übrig,[25] gegebenenfalls ein

reformierten Kirche 1559–1576. Nördlingen 1879. S. 164–185; Stälin (wie Anm. 1)
S. 661–669.

24 Hollweg, Walter: Der Augsburger Reichstag von 1566 und seine Bedeutung für die
    Entstehung der Reformierten Kirche und ihres Bekenntnisses. Neukirchen–Vluyn
    1964; Press, Volker: Calvinismus und Territorialstaat. Regierung und Zentralbehör-
    den der Kurpfalz 1559–1619. Stuttgart 1970. S. 237f.

25 Knöpfler, Alois: Die Kelchbewegung in Bayern unter Herzog Albrecht V. München
    1891; Preger, Konrad: Pankraz von Freyberg auf Hohenaschau, ein bairischer Edel-
    mann aus der Reformationszeit. Halle 1893; Hartmann, Karl: Der Prozeß gegen pro-
    testantische Landstände in Bayern unter Herzog Albrecht V. 1564. München 1904;
    Götz, Walter: Die angebliche Adelsverschwörung von 1563 gegen Herzog Albrecht
    V. von Bayern. In: Forschungen zur Geschichte Bayerns 13 (1905) S. 211–229; The-
    obald, Leonhard: Die sogenannte bayerische Adelsverschwörung von 1563. In: Bei-
    träge zur bayerischen Kirchengeschichte 20 (1914) S. 28–73; ders.: Der Religions-
    prozeß gegen den bayerischen Marschall Pankraz von Freyberg im Jahre 1563. In:
    Beiträge zur bayerischen Kirchengeschichte 21 (1915) S. 24–72, S. 108–123, S. 157–
    169; Goetz, Walter / Theobald, Leonhard (Hgg.): Beiträge zur Geschichte Herzog

gnädiges Asyl, wie für jenen lutherischen Ritter Achaz von Laymingen auf Wasentegernbach in Niederbayern, dessen Sohn Erasmus zum württembergischen Landhofmeister aufsteigen sollte.[26] Eine Aufforderung zum Widerstand konnte es für die evangelischen bayerischen Adeligen ebensowenig geben wie für die österreichischen Glaubensbrüder, denen der Herzog von Württemberg eine demütige und leidende Glaubenstreue empfahl.[27]

Und doch schuf gerade diese Zurückhaltung Christophs die Voraussetzung zu seiner erfolgreichen Konfessionspolitik im Reich. Dank seiner ausgreifenden lutherischen Aktivitäten konnten selbst die Protestanten der österreichischen Lande von den Donauländern bis hinein nach Innerösterreich auf den württembergischen Rückhalt hoffen, allerdings nur solange er legal zu bieten war. Daß Christoph zeitweilig gewillt war, gemeinsam mit der Kurpfalz, die reformierten französischen Hugenotten zu unterstützen, tangierte seine Stellung im Reich nicht – zumal auch hier sein Friedenswille überwog und der Württemberger radikale Aktionen vermied. Mit dem alten Philipp von Hessen, dem letzten großen überlebenden deutschen Reformationsfürsten, der weit weniger strikt orthodox war, operierte Herzog Christoph, wie meistenteils auch sein Vater Ulrich, vorzüglich zusammen[28] – der Württemberger schickte sich an, die Rolle des Hessen als Wortführer des deutschen evangelischen Lagers zu übernehmen. Zunehmend wurde Christoph zu einer Schlüsselfigur des deutschen Luthertums; gerade im Kontrast zu Philipp markierte Christoph aber auch die fortschreitende »Konfessionalisierung«, d.h. die verstärkte konfessionelle Festlegung, im Reich.[29]

Albrechts V. zur sogenannten Adelsverschwörung von 1563. Leipzig 1913; Lutz, Heinrich / Ziegler, Walter: Das konfessionelle Zeitalter. Erster Teil. In: Spindler, Max / Kraus, Andreas (Hgg.): Handbuch der bayerischen Geschichte. Bd. 2. München ²1988. S. 373–387; Weinfurter, Stefan: Herzog, Adel und Reformation. Bayern im Übergang vom Mittelalter zur Neuzeit. In: Zeitschrift für historische Forschung 10 (1983) S. 1–39.

26   Leider sind die Familienakten des Hauses Laymingen im Stuttgarter Hauptstaatsarchiv verloren gegangen. Vgl. Bernhardt (wie Anm. 7) S. 453–456.
27   Stälin (wie Anm. 1) S. 653–656.
28   Rudersdorf, Manfred: Ludwig IV. Landgraf von Hessen–Marburg 1537–1604. Landesteilung und Luthertum in Hessen. Mainz 1991. S. 67–85.
29   Zum Problem der Konfessionalisierung zuletzt grundsätzlich: Schilling, Heinz: Die »zweite Reformation« als Kategorie der Geschichtswissenschaft. In: Schilling (wie

Nicht nur in der Ferne, sondern auch in der nächsten Umgebung, selbst im katholisch dominierten Oberschwaben suchte er den Protestanten Rückhalt zu geben, soweit dies reichsrechtlich möglich war, etwa den bedrängten Biberacher Evangelischen, die in der Reichsstadt numerisch in der Mehrheit, politisch aber in der Defensive waren.[30] Noch wichtiger war seine konfessionspolitische Rolle im Reich – daß sein Glaube mit dem reichspolitischen Normensystem im Einklang war, erleichterte ihm sein politisches Handeln; damit vermochte er trotz der latenten habsburgischen Bedrohung eine bedeutende Rolle zu spielen. Daß ein Widerspruch klaffte zwischen Christophs Zusammenspiel mit Maximilians II. vorkonfessioneller Religionspolitik und seiner eigenen strikten Tendenz zur Konfessionalisierung, hat Christoph offenbar wenig beschwert.

Manfred Rudersdorf hat gezeigt, wie die Universität Tübingen in einer geschickten Arbeitsteilung ihrer theologischen Koryphäen Johannes Brenz,[31] Jakob Heerbrand (1521–1600)[32] und Jakob Andreae (1528–

Anm. 14) S. 387–437; ders.: Die Konfessionalisierung im Reich. Religiöser und gesellschaftlicher Wandel in Deutschland zwischen 1555 und 1620. In: Historische Zeitschrift 246 (1988) S. 1–45; ders.: Aufbruch und Krise. Deutschland 1517–1648. Berlin 1988.

30 Press, Volker: Biberach – Reichsstadt im späten Mittelalter und in der frühen Neuzeit. In: Stievermann, Dieter u. a. (Hgg.): Geschichte der Stadt Biberach. Stuttgart 1991. S. 36.

31 Hartmann, Julius. In: Allgemeine Deutsche Biographie. Bd. 3. Leipzig 1876. S. 314; Hermelink, Heinrich. In: Neue Deutsche Biographie. Bd. 2. Berlin 1955. S. 598f.; Brecht, Martin. In: Theologische Realenzyklopädie. Bd. 7. Berlin, New York 1981. S. 170–181; Bernhardt (wie Anm. 7, Bd. 1) S. 192ff.; Pressel, Theodor: Anecdota Brentiana. Tübingen 1868; Hartmann, Julius / Jäger, Karl: Johann Brenz. 2 Bde. Hamburg 1840/42; Hermelink, Heinrich: Johannes Brenz als lutherischer und schwäbischer Theologe. Stuttgart 1949; Brecht, Alfred: Johannes Brenz. Der Reformator Württembergs. Stuttgart 1949; Brecht, Martin: Johannes Brenz. Neugestalter von Kirche, Staat und Gesellschaft. Stuttgart 1971; Kantzenbach, Friedrich Wilhelm: Der Anteil des Johannes Brenz an der Konfessionspolitik und Dogmengeschichte des Protestantismus. In: Reformation und Confessio. Festschrift Wilhelm Maurer. Berlin/Hamburg 1965. S. 113–129; Kantzenbach, Friedrich Wilhelm: Johannes Brenz. Der Prediger von Schwäbisch Hall und Reformator in Württemberg. In: Württembergisch Franken 46 (1962) S. 63–99.

32 Schott, Theodor. In: Allgemeine Deutsche Biographie. Bd. 11. Leipzig 1880. S. 242ff.; Fausel, Heinrich. In: Neue Deutsche Biographie. Bd. 8. Berlin 1969. S. 194f.; Raeder, Siegfried. In: Theologische Realenzyklopädie. Bd. 14. Berlin, New York 1985. S. 524ff.; Leube, Martin: Geschichte des Tübinger Stifts Teil 1. Stuttgart 1921; Bizer, Ernst: Confessio Virtembergica. Stuttgart 1952.

1590)[33] zunehmend eine bestimmende Rolle für die Gestaltung des deutschen Luthertums gewann; Andreae wurde gleichsam zum Außenminister der württembergischen Konfessionspolitik und ihr unbeugsamer Verfechter in der Kontroverse mit den Reformierten und den ihnen zuneigenden Philippisten, den Anhängern Melanchthons.[34] Mit der Ubiquitätslehre,[35] der Lehre von der Allgegenwart Gottes, des Johannes Brenz, nach dessen Tod 1570 stark verfochten von Jakob Andreae, haben die württembergischen Theologen an erster Stelle die Gegenposition zu den Reformierten markiert; die konsequente Unterstützung der Glaubensgenossen verlieh wiederum auch politischen Einfluß. Der Weg der lutherischen Orthodoxie in Deutschland ist ohne Christoph, ohne seine Räte und seine Theologen nicht zu denken. Sie wurden zunehmend zu bestimmenden Faktoren der deutschen konfessionellen Entwicklung. Diese Rolle des Herzogs hat Württemberg, seine Ordnungen, seine Visitationen, seine Institutionen in vielen lutherischen Territorien bis weit nach Norddeutschland zum Vorbild gemacht – zahlreiche kleinere Herrschaften, die über keine Universität verfügten, waren auf die Tübinger Hohe Schule angewiesen; ihre Autorität wuchs ständig; Christoph wurde immer wieder gern als Schiedsrichter und Schlichter bei innerevangelischen Auseinandersetzungen geholt. In großer Zahl engagierten sich Tübinger Theologen in anderen evangelischen Territorien, aber auch in der »Diaspora«.

Nur scheinbar stand dies im Widerspruch zur sonstigen reichspolitischen Vorsicht des Herzogs – Christophs Innen– und Außenpolitik ergänzten sich gut, auch dies ein Ausdruck der Staatskunst Christophs. Es

33 Andreae, auch Schmid, Faber etc. Henke. In: Allgemeine Deutsche Biographie. Bd. 1. Leipzig 1875. S. 436–441; Meinhold, Peter. In: Neue Deutsche Biographie. Bd. 1. Berlin 1953. S. 277; Brecht, Martin. In: Theologische Realenzyklopädie. Bd. 2. Berlin, New York 1978. S. 672–680; Gürsching, Heinrich: Jakob Andreae und seine Zeit. In: Blätter für württembergische Kirchengeschichte 54 (1954) S. 123–156; Müller–Streisand, Rosemarie: Theologie und Kirchenpolitik bei Jakob Andreae bis zum Jahre 1568. In: Blätter für württembergische Kirchengeschichte 60/61 (1960/61) S. 224–395.
34 Rudersdorf (wie Anm. 14) S. 140.
35 Zur Konkordienformel und zum Konkordienbuch: Koch, Ernst. In: Theologische Realenzyklopädie. Bd. 19. Berlin, New York 1990. S. 472–483 (dort auch weiterführende Literatur).

war zweifelsohne ein meisterhaftes System, das der Herzog im Lande errichtet hatte, wie sein bester Kenner Hans–Martin Maurer festgestellt hat,[36] aber die erfolgreiche lutherische Konfessionalisierung Württembergs verband sich nahtlos mit der auswärtigen Politik. Nicht nur das Zusammenspiel mit dem Landtag, sondern auch der Ausbau der Behörden und des evangelischen Kirchenwesens, die Förderung der Universität Tübingen, das System der Kontrolle des Landes dienten anderorts als Vorbild und ermöglichte es gleichzeitig Württemberg, in fremde Territorien hineinzuwirken. Christophs glanzvolle Territorialpolitik machte den Württemberger im Reich zu einem der erfolgreichsten Landesfürsten, auch wenn er das Problem der enormen Schuldenlast trotz kräftiger Bemühungen nicht zu beseitigen vermochte. Der höfische Stil, dem auch Christoph kräftig huldigte,[37] stand den Bestrebungen entgegen – sehr zum Ärger seiner Landstände. Sein großes Vorbild dürfte der hier kongeniale Landgraf Philipp von Hessen[38] gewesen sein, mit dem Christoph aufs engste verbunden war; der Dritte im Bunde und gewissermaßen der Nachfolger Christophs in der Führungsrolle im deutschen Luthertum war der bedeutende Markgraf Georg Friedrich von Brandenburg–Ansbach.[39] Daß der frühzeitig kränkelnde Herzog Christoph Philipp von Hessen

36 Maurer (wie Anm. 6, Herzog Christoph als Landesherr).
37 Hörrmann, Michael: Exercitia und Ritterspiele am Fürstenhof des 16. Jahrhunderts – das Beispiel Stuttgart. Zulassungsarbeit Tübingen 1985; ders.: Leibesübungen in der höfischen Gesellschaft. Die Bedeutung von Ritterspielen und Exercitia in der Residenz der württembergischen Herzöge im 16. und 17. Jahrhundert. In: Sportwissenschaft 19 (1989) S. 36–51; ders.: Ringrennen am Stuttgarter Hof. Die Entwicklung eines Ritterspiels im 16. und 17. Jahrhundert. In: Sozial– und Zeitgeschichte des Sports 3 (1989) S. 50–69. – Gute Einblicke in den Stuttgarter Hof gibt auch: Rudersdorf (wie Anm. 28) S. 99–111.
38 Vgl. Heinemeyer, Walter: Landgraf Philipps des Großmütigen Weg in die Politik. In: Hessisches Jahrbuch für Landesgeschichte 5 (1955) S. 176–192; ders.: Landgraf Philipp der Großmütige von Hessen – politischer Förderer der Reformation. In: Schultz, Uwe (Hg.): Geschichte Hessens. Stuttgart 1983. S. 72–81; ders.: Das Zeitalter der Reformation. In: Ders. (Hg.): Das Werden Hessens. Marburg 1986. S. 225–266; Press, Volker: Landgraf Philipp der Großmütige von Hessen (1504–1567). In: Scholder, Klaus / Kleinmann, Dieter (Hgg.): Protestantische Profile. Lebensbilder aus fünf Jahrhunderten. Frankfurt 1983. S. 60–77.
39 Seyboth, Reinhard: Markgraf Georg Friedrich der Ältere von Brandenburg–Ansbach–Kulmbach (1556–1603) als Reichsfürst. In: Zeitschrift für bayerische Landesgeschichte 53 (1990) S. 659–679.

kaum überlebte, hat verhindert, daß er zum unangefochtenen Doyen des evangelischen Deutschland werden konnte.

Bei so viel Herrschertugend, so viel religiösem Engagement wird jedoch gern vergessen, daß Christoph ein sehr bewußtes Mitglied des Fürstenstandes war. Der mißtrauische Herzog Ulrich hatte Christoph durch seine Ehe mit der Markgräfin Anna Maria, der Tochter des frommen Georg von Brandenburg–Ansbach, in den sich bildenden evangelischen fürstlichen Familienverband eingeflochten; die Braunschweiger Welfen waren seine Verwandten, bei denen er vermittelnd und zugleich für seinen Glauben werbend einwirkte. Vor allem aber wurde Christoph zum Schwiegervater des lutherischen Deutschland. Nicht weniger als acht Töchter schufen vielfältige dynastische Beziehungen, zumeist allerdings erst nach seinem Tode, also unter der Regierung Herzog Ludwigs, ihres Bruders. Besonders eng wurden die Beziehungen zu seinem alten hessischen Partner geknüpft. Die beiden älteren Söhne Philipps des Großmütigen, Wilhelm IV. und Ludwig IV., heirateten die Prinzessinnen Sabine und Hedwig – eine Verbindung, deren Bedeutung man nicht hoch genug einschätzen konnte. Henneberg–Schleusingen, Pfalz–Veldenz, Anhalt, dann erneut Hessen, Liegnitz in Schlesien und schließlich Sachsen–Altenburg traten in den Kreis der Verwandtschaft ein. Aber gerade im Falle Hessens hat der Herzog fürstliches Standesbewußtsein und evangelisches Engagement verbunden. Dank Manfred Rudersdorf wissen wir, daß die unerbittliche Verfolgung der zahlreichen Kinder Landgraf Philipps aus seiner zweiten bigamischen Ehe, der Grafen von Diez, im wesentlichen das Werk Christophs war, der die Gefahr ihrer Ebenbürtigkeit für den deutschen Fürstenstand witterte und sie unerbittlich zu beseitigen suchte. Andererseits tat er alles, um seinen Schwiegersohn Ludwig IV. von Hessen–Marburg mit Erfolg an eine betont lutherische Politik zu binden.[40]

Von seinen vier Söhnen starben zwei, Maximilian, das Patenkind des Kaisers, und Ulrich, früh; auch den Ältesten, Eberhard, überlebte der Vater. Der Stuttgarter Hof war bei allen festlichen Neigungen an sich streng und bescheiden. Freilich sprach Christoph – im Stil der Zeit, aber ohne dem verbreiteten Laster der Trunksucht verfallen zu sein, dem Essen und Trinken kräftig zu, was seine an sich schon labile Gesundheit

---

40 Rudersdorf (wie Anm. 28).

gründlich zerrüttete. So erstaunt nicht, daß sich die beiden Söhne Christophs, trotz oder vielleicht gerade im Protest gegen die nachhaltige Erziehung zur Bescheidenheit seitens des Vaters, alkoholischen Exzessen hingaben. Eberhard hat sich offenbar gesundheitlich so ruiniert, daß er 1568 noch vor dem bekümmerten Vater starb.[41] Der überlebende Erbe wurde der schwächliche Prinz Ludwig, der bislang ohne Landesherrschaft apanagiert hatte werden sollen. So waren die Perspektiven nicht nur günstig, als Christoph, der längst stark gekränkt hatte, am 28. Dezember 1568, 53jährig, verstarb.

Der Landesherr, der entscheidend das Schicksal des Nikodemus Frischlin bestimmte, war nicht Christoph, sondern sein Sohn Ludwig; aber es war doch weiterhin das Württemberg Herzog Christophs, in dem Frischlin lebte. Der Herzog hatte in seinem Testament, wohl aus Mißtrauen gegen den etwas trägen Ludwig, verfügt, daß der Sohn erst im vierundzwanzigsten Lebensjahr die Regierung antreten sollte – er wurde überdies eingemauert in ein Regiment der Räte Christophs, die ihn kompetent beraten sollten.[42] Christoph bestimmte seine lutherischen politischen Partner Wolfgang von Zweibrücken, Georg Friedrich von Brandenburg–Ansbach und Karl von Baden–Durlach zu Vormündern, die die Regierung führen und zugleich das lutherische Bekenntnis Württembergs sichern sollten; Statthalter wurde der fränkische Reichsgraf Heinrich von Castell,[43] Schwager Markgraf Karls von Baden, der allerdings bald in erbitterter Fehde mit Christophs Witwe Anna Maria lag, die sich von zwei Frauen ihres Haushalts dominieren ließ. Diese steuerte, offenbar in verspätetem Protest und in posthumer Opposition zur Linie des Gemahls, in die entgegengesetzte Richtung, bis ihre Depressionen und Bewußtseinsstörungen offenbar wurden und dadurch mit guten Gründen aus der Regentschaft verdrängt werden konnte. Zu den Vorwürfen gehörte, daß Anna Maria Ludwig zu lange im »Frauenzimmer« gehalten und zu wenig

41 Stälin (wie Anm. 1) S. 771ff.; Pfister (wie Anm. 6, Bd. 2) S. 59–82.
42 Erstes Testament von 1566: Reyscher, Johann August (Hg.): Vollständige, historisch und kritisch bearbeitete Sammlung der württembergischen Gesetze. Bd. 2. Stuttgart/Tübingen 1829. S. 190–236; Zweites Testament von 1568: ebd. S. 147–168.
43 Castell, Prosper Graf zu. In: Neue Deutsche Biographie. Bd. 3. Berlin 1957. S. 171; Bernhardt (wie Anm. 7, Bd. 1) S. 211f.; Sperl, August: Castell. Bilder aus der Vergangenheit eines deutschen Dynastengeschlechts. Stuttgart/Leipzig 1980. S. 179–202.

herrscherlich erzogen habe. Die Regentschaft dauerte bis zu Ludwigs vierundzwanzigstem Lebensjahr, obgleich der junge Herzog schon zuvor in die Regierungsgeschäfte eingriff, zumeist im Sinne einer vorsichtigen Politik. Allerdings hatten die erlebten Spannungen wenig zur herrscherlichen Prägung Ludwigs beigetragen.

Der junge Prinz Ludwig wurde durch die entschieden lutherischen Stuttgarter Hofprediger und Konsistorialräte Balthasar Bidembach (1533–1578)[44] und Lukas Osiander (1534–1604)[45] vorzüglich erzogen – doch standen, von der Mutter gefördert, frühzeitig Jagdleidenschaft und Neigung zu äußerer Pracht stark im Vordergrund. Ludwigs Neigungen zu Kunst, Musik und Literatur waren unverkennbar – das ausgeprägte höfische Leben Stuttgarts hatte einen guten Ruf und gab wichtige Impulse; es stand durchaus in einer Kontinuität zur Praxis unter Christoph; aber Ludwig baute sie weit aus – für einen Mann wie Nikodemus Frischlin[46] war der Renaissancehof des württembergischen Herzogs ein Feld wichtiger und fordernder Anregungen. Problematischer war, daß der Herzog weiterhin in hohem Maße dem Laster der Zeit zugetan war, dem »Saufteufel«; freilich offenbar nicht ganz so dramatisch wie der ältere Bruder Eberhard. Hinzu kam ein gewisses Desinteresse, eine persönliche Unbeweglichkeit – bestärkt von seiner Mutter, der brandenburgischen Anna Maria; dadurch fiel den Räten ein weit größerer Anteil an der Regierung zu, als sie ihn zu Zeiten des Herzogs Christoph gehabt hatten, auch wenn Ludwigs cholerisches Temperament gelegentliche, nur wenig anhaltende Eingriffe brachte. Ohne Zweifel aber war der Hof Ludwigs geprägt durch

44 Palmer. In: Allgemeine Deutsche Biographie. Bd. 2. Leipzig 1875. S. 616f.; Hermann, Karl. In: Neue Deutsche Biographie. Bd. 2. Berlin 1955. S. 218; Bernhardt (wie Anm. 7, Bd. 1) S. 165ff.

45 Sohn des Andreas Osiander. Wagenmann / Bossert, Gustav. In: Realenzyklopädie für protestantische Theologie und Kirche. Bd. 14. Leipzig 1904. S. 509–512; Bernhardt (wie Anm. 7, Bd. 2) S. 527ff.; Hochstetter, Eduard: Lucas Osiander der Ältere. In: Blätter für württembergische Kirchengeschichte 8 (1893) S. 37–40, S. 45–48, S. 55f, S. 61–64, S. 68–72, S. 76f.

46 Scherer, Wilhelm. In: Allgemeine Deutsche Biographie. Bd. 8. Leipzig 1878. S. 96–104; Bebermeyer, Gustav. In: Neue Deutsche Biographie. Bd. 5. Berlin 1961. S. 620f.; Strauß, David Friderich: Leben und Schriften des Dichters und Philologen Nicodemus Frischlin. Frankfurt 1856; Röckelein, Hedwig / Bumiller, Casimir (Hgg.): Nikodemus Frischlin: [...] ein unruhig Poet. Balingen 1990. Dazu die Beiträge in diesem Band.

eine angenehme und anregende Atmosphäre. Auf Ludwig gehen das Stuttgarter Lusthaus Georg Beers, die Grafenstandbilder der Stuttgarter Stiftskirche, das Landgestüt in Marbach und nicht zuletzt die erste Landesaufnahme Württembergs, die *Chorographia Ducatus Virtembergici*, zurück.[47]

Das spätere Urteil der Geschichtsschreibung über Herzog Ludwig war dagegen rasch mit ihm fertig: der epigonale Sohn, der es nicht schaffte, den Rahmen auszufüllen, den der Vater gesetzt hatte. Nun hatte Christoph selbst diese Entwicklung durchaus befördert, indem er Ludwig testamentarisch lange von der Regierung fernhielt, eine Phase, die zehn Jahre lang dauern sollte. Er zementierte ihn in den Kreis seiner bisherigen Räte ein. In diese Linie gehört auch die Eheschließung Ludwigs mit Dorothea Ursula von Baden, der Tochter von Christophs wichtigem politischem Partner Karl II. von Baden–Durlach, Nichte des Statthalters Graf Heinrich von Castell. Die Räte bestimmten nun sehr viel eigenständiger die Geschäfte als unter Christoph. Damit aber blieb der häufig durch einen Herrscherwechsel programmierte Durchbruch veränderter Ideen, einer neuen Ära in Württemberg aus – den Jahren Christophs folgte gleichsam ein milderes, »silbernes« christophorisches Zeitalter nach. Gerade die Regierung Ludwigs aber zeigte, daß der Vater vorzügliche und kompetente Räte besessen hatte, die konsequent die Politik des großen Herzogs unter dem schwächeren Nachfolger fortführten, auch wenn der Tod seine Ernte hielt. Dabei spielte Christophs einstiger Kammersekretär Melchior Jäger (1544–1611) eine Schlüsselrolle, der zum Geheimen Rat aufstieg – sein Beiname »Herzog Melchior« verdeutlichte den beherrschenden Einfluß auf Ludwig, den er aber taktvoll und zurückhaltend ausübte, auch wenn er gelegentlich deutliche Worte nicht scheute, etwa als er meinte, Ludwigs exzessiver Weingenuß würde die Zeugung von Nachkommen verhindern.[48] Das Zurücktreten des Herrschers führte schnell zur institutionellen Ausformung eines Geheimes Rats.

Unter solchen Voraussetzungen blieb die württembergische Politik im überkommenen Rahmen, im System des Augsburger Religionsfriedens von 1555, und wurde weiterhin von den Hauptkomponenten Österreich

---

47 Stälin (wie Anm. 1) S. 817–828.
48 Bernhardt (wie Anm. 7) Bd. 1 S. 402–406.

und Luthertum bestimmt. Der persönlich überaus fromme Herzog hatte diese Linie selbst so sehr verinnerlicht, daß er sie entschieden stützte und problemlos mit den auf Christophs Kurs eingeschworenen Räten realisierte. Dabei war er insofern noch ein Kind des früheren 16. Jahrhunderts, als auch er durchaus eine Reserve gegen den Adel zeigte. Gewiß, der Adel war, zumal für einen stärker aktivierten Hof, unentbehrlich, aber die zunehmende Distanzierung vom Territorium und den Aufbau der Reichsritterschaft sahen Ludwig und seine Räte mit Mißtrauen. Wie Dieter Stievermann gezeigt hat, ist dies zu berücksichtigen, wenn man Frischlins Adelssatire einordnen will.[49] Das Tübinger *Collegium illustre*, das heutige Wilhelmstift, sollte der Ausbildung von künftigen Beamtenkindern dienen, also eine Art weltliches Pendant zum Stift bilden, und damit eher der Ehrbarkeit des Landes als den Rittern von Nutzen sein – erst der Nachfolger Herzog Friedrich I. machte es zum Ritterstift.[50] Dies heißt, daß Frischlin dem reichsritterschaftlichen Adel nicht in einer unangreifbaren Stellung begegnete.

Die Vormundschaftsregierung hatte keinen Landtag einberufen, sich jedoch bei den ständischen Ausschüssen abgesichert – allerdings hatte Christoph bereits die wichtigsten Entscheidungen fixiert. Ludwig aber besann sich wieder auf das Zusammenspiel des Vaters mit den Ständen und berief 1583, allerdings relativ spät, einen Landtag ein, um seine Schulden zu regulieren[51] – daß keiner mehr folgte, lag nicht nur daran, daß der Herzog das württembergische Staatsschiff in ruhigere Gewässer führte, sondern auch, daß sich die landständische Verfassung Württembergs verfestigt hatte, daß es ein entwickeltes Ausschußwesen gab, mit dem man arbeiten konnte – die schnelle Oligarchisierung der württembergischen »Ehrbarkeit« kam der Kooperation entgegen.[52] Die Verselbständigung der Ehrbarkeit, die sich eng mit dem territorialen Amtsträgertum verband, erleichterte Ludwig das Regieren. Der Hof bildete eine bedeutsame Attraktion; die Feste und Ritterspiele, so Michael Hörrmann, gaben ihm weithin ein großes Ansehen.[53] Der Herzog verband den ver-

---

49 Vgl. den Beitrag von Dieter Stievermann in diesem Band.
50 Willburger, August: Das Collegium illustre zu Tübingen. Tübingen 1912.
51 Grube (wie Anm. 8) S. 237–250.
52 Vgl. dazu zuletzt: Bernhardt (wie Anm. 7) passim.
53 Hörrmann (wie Anm. 37, Ringrennen am Stuttgarter Hof).

stärkten höfischen Stil mit seiner persönlichen lutherischen Frömmigkeit – man könnte, ein späteres Epitheton des Heidelberger Hofes variierend, von einem »Lutheranismus aulicus« sprechen, der Ludwig durchaus immer noch die Züge eines »Betefürsten« ermöglichte. Nach innen wie nach außen verfocht der Herzog, der Interesse für theologische Schriften zeigte, unbeirrbar das orthodoxe Luthertum Brenzscher Prägung.[54] Für einen wohl zum reformierten Bekenntnis neigenden, vom Humanismus geprägten Mann wie den großen Mathematiker und Geographen Philipp Apian[55] war kein Platz mehr an der Tübinger Universität, so sehr der Herzog persönlich dies bedauerte. Die lutherische Entschiedenheit dokumentierte vor allem die theologische Fakultät, an der Jakob Andreae mehr und mehr dem Höhepunkt seiner Wirksamkeit entgegenging. Die Heidelberger Calvinisten nannten ihn den *lutherischen Papst zu Tübingen.*

Hier äußerte sich die scharfe Abgrenzung zwischen den beiden benachbarten Höfen von Stuttgart und Heidelberg, dessen immer entschiedenere Hinwendung zum reformierten Bekenntnis in Württemberg scharfe Ablehnung hervorrief und schrille Kontroversen der beiderseitigen Theologen provozierte. Der Umsturz von 1576/77, als der lutherische Kurfürst Ludwig VI. in Heidelberg ans Ruder kam, wurde in Stuttgart mit Begeisterung und tätiger Unterstützung quittiert.[56] Daß sich seit 1583/84 das Blatt wieder wendete und der reformierte Kuradministrator Johann Casimir die lutherischen Räte und Pfarrer seines Bruders und Vorgängers ins Exil zwang,[57] war eine schwere Niederlage Herzog

---

54 Ludwig galt nicht nur als fromm und orthodox lutherisch, sondern auch als guter Kenner der Theologie. Hermelink, Heinrich: Geschichte der evangelischen Kirche in Württemberg von der Reformation bis zur Gegenwart. Das Reich Gottes in Württemberg. Stuttgart/Tübingen 1949. S. 107.

55 Günther, Otto. In: Allgemeine Deutsche Biographie. Bd. 46. Leipzig 1902. S. 23ff.; Hartner, Willy. In: Neue Deutsche Biographie. Bd. 1. Berlin 1953. S. 326; Gruber, Auguste: Philipp Apian. Diss. phil. Masch. München 1923. Zu Apian plane ich eine eigene Studie.

56 Bezold, Friedrich von. In: Allgemeine Deutsche Biographie. Bd. 17. Leipzig 1883. S. 577–580; Press, Volker. In: Neue Deutsche Biographie. Bd. 10. Berlin 1974. S. 510–513; ders. (wie Anm. 24) S. 267–298.

57 Bezold, Friedrich von. In: Allgemeine Deutsche Biographie. Bd. 14. Leipzig 1881. S. 307–314; Press, Volker. In: Neue Deutsche Biographie. Bd. 15. Berlin 1987. S. 414f.; ders. (wie Anm. 24) S. 299–368.

Ludwigs; denn der gleichnamige Heidelberger Kurfürst hatte ihn zum Mitvormund des kleinen Kurprinzen und zum Beschützer des jungen Pfälzer und des etwas älteren Oberpfälzer Luthertums gemacht. Aber Herzog Ludwig vermochte trotz eines Prozesses hier nichts zu ändern, zumal Johann Casimir den Württemberger massiv unter Druck hielt. Dies verstärkte wieder die Rücksichtnahme auf Österreich und den Kaiser.

Der Herzog hätte gegen Johann Casimir wohl kaum eine Chance gehabt, aber damit zeigte sich doch der politische Bedeutungsverlust Württembergs in der reichspolitischen Szene – neben Kurfürst August von Sachsen[58] wurde der weitsichtige Markgraf Georg Friedrich von Brandenburg–Ansbach[59] – auch er übrigens ein trinkfreudiger Herr – zum Doyen des deutschen Luthertums. Nimmt man noch Ludwigs Schwager, Landgraf Ludwig IV. von Hessen–Marburg,[60] den alten Partner Christophs und dann auch Ludwigs, Pfalzgraf Philipp Ludwig von Pfalz–Neuburg,[61] hinzu, so sind die wichtigsten Mitspieler der württembergischen Reichspolitik markiert, ganz zu schweigen von den kleineren evangelischen Fürsten, die sich um den Württemberger und seine Tübinger Universität scharten. Die Rollen von Kreisoberst und kreisausschreibendem Fürsten im Schwäbischen Kreis führten Herzog Ludwig und seine Räte konsequent im gleichen Stil fort, so wie sie Christoph begründet hatte. Versuche Markgraf Karls, während der Vormundschaft, das Amt an sich zu bringen und das wachsende Übergewicht Württembergs zu korrigieren, waren gescheitert. Allerdings wirkt die Kreispolitik Ludwigs deutlich defensiver als jene Christophs.

Die württembergische Politik fand ihren Platz unter jenen deutschen Lutheranern, die den Augsburger Religionsfrieden stabil halten wollten. Dabei spielte abermals der konfessionelle und zunehmend politische Gegensatz zur Kurpfalz eine Rolle – das homogene Württemberg war der

58 Kluckhohn. In: Allgemeine Deutsche Biographie. Bd. 1. Leipzig 1875. S. 674–680; Rößler, Hellmuth. In: Neue Deutsche Biographie. Bd. 1. Berlin 1953. S. 448ff.; Kötzschke, Rudolf / Kretzschmar, Helmut: Sächsische Geschichte. Frankfurt/M. 1965. S. 219–235 (dort auch weiterführende Literatur).
59 Wie Anm. 39.
60 Wie Anm. 28.
61 Kossol, Erika: Die Reichspolitik des Pfalzgrafen Philipp Ludwig von Neuburg (1547–1614). Göttingen 1976.

Pfalzgrafschaft an territorialer Geschlossenheit, urbaner Konzentration und wirtschaftlicher Kraft überlegen, nicht aber an Rang und reichspolitischer Bedeutung. Die Stuttgarter Politik hatte jedoch begriffen, daß die Hinwendung Heidelbergs zum reformierten Bekenntnis mehr war als eine persönliche Konfessionsentscheidung eines Landesherrn – sie bedeutete die Distanzierung vom Religionsfrieden und von reichspolitischer Legalität durch den ersten weltlichen Kurfürsten des Reiches – der Pfälzer Revisionismus stellte keinen bloßen Alleingang eines vereinzelten Fürsten dar, sondern er legte die Axt an die Grundlagen der württembergischen Politik, die jede Kollision mit Kaiser und Reichsrecht zu vermeiden trachtete.[62] Der Stuttgarter Hof vermied aber auch nach der anderen Seite jegliches Risiko.

Hatte Christoph im Heidelberger Bund von 1553 noch eine zentrale Rolle gespielt, so mied Württemberg den nachfolgenden Landsberger Bund von 1569,[63] Bundesprojekte Kurfürst Friedrichs III. lehnte das Württemberg Herzog Ludwigs ab, ebenso wie 1577 und 1585 Pläne der englischen Königin Elisabeth, ein allgemeines evangelisches Bündnis zu begründen, und dann die Torgauer Allianz von 1591 zwischen Kurpfalz und Kursachsen, das unter dem neuen Landesherrn, Kurfürst Christian I., aus dem lutherischen Lager ausgeschieden war.[64] Aus der Tradition Philipp Melanchthons, dem sächsischen »Philippismus«, schien ein sächsischer Calvinismus zu werden. Ludwig konnte am kursächsischen Beispiel allerdings auch die Unpopularität der Hinwendung Kurfürst Christians I. zum reformierten Bekenntnis beobachten.[65] Um-

---

62 Press, Volker: Bayerns wittelsbachische Gegenspieler – die Heidelberger Kurfürsten 1505–1685. In: Glaser, Hubert (Hg.): Um Glauben und Reich. Kurfürst Maximilian I., Wittelsbach und Bayern. II/1. München 1980. S. 24–39; Press (wie Anm. 24) passim.

63 Riezler, Sigmund: Geschichte Bayerns. Bd. 4. Gotha 1899. passim; Endres, Rudolf: Der Landsberger Bund (1556–1598). In: Festschrift Andreas Kraus. Kallmünz 1982. S. 197–212; Göttmann, Frank: Zur Entstehung des Landsberger Bundes im Kontext der Reichs-, Verfassungs- und regionalen Territorialpolitik des 16. Jahrhunderts. In: Zeitschrift für historische Forschung 19 (1992) S. 415–444.

64 Ritter (wie Anm. 13, Bd. 2) S. 53–59.

65 Flathe, Theodor. In: Allgemeine Deutsche Biographie. Bd. 4. Leipzig 1876. S. 172; Schille, Christa. In: Neue Deutsche Biographie. Bd. 3. Berlin 1957. S. 230f.; Klein, Thomas: Der Kampf um die Zweite Reformation in Kursachsen 1586–1591. Köln/Graz 1962; Blaschke, Karlheinz: Religion und Politik in Kursachsen 1586–

so wichtiger war die Absicherung des württembergischen Luthertums durch den ständischen Ausschuß; auch hier zeigte sich die Kontinuität zum Vater Christoph, wenn Ludwig und seine Räte es peinlich vermieden, landesherrliche Prärogativen aufzugeben. Sehr deutlich wird, gerade im Kontrast zum traditionellen kursächsischen Partner, daß Württemberg die reichspolitische Kontinuität wahrte und unter keinen Umständen sein Verhältnis zum Kaiser und zum Haus Österreich gefährden wollte. Hinzu kam immer wieder das nachhaltige Mißtrauen gegen eine Einbeziehung der Reformierten. In den ersten Jahren des niederländischen Aufstandes gestatteten die württembergischen Räte sogar spanische Werbungen.

Damit aber wurde abermals deutlich, wie stark die geordneten Beziehungen zu Österreich und zum Reichsoberhaupt Eckpfeiler der württembergischen reichspolitischen Stellung waren; sie waren aber am besten zu behaupten in einer Gesamtkonstellation,[66] die auf der absichernden Gültigkeit des Augsburger Religionsfriedens beruhte. Dies zeigte sich auch in der wachsenden Distanz zu den westeuropäischen Glaubensbrüdern, die freilich weit überwiegend Reformierte waren; so entzog sich Württemberg – trotz zeitweiliger Erregung Herzog Ludwigs über die Pariser Bartholomäusnacht von 1572 – Bundesplänen im Zusammenhang mit einem Hugenottenaufstand. Das verhinderte nicht den verheerenden Einfall der katholischen französischen Religionspartei in die württembergische Grafschaft Mömpelgard, bei dem Ludwig der Schwäbische Reichskreis im Stich ließ.[67] Erst als 1589 das bisherige hugenottische Parteihaupt, König Heinrich von Navarra, als französischer König die Legalität für sich hatte, trat Herzog Ludwig halbwegs aus der Reserve heraus.[68] Es zeigte sich jedoch in der Folge, daß auch

1591. In: Schilling (wie Anm. 14, Reformierte Konfessionalisierung) S. 79–97; Hoyer, Siegfried: Staat und Stände und Konfession in Kursachsen Ende des 16. Jahrhunderts. Das Experiment Christians I. In: Timmermann, Heiner (Hg.): Die Bildung des frühmodernen Staates. Saarbrücken–Scheidt 1989. S. 175–192.

66 Ganz offensichtlich ist, daß die württembergische Politik auch Entwicklungen in den entfernteren Teilen des Reiches aufmerksam beobachtete.

67 Tuetey, Alexandre: Les Allemands en France et l'invasion du Comté de Montbéliard par les Lorrains, 1587/1589. 2 Bde. Montbéliard 1883.

68 Stälin (wie Anm. 1) S. 801–808; Schott, Theodor: Herzog Ludwig von Württemberg und die französischen Protestanten in den Jahren 1568–1570. In: 1877. Festschrift zur

die Furcht um das exponierte Mömpelgard ein bestimmender Faktor der württembergischen Politik blieb. Die zunehmende konfessionelle Polarisierung im Reich aber begann die Fundamente des Friedens anzusägen und die württembergische Politik in Frage zu stellen – eine Entwicklung, die das Württemberg Herzog Ludwigs um nahezu jeden Preis zu vermeiden trachtete. In Stuttgart und Tübingen bemühte man sich umsomehr um die Verteidigung des reinen lutherischen Glaubens und um die Abwehr der zahlreichen Abweichungen.

Mit großer Zähigkeit versuchten Ludwigs Räte das gute Verhältnis zum Kaiser und zur vorderösterreichischen Linie Habsburgs zu wahren und doch gleichzeitig weiterhin das Afterlehensverhältnis, die Konsequenz des Kaadener Vertrags von 1534, auszuhöhlen oder gar zu beseitigen, das die Stellung des württembergischen Hauses nach wie vor belastete.[69] Dem Herzog gelangen bei den Belehnungen von 1573 und 1584 kleinere Modifikationen, aber die grundlegenden Bestimmungen des Kaadener Vertrags blieben – seine Beseitigung erreichte erst der Nachfolger Herzog Friedrich I. 1599 im Prager Vertrag, wenn auch die österreichischen Vorbehalte nach wie vor belastend genug blieben. Immerhin konnte sich Friedrich auf das stete Bemühen Ludwigs und seiner Räte stützen und für Württemberg dann den Versuch unternehmen, bei einem Anfall an Österreich das evangelische Bekenntnis des Herzogtums garantieren zu lassen; Rudolf II. ging darauf ein, wenngleich seine Räte intern verlauten ließen, im Ernstfall müsse man doch Gott mehr gehorchen als den menschlichen Vereinbarungen.[70] Doch dies führt bereits über die Zeit Herzogs Ludwigs hinaus.

Das Ringen um das Afterlehensverhältnis und damit um die volle Gleichberechtigung Württembergs im deutschen Fürstenstand zwang Herzog Ludwig nach wie vor zu größtmöglicher Rücksichtnahme auf Österreich. Dessen verstärkte Identifikation mit den gegenreformatori-

vierten Säcular–Feier der Eberhard Karls–Universität Tübingen. Stuttgart 1877. S. 53–68; vgl. zur Vorgeschichte auch: Petri, Hans: Herzog Christoph von Württemberg und die Reformation in Frankreich. In: Blätter für württembergische Kirchengeschichte 55 (1955) S. 5–64.

69 1573 verlieh Kaiser Maximilian II. Ludwig die Reichsregalien. Stälin (wie Anm. 1) S. 778.

70 Press (wie Anm. 11) S. 423.

schen Kräften im Reich, die forcierte Betonung der Katholizität zwang der württembergischen Politik wiederum eine erhöhte reichspolitische Passivität auf, die allerdings Ludwigs im Vergleich zum Vater phlegmatischerer Persönlichkeit entgegenkam. Allen protestantischen Aktionen, die mit dem Religionsfrieden kollidieren konnten, blieben Ludwig und seine Räte fern – es war allerdings die Frage, wie lange man diese Linie würde durchhalten können, wenn die Fundamente des Religionsfriedens immer stärker bröckelten. Hinzu kam eine nachhaltige Scheu vor gewaltsamen Aktionen, die auch einen Ausbau des Schwäbischen Kreisobersten–Rates eingrenzten: immerhin gab es 1591 eine kleine Exekution in kaiserlichem Auftrag gegen Konrad von Pappenheim, der mit dem Haus Fürstenberg um die Grafschaft Lupfen rang, eine Position die nicht unwichtig war für die Verkehrswege in die Schweiz.[71] 1579 allerdings blieb Ludwig nichts anderes übrig, als gegen Graf Ludwig von Löwenstein die Oberlehensherrschaft über die gleichnamige Grafschaft mit Gewalt durchzusetzen.[72]

Auch bestimmten Rücksichten auf Kaiser, Haus Österreich und Reichsrecht das Handeln Herzog Ludwigs. Schon die Vormundschaft hatte deshalb bei der Verlängerung des Freundschaftsvertrages mit Hessen gezögert. Ludwig selbst war immer bereit, evangelische Anliegen in allen Teilen des Reiches zu unterstützen, aber stets im Rahmen reichsrechtlicher Legalität, doch auch nicht ohne Rücksicht auf österreichische Interessen. Während er gern eindeutig evangelischen Reichsstädten bei der Konsolidierung der Reformation half, zögerte Ludwig, die Reichsstadt Ulm in ihren Auseinandersetzungen mit der katholischen Minderheit zu unterstützen, weil hinter dieser augenscheinlich Österreich stand.

---

71 Sattler (wie Anm. 1, Teil 4) S. 130–133; Stälin (wie Anm. 1) S. 810.

72 Anlaß des Eingreifens waren Untertanenkonflikte des Grafen Ludwig von Löwenstein – ein für die Zeit nicht untypischer Vorgang. Die Untertanen hatten Herzog Ludwig als Oberlehensherren angerufen. Als sich der Graf gegen Ludwigs Politik sperrte, eine Reichsunmittelbarkeit beanspruchte und die württembergische Lehenshoheit ablehnte, ging Herzog Ludwig gegen ihn vor. Am Ende stand die Unterwerfung der Grafschaft unter die württembergische Hoheit und die Beilegung des Untertanenkonflikts. – Rommel, Karl: Grundzüge einer Chronik der Stadt Löwenstein. Löwenstein 1893. S. 60–77; Angerbauer, Wolfram: Löwenstein von 1510 bis zum beginnenden 19. Jahrhundert. In: 700 Jahre Stadt Löwenstein 1287–1987. Löwenstein 1987. S. 189–217. Hier: S. 192–196.

1572 kam es zu einem Arrangement mit dem Kloster Zwiefalten, das dessen Katholizität und faktische Landesherrschaft, trotz weiterbestehender württembergischer Schirmherrschaft und fehlender Reichsstandschaft sicherte. Auch die Stabilisierung der entstehenden Reichsritterschaft dankte der Zurückhaltung Herzog Ludwig einiges. Immer wieder ergingen kaiserliche Kommissionen an Württemberg, das im Auftrag des Reichsoberhauptes Streitigkeiten zu schlichten hatte; demonstrativ besuchte der Herzog 1582 auch den Augsburger Reichstag, Ausdruck seiner reichspolitischen Loyalität.

Mit dieser politischen Zurückhaltung korrespondierten Herzog Ludwigs intensive Bemühungen um die Einheit des deutschen Luthertums, stets unter maßgeblichem Einfluß der Tübinger Theologenfakultät, die der in sich gespaltenen Wittenberger den Rang abgelaufen hatte und Württemberg zur intellektuellen Vormacht des deutschen Protestantismus machte, zur Verkörperung lutherischer Rechtgläubigkeit.[73] Die Jahre Herzog Ludwigs bedeuteten auch hier die reife Ernte der Christoph–Zeit; den Höhepunkt der Wirkungsgeschichte der Tübinger Theologie, die stets ihren Rückhalt am Stuttgarter Hof fand. Im Zweifelsfall hatten die Kirchenmänner für die Entscheidungen Herzog Ludwigs ein beträchtliches Gewicht – eine Tendenz, die verstärkt wurde durch die Zurückhaltung des Herzogs in allgemeinpolitischen Dingen. Für die Außenwirkung stand der Name des orthodoxen Lutheraners Jakob Andreae, Professor, Stiftspropst und Universitätskanzler zu Tübingen.[74] Ich zitiere abermals Rudersdorf:

> Sein Name steht für eine lebendige Epoche württembergischer Kirchlichkeit, er wurde zum Symbol für die Ausstrahlung der lutherischen Orthodoxie im Reich. Andreae war ebenso scharfer Kontroverstheologe wie ge-

73 »Infolge des großen Einflusses, den Andreae in allen lutherischen Kirchen gewonnen hatte, wurde Tübingen der Mittelpunkt der Orthodoxie nicht nur im Lande selbst, sondern auch im weiten Umkreis des Luthertums, dem es die bekanntesten Theologen dieses Zeitalters, im Stifte gebildet, zur Verfügung stellte.« Hermelink (wie Anm. 54) S. 123; Der schwere christologische Streit mit der Gießener Fakultät lag nach der Regierung Herzog Ludwigs. – Vgl. Baur, Jörg: Auf dem Wege zur klassischen Tübinger Christologie. Einführende Überlegungen zum sogenannten Kenosis–Krypsis–Streit. In: Brecht, Martin (Hg.): Theologie und Theologen an der Universität Tübingen. Tübingen 1977. S. 195–269.
74 Vgl. Anm. 33.

schmeidiger Diplomat. Mit ausdauernder Konsequenz nutzte er seine stabile schwäbische Position, um den konfessionellen Einigungsprozeß im evangelischen Deutschland zu forcieren. Besonders die Protektion durch den Kurfürsten von Sachsen im Mutterland der Reformation öffnete dem Württemberger schließlich das Tor. Am Ende des schwierigen Weges stand die Einigungsformel des Konkordienbuchs von 1580.[75]

Immer wieder traten sowohl Andreae als auch andere Tübinger Theologen als Visitatoren und Organisatoren auf; württembergische Pfarrer, württembergische Kirchenordnungen, württembergisches Bekenntnis wurden weiterhin exportiert; mit Macht stützte man die auswärtigen Glaubensgenossen, dank eines sozial zusammengewachsenen, gut funktionierenden württembergischen Pfarrerstands. Der Besitz einer erfolgreichen Universität, vor allem der dynamischen Theologenfakultät, für die als Wissenschaftler Jakob Andreaes Kollege Jakob Heerbrand führend war, der Verfasser eines *Compendium theologiae* von 1573, das an Melanchthons berühmte *Loci* anknüpfte und in einer weiteren Auflage 1579 die Konkordienformel einarbeitete.[76] Das evangelische Umfeld geriet unter die geistige Hegemonie Württembergs, das weit ausstrahlte,[77] bis hin zu den spektakulären Kontakten mit dem Patriarchen von Konstantinopel, der sie allerdings 1581 beendete.[78] Auch die Ständekirchen der habsburgischen Erblande erhielten weiterhin zahlreiche geistige Anregungen, aber auch Pfarrer und Lehrer aus Württemberg – Württemberg war nach wie vor eine wichtige Zufluchtstätte der Exulanten, von denen der Laibacher Superintendent und Reformator der Slowenen, Primus Truber, Pfarrer in Derendingen wurde.[79]

75 Rudersdorf (wie Anm. 1) S. 170.
76 Vgl. Anm. 32.
77 Die Wirkung der württembergischen Theologen unter Herzog Ludwig schließt nahtlos an die Zeit Herzog Christophs an. Vgl. Brecht / Ehmer (wie Anm. 3) S. 409–415.
78 Schall, Julius: Tübingen und Konstantinopel. In: Blätter für württembergische Kirchengeschichte 7 (1892) S. 33–75; Zachariades, George Elias: Tübingen und Konstantinopel. Martin Crusius und seine Verhandlungen mit der Griechisch-Orthodoxen Kirche. Göttingen 1941; Wendebourg, Dorothea: Reformation und Orthodoxie. Der ökumenische Briefwechsel zwischen der Leitung der württembergischen Kirche und Partriarch Jeremias II. von Konstantinopel in den Jahren 1573–1581. Göttingen 1986.
79 Ruppel, Mirko: Primus Truber. München 1965; Press, Volker: Württemberg und Österreich in der zweiten Hälfte des 16. Jahrhunderts. Der Hintergrund des Wir-

Allerdings blieb die ängstliche Rücksichtnahme auf die politischen Konstellationen und vor allem auf die reichspolitische Legalität augenfällig; zum Widerstand gegen eine katholische Obrigkeit haben auch unter Herzog Ludwig die württembergischen Räte und Theologen niemals aufgerufen. Andreae bewegte sich bei seinen Missionen in einem politisch abgesicherten Raum; er hätte seine enorme Wirkung, auch das Konkordienbuch, nicht ohne das Wohlwollen der deutschen evangelischen Fürsten, vor allem des Kurfürsten August von Sachsen, des Markgrafen Georg Friedrich von Brandenburg–Ansbach und des Pfalzgrafen Philipp Ludwig von Neuburg, erzielen können.

Dennoch wird Herzog Ludwigs zentrale Rolle für die Erstellung der Konkordienformel von 1577 und des Konkordienbuchs von 1580, also der Einigungsformel für das Luthertum unter orthodoxen Vorzeichen, nicht unterschätzt werden dürfen – auch wenn die intellektuell treibenden Kräften, unterstützt von den weltlichen Räten, die Theologen waren.[80] Gewiß, beide – Konkordienformel und Konkordienbuch – vertieften die Spaltung des deutschen Protestantismus, trieben die Philippisten, also die Anhänger Melanchthons, in Scharen dem reformierten Bekenntnis zu – aber sie erreichten auch und vor allem die Stabilisierung des deutschen Luthertums, für das die Tübinger Theologie eine Führungsrolle gewann.[81] Philippisten und Reformierte, auch ein alter entschiedener evangelischer Fürst wie Ludwigs Schwager Wilhelm IV. von Hessen, ältester Sohn Philipps des Großmütigen, betonten, daß die württembergische Abendmahlslehre im Geiste der Ubiquität, der Allgegenwart Gottes, ein neues, in der Augsburger Konfession nicht enthaltenes Element in die evangelische Theologie gebracht habe; die Heidelberger polemisierten gegen den »lutherischen Brotgott« Tübinger Provenienz; ein Spottbild

kens von Primus Truber. In: Die Slowenen in der europäischen Reformation des 16. Jahrhunderts. Ljubljana 1986. S. 125–148.

80   Bei seiner Verbreitung in Süddeutschland spielte Jakob Andreae eine zentrale Rolle. Brecht, Martin / Schwarz, Reinhard (Hgg.): Bekenntnis und Einheit der Kirche. Studien zum Konkordienbuch. Stuttgart 1980; Hermelink (wie Anm. 54) S. 119–122; Brecht / Ehmer (wie Anm. 3) S. 432–442; Deetjen, Werner Ulrich: »damit wir ob disem Concordibuch bestendig bleiben«. In: Blätter für württembergische Kirchengeschichte 79 (1979) S. 28–53; Ebel, Jobst: Jacob Andreae (1528–1590) als Verfasser der Konkordienformel. In: Zeitschrift für Kirchengeschichte 89 (1978) S. 78–119.

81   Rudersdorf (wie Anm. 1) S. 170f

aus der Sammlung des Pfälzer Kirchenrates Marcus zum Lamb, der wiederholt mit den Tübinger Theologen die Klingen gekreuzt hatte, symbolisierte diese Lehre durch eine mit sächsischem Rautenkranz und württembergischen Stangen behängten Papstfigur.[82] Aber die Konkordienformel bremste doch den fortschreitenden Auflösungsprozeß im evangelischen Lager – auch erreichte man bald, daß sie als maßgebliche Interpretation der Augsburger Konfession weiterhin anerkannt wurde.

Hier aber zeigten sich wieder die Grenzen der engen Verbindung von Luthertum und Reichstreue in der württembergischen Politik. Ludwigs Vorschläge, gewiß gut überlegt, die Konkordienformel von Kaiser und Reich approbieren zu lassen, lehnte, wie 1566, Kurfürst August von Sachsen allerdings ab; das hätte dem katholischen Kaiserhof und der katholischen Reichstagsmehrheit in die Rolle einer formalen Mitbestimmung über die Inhalte des evangelischen Bekenntnisses eingebracht.[83] So kennzeichnend es ist, daß die Prager Räte Rudolfs II. nicht ohne Grund glaubten, den Württemberger für solche Überlegungen gewinnen zu können, so sehr hatte er sich doch von der Position des Vaters entfernt, von dessen Zusammenspiel mit dem Kaiser und Albrecht V. von Bayern gegen die Pfälzer Calvinisten 1566. In Stuttgart hatte man inzwischen die Gesetze des Konfessionalisierungsprozesses erkannt und ließ sich dann doch nicht auf das gefährliche Zusammenspiel mit den katholischen Reichsständen in kirchlichen evangelischen Angelegenheiten ein. Das war konsequent, zeigte aber zugleich auch, wie sehr die Konfessionen im Reich auseinandergetreten waren.

Immer wieder mußte man in Stuttgart mit Schmerzen die Grenzen des Konkordienwerks mit ansehen. Es trug zu mancher Irritation bei, wie bei jenem Ritterhauptmann des Orts Odenwald der Reichsritterschaft, der die württembergischen Emissäre wissen ließ, es seien *gar geschwinde läuft* und man werde erst am Jüngsten Tage wissen, wem der Zuschlag geschehe, obgleich insgesamt auch hier die Anbindung an das Konkordien-

---

82 Vgl. den *Thesaurus Picturarum* des Marcus zum Lamb in der Hochschulbibliothek Darmstadt.

83 Deetjen, Werner-Ulrich: Concordia Concors – Concordia Discors. Zum Ringen um das Konkordienwerk im Süden und im mittleren Westen Deutschlands. In: Brecht / Schwarz (wie Anm. 80) S. 303–349. Hier: S. 320.

buch erfolgreich war.[84] Ludwig mußte nicht nur mit ansehen, wie der Pfälzer Calvinismus sich mit dem Regierungsantritt Friedrichs IV. 1592, auf den man manche Hoffnung gesetzt hatte, verfestigte und in der lutherischen Oberpfalz zur Offensive überging,[85] schlimmer noch, daß der neue sächsische Kurfürst Christian I. seit seinem Regierungsantritt 1586 allmählich den gemeinsamen Kurs des Konkordienbuchs verließ, die philippistischen Traditionen Kursachsens wieder belebte und sich dem reformierten Lager näherte.[86] 1591 folgte daraus das Torgauer Bündnis Kursachsens mit der Kurpfalz, das ganz eindeutig den revisionistischen Kräften im Reich Auftrieb gab – Ludwig verweigerte sich ihm, nicht ohne daß er sich nach der alten Tradition Christophs durch den Konsens des großen landständischen Ausschusses abgesichert hatte, der ganz entschieden gegen jegliche Bündnispolitik votierte. Allerdings erlebte Ludwig noch den Tod Christians und die Rückkehr Kursachsens zur gemeinsamen lutherischen Linie, ohne daß allerdings in der Folge die bisherige enge Zusammenarbeit wieder auflebte.

Das alles focht den Stuttgarter Herzog nicht an; in seinem Land galt die Konkordienformel unbestritten; Pfarrer und Beamte, die nicht unterschrieben, mußten weichen – weder gegen Gott noch gegen die kaiserliche Majestät wollte die Stuttgarter Politik ein Risiko eingehen. Für sie gab es keinen anderen Weg als reichspolitische Legitimität und lutherische Rechtgläubigkeit – in weltlichen wie in kirchlichen Dingen.[87]

Der Herzog wußte darin sein Volk hinter sich. Die Landstände bzw. ihre Ausschüsse standen trotz mancher Auseinandersetzungen fest hinter seiner Politik. Herzog Christophs System der Absicherung hatte sich bewährt. Allerdings hatten sich die Gewichte doch verschoben. Die Landstände, die einst dem Herzog zu Gevatter gestanden hatten, riskierten

84 Zur Konfessionsentwicklung der Odenwälder Reichsritterschaft: Neumaier, Helmut: Reformation und Gegenreformation im Bauland. Schwäbisch Hall 1978; Deetjen (wie Anm. 83) S. 316f.; Press, Volker: Die Reichsritterschaft im Reich der frühen Neuzeit. In: Nassauische Annalen 87 (1976) S. 101–122. Hier: S. 110.
85 Press (wie Anm. 24) S. 368–419.
86 Vgl. Anm. 65.
87 Schreiner, Klaus: Rechtgläubigkeit als »Band der Gesellschaft« und »Grundlage des Staats«. Zur eidlichen Verpflichtung von Staats– und Kirchendienern auf die Formula Concordiae und das Konkordienbuch. In: Brecht / Schwarz (wie Anm. 80) S. 351–379.

manches selbstbewußte Wort, das sie Christoph gegenüber so nie gewagt hätten. Ludwig aber ließ sie weitgehend gewähren; das soziale Fundament war geschlossen und oligarchisch bestimmt – die Verwandtschaft der Ehrbarkeit ein wichtiges Bindemittel zwischen den kirchlichen und weltlichen Würdenträgern des Landes und den Häuptern der Stände; Andreae, Melchior Jäger oder der lutherische Abt von Bebenhausen, Eberhard Bidembach, der Wortführer der Landstände, gehörten allesamt der gleichen sozialen Gruppe an. Ihre Geschlossenheit verfestigte sich, ohne daß Ludwig etwas dagegen hatte.

Das Festhalten am Bestehenden zeigte sich bei der Nachfolgeregelung. Die Sorge war groß, denn Ludwig hatte nach der kinderlosen Ehe mit der Badenerin noch ein zweites Mal geheiratet. Aber auch die jüngere Pfalzgräfin Ursula von Veldenz brachte nicht den erhofften Kindersegen; die Zeitgenossen führten dies auf Herzog Ludwigs übermäßigen Weingenuß zurück. Auch hatten ihn seine Räte vergebens davor gewarnt. Damit aber drohte der im Kaadener Vertrag vereinbarte Zugriff Habsburgs auf Württemberg. Herzog Christoph hatte noch seinen alten Onkel Graf Georg[88] zur späten Heirat veranlaßt (Georgs Bruder Ulrich hatte dies stets vergebens versucht) – aus der Verbindung mit der Tochter Barbara Philipps von Hessen entsprang in der Tat ein überlebender Sohn, der das Haus Württemberg rettete. Um diesen Grafen Friedrich mühten sich Christoph und dann auch Ludwig, der kurze Zeit zum Vormund des jungen Vetters aufstieg. Es gelang Ludwig auch, das Vertrauen des Mömpelgarders zu erwerben, wenngleich ein gewisses Mißtrauen des Stuttgarter Herzogs gegenüber dem selbstbewußten und jähzornigen Vetter nicht fehlte. Dies äußerte sich in Ludwigs letztem Testament, mit dem er den Nachfolger an sein bisheriges System zu fesseln trachtete, um über seinen Tod hinaus das Erbe Herzog Christophs zu kontinuieren.[89] Als

---

88 Die Biographie des Grafen Georg von Württemberg bleibt nach wie vor ein Desiderat der Forschung; vgl. Stälin, Christoph Friedrich von. In: Allgemeine Deutsche Biographie. Bd. 8. Leipzig 1878. S. 709f.; ders. (wie Anm. 1) S. 596–601; Viénot, John: Histoire de la Réforme dans le pays de Montbéliard Teil 1. Montbéliard 1900. S. 191–208; Grube, Walter: 400 Jahre Haus Württemberg in Mömpelgard. In: Uhland (wie Anm. 1) S. 438–458. Hier: 442ff.
89 Vgl. Reyscher (wie Anm. 42) S. 190–236. Dazu das Kodizill vom 11. Juli 1592: ebd. S. 236–350.

Ludwig am 8. August 1593 39jährig plötzlich einem Schlaganfall erlag, konnte Friedrich I. mühelos die Regierung übernehmen – und damit begann eine neue Phase der württembergischen Geschichte, denn der Nachfolger gedachte sich nicht dem Willen des toten Vorgängers zu unterwerfen.[90] Aber die doppelte Absicherungspolitik Herzog Ludwigs und seiner Räte gegen Österreich hatte funktioniert.

Ludwig von Württemberg hatte bei den Zeitgenossen gewiß mehr Sympathien als bei den späteren Historikern, die ihn stets am Vater maßen und damit seine persönlichen Schwächen und seine Abhängigkeit von Juristen und Theologen feststellten. Auch seine unverkennbare Frömmigkeit, die man – im Gegensatz zum 16. Jahrhundert – später nur noch schwer für vereinbar mit seiner Neigung zum Trunk hielt, seine offenkundige Bildung, seine Liebe zu Kunst und Wissenschaft, sein offener und glänzender höfischer Stil konnten sein Ansehen nicht retten. Er entsprach viel zu wenig der älteren Vorstellung vom tugendsamen und der späteren vom modernen Herrscher; unbestreitbar sank auch das politische Gewicht Württembergs im Übergang von Christoph auf Ludwig, auch wenn er im gefährlichen Straßburger Kapitelstreit[91] erfolgreich vermittelte. Doch die Jahre Herzog Ludwigs waren eine Phase der Ruhe, der Stabilisierung in der württembergischen Geschichte, gewiß wesentlich bestimmt von der Rücksicht auf den Kaiser, auf das Haus Österreich und auf das Reichsrecht. Doch gerade aus dieser Situation heraus konnte Württemberg seine bedeutende Rolle im deutschen Luthertum spielen, gewannen die Tübinger Theologen ihre Schlüsselposition, die ohne die nachhaltige Unterstützung des Herzogs nicht denkbar gewesen wäre, aber auch nicht ohne dessen Einbindung in das Reich und unter den deutschen evangelischen Fürsten. Die silberne Epoche des jüngeren württembergischen Luthertums fußte auf der rastlosen Tätigkeit Herzog Christophs, dessen Erbe der Sohn verwaltete – für Hof und Land war es gewiß keine schlechte Zeit, und das Land liebte seinen frommen, gebildeten, kunstsinnigen, gutmütigen, trink- und jagdfreudigen Fürsten, der den meisten Teil der Regierung seinen Räten überließ. Ludwig wußte sehr wohl, daß

90 Uhland, Robert: Herzog Friedrich (1593–1608). In: Uhland (wie Anm. 1) S. 174–182.
91 Sattler (wie Anm. 1, Teil 4) S. 140–149; Stälin (wie Anm. 1) S. 811ff.

die friedliche Entwicklung seines Herzogtums aufs engste mit der Ruhe im Reich zusammenhing, die zu erhalten der Stuttgarter Herzog nach Kräften bemüht war. Sein Nachfolger, der Autokrat Friedrich I. (1593–1608), geriet allerdings in eine stürmischere Epoche, in der die Regelungen des Religionsfriedens nacheinander zerbrachen und in der es weitaus schwerer war, die Leitsterne der württembergischen Politik zusammenzuhalten: Kaisertreue und Luthertum, so wie es Herzog Ludwig und seine Räte getan hatten.

Manfred Rudersdorf

Orthodoxie, Renaissancekultur und Späthumanismus.

Zu Hof und Regierung Herzog Ludwigs von Württemberg (1568-1593)

Er, Herzog Christoph, legte eine ordentliche Registratur zu alten und neuen Acten und Briefen an. Ja das Land selbst nahm, unter seiner friedlichen Regierung, an Bürgern, an Privat–Gebäuden, Aeckern, Weinbergen und Gütern zu. Er war arbeitsam in der Regierung. Denn alle wichtigen Geschäfte, die vom Reich, von dem Herzogthum, von Ausländern, in geist– und weltlichen Dingen vorkamen, giengen ihm durch die Hände und entschied sie [...]

Sein Prinz Ludwig folgte ihm in der Regierung, welcher heute zu Tag löblich und glücklich, auch friedlich regiert, und auf die wahre Religion und Gerechtigkeit eifrigst hält, ein würdiger Sohn seines Vaters. [1]

Die Universität Tübingen hatte im Jahr 1990 doppelten Anlaß, mit Fug auf das Lebenswerk zweier prominenter Repräsentanten zurückzublicken, die das Ansehen der Hochschule weit über die Grenzen des alten Württemberg hinaus manifest gemacht haben. Während bereits im Januar des Jahres der historischen Bedeutung Jakob Andreaes gedacht wurde, jährte sich Ende November 1990 – ebenfalls zum 400. Male – der Todestag von Nicodemus Frischlin. Der eine:[2] Theologe und Kirchenmann,

---

1   Martin Crusius, Schwäbische Chronik, aus dem Lateinischen erstmals übersetzt und mit einer Continuation vom Jahr 1596 bis 1733 versehen [...] von Johann Jakob Moser. Frankfurt am Main 1733. Hier: 3. Teil, 12. Buch, 14. Kapitel, S. 317–318.
Für Anregungen und Rat danke ich den Herren Professoren Notker Hammerstein (Frankfurt am Main), Dieter Mertens (Freiburg im Breisgau), Volker Press (†) (Tübingen) und Anton Schindling (Osnabrück). – Für die tatkräftige Hilfe bei der Erstellung des Computer–Typoskripts habe ich Herrn cand. phil. Heiko Ebbel Janssen M.A. (Osnabrück) zu danken.

2   Zu Jakob Andreae vgl. den vorzüglichen Überblick bei Brecht, Martin: Jakob Andreae. In: Theologische Realenzyklopädie. Bd. 2. Berlin, New York 1978. S. 672–680; vgl. ebenso Ehmer, Hermann (Hg.): Leben des Jakob Andreae, Doktor der Theologie, von ihm selbst mit großer Treue und Aufrichtigkeit beschrieben, bis auf

Kanzler der Tübinger Universität, Exponent der württembergischen Orthodoxie, Wegbereiter und Verfechter der lutherischen Konkordienpolitik im Reich, erfolgreich und gefürchtet zugleich; der andere:[3] Literat und Humanist, ein Freund der schönen Künste, philologisch und rhetorisch talentiert, ausgestattet mit einem bemerkenswerten sozialkritischen Potential, als *Orator, Historicus, Poeta und Praeceptor* von seinem Landesherrn, Herzog Ludwig von Württemberg, hochgeschätzt und am Ende dennoch mit Distanz und mit fürstlicher Ungnade bestraft. Nimmt man die Persönlichkeitsstruktur, das Karriereprofil und die wissenschaftlichen Interessens– und außerwissenschaftlichen Betätigungsfelder in den Blick, so vermag man nur schwer Verbindendes zwischen Andreae und Frischlin zu entdecken – zu groß war der Gegensatz zwischen den beiden ungleichen Protagonisten, die zur selben Zeit in unterschiedlichen Funktionen unter dem Dach der lutherischen Orthodoxie und der kirchlichen Konfessionalisierung in Tübingen wirkten und die aus ihren unterschiedlichen »gesellschaftspolitischen« Positionen keinen Hehl machten.[4]

das Jahr 1562. Lateinisch und deutsch. Stuttgart 1991; zur weiteren Literatur vgl. auch Anm. 57.

3 Zu Frischlin vgl. Strauß, David Friderich: Leben und Schriften des Dichters und Philologen Nicodemus Frischlin. Ein Beitrag zur deutschen Culturgeschichte in der zweiten Hälfte des sechszehnten Jahrhunderts. Frankfurt 1856; Bebermeyer, Gustav: Tübinger Dichterhumanisten. Tübingen 1927; ders.: Frischlin, Nicodemus. In: Neue Deutsche Biographie. Bd. 5. Berlin 1961. S. 620f.; Stahlecker, Reinhold: Martin Crusius und Nicodemus Frischlin. In: Zeitschrift für württembergische Landesgeschichte 7 (1943) S. 323–366; Elschenbroich, Adalbert: Nicodemus Frischlin. In: Killy, Walther (Hg.): Literaturlexikon. Autoren und Werke deutscher Sprache. Bd. 4. Gütersloh 1989. S. 37ff.; Price, David: The Political Dramaturgy of Nicodemus Frischlin. Chapel Hill 1990; Röckelein, Hedwig / Bumiller, Casimir: [...] ein unruhig Poet. Nicodemus Frischlin 1547–1590. Katalog zur Frischlin–Ausstellung in Balingen. Balingen 1990 (mit ausführlichem Quellen– und Literaturverzeichnis, S. 141ff.); zuletzt sehr instruktiv Kühlmann, Wilhelm: Nicodemus Frischlin (1547–1590). Der unbequeme Dichter. In: Schmidt, Paul Gerhard (Hg.): Humanismus im deutschen Südwesten. Biographische Profile. Sigmaringen 1993. S. 265–288.

4 Zum Hintergrund der geistigen Situation in Tübingen: Brecht, Martin (Hg.): Theologen und Theologie an der Universität Tübingen. Beiträge zur Geschichte der Evangelisch–Theologischen Fakultät. Tübingen 1977; Hofmann, Norbert: Die Artistenfakultät an der Universität Tübingen 1534–1601. Tübingen 1982; vgl. auch Decker–Hauff, Hansmartin / Setzler, Wilfried (Hgg.): Beiträge zur Geschichte der Universität Tübingen 1477–1977. Tübingen 1977; »helfen zu graben den Brunnen des Lebens«. Historische Jubiläumsausstellung des Universitätsarchivs Tübingen.

Während der evangelische Theologe über Schwaben hinaus wie kein zweiter energisch an der Architektur des konfessionellen Zeitalters mitgestaltete, ist der gekrönte Dichter unter den Bedingungen und den Zwängen, die eben dieses Zeitalter hervorgebracht hat, zerbrochen, ist sein Wirken, nicht seine Wirkung ein Torso geblieben. Schließlich war es kein Geringerer als Andreae selbst, der Kanzler der Universität und Anwalt des konfessionellen Obrigkeitsstaates, der dem bedrängten Frischlin 1581 den Wiedereintritt in die Tübinger Artistenfakultät verweigert und damit dessen Weggang aus dem Land mitprovoziert und beschleunigt hat.[5]

Das hierbei im Verhältnis von Staat, Kirche und Universität zutage tretende Spannungsfeld zwischen der überzeugten Anpassung des einen und der kritischen Haltung des anderen, zwischen strikter lutherischer Bekenntnistreue, staatlichem Anpassungsdruck und dem Ruf nach freieren Formen des geistigen Dialogs war ein wichtiger Grundzug, der die Chancen, aber auch die Grenzen der Entfaltungsmöglichkeiten unter den Bedingungen des konfessionellen Zeitalters markierte.[6] Die zweifellos vorhandene und politisch wirksame, gerade für den einzelnen kritischen »Geist« spürbare Ambivalenz der Epoche, das konfessionelle Ringen um Kircheneinheit und um Glaubenswahrheit zwischen überzeugten Anhängern und nicht minder glaubwürdigen Skeptikern und Gegnern, die Diskrepanz zwischen innerer Konsolidierung und äußerer Unsicherheit, dazu die mangelnde, teilweise kraftlose reichspolitische Solidarität unter den Augsburger Konfessionsverwandten – dies alles waren offene und ungelöste Probleme, die auf die spezifische Herausforderung der Zeit hinwie-

---

Ausstellungskatalog der Universität Tübingen Nr. 8. Tübingen 1977.

5   »Ihr seid ein Poet, kein Prophet«, so der unduldsame Andreae zu Frischlin, »Ihr habt euch nicht in fremde Dinge zu mischen, über Höfe und Adel zu richten, sondern euch in den Grenzen eurer Vocation zu halten. Die Mängel und Laster der verschiedenen Stände zu rühmen, ist Sache der Propheten, d.h. der Prediger, nicht der Poeten.« Zitiert nach Schreiner, Klaus: Disziplinierte Wissenschaftsfreiheit. Gedankliche Begründung und geschichtliche Praxis freien Forschens, Lehrens und Lernens an der Universität Tübingen (1477–1945). Tübingen 1981. S. 12.

6   Dazu vor allem: Schreiner (wie Anm. 5) S. 4–32; Midelfort, H. C. Erik: Adeliges Landleben und die Legitimationskrise des deutschen Adels im 16. Jahrhundert. In: Schmidt, Georg (Hg.): Stände und Gesellschaft im Alten Reich. Stuttgart 1989. S. 245–264; Röckelein / Bumiller (wie Anm. 3) S. 42–56.

sen, mit der auch das 1534 evangelisch gewordene Herzogtum Württemberg im Südwesten des Reichs konfrontiert wurde. Nonkonformistischen Widerspruch Andersdenkender gegen die herrschende Landeskonfession, gepaart mit Distanz zur politischen Kultur des frühmodernen Obrigkeitsstaates, gab es selbstverständlich auch in anderen Territorien des Reichs – und er zielte nicht selten auf die sozialkritische Provokation gesellschaftlicher Mißstände ab.[7]

Württemberg repräsentierte in der zweiten Hälfte des 16. Jahrhunderts in besonderer Weise den Typus eines deutschen Reformationslandes, dessen konfessionelle Homogenität im Zeichen des erneuerten Luthertums auf Dauer fest gesichert schien und vom Herzogshof in Stuttgart, der Regierung und den Zentralbehörden, programmatisch gefördert und personell gestützt wurde. Es stellt sich daher die Frage, wie stabil und sicher, aber auch wie gefährdet und verletzbar das Fundament des politischen Systems in Württemberg war, auf dem der lutherische Landesstaat gründete, und ferner: welche Führungsqualitäten die politische Obrigkeit des Landes auszeichneten, die das Funktionieren dieses Systems in erster Linie zu gewährleisten hatte. Die große überregionale Bedeutung Württembergs für die Konsolidierung des deutschen Luthertums im Reich nach 1555 wäre ohne den bleibenden Erfolg der innerterritorialen Landesreformen nicht denkbar gewesen. Es stand außer Frage, daß sich gerade im Falle Württembergs das Integrationsbedürfnis des frühmodernen normierenden Territorialstaats auf enge Weise mit einem breiten, auch nach außen gerichteten Reformschub verband, der das württembergische Luthertum bei den komplizierten Einigungsversuchen im deutschen Protestantismus zu einer konfessionell und politisch gestärkten, ja führenden Kraft machte.[8]

7   Wie Anm. 6; zum Hintergrund und als Folie des Zeitalters vgl. besonders Heckel, Martin: Deutschland im konfessionellen Zeitalter. Göttingen 1983; Lutz, Heinrich: Reformation und Gegenreformation. München [2]1982; Schilling, Heinz: Aufbruch und Krise. Deutschland 1517–1648. Berlin 1988; Rabe, Horst: Reich und Glaubensspaltung. Deutschland 1500–1600. München 1989.

8   Vgl. hierzu die konzentrierten Überblicke bei Press, Volker: Die Herzöge von Württemberg, der Kaiser und das Reich. In: Uhland, Robert (Hg): 900 Jahre Haus Württemberg. Stuttgart [3]1985. S. 412–433; Brecht, Martin / Ehmer, Hermann: Südwestdeutsche Reformationsgeschichte. Zur Einführung der Reformation im Herzogtum Württemberg 1534. Stuttgart 1984, besonders Teil 4: Vom Interim zur Konkordie,

Damit aber ist der Blick auf Herzog Ludwig den Frommen, den schwäbischen Landesherrn Frischlins, gerichtet, der von 1568 bis 1593 in Stuttgart regierte und in dessen Amtszeit der Höhepunkt der lutherischen Konfessionalisierung in Deutschland fiel. Die 25jährige Regentschaft Ludwigs steht gleichsam synonym für die zeitweilige Vorherrschaft der württembergischen Kirche und der württembergischen Theologie innerhalb des deutschen Luthertums im Jahrhundert der Reformation.[9] Mustert man die Literatur, so fällt auf, daß die Regierungszeit dieses Fürsten weniger mit seinem eigenen Namen verbunden wird, sondern mehr die Rede ist vom »Zeitalter der Orthodoxie«, von der »Herrschaft der Theologen« oder einfach nur von der »nachchristophinischen Zeit«. In Formulierungen dieser Art wird einerseits die Dominanz des Konfessionellen im politischen Prozeß deutlich, andererseits aber auch der Charakter der Zeit als einer Übergangszeit betont, die unmittelbar an die große Ära des Neuanfangs unter Herzog Christoph in der Mitte des Jahrhunderts anschloß.[10] Der relativ unerfahrene Ludwig, der Sohn jenes Mannes, der in zahlreichen gelehrten Abhandlungen – sicher zurecht – als der Baumeister des neuzeitlichen Württemberg dargestellt wird, konnte zwar im

S. 293–442; neuerdings vor allem: Ehmer, Hermann: Württemberg. In: Schindling, Anton / Ziegler, Walter (Hgg.): Die Territorien des Reichs im Zeitalter der Reformation und Konfessionalisierung. Land und Konfession 1500–1650. Bd. 5: Der Südwesten. Münster 1993. S. 168–193.

9   Eine moderne politische Biographie zu Herzog Ludwig fehlt ebenso wie die zu seinem politisch ungleich wichtigeren Vorgänger Herzog Christoph. Vgl. einstweilen Alberti, Ludwig von: Ludwig, Herzog von Württemberg. In: Allgemeine Deutsche Biographie. Bd. 19. Leipzig 1884. S. 597f.; Stälin, Christoph Friedrich von: Wirtembergische Geschichte. Bd. 4. Stuttgart 1975 (Nachdruck von 1873). S. 776–828; Schneider, Eugen: Württembergische Geschichte. Stuttgart 1986 (Nachdruck von 1896). S. 189–199; Wendebourg, Dorothea: Reformation und Orthodoxie. Der ökumenische Briefwechsel zwischen der Leitung der Württembergischen Kirche und Patriarch Jeremias II. von Konstantinopel in den Jahren 1573–1581. Göttingen 1986. S. 108–111; Rudersdorf, Manfred: Herzog Ludwig (1568–1593). In: Uhland (wie Anm. 8) S. 163–173.

10   Als Beispiele für die unterschiedliche Einschätzung und Gewichtung vgl. Hermelink, Heinrich: Geschichte der evangelischen Kirche in Württemberg von der Reformation bis zur Gegenwart. Tübingen 1949; Oberman, Heiko A.: Werden und Wertung der Reformation. Vom Wegestreit zum Glaubenskampf. Tübingen 1977; Maurer, Hans–Martin / Ulshöfer, Kuno: Johannes Brenz und die Reformation in Württemberg. Stuttgart 1974; Schreiner (wie Anm. 5) S. 6–22.

Zeichen der staatlichen und der kirchlichen Kontinuität an das Werk des Vaters anknüpfen, aber er hatte es insgesamt schwer, aus dessen übermächtigen Schatten herauszutreten und ein eigenständiges Profil zu gewinnen. Ohne die enge Rückbindung an die politische Tradition des Landes, an das institutionelle und personelle Gefüge der Christoph–Zeit, ist das Regierungshandeln Ludwigs nicht angemessen zu erklären. Es wird daher notwendig sein, kurz auf die konzentrierte Phase der Neuformierung unter Herzog Christoph zurückzublenden, um die Politik des jungen Nachfolgers in einem breiteren Kontext zu würdigen.[11]

Herzog Christoph, der Ausgangspunkt unserer Überlegungen, hatte es dank seiner konsequenten reformorientierten und reichsloyalen Politik verstanden, nach dem Tod seines Vaters Ulrich 1550 das bedrängte Land aus der Gefahrenzone herauszuführen, in die es durch die Niederlage der Protestanten im Schmalkaldischen Krieg, durch Felonieprozeß und Aufzwingung des kaiserlichen Interims geraten war.[12] Die seit 1534 bestehende Afterlehensbindung an das Erzhaus Österreich zwang den Nachfolger Ulrichs zu einem behutsamen territorialen und reichspolitischen Kurs, der jedes Experiment vermied, das dem Kaiser und der habsburgischen Seite einen Anlaß zur Intervention geboten hätte. In der zentralen Frage der Religion suchte Herzog Christoph, frühzeitig den Schutz der reichsrechtlichen Legalität zu erlangen, indem er sich ohne Einschränkung zum Augsburger Religionsfrieden von 1555 und dessen politischen Implikationen bekannte. Die entschiedene Hinwendung zum Luthertum bedeutete vor dem Hintergrund des Lehensnexus zugleich auch eine gewisse Gegenposition zur Katholizität der habsburgischen Lehensherren, ohne freilich deren Druck– und Eingriffsmöglichkeiten zu schmälern oder gar aus dem Auge zu verlieren.[13]

11 Dazu Rudersdorf (wie Anm. 9) S. 163f.; Press (wie Anm. 8) S. 421–424.
12 Zu Herzog Ulrich vgl. Press, Volker: 1534 – Ein Epochenjahr der württembergischen Geschichte. Herzog Ulrich und die Reformation. In: Beiträge zur Landeskunde 5 (1984) S. 1–12; ders.: Herzog Ulrich (1498–1550). In: Uhland (wie Anm. 8) S. 110–135; zur kirchlich–reformatorischen Entwicklung: Deetjen, Werner Ulrich: Studien zur Württembergischen Kirchenordnung Herzog Ulrichs 1534–1550. Stuttgart 1981; Brecht / Ehmer (wie Anm. 8) S. 195–290 sowie die ältere Arbeit von Bossert, Gustav: Das Interim in Württemberg. Halle 1895.
13 Zur Politik Herzog Christophs: Ernst, Viktor (Hg.): Briefwechsel des Herzogs Christoph von Württemberg. 4 Bde. Stuttgart 1899–1907; Kugler, Bernhard: Christoph,

Herzog Christoph war es gelungen, die schmale Gratwanderung zwischen lutherischer Bekenntnistreue, der Treue zu Kaiser und Reich und der Belastbarkeit der aufgezwungenen Afterlehenschaft auszubalancieren und zu meistern. Der lutherische Christoph von Württemberg wurde zu einem Hauptverfechter des Augsburger Religionsfriedens im Reich, er zählte zu der Gruppe der Reichsfürsten um Kursachsen und um Bayern, die, vom Kaiser unterstützt, jenseits der konfessionellen Barriere den status quo im Reich zu wahren und den Friedenszustand zu verteidigen trachteten.[14] Der reichsrechtliche Kompromiß von 1555, das Nebeneinander also von Alter Kirche und Augsburger Konfession, bedeutete eine wichtige Rechtsgarantie für die lutherischen Obrigkeiten im Reich, die der württembergische Herzog konsequent für sein Land nutzte, um seine Kirche auf eine feste dogmatische und institutionelle Grundlage zu stellen. Der Kirchenrat, das 1553 begründete zentrale Leitungs– und Aufsichtsgremium aus Juristen und Theologen an der Spitze der kirchlichen Ämterhierarchie, wurde zum entscheidenden Instrument der herzoglichen Kirchenpolitik.[15]

Herzog zu Wirtemberg. 2 Bde. Stuttgart 1868/1872; Maurer, Hans–Martin: Herzog Christoph als Landesherr. In: Blätter für württembergische Kirchengeschichte 68/69 (1968/69) S. 112–138; ders.: Herzog Christoph 1550–1568. In: Uhland (wie Anm. 8) S. 136–162; Ehmer, Hermann: Christoph von Württemberg. In: Theologische Realenzyklopädie. Bd. 8. Berlin/New York 1981. S. 68–71.

14 Zur Rolle Württembergs im Reformations– und Reichsgeschehen vgl. besonders Press, Volker: Der Kaiser und Württemberg im 16. Jahrhundert. In: Protokoll der 51. Sitzung des Arbeitskreises für Landes– und Heimatgeschichte im Verband der württembergischen Geschichts– und Altertumsvereine vom 18. Februar 1978. S. 14–36; ders.: Schwaben zwischen Bayern, Österreich und dem Reich 1486–1805. In: Fried, Pankraz (Hg.): Probleme der Integration Ostschwabens in den bayerischen Staat. Sigmaringen 1982. S. 17–78; ders.: Württemberg und Österreich in der zweiten Hälfte des 16. Jahrhunderts – Der Hintergrund des Wirkens von Primus Truber. In: Die Slowenen in der europäischen Reformation des sechzehnten Jahrhunderts. Ljubljana 1986. S. 125–148; ders.: Die territoriale Welt Südwestdeutschlands 1450–1650. In: Die Renaissance im deutschen Südwesten zwischen Reformation und Dreißigjährigem Krieg. Ausstellungskatalog. Hg. vom Badischen Landesmuseum Karlsruhe 1986. S. 17–61; Rudersdorf, Manfred: Maximilian II. (1564–1576). In: Schindling, Anton / Ziegler, Walter (Hgg.): Die Kaiser der Neuzeit 1519–1918. Heiliges Römisches Reich, Österreich, Deutschland. München 1990. S. 78–97, S. 474f.

15 Dazu: Rauscher, Julius: Württembergische Reformationsgeschichte. 1934; Bofinger, Wilhelm: Kirche und werdender Territorialstaat. In: Blätter für württembergische Kirchengeschichte 65 (1965) S. 75–149; Brecht, Martin: Kirchenordnung und Kir-

Indem es Christoph gelang, neben der landesherrlichen Beamtenschaft und der Geistlichkeit auch die bürgerliche Landschaft in die Politik der lutherischen Bekenntnissicherung einzubinden, so geschehen durch den Landtagsabschied von 1565,[16] erhielt die evangelische Kirchenverfassung Württembergs ihre abschließende Gestalt, die Große Kirchenordnung von 1559 faßte noch einmal alle Einzelordnungen der letzten Jahre zu einem umfangreichen Kompendium zusammen.[17] Es schien so, als ob sich die Reformation Herzog Ulrichs von 1534 ein Vierteljahrhundert später unter Herzog Christoph noch einmal neu bestätigte – diesmal unter dezidiert lutherischen Vorzeichen, eingebettet in den allgemeinen Prozeß der territorialen und der institutionellen Modernisierung, mitgetragen von der Identifikationsbereitschaft der führenden bürgerlichen Beamtenschichten im Land, der württembergischen Ehrbarkeit.[18] Wenige Jahre nach der Katastrophe des Schmalkaldischen Kriegs hatte der Herzog seine zunächst keineswegs gefestigte landesfürstliche Herrschaft stabilisiert, war sein Land zur dominierenden Macht des Schwäbischen Kreises aufgestiegen, genoß sein Wirken als Territorialherr und als Reichspolitiker

chenzucht in Württemberg vom 16. bis zum 18. Jahrhundert. Stuttgart 1967. S. 9–52; Deetjen (wie Anm. 12); zuletzt besonders Schnabel–Schüle, Helga: Kirchenleitung und Kirchenvisitation im deutschen Südwesten. In: Schnabel–Schüle, Helga (Hg.): Repertorium der Kirchenvisitationsakten. Teilband II: Baden–Württemberg. Stuttgart 1987. Hier: S. 13–104.

16 Grube, Walter: Der Stuttgarter Landtag 1457–1957. Stuttgart 1957. S. 224–231; Press (wie Anm. 14, Die territoriale Welt) S. 42f.

17 Vgl. Bizer, Ernst: Confessio Virtembergica. Das württembergische Bekenntnis von 1551. Stuttgart 1952; Brecht (wie Anm. 15); Brecht / Ehmer (wie Anm. 8) S. 316–343; Krumwiede, Hans–Walter: Reformation und Kirchenregiment in Württemberg. In: Blätter für württembergische Kirchengeschichte 68/69 (1968/69) S. 81–111; Maurer / Ulshöfer (wie Anm. 10) S. 133–164; Grundsätzliche Aspekte bei: Willoweit, Dietmar: Das landesherrliche Kirchenregiment. In: Jeserich, Kurt G. A. (Hg.): Deutsche Verwaltungsgeschichte. Bd. 1. Stuttgart 1983. S. 361–369; ders: Deutsche Verfassungsgeschichte. München ²1992. S. 116–120.

18 Vgl. Brecht, Martin: Herkunft und Ausbildung der protestantischen Geistlichen im Herzogtum Württemberg im 16. Jahrhundert. In: Zeitschrift für Kirchengeschichte 80 (1969) S. 163–175; Press, Volker: Soziale Folgen der Reformation in Deutschland. In: Biskup, Marian / Zernack, Klaus (Hgg.): Schichtung und Entwicklung der Gesellschaft in Polen und Deutschland im 16. und 17. Jahrhundert. Vierteljahresschrift für Sozial– und Wirtschaftsgeschichte, Beiheft 74 (1983) S. 196–243; zur »Ehrbarkeit« siehe Decker–Hauff, Hansmartin: Die Entstehung der altwürttembergischen Ehrbarkeit 1250–1534. Diss. phil. Masch. Wien 1946.

ein hohes Prestige.[19] Die Wirkung seiner Autorität nach innen und nach außen war beträchtlich, sie sollte über seinen Tod hinaus noch lange anhalten und der Politik des Nachfolgers als Legitimationsbasis und als Orientierungsrahmen dienen.[20]

Als Christoph 1568 vor der Zeit starb, waren die Weichen für die dynastische Nachfolge Herzog Ludwigs nur mühsam gestellt. Ein halbes Jahr vor seinem Vater war überraschend der älteste Sohn, Erbprinz Eberhard, gestorben, so daß der Zweitgeborene, der minderjährige Ludwig, gerade 14 Jahre alt, über Nacht in die Position des Regierungsnachfolgers aufrückte.[21] Ursprünglich sollte der jüngere Ludwig mit einer Anzahl von Ämtern, einer Art Sekundogenitur ohne eigene Landeshoheit, bedacht werden. Seine Erziehung und seine adelige Ausbildung hinter den Schloßmauern in Stuttgart waren nicht unbedingt auf die Übernahme des Regentenamtes ausgerichtet gewesen. Noch in seinen letzten Wochen mußte Herzog Christoph die schwierige Situation an der Spitze der Dynastie bewältigen, die ja erhebliche Gefahren für die Fortführung seiner Politik und für das Überleben des Hauses barg.[22] Testamentarisch wurde die Volljährigkeit Ludwigs auf das vollendete 24. Lebensjahr festgelegt und die Einsetzung einer vormundschaftlichen Regierung verfügt, die bis dahin, also bis 1578, die Administration in Stuttgart führen sollte. Wieder einmal hatte sich gezeigt, wie nahe Aufstieg und drohender Fall in einem exponierten Territorium des Reichsfürstenstandes beieinanderlagen, wie

---

19 Vgl. Laufs, Adolf: Der Schwäbische Kreis. Aalen 1971; Wunder, Bernd: Der Schwäbische Kreis. In: Jeserich (wie Anm. 17) S. 615–633.

20 Zur Bedeutung Württembergs aus der Sicht der hessischen Landgrafschaft(en) siehe Rudersdorf, Manfred: Lutherische Erneuerung oder Zweite Reformation? Die Beispiele Württemberg und Hessen. In: Schilling, Heinz (Hg.): Die reformierte Konfessionalisierung in Deutschland – Das Problem der »Zweiten Reformation«. Gütersloh 1986. S. 130–153; ders.: Ludwig IV. Landgraf von Hessen–Marburg (1537–1604). Landesteilung und Luthertum in Hessen. Mainz 1991. Hier: S. 67–86.

21 Zum Hintergrund vgl. Stälin (wie Anm. 9) S. 776–780; Schneider (wie Anm. 9) S. 189f.

22 Zum Erziehungsprogramm vgl. Stälin (wie Anm. 9) S. 770–776; Maurer (wie Anm. 13, Herzog Christoph als Landesherr) S. 112–115; aufschlußreiche Hinweise finden sich bei: Bidembach, Balthasar: Kurtzer und wahrhaftiger Bericht, von dem hochlöblichen und christlichen leben, auch seligen absterben [...] Herrn Christoffen, Herzogen zu Wirtemberg und Teck, hochlöblicher und seliger gedechtnuß. Tübingen 1570. Hier: S. 18ff., S. 50–53.

plötzlich veränderte dynastische Konstellationen und natürliche Wechsel-
fälle an der Spitze des Hauses die territorialstaatliche Kontinuität und
damit die Stabilität von Land und Konfession strukturell beeinträchtigen
konnten.[23]

Vor allem das behutsame und überlegte Agieren der Vormundschaftsregierung verhinderte, daß Württemberg in den langen Jahren des Re-
gentschaftswechsels von 1568 bis 1578 von einer Herrschaftskrise oder
gar von einem Machtvakuum bedroht wurde, von dem Österreich fraglos
am meisten profitiert hätte. Mit Markgraf Georg Friedrich von Brandenburg–Ansbach/Bayreuth, Markgraf Karl von Baden–Durlach und Pfalzgraf Wolfgang von Zweibrücken fiel die Wahl der Vormünder für den
minderjährigen Ludwig auf eine Koalition evangelischer und kaisertreuer
Reichsfürsten, die – politisch und verwandtschaftlich eng verbunden –
schon seit vielen Jahren im Geiste des Augsburger Religionsfriedens mit
dem Herzogtum erfolgreich kooperierten.[24] Die »Fürstenvormünder«
stellten eine Art exklusiver dynastischer Familienverband dar, der nomi-
nell an die Spitze der Regierung in Württemberg trat, dominiert von dem
Ansbacher Markgrafen Georg Friedrich, einem Bruder der Herzoginwitwe Anna Maria, der Mutter des jungen Ludwig.[25]

Aufgrund der Initiative des dynamischen evangelischen Konkordien-
politikers Georg Friedrich wurde bereits 1569 mit dem fränkischen Grafen Heinrich von Castell ein Statthalter in Stuttgart etabliert, in dessen

23 Zu dieser Problematik im Vergleich sehr aufschlußreich: Klein, Thomas: Verpaßte
    Staatsbildung? Die Wettinischen Landesteilungen in Spätmittelalter und Früher Neu-
    zeit. In: Kunisch, Johannes (Hg.): Der dynastische Fürstenstaat. Zur Bedeutung von
    Sukzessionsordnungen für die Entstehung des frühmodernen Staates. Berlin 1982.
    S. 89–114; Duchhardt, Heinz: Das Politische Testament als »Verfassungsäquivalent«.
    In: Der Staat 25 (1986) S. 600–607; Rudersdorf (wie Anm. 20, Ludwig IV.) S. 129–
    156.
24 Zur Politik der Vormundschaftsregierung vgl. Stälin (wie Anm. 9) S. 776–789;
    Schneider (wie Anm. 9) S. 189f.
25 Zur Person des fränkisch–hohenzollerischen Reichspolitikers Georg Friedrich vgl.:
    Rudersdorf, Manfred: Brandenburg–Ansbach und Brandenburg–Kulmbach/Bayreuth.
    In: Schindling, Anton / Ziegler, Walter (Hgg.): Die Territorien des Reichs im Zeital-
    ter der Reformation und Konfessionalisierung. Land und Konfession 1500–1650.
    Bd. 1: Der Südosten. Münster ²1992. S. 10–30. Hier: S. 22–27; zur fränkischen Her-
    kunft Herzogin Anna Marias: Schuhmann, Günther: Die Markgrafen von Branden-
    burg–Ansbach. Ansbach 1980. S. 76–81, S. 632f.

Hand die eigentliche Regierungsgewalt konzentriert lag. Der Statthalter trat auf als der Repräsentant der »ortsfernen« fürstlichen Vormünder, demonstrierte durch seine Präsenz deren Autorität am Regierungssitz, fungierte als Vermittler und als Exekutor ihres politischen Willens, aber er verstand es genauso, mit den eingespielten funktionierenden Zentralbehörden in Stuttgart, dem weltlichen Oberrat, dem Kirchenrat und der Rentkammer, zusammenzuarbeiten, ohne dabei die Interessen der einheimischen landesherrlichen Beamtenschaft aus Adel und Bürgertum zu vernachlässigen.[26]

Unter seiner Regie formierte sich rasch ein Kreis von Vormundschaftsräten, bestehend aus dem Landhofmeister, dem Kanzler, Vizekanzler und ausgewählten Räten, den politischen Spitzenbeamten also, die sich auch Geheime Räte nannten und sich zeitweise als ein eigenes Gremium konstituierten. In insgesamt neun »vormundschaftlichen Abschieden« wurden die administrativen Verwaltungsprobleme geregelt, 1569 die Landesverfassung und die Landschaftsfreiheiten garantiert. Die ganz auf Kontinuität und status–quo–Bewahrung zielende Politik der Vormundschaftsregierung führte schließlich zum Erfolg: Dieser hing nicht zuletzt entscheidend von der Stabilität der institutionellen Ordnung und der Loyalität der Staatsdiener ab, die sich im Zeichen der gemeinsamen Religion immer mehr mit ihrem Staat identifizierten – mit einem Staat übrigens, dem sie ihre eigene Karriere und in vielen Fällen auch die ihrer Kinder verdankten.[27]

Das für Württemberg ungefährlich verlaufene »Interregnum« des fürstlichen Familienverbandes endete offiziell 1578, aber schon drei Jahre zuvor, mit dem Rücktritt des Statthalters Castell, kündigte sich schrittweise die Übernahme der Regierung durch Herzog Ludwig an.[28] Ludwig, der als nachgeborener Sohn, dann als Erbprinz und schließlich

26 Dazu: Grube (wie Anm. 16) S. 197–250; Rudersdorf (wie Anm. 20, Ludwig IV.) S. 120–124; für die Personaldaten und Karrieremuster der Beamtenschaft unentbehrlich: Bernhardt, Walter: Die Zentralbehörden des Herzogtums Württemberg und ihre Beamten 1520–1629. 2 Bde. Stuttgart 1973. Hier: Bd. 1. S. 1–118.

27 Vgl. Stälin (wie Anm. 9) S. 777–789; Rudersdorf (wie Anm. 9, Herzog Ludwig) S. 163–165; Press (wie Anm. 14, Die territoriale Welt) S. 42f., S. 48ff.

28 Zum Karriereprofil Castells siehe Bernhardt (wie Anm. 26, Bd. 1) S. 211f.; Grube (wie Anm. 16) S. 237.

als minderjähriger Herzog bereits unterschiedliche biographische Stadien durchlebt hatte, drängte jetzt mit Nachdruck auf größere Selbständigkeit, auf eine eigene Rolle, wohl auch aus der Vorstellung, damit der Beschaulichkeit und Abgeschirmtheit, aber auch den ritualisierten Zwängen des Hoflebens ein Stück weit zu entrinnen und sich der Verantwortung des regierenden Fürsten zu stellen.[29] So war es denn auch ein spektakuläres Ereignis der Dynastie, die 1575 vollzogene Heirat mit Markgräfin Dorothea Ursula von Baden, der Tochter des Vormunds Karl, das ihm den Weg in die politische Öffentlichkeit seines Landes bahnte. Die aufwendige Inszenierung der Feier im zeitgemäßen Stil der höfischen Renaissancekultur, die Spiele und Gesänge, die ritterlichen Turniere und aristokratischen Jagdausflüge – von dem Dichterhumanisten Frischlin in sieben Büchern panegyrisch beschrieben – kündigten in der Stuttgarter Residenz die neue Ära einer verfeinerten höfischen Repräsentation und fürstlichen Selbstdarstellungsweise an; im Alten Schloß begann sich das elegante höfische Leben im Zeichen der späthumanistischen Renaissancekultur, vom Landesherrn gefördert, sichtbar neu zu regen.[30]

Aber auch in den aktuellen theologischen und kirchenpolitischen Streitfragen der Zeit hatte sich Herzog Ludwig inzwischen kundig gemacht, seine Kenntnisse verdankte er der strengen Schule der Stuttgarter Hofprädikanten, Balthasar Bidembach und Lucas Osiander, die auch später großen Einfluß auf sein Denken ausübten.[31] Nicht von ungefähr trug der lutherische Fürst den zeitgenössischen Beinamen »der Fromme« – ein Hinweis für seine ausgeprägte persönliche Religiosität und ernste

29 Stälin (wie Anm. 9) S. 788ff.; Rudersdorf (wie Anm. 9, Herzog Ludwig) S. 164f.; Wendebourg (wie Anm. 9) S. 108.
30 Frischlin, Nicodemus: Sieben Bücher von der [...] Hochzeit des [...] Fürsten Ludwig [...] mit Dorothea Ursula. Von neuem aus dem Latein in Teutsch Vers [...] transferirt durch C.Ch. Beÿerum. Tübingen bei G. Gruppenbach 1578; auch die zweite Hochzeit Herzog Ludwigs 1585 mit der Tochter des Pfalzgrafen Georg Johann von Lützelstein erhielt ein literarisches Denkmal durch Frischlin: Von der zweiten Hochzeit [...] Fürst Ludwigs [...] mit Ursula, Herzogin von Bayern [...] im Mai dieses 1585. Jahrs in Stuttgart gefeiert. Vier Bücher in Versen. Tübingen bei G. Gruppenbach 1585. Deutsch von Jakob Frischlin.
31 Knappe Angaben zur Biographie der Theologen und Hofprediger: Bernhardt (wie Anm. 26) S. 165ff., S. 527ff.; Ehmer, Hermann: Valentin Vannius und die Reformation in Württemberg. Stuttgart 1976. S. 189f., S. 264, S. 272; Brecht / Ehmer (wie Anm. 8) passim.

Gottgläubigkeit, die sich mit einem generellen Interesse für die Förderung von Kirche und Schule, Wissenschaft und Universitätsbildung verband. Kein Zweifel: Ludwig kannte die Heilige Schrift, die Bibelexegese war ihm keineswegs fremd, er hatte sich intensiv mit dem Augsburger und dem Württemberger Bekenntnis befaßt, Gespräche mit dem alten Johannes Brenz, dem Lutherverehrer und Reformator Württembergs, dem geistigen Mentor einer ganzen Theologengeneration über Schwaben hinaus, waren keine Seltenheit gewesen.[32] Der Nachfolger des übermächtigen Christoph besaß also durchaus ein eigenständiges Urteil in den konfessionellen Kontroversen der Zeit,[33] und er war nicht nur, wie die ältere Literatur gelegentlich meint, der Trunkenbold und Spieler, politisch uninteressiert, unbeweglich und provinziell, das aristokratische Hofleben genießend, andererseits aber auch nicht nur der Prototyp des frommen lutherischen *Betefürsten* oder gar frömmelnden Eiferers, der stets nur an das Seelenheil seiner Untertanen dachte – ein Bild freilich, dem der patriarchalisch–regierende Landesvater Ludwig gewiß recht nahe kam.[34] Und dennoch sah die Wirklichkeit komplexer aus.

Daß die förmliche Regierungsübernahme durch Herzog Ludwig Ende 1578/Anfang 1579 im öffentlichen Bewußtsein nicht als eine politische Zäsur empfunden wurde, ist ein weiterer Beleg für die lange Dauer der Strukturen und der eingespielten Landestradition, für deren Wirksamkeit

---

32 Zu Brenz: Hartmann, Julius / Jäger, Karl: Johann Brenz. 2 Bde. Hamburg 1840/42; Maurer / Ulshöfer (wie Anm. 10) S. 97–214; Brecht, Martin: Johannes Brenz. In: Greschat, Martin (Hg.): Gestalten der Kirchengeschichte Bd. 6. Stuttgart 1981. S. 103–117; Brecht / Ehmer (wie Anm. 8) S. 305ff.; Rudersdorf (wie Anm. 20, Ludwig IV.) S. 102f.

33 Daß der Herzog in den konfessionellen Streitfragen seiner Zeit mitreden konnte und dabei seinen dezidiert lutherischen Standpunkt argumentativ zu vertreten wußte, zeigt der Briefwechsel mit seinen hessischen Verwandten, den Landgrafen Wilhelm IV. von Hessen-Kassel und Ludwig IV. von Hessen-Marburg. Hauptstaatsarchiv Stuttgart A 63 Bü 55: Eigenhändiges Schreiben Herzog Ludwigs von Württemberg an Landgraf Ludwig von Hessen vom 18. April 1579, betr. die lutherische Ubiquitätslehre. Dort auch die weitere Korrespondenz.

34 Vgl. hierzu: Stälin (wie Anm. 9) S. 793f., S. 813ff.; Alberti (wie Anm. 9); Wendebourg (wie Anm. 9) S. 108f.; zur Typisierung und Kategorialisierung des »Betefürsten« im konfessionellen Zeitalter – im Unterschied zum nachfolgenden frühabsolutistischen Fürstentyp – vgl. auch: Rudersdorf (wie Anm. 20, Ludwig IV.) S. 264–269. Eine weitere Studie zu dieser Problematik (mit vergleichenden Perspektiven) ist in Vorbereitung.

und deren Anpassungspotential. Das programmatische Bekenntnis des Fürsten zum lutherischen Glauben, zur Landes– und Kirchenverfassung und zu den Landschaftsfreiheiten war für die Behörden und Beamten, für die Theologen und evangelischen Prälaten von legitimierender politischer Bedeutung.[35] Kontinuität im Gefolge der christophinischen Politik war das legitime Regierungsziel Herzog Ludwigs: den erreichten Standard der Modernisierung im Inneren zu bewahren und ihn vor äußerer Gefahr zu schützen – dies schien ihm die beste Garantie für eine erfolgreiche Fortführung der württembergischen Territorialstaatspolitik zu sein, und sie war zugleich eine Garantie für die weitere beträchtliche Schubkraft des kompetenten Behördenapparates in Stuttgart, für den Leistungswillen vieler qualifizierter Juristen und Theologen, die sich fraglos in einem gutorganisierten institutionellen und bürokratischen Umfeld und Rahmen bewegten.[36]

Die Beamten und Theologen rekrutierten sich in der Regel aus derselben privilegierten Schicht des städtischen Bürgertums, der »Ehrbarkeit«, und sie formierten sich im Laufe der Zeit generationenübergreifend zu einflußreichen Familienverbänden, zu einer geschlossenen sozialen und bekenntniskonformen Gruppe, die durch ein System gezielter Protektion und Karriereplanung stets von neuem gespeist wurde.[37] Da der Adel aus dem Territorium ausgeschieden war, bildete die mitregierende württembergische Ehrbarkeit, deren Vertreter ebenso auf den Landtagen dominierten, das personelle sozialgeschichtliche Fundament, das den frühneuzeitlichen württembergischen Landesstaat trug.[38] Auf diese Weise wurde der enge Zusammenhalt von Land und Herrschaft gewährleistet, dadurch

35 Stälin (wie Anm. 9) S. 792ff.; Schneider (wie Anm. 9) S. 190; Grube (wie Anm. 16) S. 236–240; Brecht (wie Anm. 15).
36 Vgl. besonders Bernhardt (wie Anm. 26, Bd. 1) S. 1–118; Maurer (wie Anm. 13, Herzog Christoph) S. 136–162; Maurer / Ulshöfer (wie Anm. 10) S. 146–154; Press (wie Anm. 14, Württemberg und Österreich) S. 137–141; grundsätzlich: Press, Volker: Stadt und territoriale Konfessionsbildung. In: Petri, Franz (Hg.): Kirche und gesellschaftlicher Wandel in deutschen und niederländischen Städten der werdenden Neuzeit. Köln, Wien 1980. S. 251–296.
37 Bernhardt (wie Anm. 26, Bd. 1) S. 1–118; Press (wie Anm. 14, Die territoriale Welt) S. 42f.; Rudersdorf (wie Anm. 20, Ludwig IV.) S. 120–124.
38 Vgl. Grube (wie Anm. 16) S. 197–250; Press (wie Anm. 12, Herzog Ulrich) S. 110–135.

erst entstand das Bild der eindrucksvollen Geschlossenheit nach außen, das Württemberg innerhalb des Reichsverbandes so nachhaltig prägte und so lange gegen äußeren Druck immun machte.[39]

Von der eingespielten Professionalität der leitenden Beamten profitierte die Regierung Herzog Ludwigs zweifellos in hohem Maße. Anders als bei seinem Vater war das persönliche Regiment des defensiv agierenden Ludwig nur schwach entwickelt, Ausmaß und Substanz seiner eigenen Initiativen sind heute trotz der dichten Quellenüberlieferung im einzelnen nur noch schwer zu erfassen und zu gewichten. Liest man in seiner auswärtigen Korrespondenz, so drängt sich rasch der Eindruck auf, daß der Herzog zeitweise bewußt eine Politik des kontrollierten »Gewährenlassens« betrieb, indem er seinen Oberräten genügend Handlungsspielraum beließ, in dem sicheren Wissen um deren Kompetenz und in der Erwartung, daß diese die fürstliche Autorität trotz der gewährten »Freiheiten« loyal respektierten.[40]

Vor diesem Hintergrund ist der steile Aufstieg eines Mannes wie Melchior Jäger zu sehen, der – juristisch gebildet und taktisch versiert – zunächst als Kammersekretär, seit 1586 als adeliger Geheimer Rat in der nächsten Umgebung des Fürsten, in der Kammer, einen überlegenen Einfluß ausübte. »Herzog Melchior«, so wurde der ambitionierte Rat in einer Mischung aus grimmiger Furcht und kritischer Bewunderung – freilich nicht gerade schmeichelhaft für den wirklichen Herzog – gelegentlich genannt. Trotz der latenten Gefahr eines autokratischen »Kammerregiments« in der Hand des nobilitierten Jäger hielt Herzog Ludwig bis an das Ende seiner Regierung an dem dominanten Ratgeber fest, er schätzte dessen Fähigkeiten und dessen administratives Geschick mehr als die Redereien über dessen Einfluß – auch dies zunächst ein Zei-

---

39 Vgl. Maurer / Ulshöfer (wie Anm. 10) S. 197–200; Press (wie Anm. 14, Württemberg und Österreich) S. 139–145; Rudersdorf (wie Anm. 20, Lutherische Erneuerung) S. 133–142.

40 Hauptstaatsarchiv Stuttgart A 63 Bü 43–69. Hierin reichlich Belege für das koordinierte Zusammenspiel von Landesfürst und Räten, besonders aber auch für die dominierende Rolle des Hofpredigers und Kirchenrats Lucas Osiander. Rudersdorf (wie Anm. 20, Ludwig IV.) S. 237–246.

chen für das Streben nach politischer Beständigkeit und nach personeller Kontinuität in der unmittelbaren Sphäre des Landesherrn.[41]

Persönliches Engagement und mehr noch: einen eigenen Gestaltungswillen demonstrierte Herzog Ludwig im Umgang mit der epochalen konfessionellen Streitproblematik um die Wahrheit des Glaubens, besonders als es darum ging, die Sicherheit der württembergischen Kirche und die Authentizität des württembergischen Bekenntnisses zu gewährleisten. Die Angst vor einer Beschädigung saß zweifellos tief: Denn trotz aller Bemühungen Herzog Ludwigs, 1573 und noch einmal 1584 einen direkten Lehensnexus zum Kaiser herzustellen, gelang es ihm nicht, eine Revision des Kaadener Vertrags von 1534 zu erwirken – die Afterlehensbindung an das Erzhaus Österreich blieb bis zum Prager Vertrag von 1599 in Kraft. Der habsburgische Kaiser hatte so ein Instrument zur Hand, um das Land reichspolitisch auf seinen Kurs festzulegen. Der daraus resultierende Druck zur behutsamen Rücksichtnahme bestimmte ganz entscheidend das traditionelle legalistische Sicherheitsdenken der Regierung in Stuttgart: Württembergs Politik orientierte sich auch weiterhin an den Normen der funktionierenden Reichsverfassung und zielte ab auf die Bewahrung des friedlichen status quo im Reich.[42]

Eine gegen das Reichsoberhaupt gerichtete politische Allianz der evangelischen Fürsten lehnte Herzog Ludwig entschieden ab. Das Werben der englischen Königin Elisabeth, ein internationales protestantisches Bündnis im europäischen Rahmen zu formieren, blieb 1577 und erneut 1585 nicht nur in Schwaben ohne Widerhall. Der risikoscheue Fürst, der im Schutz des Augsburger Religionsfriedens jedes Experiment vermied, den deutschen Konfessionskonflikt zu internationalisieren, beschritt indessen einen anderen, aus seiner Sicht überaus erfolgreichen Weg der konfessionellen Selbstbehauptung – sein konsequentes Bekenntnis zum reichsrechtlich geschützten territorialisierten Luthertum, der Konfession des Vaters, zeigte dabei die Richtung an, einerseits als ein Mittel der Distanz zum benachbarten habsburgischen Erzhaus,

---

41 Zu Melchior Jäger von Gärtringen: Stälin (wie Anm. 9) S. 793ff.; Schneider (wie Anm. 9) S. 190; Bernhardt (wie Anm. 26, Bd. 1) S. 402–406.

42 Rudersdorf (wie Anm. 9, Herzog Ludwig) S. 166–173; Press (wie Anm. 14, Württemberg und Österreich) S. 131–138; allgemein: Heckel (wie Anm. 7) S. 67–99; Rabe (wie Anm. 7) S. 316–332.

andererseits als Medium für die erfolgreiche lutherische Integrations– und Einigungspolitik im Reich, die im süddeutschen Württemberg und im mitteldeutschen Kursachsen, in Stuttgart und in Dresden, ihre Hauptstützen hatte.[43]

Nicht ohne Stolz nämlich konnte Herzog Ludwig auf die bemerkenswerte Dynamik in seiner Landeskirche und an der Tübinger Universität, dem geistigen Zentrum des alten Württemberg, verweisen.[44] In scharfer Abgrenzung zum reformierten Bekenntnis, freilich ebenso zum tridentisch–erneuerten Katholizismus, förderte der in den theologischen Schriften belesene Fürst die Erneuerung des Luthertums mit Nachdruck: Schon bald wurde sein Land in der konfessionellen Polemik der Gegner als »lutherisches Spanien« denunziert, als ein Hort der Orthodoxie und der Engstirnigkeit, dogmatisch fixiert und kirchenpolitisch nur wenig kompromißbereit und flexibel.[45] Vor allem die Theologische Fakultät in Tübingen gewann als Folge der 1561 und 1562 durchgeführten Universitätsreform einen beträchtlichen Grad an Ausstrahlung und an Effektivität – sie wurde zu einem wirkungsvollen Instrument der obrigkeitlichen lutherischen Konfessionalisierung und bildete die Basis für die glanzvolle Position des schwäbischen Luthertums im Reich am Ende des Reformationsjahrhunderts.[46]

43 Vgl. Schulze, Winfried: Möglichkeiten der Reichspolitik zwischen Augsburger Religionsfrieden und Ausbruch des Dreißigjährigen Krieges: In: Zeitschrift für historische Forschung 10 (1983) S. 253–256 (hier auch die einschlägigen Vorträge von W. Reinhard, H. Neuhaus, K. Schlaich und K. Vocelka abgedruckt); Blaschke, Karl–Heinz: Sachsen im Zeitalter der Reformation. Gütersloh 1970. S. 123–128; Rudersdorf (wie Anm. 20, Ludwig IV.) S. 176–179.
44 Vgl. Klüpfel, Karl: Die Universität Tübingen in ihrer Vergangenheit und Gegenwart. Leipzig 1877; Maurer / Ulshöfer (wie Anm. 10) S. 160–164; Brecht (wie Anm. 4); Brecht / Ehmer (wie Anm. 8) S. 331–337; Ehmer, Hermann: 450 Jahre Kirche und Schule in Württemberg. In: Blätter für württembergische Kirchengeschichte 87 (1987) S. 127–140; Decker–Hauff, Hansmartin / Setzler, Wilfried (Hgg.): Die Universität Tübingen von 1477 bis 1977 in Bildern und Dokumenten. Tübingen 1977; Rudersdorf (wie Anm. 20, Lutherische Erneuerung) S. 137–142.
45 Vgl. Hermelink (wie Anm. 10) S. 184ff.; Maurer / Ulshöfer (wie Anm. 10) S. 187–196; Press (wie Anm. 14, Die territoriale Welt) S. 48ff.; Rudersdorf (wie Anm. 20, Lutherische Erneuerung) S. 141f.
46 Vgl. vor allem Maurer / Ulshöfer (wie Anm. 10) S. 163f.; Rau, Reinhold: Herzog Christophs Universitätsreform. In: Attempto 31/32 (1969) S. 98–106; Maurer (wie Anm. 13, Herzog Christoph als Landesherr) S. 112–138; Baur, Jörg: Auf dem Weg

Wie sein Vater Christoph, so erkannte auch Ludwig, daß die Stabilität des Luthertums im eigenen Territorium in hohem Maße von einem institutionell gefestigten und funktionsfähigen Bildungssystem abhing, ja daß Schulen und Hochschulen die am besten geeigneten Medien für die Vermittlung und die Popularisierung der evangelischen Lehre innerhalb der ständischen Territorialgesellschaft darstellten. Eine solide Unterrichtung in der Religion sollte auf Dauer das Bekenntnis der evangelischen Landeskirche garantieren und die Identifikation der begabten und studierwilligen Landeskinder mit dem Luthertum fördern. Schule, Religion und Konfession wurden somit also programmatisch in einen inneren Sinnzusammenhang gerückt, der für die Geschlossenheit des württembergischen Territorialstaats kontinuitätsbildend werden sollte.[47]

Mit einer einengenden »Provinzialisierung« der Ausbildung hatte dies – im Horizont der Zeitgenossen und aktiv Beteiligten und Begünstigten – nur wenig zu tun, im Gegenteil: Die zunehmende Regionalisierung des Studiums im Zeichen der konfessionellen Homogenität, kombiniert mit der Vermehrung ständig neuer Schul- und Bildungsanstalten, förderte immer mehr das Identitätsbewußtsein der Studenten mit ihrem eigenen Land und mit ihrer eigenen »Landesschule«, gerade auch in der Konkurrenz zur politischen »Infrastruktur« der anderen Territorien, einer Konkurrenzsituation übrigens, die neben dem Gedanken des Wettbewerbs und der erhöhten Chancengleichheit auch den Vorteil der kulturellen und der geistigen Vielfalt im System des partikularistischen Reiches bot. Die Räson des sich entwickelnden frühmodernen Fürstenstaates verlangte nach allgemeingültigen und funktionierenden Formen der gesellschaftlichen Konsenssicherung, die ein Abweichen von der politischen und der religiösen Landesnorm unter Sanktionszwang stellten, ja dieses geradezu verhinderten und verboten. Gerade Württemberg aber war ein Beispiel

zur klassischen Tübinger Christologie. In: Brecht (wie Anm. 4) S. 195–269; Rudersdorf (wie Anm. 20, Lutherische Erneuerung) S. 140ff.

47 Dazu grundsätzlich: Brecht (wie Anm. 18) S. 163–175; Press (wie Anm. 36) S. 268–272; ders. (wie Anm. 14, Württemberg und Österreich) S. 125–148. Zuletzt: Wolgast, Eike: Formen landesfürstlicher Reformation in Deutschland. Kursachsen, Württemberg, Brandenburg, Kurpfalz. In: Grane, Leif / Horby, Kai (Hgg.): Die dänische Reformation vor ihrem internationalen Hintergrund. Göttingen 1990. S. 57–90. Hier: S. 74ff.

dafür, wie erfolgreich im Ganzen, aber auch wie existenzgefährdend für den Einzelnen die Disziplinierungsmaßnahmen des konfessionellen Obrigkeitsstaates zu greifen und zu wirken vermochten.[48]

So hatte bereits unter Christoph eine Reformgruppe um den Reformator Brenz damit begonnen, die Neuorganisation des Schulwesens einzuleiten, von deren Durchschlagskraft dann Herzog Ludwig in besonderem Maße profitierte. Der Anspruch, unter dem Dach der Kirche eine einheitliche effiziente Ausbildung sicherzustellen, verband sich mit dem längerfristigen Ziel, den allgemeinen Bildungsstand der Bevölkerung auf der Grundlage eines durchgegliederten Schulsystems langsam anzuheben. In vielen Dörfern waren neue Elementarschulen, in den größeren Städten Partikular– oder Lateinschulen errichtet worden, die über die Pädagogien in Stuttgart und in Tübingen das Tor zum Studium an der Landesuniversität öffneten.[49]

Die Einrichtung von dreizehn Klosterschulen in den alten, durch die Reformation funktionslos gewordenen Männerklöstern – zweifellos

48 So auch Schreiner, aber vielleicht doch mit einem zu modernen Verständnis von Wissenschaftsfreiheit und einer zu einseitig negativ analysierenden Sichtweise der lutherischen Orthodoxie – denn diese hat trotz unbezweifelbarer Züge der Intoleranz und der Kompromißlosigkeit im Zeichen des konfessionellen Antagonismus die Dynamik des wachsenden frühmodernen Territorialstaats in bemerkenswerter Weise zu fördern verstanden. Schreiner (wie Anm. 5) S. 4–44; Jens, Walter: Eine deutsche Universität. 500 Jahre Tübinger Gelehrtenrepublik. München 1977. S. 101–126; ein konkretes Territorium als Beispiel: Rudersdorf (wie Anm. 20, Ludwig IV.); grundsätzliche Diskussion: Moraw, Peter: Aspekte und Dimensionen älterer deutscher Universitätsgeschichte. In: Moraw, Peter / Press, Volker (Hgg.): Academia Gissensis. Marburg 1982. S. 1–43; Baumgart, Peter: Humanistische Bildungsreform an deutschen Universitäten des 16. Jahrhunderts. In: Reinhard, Wolfgang (IIg.): Humanismus im Bildungswesen des 15. und 16. Jahrhunderts. Weinheim 1984. S. 171–197; Schindling, Anton: Schulen und Universitäten im 16. und 17. Jahrhundert. Zehn Thesen zu Bildungsexpansion, Laienbildung und Konfessionalisierung nach der Reformation. In: Brandmüller, Walter (Hg.): Ecclesia militans. Bd. 2. Festschrift für Remigius Bäumer. Paderborn, München 1988. S. 561–570; Schilling (wie Anm. 7) S. 317–349.
49 Vgl. Geschichte des humanistischen Schulwesens in Württemberg. Hg. von der Württembergischen Kommission für Landesgeschichte. 3 Bde. Stuttgart 1912–1927; Ehmer, Hermann: Bildungsideale des 16. Jahrhunderts und die Bildungspolitik von Herzog Christoph in Württemberg. In: Blätter für württembergische Kirchengeschichte 77 (1977) S. 5–24; Brecht / Ehmer (wie Anm. 8) S. 331–337; vergleichende Aspekte zum vorbildlichen sächsischen Schulwesen: Blaschke (wie Anm. 43) S. 87–103.

wirksame Instrumente nicht nur der sozialen Kontrolle und der Protektion, sondern mehr noch der mentalen und der geistigen Erziehung des Theologen– und Pfarrernachwuchses – bedeutete ein weiteres wichtiges Stück Verdichtung für das territoriale Bildungssystem im Herzogtum Württemberg.[50] Der Weg der Kandidaten führte vom Klosterinternat direkt in das von Herzog Christoph 1557 erneuerte und um ein Konvikt ergänzte Tübinger Stift, um von dort aus an der nahen Universität zu studieren.[51] Eben diesen Weg über Klosterschule und Stift an die Landesuniversität, den seit dieser Zeit eine klassische schwäbische Bildungskarriere auszeichnete, war auch Nicodemus Frischlin, der Pfarrerssohn aus dem Balingischen, gegangen, der seit 1568 als Poetikprofessor an der Artistenfakultät wirkte. Es war mehr als nur ein Stück Selbstironie, wenn der Dichterfürst mit dem ihm eigenen beißenden Spott bereits ein Jahr später das Tübinger Stift als ein »trojanisches Pferd« bezeichnete, aus dem viele berühmte Männer hervorgegangen seien – zu denen er sich in professoraler Eitelkeit natürlich selbst zählte.[52]

Die hierarchische Spitze des Bildungssystems bildete jedoch nicht das Stift, sondern die vornehmste, die Theologische Fakultät, die im Zuge der Universitätsreform stärker in das Stellengefüge der evangelischen Landeskirche integriert worden war. Die Ämter des Propstes, des Dekans und des Pfarrers an der Tübinger Stiftskirche wurden mit den drei Ordinariaten der Theologischen Fakultät verbunden, womit nunmehr eine feste Rangordnung unter den Lehrstühlen eingeführt war. Eine vierte au-

50 Vgl. Stievermann, Dieter: Das Haus Württemberg und die Klöster vor der Reformation. In: Uhland (wie Anm. 8) S. 459–481; Lang, Gustav: Geschichte der württembergischen Klosterschulen. Stuttgart 1938; Ehmer, Hermann: Der Humanismus an den evangelischen Klosterschulen in Württemberg. In: Reinhard (wie Anm. 48, Humanismus) S. 121–133; zu Maulbronn als Beispiel: Ehmer (wie Anm. 31, Vannius) S. 209ff.; Generell: Schindling, Anton: Landesschule. In: Handwörterbuch zur deutschen Rechtsgeschichte Bd. 2. Berlin 1978. Sp. 1408–1412.
51 Zum Tübinger Stift: Leube, Martin: Geschichte des Tübinger Stifts. Bd. 1. Stuttgart 1921; Hahn, Joachim / Mayer, Hans: Das Evangelische Stift in Tübingen. Stuttgart 1985; Brecht / Ehmer (wie Anm. 8) S. 325–337.
52 Vgl. Maurer / Ulshöfer (wie Anm. 10) S. 164; Brecht / Ehmer (wie Anm. 8) S. 414; Röckelein / Bumiller (wie Anm. 3) S. 35–41.

ßerordentliche Professur kam neu hinzu, deren Inhaber gleichzeitig Superintendent an der Stipendiatenanstalt war.[53]

Die legalisierte Verknüpfung von theologischer Professur und kirchlichem Amt – ganz gewiß eine der bemerkenswerten Wegmarken des württembergischen Erfolgskurses – steigerte nicht nur das Ansehen der Fakultät, sondern ebenso die Verantwortung des einzelnen theologischen Lehrers über den engeren Raum des Hörsaals hinaus. In Anbetracht ihrer exponierten Stellung konnte der rechtgläubige Herzog von seinen Professoren ein besonderes Maß an Loyalität und an kirchlicher Bekenntnistreue verlangen. Vor allem aber hatte sich der Landesfürst mit dem Präsentationsrecht für die drei Stiftsdignitäten einen bedeutenden Einfluß auf die Besetzung der theologischen Lehrstühle gesichert, hatte er ein wirksames Disziplinierungsinstrument in der Hand, um durch eine gezielte Berufungspolitik das lutherische Bekenntnis auch personell zu garantieren. Da das Amt des Universitätskanzlers an die Erste Theologische Professur gebunden war, schien ein Abweichen vom Kurs angesichts des dichten Kontrollsystems zwischen Hof, Zentralbehörden und Universität kaum mehr möglich, das Interventionsrecht des Herzogs hatte das Selbstergänzungsrecht der Theologischen Fakultät faktisch außer Kraft gesetzt – von modernen Vorstellungen der Wissenschaftsfreiheit und der autonomen Meinungsbildung war dies natürlich weit entfernt.[54]

Den eigentlichen Durchbruch, der die neue Struktur der Fakultät zwischen universitärer Korporation und kirchlichem Amt erst funktionsfähig werden ließ, brachte schließlich die personelle Besetzung der Professuren: Mit Jakob Andreae, Jakob Heerbrand, Dietrich Schnepf und dem

53 Vgl. Weizsäcker, Carl von: Lehrer und Unterricht an der evangelisch-theologischen Fakultät der Universität Tübingen von der Reformation bis zur Gegenwart. Tübingen 1877. S. 1–172. Hier: S. 22ff.; Hermelink (wie Anm. 10) S. 115ff., S. 184ff.; Maurer / Ulshöfer (wie Anm. 10) S. 160–164; Brecht / Ehmer (wie Anm. 8) S. 407f.

54 Vgl. Angerbauer, Wolfram: Das Kanzleramt an der Universität Tübingen. In: Attempto 33/34 (1969) S. 105–119; Plieninger, Konrad: Jakob Andreä als Kanzler der Universität Tübingen 1562–1590. Studien über die Beziehungen Staat – Universität im 16. Jahrhundert. Zul.–Arbeit Tübingen (Masch.) 1956 (Standort: Institut für geschichtliche Landeskunde der Universität Tübingen); Röckelein / Bumiller (wie Anm. 3) S. 42–56; grundsätzlich: Baumgart, Peter: Universitätsautonomie und landesherrliche Gewalt im späten 16. Jahrhundert. In: Zeitschrift für historische Forschung 1 (1974) S. 23–53.

jungen Johannes Brenz, den Vertretern verschiedener Generationen mit unterschiedlichen Begabungen und Erfahrungen, fand sich 1562 in Tübingen eine Theologengruppe zusammen, die in dieser Konstellation fast ein Vierteljahrhundert lang mit bemerkenswertem wissenschaftlichem Erfolg in der Fakultät wirkte. Dies war nicht nur die große Zeit des Tübinger Luthertums, sondern auch die Phase, in der anderswo im Reich angesichts der dogmatischen Differenzen der Protestantismus in eine schwere Krise geraten war. Erst 1586 und 1590, nach dem Tode Schnepfs und Andreaes, gab es einen personellen Wechsel in den Ämtern, aber an der Grundkonstellation des Systems in Tübingen änderte sich lange Zeit nichts.[55]

Heerbrand, der einst zugunsten Andreaes übergangen worden war, rückte 1590 mit Zustimmung Herzog Ludwigs in die vakante Position des Kanzleramtes vor. Mehr als Andreae, der seine Professur nur mit großen Unterbrechungen wahrgenommen hatte, konnte sich Heerbrand als der eigentlich führende Theologe und Wissenschaftler fühlen: Dank seiner Präsenz am Ort verkörperte er für die Studenten mehr als vierzig Jahre lang ein gewichtiges Stück Kontinuität in der Lehre, mehrere Theologengenerationen waren durch seine Schule gegangen, er wurde schließlich die zentrale Integrationsfigur des württembergischen Luthertums in der Zeit Herzog Ludwigs, unterstützt zunächst von den jüngeren Kollegen Schnepf und Brenz, in den späteren Jahren dann von Stephan Gerlach, Johann Georg Sigwart und Matthias Hafenreffer, die bereits schon der dritten reformatorischen Generation angehörten und den Weg in das neue Jahrhundert wiesen.[56]

Jakob Andreae hingegen, der Tübinger Kanzler, Propst und Professor, war im Grunde keine akademische Gelehrtenfigur, sondern ein Mann der kirchlichen Praxis, ein scharfzüngiger Kontroverstheologe und Polemiker, diplomatisch versiert und organisatorisch begabt, ein Kirchenpolitiker, der seine orthodoxe Einstellung nie verleugnete und dennoch flexibel genug war, neben der konfessionellen die politische Dimension des

55 Aufschlußreich: Weizsäcker (wie Anm. 53) S. 22–38; Angerbauer (wie Anm. 54) S. 107–110; Rudersdorf (wie Anm. 20, Lutherische Erneuerung) S. 139ff.
56 Zum Hintergrund: Weizsäcker (wie Anm. 53) S. 38–52; Brecht (wie Anm. 2, Andreae) S. 677–680; zur Artistenfakultät: Hofmann (wie Anm. 4) S. 106–228.

lutherischen Einigungsprozesses fest im Kalkül zu behalten. Sein Name stand gleichsam synonym für den Aufstieg der Tübinger Frühorthodoxie, für eine keineswegs nur in enger dogmatischer Befangenheit verharrende Epoche württembergischer Kirchlichkeit, er wurde zum Symbol für die Ausstrahlung eines erneuerten leistungskräftigen Luthertums in Deutschland.[57]

Gestützt auf die intellektuelle Zugkraft seiner Tübinger Fakultät nutzte er seine stabile schwäbische Position, um die Konsolidierung der gefährdeten lutherischen Kirchen in der Nähe und in der Ferne nach württembergischem Vorbild zu organisieren. Mit Nachdruck versuchte er, einen einheitlichen konfessionellen Status der lutherischen Territorien mit verbindlicher Lehrnorm und fester institutioneller Ordnung sicherzustellen. Das Ausmaß seines Einflusses reichte in den 1560er und 1570er Jahren zeitweise bis nach Braunschweig–Wolfenbüttel, nach Kursachsen und nach Hessen, im Süden bis in die evangelische Stände– und Adelskirche der österreichischen Erblande, in den unmittelbaren Hausmachtbereich des katholischen Kaisers.[58] Die doppelte Protektion durch den eigenen Landesherrn und den Kurfürsten von Sachsen öffnete dem keineswegs unumstrittenen Württemberger nach einer schwierigen Wegstrecke schließlich doch noch das Tor zum Erfolg, an dessen Ende die lutherische Einigungsformel des Konkordienbuchs von 1580 stand. Sie war erreicht worden auf dem Höhepunkt der Konfessionalisierungswelle im Reich, in einem aufgeheizten Klima der Abgrenzung und der Konkurrenz, freilich ohne viel Rücksicht auf die verwandten reformierten Kir-

---

57 Eine umfassende neuere Biographie zu Andreae fehlt. Vgl. insbesondere Brecht (wie Anm. 2) S. 672–680. Ferner Gürsching, Heinrich: Jakob Andreae und seine Zeit. In: Blätter für württembergische Kirchengeschichte 54 (1954) S. 123–156; Müller–Streisand, Rosemarie: Theologie und Kirchenpolitik bei Jakob Andreä bis zum Jahre 1568. In: Ebd. 60/61 (1960/61) S. 224–395; Ebel, J.: Jacob Andreae (1528–1590) als Verfasser der Konkordienformel. In: Zeitschrift für Kirchengeschichte 89 (1978) S. 78–119.

58 Dazu zusammenfassend: Maurer / Ulshöfer (wie Anm. 10) S. 187–214; Brecht / Ehmer (wie Anm. 8) S. 407–422; Wendebourg (wie Anm. 9) behandelt die Beziehungen zum Patriarchen von Konstantinopel; Press (wie Anm. 14, Württemberg und Österreich) behandelt das Schicksal des Krainer Lutheraners und Reformators Primus Truber; zu Kursachsen: Kötzschke, Rudolf / Kretzschmar, Hellmut: Sächsische Geschichte. Dresden 1935, ³1977. S. 219–235; Blaschke (wie Anm. 43) S. 123–128; zu Hessen: Rudersdorf (wie Anm. 20, Ludwig IV.) S. 234–246.

chen zu nehmen, die anders als das Luthertum außerhalb des Reichs-rechts standen.[59]

Der von Andreae maßgeblich forcierte und von Herzog Ludwig tat-kräftig unterstützte Erneuerungsschub im deutschen Luthertum trug in seiner Wirkung analog zur reformierten Konfessionalisierung mancher-orts durchaus Züge einer »Zweiten« Reformation, die durch Stabilität des Bekenntnisses, Abwehr reformierter Bedrohungen, aber auch durch ent-schiedene Reform und mutige Institutionalisierung den konsolidierten territorialen Konfessionsstaat im späteren 16. Jahrhundert sichern und befestigen sollte.[60]

Das konsequente Streben nach dogmatischer Fixierung in Kirche und Lehre hatte freilich seinen Preis. Die kompromißlose Ausgrenzung der Reformierten aus dem Religionsfrieden führte schon bald zur Polarisie-rung im Reich, zur Spaltung des evangelischen Lagers, das in konfessio-nelle Bündnisse zerfiel und dadurch die Krise der Reichsverfassung ver-schärfte. Das Württemberg Herzog Ludwigs mußte sich den Vorwurf des »Pfaffengetriebes« und der Intoleranz gegenüber Andersdenkenden ge-fallen lassen, seine Theologen wurden bezichtigt, allzu rasch und allzu selbstherrlich ein Verdammungsurteil über den konfessionellen Gegner

---

59 Vgl. Deetjen, Werner Ulrich: »damit wir ob diesem Concordi Buch bestendig blei-ben«. Südwestdeutschland und das Konkordienwerk. In: Blätter für württembergische Kirchengeschichte 79 (1979) S. 28–53; ders.: Concordia Concors – Concordia Dis-cors. Zum Ringen um das Konkordienwerk im Süden und mittleren Westen Deutschlands. In: Brecht, Martin / Schwarz, Reinhard (Hgg.): Bekenntnis und Einheit der Kirche. Studien zum Konkordienbuch. Stuttgart 1980. S. 303–349.

60 Zur erneuernden Schubkraft der lutherischen Konfessionalisierung – und damit gegen die traditionelle Tendenz der Abqualifikation der lutherischen Orthodoxie – siehe den exemplarischen Vergleich anhand der Beispiele Hessen und Württemberg: Ruders-dorf (wie Anm. 20, Lutherische Erneuerung); ders. (wie Anm. 20, Ludwig IV.); gene-rell: Reinhard, Wolfgang: Zwang zur Konfessionalisierung? In: Zeitschrift für histori-sche Forschung 10 (1983) S. 257–277; Schilling, Heinz: Die »Zweite Reformation« als Kategorie der Geschichtswissenschaft. In: Ders. (wie Anm. 20, Die reformierte Konfessionalisierung) S. 387–437; ders.: Die Konfessionalisierung im Reich. Reli-giöser und gesellschaftlicher Wandel in Deutschland zwischen 1555 und 1620. In: Historische Zeitschrift 246 (1988) S. 1–45; Klueting, Harm: Das Konfessionelle Zeitalter 1525–1648. Stuttgart 1989; Ziegler, Walter: Territorium und Reformation. Überlegungen und Fragen. In: Historisches Jahrbuch 110 (1990) S. 52–75; Schmidt, Heinrich Richard: Konfessionalisierung im 16. Jahrhundert. München 1992 (mit einer konzentrierten Zusammenstellung der einschlägigen Forschungsliteratur).

zu sprechen. Die zentralistisch gelenkte lutherische Obrigkeitskirche kannte keinen Raum für eine abweichende evangelische Position – die Vorstellung eines Meinungspluralismus' mit Glaubensfreiheit und Spielraum für sozialkritischen Protest war dem Selbstverständnis des damaligen geschlossenen Landesstaates fremd, das Verlangen nach konfessioneller Homogenität besaß aus Gründen der Abwehr und der Selbsterhaltung die oberste Priorität.[61]

Das Schicksal Frischlins, des vermeintlichen Adelsgegners und schriftstellerischen Provokateurs, war nicht das Schicksal eines religiösen Dissidenten, der unter dem Bann der Orthodoxie zu leiden hatte, aber sein Fall kann dennoch nicht losgelöst von dem Klima der Engstirnigkeit und der Rechthaberei in einem konfessionalisierten staatlichen Umfeld betrachtet werden – ein Klima übrigens, das den nonkonformistischen »Einzelnen« durchaus mit Denunziation und sozialer Disqualifikation zu bedrohen und zu verfolgen vermochte.[62] Der Konflikt zwischen staatlichem Konfessionszwang, politischer Bevormundung und persönlicher Gewissensfreiheit, zwischen Überzeugungstreue, Standesehre und öffentlicher Deklassierung, konnte durchaus tragisch enden: Das Beispiel des betroffenen Adelskritikers Frischlin belegt eindringlich, wie rasch der Dialog gestört war, ja abzubrechen drohte, wenn gegen die Spielregeln des herrschenden politischen, gesellschaftlichen und kirchlichen Grundkonsenses verstoßen wurde. Die Vorherrschaft der lutherischen Orthodoxie mit ihrer stark uniformierenden Tendenz hatte in der Tat eine Barriere errichtet, die für die Anhänger einer dogmatisch offeneren evan-

---

61   Zu den Einzelheiten der Polemiken gegen das lutherische Württemberg vgl. Stälin (wie Anm. 9) S. 800f., S. 819–824; Maurer / Ulshöfer (wie Anm. 10) S. 187–196; Brecht / Ehmer (wie Anm. 8) S. 423–431; Wendebourg (wie Anm. 9) S. 108–111; ferner: Bizer, Ernst: Studien zur Geschichte des Abendmahlsstreits im 16. Jahrhundert. Gütersloh 19622; Andresen, Carl (Hg.): Handbuch der Dogmen- und Theologiegeschichte. Bd. 2: Die Lehrentwicklung im Rahmen der Konfessionalität. Göttingen 1980.

62   Hierzu besonders: Schreiner, Klaus: Frischlins »Oration vom Landleben« und die Folgen. In: Attempto 43/44 (1972) S. 122–135; ders. (wie Anm. 5, Disziplinierte Wissenschaftsfreiheit) S. 6–14; Midelfort (wie Anm. 6) S. 251–254; Röckelein / Bumiller (wie Anm. 3) S. 78–94; dazu die in Anm. 3 genannten weiteren Literatur.

gelischen Kirchentradition mit Auswirkungen auf die gesellschaftliche Atmosphäre im Staat nur schwer zu akzeptieren war.[63]

Trotz der unbezweifelbaren Härten, die das System kannte, und trotz der sich anbahnenden innerprotestantischen Eskalation im Reich muß die Leistung Württembergs in ihrer historischen Perspektive angemessen gewürdigt werden: In der entscheidenden Phase der konfessionellen Weichenstellung in Deutschland gingen die Impulse der lutherischen Erneuerung nicht mehr allein von dem exponierten Kursachsen, dem Mutterland der Reformation, aus, sondern vor allem von dem gefestigten süddeutschen Württemberg, dessen Universitätstheologen Schritt für Schritt die Meinungsführerschaft im Konfessionalisierungsprozeß übernahmen. Tübingen hatte Wittenberg in seiner exklusiven Rolle als vornehmster evangelischer Theologenschule für eine gewisse Zeit abgelöst und den Impetus der lutherischen Erneuerung ins protestantische Deutschland getragen.[64] Vielerorts verkündeten württembergische Pfarrer das Evangelium, nahmen Tübinger Professoren das Examen ab, bildeten die Stuttgarter Ordnungen das Modell für andere Kirchen.

Die enge Kooperation zwischen der Tübinger Hochschule und dem Stuttgarter Hof, die Achse zwischen dem »Außenpolitiker« Andreae und dem Hoftheologen Lucas Osiander, dem mächtigen Kirchenrat und einflußreichen Fürstenberater, förderte die breitgefächerten Aktivitäten: Wissenschaftler und Praktiker, Prediger und Kirchenpolitiker, die Gründergeneration der Reformation und ihre Söhne arbeiteten Hand in Hand, von Katheder und Kanzel herab traten sie ein für das angestrebte gemein-

---

63   Der bedrängte Frischlin betrachtete das Recht zur Kritik sozialer Mißstände als Bestandteil seiner akademischen Freiheit: *Daher hat ein Academia ihre Freiheit, die Professores haben Macht, den edelgeborenen Hippocentauris ihre Bubenstuck und Schelmstuck zu sagen, und sind nicht schuldig, einem jeden Scharrhansen darum Red und Antwort zu geben. Das seyn Freiheiten Academiae; wo das nicht ist, so hat man keine Freiheiten.* Zitiert nach Schreiner (wie Anm. 5, Disziplinierte Wissenschaftsfreiheit) S. 12; vgl. auch Röckelein / Bumiller (wie Anm. 3) S. 78–94 und Sabean, David Warren: Das zweischneidige Schwert. Herrschaft und Widerspruch im Württemberg der frühen Neuzeit. Berlin 1986. S. 51–76; allgemein: Reinhard (wie Anm. 60, Zwang zur Konfessionalisierung?) S. 257–277.

64   Vgl. Brecht (wie Anm. 2, Andreae) S. 672–680; Junghans, Helmar: Wittenberg als Lutherstadt. 1979. S. 142–173; Rudersdorf (wie Anm. 20, Ludwig IV.) S. 224–242; allgemein: Schilling (wie Anm. 60, Konfessionalisierung im Reich) S. 19–28.

same Ziel: für die Unverfälschtheit eines authentischen Luthertums und für die Einheit des Protestantismus im Reich, so wie sie sie verstanden! Die führenden Theologenfamilien Württembergs, die Andreae und Brenz, die Bidembach und Schnepf, die Heerbrand und Osiander, formierten sich damals zu einer starken intellektuellen Kraft im Lande, zu einem homogenen sozialen Verband, der neben der bürgerlichen politischen Funktionselite ebenso das Zusammenwachsen des Staates förderte und verstärkte.[65]

Die schwäbischen Theologen in der Nachfolge von Brenz leisteten unbestritten einen wichtigen und bleibenden Beitrag zur konfessionellen Identitätsfindung und zum geistigen Profil des deutschen Luthertums sowie zur Herausbildung des deutschen evangelischen Landeskirchentums. Die dynamischen Jahre Andreaes und Heerbrands waren auch die Jahre Herzog Ludwigs, ihres duldsamen Landesherrn und Patrons, und so fiel vom Glanz der Theologen ein Stück auch auf den Fürsten selbst, dessen beamtete Diener die Kirchenmänner waren. Von ihrer Bekenntnistreue überzeugt, hatte Ludwig ihnen ein hohes Maß an Selbständigkeit und an Selbstdarstellung eingeräumt, eine der Voraussetzungen für ihre starke soziale Stellung im gesellschaftlichen Gefüge des Territoriums. Mit Bedacht, aber dennoch zielstrebig agierte der Herzog aus der Kulisse des Hofes, mit seiner Autorität trug er die letzte Verantwortung im Rahmen des landesherrlichen Kirchenregiments, das nach außen freilich mehr einem Regiment der sittenstrengen Theologen glich, institutionalisiert im Stuttgarter Kirchenrat, pastoral und personell gestützt von der Tübinger Fakultät und dem Einfluß des Fürstenhofs in Stuttgart.[66]

Ganz im Sinne seiner Politik der religiösen und politischen Konsenssicherung setzte Herzog Ludwig nach 1580 die strenge Bekenntnisbindung seiner Amtsträger, auch der Professoren, durch, die durch ihren Eid

65 Dazu vor allem: Stälin (wie Anm. 9) S. 800–812, S. 819–824; Schneider (wie Anm. 9) S. 194ff.; Weizsäcker (wie Anm. 53) S. 22–42; Maurer / Ulshöfer (wie Anm. 10) S. 187–214; Brecht / Ehmer (wie Anm. 8) S. 407–422; Deetjen (wie Anm. 59); Schnabel-Schüle (wie Anm. 15) S. 13–104; Press (wie Anm. 14, Württemberg und Österreich) S. 125–148; Junghans (wie Anm. 64) S. 161–173.
66 Vgl. Brecht (wie Anm. 15, Kirchenordnung) S. 9–52; Maurer (wie Anm. 13, Herzog Christoph als Landesherr) S. 112–138; Press (wie Anm. 14, Die territoriale Welt) S. 48–52; Rudersdorf (wie Anm. 20, Lutherische Erneuerung) S. 133–142; ders. (wie Anm. 20, Ludwig IV.) S. 99–127, S. 224–242.

und durch ihre Unterschrift unter die Konkordienformel die Kontinuität des territorialisierten Luthertums zu garantieren hatten.[67] Gegen Ende seiner Regierung gelang es dem kinderlos gebliebenen Herzog, seinen Nachfolger in der Dynastie, Graf Friedrich von Mömpelgard (Montbéliard), auf die Einhaltung des lutherischen Bekenntnisses zu verpflichten, das auch für die Universität Tübingen und für die Landeskirche bindend und gültig blieb. Die traditionelle Linie der obrigkeitlichen Konfessionspolitik in Württemberg wurde somit unbeschädigt, ja verfestigt bereits, von der zweiten Regentengeneration nach Herzog Christoph aufgenommen und fortgeführt.[68]

Die Darlegungen haben deutlich gemacht, daß die Regierungszeit Herzog Ludwigs zu einem großen Teil ausgefüllt war von der zentralen Frage der lutherischen Konfessionalisierung, von ihrer Bedeutung für die Kohäsion des Territoriums und von ihrer Gestaltungskraft in dem konkurrierenden konfessionellen System innerhalb des deutschen Protestantismus. Das koordinierte Zusammenspiel von Politik, Religion und Konfession prägte gerade in Württemberg in besonders eindringlicher Weise die Signatur des Zeitalters, und es produzierte die konkrete territoriale Welt, mehr noch: die konfessionalisierte »Gegenwelt«, die als Folie den Aufstieg und das Ende eines Mannes, wie des humanistisch geprägten, kritisch–satirischen, gleichwohl evangelisch–gebundenen »Freigeistes« Nicodemus Frischlin, mit allen seinen Ecken und Kanten zu erklären vermag.[69] Natürlich gab es neben dem beherrschenden Thema, dem Ringen um theologische Wahrheit und um erneuerte Kirchlichkeit, auch

---

67 Vgl. Stälin (wie Anm. 9) S. 819–822; grundsätzlich: Schreiner, Klaus: Iuramentum Religionis. Entstehung, Geschichte und Funktion des Konfessionseides der Staats– und Kirchendiener im Territorialstaat der frühen Neuzeit. In: Der Staat 24 (1985) S. 211–246; für die Praxis an der Universität Wittenberg: Friedensburg, Walter: Geschichte der Universität Wittenberg. 1917. S. 395–430; Junghans (wie Anm. 64) S. 163.

68 In seinem Testament vom 6. März 1587 verpflichtete Herzog Ludwig seinen Nachfolger sowie die Räte und Theologen auf die Einhaltung der unverfälschten Religion. Stälin (wie Anm. 9) S. 814ff.; Uhland, Robert: Herzog Friedrich I. (1593–1608). In: Ders. (wie Anm. 8) S. 174–182.

69 So pointiert auch Schreiner (wie Anm. 5, Disziplinierte Wissenschaftsfreiheit) S. 6–14; ders. (wie Anm. 62, Frischlins Oration) S. 122–135; Röckelein / Bumiller (wie Anm. 3) S. 78–94.

noch andere Bühnen und kulturelle Darstellungsebenen, wo sich ungehindert von Orthodoxie und Theologengezänk der verfeinerte Lebensstil und die humanistische Denkweise der späten Renaissancezeit artikulieren konnten.

Wie andere Fürsten seiner Zeit, so zeigte auch Herzog Ludwig einen ausgeprägten Sinn für höfische Repräsentation und dynastische Selbstdarstellung, war sein Stuttgarter Hof ein Ort kultivierter Geselligkeit und großzügiger Kunstpflege, wurde die höfische Residenzgesellschaft mit Jagden und mit Festen, mit ritterlichen Turnieren und Wettkämpfen und nicht zuletzt mit Frischlins erfrischenden Komödien unterhalten, die nach 1575 viele Jahre den Beifall des interessierten fürstlichen Publikums fanden.[70] Das Große Lusthaus in Stuttgart, 1593 von dem Hofarchitekten Georg Beer vollendet, war ebenso wie das Collegium illustre in Tübingen, die spätere »Ritterakademie«, ein herausragendes Zeugnis für die Baufreude und den Unternehmermut des Herzogs, der sich von der kunstsinnigen Atmosphäre seiner Umgebung am Hof im Zeichen der Prosperität und des Friedens inspirieren ließ.[71]

Noch heute ist das eindrucksvolle Renaissancegrabmal Ludwigs im spätgotischen Chor der Tübinger Stiftskirche zu sehen, eingerahmt von den Gräbern der Eltern und Großeltern, die schlichte Grabplatte des Staatsgründers Eberhard im Barte an manieristischer Prunkfülle überragend – das ganze Ensemble zweifellos ein Denkmal für das dynastische Selbstverständnis des Hauses Württemberg, manifest gemacht im geistlichen Zentrum des evangelischen Tübingen, der zweiten Residenz im

---

70 Stälin (wie Anm. 9) S. 825–828; ein faszinierendes kulturgeschichtliches (faktengesättigtes) Panorama entfaltet die klassische Darstellung von: Fleischhauer, Werner: Renaissance im Herzogtum Württemberg. Stuttgart 1972; Grube (wie Anm. 16, Landtag) S. 237–242; Rudersdorf (wie Anm. 9, Herzog Ludwig) S. 163–173; vgl. neuerdings auch Sauer, Paul: Geschichte der Stadt Stuttgart. Bd. 2. Stuttgart 1993. S. 15–195. Hier: S. 170–195.

71 Vgl. Fleischhauer (wie Anm. 70) S. 53–84; Conrads, Norbert: Ritterakademien der Frühen Neuzeit. Bildung als Standesprivileg im 16. und 17. Jahrhundert. Göttingen 1982. S. 105–115, S. 154–200; vgl. ferner: Leins, C. F. von: Die Hoflager und Landsitze des Württembergischen Regentenhauses. Stuttgart 1889. S. 25–37; Schmidt, R. W.: Das Alte Schloß in Stuttgart. In: Württemberg. Monatsschrift im Dienste von Volk und Heimat. 1932. S. 5–28; Brecht, Martin: Die Stuttgarter Hofbibliothek unter Herzog Christoph und Herzog Ludwig. In: Zeitschrift für Württembergische Landesgeschichte 20 (1961) S. 351–354.

Lande nach Stuttgart, dem politischen und administrativen Herr-
schaftsmittelpunkt am mittleren Neckar.[72]

Das Bild von der Epoche war also, wie eingangs betont, in vieler
Hinsicht ambivalent und facettenreich: Die sich entfaltende kulturelle
Lebenswelt in ihrer ganzen Komplexität – die verspielten Formen der
Poesie gehörten ebenso dazu wie die späthumanistische Gelehrsamkeit –
konnte sich im Zeichen des Konfessionalismus durchaus gegen die Vorherrschaft der Orthodoxie behaupten, konnte neben ihr und mit ihr exi-
stieren, sofern nur das konsenserhaltende Normen– und Bedingungsge-
füge des etablierten frühmodernen Territorialstaats respektiert wurde.[73]
Der intellektuelle und soziale Protest einzelner profilierter Köpfe gegen
das herrschende System und seine Repräsentanten konnte nicht darüber
hinwegtäuschen, daß sich die breite Masse der Funktionsträger loyal mit
ihrem Staat und mit ihrer Kirche identifizierte, mit d e n Institutionen
also, denen sie Aufstieg und Karriere, ihre berufliche Existenz und ihren
gesellschaftlichen Status verdankten.

Der Landesfürst selbst verkörperte in seiner Person wie kein anderer
die nur scheinbar gegenläufigen Tendenzen seiner Zeit am sinnfälligsten:
Konfessionalität und Orthodoxie, höfische Lebensart und dynastische
Repräsentation, Regierungskunst und Landesvaterattitüde schlossen sich
dabei, wie sich zeigte, keineswegs aus. Die wechselnden Bilder des
praktizierten Regierungsstils, die Spannweite also zwischen strengem
Regiment und patriarchalischer Milde, zwischen konfessioneller Disziplinierung und geistiger Innovationsbereitschaft, zwischen spiritueller
Frömmigkeit und aristokratischer Geselligkeit – sie zeichneten im Gegenteil das Persönlichkeitsprofil, den Phänotyp, einer ganzen Generation

---

72 Vgl. die Beschreibung in: Westermayer, Albert / Wagner, Emil / Demmler, Theodor:
Die Grabdenkmäler der Stiftskirche zu St. Georg in Tübingen. Tübingen 1912. S. 73–
88; Fleischhauer (wie Anm. 70) S. 144ff.
73 Zur Diskussion des Problemzusammenhangs »Konfessionalität, Orthodoxie und
späthumanistische Gelehrtenkultur« vgl. auch meine Ausführungen in: Rudersdorf
(wie Anm. 20, Ludwig IV.) S. 237–242 und Schlußkapitel VIII; ferner wichtig:
Trunz, Erich: Der deutsche Späthumanismus um 1600 als Standeskultur. In: Alewyn,
Richard (Hg.): Deutsche Barockforschung. Köln, Berlin 1965. S. 147–181; Zeeden,
Ernst Walter: Deutsche Kultur in der frühen Neuzeit. Frankfurt/M. 1968. S. 390f.;
Münch, Paul: Lebensformen in der frühen Neuzeit. Frankfurt/M., Berlin 1992.
S. 446–451.

deutscher Landesfürsten im konfessionellen Zeitalter aus, die die prägenden Erfahrungen und Brüche der Reformationszeit selbst nicht mehr miterlebt hatten und sich sicher auf dem Fundament des konsolidierten Erbes der Väter bewegten.[74]

So gesehen war Ludwig der Fromme, der fünfte Herzog von Württemberg,[75] der Protektor der Theologischen Fakultät und der langjährige Mäzen Frischlins, ein typischer Repräsentant seiner Generation, ein gläubiger und zugleich weltzugewandter lebensfroher Renaissancefürst, der den Württembergern im Zeichen des befriedeten Reiches eine Zeit der Stabilität und der Prosperität, aber auch schon des konzentrierten Übergangs in eine neue, die frühabsolutistische Phase der territorialen Landesherrschaft bescherte, die im Vorfeld des Dreißigjährigen Krieges das Regieren und das Administrieren in einem komplizierter gewordenen reichspolitischen Umfeld keineswegs einfacher gestaltete. Insofern eröffnete das in der Ludwigs–Zeit Erreichte gleichermaßen Dimensionen der Bewahrung und der Bewährung, die das politische Kalkül der Nachfolger zweifellos beeinflußten und bestimmten. Dies darzustellen, wäre freilich ein neues und andersgeartetes Kapitel in der langen Geschichte des neuzeitlichen württembergischen Landesstaates im Südwesten des Alten Reiches – ein Kapitel, das in das Jahrhundert der Kriege und der Krisen, des Absolutismus und des Barock einführt.[76]

74 Zur Typologie des deutschen territorialstaatlichen Renaissancefürsten – im Spannungsfeld zwischen Persönlichkeit und politischer Struktur – vgl. meine Ausführungen in: Rudersdorf (wie Anm. 20, Ludwig IV.) S. 264–269; ebenso: Noflatscher, Heinz: Glaube, Reich und Dynastie. Maximilian der Deutschmeister (1558–1618). Marburg 1987. S. 302–316; generelle Aspekte finden sich bei: Schieder, Theodor: Strukturen und Persönlichkeiten in der Geschichte. In: Ders.: Geschichte als Wissenschaft. München, Wien 1965. S. 149–186.

75 Siehe auch die zeitgenössische, gewiß idealisierende Würdigung in der Leichenpredigt des Tübinger theologischen Primarius: Heerbrand, Jacob: Oratio funebris de vita et obitu illustrissimi Ludovici ducis Vuirtembergici. Tübingen 1593.

76 Vgl. dazu auch Vann, James Allen: Württemberg auf dem Weg zum modernen Staat 1593–1793. Stuttgart 1986; neuerdings besonders Gotthard, Axel: Konfession und Staatsräson. Die Außenpolitik Württembergs unter Herzog Johann Friedrich (1608–1628). Stuttgart 1992.

Abbildung 1

Herzog Ludwig.
Vergrößerter Ausschnitt aus der Ahnentafel.
Holzschnitt von Joachim Lederlin nach Jakob Züberlin,
1585 (121 x 153 cm) Württembergisches Landesmuseum Stuttgart.

Anton Schindling

Institutionen gelehrter Bildung im Zeitalter des Späthumanismus

Bildungsexpansion, Laienbildung, Konfessionalisierung und Antike-Rezeption nach der Reformation

In der deutschen Bildungsgeschichte waren das Reformationszeitalter und das Konfessionelle Zeitalter eine für Hochschul– und Schulneugründungen besonders fruchtbare Epoche. Zwischen 1500 und 1650 wurden zwanzig neue Universitäten und universitätsähnliche Hochschulen gegründet, und zwar waren dies in der Reihenfolge der Gründung: Wittenberg, Frankfurt an der Oder, Marburg, Königsberg, Dillingen, Jena, Helmstedt, Olmütz, Würzburg, Herborn, Graz, Gießen, Paderborn, Molsheim, Straßburg, Rinteln, Salzburg, Altdorf, Osnabrück und Bamberg. Diesen zwanzig Gründungen stehen im 14. und 15. Jahrhundert vierzehn Gründungen gegenüber und zwischen 1650 und 1800 elf Gründungen. Diese Zahlen zeigen, wie sehr die eineinhalb Jahrhunderte, die von Glaubensspaltung und Glaubenskämpfen bestimmt waren, für die deutsche Bildungsgeschichte fruchtbar geworden sind. In den Konfessionalisierungsprozessen seit der Mitte des 16. Jahrhunderts war von Anfang an die kulturpolitische Dimension wirkungsmächtig, da Bildung und Wissenschaft zu Waffen im Glaubenskampf geworden waren. Durch die neuen Bildungseinrichtungen kam es andererseits dahin, daß die Differenz über Glaubenslehren zu einer Auseinanderdifferenzierung von konfessionell geprägten Kultursystemen führte – auch zwischen den deutschen Ländern.[1]

---

1 Das Problemfeld der Konfessionalisierung nach der Reformation findet in der neueren Forschung verstärkt Beachtung. Wegweisende Anregungen gaben die Forschungen von Ernst Walter Zeeden. Hierauf aufbauend haben Volker Press, Wolfgang Reinhard, Heinz Schilling und Walter Ziegler die Behandlung dieser Thematik weitergeführt: Press, Volker: Stadt und territoriale Konfessionsbildung. In: Petri, Franz (Hg.): Kirche und gesellschaftlicher Wandel in deutschen und niederländischen

Das ganze Ausmaß der Bildungsexpansion (»Bildungsexplosion«) zwischen 1500 und 1650 wird allerdings erst deutlich, wenn man auch die zahlreichen damals gegründeten höheren Schulen ins Auge faßt. In den meisten deutschen Städten wurden neue Lateinschulen eingerichtet, in den größeren Städten als Gymnasien mit mehreren Klassen. Einige Territorien schufen auch ein durchorganisiertes Landesschulwesen, so Kursachsen mit den Fürstenschulen und Württemberg mit den Klosterschulen. Im protestantischen Deutschland waren Landesfürsten und Stadtmagistrate die Träger des neuen Schulwesens, in den katholischen Reichsteilen die Obrigkeiten zusammen mit geistlichen Orden, vor allem den Jesuiten, aber auch den Bettelorden (zum Beispiel FranziskanerObservanten) oder den Benediktinern.[2]

Städten der werdenden Neuzeit. Köln, Wien 1980. S. 251–296; ders.: Soziale Folgen der Reformation in Deutschland. In: Biskup, Marian / Zernack, Klaus (Hgg.): Schichtung und Entwicklung der Gesellschaft in Polen und Deutschland im 16. und 17. Jahrhundert. Wiesbaden 1983. S. 196–243; Reinhard, Wolfgang: Gegenreformation als Modernisierung? Prolegomena zu einer Theorie des konfessionellen Zeitalters. In: Archiv für Reformationsgeschichte 68 (1977) S. 226–252; ders.: Zwang zur Konfessionalisierung? In: Zeitschrift für Historische Forschung 10 (1983) S. 257– 277; Schilling, Heinz (Hg.): Die reformierte Konfessionalisierung in Deutschland. Das Problem der »Zweiten Reformation«. Gütersloh 1986; ders.: Die Konfessionalisierung im Reich. Religiöser und gesellschaftlicher Wandel in Deutschland zwischen 1555 und 1620. In: Historische Zeitschrift 246 (1988) S. 1–45; Zeeden, Ernst Walter: Die Entstehung der Konfessionen. Grundlagen und Formen der Konfessionsbildung im Zeitalter der Glaubenskämpfe. München, Wien 1965; ders.: Konfessionsbildung. Studien zur Reformation, Gegenreformation und katholischen Reform. Stuttgart 1985; Ziegler, Walter: Reformation und Klosterauflösung. Ein ordensgeschichtlicher Vergleich. In: Elm, Kaspar (Hg.): Reformbemühungen und Observanzbestrebungen im spätmittelalterlichen Ordenswesen. Berlin 1989. S. 585–614; ders.: Territorium und Reformation. Überlegungen und Fragen. In: Historisches Jahrbuch 110 (1990) S. 52–75. Die Bedeutung der Bildungseinrichtungen in den Konfessionalisierungsprozessen wird vor allem von Press hervorgehoben. Vgl. auch: Press, Volker: Kurfürst Maximilian I. von Bayern, die Jesuiten und die Universität Heidelberg im Dreißigjährigen Krieg 1622–1649. In: Doerr, Wilhelm (Hg.): Semper apertus. 600 Jahre Ruprecht–Karls–Universität Heidelberg 1386–1986. Festschrift. Bd. 1. Berlin, Heidelberg, New York/Tokyo 1985. S. 314–370.

2   Zahlreiche Beispiele für Schul– und Universitätsgründungen seit der Reformation werden im jeweiligen territorial– und kirchengeschichtlichen Zusammenhang in dem fünfbändigen Sammelwerk behandelt: Schindling, Anton / Ziegler, Walter (Hgg.): Die Territorien des Reichs im Zeitalter der Reformation und Konfessionalisierung. Land und Konfession 1500–1650. 5 Bde. Münster 1989–1993. Die Beiträge in diesem Sammelwerk können für fast alle in dem vorliegenden Aufsatz genannten Ein

Kleinere Territorien richteten zumindest ein zentrales Landesgymnasium ein, beispielsweise Pfalz–Zweibrücken in Hornbach und Pfalz–Neuburg in Lauingen an der Donau.[3] Hier sind auch die reformierten Hohen Schulen in einigen calvinistischen Reichsgrafschaften zu nennen: Die Hohe Schule in Herborn in der Grafschaft Nassau–Dillenburg, die Hohe Schule in Burgsteinfurt in der Grafschaft Bentheim–Steinfurt–Tecklenburg und die Hohe Schule in Hanau in der Grafschaft Hanau; entsprechendes gilt für das Gymnasium in Zerbst in dem reformierten Fürstentum Anhalt.[4] Einige größere Gymnasien wurden bald zu Hochschulen ausgebaut, vor allem die reichsstädtische Straßburger Schule des Humanisten Johann Sturm und die gleichfalls reichsstädtische Nürnberger Gründung in Altdorf.[5] Aus Gymnasien entstanden ebenso die evangelischen territorialen Universitätsgründungen im braunschweig-wolfenbüttelschen Helmstedt, im hessen–darmstädtischen Gießen und im schaumburgischen Rinteln.[6] Für die Straßburger und die Altdorfer Hoch-

zelbeispiele herangezogen werden. Dort finden sich jeweils auch Literaturhinweise zur speziellen Schul– und Universitätsgeschichte.

3   Schindling, Anton: Humanistische Reform und fürstliche Schulpolitik in Hornbach und Lauingen. Die Landesgymnasien des Pfalzgrafen Wolfgang von Zweibrücken und Neuburg. In: Neuburger Kollektaneenblatt 133 (1980) S. 141–186.

4   Menk, Gerhard: Kalvinismus und Pädagogik. Matthias Martinius (1572–1630) und der Einfluß der Herborner Hohen Schule auf Johann Amos Comenius. In: Nassauische Annalen 91 (1980) S. 77–104; ders.: Die Hohe Schule Herborn in ihrer Frühzeit (1584–1660). Ein Beispiel zum Hochschulwesen des deutschen Kalvinismus im Zeitalter der Gegenreformation. Wiesbaden 1981; 400 Jahre Arnoldinum 1588–1988. Festschrift. Hg. von Kreisheimatbund Steinfurt. 1988; Holzhauer, Heinz / Toellner Richard (Hgg.): 400 Jahre Hohe Schule Steinfurt. Symposion 1988. (Steinfurter Schriften) 1991; Münnich, Franz: Geschichte des Gymnasium illustre zu Zerbst 1582–1798. 1960. Joachim Castan bearbeitet in Osnabrück eine Dissertation über das Gymnasium in Zerbst.

5   Schindling, Anton: Straßburg und Altdorf. Zwei humanistische Hochschulgründungen von evangelischen freien Reichsstädten. In: Baumgart, Peter / Hammerstein, Notker (Hgg.): Beiträge zu Problemen deutscher Universitätsgründungen der frühen Neuzeit. Nendeln 1978. S. 149–189; ders.: Die humanistische Bildungsreform in den Reichsstädten Straßburg, Nürnberg und Augsburg. In: Reinhard, Wolfgang (Hg.): Humanismus im Bildungswesen des 15. und 16. Jahrhunderts. Weinheim 1984. S. 107–120.

6   Baumgart, Peter: David Chyträus und die Gründung der Universität Helmstedt. In: Braunschweigisches Jahrbuch 40 (1959) S. 36–82; ders.: Die Anfänge der Universität Helmstedt im Spiegel ihrer Matrikel 1576–1600. In: Ebd. 50 (1969) S. 5–32; ders.: Universitätsautonomie und landesherrliche Gewalt im späten 16. Jahrhundert. Das

schule, die längere Zeit nur begrenzte akademische Graduierungsrechte besaßen, findet sich auch der Begriff einer »Semi–Universität«, der einen eigenständigen Typ von Lehranstalt markiert. Dieser verband sich in erster Linie mit den beiden reichsstädtischen Reformgründungen.[7]

Die neuen Schulen und Hochschulen erfüllten bildungspolitische Forderungen, die zuerst von den Humanisten aufgestellt worden waren. Humanisten, wie etwa Jakob Wimpfeling in Straßburg, wiesen bereits am Vorabend der Reformation auf das Bedürfnis hin, neue Schulen einzurichten – zum Zweck der christlichen Laienbildung und zum Zweck der besseren Priesterausbildung.[8] Solche humanistischen Forderungen konn-

Beispiel Helmstedt. In: Zeitschrift für Historische Forschung 1 (1974) S. 23–53; ders.: Die Gründung der Universität Helmstedt. In: Braunschweigisches Jahrbuch 57 (1976) S. 31–48; ders.: Universitätsgründungen im konfessionellen Zeitalter: Würzburg und Helmstedt. In: Baumgart / Hammerstein (wie Anm. 5) S. 191–215; Rudersdorf, Manfred: Der Weg zur Universitätsgründung in Gießen. Das geistige und politische Erbe Landgraf Ludwigs IV. von Hessen–Marburg. In: Moraw, Peter / Press, Volker (Hgg.): Academia Gissensis. Beiträge zur älteren Gießener Universitätsgeschichte. Marburg 1982. S. 45–82; Schindling, Anton: Die Universität Gießen als Typus einer Hochschulgründung. In: Ebd. S. 83–113; Schormann, Gerhard: Academia Ernestina. Die Schaumburgische Universität zu Rinteln an der Weser (1610/21–1810). Marburg 1982.

7   Schindling, Anton: Humanistische Hochschule und freie Reichsstadt. Gymnasium und Akademie in Straßburg 1538–1621. Wiesbaden 1977; ders.: Die reichsstädtische Hochschule in Straßburg 1538–1621. In: Maschke, Erich / Sydow, Jürgen (Hgg.): Stadt und Universität im Mittelalter und in der früheren Neuzeit. Sigmaringen 1977. S. 71–83; ders.: L'Ecole latine et l'Académie de 1538 à 1621. In: Schang, Pierre / Livet, Georges (Hgg.): Histoire du Gymnase Jean Sturm. Berceau de l'Université de Strasbourg 1538–1988. Strasbourg 1988. S. 17–154; ders. / Rudersdorf, Manfred: Luthéranisme et université à l'époque confessionelle. Une comparaison entre Strasbourg, Tubingen et Marbourg. In: Bulletin de la Société de l'Histoire du Protestantisme Français 135 (1989) S. 64–76.

8   Knepper, Joseph: Jakob Wimpfeling 1450–1528. Sein Leben und seine Werke. Freiburg 1902; ders.: Das Schul- und Unterrichtswesen im Elsaß von den Anfängen bis gegen das Jahr 1530. Straßburg 1905; Borries, Emil von: Wimpfeling und Murner im Kampf um die ältere Geschichte des Elsasses. Ein Beitrag zur Charakteristik des deutschen Frühhumanismus. Berlin, Leipzig 1926; Schindling (wie Anm. 7, Humanistische Hochschule und freie Reichsstadt) S. 24ff.; Mertens, Dieter: Jakob Wimpfeling (1450–1528). Pädagogischer Humanismus. In: Schmidt, Paul Gerhard (Hg.): Humanismus im deutschen Südwesten. Biographische Profile. Sigmaringen 1993. S. 35ff. Zum Idealbild des frommen und gebildeten Priesters im altkirchlich-reformkatholischen Humanismus: Wimpfeling, Jakob / Rhenanus, Beatus: Das Leben des Johann Geiler von Kaysersberg. Hgg. Herding, Otto / Mertens, Dieter. München

ten allerdings erst in der Verbindung mit der protestantischen Reformation einerseits oder der katholischen Reform und Gegenreformation andererseits realisiert werden. Der Humanismus allein besaß nur begrenzte Durchsetzungs– und Gestaltungskraft. Erst die religiös–konfessionellen Bewegungen brachten die Schubkraft und Breitenwirkung, die nötig waren, um den humanistischen pädagogischen und bildungspolitischen Anliegen zum Durchbruch zu verhelfen. Die evangelischen Reichsstädte Straßburg und Nürnberg sowie die evangelischen Territorialstaaten Hessen und Württemberg zeigten dies exemplarisch.[9] Wenn die humanistische Bildung in der deutschen Kulturgeschichte vom 16. bis zum 19. Jahrhundert eine exponierte Rolle spielen konnte, so war dies engstens verknüpft mit den Wirkungen der Reformation und der Konfessionalisierungsprozesse auf der neugläubig–evangelischen wie auf der altgläubig-katholischen Seite. Die schulische Antike–Rezeption stand im Zeichen der christlichen Religion und erhielt durch diese geistige Synthese ihre didaktische Profilierung und Prägekraft.

Die Konkurrenz der Konfessionen führte zum intensivierten Ausbau des Bildungswesens. Von dem vorreformatorischen Humanismus blieb die Forderung nach einer besseren Ausbildung der Laienchristen und der Pfarrseelsorger. Durch die Konfessionen wurde das humanistische Bildungsprogramm einerseits durchgesetzt, andererseits aber auch instrumentalisiert. In diesem Entwicklungszusammenhang ist es gerechtfertigt, von dem Humanismus nach der Reformation als »Späthumanismus« zu sprechen und diesen von dem frühen Humanismus des 15. Jahrhunderts

1970. Zahlreiche einschlägige Äußerungen Wimpfelings: Wimpfeling, Jakob: Briefwechsel. Hgg. Herding, Otto / Mertens, Dieter. 2 Bde. München 1990.

9   Baumgart, Peter: Die deutsche Universität des 16. Jahrhunderts. Das Beispiel Marburg. In: Hessisches Jahrbuch für Landesgeschichte 28 (1978) S. 50–79; ders.: Humanistische Bildungsreform an deutschen Universitäten des 16. Jahrhunderts. In: Reinhard (wie Anm. 5) S. 171–197; Rudersdorf, Manfred: Lutherische Erneuerung oder zweite Reformation? Die Beispiele Württemberg und Hessen. In: Schilling (wie Anm. 1, Die reformierte Konfessionalisierung in Deutschland) S. 130–153; ders.: Ludwig IV. Landgraf von Hessen–Marburg (1537–1604). Landesteilung und Luthertum in Hessen. Mainz 1991; ders.: Hessen. In: Schindling / Ziegler (wie Anm. 2) Bd. 4: Mittleres Deutschland. Münster 1992. S. 254–288; ders.: Herzog Ludwig (1568–1593). In: Uhland, Robert (Hg.): 900 Jahre Haus Württemberg. Leben und Leistung für Land und Volk. Stuttgart ⁴1993. S. 163–173; ders. / Schindling (wie Anm. 7).

und dem reifen Humanismus der Ära des Erasmus von Rotterdam zu unterscheiden. In der Schul– und Universitätsgeschichte war der sogenannte Späthumanismus am stärksten gestaltungskräftig – der spätere Humanismus schuf durch dauerhafte Institutionen und durch Leitbilder, die in der Gesellschaft wirksam waren, neue Bildungswirklichkeiten.[10]

Die Gründung der neuen Schulen und Hochschulen ebenso wie die Konfessionsbildung und Konfessionalisierung auf neugläubig–protestantischer und auf altkirchlich–katholischer Seite waren untrennbar verbunden mit dem Ausbau der frühmodernen Staatlichkeit. Reichsstädte und Territorien bauten komplementär zu ihrer politischen Verwaltung ein städtisches bzw. territoriales Kirchenwesen auf, wozu auch die Organisation der Heranbildung künftiger Beamter und Pfarrer gehörte.[11] In den katholischen Territorien gab es faktisch auch ein Landeskirchentum, al-

---

10 Baumgart (wie Anm. 9, Humanistische Bildungsreform an deutschen Universitäten); Hammerstein, Notker: Bildungsgeschichtliche Traditionszusammenhänge zwischen Mittelalter und früher Neuzeit. In: Der Übergang zur Neuzeit und die Wirkung von Traditionen. Hg. Joachim–Jungius–Gesellschaft der Wissenschaften Hamburg. Göttingen 1978. S. 32–54; ders.: Humanismus und Universitäten. In: Buck, August (Hg.): Die Rezeption der Antike. Zum Problem der Kontinuität zwischen Mittelalter und Renaissance. Hamburg 1981. S. 23–39; Meuthen, Erich: Charakter und Tendenzen des deutschen Humanismus. In: Angermeier, Heinz (Hg.): Säkulare Aspekte der Reformationszeit. München, Wien 1983. S. 217–266; Schindling (wie Anm. 5, Die humanistische Bildungsreform in den Reichsstädten); ders.: Schulen und Universitäten im 16. und 17. Jahrhundert. Bildungsexpansion und Laienbildung im Dienste der Konfessionen. Eine Problemskizze in 10 Punkten. In: Wolf, Norbert Richard (Hg.): Wissensorganisierende und wissensvermittelnde Literatur im Mittelalter. Wiesbaden 1987. S. 278–288; ders.: Schulen und Universitäten im 16. und 17. Jahrhundert. 10 Thesen zu Bildungsexpansion, Laienbildung und Konfessionalisierung nach der Reformation. In: Ecclesia Militans. Festschrift Remigius Bäumer. Bd. 2. Paderborn/München. 1988. S. 561–570; ders.: Bildung und Wissenschaft 1650–1800 (Enzyklopädie Deutscher Geschichte). München 1994.
11 Press (wie Anm. 1, Stadt und territoriale Konfessionsbildung); ders. (wie Anm. 1, Soziale Folgen der Reformation); ders.: Adel, Reich und Reformation. In: Mommsen, Wolfgang J. (Hg.): Stadtbürgertum und Adel in der Reformation. Stuttgart 1979. S. 330–383; ders.: Führungsgruppen in der deutschen Gesellschaft im Übergang zur Neuzeit um 1500. In: Hofmann, Hanns Hubert / Franz, Günther (Hgg.): Deutsche Führungsschichten in der Neuzeit. Eine Zwischenbilanz. Boppard am Rhein 1980. S. 29–77; Zusammenfassend ders.: Kriege und Krisen. Deutschland 1600–1715. München 1991.

lerdings hatten hier die Diözesanbischöfe und der Papst die durch das kanonische Recht festgelegten Mitwirkungsmöglichkeiten.[12]

Die weltliche Gewalt war entscheidend für die wirtschaftliche Fundation der neuen Bildungseinrichtungen. In den evangelischen Reichsstädten und Territorien wurden dazu die Güter von aufgehobenen Klöstern verwendet gemäß der Lehre Luthers vom ursprünglichen Stiftungszweck (*ad pias causas*).[13] Aber auch in katholischen Territorien gab es die Neuverwendung von Kirchen– und Klostergütern für neue Bildungseinrichtungen, wozu jeweils die Zustimmung des Papstes erforderlich war. Hessen und Württemberg auf evangelischer, Bayern und Würzburg auf katholischer Seite sind hierfür markante Beispiele.[14]

Dem Ausbildungskonzept des Humanismus einerseits sowie den Ausbildungsbedürfnissen des frühmodernen Staates und des konfessionellen Landeskirchentums andererseits entsprach der Schultyp des *gym-*

12 Baumgart, Peter: Die kaiserlichen Privilegien von 1575 für die Universitäten Würzburg und Helmstedt. In: Würzburger Diözesangeschichtsblätter 35/36 (1974) S. 319–329; ders.: 400 Jahre Privilegierung der Julius–Universität zu Würzburg (1575–1975). In: Ders. (Hg.): Bibliographie zur Geschichte der Universität Würzburg 1575–1975. Würzburg 1975. S. IX–XX; ders. (wie Anm. 6, Universitätsgründungen im konfessionellen Zeitalter); ders.: Die Anfänge der Universität Würzburg. Eine Hochschulgründung im konfessionellen Zeitalter. In: Mainfränkisches Jahrbuch für Geschichte und Kunst 30 (1978) S. 9–24; ders.: Die Julius–Universität zu Würzburg als Typus einer Hochschulgründung im konfessionellen Zeitalter. In: Ders. (Hg.): 400 Jahre Universität Würzburg. Eine Festschrift. Neustad an der Aisch 1982. S. 3–29; Schubert, Ernst: Zur Typologie gegenreformatorischer Universitätsgründungen. Jesuiten in Fulda, Würzburg, Ingolstadt und Dillingen. In: Rössler, Hellmuth / Franz, Günther (Hgg.): Universität und Gelehrtenstand 1400–1800. Limburg/Lahn 1970. S. 85–105; Seifert, Arno: Statuten– und Verfassungsgeschichte der Universität Ingolstadt (1472–1586). Berlin 1971; ders. (Hg.): Die Universität Ingolstadt im 15. und 16. Jahrhundert. Texte und Regesten. Berlin 1973; ders.: Weltlicher Staat und Kirchenreform. Die Seminarpolitik Bayerns im 16. Jahrhundert. 1978; Ziegler, Walter / Lutz, Heinrich: Das konfessionelle Zeitalter. 1. Teil: Die Herzöge Wilhelm IV. und Albrecht V. In: Spindler, Max / Kraus, Andreas (Hgg.): Handbuch der bayerischen Geschichte. Bd. 2. München ²1988. S. 322–392.

13 Baumgart (wie Anm. 9, Die deutsche Universität des 16. Jahrhunderts); Schindling, Anton: Die Reformation in den Reichsstädten und die Kirchengüter. Straßburg, Nürnberg und Frankfurt im Vergleich. In: Sydow, Jürgen (Hg.): Bürgerschaft und Kirche. Sigmaringen 1980. S. 67–88.

14 Vgl. Schindling / Ziegler (wie Anm. 2): Beiträge von Hermann Ehmer über Württemberg (Bd. 5), Manfred Rudersdorf über Hessen (Bd. 4) und Walter Ziegler über Bayern (Bd. 1) und Würzburg (Bd. 4).

nasium illustre. Das *gymnasium illustre* als Unterrichtsanstalt verband mehrere Lateinschulklassen, die nach einem möglichst durchgehenden didaktischen Konzept aufeinander aufbauten, mit einem propädeutischen wissenschaftlichen Vorlesungsangebot.[15]

Das voruniversitäre Ausbildungswesen war im Mittelalter nur sehr unvollkommen, ungleichmäßig und unsystematisch ausgestaltet gewesen. Es war eine zentrale Forderung der Humanisten, die schulische Allgemeinbildung zur Vorbereitung auf das Universitätsstudium systematisch zu organisieren und nach einheitlichen didaktischen und pädagogischen Grundsätzen zu ordnen. Die Ausbildung in den sprachlichen Fähigkeiten im Lateinischen stand dabei für die Humanisten im Mittelpunkt, also Grammatik, Rhetorik und Dialektik. Es entsprach dies der Wahrnehmung und dem Verständnis der Antike durch die Humanisten: Das Altertum trat dabei vornehmlich in der Sprache und in literarischen Zeugnissen in Erscheinung. Künftige Laienchristen und künftige Seelsorger sollten dasselbe Fundament einer formalen sprachlichen Allgemeinbildung erhalten, damit sie später die an klassischen Vorbildern geschulte Kunst der weltlichen Rede und der Predigt beherrschten. Eine evangelische Schule wie die Johann Sturms in Straßburg entsprach in ihren Zielen und Strukturen ebenso dem Idealtypus des *gymnasium illustre* wie die Gymnasien der Jesuiten.

Das *gymnasium illustre* schuf einen allgemeinbildenden Unterbau für die Fachwissenschaften Theologie, Jurisprudenz und Medizin, die an den Universitäten gelehrt wurden. Für die Pädagogik eines Johann Sturm und für die Jesuiten war die Lehr– und Lernmethode des *gymnasium illustre* wichtiger als die der Fachwissenschaften, vor allem deswegen, weil die propädeutische gymnasiale Lehr– und Lernmethode allgemein die künftige weltliche und geistliche Führungsschicht zum Adressaten hatte. Die Reform der Sprache war für die Humanisten der Weg zur allgemeinen Reform der Sittlichkeit und der Frömmigkeit, das heißt die Qualität der Lateinschule, des Gymnasiums, entschied über den künftigen Weg von Gesellschaft, Staat und Kirche.

15 Schindling (wie Anm. 7, Humanistische Hochschule und freie Reichsstadt); ders. (wie Anm. 6).

Die neue Bedeutung der voruniversitären Ausbildung wurde auch dadurch unterstrichen, daß einige evangelische Universitäten Vorschulen, die als Pädagogien bezeichnet wurden, einrichteten, so die Universitäten Marburg und Heidelberg. Dies galt auch für die reformierten Hohen Schulen in Herborn und in Burgsteinfurt. Für die Jesuiten war die institutionelle Verbindung von Gymnasium und Universität – sogar mit einem Akzent auf dem Gymnasium – ohnehin selbstverständlich. Die neuen Schulinstitutionen, protestantisch oder jesuitisch, dienten der Verbreitung und Verbreiterung von allgemeinbildendem humanistischem Wissen und der Einwurzelung eines humanistischen Bildungskanons, der die klassische Antike der Griechen und Römer mit dem Christentum verband. Das humanistische Gymnasium des 16. Jahrhunderts war das Ergebnis einer christlich geprägten Antike–Rezeption.[16]

An den evangelischen *gymnasia illustria* ebenso wie an den Jesuiten–Gymnasien wurden künftige Theologen und künftige Laienchristen nach demselben christlich–humanistischen Lehrprogramm gemeinsam ausgebildet. Freilich ist zu beachten, daß im Protestantismus theologisch die Unterscheidung zwischen Klerikern und Laien zugunsten der Vorstellung eines allgemeinen Priestertums wegfiel. Dies unterband allerdings nicht die Formierung des evangelischen Pfarrerstandes zu einer durch familiäre Verflechtungen gekennzeichneten, sozial sehr homogenen und abgegrenzten Bildungsschicht. Der katholische niedere Klerus war dagegen eher sozial offen, da der Zölibat eine enge familienmäßige Abschließung verhinderte. Die Formierung der Geistlichkeit als Sozialkörper wirkte

---

16 Hierfür war vor allem das Wirken von Philipp Melanchthon, dem *Praeceptor Germaniae*, wcgwciscnd. Melanchthon, Philipp: Glaube und Bildung. Texte zum christlichen Humanismus. Hg. Schmidt, Günter R.. Stuttgart 1989; Melanchthon, Philipp: Loci communes. 1521 Wittenberg. Hg. Pöhlmann, Horst Georg. Gütersloh 1993; Hartfelder, Karl: Philipp Melanchthon als Praeceptor Germaniae. 1889; Joachimsen, Paul: Loci communes. Eine Untersuchung zur Geistesgeschichte des Humanismus und der Reformation. In: Ders.: Gesammelte Aufsätze. Beiträge zu Renaissance, Humanismus und Reformation, zur Historiographie und zum deutschen Staatsgedanken. Hg. Notker Hammerstein. Aalen 1970. S. 387–442; Stupperich, Robert: Der unbekannte Melanchthon. Wirken und Denken des Praeceptor Germaniae in neuer Sicht. Stuttgart 1961; Maurer, Wilhelm: Der junge Melanchthon. 2 Bde. Göttingen 1967, 1969; Scheible, Heinz: Philipp Melanchthon (1497–1560). Melanchthons Werdegang. In: Schmidt (wie Anm. 8) S. 221–238.

über die Theologenausbildung zurück auf die schulischen Lebenswelten.[17] Dabei waren Laien und künftige Theologen durch Konvikte und durch den Lebensstil im Alltag außerhalb des Klassenzimmers getrennt. Im katholischen Deutschland war allerdings die völlige lokale Separation der Priesterausbildung in tridentinischen Seminaren die Ausnahme, so im Collegium Willibaldinum von 1564 in Eichstätt.[18]

Die Jesuiten unterrichteten in ihren Gymnasien künftige Priesteramtskandidaten und künftige Laienkatholiken nach denselben Lehrprogrammen und Grundsätzen. Exemplarisch waren beispielsweise die integrierten Ausbildungseinrichtungen in Dillingen, in Ingolstadt und in Würzburg.[19] Im Herzogtum Bayern konkurrierte das Jesuiten–Gymnasium bei St. Michael in München erfolgreich mit dem Ingolstädter Jesuiten–Gymnasium,

17 Brecht, Martin: Herkunft und Ausbildung der protestantischen Geistlichen des Herzogtums Württemberg im 16. Jahrhundert. In: Zeitschrift für Kirchengeschichte 80 (1969) S. 163–175; Reinhardt, Rudolf: Restauration, Visitation, Inspiration. Die Reformbestrebungen in der Benediktinerabtei Weingarten von 1567 bis 1627. Stuttgart 1960; Tüchle, Hermann: Das Seminardekret des Trienter Konzils und Formen seiner geschichtlichen Verwirklichung. In: Bäumer, Remigius (Hg.): Concilium Tridentinum. Darmstadt 1979. S. 522–539; Vogler, Bernard: Recrutement et carrière des pasteurs strasbourgeois au XVIᵉ siècle. In: Revue d'histoire et de philosophie religieuses 48 (1968) S. 151–174; ders.: Le clergé protestant rhénan au siècle de la Réforme 1555–1619. Strasbourg 1976. Die Sozial–, Bildungs– und Mentalitätsgeschichte der Geistlichkeit ist ein besonderes Forschungsdesiderat; – dies gilt vor allem für den katholischen Klerus.
18 Dickerhof, Harald: Vom Collegium Willibaldinum zur Katholischen Universität 1564–1980. Bildungswesen im Spannungsfeld von Staat und Kirche. In: Der Eichstätter Raum in Geschichte und Gegenwart. Eichstätt ²1984. S. 88–102; Müller, Rainer A.: Eichstätts höheres Bildungswesen in Mittelalter und Frühmoderne. In: Ders. (Hg.): Veritati et Vitae. Vom Bischöflichen Lyzeum zur Katholischen Universität. Festschrift. Bd. 2. Regensburg 1993. S. 11–33.
19 Rummel, Peter: P. Julius Priscianensis SJ 1542–1607. Ein Beitrag zur Geschichte der katholischen Restauration der Klöster im Einflußbereich der ehemaligen Universität Dillingen. Augsburg 1968; Schindling, Anton: Die Universität Dillingen und die katholische Schweiz im konfessionellen Zeitalter. In: Bircher, Martin / Sparn, Walter / Weyrauch, Erdmann (Hgg.): Schweizerisch–deutsche Beziehungen im konfessionellen Zeitalter. Beiträge zur Kulturgeschichte 1580–1650. Wiesbaden 1984. S. 253–259; ders.: Die katholische Bildungsreform zwischen Humanismus und Barock. Dillingen, Dole, Freiburg, Molsheim und Salzburg. Die Vorlande und die benachbarten Universitäten. In: Maier, Hans / Press, Volker / Stievermann, Dieter (Hgg.): Vorderösterreich in der frühen Neuzeit. Sigmaringen 1989. S. 137–176. Vgl. ebenso Anm. 12.

das der Universität angegliedert war.[20] In Köln und in den westfälischen Bischofsstädten Münster und Paderborn wurden die Jesuiten–Gymnasien zu Schulen der stadtbürgerlichen Oberschicht, ganz parallel zu den Ausbildungsfunktionen der Gymnasien etwa in den evangelischen Reichsstädten Straßburg, Nürnberg und Frankfurt oder in den norddeutschen Hansestädten.[21] Die Parallelität von katholischem und protestantischem Gelehrtenschulwesen in Bildungsauftrag und sozialer Funktion wurde besonders deutlich in bikonfessionellen Städten wie Augsburg, Regensburg, Speyer, Erfurt, Hildesheim, Osnabrück und Breslau: Hier gab es nebeneinander jeweils ein protestantisches Gymnasium und ein Jesuiten–Gymnasium.[22]

In der Jesuiten–Pädagogik war insgesamt die christliche Laienbildung als Ziel des gymnasialen Unterrichts vielleicht noch eindeutiger verwirklicht als in den korrespondierenden protestantischen Schulkonzepten. Die Attraktivität der Jesuiten–Gymnasien gerade für den Adel und für Hofkreise erklärt sich so.[23]

---

20 Press, Volker: Korbinian von Prielmair (1643–1707). Bedingungen, Möglichkeiten und Grenzen sozialen Aufstiegs im barocken Bayern. Ottenhofen 1978; Seifert, Arno: Die jesuitische Reform. Geschichte der Artistenfakultät im Zeitraum 1570–1650. In: Boehm, Laetitia / Spörl, Johannes (Hgg.): Die Ludwig–Maximilians–Universität in ihren Fakultäten. Bd. 2. Berlin 1980. S. 65–89.
21 Schindling / Ziegler (wie Anm. 2); Kuckhoff, Josef: Die Geschichte des Gymnasium Tricoronatum. Ein Querschnitt durch die Geschichte der Jugenderziehung in Köln vom 15. bis zum 18. Jahrhundert. 1931; Liermann, Otto: Henricus Petreus Herdesianus und die Frankfurter Lehrpläne nebst Schulordnungen von 1579 und 1599 (Programm des Goethe–Gymnasiums in Frankfurt am Main). 1901; zu Bremen siehe Menk (wie Anm. 4, Matthias Martinius); Schindling (wie Anm. 5, Die humanistische Bildungsreform in den Reichsstädten); ders.: Humanismus und städtische Eliten in der Reichsstadt Frankfurt am Main. In: Malettke, Klaus / Voss, Jurgen (Hgg.): Humanismus und höfisch–städtische Eliten im 16. Jahrhundert. Bonn ²1990. S. 211–222.
22 Roeck, Bernd: Eine Stadt in Krieg und Frieden. Studien zur Geschichte der Reichsstadt Augsburg zwischen Kalenderstreit und Parität. 2 Bde. Göttingen 1989; ders.: Als wollt die Welt schier brechen. Eine Stadt im Zeitalter des Dreißigjährigen Krieges. München 1991; Warmbrunn, Paul: Zwei Konfessionen in einer Stadt. Das Zusammenleben von Katholiken und Protestanten in den paritätischen Reichsstädten Augsburg, Biberach, Ravensburg und Dinkelsbühl von 1548 bis 1648. Wiesbaden 1983.
23 Duhr, Bernhard: Geschichte der Jesuiten in den Ländern deutscher Zunge. Bd. 1 (16. Jahrhundert), Bde. 2/1 und 2/2 (1. Hälfte 17. Jahrhundert). Freiburg 1907, 1913; Hengst, Karl: Jesuiten an Universitäten und Jesuitenuniversitäten. Zur Geschichte der

Für die humanistische Didaktik war der Begriff der *methodus* zentral, das heißt die Lehr– und Lernmethode. Die Forderungen nach gutem Latein sowie nach klassischem und biblischem Bildungswissen standen im Mittelpunkt. Als Methode der Wissensvermittlung und der Wissensaneignung wurden vor allem das Sammeln und Auswendiglernen von *loci communes* empfohlen. Die *loci communes* bestimmten die didaktische Vorgehensweise, die Johann Sturm in Straßburg gleichermaßen für den Klassenunterricht und für wissenschaftliche Vorlesungen empfahl.[24]

Im 16. Jahrhundert kam es auch zu einer durch Druckkunst, Buchverlag und Buchhandel ermöglichten Expansion in der Produktion von schulischen Lehrbüchern: Katechismen, Grammatiken, Stilmusterbücher, Sprichwortsammlungen, Fabeln, Schuleditionen klassischer Texte, Briefsammlungen und Poesiesammlungen für den Schulgebrauch wurden verfaßt bzw. zusammengestellt und in großer Zahl gedruckt. Es gab einen Buchmarkt für Schulbücher, etwa im Zusammenhang der Frankfurter Buchmessen. Diese Schulbücher sollten Sprachwissen, antikes Bildungswissen und christliches Glaubenswissen vermitteln, und zwar gleichermaßen für den künftigen Laienchristen und den künftigen Theologen.

Die Diskussion über Didaktik und Lehrbuchmethoden riß im Deutschland des 16. und frühen 17. Jahrhunderts nicht ab: Philipp Melanchthon, Johann Sturm und seine Schüler, die Ramisten und Wolfgang Ratichius sind hier auf protestantischer Seite zu nennen.[25] Beispiele für

Universitäten in der Oberdeutschen und Rheinischen Provinz der Gesellschaft Jesu im Zeitalter der konfessionellen Auseinandersetzung. Paderborn u.a. 1981; Kuckhoff (wie Anm. 21); Kurrus, Theodor: Die Jesuiten an der Universität Freiburg im Breisgau 1620–1773. 2 Bde. Freiburg 1963, 1977; Press (wie Anm. 20); Seifert (wie Anm. 20); Schindling (wie Anm. 19, Die Universität Dillingen); ders. (wie Anm. 19, Die katholische Bildungsreform); Meuthen, Erich: Kölner Universitätsgeschichte. Bd. 1: Die alte Universität. Köln u.a. 1988.

24 Schindling (wie Anm. 7, Humanistische Hochschule und freie Reichsstadt) S. 162–235. Zu den *loci communes* vgl. Joachimsen (wie Anm. 16); Maurer, Wilhelm: Melanchthons Loci communes von 1521 als wissenschaftliche Programmschrift. Ein Beitrag zur Hermeneutik der Reformationszeit. In: Luther–Jahrbuch 27 (1960) S. 1–50; Viehweg, Theodor: Topik und Jurisprudenz. Ein Beitrag zur rechtswissenschaftlichen Grundlagenforschung. München ⁵1974.

25 Schmid, Karl Adolf: Geschichte der Erziehung vom Anfang an bis auf unsere Zeit. Bde. 2–3. Suttgart, Berlin 1889, 1892; vgl. auch die in Anm. 16 genannte Literatur zu

humanistische »Hochschuldidaktik« bieten die Straßburger Studienanleitungsschriften Johann Sturms und die Helmstedter Universitätsstatuten von David Chytraeus.[26]

Als ein Beispiel für eine humanistische Schulgründung wird im folgenden die Schule Johann Sturms in der Freien Reichsstadt Straßburg vorgestellt. Sturms Schule war über das evangelische Deutschland hinaus als eine Modell–Schule im Sinne der humanistischen Pädagogik und Antike–Rezeption wirksam.

Gymnasium und Akademie der Freien Reichsstadt Straßburg

Die Straßburger Hochschule wurde im Jahre 1538 gegründet.[27] Der Magistrat der Freien Reichsstadt richtete damals in dem leerstehenden Dominikanerkloster ein Gymnasium mit mehreren Klassen ein und berief als Rektor der neuen Schule den Humanisten Johann Sturm. Sturm (1507–1589) stammte aus Schleiden in der Eifel, aus der Grafschaft Manderscheid, und er hatte in Lüttich, Löwen und Paris seine Ausbildung erhalten.[28]

Melanchthon. Zum Ramismus vgl. Moltmann, Jürgen: Zur Bedeutung des Petrus Ramus für Philosophie und Theologie im Calvinismus. In: Zeitschrift für Kirchengeschichte 68 (1957) S. 295–318; Ong, Walter J.: Ramus. Method and the Decay of Dialogue. From the Art of Discourse to the Art of Reason. Cambridge/Mass. 1958; Michel, Walter: Der Herborner Philosoph Johann Heinrich Alsted und die Tradition. Diss. phil. Frankfurt 1969; Menk (wie Anm. 4, Hohe Schule Herborn); ders. (wie Anm. 4, Matthias Martinius).

26 Baumgart (wie Anm. 6, David Chyträus); Baumgart, Peter / Pitz, Ernst (Hgg.): Die Statuten der Universität Helmstedt. Göttingen 1963.

27 Hierzu und zum folgenden vgl. Schindling (wie Anm. 7, Humanistische Hochschule und freie Reichsstadt).

28 Schmidt, Charles: La vie et les travaux de Jean Sturm, premier recteur du Gymnase et de l'Académie de Strasbourg. Strasbourg 1855; Livet, Georges / Rapp, Francis (Hgg.): Strasbourg au coeur religieux du XVIᵉ siècle. Strasbourg 1977; dies. (Hgg.): Grandes figures de l'humanisme alsacien. Courants, Milieux, Destins. Strasbourg 1978; Lebeau, Jean / Valentin, Jean–Marie (Hgg.): L'Alsace au siècle de la Réforme. Textes et Documents. Nancy 1985; Rott, Jean: Bibliographie des oeuvres imprimées du recteur Strasbourgeois Jean Sturm (1507–1589). In: ders.: Investigationes histori-

Das Gymnasium in dem alten hochgotischen Klosterbau umfaßte bald schon zehn Schulklassen. Einbezogen waren von vornherein auch wissenschaftliche Vorlesungen (*lectiones publicae*) über Theologie und über die *humaniora*, also über philologisch–philosophische Fächer, später dann zusätzlich über Jurisprudenz und über Medizin. Das Straßburger Gymnasium wies so schon früh einen hochschulähnlichen Charakter auf. Es war eine Studienanstalt vom Typus des *gymnasium illustre*. Das *gymnasium illustre*, das die Lateinschule und einen wissenschaftlichen Vorlesungsbetrieb miteinander verband, entsprach in idealer Weise den Vorstellungen der humanistischen Bildungsreformer. Es war gewissermaßen d e r humanistische Schultyp – Ausdruck einer spezifisch pädagogischen Antike–Rezeption. Denn die humanistische Bildungsreform zielte vor allem darauf, den voruniversitären Unterricht neu zu konzipieren und im Sinne eines propädeutischen Vorrangs der sprachlichen Ausbildung systematisch neu zu gestalten. Dem gerade in Straßburg von den Humanisten vorgetragenen Anliegen, das Latein zu verbessern und die *artes dicendi* als Grundlage aller Wissenschaften zu pflegen, konnte in einer Schule dieses Typs in zweckmäßiger Weise Genüge geschehen. Das Straßburger Gymnasium, die »Schule Johann Sturms«, profilierte sich sogar als eine humanistische Musteranstalt.

1566 erhielt die Straßburger Schule ein auf die Graduierungsrechte in der Artistenfakultät (Baccalaureus, Magister) begrenztes Hochschulprivileg Kaiser Maximilians II., 1621 dann ein volles Universitätsprivileg Kaiser Ferdinands II. mit Promotionsrecht in allen Fakultäten. Das begrenzte Akademieprivileg von 1566 war seitens des reichsstädtischen Magistrats aus rechts– und verfassungspolitischen Gründen so gewollt und etablierte den eigenständigen Lehranstaltstypus einer »Semi–Universität«. Dieses »reichsstädtische Hochschulmodell« kopierte Nürnberg mit seiner Hochschule in Altdorf, die 1578 ein entsprechendes Privileg Kaiser Rudolfs II. erhielt.[29]

cae. Eglises et société au XVIᵉ siècle. Gesammelte Aufsätze zur Kirchen– und Sozialgeschichte. Bd. 2. Strasbourg 1986. S. 471–559.

29 Schindling (wie Anm. 5, Straßburg und Altdorf); zum »reichsstädtischen Hochschulmodell« ders.: (wie Anm. 7, Humanistische Hochschule und freie Reichsstadt) S. 67.

Die Straßburger Hochschule umfaßte um 1600 mit ihrem Lehrangebot den gesamten zeitüblichen Kanon der Wissenschaften. Es gab neun bis zehn philosophisch–philologische Professuren: Eine, zeitweise zwei für Rhetorik, eine für aristotelische Dialektik/Logik, eine für aristotelische Ethik und Politik sowie eine für aristotelische Physik, ferner Professuren für Mathematik, für Hebräisch, für Griechisch, für Poesie und für Historie. In den »höheren Fakultäten« lehrten vier Juristen das Corpus Juris Civilis, einer die Institutionen Justinians, zwei die Pandekten und einer den Codex und das Lehensrecht, ferner zwei Mediziner sowie in der Regel vier Theologie–Professoren, und zwar zwei Alttestamentler und zwei Neutestamentler. Das waren also 19 bis 20 ordentliche Professoren. Ein reichhaltiges Angebot von Lehrveranstaltungen und eine akademische Ausbildung auf hohem Niveau waren somit in Straßburg sichergestellt, auch wenn die Studierenden vor der Privilegierung als Volluniversität 1621 hier nicht den Doktorgrad erwerben konnten.

Der gute Ruf der Straßburger Hochschule bei den Zeitgenossen gründete sich vor allem darauf, daß sie den Humanisten als vorbildlich erschien. Es war dies in erster Linie die Leistung und das Verdienst Johann Sturms, der die Lehranstalt als *rector perpetuus* von 1538 bis 1581 leitete. Die Straßburger Klassenpraezeptoren und Professoren rühmten ihre Schule gern als mustergültig. Sie verwiesen dabei mit Nachdruck auf die Besonderheit der Unterrichtsmethode und der Schulorganisation, vor allem auf die didaktische Einheit der Klassenkurse und der Vorlesungen. Voller Stolz erklärten sie, die *methodus* – also die Lehr– und Lernmethode – des Straßburger Gymnasiums sei so vortrefflich, daß *es besser, ohn ruhm zu melden, gewisslich dieser zeit in keiner anderen partikularschul nicht geschicht.*[30] Es bezog sich das auf die Methode, die der Rektor Johann Sturm in seinen Studienanleitungsschriften für die Schule vorschrieb, so in der Schrift von 1538 *De literarum ludis recte aperiendis*, in den *Classicae Epistolae* von 1565 und in den *Academicae Epistolae* von 1569.[31] Die Statuten von 1568 und von 1604 bestimmten, daß die

---

30 Fournier, Marcel / Engel, Charles (Hgg.): Les Statuts et Privilèges des Universités françaises depuis leur fondation jusqu'en 1789. Bd. 4/1: Gymnase, Académie, Université de Strasbourg. Paris 1894. S. 89.

31 Vormbaum, Reinhold (Hg.): Die evangelischen Schulordnungen des 16. Jahrhunderts. Gütersloh 1860. S. 653–677; Fournier / Engel (wie Anm. 30) S. 30, S. 80–86,

docendi discendive methodus des Rektors Sturm in der Straßburger Hochschule befolgt werden müsse.[32] Johann Sturms Studienanleitungsschriften boten eine brillant durchdachte pädagogische und didaktische Theorie für das Ausbildungsmodell und die Bildungsziele des humanistischen *gymnasium illustre*. Da diese Schriften von 1538 an im Druck erschienen, machten sie die Straßburger Anstalt in der humanistisch gebildeten deutschen Öffentlichkeit bekannt und warben für sie. Johann Sturm, seine Methode und seine Schule waren Berühmtheiten, ja durch das intensiv gepflegte lateinische Schultheater eine Straßburger Sehenswürdigkeit.

Die *methodus Sturmiana* stellte den Versuch dar, das System und die Didaktik der Wissenschaften von der Rhetorik her zu erfassen. Was nicht sprachlich klar und gemäß den rhetorischen Regeln gesagt werden konnte, so argumentierte Johann Sturm, sei auch logisch falsch oder zumindest unnütz. Die »scholastische« Logik müsse dementsprechend abgelehnt werden und damit das gesamte traditionelle »scholastische« Wissenschaftsverständnis und Ausbildungssystem. Ein methodischer Neuaufbau der wissenschaftlichen Bildung könne nur von der Rhetorik, von Sprache und Stil her erfolgen.[33]

Ähnliche Gedanken waren zwar bei den Humanisten weit verbreitet. Aber kaum einer der Humanisten versuchte, sie so zielstrebig und mit solcher methodischer Reflexion in Lehrpläne und Lehrbücher umzusetzen. Johann Sturm verfaßte diese Lehrpläne und Lehrbücher fast alle direkt für die Straßburger Schule. Er wachte als Rektor auch eifrig darüber, daß seine didaktischen Grundsätze in den Klassenkursen und den Vorlesungen praktiziert wurden. Manche Schulen hielten sich außerhalb Straßburgs gleichfalls an dieses Muster: Die Landesgymnasien in den pfälzischen Fürstentümern Zweibrücken und Neuburg, in Hornbach und in

---

S. 161; Sturm, Jean: Classicae Epistolae sive Scholae Argentinenses restitutae. Hg. Jean Rott. Paris–Strasbourg 1938; Schindling (wie Anm. 7, Humanistische Hochschule und freie Reichsstadt) S. 164–207.

32 Fournier / Engel (wie Anm. 30) S. 133–158, S. 291–337.

33 Schindling (wie Anm. 7, Humanistische Hochschule und freie Reichsstadt) S. 210–235. Zu dem von Johann Sturms Rhetorik inspirierten Straßburger Schultheater vgl. Skopnik, Günter: Das Straßburger Schultheater. Sein Spielplan und seine Bühne. Berlin/Leipzig 1935.

Lauingen an der Donau, wurden von Johann Sturm organisiert. Für die Lauinger Schule veröffentlichte Sturm, wie für die Straßburger, auch eine Studienanleitungsschrift, die *Scholae Lauinganae* (1565).[34]

Die Studienkonzeption Johann Sturms dürfte dem Jesuiten Johannes Rethius bekannt gewesen sein, als er in Köln das Gymnasium Tricoronatum erneuerte.[35] Ebenso stand sie Pate bei der Gründung der reformierten Hohen Schule in Burgsteinfurt durch Graf Arnold IV. von Bentheim im Jahre 1588.[36] Die pädagogischen und didaktischen Ansätze Johann Sturms wurden also parallel von Lutheranern wie Pfalzgraf Wolfgang von Zweibrücken und Neuburg, Calvinisten wie Graf Arnold von Bentheim und Jesuiten wie Johannes Rethius rezipiert.

Der Straßburger Lehrplan Johann Sturms sah vor, daß die Schüler in den zehn Klassen Schritt für Schritt die lateinische und die griechische Sprache und die Elemente der Grammatik, Rhetorik und Dialektik erlernten. Die Prinzipien, nach denen Sturm vorging, waren die Klasseneinteilung, die Gliederung des Lehrstoffes nach dem Schwierigkeitsgrad und seine Verteilung auf die einjährigen Klassenkurse, jährliche Versetzungsexamina, ein Lektüreplan sowie Interpretationsregeln und Stilübungen, welche auf die Imitation der antiken Musterautoren zielten. In den öffentlichen Vorlesungen über Rhetorik und Dialektik sollten die Studenten dann mit dem gesamten Gebäude der rhetorischen Theorie be-

---

34 Vormbaum (wie Anm. 31) S. 723–745; Reissinger, K. (Hg.): Dokumente zur Geschichte der humanistischen Schulen im Gebiet der Bayerischen Pfalz. Bd. 2. Berlin 1911. S. 51–96; Schindling (wie Anm. 3).

35 Kuckhoff, Josef: Johannes Rethius, der Organisator des katholischen Schulwesens in Deutschland im 16. Jahrhundert. 1929; ders.: Der Sieg des Humanismus in den katholischen Gelehrtenschulen des Niederrheins. Münster 1929; ders. (wie Anm. 21); Meuthen (wie Anm. 23) S. 298–316; Schilling, Lothar: Johannes Rethius SJ (1532–1574). In: Heyen, Franz–Josef (Hg.): Rheinische Lebensbilder. Bd. 12. Düsseldorf 1991. S. 111–140.

36 400 Jahre Arnoldinum (wie Anm. 4); Holzhauer / Toellner (wie Anm. 4); Rohm, Thomas / Schindling, Anton: Tecklenburg, Bentheim, Steinfurt, Lingen. In: Schindling / Ziegler (wie Anm. 2) Bd. 3: Der Nordwesten. Münster 1991. S. 182–198. Straßburger Einflüsse fanden sich auch in den lutherischen Landschaftsschulen der Landstände in den österreichischen Erbländern: Heiss, Gernot: Konfession, Politik und Erziehung. Die Landschaftsschulen in den nieder- und innerösterreichischen Ländern vor dem Dreißigjährigen Krieg. In: Klingenstein, Grete / Lutz, Heinrich / Stourzh, Gerald (Hgg.): Bildung, Politik und Gesellschaft. München 1978. S. 13–63.

kanntgemacht werden. Johann Sturm maß besonderen Wert der Lektüre antiker Rhetoriklehrbücher bei, Aristoteles, Cicero, Hermogenes. Er edierte mehrere von ihnen für den Schulgebrauch, ebenso Reden von Demosthenes und Cicero als Beispiele praktischer Beredsamkeit. Cicero gab dabei freilich immer wieder die absolut gültige Norm ab, an der sich die Studierenden beim Denken und Sprechen zu orientieren hatten. Er bot das Muster für die anzustrebende *imitatio oratoria*. Die antiken Quellenschriften wurden entsprechend auch fast ausschließlich mit dem Blick auf Form und Stil interpretiert.

Für die Technik des Lehrens und Lernens fand sich ein Verfahrensraster in Sturms Konzeption der *loci communes*. Er empfahl, jeden Text nach seinen *loci* zu sichten und zu zerlegen und diese nach Sinn– und Sachgruppen zu ordnen. Die Topik, die Lehre von den *loci communes*, diente beim Formulieren eines Gedankengangs zum Auffinden, Prüfen und Verwenden des jeweils richtigen Gesichtspunkts, Arguments bzw. Vergleichs oder Schlusses. Den notwendigen Vorrat an topischen Mustern sowie einen Motiv– und Zitatenschatz gab die antike literarische Tradition. Es ging hierbei um mehr als bloß eine rhetorische Technik. Die *loci communes* waren für Johann Sturm das zentrale Werkzeug alles kognitiven Denkens und als solches der Logik vorgeordnet. Er meinte, daß die richtig erkannten und klassifizierten *loci* in universalen Sinnzusammenhängen ein logisch stringentes System der Weltdeutung ergäben. Dank der *loci*–Methode könne die Rhetorik zur Leitwissenschaft an Schulen und Universitäten werden. Diese rhetorische, topische Erkenntnislehre ist ein durchaus origineller Beitrag Johann Sturms zu dem Wissenschaftsverständnis des Humanismus und zu der didaktischen Methodendebatte, wie sie die Humanisten im 16. Jahrhundert führten.[37]

Sturms Konzeption vermochte allerdings, entgegen ihrem Anspruch, nur teilweise die Lehre der übrigen wissenschaftlichen Fächer an der Straßburger Hochschule zu beeinflussen. Für die Breitenwirkung entscheidend war jedoch, daß fast alle Straßburger Schüler und Studenten normalerweise von Sturm bzw. seinen engeren Schülern in der Rhetorik ausgebildet wurden. Man kann sagen, daß die Sturmschen Lehrpläne und

---

37 Joachimsen (wie Anm. 16, Loci communes); Risse, Wilhelm: Logik der Neuzeit. Bd. 1. Stuttgart, Bad Cannstatt 1964.

Methoden bis mindestens in das erste Jahrzehnt des 17. Jahrhunderts als Richtschnur angesehen und befolgt wurden, bis zum Tod von Sturms Schüler und Nachfolger Melchior Junius im Jahr 1604. Der Nachfolger des Melchior Junius, der Rhetorikprofessor Markus Florus, wird wohl, wie es die Akademie–Statuten von 1604 bestimmten, regelmäßig in zwei alternierenden Jahreskursen über antike Reden und über theoretische Schriften zur Rhetorik gelesen haben. Die 14tägigen Redeübungen, die *exercitia declamandi*, führte er dagegen anscheinend nicht sehr sorgfältig durch. 1619 wurde nämlich darüber geklagt, daß die rednerischen Fähigkeiten der Studenten seit dem Tod des Junius stark nachgelassen hätten.[38] Wenn auch die Glanzzeiten der Straßburger Rhetorik vorbei waren, so lernte ein Student doch im 17. Jahrhundert noch weiterhin die Grundsätze der Sturmschen Methode und Bildungskonzeption kennen. Der Schwerpunkt der humanistischen Interessen verschob sich jedoch in der Zeit des Wirkens von Matthias Bernegger hin zu den antiken Historikern, wobei auch Einflüsse des Neustoizismus und Lipsianismus wirksam wurden.[39]

Die Bildungskonzeption Johann Sturms war eingebettet in eine grundlegende evangelisch–humanistische Sinndeutung: *Propositum a nobis est, sapientem atque eloquentem pietatem finem esse studiorum* – so hatte Sturm 1538 in seiner Studienanleitungsschrift für die neue Schule programmatisch formuliert.[40] Der eloquente und in den Quellenschriften des Altertums bewanderte Humanist bot nach Johann Sturm die besten Voraussetzungen, daß er sich auch als evangelischer Christ bewährte. Die täglichen Übungen im Klassenunterricht und in den Vorlesungen sollten den Geist und Charakter der Schüler und Studenten gemäß der Norm einer *sapiens atque eloquens pietas* formen. Für Sturm war das der erfolg-

---

38 Schindling (wie Anm. 7, Humanistische Hochschule und freie Reichsstadt) S. 234–235; ders.: Melchior Junius. In: Neue Deutsche Biographie 10. Berlin 1974. S. 690.

39 Bünger, Carl: Matthias Bernegger. Ein Bild aus dem geistigen Leben Straßburgs zur Zeit des dreißigjährigen Krieges. Straßburg 1893; Kühlmann, Wilhelm: Gelehrtenrepublik und Fürstenstaat. Entwicklung und Kritik des deutschen Späthumanismus in der Literatur des Barockzeitalters. Tübingen 1982.

40 Sturm, Johannes: De literarum ludis recte aperiendis liber. Straßburg 1538. fol. 12. Neudruck der Schrift in: Vormbaum (wie Anm. 31) S. 653–677.

verheißende Weg zur wahren Frömmigkeit, die allem Aberglauben entsagt hatte. Antikes und christliches Menschenverständnis waren hier in eins verschmolzen. Das Leitbild und das Wertgefüge dieses christlichen Humanismus blieben als Erziehungsziel auch im 17. Jahrhundert an der Straßburger Hochschule lebendig.

Allerdings glich sich das »reichsstädtische Hochschulmodell« in Straßburg bereits in der Zeit des Späthumanismus um 1600 mehr und mehr dem Muster der traditionellen Volluniversitäten an. Die Privilegierung der bisherigen »Semi–Universität« – die zunächst auch bewußt eine solche sein sollte und sein wollte – im Jahre 1621 als volle Vier–Fakultäten–Universität war somit eine naheliegende Konsequenz, die in Ausnützung einer politisch günstigen Situation durch die Reichsstadt jetzt eine innere Entwicklung der Lehranstalt zum Abschluß brachte. Die Reichsstadt Nürnberg schloß sich auch dieses Mal wieder für ihre Altdorfer Hochschule dem Straßburger Modell an.[41]

Damit sei die Darstellung des Beispiels Straßburg beendet, und wir wenden uns wieder a l l g e m e i n e r e n, »komparatistischen Überlegungen« zu.

Trotz der konfessionellen Dreiteilung Deutschlands nach katholisch, lutherisch und reformiert gab es bildungsmäßige Gemeinsamkeiten in den Führungsgruppen von Adel, Bürgertum und Beamtenschaft. Die Ausbildungsprogramme der *gymnasia illustria* ähnelten einander bei Jesuiten, Lutheranern und Reformierten, wenn man einmal vom dogmatischen Inhalt des Religionsunterrichts absieht. Die an den Schulen vermittelte humanistische Bildung mit ihrem Betonen eines formalen sprachlich–rhetorischen Wissens, mit der Wertschätzung eines antiken Beispiele– und Zitatenschatzes und ihrer topischen Prägung (*loci communes*) war ebenso interkonfessionell wie international. Es gab um 1600 eine späthumanistische abendländische Bildungsgemeinschaft über konfessionelle, politische und nationale Grenzen hinweg, eine Bildungsgemeinschaft, die auch Fürstenhöfe, adeliges Landleben und bürgerliche Städte verband und die so ständische Schranken übersprang, ohne daß sie diese allerdings in Frage gestellt hätte.[42] Die späthumanistische Bildungswelt war die Grundlage

---

41 Schindling (wie Anm. 5, Straßburg und Altdorf).
42 Trunz, Erich: Der deutsche Späthumanismus um 1600 als Standeskultur. In: Alewyn,

der Barockgelehrsamkeit des 17. Jahrhunderts, sie wahrte mit ihrem programmatischen Rückbezug auf die Antike ein wesentliches Stück europäischer Einheit im Zeitalter der konfessionellen Trennungen. Es gilt hier auf ein Forschungsdefizit hinzuweisen. Die Bildungsgeschichte hat vorrangig entweder die Organisation der Bildungseinrichtungen, der Hochschulen und Schulen, untersucht oder, ausgehend von den Matrikeln, die Studentenfrequenzen und studentischen Einzugsgebiete.[43] Die Lehrangebote der Schulen und Hochschulen sind demgegenüber vernachlässigt worden. Die humanistische, reformatorische und jesuitische Wissensliteratur, die Schulbuchliteratur, die Lehr– und Lernprogramme, die Lehr– und Lernmethoden, die Klassenkurse und Studiengänge, die Umsetzung von Studienanleitungen in Praxis und der tatsächliche Unterrichtsstil, die in den Schulen methodisch vermittelten, literarisch geformten Deutungssysteme müßten besser erforscht werden, damit man eine vergleichende Betrachtung der Bildungswirklichkeit differenziert durchführen kann. Die neulateinische Gelegenheitsdichtung im Umfeld der schulischen Antike–Rezeption ist dabei ebenfalls von Interesse. Auch nach der Verbreitung, dem »Markt«, von Schulbüchern wäre zu fragen. Für die Wirkungsgeschichte von Schulen und Hochschulen reicht es nicht, nach der Rezeption gewisser prominenter Autoren und ihrer Ideen zu fragen. Es käme vielmehr darauf an, die Rezeption und Wirkung des schulmäßig vermittelten Bildungswissens in der Adelskultur und städtischen Bürgerkultur der Frühen Neuzeit, aber auch in der Lebenswelt der Geistlichen noch wesentlich besser kennenzulernen. Dazu können buchgeschichtliche und bibliotheksgeschichtliche Forschungen wesentliche Aufschlüsse geben.[44]

Richard (Hg.): Deutsche Barockforschung. Köln/Berlin 1965. S. 147–181; Kühlmann (wie Anm. 39).

43 Baumgart (wie Anm. 6, Die Anfänge der Universität Helmstedt); Kohler, Alfred: Bildung und Konfession. Zum Studium der Studenten aus den habsburgischen Ländern an Hochschulen im Reich 1560–1620. In: Klingenstein (wie Anm. 36) S. 64–123; Schwinges, Rainer Christoph: Immatrikulationsfrequenz und Einzugsbereich der Universität Gießen 1650–1800. Zur Grundlegung einer Sozialgeschichte Gießener Studenten. In: Moraw / Press (wie Anm. 6) S. 247–295.

44 Brunner, Otto: Adeliges Landleben und europäischer Geist. Leben und Werk Wolf Helmhards von Hohberg 1612–1688. Salzburg 1949; ders.: Österreichische Adelsbibliotheken des 15. bis 18. Jahrhunderts als geistesgeschichtliche Quelle. In: Ders.:

Schließlich muß die Problematik des Humanismusbegriffes in der Diskussion zwischen Theologen, Philosophen, Literaturhistorikern und Bildungshistorikern noch differenzierter entfaltet werden. Es geht hierbei einmal um die Kontinuität des frühneuzeitlichen Humanismus und zum anderen um die Beziehung des Humanismus zu den Konfessionen. Der Blick auf den Frühhumanismus und den reifen Humanismus am Vorabend der Reformation genügt nicht.

Die literarischen Leistungen dieser Humanistengenerationen waren herausragend. Aber ebenfalls gestaltungskräftig und bildungsgeschichtlich wirksam war der spätere Humanismus, der in Verbindung mit der Reformation oder der katholischen Reform und Gegenreformation die neuen Bildungseinrichtungen schuf.[45] Nicht humanistische Poeten wie Konrad Celtis und Ulrich von Hutten, sondern Schulhumanisten wie Philipp Melanchthon, Johann Sturm, David Chytraeus und die Jesuiten, etwa Johannes Rethius in Köln, konnten Wirkungen von Dauer erzielen. Das war nur durch die Schubkraft von Reformation, Glaubensspaltung und neu– wie altkirchlicher Konfessionsbildung möglich. Man kann pointiert sagen: O h n e K o n f e s s i o n a l i s i e r u n g keine breit angelegte und institutionell fest verankerte humanistische Laienbildung in den deutschen Städten und Territorien.[46] Der vorreformatorische und der nachreformatorische, späte Humanismus verknüpfen sich in Werk und Wirkung des Erasmus von Rotterdam. Das Schicksal des an Erasmus anknüpfenden Erasmianismus im Zeitalter der Reformation und der Konfessionalisierung zeigt freilich auch die Ambivalenz der neuen bildungsgeschichtlichen Epoche.[47]

Neue Wege der Verfassungs– und Sozialgeschichte. Göttingen [2]1968. S. 281–293; Pleticha, Eva: Adel und Buch. Studien zur Geisteswelt des fränkischen Adels am Beispiel seiner Bibliotheken vom 15. bis zum 18. Jahrhundert. 1983.
45 Grundlegend: Baumgart (wie Anm. 9, Humanistische Bildungsreform an deutschen Universitäten).
46 Press (wie Anm. 1, Stadt und territoriale Konfessionsbildung); ders. (wie Anm. 1, Soziale Folgen der Reformation); Schilling (wie Anm. 1, Die Konfessionalisierung im Reich).
47 Flitner, Andreas: Erasmus im Urteil seiner Nachwelt. Tübingen 1952; Oelrich, Karl Heinz: Der späte Erasmus und die Reformation. Münster 1961; Holeczek, Heinz: Humanistische Bibelphilologie als Reformproblem bei Erasmus von Rotterdam, Thomas More und William Tyndale. Leiden 1975; ders.: Erasmus von Rotterdam (1466/67–1536). Humanistische Profile – Erasmus im Profil. In: Schmidt (wie

Die Instrumentalisierung des humanistischen Bildungsprogramms für die Ausbildungszwecke der Konfessionskirchen und der frühmodernen Landesstaaten war der Preis, der entrichtet werden mußte. Dennoch gibt es genügend Argumente dafür, in dem konfessionalisierten Schulmeister–Humanismus des späteren 16. Jahrhunderts einen Motor der neuzeitlichen Kulturentwicklung in Deutschland zu sehen, der geschichtlich von gleichem Gewicht war wie der vorreformatorische Humanismus. Es wurde jetzt das Leitbild einer pädagogisch und didaktisch entfalteten und engagiert christlich verstandenen Antike–Rezeption auf einer wesentlich verbreiterten Basis wirksam.[48]

Seit der Glaubensspaltung kam es in den deutschen Ländern zur Konkurrenz zweier bzw. sogar dreier konfessionell geprägter Kulturen, diese waren aber auch geformt von einem gemeinsamen humanistischen Bildungs– und Ausbildungskonzept, und insofern erfüllten sie Forderungen des vorreformatorischen Humanismus, der aus eigener Kraft das nicht zustande gebracht hatte. Wenn in der deutschen Kulturgeschichtsschreibung des 19. und des frühen 20. Jahrhunderts das Zeitalter des Humanismus bis hin zur Reformation oft in sehr hellem Licht erschien, andererseits das Konfessionelle Zeitalter aber tendenziell negativ beurteilt wurde, so muß diese vom liberalen bürgerlichen Geschichtsbild bestimmte Bewertung heute aus der Sicht der Bildungsgeschichte deutlich relativiert werden. Der Neuhumanismus des 19. Jahrhunderts – der im Zeichen einer von Winckelmann und Weimar geprägten neuen Antike–Rezeption andere Wege ging als der frühneuzeitliche Humanismus – suchte sich seinen Stammbaum in teilweiser Verkennung geschichtlicher Zusammenhänge.[49]

Die Vorstellung von dem Zeitalter der Konfessionalisierung und der konfessionellen Orthodoxien als »Rückfall« ins Mittelalter ist falsch. Gerade die Frage nach der faktischen Expansion, der Dauerhaftigkeit und Solidität der Laienbildung weist hin auf die Wirkkraft der konfessionellen Entwicklungen, die mit der Reformation und der katholischen Ge-

---

Anm. 8) S. 125–149; Walter, Peter: Theologie aus dem Geist der Rhetorik. Zur Schriftauslegung des Erasmus von Rotterdam. Mainz 1991.

48 Vgl. die in Anm. 16 genannte Literatur zu Philipp Melanchthon. Schindling (wie Anm. 19, Die katholische Bildungsreform).

49 Schindling (wie Anm. 10, Bildung und Wissenschaft).

genbewegung zur Reformation einsetzten. Konfessionsbildung und Konfessionalisierung, Orthodoxie, politisch–gesellschaftliche Modernisierung und Sozialdisziplinierung sowie Verbreitung und Verbreiterung humanistischen Bildungswissens bedingten sich wechselseitig. In diesem geistigen Spannungsfeld war die Kontinuität des Humanismus möglich. Die Durchkonfessionalisierung der Gesellschaft in den deutschen Ländern und Städten und damit korrelierend die Bildungsexpansion und die systematische Förderung der Laienbildung neben der Theologenbildung bedeuteten den definitiven bildungsgeschichtlichen Abschied vom Mittelalter.[50] Der Späthumanismus im Zeitalter der Konfessionalisierung brachte die bildungsgeschichtliche Neuorientierung und eine schulische Antike–Rezeption in der langen Zwischenzeit zwischen Renaissance und Aufklärung. Gerade in den neuen Schulen und Universitäten zeigten sich der grundlegende Aufbruchsgeist und die Gestaltungskraft einer zu Unrecht manchmal verkannten Epoche.

50 Kaegi, Werner: Humanistische Kontinuität im konfessionellen Zeitalter. Basel 1954; Schnabel, Franz: Das humanistische Bildungsgut im Wandel von Staat und Gesellschaft. München 1964²; ders.: Humanismus und bürgerliches Denken. In: Ders.: Abhandlungen und Vorträge. Freiburg u.a. 1970. S. 174–183.

Volker Schäfer

Universität und Stadt Tübingen zur Zeit Frischlins[*]

Mitte August 1577 traf beim württembergischen Landhofmeister in Stuttgart, dem ranghöchsten Regierungsbeamten, ein höchst vertrauliches Schreiben aus Tübingen ein, dessen Inhalt verständlich macht, weshalb der Absender, ein Mitglied des Lehrkörpers, nicht den Dienstweg eingehalten hat. Es handelte sich um eine Auflistung von *Defekten und Mängeln bei der Universität Tübingen* (so ähnlich der Stuttgarter Kanzlei– Titel), hinter dem Rücken von Rektor und Senat an den Hof eingesandt. Dieser hatte den Autor allerdings zu dem illoyalen Schritt ausdrücklich aufgefordert. Ein finsteres Komplott also? Sicher nicht.

Den Informanten beseelten lautere Motive: Es ging ihm in erster Linie um das Wohl seiner Universität, was eigene Interessen allerdings nicht ausschloß. Sachlich im Ton und frei von denunziatorischen Gehässigkeiten, deckte der Mängelbericht eine ganze Reihe von Schwachstellen im Tübinger Lehrbetrieb auf und entwickelte entsprechende Reformvorschläge. Das Memorandum des Professors, der bemerkenswert häufig die Kritik aus studentischer Perspektive wiedergibt, beginnt mit Defiziten am Pädagogium, jener in die Universität integrierten propädeutischen Einrichtung (in etwa mit dem heutigen Gymnasium vergleichbar), welche die Aufgabe hatte, die angehenden Studenten, die damals oft schon als Dreizehn–, Vierzehnjährige an die Universitäten kamen, für ein Studium erst tauglich zu machen. Hier werde zum Beispiel versäumt, den Schülern schon in der ersten Klasse Orthographie beizubringen, obendrein

---

[*] Der am 2.5.1991 in der Tübinger Ringvorlesung »Konfessionalismus und Renaissance: Nicodemus Frischlin (1547–1590)« vorgetragene Text ist unter Beibehaltung des Redecharakters lediglich um Quellennachweise ergänzt. Für biographische Literatur, soweit vor 1980 erschienen, sei generell verwiesen auf Seck, Friedrich / Krause, Gisela / Stöhr, Ernestine (Bearb.): Bibliographie zur Geschichte der Universität Tübingen (Contubernium 27) Tübingen 1980.

würden sie häufig viel zu früh in die zweite Klasse versetzt. Auch sei die Pflichtvorlesung in Philosophie bisher so angelegt gewesen, daß man sie nicht einmal in 24 Semestern habe vollständig hören können. Ferner seien die Theologiestudenten völlig überlastet: Wenn anderthalb Jahre lang tagtäglich sieben Stunden Ethik, Philosophie, Mathematik, Theologie, Hebräisch, Griechisch und Physik gehört werden müsse, dann könne dabei nicht viel herauskommen. Dagegen sei an den Juristen und Medizinern lediglich auszusetzen, daß sie entgegen der Großen Kirchenordnung von 1559, welche zahlreiche Feiertage abgeschafft hatte, weiterhin *alle bäpstischen Heilgen* ehrten, sehr zum Nachteil der Hörer, die dadurch viel Zeit verlören.

Auch wenn das 16. Jahrhundert mit authentischen Quellen zum Tübinger Lehrbetrieb nicht gerade reich gesegnet ist, so darf ich Sie hier nicht mit weiteren Einzelheiten traktieren, zumal die Denkschrift volle acht Seiten umfaßt.[1] Ihr Autor – bei dem Thema der Ringvorlesung haben Sie es sicher schon vermutet – ist niemand anderes als Nicodemus Frischlin, der geborene Reformer, damals noch keine 30 Jahre alt. Sein Autograph hat die Zeiten nur deshalb überdauert, weil der Landhofmeister in Stuttgart Frischlins Wunsch um urschriftliche Rückgabe erfreulicherweise nicht erfüllte. Dagegen scheint er die Diskretion gegenüber der Universität, um die der Informant geradezu flehentlich bat, gewahrt zu haben – Crusius jedenfalls hat davon nichts erfahren, sonst wäre der Vorgang wohl nicht bis heute so gut wie unbekannt geblieben.[2]

Aber nicht Frischlin ist das Thema heute abend, wiewohl wir ihm dann und wann kurz begegnen werden. Vielmehr sollen die Kulissen der Gelehrtenrepublik Tübingen ein wenig ausgeleuchtet werden, vor denen sich das Drama Frischlin zu einem guten Teil abgespielt hat. Der zeitliche Rahmen umgreift die kurze Spanne zwischen 1560 und Frischlins

1   Vgl. die Edition im Anhang.
2   Von einem Hinweis auf den Fund Gebrauch gemacht hat erstmals der Katalog der Balinger Frischlin–Ausstellung von Röckelein, Hedwig / Bumiller, Casimir: [...] ein unruhig Poet. Nicodemus Frischlin 1547–1590. Balingen 1990. S. 66, S. 141. Darüber hinaus sind bisher nur die Teilnehmer der Internationalen Fachkonferenz »Nicodemus Frischlin (1547–1590). Poetische und prosaische Praxis unter den Bedingungen des konfessionellen Zeitalters«, die Ende 1990 in Tübingen stattfand, über Frischlins Denkschrift informiert worden.

Todesjahr 1590, jene Dauer also, die in der Abfolge der Generationen mit dem Zeitmaß »ein Menschenalter« belegt wird. Ich brauche nicht zu betonen, daß das Zeitmaß eines 60–Minuten–Vortrags zu einer strengen Auswahl zwingt, die nach einer knappen Bestandsaufnahme von Stadt und Universität um 1560 den Stoff in drei weitere Hauptabschnitte Studentenschaft, Lehrkörper und Auslandskontakte gliedert, gefolgt von einem quellenkundlichen Exkurs und einer Schlußbetrachtung.

I. Stadt und Universität Tübingen um 1560

Wie sah der Mikrokosmos Universität um 1560 aus? Kurz vor der Jahrhundertmitte, in den Jahren 1547 bis 1549, war mit dem mächtigen Vielzweckbau der Alten Aula die Lücke wieder geschlossen worden, die der Brand von 1534 im Tübinger Stadtbild hinterlassen hatte. Aber das Universitätsviertel an der unteren Münzgasse drängte sich weiterhin auf einem vergleichsweise schmalen Areal zusammen. Wohl gehörte dazu der imposante Bursentrakt unten am Neckar, nicht aber das Evangelische Stift, das 1536 der Universität quasi aufoktroyiert worden war und seit seinem Einzug in das ehemalige Augustinerkloster ein prononciertes Eigenleben führte, wobei es sich bei seinem strengen Auslesesystem allmählich zu einer hochkarätigen Erziehungsanstalt für den württembergischen Pfarrernachwuchs entwickelte, aus der, um eine Frischlin–Metapher zu bemühen, wie aus dem Trojanischen Pferd viele berühmte Persönlichkeiten hervorgingen. Auch auf dem Schloß hatten die Studenten damals noch nichts verloren. Eine Art militärisches Sperrgebiet, war es im allgemeinen nicht zugänglich; auch für Reisende scheint es nicht leicht gewesen zu sein, vom Burgvogt die Genehmigung zum Betreten zu erhalten.[3] Der malerische Blick auf die Ziegeldächer der Stadt ist also erst eine Errungenschaft späterer Generationen.

Diese Stadt zählte in der zweiten Hälfte des 16. Jahrhunderts schätzungsweise 3.000 bis 4.000 Einwohner und lag damit hinter Stuttgart an zweiter Stelle im Herzogtum. Verwaltet wurde sie von zwei je

---

3 Rau, Reinhold: Besuch in Tübingen vor 400 Jahren. In: Heimatkundliche Blätter für den Kreis Tübingen. Bd. 5. 1954. S. 23f., bes.: S. 24.

zwölfköpfigen Institutionen: von Gericht und Rat. Das gewichtigere der beiden Gremien war das Gericht, das die Mitglieder des Rats aus dem ratsfähigen Teil der Bürgerschaft formal auf die Dauer eines Jahres, de facto jedoch auf Lebenszeit wählte. Dagegen konnte sich das Gericht selbst ergänzen, was stets aus dem Ratskollegium geschah. Rudolf Seigel hat die soziale Zusammensetzung des Tübinger Magistrats untersucht und dabei die Homogenität einer relativ dünnen Schicht untereinander versippter Familien aufgezeigt.[4]

Die Bedürfnisse der öffentlichen Verwaltung hatten nach und nach zur Ausprägung unterschiedlicher städtischer Ämter und Dienste geführt, etwa von Bürgermeister, Stadtschreiber, Fleisch- und Brotbeschauer, Bettelvogt oder von Torwächter, Hebamme, Stadtknecht und Totengräber. Der Stadtherr, Inhaber vor allem von Gerichts- und Finanzhoheit – der Herzog von Württemberg – war damals hauptsächlich durch den Unter- und den Obervogt repräsentiert.[5]

Macht und Befugnisse der städtischen Organe endeten aber an den Pforten der Universität, die dank ihrer Gründungsprivilegien in Form von eigener Gerichtsbarkeit, eigenem Bürgerrecht und weitgehender Steuerfreiheit in der Stadt wie ein Staat im Staate lebte. Aus diesen besonderen Rechtsverhältnissen resultierten im Laufe der Zeit eine Reihe von Differenzen – wie könnte es auch anders sein, wenn sich ein alteingesessenes Gemeinwesen innerhalb der eigenen Mauern mit einer neuen, ebenso unabhängigen Körperschaft arrangieren muß, auch wenn die *werthe Nachbarin*, wie die Universität in den Korrespondenzen des Magistrats später gewöhnlich tituliert wurde,[6] für Handel, Wandel und Gewerbe einen vorher nicht gekannten Aufschwung brachte.

4   Seigel, Rudolf: Gericht und Rat in Tübingen. Von den Anfängen bis zur Einführung der Gemeindeverfassung 1818–1822. (Veröffentlichungen der Kommission für geschichtliche Landeskunde in Baden–Württemberg B 13) Stuttgart 1960. Passim.
5   Vgl. Sydow, Jürgen: Die Stadtgemeinde. In: Der Landkreis Tübingen. Amtliche Kreisbeschreibung. Bd. 3. Tübingen 1974. S. 30–46; – zur Tübinger Rechts- und Verfassungsgeschichte in der vorwürttembergischen Zeit vgl. ders: Geschichte der Stadt Tübingen. Bd. 1. Tübingen 1974. S. 174–189.
6   Eifert, Max: Geschichte und Beschreibung der Stadt Tübingen. Hg. Klüpfel, Karl. Tübingen 1849. S. 184.

Mehrere Verträge schlichteten im 16. Jahrhundert die Kontroversen, ohne sie völlig ausräumen zu können.[7] Strittig waren hauptsächlich Punkte wie Grundstückserwerb, Weiderechte, Weinausschank oder Marktverkehr. So war es einem Professor im Prinzip verwehrt, mehr als ein Haus samt Scheuer und drei Morgen an Feldgütern zu besitzen, auch durfte er höchstens zwei Kühe und zwei Ziegen auf städtischen Fluren grasen lassen. Dafür besaß er gegenüber dem Stadtbürger das Vorrecht, Wein nicht nur zu bestimmten Zeiten, sondern das ganze Jahr über und außerdem zollfrei einführen sowie ein bestimmtes Quantum davon ausschenken zu dürfen. Auch richtete die Universität, die sich in der Fleischversorgung permanent benachteiligt fühlte, eine eigene Metzgerei ein, die sog. *Lateinische Metzig* (ein Begriff, der definitiv nichts mit der Anatomie zu tun hat, entgegen immer wieder in der Literatur aufflakkernder Zuschreibungen).[8]

Als eher demütigend mußte die Stadt die von Graf Eberhard im Bart schon bei der Universitätsgründung getroffene Verpflichtung empfunden haben, die Privilegien der Hochschule von Vogt und zwei Richtern alljährlich aufs neue vor dem Senat, d.h. im Universitätsgebäude, beschwören sowie deren Freiheitsbrief von 1477 durch den Stadtschreiber ebenfalls jedes Jahr einmal von der Kanzel der Stiftskirche öffentlich vorlesen zu müssen,[9] auch wenn dem Stadtschreiber seine offensichtlich bittere Pflichtübung mit einem halben Gulden aus der Rektoratskasse versüßt worden ist.[10] Übrigens besaß die Stadt als Sitz des württembergischen Hofgerichts für die Juristenfakultät und deren Studenten in puncto Praxisbezug eine kaum zu überschätzende Bedeutung.

Damit sind wir wieder zurück bei der Universität. Ihre Verfassung war geregelt in den auf den Statuten von 1477 basierenden Ordnungen

---

7 Vertrag vom 15.1.1545: Urkunden zur Geschichte der Universität Tübingen aus den Jahren 1476 bis 1550. Hg. Roth, Rudolf. Tübingen 1877. Nr. 45. S. 246–249; 1.8.1560: Universitätsarchiv Tübingen (künftig UAT) U 96; 29.8.1586: UAT U 98.

8 Korrekt bei Jens, Walter: Eine deutsche Universität. 500 Jahre Tübinger Gelehrtenrepublik. München 1977. S. 46.

9 Roth (wie Anm. 7) S. 36f. Sicher nicht grundlos forderte der Akademische Senat 1585, der Stadtschreiber soll die Privilegien *distincte et clara voce* verlesen (UAT 2/3, Bl. 282').

10 Verbucht in den Rektoratsrechnungen: UAT 129/1.

der Herzöge Ulrich von 1537 und Christoph von 1557 bzw. 1561.[11] Nach dem traditionellen Muster mittelalterlicher Universitäten bestand auch die Tübinger Hochschule aus vier Fakultäten: der Artistenfakultät und den drei sog. oberen Fakultäten Theologie, Jura und Medizin, deren Fach zu studieren nur für den möglich war, der die Artistenfakultät erfolgreich durchlaufen hatte.

Als wichtigste Organe fungierten der Akademische Senat (das Plenum aller ratsfähigen Professoren), sodann das Konsistorium (das Universitätsgericht), ferner der Rektor als der Repräsentant nach außen und gleichzeitig Vorsitzender von Senat und Konsistorium. Eine verfassungsrechtliche Besonderheit wies Tübingen in dem Organ Universitätkanzler auf, ursprünglich der päpstliche Bevollmächtigte zur Verleihung der akademischen Grade, seit 1561 jedoch jeweils der vom Herzog auf Lebenszeit ernannte Inhaber des ersten theologischen Lehrstuhls d i e dominierende Figur an der Universität, weil in einer Person staatliches Aufsichtsorgan und gleichzeitig Mitglied des Lehrkörpers.[12]

In ökonomischer Hinsicht völlig selbständig, mußte die Universität mit denjenigen Einkünften auskommen, die sie aus ihrem weit über das Herzogtum verstreuten Grundbesitz jährlich erwirtschaftete. Dafür war ein eigener Verwaltungsapparat aufgebaut, bestehend aus einem guten Dutzend dezentraler Universitätspflegen (von Wolfenhausen bei Rottenburg bis Brackenheim bei Heilbronn und Asch bei Ulm), ferner in der Tübinger Zentrale aus dem Syndikus sowie aus einem vierköpfigen, vom Supremus Deputatus geleiteten Professorenausschuß mit dreijähriger Amtszeit.[13]

---

11   1537: Roth (wie Anm. 7) S. 205–231; 15.5.1557: Vollständige, historisch und kritisch bearb. Sammlung der württembergischen Gesetze. Hg. Reyscher, August Ludwig. 11,3. Universitätsgesetze. Eisenlohr, Theodor (Bearb.). Tübingen 1843. S. 127–141; 16.9.1561: Ebd. S. 143–168.

12   Vgl. Angerbauer, Wolfram: Das Kanzleramt an der Universität Tübingen und seine Inhaber 1590–1817. (Contubernium 4) Tübingen 1971.

13   Zur Wirtschaftsverwaltung vgl. Schwarz, Hans–Ulrich: Von den »Fleischtöpfen« der Professoren. Bemerkungen zur Wirtschaftsgeschichte der Universität Tübingen. In: Decker–Hauff, Hansmartin / Fichtner, Gerhard / Schreiner, Klaus (Hgg.): 500 Jahre Eberhard–Karls–Universität Tübingen. Bd. 1. Beiträge zur Geschichte der Universität Tübingen 1477–1977. Bearb. Setzler, Wilfried. Tübingen 1977. S. 85–104.

Das höchste Beschlußgremium war der Akademische Senat, der in der Regel einmal pro Woche, und zwar am stets vorlesungsfreien Donnerstag, zusammentrat. Ihm gehörten zu Frischlins Zeiten die ordentlichen Professoren der drei oberen Fakultäten an, d.h. drei Theologen, sechs Juristen und drei Medizinern, ferner drei, oder besser gesagt: lediglich drei Vertreter der Artistenfakultät. Im Höchstfall versammelten sich demnach fünfzehn Senatoren sowie der Universitätsnotar als Protokollant.

Die Kompetenzenskala dieses schlechterdings allzuständigen Verfassungsorgans reichte vom Zentralsten zum Banalsten: Statuten- und Satzungsänderungen, Genehmigung von Verträgen, Berufung von Professoren, Verleihung des akademischen Bürgerrechts in Zweifelsfällen, Wahl des Rektors, Wahl von Ausschußmitgliedern, Wahl der Pfarrer jener Kirchen im Lande, über die der Universität das Patronatsrecht zustand (darunter kurioserweise auch einer katholischen Pfarrei),[14] alle möglichen wirtschaftlichen und finanziellen Angelegenheiten, Vormundschaftssachen, Stipendienfragen, Disziplinarmaßnahmen und so weiter und so fort.

Werfen wir einmal einen Blick in die Senatsprotokolle jener Epoche. Radau, Tumult, Aufruhr – wie ein roter Faden durchzieht all die Jahre das Riesenproblem der studentischen Disziplinlosigkeit, die sich schon damals mit Vorliebe zur Nachtzeit zu entfalten pflegte, allen Edikten gegen das »nächtliche Gassenlaufen« zum Trotz. Wer von den Ordnungshütern nach Einbruch der Dunkelheit ohne Licht oder gar lärmend, wozu feinsinnigerweise auch das Musizieren zählte, auf der Straße angetroffen wurde, wanderte ohne Ansehen des Gerichtsstandes, der erst mit Tagesanbruch wieder wirksam wurde, ins nächstgelegene Gefängnis. Das Glaserhandwerk muß damals wirklich den sprichwörtlichen goldenen Boden gehabt haben: Laufend wurden nächtens Fenster eingeworfen,[15] bei Professoren nicht weniger oft als bei Stadtbürgern. Fast rührend wirkt die Einschätzung des Hofes, mit dem öffentlichen Anschlag eines herzoglichen Edikts und mit einer feierlichen Rede des Universitätskanzlers[16]

14 Ringingen bei Blaubeuren.
15 Zum Beispiel UAT 2/3, Bl. 17', 13.1.1582.
16 Ebd. Bl. 164, 3.4.1583.

ließen sich jugendlicher Übermut, Lust an Allotria oder wilde Renommisterei unterdrücken. Nicht allzuviel scheinen auch Prügelstrafen gefruchtet zu haben, die *in pleno Senatu*, also in Gegenwart der Senatoren, verabreichen zu lassen die Strafbehörden nicht für unangebracht fanden.[17] Erfolgreicher funktionierte dagegen das patriarchalische System, wenn dem Filius als ultima ratio gedroht wurde, die Schandtaten dem Vater schriftlich anzuzeigen.[18] Weil bei den Streitereien häufig Alkohol im Spiel war und die adeligen Studenten ohne weiteres Waffen tragen durften, kam es immer wieder auch zu lebensgefährlichen Körperverletzungen und Todesfällen. So standen fast ununterbrochen irgendwelche Disziplinarfälle zur Beratung im Senate an; Untersuchungen, Zeugenverhöre, Karzerstrafen, Relegationen waren im wahrsten Sinn des Wortes an der Tagesordnung. Daß aber auch der Pedell wegen Pflichtvergessenheit für zwei Tage und zwei Nächte in den Karzer wanderte[19] und dort womöglich denen Gesellschaft leistete, die er kurz zuvor mit eigener Hand arretiert hatte, gehört zu den eher irritierenden Zeichen der Zeit. Auch dies: Wegen Ehedissidien zum pflichtgemäßen Eingreifen veranlaßt, erteilte der Senat einem Buchbinder einen strengen Verweis, weil der seine Frau in dieser Woche schon dreimal geschlagen hatte, und dabei war erst Donnerstag![20]

II. Zur Studentenschaft

Für die Bedeutung einer Universität gilt als traditioneller Indikator das Ansehen ihrer Dozenten und, damit meist korrelierend, die Frequenz der Studierenden, d.h. die Anzahl der während eines Semesters anwesenden Studenten. Sie kann für Tübingen zwischen 1560 und 1590 nur näherungsweise angegeben werden. Zwar überliefert die Universitätsmatrikel die Zahl der Neuimmatrikulierten pro Semester, nicht bekannt ist jedoch, abgesehen von den Stiftlern, die Verweildauer des Einzelnen. Eulenburg

17 UAT 2/2, Bl. 70', 17.3.1576.
18 UAT 2/4, Bl. 24'f, 8.8.1588 (Vorlage irrtümlich: 8.7.1588).
19 UAT 2/3, Bl. 161', 14.3.1583.
20 UAT 2/4, Bl. 26', 15.8.1588.

hat 1904 die Tübinger Frequenz für den Zeitraum 1540–1620 auf durchschnittlich 376 Studierende pro Jahr berechnet. Die höchste Zahl erreichte Tübingen in den Jahren 1566/70 mit 502 und 1581/85 mit 512 jährlich anwesenden Studenten.[21] Damit nahm die schwäbische Landesuniversität unter den neunzehn deutschen hohen Schulen einen respektablen siebten Rang ein, zwar weit hinter den Magneten Wittenberg und Leipzig, aber deutlich vor Heidelberg, Freiburg oder Basel. Zur Orientierung: Die Gesamtzahl aller Studenten in Deutschland um 1620 schätzte Eulenburg auf etwa 8.000.[22]

Im Schnitt weist die Universitätsmatrikel zu Frischlins Zeiten pro Semester rund 100 Inskriptionen auf. Den größten Pendelausschlag nach oben gab es 1569 mit 174 Neuimmatrikulierten, den größten nach unten schon zwei Jahre danach mit nur 53 Neuaufnahmen. Dieser Einbruch von 1571 hing mit der Pest zusammen, vor der die Universität ins Pestexil nach Esslingen auswich. (Auch das war ein Spezifikum der Zeit: Brach eine gefährliche Seuche aus, so stellten die Hochschulen ihren Betrieb gewöhnlich nicht einfach ein, sondern verlagerten ihn nach Möglichkeit an einen anderen, von der Epidemie verschonten Ort, weder in allzugroßer Ferne noch in allzugroßer Nähe. Im Fall Tübingen waren dies zum Beispiel Calw, Herrenberg, Altensteig oder, wie gehört, Esslingen.)

Frappant ist die landsmannschaftliche Zusammensetzung der Tübinger Studentenschaft jener dreißig Jahre. In der Literatur gilt Tübingen als typische Landesuniversität, d.h. als eine Hochschule mit einem primär auf den landeseigenen Bedarf an Beamten–, Pfarrer– oder Ärztenachwuchs zugeschnittenen Bildungsauftrag und einem regional dementsprechend beschränkten Einzugsgebiet. Für andere Epochen trifft dies zwar weitgehend zu, nicht aber für die Zeit zwischen 1560 und 1590. Damals stammten von den insgesamt 6.382 Immatrikulierten aus dem Württembergischen nur 32,4%, also weniger als ein Drittel. Der Anteil der Nicht–Württemberger, zerlegt man ihn in Fünf–Jahres–Schichten, sank in diesem Zeitabschnitt nie unter 62%. Darin spiegelt sich zweifellos das Ansehen

21 Eulenburg, Franz: Die Frequenz der deutschen Universitäten von ihrer Gründung bis zur Gegenwart. Leipzig 1904. S. 84 (Figur 4), S. 260 (Tabelle VII), S. 102 (Tabelle IV).
22 Ebd. S. 76.

Württembergs in der deutschen Kirchenpolitik wider, das auf den protestantischen Adel Süddeutschlands und Österreichs eine ebenso große
Anziehungskraft ausübte wie auf Norddeutsche und Skandinavier.

Leider nur unscharf zeichnet sich in jener Zeit die soziale Situation
des Einzelnen bisher ab, obwohl sich dazu etwa aus den Vormund-
schaftsakten oder den Akten der Studienstiftungen manche Erkenntnisse
erheben ließen. Ich habe selbst einmal das Tübinger bürgerliche Stipen-
dienwesen zwischen 1477 und 1750 in einem Vortrag skizziert und dabei
gezeigt, daß ausgangs des 17. Jahrhunderts höchstens ein Viertel der
Tübinger Scholaren ohne private oder landesherrliche Stipendien auskommen mußte.[23] Für den hier zu behandelnden Berichtszeitraum ist
eine entsprechende Berechnung noch nicht angestellt worden, aber m. E.
kann der Prozentsatz der Geförderten nicht so hoch gewesen sein, denn
damals stand eine größere Zahl an Studenten einer kleineren Zahl an
Studienstiftungen gegenüber.

Hier sei lediglich angeführt, daß in Tübingen zwischen 1560 und 1590
insgesamt neun neue Stiftungen mit einem Grundkapital von insgesamt
38.700 Gulden und 34 Stipendienportionen in Höhe von jährlich zwischen 30 und 50 Gulden ins Leben traten.[24] Die mit Abstand bedeutendste davon war die Grempsche Stiftung von 1583/87 mit üppigen 20.000
Gulden Stiftungskapital, von dessen Erträgnissen fortan auch die Universitätsbibliothek profitierte.[25]

Ein Novum war, daß 1588 in den Kreis der Stifterpersönlichkeiten,
der sich bis dato ganz überwiegend aus dem Pfarrerstand, daneben aus
dem Professoren– und jüngst auch aus dem Advokatenstand rekrutiert
hatte, erstmals eine Frau trat: Damals setzte eine adlige Dame die Tübin-

23 Schäfer, Volker: Zu Beförderung der Ehre Gottes und Fortpflanzung der Studien.
    Bürgerliche Studienstiftungen an der Universität Tübingen zwischen 1477 und 1750.
    In: Maschke, Erich / Sydow, Jürgen (Hgg.): Stadt und Universität im Mittelalter und
    in der früheren Neuzeit. (Stadt in der Geschichte 3) Sigmaringen 1977. S. 99–111.
    Hier: S. 111.
24 Im einzelnen: Bögglin (1563, 800 Gulden), Lemp (1567, 600), Gockel (1569, 1.300),
    Mendlin (1576, 1.400), Gremp (1583/87, 20.000), Vogler (1584, 2.000), Fickler
    (1585/90, 8.000), Pflüger (1586, 600) und Weltzer (1588, 4.000).
25 Vgl. neuerdings Hagenmaier, Monika: Das Vorbild im kleinen. Die Grempsche Bi-
    bliothek in Tübingen 1583–1912. (Werkschriften des Universitätsarchivs Tübingen I
    15) Tübingen 1992.

ger Juristenfakultät zur Erbin eines vor dem Reichskammergericht noch anhängigen Liegenschaftsprozesses ein, den die rechtskundigen Professoren denn auch alsbald erfolgreich zu Ende fochten.[26]

Die Bedeutung dieser Studienstiftungen beschränkte sich übrigens nicht nur auf die Stipendiaten. Zum einen dürften ihre Kapitalien – untersucht ist diese These allerdings noch nicht – das Realkreditwesen auf dem lokalen Agrar– und Gewerbesektor der Zeit stark beeinflußt haben, zum anderen verbesserten die wenn auch nur schmalen Saläre das Einkommen der Stiftungsadministratoren, und das waren in der Regel die Tübinger Professoren selbst.

III. Zum Lehrkörper

Der Tübinger Lehrkörper umfaßte im Jahr 1560 insgesamt einundzwanzig Professoren, wenn man in der Artistenfakultät Fächer wie Musik und die Lehrerstellen am Pädagogium nicht berücksichtigt. Sie wurden überragt von Leonhard Fuchs, dem damals neunundfünfzigjährigen Mediziner und Botaniker, eine Berühmtheit schon zu Lebzeiten, der sich mit seinem 1542 erschienenen Pflanzenbuch *De historia stirpia commentarii* (schon 1543 als *New Kreüterbuoch* auf deutsch) einen bleibenden Namen gemacht hat. Lehrerfahrung von auswärtigen Universitäten brachten von den einundzwanzig Kollegen gerade drei mit.[27] Für alle anderen bedeutete Tübingen die erste Lehrkanzel, die übrigens mehr als ein Drittel von ihnen als junge Männer von weniger als 30 Jahren bestiegen. Über 40 Lenze zählten bei ihrem Aufzug in Tübingen nur ganze zwei. Hier war also ein ausgesprochen juveniles Kollegium beisammen, mit einem bemerkenswerten Durchschnittsalter von nur 42 Jahren. Dieses Bild verschob sich bei den nach 1560 Berufenen: Von den zwanzig neuen Professoren der Ära Frischlin kamen immerhin sechs von einer anderen Hochschule.

---

26 Schäfer (wie Anm. 23) S. 107.
27 Die Berechnungen hier und im Schlußabschnitt basieren auf Conrad, Ernst: Die Lehrstühle der Universität Tübingen und ihre Inhaber (1477–1927). Masch. Zulassungsarbeit. Tübingen 1960.

Unter den Namen, die bei einem Überblick über die Tübinger Akteure nicht fehlen dürfen, muß an erster Stelle Jakob Andreä genannt werden. 1562 mit erst 34 Jahren zum Universitätskanzler ernannt, entwickelte er sich bald zum »württembergischen Außenminister in Religionsfragen«, wie ihn Volker Press vor acht Tagen an dieser Stelle bezeichnet hat. In der Tat war Andreä wiederholt für längere Zeit von Tübingen abwesend, vor allem um sein Hauptwerk, mit dem er in die Kirchengeschichte eingegangen ist, die Konkordienformel von 1577, beharrlich voranzutreiben. Im Jahr 1580 mit den Unterschriften von mehr als 50 Fürsten, Grafen und Baronen, 38 Reichsstädten und rund 8.000 evangelischen Geistlichen als *Konkordienbuch* publiziert, legte der über 600 Seiten starke Foliant das lutherische Bekenntnis neu fest, besiegelte aber gleichzeitig die Trennung von den reformierten Kirchen. Fortan reichte in Württemberg für die Ausübung eines öffentlichen Amtes, also auch für eine Professur, die bloße Zugehörigkeit zur Augsburger Konfession nicht mehr aus; sie mußte vielmehr durch die förmliche Unterzeichnung der Konkordienformel auch aktenkundig gemacht werden.[28]

Wirkung auf seine Weise erzielte auch Andreäs Fakultätskollege und unmittelbarer Nachfolger im Kanzleramt Jakob Heerbrand mit seinem 1573 erstmals erschienenen *Compendium Theologiae*, dem dogmatischen Standardlehrbuch vieler evangelischer Pfarrergenerationen.[29]

Eine der auffälligsten Gestalten im Lehrkörper war zweifellos Martin Crusius, der Gräzist, Polyhistor und erfreulich penible Tagebuchschreiber. Über ihn wird im Verlauf dieser Ringvorlesung noch Näheres zu erfahren sein. Zu nennen sind ferner die beiden Mediziner Jakob Degen genannt Schegk und Johann Vischer, der eine – Schegk – zuerst Priester, der mit der Reformation der Tübinger Universität umsattelte und an der Artistenfakultät das Fach Philosophie versah, bevor er zusätzlich auf einen der drei medizinischen Lehrstühle berufen wurde, der andere – Vischer – ein welterfahrener, durch halb Europa gereister Mann, der als

28 In Tübingen setzen die Unterschriften des Lehrkörpers mit dem Monat Juni 1582 ein (UAT 1/8). Frischlins Signatur fehlt, weil er zu diesem Zeitpunkt der Universität nicht mehr angehörte.
29 Vgl. Raeder, Siegfried: Jakob Heerbrand. In: Hertel, Friedrich (Hg.): In Wahrheit und Freiheit. 450 Jahre Evangelisches Stift in Tübingen. Stuttgart 1986. S. 81–98; zum *Compendium Theologiae methodi quaestionibus tractatum* S. 90–93.

Student noch Luther und Melanchthon gehört hatte (was übrigens auch für Heerbrand gilt). In der Aufzählung nicht fehlen dürfen auch die beiden Mathematiker und Astronomen Philipp Apian und Michael Mästlin. Mästlin ist als Lehrer von Johannes Kepler in die Wissenschaftsgeschichte eingegangen; Apian dagegen als Geograph und Verfasser der berühmten *26 bairischen Landtaflen*, d e r kartographischen Spitzenleistung ihrer Zeit. Er hatte 1568 schon eine erste Professur an der katholischen Universität Ingolstadt seiner Glaubensüberzeugung geopfert und verlor 1583 im lutherischen Tübingen auch die zweite, weil er nicht bereit war, die Konkordienformel zu unterschreiben.

Unter den Juristen fallen ins Auge Nikolaus Varnbüler und Matthäus Enzlin, Schwiegervater und Schwiegersohn. Enzlin ist der einzige Tübinger Professor geblieben, der sein Leben auf dem Schafott beendete: 1603 zum politischen Berater des württembergischen Herzogs avanciert, hatte er sich in dieser Eigenschaft Verfehlungen zuschulden kommen lassen. Seinen alten Schwiegervater, der bereits unter Herzog Ulrich als württembergischer Rat fungierte und dem Herzog Christoph 1562 in Tübingen sogar ein Haus geschenkt hatte,[30] wollte Herzog Ludwig 1588 entlassen, weil Varnbüler seine Lehrverpflichtung notorisch vernachlässigte und schon seit zwei Jahren demonstrativ nicht mehr gelesen hatte.[31]

Die Einhaltung dieser Lehrverpflichtung zu überwachen, war Sache der Universität selbst. Als Kontrollinstrument diente das *Examen neglectuum* oder die *Neglektendeposition*. Dabei hatte jeder Professor vor versammeltem Senat unter Eid anzugeben, was er an Vorlesungen im vergangenen Vierteljahr hat ausfallen lassen. Für eine ohne plausiblen Grund versäumte Stunde wurde ihm ein Gulden vom Gehalt abgezogen. Der Senat konnte aber auch das Nachholen einer Lektion oder die Vertretung durch einen Dritten gestatten, den dann der Vertretene zu entlohnen hatte.[32]

Ein Kapitel für sich sind die von den Dozenten ins Feld geführten Entschuldigungen. Schon lange bekannt ist die Begründung, die Erhard

---

30 Hauptstaatsarchiv Stuttgart A 274 U 17.
31 Ebd. A 274 Bü 53.
32 Vgl. dazu Thümmel, Hans–Wolf: Die Tübinger Universitätsverfassung im Zeitalter des Absolutismus. (Contubernium 7) Tübingen 1975. S. 53–55.

Cellius 1583, mit Erfolg übrigens, vorbrachte: In Rottenburg seien zehn Hexen verbrannt worden und er habe dergleichen vorher noch nie gesehen.[33] In der Tat: In Tübingen war seit 1530 kein Scheiterhaufen mehr angezündet worden;[34] man mußte sich also schon nach auswärts bemühen, brauchte aber nicht allzu weit zu reisen, denn Hechingen, Horb und vor allem immer wieder das nahe Rottenburg ließen die Gaffer auf ihre Kosten kommen.[35] An versäumten Stunden ist natürlich oft die Uhr schuld: *Horologium perturbatum* gibt denn auch Frischlin einmal an.[36] So empfiehlt die Universität 1586 dem Herzog, der auf den Stiftskirchenturm eine größere Glocke schenken wollte, lieber eine Kirchturmuhr mit vier Zeigern zu spendieren.[37] Plausible und somit finanziell ungesühnte Gründe für negligierte Lehrveranstaltungen waren ferner: ein ausgelaufenes Faß im Weinkeller, das Begräbnis der eigenen Ehefrau oder – ein geradezu klassischer Fall von »höherer« Gewalt – ein vom Pedellen nicht rechtzeitig aufgeschlossener Hörsaal.[38]

Doch es gab auch Muster an Pflichterfüllung. Zwar hat in den Neglektendepositionen noch niemand nachgezählt, aber einer wie Martin Crusius mit seinem stereotypen *nihil neglexit* dürfte hierin nicht so leicht zu übertreffen sein. Seine an die alte mönchische Residenzpflicht erinnernde *stabilitas loci* beleuchtet schlagartig ein Eintrag in seinem Tagebuch, wo er unter dem 9. Juli 1587 einen Tagesausflug nach Reutlingen schildert und dabei beiläufig bemerkt: *ubi 28 annis non fueram.*[39] Diese, wenn ich recht sehe, bislang noch niemandem aufgefallene Abstinenz[40] muß man

33 UAT 2/3, Bl. 192', 18.10.1583. Vgl. Martin Crusii [...] Schwäbische Chronick [..]. Aus dem Lateinischen [...] übersetzt [...] v. Moser, Johann Jacob. 1. Frankfurt a.M. 1733. S. 353.
34 Vgl. Haller, Johannes: Die Anfänge der Universität Tübingen 1477–1537. Stuttgart 1927. S. 316.
35 Crusius (wie Anm. 33) S. 350 (Rottenburg), S. 353 (Rottenburg, Horb, Wiesensteig, Hechingen), S. 359, S. 384 (Rottenburg).
36 UAT 2/2, Bl. 171, 2.3.1577.
37 UAT 2/3, Bl. 370f., 18.4.1586.
38 Ebd. Bl. 247, 20.6.1584. Beleg für Faß: Ebd. Bl. 193', 18.10.1583, für Begräbnis: UAT 2/4, Bl. 122', 20.6.1590.
39 UB Tübingen. Handschriftenabteilung Mh 466.3. S. 517.
40 Die entsprechende Seite aus dem Crusius–Tagebuch (Nachweis in Anm. 39), die in erster Linie über eine Besteigung der Achalm berichtet und eine kleine Skizze der Burganlage überliefert, ist als Faksimile veröffentlicht worden von Widmann, Hans:

sich erst einmal auf der Zunge zergehen lassen: Ein Tübinger Professor, der 28 Jahre lang nicht nach Reutlingen gekommen ist.

Es wurde vorhin das nahe Verwandtschaftsverhältnis zweier Professoren gestreift. Nun ist aus dem späten 17. und aus dem 18. Jahrhundert bekannt, daß in Tübingen förmliche Professorendynastien bestimmte Lehrstühle über Generationen besetzt hielten.[41] So ist man denn auch oft schnell bei der Hand, den süffisanten Begriff »Familien–Universität« schon auf das 16. Jahrhundert zu übertragen.

Macht man sich jedoch die Mühe, etwas schärfer hinzuschauen – und die genealogischen Daten von Gudrun Emberger–Wandel bei der Neuausgabe der Cellius–Imagines macht dies möglich[42] –, so sieht man, daß nähere Verwandtschaftsbeziehungen im Tübinger Senat zu Beginn unseres Berichtszeitraums lediglich in Gestalt zweier Schwägerpaare existierten: Ein Mediziner hatte die Schwester eines Juristen zur Frau, ein Theologe die eines Fakultätskollegen.[43] Ein drittes Schwägerpaar entstand 1567, als Crusius die Schwester der Frau seines Kollegen Hamberger heiratete. 1574 ergab sich die erste Schwiegervater–Schwiegersohn–Konstellation,[44] die zweite elf Jahre später, und zwar mit der Berufung des mehrfach genannten Matthäus Enzlin, der indessen bereits als Heidelberger Professor der Schwiegersohn Varnbühlers geworden war; eine dritte und letzte schließlich datiert von 1589, als der schon seit fünf Jahren in Amt und Würden stehende Michael Mästlin eine Tochter seines

Martin Crusius (1526–1607) und die Schwäbische Alb. In: Blätter des Schwäbischen Albvereins 73 (1967) 1. S. 4. Die Skizze ist erneut wiedergegeben in dem Ausstellungskatalog: Gemeinhardt, Heinz Alfred / Ströbele, Werner u.a. (Bearb.): Stadt Bild Geschichte. Reutlingen in Ansichten aus fünf Jahrhunderten. Reutlingen 1990. S. 192.

41 Decker–Hauff, Hansmartin / Setzler, Wilfried (Hgg.): Die Universität Tübingen von 1477 bis 1977 in Bildern und Dokumenten. Tübingen 1977. S. 164.

42 Emberger, Gudrun: Biographische und genealogische Notizen zu den Angehörigen des Lehrkörpers der Universität Tübingen, die Erhard Cellius in seinem Werk abgebildet hat. In: Decker–Hauff, Hansmartin / Setzler, Wilfried (Hgg.): Erhard Cellius, Imagines professorum Tubingensium 1596. 2 Bde. Sigmaringen 1981. Hier: Bd. 2. S. 127–157.

43 Jakob Schegk war seit 1539 mit Corona, der Schwester des Kilian Vogler, und Theodor Schnepff seit 1551/52 mit Barbara, der Schwester von Johannes Brenz jun. verheiratet.

44 Anastasius Demlers Tochter Barbara ehelichte 1574 Erhard Cellius.

Fakultätskollegen Georg Burkhart zur Frau nahm. Darüber hinaus sind familiäre Bande natürlich auch durch Ehen zwischen Professorenkindern geknüpft worden.[45] Dennoch bleibt festzuhalten, daß nahe Blutsverwandtschaft im Tübinger Lehrkörper des 16. Jahrhunderts noch nicht vorkam, auch wenn sich am Ende des Berichtszeitraums das Netz gegenseitiger Verwandtschaftsbeziehungen allmählich verdichtete.[46]

IV. Auslandskontakte

Mit der ausgreifenden Religionspolitik Herzog Christophs im Reich und dem zunehmenden Gewicht Württembergs in dem Einigungswerk der evangelischen Kirchen wuchs auch die Autorität der Tübinger Theologen, die immer wieder in dogmatischen Streitereien vermittelten, bei internationalen Religionsgesprächen das Wort ergriffen und selbst auf dem Tridentiner Konzil vertreten waren. Insbesondere für zahlreiche protestantische Territorien und Reichsstädte ohne eigene Universität, aber nicht nur für sie, wurde Tübingen zur ersten Bezugsquelle für Pfarrer und andere Landesbeamte lutherischer Observanz. Johannes Kepler, der Landschaftsmathematiker und Lehrer an der Stiftsschule zu Graz in der Steiermark, ist nur ein Beispiel von vielen, allerdings das prominenteste. Dieser Theologen–Export oder, um im Wissenschaftsjargon von heute zu bleiben, Akademiker–Transfer war das Gütesiegel Tübingens in der zweiten Hälfte des 16. Jahrhunderts.[47]

Personifiziert wurde dieses Charakteristikum durch Jakob Andreä. Weniger augenfällig als der Theologen–Export, dafür aber in der globalen Verflechtung ungleich spektakulärer war ein anderes kirchenpolitisches Unterfangen des Vaters der Konkordienformel, das sich jedoch am Ende als eine Nummer zu groß für die schwäbische Landesuniversität

---

45 Beispiele: Heerbrands Sohn Christoph heiratet 1574 Schnepffs Tochter Margarete, Varnbühlers Sohn Anton 1577 Vischers Tochter Sibylle.
46 Vgl. insbesondere Röckelein / Bumiller (wie Anm. 2) S. 44f.
47 Vgl. z.B. Rumpl, Ludwig: Die Linzer Prädikanten und evangelischen Pfarrer. In: Historisches Jahrbuch der Stadt Linz (1969) S. 153–241; Rau, Reinhold: Tübinger Stiftler predigen in Linz a. D. In: Heimatkundliche Blätter für den Kreis Tübingen NF 41 (1970) S. 1–3.

erwies: Gemeint ist der gerade grandiose Versuch Andreäs, die orthodoxe Kirche mit der evangelischen »zu verbünden, wenn nicht gar zu verschmelzen«, gegründet auf der Gleichung: »Wer Rom ablehnt, begrüßt den Protestantismus.«[48] Über seine ehemaligen Schüler Stephan Gerlach und Salomon Schweigger, die er nacheinander als kaiserliche Gesandtschaftsprediger am Goldenen Horn plazierte, tauschte Andreä zwischen 1573 und 1581 mehrfach Korrespondenzen und dogmatische Schriften mit dem griechischen Patriarchen zu Konstantinopel aus, tatkräftig unterstützt vom sprachenkundigen Crusius. Wenn auch das große Ziel nicht zu erreichen war, so weckten die Kontakte zum Bosporus doch einen frühen Philhellenismus in Tübingen, das in der Folge für viele Griechen zu einem fernen Anziehungspunkt wurde.[49]

Aber es gab damals offenbar noch einen anderen, weit phantastischeren Andreä–Plan für eine Anti–Rom–Koalition. In den *Schwäbischen Annalen* von Crusius findet sich zum Jahr 1583 folgender Vermerk:

> *In diesem Sommer hätten, erstlich Georg Weigenmaier, der Hebräischen Sprache bey uns Professor, und nach ihm M. Valentin Cläß, gerne eine Reise in Africa und Arabien gethan, um die Sprachen solcher Länder daselbst zu lernen. Aber es ist nichts draus worden.*[50]

Indessen enthüllen die in Familienbesitz überlieferten handschriftlichen Erinnerungen eben dieses Valentin Cleß, die erst 1977 Hansmartin Dekker–Hauff in dem prächtigen Bildband zum fünfhundertjährigen Tübinger Universitätsjubiläum bekannt gemacht hat, daß Cleß auf die Idee seines Lehrers eingegangen ist, »als Kaufmann verkleidet, ganz auf sich allein gestellt, in Spanien und Nordafrika das Arabische zu erlernen, um dann mit einer Karawane quer durch Nordafrika zu reisen und den Versuch zu wagen, die abessinischen Christen zu erreichen«, wobei er feststellen sollte, »ob sie für lutherische Theologie ansprechbar und für Boten aus Tübingen aufgeschlossen sein würden«.[51]

48 Decker–Hauff / Setzler (wie Anm. 41) S. 80, 82.
49 Vgl. die Nachweise sub verbo »Griechenland« in: Göz, Wilhelm / Conrad, Ernst u.a. (Hgg.): Gesamtregister des Diarium Martini Crusii (zu den Bde. 1–3). Staiger, Eugen (Bearb.) Tübingen 1927–1961.
50 Crusius (wie Anm. 33) S. 353.
51 Decker–Hauff / Setzler (wie Anm. 41) S. 83–87, Zitate S. 83, 85.

Der abenteuerliche Plan scheiterte, irgendwo in der Sahara ist Cleß umgekehrt. 1585 kam er unverrichteter Dinge zurück nach Tübingen, das im Bemühen, Christen auf dem asiatischen und afrikanischen Kontinent mit dem Luthertum bekannt zu machen, damals seiner Zeit weit voraus war.[52] Übrigens: Wer weiß, vielleicht verfolgte der von Crusius mit Cleß in einem Atemzug genannte Weigenmaier eine ähnlich geheime Mission, als er auf einer Italienreise 1599 zu Padua starb.

Bei all den geschilderten Expansionserscheinungen dürfen aber die Beschränkungen nicht übersehen werden, die der geschlossene Konfessionsstaat nach innen aufbaute und die eine Universität doppelt beschweren mußten, war sie doch per definitionem der Ort des grenzübergreifenden Dialogs. Von diesen Barrieren fielen für den Einzelnen besonders ins Gewicht die erwähnte Verpflichtung auf die Konkordienformel, aber auch die Unterwerfung unter die Zensurgesetze, die schon seit 1537 von allen in Tübingen gedruckten Schriften die vorherige Unbedenklichkeitsbescheinigung forderten. Als Kontrollinstrument benutzte der Staat sinnigerweise die Universität selbst und verlangte somit von ihr, sich ständig selbst zu bevormunden.[53]

Zum Kapitel Zensur eine kleine Arabeske. Im Herbst 1587 erschien zur Frankfurter Buchmesse ein Bestseller, die *Historia von D. Johann Fausten*, das erste Volksbuch über den berühmten Schwarzkünstler aus Knittlingen. An dem phänomenalen Verkaufserfolg wollte auch der Tübinger Drucker und Verleger Alexander Hock mit einer lyrischen Version des Stoffes partizipieren. Dazu fand er in dem Magister Johannes Feinaug einen alerten Dichter, der in Windeseile einen *Reim–Faust* (so der Titel) in Knittelversen à la Hans Sachs produzierte. Indessen: Die Restauflage wurde beschlagnahmt; der Verleger und sein Autor landeten im Universitätskarzer, sie hatten sich nicht ungestraft über die erwähnten Zensurvorschriften hinweggesetzt.[54]

52 Ebd. S. 85.
53 Zur Zensur: Widmann, Hans: Tübingen als Verlagsstadt (Contubernium 1) Tübingen 1971. S. 82–96, 120–133; Franz, Gunther: Bücherzensur und Irenik. In: Brecht, Martin (Hg.): Theologen und Theologie an der Universität Tübingen. (Contubernium 15) Tübingen 1977. S. 123–194.
54 Nach: Der Tübinger Reim–Faust von 1587/88. Aus dem Prosa–Volksbuch Historia

Dazu eine kleine Beobachtung zur Kulturgeschichte. Dieser Alexander Hock war der Stiefvater des Schwäbisch Haller Stadtarztes Johannes Morhard, einem gebürtigen Tübinger Verlegerssohn und weitgereisten Mann, der 1610 zum Tod des Stiefvaters in seine Haus–Chronik einige biographische Betrachtungen eintrug und dabei notierte: *Er ist uber 70 und, wie ich schätz, nahe bey 80 jar alt worden.*[55] Woraus folgt, daß die Kenntnis der Geburtstage selbst nächster Anverwandter damals auch bei kultivierten Leuten nicht zu den Selbstverständlichkeiten des täglichen Lebens gehörte.

Auf das hier angesprochene lokale Druck– und Verlagswesen kann aus Zeitgründen nicht näher eingegangen werden, wiewohl gerade dieses Medium, das von Anfang an in engster Verbindung zur Universität stand, schon früh den Namen Tübingens in die Welt hinaustrug. Kein Geringerer als der französische Freigeist François Rabelais ließ bereits 1533 Tübingen die Ehre widerfahren, in dem burlesken Roman *Gargantua und Pantagruel* als bemerkenswerter Druckort zu erscheinen. In der Tat rangierte im 16. Jahrhundert die Tübinger Bücherproduktion in Deutschland mit an vorderster Stelle.[56]

V. Quellenkundlicher Exkurs

Bevor ich zum Schluß komme, soll Sie ein kurzer quellenkundlicher Exkurs mit einer jener Gattungen an archivalischen Primärquellen bekannt machen, aus denen dieser Vortrag – als Archivar war ich Ihnen dies schuldig – manches unbekannte Detail geschöpft hat.

Meine Wahl fiel auf die Rektoratsrechnungen.[57] Ihr Finanzvolumen liegt zwar weit unter dem der Supremus–Deputatur– oder gar der Syndi-

von D. Johann Fausten. 1587 in Reime gebracht von Johannes Feinaug. Hg. Mahal, Günther. Kirchheim/Teck 1977.

55 Haller Haus–Chronik von Johann Morhard. Hg. Historischer Verein für Württembergisch Franken. Schwäbisch Hall 1962. S. 98.

56 Widmann (wie Anm. 53) S. 53ff.

57 Die Rektoratsrechnungen der Universität Tübingen haben sich für den Zeitraum 1536–1811 erhalten. Sie bilden im UAT den Bestand 129/1, ihre Beilagen den Bestand 129/2.

katur–Rechnungen, ihre Einnahme– und Ausgabetitel können aber mit Bemerkenswertem aufwarten.

Die Einkünfte des Rektors resultieren im wesentlichen aus Examensgebühren, Strafgeldern und Immatrikulationsgebühren. Letztere betrugen im Einzelfall 13 Kreuzer, also nicht ganz einen Viertel Gulden, wobei dieser Betrag allerdings die Untergrenze darstellte, sofern der Inskribent nicht als *pauper* oder als Dozentenkind ganz von der Einschreibegebühr befreit war. Von finanziell bessergestellten Studenten, insbesondere von adeligen, erwartete die Universität einen höheren Beitrag, und zwar bis zu einem Gulden; bei Standespersonen aus regierenden Häusern allerdings, bei denen sie es sich zur Ehre anrechnete, wenn sich diese unter das Universitätsrecht begaben, verzichtete sie auf die Inskriptionsgelder.[58]

Im Sommerhalbjahr 1578 – einem Semester, das den Durchschnittswerten des Berichtszeitraums sehr nahe kommt – betrugen die Einnahmen aus Examensgebühren knapp 20 Gulden, an Aufwandsentschädigung für den Rektor kamen exakt 20 Gulden als durchlaufender Posten aus der Kasse des Supremus Deputatus und die 126 Neuimmatrikulierten bezahlten insgesamt 27 1/2 Gulden, das waren mit über 31% fast ein Drittel der aktuellen Einnahmen, die sich insgesamt auf rund 87 Gulden beliefen.[59]

An Ausgaben registrierten die Rechnungen knapp 12 Gulden für den Pedellen, dem ein Drittel an den Inskriptions– und Strafgeldern zustand, ferner 6 1/2 Gulden für Gastmähler und 5 Gulden offenbar für ein Schützenfest, sodann verursachte der Hirsch, den der Herzog alljährlich seiner Universität aus dem Schönbuch verehrte, Ausgaben in Höhe von 2 Gulden an Trinkgeldern für die Jäger, den Fuhrmann und den Metzger. Rund 10 Gulden schließlich wurden in Klein– und Kleinstbeträgen an Almosen

---

58 So heißt es z. B. in der Rektoratsrechnung des Sommersemesters 1578, als sich ein junger Pfalzgraf bei Rhein und Herzog von Bayern samt standesgemäßem Gefolge in Person u. a. von Hofmeister, Präzeptor, Koch und Lakai in die Matrikel eintragen ließ: *nihil dederunt*. (UAT 129/1, Nr. 82.)

59 Ebd. Der gesamte Verfügungsbetrag des Rektors belief sich in diesem Semester, einschließlich des Übertrags in Höhe von ca. 81 Gulden, auf rund 169 Gulden, im Monatsdurchschnitt also auf rund 28 Gulden. Zum Vergleich: Der Etat des Supremus deputatus im Haushaltsjahr 1578/79 umfaßte dagegen rund 8.300 Gulden, monatlich mithin fast 700 Gulden.

verteilt. Dies entspricht einem Anteil von etwa 15% der Gesamtausgaben der Rektorskasse und ungefähr in dieser Größenordnung manifestierte sich jahraus, jahrein die christliche Liebestätigkeit der Bildungseinrichtung Universität.

Auf diesem sozialen Sektor zeichnen die Rektoratsrechnungen ein Sittengemälde, wie man es in universitätshistorischen Quellen nicht ohne weiteres sucht. Oft mehrmals am Tag wird der Rektor in seinen Geschäften unterbrochen und mit der Not seiner Zeit konfrontiert. Dabei sind es nicht nur die fahrenden Scholaren, die zu ihm vorgelassen werden und deren Chancen auf ein höheres Reisegeld bei guten Lateinkenntnissen offenbar stiegen.[60] In einer Berufsstatistik der Almosenempfänger dürften nach meinem ersten Eindruck Schulmeister und Schreiber die Spitzenplätze einnehmen. Vielen Durchreisenden haftet der Duft der großen, weiten Welt an, der die Phantasie beflügelt und die Neugierde anstachelt; fast alle aber stecken sie in existentiellen Nöten: auf Stellungssuche, krank oder körperbehindert, von Brand– und anderen Katastrophen heimgesucht – heute ein Zypriot, ehemals in türkischer Gefangenschaft, der sein eigenes Lösegeld zusammenbringen muß, morgen ein auf dem Tübinger Schloß verunglückter Handwerker, übermorgen ein unter die Räuber gefallener Straßburger.

Auf besonderes Mitgefühl durften im konfessionellen Zeitalter Glaubensflüchtlinge zählen.[61] Vor allem für die Exulantenforschung sind diese bisher noch nicht publizierten Quellen eine Fundgrube, weil sie bei allen Anonymisierungen, etwa *cuidam exuli ex Austria*, immer wieder Familien–, mitunter sogar Ortsnamen nennen.[62]

Aber auch für andere historische Disziplinen besitzen die Rektoratsrechnungen einen nicht zu unterschätzenden Quellenwert: Ihre Namenslisten der Neuimmatrikulierten ermöglichen Korrekturen und Ergänzungen der alten Tübinger Matrikeledition, deren Herausgeber diese Archivalien

---

60 Zum Beispiel: *Item cuidam Vaganti bene latinè loquenti 2 Batzen.* (UAT 129/1, Nr. 85, o.D.)

61 *Davidi Pierio qui Romae vixit apud Jesuitas 10 Kreuzer.* (UAT 129/1, Nr. 82, 22.10.1578.)

62 Etwa: *Joanni Zeiselmaier exuli Ludimagistro ex Bavaria [...] 30 Kreuzer.* (UAT 129/1, Nr. 83, 8.11.1579.)

seinerzeit nicht zur Verfügung standen.[63] Zur Erläuterung: Allein im Winterhalbjahr 1562/63, in jenem Semester, in dem sich auch der junge Frischlin an der Universität Tübingen einschrieb, bietet die Rektoratsrechnung gegenüber der Matrikel eine ganze Reihe anderer Lesarten, und zwar von Ortsnamen wie von Familiennamen: *Winbach* etwa ist nicht Weinsberg, sondern zweifelsfrei Winterbach bei Schorndorf; bei den Personennamen steht in der Rechnung *Bos* statt wie in der Matrikeledition *Bas*, *Tiffrer* statt *Tiffner*, Gfrerer statt *Gferer*, *Maßlonius* statt *Marlesius*, *Kerer* statt *Korer*, oder gravierender, da der zur alphabetischen Einordnung entscheidende Anfangsbuchstabe betroffen ist: *Crystallingk* statt *Brysteling*, *Oelius* statt *Velen*, *Stetter* statt *Peter*, *Itterlin* statt *Bitterlin*.[64] Daß auch Kalenderdaten voneinander abweichen, kann nicht sonderlich überraschen. Davon ist auch Frischlin betroffen, dessen Inskription die Rektoratsrechnung vier Tage später als die Matrikel verbucht, zum 16. und nicht schon zum 12. November 1562.[65]

Bedürfte es noch eines Beweises für die Bedeutung dieser Archivaliengattung, so erbrächte ihn die Tatsache, daß nur mit ihrer Hilfe jener Italiener identifiziert werden konnte, der 1588 vergeblich versuchte, an der Universität Tübingen Fuß zu fassen. Da im Senatsprotokoll für seinen Namen eine Lücke ausgespart worden war, die nie ausgefüllt wurde, ist erst nach 383 Jahren von einer studentischen Hilfskraft am Universitätsarchiv über die Rektoratsrechnung wieder entdeckt worden, daß es sich dabei um keinen Geringeren als Giordano Bruno gehandelt hat, den berühmten Wegbereiter der modernen Philosophie, der zwölf Jahre nach

---

63 Hermelink, Heinrich (Hg.): Die Matrikeln der Universität Tübingen Bd. 1: Die Matrikeln von 1477–1600. Stuttgart 1906.
64 Es muß vorläufig dahingestellt bleiben, welche der Versionen die korrekte ist. Beiden Überlieferungen dürfte eine gemeinsame Quelle zugrunde liegen, und zwar vermutlich Notate bei der Immatrikulation, die für nicht aufbewahrenswert erachtet wurden. Dies ist offenbar schon früh als Mangel empfunden worden, jedenfalls schreibt das Senatsprotokoll bereits am 3.5.1584 vor: *Rector soll auch ain register vber die Inscriptos halten* (UAT 2/3, Bl. 238'). – Die Belege für die einzelnen Varianten in ihrer obigen Reihenfolge: Matrikeln Tübingen (wie Anm. 63) Nr. 158,36 (Winterbach); Nr. 158,1 (Bos); 158,47; 158,48; 158,53; 158,75; 158,16; 158,51; 158,52; 158,76.
65 UAT 129/1, Nr. 51. Vgl. Matrikel Tübingen (wie Anm. 63) Nr. 158,42.

seinem Tübinger Intermezzo als Opfer der Inquisition auf einem Scheiterhaufen in Rom starb.[66]

VI. Die Universität um 1590

Fragen wir nun, worin sich die Universität von 1590 gegenüber der von
1560 unterschieden hat. Ähnliche Brüche und Verwerfungen wie in der
ersten Jahrhunderthälfte traten in diesen dreißig Jahren nicht auf; am äußeren Erscheinungsbild hat sich auf den ersten Blick nicht viel geändert.
Oder vielleicht doch? Wie ist etwa zu bewerten, daß die Universität spätestens 1588, vielleicht gar schon 1578 beginnt, ihre Professoren einzeln
porträtieren zu lassen, und die Ölgemälde quasi als Sammlung im Senats-
saal aufhängt?[67] In diesem Vorgang, der sein Vorbild in der höfischen
Kultur der Zeit findet, dokumentiert sich zweifellos das Selbstbewußtsein
einer Gruppe, die sich in der Ständegesellschaft der frühen Neuzeit zunehmend als Elite begreift.

Unverkennbar ist auch eine gewisse wirtschaftliche Prosperität. Sie
läßt sich ganz vordergründig an den Tübinger Syndikaturrechnungen ablesen, die zwischen 1560 und 1600 eine Zunahme der jährlichen Barein-
nahmen von 8.666 Gulden auf 12.186 Gulden verzeichnen[68], eine Steige-
rung um nicht weniger als 40,6%. Dies war nicht zuletzt die Folge höherer
Lebensmittelpreise, die der Universität bei der Vermarktung ihrer Natu-
ralerzeugnisse höhere Einkünfte bescherten.

Veränderungen sind auch festzumachen an der neuen Studentengene-
ration, die den Krieg nicht mehr kennengelernt hat und in einer Phase
relativen Wohlstands (ungeachtet aller immer wieder auftretenden lokalen Teuerungen) aufgewachsen ist. Sie stellte Ansprüche, für die der

---

66 Vgl. dazu Hofmann, Norbert Georg: Quidam Italus ... Die Tübinger Episode des
     Giordano Bruno. In: Attempto 41/42 (1971) S. 108–115.
67 Vgl. Fleischhauer, Werner: Die Anfänge der Tübinger Universitätsbildnissammlung.
     In: Neue Beiträge zur südwestdeutschen Landesgeschichte. Festschrift für Max Miller
     (Veröffentlichungen der Kommission für geschichtliche Landeskunde in Baden–
     Württemberg B 21) Stuttgart 1962. S. 197–216.
68 UAT 152/1 (1559/60), 152/2 (1599/1600).

Stoßseufzer im Senatsprotokoll 1582 symptomatisch ist: Jeder Student will heute einen Famulus haben.[69]

Aber auch die Professoren waren nicht mehr die alten. Das ist allerdings nur teilweise wörtlich zu verstehen, denn von den einundzwanzig Lehrern des Jahres 1560 amtierten dreißig Jahre später immerhin noch sieben. Nur die Medizinische Fakultät hatte sich total erneuert, dagegen standen bei den Theologen von den alten Lehrstuhlinhabern noch einer, bei den Juristen und Artisten noch je drei auf dem Katheder.[70] Die Juristische Fakultät stellte mit einem Einundsiebzig– und einem Siebzigjährigen die beiden Nestoren des Senats. 1590 betrug das Durchschnittsalter des Lehrkörpers 51 Jahre und lag damit deutlich über dem von 1560 mit, wie erinnerlich, ungewöhnlich niederen 42 Jahren. Das höchste Durchschnittsalter wies 1590 nun die Theologische Fakultät mit 56,5 Jahren auf, das geringste die Medizinische mit 47.

Ich will diese Zahlen nicht überbewerten, zumal man sie auch verschieden interpretieren kann. Interessanter ist allemal die Frage nach der landsmannschaftlichen Zusammensetzung des Lehrkörpers, weil darin immer ein Gradmesser für Provinzialismus oder Weltoffenheit gesehen wird. Hier ergibt sich ein erstaunliches Phänomen: Obwohl 1590 gegenüber 1560 vierzehn neue Professoren hinzugetreten sind, hat sich bei den einundzwanzig in den Vergleich einbezogenen Lehrstühlen an der politisch–territorialen Herkunft ihrer Inhaber so gut wie nichts geändert. Zu beiden Eckterminen setzte sich das Kollegium jeweils aus drei fast gleich großen Blöcken zusammen: aus sieben bzw. acht Württembergern, konstant sechs Reichsstädtern und acht bzw. sieben anderen Ausländern. Die Landeskinder okkupierten also in der zweiten Hälfte des 16. Jahrhunderts nur maximal 38% der Lehrstühle. Faßt man allerdings statt der politischen die regionale Provenienz ins Auge, so wird der süddeutsche Charakter der schwäbischen Landesuniversität wieder ins rechte Lot gerückt: 1560 stammten mit einer einzigen Ausnahme, einem gebürtigen Tiroler, alle Professoren aus dem Raum, der im wesentlichen durch eine die Städte Basel, Straßburg, Heilbronn, Bamberg, Augsburg und Lindau verbindende Linie begrenzt wird. Dreißig Jahre später gilt dieser Ein-

---

69 UAT 2/3, Bl. 121', 23.12.1582.
70 Wie Anm. 27.

zugsbereich im wesentlichen noch immer; die Franken allerdings, von denen 1560 erst zwei in Tübingen lehrten, bildeten jetzt mit fünf Vertretern eine bemerkenswert starke ethnische Gruppe.

Fragen wir zum Schluß nach dem hervorstechendsten Merkmal der Tübinger Universität im Zeitalter Frischlins, so steht von der Wirkungsgeschichte her das Phänomen des sogenannten »Theologen–Exports« an erster Stelle. In diese Verteilerrolle wuchs Tübingen hinein als die Hochschule eines Territoriums, zu dessen einflußreichem Wirken in der Religionspolitik des Reiches sie selbst mit ihrer theologischen Fakultät wesentlich beitrug, als eine Hochschule gleichzeitig, auf deren Autorität und Attraktivität das wachsende Ansehen des Landes wieder zurückstrahlte.

Dessen damaliger Regent, Herzog Ludwig, besaß zwar nicht das Format des Vaters. Immerhin aber entwickelte Ludwig, der möglicherweise alkoholkrank war und 1593 mit erst 39 Jahren starb, genügend landesväterliche Einsicht, die Regierung weitgehend seinen Räten zu überlassen. Sein späterer Beiname »der Fromme« drückt aus, wo seine Stärken lagen: In den Glaubensstreitigkeiten der Zeit besaß er ein eigenständiges Urteil; entsprechend verständnisvoll förderte er Kirche, Schule und Wissenschaft.[71] In der Tat verdankt ihm Tübingen den mächtigen Baukomplex des Collegium illustre, des heutigen Wilhelmsstifts, seit 1588 auf Jahre hinaus eine einzige Großbaustelle, mit all dem wirtschaftlichen Nutzen derartiger Investitionsmaßnahmen für Stadt und Umland.

Zum Bild des Herzogs und zum Bild der Zeit gehört aber auch dieses: Mit dem Vorhaben, seinen aus Laibach vorzeitig zurückgekehrten Protégé Nicodemus Frischlin wieder an der Universität Tübingen unterzubringen, wozu er ihm in Stuttgart sogar schon die Ernennungsurkunde zum außerordentlichen Professor hatte ausstellen lassen,[72] scheiterte der Landesherr auf der ganzen Linie. Selten in der langen Geschichte der mehr oder weniger versteckten Pressionen aus Stuttgart begegnete der Akademische Senat obrigkeitlichem Ansinnen so entschieden wie in diesem Fall.

---

71 Rudersdorf, Manfred: Herzog Ludwig (1568–1593). In: Uhland, Robert (Hg.): 900 Jahre Haus Württemberg. Stuttgart 1984. S. 163–173. Bes.: S. 165.

72 Strauß, David Friderich: Leben und Schriften des Dichters und Philologen Nicodemus Frischlin. Frankfurt a. M. 1856. S. 295.

Die vielen Fragen, die dieser kurze Vortrag zwangsläufig offen läßt, machen zugleich deutlich, daß die Historiker mit der Aufarbeitung der Tübinger Universitätsgeschichte in der zweiten Hälfte des 16. Jahrhunderts noch manches zu tun haben werden. Es gibt zwar den einen oder anderen biographischen Ansatz,[73] auch ist die Institutionengeschichte der Artistenfakultät aufgehellt[74] und mit Leichenpredigt und Leichenrede einer der Aspekte frühneuzeitlicher Gelehrtenkultur untersucht,[75] aber weite Bereiche der Verfassungs–, Wissenschafts– und Sozialgeschichte sind als weiße Flecken auf der universitätshistorischen Landkarte erst noch zu explorieren.[76] Als Archivar kann ich die Forschung nur animieren: Quellen sind reichlich vorhanden, sie harren der Auswertung.

73 Plieninger, Konrad: Jakob Andreä als Kanzler an der Universität Tübingen 1562–1590. Masch. Zulassungsarbeit Tübingen 1956. – In einem eigenen Abschnitt »Vertrauenskrise an der Universität und beim Herzog« (S. 55–62) unterlief dem Autor allerdings ein fataler, von der Forschung indes bisher offenbar noch nicht rezipierter Mißgriff: Er erkannte nicht, daß mit dem im August 1588 in einer Korrespondenz zwischen Herzog Ludwig und seinem Landhofmeister Erasmus von Laymingen vorkommenden, namentlich allerdings nicht genannten Kanzler nicht der Universitätskanzler Andreä, sondern der – 1589 entlassene – herzogliche Kanzler Dr. Johann Schulter (1546–1605) gemeint war. Somit gehen Plieningers Erörterungen über den »Vertrauensbruch grössten Ausmaßes« (S. 60) zwischen Andreä und dem Herzog, der »die Vertretung der fürstlichen Interessen an der Universität durch den Kanzler nicht mehr für gesichert ansah« (S. 61), an der Sache vorbei.
74 Hofmann, Norbert: Die Artistenfakultät an der Universität Tübingen 1534–1601. (Contubernium 28) Tübingen 1982.
75 Schmidt–Grave, Horst: Leichenreden und Leichenpredigten Tübinger Professoren 1550–1750. Untersuchungen zur biographischen Geschichtsschreibung in der frühen Neuzeit. (Contubernium 6) Tübingen 1974.
76 Weitere Impulse sind zu erwarten von zwei Dissertationen: von einer im Entstehen begriffenen Arbeit zur Geschichte des Martinstifts und damit auch zur Sozialgeschichte der Tübinger Studentenschaft (Gudrun Emberger–Wandel) sowie von der inzwischen abgeschlossenen Edition der Tübinger Visitationsakten des 16. Jahrhunderts (Pill–Rademacher, Irene: »... zu nutz und gutem der loblichen universitet«. Visitationen an der Universität Tübingen. Studien zur Interaktion zwischen Landesherr und Landesuniversität im 16. Jahrhundert. Werkschriften des Universitätsarchivs Tübingen I 18, Tübingen 1993).

Anhang

Frischlins Memorandum von 1577 über den Lehrbetrieb an der Universität Tübingen

Hauptstaatsarchiv Stuttgart, A 202 Bü 2562 Nr. 1.
Begleitschreiben (eine Seite) und Memorandum (acht Seiten) von Frischlins eigener Hand; mit briefschließendem Siegel vermutlich von Frischlins Siegelring.

Kanzleivermerke: N<icodemus> Frischlinus. / Defect und mengell bey der universitet zu Tybingen Erleuchtende etc. / No. 7 / Ist extrahirt und mit in die visitation gen Tybingen[77] genomen worden den 4. Augusti Anno [*15*]78.

Außenadresse: Dem Edlen unnd Vesten, Johann Jacob von Hoheneck,[78] Fürstlichen Würtembergischen Landhofmaystern, meinem großgünstigen Junkhern und Herrn.[79]

---

77 In der Visitation vom August 1578 sind zumindest einige Anregungen Frischlins aufgegriffen worden: *In fine Protocolli* [sc. Visitationis] *ist ein Extract Memorialis, so Rectori zugestelt worden. Württ zue beschluß deßelben vermeldt, Physicus et Ethicus möchtten die schwersten Disputationes, so weder in Ecclesia noch Rep<ublica> vil nutzen haben, abkürzen.* (Württembergische Landesbibliothek Stuttgart, Handschriftenabteilung, Cod. hist. 2⁰ 145, Bl. 38.) Vgl. dazu unten den letzten Absatz von Abschnitt [2].

78 Jakob von Hoheneck zu Vilseck auf Helfenberg (1534–1609), württembergischer Landhofmeister 1570–1579. Vgl. Bernhardt, Walter: Die Zentralbehörden des Herzogtums Württemberg und ihre Beamten 1520–1629. 2 Bde. (Veröffentlichungen der Kommission für geschichtliche Landeskunde in Baden–Württemberg B 70–71) Stuttgart 1972. Bd. 1. S. 386ff.

79 Um Frischlins individuelle Schreibgewohnheiten sichtbar werden zu lassen, wurde entgegen der üblichen Richtlinien für die Edition neuzeitlicher Quellen der Text weitestgehend vorlagengetreu transkribiert. Normalisierungen erfolgten lediglich bei der Interpunktion. Herkömmliche lateinische Abkürzungen, etwa für *prae, pro* oder *et*, ferner Kürzel für übergeschriebene Buchstaben wurden kommentarlos, Suspensionsabkürzungen dagegen, soweit es sich nicht bloß um Endsilben handelte, in spitzen Klammern aufgelöst. Eckige Klammern kennzeichnen Zusätze des Bearbeiters.

1 [*14. August 1577*]

[*Frischlins Begleitschreiben an den württembergischen Landhofmeister Johann Jacob von Hoheneck*]

S<alutem> Nobilissime ac Prudentissime vir, quae nuper Stutgardiae cum nobilissima tua prudentia obiter de studiis communicare coepi, quaeque in nostra Academia ab Auditoribus querelae existent, ea omnia post reditum è Bacnang[80] eram copiosius explicaturus. Sed cùm festinandum esset, et domum properandum, coepi in via id cogitare, quod in literis Nobil<itatis> Tuae à me petitur.[81] Itaque nunc scripto rem omnem comprehendi.[82] Unum est, quod maximopere oratum volo, ut exemplar hoc manu mea scriptum ad me remittatur, et à Prudentia Tua nobiliss<ima> quae hîc scripta sunt aut fido cuidam et taciturno describenda dentur aut, quod malim, à T<ua> Nob<ilitate> dictentur.

Etsi enim verissima sunt, et quovis oraculo veriora, quae hîc produntur, tamen ampliori odio, quàm in quo sum, non libenter onerari velim, non quidem mea, sed liberorum causa. Hoc aut verè, et per conscientiam affirmare possum, me nihil cuiusquam odio scripsisse, sed omnia publici commodi et Reipub<licae> literariae causa, in qua promovenda annis nunc versor undecim.

Neque est ullum mihi dubium, quin D<ominus> Cancellarius[83] in meam sententiam pedibus iturus sit. Vestrarum partium quid sit, probè

---

80 Backnang.
81 Diese schriftliche Aufforderung des Landhofmeisters muß als verloren gelten.
82 Frischlin hatte schon in der zweiten Junihälfte 1577 in einer Eingabe an die Universität Tübingen ebenfalls auf Mängel im Lehrbetrieb hingewiesen und Reformen angeregt. Das Dokument gehört zu einem fast 10 cm starken Personalfaszikel mit 157 Schriftstücken zu Leben und Werk des Dichterprofessors, das im Universitätsarchiv Tübingen unter der Signatur 10/11 nicht weniger als 58 Frischlin–Texte überliefert, davon allein 35 von seiner eigenen Hand. Hinter den einschlägigen Quellen im Hauptstaatsarchiv Stuttgart der, soweit bisher bekannt, zweitgrößte Fundus an Frischlin–Autographen, sind diese Tübinger Archivalien seinerzeit David Friderich Strauß für seine Biographie (vgl. Anm. 72) verborgen geblieben und haben erst in jüngster Zeit Eingang in die Forschung gefunden.
83 Jakob Andreä (1526–1590), seit 1562 Tübinger Universitätskanzler.

intelligetis. Quod restat, ego me Tuae Nobilitatis patrocinio humiliter commendo. V<ale>.

Tubingae 14 August<i> [*15*]77.

Tuae Nobiliss<imae> prudentiae addictiss<imus>

Nicodemus Frischlinus

D<octor> et P<oeta> Laureatus,

Professor Tubingensis.

Meinem gnedigen Herrn von Limpurg,[84] dem edlen kayser, von meint wegen mein underthenigen dienst, und wa glegenheytt, ein starken trunk.

2

[*Frischlins Memorandum*]*

[*1*] Von den lectionibus Classium, was für mengel da, und wie dieselbigen zu verbessern

In der understen lection, Classe prima,[85] werdend die Jungen in literis apte pingendis et distiguendis ubel abgericht, daß man darnach in secunda classe erst orthographiam lehren und treyben muoß, da man andres mit den Auditoribus fürnemen solt. Darnach so werdend die Jungen, so noch nitt congrue schreyben und grobe soloecismos committieren, zu früe ex prima in secundam promoviertt, und wird hierinn gmeinglich parentibus gratificiertt. Zum dritten werdend die Exercitia styli nitt auf die lectiones gericht, damitt die Jugendt zeyttlich lern elegantiam linguae ex Terentio et Cicerone, die man fürlißt, unnd kompt ein barbara phrasis in usum, da man guott Latein haben kündt, wa die Jugendt darzu gehalten würdt.

---

*   Vgl. Abb. 1
84 Vielleicht Eberhard Schenk von Limpurg (1560–1622), 1574 Student in Tübingen, später württembergischer Landhofmeister. Vgl. Bernhardt (wie Anm. 78) Bd. 1. S. 466f.
85 Die Prima unterrichtete damals Bartholomäus Hettler († 1600). – Die Verteilung der Lehrfächer hier und im folgenden nach Hofmann (wie Anm. 74) Anhang S. 238–250, der dazu vor allem die (Besoldungs–)Rechnungen des Supremus deputatus (UAT 6/7a–11) erstmals systematisch ausgewertet hat.

In der andern Lection, oder secunda Classe, würd die Grammatica[86] und sonderlich prosodia schlimmerig [?] proponiertt, daß nachmals inter repetendum wenig die Regulas Philippicas[87] in Syntaxi wissen und in publica Lectione die Exercitia Carminum vergebenlich proponiertt werden, weil in dißen zweyen ordinibus die prosodia negligiertt würdt. Die Argumenta styli werdend auch nitt alle auf den Ciceronem, so vorgelesen würdt, abgerichtt.

In tertia classe ist erstlich bißhero propter Mendlini[88] effectam senectutem die lectio Dialecticae Philippi gar da nider gelegen und die Jugendt vil Jar an der besten kunst ubel negligiertt worden. Unnd ist noch kein professor vorhanden. Haltend etlich drumm ahn, die noch wol mit der Grammatica, darzu sie beruoffen, umbgehn möchten. Es will dise lection ein jungen glerten, erfaren, onverdroßnen mann haben.[89] Hîc videndum neque Academia detrimenti capiat.

Die lectio Rhetoricae Crusii[90] ist den Jungen nit vast nutzlich, weil der praeceptionum gar zuvil und die Exempla nit apposita und zu weytt hergenommen. Kein nutzlicher buoch kündt in tertia classe proponiertt werden, dann Erasmus de utraque Copia.[91] Aber ich laß das bey dem Iudicio Senatus bleyben, qui Crusium non libenter offendet.[92] Sonst wirdt es in diser Classe durchauß mit sonderm vleiss und nutz in allem gehalten.

---

86 Bei der Wiederbesetzung der durch Georg Burkharts Wegzug freigewordenen Lekturen übertrug der Akademische Senat am 15.5.1575 Frischlin die *Lectio Grammatices* (UAT 2/2, Bl. 41'). Für 1577 ist diese Vertretung jedoch nicht zu vereinbaren mit der hier vorgebrachten Kritik am Grammatikunterricht.

87 Scilicet Melanchthon.

88 Johannes Mendlin, geboren 1505, starb am 14.6.1577. Er versah die *Lectio dialectices* Melanchthons seit 1554.

89 Frischlin machte sich auf Mendlins Nachfolge große Hoffnung, allerdings vergeblich.

90 Martin Crusius (1526–1607) las 1562–1587 Ciceros Reden in der Tertia.

91 Offensichtlich die Erasmus–Schrift *De duplici copia rerum ac verborum commentarii duo. De ratione studii et instituendi pueros commentarii totidem* [...] Vgl. Bezzel, Irmgard: Erasmusdrucke des 16. Jahrhunderts in bayerischen Bibliotheken (Hiersemanns bibliographische Handbücher 1) Stuttgart 1979. S. 222–249, Nr. 734–819, wo allerdings das Wort *utraque* in keinem Titel nachgewiesen ist.

92 Satz in der Vorlage – sicher auf Empfängerseite – unterstrichen. Die Markierung könnte mit der im Kanzleivermerk erwähnten Extraktion für die Visitation von 1578 zusammenhängen.

[2] De Lectionibus quartae classis et Completoriis ad Gradus primae et secundae Laureae, und was da für mengel

Erstlich ist Lectio Organi Aristotelici, so iezmal vaciertt,[93] vor diser Zeitt dermassen proponiertt und expliciertt worden, daß einer in zwölf oder mehr Jaren nit hat mügen gar außhören. Unnd seind der Jugendt onge-wonliche termini einbleuwt worden, die sie nit fassen oder verstehn mü-gen, weil solche auß der Metaphysic genommen. Die Exempla, darmit man Regulas expliciertt, noch schwerer unnd dunkelicher gewesen dann die Regulae selbs. Da nun fürohin gleichfals dociertt wurdt, kem es den auditoribus zu gleichem nachtheil, wie zuvor, da gar wenig paucissimis pauciores erfunden, die was profitiert habenn.

Darnach so ist Lectio Mathematica[94] auch schier abgangen. Dann die Stipendiaten, so vast alle Baccalaurei in den Klösterschuolen werden, nitt darein verbunden, und darfür ein onnötige Lectionem Extraordinarii Theologi mit sonderm verdruß und verlust der Zeytt hören müessen. Es klagend die Auditores auch uber den Praeceptorem sehr hoch, daß er ob-scurè leß und negligenter demonstrier.

Es möchte meins erachtens zu bayden thaylen also geholffen werden, daß weder studio Theologiae noch Mathematum hierinn etwas abgieng: Namlich daß professor Mathematum[95] die drey ersten t<äg> in der wo-chen Rudimenta Astronomiae ex Ioanne de Sacrobusco[96] vleissig pro-ponier, und alle Complentes[97] dasselbig hören, unnd darnach am Freytag und Sambstag Theoricas Planetarum[98] leß, die er alle halben Jar absol-vier, und sollend ihn allein die Jenigen hören, so auf das nechstmal Gra-

---

93 Jakob Schegk gen. Degen (1511–1587), der die *Lectio Organi Aristotelis* seit 1564 versah, gab an Pfingsten 1577 (vgl. Anm. 118) seine Vorlesungstätigkeit wegen Er-blindung auf.
94 Die beiden Lektionen *mathematices et astronomiae* sowie *Euclidis arithmeticae et geometriae* versah Philipp Apian (1531–1589), 1569–1583 Professor der Mathematik und Astronomie.
95 Philipp Apian (wie Anm. 94).
96 Johannes de Sacrobusco: Sphaera mundi. Vgl. Thorndike, Lynn: The Sphere of Sacrobosco and its commentators. Chicago 1949; Brévart, Francis B. (Hg.): Johannes von Sacrobosco: Das Puechlein von der Spera. (Litterae 68) Göppingen 1979.
97 Als Complent wurde bezeichnet, wer nach dem Bakkalaureat die vorgeschriebenen philosophischen Fächer bis zum Magisterium studierte.
98 Theoricas Planetarum: Die Planetentheorie des Gerhard von Cremona (1114–1187).

dum Magisterii assumieren werden, die andern aber an selbigen zweyen tagen, pro Mathematica, Locos Theologicos ex Compendio D. Heerbrandi[99] anhören, wiewol iene auch diß verrichten künden.

Uber den Graecum professorem,[100] so den Homerum in quarta classe lißt, ist ein grosse klag der Auditorum, daß er keine themata, keine phrasin oder Graecismum, keine Dialectos, oder doch gar selten, anzeig, und nit die verba explicier, sonder ein Theologum verweß, und auß dem Homero Theologicas διδαχας und nescio quos locos communes fürgebe, und ein guotten ja mehren thayl der stund mitt zubringe. Erit ergo sui officii admonendus.[101]

Mit der Physica[102] werdend die Studiosi, sonderlich die Stipendiaten, so zum studio Theologiae sollen praepariert werden, nun gar ubel geblagt, da sie onnötige disputationes und schuel zank, de infinito, de vacuo oder Inani, de primo Motore, de sectione Continui, anhören und außwendig lernen müessen. Da doch die selbigs Zeytt vil nutzlicher köndte angelegt werden, inmassen hernach anzeigt würdt. Unnd demnach die Zeytt kurtz, und das alter bhend, der onkost groß, so wer nützlich und rhatsam, daß man die onnötige disputationes Aristotelis contra Parmenidem et Melissum, Anaxagoram und dergleichen, so eim Theologo nit nutz (dann sein Ingenium wol in nutzlicheren dingen kan acuiert und belustigt werden), underließ und die Stipendiaten oder die Jenigen, so nit Medicinam studieren (wiewol es zu der Cur der kranken auch nit dient), darmit nit so heftig graviert. Unnd allein die fürnembsten Physiologias fürgeb, und doch gar breviter, als de Principiis rerum, de Natura, de Fato, de Fortuna, de Motu, de Loco, de Tempore, de Coelo, de Elementis, de Anima etc., omnia ex Aristotelis Sententia.

Unnd wiewol Physicus[103] und Ethicus[104] Aristotelem docté interpraetieren, eh kein mangel daran, yedoch so dunkt mich, daß vil Dispu-

99 Zum Compendium Theologiae des Jakob Heerbrand vgl. Anm. 29.
100 Wer damals den Homer in der Quarta vortrug, ist nicht klar. Um Crusius scheint es sich nach der Mängelbeschreibung wohl nicht gehandelt zu haben.
101 Wie Anm. 92.
102 Die *Lectio philosophiae sive physices Aristotelis* versah seit 1552 Georg Liebler (1524–1600).
103 Georg Liebler (wie Anm. 102).
104 Die *Lectio ethices Aristotelis* war seit 1559 Samuel Heiland (1533–1592) übertragen.

tationes utrobique könden uberhupft werden, quae neque in Ecclesia neque in Repub<lica> multum habent utilitatis.

[3] Von den Lectionibus superi<a>rum[105] facultatum
In Theologia lesend zu diser Zeytt bayde Ordinarii[106] Mosaicum und propheticum lectionem, wie auch sonsten, mit grossem vleiß und nutz der Zuhörer, daß man hie nit allein nichts zu klagen, sonder auch gott zu danken hatt.

Sovil die zwen Doctores Extraordinarios[107] anzeigt, weil selbige studia artium et Linguarum etwas verhiendern, und sonderlich der ein, so gib ich disen bricht, daß wa es fürohin also ghalten wird, inmassen es nun fortgeht, wurdt es nit glerte magistros iemals zu Tübingen geben. Dann da ein Complent, der in anderhalb Jaren sein Cursum volbringen soll, den gantzen tag umbhin Lectiones und gmeinglich siben stund hören soll, als Ethices Organi, Mathematices, Theologiae oder Paulinam, Linguae Hebraae, Linguae Graecae und Physicae: da kan ein yeder verstendiger abnemen, wie beschwerlich eim Jungen solchs fallen thüe, und wie wenig nutzen damitt gschaffen würdt, da einer ein Lection vergißt oder zwuo, eh und er die dritten hörtt.

Dieweil nun der ein Extraordinarius Theologus an statt des abwesenden Cancellarii[108] Epistolas Paulinas lißt, und darein alle stipendiaten sonderlich die Complenten nötigt, zwingt und dringt: soll diß abgeschaffen werden, unnd Ine außerhalb der Magistrorum und Studiosorum Theologiae zu hören niemand verbunden sein.

Unnd demnach der neuw angnommen Extraordinarius[109] summa cum laude et fructu die locos Theologicos expliciert und alweg ein gantze wochen muoß dem andern still stohn, sicht mich für guett ahn, daß Brentius, so nur ein vicarius professor und absentium vices verwißt,[110] allein

---

105 Vorlage: superiorum.
106 Jakob Heerbrand (1521–1600) und Theodor Schnepff (1525–1586), beide seit 1557 Professoren der Theologie.
107 Johannes Brenz (1539–1596), seit 1562 außerordentlicher Professor der Theologie, und Johann Veesenbeck (1548–1612), 1576–1580 Professor supernumerarius der Theologie.
108 Jakob Andreä (wie Anm. 83).
109 Johann Veesenbeck (wie Anm. 107).
110 Wie Anm. 92.

drey t<äg> den studiosis Theologiae fürleß und dann Vesenbeccius am
Freytag und Sambstag allen studiosis (außerhalb deren, so Theoricas Planetarum hören, wiewol sie auch dise hören künden) die Locos D. Heerbrandi fürhalt und expliciere. Es habend die Stipendiaten auch sonst
zwuo privatas in Theologia lectiones, am Donnerstag und Sontag, auch
uber yedes essen ein lectionem biblicam sampt einer predigt, auch sonsten alle wochen drey herlichen predigen, und dann vil Disputationes
Theologicas. Gedunkt mich, sie künden diser Lection nun gar wol ger-
haaten.

Was den Hebraeum[111] belangt, ob er wol sein officium thuott, yedoch
so dunkt mich, es sey auch dise lection eim Complenten, der in Cursu
artium, Philosophiae und linguarum ist, etwas verhinderlich, und sicht
mich für nutzlicher ahn, es lehrne einer in disem Cursu Latinam et Graecam linguam, dann daß er zumal dry studiere, und keine recht ergreiff.
Unnd kan das mit warheytt berichten, daß heutigs tags im Stipendio gar
wenig gefunden werden, da man sagen künd, der ist ein feiner Latinus,
oder Graecus, oder Poët, oder Rhetor und dergleichen. Beklagend sich
gmeinglich, daß sie mitt vile onnötigen Lection obruiert werden. Unnd
demnach ein Magister und Studiosus Theologiae nur dry lectiones hatt,
künd er nach erlangtem gradu vil beßer disem studio Hebraei sermonis
obligen, dann zuvor in Cursu artium. Dann gmeinglich geschicht, daß
wann sie zuvor in studio artium nur obiter und halben dise praecepta ergriffen und etwann vil drumb plagt worden (dann aus vile der lection
onmüglich, daß man alles auf ein mal ergreif), so lassend sie dises studium nachmals gar fahren. Würdt also hierinn das roß bey dem hindern
aufzemt, wie man im sprichwortt sagt.[112]

In Iuris professoribus[113] ist kein klag. Lesend all cum laude et fructu,
allein daß sich die Auditores, so mit grossem onkosten ihrer ältern[114] by

111 Johann Bartenbach († 1579), von 1575 bis zu seinem Tod Inhaber der *Lectio linguae
     Hebraicae.*
112 Wie Anm. 92.
113 Die Juristenfakultät bestand 1577 aus den sechs ordentlichen Professoren Anastasius
     Demler (1520–1591), Johannes Hochmann (1527–1603), Jakob Cappelbeck (1506–
     1586), Nikolaus Varnbühler (1519–1604), Valentin Volz (1534–1581) und Kilian
     Vogler (1516–1585).
114 Vorlage: alter.

der Universitet wohnent, gar hoch beschweren an der vile der feyrtagen, da man alle bäpstischen Heilgen, so sonsten in der kirchen ordnung abgethon, in den facultatibus Iuris et Medicinae ehren und ihnen zu gfallen mit verlust der Zeyt und nachteyl der Auditorum feyren will. Was da fürzunemen, steht zu meinem Gnedigen fürsten und herrn.[115]

Der Extraordinarius Professor[116] thuett gar nit, wie ihm bevolhen. Dann da ihm auß fürstlichem bevelch auferlegt, die Institutiones alle Jar zu absolvieren, gschicht es in vieren nitt. Unnd klagendt sich dessen alle Auditores. Erit igitur officii admonendus.[117]

In Medicinae professoribus ist kein fel, dann sie bayde,[118] so ietzmal vorhanden, docte et utiliter fürlesen. Unnd weil es noch ein mangelt seyd umb Pfingsten her,[119] ist der Auditorum gröste bitt, daß sie ein Interpretem Galeni möchten haben, der Hippocratico professori gleichförmig.

[4] De Declamationibus, und was da für onleidenliche mängel fürfallen

Diß ist gar noch das aller fürnembst Exercitium, daran am aller meysten gelegen, und wurdt zum schlimsten versehen außer ursachen, wie volgt. Erstlich werden die Materiae nit nudae und simplices proponiert, sonder involutae, und figuris tectae. Darnach so mans emendiert und uber hundertt personen offerieren, mögend in drey stunden nit vier, will gschweigen alle emendiert werden. Unnd weil in classibus inferioribus und sonderlich in Klosterschuolen der stylus nit rechtgschaffen ad imitationem veteris Latinitatis angericht wurdt, so gschicht zum dritten, daß der emendator den mehren thail Zeits in Grammatica emendatione, hoc est distinguendo, et minus Latina removendo hinbringt. Da man ex Copia rerum et verborum Erasmi[120] die proposita argumenta amplificieren, mit schönen Exempls, Scientis [?], Similibus illustrieren, mit hörlichen Figuris und Schematibus Exornieren, und wie solches ad Imitationem

115 Wie Anm. 92.
116 Außerordentlicher Professor bei den Juristen war 1577 Andreas Laubmaier (1538–1604).
117 Wie Anm. 92.
118 Johannes Vischer (1524–1587) und Georg Hamberger (1537–1599), beide seit 1568 ordentliche Professoren der Medizin.
119 Diese Stelle belegt, daß Jakob Schegk seine Vorlesungen (vgl. Anm. 93) um Pfingsten 1577 aufgab.
120 Wie Anm. 91.

Ciceronis geschehen kündt, die Jugendt lehren solt. Dann diß artificium declamandi allen facultatibus, sonderlich aber Theologis und Iureconsultis vast nutz ist.

Es künd mein gnediger Fürst und Her kein nutzlicher werkh anrichten, dann daß ein mann darzu verordnet wurdt, der alle tag ein stund emendandis declamationibus hinbrecht. Letstlich gschicht auch dises inter pronunciandum, daß weil man hierinn Zeit sparet unnd mit andern sachen hinbringt, kein Candidatus ein gantze Oration in der gantzen Zeytt seiner Completion[121] recitieren mag.

[5] Von den Visitationibus

Kein nutzlicher ding ist bey den Schuolen, dann daß ein aufsehen bayds auf die praeceptores und auf die Jungen ghaben wurdt, damit bayde in officio ghalten werden, unnd die praeceptores nit faul werden, und nur oben hin lesen, dicentes quicquid in buccam venit, biß daß die stund herumb kompt, und dann auch bey den Discipulis der profectus gespirt werd.

So kan ich mit warheytt sagen, daß wa man alle Monat visitation, oder zum wenigsten alle vierthail Jar, halten solt, solches kaum in eim Jar gschicht. Unnd thuett hie Scholarcha[122] sein officium gar nitt. Ist derwegen vil daran gelegen, daß ein Cancellarius bey der schuol sey,[123] damitt die professores ihr ampt thuen. Wurden vil deren fel und mängel vermitten, die oben anzeigt worden.

[6] Von den Kostherren und Privatis Praeceptoribus

Es ist der frommen älter gröste klag, daß zu Tübingen kein Kostherr und praeceptor, so ihnen gefellig, zu finden. Ist das die Ursach, die professores Artium, welche in der Facultet sein,[124] dieweil sie vil Commoda neben ihren bsoldungen an Wein und Korn (deß sie bißweylen verkauffen kinden) und dann an vier Järlichen Promotionibus haben, so mügend sie

---

121 Vgl. Anm. 97.
122 Scholarch war Georg Liebler (wie Anm. 102).
123 Frischlin übt hier Kritik an Jakob Andreäs häufiger Ortsabwesenheit.
124 Im 16. Jahrhundert bildete sich ein Fakultätsrat aus sechs Mitgliedern oder *facultistae* heraus. Zu diesem privilegierten Kollegium vgl. Hofmann (wie Anm. 74) S. 50–68.

140

(außerhalb unius[125]) keine Kostganger oder Discipulos haben. Unnd da vor Zeytten Benignus,[126] Illyricus,[127] Volmarius[128] und andere sich diser müch weder gschemt noch beschwertt, und dazumal feine leytt zogen worden, will es zu diser Zeytt nit sein, wa man zu reych und zu müessig ist.

Mag hierinn auch ein wäg furgnommen werden, daß andere professores, welche gern Tischgänger und Discipulos haben mochten, neben disen gleiche Commoditates, sonderlich wa weitleuffige habitationes sein, die nur miessig stohn, haben mügen. Ist mir kein Zweifel, wann dises angericht wurdt, es solt ein milterung mit dem Tischgelt ervolgen. Dann da die Jenigen, welche diser Commoditatum beraubt sein, bißhero schlechte besoldung gehabt, seind sie mit dem Kostgelt gestigen, sonderlich da sie andern professoribus Wein und Korn nit zum wolfaylesten abkauft haben, da ein yeder sein aucupium gesuocht.

---

125 Dieser eine war vermutlich Crusius.
126 Johann Benignus († 1553), 1535–1553 Professor der Poetik und Rhetorik.
127 Matthias Garbitius gen. Illyricus († 1559), 1541–1559 Professor für Griechisch, Rhetorik und Ethik.
128 Melchior Volmar gen. Roth (1497–1560), 1535–1544 Professor der Rechte, 1544–1556 Professor für Griechisch und Latein.

141

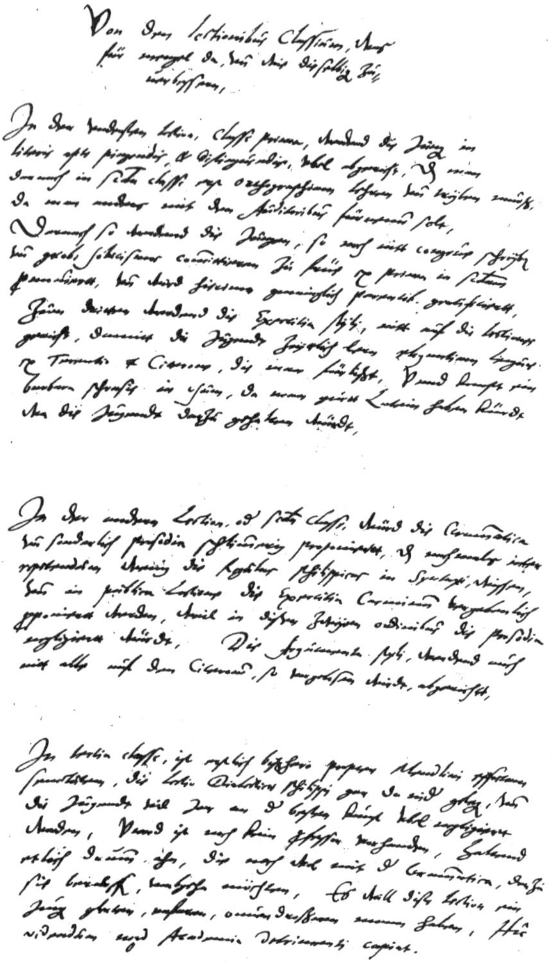

Von den lectionibus Classium, auch für mengel da, und wie dieselbig zu verbessern,

Abbildung 1

Frischlins Memorandum (S. 1) von 1577
über den Lehrbetrieb an der Universität Tübingen
HStA Stuttgart, A 202 Bü 2562 Nr. 1.

Gerd Brinkhus

Das Buchwesen zur Zeit Frischlins

Das sechzehnte Jahrhundert bringt – wie auf vielen anderen Gebieten – auch im Buchwesen einschneidende Veränderungen und Umwälzungen. Der im 15. Jahrhundert von Johannes Gutenberg entwickelte Druck mit beweglichen wiederverwendbaren Lettern, der die handschriftliche Vervielfältigung ablöste, war ein erster Schritt in eine neue Richtung und zog eine Reihe von Entwicklungen nach sich. Der Buchdruck, der bis zum Ende des Jahrhunderts noch *in cunabula* gelegen hatte, entwickelte sich rasend schnell zu einem Kind europäischer Kultur, das entscheidend zu den Umwälzungen des 16. Jahrhunderts beitragen sollte, ja letztlich diese Veränderungen erst möglich gemacht hat. Aus der Nachahmung von Handschriften *artificiter scribere* – so die Umschreibung des Buchdrucks im Helmarsberger Notariatsinstrument – ist innerhalb nur weniger Jahrzehnte das Massenmedium Druckschrift/Flugschrift geworden.

Sind die Einblattdrucke des 15. Jahrhunderts gerade noch erschwinglich als Objekte persönlicher Frömmigkeit (Andachtsbilder, Ablaßbriefe u.ä.) oder praktischer Anwendung (Kalender) begegnet uns mit Beginn des 16. Jahrhunderts dieses Kleinschrifttum als Propagandainstrument und Informationsmittel: Ablaßbriefe, Erlasse, Sensationsmeldungen aber auch Streit – und Schmähschriften finden rasante Verbreitung und beeinflussen, wie wir heute annehmen müssen, wesentlich den Gang der Geschichte. Die Überlieferungslage dieses Schrifttums ist sehr schmal, allerdings finden sich überall Spuren ihrer Wirkung. Bis zur Mitte des Jahrhunderts hat dann der Buchdruck seine Wirksamkeit aber auch seine Gefährlichkeit vollends unter Beweis gestellt. Die Folge ist, daß nun zunehmend Zensurmaßnahmen ergriffen und durchgesetzt werden, um Irrlehren vorzubeugen, die Staatsraison zu sichern und das neue Medium unter die Kontrolle der Mächtigen zu stellen. Die Mächtigen, das sind, wie man am Beispiel Frischlins deutlich sieht, Staat, Kirche und Universitäten. In der Auseinandersetzung um die Person Frischlins, dessen Leben und Schicksal sehr eng mit den neuen Entwicklungen des Buchwesens im 16. Jahrhundert verwoben ist, spielen Zensur und Macht des gedruckten Wortes eine große Rolle.

Die Möglichkeit für Frischlin, seine Werke und Ideen nicht nur einem lokalen Publikum vortragen zu können, sondern sie in vielen Exemplaren in alle Welt hinausschicken zu können, vermehrt seinen Ruhm, stärkt seine Stellung, macht ihn aber in den Augen seiner Widersacher so gefährlich, daß sie nichts unversucht lassen, ihn zum Schweigen zu bringen.

Frischlin scheut seinerseits keine Kosten und Mühen, um immer neue Werke zum Druck zu geben, die seinen Ruf weiter verbreiten und festigen sollen und zur Rechtfertigung seiner Person und der Durchsetzung seiner Ideen dienen sollen. Dieses Vorgehen bringt ihn und seine Familie mehrfach dem wirtschaftlichen Ruin nahe. An einigen Beispielen soll versucht werden, die Bedingungen wissenschaftlicher Produktion im 16. Jahrhundert zu verdeutlichen und zu zeigen, welchen Stellenwert Bücher und Bibliotheken in dieser Zeit haben.

Die Universitätsbibliothek Tübingen besitzt einen umfangreichen Bestand an Quellen und Dokumenten, die Aufschluß geben über Buchgewerbe und Bibliotheken im 16. Jahrhundert. Da sind zum einen die Bücher selbst, die mit einer Vielzahl von Anmerkungen und Eintragungen Auskünfte geben: zunächst die Bestände der Universitätsbibliothek, die seit 1534 ohne größere Verluste geblieben ist, danach die Bestände der Artistenfakultät, die bald nach 1784 den Beständen der Universitätsbibliothek einverleibt wurden, ein Schatz vor allem deshalb, weil in ihr ein Teil der Bibliothek des Martin Crusius enthalten ist, die auf diesem Weg unter relativ geringen Verlusten auf unsere Zeit überkommen ist. Dieser Bestand ist vor allem auch deshalb interessant, weil Crusius zahlreiche Eintragungen über Herkunft, Preise, Buchbinder u.s.w. vorgenommen hat. Außerdem sind seine Tagebücher erhalten geblieben, die ebenfalls lebendige Einblicke in die Buchgeschichte der Zeit gewähren (vgl. Abbildungen 4–6). Die minutiösen Aufzeichnungen des einstigen Lehrers und späteren erbitterten Gegners Nikodemus Frischlins geben sehr lebendige Kunde von den Alltäglichkeiten in einer kleinen Universitätsstadt im 16. Jahrhundert.

Herstellung und Verbreitung des Buches im 16. Jahrhundert

Das Buchgewerbe ist im 16. Jahrhundert noch nicht in die verschiedenen Sparten »Drucker«, »Verleger«, »Buchhändler«, »Buchbinder« gegliedert. Es ist eher davon auszugehen, daß sehr pragmatisch verfahren wurde, wenn es darum ging, ein Buch zu drucken und zu verbreiten. Autor, Drucker, Finanzier und Händler müssen zusammenwirken, damit ein Druck effektiv verbreitet werden kann. Stand ein sicherer finanzieller Gewinn in Aussicht, war der Drucker nur zu gerne bereit, auch die Finanzierung zu übernehmen; war ein schlechter Absatz zu befürchten, mußte der Autor versuchen, allein die Finanzierung zu sichern und entweder aus eigenem Vermögen oder durch Kredite die Kosten für Papier und Druck beisteuern oder durch geschickt plazierte Widmungen hochgestellte Persönlichkeiten dazu bringen, Druckkostenzuschüsse zu gewähren, beziehungsweise ihren Dank für die Widmung in barer Münze (als Ehrengeschenk, Honorar) abzustatten.[1]

So machte Crusius mit seinen *Annales Suevici* durch diverse Dedikationen ein gutes Geschäft, wie er in seinem Tagebuch am Ende des Jahres 1596 feststellt: die Aufstellung ergibt 746 Gulden, von denen er 150 Gulden an seinen Drucker für den Ankauf von Exemplaren abgab. Der Verkaufspreis der *Annales Suevici* belief sich, wie Crusius im Tagebuch mitteilt, auf 6 Gulden. Der Drucker Bassaeus scheint aber, wenn man seinen wiederholten Klagen glauben darf, nicht auf seine Kosten gekommen zu sein.

Von Frischlin wissen wir, daß er ständig bemüht war, Geldgeber für seine verschiedenen Druckvorhaben zu gewinnen. Aber auch für einen *poeta laureatus* war das nicht leicht. Wir stoßen in seiner Biographie[2] immer wieder auf wirtschaftliche Probleme, die durch Druckvorhaben ausgelöst wurden: keine oder zu geringe Dotationen brachten Defizite. Bei Auftragsarbeiten, wie z.B. Hochzeitsgedichten, vereinbarte Frischlin in der Regel, daß der Druck vom Auftraggeber zu finanzieren sei. Kleine-

---

1   Vgl. Strauß, David Friderich: Leben und Schriften des Dichters und Philologen Nicodemus Frischlin. Frankfurt 1856. S. 285.
2   Ebd. S. 287f.

re erfolgreiche Arbeiten brachten einen bescheidenen Gewinn, der aber mit dem nächsten Druck schon wieder dahinschmolz, wenn er nicht überhaupt zur Tilgung von Schulden verwendet werden mußte. Besonders schwierig war es, Drucker zu finden für wissenschaftliche weniger populäre Werke, die sich nur schwer verkaufen ließen, weil der potentielle Kundenkreis in aller Welt sich nur über verschiedene Zwischenstationen erreichen ließ. Auch Crusius hatte sich mit diesem Problem herumzuschlagen, 1602 schrieb er am 20. April in sein Tagebuch:[3]

> Die Drucker drucken nur noch auf ihre Kosten, was sie sofort absetzen zu können hoffen. Sonst muß der Verfasser für jeden Bogen 1 1/3 fl. bezahlen[4] oder einen Mäzen haben, der für die Gesamtunkosten aufkommt. Zu groß ist die Menge der Autoren und in diesen so schlechten Zeiten werden weniger Bücher gekauft. Aber ein Eulenspiegel möchte verkäuflicher sein, wenn man auch die gelehrtesten Schriften links liegen läßt.

Frischlin geriet vollends an den Rand des Ruins durch die Aufwendungen, die für den Druck seiner Streitschriften erforderlich wurden, weil mit einem kostendeckenden Absatz dieser Drucke von vornherein nicht zu rechnen war.[5]

Wie sehr Frischlin selbst die Bedeutung des Buchdrucks und die Macht, die vom gedruckten Wort ausging, bewußt war, ist aus seinen Äußerungen z. B im *Julius redivivus*[6] zu entnehmen; noch deutlicher aber in seiner programmatischen Rede beim Antritt seiner Braunschweiger Stelle im Jahre 1588:[7]

> Die einzelnen Autoren sich selbst anzuschaffen sei für Lehrer und Lernende zu kostspielig; entweder müssen sie folglich ungelesen bleiben und im alten Regelkrame fortgemacht werden, oder die Väter der Stadt müssen einen

---

3 Zitiert nach Göz, Wilhelm: Martin Crusius und das Bücherwesen seiner Zeit. In: Zentralblatt für Bibliothekswesen 50 (1933) S. 720
4 Diese Angabe von Crusius gibt im Zusammenhang mit dem Papierpreis einen interessanten Hinweis auf die Auflagenhöhe im 16. Jahrhundert. Ein Ries (das sind 500 Blatt) kostete etwa 1 bis 1 1/2 Gulden. Vgl. dazu Picard, Gerhard: Papiererzeugung und Buchdruck in Basel bis zum Beginn des 16. Jahrhunderts. Ein wirtschaftsgeschichtlicher Beitrag. In: Archiv für Geschichte des Buchwesens 53 (1966) Sp. 1945.
5 Strauß (wie Anm.1) S. 289.
6 Vgl. Strauß (wie Anm. 1) S. 289: Die Popysmi sollen allein 130 fl. gekostet haben, was dem Jahresgehalt Frischlins entsprach.
7 Oratio de scholis, zitiert nach: Strauß (wie Anm. 1) S. 421.

Buchdrucker anwerben, der sich in Braunschweig setze und jene Schulbücher drucke. Schon dieß werde ihm genug zu thun geben; aber auch außerdem dürfe er nicht fürchten, feiern zu müssen. Wie viele Bücher werde nur er allein, der Redner, ihm zum Druck und Verkauf liefern! Nach einer Aufzählung seiner durch kaiserliche Privilegien geschützten Titel fährt er fort: daß der Buchführer, der seine Dienste unserer Schule widmen wollte, zehn ganzer Jahre zu thun haben würde, wenn er nur allein meine Bücher [...] an's Licht fördern wollte. Und ich frage euch, ob es nicht eine Ehre für euch, für eure Kinder und eure Stadt, und insbesondere für diese neue Schule, ebensogut wie für mich, wäre, wenn solche Bücher mit kaiserlichem Privilegium von eurer Stadt und dem Rector eurer Schule ausgingen? Und denkt nicht, ich trachte dadurch nur meine Bücher bequemer und vorteilhafter an den Mann zu bringen. Diese haben schon bisher, nicht blos in Deutschland, sondern auch in Italien und Frankreich, ihre Drucker gefunden. Meinen Kallimachus hat vor 10 Jahren in Frankreich Heinrich Stephanus, der vornehmste unter allen Buchdruckern, herausgegeben; vor 5 Jahren meine Grammatik sammt einigen anderen Schriftchen Aldus Manutius in Venedig [...]. Wie viele Schriftsteller gibt es in unserem Deutschland, denen solche Ehre von den Ausländern widerfahren ist? [...]. Was soll ich von den Basler, Straßburger, Frankfurter Buchdruckern sagen, die gleichfalls viele Werke von mir an's Licht gefördert haben? [...]. Wie oft legt nur Jobin meine Komödien wieder auf? Daher darf niemand wähnen, daß ich meiner Bücher wegen so sehr um einen Buchdrucker angefochten sei. Um eure Kinder (liberi), nicht um meine Bücher (libri) ist es mir dabei zu thun.

In der Tat hatte Frischlin Verbindung zu einer Reihe von Druckern, wenn auch die Erinnerung der Drucker an Frischlin nicht immer die beste war. Bernhard Jobin, Straßburger Drucker unter anderem von Frischlins Komödien, schreibt im Mai 1577 an den Senat der Universität Tübingen wegen der Schulden des Nikodemus Frischlin für den Druck der *Oratio de praestantia*.[8] Auch der Tübinger Drucker Alexander Hock, der die *Oratio de vita rustica* gedruckt hatte, die den *Bucolica*-Paraphrasen beigegeben war, zeigte kein Interesse mehr, für Frischlin zu drucken, nachdem die gesamte Auflage wegen der versäumten Vorlage dieses Textes zur Genehmigung beschlagnahmt worden war und er den Schaden zu tragen hatte.

Nach dem finanziellen Fiasko mit dem Druck des *Popysmus*, versuchte Frischlin in seinem Haus in Tübingen eine eigene Druckerei einzurich-

---

8 Universitätsarchiv Tübingen: Bestand 10/11.

ten. Allerdings scheiterten auch diese Bemühungen am fehlenden Kapital, da die Kosten für die Einrichtung einer Druckerei, zu der neben einer Presse auch umfangreiches Typenmaterial gehörte, von Frischlin nicht aufgebracht werden konnte. Von Mainz aus unternahm er einen weiteren Versuch, eine Druckerei einzurichten, indem er 1000 Gulden aus dem Hochzeitsgut seiner Frau einzutreiben versuchte. Es gibt durchaus Beispiele für diese Art von Nebenbeschäftigung bei Gelehrten im 16. Jahrhundert. Philipp Apian z.B. hat selbst gedruckt, 1596 richtete sich der Tübinger Professor Erhard Cellius eine eigene Druckerei ein, die Einrichtung hat er von den Erben des Straßburger Professors Elias Schade erworben, wie Crusius in seinem Tagebuch vermerkt.[9]

Für die Herstellung und den Vertrieb von Drucken gab es im 16. Jahrhundert folgende Möglichkeiten:

1. Die Herstellung besorgten Drucker, die in fremdem Auftrag arbeiteten. Die Finanzierung und der Vertrieb lagen ganz beim Auftraggeber, dem Autor oder Herausgeber, der die ganze Auflage abnahm. Diese Lohn– oder Auftragsdrucker arbeiteten auch für den Landesherrn, für Klöster oder die Kirche.

2. Drucker, die selbst als Verleger tätig waren, d.h. auch selbst für den Vertrieb ihrer Druckwerke sorgten. Die Finanzierung erfolgte durch Druckkostenzuschüsse, die die Autoren beschaffen mußten und durch das Eigenkapital des Druckers. Bei Texten, die sich gut verkaufen ließen, war sogar ein Honorar für den Autor möglich, allerdings von Seiten des Druckers meist nur in Form von unentgeltlichen Exemplaren des Drucks, wenngleich auch das eher unüblich war. Der Autor versuchte in der Regel durch Dedikationen Ehrengaben einzuwerben, die ihm einen finanziellen Ausgleich für seine Mühen geben sollten, wenn nicht diese Mittel auch zur Deckung von Defiziten herangezogen werden mußten.

Oft griff auch der Drucker in die Gestaltung des Druckes ein; so mußte sich Crusius beim Druck seiner *Annales Suevici* sogar sachliche Einwän-

9 Crusius, Martin: Diarium Martini Crusii. Bd. 1. Hgg. Göz, Wilhelm / Conrad, Ernst. Tübingen 1927. S. 385f.

de gegen den Umfang des Manuskriptes und Einschränkungen beim Umfang gefallen lassen.[10]

Der Verleger, der allein die gesamte Finanzierung und Verbreitung eines Werkes übernimmt und als Mittler zwischen Autor und Drucker tätig ist, trat im 16. Jahrhundert noch nicht in Erscheinung. Der Vertrieb von Drucken erfolgte meist in ungebundenen Bogen, der Käufer selbst sorgte für den Einband.

Es ist im 16. Jahrhundert von drei Stufen des Vertriebs auszugehen:

1. der lokale Vertrieb; der Drucker selbst verkaufte am Ort oder der Autor verkaufte in seiner näheren Umgebung (Universität, Schule) an seine Schüler, Freunde und Kollegen sofern er nicht tauschte oder verschenkte.

2. Der Buchführer (*Bibliopola*) verkaufte auf eigene Rechnung Drucke, die er bei den Druckern der Region eingetauscht oder gekauft hatte. Häufig waren die Buchführer auch als Buchbinder tätig bzw. Buchbinder betätigten sich nebenher als Buchhändler.[11]

3. Zu Beginn des 16. Jahrhunderts bilden sich an den größeren Meßplätzen Umschlagplätze für Bücher heraus, die als Vorstufen des geregelten überregionalen Buchhandels in Europa anzusehen sind. An den Meßplätzen wurden von den Druckern oder häufiger noch von Agenten bei Gelegenheit der Handelsmesse Druckwerke Bogen gegen Bogen getauscht – als Handelsform *Stechen* genannt. Die Abrechnung von »Kommissionsware« – eine weitere Art des Handels – erfolgte jeweils zu den Meßterminen im Frühjahr und Herbst. Gegen Mitte des Jahrhunderts wurde dieser Kommissionsbuchhandel institutionalisiert, in Frankfurt erschienen seit 1564 die von Georg Willer herausgegebenen ersten Buchhandelsverzeichnisse, die Meßkataloge, in denen erstmals regelmäßig ein Überblick über die an dem zentralen Buchumschlagplatz Frankfurt jeweils zum Meßtermin vorhandenen neuen Bücher gegeben wird. In Leipzig erscheinen ab 1595 die von Henning Grosse herausgegebenen Meßkataloge (vgl. Abbildung 1–3).[12]

10 Göz (wie Anm. 3) S. 725.
11 In der Bibliothek des Martin Crusius finden sich einige Sammelbände, die durchaus als Ganzes von einem Tübinger Buchbinder erworben sein könnten. Eine genauere Untersuchung dieser Quellen steht allerdings noch aus.
12 Blum, Rudolf: Vor- und Frühgeschichte der nationalen Allgemeinbibliographie. In:

Diese Verzeichnisse sind, was die Titelbeschreibung anlangt, sehr knapp und stellenweise ungenau, erlauben aber in der Regel die Identifikation des betreffenden Drucks und zeigen deutlich den Einzugsbereich und die Bedeutung des Frankfurter Buchmarktes.

Gelegentlich wurden allerdings auch Phantome angezeigt, Bücher, die wegen der Zensur oder aus finanziellen Gründen nicht realisiert werden konnten.

Einen wesentlichen Anteil an der Verbreitung von Büchern hatte aber auch die Weitergabe von Hand zu Hand, Verkauf von Privat an Privat, der Handel mit »antiquarischen Büchern« oder besser mit Büchern aus zweiter Hand, vor allem auch die Versteigerung hinterlassener Bibliotheken. Wir finden in der Bibliothek des Martin Crusius Eintragungen wie: *missum mihi e Venetiis a D. Hieronymo Viscero, medicinae tunc ibi studioso*,[13] die anzeigen, daß diese Bücher nicht auf dem üblichen Buchhandelsweg in Crusius Hände gekommen sind (vgl. Abbildung 6). Wir wissen aber auch, daß z.B. für die fürstliche Bibliothek auf Hohentübingen Agenten an den wichtigsten Buchhandelsplätzen mit Ankäufen beauftragt waren.[14]

Auch das Schicksal der Bibliothek Frischlins zeigt, wie verfahren wurde: nachdem die Bibliothek zunächst wegen Zollansprüchen in Braunschweig festgehalten worden war, kam sie 1592 nach Tübingen. Die 57 Gulden Fuhrlohn[15] lassen auf eine ansehnlich Menge von Büchern schließen, die Angaben schwanken zwischen 20 und 30 Zentnern. Die Witwe bot diese Bücher, deren Wert auf 350 bis 400 Gulden geschätzt wurde, zunächst dem Herzog an. Da aber die meisten Bücher bereits in der herzoglichen Bibliothek auf Hohentübingen vorhanden waren, schlug der Hofmedicus Gabelkover, der die Auswahl vornahm, nur we-

Archiv für Geschichte des Buchwesens 2 (1960) S. 237 (Willer), S. 258 (Grosse). Von den Meßkatalogen gibt es einen Reprint: Fabian, B. (Hg.): Die Meßkataloge des 16. Jahrhunderts. Faksimiledrucke. Hildesheim 1978.
13   Universitätsbibliothek Tübingen: Fo XI 2 4°.
14   Brecht, Martin: Die Entwicklung der Alten Bibliothek des Tübinger Stifts in ihrem theologie– und geistesgeschichtlichen Zusammenhang. Eine Untersuchung zur württembergischen Theologie. In: Blätter für württembergische Kirchengeschichte 63 (1963) S. 10.
15   Vgl. unten S. 155 die Versuche zur Berechnung der Größe der Frischlinschen Bibliothek.

nige Titel (für 9 fl. 34 kr.) für den Ankauf vor, der Rest der Bibliothek wurde im Dezember 1592 versteigert.

Buchbesitz und Bibliotheken in Tübingen im 16. Jahrhundert

Dem Überblick über Herstellung und Verbreitung des Buches soll nun eine Übersicht über Buchbesitz und Bibliotheken folgen. Während das Thema Buchherstellung/Buchgewerbe überregional vorgestellt wurde, soll das Thema Buchbesitz am Beispiel Tübingen und dem nächsten Umkreis Frischlins vorgestellt werden.

Zunächst ein kleiner Überblick über die öffentlich zugänglichen Bibliotheken, die natürlich den Professoren der Tübinger Universität zur Verfügung standen. Sie sind aber mit Ausnahme der Bibliothek von Hohentübingen eher von untergeordneter Bedeutung, weil privater Buchbesitz in der Professorenschaft eine große Rolle spielte.

Die größte und im 16. Jahrhundert wichtigste Bibliothek war die Büchersammlung auf dem Schloß Hohentübingen, die von Herzog Christoph stark gefördert wurde, damit *im fahl etwann solliche Bücher temporum iniuria interieren und nicht mehr zu finden sein sollten, dennoch dieselbigen uffbehalten und posteris quasi per manus nostras tradiert wurdten.*[16]

Dieses Programm einer – wie wir es heute nennen würden – Archivbibliothek ist für das 16. Jahrhundert ungewöhnlich. Die Förderung, die Herzog Christoph und seine Nachfolger diesem Prestigeobjekt zukommen ließen, schmälerte natürlich die Aufwendungen für die Universitätsbibliothek, die durch den Brand des Sapienzhauses 1534 alle ihre Bücher verloren hatte und seit den Fünfziger Jahren des 16. Jahrhunderts allmählich wieder einen Bestand aufzubauen begann. Grundbestand dürfte die 1539 mit dem Frontenhausenschen Stipendium der Universität übergebene Bibliothek des Kanonikers Konrad Hager gewesen sein, die

---

16 Acta Senatus V, 5 Nr. 7 zitiert nach Schreiner, Klaus: Württembergische Bibliotheksverluste im Dreißigjährigen Krieg. In: Archiv für Geschichte des Buchwesens 14 (1974) Sp. 666.

mit etwa 250 Titeln für eine Privatbibliothek schon einen beachtlichen Umfang gehabt hat und in ihrer Zusammensetzung einen thematisch vielfältigen Neubeginn für die Universitätsbibliothek brachte.[17] Von großer Bedeutung war auch die Stiftung des Straßburger Juristen und Stadtsyndikus Ludwig Gremp von Freudenstein, die gegen Ende des Jahrhunderts den Buchbestand der Universität erheblich vergrößerte.[18]

Von Bedeutung vor allem für die Studenten waren die Bibliotheken der Burse, des Martinianums[19] und die Bibliothek der Artistenfakultät, kleinere einige Hundert Bände umfassende Einrichtungen, die den Unterrichtsbetrieb der Universität stützen halfen. Die Bibliothek des Tübinger Stifts, seit 1536 als Ausbildungsstelle für Theologen eingerichtet, erfuhr durch Herzog Christoph ebenfalls intensive Förderung.[20] 1594 wurde durch die Verlagerung der Stuttgarter Hofbibliothek an das Collegium Illustre – der Tübinger Adelsakademie – eine weitere bedeutende Fachbibliothek in Tübingen eingerichtet.[21] Von großer Bedeutung für das wissenschaftliche Leben in Tübingen waren aber auch die Privatbibliotheken der Professoren. Aus dem Anfang des 17. Jahrhunderts haben wir einen Beleg für die Großzügigkeit, mit der eine private Bibliothek der Nutzung durch Kollegen zugänglich gemacht wurde. Wilhelm Schickard schreibt 1627 an seinen Freund und Kollegen Sebastian Tengnagel in Wien:

Nemo est nobiscum Tubingae, qui luculentiorem Bibliothekcam possideat, ubi cum varietate copia certet, quam Dn. D. Besoldus, nempe praeter dictas linguas, etiam Hispanos, talicos, Gallicanos etc. ad eum recurro, si quid mihi defit [...].[22]

17 Vgl. Brinkhus, Gerd: Die Bücherstiftung Konrad Hagers für die Universität Tübingen im Jahre 1539. Eine Studie zum ältesten erhaltenen Bestand der Tübinger Universitätsbibliothek. In: Bibliothek und Wissenschaft 14 (1980) S. 1–109.
18 Hagenmaier, Monika: Das Vorbild im Kleinen. Die Grempsche Bibliothek in Tübingen 1583–1912. (Werkschriften des Universitätsarchivs Tübingen. Reihe 1: Quellen und Studien, 15). Tübingen 1992.
19 Eine Stiftung des Tübinger Theologieprofessors Martin Plantsch (1460–1533). Vgl. Röckelein, Hedwig. In: Die lateinischen Handschriften der Universitätsbibliothek Tübingen. Teil 1. Wiesbaden 1991. S. 32.
20 Brecht (wie Anm. 14).
21 Teile der Bibliothek des Collegium Illustre wurden im Dreißigjährigen Krieg nach München verschleppt, der Rest gelangte 1817 in die Universitätsbibliothek.
22 Cod. vindob. 9737t, f. 161v; vgl. Schreiner (wie Anm. 16) Sp. 778.

Bedeutend, wenn auch in ihrem vollen Umfang bisher noch nicht erfaßt, ist die Bibliothek des Martin Crusius, die zu einem großen Teil zusammen mit der Bibliothek der Artistenfakultät 1784 in den Besitz der Universitätsbibliothek überging. Auch Crusius war wohl Freunden und Kollegen gegenüber großzügig, was die Ausleihe von Büchern aus seiner Bibliothek anging. Voll Stolz berichtet er in seinem Tagebuch, daß Nikolaus Höniger, Pfarrer in Haltingen bei Basel und Wissenschaftler, von ihm das Werk Marinus Barletius: *De vita moribus ac rebus praecipue adversus Turcas gestis Georgius Castrioti, Scanderbergus cognominatus*, Straßburg 1537 bekommen habe, welches jener vergeblich in den Bibliotheken von Basel, Freiburg und Straßburg gesucht habe.

An den heute noch in der Universitätsbibliothek in Tübingen vorhandenen Bänden aus der Bibliothek des Martin Crusius lassen sich viele Informationen über den Buchmarkt des 16. Jahrhunderts ablesen, ebenso wie häufig Einblicke in die Arbeitsweise Martin Crusius' möglich sind. In einem Oktavband gedruckt in Basel 1543[23] findet sich auf dem Vorsatz der Besitzeintrag: *Martinus Kraus me possidet anno 1545 Maij 9* und der Zusatz: *Ejusdem M. Crusii adhuc sum Tübingae 1573.* Wichtiger aber als der Besitzeintrag ist der Vermerk *constat 5 batzen.*[24]

Aus einer Reihe von Angaben zu Buchpreisen und Bindekosten von der Hand des Martin Crusius lassen sich recht gut Durchschnittspreise für verschiedene Einbände angeben:

Ein Holzdeckelband mit Leder überzogen kostet in Oktav je nach Umfang zwischen 2 und 3 Batzen.[25] Für die gleiche Einbandart in Quart mußten 4 bis 7 Batzen gezahlt werden,[26] die Foliobände wurden mit 7–9 Batzen berechnet.[27] Flexible Einbände (Koperte) in Quarto kosteten 3 Batzen,[28] ein Folioband, gebunden unter Verwendung von Pergamentmakulatur, wurde mit einem Batzen und einem Kreuzer berechnet.[29]

---

23 Universitätsbibliothek Tübingen: Ce 487.
24 Universitätsbibliothek Tübingen: Ce 156 4°, weitere Nachweise bei Kyriss, Ernst: Wolf Conrad Schweicker und Johannes Gerstenmaier. Tübinger Buchbinder von Martin Crusius. In: Archiv für Geschichte des Buchwesens 53 (1966) S. 209ff.
25 Vgl. die Bände Universitätsbibliothek Tübingen: Cd 1940, Fo III 1 und Ce 770.
26 Vgl. die Bände Universitätsbibliothek Tübingen: Cd 8390 4° und Gi 360 4°.
27 Vgl. die Bände Universitätsbibliothek Tübingen: Fo XIV 2aa 2°; Cd 2440 2°.
28 Z.B. Universitätsbibliothek Tübingen: Fa 16 4°.
29 Z.B. der Band Universitätsbibliothek Tübingen: Fo XI 5 2°. Vgl. auch Anm. 24. Um

Auch die Buchpreise vermerkt Crusius akribisch genau, so bezahlte Crusius für die *Annales regum Francorum*, Köln 1562 sechs Kreuzer, für *Frossardi Historiam opus omne*, Paris 1562 sieben Kreuzer[30] oder für eine Ausgabe von Polybius: *Ex libris de legationibus*, Antwerpen 1582 einen Gulden und 14 Batzen.[31] Für einen Band mit eigenen Werken[32] mußte Crusius 40 Kreuzer an den Buchführer und für den Einband weitere 20 Kreuzer an den Buchbinder geben. Gut entwickelt war bereits im 16. Jahrhundert der Handel mit gebrauchten Büchern, die z.B. aus Nachlässen in den Handel gelangten, auch für diese Art der Erwerbung gibt es Beispiele in der Bibliothek von Martin Crusius.

Die Bemerkungen in den Tagebüchern von Martin Crusius zeigen, daß für die Wissenschaft die Meßkataloge wichtige Informationsmittel waren, ebenso wie heute Bibliographien, Prospekte oder Fachzeitschriften, Möglichkeiten zur Information, die sich erst im Laufe der Zeit aus diesen Anfängen entwickelt haben. Crusius hat die wesentlichen Elemente des wissenschaftlichen Informationswesens im 16. Jahrhundert in seinen Tagebüchern und Notizen niedergelegt. Das sind Briefwechsel mit Kollegen und Literaturversorgung durch eben diese Kollegen, weiter die Information über die Meßkataloge und schließlich der Kauf aus dem Angebot der örtlichen Buchführer.

die Kosten einigermaßen in Relation zur Kaufkraft im 16. Jahrhundert setzen zu können, möchte ich einige Bemerkungen zur Währung und zum Geldwert einschieben. Ein Gulden entspricht 60 Kreuzern oder 15 Batzen, ein Batzen entspricht 4 Kreuzern oder 16 Pfennigen. Das Existenzminimum für einen Studierenden (d.h. das Kostgeld) betrug 2 Gulden im Monat, Frischlins Gehalt betrug zunächst 5 Gulden pro Monat, später erhielt er das Doppelte. Ein Ries (das sind 500 Blatt) Schreibpapier, Doppelbogen im Kanzleiformat, kostete 1 bis 1 1/2 Gulden, Großformatpapier, wie es für den Druck von Foliobänden gebraucht wurde kostete etwa 5 bis 6 Gulden pro Ries.

30 Beide Bände zusammengebunden Universitätsbibliothek Tübingen: Fo III 1. Für den Einband bezahlte Crusius 9 kr.

31 Universitätsbibliothek Tübingen: Cd 8390 4°.

32 Universitätsbibliothek Tübingen: GI 360 4°. Bibliopolae 40 kr, Bibliopego 20 kr. Der Band enthält die Civitas coelestis, Tübingen 1583 und Scripta consolatoria, Tübingen 1585.

Überlegungen zum Umfang der Frischlinschen Bibliothek

Zum Schluß seien noch einige Überlegungen gestattet, die vielleicht etwas Aufschluß über den Umfang der Bibliothek von Nikodemus Frischlin geben können. Die Bibliothek Frischlins ist 1592 durch Auktion in alle Winde zerstreut worden. Die einzigen Angaben, die wir haben, sind das sehr ungenau angegebene Gewicht (zwischen 24 und 36 Zentner also etwa 1200 bis 1800 Kilogramm), die Angabe über den Fuhrlohn von Braunschweig nach Tübingen (57 fl.) und der Schätzwert von etwa 300 bis 400 fl.[33] Wir haben andererseits aber auch Angaben über Buchpreise der Zeit und wissen, daß Frischlin Zeit seines Lebens nicht sehr begütert war und deswegen vermutlich billige Einbände bevorzugte. Legt man daher die unteren Werte für Buchschätzungen zu Grunde, kann man folgende Rechnung aufmachen:

Ein Folioband kostete etwa 2 fl.

Ein Quartband kostete etwa 1 fl.

Ein Oktavband kostete etwa 7 Batzen.

Legt man diese Werte zugrunde und ein Verhältnis von 1:2:4, das heißt auf einen Folioband kommen zwei Quartbände und vier Oktavbände[34] dann kann die Bibliothek von Nikodemus Frischlin nur etwa 450 Bände umfaßt haben.

Berechnet man den Umfang der Frischlinschen Bibliothek nach der ziemlich ungenauen Gewichtsangabe und legt für einen Folioband 2,5 kg für einen Quartband 1 kg und für einen Oktavband etwa 700 Gramm zu Grunde, könnte die Bibliothek etwa 1200 Bände umfaßt haben. Eine große Privatbibliothek, die im 16. Jahrhundert der Universität vermacht wurde, ist die Bibliothek des Straßburger Stadtsyndikus und Juristen Ludwig Gremp von Freudenstein. Der Umfang dieser Bibliothek wird zuverlässig mit 2600 Bänden angegeben, der Transport der Bibliothek, die etwa 133 Zentner gewogen haben soll, kostete 305 fl. Fuhrlohn, Zoll

---

33 Die Bibliothek wurde vom Hofmedicus Gabelkover in Tübingen taxiert.

34 Dieses Verhältnis hat sich bei der Auszählung eines Teils der Bibliothek von Martin Crusius herausgestellt und konnte durch Stichproben an der Bibliothek von Ludwig Gremp von Freudenstein bestätigt werden.

usw. auf der Strecke Straßburg – Tübingen.[35] Rechnet man nach diesen Angaben den Durchschnittspreis für den Transport für einen Zentner, erhält man 2,25 fl. Dieser Durchschnittswert auf die Bibliothek Frischlins hochgerechnet ergibt für 25 Zentner etwa 56 Gulden.[36]

Die unterschiedlichen Angaben zur Bibliothek Frischlins im Vergleich mit den Angaben, die für die Bibliotheken Gremp und Crusius feststehen, ergibt für die erschlossene Bibliothek Frischlins ca. 25 Zentner, das sind umgerechnet etwa 1200 Bände. Auch bei der Bibliothek des Martin Crusius sind wir, was den Umfang angeht, weitgehend auf Mutmaßungen angewiesen. Die Bibliothek wurde bei seinem Tod auf 2000 fl. geschätzt.[37] Machen wir die gleiche Rechnung wie bei der Bibliothek Frischlins auf, so erhalten wir ca. 333 Foliobände, 666 Quartbände und 1332 Oktavbände, insgesamt also etwa 2331 Bände. Göz[38] hat 1927 aus seiner Kenntnis des Tübinger Bestandes die Bibliothek des Martin Crusius auf 3000 bis 4000 Bände geschätzt und damit sicherlich zu hoch gegriffen. Da testamentarisch nur ein Teil der Bibliothek an die Philosophische Fakultät gelangte und dieser Bestand wiederum am Ende des 18. Jahrhunderts an die Universitätsbibliothek, ist heute wenigstens noch ein Teilbestand erhalten. Das 1776 von Jeremias David Reuß verfaßte Verzeichnis der Bibliothek der Artistenfakultät verzeichnet noch ca. 1500 Bände, darunter auch die Bestände aus dem Besitz des Martin Crusius. Wieviel Bände es heute noch sind, läßt sich mit Bestimmtheit nicht sagen. Mit größeren Verlusten ist zu rechnen, schon Zeller schreibt in den *Ausführlichen Merckwürdigkeiten der hochfürstlichen Württembergischen Universität und Stadt Tübingen*:

> *Es ist aber nicht ohne Betrübnis daran zu gedencken, daß alle diese Bibliothequen, in welchen rarissima gewesen seyen zu Grund gegangen sind. [...]. Die beyde andere [Bursa und Martinianum] aber sollen diejenige, so ihre beste Freunde gewesen seyn sollten, nemlich Literatos zu Verderbern gehabt haben.[39]*

---

35 Diese Bibliothek gelangte 1586, bzw Reste 1591 in die Universitätsbibliothek.
36 Für den Transport der Bibliothek von Braunschweig nach Tübingen waren 57 Gulden zu zahlen. Vgl. Strauß (wie Anm.1) S. 557.
37 Müller, Veit: Oratio de vita et obitu Martini Crusii. Tübingen 1608.
38 Göz (wie Anm. 10) S. 736.
39 Zeller, Andreas Christoph: Ausführliche Merckwürdigkeiten der hochfürstlichen Württembergischen Universität und Stadt Tübingen. Tübingen 1743. S. 708.

CATALOGVS NOVVS,

NVNDINARVM
AVTVMNALIVM FRANCO،
FVRTI AD MOENVM, ANNO M.D.LXXV.
, elebrataru̅, eorum ſcilicet libroru̅, qui hoc ſemeſtri,
ɟ rtim omnino noui, partim denuo vel forma, vel loco, à prioribus editionibus diuerſi, vel accefsione
aliqua locupletiores, in lucem prodie-
runt, & his Nundinis venales
ſunt expoſiti.

QVIBVS ACCESSERVNT VE،
TVSTIORES NONNVLLI, PRIORIBVS TAMEN
Catalogis nondum inſerti. Annum impreſsionis
numerus ſingulis præpoſitus
demonſtrat.

Pleriq; in ædibus Georgij VVilleri ciuis & Biblio-
polæ Auguſtani venales habentur.

Verzeichnuß faſt aller newer Bücher/
welche ſeyther der nechſtverſchiener Faſtenmeß/
biß auff dieſe gegenwertige Franckfurter Herbſt،
meß in offentlichen truck ſeind
außgangen.

Getruckt zu Franckfurt am Mayn/
durch Peter Schmidt.
M. D. LXXV.

Abbildung 1

Titelblatt zu G. Willer: Catalogus novus nundinarum
autumnalium Francofurti ad Moenum anno MDLXXV.
Universitätsbibliothek Tübingen.

1575. Morum Philofophica Poëtica ex veterum vtriufq; lin-
guæ Poëtarum thefauris recognofcendæ veritatis, & exer-
cendæ virtutis ergò, à Theod. Zuingero Bafil. Octodecim
libris Methodicè deducta. 4. Bafileæ apud Epifcopios.
1575. Oratio de ftudijs linguarum & liberalium artium, ha-
bita Tubingæ Calendis Septemb. Anno 1574. à M. Nicodemo Frifchlino, fcholæ eiufdem Profeſſore. Addita funt
etiam aliquot problemata, in vtramq; partem agitata, vt de
feptem artibus liberalibus quænam illarum præftantifsima
fit: item de quinq; fenfibus, qui eorum maximam volupta-
tem ex fuo obiecto percipiat, & Francofurti, apud hæredes
Egenolphi.

MVSICI LIBRI, LA-
tini & Germanici.

1575. Außerlefne Geiftliche Teutſche Lieder / mit fünff vnnd fechs
ſtimmen / ſampt einem dialogo mit achtſtimmen: durch An-
tonium Scandellum Herzog Augufti Capelmeiſtern. 4.
Getruckt zu Dreßden.

1575. Außerlefne Teutſche Lieder / mit vier vnnd fünff ftimmen/
Componiert von Gallo Dreſſero Cantorn zu Magdeburg. 4.
Getruckt zu Nürnberg bey Dietrich Gerlah.

1575. Ein newe kunſtlich Tabulatur Buch/ darinn fehr gute Mo-
teten vnd liebliche Teutſche Tenores / jetziger zeit fürnemer Com-
poniften / auff die Orgel vnd Inftrument abgefetzt / zufamen gebracht durch Eliam Nicolaum Ammerbach. fol. Getruckt zu Leip.

1575. Carminum pro teftudine liber, continens fantafias,
motetas, cantiones Gallicas & Italicas, &c. à Raphaele Viola editus. 4. L uaniæ

1575. Sacræ aliquot cantiones, quas moteta vulgus appel-
lat, quinq; & fex vocum. Autore Iacobo Regnart. Sa. Cæf.
Maieftatis Mufico. 4. Monachij.

1575. Sacræ cantiones quas moteta vocant, 5. & 6. vocum,
quibus adiuncti funt Ecclefiaftici hymni de Refurrectione
& afcenfione Domini, & de B. Maria virgine. Auctore Iacobo de Kerle. 4. Monachij.

Orlandi

Abbildung 2

Anzeige von Frischlin »Oratio de studiis linguarum...«
im Meßkatalog von 1575.
Universitätsbibliothek Tübingen.

1578. Werbung vñ Anbringen deß Durchleuchtigste Hochgebor=
nen Fürsten vnd Herrn/ Herrn Matthias/ Ertzhertzogen in=
Osterreich/zc. jetziger zeit erwehlten vnd verordneten der Nie=
dern Teutschlanden Obersten Regenten vnd Gubernators/
Auch gemeiner Landschafft daselst St Stende abgefandte Bott=
schafften/zu nechst gehaltenem Deputationtag zu Wormbs
Anni 73.ti 7. May.4. Getruckt zu Neuwstatt an der Haart/
durch Johannem Meyer.
1578. Sieben Bücher von der Fürstlichen Wirtenbergische Hoch
zeit. Erstlich durch Nicodemü Frischlinum P. L. in Latein be=
schrieben/jetzund aber in Teutsche Vers oder Reimen trans=
feriert durch Carolum Christophorum Beyerum.4.Tübin=
gen.
1578. Warhafftige Außlegung deß Astronomischen Bhrwercks
z u Straßburg/beschriebe durch M.Conra un Dasypodium/
der solches Astronom sehe Bhrwerck anfenglich ersunde vnd
angeben.4. Straßburg.
1578. Bewerte Feldmessung vnd Theilung/mit vorgehender ver=
zeichnuß der Mängel so bißher darinn gewesen/richtig/kurtz/
zum brauch bequem/gestellt/vom Pfarrherrn zu Lang.forth.s.
Heidelberg.
1578. Probierbüchlein: Frembde vnd subtile Künst/von Wage
vnd Gewicht/Auch von allerhand Proben/auff Ertz/Gold/
Silber vñ ander Metall/zc. Durch Cyriacum Schreittmann=
s.Franckfurt bey Chr.Egen.Erben.

LIBRI PEREGRINO IDIO-
mate conscripti.

1578. A sainte Bible. In folio. Lugduni,par Barthelemi Ho-
norati.

Histoire

Abbildung 3

Anzeige der Übersetzung von Frischlins
»Sieben Bücher von der Fürstlichen Wirtenbergischen Hochzeit«
im Meßkatalog von 1578. Universitätsbibliothek Tübingen.

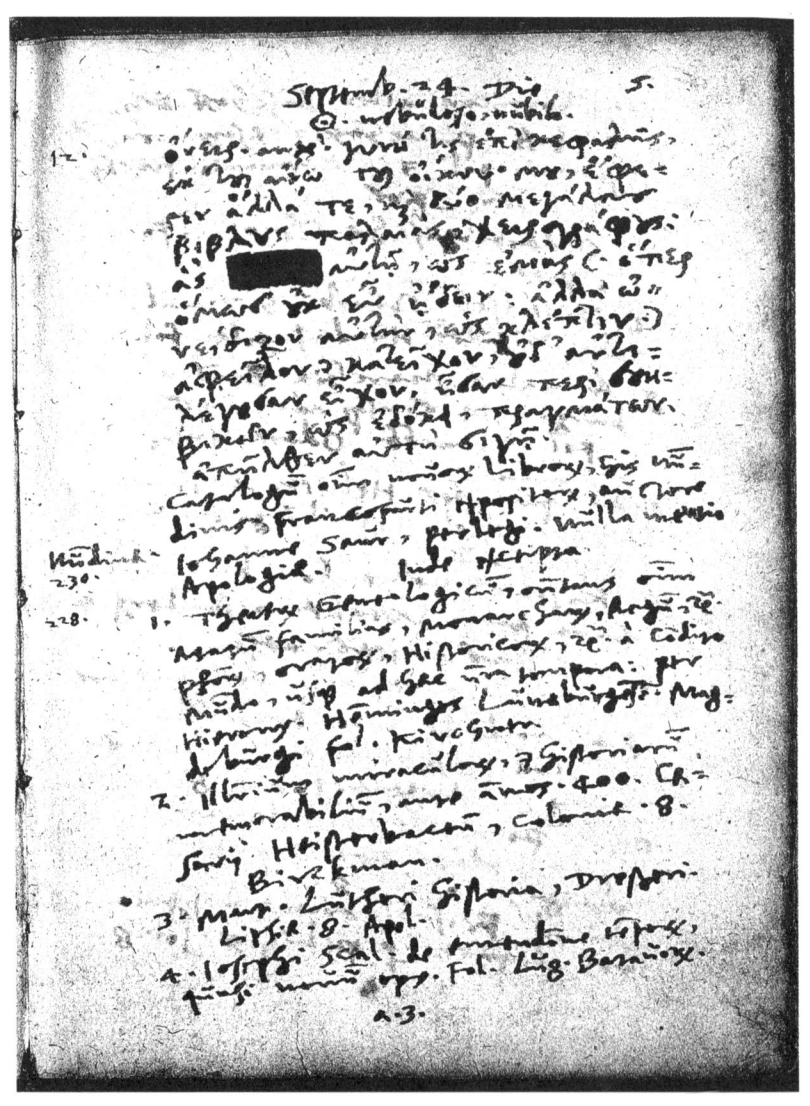

Abbildung 4

Seite aus dem Tagebuch von Martin Crusius zum Jahr 1597,
die unter anderem Auszüge aus dem Meßkatalog von 1597 enthält.
Universitätsbibliothek Tübingen.

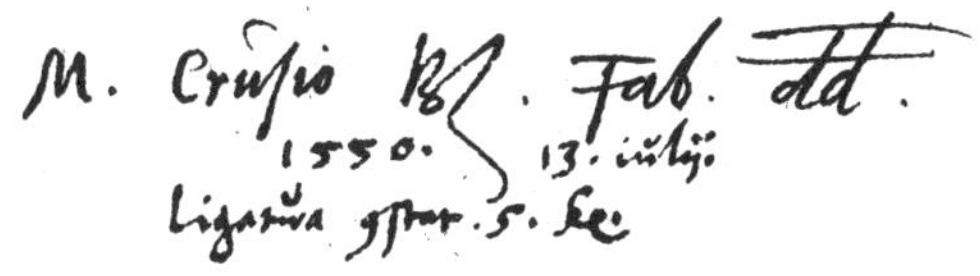

Abbildung 5

Bindevermerk von Martin Crusius
mit Preisangabe: Ligatura costat 5 kr.
Universitätsbibliothek Tübingen.

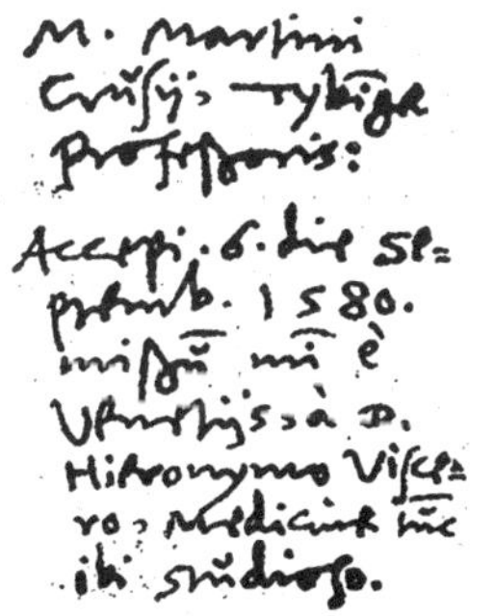

M. Martini
Crusij Tybingae
Professoris.
Accepi 6. die Se-
ptemb. 1580.
missum mihi e
Venetijs a. D.
Hieronymo Visce-
ro Medicinae tunc
ibi studioso.

Abbildung 6

Besitzvermerk von Martin Crusius
mit dem Hinweis auf die Herkunft des Bandes.
Universitätsbibliothek Tübingen.

Dieter Stievermann

Der Fall des Dichters Nicodemus Frischlin (1547-1590) als sozialgeschichtliches Exempel

I. Vorbemerkungen

Nicodemus Frischlin hat schon immer nicht nur als Produzent von Literatur interessiert, sondern auch als eine Persönlichkeit mit ausgeprägter Individualität fasziniert.

Dazu ließe sich eine schillernde Rezeptionsgeschichte präsentieren, die vom Bild des furchtlosen Freiheitshelden bis zu dem des notorischen Querulanten reichte.[1]

Unser Zugriff auf Frischlin wird jedoch ein anderer sein, wenngleich neben Schriftzeugnissen, die von und um ihn produziert wurden, sehr wohl auch die Person im Blick bleibt. Es soll hier um Frischlin als ein Exempel der Sozialgeschichte gehen und um sozialgeschichtliche Hintergründe und Zusammenhänge seines Werkes, die den »Fall Frischlin« – einschließlich seines »Todfalls« zu Urach 1590, wie Joachim Schädlich sein tragisches Ende genannt hat[2] – in dieser Form bewirkten und deren nähere Kenntnis es erst erlauben, Frischlins Lebensweg zu verstehen.

Dieser Zugriff erfolgt unter der Prämisse, daß bei einer solchen Beschäftigung mit Frischlin – gleichsam wie unter einem Vergrößerungsglas – sich ganz wesentliche sozialgeschichtliche Gegebenheiten und auch Entwicklungstrends zeigen lassen, daß Frischlin in der Tat wesentlich als ein Exempel und nicht als ein primär individuell bestimmter Sonderfall aufgefaßt werden kann.

---

1   Zur Bewertung vgl. die Bemerkungen bei Schreiner, Klaus: Frischlins Oratio vom Landleben und die Folgen. In: Attempto 43/44 (1972) S. 122–135.
2   Schädlich, Joachim: Kurzer Bericht vom Todfall des Nikodemus Frischlin (1974). In: Ders.: Versuchte Nähe. Reinbek 1977. S. 196–202.

Die recht gute Überlieferungslage und dabei nicht zuletzt Frischlins bekanntes »unbehäbig Maul« – das heißt sein Charakterzug, die Dinge unmittelbar anzusprechen und selbst dann fortzuspinnen, wenn das schwerste negative Konsequenzen hatte – führen dazu, daß im Umkreis der Frischlinsache vieles auf den Punkt gebracht wurde, was sonst nur eher angedeutet erscheint beziehungsweise lediglich indirekt zu erschließen ist.

Frischlin reibt sich an bestimmten gesellschaftlichen Erscheinungen; er zieht sich nicht verstummend und ängstlich zurück, wenn er sich verletzt sieht: ja, er wird gerade in Gefahr eher deutlicher. So kann er als Zeitzeuge und Exempel der Sozialgeschichte dienen: durch seine Aussagen und seine literarische Produktion, aber auch durch seine Biographie und ihre Ankristallisationen.

In diesem Sinne wollen wir also seinen Fall betrachten, das heißt, das scheinbar Besondere in den allgemeinen Kontext stellen. Dabei soll selbstverständlich nicht die unverkennbare Individualität unseres Poeten unterschlagen oder geschmälert werden: Wie schon gesagt, führt ja gerade diese seine Individualität dazu, daß bestimmte soziale Verhältnisse, unter denen andere gegebenenfalls leise leiden und mit denen sie sich schließlich in irgendeiner Form arrangieren, bei Frischlin sich zur kompletten Katastrophe fügen: zu einer Katastrophe, die in ihren bizarren Dimensionen eher wie literarische Fiktion denn gesellschaftliche Wirklichkeit erscheint – zu einer Katastrophe eben, die für uns jedoch den heuristisch positiven Effekt hat, vieles in helles Licht getaucht zu sehen, was sonst meist verborgen bleibt.

Nach diesen abstrakten Vorbemerkungen nun näher zur Sache – dabei werden sich unsere sozialgeschichtlichen Beobachtungen und Hinweise zunächst an der Biographie Frischlins orientieren, die hier allerdings nicht im einzelnen ausgebreitet werden soll;[3] dann geht es – nach Hin-

---

3   Für die Biographie noch unentbehrlich: Strauß, David Friderich: Leben und Schriften des Dichters und Philologen Nicodemus Frischlin. Frankfurt 1856; vgl. jetzt auch Bumiller, Casimir / Röckelein, Hedwig: [...] ein unruhig Poet. Nikodemus Frischlin 1547–1590. Ausstellungskatalog. Balingen 1990 (auch mit Zusammenstellung neuerer Literatur); nach Abschluß des Manuskripts erschien Kühlmann, Wilhelm: Nicodemus Frischlin (1547–1590). Der unbequeme Dichter. In: Schmidt, Paul G. (Hg.): Humanismus im deutschen Südwesten. Biographische Profile. Sigmaringen 1993. S. 265–

weisen auf seine Rolle als Hofdichter – vor allem um seinen Konflikt mit dem Adel, der im Kontext seiner literarischen Tätigkeit sich entzündet. Am Schluß wird Frischlins tragisches Ende zu bewerten sein.

Unberücksichtigt bleiben wird also der Philologe und Grammatiker, Naturwissenschaftler und Astronom, der Pädagoge und weitgehend auch der Literat Frischlin, da es ja eben um sein sozialgeschichtliches Profil im Kontext seines sozialen Ortes und seines politischen Wurzelraumes gehen wird, des Herzogtums Württemberg, dem er im Guten und im Bösen so eng verbunden war und trotz aller Entfernungs– und Emanzipationsversuche auch blieb.

II. Herkunft und Bildung

Bereits im Zusammenhang von Frischlins Herkunft, Ausbildungsgang und Familienverbindungen sind sozialgeschichtlich exemplarische Beobachtungen zu machen, auf die wir summarisch eingehen wollen.

Die Frischlins selbst waren keine alte württembergische Familie. Der Großvater Johannes war aus dem eidgenössischen Dießenhofen zugewandert und hatte eine kleine Anstellung bei Herzog Ulrich von Württemberg gefunden (zunächst als eine Art »Schweizergardist«, später unter dem Tübinger Schloßpersonal) und eine Balinger Bürgermeisterstochter (Leutgarde Metz) geheiratet, über die auch verwandtschaftliche Beziehungen zu der Schultheißenfamilie Rieber in Ebingen geknüpft wurden.[4]

Dieses Konnubium mit führenden Familien württembergischer Landstädte verband die Frischlin mit der sogenannten württembergischen Ehrbarkeit: Diese war gegenüber den Bauern und Durchschnittsbürgern in der Regel durch einen gewissen Wohlstand, insbesondere aber durch ihren exklusiven Anspruch auf die Gerichtsstellen und damit die Teilhabe am öffentlichen Leben (beziehungsweise der öffentlichen Gewalt) ausge-

288; zum literaturgeschichtlichen Ort vgl. jetzt auch Price, David : The Political Dramaturgy of Nicodemus Frischlin. Chapel Hill/London 1990.

4   Die biographischen Informationen im einzelnen bei Strauß (wie Anm. 3.) und Bumiller / Röckelein (wie Anm. 3); zu ergänzen ist entsprechend Pfeilsticker, Walther: Neues Württembergisches Dienerbuch. Bd. 1. § 1033.

zeichnet. Es liegt auf der Hand, daß es auch in dieser Ehrbarkeit[5] wiederum eine sehr große soziale Spannbreite gab, zumal im Vergleich der Landesmetropolen Stuttgart und Tübingen mit den kleinen Städtchen der Peripherie wie Balingen und Ebingen.

Frischlins Vater Jakob nun befestigte die erreichte Position in zeittypischer Weise. Nach Herzog Ulrichs Rückkehr 1534 wurde Württemberg bekanntlich evangelisch.[6] Die Bindung der Frischlin an Land und Haus Württemberg wurde dabei nicht nur fortgeschrieben, sondern unter den veränderten Vorzeichen zum Aufstieg genutzt: Nach einem Studium in Tübingen trat Jakob Frischlin 1546 in den sich neu formierenden evangelischen Pfarrerstand des Landes ein, nachdem das herzogliche Stipendium in Tübingen die Basis für seine Ausbildung geboten hatte.[7]

Die geistliche Laufbahn des Vaters Frischlin wollen wir hier nicht weiter verfolgen: Festzuhalten bleibt seine Herkunft aus dem Umkreis der altwürttembergischen Ehrbarkeit und seine geistliche Karriere in den vom evangelisch gewordenen Landesfürsten gewiesenen Bahnen, das heißt über herzogliches Stipendium und Studium an der Landesuniversität und dann durch Anschlußverwendungen im Lande. Auch während der Krise von Dynastie und Konfession um 1550 (als Folge des für die Protestanten so ungünstig verlaufenen Schmalkaldischen Krieges) blieb Jakob Frischlin fest bei seinen evangelischen Überzeugungen.

Dem Sohn Nikodemus kamen die klaren Optionen des Elternhauses und dazu das weiter verfeinerte württembergische Bildungssystem zu Gute: 1547 in Balingen geboren, 1555 Lateinschule Balingen, 1558 La-

5 Zur Ehrbarkeit s. Decker–Hauff, Hansmartin: Die geistige Führungsschicht Württembergs. In: Franz, Günter (Hg.): Beamtentum und Pfarrerstand 1400–1800. Büdinger Vorträge 1967 (Deutsche Führungsschichten in der Neuzeit 5) Limburg/Lahn 1972. S. 51–80; vgl. auch Stievermann, Dieter: Landesherrschaft und Klosterwesen im spätmittelalterlichen Württemberg. Sigmaringen 1989. S. 220ff.; Trugenberger, Volker: Zwischen Schloß und Vorstadt. Sozialgeschichte der Stadt Leonberg im 16. Jahrhundert. Vaihingen 1984, bes. S. 143ff.
6 Zur württ. Reformation s. jetzt Brecht, Martin / Ehmer, Hermann: Südwestdeutsche Reformationsgeschichte. Stuttgart 1984; Schäfer, Gerhard: Zu erbauen und zu erhalten das rechte Heil der Kirche. Eine Geschichte der Evangelischen Landeskirche in Württemberg. Stuttgart 1984.
7 Zum württ. Bildungswesen vgl. Kirche und Schule in Württemberg. Ausstellungskatalog. Stuttgart 1984; Hahn, Joachim / Mayer, Hans: Das Evangelische Stift in Tübingen. Stuttgart 1985.

teinschule Tübingen, 1560 Evangelische Klosterschule Königsbronn, 1562 Evangelische Klosterschule Bebenhausen – am 12. November 1562 dann Immatrikulation in Tübingen, am 20. Februar 1563 Eintritt in das dortige Evangelische Stift (die herzogliche Studienanstalt), 1565 Magister artium, seit 1565 Theologiestudium, das nicht beendet wurde, da er 1567 – im Alter von noch nicht 20 Jahren – eine außerordentliche Professur für Poetik und Geschichte in der Artistenfakultät[8] erhielt. Hier hatte er im Grundstudium vor allem die Klassiker zu unterrichten.

Also auch bei Bildung und Ausbildung wurden die typischen Bahnen beschritten, wie sie Württemberg als Muster eines evangelischen Territorialstaates vorgezeichnet hatte. Nikodemus Frischlin nun hat diese Bildungseinrichtungen aber nicht nur durchlaufen wie viele andere, sondern er hat sie offenbar verinnerlicht und reflektiert, sie poetisch gewürdigt und gefeiert, in seinen 1569 gedruckten Dichtungen *Stipendium Tubingense ducis Wirtembergici* und *Monasteria ducatus Wirtembergici*, die bereits Herzog Ludwig gewidmet sind, dem neuen Landesherrn, der lange auch sein Gönner sein sollte.[9]

Die klassische württembergische Laufbahn, die Frischlin beschritten hatte, war zwar nun eine materiell bequeme, da man auf Staatskosten lernte und studierte – sie band jedoch an das Land, dessen Dienste man ohne ausdrückliche herzogliche Genehmigung nicht verlassen durfte – ein Faktum, das auch für Frischlins Lebensweg eine wichtige Rolle spielte.

Gut württembergisch zeigte sich aber nicht nur die Laufbahn Frischlins, sondern auch die Heirat des frischgebackenen Jungprofessors 1568. Mit seiner Ehefrau Margarethe Brenz knüpfte er verwandtschaftliche Beziehungen zu den führenden Theologenkreisen, die auch in die Landesuniversität hineinreichten.[10] Solche Verbindungen zwischen der

---

8 Hofmann, Norbert: Die Artistenfakultät der Universität Tübingen (Contubernium 28). Tübingen 1982; die universitätsgeschichtliche Literatur ist jetzt gut erfaßt durch: Seck, Friedrich u.a. (Bearb.): Bibliographie zur Geschichte der Universität Tübingen (Contubernium 27). Tübingen 1980.

9 Zu Herzog Ludwig s. jetzt Rudersdorf, Manfred: Herzog Ludwig (1568–1593). In: Uhland, Robert (Hg.): 900 Jahre Haus Württemberg. Stuttgart 1984. S. 163–173.

10 Zu den familiären Verbindungen s. Bumiller / Röckelein (wie Anm. 3) S. 44f., S. 57. Der bedeutende Theologe Johannes Brenz (1499–1570), der Reformator Württembergs, war der Großonkel von Frischlins Frau Margaretha Brenz – zu diesem s. Mau-

geistlichen und geistigen Elite des Landes stellen ebenfalls eine typische Erscheinung dar: Das Funktionieren des Phänomens frühmoderner Territorialstaat hing ganz wesentlich mit solchen Vernetzungen seiner Führungsgruppen zusammen.[11]

Wie es bei Verwandtschaftsbeziehungen allerdings häufiger der Fall ist, ergaben sich aus dieser Verbindung nicht nur positive Kontakte (Verwandte saßen in wichtigen Stellen der Universität, der Kirche und des Staates), sondern auch Feindschaften. Das gehört allerdings mehr in den Bereich des allgemein Menschlichen als in den der Sozialgeschichte.

Im Ergebnis können wir also festhalten, daß es Nikodemus Frischlin gelungen ist, den gesellschaftlichen Status des Vaters nicht nur zu halten, sondern diesen gemäß den Möglichkeiten seiner Zeit und seiner Person in dem für die Familie neuen sozialen Raum der Landesuniversität noch deutlich auszubauen. Aus den unteren Etagen der Ehrbarkeit stammend, hat er sich eben zwanzigjährig bereits in die oberen Kategorien vorgearbeitet – das belegen sowohl die Berufsstellung als auch die Eheverbindung.

Nach Herkunft, Bildungsgang und Eheschließung Frischlins soll jetzt sein Lebensraum Universität näher betrachtet werden.

III. Der Universitätslehrer

Für den sozialen Organismus Universität liefert der Fall Frischlin gleichfalls Anschauungsmaterial, das allgemeinere Geltung beanspruchen kann, sich dazu ferner durch besondere Plastizität auszeichnet.

rer, Hans–Martin und Ulshöfer, Kuno: Johannes Brenz und die Reformation in Württemberg (Forschungen aus Württ. Franken 9) Stuttgart/Aalen 1984.

11 Press, Volker: Soziale Folgen der Reformation in Deutschland. In: Biskup, Marian / Zernack, Klaus (Hgg.): Schichtung und Entwicklung der Gesellschaft in Polen und Deutschland im 16. und 17. Jahrhundert (Vierteljahrsschrift für Sozial– und Wirtschaftsgeschichte, Beih. 74) Wiesbaden 1983. S. 196–243, bes. S. 214ff.; Stievermann (wie Anm. 5); ders.: Sozial– und verfassungsgeschichtliche Voraussetzungen Martin Luthers und der Reformation – der landesherrliche Rat in Kursachsen, Kurmainz und Mansfeld. In: Press, Volker / Stievermann, Dieter (Hgg.): Martin Luther. Probleme seiner Zeit (Spätmittelalter und Frühe Neuzeit 16). Stuttgart 1986. S. 137–176.

Die Universitätslaufbahn des jungen, erfolgreichen und weiterhin sehr ehrgeizigen Poeten vollzieht sich in einem System, in dem Anciennität (dieses Prinzip wird übrigens im Kontext der angeblichen »Zurücksetzungen« Frischlins zu wenig beachtet), persönlich–familiäre Beziehungen und ganz besonders der ungeschriebene Normenrahmen beziehungsweise Verhaltenskodex dieser Gelehrtengesellschaft ganz wesentliche Elemente darstellen.[12]

Es ist dabei in hohem Grade bemerkenswert, daß nicht einmal die Protektion und sogar schriftliche Intervention von Herzog und Zentralbehörden, denen sich Frischlin als erfolgreicher Hofpoet empfohlen hatte, hier durchschlagend greifen und die Laufbahnbedingungen entscheidend verbessern konnten.[13]

An weiteren Einzelbeobachtungen seien zum universitären Kontext herausgehoben: Die von Frischlin in seinen Eingaben wiederholt selbst thematisierte Bedeutung der Naturalbezüge, die zum einen die inflationären Entwicklungen weitgehend auffangen konnten und zum anderen den Professoren die einträgliche Möglichkeit eröffneten, Studenten mit »Vollpension« aufzunehmen.[14]

Ferner die Benachteiligung der Artistenfakultät[15] in der Universitätsverfassung (relativ geringe Zahl der Senatssitze, nur drei der sechs Ordinarien waren hier vertreten) sowie die verhältnismäßig große Zahl von Lehrenden, die den Kampf um die Ordinariate und selbst um Nebentätigkeiten besonders erbittert gestaltete.

Die Stellenjagd der Artisten spielte sich im übrigen auf dem Hintergrund von Sättigungs– und Abschließungstendenzen ab – gerade bei den attraktiveren Positionen. Württemberg produzierte einen Akademikerüberschuß und konnte so Gelehrte »exportieren«, besonders in die evangelischen »Notstandsgebiete« des habsburgischen Südostens. Optio-

---

12 Vgl. allgemein Rössler, Helmuth / Franz, Günther (Hgg.): Universität und Gelehrtenstand 1400–1800. Limburg/Lahn 1970. Wesentliches Material zu Frischlins Universitätslaufbahn und universitärer Situation bereits bei Strauß (wie Anm. 3), gute Zusammenstellung und Überblick bei Bumiller / Röckelein (wie Anm. 3) S. 42ff.
13 Strauß (wie Anm. 3) S. 70–73.
14 Belege dazu bei Strauß (wie Anm. 3) S. 57f., S. 60, S. 65–68, S. 72ff.; zur sozialen Lage der Universitätslehrer vgl. die konkreten Beispiele bei Reicke, Emil: Der Gelehrte in der deutschen Vergangenheit. Jena 1924. S. 114ff.
15 Vgl. Hofmann (wie Anm. 8).

nen und Stationen in Frischlins Lebenslauf sind hier durchaus einzuordnen: so 1576 das Angebot der Grazer Rektorenstelle und 1582–84 die Lehrtätigkeit in Laibach. Dabei wirkten jedoch nicht nur die sozialgeschichtlichen Komponenten mit, sondern ganz wesentlich auch die geistesgeschichtlichen und politischen, das heißt die überregionale Ausstrahlung des württembergischen Luthertums.[16]

Die durch frühzeitige und vielfältige Erfolge, hohe Selbsteinschätzung, aber auch die materiellen Konsequenzen der Familiengründung gespeiste Ungeduld Frischlins, seine individuelle Konfliktbereitschaft und Neigung zu Normverstößen (Alkoholexzesse, verbale Provokationen: beides allerdings an sich nicht ungewöhnlich in dieser Zeit), dazu wohl auch Kollegenneid führten dann dazu, daß der »Senkrechtstarter« in seinem universitären Berufsfeld nicht nur nicht mehr reüssierte, sondern schließlich ganz aus ihm herausfiel – ohne allerdings als Poet oder Gelehrter auf dem »freien Markt« außerhalb Württembergs eine adäquate dauerhafte Alternative zu finden. Neben individuellen Konstellationen spielte hierbei die zunehmende konfessionelle Abgrenzung auch im innerevangelischen Bereich mit; zu sehr hatte bereits, damit untrennbar verbunden, die Territorialisierung das geistige Leben und die beruflichen Chancen der Akademiker erfaßt und geprägt.

In dem langen, qualvollen Prozeß der Abdrängung aus dem Sozialrahmen der Landesuniversität erscheint Frischlins ehemaliger Lehrer (und alsbaldiger wissenschaftlich–publizistischer Konkurrent, vor allem im sogenannten »Grammatikstreit«), der legendäre Martin Crusius, als der unerbittliche Gralshüter traditioneller professoraler Normen.[17]

---

16 Zu den Abschließungstendenzen s. Schindling, Anton: Humanistische Hochschule und Freie Reichsstadt. Gymnasium und Akademie in Strassburg 1538–1621. Wiesbaden 1977. S. 393f.; zu den Berufschancen in dieser Epoche s. Prahl, Hans–Werner: Sozialgeschichte des Hochschulwesens. München 1978 S. 136ff.; zum württ. Gelehrtenexport (im theol.–philolog. Bereich) vgl. Hahn / Mayer (wie Anm. 7) S. 28; zur Rolle Württembergs vgl. umfassend Rudersdorf, Manfred: Lutherische Erneuerung und Zweite Reformation? Die Beispiele Württemberg und Hessen. In: Schilling, Heinz (Hg.): Die reformierte Konfessionalisierung in Deutschland – Das Problem der »Zweiten Reformation« (Schriften des Vereins für Reforma-tionsgeschichte 195). Gütersloh 1986. S. 130–153; ders.: Ludwig IV.: Landgraf von Hessen–Marburg, 1537–1604. Landesteilung und Luthertum in Hessen. Mainz 1991. S. 67ff.
17 Stahlecker, Reinhold: Martin Crusius und Nicodemus Frischlin. In: Zeitschrift für Wüttembergische Landesgeschichte 7 (1943) S. 323–366.

Neben ganz persönlichen Motiven für den Kampf gegen Frischlin trieb Crusius zweifellos die verinnerlichte Sorge um die Reputation der Tübinger Hohen Schule im allgemeinen wie auch der Artistenfakultät im besonderen – mit ihrer benachteiligten und daher sensiblen Lage. Die heute beliebte Kategorie »Sozialdisziplinierung« könnte als Schlagwort zu diesem Komplex gleichfalls bemüht werden.[18]

Es liegt eine gewisse Tragik darin, daß Frischlin die Universität ebenfalls durchaus nicht gleichgültig war. Zu verweisen ist hier auf Frischlins Reformdenkschrift an die württembergische Regierung von 1577.[19] Auch später besitzt für ihn die Pädagogik weiter einen hohen Stellenwert.

Ansehen und Anerkennung des Gelehrtenstandes stellen für ihn ebenfalls ganz zentrale Themen dar – allerdings bedient er sich in diesem Kontext anderer, offensiverer Mittel. So bemüht er sich erfolgreich um Reputation am Stuttgarter Hof, also außerhalb der engeren Universitäts– und Gelehrtenwelt, im politischen und sozialen Zentrum des Territorialstaates. Frischlins Medium ist dabei das Theaterstück, dessen die Hofgesellschaft zur Unterhaltung und Selbstdarstellung bedarf.[20] Er erscheint dabei moderner als Crusius, der das traditionelle Professorenleitbild (Stichworte: Pünktlichkeit und Publikationen) pflegt.

Die Hofnähe Frischlins erklärt sich jedoch nicht nur aus abstraktem Ehrgeiz, sondern hat wesentlich auch materielle Gründe: Hier ergaben sich eben zusätzliche Verdienstmöglichkeiten für den jungen Vorstand einer sich vergrößernden Familie.

Im Kontext der wirtschaftlich–materiellen Gesichtspunkte darf schließlich die Tatsache nicht unberücksichtigt bleiben, daß Frischlin mehr oder weniger unvermögend war und daher weitgehend von seinem Gehalt als Hochschullehrer und den Nebeneinkünften aus dem universitären wie aus anderen Bereichen (Hofgratifikationen, Druckhonorare, Verehrungen usw.) leben mußte.

18 Schulze, Winfried: Gerhard Oestreichs Begriff »Sozialdisziplinierung in der Frühen Neuzeit«. In: Zeitschrift für Historische Forschung 14 (1987) S. 265–302.
19 Bumiller / Röckelein (wie Anm. 3) S. 51f. (1577).
20 Diese »Marktlücke« wird schon für die älteren Humanisten konstatiert bei Martin, Alfred v.: Der Humanismus als soziologisches Problem. In: Archiv f. Sozialwissenschaft 65 (1931) S. 441–474, bes. S. 473f.

Wenn er auch nicht von armen Leuten abstammte, so besaß er jedoch offenbar kein ererbtes Vermögen, auf das er hätte zurückgreifen können, da der – von vornherein nicht übermäßige – elterliche Besitz weitgehend verloren gegangen war.[21]

Die Mitgift seiner Frau stellte sich zwar nicht unbedeutend, die mißtrauische Vorsorge des Schwiegervaters, der die Vermögensverwaltung Angehörigen der eigenen Familie vorbehalten hatte, ließ ihm aber im wesentlichen nur den Zugriff auf die Erträge. Nicht ohne Grund erboste es den Dichter 1590 ganz besonders, daß ihm die württembergische Kanzlei nicht behilflich war, auf die immerhin 1000 Gulden Heiratsgut seiner Ehefrau zurückzugreifen, um in so heterogene Projekte wie Buchdruck und Salzsiederei investieren zu können.[22] Die Frischlinsche Familie in Balingen vermochte damals immerhin noch eine Bürgschaft über 1000 Gulden in Aussicht zu stellen.[23]

Die Abhängigkeit und Verwundbarkeit Frischlins im materiellen Bereich kann also nicht übersehen werden – und damit treffen wir auf ein Dilemma, das weite Teile des Bürgertums – zumal des literarisch tätigen – prägte.

Ein Literatentum, das von der Feder leben konnte und insofern unabhängig war, gab es eben noch nicht, da ein freier literarischer Markt mit angemessenem Umsatz fehlte. Um so stärker standen daher noch landesherrliche Dienste (informell etwa als Hofpoet, regulär etwa als Universitätslehrer, als Kirchen– oder Staatsdiener) im Zentrum des materiellen Interesses der Bildungsschicht.[24]

In diesem Zusammenhang erhalten Frischlins immer wieder erneuerte Ansuchen um eine bessere Dienststellung ihren Ort. Die wirtschaftliche Seite dabei hat er selbst hinreichend betont. Wenn er hier auch keinen durchschlagenden Erfolg erzielte, so war allerdings mit den meisten formalen Vorstößen und informellen Unternehmungen (z.B. im literarischen Bereich) materiell doch zumindest ein gewisser Gewinn verbunden.

21 Strauß (wie Anm. 3) S. 21f.
22 Ebd. S. 30f., S. 452ff.
23 Ebd. S. 534.
24 Vgl. Hauser, Arnold: Sozialgeschichte der Kunst und Literatur. Bd. 1. München 1953. S. 360ff.

Daneben tritt gegen Ende der 70er Jahre deutlicher aber auch das Bestreben, die persönliche Rechtsstellung innerhalb der Korporation Universität zu verbessern. Ein Ordinariat mit vollberechtigtem Sitz und Stimme in der Fakultät hat Frischlin bekanntlich nicht erlangt – seine Einkünfte aber gleichwohl in einem Maße verbessern können, wie es von der Literatur häufig nicht recht wahrgenommen wird.[25]

1567 mit 60 Gulden Jahresgehalt als Zwanzigjähriger angestellt, war er bis 1574 schon auf 120 Gulden gestiegen; in einer Besoldungsübersicht von 1577 wird er mit dem nämlichen Betrag ausgewiesen.[26] Ende dieses Jahres 1577 hören wir aber bereits von 160 Gulden und zusätzlich 14 Gulden für die sonntäglichen Disputationen; 1578/79 erhielt er zu der Geldbesoldung endlich die ersehnten Naturalbezüge, wie sie einem ordentlichen Mitglied der Artistenfakultät zustanden: 24 Scheffel Getreide, 4 Eimer Wein und ein Quantum Hülsenfrüchte.[27] Damit hatte er den Stand des Crusius von 1577 (170 Gulden, 22 Scheffel Getreide und 4 Eimer Wein) ungefähr erreicht – einen Stand, der damals in der Artistenfakultät nur noch von dem berühmten Apian übertroffen wurde. Das gängige Bild vom zurückgesetzten Universitätslehrer Frischlin bedarf also gewisser Korrekturen beziehungsweise Differenzierungen.

IV. Frischlin als Hofdichter

Die verschiedenen Zulagen – und weitere einmalige Gratifikationen – erklären sich, wie schon gesagt, nicht zuletzt durch Frischlins Ansehen in Stuttgart (bei Hof und auch in Regierungsstellen), das wiederum wesentlich mit seiner allgemeinen Reputation als Literat korrelierte.

Ruhm und damit verbundene Hofnähe erwiesen sich jedoch als ambivalente Größen.

---

25 Die Gehaltsangabe zu 1574 bei Bumiller / Röckelein (wie Anm. 3) S. 25 ist wohl nicht fortgeschrieben.
26 Strauß (wie Anm. 3) S. 57; Cellius, Erhard: Imagines Professorum Tubingensium 1596. Hgg. Decker–Hauff, Hansmartin / Setzler, Wilfried. Bd. 2: Kommentar und Übersetzung. Sigmaringen 1981. S. 15f.
27 Strauß (wie Anm. 3) S. 72–74.

Im Falle Frischlin weckte der Ruhm gefährliche Neider (Crusius); der Graben zwischen Universität und Hof wurde zur gefährlichen Falle. Frischlin konnte ihn nicht überbrücken, da er sein universitäres Auflager nicht zuletzt durch die konsequente Gegnerschaft des Crusius verlor, der Sozialraum für eine Nur–Hofexistenz des bürgerlichen Literaten aber auch nicht vorhanden war. Als sozusagen freischwebender Poet konnte er sich nicht halten, verlor den Boden unter den Füßen und stürzte am Ende im wahrsten Sinne des Wortes ab – wie wir alle wissen – nachdem die Hofprotektion wesentlich durch eigene politische Fehler ebenfalls nicht mehr funktionierte: dazu später mehr.

Die universitätsinternen Kämpfe Frischlins mit den Kollegen – vor allem eben mit Crusius – und den akademischen Gremien sind wiederholt behandelt worden, so daß auf Einzelheiten zu diesem gleichwohl wichtigen Aspekt seiner Lebensgeschichte verzichtet werden kann. Statt dessen soll nach dem vorweggenommenen Resümee Frischlins Wirken als Hofdichter, das im übrigen weitgehend seiner Tätigkeit als Universitätslehrer parallel lief, noch etwas stärker verdeutlicht werden.

Durch diesen Abschnitt wird auch das vereinfachende Klischee vom kritischen und aufmüpfigen Frischlin etwas modifiziert, das im allgemeinen Bewußtsein vorherrscht. Tatsache ist dagegen aber, daß der Großteil seiner Werke affirmativen Charakters war,[28] also fest auf dem Boden der bestehenden Herrschafts– und Sozialordnung blieb – ja sie darüber hinaus vielfach verherrlichte; kritische Elemente waren dabei gleichwohl nicht ausgeschlossen. Der Hofpoet muß also auf jeden Fall als Korrektiv zum Rebellen ins Spiel gebracht werden, wenn der ganze zeitgenössische Frischlin umrissen werden soll.

Bereits die lobende Beschreibung der württembergischen Bildungseinrichtungen von 1569, sein Erstlingswerk, hatte Frischlin als junger Universitätslehrer gemäß den Zeitsitten dem Herzog Ludwig, seinem Landesherrn, gewidmet. Ganz unmittelbar mit dem Hofleben[29] verbun-

---

28 Vgl. den Beitrag von W. Barner in diesem Band.
29 Zum württembergischen Hof in dieser Epoche vgl. Hörrmann, Michael: Exerzitia und Ritterspiele am Fürstenhof des 16. Jahrhunderts – Das Beispiel Stuttgart. Wiss. Zul.–arbeit. Tübingen 1985; vgl. auch noch speziell zu Frischlin: Sittard, Josef: Zur Geschichte der Musik und des Theaters am Württembergischen Hofe. Bd. 1. Stuttgart 1890 (Nachdr. 1970). S. 146ff.

den und seiner Karriere als Hofdichter förderlich war dann die Hochzeitsbeschreibung, die Frischlin 1575 in lateinischer Sprache von der Vermählung Herzog Ludwigs mit Dorothea Ursula von Baden–Durlach verfaßte (1577 in deutscher Übersetzung erschienen). Am 1. Januar 1576 wurde seine lateinische Komödie *Rebecca* in Tübingen vor dem Herzog aufgeführt, wie überhaupt in der Universitäts- und zweiten Residenzstadt des Herzogtums wiederholt vor dem Hof Frischlinsche Werke zum besten gegeben wurden.

Das gilt auch für sein Werk anläßlich des Universitätsjubiläums, das wegen der Pest erst 1578 begangen wurde. In seinem *Carmen seculare* wird nicht nur der Universitätsgründer abgefeiert, auch seine Nachfolger. Einige Ausschnitte in deutscher Übersetzung sollen die Hofnähe illustrieren:[30]

> Leben wird hier Eberhard ein langes Zeitalter,
> bekannt für seine Größzügigkeit gegen die Musen.
> Wie ein Baum an klaren Wogen wächst
> der Ruhm des göttlichen Christoph; und es funkelt
> das Gestirn der Teck, wie unter kleinen
> Himmelsfeuern der Mond.
> Nichts größeres wird geboren als dieser Gott,
> und nichts gedeiht ihm gleich oder ihn erreichend,
> mag ihm auch sein Sohn an Ehren
> ganz nahe gekommen sein,
> Herzog Ludwig, tüchtig im Frieden,
> tüchtig auch im Krieg und im rauhen Heerlager,
> so scheint mir, so oft es die Ausübung deiner Herrschaft
> erfordert.
> Spät erst mögest du in den Himmel zurückkehren und lange
> fröhlich unter deinem Volk leben und in der Universität
> hier gerne Vater genannt werden und mit gütigem
> Namen Fürst.

---

30 Zu Frischlin als Hofdichter vgl. das Nachwort zu Frischlin, Nicodemus: Julius redivivus. Comoedia. In der Übers. von Frischlin, Jacob. Hg. Schade, Richard E.. Stuttgart 1983. S. 149ff.; das Zitat findet sich in: Nicodemus Frischlin (1547–1590). Tübinger Poet, Humanist, schwäbischer Querkopf. Eine Einführung zur Ringvorlesung des Sommersemsters 1991. S. 15.

Der antikisierende göttliche Titel für den württembergischen Landesherrn Christoph muß hier nicht überraschen, das ganze entspricht dem Stil der Zeit. Das Prädikat »göttlich« (*divus*) konnte Frischlin im übrigen selbst dem württembergischen Reformator Brenz, dem Großonkel seiner Gattin, zuordnen.[31] Im Drama *Phasma* läßt er dann sogar Brenz mit Luther in den Himmel auffahren.[32]

Wenn es ihm dienlich erschien, trat Frischlin auch als Panegyricus anderer Dynastien auf. Seine literarischen Aktivitäten zum Lobe des kaiserlichen Hauses Österreich hatten ihm bereits 1576 die Ernennung zum *Poeta Laureatus* durch Rudolf II. und 1577 die Hofpfalzgrafenwürde eingebracht;[33] dagegen blieb nach seinem Weggang von Württemberg 1587 die Lobrede auf das kursächsische Haus ohne entsprechenden Erfolg, den er sich an der Universität Wittenberg gewünscht hätte.[34] Die vergebliche Suche nach einem neuen Mäzen bewegte den heimatlos gewordenen Dichter später auch zu Widmungen an verschiedene andere Fürsten und einflußreiche Persönlichkeiten.

Wir haben damit aber vorgegriffen und wollen Frischlin noch weiter in seinem Hauptbetätigungsfeld als Hofpoet, eben in Württemberg, verfolgen.[35]

Nach 1578 erreichte Frischlins Hofkarriere einen Höhepunkt: Zwei Komödien von ihm gelangten 1579 bei Hofe zur Aufführung. Im gleichen Jahr brachte ihm jedoch erstmals eine literarische Produktion ganz

---

31 Ebd. (1991) S. 19.
32 Zu Frischlins Verhältnis zur luth. Orthodoxie s. jetzt den Beitrag von J. Baur in diesem Band.
33 Strauß (wie Anm. 3) S. 93ff. (mit Beispielen, wie Frischlin die Kompetenzen seiner kleinen Comitive überschritt); zur Sache vgl. Dobler, Eberhard: Das kaiserliche Hofpfalzgrafenamt und der Briefadel im alten deutschen Reich vor 1806 in rechtshistorischer und soziologischer Sicht. Jur. Diss. Freiburg 1950; Bader, Karl Siegfried / Platen, Alexander v.: Das Große Palatinat des Hauses Fürstenberg (Veröff. aus dem Fürstl. Fürstenbergischen Archiv 15) Allensbach 1954. S. 9ff.; zur Dichterkrönung vgl. Arnold, Klaus: poeta laureatus – Die Dichterkrönung Ulrichs von Hutten. In: Ulrich von Hutten. Ritter–Humanist–Publizist 1488–1523. Katalog. Bearb. v. Laub, Peter. Kassel 1988. S. 237–247 (mit Lit.).
34 Strauß (wie Anm. 3) S. 411f.
35 Neben den Ausführungen bei Schade (wie Anm. 30) vgl. insbes. Strauß (wie Anm. 3) und die gute chronologische Übersicht bei Bumiller / Röcklein (wie Anm. 3) S. 134–140.

massiven Ärger ein, das Gedicht auf die Explosion des Tübinger Pulver-
turms. In diesem hatte er u.a. den Kollegen Crusius verspottet, der ihm
nicht zuletzt wegen seines Ruhmes bei Hofe neidisch geworden war.
Damals schon erhielt er eine ernsthafte Ermahnung vom Universitätskanzler Andreae, der dann 1581 ihn ausdrücklich darauf hinweisen sollte,
daß das Amt des Poeten nicht die Gesellschaftskritik umfasse, diese ge-
bühre allein den Propheten, das heißt den Theologen.[36]

1580 nahmen die Probleme Frischlins, der solche Mahnungen und
Einschränkungen nicht akzeptierte, mit der Drucklegung der vom Adel
so heftig attackierten »Rede vom Landleben« (*Oratio de vita rustica*) zu
– wir kommen darauf noch zurück. Nachdem die ersten Irritationen bei-
gelegt waren, wurde Frischlin im Mai 1581 sozusagen wieder offiziell
tätig – mit einem Gedicht auf die Hochzeit von Graf Friedrich von Mömpelgard (dem späteren Herzog) und Sibylla von Anhalt.

Bald trieben ihn aber die erneuten Verstrickungen der Adelsaffäre in
eine Entfremdung zum Hof, schließlich kam es 1582 zur Aufgabe der
Tübinger Professur und Annahme einer Rektorenstelle an der von den
Ständen getragenen Landesschule zu Laibach in Slowenien.

In den Kontext seiner Bemühungen, wieder in Württemberg und Tübingen Fuß zu fassen, gehören die Beschreibung der zweiten Hochzeit
Herzog Ludwigs mit Pfalzgräfin Ursula von Lützelstein sowie die zum
gleichen Anlaß im Jahre 1585 bearbeitete und im Stuttgarter Schloß auf-
geführte Komödie *Julius redivivus*. Das Stuttgarter Schloß hatte er im
übrigen schon in seinem erwähnten Ehegedicht von 1577 (Übersetzung
1578) geschildert:[37]

> *Ein Herrlichs Fürstlichs Schloß thut schimmern*
> *Mit seinen Mauren und Gezimmern*
> *Von gold die gulden Knöpff erzwitzern*
> *und auff den hohen Tächern glitzern*
> *Ein uberschönes hochs Gebew*
> *Da Gott selbs gern solt wonen frey.*

36 Strauß (wie Anm. 3) S. 148–154, S. 204 (zu 1581); zum ersten Konflikt um eine
poetische Hervorbringung Frischlins 1574 vgl. ebd. S. 59.
37 Nach Schade (wie Anm. 30) S. 159; vgl. Bach, M.: Eine poetische Beschreibung des
alten Schlosses in Stuttgart von Nikodemus Frischlin. In: Litterarische Beilage des
Staats–Anzeigers für Württemberg 1892. S. 118–121.

In dem Stück *Julius redivivus* nun besucht der wiederbelebte Julius Caesar gemeinsam mit Cicero Deutschland, wobei die erreichte Kulturhöhe mit humanistischem Nationalstolz herausgestrichen wird – immerhin so eindrucksvoll, daß sich daran noch das Nationalbewußtsein des jungen Otto von Bismarck entzünden konnte.[38]

Wenngleich das Stück nicht von vornherein für den Hof geschrieben war, so gelang es dem Autor doch, eine für den Landesherrn schmeichelhafte Parallelisierung zu Caesar herauszuarbeiten. Immerhin erscheint Caesar auch auf der fürstlichen Grabtumba in der Tübinger Stiftskirche.[39] Diese Tumba demonstriert im übrigen noch heute das große Gewicht, das Ludwig auf Kunst und Kultur legte – und als Erbe eines tüchtigen Vaters auch in die Tat umzusetzen vermochte. Noch zu Beginn des 17. Jahrhunderts konnte am Stuttgarter Hof auf Frischlins *Julius redivivus*–Aufführung angespielt werden, so nachhaltig war offenbar der Eindruck dieses herrschaftsverherrlichenden und herrschaftslegitimierenden Opus.

Für den Autor selbst war der Erfolg seiner Bemühungen allerdings kein nachhaltiger: Im Kontext der alten Streitereien mit Universitätskollegen und dem Adel sowie infolge eines neu aufgegriffenen älteren Ehebruchfalles konnte er sich nicht im Lande halten: Eine Irrfahrt mit vielen Stationen und einem schlimmen Ende begann.

Diese Etappen des späten unsteten Frischlinschen Lebensweges können hier im einzelnen nicht nachgezeichnet werden. Wichtiger ist für uns der Adelsstreit, der so sehr mit den württembergischen Verhältnissen verflochten ist.

Ein abschließender Hinweis soll jedoch noch zur Einschätzung von Frischlins literarischem Engagement für und am Hof gegeben werden. Dieses darf nicht unbedingt als Ausdruck einer inneren Nähe zum Fürstentum gewertet werden. Es könnte auch vorrangig als Konsequenz der herrschenden wirtschaftlichen und politischen Verhältnisse und der eigenen materiellen Zwänge, sich mit diesen zu arrangieren und von diesen zu profitieren, aufgefaßt werden. Im Lob für die Städte – die »republi-

---

38 Kindlers Literatur Lexikon im dtv. Bd. 11. München 1974. S. 4928f.
39 Schade (wie Anm. 30) S. 171; vgl. jetzt umfassend: Die Renaissance im deutschen Südwesten (Ausstellungskatalog). 2 Bde. Karlsruhe 1986.

kanische« beziehungsweise bürgerliche Alternative zur Adelsgesellschaft, wenn man so will – konnte sich Frischlin ebenso hervortun, wenn eine Anerkennung beziehungsweise eine Stellung in Sicht schien – das Beispiel Straßburg sei hier besonders genannt.[40]

Eine grundsätzliche, potentiell kritische Distanz zur ständischen Struktur der Gesellschaft und insbesondere zur Adelsherrschaft dürfte gleichwohl aus seiner brieflich–privaten Häme über einen vermuteten Zusammenhang von Alkoholismus und Kinderlosigkeit bei seinem Gönner Herzog Ludwig kaum herauszulesen sein. Deutlicher jedoch äußerte sich Frischlin im Hinblick auf den ritterschaftlichen Adel. Hier eröffnete das – allerdings nicht immer konstant große – Spannungsfeld zwischen Niederadel und Territorialfürstentum zwar gewisse, aber keinesfalls ungefährliche (wie Frischlin überdeutlich genug erfahren sollte) Spielräume für soziale Kritik.

V. Die Beziehungen zum Adel

Eine noch größere Dramatik als die (mit dem Hoferfolg sehr wohl in Zusammenhang stehenden) Querelen innerhalb der Universität entfaltete sich im Kontext dieser Frischlinschen Äußerungen zum ritterschaftlichen Adel, deren sozialgeschichtliche und politische Zusammenhänge nun näher verfolgt werden sollen.[41] Dabei treffen wir gleichfalls auf Grund-

---

40 Zum Straßburg–Lob 1575 vgl. Strauß (wie Anm. 3) S. 48–51; Städtelob findet sich z.B. auch im *Julius redivivus* (Augsburg, Nürnberg); zur Bewertung des Städtewesens s. jetzt Schreiner, Klaus : Iura et libertates. Wahrnehmungsformen und Ausprägungen »bürger–licher Freyheiten« in Städten des Hohen und Späten Mittelalters. In: Puhle, Hans–Jürgen (Hg.): Bürger in der Gesellschaft der Neuzeit. Göttingen 1991. S. 59–106.

41 Vgl. allgemein Hohendahl, Peter Uwe / Lützeler, Paul Michael (Hgg.): Legitimationskrisen des deutschen Adels 1200–1900 (Literaturwissenschaft und Sozialwissenschaft 11). Stuttgart 1979; Press, Volker: Adel im Reich um 1600. In: Spezialforschung und Gesamtgeschichte (Wiener Beiträge zur Geschichte der Neuzeit 8). Wien 1981. S. 15–47; Midelfort, H. C. Erik: Adeliges Landleben und die Legitimationskrise des deutschen Adels im 16. Jahrhundert. In: Schmidt, Georg (Hg.): Stände und Gesellschaft im Alten Reich. Wiesbaden 1989. S. 245–264; Endres, Rudolf (Hg.): Adel in der Frühneuzeit. Ein regionaler Vergleich. Köln/Wien 1991.

strukturen und Verwerfungen, denen über den konkreten Einzelfall hinausreichende exemplarische Bedeutung zukommt.

Zunächst ist festzuhalten, daß Frischlin in der Universitätsstadt Tübingen nicht nur als Hochschullehrer in seiner Dozentenfunktion mit hohem und niederem Adel in Kontakt kam, sondern auch gesellschaftlichen Umgang mit Adelskreisen pflegte. An einigen herausragenden Beispielen sei dies verdeutlicht: So wurde der in Tübingen studierende Friedrich von Württemberg–Mömpelgard (der spätere Herzog Friedrich I.) 1573 Pate des zweiten Frischlin–Sohnes, nachdem der Professor und Kollege Martin Crusius – sein späterer Todfeind – beim ersten Gevatter gestanden hatte.[42]

Pfalzgraf Georg Gustav von Lützelstein, Bruder der zweiten Frau Herzog Ludwigs von Württemberg (Eheschließung 1585), gehörte ebenfalls zu Frischlins Hörern. Er war beim Vortrag der *Oratio de vita rustica* 1578 dabei (wie auch ein Graf von Falkenstein) und bewahrte Frischlin weiterhin seine Gunst, intervenierte noch 1589 für ihn.[43]

1582, als Frischlin aus Laibach zurückgekehrt war und keine Anstellung in Tübingen mehr fand, engagierten ihn die drei in Tübingen studierenden Pfalzgrafen von Tübingen (die Familie der vormaligen Stadtherren also!) für ihren Privatunterricht.[44] Dieser Kontakt läßt sich jedoch wohl eher dem Hofmeister–Modell zuordnen, das langfristig die sicherlich wichtigste Berührungszone zwischen Adel und gebildetem Bürgertum bleiben sollte – auch über die Phasen stärkerer gesellschaftlicher Abgrenzung hinaus.[45] Bemerkenswert ist ferner, daß sich offenbar der hohe Adel von den Angriffen Frischlins auf den Niederadel nicht unmittelbar tangiert sah, ein umfassendes adliges Selbstverständnis und Solidaritätsgefühl in dieser Form wohl nicht bestand; auf den Zusammenhang mit dem politischen Gegensatz zwischen hohem und niederem Adel kommen wir noch zurück. Er zeigte sich u.a. auch im Konflikt Fritz

---

42 Strauß (wie Anm. 3) S. 52; Bumiller / Röckelein (wie Anm. 3) S. 135f.
43 Strauß (wie Anm. 3) S. 301f.
44 Ebd. S. 299 – zu einer Frischlin–Widmung an diese 1587: Ebd. S. 411.
45 Zum Hofmeister s. Fertig, Ludwig: Die Hofmeister. Ein Beitrag zur Geschichte des Lehrerstandes und der bürgerlichen Intelligenz. Stuttgart 1979; ders.: Zeitgeist und Erziehungskunst. Eine Einführung in die Kulturgeschichte der Erziehung in Deutschland von 1600 bis 1900. Darmstadt 1984.

Herter von Hertenecks, des Intimfeindes Frischlins, mit den Hohenzollern, die ihrerseits wieder Frischlin und seinen Bruder protegierten.[46]

Die hier vorgestellten und andere Beispiele für den Umgang zwischen Bürgertum und Adel sind keine Einzelfälle: weder für Tübingen, noch für die deutsche Sozialgeschichte. Sie demonstrieren noch relativ spät den engen und vielfach zwanglosen Verkehr zwischen den Ständen, der für das 16. Jahrhundert typisch ist – für ein Jahrhundert, das man nicht ohne Grund das bürgerlichste der älteren deutschen Geschichte genannt hat.[47]

Ein sich zunehmend verstärkendes adliges Selbstbewußtsein und damit einhergehende vielfach neue, bewußt abgrenzende Bildungs–, Sozialisations– und Lebensformen führten dann aber im Übergang zum Barockzeitalter zur Errichtung einer relativ starren Barriere zwischen Adel und Bürgertum.

Die Wende läßt sich gerade in Tübingen überdeutlich erkennen, als noch gegen Ende des 16. Jahrhunderts aus der neuen Beamtenschule des Landes eine ausschließlich dem Adel vorbehaltene Ritterakademie wurde: das Collegium illustre.[48] Mit diesem und anderen ähnlichen Instituten erhielt die überständische, humanistisch geprägte Bildungsgemeinschaft einen entscheidenden Schlag, da die Absonderung des Adels nicht nur bildungsorganisatorischer Art war, sondern auch standesspezifische Lehrinhalte entwickelt wurden.[49]

---

46 Strauß (wie Anm. 3) S. 171f.; vgl. auch Birlinger, Anton (Hg.): J. Frischlins Hohenzollerische Hochzeit 1598. Freiburg 1860; Schmid, Ernst Fritz: Musik an den schwäbischen Zollernhöfen der Renaissance. Basel/London/New York 1962. S. 146ff.; zu Jakob Frischlin vgl. ferner Klein, Michael: Wer war »Johannes Agricola«. In: Zeitschrift für Württembergische Landesgeschichte 48 (1989) S. 143–157, bes. S. 146f.

47 S. dazu Press, Volker: Stadt und territoriale Konfessionsbildung. In: Petri, Franz (Hg.): Kirche und gesellschaftlicher Wandel in deutschen und niederländischen Städten der werdenden Neuzeit (Städteforschung A 10) Köln/Wien 1980. S. 251–296, bes. S. 283; Schilling, Heinz: Aufbruch und Krise. Deutschland 1517–1648. Berlin 1988. S. 365; zur Problematik vgl. Skalweit, Stephan: Der Beginn der Neuzeit (Erträge der Forschung 178). Darmstadt 1982, bes. S. 36–39.

48 Conrads, Norbert: Ritterakademien der frühen Neuzeit. Bildung als Standesprivileg. Göttingen 1982.

49 Vierhaus, Rudolf: Umrisse einer Sozialgeschichte der Gebildeten in Deutschland. In: Ders.: Deutschland im 18. Jahrhundert. Göttingen 1987. S. 167–182; Conrads, Norbert: Tradition und Modernität im adligen Bildungsprogramm der Frühen Neuzeit. In:

Noch intensiver als mit dem hohen Adel, aber bald auch problematischer gestaltete sich Frischlins Umgang mit dem niederen oder ritterschaftlichen Adel in Tübingen – eine Beziehung, die ja wesentlich sein
Schicksal bestimmen sollte.

Hier war die alte Ständegrenze wichtiger als gegenüber dem hohen
Adel, dessen besonderer ständischer, gesellschaftlicher und vielfach auch
politischer Rang außer jeder Diskussion stand. Neben beziehungsweise
verwoben mit der Abgrenzungsfrage spielte die Konkurrenzsituation[50]
hinsichtlich der gehobenen Positionen im landesherrlichen Dienst (Zentralbehörden, Obervogts– beziehungsweise Amtmannsstellen) in das Verhältnis zwischen Bürgertum und Niederadel hinein. Damit war verknüpft das
von Frischlin immer wieder angeschnittene Thema der ständischen Einordnung und gesellschaftlichen Anerkennung[51] für die bürgerlichen Gelehrten, die nicht mehr in die überkommenen sozialen Modellvorstellun-
gen paßten.

Es waren nun vor allem zwei Herren aus ritterschaftlichem Adel, deren
geselliger Verkehr mit Frischlin samt den Exzessen aktenkundig geworden
ist, da sich in den unter Alkoholeinfluß aufgebrochenen Streitereien
schließlich der soziale Gegensatz manifestierte und weiterentwickelte.

Die einzelnen Phasen des schon von David Friderich Strauß geschilderten Konflikts[52] können hier nicht näher verfolgt werden. Erkennbar
ist in der Bilanz, daß offenbar aus einer dumpfen Gefühlsmischung zwischen adliger Herablassung (im wahrsten Sinne des Wortes) und gewisser Minderwertigkeitskomplexe die (aus adliger Sicht) unzulässige bür-

Schulze, Winfried / Gabel, Helmut (Hgg.): Ständische Gesellschaft und Mobilität
(Schriften des Historischen Kollegs, Kolloquien 12). München 1988. S. 389–404.

50 Garber, Klaus: Zur Statuskonkurrenz von Adel und gelehrtem Bürgertum im theoretischen Schrifttum des 17. Jahrhunderts. In: Hof, Staat und Gesellschaft in der Literatur
des 17. Jahrhunderts (Daphnis 11, H.1–2). 1982. S. 115–142.

51 Die Anerkennung der bürgerlichen Gelehrten wird als adlige Tugend auch in der
unter Frischlins Namen erschienenen Entschuldigung (Tübingen 1585) herausgestellt
(S. 11: [...] *gelehrte Leut in Ehren halten* [...]) – zur Autorschaft Lucas Osianders vgl.
Strauß (wie Anm. 3) S. 310; zu dieser wichtigen sozialen Gruppe vgl. Kühlmann,
Wilhelm: Gelehrtenrepublik und Fürstenstaat (Studien und Texte zur Sozialgeschichte der Literatur 3). Tübingen 1982; Malettke, Klaus / Voss, Jürgen (Hgg.): Humanismus und höfisch–städtische Eliten im 16. Jahrhundert (Pariser Historische Studien
27). Bonn 1989.

52 Vgl. ausführlich bei Strauß (wie Anm. 3) S. 168ff.

gerliche Anbiederung und gelehrte Überheblichkeit Frischlins durch symbolhafte ehrenrührige Behandlung gestraft werden beziehungsweise gegenüber dem bürgerlichen Emporkömmling der höhere Adelsstand handgreiflich demonstriert werden sollte.

Daß es sich hierbei – trotz aller Zufälligkeit und Nichtigkeit des Anlasses – nicht um wirkliche Zufälle oder rein persönliche bedingte Vorkommnisse handelte, sollte der Fortgang zeigen. Insbesondere die bemerkenswerte Eskalation dieser Streitereien im Kontext der Frischlinschen adelskritischen literarischen Äußerungen und ihrer bewußten Aufnahme durch die Ritterschaft, die dann so weite Kreise zog, belegen den exemplarischen Charakter. Eine Analyse der allgemeinen Situation erklärt Verlauf und Zeitpunkt dieses Stellvertreterkrieges, der zeitweilig vom Medium des Papiers auf das Metier der Waffen (konkret in Form geplanter Anschläge gegen Frischlin) überzuspringen drohte.

Bevor aber die Weiterungen der Frischlinschen Adelskritik, die er nach dem mündlichen Vortrag seiner *Oratio de vita rustica* (entstanden im Zusammenhang seiner universitären Arbeit an Vergils *Georgica*) 1580 auch in Druckform vorlegte, verfolgt werden, soll noch näher der auslösende Streit mit Exponenten des Niederadels in Tübingen beleuchtet werden.

Bekanntlich waren Frischlins Hauptfeinde am Ort zum einen Fritz Herter von Herteneck, Obervogt zu Tübingen und Beisitzer am dortigen Hofgericht des Herzogtums Württemberg:[53] dieser demütigte Frischlin nach einem Gelage, und zum andern Hans Burkhard von Anweil, Obervogt zu Herrenberg und Hofrichter (also Vorsitzender des Hofgerichts) zu Tübingen:[54] dieser gebildete Adlige sorgte für die Übersetzung und Verbreitung der Frischlinschen Adelskritik, und zwar gegen den Willen von Universität und Landesherrschaft, die keinerlei Interesse an einer Eskalation hatten: Anweil eröffnete also gezielt und bewußt das adlige Kesseltreiben gegen den bürgerlichen »Ehrabschneider«.

---

53 Zu ihm vgl. Frey, Siegfried: Das württembergische Hofgericht (1460–1618) (Veröffentlichungen der Kommission für geschichtliche Landeskunde in Baden–Württemberg, Reihe B 113). Stuttgart 1989. S. 178f.
54 Ebd. S. 153.

Die Kontakte und der Streit Frischlins mit diesen adligen Herren entstanden vorzüglich bei geselligen Veranstaltungen im Zusammenhang
der Hofgerichtssitzungen. Daß dies ebenfalls nicht zufällig war, sondern
daß gerade im Hofgericht eine wichtige Berührungs– aber auch Konflikt-
zone für den alten Adel und das neue bürgerliche Gelehrtentum sich ergab, zeigt schon ein kurzer Blick auf die Geschichte dieser Institution.[55]

In der Praxis dieses höchsten Landesgerichts war zwar den adligen
Beisitzern die erste Bank reserviert (1587 erstmals in einer Hofgerichts-
ordnung formal fixiert, der Zustand aber traditionell), das erste Votum
(mit der so wichtigen Urteilsbegründung) sowie den größten faktischen
Einfluß besaßen jedoch die bürgerlichen Gelehrten, die vielfach aus dem
Kreis der Universitätsprofessoren genommen wurden.

Hier im Hofgericht traf also regelmäßig der adlig–herrschaftliche Anspruch auf die bürgerlich–gelehrte Sachkompetenz, wobei in Konfliktfäl-
len ihr prinzipieller Gegensatz zweifellos auch manifest und verbalisiert
wurde. Gegen Ende des 16. Jahrhunderts waren die Adligen allerdings
schon unverkennbar dabei, den bürgerlichen Bildungsvorsprung zumindest formal wettzumachen (Ritterakademien, zunehmender adliger Uni-
versitätsbesuch).[56] Die Lage gerade zu dem Zeitpunkt, als der Frischlin–
Streit aufkeimte, illustriert jedoch ein Zitat des württembergischen Landhofmeisters, der – selbst adlig – hier als unbefangen gelten kann. 1576
stellte dieser fest: Das Hofrichteramt erfordere eine *gelehrte, wissentliche
und genugsam qualifizierte Adelsperson*; leider sei im Lande keiner dafür
zu finden und von außerhalb Württembergs könne man nur mit Kosten
und höchster Besoldung jemand bekommen.[57]

Hier wird schlaglichtartig deutlich, wie wenig noch damals der mit
Württemberg verbundene Adel (das heißt wohl die Lehnsleute, da es keine Landsassen gab) qualifiziert war. Anweil, der dann noch 1576 in
Dienst genommen wurde, hatte selbst in Paris und Tübingen studiert und
seit 1563 dem württembergischen Oberrat angehört; sein Vater hatte Baden gedient.[58]

55 Vgl. Frey (wie Anm. 53).
56 Belege ebd. S. 103; zum Gesamtkomplex vgl. Press (wie Anm. 47) S. 283, Anm. 148
    und Skalweit (wie Anm. 47) S. 38f.
57 Frey (wie Anm. 53) S. 100.
58 Vgl. auch Bernhardt, Walter: Die Zentralbehörden des Herzogtums Württemberg und

VI. Der Streit um die *Oratio de vita rustica* seit 1580

Wenden wir uns nun nach diesen Anmerkungen zum Vorspiel (das hinsichtlich Fritz Herters auch als Satyrspiel bezeichnet werden könnte) dem Hauptkampffeld, dem konkreten Streit um Frischlins »Rede vom Landleben« zu.

Große Teile der Adels- und Hofkritik dieser Rede beruhen auf literarischen Quellen und Mustern, die teilweise bis in die Antike zurückreichen. Darauf hat schon Frischlin selbst verwiesen. Der literarische und daher auf den ersten Blick unverfänglich erscheinende Charakter seiner poetischen Hervorbringung konnte im übrigen später noch dadurch untermauert werden, daß in der »Entschuldigung« von 1585 aus dem nämlichen Quellenbereich dann Positives über den Adel geschöpft wurde.[59]

Das besondere an Frischlins Werk ist jedoch offenbar die Kontrastierung einer positiven Sicht des Bauern (wofür es ebenfalls eine reiche literarische Tradition gab) mit eben der kritischen Schilderung des niederen Adels, der nicht nur in ein eindeutig für ihn negativ gefärbtes anthropologisch–historisches Modell eingespannt wird, sondern dem auch ganz konkrete Vorwürfe (u.a. Ahnendünkel, Bauernschinden, Willkür, Verachtung der Gelehrten, innerständische destruktiv–konspirative Solidarität – gesteigert bis zur Widersetzlichkeit gegen Fürsten und Kaiser) gemacht werden. Diese knappen Hinweise müssen an dieser Stelle genügen, auf weitere einzelne Elemente der Kritik wird noch zurückzukommen sein.

Obwohl also die adelskritischen Züge der *Oratio* sich auch in anderen Werken der zeitgenössischen Literatur nachweisen lassen,[60] ist dennoch die davon ausgelöste Entrüstung im Adel beträchtlich. Die Raum–Zeit–Konstellation muß für die Wirkung dieser literarischen Produktion besonders sensibel gewesen sein. Frischlin muß, bildlich gesprochen, in ein

---

ihre Beamten 1520–1629. 2 Bde. (Veröffentlichungen der Kommission für geschichtliche Landeskunde in Baden–Württemberg, B 70 und 71) Bd. 1. S. 135ff.; ein Sohn dieses adelsstolzen Mannes wurde 1599 Oberhofmeister der Tübinger Ritterakademie! – ebd. S. 134.

59 Vgl. dazu Schreiner (wie Anm. 1) S. 134; s. auch hier Anm. 51.
60 Ebd. S. 125f. (Frischlins eigene Belege aus der ungedruckten *Apologia*); vgl. auch die Lit. in Anm. 41 und Kiesel, Helmuth: »Lange zu hofe, lang zu helle«: Literarische Hofkritik der Humanisten. In: Hohendahl / Lützeler (wie Anm. 41) S. 61–81.

Wespennest gestochen haben. Für die Brisanz seiner Thematik lassen sich dann in der Tat auch verschiedene Indikatoren benennen.

So wird die adlige Kampagne gegen Frischlin durchaus planmäßig aufgezogen und orientiert sich nicht zufällig an den Organisationsstrukturen der Reichsritterschaft, wie sie erst wenige Jahre vorhanden sind.[61] Die sogenannten Korrespondenztage der Reichsritterschaft in Schwaben, Franken und am Rheinstrom gab es z.B. erst seit 1576. Wenn man so will, könnte hier also von einer Generalprobe des auf der Basis ausgebauter Kommunikations– und Aktionsnetze sich deutlich festigenden adligen Selbstbewußtseins gesprochen werden.

Dieser Kampf des Adels gegen Frischlin erinnert dabei in mancher Hinsicht – ausgreifende Mobilisierung, polemische Propaganda – an den gegen Herzog Ulrich von Württemberg, nachdem dieser 1515 seinen adligen Stallmeister Hans von Hutten erstochen hatte.[62] Auf jeden Fall ist es nicht ohne tieferen sachlichen Grund, daß gerade Württemberg zum Schauplatz solcher Auseinandersetzungen wird – war es doch gerade dieses Territorium, in dessen regionalem Ausstrahlungs– beziehungsweise Hegemoniebereich ein großer Teil der sogenannten Reichsritterschaft saß: eine soziale Gruppe, von denen viele sich gerade dem württembergischen Territorialisierungsprozeß in letzter Stunde entzogen hatte.[63]

Hatte die Reichsritterschaft durch solidarisch–korporatives Handeln und durch Anlehnung an den Kaiser auch das Landsässigwerden abwenden können, so blieben gleichwohl zahlreiche Beziehungen zu Württemberg und den anderen großen süddeutschen Fürstentümern bestehen:

61 Press, Volker: Kaiser Karl V., König Ferdinand und die Entstehung der Reichsritterschaft. Wiesbaden 1975 (2. Aufl. 1980); ders.: Kaiser und Reichsritterschaft. In: Endres (wie Anm. 41) S. 163–194; Schulz, Thomas: Der Kanton Kocher der Schwäbischen Reichsritterschaft 1542–1805 (Esslinger Studien, Schriftenreihe 7). Esslingen 1986. S. 58ff.; ders: Die schwäbische Reichsritterschaft. Grenzen und Möglichkeiten adliger Autonomie im deutschen Südwesten. In: Timmermann, Heiner (Hg.): Die Bildung des frühmodernen Staates – Stände und Konfessionen. Saarbrücken 1989. S. 149–174.

62 Press, Volker: Ulrich von Hutten und seine Zeit. In: Laub (wie Anm. 33) S. 25–53, bes. S. 28ff.

63 Nach wie vor unentbehrlich für die Geschichte der württ. Stände ist Grube, Walter: Der Stuttgarter Landtag 1457–1957. Stuttgart 1957; zur Ritterfrage vgl. jetzt auch Vann, James Allen: Württemberg auf dem Weg zum modernen Staat 1593–1793. Stuttgart 1986. S. 38ff.

Dienste und andere Kontakte zum Hof, Tätigkeiten in Regimentsstellen und beim Militär, Beamtungen als Obervögte, beim Hofgericht usw., nicht zuletzt auch Lehnsbindungen – wir kommen darauf noch zurück. Vielfach ergaben sich daraus für den einzelnen Ritter komplizierte Doppelrollen und Doppelloyalitäten, durch die den Statusfragen ein besonderer Rang zuwuchs, durch die aber auch eine Atmosphäre von hoher Sensibilität gegeben war.

Bevor wir diese württembergischen Interna weiterverfolgen, soll noch auf einen anderen allgemeinen Aspekt der durch Frischlin gebündelten literarischen Adelskritik verwiesen werden: Es ist dies die Tatsache, daß mit den kritischen Ausführungen zur Adelsgenese und dem gleichzeitigen kräftigen Lob des Bauernstandes die Legitimität adliger Herrschaft[64] und damit der sozialen Wirklichkeit ganz allgemein in Frage gestellt erschien – und hier war man nach den geschichtlichen Erfahrungen des Bauernkrieges von 1525 äußerst empfindlich. Dabei konnten Brücken vom ritterschaftlichen Niederadel zu den Fürsten geschlagen werden – wie etwa der Vorstoß des Landgrafen Wilhelm von Hessen 1581 in Stuttgart zeigt, der vollständig das von der Ritterschaft gegen Frischlin eingesetzte Schreckbild eines durch die *Oratio* evozierten neuen Bauernaufruhrs übernahm.[65] Das Horrorgemälde erfüllte also seine Funktion, indem es die Schranken innerhalb des Adels überspringen und umfassende Adelssolidarität gegen den bürgerlichen Poeten, der als sozialer Brandstifter (gleichsam als neuer Müntzer) diffamiert wurde, konstituieren half.

VII. Die Aktualität der Frischlinschen Adelskritik

Die starke Verankerung in der literarischen Tradition hat offensichtlich der tagespolitischen Sprengkraft von Frischlins *Oratio* nicht geschadet – insbesondere eben deshalb nicht, weil diese, wie bereits angedeutet wur-

---

64 Zum Problem der Legitimierung adliger Existenz vgl. die Lit. in Anm. 41 sowie den Sammelband von Schulze / Gabel (wie Anm. 49); s. dazu insbes. Oexle, Otto Gerhard: Aspekte der Geschichte des Adels im Mittelalter und in der Frühen Neuzeit. In: Wehler, Hans–Ulrich (Hg.): Europäischer Adel 1750–1950 (Geschichte und Gesellschaft, Sonderh. 13). Göttingen 1990. S. 19–56.
65 Strauß (wie Anm. 3) S. 215f.

de und noch näher zu zeigen sein wird, in eine konkrete historische Situation gerichtet war, die für eine derartige Problematik ganz besonders sensibilisiert sein mußte.

Es ist also in der Tat kein unglücklicher Zufall oder nur eine Folge der persönlichen Konfliktfreudigkeit Frischlins beziehungsweise der lokalen Konstellation Tübingens, daß der Adel gegen dieses Werk und seinen Erzeuger so hartnäckig vorging. Die Zeit war dafür reif, da der Adel aus der Defensive gegenüber gelehrten Konkurrenten und in gewisser, eingeschränkter Weise auch gegenüber dem fürstlichen Territorialstaat, heraustrat – dem Territorialstaat, der sich eben der bürgerlichen Gelehrsamkeit gegen den Niederadel bediente. Daß Tübingen und Frischlin jedoch eine so exponierte Rolle spielten, hing mit der besonderen Konstellation schon zusammen: Der württembergische Adel hatte sich zwar, wie schon erwähnt, via Reichsritterschaft der Territorialisierung entzogen, war jedoch im Lande weiterhin durchaus präsent: am Hof, in landesherrlichen Dienststellen (Oberrat, Obervogteiämter), am Hofgericht, an der Universität beziehungsweise später im Collegium illustre; ja, der reichsritterschaftliche Kanton Neckar–Schwarzwald wählte nicht zufällig gerade das württembergische Tübingen zu seinem Zentrum.[66]

Die Brisanz der Frischlinschen *Oratio* wurde darüber hinaus noch erheblich gesteigert, indem sich Frischlin (der zweifellos sehr gut informiert war) nicht auf die Kompilation literarischer Versatzstücke beschränkte, sondern durchaus auch aktuelle Passagen formulierte.

Diese sind vom Umfang her nicht gerade bedeutend, treffen jedoch inhaltlich voll ins Zentrum gravierendster Probleme, mit denen sich der niedere Adel in dieser Epoche konfrontiert sah. Diesen Problemen wollen wir uns näher zuwenden und ihre Aktualität mit knappen Hinweisen auf die württembergische Situation belegen.

Die Frischlinsche Kritik traf dabei nicht nur den ideellen Sektor von traditionellem adligem Selbstverständnis und überhöhtem Prestigeanspruch, der etwa durch hämische Seitenhiebe des Poeten auf rostige Ahnenbilder und adlige Wappenschilder attackiert wurde.[67] Frischlin zielte

---

66 Hellstern, Dieter: Der Ritterkanton Neckar–Schwarzwald 1560–1805. Tübingen 1971.
67 Zitiert nach Strauß (wie Anm. 3) S. 180.

darüber hinaus ganz offen und zweifellos voll bewußt auf die materielle, lebensnotwendige Substanz adliger Existenz.

Dies steht wesentlich im Kontext der bereits angesprochenen Konkurrenzsituation zwischen Adel und bürgerlichen Gelehrten, die Frischlin als solche durchaus auf den Begriff bringt. Näherhin handelt es sich dabei um das Ringen zwischen einer traditionellen Geburtselite (eben dem Adel) und einer modernen Funktionselite (eben den bürgerlichen Gelehrten), die sich selbst als Tugendelite versteht, um einflußreiche und einträgliche Stellen im fürstlichen Dienst.[68]

Der Fall Frischlin liefert dafür prägnante Belege. So heißt es in der *Oratio* – gemäß der eigenen Übersetzung des Dichters:

> [...] *daß die Adeligen die Gelehrten verachten und sich selbst weit vorziehen; sie wollen allenthalben am Brett sitzen, in allen Dingen den Vorzug haben, in Höfen und Kanzleien sollen wir ihrer Gnaden froh sein und ihnen zu Füßen fallen [...].*[69]

Der reale Hintergrund und die unmittelbaren Wirkungen dieser literarischen Äußerung wurden im württembergischen Oberrat manifest, als dort über die ritterschaftlichen Klagen gegen Frischlins Adelsschelte am 29. Dezember 1580 verhandelt wurde.[70]

Ganz unmißverständlich äußerte sich der aus dem Dorf Entringen bei Tübingen stammende Dr. jur. Johann Schulter, der 1578 nach dem Aufzug von Frischlins Widersacher von Anweil als Hofrichter vom Hofgericht zum Oberrat gewechselt war; 1582 avancierte er dann zum Vicekanzler, 1587 gar zum Kanzler.[71] Schulter stellte fest, daß durch den Frischlin–Streit die Eifersüchteleien (*simultates*) zwischen Adel und Gelehrten wieder geweckt würden. Diese Thematik konnte er dazu mit einem früher einmal an ihn gerichteten Ausspruch noch persönlich illustrieren; ein Adliger, so ließ er sich verlauten, habe ihm bedeutet: *es thue nicht gut, man gebiete dann den Doctoribus mit der Feuerbüchsen, wie vor alters geschehen.*

---

68 Vgl. Garber (wie Anm. 50), ferner Sinemus, Volker: Poetik und Rhetorik im frühmodernen deutschen Staat. Sozialgeschichtliche Bedingungen des Normenwandels im 17. Jahrhundert (Palaestra 269). Göttingen 1978.
69 Zitiert nach Strauß (wie Anm. 3) S. 180.
70 Ebd. S. 196ff.
71 Zu Schulter vgl. Bernhardt (wie Anm. 58) Bd. 2. S. 628–631.

Dieses Diktum eines schlichten adligen Politikverständnisses läßt an Deutlichkeit nichts zu wünschen übrig: Es illustriert die Ohnmachtsgefühle der traditionellen Kriegerelite gegenüber den neuen gelehrten Herrschaftstechnikern aus dem Bürgerstand. Durch kompensatorische Macht– und Gewaltphantasien suchte man die realen Positionsverluste zu überspielen. Mit Schwert, Spieß und Feuerbüchse wurde dann in der Tat auch Frischlin von adliger Seite bedroht, ja ihm offenbar sogar konkret nachgestellt.

Der Gegensatz zwischen Gelehrten und Adligen bestimmte selbst das Abstimmungsverhalten des württembergischen Oberrats in dieser Sache: Die soziale Scheidelinie ist für die differierenden Voten dabei unverkennbar.

Nicht zufällig begegnen wir gerade Dr. Schulter und dem bekannten Kammersekretär (späteren Geheimen Rat) Melchior Jäger[72] unter denen, die wiederholt für Frischlin eintraten. Hier stand als verbindendes Element nicht nur ein ähnliches Sozialprofil im Hintergrund, sondern bei Jäger dazu ebenfalls notorische Konflikte mit dem Adel, die aus seiner bevorzugten Stellung am Hofe herrührten.

So hatte sich schon 1571 der Statthalter Graf Heinrich von Castell beschwert, daß in Wirklichkeit Jäger das Statthalteramt versehe und vom Frauenzimmer aus mit der Herzoginwitwe das Land regiere, während er, der Herr Graf, Jägers Ratsgeschäfte zu verrichten habe, was mit seiner Ehre unvereinbar sei. Im übrigen zählte auch Hofrichter Hans Burkhard von Anweil, Frischlins Feind, zu den Adligen, die in Jäger ihren speziellen Gegner sahen.

Frischlin hat die offenbare Funktionskrise des Adels (aus der eine Legitimationskrise beinahe zwangsläufig resultieren mußte) aber nicht nur im Bereich der bürokratisch organisierten Herrschaft in der territorialen Zentrale angesprochen. Ganz offen und zweifellos sachkundig äußerte er sich am 26. April 1581 gegenüber einer herzoglichen Kommission auch über die militärische Rolle des Adels.[73] »Wäre er Herzog, so würde

72 Zu Jäger s. ebd. Bd. 1. S. 402–406; Vann (wie Anm. 43) S. 51ff.
73 Strauß (wie Anm. 3) S. 73f.; seit den späten 1580er Jahren läßt sich in Württemberg eine deutliche Bedeutungszunahme der Söldner erkennen – vgl. Stadlinger, L. J. von: Geschichte des Württembergischen Kriegswesens von der frühesten bis zur neuesten Zeit. Stuttgart 1856. S. 266ff.

er nur wenig Adel und Ritter unterhalten, [dagegen] das Geld zusammensparen, um im Kriegsfall Reiter dafür werben zu können.« Im übrigen wurde damals eine Äußerung aus Adelskreisen kolportiert, der die Beziehungskrise zwischen Ritterschaft und Fürstentum mit größter Deutlichkeit zu entnehmen ist: Der Herzog könne von ihnen nicht mehr wie früher leicht 1000 Pferde (das heißt kriegsfähige Reiter) bekommen, sondern jetzt keine zwei.

Selbst gegen die Einrichtung der adligen Obervögte, die klassische adlige Reservatposition im Territorium, wandte sich Frischlin gegenüber der Kommission mit aller Deutlichkeit.[74] Er bezweifelte sowohl ihren Nutzen im Kriegsfall als auch ihre Arbeit im Frieden (das heißt in der Rechtspflege). In diesem Kontext ist daran zu errinnern, daß seine Intimfeinde Herter und Anweil ja auch Obervögte waren.

Bei dieser Einschätzung spielten neben den sehr persönlichen Erfahrungen auch die Familientraditionen Frischlins mit. Er sprach direkt aus, daß er sich als Nachfahre (über die weibliche Linie) bürgerlicher württembergischer Schultheißen verstehe, die schon in den legendären Schlachten des 14. Jahrhunderts für ihre Landesherren gekämpft hätten. Darüber hinaus war sein Urgroßvater Schweizer Soldfähnrich gewesen, sein Großvater in württembergische Dienste übergewechselt.[75]

Zweifellos war es richtig, daß das allgemeine Adelsaufgebot im 16. Jahrhundert keine wichtige militärische Rolle mehr zu spielen vermochte – ganz abgesehen von dem prekären Verhältnis gerade Württembergs zu »seinem« Adel. Der besoldete Landsknecht und der geworbene Reiter waren neben dem Geschützwesen die kriegsentscheidenden Faktoren – mittelbar also das dafür notwendige Geld, wie es ja Frischlin klar zum

---

74 Zu den Obervögten vgl. Hofacker, Heidrun: Kanzlei und Regiment in Württemberg im späten Mittelalter. Diss. Tübingen 1984 (1989), bes. S. 154ff., S. 180ff.; Dehlinger, Alfred: Württembergs Staatswesen in seiner geschichtlichen Entwicklung bis heute. Bd. 1. Stuttgart 1951. S. 96ff.; satirische Kritik Frischlins an den adligen Amtmännern findet sich in: S. Christoffel – vgl. Deutsche Dichtungen von Nicodemus Frischlin (Bibl. d. Litt. Vereins in Stuttgart 41). Hg. Strauß, David Friderich. Stuttgart 1857. S. 185ff.; zu ihrer militärischen Bedeutung zahlreiche Belege bei Stadlinger (wie Anm. 73).

75 Nähere Angaben dazu bei Strauß (wie Anm. 3) S. 11f.; die traditionelle Schweizer Adelsfeindschaft war Frischlin vielleicht als Familienerbe überkommen, sie war ihm jedenfalls geläufig: ein deutlicher Beleg dafür bei Strauß (wie Anm. 3) S. 210.

Ausdruck gebracht hatte. In diesem Sinne wurde 1591 erstmals in Württemberg ein Kriegsschatz angelegt.[76]

In militärischer Hinsicht konnte der Adel also ebenfalls sehnsuchtsvoll in die Vergangenheit zurückblicken, wenngleich ihm schließlich die Anpassung an die neuen Verhältnisse auch hier gelingen sollte. In einer – offenbar vom Adel lancierten – anonymen Schmähschrift (Juli 1581) wurde der historische Aspekt allerdings nicht ungeschickt anders gewendet, indem die Rolle der Adligen im Bauernkrieg von 1525 herausgestellt wurde.[77] Damals hatten in der Tat noch einmal die berittenen Adligen gegen militärisch ungeübte Bauern sich gefechtsentscheidend in Szene setzen können. Die Erinnerung an den Bauernkrieg war darüber hinaus auch immer wieder im ritterschaftlichen Sinne wirkungsvoll zu funktionalisieren, da aus ihr ein den hohen und niederen Adel verbindender Appell zur solidarischen Gegenwehr gegen sozialen Aufruhr ableitbar war.

Wir sehen also, wie Frischlin die akute Frage adliger Stellenansprüche im Regiment und beim Militär benennt, ja sogar vor den adligen Reservatfunktionen als Obervögten nicht halt macht.

Es gab aber noch einen weiteren Sektor, der für die standesgemäße Versorgung von Adligen höchsten Stellenwert besaß, und den Frischlin ebenfalls kritisch beleuchtete. Das waren die Klosterstellen und kirchlichen Pfründen; darunter vor allem die Domherrenstellen, die kaum Konzessionen hinsichtlich des Lebenswandels verlangten, gleichwohl aber hohes Prestige und gute Einkünfte mit sich brachten.

In seiner *Oratio* nun hatte Frischlin auch hier unmißverständlich den Finger auf eine mühsam verdeckte Wunde gelegt. Die Adeligen, so hatte er sich verlauten lassen, gefielen sich einerseits in Gotteslästerungen, andererseits hielten sie sich aber an den Papst – und zwar nicht aus katholischer Frömmigkeit, sondern *daß sie viel mehr halten auf hohe Ehr, Dignität, Würde und die feisten Kuchen der Thumbherren* [...].[78]

Diese Thematik war so brisant, wie sie aktuell war. Es konnte nicht übersehen werden, daß unter dem Eindruck des Versorgungsdenkens (die evangelische Kirche hatte vergleichbare Stellen eben nicht zu bieten)

---

76 Grube (wie Anm. 63) S. 247f.; vgl. Stadlinger (wie Anm. 73) S. 267.
77 Strauß (wie Anm. 3) S. 213.
78 Ebd. S. 179.

gerade im schwäbischen Raum Adelsfamilien wieder zur katholischen Kirche zurückfanden, die sich – etwa in Anlehnung an Württemberg oder die fränkischen Markgraftümer – einmal anders orientiert hatten.

Die Pfründen- und Konfessionsfrage steuerte nun um 1580 einem Höhepunkt zu.[79] Ein bekannter Fall ist der junge Truchseß von Waldburg aus einer der führenden Familien Oberschwabens, der Ende 1582 als Kölner Erzbischof evangelisch wurde. Zu verweisen wäre vor allem auch auf den Straßburger Kapitelstreit (seit 1584), in den mehrere freiherrliche beziehungsweise gräfliche Familien aus Schwaben verwickelt waren, während der ritterschaftliche Adel auf die Kapitel zu Augsburg, Konstanz, Speyer, Würzburg usw. abonniert war.[80] Zunehmend setzte sich die Tendenz durch, von den Domherren Eide auf die Tridentinischen Beschlüsse zu fordern. Die Zeit der konfessionellen Halbherzigkeiten und des Offenhaltens neigte sich unverkennbar ihrem Ende zu.

Es liegt dabei auf der Hand, daß in einer Phase der konfessionellen Entscheidung sowohl der traditionelle Vorwurf religiöser Lauheit als auch der aktuelle eines konfessionellen Opportunismus oder gar Doppelspiels ganz besonders treffen mußte. Daher wird gerade diese Invektive aus der *Oratio* immer wieder aufgegriffen und diskutiert.

In seiner Darstellung des Streites für den Kaiser führt Frischlin so näher aus, daß es Adlige gebe, die als Rühmer beziehungsweise Verteidiger der römischen Kirche und der Hochstifter aufträten (da sie ihre potentiellen Nutznießer seien), gleichwohl aber lutherische Prediger hörten und das Abendmahl in beiderlei Gestalt nähmen; für diese Enthüllung habe er, so meinte Frischlin, den Dank sogar der katholischen Würdenträger verdient.[81]

Hier fehlte Frischlin offenbar ein Gefühl dafür, daß dieses brisante Thema – eben der Zusammenhang zwischen konfessioneller Entscheidung und materiellem Interesse, oder, anders gesagt, der sozialgeschicht-

79 Zur Sache vgl. jetzt Schmidt, Georg: Der Wetterauer Grafenverein. Organisation und Politik einer Reichskorporation zwischen Reformation und Westfälischem Frieden (Veröffentlichungen der Historischen Kommission für Hessen 52) Marburg 1989. S. 490ff.

80 Vgl. Press (wie Anm. 47) S. 266ff. und Schmidt (wie Anm. 79) S. 339ff.; zu Kurköln vgl. jetzt Bosbach, Franz: Köln, Erzstift und Freie Reichsstadt. In: Die Territorien des Reiches im Zeitalter der Reformation und Konfessionalisierung. 3: Der Nordwesten. Münster 1991. S. 58–84.

81 Strauß (wie Anm. 3) S. 196.

liche Aspekt der Konfessionalisierung – gewiß keines sein konnte, mit dem man sich wirkliche Freunde gewann. Dieser Gesichtspunkt war eigentlich für alle konfessionellen Lager peinlich und schmerzhaft. Er wurde in seiner umfassenden Gültigkeit eher tabuisiert, wenngleich man ihn im Einzelfall schon als polemisches Argument gegen die konfessionelle Konkurrenz instrumentalisierte.

Der hohe Aktualitäts– und Kampfwert dieses Komplexes zeigt sich ferner darin, daß auch gegenüber Frischlin wiederholt ähnliche Verdächtigungen laut wurden. Sei es wegen einer angeblichen Nähe zum Katholizismus im Zusammenhang seines Freiburg–Aufenthaltes oder auch hinsichtlich seines Standpunktes im innerevangelischen Differenzierungsprozß, der ja gerade um 1580 in eine entscheidende Phase getreten war: Seit 1582 mußten die Tübinger Professoren den Eid auf die Konkordienformel leisten.[82]

Gegenüber dem hohen Stellenwert der konfessionellen Problematik erscheint Frischlins weitere Kritik an den falschen Hofleuten und am korrumpierenden Hofleben[83] weitgehend konventionell, so daß dieser Aspekt ausgeklammert werden kann.

Äußerst delikat und durchaus aktuell waren dagegen jedoch die Äußerungen Frischlins zur adligen Treulosigkeit, die mit Belegen aus der württembergischen Geschichte untermauert wurden. Wenngleich Frischlins landesgeschichtliche Kenntnisse im einzelnen durchaus fehlerhaft waren, so sind die angeschlagenen Themen zweifellos verstanden worden und durften auf kräftige Resonanz rechnen. Die Auseinandersetzungen Graf Eberhards des Greiners mit dem adligen Schleglerbund am Ende des 14. Jahrhunderts wurden ebenso angesprochen wie die mangelnde Solidarität der adligen Lehnsleute gegenüber dem 1519 vertriebenen Herzog Ulrich. *Frischere Exempla, weil sie verhasset, laß ich fahren.* So

---

82 Schreiner, Klaus: Juramentum Religionis. Entstehung, Geschichte und Funktion des Konfessionseides der Staats– und Kirchendiener im Territorialstaat der frühen Neuzeit. In: Der Staat 24 (1985) S. 211–246; zum ganzen vgl. jetzt Schmidt, Heinrich R.: Konfessionalisierung im 16. Jahrhundert. München 1992.

83 Vgl. dazu Kiesel (wie Anm. 60); die bekannten Antihof–Klischees finden sich u.a. auch im S. Christoffel (wie Anm. 74) S. 187f.

spann dann Frischlin den Faden zwar nur andeutungsweise, aber darum nicht weniger anzüglich in die Gegenwart fort.[84]

Mit diesen *frischen Exempla* für Konflikte zwischen Rittern und Fürsten war – wohl neben dem adligen Gegenstück zum Bauernkrieg, der sogenannten Sickingenfehde (beziehungsweise »Ritterkrieg«) 1522/23, sowie wohl auch den sogenannten Grumbachschen Händeln um 1565 – vor allem sicherlich der ganze Komplex des Ausbruchs der württembergischen Ritterschaft aus dem sich formierenden Territorialstaat angesprochen, auf den wir bereits hingewiesen haben. Damit kam eine der am stärksten nachwirkenden Entwicklungen der württembergischen Geschichte des 16. Jahrhunderts indirekt ins Spiel – und das auf eine Art und Weise, die im Kontext der Äußerungen zur älteren Adelsgeschichte ganz auf einer gutwürttembergischen Linie lag, Frischlin die volle Zustimmung von Herzog und Land, aber auch den blanken Haß von Seiten des Adels eintragen mußte.

Die Frage nach der Treue im Hinblick auf das adlige Verhalten besaß im übrigen in diesem Zusammenhang nicht nur einen moralisch-sittlichen, sondern auch einen lehnsrechtlichen Aspekt: Treulosigkeit war mit Lehnsentzug bedroht. Wie der rechtliche Status der württembergischen Lehnsleute damals Aktualität beanspruchen konnte, beweist z. B. die Hauptforderung des württembergischen Landtags von 1583: Der Adel müsse wieder zum Lande und damit zur Besteuerung gezogen werden.[85]

Im Kontext seiner Ausführungen zur adligen Untreue versagte es sich Frischlin schließlich nicht, den alten Topos von dem vertrauensvollen Verhältnis zwischen dem württembergischen Landesherrn und seinen bäuerlichen Untertanen zu zitieren; die bäuerliche Treue erscheint somit als Gegenbild zur adligen Untreue.[86]

Wenngleich unser Poet und »Historicus« auch hier sich wieder eine Verwechslung in der Regentenreihe erlaubte, so war das Bild gleichwohl durch seine Kontrastwirkung aussagekräftig genug und mußte die Ritter provozieren, in deren Tugendkanon ja gerade die Treue ganz oben stand.

84 Strauß (wie Anm. 3) S. 181f.
85 Schneider, Eugen: Württembergische Geschichte. Stuttgart 1896 (2. Reprintaufl. 1986) S. 191.
86 Strauß (wie Anm. 3) S. 181.

Die Betroffenheit der Ritterschaft machte ganz besonders die schon zitierte anonyme Replik vom Sommer 1581 deutlich, die offenbar auf Adelskreise zurückgeht.[87] Frischlins Bauernidylle wird dort mit Bezug auf den Bauernkrieg von 1525 zu Recht in Frage gestellt: *ich glaube auch gänzlich, es wird jetziger Zeit kein Herzog von Württemberg mehr in seiner Pauern Schoos schlafen* [...], so wird resümiert.

Es folgte dann eine scharfe und grundsätzliche Attacke gegen die schwäbischen Bauern. Unter diese wird ausdrücklich auch Frischlin eingereiht, dem damit sein ihm so wichtiger besonderer sozialer Rang als Gelehrter und Poet mit nicht mehr zu übertreffender Radikalität bestritten wird. Möglicherweise ebenfalls ganz persönlich auf Frischlin gemünzt ist dann eine weitere scharfe und äußerst geschmacklose Beleidigung: Die alte Art der schwäbischen Bauern sei spätestens seit dem Einfall der Spanier und Italiener im Schmalkaldischen Krieg 1546/47 verändert worden, da diese *ihres Samens so viel hinter ihnen gelassen haben, daß die schwäbischen Pauern gar ausgerottet sein*, [...].[88] Der im September 1547 geborene Frischlin mußte sich dadurch ganz besonders getroffen fühlen, da ihm hier indirekt ein spanischer oder italienischer Erzeuger unterstellt wurde.

Nach diesen Belegen dafür, wie maliziös und kontrovers Geschichtsbilder im Kampf zwischen dem ritterschaftlichen Adel und dem bürgerlichen Gelehrten zu Waffen geformt wurden, wobei Frischlin und seine Kontrahenten insbesondere die württembergische Geschichte ausschlachteten, soll nun Frischlins Ende, das selbst als Teil der württembergischen Geschichte aufgefaßt werden kann, untersucht werden.

VIII. Frischlins Ende

Wurde in den vorhergegangenen Ausführungen der sozialgeschichtliche Hintergrund der Person und des Falles Frischlin hinsichtlich Herkunft und Bildungsweg, Tätigkeit an der Universität und für den Hof, vor allem aber für damals aktuelle politisch–soziale Probleme an einigen wichtigen Stellen ausgeleuchtet, so soll nun abschließend noch auf einige andere

---

87 Ebd. S. 212ff.
88 Ebd. S. 213.

Zusammenhänge verwiesen werden, die ähnlich brisant wie die Adelsfrage in den besonderen Verhältnissen Württembergs wurzeln.

Angriffe auf den niederen Adel – das heißt näherhin auf die Reichsritterschaft – konnten sich bis zu einem gewissen Grade durchaus mit dem Verhaltenskodex eines guten Württembergers vereinbaren lassen – so war unsere These; wir haben dabei auf das traditionelle Spannungsfeld zwischen dem württembergischen Territorialstaat und dem ritterschaftlichen Adel, der sich diesem entzogen hatte, verwiesen. Es war weniger eine tiefere Sympathie, sondern eher eine allgemeinere Rücksichtnahme auf die überkommene sozialständische Ordnung und die überterritorialen Beziehungen der Reichsritterschaft, die Württemberg gerade um 1580 bewegten, Frischlin in seiner Adelskritik nicht zu weit gehen zu lassen.[89]

Sehr viel sensibler mußte das Herzogtum aber reagieren, wenn es um die Rolle des Kaisers ging – und zwar speziell um kaiserliche Einwirkungsmöglichkeiten auf württembergische Angelegenheiten, wozu man auch den Fall Frischlin zählte: Hier stand dann nämlich der eigene Status als solcher zur Debatte.

Dabei war die Lage Württembergs noch komplizierter als die der meisten anderen Territorialstaaten vergleichbaren Zuschnitts. Nicht nur um die allgemeine verfassungsgeschichtliche Entwicklung des Reiches ging es hier, nicht nur um die kaiserlichen Prärogativen an sich, sondern darüber hinaus um sehr gewichtige württembergische Spezialitäten und Interna.[90] Erst 1534 war nach fast anderthalb Jahrzehnten Dauer die unmittelbare Herrschaft des Hauses Österreich abgeschüttelt worden, die angestammte Dynastie in der Person des Herzogs Ulrich wieder nach Stuttgart zurückgekehrt. Nicht allein die bedrohliche Erinnerung an diese Zeit war geblieben, auch eine rechtliche Bindung an das Haus Österreich hatte man weiterhin akzeptieren müssen – in Form des bekannten Lehnsverhältnisses. Wie sehr dies als akute Belastung empfunden wurde, zeigt sich darin, daß es 1599 für die hohe Summe von 400 000 Gulden abge-

---

89 Press, Volker: Die Ritterschaft im Kraichgau zwischen Reich und Territorium 1500–1623. In: Zeitschrift für die Geschichte des Oberrheins 122 (1974) S. 35–98, hat für die Pfalz gerade für die Jahre um 1580 eine gewisse Entspannung im Verhältnis Reichsritterschaft/Territorium konstatiert.

90 Vgl. Press, Volker: Die Herzöge von Württemberg, der Kaiser und das Reich. In: Robert Uhland (Hg.): 900 Jahre Haus Württemberg. Stuttgart 1984. S. 412–433.

löst wurde, wobei noch eine eventuelle Sukzession Österreichs anerkannt werden mußte.

Im Rahmen seiner vom dichterischen Ehrgeiz und zur Förderung seines literarischen Marktwertes bestimmten Kontaktpflege zum Reichsoberhaupt aus dem Hause Österreich hat Frischlin, der (wie schon erwähnt) vom neuen Kaiser Rudolf II. 1576 die Würde eines *poeta laureatus* und 1577 die eines Hofpfalzgrafen erhalten hatte,[91] nicht immer angemessen vorsichtig und glücklich agiert.

Schon 1580 hatte Frischlin einen Bericht über seine Streitsache mit dem Adel an Kaiser und Reichsstände geschickt; als er 1581 im Konflikt um die sogenannte Wagnersche Schmähschrift erneut den Kaiser einschaltete und sogar um Schutz bat, ist ausdrücklich der württembergische Widerstand gegen diesen Schritt belegt; es kam sogar zu einer gewissen Entfremdung gegenüber dem Herzog.

Für die württembergische Regierung lag der formale Anstoßpunkt darin, daß Frischlin sich über die durch württembergische Räte getroffenen und von ihm selbst im April 1581 vertraglich akzeptierten Regelungen des Konfliktes hinwegsetzte – der Poet also die Bahnen der landesinternen Rechtspflege verließ und diese damit in Frage stellte.[92]

Die Entwicklung des Streites und der weitere Gang des Verfahrens können hier nicht näher verfolgt werden, einige Aspekte sind allerdings schon angesprochen worden. Es soll jedoch noch gezeigt werden, wie auch das definitive Ende des Falles Frischlin, das heißt sein Todessturz, ganz entscheidend mit dem juristischen Kompetenzproblem und dem sensiblen Bereich der württembergischen Statusfrage zusammenhängen. An der von Württemberg verweigerten Herausgabe der Mitgift von Frischlins Ehefrau hatten sich dabei zuletzt die Dinge zugespitzt.

Es war wohl weniger der beleidigende Ton – der in der Literatur meist herausgestellt wird – der in dem bekannten Frischlinschen Schreiben[93] an die württembergische Kanzlei vom 20. März 1590 eine so folgenschwere und schließlich verhängnisvolle Wirkung hervorrief, das heißt zu Frischlins Verhaftung (dann Auslieferung und Festsetzung) und dem

---

91 Vgl. Anm. 33.
92 Vgl. im einzelnen Strauß (wie Anm. 3).
93 Druck ebd. S. 460.

daraus resultierenden Uracher Todessturz führte. Als viel gravierender dürften die Stuttgarter Räte den sachlich–juristischen Inhalt aufgefaßt haben – ging es doch um nichts geringeres, als die von Frischlin intendierte Aushebelung der württembergischen Rechtspflege durch das kaiserliche Kammergericht in Speyer und damit verbunden eine Denunzierung der württembergischen Rechtspraxis.

Frischlin bezeichnet nämlich seine in Württemberg getroffenen Stillhalteverschreibungen als *mit Gewalt wider alles Recht* abgedrungen und erklärt seinen Willen, diese durch die *Camera Imperiali* kassieren zu lassen. Eine völlige Unterschätzung der politischen Realität, das heißt der Prädominanz des Territorialstaates, die zum allgemeinen Signum der Epoche wurde,[94] zeigt sich auch in den Formalien dieses in Speyer – eben am Ort des Kammergerichts – abgefaßten Schreibens, das vom Genius loci und vom Geist des Weines gleichermaßen inspiriert war.

Datum Speier auf der kaiserlichen Pfalz heißt es da; und unter seinen Titeln nennt Frischlin auch den eines Pfalzgrafen des regierenden Kaisers Rudolph – eben des Kaisers, der im fernen Prag Hof hielt und in ähnlicher Weise wie der von ihm kreierte *poeta laureatus* trotz hoher Begabung das Verhältnis zur politischen Realität verlor.[95]

Es war Frischlin also offenbar nicht nur der Geist des Weines zu Kopfe gestiegen, wie er selbst entschuldigend erklärte, als er am nächsten Morgen ernüchtert das bereits abgegangene Schreiben rückgängig machen wollte. Auch die Pfalzgrafenwürde, deren Ehrenvorrechte zwar auf der Ernennungsurkunde standen, doch in der Realität fragwürdig waren, hatte ihn wohl mit dazu verleitet, das so nötige politische Fingerspitzengefühl zu verlieren und sich auf eine direkte Kollision mit den Interessen des württembergischen Landesstaates einzulassen.

94 Schulze, Winfried: Deutsche Geschichte im 16. Jahrhundert. Frankfurt 1987. S. 204ff.; Rabe, Horst: Reich und Glaubensspaltung. Deutschland 1500–1600. München 1989, bes. S. 430ff.; Dietmar Willoweit: Deutsche Verfassungsgeschichte. Darmstadt 1990. S. 105ff.
95 Zu Frischlins Bemühungen in Prag 1587 s. Strauß (wie Anm. 3) S. 400ff.; Schulz–Behrend, George: Nicodemus Frischlin and the Imperial Court. In: Germanic Review 30 (1955) S. 172–180; zu Rudolf vgl. Evans, Robert J. W.: Rudolf II. Ohnmacht und Einsamkeit. Graz/Wien/Köln 1980.

Mit seinem höchsten Ehrentitel, der Pfalzgrafenwürde, verknüpft sich also der tiefe Fall (der zum Todesfall im Wortsinne wurde) des *poeta laureatus* Frischlin. Das ist einer der vielen tragischen Züge in seinem Lebenslauf.

Nicht eigentlich die Nachstellungen des ritterschaftlichen Adels[96] haben also letztlich das Drama Frischlin vollendet, wenngleich diese schon eine gewichtige Rolle spielten. Schwerwiegender zählte aber wohl die (zum Teil ebenfalls mit dem Adelsstreit verknüpfte) Entfremdung von der Universität, die Frischlin den festen sozialen Ort im angestammten Territorialstaat verlieren ließ und zu seiner zunehmenden Haltlosigkeit (im materiellen Sinne wie auch hinsichtlich seiner Äußerungen) führte. Entscheidend für den Weg in die letzte Katastrophe war in diesem Kontext dann die eigene unbedachte Wendung des heimatlos gewordenen Poeten gegen die Interessen und Institutionen des württembergischen Territorialstaates, dessen Fürst ihn vielfach gefördert hatte und als dessen Hofpoet und Apologet er einstmals angetreten war.

So sehr also der Fall Frischlin auch als ein Exempel für den Lebensweg (mit den großen Möglichkeiten, aber auch mit seinen Grenzen und letzten Gefährdungen – nicht zuletzt durch individuelle Dispositionen) der bürgerlichen Bildungselite dieser Zeit gelten kann, dazu auch als vorzügliches Zeugnis für den epochalen Umbruch der Beziehungen zwischen Adel und Bürgertum, so war doch das Ende des Poeten Frischlin weniger von sozialen als von politischen Umständen bedingt. Dazu kam einmal mehr seine individuelle Disposition: So wurde ihm ganz zum Schluß seine große Ungeduld zum Verhängnis, die es verhinderte, auf die in Aussicht stehende Entlassung aus einer wesentlich mit »pädagogischem« Impetus verhängten Haft und auf den durchaus möglichen Wiedergewinn der herzoglichen Gnade zu warten.

---

96 Diese hatten gleichwohl nicht aufgehört – so meldeten sich die drei Ritterkreise (Schwaben, Franken und Rheinstrom) auch wieder nach der Inhaftierung Frischlins im Mai 1590 beim Herzog – vgl. Strauß (wie Anm. 3) S. 491. Versöhnlich mag stimmen, daß Frischlins Werke auch in Adelsbibliotheken Eingang fanden – Brunner, Otto: Adeliges Landleben und europäischer Geist. Salzburg 1949. S. 164 (betr. Niederösterreich).

Casimir Bumiller

Im Schatten des »größeren« Bruders

Eine psychohistorische Studie zum Geschwisterverhältnis
von Nikodemus und Jakob Frischlin

Einleitung

Wer sich mit dem Leben Nikodemus Frischlins befaßt, wird am Rande
immer wieder auf die Gestalt des Jakob Frischlin stoßen, seines um zehn
Jahre jüngeren Bruders. Den Biographen ist von Anfang an aufgefallen,
daß Jakob seinem älteren Bruder in vielem ähnlich war. Auch er führte
ein unstetes, durch abrupte Ortswechsel geprägtes Leben, auch ihn kennzeichnet ein aufbrausendes Temperament und ein leicht verletzbarer
Stolz, auch er empfindet sich wie der Bruder als Dichter, auch er ist ein
Vielschreiber, der der Württembergischen Landesbibliothek in Stuttgart
nicht weniger als 20 ungedruckte Werke hinterlassen hat.

Bei seinen Biographen mußte Jakob aus dieser Ähnlichkeit heraus
immer wieder zum Vergleich mit seinem Bruder herhalten. Jakob Frischlin sei – so urteilt Scherer in der Allgemeinen Deutschen Biographie –
» [...] ein tactloser Mensch und unbedeutender Vielschreiber, den man
wol als eine neue verschlechterte Ausgabe seines Bruders bezeichnen
kann«.[1] Und David Friderich Strauß, der Biograph von Nikodemus
Frischlin, schrieb bereits 1856, Jakob Frischlin stehe zu seinem älteren
Bruder

> in einem Verhältniß, wie wir es zwischen Brüdern, oder auch zwischen Vater
> und Sohn nicht selten finden, daß nämlich der Eine wie eine geistlose Kopie
> des Andern erscheint [...]: seine Sachen verhalten sich zu denen seines Bruders
> wie Wasser zu Wein. [...] Macht sein Bruder tolle Streiche, so macht er dumme
> [...]. Die geniale Lebendigkeit des Bruders erscheint bei ihm als aufdringliche

---

1   Scherer: Frischlin, Jakob. In: Allgemeine Deutsche Biographie. Bd. 8. Leipzig 1878.

Vielgeschäftigkeit, als taktlose Geschwätzigkeit, die bei aller guten Meinung [...] bisweilen in's Charakterlose geht.[2]

Differenzierter urteilt Richard E. Schade, Herausgeber von Nikodemus Frischlins Komödie *Julius redivivus* in der Übersetzung Jakobs: »[...] letzten Endes zeugen die Werke (Jakobs) von einer stilistischen Biederkeit, die in der präabsolutistischen Epoche unzeitgemäß zu werden begann [...].«[3]

Alle Wissenschaftler, die sich mit Jakob Frischlin befaßt haben, sind sich in der Beurteilung seines literarischen Werkes einig: Es ist wenig erbaulich, sich mit seinen Schriften zu befassen, sein literarischer Ehrgeiz war nicht von bleibendem Wert für die Nachwelt. Daß er überhaupt biographisch und literargeschichtlich Erwähnung findet, scheint er lediglich der Verwandtschaft mit dem berühmteren Bruder zu verdanken. Doch auch hier tritt er immer nur im Schlepptau des Nikodemus auf: Jakob Frischlin im Schatten des »größeren« Bruders.

Wir könnten es bei den einhellig abwertenden Urteilen über Jakob Frischlin bewenden lassen und uns bedeutenderen Themen zuwenden, wenn es da nicht im Verhältnis der beiden Brüder zueinander eine auffällige symbioseartige Einheit gäbe, die für das Werk und die Wirkung des Nikodemus Frischlin existentiell geworden ist. Es waren nicht zuletzt die deutschen Übersetzungen Jakobs, die den ursprünglich lateinisch verfaßten Komödien des Nikodemus ihre Beliebtheit, ihre Spielbarkeit und ihren Ruhm weit über den Tod des Dichters hinaus verschafft haben. Das Schaffen des Nikodemus Frischlin und das Schaffen des Jakob Frischlin sind also in bestimmter Weise untrennbar miteinander verbunden oder, wie Richard E. Schade es formuliert: »Nicodemus Frischlin dichtete die Dramen, Jacob sorgte für ihre Verbreitung im deutschsprachigen Raum.«[4]

Also sollten wir uns doch nicht allzu schnell von Jakob Frischlin abwenden. Das Beispiel dieser beiden ungleichen Brüder bietet vielmehr

---

2 Strauß, David Friderich: Leben und Schriften des Dichters und Philologen Nikodemus Frischlin. Ein Beitrag zur deutschen Culturgeschichte in der zweiten Hälfte des sechszehnten Jahrhunderts. Frankfurt 1856. S. 352f.

3 Frischlin, Nicodemus: Julius Redivivus. In der Übersetzung von Jacob Frischlin. Hg. Schade, Richard E. Stuttgart 1983 (Reclam 7981). S. 158.

4 Schade (wie Anm. 3).

202

die günstige Gelegenheit zu einer psychologischen Studie über das Geschwisterverhältnis zweier humanistischer Literaten. Darüber hinaus regt dieses Verhältnis theoretische Überlegungen zu einer psychohistorisch begründeten Biographik des 16. Jahrhunderts an.

Seelengemeinschaft

Nikodemus Frischlin wurde 1547 als ältester Sohn des protestantischen Pfarrers Jakob Frischlin und seiner Frau Agnes in Balingen geboren. Der Bruder Jakob war mit zehn Jahren Abstand das jüngste Kind in der Geschwisterreihe.[5] Nikodemus war 19, Jakob erst neun Jahre alt, als der Vater und vier ihrer Geschwister 1566 durch die Pest dahingerafft wurden. Nikodemus war zu dieser Zeit längst aus dem Haus und stand am Beginn einer glänzenden akademischen Laufbahn an der Universität Tübingen. Er hatte soeben das Grundstudium, die Artes, mit der Magisterpromotion abgeschlossen und studierte Theologie und Medizin. In seiner Studienwahl war möglicherweise eine berufliche Nachfolge seines Vaters angelegt. Aber es kam anders. Schon ein Jahr nach dem Tod des Vaters, im Alter von knapp 21 Jahren, bot man dem gescheiten Kopf eine außerordentliche Professur für Poetik und Geschichte in Tübingen an. Ein Jahr später heiratete der junge Professor Margerethe Brenz, eine Großnichte des württembergischen Reformators Johannes Brenz (1499–1570), und stand mit dieser hervorragenden Familienverbindung am Ausgangspunkt einer hoffnungsvollen Karriere. Nikodemus Frischlin wurde also in kurzer Zeit Professor (1568), Ehemann (1569) und Vater (1571) und stand somit in jungen Jahren bereits »mitten im Leben«.

5   Vgl. Stammtafel bei Röckelein, Hedwig / Bumiller, Casimir: [...] ein unruhig Poet. Nicodemus Frischlin 1547–1590 (Veröffentlichungen des Stadtarchivs Balingen 2). Balingen 1990. S. 30. Die genealogischen Angaben zur Familiengeschichte Frischlin gehen auf die Selbstzeugnisse der Brüder Frischlin zurück. Von Frischlin, Nicodemus: Epicedion de obitu Iacobi Frischlini Balingensis Patris sui optimi. In: Ders.: Operum poeticorum. Pars scenica. Straßburg 1585. S. 109–124 (benutzt wurde das Exemplar der Universitätsbibliothek Freiburg: Sign. D 8517 m) hängen Jakob Frischlins um weitere genealogische Angaben ergänzte Familiennachrichten in seiner Balinger Chronik ab; Württembergische Landesbibliothek Stuttgart: Cod. hist. 138. S. 848ff.

Der Bruder Jakob verfolgte von Kindesbeinen, mit welchem Stolz Geschwister und Eltern von dem großen Bruder Nikodemus sprachen, der auf den Schulen in Königsbronn, Tübingen und Bebenhausen Lateinisch, Griechisch, Grammatik, Rhetorik, Astronomie und andere klassische Fächer lernte. Jakob ist gerade zehn, als sie dem Nikodemus in Tübingen den Talar der Professoren umhängen und sein Bruder ein großer Mann wird. Da der Vater tot ist und Jakob auch studieren soll, nimmt ihn Nikodemus zu sich nach Tübingen in seinen jungen Haushalt in der (heutigen) Clinicumsgasse. Der große Bruder ist nicht nur eine geachtete Persönlichkeit, sondern für Jakob unversehens so etwas wie Vater und Lehrer in einer Person geworden. Nikodemus steht Jakob nicht einfach als älterer und gescheiterer Bruder gegenüber, sondern trägt als Haushaltsvorstand für seinen jüngeren Bruder Erziehungsverantwortung an Vaters statt. Von Anfang an ist in Jakob diese Tendenz zu beobachten, an dem größeren Bruder aufzuschauen, ihm nachzueifern.

Jakob durchläuft eine Schulbildung und ein Studium, über das wir wenig wissen. Lediglich das jähe Ende ist uns überliefert: im Januar 1578 wird er *ob matrimonium*, wegen seiner Verheiratung mit einer Frau namens Ursula, über die wir sonst nichts wissen, von der Universität gewiesen. Trotz dieses Verweises kann Jakob noch nachträglich den Magistertitel erwerben und steht von diesem Jahr 1578 an auf eigenen Beinen. Wegen seiner vorzeitigen Verehelichung bleibt ihm ein Theologiestudium verwehrt: auch er wird beruflich nicht in die Fußstapfen des verstorbenen Vaters treten.

Wer im 16. Jahrhundert nach einem Universitätsstudium nicht an der *Alma mater* Karriere zu machen versteht oder als Jurist, Arzt oder Pfarrer sein Auskommen findet, dem steht, um sich seinen Status als »Gelehrter« zu erhalten, nur noch der Schuldienst offen.[6] Jakob Frischlin beginnt 1578 mit der Annahme einer Präzeptorenstelle in Waiblingen ein 38jähriges Schulmeisterleben, das ihn nacheinander in die Städte Waiblingen, Cannstatt, Neuenstadt am Kocher, Reutlingen, Urach, Winnenden, Möckmühl, Ebingen und Balingen führen wird. In seiner Heimat-

---

6   Trunz, Erich: Der deutsche Späthumanismus um 1600 als Standeskultur. In: Alewyn, Richard (Hg.): Deutsche Barockforschung. Köln/Berlin 1966. S. 147–181.

stadt sollte er dann seine schriftstellerisch fruchtbaren Ruhestandsjahre verbringen und 1621 im Alter von 64 Jahren das Leben beenden.[7]

Wie Nikodemus Frischlin durchlebt Jakob zunächst einige ruhige Jahre beruflichen Erfolgs, um dann zu einem unsteteren Leben, wenn auch nicht in der extremen Form wie bei Nikodemus, überzugehen. Mehrfach sind seine Ortswechsel von Unverträglichkeiten, Aufsässigkeiten, Streitereien mit Kollegen, Vorgesetzten und Obrigkeiten begleitet. In Reutlingen ist man mit ihm unzufrieden, weil er wegen seiner schriftstellerischen Ambitionen den Schuldienst gelegentlich vernachlässigt. In Urach lernt er, wie einst Nikodemus, für kurze Zeit den Kerker kennen. Wie Nikodemus fühlt sich Jakob Frischlin jenseits seines beruflichen Alltags zu Höherem berufen. Er empfindet sich als Poet und Historiker (das sind auch die Fächer, die sein Bruder lehrte). Wo immer er tätig war, sammelte er fleißig historische Daten und Überlieferungen, goß diese aber leider allzu oft eher schlecht als recht in lateinische oder deutsche Verse. In mehreren seiner handschriftlich erhaltenen landeskundlichen Sammlungen gab er sich den Titel *Poeta et Historicus Wirtembergicus*.[8] Wie sein Bruder zweimal als offizieller Hofpoet zu herzoglich württembergischen Hochzeiten berufen worden war, so durfte Jakob 1598 die berühmte hohenzollerische Hochzeit in Hechingen besingen und sich danach einige Zeit als zollerischer Hofpoet fühlen.[9] Auch Jakob schrieb Komödien, die aber im Gegensatz zu Nikodemus' Werken am württembergischen Hof auf Ablehnung stießen. Zu seinen besten Leistungen fand Jakob Frischlin, wenn er die lateinischen Schöpfungen seines Bruders verdeutschte, also wenn er der Sprachgewalt und dem Stoff seines »größeren« Bruders und Lehrers besonders nahe war.

Die Ähnlichkeit der Anlagen und Charaktere, ja eine gewisse Schicksalsverwandtschaft der ungleichen Brüder war den beiden offensichtlich

---

7   Eine Biographie Jakob Frischlins steht aus. Die Literatur, die Material hierzu bereithält, ist zusammengestellt bei Bumiller, Casimir: Die Brüder Frischlin und ihre Beziehungen zu den Grafen von Hohenzollern. In: Zeitschrift für Hohenzollerische Geschichte 27 (1991) S. 9–28, Anm. 2. Hervorgehoben sei wegen der ausführlicheren Übersicht über Leben und Werk Krauß, Werner: Die Reutlinger Frischlin–Chronik. Forschungen über M. Jakob Frischlin. In: Reutlinger Geschichtsblätter 9 (1971) S. 71–199.

8   Z.B. Württembergische Landesbibliothek Stuttgart: Cod. hist. F. 197, Titelblatt.

9   Bumiller (wie Anm. 7) S. 20ff.

bewußt. Von Nikodemus Frischlin ist ein aufschlußreicher Vers auf seinen Bruder Jakob erhalten, geschrieben in Reutlingen auf dem Weg nach
Krain (also wohl 1582):

> *AD M. IACOBUM FRISCH/*
> *linum Germanum*
> *O Jacobe animi vere pars altera nostri*
> *Qui mecum socium nomen & omen habes.*
> *Alternum valeas et sis, qui diceris esse*
> *Frischlinus vegeto corpore & ingenio.*[10]

Nikodemus sah also in Jakob so etwas wie sein »Alter ego«, mit dem er
nicht nur Namen, sondern Schicksal und Charakter teilte. Obwohl an Jakob gerichtet, enthält dieser Spruch eine Selbstreflexion des Nikodemus,
die uns auffordert, nicht nur seinem Verhältnis zum jüngeren Bruder,
sondern auch einigen seiner problematischen Persönlichkeitsaspekte im
Umgang mit Menschen Aufmerksamkeit zu schenken. Es sei daran erinnert, daß sich zahlreiche Zeitgenossen wegen seines schwierigen Wesens
von Nikodemus Frischlin abwandten und daß auch die Nachwelt die
Schuld an seinem Scheitern Frischlins Verhältnis zu seiner Umgebung
zuschrieb.[11]

Nikodemus Frischlins Verhältnis zu Autoritätspersonen

Das Verhältnis zwischen Nikodemus Frischlin und seinem akademischen
Lehrer Martin Crusius ist exemplarisch für sein Verhalten gegenüber
Autoritätspersonen und bietet einen Zugang zur Analyse der problemati-
schen Anteile seiner Persönlichkeit. Unter den akademischen Lehrern an

---

10 Frischlin, Nikodemus: Gesammelte Werke. Bd. 2: Pars Elegiaca. Straßburg 1601, im
    15. Buch (benützt wurde das Exemplar der Universitätsbibliothek Freiburg: Sign. D
    8517).
11 Der württembergische Vizekanzler Schulter, ein Gönner Frischlins, gab seinen
    Schützling 1590 mit den Worten auf: *Mit dem Manne ists besorglich verloren;* zitiert
    nach Strauß (wie Anm. 2) S. 363. Stahlecker, Reinhold: Martin Crusius und Nicode-
    mus Frischlin. In: Zeitschrift für Württembergische Landesgeschichte 7 (1943) S. 366
    schreibt Frischlins Scheitern seiner »fanatischen Streitlust« und seinem »Mangel an
    Selbstzucht« zu.

der Universität Tübingen wurde der Professor für Rhetorik, Griechisch und Latein, Martin Crusius, zu einer überragenden, ja schicksalhaften Gestalt für den Studenten Nikodemus Frischlin.[12] Das Lehrer–Schüler–Verhältnis entwickelte sich im Rahmen der akademischen Rituale zu einer Freundschaft, die sich darin ausdrückte, daß Crusius 1571 die Patenschaft für Frischlins ältesten Sohn Johann Jakob übernahm.

Aus diesem beinahe schon verwandtschaftlich zu nennenden Verhältnis entwickelte sich aber bald schon eine erbitterte Rivalität und Feindschaft. Als der junge Professor Frischlin mit seinen Neuerungen in den Lehrmethoden zunehmend Profil und eigenes Gewicht an der Universität gewann, befand sich auch Crusius bald im Chor jener ehemaligen Förderer des jungen Talents, die sich von diesem überflügelt sahen. Nachdem ihn Crusius nicht mehr zu den üblichen akademischen Gastereien einlud; nachdem sich Frischlin, dessen Wirken an der Universität sonst über alles gelobt wurde, bei Lehrstuhlbesetzungen mehrfach übergangen sah, wurde seine Zunge gegen die gesetzten Kollegen schärfer: »Das weiß ich [...], daß ihr keinen befördert, der es nicht versteht, euch schön zu tun, euch das Maul zu schmieren, mit hohen Titeln beide Bakken aufzublasen, die Knie vor euch zu beugen und euch königliche Ehre zu erweisen.«[13]

Einen Blitzschlag, der den Tübinger Pulverturm zur Explosion gebracht hatte, nahm Frischlin 1579 zum Anlaß, in einem öffentlich vorgetragenen Gedicht über die scheinheiligen Kollegen, auch über Crusius, herzuziehen:

Einer ist hier, er kräht von himmlischem Wandel in zwei
Sprachen uns vor, und verwünscht greulich mit Flüchen den Feind.
Und statt christlich für ihn um des Himmels Erbarmen zu flehen,
Ruft er wütend: ihn soll strafen der göttliche Zorn.
Andere stimmten ihm bei, von gleicher Erinnys gestachelt:
Und ihr fragt noch, woher komme der göttliche Zorn?[14]

---

12 Zur Beziehung zwischen Frischlin und Crusius siehe Strauß (wie Anm. 2) S. 53ff., 147ff., 259ff., 297ff., 369ff., 373ff.; Stahlecker (wie Anm. 11) S. 323–366; Rökkelein / Bumiller (wie Anm. 5) S. 50ff. und den Beitrag von Hubert Cancik in diesem Band.
13 Zitiert nach Strauß (wie Anm. 2) S. 387.
14 Ebd. S. 148ff., dort auch zum Zusammenhang.

Jahre später, in der belastenden Zeit seines Wanderlebens, greift Nikodemus Frischlin seinen ehemaligen Lehrer auf der fachlichen Ebene an.
Er verfaßt gegen Crusius, dessen lateinische Grammatik als Lehrbuch an
den württembergischen Schulen gilt, eine eigene *Grammatica latina*, die
er dem Rivalen mit den Worten entgegenhält: Du »fürchtest meine hüb-
schere Tochter, noch jung, frisch und saftig, möchte deiner ranzigen und
schimmeligen Vettel von den Freiern vorgezogen werden.«[15] Enden wird
der tragische, aber – oberflächlich betrachtet – unsinnige Streit damit,
daß Crusius, der über Frischlins Taten, Vergehen und Aufenthalte regelrecht Buch führt, diesem nichts weniger vorwirft als Vatermord, begangen an ihm, dem verletzten früheren Lehrer.[16]

Damit ist ein Wort von zentraler Bedeutung gefallen: Vatermord.
Natürlich meint Crusius dies im übertragenen Sinn. Er war dem Studenten Frischlin als dessen akademischer Lehrer zu so etwas wie einem
zweiten Vater geworden (und wir reden ja heute noch im akademischen
Betrieb vom »Doktorvater«). Aber die tiefe Verletztheit, die aus den Äußerungen im sogenannten Grammatikkrieg zwischen den beiden spricht,
zeigt doch, daß hier einmal ein überaus herzliches Verhältnis geherrscht
hatte, das dem einer leiblichen Vater–Sohn–Beziehung nicht unähnlich
gewesen sein muß. Die Wucht, mit der Frischlin in seiner eigenen Profil-
suche den ehemaligen Lehrer angreift und demütigt, entspricht der ju-
dendlichen Zuneigung, mit der er Crusius einst verehrt hatte. Crusius war
für Nikodemus in den Jahren seines Heranwachsens, zwischen etwa seinem 16. und 21. Lebensjahr zu einer prägenden Vaterfigur geworden. Er
hatte ihm zugleich die psychische Ablösung vom leiblichen Vater ermöglicht und war nach dessen Tod (Nikodemus war 19) an seine Stelle
getreten. Crusius bewirkte damals mit dem Angebot der Professur für
Poetik auch die entscheidende Wende in der Berufswahl: weg von der
angesteuerten Profession des Vaters zur Universitätslaufbahn in der Artistenfakultät.

In seiner Professur war zugleich der weitere Entwicklungsschritt in
Frischlins Reifungsprozeß angelegt: von der Beschäftigung mit den alten
Poeten zur Entdeckung des humanistischen Dichters in sich selbst. Im

---

15 Ebd. S. 318.
16 Ebd. S. 395.

Zuge dieser Identitätsfindung als Poet konnte sich Frischlin der väterlichen Autoritätsperson Crusius wieder entledigen, als an die Stelle des trockenen und oft pedantischen Lateinprofessors neue Förderer, neue Vaterfiguren getreten waren. Crusius hatte damit in der Biographie Nikodemus Frischlins die Funktion eines »Seelenführers«, der den Heranwachsenden durch die Krisen des späten Jugendalters begleitet, um ihn irgendwann unmerklich auf den eigenen Lebensweg zu entlassen. Jeder Jugendliche hat und braucht solche (erwachsenen) Begleiter, und jeder läßt sie eines Tages hinter sich, wenn er ihrer nicht mehr bedarf. Das wäre nicht weiter bemerkenswert. Wir wollen nur festhalten, daß Frischlin die Ablösung von seinem akademischen Vater offenbar nicht anders möglich war als im Zorn, im öffentlich inszenierten Bruch.

Der wichtigste Förderer, an dessen Gunst sich Nikodemus Frischlins Hoffnungen inzwischen hefteten, war kein geringerer als Herzog Ludwig von Württemberg, der ihn seit 1575 regelmäßig als Hofpoeten nach Stuttgart bestellte und der große Stücke auf ihn hielt. Obwohl Herzog Ludwig mehrere Jahre jünger war als der aufstrebende Poet und die beiden sich öfters in der Rolle des Saufkumpans und Jagdgenossen begegneten, macht der soziale Abstand und die präabsolutistische Machtfülle des Herzogs seine Interpretation als Vaterfigur gegenüber Frischlin kaum zweifelhaft.[17] Der Landesvater in Gestalt Herzog Ludwigs, der den Dichter förderte und schützte, aber auch tadeln und durch Gunstentzug strafen konnte, wurde für Frischlin zu einer Vaterfigur par excellence.

Dem württembergischen Herzog gesellte sich in Frischlins Gefühlshaushalt bald noch eine zweite mächtige Autorität hinzu, und zwar Kaiser Rudolf II., der dem begnadeten Dichter im Jahr 1576 den Lorbeer aufsetzte, ihn mit dem begehrten Titel eines *poeta laureatus* auszeichnete. Frischlin war damit gewissermaßen in den Adel der Gelehrten und Literaten aufgenommen. Als gekrönter Dichter von Kaisers Gnaden und mit der Förderung des württembergischen Hofes feierte Frischlin Ende der 70er Jahre seine größten literarischen Erfolge. Er fühlte sich am Hof so weit über die Niederungen der akademischen Lehre und der universi-

---

17 Vgl. auch jenes Distichon Frischlins, in dem er Herzog Christoph, den Vater Ludwigs, *patrem patriae* nennt; (wie Anm. 10) im 16. Buch.

tären Schutzmechanismen erhoben,[18] daß er meinte, sich jetzt vom alten Crusius endgültig trennen zu können: 1579, also gerade auf der Höhe seiner dichterischen Laufbahn verfaßte er das oben zitierte Blitzgedicht, durch das er offen den Bruch mit dem ehemaligen Lehrer vollzog.

Dabei war das Patronageverhältnis am herzoglichen Hof, in dem sich Frischlin sicher wiegte, keineswegs frei von Überraschungen. Als sich Frischlin 1580 mit seiner Rede auf das Landleben (*Oratio de vita rustica*), in der er den Adel heftig schmähte, die gesamte Ritterschaft teutscher Nation auf den Hals geladen hatte, entzog ihm Herzog Ludwig die Gunst und entließ den überheblich gewordenen Poeten aus dem Universitätsdienst. Nur seiner großen heimlichen Sympathie hatte es der reumütige Frischlin zu verdanken, daß er dessen Gunst später noch einmal erlangen konnte. Als ihn erneuter Vertrauensentzug des Herzogs dann 1586 vollends aus dem Land trieb, schlugen Verehrung und Untertänigkeit um in beißenden Zorn und bitteren Haß, den er kurz vor seinem Tod über die Stuttgarter Kanzlei ergoß: Frischlin warf den Beamten ein *stolz, übermüthig, leichtfertig Antworten auf mein unterthänig, demüthig Supplicíren* vor und empfand ihr *Canzleyisch Dreckétum* (sic!) aus einem *giftig und neidisch unchristenlich Gemüth* entstanden.[19]

Auch im Verhältnis Frischlins zum Herzog entdecken wir wieder diesen extremen Gefühlsumschwung von Verehrung in Verachtung, von Lob in Schmach, von Liebe in Haß. Damit läßt sich folgendes Charakterbild nachzeichnen: Fühlt sich Nikodemus Frischlin von Autoritätsträgern und Vaterfiguren angenommen und gefördert, so zeigt er Gefühlsäußerungen und Verhaltensweisen der Ehrerbietung, der Unterwerfung und der Dankbarkeit bis hin zur Zerknirschtheit und Erniedrigung der eigenen Person. Fühlt er sich düpiert, übergangen, angegriffen, in Ehre und Stolz verletzt, so schlagen seine Gefühle und Verhaltensweisen um in Selbstüberhebung, Stolz, Undank, Verächtlichmachung und Erniedrigung der anderen. In beiden Fällen stellt er seine dichterische Sprachkraft in den Dienst seiner jeweiligen Gefühlslage, die ihm poetische Produkte

---

18 »Diese Leute meinen, sie tun mir weh, wenn sie mich zu den Mahlzeiten und Trinkgelagen nicht einladen, die sie auf öffentliche Kosten veranstalten. Ich aber tröste mich mit dem Horazischen Spruch, daß es ungleich ehrenvoller sei, hoch zu Rosse zu sein und an fürstlicher Tafel zu speisen.« Zitiert nach Strauß (wie Anm. 2) S. 145.

19 Ebd. S. 460.

von der rührenden Selbstbeklagung und dem emphatischen Lobgedicht bis hin zur vernichtenden Anklage und der verletzenden Schmachschrift ermöglicht: *Abfertigung der Vorred des Thummen und dollen Lutherischen Predigers im Stifft zu Magdeburg genannt Seyfritz oder Sewförtz Sackh (mit eim Wort Sewsackh) seiner Matheologi Doctor meines fürgeliebten Esels.*[20]

Man gewinnt bei Nikodemus Frischlin den Eindruck, daß er in seinem Wüten gelegentlich den Sinn für die Realität verliert, daß er sich Situationen schafft, die seiner Stellung in der Gesellschaft und seiner persönlichen Integrität nicht mehr zuträglich sind. So mag es sich erklären, daß er, wenn er einen zornigen und bösen Brief an den Herzog geschickt hatte (wie den *Famosbrief* vom März 1590), oft schon Stunden darauf ein moderateres Schreiben folgen ließ, in dem er gleich einem reumütigen Kind die väterliche Huld zurückerbat.[21]

Aus diesem Hin– und Herpendeln zwischen extremen Gefühlen erklärt sich auch Frischlins Lavieren zwischen verschiedenen Autoritätsinstanzen, bei denen er um Schutz und Hilfe wirbt, wenn er bei anderen in Ungnade gefallen ist. Als ihm im Adelsstreit der Herzog von Württemberg den Entzug seiner Gunst androhte, wandte sich Frischlin an den katholischen Grafen Eitelfriedrich von Hohenzollern in Hechingen, den er längere Zeit schon kannte, um sich dessen Vertrauen zu versichern. Und tatsächlich hat der Zollergraf in jener harten Zeit des armen Poeten zu Frischlin gehalten.

> [...] *Daß Wir Aber fürohin wie bißher Ewer g. Herr Sain wellen, An dem Solt Ihr nitt Zweiflen, dan wir nitt Vrsach hetzten, Euch nitt In gnaden Zu mainen* [...]. *Alain Ist Vnß laid daß Ihr nit Zu Vnß kummen kindt. Wellen ferhoffen, Eß werde bald besser werden. Wie Ir dan nitt Vnderlassen Solt, Wo möglich Euch wider mitt dem Adell Zuversenen* (Dezember 1580).[22]

Fünf Jahre später, 1585, als er sich mit dem Adel versöhnt hatte, als er in Stuttgart wieder zu Gnaden gekommen war, als seine Stücke am Hof Er-

---

20 Titel eines Spottgedichts auf den Magdeburger Prediger Dr. Siegfried Sack, der ihn 1580 mit einer Streitschrift angegriffen hatte; HStA (Hauptstaatsarchiv) Stuttgart A 274 Bü 43 Nr. 86.
21 Röckelein / Bumiller (wie Anm. 5) S. 121.
22 Vgl. Bumiller (wie Anm. 7) S. 15.

folge feierten, spielte Nikodemus, der Undankbare, eine unrühmliche Rolle bei der Abwerbung des Hechinger Hofkapellmeisters Leonhard Lechner an den württembergischen Hof. Lechner wohnte damals, nach seiner Flucht aus Hechingen, einige Wochen im Hause Frischlins in Tübingen. Ernst Fritz Schmid vermutet vielleicht zurecht, daß die scharfe Zunge Frischlins bei einem geharnischten Brief des Musikers an seinen ehemaligen Dienstherrn Eitelfriedrich von Zollern Pate gestanden haben könnte.[23]

Wir können bei einem Menschen, der sich in dieser Weise schwankend und ambivalent gegen Autoritätspersonen und Vaterfiguren verhält, auf eine ganz spezifische Störung im Verhältnis solcher Personen zu ihrem leiblichen Vater schließen. Die ursprünglich ungeteilte Liebe des Sohnes zum Vater hat bei solchen Menschen eine Beeinträchtigung erfahren, eine Versagung kindlicher Wünsche und Ansprüche, eine Zurücksetzung des kindlichen Stolzes, eine Erniedrigung oder Demütigung, in der sich die kindliche Liebe aufspalten mußte in bewundernde Verehrung, solange sie erwidert, und in grenzenlosen Haß, wo sie zurückgewiesen wird. Der kindliche Geltungsdrang und Anspruch auf Anerkennung schafft sich immer wieder Luft in verzweifeltem Aufbegehren und in aufbrausenden Attacken und wird immer wieder von der Übermacht väterlicher Autorität gedemütigt, was zu reumütigen, kniefälligen Reaktionen des Kindes führt, um sich wenigstens eines letzten Restes väterlicher Liebe zu versichern. Ich wage die Hypothese: Ein solches kindliches Verhalten hat sich in Nikodemus Frischlins Persönlichkeit fixiert und sein Verhalten als Erwachsener noch in einer Weise bestimmt, die für das Scheitern des Dichters als Mensch mit verantwortlich wurde.

Die Betrachtung von Nikodemus Frischlins Verhalten gegenüber Vaterfiguren drängt also zur Frage nach seinem Verhältnis zu seinem leiblichen Vater, dem Pfarrer Jakob Frischlin.

---

23 Schmid, Ernst Fritz: Musik an den schwäbischen Zollernhöfen der Renaissance. Kassel / Basel / London / New York 1962. S. 194f.

Theoretische Orientierung: Zum Konzept der »neuen« Biographik

Erscheint die bisherige Deutung vorläufig und laienhaft psychologisierend, so erfordert eine tiefergehende Studie zu Nikodemus Frischlins sozialen Beziehungen unter Einschluß seines Geschwisterverhältnisses zum Bruder Jakob eine bessere theoretische Fundierung. Wir sind an dem Punkt angelangt, wo sich Psychologie und Literaturwissenschaft, Psychoanalyse und Geschichtswissenschaft in der Biographie eines späthumanistischen Dichters begegnen – und dies ist ein hierzulande noch weitgehend unbeackertes Feld. Wir bedürfen also einer theoretischen Orientierung.

Psychoanalyse und Literaturwissenschaft haben sich in der Bundesrepublik während der vergangenen zwanzig Jahre in relativ selbstverständlicher Weise einander angenähert.[24] Auch die französische und amerikanische Geschichtswissenschaft bemüht sich seit Jahrzehnten um die Aneignung psychologischer Kategorien.[25] In der deutschen Geschichtsforschung findet sich zwar durchaus das Bewußtsein, daß die Geschichte eine Wissenschaft vom menschlichen Handeln, Verhalten, Denken und Fühlen sei, es fällt ihr aber bis heute schwer anzuerkennen, daß dies auch und vor allem psychologische Kategorien sind und daß somit Geschichtswissenschaft ohne eine angemessene Rezeption psychologischer Theorien nicht auskommt. 1971 hat Hans–Ulrich Wehler erstmals in einem Sammelband über Geschichte und Psychoanalyse Beiträge zu einer Annäherung der beiden Fächer in deutscher Sprache zugänglich gemacht, diese Annäherung zugleich aber auch wieder verhindert, weil er der Psy-

---

24 Beginnend mit den Arbeiten von Beutin, Wolfgang (Hg.): Literatur und Psychoanalyse. Aufsätze zu einer psychoanalytischen Textinterpretation. München 1972; Matt, Peter von: Literaturwissenschaft und Psychoanalyse. Eine Einführung. Freiburg 1972 und Urban, Bernd: Psychoanalyse und Literaturwissenschaft. Texte zur Geschichte ihrer Beziehungen. Tübingen 1973. Aus der jüngeren angelsächsischen Literatur seien erwähnt Layton, Lynne/Schapiro, Barbara Ann: Narcissism and the Text. Studies in Literature and the Psychology of Self. New York/London 1986, die in der Einführung einen guten Überblick über die uns weiter unten interessierende Narzißmus–Forschung bieten.

25 Vgl. Deutsch, Robert: Die Psychohistorie als Geschichte einer Innovation. In: Schweizerische Zeitschrift für Geschichte 36 (1986) S. 219ff.

choanalyse nur eine ergänzende Rolle am Rande zuweisen wollte.[26] Erst seit in den 80er Jahren der Methodenstreit zwischen Historischer Sozialwissenschaft und Alltagsgeschichte entbrannt ist; seit sich die Geschichtswissenschaft in die interdisziplinäre Auseinandersetzung mit der Soziologie, Ethnologie, Anthropologie und der empirischen Kulturwissenschaft begeben hat, die alle seit Jahrzehnten schon psychologische Theorien in ihre Methodik integriert haben, springt der Funke auch auf die Historiker über. Das schließt jedoch nicht aus, daß in Deutschland noch immer als »enfant terrible« gilt, wer sich als Historiker ernsthaft einer Psychohistorie zuwendet.[27]

Hatte bereits Wehler darauf hingewiesen, daß der Psychoanalyse insbesondere in der Biographik eine Rolle zufällt,[28] so hat mittlerweile ein neu gewecktes Interesse an historischen Biographien zum theoretischen Ansatz einer »neuen« Biographik geführt, deren Konzeption weit über Wehlers Ansatz hinausgeht. Programmatische Beiträge stammen etwa von Andreas Gestrich und Thomas Kornbichler.[29] Nach Gestrich muß es einer modernen Biographik darum gehen, den einzelnen Menschen in der Geschichte nicht mehr wie die historistische Biographie als »homo clausus« zu betrachten, sondern ihn in seinem Werden und Reifen aus dem Gesamtzusammenhang seiner Interaktionen mit seiner Umwelt, den So-

26 Wehler, Hans–Ulrich: Geschichte und Psychoanalyse. Köln 1971. Zur Bewertung Wehlers in dieser Frage siehe Kornbichler, Thomas: Tiefenpsychologie und Biographik (Psychopathologie und Humanwissenschafte 5). Frankfurt/Bern/NewYork/Paris 1989. S. 135ff.
27 Vgl. Berentzen, Detlef: Der homo relatens. In: Die Tageszeitung vom 6.5.1989.
28 Wehler, Hans–Ulrich: Zum Verhältnis von Geschichtswissenschaft und Psychoanalyse. In: Ders. (wie Anm. 26) S. 9–30.
29 Gestrich, Andreas: Sozialhistorische Biographieforschung. In: Ders. u.a. (Hgg.): Biographie – sozialgeschichtlich. Göttingen 1989. S. 5–28; Kornbichler, Thomas: Zu einer tiefenpsychologischen Theorie der Biographie. In: Ders. (Hg.): Klio und Psyche (Geschichte und Psychologie 1). Pfaffenweiler 1990. S. 41–48. Vgl. auch Schulze, Hagen: Die Biographie in der »Krise der Geschichtswissenschaft«. In: Geschichte in Wissenschaft und Unterricht 29 (1978) S. 508–518 und Zang, Gert: Die unaufhaltsame Annäherung an das Einzelne. Reflexionen über den theoretischen und praktischen Nutzen der Regional– und Alltagsgeschichte. Konstanz 1985. S. 54ff. Siehe neuerdings Röckelein, Hedwig (Hg.): Biographie als Geschichte (Forum Psychohistorie 1). Tübingen 1993 und Hochstrasser, Olivia: Ein Haus und seine Menschen 1549–1989. Ein exemplarischer Versuch zum Stellenwert von Mikroforschung in der Sozialgeschichte. Diss. Freiburg i. Br. 1992 (Tübingen 1993). Bes.: Teil 6 und 7.

zialisationsinstanzen, den gesellschaftlichen Verhältnissen zu verstehen. Dies setzt eine möglichst genaue Kenntnis der politischen, sozialen, wirtschaftlichen, religiösen, demographischen, familienstrukturellen und mentalen Verhältnisse jener Zeit voraus, in der die zu beschreibende Person lebte.

Wie ein Kind durch die jeweiligen historischen Gegebenheiten geprägt wird, wie es sich mit seinen angeborenen, vorsozialen Möglichkeiten in einer komplexen interaktiven Auseinandersetzung mit seiner Umwelt soziale, ideologische und mentale Strukturen anverwandelt – dies zu beschreiben und zu verstehen ist Aufgabe einer der psychoanalytischen Entwicklungspsychologie und dem interaktionistischen Modell verpflichteten Sozialisationstheorie. Oder mit den Worten Gestrichs:

> Der Gegenstand der Biographieforschung ist die Darstellung und Erklärung des äußeren Lebenslaufs und der Selbstinterpretation von Individuen oder Gruppen in ihrem wechselseitigen Zusammenhang und im Kontext der Motive und Wirkungen ihrer Handlungen. Das heißt, Biographieforschung hat es zwar nicht ausschließlich, aber doch zu einem wesentlichen Teil mit der Analyse von Prozessen der Persönlichkeitsentwicklung und Identitätsbildung zu tun. Biographieforschung setzt daher die Reflexion auf die Begriffe von Identität und Persönlichkeit sowie eine Theorie der Sozialisation voraus.[30]

Es ist wichtig, den interaktiven Charakter der Persönlichkeitsentwicklung zu betonen, weil nur dadurch angemessen gewürdigt wird, daß das Kind von den ersten Tagen an nicht nur sich selbst entwickelt und entfaltet, sich immer wieder ändert und reift, sondern daß es in diesem Prozeß immer auch schon auf seine Umgebung reagiert, auf diese einwirkt und somit gestaltet. Das heißt, ein Kind wird nicht erst passiv zum Erwachsenen »gemacht«, um dann selbst aktiv »Geschichte zu machen«, sondern es wirkt von Anfang an in bescheidenen Maßen mit an der Gestaltung seiner Umwelt, bewirkt etwa Veränderungen des elterlichen Verhaltens (und sei es in der Verhärtung), setzt sich mit den Lehrern auseinander, erarbeitet (nicht nur materielle) Werte und gestaltet Geselligkeits– und

---

30 Gestrich (wie Anm. 29) S. 14; siehe als Einführung hierzu etwa Herrmann, Ulrich: Probleme und Aspekte historischer Ansätze in der Sozialisationsforschung. In: Hurrelmann, Klaus / Ulich, Dieter: Handbuch der Sozialisationsforschung. Weinheim/Basel 1980. S. 227–252.

Lebensformen. Das Kind gewinnt in der Auseinandersetzung seiner vorgeburtlichen Anlagen und des darin angelegten Persönlichkeitskerns mit den Gegebenheiten der Umwelt in Familie und Gesellschaft seinen Charakter, seine Persönlichkeit und seine Identität. Je nachdem, ob und inwieweit die Voraussetzungen, Anforderungen und Angebote mit den Entwicklungsinteressen und dem Temperament des Kindes konvenieren, wird seine Reaktion auf »die Welt« Formen des Akzeptierens, des Moderierens oder des Opponierens bis hin zur Rebellion annehmen. Historisch bedeutsam ist es, daß Menschen und Gruppen selbst dann als »geschichtsaktiv« zu betrachten sind, wenn sie sich wenig einmischen, einfach deshalb, weil sie die Dinge so lassen, wie sie sind.

Aus dem allem ergibt sich, daß sich die alte Dichotomie in der Geschichtserklärung, wie sie in den Konzepten des Historismus einerseits und des Materialismus andererseits angelegt ist, dialektisch aufheben läßt. Es ist nämlich weder allein so, daß der Mensch die Geschichte macht, noch umgekehrt so, daß die Verhältnisse, in die er hineingeboren wird, den Menschen prägen, sondern es stimmen untrennbar beide Sätze in vollem Umfang, doch in der Weise, daß »der Mensch« und »die Verhältnisse« sich in einer permanenten Wechselwirkung zueinander verändern und entwickeln. Das Ergebnis ist das, was wir Geschichte nennen.

In den Lebensläufen einer Zeit verdichtet sich in individueller Ausgestaltung der Charakter dieser Epoche, und die Gesamtheit der Individuen transformiert in der sozialen und individuellen Auseinandersetzung mit ihrer Welt diese in ein neues Zeitalter. Für das Konzept der Biographik ergibt sich daraus, daß eine gute Biographie immer auch eine gute Darstellung einer Epoche in ihrer historischen Dynamik verlangt.

Zur Biographik des 16. Jahrhunderts

Das hier vorgestellte Konzept einer biographischen Methode beschreibt lediglich den theoretischen Horizont, den diese Studie vor Augen hat. Im hier gegebenen Rahmen kann das angestrebte Maximalprogramm ohnehin nicht angewandt werden. Es geht lediglich darum, den Stellenwert eines psychoanalytischen Ansatzes in diesem Modell (und als Zugriff auf die Frage nach dem Geschwisterverhältnis der Brüder Frischlin) deutlich zu machen. Ferner kann hier weder eine biographische Gesamtdeutung der Brüder Frischlin noch eine Einführung in die Psychohistorie des 16. Jahrhunderts geleistet werden. Dennoch verstehen sich die weiteren Ausführungen als Beitrag zu beiden Fragestellungen.

Es liegt auf der Hand, daß das Optimalprogramm von Gestrichs biographischer Konzeption vorwiegend auf historische Gestalten der jüngeren Geschichte anwendbar erscheint, weil erst für die jüngeren Epochen die Voraussetzungen, also sowohl das (auto-)biographische Material als auch die Spezialkenntnisse des historischen Kontextes, hinreichend vorhanden sind. Gestrich verweist als gelungene Anwendung des Modells denn auch auf Sartres Meisterwerk, seine Flaubert–Biographie.[31] Je weiter wir in die Geschichte zurückgehen, desto unklarer, unerforschter oder strittiger sind oft Forschungsergebnisse zu historischen Einzelaspekten der Epoche und desto dürftiger wird ja auch der Stoff, aus dem Biographien sind: also ausreichend Selbstzeugnisse oder Fremdzeugnisse zu einer geschichtlichen Gestalt, die mehr hergeben als einen äußeren Lebensabriß.

Mit der Renaissance befinden wir uns erstmals in einer historischen Epoche, die genügend Quellenmaterial produziert (und erhalten!) hat, um von zahlreichen Zeitzeugen Lebensbilder entwerfen zu können. Sie ist zugleich die Zeit, die erstmals in ansehnlicher Zahl Autobiographien oder autobiographieähnliche Selbstzeugnisse von Zeitgenossen hervorgebracht hat.[32] Dennoch verfügen wir für das 15./16. Jahrhundert kaum über Ansätze, die dem Modell der neuen Biographik entsprächen. Wir besitzen aber immerhin mit Erik H. Eriksons »Der junge Mann Luther« (engl. »Young Man Luther« 1958) einen Klassiker der psychohistori

---

31 Sartre, Jean–Paul: Der Idiot der Familie. Flaubert 1821–1857. 5 Bde. Reinbek 1977/78.
32 Zur Autobiographie der Renaissancezeit siehe allgemein Misch, Georg: Geschichte der Autobiographie. Bd. 4,2. Frankfurt 1969 und Wenzel, Horst: Die Autobiographie des späten Mittelalters und der frühen Neuzeit (Spätmittelalterliche Texte 3 und 4). 2 Bde. München 1980. Vgl. ferner zur Biographik der Renaissance Burckhardt, Jacob: Die Kultur der Renaissance. Stuttgart ¹¹1988. S. 239ff.

schen Biographik, der in unsere Epoche fällt. Erikson gilt von psychoanalytischer Seite als einer der Begründer der Psychohistorie.[33]

Das Buch ist so subtil, so gewandt, überzeugend und auch anspre-
chend geschrieben, daß man glaubt, ihm Gewalt anzutun, wenn man es
nach seiner Hauptthese befragt. Hier ist sie dennoch. Die inneren Erlebnisse Luthers sind durch seine Beziehungen zu seinem Vater und den
Konflikt von zwei, ihn beide beherrschen wollenden Verhaltensweisen,
die der Rebellion einerseits und die der Unterwerfung andererseits, bestimmt. Der Konflikt wird auf der gehobenen und für die Geschichte bedeutenderen Ebene der Religion ausgetragen. Die Beziehung zum Vater
stört und trübt die Beziehung zu Gott. Nach mehreren Jahren der Suche
und der Ängste findet Luther mit Hilfe einer Übertragung des Konflikts
auf den Doktor Staupitz eine zufriedenstellende Lösung, die nach einer
paulinischen Formel lautet: Ich glaube und folglich bin ich gerechtfertigt.
D.h., der Vater ist nicht allein Drohung, nicht allein Bollwerk, auf das
das irdische Leben abzielt, sondern auch das, was durch das Verdienst
des Sohnes in jedem Christen wohnt. Angesichts eines versöhnlichen
Gottes, dessen schreckliches Antlitz die Züge Christi angenommen hat,
akzeptiert die passive Anheimgabe an den göttlichen Willen den Menschen an sich, in seiner ganzen Erscheinung, als Sünder und als Gerechten. Die theologische Synthese ist Beweis für das Gelingen einer persönlichen Synthese. Sie zeigt, daß Luther zwei obligatorische Stufen auf
dem Lebenswege geschafft hat: die Verinnerlichung des Vaters, die ihn
zum Miterben von Jesus Christus macht, und die Realisierung eines modus vivendi mit dem Über–Ich.[34]

Für uns ist Eriksons Luther–Studie in mehrfacher Hinsicht von Interesse: Sie liefert einmal ein methodisches Vorbild, sie führt mit der Her-
ausarbeitung der Vater–Sohn–Problematik bei Luther (1483–1546) ein
zentrales Thema männlicher Biographien des 16. Jahrhunderts ein, und
sie behandelt mit dem Reformator eben jenen Mann, der durch seine religionsgeschichtliche Bedeutung im Haushalt Frischlins, einem Pastoren-

33 Erikson, Erik H.: Der junge Mann Luther. Frankfurt [4]1989. Vgl. zu Erikson Deutsch
    (wie Anm. 25) S. 220 und Kornbichler (wie Anm. 26) S. 259ff.
34 Besançon, Alain: Psychoanalytische Geschichtsschreibung. In: Wehler (wie Anm. 26)
    S. 105.

haushalt, eine Vorbildfunktion einnahm. Wir werden immer wieder auf Eriksons Luther–Biographie zurückgreifen, weil sich in einigen Punkten Parallelen zwischen dem Reformator und dem Poeten herausarbeiten lassen.

Es scheint überhaupt sinnvoll, im biographischen Material des 16. Jahrhunderts nach Gestalten Ausschau zu halten, die in ihrer Persönlichkeitsentwicklung zum Vergleich mit Frischlin geeignet sind (nicht nur in der Ähnlichkeit, sondern auch in der Abweichung) und die durch eine genauere Lebensüberlieferung vielleicht auch bei den beiden Frischlins Voraussetzungen und Entwicklungen plausibel machen können, die in deren Lebensgeschichten explizit nicht überliefert sind. Wenn wir uns in den Autobiographien des 16. Jahrhunderts umsehen, erscheint, was die introspektive Schilderung von Kindheit und Jugend anlangt, keine so dicht und plastisch wie jene des Basler Arztes Felix Platter (1536–1614).[35] Felix Platter gelegentlich zur Erhellung Frischlinscher Persönlichkeitsprobleme heranzuziehen, ist nicht nur wegen seiner eher zufälligen Begegnung mit Jakob Frischlin auf der hohenzollerischen Hochzeit 1598 von Interesse, sondern wegen seiner speziellen Variante des Vater–Sohn–Verhältnisses.

Zuletzt möchte ich noch gerne in den Reigen der Vergleichs– und Kontrastpersonen eine scheinbar entlegene Gestalt aufnehmen: Herzog Ulrich von Württemberg (1487–1550). Bei genauerer Betrachtung ist dieser württembergische Herzog so etwas wie eine Pfortengestalt beim Eintritt Nikodemus Frischlins ins Leben. Durch die Einführung der Re-

---

35 Platter, Felix: Tagebuch (Lebensbeschreibung) 1536–1567. Hg. Lötscher, Valentin (Basler Chroniken 10) Basel/Stuttgart 1976. Es gibt trotz dieser herausragenden Quelle – und Platters Vater Thomas hat ebenfalls eine Autobiographie verfaßt – keine eigentliche Biographie Felix Platters, und schon gar nicht im Sinne der neuen Biographik. An biographischen Beiträgen sind zu nennen Karcher, Josef: Felix Platter – Lebensbild des Basler Stadtarztes 1536–1614. Basel 1949; Schiewek, Ingrid: Zur Autobiographie des Basler Stadtarztes Felix Platter (1536–1614). In: Forschungen und Fortschritte 38 (1964) S. 368–372; Lötscher, Valentin: Felix Platter und seine Familie. In: Neujahrsblatt Basel 153 (1975). Aufschlußreiche Beiträge aus medizinischer Sicht stammen von Christoffel, Hans: Psychiatrie und Psychologie bei Felix Platter. In: Monatsschrift für Psychiatrie und Neurologie 127 (1954) S. 213–227 und Battegay, Raymond: Felix Platter und die Psychiatrie. In: Tröhler, Ulrich (Hg.): Felix Platter (1536–1614) in seiner Zeit (Basler Veröffentlichungen zur Geschichte der Medizin und der Biologie 3). Basel 1991. S. 35–43.

formation in Württemberg 1534 bestimmte er den politischen, religiösen und familiären Rahmen, in dem die Brüder Frischlin aufwachsen sollten; ferner weilte er zufällig (aber bedeutungsvoll) im Hochzeitsjahr der Eltern Frischlins in Balingen; überdies hatten die Kinder Frischlin den Herzog Ulrich in ihren Kindertagen täglich als Brunnenfigur auf dem Balinger Marktplatz vor Augen.[36] Wichtiger ist aber auch hier wieder der Vergleich einiger Persönlichkeitsaspekte und der inneren Entwicklung.[37]

Die auffälligen Persönlichkeitsaspekte und Verhaltensweisen Herzog Ulrichs – sein pathologisches Mißtrauen gegenüber allen Menschen, sein hitziger Jähzorn, seine plötzlichen Stimmungswechsel, seine Unberechenbarkeit, seine bis zur Grausamkeit reichende ungezügelte Aggressivität, die Gewalttätigkeit gegenüber seiner Frau Sabine – wurden in der NS–Zeit als »Geisteskrankheit« aus »erblichen Belastungen« gedeutet (Hermann Haering), und noch Hansmartin Decker–Hauff nannte in einem Vortrag von 1950 Ulrich einen »schwer geistesgestörten Mann«.[38] Abgesehen von der Herkunft dieses Urteils aus der Blut– und Boden–Ideologie der NS–Geschichtsschreibung greifen Biographen mit laienhaften Kenntnissen bei Menschen mit sehr auffälligen Verhaltensäußerungen allzuschnell zu Erklärungen psychiatrischer Art. Auch im Umfeld der Frischlin–Ausstellung 1990 in Balingen sind mir angesichts Frischlins selbstschädigender Tendenzen Erklärungen mit psychiatrischen Ka-

36 Vgl. Röckelein / Bumiller (wie Anm. 5) S. 19 mit Bild.
37 Zur Biographie Herzog Ulrichs siehe noch immer Heyd, Ludwig Friedrich: Ulrich Herzog zu Württemberg. Ein Beitrag zur Geschichte Württembergs und des deutschen Reichs im Zeitalter der Reformation. 3 Bde. Stuttgart 1841–1844 und einige jüngere Kurzbiographien wie Berner, Felix: Der Maßlose. Herzog Ulrich von Württemberg 1487–1550. In: Ders.: Baden–Württembergische Portraits. Gestalten aus 1000 Jahren. Stuttgart 1985; Borst, Otto: Herzog Ulrich. In: Ders.: Württemberg und seine Herren. Landesgeschichte in Lebensbildern. Eßlingen/München 1988. S. 53–76; Press, Volker: Herzog Ulrich. In: Uhland, Robert (Hg.): 900 Jahre Haus Württemberg. Stuttgart 1984. S. 110–135. Eine modernen Anforderungen genügende Biographie dieser Fürstengestalt steht dringend an. Die neuerdings vorliegende Arbeit von Frasch, Werner: Ein Mann namens Ulrich. Württembergs verehrter und gehaßter Herzog in seiner Zeit. Stuttgart 1991 kann zwar zur Einführung empfohlen werden, ist aber von den hier genannten Ansprüchen weit entfernt.
38 Vgl. Borst (wie Anm. 37) S. 74f. Leider verwendet auch Frasch (wie Anm. 37) S. 13 diese problematischen Begriffe und spricht von einer von der Ahnherrin Henriette von Mömpelgard ausgehenden »Geisteskrankheit«, die »sich (im Haus Württemberg) über mehrere Generationen hinweg als Erblast ausgewirkt« habe.

tegorien zu Ohren gekommen (schriftlich hat dies, soweit ich sehe, noch niemand explizit geäußert). Und auch bei Luther sind solche Deutungen versucht worden.[39]

Diese Tendenz zeigt einmal mehr, daß es dringend angezeigt ist, psychologische Kenntnisse und Methoden in die Geschichtsbetrachtung und die historische Biographik einzuführen. Herzog Ulrich mag gelegentlich schizoide Zustände der Persönlichkeitsveränderung durchlebt haben, wir bedürfen indes weder bei ihm noch bei Luther noch bei Nikodemus Frischlin psychiatrischer Kategorien zur Persönlichkeitsbeschreibung; es genügt, die vorhandenen Modelle der Psychoanalyse anzuwenden. Auch Otto Borst, der bei Ulrich eine »Krankheit aus dem schizophrenen Formenkreis« annimmt (ohne dies freilich näher zu erläutern), fordert für die Ulrich–Biographie eine »psychoanalytische Sonde«.[40] In Wirklichkeit brauchen wir nicht nur für die Biographik offensichtlich »pathologischer« Persönlichkeiten, sondern auch zum Verständnis der Charakterdifferenzierung von »gesunden« Menschen (und zwischen »gesund« und »pathologisch« gibt es eine unendliche Fülle neurotischer Formen, Varianten und Abstufungen) die Einführung eines entwickelten psychoanalytischen Modells in die Geschichtswissenschaft. »Entwickelt« heißt, daß dieses Modell, von der Psychoanalyse des »Urvaters« Freud ausgehend, die Fortschritte und Erkenntnisse der von ihm abgeleiteten Schulen und Methoden, soweit kompatibel, aufgreift und angemessen integriert.

Das Modell der narzißtischen Persönlichkeitsstruktur

Ich schlage vor, die eingangs erarbeitete Fragestellung nach dem Geschwisterverhältnis von Nikodemus und Jakob Frischlin mit dem Modell der narzißtischen Persönlichkeitsstruktur anzugehen. Aus der umfangreichen Literatur zur Narzißmus–Problematik ziehe ich Stephen M. Johnsons »Der narzißtische Persönlichkeitsstil« (1988) heran, da ihm eine Integration verschiedener psychoanalytischer Theoriestränge und thera-

---

39   Vgl. Erikson (wie Anm. 33) S. 28.
40   Borst (wie Anm. 37) S. 75.

peutischer Methoden gelungen ist.[41] Zunächst versucht Johnson eine Synthese der drei psychoanalytischen Entwicklungstheorien: der Ich–Psychologie, der Selbstpsychologie und der Objektbeziehungspsychologie, die jeweils die Entwicklung der Ich–Funktionen, des Selbstbildes oder der Kontaktaufnahme des Kindes nach außen in den Mittelpunkt ihrer Betrachtung stellen.[42] Dieses integrierte Entwicklungsmodell ergänzt Johnson um die Erkenntnisse der Charakter– und Abwehranalyse nach Wilhelm Reich und Alexander Lowen,[43] der es um das Verständnis der Charakterbildung aufgrund je spezifischer Traumata und Entwicklungshemmungen in der Sozialisation des Kindes geht, die dann im Persönlichkeitsbild des Erwachsenen wieder erkennbar wird. Zuletzt geht es Johnson, der aus der therapeutischen Erfahrung kommt und sich explizit an Therapeuten wendet, um die Synthese verschiedener therapeutischer Techniken von der klassischen analytischen und kognitiv ausgerichteten Methode über verhaltenstherapeutische Verfahren bis hin zu affektiven und körperorientierten Techniken wie Gestaltpsychologie oder Bioenergetik.

Anhand des integrierten Entwicklungsmodells untersucht Johnson die frühkindlichen Störungen und Entwicklungshemmungen, die zur Entstehung der narzißtischen Charakterstruktur und zur Ausbildung eines narzißtischen Persönlichkeitsstils führen. Entscheidend ist hierfür ein mißlingender Entwicklungsschritt des Kindes in der von Mahler sogenannten

---

41 Johnson, Stephen M.: Der narzißtische Persönlichkeitsstil. Köln 1988.
42 Johnson rekurriert in der Ich–Psychologie u.a. auf Freud, Anna: Das Ich und die Abwehrmechanismen. München 1975; Hartmann, Heinz: Ich Psychologie. Stuttgart 1972; Blanck, Gertrude / Blanck, Rubin: Ego Psychology II: Psychoanalytical developmental psychology. New York 1979; in der Selbstpsychologie hauptsächlich auf Kohut, Heinz: Self Psychology and the humanities: Reflections on a new psychologic approach. New York 1985 und ders.: Narzißmus. Frankfurt 1976; in der Objektbeziehungspsychologie hauptsächlich auf das grundlegende Werk von Mahler, Margaret S. / Pine, Fred / Bergman, Anni: Die psychische Geburt des Menschen. Frankfurt ²1985. Eine Einführung in die psychoanalytische Entwicklungstheorie bietet Schütze, Yvonne: Psychoanalytische Theorien in der Sozialisationsforschung. In: Hurrelmann, Klaus / Ulich, Dieter (Hgg.): Handbuch der Sozialisationsforschung. Weinheim/Basel 1980. S. 123–145.
43 Reich, Wilhelm: Charakteranalyse. Wien 1933 (ND Köln/Berlin 1989); Lowen, Alexander: Bio–Energetik. Reinbek 1984; siehe auch ders.: Narzißmus. Die Verleugnung des wahren Selbst. München 1986.

Wiederannäherungsphase. Die Wiederannäherungsphase ist eine Subphase im Loslösungs– und Individuationsprozeß, den das Kind nach einem anfänglichen »primären Narzißmus« (erste zwei Monate) und anschließender Mutter–Kind–Symbiose mit etwa 6 Monaten beginnt. Mit dem Gehenlernen ab etwa dem 10. Monat tritt das Kind zunächst in die Subphase der Übung: es kann aufrecht gehen, entdeckt lustvoll seine Umgebung, entwickelt aus der Illusion des Einseins mit der Mutter Gefühle der Allmacht und Grandiosität nach dem Muster: Mir gehört die Welt.

Vom 15. Monat an beginnt dann die Wiederannäherung an die schützende Pflegeperson aus der Begegnung mit den Realitäten des Getrenntseins und der Verletzbarkeit, die das Kind auf seinen Erkundungszügen kennengelernt hat. Geschehen jetzt aus falschen Anforderungen an das Kind, aus Unvermögen der Eltern oder Unachtsamkeit Verletzungen der kindlichen Bedürfnisse, so kommt es (in stärkerem Maße bei Jungen)[44] zu narzißtischen Entwicklungsstörungen. Eine narzißtische Problemlösung wählt das Kind, wenn es das Gefühl der Grandiosität und der eigenen Grenzenlosigkeit aus der vorangehenden Übungsphase nicht neutralisieren und somit einen Entwicklungsschritt in Richtung realistischer Selbst– und Weltwahrnehmung nicht leisten kann. Das Kind bleibt (auch als Erwachsener noch) psychisch auf der Stufe der Übungsphase, die von dem Gefühl der Grandiosität geprägt ist, stehen. Das Selbstbewußtsein und die Selbstdarstellung bleibt von dieser Illusion bestimmt. Ist diese Störung eingetreten, dann ist auch die weitere Individuation des Kindes in Gefahr. Der narzißtische Charakter entwickelt ein Verhältnis zu Objekten und Menschen, die aus der Phase illusionärer Symbiose stammen. Er ist nicht vollständig individuiert und kennt weder seine noch der anderen Grenzen.

Der Schlüssel zum Verständnis dieser Charakterstruktur ist die narzißtische Kränkung in der Wiederannäherungsphase (15. bis 24. Monat). Diese Kränkung tritt ein, wenn die Umwelt (in erster Linie die Eltern) vom Kind verlangt, etwas grundlegend anderes zu sein oder zu tun als es will: »Sei nicht, wer Du bist, sei der, den ich brauche. Der du bist, ent-

44 Johnson (wie Anm. 41) S. 41f. erklärt dies mit kulturellen Normen, die in unseren Gesellschaften eher bei Jungen extrovertierte Verhaltensweisen hinnehmen bzw. fördern.

täuscht mich, bedroht mich, ärgert mich, überreizt mich. Sei, was ich will, und ich werde dich lieben.«[45] Aus dem Versuch des Kindes, so zu sein, wie es die Umwelt gerne hätte, entwickelt es das falsche Selbst. Es lehnt das eigene »wahre« Selbst und dessen Bedürfnisse ab, weil es die anderen ablehnen. In der Folge wird es sich über alle die ärgern, die das aufweisen, was es an sich selbst abgelehnt hat.

Eine (allerdings häufige) Komplizierung tritt auf, wenn die Eltern selbst unter narzißtischen Kränkungen litten, also ihre Kinder dazu benutzen, um ihre eigenen narzißtischen Träume zu erfüllen: die Kinder werden zu lassen, was die Eltern selbst nicht geworden sind. Wenn sich das Kind nicht darauf einläßt oder in Opposition geht, drohen beleidigte Reaktionen und Liebesentzug. Um die Liebe wieder zu gewinnen, verleugnet das Kind seinen eigenen Willen. Es investiert ins falsche, von den Eltern idealisierte Selbst. Eine verwandte Ätiologie tritt ein, wenn ein Elternteil seinem Kind nicht geben oder zulassen will, was ihm selbst verwehrt war. Wenn der andere Elternteil das Kind zudem idealisiert und fördert, wird ein solcher Elternteil das Kind versuchen zu demütigen. Zur Kompensation flüchtet das Kind in die Grandiosität, die aber äußerst verletzbar ist. Durch zwei kombinierte Strategien erhält es die Illusion aufrecht: es verdrängt den primitiven Charakter der Grandiosität und versucht dieser durch Vollkommenheit, Ehrgeiz und hohe Leistungsanforderungen an sich selbst zu entsprechen.

Für Verhalten, Einstellung und Gefühl der narzißtischen Persönlichkeit ergibt sich daraus: Sie tritt in der kompensierten Form (also gewöhnlich) mit Überheblichkeit, Stolz und Ansprüchen auf, manipuliert andere und macht sie zu Objekten, neigt zu Egozentrik und baut ein enormes Leistungsstreben zum Schutz der brüchigen Selbstachtung auf. Sie ist sehr stark abhängig von der Bestätigung durch andere, negative Rückmeldung erneuert die infantile Kränkung, bewirkt Trotz, Abwehr und Aggressionen. Hinter der Fassade (und dem Betreffenden oft sogar bewußt) hat der Narziß ein tiefes Angstgefühl nicht zu genügen, ist neidisch auf vermeintlich Erfolgreiche und bewegt sich häufig an der Grenze zur Verzweiflung. Die Polarisierung in Bezug auf die eigene Wertschätzung spiegelt sich in der Bewertung anderer: diese werden entweder

45 Ebd. S. 54.

224

idealisiert oder wertlos und verächtlich gemacht. Im Zusammenbruch des Kompensationsgebäudes überwältigen ihn Wutausbrüche infantiler Natur.

In der Beziehung zu Menschen fällt die narzißtische Persönlichkeit wegen ihrer unvollständigen Individuation durch die Unfähigkeit auf, sich von Bezugspersonen zu differenzieren. Andere werden nicht gesehen und gelassen, wie sie sind, sondern benutzt und manipuliert. Es lassen sich drei Formen von Objektbeziehungen bei Narzißten unterscheiden: die Verschmelzungs–Übertragung, bei der sich das aufgeblasene Selbst psychisch auf eine andere Person ausweitet und diese ins Verfügungsfeld einbezieht; die Zwillings–Übertragung, in der man im anderen das »Alter ego« erkennen will; die Spiegelübertragung, in der andere dazu benützt werden, das eigene falsche Selbst zu stützen.

Die Identitätsfindung des Narzißten ist geprägt durch eine grundlegende Störung des Selbstempfindens, des Selbstkonzepts und des Selbstbildes, das er anderen vorspiegelt. Ein Teil des wahren Selbst, vieles von der Lust und natürlichen Lebendigkeit, ist aufgrund der narzißtischen Kränkung verdrängt worden. Das Kind hat seine ganze Energie in idealisierte, von anderen (meist den Eltern) geforderte Funktionsweisen investiert. Es hat die Freuden des wahren Selbst gegen den schalen Genuß von Macht und Herrschaft ausgetauscht. Wenn diese Kompensation durch Angriffe auf das falsche Selbst versagt, kommt die primäre Angst der kindlichen Entwicklungsphase zum Vorschein: die Angst vor dem Verlust der Liebe, vor dem Verlust der Selbstachtung und vor dem Verlust der Beherrschung der Umwelt. Eine Bedrohung des falschen Selbst nimmt das Ich des Narzißten unmittelbar als Bedrohung seiner ganzen Existenz wahr.

Es dürfte deutlich geworden sein, daß Menschen (vorwiegend Männer) mit narzißtischem Persönlichkeitsstil ein prägendes Element unserer zeitgenössischen europäischen Gesellschaften sind. Es dürfte aber auch klar geworden sein, daß der narzißtische Charakter ein vorherrschendes Muster der »väterlichen« Gesellschaft des 16. Jahrhunderts darstellt. (Was die Ätiologie des narzißtischen Charakterbildes angeht, bestehen zwischen beiden Zeitaltern allerdings spezifische Unterschiede: im 16. Jahrhundert entstehen narzißtische Strukturen durch eine Übermacht der religiös begründeten väterlichen Autorität, heute nährt sich der narzißtische Persönlichkeitsstil eher aus dem Fehlen von Autorität oder durch ein diffuses Vaterbild). Schon bei der oberflächlichen Einführung des narzißtischen Charaktermodells dürfte zudem aufgefallen sein, daß dieses deutliche Gemeinsamkeiten aufweist mit den oben herausgearbeiteten Persönlichkeitsaspekten Nikodemus Frischlins. Wir können nun das Umkippen von Liebe in Haß bei Frischlin als Ergebnis der Dekompensation begreifen, wenn Angriffe auf seine Ehre und seinen Stolz oder das Zusammenbrechen der gesellschaftlichen Schutzmechanismen Frischlins Kompensationsform, sein überhebliches und aufgeblasenes Selbst, in Frage stellten.

Kindheitsjahre in Balingen

Wir hatten den Gang der Argumentation verlassen, als sich nach der Analyse von Nikodemus Frischlins Verhältnis zu Vaterfiguren wie seinem Professor und Förderer Martin Crusius und dem Herzog Ludwig von Württemberg die Frage nach seinem Verhältnis zum leiblichen Vater Jakob Frischlin aufdrängte. Die Frage war, ob der Gefühlsumschlag von Zuneigung in Ablehnung, von Idealisierung in Abwertung, von Liebe in Haß gegenüber seinen Förderern ein Vorbild in seinem Vater–Verhältnis gehabt haben könnte und ob die Kränkung, die ihm durch Crusius in der Ablehnung seiner akademischen Beförderung oder durch Herzog Ludwig in seiner Entlassung aus dem Staatsdienst widerfuhr, die Wiederholung einer früheren Kränkung durch den Vater war, die wir als narzißtische Kränkung bezeichnen können.

Daß es eine solche vermutete Störung im Verhältnis Nikodemus Frischlins zu seinem Vater gegeben haben könnte, scheint auf den ersten Blick absurd, besitzen wir doch aus seiner Feder ein lateinisches *Epicedion*, eine Grabrede auf den verstorbenen Vater, in dem sich solch anrührende Sätze finden wie:

> *Heu me infelicem, primis cui tantus ab annis*
> *Eripitur genitor ...*

(Oh, ich Unglücklicher, dem in jungen Jahren ein solcher Vater entrissen wird)

226

und:

Te duce fas mihi sit cari deflere parentis
Funera & exili manes celebrare paternos
Carmine; quando aliud tristi solamen alumno
Haud ullum superest.

(Unter deiner [sc. Orpheus'] Führung ist mir aufgetragen, den Tod des Vaters zu beweinen und die entwichenen väterlichen Manen im Lied zu rühmen, da dem Sohn ein anderes Trostmittel nicht bleibt.)[46]

Üblicherweise wurden derlei Epikedien unmittelbar nach dem Tod einer Persönlichkeit verfaßt und am Grab vorgetragen. Betrachten wir aber das Entstehungsjahr dieser Totenrede auf den Vater – es kann frühestens 1578 geschrieben sein[47] – dann stutzen wir. Der Vater war 1566 gestorben. Das *Epicedion* erscheint dreizehn Jahre nach seinem Ableben im Druck. Das Erscheinungsjahr ist aber gerade jenes Jahr, in dem Nikodemus Frischlin, auf der Höhe seines Ruhms, gestützt auf die Patronage des Herzogs und des Kaisers mit seinem ehemaligen Lehrer Crusius bricht. Die Frage drängt sich auf, ob wir im späten *Epicedion* auf den Vater nicht das späte Zurückkehren eines Sohnes in »Abrahams Schoß«, eine innere Aussöhnung Frischlins mit seinem Vater, ein spätes Insreinekommen mit ihm erblicken müssen, das erst möglich war, als er selbst auf dem Podest poetischen Ruhms und der Bruder Jakob, von ihm an Vaters statt erzogen, auf eigenen Beinen stand?

Aber Versöhnung weswegen? Um es vorwegzunehmen: Wir können das vermutete traumatische Erlebnis oder eine Kette verletzender Erfahrungen in Nikodemus Frischlins Kindheit nicht nachweisen, wie ja überhaupt die Kindheit von Gestalten der Renaissance erst ganz spärlich ins biographische Material berühmter Zeitgenossen Eingang fand. Aber wenn wir die ersten fünf Jahre von Nikodemus' Kindheit (1547–1552) in Balingen aus den Quellen rekonstruieren, stoßen wir auf einen historischen Rahmen und eine familiäre Atmosphäre, die unsere Fragestellung konkretisieren helfen.

Der Vater Jakob Frischlin hatte 1545 seine Studien in Tübingen abgeschlossen und war als Diakon in seine Heimatstadt Balingen zurückge-

---

46 Frischlin (wie Anm. 5) S. 109 u. 110.
47 Siehe unten.

kehrt. 1546 heiratete er die Handwerkertochter Agnes Ruoff, im September 1547 wurde der Sohn Nikodemus geboren. Das Jahr 1546 erlebte mit dem Schmalkaldischen Krieg den ersten bewaffneten Zusammenstoß zwischen Katholiken und Protestanten, der für den Kaiser siegreich endete. Herzog Ulrich von Württemberg, auf der Seite der Verlierer, verließ im Dezember 1546 fluchtartig sein Land, wobei er auf dem Weg zur Festung Hohentwiel am 20. Dezember in Balingen Station machte.[48] Dieser Termin ist nicht ganz belanglos. Herzog Ulrich sandte von Balingen aus ein demütiges Schreiben an den Kaiser und verbrachte hier eine Nacht. Es dürfte zu einer Begegnung mit den politischen Vertretern der Amtsstadt gekommen sein, vielleicht, wie üblich, zu einem Nachtessen. Mit einiger Wahrscheinlichkeit hat an diesem Treffen wegen der unsicheren politischen Zukunft des Protestantismus auch der Stadtpfarrer Alexander Blessing teilgenommen. Ob auch sein Diakon Jakob Frischlin an diesem Tag seinem Landesherrn gegenüberstand, ist nicht überliefert und vielleicht auch nicht entscheidend. Zweifellos hat die Anwesenheit seines Landesvaters den jungen Diakon – von den politischen Ereignissen, die sein persönliches Schicksal unmittelbar betrafen, aufgewühlt – ermuntert, seiner unsicheren Zukunft mit Trotz und Zuversicht ins Auge zu schauen. Jedenfalls zeugte Jakob Frischlin in größter zeitlicher Nähe zum herzoglichen Besuch in Balingen seinen Sohn Nikodemus.[49]

Ulrich hinterließ sein Herzogtum in unsicheren Verhältnissen. Nach seiner Rückkehr mußte er die Bestimmungen des »geharnischten« Reichstages von Augsburg 1548 akzeptieren, wonach spanische Truppen Württemberg besetzten, um das sogenannte Interim zu garantieren. Das bedeutete eine Zurücknahme gewisser Errungenschaften des Protestantismus. Auch in Balingen zogen 1548 – Nikodemus war noch kein Jahr alt – die Spanier auf. Die evangelischen Pfarrer, auch der Vater Jakob Frischlin, wurden beurlaubt. Die Frischlins wohnten in dieser Zeit im früheren Nonnenhaus, von dem der jüngere Jakob berichtet: *Ahn dieser* (sc.Balinger Stadt–) *Kürchen ist ein Nonnen Hauß gestanden, vnd haben*

---

48 Heyd (wie Anm. 37) S. 463f.
49 Wenn wir eine normale Austragedauer des Kindes im Bauch seiner Mutter Agnes von 273 Tagen voraussetzen, dann muß Nikodemus, gerechnet von seinem Geburtstag 22. Sept. 1547, um den 24. Dez. 1546 gezeugt worden sein.

ein Gang vber den Kürch Hoff gehabt biß in Chor, wa man noch siehet an dem Gemäuer [...].[50]

Einige Begebenheiten aus diesen Jahren überliefert der jüngere Jakob Frischlin, wobei er den Vater als beherzten, trotzigen Mann auftreten läßt, den er jeweils als Helden der Situation schildert:

> *Anno 1548 Seind die Spanier gehn Balingen von Costant* (sc. Konstanz) *kommen, damahl ist Pfarrer vund specialis gewesen Mgr. Alexander Bleß-ing, mit welchem die Spanier disputiert haben, sonderlichen von der Mutter Gottes Maria wie man sie soll anbetten vnd Göttlich Ehr erzeigen, welches der Pfarrer widersprach vnd aus Gottes Wort widerlegte, vnd wer gar nahe von den Spaniern erstochen worden, wenn nicht sein Diaconus Jacob Frischlin dazwischen kommen vnd sein Specialem mit Listen abgefordert hette, vnd fürgeben, Er solle eilends zu dem Obristen der Spanier kommen, es wer ein wunderbarlicher Casus fürgefallen, ist also sein Pfarrer beym Leben erhalten worden vnd hernacher Abt zue Blaubewren worden vnd alda gestorben Anno 1599.*[51]

Ein katholischer Geistlicher aus Haigerloch hielt in Nikodemus Frischlins Kindertagen in Balingen die Messe. Der Diakon Frischlin war vom Dienst suspendiert, gelegentlich zog man ihn allerdings zu Unterrichtsaufgaben in der Schule heran. 1551 sollte er einmal, wieder nach der Überlieferung des Sohnes Jakob, in Vertretung des Schulmeisters die

---

50 Württembergische Landesbibliothek Stuttgart: Cod. hist. 138. S. 846r. Jakob Frischlin d. J. schreibt zwar, dieses Nonnenhaus sei 1537 abgebrannt, wenige Zeilen später sagt er, daß sein Vater dort während der spanischen Zeit gewohnt habe. Vermutlich muß man davon ausgehen, daß das Nonnenhaus nach dem Brand wieder errichtet wurde, da es als Wohnung eines Diakons geeignet war. Unklar ist, warum die Frischlins nicht in dem Haus am Markt lebten, das, wiederum nach Jakob Frischlin d. J., aus dem Erbe des Großvaters Hans stammte und das der alte Jakob Frischlin 1557 tatsächlich neu erbauen ließ und bewohnte. Jedenfalls sollte erwogen werden, ob nicht – anders als noch bei Röckelein / Bumiller (wie Anm. 5) S. 32f. zu lesen – dieses Nonnenhaus möglicherweise als Geburtshaus Nikodemus Frischlins angesehen werden muß. Vielleicht haben die Frischlins auch erst 1548 aufgrund des Interims dieses Haus beziehen müssen. Interessantes Detail am Rande: Sollte der von Jakob d. J. beschriebene Gang zum Chor der Kirche noch in Nikodemus' Kindheit bestanden haben, so muß auf diese architektonische Ähnlichkeit des Balinger Nonnenhauses mit Frischlins späterem Tübinger Haus in der Clinicumsgasse hingewiesen werden, das ebenfalls über einen Gang mit dem Kirchhof der Tübinger Stadtkirche verbunden war.

51 Württembergische Landesbibliothek Stuttgart: Cod. hist. 138. S. 866r.

Messe des katholischen Geistlichen musikalisch umrahmen. Als er mit seinen Schulsängern an der Reihe war, stimmte er aus voller Brust den evangelischen Choral an: *Erhalt uns Herr bei deinem Wort und steur des Papsts und Türken Mord. Worauf der Meß Pfaf Zu der Kirchen hinaus gelofen als wann Ihn der Teufel jaget.*[52] Der alte Frischlin erweist sich so in der (Familien–) Überlieferung als mutiger, witziger und beherzter Mann, der sich mit der Waffe des Wortes in beinahe schon lutherischer Geste gegen die Rekatholisierung seiner Heimatstadt auflehnte. Wir dürfen über solchen Anekdoten aber nicht vergessen, daß Diakon Frischlin in jener Zeit unter Berufsverbot litt, daß seine Familie, abgesehen von einer bescheidenen Landwirtschaft und dem, was man ihr zuschob, mittellos war und daß die Zukunft des Protestantismus in Württemberg wie in Deutschland in diesen Tagen und Jahren gänzlich offen war. Es waren für die deutsche Geschichte wie für die Familie Frischlin Schicksalsjahre. Frischlins Vater konnte 1548 keineswegs ahnen, daß vier Jahre später, 1552, sich die Lage der evangelischen Fürstentümer völlig ändern und er als Prediger des neuen Glaubens tatsächlich zu Amt und Würden gelangen sollte.[53]

Das heißt aber, der kleine Nikodemus wuchs bis zu seinem fünften Lebensjahr in einem von der Rekatholisierung bedrohten Balingen auf, in ärmlichen und angespannten familiären Verhältnissen, mit düsteren Zukunftsaussichten, unter einem Vater, der sich zwar mit Witz und Anstand gegen die Verhältnisse wehrte, der aber in der Aussichtslosigkeit seiner beruflichen Situation mehr als einmal in dumpfer Hoffnungslosigkeit oder Anfällen verzweifelter Wut Zuflucht gefunden haben mag. Daß der kleine Nikodemus unter diesen politischen und familiären Rahmenbedingungen die Erfahrung von Versagung, Zurückweisung und Erniedrigung gemacht, daß er dabei in verzweifelten Stunden die väterliche Gewalt

---

52 HStA Stuttgart A 315L Bü 65, fol. 137v.

53 Es sei zwar darauf verwiesen, daß sich nach Bossert, Gustav: Das Interim in Württemberg. Halle 1895. S. 105ff. für viele evangelische Prediger die Lage seit Ende 1549 etwas besserte und sie als sogenannte Katechisten und Pädagogen Anstellung fanden; Jakob Frischlin war allerdings nach den Worten seines Sohnes (wie Anm. 52) 1551 noch »beurlaubt«. In welcher Funktion und wann genau er in Meßstetten und Erzingen tätig war, ist nach den oft widersprüchlich erscheinenden chronologischen Angaben seines Sohnes schwer zu interpretieren.

gelegentlich auch in ihrer ganzen Strenge erfahren haben kann, ist sehr wohl möglich, auch wenn uns primäre Belege für diesen Sachverhalt fehlen. Zusätzlich müssen wir die latente reale Bedrohung, die von der spanischen Besatzungsmacht zeitweilig ausging und vor der man sich ducken mußte, in Rechnung stellen.

In diesen fünf Balinger Kindheitsjahren dürfen wir jedenfalls die Entwicklung und Verfestigung jener Gefühlswelt und Charakterstruktur, jenes zwischen Unterwerfung und sprachgewaltiger Auflehnung gegen Autoritäten pendelnde Verhalten vermuten, das Nikodemus Frischlin durch sein ganzes Leben begleiten sollte. Vermerken wollen wir dabei noch, daß für ihn jenes Mittel, das auch dem Vater in seiner Auflehnung zur Verfügung stand, das Wort, zum Medium seines Lebens und Schaffens werden sollte.

Erziehungsziele im 16. Jahrhundert

Wenn wir nach den negativen Erfahrungen des kleinen Nikodemus in den ersten Lebensjahren fragen, geht es keineswegs darum, das Bild des sympathisch geschilderten Vaters zu beschädigen – wir wollen dem jüngeren Jakob Frischlin, der die Ereignisse zwischen 1548 und 1552 zwar nicht selbst erlebt hat, gerne zugestehen, daß sein idealisiertes Vaterbild den Kern von dessen Persönlichkeit trifft. Es geht vielmehr darum zu ermitteln, was dem Vater, abgesehen von den historischen Zusatzbedingungen jener Jahre, an erzieherischen Vorgaben und Mitteln zu Gebote stand, seine Kinder gottgefällig aufzuziehen und zugleich seine eigene Kränkung, die in seinem Berufsverbot und das bedeutete damals deutlicher als heute: in der Verhinderung seiner Berufung! – bestand, in der Familie zu kompensieren. Diese Frage müssen wir versuchen aus den pädagogischen Zielen der Zeit und aus dem Vergleich mit anderen zeitgenössischen Vätern zu beantworten.

Ziel und Programm der humanistischen Pädagogik am Übergang vom Mittelalter zur frühen Neuzeit waren weitgehend identisch mit einem rigiden System der Disziplinierung.[54] Es ging ihr um die Verwirklichung

---

54 Ariès, Philippe: Geschichte der Kindheit. München/Wien [4]1977. S. 221. Bes.:

und Vollendung des Guten im Menschen. Aus heutiger Sicht im Widerspruch hierzu, bestand der explizite Auftrag der moralischen Erziehung im Mittelalter und der frühen Neuzeit im Brechen des kindlichen Willens und Eigensinns.[55] Probates Durchsetzungsmittel dieses Auftrags war die Rute, die insofern auf keiner zeitgenössischen Bildquelle zum Schulwesen fehlt.[56] Die pädagogischen Autoren bezogen die Quellen ihres Auftrags, sowohl was das Erziehungsziel wie auch das Mittel anging, aus der Bibel: »Torheit steckt dem Knaben im Herzen, aber die Rute der Zucht wird sie fern von ihm treiben (Salomon 22,15). Wer seine Rute schont, der haßt seinen Sohn; wer ihn aber liebhat, der züchtigt ihn bald« (Salomon 13,24).

Diese patriarchale Auffassung, die das ganze Mittelalter hindurch gültig blieb, ging in rationaler Durchdringung auch in das protestantische Erziehungswesen ein, das, aufbauend auf Luthers Lehre von den drei Ordnungen (*status oeconomicus, status politicus, status ecclesiasticus*), den Eltern mit der besonderen Erziehungsverantwortung vor Gott das

S. 349ff. Der Begriff Pädagogik ist eigentlich in Anführungszeichen zu verwenden, weil man erst im 18. Jahrhundert im Zusammenhang mit der »Entdeckung der Kindheit« von einem selbständigen Erziehungswesen sprechen kann; vgl. Rutschky, Katharina: Schwarze Pädagogik. Quellen zur Naturgeschichte der bürgerlichen Erziehung. Frankfurt/Berlin/Wien 1977. Einleitung. Bes.: S. XLV; Garin, Eugenio: Geschichte und Dokumente der abendländischen Pädagogik. Bd. 2: Humanismus. Reinbek 1966 verwendet den Begriff Pädagogik eher im Sinne des Schulwesens, der Lernstoffe und Unterrichtsmethoden, also im Sinne von Didaktik, und bietet eine sehr gute Einführung in das humanistische Erziehungswesen, insbesondere der gebildeten Stände.

55 Arnold, Klaus: Kind und Gesellschaft in Mittelalter und Renaissance. Paderborn 1980. S. 81.
56 Arnold (wie Anm. 55) S. 79ff. Zu zeitgenössischen Bildquellen mit der Rute vgl. Röckelein / Bumiller (wie Anm. 5) S. 109f.; Reicke, Emil: Magister und Scholaren. Illustrierte Geschichte des Unterrichtswesens. ND Düsseldorf/Köln ³1979; Schiffler, Horst / Winkeler, Rolf: Tausend Jahre Schule. Eine Kulturgeschichte des Lernens in Bildern. Stuttgart/Zürich 1991. Eine eigentliche Geschichte der Prügelstrafe fehlt heute noch wie zu Zeiten Burckhardts, der bereits 1860 den erstaunlichen Satz schreiben konnte: »Eine gründliche, mit psychologischem Geiste gearbeitete Geschichte des Prügelns bei den germanischen und romanischen Völkern wäre wohl so viel wert, als ein paar Bände Depeschen und Unterhandlungen. Wann und durch welchen Einfluß ist das Prügeln in der deutschen Familie zu einem alltäglichen Gebrauch geworden? Es geschah wohl erst lange, nachdem Walther gesungen: Nieman kan mit gerten kindes zuht erherten« (wie Anm. 32. S. 471, 7. Kap. Anm. 2).

Recht der Züchtigung übertrug: *Denn Gott hat die Ruthe geschaffen und sie den Eltern in die Hende gegeben, damit die Bosheit gestewert, und eusserliche Zucht, Friede, Gehorsam erhallten werden.*[57]

Wir können den häuslichen und schulischen Erziehungsauftrag der Renaissancezeit nicht nur den normativen Texten entnehmen (zu denen noch die Schulordnungen zu rechnen wären[58]), sondern finden diesen durchaus in der Erziehungspraxis gespiegelt. Klaus Arnold belegt das Trauma der Prügelstrafe an den Beispielen von Guibert von Nogent (um 1100) bis Johannes Butzbach (um 1500).[59] Auch Martin Luther überliefert uns die Erfahrung der Prügelstrafe aus seiner Kindheit: *Mein Vater stäupte mich einmal so sehr, daß ich ihn flohe und ward ihm gram, bis er mich wieder zu sich gewöhnte.* Und: *Die Mutter stäupte mich einmal um einer geringen Nuß willen, daß das Blut hernach floß.*[60]

57 Selneccer, Nikolaus: Speculum coniugale et politicum. Eisleben 1600. fol. 88v; hier zitiert nach Schorn–Schütte, Luise: »Gefährtin« und »Mitregentin«. Zur Sozialgeschichte der evangelischen Pfarrfrau in der Frühen Neuzeit. In: Wunder, Heide / Vanja, Christina (Hgg.): Wandel der Geschlechterbeziehungen zu Beginn der Neuzeit. Frankfurt 1991. S. 120. Die Rute (!) war natürlich lange vor der Renaissance ein klassisches Disziplinierungsinstrument jeder patriarchal geprägten Gesellschaft, die sich dadurch erhält, daß den Söhnen (die Bibel erwähnt keine Töchter) weibliche Werte, Tugenden und Züge ausgetrieben und »männliche Zucht« eingebläut wird. Die Reformation brachte es mit sich, daß nun zwei konkurrierende Glaubensrichtungen, jeweils die höhere göttliche Moral für sich beanspruchend, auch bessere Erziehungsleistungen anstrebten. Das mußte die Bedeutung der Prügelstrafe nicht nur graduell verändern. Auch wenn es bei Selneccer vorgesehen und bei Luther und Platter konkret belegt ist, daß die Prügelstrafe auch von Müttern angewandt wurde, so macht doch die ideologische Begründung der Rute aus dem göttlichen Willen die Prügelstrafe zu einem genuin väterlichen Erziehungsinstrument. Die Söhne (aber natürlich auch die Töchter) hatten sich, auch wenn sie von der Mutter geschlagen wurden, grundsätzlich mit einer väterlichen Autorität auseinanderzusetzen. Das 16. Jahrhundert wurde so zur Wiege einer »väterlichen Gesellschaft«; vgl. Frühsorge, Gotthardt: Die Begründung der »väterlichen Gesellschaft« in der europäischen oeconomia christiana. Zur Rolle des Vaters in der Hausväterliteratur des 16. bis 18. Jahrhunderts. In: Tellenbach, Hubertus (Hg.): Das Vaterbild im Abendland. Bd. 2. Stuttgart 1978. S. 110–123.

58 Hier in erster Linie zu nennen die Große württembergische Kirchenordnung von 1559.

59 Arnold (wie Anm. 55) Texte 16 und 61.

60 Hier zitiert nach Erikson (wie Anm. 33) S. 68f.

Beinahe identische Kindheitserfahrungen kennt auch Felix Platter: Dessen Vater, der zugleich sein Lehrer war, schlug ihn einmal, weil er eine Frage nicht beantworten konnte, so unglücklich mit der Rute ins Gesicht, daß er um ein Haar ein Auge verletzt hätte:

> *Mein mu(o)ter erschrack seer, that gar letz über mein vatter, welchem es auch leidt war [...], also das er hernoch gar milt gegen mir was, auch die ru(o)ten nit mer an mir gebrucht, do er zevor alweg gar ernsthaftig gegen mir gewesen und aus drib* (= mit der Absicht), *mich bald glert ze machen etwas ruch, etwan drewt mich zegeißlen, io mit fießen zedretten, um schlechte ursach.*[61]

Es besteht kein Zweifel: die Prügelstrafe war ein gängiges und häufig angewandtes Erziehungsmittel, besonders dort, wo die Erziehung im bürgerlichen Haushalt dem sozialen Aufstieg des Sohnes dienen sollte. Wichtiger als die tatsächliche Anwendung der Rute durch die Eltern waren jedoch die Botschaften, die durch sie vermittelt werden sollten, denn diese Botschaften galten grundsätzlich; die Rute wurde nur angewandt, wenn sie auf andere Weise nicht ans Kind gebracht werden konnten. Die Botschaft war: Das Kind ist boshaft und sündig; mit dem Beharren auf dem eigenen Willen hält es an seiner Boshaftigkeit fest, ist unbelehrbar und starrsinnig; deshalb ist es ein Gebot der elterlichen Liebe, den Eigensinn des Kindes, wo nötig mit der Rute, zu brechen; dieses harte Gebot ist nach dem Zeugnis der Bibel ein Auftrag des gerechten Gottes.

Väter und Söhne im 16. Jahrhundert: zwischen Anpassung und Rebellion

Wir wissen, daß diese Botschaft bei den Kindern zuweilen übel ankam. Bei Martin Luther führte dieser Ausdruck elterlicher Liebe, die ihm ein jähzorniger und gewalttätiger Vater angedeihen ließ, zu einem grundlegenden Zweifel nicht nur an der elterlichen, sondern an der göttlichen Gerechtigkeit. Dieser Zweifel trieb ihn in einen seelischen Konflikt, der seinem Leben den Auftrag gab, die Frage des Angenommenseins von

---

61 Platter (wie Anm. 35) S. 80f.

Gott neu und grundlegend zu lösen. Seine Suche entfremdete ihn seinem Vater. Er wurde zum Rebellen, als er dessen Wunsch, aus Martin einen Rechtsanwalt zu machen, ablehnte und ins Kloster ging. Als er im Kloster die Lösung seines Konflikts der Rechtfertigung vor Gott durch ein Erleuchtungserlebnis in der Gnade des Glaubens gefunden hatte, verschob sich seine Rebellion auf den Papst, und seine Aggressionen galten nun dieser Vaterfigur, die ihm als Vertreter einer rechenhaften Werkgerechtigkeit (Ablaßhandel) unerträglich geworden war. Als er gelernt hatte, seine reformatorischen Gedanken in (deutsche) Worte zu fassen und sich weite Bevölkerungskreise seiner Zeit in diesen Worten wiederfanden, konnte er sogar zum revolutionären Führer werden. Jetzt als er dem Papst und dem Kaiser als Übertragungsgestalten seines Vaterkonfliktes getrotzt und seine Identität als Reformator gefunden hatte, war er bereit, sich mit seinem leiblichen Vater zu versöhnen.

Nachdem er sein individuelles Problem auf eine gesellschaftlich und historisch wirksame Weise gelöst, sich mit seinem Vater versöhnt hatte und selbst Vater geworden war (1526), traten an dem Reformator immer deutlicher Züge seines Vaters hervor, die er gegen seine Absicht internalisiert hatte. Hinter dem Revolutionär verbarg sich ein Reaktionär, der bereit war, seine »Theologie der Befreiung« in der Hand autokratischer Landesherren zu einem Instrument sozialer und moralischer Disziplinierung werden zu lassen. In der Aufgabe seiner Rebellion und der Annahme der höheren Autorität Gottes führte er zwar die zweifelnden Christen seiner Zeit aus der Vormundschaft der römischen Kirche, aber nur um sie sogleich unter die tyrannischere Autorität von Gottes Wort zu zwingen. Man muß Luthers Brief von 1530 an seinen vierjährigen Sohn Hans lesen, um zu spüren, wie eng der Reformator echte zärtliche Vaterliebe mit zweifelhaften Erziehungsmitteln zu verknüpfen verstand.[62] In subtilerer

---

62 [...] *Ich weis ein hubschen, schonen lustigen garten. Da gehen viel kinder innen, haben guldene rocklin an und lesen schone öpffel unter den beumen und birnen, kirsschen, spilling und pflaumen, singen, springen und sind frolich, haben auch schone kleine pferdlin mit gulden zeumen und silbern setteln. Da fragt ich den man, des der garten ist, wes die kinder weren? Da sprach er: Es sind die kinder, die gern beten, lernen und from sein. Da sprach ich: Lieber man, ich hab auch einen son, heisst Hensichen Luther [...]. Da sprach der man: Wenn er gerne betet, lernet und from ist, so sol er auch in den garten komen [...]. Darumb, lieber son Hensichen, lerne und bete ja getrost und sage es Lippus und Justen auch, das sie*

Form wiederholt Luther den väterlichen Erziehungsstil. Alles in allem findet in Luthers Charakterstruktur und Lebensprozeß eine Kompromißbildung zwischen Auflehnung und Gehorsam statt, wobei die rebellischen Anteile über die Jugendzeit hinweg bis zur Identitätsfindung vorherrschen und er dann in gewissen Kompromißformen zu einer Anpassung an den ursprünglichen väterlichen Willen zurückkehrt. Luther ist es aber trotz seiner enormen reformatorischen Leistung, die für ihn eine Befreiung darstellte, und trotz der Aussöhnung mit dem himmlischen und dem leiblichen Vater nie gelungen, zu einem inneren Frieden zu finden, wofür die anhaltenden somatischen Beschwerden und seelischen Krisen (Obstipation und Fettleibigkeit, Heimsuchungen durch den Teufel) seines Erwachsenenlebens sprechen.[63]

Die explizit auf das Brechen des kindlichen Willens ausgerichtete Pädagogik des Humanismus ist nach allem, was wir oben über die Ätiologie des narzißtischen Charakterbildes gesagt haben, in besonderer Weise geeignet, durch Kränkung kindlichen Ausdruckswillens und Unterdrückung natürlicher Begierden und Wünsche in signifikanter Weise Menschen narzißtischen Persönlichkeitsstils hervorzubringen. Das beginnt mit dem Austreiben natürlicher Bewegungs– und Triebäußerungen, der Erklärung von Eigenarten zu »Unarten« und endet mit dem Aufzwingen elterlicher Berufswünsche für den Heranwachsenden. Alle hier in Betracht gezogenen historischen Gestalten haben insofern erwartungsgemäß deutliche narzißtische Persönlichkeitsanteile. Bei allen finden sich aber auch, wie am Beispiel Luthers schon ausgeführt, Varianten des Widerstands und der Rebellion gegen den elterlichen Willen, die aber in der Regel, wie hier, nur zu kompromißartigen Lösungen führen.

Deutlich läßt sich auch die Biographie Herzog Ulrichs von Württemberg als Lebensweg zwischen Anpassung und Auflehnung beschreiben mit allen Reibungsverlusten, die ein solches Schicksal mit sich bringt. Man kann am Beispiel Ulrichs außerdem verdeutlichen, daß die Prinzenerziehung lediglich eine zugespitzte Variante des humanistischen, auf die Negierung des kindlichen Persönlichkeitskerns gerichteten Erzie-

---

auch lernen und beten, so werdet ir mit ein ander in den garten komen. Zitiert nach Arnold (wie Anm. 55) Text 69.

63 Zum Konflikt zwischen Auflehnung und Gehorsam bei Luther und zu seiner späteren Anpassung vgl. Erikson (wie Anm. 33) S. 135, 249ff., 262ff.

hungsideals ist. Denn die Wahrscheinlichkeit, daß sich die Anlagen eines Neugeborenen mit den Sozialisationsanforderungen eines künftigen Herrschers decken, ist äußerst gering. Umgekehrt ist die Wahrscheinlichkeit, daß aus der Prinzenerziehung wegen des Auseinanderklaffens individueller Anlagen und spezifischer Rollenanforderungen solch problematische Fürsten hervorgehen wie Ulrich von Württemberg, sehr groß.[64]

Ulrichs Biographie ist äußerst komplex und nicht allein mit dem narzißtischen Modell zu beschreiben, da er von der ersten Minute seines Erdenlebens gravierenden (De-) Formierungsprogrammen unterlag. Dennoch ist bei ihm ein bestimmender narzißtischer Persönlichkeitsanteil nicht zu übersehen. Ulrich wuchs ohne Mutter auf, da diese, Elisabeth von Zweibrücken–Bitsch, wenige Tage nach der Geburt starb. Wenn es stimmt, daß Ulrich, wie eine vage Überlieferung will, durch Kaiserschnitt zur Welt kam,[65] müßten wir bereits hier mit einem frühen psychischen Trauma rechnen, das in diesem Fall aus einer realen Existenzbedrohung rührte, die die schizoiden Tendenzen des Herzogs erklären könnte. Er hatte dafür, wenn man so will, gleich drei Väter, was die besondere Vater–Problematik in seiner Biographie unterstreicht. Sein leiblicher Vater war der psychisch äußerst labile Heinrich von Württemberg, den er möglicherweise nie gesehen hat und der bis zu seinem Tod 1519 wegen seiner angeblichen Geisteskrankheit auf der Festung Hohen–Urach interniert war (es ist m.W. nicht bekannt, ob Frischlin von diesem frühen Leidensgenossen in Urach wußte). Sein zweiter Vater wurde Herzog Eberhard I., der, selbst ohne Nachkommen, das Kind an Vaters statt an-

---

64 Des weiteren sei an Herrscher erinnert wie Karl den Kühnen von Burgund, Heinrich VIII. von England, Friedrich II. von Preußen oder noch Kaiser Wilhelm II. Um nur drei biographische Zugriffe zu erwähnen, die in unserem Sinne mit psychologischen Kategorien arbeiten, sei verwiesen auf Paravicini, Werner: Karl der Kühne. Das Ende des Hauses Burgund. (Persönlichkeit und Geschichte 94/95). Göttingen 1976. Bes.: S. 15f.; Cremerius, Johannes: Die Reaktionsbildung im Leben Philipps II. und ihre Bedeutung für das Schicksal Spaniens. In: Ders. (Hg.): Neurose und Genialität. Psychoanalytische Biographien. Frankfurt a. M. 1971. S. 235–269 und Röhl, John C. G.: Kaiser Wilhelm II. In: Kornbichler, Thomas (Hg.): Klio und Geschichte (Geschichte und Psychologie 1) Pfaffenweiler 1990. S. 1–8.

65 Frasch (wie Anm. 37) S. 16; Raff, Gerhard: Hie gut Wirtemberg allewege. Das Haus Württemberg von Graf Ulrich dem Stifter bis Herzog Ludwig. Stuttgart 1988. S. 455ff.

nahm und zum Stammhalter des Hauses Württemberg bestimmte. Herzog Eberhard war es auch, der dem jungen Prinzen bei seiner Firmung (im Alter von etwa 5/6 Jahren) den Namen Ulrich gab; ursprünglich war er auf den Namen Heinrich getauft worden. Die Wutausbrüche, unter denen Ulrich gelegentlich ausrief: *Noch haiß ich aber dannost Hainz*, vermitteln nur einen vagen Eindruck, wie böse er auf den Namens– (Identitäts–) Wechsel reagiert haben muß.[66] Dieser Trotz verweist auf einen frühen Widerstandswillen.

Dieser latenten Widerständigkeit gegen das sehr erniedrigende und Demütigungen bewußt einbeziehende Prinzenerziehungsprogramm standen gewisse Ersatzangebote gegenüber: Ulrich spürte von Anfang an die übergroße Aufmerksamkeit, die seiner Person als Garant der Fortexistenz Württembergs entgegengebracht wurde. Diese Aufmerksamkeit vergalt er allerdings mit einem grenzenlosen Mißtrauen gegen seine gesamte Umgebung, weil er wußte, daß er zu einem Instrument fremder Interessen gemacht wurde. Nach dem frühen Tod Herzog Eberhards 1496 lag seine Erziehung in den Händen des vormundschaftlichen Regiments und wechselnder adliger und bürgerlicher Erzieher. Von außen lenkte dieses Heranwachsen aber kein geringerer als Kaiser Maximilian I., der eine Art Patenschaft für den künftigen Reichsfürsten übernommen hatte. Maximilian gedachte durch Ulrich die württembergische Politik im Sinne Habsburgs zu steuern. Diese hochrangige Vaterfigur machte dem unmündigen Prinzen durch vorzeitige Einsetzung ins Regiment 1503 ein außerordentlich großzügiges Angebot: die Ausübung von Herrschaft und Macht zählen zum typischen Kompensationsprogramm narzißtisch geprägter Menschen. Und wenn es sich wie hier um reale politische Macht handelt, dann erhalten die verdrängten Aggressionen, Haß– und Rachegefühle eines Tages ein explosives Instrumentarium in die Hand.

Ulrichs Rebellion gegen andauernde, aber durch Kompensationsangebote scheinbar neutralisierte Kränkungen und Manipulationen brach offen aus, als ihn Kaiser Maximilian 1511 zwang, die bayerische Prinzessin Sabine zu heiraten, die er nicht liebte und die ihm die Befriedigung seiner

---

66 Zimmerische Chronik. Hg. Herrmann, Paul. Meersburg/Leipzig 1932. Bd. 1. S. 408; zum Erziehungsprogramm Ulrichs s. auch Bd. 2. S. 573f.; vgl. Frasch (wie Anm. 37) S. 48f.

tiefliegenden Sehnsucht nach einer liebevollen Frau auf Dauer zu versagen drohte. Die Heirat vollzog Ulrich zwar noch mit großem Pomp, dann aber wandte er sich abrupt vom Kaiser ab: 1512 trat er mit seinem Herzogtum aus dem friedenssichernden System des Schwäbischen Bundes aus, das unter der Patronage des Kaisers stand, und kehrte zur traditionellen antihabsburgischen Politik Württembergs zurück. Im Innern wütete er gegen alle, die sich von ihm nicht funktionalisieren lassen wollten oder die seinen Interessen im Wege waren. Nach dem (selbstverursachten) Aufstand des »Armen Konrad« ließ er Tausende von Bauern erbarmungslos niedermetzeln; mit eigener Hand ermordete er seinen Stallmeister Hans von Hutten, dessen Frau er begehrte; wegen angeblichen Hochverrats ließ er einige seiner besten Berater hinrichten, und mit dem Überfall auf die Reichsstadt Reutlingen nach dem Tod des Kaisers 1519 beendete er seinen Amoklauf. Seine Vertreibung aus dem Herzogtum Württemberg erneuerte und vertiefte schließlich alte Kränkungen und ließ ihn nicht ruhen, als bis er nach unablässigem Bemühen 1534 sein Land wieder erobern konnte.

Ulrichs Politik im gereiften Alter nach 1534 ließ ihn zwar ruhiger und rationaler erscheinen, er galt aber nach wie vor als unberechenbar, mißtrauisch, rachgierig, böswillig und unversöhnlich.[67] Nach dem offenen Ausagieren seiner aggressiven Anteile auf der politischen Bühne betrieb er (und dies muß man auch in seiner psychologischen Dimension erfassen) eine Politik der Wehrhaftigkeit nach außen (sein Festungsbauprogramm verschlang ein Drittel der ordentlichen Staatseinnahmen in Württemberg) und der sozialen und moralischen Disziplinierung nach innen durch Einführung der lutherischen Reformation. Ulrich hatte nach seiner Vertreibung und dem in gewisser Weise läuternden Exil keinen realen Vater und keine Vaterfigur mehr, mit der er sich hätte versöhnen können (s. n leiblicher Vater und sein früherer Förderer, Kaiser Maximilian, waren beide 1519, im Jahr seiner Vertreibung, verstorben). Ulrichs Versöhnung fand auf einer höheren Ebene in der Annahme des evangelischen

---

67 Es ist in unserem Zusammenhang von Interesse, daß er Caspar von Bubenhofen, einem seiner früheren Erzieher, nach dessen tragischer Verarmung nur widerwillig einen Lebensabend im Kloster Bebenhausen gewährte; vgl. Feyler, Anna: Die Beziehungen des Hauses Württemberg zur schweizerischen Eidgenossenschaft in der ersten Hälfte des 16. Jahrhunderts. Diss. Zürich 1905. S. 310.

Glaubens statt. Hier hatten ihm Zwingli und Luther sehr persönliche und innere Wege der Hinwendung zur höchsten väterlichen Autorität gewiesen. Erst danach konnte sich Ulrich daran machen aufzubauen, was Heinz zerschlagen hatte.

Wer dieses Kind Heinz in seinen Verletzungen nicht versteht, versteht den Herzog Ulrich nimmermehr. Die unbefriedigenden biographischen Würdigungen Herzog Ulrichs aus den letzten Jahren unterstreichen einmal mehr die Notwendigkeit einer neuen Biographik. Volker Press beschreibt beispielsweise zutreffend die schwierigen Charakteranteile Ulrichs, wägt diese mit seinen Leistungen nach 1534 ab und findet in seiner abschließenden Würdigung zu dem Urteil:

> »Man wird nicht umhin können, den Herzog zu den bedeutendsten deutschen Landesfürsten der ersten Hälfte des 16. Jahrhunderts zu zählen [...]. Daß er dabei durch seine Maßlosigkeit zunächst die Existenz seines Territoriums aufs Spiel setzte, steht auf einem anderen Blatt.«[68]

Es steht eben nicht auf einem anderen Blatt, es steht, untrennbar hiervon, auf der Rückseite desselben Blattes. Jeder Charakterzug, jedes Verhalten und jede Leistung, alle Widersprüche dieses Mannes gehören unlösbar zu seiner Persönlichkeit und wurzeln in einer einzigen Quelle: in der Unvereinbarkeit der Sozialisationsanforderungen mit seinem individuellen Persönlichkeitskern. Der Widerspruch zwischen den ihn (ver)formenden Strukturen und seinen natürlichen Anlagen verdichtete sich in ihm zu einer widersprüchlichen Persönlichkeit. Wer diese Quelle der Charakterentwicklung von Menschen verkennt, verharrt zwangsläufig in historistischen Anschauungen: die als positiv eingestuften Leistungen der jeweils gewürdigten historischen Gestalt verbucht man so auf dem Konto ihrer Persönlichkeit, ihr »Sündenregister« lastet man den Zeitumständen an oder verbannt es auf andere Blätter. Wenn die divergierenden Charakterzüge auf diese Weise säuberlich getrennt sind, kann die Frage nach der Bedeutung oder Größe der betreffenden Person gestellt und problemlos bejaht werden. Aber an Herzog Ulrich von Württemberg war nichts groß als seine Verzweiflung. Seine in Rachegelüsten, Herrschsucht, Mißtrau-

---

68 Press (wie Anm. 37) S. 134. Vgl. auch ders.: Ein Epochenjahr der württembergischen Geschichte. Restitution und Reformation 1534. In: Zeitschrift für Württembergische Landesgeschichte 47 (1988) S. 203–234.

en, Grausamkeit, Unversöhnlichkeit und Kleinlichkeit verbrauchten Energien haben ihn daran verhindert, ein großer Fürst zu sein.[69]

Deutlich wurde bei Martin Luther und bei Herzog Ulrich, daß narzißtische Kränkungen im Betroffenen einen Groll hervorrufen, der bei entsprechender Intensität und Qualität in Wut, Haß und Formen der Auflehnung gegen die väterliche Autorität auswachsen kann, die aber in der Regel den Charakter eines Kompromisses annehmen. Dieser Kompromißcharakter der Auflehnung rührt eines Teils aus der Angst vor der väterlichen Rache, der diese auf halbem Wege entgegen kommen muß, andererseits aus den ambivalenten Gefühlen gegenüber dem Vater: man grollt ihm ja nicht nur wegen seiner Schläge oder Demütigungen, man liebt, verehrt und überhöht ihn ja auch. Der humanistischen Pädagogik ist eine solche ambivalente Vater–Sohn–Beziehung geradezu immanent. Da der Vater seine erzieherischen Maßnahmen von der Ermahnung über die Demütigung und den Liebesentzug bis hin zu Formen physischer Gewalt mit der Bibel in der Hand oder im Mund durchführt,[70] sind für das Kind Strafe, Kränkung und Schmerz an die Botschaft gekoppelt, diese Beeinträchtigung der kindlichen Integrität entspringe der Liebe des Vaters (»Wer seinen Sohn liebhat, der züchtigt ihn«) – eine Botschaft, die im Kind Impulse der Gegenwehr, der Rache und der Auflehnung nachhaltig blockieren kann.

Bei manchen Menschen wie bei Felix Platter, der nach eigenem Bekunden ebenso wie Luther Grund hatte, seinem Vater zu grollen, kann die Rebellion gegen die väterliche Strenge gänzlich zur Unkenntlichkeit verkommen. Felix hatte ja neben den Schlägen und dem harten Erziehungsstil seines Vaters dessen ganze Liebe und Förderung erfahren. Platter wurde zu einem ruhigen, scheuen, fast unauffälligen Menschen mit der Fähigkeit zu stiller Freude. Er war ausgeprägt musisch veranlagt,

---

69 Um es an einem aktuelleren Beispiel drastischer zu formulieren: Was ist Großes an einem König wie Friedrich II. von Preußen, der Hunderttausende von Landeskindern aufbot und viele davon opferte, um ein Stück fremder Muttererde dem eigenen Vaterland einzuverleiben, nur weil ihm ein tyrannischer Vater versagte, ein großer Musiker oder Denker zu werden? Groß war nur seine Menschenverachtung und die heimliche Sehnsucht nach den verschütteten Quellen seines wahren Selbst.

70 *Mein vatter laß uns doheiman vor der predig aus der heiligen schrift und prediget uns. Das gieng mir also iungen mechtig zu hertzen [...],* berichtet Platter; Platter (wie Anm. 35) S. 79.

schrieb Gedichte, sang gerne (zeigte dabei aber nicht gerne seine Zähne!) und schlug die Laute. Zu seinem Vater hatte er als junger Mann ein herzliches und vertrauliches Verhältnis. Er harmonisierte mit ihm fast vollständig, akzeptierte das Mädchen Magdalena, das ihm dieser als zukünftige Gattin zudachte, studierte, wie Papa wollte, in Montpellier, hielt sich auf dessen briefliche Ermahnungen von den dortigen Mädchen fern, heiratete nach dem Studium die vom Vater auserwählte Frau und wurde ein berühmter Arzt, wie es sich dieser erträumt hatte. Nur einen Wunsch erfüllte er dem Vater nicht: er machte ihn nicht zum Großvater. Die Frage wäre ins Spiel zu bringen, ob nicht gerade in der Kinderlosigkeit von Felix und seiner Frau Magdalena seine heimliche, durchaus unbewußte und sehr subtile Rebellion gegen den Vater bestanden haben könnte. Dieser sah sich in hohem Alter gezwungen, nochmals zu heiraten, um sich gewissermaßen seine eigenen Enkel zu zeugen, die ihm Felixens Frau nicht geschenkt hatte.[71]

Um auf Nikodemus Frischlin zurückzukommen, dürfte deutlich geworden sein, daß dieser ähnlich wie Luther zwischen Gehorsam und Auflehnung, zwischen Anpassung und Rebellion schwankte. Aber ähnlich wie bei Herzog Ulrich lassen sich die trotzigen und rebellischen Tendenzen bei ihm nicht direkt im Verhältnis zu seinem leiblichen Vater nachweisen, sondern finden sich im Verhalten gegenüber väterlichen Übertragungsfiguren gespiegelt. Wie bei Luther haben Frischlins Trotz und Aggression eine deutlich anale Komponente, und wie Luther zeigt Frischlin auch eine besondere Vorliebe für das Schwein als Schimpfwort (siehe seine Angriffe auf Dr. Siegfried Sack, den er als *Sewförtz Sackh* verunglimpfte).[72] Frischlins anal gefärbte Aggressivität gegenüber Au-

---

71 Selbstverständlich ging der Vater Thomas Platter davon aus, daß es sich um eine Unfruchtbarkeit seiner Schwiegertochter handelte, und die modernen Biographen sind ihm darin gefolgt (Lötscher [wie Anm. 35 S. 107ff.), doch gibt Felix in seiner Autobiographie selbst eine Reihe von Hinweisen auf somatische Beschwerden (Harnbrennen) und psychisch wirksame Erlebnisse (z.B. die Ringphobie, die er seiner Schwester verdankte; vgl. Platter [wie Anm. 35] S. 65f. und 101), die es als lohnend erscheinen lassen, der hier aufgeworfenen Frage einer möglichen psychosomatisch begründeten Zeugungsunfähigkeit Platters gründlicher nachzugehen. Christoffel (wie Anm. 35). S. 223 verweist im übrigen auf Platters zwiespältiges Verhältnis zu Frauen und seine latente Mysogynie.
72 Zu Luthers analen Charakteranteilen siehe Erikson (wie Anm. 33) S. 133f. und 224ff.

toritäten findet sich, poetisch sublimiert, beispielsweise in seiner Komödie *Priscianus vapulans* von 1579,[73] wo er gegen die mittelalterlichen grammatischen Autoritäten wettert und zum Bild des Ausscheidens findet, um deren Wertlosigkeit zu kennzeichnen:

> [...] *Javellum cum omnibus*
> *Intentionibus et viis e x c r e v i t, inde omnibus libros*
> *Parisiorum Sorbonistarum, tum Mamotrectum et vetus*
> *Catholicon, Huguition, grammaticam Alexandri* [...]
> (Hervorhebung C.B.)

(... Javelli mit all seinen Absichten und Methoden hat er von sich gegeben, dann alle Bücher der Lehrer der Pariser Sorbonne, dann den Mamotrectus und das alte Catholicon, Huguccio und die Grammatik des Alexander von Villa Dei ...).[74]

Dieses aus dem Analen stammende Motiv, das zu einer Art Topos im humanistischen Gelehrtenstreit werden konnte, setzt voraus, daß es bei einer ganzen Gruppe des gelehrten Publikums auf Verständnis stoßen und Lust erzeugen konnte. Die Lust an diesem Bild des Ausscheidens von schwer verdaubarem, wertlos gewordenem Lernmaterial verweist auf die allgemeine Erfahrung eingebläuten Autoritätswissens bei den angehenden Gelehrten. Der Körperteil, auf dem sie als Schüler ihr Wissen eingebläut bekamen, wird zur trotzigen Kampfwaffe im Angriff auf die nutzlosen Autoritäten des scholastischen Mittelalters als Übertragungsfiguren und natürlich auch auf zeitgenössische Gegner.[75]

Die Lust am Analen verweist bei Nikodemus Frischlin (wie bei Luther) auf eine bestimmte Variante der Individuationspathologie, die in der psychoanalytischen Charakterlehre als Masochismus beschrieben wird.[76]

Die anal gefärbte Aggressivität der frühen Reformationsjahre kommt bekanntlich auch in Holzschnitten zeitgenössischer Flugschriften zum Ausdruck, wo beispielsweise eine Gruppe Bauern die Papsttiara als »geheimes Gemach« benützt.

73 Frischlin, Nikodemus: Operum poeticorum, pars scenica. Straßburg 1585.

74 Der Hinweis auf diese Textstelle und Frischlins Stellung im sogenannten Bücherkrieg findet sich bei Garin (wie Anm. 54) S. 66f.

75 In einem seiner späten Dialoge im Grammatikstreit mit Crusius zieht Frischlin diesen ins Lächerliche, indem er ihn seine grammatische Notdurft verrichten läßt; vgl. Strauß (wie Anm. 2) S. 389.

76 Vgl. Johnson (wie Anm. 41) S. 48. Siehe auch Reich (wie Anm. 43) S. 234ff. und Lowen, (wie Anm. 43, Bio–Energetik) S. 142ff.

Masochistische Charakteranteile weisen darauf hin, daß Kindern im Zusammenhang mit der Reinlichkeitserziehung eine Identitätsfindung durch Opposition nicht zugelassen wurde. Stattdessen wurde dem Kind der Wille der Eltern in Bezug auf Essen, Reinlichkeit und Verhalten aufgezwungen. Dies bewirkt zwar eine oberflächliche Anpassung und führt zu willfährigen, oft unterwürfigen Äußerungsformen, hinter denen sich jedoch eine Fülle unterdrückter Aggressionen verbergen. Da diese Aggressionen ihr ursprüngliches Ziel, den versagenden und strafenden Elternteil verleugnen und verdrängen mußten, aber dennoch dauernd latent vorhanden sind, treten sie später häufig unerwartet und undifferenziert zutage. Ein solcher Mensch steckt voller diffuser Aggressionen, die sich bei jeder Gelegenheit, scheinbar unerklärlich, entladen können. Aus einem solchen masochistischen Persönlichkeitsanteil könnte sich Frischlins latente, diffuse und »fanatische Angriffslust« (Stahlecker) erklären. »Welche Classe von Menschen hast du nicht angegriffen,« sollte ihm Crusius einst vorhalten. Sie erklären aber auch die selbstzerstörerische Tendenz, die Frischlin so blindwütig agieren ließ, daß er oft nicht so sehr den angegriffenen Personen, sondern weit mehr sich selbst schadete.

Frischlins *Epicedion de obitu Patris sui*: Trauer und Stolz

Wir brauchen den Eltern Frischlins keine Schläge oder Gewalttätigkeiten gegen ihren Sohn zu unterstellen.[77] Bei den gegebenen ideologischen

---

77 Daß Frischlin dennoch in seiner Erziehung die Erfahrung der Prügelstrafe gemacht haben muß, gleichgültig ob im Elternhaus oder erst in der Schule, ergibt sich m. E. beinahe zwingend aus seiner eigenen Haltung zur Frage der Disziplinierung. In der Laibacher Schulordnung, die aus seiner Feder stammt, gewährt er zwar dem Pädagogen täglich eine frische Rute, *damit er sein scepter hab; dieser solle aber nitt gleich drein schlagen, er solle sich auch in disciplinando alles vngeburenden zorns, neid vnd hass [...] allerdings enthalten vnd insonderheitt die köpf verschonen.* Vgl. Rökkelein / Bumiller (wie Anm.5) S. 110. Frischlin stellt sich damit in die Reihe der »liberaleren« Verfechter der Prügelstrafe, siehe Arnold (wie Anm 55) S. 81f. Aus Frischlins Balinger Schulzeit sind uns keine Nachrichten überliefert, die auf eine entsprechende Erfahrung schließen ließen. Am Rande sei jedenfalls bemerkt, daß Wagner, Christoph: Das evangelische Dorfschulwesen im Kreis Balingen in der frühen

und mentalen Voraussetzungen des Bildungswesens lassen sich auch ohne dies bei Nikodemus Frischlin Beeinträchtigungen der kindlichen Psyche vermuten, die ihm jenes Charakterschicksal mit einerseits narzißtischen, andererseits masochistischen Persönlichkeitsanteilen bescherten,
die in seinen zwiespältigen Beziehungen zu Autoritätspersonen zum
Ausdruck kamen. Wir müssen davon ausgehen, daß das Erziehungsmittel
des Liebes– oder Vertrauensentzugs im Hause Frischlin angewandt wurde, sonst hätte Nikodemus später nicht derart panisch auf den Gunstentzug seiner Förderer reagiert, und seine panikartige Reaktion hätte nicht
solch selbstschädigende Formen angenommen, wenn er nicht in seiner
Kindheit Sanktionen gegenüber seiner Opposition erfahren hätte. Daß
diese Verhaltensweisen und Gefühlswelten ein Vorbild in Frischlins
Verhältnis zum Vater hatten, läßt sich zwar historisch–quellenmäßig
nicht untermauern, wohl aber psychohistorisch erschließen.

Wir dürfen dabei Nikodemus Frischlin durchaus glauben, daß er seinen Vater von Herzen geliebt, ja diesen sogar idealisierend überhöht hat
und daß er bei dessen Tod von echt empfundener tiefer Trauer überwältigt war. So wie wir aber hinter seiner trauernden Liebesbekundung eine
Kränkung vermuten, die sich erst zwölf Jahre nach des Vaters Tod auf-
weichte, so gesellt sich im *Epicedion* zur Trauer ein eigentümlicher
Stolz, der zum ambivalenten Verhältnis gegenüber dem Vater paßt.[78]

Das 16 Druckseiten umfassende Gedicht[79] ist am Anfang anderthalb
Seiten, in der Mitte auf zwei Seiten und am Ende nochmals dem verstorbenen Vater gewidmet. Diese Zeilen sind von liebevollen, beinahe zärtli-
chen Gefühlen geprägt und zeugen von Trauer und Wehmut:

Neuzeit. In: Zeitschrift für Hohenzollerische Geschichte 16 (1980) S. 101 zu 1584
von einem einem äußerst brutalen Balinger Schulmeister berichtet, gegen den die Eltern eine Untersuchung erzwangen.

78 Frischlin hat übrigens auch bei anderen Aussöhnungsgesten stolz und hochmütig
erscheinende Vorbehalte subtil eingeflochten, so in seiner Entschuldigungsschrift an
den deutschen Adel von 1585, wo er am Ende die tätlichen Angriffe des Adels auf
seine Person noch immer zur Begründung der höheren Moral des wehrlosen, nur mit
der Waffe des Wortes kämpfenden Gelehrten benutzt. Vgl. Röckelein / Bumiller (wie
Anm. 5) S. 94.

79 Wie Anm. 5.

Nec mihi supremum potuisti dicere moesto
Ore vale neque nostra tui morientis ocellos
Officiosa manus patrio sub limine clausit.

(Weder konntest du mir das letzte Lebewohl sagen mit traurigem Munde
noch schloß unsere dienstfertige Hand dir, dem Sterbenden, die Augen.)

Nach der Einleitung, der Beweinung des Toten, folgt ein Loblied auf das
Vaterland und die väterliche Erde *(patria tellus)* Balingens und eine
Herleitung der väterlichen und mütterlichen Vorfahren zum Teil aus dem
14. Jahrhundert. Was die Balinger Vorfahren der Großmutter väterlicher-
seits, Leutgarde Metz, angeht, scheint Frischlin sogar auf Originalurkun-
den des städtischen Archivs in Balingen zurückgegriffen zu haben. Er
zeigt sich hier also auch einmal von seiner Seite als Historiker, wobei
seine Gleichsetzung der Balinger Familien Metz und Betz, soweit ich
sehe, unzulässig ist (aber derlei Großzügigkeiten entsprachen ja damals
allgemeinem genealogischem Gebrauch). Es kommt hier Frischlin offensichtlich darauf an, seine Familie als alteingesessen und von guter
bürgerlicher Abkunft zu erweisen. Er drückt damit eine Neigung zum
Familienstolz aus, die er gleichzeitig in seiner *Oratio de vita rustica*
(1580) den adligen Geschlechtern vorhält:

> *Was ist nun das für ein Hoffart derjenigen, welche niemandt für Edel halt-*
> *ten, er khenne dann seiner Voreltter rostige Bildnussen oder Wappen auff-*
> *weisen, vnnd sein Geschlecht vonn seinen vier Ähnen oder Vrähnen auss-*
> *wendig Erzelen?*[80]

Nach der Schilderung der Vita des Vaters bis zur Verheiratung mit Agnes
Ruoff kommt Nikodemus auf deren Kinder zu sprechen, beginnend mit
seiner eigenen Geburt, endend mit dem jüngsten Bruder Jakob, von dem
er bei dieser Gelegenheit erwähnt, daß er *nunc* (S. 121; daher die Datierung des *Epicedions* auf frühestens 1578) Pädagogus in Waiblingen sei.
Den Höhepunkt erreicht dieser zweite Zwischenteil des Gedichts mit Nikodemus' Schilderung seiner eigenen Laufbahn als Universitätsprofessor
und Poet und seiner Verehelichung mit Margarethe Brenz, wobei er nicht
versäumt, den von der württembergischen Reformatorenfamilie ausgehenden Glanz auf die Frischlinsche Familienchronik ausstrahlen zu lassen.

---

80 Zitiert nach Röckelein / Bumiller (wie Anm. 5) S. 79.

Das *Epicedion* gilt zwar dem verstorbenen Vater und gewährt diesem, vom formalen Rahmen her betrachtet, auf drei Säulen ruhend das nötige Gewicht. Darüber hinaus geht es Frischlin aber um eine Verherrlichung der Frischlinschen Familie und ihrer cognatischen Verbindungen. Als lorbeerbekränztes Haupt der Sippe stellt sich Nikodemus am Ende allerdings selbst in den Mittelpunkt mit einem spürbaren Stolz auf seine eigene wissenschaftliche und poetische Karriere und mit seiner guten württembergischen Familienverbindung. Es ist, als wolle Nikodemus Frischlin jetzt, zwölf Jahre nach dessen Tod, dem Vater Bericht erstatten, daß mit seinem Geschlecht alles zum besten stehe und auch der jüngste Sohn, Jakob, in die Spuren der Väter (*patrum vestigia*), von denen er auch einer ist, getreten sei. Das späte *Epicedion* erscheint als eine liebevolle Hommage an den längst verstorbenen Vater. Es kann aber eine deutliche Gewichtsverlagerung auf den Sohn Nikodemus, der die Fackel weiterträgt, nicht verbergen. Es ist, als ob hier ein Sohn, an dessen erfolgreicher Lebensgestaltung ein Vater einst Zweifel geäußert hatte, nun voller Stolz, fast schon im Triumph seinen Erfolg präsentiert. Das *Epicedion* hatte in der Biographie und im Gefühlshaushalt Frischlins die Funktion einer versöhnenden Geste gegenüber dem toten, in seiner Psyche aber lebendigen Vater. Durch diesen Lobpreis hob er den Vater auf das Podest, das ihm gebührte. Möglich war Nikodemus diese Geste aber erst jetzt, da er selbst im Alter von 31 Jahren auf dem Höhepunkt seiner Laufbahn stand und gesellschaftlich anerkannt war.

Das *Epicedion* ist zugleich ein Ausdruck des Stolzes auf die eigene Leistung und des Anspruchsdenkens Frischlins. Man könnte sagen, er benützt das *Epicedion* an den Vater, um sich im Glanz der Familie und die Familie im Glanz seines poetischen Lorbeers noch heller erstrahlen zu lassen. Solche Tendenzen der Idealisierung und der Ausweitung individueller Leistung auf Angehörige sind ein charakteristischer Ausdruck der narzißtischen Persönlichkeitsstruktur. Diese Bemerkung führt uns zu unserer Ausgangsfrage nach dem Verhältnis Nikodemus Frischlins zum Bruder Jakob zurück.

Imitatio

Jakob Frischlin lebte unter dem annähernd manisch erscheinenden Zwang, die schriftstellerische Karriere seines Bruders Nikodemus zu wiederholen. Sein Erfolg steht dabei in einem auffälligen Mißverhältnis zu seinem Aufwand. Mit seinen zahlreichen historischen Arbeiten, die schon in seiner ersten Waiblinger Zeit beginnen, suchte Jakob eigenes Profil zu gewinnen. Als Historiker geht er mit seinen chronikalischen Sammlungen, durch die er sich mit den berühmteren Landeshistorikern wie Martin Crusius oder Oswald Gabelkover in eine Reihe zu stellen suchte, ein Stück über Nikodemus hinaus. Er notiert alles über die württembergische Geschichte von ihren sagenhaften Ursprüngen an, beginnt mehrfach mit denselben Sammlungen, die aber häufig genug den Charakter eines Sammelsuriums behalten. Mehrere Anläufe macht er zu historischen Landesbeschreibungen, zu Landbüchern, in die er alles aufnimmt, was ihm zu einzelnen Orten an geschichtlichen Daten bekannt ist, die aber letztlich nichts Ganzes ergeben. Mehreren Städten, in denen er als Schulmeister wirkte, widmete er Lobgedichte, von denen aber offensichtlich nur das *Encomion Reutlingense* (Tübingen 1602) einen Druck erfahren hat. Öfters hat er Mitgliedern des württembergischen Hauses kalligraphisch aufbereitete Handschriften seiner historischen Werke gewidmet, in der Hoffnung, diese würden eine Drucklegung fördern. Bis heute zieren diese Bände lediglich die Handschriftenbestände der Württembergischen Landesbibliothek. Als Jakob Frischlin 1612, nun schon an seinem letzten Dienstort Balingen, eine württembergische Geschichte in lateinischen und deutschen Versen herausgeben will, beurteilt der Zensor Oswald Gabelkover Form und historischen Gehalt der Schrift negativ. Zum besten in seinem historiographischen Schaffen zählen noch Jakob Frischlins Lebensbeschreibungen der württembergischen Herzöge seit Eberhard I.[81] Aber auch diese wurden nicht für geeignet befunden, in den Druck zu gehen.

Auch sein poetisches Werk nimmt sich bescheiden aus. Wir besitzen von Jakob Frischlin im wesentlichen zwei dramatische Versuche, eine

---

81 Württembergische Landesbibliothek Stuttgart: Cod. hist. F 327.

Comoedia Was die rechte Eheliche Lieb sey auff Erden im Stil des Meistersingers Hans Sachs und eine *Comoedia von Graff Hans von Württemberg*,[82] die bei ihrem Erscheinen 1612 allerdings konfisziert wurde, weil sie Anstoß erregte. Nur auf derartige Leistungen gestützt, wäre Jakob Frischlin in der höfischen Welt um 1600 kaum positiv aufgefallen und niemals zu der Ehre eines hohenzollerischen Hofpoeten gelangt. Daß man den Reutlinger Schulmeister zum offiziellen Beschreiber der Hochzeitsfeierlichkeiten des Grafen Johann Georg von Hohenzollern und seiner Gattin Franziska 1598 nach Hechingen bestellte, verdankt Frischlin sicherlich den Übersetzungen von Komödien seines Bruders. Mit den Verdeutschungen des *Julius redivivus* (1585), der *Rebecca* (1588), der *Susanna* (1589) und der *Hildegardis magna* (1599) hatte sich Frischlin durchaus einen Namen gemacht.[83] Es ist übrigens bekannt, daß sich Nikodemus Frischlins Komödie *Hildegardis magna* in der Übersetzung seines Bruders Jakob in der hohenzollerischen Hofbibliothek in Hechingen befand.[84] Das heißt aber, auch die Einführung am hohenzollerischen Hof in Hechingen verdankte Jakob letztendlich der Bekanntheit seines Bruders, der im Hechinger Schloß auf dem Höhepunkt seiner Karriere um 1580 ein und ausgegangen war. Auch das Ergebnis dieser literarischen Hochzeitsbeschreibung, Jakob Frischlins *Hohenzollerische Hochzeyt* (1599),[85] mußte sich von der Nachwelt herbe Kritik gefallen lassen: Valentin Lötscher, der Herausgeber der Tagebücher Felix Platters (der ebenfalls Augenzeuge des Festes war), nennt Frischlins Hochzeitsbeschreibung ein »langatmige(s) Reimwerk, ledern und langfädig«;[86] Ernst Fritz Schmid apostrophiert die *Hohenzollerische Hochzeyt* als »treuherzige,

82 Frischlin, Jacob: Comoedia [...] Was die rechte Eheliche Lieb [...] sey auff Erden. Reutlingen 1599 und ders.: Ein [...] Comeodia/Von dem [...] Graff Hansen. Straßburg 1612 (eingesehen wurde das Exemplar der Württembergischen Landesbibliothek Stuttgart: Sign. D.D.qt. 73).
83 Vgl. Bumiller (wie Anm. 7) S. 21ff.
84 Schmid (wie Anm. 23) S. 588.
85 Frischlin, Jacob: Drey schöne und lustige buecher von der hohenzollerischen hochzeyt. Augsburg 1599 (eingesehen wurde das Exemplar der Württembergischen Landesbibliothek Stuttgart: Sign. D.D.qt. 74).
86 Platter (wie Anm. 35) S. 494.

aber oft etwas holperige und gelegentlich etwas abgeschmackte teutsche Reimerei«.[87]

Es ist bemerkenswert, wie weitgehend sich Nikodemus Frischlin seinem Bruder als Vorbild und Identifikationsfigur angeboten hat. Dieser wird nur dann gut und gewinnt nur dort Gehalt und Profil, wo er nahe am Bruder bleibt, ihn nachahmt oder übersetzt, wo er zur anderen Seite seiner Seele wird. Wo er sich von Nikodemus entfernt und eigene Wege sucht, bleibt er blaß und wirkungslos. Ganz nahe kommt Jakob Frischlin seinem Bruder auch, wenn er dessen aggressives Element, das literarische Gefecht als vermeintlichen Lebenskampf fortsetzt. Die bemerkenswerteste Phase in seinem Leben bilden die Jahre zwischen 1590 und 1599, in denen Jakob dem verstorbenen Bruder posthum zu seinem Recht verhelfen will.

Eigentlich schien der Streit Nikodemus Frischlins mit seinem einstigen Übervater Martin Crusius um die rechte Grammatik mit dem Todessturz des Dichters aus dem Uracher Kerker beendet. Einige Jahre konnte sich der vielbeschäftigte Gelehrte seinen professoralen Geschäften unbehelligt widmen, da erschien 1596, sechs Jahre nach dessen Tod, Nikodemus Frischlins dritter Dialog zu seinem *Poppysmus*, einer Streitschrift aus dem Grammatikkrieg gegen Crusius, den er nicht mehr veröffentlicht hatte. Crusius geriet in Harnisch und wetterte in seinem Tagebuch: *Es ist ein Schelmenbüchlein [...], Derr Narr [...] Iste Frischlinus periurus est [...], iste sceleratus Frischlinus.*[88] Schien doch die ganze Angelegenheit mit seinem Tod begraben, so wurde nun Nikodemus sechs Jahre nach seinem Tod wieder exhumiert, klagt Crusius.[89] Jakob Frischlin schlüpfte also in die Rolle seines Bruders und bereitete dessen altem Widersacher einige schwere Jahre.

Auch die alten Verhaltensmuster traten wieder in Kraft. Crusius führte in seinem *Diarium* getreulich Buch über Jakob Frischlins Taten und Werke, so wie er es früher bei Nikodemus praktiziert hatte. Er weiß von Frischlins Bestellung an den Hechinger Hof anläßlich der zollerischen

87 Schmid (wie Anm. 23) S. 592.
88 Crusius, Martin: Diarium 1596–1605. Hgg. Göz, Wilhelm / Conrad, Ernst / Stahlekker, Reinhold / Staiger, Eugen (Hgg.). Bd. 1. S. 202.
89 Ebd. S. 234.

Hochzeit und setzt alles daran, die Drucklegung der Hochzeitsbeschreibung in Tübingen zu verhindern, weil darin papistische Einrichtungen wie das Kloster Stetten bei Hechingen gelobt wurden.[90] Frischlin »rächt« sich anschließend, indem er der Tübinger Universität zwei Exemplare seiner (in Augsburg gedruckten) *Hohenzollerische(n) Hochzeyt* als Geschenk überreicht.[91]

1599 wird trotz der Interventionen Martin Crusius' ein sehr erfolgreiches Jahr für Jakob Frischlin. Es erscheinen nicht nur die *Hohenzollerische Hochzeyt* und die oben erwähnte Komödie im Stil des Hans Sachs, sondern auch eine Übersetzung der *Hildegardis magna* seines Bruders und schließlich ein Buch, das das Blut des Martin Crusius erneut in Wallung bringen sollte: *Nicodemus Frischlinus factus redivivus*.[92] Hierin läßt Jakob Frischlin seinen Bruder nochmals auferstehen und ihn mit Crusius in Dialog treten. Der alte Streit um die rechte Grammatik lodert ein letztes Mal auf. Immerhin gelingt es Crusius nun, 90 Exemplare des Werkes von der Universität Tübingen konfiszieren zu lassen, um deren Herausgabe Jakob einen erfolglosen Schreibkrieg führt.[93]

Wir wollen hier den Streit Jakob Frischlins mit Martin Crusius im Namen seines Bruders enden lassen, der 1599 seinen letzten Höhepunkt und gleichzeitig seinen Endpunkt erreichte. Jakob Frischlin gab diesen unverständlichen Kampf mit dem großen Crusius auf. Es sei der Hinweis gestattet, daß dies vielleicht nicht zufällig im Todesjahr von Nikodemus' Frau Margarethe Brenz geschah.[94] Vielleicht löste der Tod seiner Schwägerin Jakobs innere Verpflichtung, der Rechtfertigung seines Bruders leben zu müssen, psychologisch auf.

Aus der letzten Phase des Streits ist uns jedoch ein aufschlußreicher Brief des Crusius an Herzog Friedrich von Württemberg erhalten, der uns zu unserem Ausgangspunkt zurückführt: *Gnediger Fürst vnd herr,*

---

90 Ebd. Bd. 2. S. 145.
91 Ebd. Bd. 2. S. 334.
92 Frischlin, Jacob: Nicodemus Frischlinus factus redivivus. Straßburg 1599 (eingesehen wurde das Exemplar der Württembergischen Landesbibliothek Stuttgart: Sign. Fr. D. oct. 5868).
93 Der Schriftwechsel Jakob Frischlins mit der Universität Tübingen aus dieser Zeit befindet sich im Universitätsarchiv Tübingen unter der Sign. 10/11 Nr. 126–150.
94 Den Todestag der Margarethe Brenz, 7. Okt. 1599, überliefert Crusius im Diarium (wie Anm. 88) II. S. 373.

E.F.G. überschicke ich hiemitt einen newen Frischlinum: nemlich M. Iacobum, welcher in die fusstaffen Nicodemi seines bruders seeligen, mit höchstem fleiss und künheütt getrettenn. Und nachdem sich Crusius über die Angriffe der Frischlins, die er über Jahrzehnte zu erdulden hatte, beschwert hat, schließt er: *Solche Nicodemi vndanckbarkeitt aber, imitiert (meins bedunckens) frater eius Iacobus [...].*[95] Der gute Beobachter Crusius sieht ganz richtig, daß Jakob Frischlin hier in die Fußstapfen Nikodems getreten war und dessen Rolle übernommen hatte. Er führt auch den Begriff der *imitatio*, der Nachahmung ein. Natürlich meint Crusius hier die *imitatio* im Sinne der Rhetorik und Poetik, die eine grundlegende Methode in der humanistischen Kunst der Aneignung antiker Vorbilder war.[96] Aber es ist auch nicht zu übersehen, daß Jakob Frischlin hier nicht mehr nur eine äußerliche Nachahmung der rhetorischen Kunst Nikodemus Frischlins im Sinne der humanistischen Stilbildung, auch nicht nur eine spielerische Verhaltensimitation des Vorbildes betrieb, sondern daß er eine tief verankerte und todernste Identifikation mit dem großen Bruder eingegangen war. Jakob wurde seinem Bruder nicht nur ähnlich, er wurde nicht nur w i e sein Bruder, er wurde, was den Streit mit Crusius anging, zu seinem Bruder selbst, jedenfalls zum anderen Teil ihrer gemeinsamen Seele. Er hat das allzu früh erloschene Leben seines Bruders noch zehn Jahre weiter gelebt und die Fackel der Frischlinschen Familienehre hochgehalten. Wie läßt sich ein solches Verhalten, ein solches Geschwisterverhältnis verstehen?

Zwei Seiten einer Seele

Da jede Beziehung zwischen zwei Menschen von beiden gleichermaßen erfüllt und bestimmt ist, ist es notwendig, die Bestandteile dieser gemeinsamen Seele von beiden Seiten her zu beleuchten. Wenn wir es akzeptieren wollen, den Dichter Nikodemus Frischlin im Kern nach dem Persönlichkeitsmuster des Narzißmus–Modells zu verstehen, dann liegt es nahe,

---

95 Ebd. Bd 2. S. 374.
96 Zur Bedeutung und Methode der Nachahmung im Humanismus siehe Garin (wie Anm. 54) S. 15ff.

daß er in Bezug auf Objektbeziehungen, also in Bezug auf die Individualität und Integrität anderer Personen beschränkt wahrnehmungsfähig war. Selbst nicht vollständig individualisiert, also in der Wiederannäherungsphase des Kleinkindalters von der oder den Hauptbezugsperson/en aufgrund entwicklungshemmender Kränkungen nicht gänzlich abgelöst, behält der Narziß zur Mutter oder zum Vater (oder zu beiden) eine Form der psychischen Symbiose bei, deren Muster sich in seinen späteren Objektbeziehungen spiegeln wird. Ohne die psychischen Grenzen anderer Individuen zu kennen, benutzt er diese und weist ihnen Rollen in seinem eigenen Lebensdrama zu. Er bezieht sein Selbstwertgefühl, das heißt, die Bestätigung seines falschen Selbst, aus der Spiegelung in den anderen oder durch deren Beifall und Bestätigung. Wer sich in die Selbstinszenierung eines narzißtischen Charakters nicht einbeziehen läßt, wird nicht beachtet oder abgewertet.

Je nachdem, auf welcher psychischen Entwicklungsstufe die Beeinträchtigung und Fixierung stattfand, wird ein solcher Mensch Objektbeziehungen nach den oben genannten drei Varianten: der Verschmelzungsbeziehung, der Zwillings–Übertragung oder der Spiegelungs–Übertragung entwickeln. Da ein Kind, dessen Eltern zur Nichtanerkennung von dessen natürlichen Triebäußerungen, also zu Kränkungen neigen, in der Regel auf allen Entwicklungsstufen beeinträchtigend wirken, ist es wahrscheinlich, daß ein narzißtischer Charakter alle Formen der Objektübertragung kennt. Was Nikodemus Frischlin seinem Bruder Jakob entgegenbrachte, dürfte eine Beziehung nach dem Muster der Zwillings–Übertragung gewesen sein. »In diesem Fall wird zwar die Getrenntheit anerkannt, aber das Individuum geht davon aus, daß es und sein Objekt eine mehr oder weniger identische Psychologie mit ähnlichen Vorlieben, Abneigungen, Philosophien etc. haben.«[97] Oder wie es der Dichter sagte: »O Jakob, in Wahrheit andere Seite unserer (gemeinsamen) Seele, der du mit mir Namen und Schicksal teilst [...].«

Dies beschreibt aber nur Nikodemus' Seite der gemeinsamen Seele. Daß Jakob bereit war, seinen Part in dem Spiel zu übernehmen, daß er die Schicksalsverwandtschaft mit dem Bruder so ernst nahm, daß er nach dessen Tod in seinen Talar schlüpfte und einen unsinnigen Bücherstreit

97 Johnson (wie Anm. 41) S. 66.

als Lebenskampf fortführte, setzt eine enorme psychische Disposition seinerseits voraus. Es mag auf der ersten Blick nahe liegen, diese Bereitschaft, sich benützen zu lassen, aus dem Erziehungsverhältnis ableiten zu wollen, das die beiden Brüder seit dem Tod des Vaters 1566 verband. Doch eine solche Deutung würde zu kurz greifen. Nikodemus spielte in der Sozialisation seines Bruders eine vergleichbare Rolle wie Martin Crusius in seiner eigenen. Er bot dem pubertierenden und heranwachsenden Bruder ein Dach über dem Kopf, materielle Unterstützung und Lernhilfe, sicher auch eine gewisse emotionale Geborgenheit, Gespräch und Unterstützung in seiner Identitätsfindung. Nikodemus wurde seinem Bruder zu einem Führer durch die Krisen der Jugendjahre.[98] Nikodemus hatte die Aufgabe, dem jüngeren Jakob nicht nur den Vater zu ersetzen, sondern ihm auch bei der Ablösung von demselben beizustehen. Die notgedrungene Ablösung vom Vater nahm allerdings durch sein übergewichtiges Identifiaktionsangebot bei Jakob die Form einer allzu heftigen Fixierung auf ein unerreichbares Vorbild an: Erst sehr spät, im fortgeschrittenen Mannesalter, sollte es ihm gelingen, sich von der nachwirkenden Autorität seines Bruders ein Stück zu lösen.

Jakobs Disposition zur *imitatio* des Bruders wurde indessen wesentlich früher angelegt. Wenn unsere Vermutung stimmt, daß im Erziehungsstil der Familie Frischlin neben aller liebevollen Zuwendung auch eine Neigung zum Liebesentzug bestand, so dürfte diese erzieherische Atmosphäre im Kern auch noch die Kindheit Jakob Frischlins betroffen haben, so daß wir auch bei ihm von einem grundlegend narzißtischen Charakterschicksal ausgehen können. Allerdings ist es wahrscheinlich, daß Jakob, wie die meisten Nachgeborenen, nicht mehr denselben Betrag an väterlicher Autorität erfahren hat wie der erstgeborene Nikodemus. Überdies hatten sich die familiären Rahmenbedingungen grundlegend geändert. Der Vater Jakob Frischlin war als evangelischer Pfarrer in Amt und Würden, die düsteren Zukunftsaussichten waren gewichen, ein gewisser Wohlstand machte sich bemerkbar: Im Geburtsjahr des jüngeren Jakob 1557 war die Familie gerade ins neue Haus am Balinger Markt-

---

98 Erikson (wie Anm. 33) S. 137: »Die leiblichen Väter behüten die kindlichen Anfänge der Individualität. Wenn Kinder zu Jugendlichen werden, brauchen sie jedoch ergänzend Menschen, die das Dauern ihrer Identität gewährleisten.«

platz eingezogen.[99] Jakob wuchs zwar mit dem Anspruch sozialen Aufstiegs auf, aber vermutlich in größerer Gelassenheit und besserer materieller Ausstattung. Dabei erscheint es durchaus möglich, daß ihm als Nesthäkchen durch seine relativ alte Mutter (ca. 40 Jahre) nach sieben anderen Kindern nicht mehr dieselbe Aufmerksamkeit zuteil wurde wie den älteren. Dies könnte bei Jakob aufgrund nachlässiger Zuwendung und ständigen Konkurrenzkampfes mit den Geschwistern für die Ausbildung oraler Persönlichkeitsanteile sprechen. Der orale Charaktertyp verdrängt sein nie ganz befriedigtes Bedürfnis nach Nahrung und Zuwendung und entwickelt als Kompensation eine auffällige Bereitschaft, anderen zu helfen und die Bedürfnisse anderer zu befriedigen, aber auch die Bereitschaft, sich benützen zu lassen.[100]

Dies könnte der Schlüssel zum Verständnis von Jakob Frischlins Anteil an der gemeinsamen Seele mit seinem Bruder Nikodemus sein. Er wurde in der Übertragungssituation nicht nur durch den Bruder narzißtisch besetzt, er bezog selbst aus dieser symbiotisch anmutenden Beziehung Nahrung in Form von Zuwendung, Lob und Anerkennung durch den väterlichen Bruder. In der Identifikation mit dessen schriftstellerischem Genius lag zusätzlich die Aussicht auf gesellschaftliche Anerkennung, die ihm aber nur zeitweilig zuteil wurde. Eben nur dann, wenn er sich ganz nahe an den Bruder anlehnte und so von dessen Genius zehrte. Seine bemerkenswerte Identifikation mit seinem in jeder Beziehung »größeren« Bruder führte für ihn offensichtlich – von seinen Anlagen her betrachtet – zu einer Fehlentscheidung in der Identitätsfindung als Poet; sie bedeutete dennoch die Teilhabe an dessen literarischem Ruhm. Die symbiotische Geschwisterbeziehung wurde indes hauptsächlich für Nikodemus Frischlin wertvoll. Sein »Alter ego«, das sogar bereit war, ihm in die Niederungen eines Gelehrtenstreits, der ihn selbst nichts anging, zu folgen, hatte durch die Übersetzungen seiner Stücke einen wesentlichen Anteil an der Wirkung und der Spielbarkeit des Werkes. Ohne Jakob Frischlins Vermittlungtätigkeit, ohne seine Erweckungsversuche wäre der Name Nikodemus Frischlin heute vielleicht noch unbekannter, als er ohnehin schon ist. Die beiden Brüder, die Namen, Schicksal und Werk

99 Röckelein / Bumiller (wie Anm. 5) S. 33f.
100 Johnson (wie Anm. 41) S. 31f. und S. 67.

teilten, sind ohne einander nicht zu denken. Doch auch in der Wirkung auf die Nachwelt verharrt Jakob Frischlin bis heute im Schatten des größeren Bruders.

Erst nach dem Tod der Schwägerin, der er sich vielleicht verpflichtet fühlte,[101] sollte es Jakob gelingen, ein wenig aus diesem Schatten zu treten. Er überwand sich sogar, sich im Jahr 1604 im Alter von 48 Jahren (stellvertretend für den Bruder?) mit dem alten Crusius zu versöhnen.[102] Er wurde nun aber auch wieder bescheidener und provinzieller. Die Stadt Balingen erhielt von ihm für ihr 1609 neu errichteten Rathaus eine württembergische *Chronica auf dem Rathaus zu Balingen* in sehr schlichten Reimen.[103] Dafür hinterließ er eine historisch und erzählerisch durchaus wertvolle (noch unveröffentlichte) chronikalische Sammlung zur Balinger Stadtgeschichte, die vom *Epicedion* seines Bruders deutlich inspiriert ist. Beinahe alles konzentrierte sich am Ende auf Jakobs Altersruhesitz, der auch sein und seines Bruders Ursprung war. Indem er hier als einer der ersten eine literargeschichtliche Wertung seines Bruders vornahm, führte er auch sich selbst bescheiden in die Literaturgeschichte ein:

> [...] *ist auf diser Statt Schuel* (sc. von Balingen) *entsprungen und gebohren der weit berühmt und Hochgelehrt Nicodemus Frischlinus Philosophiae et Medicinae Doctor* (diesen Titel führte Nikodemus zu unrecht), *Poeta Laureatus et Comes Palatinus Caesareus, dieweil Er aber mein Leiblich angebohrner Bruder ist, will Ich Ihne nicht höher commendiren und Loben, sondern seine aigene Scripta und büecher Von Ihme Reden und sagen lassen.[104] Vnd hat also sein Vatterland Ballingen mit seinen Schrifften und Büechern weit und breit berühmt vnd bekand gemacht.[105]*

---

101 Jakob Frischlin und Margarethe hatten am 3. Aug. 1590 Nikodemus im Uracher Kerker besuchen dürfen und waren somit die letzten aus der Familie, die den Poeten lebend gesehen haben. Vgl. Röckelein / Bumiller (wie Anm. 5) S. 129.
102 Stahlecker (wie Anm. 11) S. 365.
103 Württembergische Landesbibliothek Stuttgart: Cod. hist. 138. S. 876.
104 HStA Stuttgart A 315L Bü 65, fol. 135vf
105 Württembergische Landesbibliothek Stuttgart: Cod. hist. 138. S. 851.

Ausblick

Es braucht nicht eigens betont zu werden, daß Erklärungsmodelle wie das hier vorgestellte ebenso wie andere hermeneutische Zugänge zur Biographik der Kritik, Ergänzung und Verfeinerung bedürfen. Diese fortschreitende Kritik muß aber aktiv, das heißt aus der Erprobung erfolgen. Drei Richtungen sehe ich, in die die vorgelegte Studie konsequent fortgeführt werden könnte: im Hinblick auf die gesellschaftliche Entwicklung im 16. Jahrhundert, in Richtung der Literatur– und Kulturgeschichte des Humanismus und in Richtung einer entwicklungspsychologischen Werkgeschichte Nikodemus Frischlins.

Worauf es bei der Anwendung psychoanalytischer Theorie auf historische Biographien ankommt, ist nicht so sehr die Klassifizierung geschichtlicher Gestalten in »Typen« als Selbstzweck, sondern die Kenntlichmachung gesellschaftlich typischer und damit historisch relevanter Persönlichkeits– und Verhaltensmuster im Individuum. Hierzu war es notwendig, die Untersuchung auf einige ausgewählte geschichtliche Gestalten des 16. Jahrhunderts auszudehnen. So konnte gezeigt werden, daß zwar jeder Mensch aufgrund verschiedener sozialer Herkunft und Sozialisationsbedingungen ganz individuelle Charaktermerkmale entwickelt, daß aber doch viele von ihnen ein (unterschiedlich ausgestaltetes) Grundmuster vereinigt, das wir als narzißtischen Persönlichkeitsstil bezeichnet haben. Dieser narzißtische Grundzug der betrachteten Personen ließ sich auf den pädagogisch–moralischen Impetus des humanistischen Bildungs– und Erziehungswesens zurückführen, der auf die Nichtanerkennung kindlicher Lust– und Willensäußerungen abzielte. Was sich hier an einzelnen Individuen ermitteln ließ, könnte sich bei Ausdehnung der Methode auf weitere Zeitgenossen als der diese Epoche prägende Sozialcharakter[106] erweisen, der in seiner gesellschaftlichen Wirkung nicht nur seelische Befindlichkeiten, Geselligkeitsformen und Verhaltensstandards bestimmte, sondern bis hin auf staatliche und institutionelle Ebenen prägend

---

106 Hauser, Arnold: Der Ursprung der modernen Kunst und Literatur. Die Entwicklung des Manierismus seit der Krise der Renaissance. München 1973, weist den narzißtischen Charakter der literarischen Helden dieser Zeit nach. Dies ist aber nur möglich, wenn ihre Schöpfer entsprechende Persönlichkeitsanteile in sich tragen.

wirkte. Es liegt auf der Hand, daß wir uns mit diesen Überlegungen in nächster Nachbarschaft zu Norbert Elias' Werk über den »Prozeß der Zivilisation« befinden, der, was die Psychogenese und Soziogenese der höfischen Gesellschaft betrifft, weiter zu konsultieren wäre.[107]

Es sei als Anregung darauf hingewiesen, daß sich die (Klein–) Staaten im 16. Jahrhundert in einer Weise zu organisieren begannen, die der Charakterpanzerung eines Narzißten mit masochistischen Persönlichkeitsanteilen ähnelt: eine enorme Panzerung und Wehrhaftmachung nach außen und eine straff durchorganisierte und religiös–moralisch rationalisierte Disziplinierung nach innen; hohe Leistungsanforderung nach innen und scheinbar spielerischer Lebensgenuß nach außen, der aber hinter den Kulissen streng inszeniert und organisiert ist; hohe Bereitschaft zur Abwertung und Ausgrenzung derer, die den eigenen Anspruch nicht teilen, und ein hohes latentes Aggressionspotential, das in der Panzerung gebunden ist. Derart ließe sich die »friedliche« zweite Hälfte des 16. Jahrhunderts hierzulande beschreiben. Nikodemus Frischlin teilte ideologisch und moralisch die Ideale und die Entwicklungen seiner Zeit und war bereit, den Zivilisationsschritt hin zur präabsolutistischen Staatlichkeit und zur Selbstdisziplinierung mitzutun. Aber tief in seiner Psyche wurde diese bewußte Bejahung des »Systems« durch eine unbewußte rebellische Ader unterlaufen. Da er seine latente Angriffslust nicht im Zaum zu halten wußte, eckte er an und wurde zuletzt unschädlich gemacht. Insofern hat Stahlecker recht, wenn er Frischlins Scheitern einem »Mangel an Selbstzucht« zuschreibt.

Auf dem engeren gesellschaftlichen Feld der humanistischen Literatur– und Kulturgeschichte erscheint es von den hier gewonnenen Einsichten her lohnend, sich dem Freundschaftskult im humanistischen Gelehrten– und Kunstbetrieb zuzuwenden, aber auch der ebenso ausgeprägten Streitkultur (zu denken wäre an das Zerwürfnis Hutten/Erasmus, an Bücher– und Grammatikkrieg). Hinter beiden Erscheinungsformen humanistischer Bildungsgeschichte vermute ich zwei Seiten einer narzißtischen Medaille, die sich immer dann wendete, wenn die Überhöhung und Idealisierung beschworener Freundschaft desillusioniert wurden und

107 Elias, Norbert: Der Prozeß der Zivilisation. 2 Bde. Frankfurt ⁵1978.

enttäuschte Hoffnung auf Gefolgschaft in einer bestimmten Streitfrage in Verlassenheitsangst, Ärger, Wut und Haß umschlug.

Zum dritten sollte die hier gezeichnete Methode und das Persönlichkeitsbild Frischlins von germanistischer Seite an seinem Werk überprüft werden. Die Interpretation seiner Komödien und ihrer Charaktere könnte die vorgetragenen Thesen hinterfragen, bestätigen oder präzisieren. Weiter müßten aber Werk– und Lebensgeschichte Frischlins stärker auf gemeinsame entwicklungspsychologische Leitlinien hin untersucht werden. Eine derart psychoanalytisch orientierte Betrachtung seiner Werke verspricht deutliche Fortschritte für eine ganzheitliche Biographie des Dichters. Eine entscheidende Ergänzung zur vorgelegten Studie ist überdies eher aus seinem Werk als aus der historischen Quellenlage zu erwarten: die Frage nach der Bedeutung seiner Mutter. Außer einem eindrucksvollen Brief an ihren Sohn Nikodemus haben wir wenig in Händen, was Agnes Ruoffs Persönlichkeit erkennen läßt.[108] Wollten wir ihrem Einfluß auf ihre Söhne nachspüren, müßte dies über eine erschließende Methode geschehen. Was Nikodemus angeht, so sei an seine zahlreichen Komödien erinnert, in denen (idealisierte) Frauengestalten Titelheldinnen sind (*Rebecca*, *Susanna*, *Fraw Wendelgard*, *Hildegardis magna*), deren Tugenden und Leistungen jedoch letztlich der moralischen Erhöhung männlicher Protagonisten dienen. Beim Bruder Jakob ist eine vergleichbare Rolle der Mutter nur indirekt zu erschließen. Wenn wir uns fragen, aus welcher Quelle er die Heldentaten seines Vaters in der Interimszeit kannte – er selbst war noch nicht geboren, der Bruder Nikodemus damals aber zu klein –, so bleibt mit einiger Wahrscheinlichkeit die Mutter Agnes übrig, die mit solchen Geschichten von der lutherischen Standhaftigkeit das Andenken an ihren früh verstorbenen Mann in ihren Kindern wachhielt und damit zur Idealisierung des Vaters in der Familie beitrug. Wenn diese Vermutung stimmt, dann erfüllte die Mutter als »Gefährtin« des Vaters tatsächlich die Rolle, die von der evangelischen Pfarrfrau im 16. Jahrhundert erwartet wurde.[109]

108 Foto und Transkription bei Röckelein / Bumiller (wie Anm. 5) S. 64f.
109 Für die kritische Durchsicht meiner Thesen danke ich Herrn Dipl.–Psych. Wolfgang Hussong, Freiburg.

Hubert Cancik

Crusius contra Frischlinum

Geschichte einer Feindschaft*

1. Die Siebente Tat des Martin Crusius

1.1 Martin Crusius

1.1.1 Martin Crusius (1526–1607) hat im Jahre 1594 seine Geschichte der Familie Kraus (*Chronologia Krausiorum*) mit einem Katalog der Taten abgeschlossen, die er als erster oder in besonders hervorragender Weise vollbracht hatte.[1] Als erster habe er in Straßburg eine griechische Rede gehalten, viele griechische und lateinische Schriften herausgegeben, mit dem Patriarchen von Konstantinopel habe er das Religionsgeschäft griechisch und lateinisch energisch betrieben; er habe Griechen, die vor den Türken fliehen mußten, gastfreundlich aufgenommen und unterstützt; die jetzige griechische Umgangssprache und das moderne Griechenland habe er in seinen Büchern *TurcoGraecia* und *Germano-Graecia* bekannt gemacht; eine schwäbische Geschichte habe er abgefaßt, »vom Anfang der Welt bis zum jetzigen Tage« (im Jahre 1594) – und wirklich seine Annalen begannen mit Adam (geschaffen 3963 v. Chr.) und endeten mit Crusius; dreißig Jahre lang, so geht es im Katalog

---

* Vorbemerkung: Die folgenden Beobachtungen sind mit Hilfe vieler entstanden, von denen ich wenigstens einige mit Dank nennen möchte: Andreas Bendlin, Dr. Hildegard Cancik–Lindemaier, Gudrun Fischer, Stefan Meyer–Schwelling, Michael Mohr haben die umfangreichen Manuskripte Crusii und Frischlins durchgesehen, Traumtexte transkribiert und übersetzt. Für den Hinweis, daß der Brief Frischlins an Truber vom 21. Okt. 1582, den ich andernorts vergeblich gesucht hatte, sich im Universitätsarchiv Tübingen befindet, und freundliche Hilfe danke ich Prof. Dr. Volker Schäfer.

1 Universitätsbibliothek Tübingen, Handschriftenabteilung Mh 443, fol. 157v; 443a fol. 155r; lat. Text s. Cancik, Hubert: Primus Truber – Martin Crusius – Nikodemus Frischlin. Der slowenische Reformator und die Tübinger Humanisten. In: Die Slowenen in der europäischen Reformation des 16. Jahrhunderts. Symposion Ljubljana, 6.–8.10.1983. Ljubljana 1986. S. 29–49. Hier: S. 37f.

weiter, habe er in der Kirche die deutschen Predigten in griechischer Sprache mitgeschrieben, auf den Knien schreibend: ca. 7000 Predigten waren das schließlich, eine einzigartige Verbindung von Luthertum und humanistischem Sprachfetischismus.[2] Als weiterer Ruhmestitel ist im Katalog vermerkt, eine lateinische Grammatik habe er so gemacht, daß sie mit der griechischen kongruent sei.

Dieser Tatenkatalog stellt einen Lehrer vor, einen tatkräftigen Philhellenen, einen orthodoxen Kirchenpolitiker und den schwäbischen Geschichtsschreiber. Crusius versteht sich also nicht so sehr als Philolog, und nicht als Redner oder Dichter, obwohl er Verse machte, in Latein und Griechisch.[3]

Inmitten dieser eher beschaulichen Betätigungen eines fleißigen Gelehrten, unermüdlichen Schreibers und versatilen Imitators halbtoter Sprachen nimmt sich die Siebente Tat – und nur diese – sehr merkwürdig aus:

> 7. *Cum ingratissimo discipulo, tanta concertatione conflictatus est, quanta non temere alius Praeceptor umquam.*

> (7. Mit dem undankbarsten Schüler hat er in einem so großen Streite gerungen wie nicht leicht irgend ein anderer Lehrer jemals.)

Crusius spricht von sich in der dritten Person, ganz objektiv, distanziert und selbstbeherrscht, wie C. Iulius Caesar in seinen *Commentarii*. Der Name des undankbaren Schülers, der Gegenstand des Streites sind nicht genannt. Kein Siegesjubel übertönt die schlichte Sachlichkeit. Es wird nicht einmal gesagt, wer Sieger blieb in diesem Ringen. Aber jeder weiß, Nikodemus Frischlin ist seit vier Jahren tot.

Weshalb ist diese Tat so groß, fast einmalig? Um was ging der Streit? Warum hat Crusius dieses Ereignis in diesen Tatenkatalog, die Summe seines Lebens, aufgenommen?

---

2 Nach Abfassung der *Chronologia Krausiorum* schrieb Crusius die Predigten weiterhin mit, bis 1604. Hierauf bezieht sich die genannte Anzahl. Einen Teil dieser Predigten edierte Crusius in seiner *Civitas Caelestis* (1578–1587) und der *Corona anni* (1602–1603).

3 Belege: Cancik (wie Anm. 1) S. 35.

1.1.2 Der Sieger, Martin Kraus, ist 1526 bei Bamberg geboren, also 21 Jahre älter als sein Schüler.[4] Er stammt aus kleinbürgerlichem Milieu (Bierbrauer, Lehrer, Pfarrer).[5] Sein Vater ist ein protestantischer Prediger, der »den göttlichen Luther zu Wittenberg lehren« hörte.[6] Martin Kraus war als Kind von so schwacher Gesundheit, daß ihm der Spitzname *Todtenschädel* (*calvaria*) gegeben wurde.[7] Nach dem Studium in Straßburg (von 1545 bis 1551) bei Johannes Sturm (1507–1589) arbeitete Martin Kraus als Hofmeister. 1554 wurde er Rektor in Memmingen.

Aus der Praxis des Schulmannes erwuchs eine Grammatik des Griechischen und Lateinischen, die 1558 in Basel gedruckt wurde. Sie wurde, auf Geheiß des Stuttgarter Pädagogarchen Johann Wacker, in den Schulen des Herzogtums Württemberg eingeführt. Dieser Erfolg bescherte dem Schulmann aus Memmingen unerwartet schnell eine bedeutende Stellung in Tübingen.[8] Er erhielt bereits 1559 folgende Aufgaben:[9]

a) lectio rhetorices Melanchthonis im Paedagogium (bis 1569);

b) lectio linguae Graecae et poetices an der Universität, die er bis zum 25. 2. 1607 behielt;

---

4   Quelle: Crusius, Martin: Chronologia Krausiorum. 1594. Universitätsbibliothek Tübingen, Handschriftenabteilung Mh 443 und 443a, benutzt von Myllerus, Vitus: De vita et obitu Crusii. 1608; Crusius, Martin: Narratio de parentibus (verfaßt 1551 (?), abgedruckt in: Crusius, Martin: Aethiopicae Heliodori [...]. 1584); sie handelt von den Leiden der kleinen Leute im Schmalkaldischen Krieg; deutsche Übersetzung: Hess, Philipp Karl: Martin Crusius' Erzählung von den Gefahren, die seine Eltern zur Zeit des Schmalkaldischen Kriegs um das Jahr 1546 ausgestanden haben, aufgezeichnet 1551. Aus dem Griechischen und Lateinischen übersetzt und mit Anmerkungen begleitet. Helmstedt 1854. (Universitätsbibliothek Tübingen L XVI 155) (mit wichtiger Sekundärliteratur zu Crusius); vgl. Strauß, David Friderich: Leben und Schriften des Dichters und Philologen Nicodemus Frischlin. Ein Beitrag zur deutschen Culturgeschichte in der zweiten Hälfte des 16. Jahrhunderts. Frankfurt am Main 1856. S. 53ff.: Gesamtcharakteristik von Crusius.

5   Myllerus (wie Anm. 4) S. 4f.

6   Ebd. S. 5: *ubi divum Lutherum docentem audivit.*

7   Ebd. S. 56. – Ist das bei Müller *in margine* vermerkte SKELETON eine Formulierung des Crusius?

8   Außer der Grammatik hatte Crusius bis 1559 publiziert: Die Scholia seines Lehrers Sturmius zu Vergil, Theokrit, Demosthenes, Diodor (1554–56) und ein *Poemation de Susanna, Graece et Latine* (1555).

9   Hofmann, Norbert: Die Artistenfakultät an der Universität Tübingen 1534–1601. Tübingen 1982. Anhang.

c) Leitung des Collegium illustre, einer Sonderschule für den Adel im Barfüßerkloster (heute Wilhelmsstift).

Mehrmals war Crusius Dekan der Artistenfakultät, regelmäßig Consiliar des Dekans oder des Rektors.[10]

Sein Lehrerfolg war erheblich. Um den Andrang zu seinen Homervorlesungen zu fassen, mußte 1565 ein Hörsaal ausgebaut werden: die beheizbare Aula Homerica, in der Crusius, wie es scheint, große Triumphe feierte.[11] Sein im engeren Sinne philologisches Oeuvre ist schmal und ohne Bedeutung. Die Vorlesungen über Homer wuchsen zu einem umfangreichen Kommentar an, der zum ersten Male neugriechische Wörter und Motive in die Erklärung aufnimmt.

Seine neulateinischen und griechischen Verse sind nach seinem eigenen Verständnis keine wirklichen Gedichte.[12] Seine Reden über die Frauen des Alten Testamentes sind eine schwierige Mischung aus historischer Bibelwissenschaft und pastoralem Bedürfnis. Seine umfangreichen gedruckten und ungedruckten historischen Notizen sind als Material für die Geschichte von Byzanz und die Lokalgeschichte und Volkskunde von Tübingen und Schwaben von größtem Wert.[13] Aber selten nur erheben sie sich zu einer längeren, geschichtlichen Erzählung, Reflexion oder gar Kritik. Die Gesamtkonzeption verbleibt im Rahmen der humanistischen Historiographie des 16. Jahrhunderts und unter dem Niveau, das der »Tübinger Humanismus« am Anfang des Jahrhunderts erreicht hatte.

Seine immensen Notizen zur Welt–, Landes–, Lokal– und Familiengeschichte gewinnen allerdings, so scheint mir, im Hinblick auf eine an-

10   Ebd. S. 229ff., 232f., 234f.
11   Ebd. S. 148f. Der Hörsaal war 1521 von Reuchlin eingerichtet worden.
12   Crusius, Martin: TurcoGraecia – GermanoGraecia. Basel 1884 und 1885. S. II und S. III. Er habe keine Poetennatur; er sei nie trunken, aber seine Verse seien fromm und mindestens *mediocri compositione*. Die *Ioves, Apollines* und andere *gentiles deos* lasse er fort. Die Selbststilisierung des nüchternen und christlichen Versemachers Crusius dient als Gegenbild zu berauschten und des Paganismus verdächtigen Genies wie Frischlin. Frischlins Epikedien wären ein angemessenes Kriterium für einen ästhetischen Vergleich: B. XVI–XVIII in der *Pars elegiaca* seiner *Opera poetica* sind Epikedien. Crusii Epikedien finden sich in seinen *Poematum graecorum libri duo* (1566) bzw. in der *GermanoGraecia* (1585) B.VI, Kap.II.
13   Hierzu gehören: *Diarium* (1573f.), *TurcoGraecia* (1584), *Annales Suevici* (Frankfurt/Main 1595–1596), *Chronologia Krausiorum* (1594) sowie einige Reden und Gedichte.

dere Richtung von Historiographie eine neue Bedeutung: für die Entwicklung von Tagebuch und Autobiographie, für historische Psychologie
und Mentalitätsgeschichte.

Trotz seiner kränklichen Kindheit überlebte Crusius in guter Gesundheit alle seine Mitschüler und seine drei Ehefrauen. Fünfzehn Kinder
wurden in diesen drei Ehen geboren; die Anzahl der Schwangerschaften
und Fehlgeburten ist unbekannt. Nach dem Tode seiner dritten Frau
(1599) heiratete Crusius nicht wieder. Zwei Töchter überlebten ihn; das
Durchschnittsalter der übrigen dreizehn beträgt ca. viereinhalb Jahre.
Sein erstes Weib hat Crusius selbst wegen Ehebruchs verklagt.[14] Er habe
seine beiden ersten Frauen, so behauptet Frischlin, so gräusenlich er-
klopft, daß man sie für tot hielt und sie acht Tage nicht aus dem Bett
konnten.[15] Crusius rechtfertigt sich mit dem Hinweis auf die Rechtslage,
die ihm das Strafrecht über seine Familie gebe:[16] *Si etiam quis verberet
familiam, vitia corrigendi causa, quod ius ei hoc interdicit?* Crusius
starb, fromm und friedlich, arbeitsam bis ins letzte Lebensjahr, einun-
dachtzig Jahre alt, am 25. Februar 1607 in Tübingen.

1.2 Die Phasen und Gründe des Streites mit Frischlin

1.2.1 Die Beziehungen zwischen Crusius und Frischlin durchlaufen vier
Phasen: I. Schülerschaft (1563–1576); II. Der unerwünschte *extraordi-
narius* (1576–1582); III. Der Grammatik–Krieg (1582–1588); IV.
Frischlins Ende (1588–1590).

Frischlin ist der einzige bedeutende Schüler des Martin Crusius. Er
hat bei ihm Cicero, Sophokles, Homer und Rhetorik gehört. Im Gegensatz zu Crusius beginnt Frischlin seinen Berufsweg als Magister
(1.8.1565) und innerhalb der Universität. Schon 1566 erhält er einen
Lehrauftrag, 1567 eine *lectio poetices*. Daß Crusius den Schüler hierbei
gefördert hat, wird man ihm gern glauben. Sehr früh, mit 21 Jahren, hat
Frischlin geheiratet (1568) – wiederum im Gegensatz zu Crusius. Dieser
wurde Pate von Frischlins Erstgeborenem.[17] Nach sechs Ehejahren hat

14 Vor der universitären Gerichtsbarkeit? Vgl. Strauß (wie Anm. 4) S. 297ff., 359ff.
15 Frischlin, Nicodemus: Elegia ad amicos. 1586; vgl. Strauß (wie Anm. 4) S. 358.
16 Crusius, Martin: Iusta, vera et postrema reponsio. 1588. S. 87f.
17 Am 23. Mai 1558, also im Alter von 31 Jahren, hatte Crusius seine erste Frau, Si-

Frischlin drei Kinder zu ernähren. Dafür reichen seine Einnahmen als »Lehrbeauftragter« bzw. *extraordinarius* nicht hin. Sein Ehrgefühl und der wirtschaftliche Druck zwingen ihn, eine volle Professur und Mitgliedschaft in der Artistenfakultät anzustreben.

Damit beginnt eine neue Phase der Beziehungen zu Crusius. Denn dieser wünscht sich, so wenig wie der überwiegende Teil der Artistenfakultät und des Senates, den ungestümen Poeten als Kollegen. Trotz oder wegen der massiven Unterstützung Frischlins durch den Stuttgarter Hof weigert sich die Mehrzahl der Kollegen, Frischlin in die freiwerdenden Stellen einzuweisen (1576, 1577, 1579). Hierbei ist Crusius eine treibende, aber keineswegs die allein ausschlaggebende Kraft. 1582, nach dem Streit um die Adelskritik (1578/80), verläßt Frischlin die Universität. Er nimmt eine Schulleiterstelle in Laibach an und ist nun an dem Punkt der pädagogischen Laufbahn, von dem aus Crusius einst so unerwartet aufgestiegen war.

Nun beginnt die dritte Phase ihrer Beziehungen. Denn, wie einst Crusius in Basel, so druckt jetzt Frischlin eine neue Grammatik, bei Aldus in Venedig (1584). Er verbindet aber damit eine scharfe Kritik an Crusii Grammatik: sie sei unsystematisch, widerspruchsvoll, lehre unklassisches Latein und sei veraltet.[18] Mit diesen berechtigten Einwänden trifft Frischlin die stärkste und zugleich schwächste Stelle seines Lehrers: denn auf diese Grammatik und seine Erfahrung als Schulmann war Crusii Stellung in Tübingen gegründet. Der Angriff auf seine Grammatik bedeutete deshalb für ihn mehr als eine wissenschaftliche Kontroverse. Der Verlauf dieses »bellum grammaticale« soll hier nicht geschildert werden. Er bringt den endgültigen Bruch zwischen Frischlin und Crusius.

Die letzte Phase ihrer Beziehungen (1588–1590) zeigt Versuche Frischlins zum Ausgleich und die Unversöhnlichkeit seines alten Lehrers. Durch Denunziation und Intrige trägt er das Seinige dazu bei, daß Frischlin nirgends Fuß fassen kann. Andererseits bleibt zu bedenken, daß Frischlin – etwa in der Ritterschaft – viel mächtigere Feinde hatte, als Crusius es war.[19] Frischlin bewegte sich in einem Kräftefeld, in dem der

---

bylla, geheiratet. Sie starb im dritten Kindbett, 1561. Ihr drittes Kind, Martin, hat sie um 3 Monate, das zweite, Sibylla, um 5 Jahre überlebt.

18   Vgl. die Skizze der grammatischen Sachfragen bei Strauß (wie Anm. 4) S. 259ff.

19   Vgl. Strauß (wie Anm. 4) S. 502f, S. 491: Ritterschaft der Kreise Schwaben, Franken, Rheinstrom.

Kaiser, die Ritterschaft, der Herzog und der Hof von Württemberg und schließlich auch die Universität ihre Einflüsse geltend machten; in diesem Felde rangierte Crusius an untergeordneter Stelle. An der Gefangennahme und Internierung Frischlins war er offensichtlich nicht beteiligt.

1.2.2 Oft sind die Gründe für diesen Streit zusammengestellt worden. Crusius selbst stellt immer wieder den Undank des Schülers heraus, der sich über den Lehrer erhebt, der einst sein Freund war.[20] Seine Begabung hat sich »aufgebläht«, der Kamm ist ihm geschwollen. Er trinkt zu viel, treibt Ehebruch, ja Apostasie, d. h. Abfall zum Papismus: wollte doch Frischlin tatsächlich eine Stelle im katholischen Freiburg annehmen (1579).[21] Allgemeinere Bedenken kommen hinzu: Frischlin wirbt durch Privatunterricht der Universität die Stundenten ab;[22] er verführt die Jugend, seine Grammatik enthält »Neuerungen«, er greift die Professoren an, stört den Universitätsfrieden.[23] David Friderich Strauß hat die Unterschiede in Temperament, Charakter und politischer Orientierung herausgestellt. Er konnte damit den Essay von Philipp Conz (1792) weiterführen und hat noch die Darstellung von Walter Jens in dessen Geschichte der Tübinger Universität geprägt. Die Rollen von Martyrer und Verfolger sind darin sehr klar verteilt. Hier der Privatdozent, dort der Lehrstuhl, jung gegen alt, das Genie gegen den Pedanten, hier der heitere Spötter, dort der Frömmler. So wird es sein; aber Crusii Einfluß ist, so meine ich, überschätzt, wenn es heißt:[24] »Der Kampf des Privatdozenten gegen den Großordinarius endete für den Herausforderer tödlich: [...]«.

Was können die angedeuteten Unterschiede von Alter, Temperament und Charakter erklären?

Aber auch die Konkurrenz zwischen dem Philhellenen und dem Latinisten, der eher an Kaiser und römischem Reich orientiert ist, hilft wenig

20 Belege bei Strauß (wie Anm. 4) S. 148, 150; *contemtor praeceptorum* (Crusius), ebd. S. 152 Anm. 2.
21 Strauß (wie Anm. 4) S. 157.
22 Senatsprotokoll, Januar 1582; vgl. Strauß (wie Anm. 4) S. 299.
23 Strauß (wie Anm. 4) S. 239f.
24 Jens, Walter: Eine deutsche Universität. 500 Jahre Tübinger Gelehrtenrepublik. München 1977. S. 135f. Der Satz ist auch deshalb schwer verständlich, weil Jens fortfährt: Nach unstetem Leben wurde Frischlin wegen seiner Adels–Feindschaft [...] verhaftet [...].

dazu, jene Energie zu analysieren, mit der Crusius seinen Schüler verdrängt und verfolgt hat. Frischlin hat Vergil deutlich über Homer gestellt. Vergil schildere, so sagt er, die Gründung des römischen Reiches, dessen wichtigster Teil nunmehr die Deutschen sind.[25] Für Crusius ist Homer der Größte, der Ozean, aus dem und in den alles fließt; die Sprache der Griechen lebt noch, leicht verdorben, bis heute, und Crusius kann sie sprechen: Es ist die Sprache des Evangeliums. Mit dieser Differenz von deutschem Philhellenismus und römischer Reichstradition läßt sich geistreich streiten. Aber erklärt sie den »Überschuß« an Aggressivität auf beiden Seiten? Warum fühlte Crusius sich so bedroht? Was konnte Frischlin ihm denn anhaben? Warum hat Crusius sich nicht auf wissenschaftliche Polemik, Klatsch und poetische Sticheleien beschränkt?[26] Weshalb mußte er Frischlin in Slowenien das Leben schwer machen?[27] Konnte es ihm nicht genügen, den Rivalen aus seinem Revier vertrieben zu haben, mußte er versuchen, ihn zu vernichten?

2. Der Kampftraum

2.1 Der Urtraum in der Nacht zum 2. Juli 1586

2.1.1 Der lateinische Text

Als der Grammatik–Krieg im Jahre 1586 auf seinen Höhepunkt gelangte, sah Martin Crusius am 2. Juli in der Nacht einen Traum. Am Ende des Traumes erwachte Crusius; er schrieb den Traum sogleich auf, die kurze Einleitung in griechischer, den Traumtext selbst in lateinischer Sprache:[28]

---

25 Frischlin, Nicodemus: Oratio de praestantia ac dignitate P. Vergilii Maronis Aeneidos. Tubingae 1574. In: Ders.: Orationes insigniores aliquot. S. 1ff.
26 Frischlin konnte Crusius nur ärgern, aber ihm nicht ernsthaft schaden. Crusius hatte keine Laster, keinen politischen Ehrgeiz, keine finanziellen Sorgen.
27 Brief Crusii an Dr. Finckelthaus, 1582; s. Strauß (wie Anm. 4) S. 248f.
28 Mh 197, p. 156/157. Die Zusätze in [ ] sind nachträglich über der Zeile oder auf dem Rand eingefügt. – Ich danke Herrn Thomas Wilhelmi für die freundliche Hilfe bei der Entzifferung.

Am 2. Tage des Juli im Traume nachts schien mir, daß ich sah. Ich war in einem heizbaren Saal (*hypocaustum*), ich weiß nicht, welchem: darin standen auf beiden Seiten Haufen Zuschauer, in die Länge hingezogen: und ich im vorderen Teil von ihnen: [Zusatz: dem rechten, wenn man den Saal betritt,] meine Linke gegen die Tür des Saales.

/p.157/ Im Zwischenraum zwischen den Zuschauern, der eng war und in die Länge gestreckt, da stand einer, hoch gewachsen, wie ein kühner Gladiator, auf der Seite, die zur Tür schaut [Zusatz: wobei er der Tür den Rücken zeigte]: der schweigend, zeigte mit wildem Nicken [Kinn] einem anderen, der auf der entgegengesetzten (von mir aus rechten) Seite (des Saales) stand [Zusatz: die Tür ansehend] in feindlicher Weise an, was er im Sinne hätte. Und bald hebt er eine große Axt auf, die auf dem Boden liegt, breit [an der Spitze] (wie beidseitig geflügelt) [Zusatz am Rande in deutscher Sprache: große, grausame parten (?), wie braitäxt]. Ergreift auf dieselbe Weise der andere, der weniger groß und wild erschien, eine ähnliche Axt auf dem Boden, [schweigend]. Entsteht ein überaus heftiger und schrecklicher Kampf [schweigend]: wie sie mit allen Kräften über ihre Köpfe die Äxte hochheben und gegeneinander Schläge zusammenschlagen [Zusatz am Rande: so, daß nichts als das Abschlagen der Köpfe zu folgen schien]. Dann streckt der eine, der kleiner schien, als der Kampf aufhört, jenem größeren und wilden dessen ganzen rechten Arm hin, den er selbst ihm [bis zum Ellbogen] abgehauen hatte. Und so, nachdem der größere besiegt war, bin ich vom Schlafe erwacht.

Die 2 Julij ἐν ὀνείρῳ noctu ἐδόκουν ἐμοὶ βλέπειν. / Eram in hypocausto, nescio quo: in quo utrimque / catervae spectatorum, in longum porrectae, stabant: et / ego in priore parte eorum [./. dextera si hypocaustum intrares], habens sinistram aduersus ianuam /p.157/ hypocausti. In intermedio spectatorum / spatio, quod angustum erat, in longitudinem / exporrectum, quidam procero corpore, ceu/ audax gladiator, a parte ianuam re–/ spiciente stabat [obuertens ipsi ianuae tergum]: qui tacitus, nutu [mento] tam / feroci, alteri, qui ex adversa (dextera [mihi] / hypocausti) parte stabat [./. ianuam respiciens], significabat hostiliter, / quid in animo haberet. Ac mox magnam / bipennem, humi iacentem, [cuspide] latam (ceu utrimque alatam [+ große grausame parten wie braitaext.]) attollit. Corripit eodem / modo alter qui minus procerus et ferox vi– / debatur similem humi bipennem [tacitus]. Fit / acerrimus et horribilis [tacite] conflictus: totis / viribus supra capita bipennes attollentium / et ictus mutuo collidentium. [ita, ut nil nisi dissectio capitum secuturum videretur.] – Tunc alter, / qui minor videbatur, conflictu cessante, / illi maiori et truci porrigit totum bra– / chium dexterum eius, quod ei [usque ad cubitum] amputa– / verat ipse. Et sic maiore victo, ego / somno solutus sum.

2.1.2 Die Zeichnung

Unter diesen Traumtext hat Crusius eine Zeichnung gesetzt.

Ein langgestreckter, rechteckiger Raum: das Hypocaustum, mit einer Tür auf der westlichen Seite (*occasus*); die Himmelsrichtungen sind, wie auch in mehreren anderen Zeichnungen von Crusius, angegeben:[29] linker Teil – Norden, rechter Teil – Süden; im Osten (*ortus*) die Angabe (auf deutsch): *gleich wie die alt communitet in der Burs*. Wir sehen also nicht einen Raum der Burse, sondern einen ihr ähnlichen Raum.

Innerhalb des Raumes befinden sich auf beiden Seiten Zuschauer (spectatores). In dem schmalen Zwischenraum zwei Gladiatoren (MONOMACHOI) mit erhobenem Arm, der linke ist deutlich größer als der rechte. Zwischen beiden liegen lange »Beile« mit breiten »geflügelten« Spitzen. Unter den Zuschauern ist zu lesen *ego*: diese Beischrift steht nicht unter dem kleineren Gladiator, ist ihm aber doch deutlich zugeordnet. Daß der kleinere das ego des Träumers ist, hat Crusius erst in einer nachträglichen Deutung des Traumes fixiert.[30]

Der Name Frischlin taucht nicht auf.

Unter der Zeichnung steht, in Crusius–Griechisch, ein Nachtrag zum 2. Juli:[31] Vor der Nacht, der zum 2. Juli, wurde ein Brief des Pyrgopolyneikes gefunden, wie es heißt, an den Herrn Primos, den verewigten: in welchem jener (aus Laibach) unseren Herzog heruntermacht, vom 21. Oktober 1582. Daß er kinderlos sei und in Augsburg nicht nüchtern gewesen. Das sei die Strafe dafür, daß der Herzog ihn verachte. Er schreibt auch, wie von dem Adel aus Schwaben, Franken, Sachsen er (der Pyrgopolyneikes) bei dem Adel im Krain verleumdet werde.

---

29 Beispiel: Sitzordnung beim Essen mit Fürst Johannes Friedrich (1596), Mh 443, fol. 190r: links ist *ortus*; Crusius sitzt neben dem Fürsten.

30 Auf diese Deutung verweist er durch die am Rande der drittletzten Zeile des Textes notierte (Seiten–)Zahl 253, vgl. 2.3.1 zu »Crusius contra Frischlinum«. Universitätsbibliothek Tübingen, Handschriftenabteilung Mh 197 p. 253 (29.9.1588): *Ita amputavi* [...]. Aus der Marginalie links neben der Zeichnung geht hervor, daß Crusius auch im Dezember 1588 den Text von 1586 wiedergelesen hat.

31 Zur Konstellation Frischlin – Primus Truber und der Situation im Oktober 1582 vgl. Strauß (wie Anm. 4) S. 259f.; Cancik (wie Anm. 1) § 3.1. Trubers Siegel ist die Zimmermannsaxt.

Pyrgopolyneikes ist ein Spitzname für Frischlin.[32] Er stammt aus dem Miles gloriosus (Angebersoldat) des Plautus. Dort ist Pyrgopolyneikes ein hochgewachsener, schöner, bramarbasierender Paradekrieger, dem die Frauen nachschauen, dessen schimmernde Rüstung allein die Feinde blendet, den Mars selbst fürchten müßte.

Frischlins Brief wurde gefunden bei Primus Truber, dem Pfarrer von Derendingen, der am 29. Juni 1586 gestorben war. Truber stammte aus dem Krain (Rastzhiza bei Laibach) und hatte sich um die Reformation in Slowenien und die Schaffung einer slowenischen Schriftsprache bemüht. Der im Exil lebende Slowene in Derendingen billigte ausdrücklich Frischlins Kritik am schwäbischen und fränkischen Adel und versuchte, auch dies im Gegensatz zu Crusius, Frischlins Stellung in Laibach zu stärken; in diesem Sinne hatte er am 8. Januar 1583 nach Laibach geschrieben. Er war unvorsichtig genug, Frischlins Briefe aufzubewahren. Jetzt, bei der legalen oder illegalen Durchsicht der Briefschaften des soeben Verstorbenen, wurde jener Brief Frischlins vom 21.10.1582 gefunden, der für Crusius im Grammatik–Krieg willkommenes Belastungsmaterial darstellte. Umsichtig notierte er die Injurien gegen den Herzog Ludwig und seine Gemahlin Dorothea Ursula († 19.5.1583) – Kinderlosigkeit infolge von Trunksucht – in seinem besonderen Griechisch.[33] Der Brief selbst hat sich in Tübingen erhalten.[34] Er ist in deutscher Sprache auf einem großen Blatt geschrieben. Frischlin klagt über den Adel, Marcus Wagner, die Universität und das ihm auferlegte Schweigen. Der Brief enthält keine Beschimpfung des Herzogs. Mit diesem Brief vom 21.10.1582 (vgl. Abbildung 1) ist ein kleines, mehrfach gefaltetes Blatt inventarisiert. Dieser Text ist lateinisch, Datum und Anrede zu Beginn fehlen: offenbar ist der Anfang dieses undatierten Blattes verloren. Am Schluß steht ein Gruß an Primus (Truber); das Blatt ist nicht unterzeichne.. Es enthält – lateinisch, nicht griechisch – Geschichten über die Trunkheit des Herzogs und die Kinderlosigkeit seiner Ehe (coniugium sterile), dazu Beschwerden über Centauren und Cyclopen, ganz in Frischlins Stil.

32 Wann dieser Spitzname zuerst gebraucht wurde – erst im Zusammenhang mit diesem Traum? – ist mir unbekannt.
33 Strauß (wie Anm. 4) S. 77.
34 Vgl. Michael Mohr, Nicodemus Frischlin an Primus Truber (Universitätsarchiv Tübingen 10/11, Nr. 96), im Anhang zu diesem Beitrag sowie Abbildung 1.

Der deutsche Brief trägt eine Adresse und von anderer Hand den lateinischen Vermerk: »Des Nicodemus Frischlin Brief, im Jahre 82, 21. October an Primus Truber (p: m:) geschrieben: den der Kanzler am 2. Juli 1586, wegen schwerwiegender Gründe, dem Collegium philosophicum zur Verwahrung gab.«

Crusii Referat, das auf mündlicher Kunde beruht (ὡς λέγεται) beweist, daß beide Blätter zusammengefunden wurden.

Diese Briefe wurden, wie Crusius ausdrücklich bemerkt, vor der Nacht gefunden, in der er den Zweikampf träumte. Wie Briefe und Traum zusammenhängen, bedarf genauerer Betrachtung.

2.1.3 Die Handschrift und die Marginalien

a) Das Doppelblatt, das den Urtraum schildert (Mh 197, 156–157, vgl. Abbildung 4), enthält fünf Bestandteile:

- Notizen über Frischlins Abweisung in Hamburg: rechtzeitig sind dort die Leichtfertigkeit und Sittenlosigkeit Frischlins bekannt geworden, sonst hätte er beinahe eine Stelle als Schulrektor erhalten;
- die lateinische Fassung des Kampftraumes;
- die Zeichnung des Hypocaustum ;
- die griechische Inhaltsangabe eines fast vier Jahre alten Briefes von Frischlin an Primus Truber;
- gleichzeitige und spätere Ergänzungen und Zusätze zum Traumtext. Ein Beispiel: Die Randnotiz am linken Rand von p. 157: *253* weist voraus auf die Eintragungen zum 29. September 1588, an dem Crusius sich aus einem besonderen Anlaß (s. 2.3.2) wieder an den Kampftraum erinnert hat; darunter steht: »Diesen Traum habe ich, fast drei Jahre danach, am 1. Dezember 1588 meinen Kollegen erzählt, im Haus der Fakultät, bei einem freundschaftlichen Symposion.«

Schon diese Notizen lehren, daß Crusius sich häufiger mit diesem Traum befaßt hat.

b) Das beschriebene Seitenpaar ist Teil einer Handschrift (Mh 197), deren Anfang p. 1 – p. 142 verloren zu sein scheint; erhalten sind p. 143 – p. 338.[35] Paginierung und Bogenzählung (von *i.1.* bis *v.* (8).) stammen

---

35 Den Anfang des *Diarium Frischlianum* hat bereits D. F. Strauß vermißt: (wie Anm. 4) S. 55, Anm. 2. Der genannte Titel stammt von Frischlin selbst, der wußte, daß Crusius Material gegen ihn sammelte (Frischlin, Nicodemus: Celetism. II,

von Crusius. Der erhaltene Teil beginnt im Dezember 1585 und reicht bis November 1596. Er enthält Notizen zum Grammatik–Krieg, Auszüge und Widerlegungen Frischlins, aber auch Träume, z.B.:[36] »25. [Juni 1588] Im Traume, fast habe ich einen Mann geköpft. Am 29. Juni, im Traume, bin ich mit Steinen beworfen worden, vergeblich.«

Das beschriebene Manuskript ist zusammengebunden mit 46 Seiten Excerpten aus Frischlins *Celetismus*. Diese Excerpte sind nicht chronologisch, sondern in sachlichen Rubriken geordnet. Die erste Rubrik sammelt die kritischen Stellen gegen den Adel, spätere Kritik Frischlins an Melanchthon, am Herzog und seinen Räten, an der Universität, der Fakultät, den Theologen. Dieses Manuskript ist am 10. Juli 1588 abgeschlossen.

Beide Manuskripte sind wohl in der ersten Hälfte des 19. Jahrhundert zusammengebunden worden. Der Band (Mh 197) trägt jetzt den Titel: *Crusius contra Frischlinum*, der vielleicht von einem älteren Einband eines oder beider Manuskripte übernommen sein, ja auf Crusius selbst zurückgehen könnte.[37]

c) Frischlin hat für die Aufzeichnungen, die Crusius gegen ihn sammelte, die Bezeichnung *Diarium Frischlinianum* überliefert. Dieser Ausdruck wirft die Frage nach der »Gattung« auf, der diese Blätter zuzuordnen sind: Ist *Diarium* ein Arbeitsjournal, ein Tagebuch im modernen Sinne oder wenigstens das Material hierzu?

2.2 Anmerkungen zum Kampftraum

2.2.1 In welcher S p r a c h e Crusius geträumt hat, ist mir unklar. Der Traumtext wird mit griechischen Worten eingeleitet und wechselt ins Latein; je eine Marginalie zum Text und zur Zeichnung bringen deutsche Wörter; andere Beischriften zur Zeichnung sind wieder griechisch, so der

---

S. 157b). Ist die Identität dieses *Diarium Frischlinianum* mit Universitätsbibliothek Tübingen, Handschriftenabteilung Mh 197 (Teil b) gesichert?

36 Mh 197, p. 152: 25.ἐν ὀνείρῳ, μόλις ἀπεκεφάλισα ἄνδρα. Εν 29. Jun. ἐν ὀνείρ. λίθοις μάτην ... ἐβαλλόμην.

37 Einen Beleg für diesen Titel habe ich bei Crusius nicht gefunden. Contra–Titel sind bei den christlichen Autoren der Antike sehr beliebt.

zentrale Schriftzug über den Beilen *MONOMACHOI* – Einzelkämpfer, die griechische Bezeichnung für lat. *gladiator* – Schwertkämpfer.

Über den O r t des Traumes ist Crusius sich zunächst nicht sicher: »in einem Saale, ich weiß nicht welchem – gleich wie die alt communitet in der Burs.« Erst in späteren Fassungen des Traumes weiß er es genau:[38] »Ein Saal des Tübinger Contuberniums, den sie 'Alte Communität' nennen.« In der Burse befand sich, wie berichtet, auch der spezielle Vorlesungssaal des Crusius, das Auditorium Homericum.

Einzelheiten der »Ausrüstung«, der Benennung der »Gladiatoren«, die Symbolik der Verwundung sind mir unklar. Turnierkämpfe vor großem Publikum, Übungskämpfe mit Fechtmeistern fanden auch in dem von Crusius geleiteten Collegium illustre statt. Zeitgenössische Abbildungen – etwa auf der Planeten–Uhr des Philipp Imser (ca. 1555) – könnten den Vorgang und die Waffen (z. B. lange Beidhänder) veranschaulichen.[39]

2.2.2 In Text und Bild bleiben die Kämpfer namenlos. Der Name Frischlin, der im Kontext des Traumes immer wieder erwähnt wird, ist im Traum nicht genannt. Crusius erscheint zweimal: als der Träumer (*ego*) und, wie aus späteren Fassungen des Traumes zu schließen ist, als der kleinere Gladiator. Ein Zeugnis, daß Crusius auch im Wachen kleiner war als Frischlin, ist mir nicht bekannt.[40] Die Verortung des *ego* im Raume wird vierfach vorgenommen:

a) und *ego* im vorderen Teil der Zuschauer,

   meine Linke gegen die Tür des Saales gewandt,

   auf der rechten Seite, wenn man den Saal betritt;

b) durch die Zeichnung.

Der entscheidende Vorgang wird nicht in der zeitlichen Abfolge erzählt,

---

38 Crusius, Martin: Responsum adversus Poppysmi Dialogum Tertium. Frankfurt/Main 1596/99. S. 16f. Die Burse ist seit 1477 im Besitz der Universität. Ein Bild aus dem Jahre 1632 bei Decker–Hauff, Hans Martin / Setzler, Wilfried: Die Universität Tübingen von 1477 bis 1927. Tübingen 1977. S. 40.

39 S. Decker–Hauff: Ebd. S. 79 (Imser), S. 97 (1607), S. 111 und 117 (Collegium illustre).

40 Die erhaltenen Abbildungen ergeben hierfür nichts. Nach der Gesinnung der Zeit zeigen sie Gesicht, Hände und viel Stoff. Der Körper ist Kleiderständer. Ob die Krankheiten und der schmächtige Körper des Kindes Martin Spuren in der Gestalt des Erwachsenen hinterlassen haben, ist mir nicht bekannt.

sondern in einem Nebensatz nachgeholt: der Kleinere gibt dem Größeren den Arm, »den er ihm bis zum Ellbogen abgeschlagen hatte.«

Was diese symbolische Handlung – Crusius mit Frischlins Arm in der Hand – bedeutet, ist mir unklar. Offenbar aber stellt sie den Sieg des Kleineren dar und markiert zugleich den Aufwachpunkt. Warum ist die Amputation selbst aus der Erzählsequenz gedrängt?

Der Traum endet zwar mit dem Sieg des Kleinen (Crusius), doch der Gesamteindruck ist nicht Jubel und Befreiung, sondern Beklemmung. Dieser Eindruck entsteht wohl vor allem dadurch, daß der Kampf in völligem Schweigen abläuft: der große Gladiator droht dem kleinen mit Gesten, »schweigend,« wie ausdrücklich gesagt ist; »schweigend« hebt der kleine das Beil, »schweigend« schlagen sie aufeinander ein.

Eine Deutung hat Crusius dem Kampftraum hier, im Unterschied zu späteren Fassungen oder zu anderen Träumen, nicht beigegeben. Der Hinweis auf den Brief Frischlins, den er unter der Zeichnung hinzugefügt hat, bezieht sich ausdrücklich auf ein Ereignis »vor dieser Nacht,« der Nacht des Kampftraumes. Welche Beziehung zwischen Brief und Traum wollte Crusius dadurch herstellen?

2.2.3 Auf diesen 34 Zeilen »Tagebuch« (Mh 197, p. 156 – 157) steht die innere und äußere Geschichte dieser Feindschaft: in drei Sprachen, in Wort und Bild – immerhin mit dem frühesten Quasi–Selbstporträt eines Tübinger Professors.

Im Zentrum steht die Burse, wo Frischlin bei Crusius gelernt hatte. In griechischer Tarnsprache versteckt erscheint Laibach, wohin Frischlin vor den Anschlägen des Adels geflohen war, und der Hof in Stuttgart mit dem trunkenen, kinderlosen Herzog. Als Marginalie erscheinen die Kollegen von der Artistenfakultät, denen Crusius 1588 den Traum erzählte, offenbar zu dem Zeitpunkt als er sich für den Sieger im Grammatik–Krieg hielt.

Damit aber kommen wir bereits zu den verschiedenen Deutungen, die Crusius diesem Traum gegeben hat.

2.3 Zur Deutungsgeschichte des Kampftraumes von 1586

2.3.1 1588 – Bisher sind uns fünf Fassungen des Kampftraumes bekannt geworden, die letzte aus dem Jahre 1596, zehn Jahre also nach dem Traumerlebnis. Alle Fassungen sind voneinander verschieden. Die Bearbeitung des primären Traumtextes beginnt unmittelbar nach der Niederschrift. Zusätze zwischen den Zeilen und am Rand machen den Standort der Personen eindeutig. Spätestens im Jahre 1588 hat Crusius sich wieder an diesen Traum erinnert. Seine »Letzte Antwort« war im Frühjahr auf der Frankfurter Messe erschienen, und Frischlin hatte keine Gegenschrift mehr drucken lassen können.[41] Crusius glaubte, sein Traum sei erfüllt:[42]

> Es ist ihm unmöglich zu verantworten.
>
> *Ita amputavi ei in monomachia brachium, de qua in superiore somnio SYN THEO. Nullas autem, nec ipsius nec aliorum pro ipso deprecantium litteras accepi.*
>
> So habe ich ihm im Zweikampf den Arm amputiert, worüber in einem früheren Traume, mit Gottes Hilfe. Weder von ihm noch von anderen habe ich Schriften erhalten, die sich für ihn einsetzen.

Hiermit identifiziert Crusius sich mit dem kleinen Gladiator. Was im ursprünglichen Traumtext in Nebensatz, dritter Person und Plusquamperfekt versteckt wurde, wird jetzt als eigene Tat verstanden: *amputavi*. Er hat eine unverfängliche Deutung für seinen Traum gefunden. Der Traum hat ihm den Sieg im Grammatik–Krieg »vorher angezeigt«.[43] Jetzt kann er ihn seinen Kollegen erzählen. Mit einem Zusatz zum Traumtext hält er diese erste (mündliche) Publikation seines Traumes fest:[44] »am 1. Dezember 1588 habe ich diesen Traum meinen Kollegen erzählt im Haus der Fakultät, beim freundschaftlichen Symposium.«
Vielleicht hat sogar Frischlin davon erfahren.[45]

---

41 Martini Crusii ad ingrati desperatique Nicodemi [...]. Basileae 1588. Vgl. Cruius (wie Anm. 4, Chronologia Krausiorum) fol. 127v: Crusius notiert das Erscheinen als *finis grammaticalis belli* unter Anspielung auf den Gladiatorentraum.

42 Universitätsbibliothek Tübingen, Handschriftenabteilung Mh 197, p. 253 zum 29. September 1588. An dieser Stelle hat Crusius einen Rückverweis auf p. 157 angebracht und bemerkt: *ONEIROY completio.*

43 Crusius (wie Anm. 38) III (1596) 1599: *praesignificatum est hoc dirum duellum per somnium.*

44 Universitätsbibliothek Tübingen, Handschriftenabteilung Mh 197, p. 157, linker Rand.

45 Frischlin: Hohen–Urach. 25. 6. 90, Nr. 130. Bei Strauß (wie Anm. 4) S. 510: er wolle

2.3.2 1590 – Doch wollte der Traum sich nicht so schnell vergessen lassen. Zum Tode Frischlins (28./29. 11. 1590) kam er ihm wieder in den Sinn. Er schreibt an einen Kollegen:[46]

> Ich, wenn ich ihn mit ausgestrecktem Arme [...] hätte auffangen können, ich hätte es bereitwilligst getan. [...]. Vor vier Jahren träumte ich: zwei Gladiatoren gingen im größeren Saal des Contubernium (in der alten Communität) aufeinander los, während ein dichter Kreis von Zuschauern sie umstand. Im dritten Treffen, als der Kampf mit schrecklichen Beilen entsetzlich war, wurde der rechte Arm vorgestreckt, der dem größeren von dem kleineren abgehauen worden war. Und so war das Ende des Zweikampfes. Drei Schriften habe ich dem Frischlin entgegengestellt. Lebe wohl! [...].

Durch zwei Veränderungen gegenüber der letzten Fassung wird der Traum der neuen Situation angepaßt. Das ruhmvolle (*ego*) *amputavi* wird wieder in der dritten Person und einem Particip Perfekt Passiv versteckt. Neu hinzu kommen die drei Treffen, die mit den drei Schriften Crusii gegen Frischlin identifiziert werden. So wird der Traum noch eindeutiger auf den Grammatikkrieg bezogen und jede Verbindung mit dem Todessturz Frischlins ausgeschlossen.

Diesen hat sich Crusius allerdings häufig, lateinisch und griechisch, in Vers und Prosa vor Augen geführt:[47] Von so hoch oben ist er gefallen; zweimal ist er aufgeschlagen; wenn er nicht beim ersten Male tot war, so doch gewiß beim zweiten Aufschlag; drei Rippen hat er zerfallen, das Gesicht greulich zerfallen, d e n A r m z w e i m a l a b g e f a l l e n ; die Hand war völlig zerschmettert, sei gar nicht mehr als Hand zu erkennen gewesen. Wütende Hunde werden gesteinigt; Frischlin aber habe sich, durch seinen Sturz, selbst gesteinigt; so wunderbar ist Gottes Gericht.

Nikodemus Frischlin, der undankbare Schüler, der Hochbegabte (*alta mens*), Hochgewachsene, der so hoch hinaus wollte, er ist so tief gestürzt, vernichtet; und Crusius hat es voraus gewußt.

---

eher Schenkel und Arm verlieren, als seiner *alma mater* Tübingen ein Unrecht zufügen.

46 Crusius, Martin: Briefentwurf. In: Universitätsbibliothek Tübingen, Handschriftenabteilung Mh 466–4, p. 296–297. Der Adressat ist mir unbekannt. Vgl. Annales Suevici. Dodecas III. S. 834: Anno 1590, Nov. 29 (Tod Frischlins): *Quem utinam brachio ectento excipere potuissem.* [...].

47 Universitätsbibliothek Tübingen, Handschriftenabteilung Mh 197, p. 324–336; vgl. Strauß (wie Anm. 4) S. 559ff.

In diesen Schilderungen von Frischlins Todessturz wird wiederum ein Überschuß an Aggressivität sichtbar, der nicht durch eine reale Bedrohung des Gelehrten, des Professors, des wohlsituierten Bürgers Crusius durch seinen Schüler Nikodemus erklärt werden kann. Woher kommt diese unbändige, durch christliche Feindesliebe kaum gezügelte Freude über die Vernichtung seines Schülers?

2.3.3 1594 – Eine neue Stufe der Publizität erhält der Traum durch die Aufnahme in die *Chronologia Krausiorum*. Dadurch wird er Bestandteil der Familiengeschichte und der Autobiographie des Martin Kraus. Die (unveröffentlichte) Handschrift ist mit einem schönen Titelblatt verziert; im Jahre 1594 hat der Verfasser sie der Artistenfakultät übergeben. Für diese Quasi–Publikation hat Crusius den Kampftraum in sein besonderes Griechisch übersetzt; es zeichnet sich aus durch die Wahl seltener, poetischer, archaischer Wörter und durch den Verzicht auf attische Syntax und Stil:[48]

> Ein furchtbares Traumbild
> 3. Juli (1586). Am Herrentag. Morgens früh, ein Traum. Ich sah zwei Männer, in einer Palaestra (in der alten Kommunität des Contubernium) mit sehr vielen Zuschauern im Kreis herum, gegen einander mit den fürchterlichsten (doppelschneidigen, breitesten) Beilen kämpfen: und wie dem größeren, dem Herausforderer, von dem kleineren, dem Herausgeforderten, der rechte Arm, im dritten Zusammenstoß abgehauen, der ihm aber von diesem (scil. kleineren) hingestreckt und gegeben wurde. Da wachte ich sofort aus dem Schlafe auf, noch voll Furcht wegen des Gesichtes.

Die Gründe für die Datumsänderung – 3. statt 2. Juli – und den Sprachenwechsel sind mir unklar. Neu gegenüber den früheren Fassungen ist: (a) Crusius gibt zwar drei Treffen an, stellt aber keinen Bezug zu seinen drei Antifrischliniana her; (b) am Schluß wird nicht – wie in der Urfassung – von Sieg gesprochen, sondern – zum ersten Mal – von Furcht.

---

48 Universitätsbibliothek Tübingen, Handschriftenabteilung Mh 443, zum 3. Juli 1586. Anmerkungen. Die Zeichensetzung ist authentisch, sie unterstreicht die kurzen Kola: stoßweises, angstvolles Sprechen? – ONEIROS, homerisch; eher ein prophetisch bedeutsamer Traum, im Unterschied zu ENYPNION: Schlafgesicht, die Erscheinung im Schlaf, ebenfalls homerisch, vgl. Hom. Il. 14,495. – Ist die Form der homerischen Aristie die Form der Erzählung bei Crusius? – Was bedeutet die Verschiebung im Datum: 3. Juli, Herrentag – sonst Nacht zum 2. Juli?

Im November 1590 berichtet die *Chronologia* den Tod Frischlins. Im Gegensatz zum Tagebuch vermeidet Crusius hier, vor dem größeren Publikum der *Chronologia*, jede Anspielung auf seinen Traum.

2.3.4 1596/99 – Im Jahre 1599 schließlich wird der Traum gedruckt, diesmal als Teil einer Biographie Frischlins. Der Anlaß für diese Publikation war das wunderbare Erscheinen einer neuerlichen Streitschrift des toten Frischlin gegen den alten Lehrer auf der Herbstmesse des Jahres 1596.[49] Frischlins Manuskript war im Herbst 1587 bei dem Drucker Jobin in Straßburg liegen geblieben; 1596 wurde es von Jobins Erben gedruckt. Zu Unrecht hatte also Crusius seinerzeit das Schweigen Frischlins als s e i n e n Sieg im Grammatik–Krieg gefeiert! Umso schneller war 1596 seine Antwort fertig. Vor dem wissenschaftlichen Disput steht eine ausführliche *Vita Nicodemi Frischlini*. Crusius konnte auf reiches und gut sortiertes Material zurückgreifen. Den Traum erzählt er im Rückgriff auf dessen Urfassung aus dem Jahre 1586 in Mh 197.[50] Die Sprache ist wieder lateinisch. Der Traum wird eingeführt als Vorzeichen des Grammatik–Krieges: *praesignificatum est hoc dirum duellum per somnium.* So kann man ihn nicht auf den Tod Frischlins beziehen. Neu gegenüber den früheren Versionen ist die Ausmalung des Kampfes: »Er war von so großer Heftigkeit, daß nichts anderes zu erwarten war als die Spaltung [*dissectio*] der Köpfe und Leiber bis zum Nabel.«

3. Ergebnisse, Fragen, Aufgaben

3.1 Zur Biographie des Crusius

3.1.1 Seitdem Vitus Müller im Jahr 1607 die Leichenrede auf Martin Crusius gehalten und sie, unter Benutzung der wohlsortierten Papiere des Verstorbenen, publiziert hat, ist meines Wissens keine selbständige bio-

---

49 Poppysmi grammatici Dialogus tertius contra Antistrigilem Martini Crusii et Moropolitarum Tubingae bacchantium. Descriptus a Nicodemo Frischlino, nunc vero post auctoris obitum in lucem editus 1596. – Crusius (wie Anm. 38, Responsum) (1599). Das Manuskript war bereits am 20.11.1596 vollendet, s. Strauß (wie Anm. 4) S. 564f.
50 Crusius (wie Anm. 38, Responsum) S. 16.

graphische Darstellung unseres Helden mehr erschienen. Der unumgäng-
liche Vergleich mit Frischlin macht gewiß viele Eigenarten Crusii deutlich – körperliche Konstitution, Temperament, Ausbildung, Mobilität,
Ernährung und Arbeitsweise, Familienleben. Dieser Vergleich birgt aber
die Gefahr, daß der Eigensinn von Crusius' Leben verkannt wird. Dies
gilt auch für den Streit zwischen Frischlin und Crusius, der hier als Ausgangspunkt für einen biographischen Versuch genutzt wird.

3.1.2 Crusii gelehrte Betätigung zeichnet sich aus durch Fleiß und Disziplin. Über Zeit, Papier und Schreibfedern hat er Buch geführt, am Jah-
resende wird Bilanz gezogen. So wissen wir also, daß Crusius am 4.
März 1598 um 12 Uhr seinen Homerkommentar beendet hat; ob er ste-
hend oder im Sitzen arbeitete; daß er für einen Band der *Annales* nur e i -
n e Feder brauchte.[51] In seinen Büchern ist der Besitzer vermerkt – *Crusius me possidet*, spricht das Buch, das Kaufdatum, der Preis für
Anschaffung und Bindung. Allein seine Schreibarbeit ist überwältigend:
mehrere Codices hat er ab– und ca. 7000 Predigten mitgeschrieben; einen
Homerkommentar hat er verfaßt, endlose Excerpte, Tagebücher, schwäbische Annalen vom Anbeginn der Welt, eine umfangreiche Korrespondenz geführt. Er hat sicher mehr geschrieben, als andere jemals lesen
können. Er war seßhaft, immobil in jedem Sinne, und immer nüchtern.
Würde er so viel trinken wie Frischlin, schreibt Crusius, dann würde er
auch so gut dichten wie dieser: aber er wolle eben nüchtern bleiben.[52]

3.1.3 Die Stellung des Lehrers, Gelehrten, Universitätsbeamten, Bürgers
und Familienvaters Crusius in Tübingen ist unerschütterlich, aber nicht
ohne innere Spannungen. Nur drei Punkte seien erwähnt:
a) Er ist einerseits eine lokale Autorität, seit langem in vielen Institutionen fest etabliert.
   Sein »internationaler Ruf« ist demgegenüber, soweit ich sehe, eher
   gering, er hat in seinem »Hauptfach« verhältnismäßig wenig nur und
   wenig Bedeutsames publiziert.

---

51 Vgl. Strauß (wie Anm. 4) S. 55; Frischlin (wie Anm. 49, Poppysmi Dialogus). 1587.
   Bd. 1, S. 74.
52 Crusius (wie Anm. 12, Epistula dedicatoria).

b) Crusius erhielt meines Wissens keinen »Ruf« an eine andere Universität. Er ist seßhaft in Tübingen auch insofern, als er wenig reist. Er ist nicht einmal bis Italien gekommen.

Andererseits führt er von Tübingen aus eine gewaltige Korrespondenz, spinnt Fäden bis Transsylvanien, Konstantinopel, Kairo und träumt von einem Essen mit dem Sultan.[53]

c) Crusius hat kein politisches Amt bekleidet, war wohl nie zu Hofe in Stuttgart,[54] war nie Gesandter, sei es der Universität, sei es in Glaubensdingen. Das Dekanat in der untersten Fakultät war sein höchstes Amt.

Andererseits ist er nicht nur der Historiograph Schwabens, sondern mit der *GermanoGraecia* und *TurcoGraecia* eine wichtige Quelle für die Geschichte Südosteuropas, der Reformation auf dem Balkan, den Kampf der Griechen gegen die Türken und das Echo, das dieser Religions– und Befreiungskrieg bei den Gelehrten Westeuropas hervorrief.

3.1.4 Im Streit mit Frischlin entwickelt Crusius eine Energie, die weit über den eigentlichen Anlaß hinausgeht und nicht vollständig als »Neid des Kollegen« oder »Ärger über den undankbaren Schüler« oder mit politischen Differenzen zu erklären ist. Eine genauere Untersuchung der Träume könnte vielleicht die Vermutung erhärten, daß Crusius sich von dem »Typus Frischlin« als solchem bedroht fühlte: durch den »Neuerer«, Spötter, den Trunkenen und Unstäten, den Hochgewachsenen, Vitalen, den kreativen und unberechenbaren Typ. Deshalb muß die biographische Untersuchung über Moral und Charakterologie hinausführen. Eine Biographie des Crusius, etwa nach dem Modell von Erik Eriksons *Der junge Mann Luther* (1958) ist, auch im Hinblick auf die weitere Frischlin–Forschung, ein dringendes Desiderat.[55] Dabei muß das Verhältnis von Crusius zu seinem Patron Jacob Andreae berücksichtigt werden.

---

53 Sultanstraum: Crusius, Martin: Diarium 1596–1605. Hgg. Göz, Wilhelm u.a. Tübingen 1927–1961. Bd. 1. S. 348 – Weltgeschichte in der Münzgasse.

54 Umso penibler notiert er – alleruntertänigst – Gelegenheit und nähere Umstände, wenn er in Anwesenheit des Herzogs speisen durfte, z.B. Mh 443 fol.190r (mit Zeichnung).

55 Erikson, Erik: Der junge Mann Luther. Frankfurt 1958, Taschenbuch 1975.

3.2 Die Träume des Martin Crusius

3.2.1 Crusii Kampf–Traum ist nur einer seiner vielen Träume. Mehr als zwanzig haben sich bisher, verteilt über einen Zeitraum von mehr als 40 Jahren, gefunden: Ein Zahntraum – Crusius zieht sich selbst ohne Mühe vier Zähne aus; ein Löwentraum – Crusius wird von einem Löwen zerrissen, ohne Schmerz zu empfinden; Crusius enthauptet einen Mann; Crusius macht einen frommen Spruch und stottert bei dem Wort »paradox«; ein Sturztraum; ein Flugtraum; Sprachenträume: Crusius speist mit dem Sultan in Constantinopel und wundert sich, daß Seine Majestät mit ihm deutsch spricht. Nur in einem Traum kommt bisher eine Frau vor: eine Griechin, größer als die anderen, mit kleinem Gesicht, schwarzäugig, einen Schleier auf dem Kopf: sie sei die EIRENE des Herrn Theodosius, heißt es. »Sei mir gegrüßt, verehrungswürdige EIRENE, Schmuck der Frauen,« spricht Crusius – sie lächelt ihn an, und er wacht auf.

Alle Träume sind vorzüglich dokumentiert. Die Lebensverhältnisse des Träumers sind gut bekannt. Die Traumtexte sind eingebettet in eine Art »Tagebuch« und werden in eine Art »Autobiographie« übernommen. Von manchen Träumen gibt es daher mehrere Fassungen. Zu einigen hat Crusius eine Deutung beigesteuert.

Wenn ich richtig unterrichtet bin, ist ein Traumkomplex dieser Art, sowohl in literarischer wie in psychologischer Hinsicht, ein ungewöhnliches, bisher wohl einmaliges Dokument. Auch die Verbindung von Text, Kommentar und Traum–Zeichnung scheint bisher für diese Zeit einmalig zu sein. Diese Texte könnten für eine Mentalitätsgeschichte der frühen Neuzeit eine gewisse Bedeutung haben.

3.2.2 Crusius kennt antike Traumtexte und Traumtheorie. Er unterscheidet, allerdings nicht konsequent, zwischen Traum (*ONEIROS*), Schlafgesicht (*ENYPNION*) und Phantasie (*PHANTASIA*). Aus Artemidors Traumbuch (Ende 2. Jh. n.Chr.) zitiert er die Unterscheidung von »theorematischen« Träumen, die genau das voraussagen, was sie zeigen, und »allegorischen Träumen,« die etwas anderes meinen, als sie zeigen. Er hat Lukian, Aristeides und Synesios gekannt; einige ihrer Abhandlungen über Träume hatte er in seiner Bibliothek.[56] Das Träumen ist offenbar nicht nur ein biologischer, genetisch determinierter Vorgang; es wird kulturell durch Tradition und Lernen formiert. Insofern gehören diese Traumtexte, zusammen mit Astrologie, Loswerfen, Handlesen und Bibelstechen, zur europäischen Religionsgeschichte.

3.2.3 Aus diesen Überlegungen ergibt sich uns die Aufgabe, die Träume des Crusius möglichst vollständig zu sammeln: aus seinen Tagebüchern, seinen Briefen, seinen Predigtmitschriften[57] und seinen Erklärungen antiker Autoren.[58] Die Rekonstruktion seiner Bibliothek wäre auch deshalb wünschenswert, damit seine Vertrautheit mit der antiken Traumtheorie, die gerade im 16. Jh. sich sehr verbreitet hat, besser erkannt werden kann.[59]

3.3 Der Typus Crusius

Wissenschaftsgeschichte untersucht nicht nur die Geschichte der Gegenstände und der Methoden einer Wissenschaft, nicht nur ihre Erfolge bei der Verwertung ihrer Ergebnisse oder bei der Verhinderung anderer Forschungen; Wissenschaftsgeschichte ist auch die Geschichte der Wissenschaftler, Gelehrten, Forscherinnen, die diese Wissenschaft betreiben und von ihr formiert werden.[60] In dem Magister Martin Crusius zeigt sich der Philologe als Muster von Selbstkontrolle, genau, pünktlich, kleinlich, voll hingebender Unterwerfung unter antike Tradition und christliche

---

56 Er zitiert diese Autoren – wieweit er ihre Traumtraktate benutzt, ist zu prüfen. Vgl. Crusii Marginalien und Unterstreichungen in seinem Handexemplar von Lukian: Über den Traum. Universitätsbibliothek Tübingen Cd 3360, 20, R. Crusius excerpiert: θαυματοποιοὶ οἱ ὄνειροι – »wundertätig« sind die Träume.

57 Für Hinweise auf Träume in seinen Predigtmitschriften danke ich Herrn Thomas Wilhelmi.

58 Beispiel: Wie kommentiert Crusius die Träume bei Homer?

59 Vgl. Schüling, Hermann: Bibliographie der psychologischen Literatur des 16. Jahrhunderts. 1967. (U.a. Ausgaben und Übersetzungen von Artemidor in franz., lat., dt. Sprache; Abhandlungen zu Artemidor, zur natürlichen Divination und Traumdeutung des 16. Jh.).

60 Für die Konstitution des Typus, als Beispiel für die Pathogenese des bürgerlichen Typus, muß natürlich seine *De parentibus suis narratio* (1583) untersucht werden: vgl. Hess (wie Anm. 4).

Autorität, besessen von einem asketischen Arbeitsethos, mit einem unersättlichen Hang zur Fremd– und Selbstbeobachtung begabt. Frischlin dagegen gilt als verspäteter Humanist, lebensvoller »Renaissancemensch«, ein Dichterphilologe. Beide Typen vertreten den Philologen. Die Zukunft jedoch gehörte damals dem Martin Crusius.

Anhang

Nicodemus Frischlin an Primus Truber (UAT 10/11 Nr. 96)

bearbeitet von Michael Mohr*

Vorbemerkung

Der Brief befindet sich unter der Signatur UAT 10/11 Nr. 96 im Universitätsarchiv Tübingen (vgl. Abbildung 1). Er besteht aus drei Teilen:
1. Ein Bogen der Größe 44 x 34 cm (Bogen 1). Er ist einmal quer gefaltet, so daß er ungefähr A4 – Format erhält. Das so entstandene Doppelblatt ist wie folgt beschrieben: 1^{rv} von Frischlins Hand vollständig in Deutsch mit breitem Rand auf der linken Seite. Die Zeilen sind zum Teil unterstrichen, jedoch sind die Unterstreichungen mit einer anderen Tinte durchgeführt als die Schrift. 2^r ist leer. 2^v ist senkrecht zur Schreibrichtung auf Seite 1 mit der Adresse Trubers beschriftet. Weitere Falze deuten darauf hin, daß der Bogen als Brief versandt wurde. An einem der Falze befindet sich ein Wasserrand, der entstanden sein muß, bevor der Brief in das Eigentum der Universität überging. Der Brief ist mit einem kleinen Siegel versehen. Das Papier hat kein Wasserzeichen.

---

* Zeichenerklärung:
Sperrung   im Original unterstrichen.
< >   Abbreviatur aufgelöst
[+]   vom Schreiber eingefügt (über die Zeile geschrieben)
[*]   vom Schreiber eingefügt (links neben die Zeile geschrieben)
| Zeilenumbruch im Original

Meinen herzlichen Dank möchte ich Herrn Prof. Dr. H. Cancik für seine Unterstützung und seine Hinweise zum historischen Hintergrund des Briefes aussprechen, sowie Herrn Prof. Dr. Dr. H.–G. Roloff und seinen Mitarbeitern, die meine Umschrift durchgesehen und an zahlreichen Stellen verbessert haben.

2. Ein lose beiliegendes Blatt der Größe 22 x 9 cm (Einzelblatt). Das Blatt ist auf beiden Seiten von Frischlins Hand vollständig in Latein beschrieben, ebenfalls mit einem breiten Rand auf der linken Seite. Es weist auf einer Seite Unterstreichungen von derselben Tinte auf wie Bogen 1. Es ist mehrfach gefaltet. Ob das Blatt ursprünglich zu dem Brief gehörte, oder wie es sonst hierher kam, läßt sich nicht ausmachen. Im Gegensatz zu Bogen 1 hat dieses Blatt keinen Wasserschaden.
3. Ein Bogen der Größe 34 x 22 cm (Bogen 2). Er ist nicht von Frischlins Hand beschrieben worden und vermutlich 1586 in der Universität dem Brief beigefügt worden. Der Bogen ist so gefaltet worden, daß er als Umschlag für den Brief dienen konnte. Auch dieser Bogen hat keinen Wasserschaden.

[***Bogen 1**, fol. 1ʳ*] Gottes Gnad durch Chr<istu>m, I Erwirdiger Hochgelerter Insonders Günstig<er> Herr Vnnd Freund I Als bruod<er> in Christo,

Das der Teufel so onreüwig vnd stark I wid<er> mich tob, ist auch an dem abzunem<en>, d<as> d<er> Schwäbisch I vn<d> Fränkisch auch Sachsisch Adel noch nitt zufriden, Sondern I ein gemein schreiben wid<er> mich, an die gantz Landtschafft I in Crain durch den Hern Landesverweser, als abgesandten I zu Augspurg abgehn lassen, Darinn alle lügen begriff<en> I vn<d> confirmiert, So Marcus Wagner wid<er> mich in offen–I lichem truk außgossen hatt, Als solt ich ein libellum I famosum contra totam Nobilitatem Germanica<m> geschrib<en> I haben, darinn ich alle fürst<en> wid<er> den Adel gehetzt, als solt I man sie all rederen, Derweg<en> dann vo<n> disen dreÿen I Kreÿsen begertt wirdt, das man mich allhir nitt leyden solt, I in ansehung d<as> d<er> fürst von Wirtemberg mich nach offenlich<er> I anklag Marcus Wagners ettlich woch<en> im Arrest gehalt<en>, vn<d> I endtlich auß sein land verstoßen hat, Zudem auch I die Universitet Tübing<en> mein scriptum, gleich anfangs, I als ein famosum libellum, supprimieren wollen, vn<d> I mir vil mal<en> tam<quam> condemnato, silentium mandiertt, I

286

Allein hab ich ettlich<er> person<en> genossen, die mir zu sollichem I schmachbuch geholff<en>, Sonst wer ich längest aus dem Land I verjagt worden, Es habend mich diser dreÿ Kreÿs<en> I verordneten, dem Hern Jörg Kisel mündtlich anzeigt I wo ich [+solt] disen winter geduldet werd<en>, So wollend sie I auf den künftig<en> früeling ein ansehnlich bottschafft herein I senden, vn<d> nitt aufhören, biß d<as> sie ihren muett an I mir erkület haben, So kom<m> ich retlich<er> massen, in I ansehung, das unser <durchlauchtigster> Herr solle disen gsell<en> vn<d> I andern person<en> [*zu Augspurg] geantwort haben, Ich steh im nitt I mehr Zuersprech<en>, darumb mög man mich suechen, I wo ich zu finden seÿ,

Liber Her Prime, ihr I vn<d> aller meniglich wissen, d<as> ich die warheÿtt geschriben vn<d> I darumb verfolgt worden bin, So ist niemand verborgen, I [*Bogen 1, fol. 1ᵛ*] das ich mich geg<en> meniglich rechts anerboten hab, <in> zweÿen jaren I vn<d> mich hernach still gehalt<en>, wie auch hir zu Laÿbach vn<d> d<er> sach I niemals gedacht, Was aber die Universitet vn<d> I der Herzog damitt mein<en>, das man mir, als dem Iniurirten I silentium mandiret, die waarheyt mit gwalt vnd<er>drucken, vn<d> I die Exemplaria auf gut Papistisch supprimiertt, mir mein I mund wid<er> den lügner Marcus Wagner versagt, mein<en> I wid<er>sachern Ursach damitt gebot<en>, vn<d> sie wid<er> mich hetzt vn<d> I mich also jämmerlich vn<d> erbärmlich auf den fleischbock I gegeb<en>, Vnd ich onschuldig<er> man noch mueß den namen I trag<en>, als geb ich vrsach zur weitleuffigkeytt, Da ich auch I dem [+haß]teufel gewich<en> bin, das will ich gott buolh<en> I vn<d> dem Son Gottes für sein<en> fußschemel hirmitt gelegt I haben, Dann ihm allein mein hertz bekant ist I d<er> wirtt sollichen onrechtmässig<en> gwalt gwißlich nitt onge–I roch<en> lassen,

Wie es aber mit mir ein auß– I gang alhir nem<en> werde, kan ich nit wissen, I Wann man mir mein verderb<en> ye vn<d> alweg, aus I lautter fürwitz, in d<er> Cantzleÿ vn<d> bÿ der Universitet gesucht I hatt, Vn<d> hat man mich wid<er> den Wagner handlen I lassen, so wer schon d<er> sach<en> geholff<en>, Aber I Marcus Wagner mueß mitt sein<en> lügen, am tag herfür I bring<en>, und waar haben, ich aber muß mit d<er> waar–I heÿtt zu Tübing<en>, auf

d<er> Universitet hang<en> vn<d> zu Stutt–l gardt in d<er> Cantzleÿ vor fürsten tag<en> vn<d> darzu onrecht l haben, Das seÿ
dir her Jesu Christe geklagt vn<d> l bistu ein waarer mensch
vn<d> ein waarer gott, so wolle l dein ehr errett<en> und dise
onbill an gantz Wirtemberg l strafen, od<er> so ichs verdient,
an mir rechen l

Actum Labach zu Crain den 21 t<en> Oct. Anno 82 l
S. C. dienstwillig<er> l
Nicod. Frischlinus

[*Bogen 1, fol. 2ᵛ*] Dem Erwirdigen Herrn, Primo Truberi l
pfarrhern zu Derendingen, mein günstig<en> l
Herrn, vn<d> gut<en> Freund l
Derending<en>

[*Einzelblatt recto*⁶¹] Non est mihi dubium, quin dux Uuirtembergensis
talia dixerit l Augustae, Nam totis comitijs <per>petuò [+dicitur]
fuisse ebrius. Ebrius fertur l accessisse Caesarem: ebrius è
conuiuio Electoris Treuirensis l fuisse abductus: ebrius à [+se]
nostros dimisisse proceres. Fabula l fact<a> est [+o<mn>i-
b<us>] Papistis. Haec est poena contracti Frischlini, l q<uae>
me neglecto <et> spreto, cum suis Centauris pergeren<tur>, l
Accedit iterum poena, coniugium sterile: quo totus ager l
plecti<tur>. Ita fit, ubi palpones <et> parasiti aulici
<prae>ferun<tur> l poëtis, Satyrica libertate, in scelera auli-
ca, invehentibus. l O iustum Dei iudicium. Numq<uam> infelici-
ter cadunt l Iouis taxilli. Magna est tua auctoritas, <et> magna D. l Iacobi
Andreae, eaq<ue> mihi possetis [+vos] prodesse: <et> selectum à me l
victum <con>stitutum conseruare: si liberos pro me ad nostros l
<pro>ceres daretis, siue [+ad] unum siue ad o<mn>es. Sed q<ui>a me-
tue<n>di l sunt uobis [+uestri] Cyclopes, nolo auctoritate uestra abuti.
D<OMI>N<U>S PROVIDE–l [*Einzelblatt verso*] BIT. Ubi hinc fuero
eiectus: patebit mihi in Hungaria l omnibus locis Getarum hospitium.

61 Vgl. Abbildungsanhang, Abb. 2

288

Scripsi et<iam> ad Cracouienses | in Poloniam, <et> uicinos Uenetos: petiuiq<ue> casu ita ferente | hospitium aduersus Germaniae Cyclopes. Spero mihi no<n> d<e>–| futuros patronos <et> d<e>fensores: quam<quam> dolendum est, Lutheran<am> | ut uocant, religione<m>, culpa Nobilitatis Uuirtembergensis, destituo | externarum gentium ludibrio. Uidetis ipsi, q<uod> cupiam tacere: q<uod> hac | d<e> causa finibus patriae excesserim. So<lus> Diabolus cupit suos seruos < et tandem confundere: <et> Deus cupit mea<m> innocentiam d<e>mon–| strare toti terraru<m> orbi. Uale mi Prime. Actum et in | liberos. |

[*Bogen 2*⁶²] Nicodemi Frischlini epistola, | Anno 82. 21 Octob: ad Primu<m> | Truberu<m> (p: m:) scripta: | quam DD: Cancellarius | 2. Julij. A: 86 graues ob | c<ausas> collegio philosophico | custodienda<m> dedit.

Abbildung 1a

Nicodemus Frischlin an Primus Truber, 21. Oktober 1582.
Universitätsarchiv Tübingen 10/11 Nr. 96, Bogen 1, fol. 1ʳ

Abbildung 1b

Nicodemus Frischlin an Primus Truber, 21. Oktober 1582.
Universitätsarchiv Tübingen 10/11 Nr. 96, Bogen 1, fol.1ᵛ.

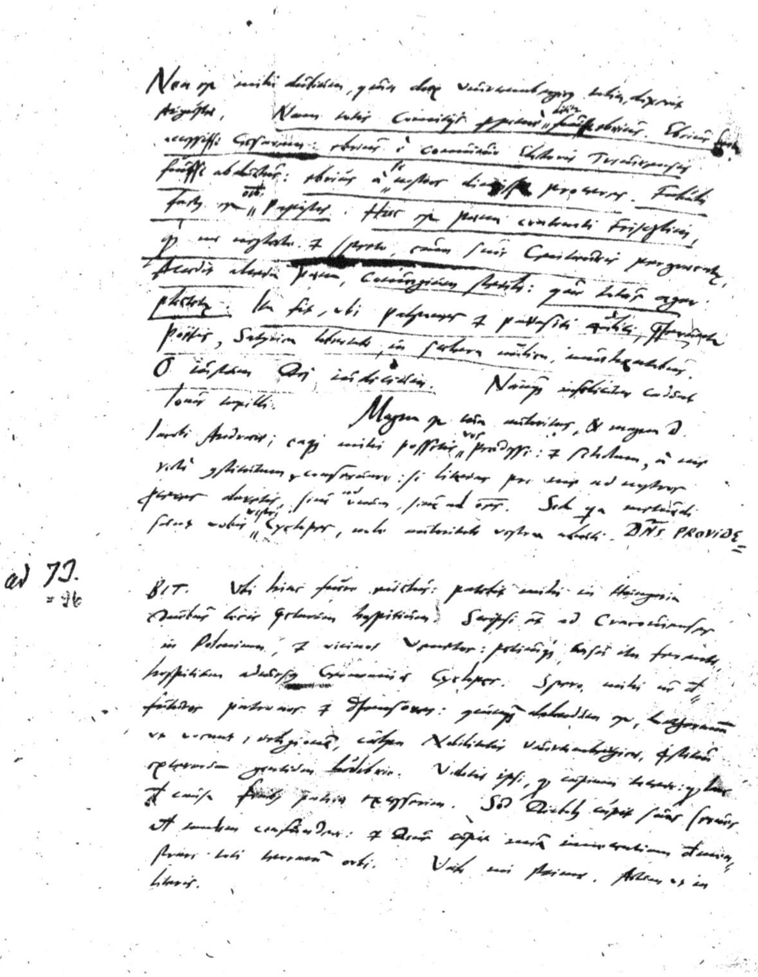

Abbildung 2

Nicodemus Frischlin an Primus Truber, ohne Datum.
Universitätsarchiv Tübingen 10/11 Nr. 96.

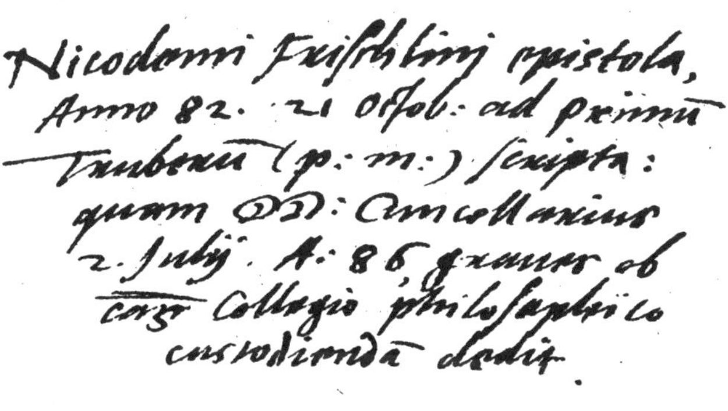
Nicodemi Frischlinj epistola,
Anno 82. 21 Octob: ad primu
Taubenu (p: m:) scripta:
quam DD: Cancellarius
2. Julij. A: 86 grauer ob
causa collegio philosophico
custodienda dedit.

Abbildung 3

Übergabevermerk des Cancellarius, 2. Juli 1586.
Universitätsarchiv Tübingen 10/11 Nr. 96, Bogen 2.

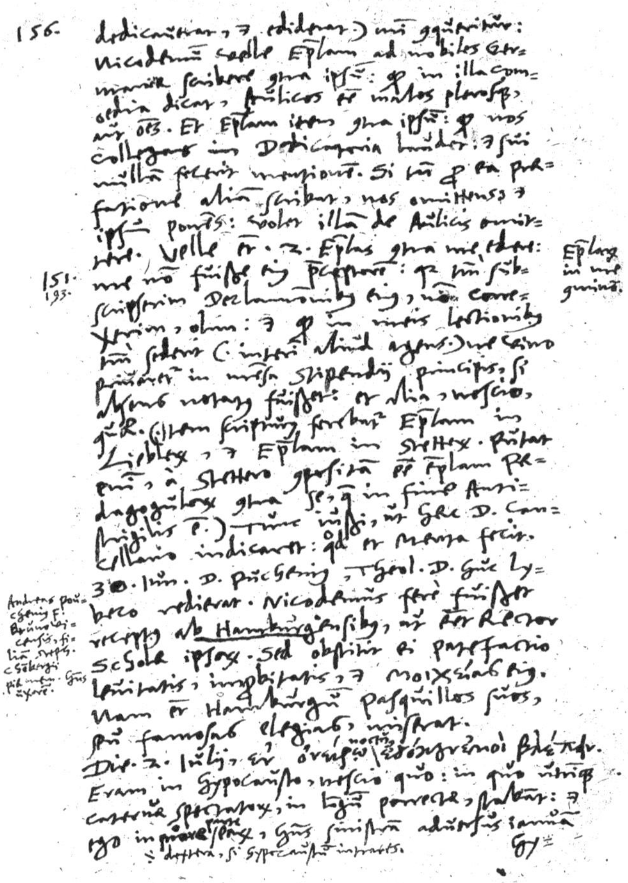

Abbildung 4a

Der Kampftraum des Martin Crusius, 2. Juli 1586.
Universitätsbibliothek Tübingen, Handschriftenabteilung Cod. Mh. 197, S. 156.

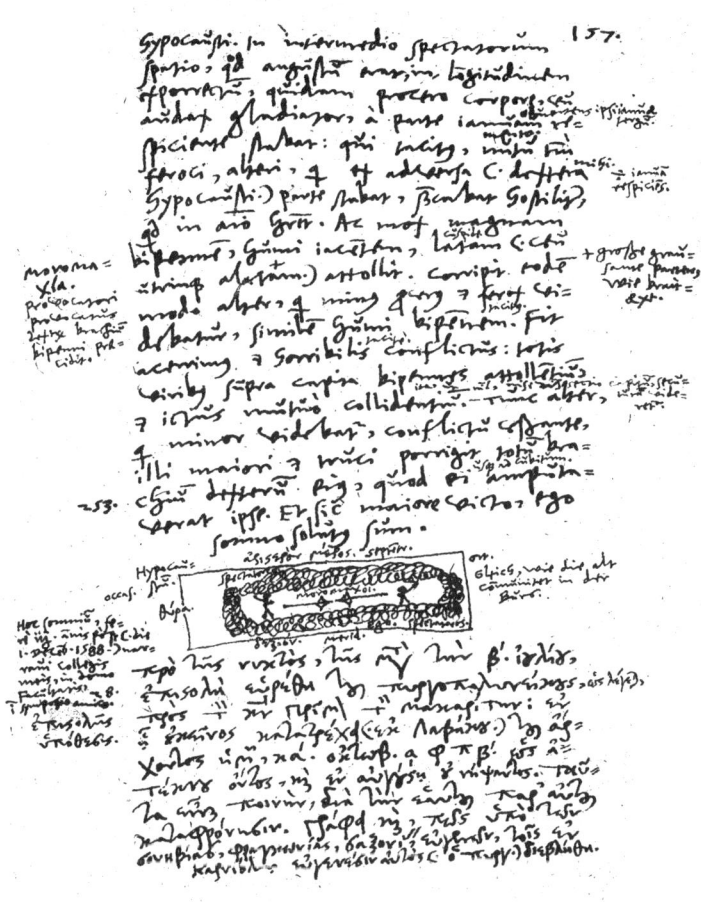

Abbildung 4b

Der Kampftraum des Martin Crusius, 2. Juli 1586.
Universitätsbibliothek Tübingen, Handschriftenabteilung Cod. Mh. 197, S. 157.

Robert J. W. Evans

Frischlin und der ostmitteleuropäische Späthumanismus

Die Einladung, an einer Ringvorlesung über Frischlin teilzunehmen, bedeutete für mich sowohl eine Ehre als auch eine Herausforderung: wie sollte ich zu einer historischen Figur Aussagen machen, der ich in meiner Arbeit nur gelegentlich begegnet bin, und die anscheinend ganz an der Peripherie meiner Interessen gestanden hat. In der Tat habe ich nicht die Absicht, wesentlich Neues über Frischlin selbst beizusteuern. Aber das äußerst lobenswerte Anliegen, sein Leben und seine Persönlichkeit der Quasi–Vergessenheit zu entreißen, verlockt uns darüber hinaus, den Stellenwert des Dichters im mitteleuropäischen Geistesleben seiner Zeit zu untersuchen. Er stellt gewiß keinen Einzelfall dar, wenngleich seine übertriebene Lebensweise uns gelegentlich zu einer solchen Annahme verleiten könnte.

Ausgangspunkt meiner Ausführungen sind die Beziehungen Frischlins zu den österreichischen Ländern im weiteren Sinne. Bekanntermaßen dauerten seine Aufenthalte dort nur verhältnismäßig kurze Zeit. Er verbrachte zwei Jahre, ab Herbst 1582 bis Sommer 1584, in Krain, als Rektor der Landschaftsschule in Laibach, mit einer anschließenden Wanderung, die ihn vorübergehend in andere Teile Innerösterreichs und nach Ungarn führte. Zwei Jahre später, gegen Weihnachten 1586, tauchte er in der kaiserlichen Residenzstadt Prag auf, wo er versuchte, sich in der Umgebung des launischen Rudolfs II. durchzusetzen. Nach einigen Monaten aber hat er diese Hoffnung anscheinend aufgegeben und zog weiter nach Wittenberg.

Mit diesen Episoden, und mit deren Nachspiel, steht das Argument meines Referats in losem Zusammenhang. Als Hintergrund dient der Stand der Kulturverbindungen zwischen (sozusagen) »deutschen« und »österreichischen« Teilen des Reichs im Herbst der Renaissance. Die Schicksale unseres Helden liefern drei genauere Fragestellungen:

1. Frischlin war ein vielseitiger, kosmopolitischer Humanist, ein Meister des Lateins und des Griechischen. Wie verhielt sich diese Art von Gelehrten zur gemischten, mehrsprachigen Gesellschaft des habsburgischen Ostmitteleuropas, mit seiner überdurchschnittlichen Anzahl Zugereister aus aller Welt?

2. Frischlin war nicht nur Humanist, sondern auch Höfling. In den Habsburgerländern können wir dem Phänomen des gebildeten Hofes näher nachgehen, weil dort Fürsten und Adel viel eher als die verkümmerten Universitäten die geistigen Werte des Humanismus vertraten.

3. Frischlin war treuer, wenn auch wohl nicht strenggläubiger Lutheraner. Es lohnt sich, am Beispiel Frischlins und einiger seiner Landsleute und Glaubensgenossen die Stellung des österreichischen Protestantismus zu verfolgen, die mit dem Ausklang der dortigen Renaissance eng verknüpft war. In dieser Beziehung soll hier die Laufbahn zwei weiterer Württemberger herangezogen werden, die in Österreich die gleichen Stadien einer vielversprechenden aber in einen Leidensweg einmündenden Karriere durchgemacht haben. Einer von ihnen, Hieronymus Megiser, ist heutzutage ganz unbekannt; der andere, Johannes Kepler, ist weltberühmt. Beide führen uns unserem Abschlußdatum, dem Jahre 1618, zu.

Warum ging Frischlin überhaupt nach Krain? Bevor wir die näheren Umstände berücksichtigen, müssen wir ein wenig ausholen. Die deutsche Reformation evangelischer Prägung hatte sich früh in den österreichischen Ländern ausgebreitet; dennoch gab es, da die habsburgischen Landesfürsten im katholischen Lager blieben, keine Möglichkeit, daheim Prediger auszubilden. Hier hat gerade die Universität Tübingen eine wichtige Rolle gespielt. Zwischen 1530 und 1614 kamen nach Tübingen über 700 Studenten aus den habsburgischen Ländern, größtenteils aus Innerösterreich (Steiermark, Kärnten und Krain). Umgekehrt fanden viele Württemberger Theologen den Weg nach Österreich, um die wachsenden Gemeinden in den schlecht bestellten Pfarreien zu pflegen und Kirchenorganisationen ins Leben zu rufen. In den 1560er Jahren wurde die württembergische Kirchenagenda in Krain eingeführt.[1]

---

1   Dimitz, A.: Geschichte Krains. 4 Bde. Laibach 1874–1876. Bd. 2. S. 223, Bd. 3: S. 145ff.; Elze, Th.: Die Universität Tübingen und die Studenten aus Krain. Tübingen 1877.

Die Eigentümlichkeit Krains, gemeinsam mit der Südsteiermark und Südkärnten, bestand in der slawischen Mehrheit unter seinen Einwohnern, die den deutschsprachigen Haupttexten der Reformation fassungslos gegenüberstand. Um diesem Mangel zu steuern, entstand eine besondere württembergische Initiative. Hans Ungnad, unerschrockener Verfechter der lutherischen Sache während langer Jahre als Landeshauptmann in der Steiermark, zog sich gegen 1560 nach Urach zurück, wo er eine Druckerei einrichtete, die sowohl »windische«, d.h. slowenische, Texte in lateinischen Lettern als auch kroatische in glagolitischen und kyrillischen Lettern herausbrachte. Für dieses Unternehmen, das die bereitwillige Unterstützung des Herzogs Christoph genoß, gewann er eifrige Mitarbeiter aus Krain und Kroatien: Primus Trubar, Georg Dalmatin und andere, die zwischen Deutschland und der Heimat geradezu pendelten.[2] Diese waren nicht nur gelernte, sondern auch gelehrte Männer, deren Humanismus ein eigenartiger neuphilologischer Anstrich anhaftete, dem wir später wiederbegegnen werden. Man behalte auch den Namen eines geborenen Schwaben, der sich dieser Bewegung anschloß: Hans Mannel oder Manlius, der 1562 als Buchhändler nach Laibach übersiedelte, und dann die erste wichtige Druckerei innerhalb Krains eröffnete. Sein Erstlingsdruck war eine von Trubar verfaßte slowenische Glaubensfibel.[3]

Nach dem Tode Ungnads 1564 wurde sein Geschäft bis in die 1580er Jahre von Trubar etwas schleppender fortgesetzt. Mittlerweile verfielen Herzog Ludwig und die lutherische Führung in Tübingen auf einen noch ehrgeizigeren Plan. Angesichts der schweren Bedrohung dieser südöstlichen Länder des Reichs durch die Türken, versuchten sie, mit dem Patriarchen in Konstantinopel Kontakt aufzunehmen, um eventuell, mittels griechischer Übersetzungen (wieder einmal der sprachliche Gesichtspunkt), auf die orthodoxen Christen im Osmanischen Reich reformatori-

---

2 Aus der reichen diesbezüglichen Literatur siehe bes. Dimitz (wie Anm. 1). Bd. 2, S. 227ff., Bd. 3, S. 194ff.; Murko, M.: Die Bedeutung der Reformation und Gegenreformation für das geistige Leben der Südslawen. Prag/Heidelberg 1927. S. 7ff.; Benz, E.: Wittenberg und Byzanz: zur Begegnung und Auseinandersetzung der Reformation und der östlich–orthodoxen Kirche. Marburg 1949. Kap. 3 und 6; Legisa, L. u. a. (Hgg.): Zgodovina slovenskega slovstva. Bd. 1. Laibach 1956. S. 206–260; Ðurdev, B. u. a. (Hgg.): Historija naroda Jugoslavije. Bd. 2. Zagreb 1959. S. 360ff., S. 457ff.
3 Sennovitz, A.: Manlius János. Budapest 1902; und s. unten, Anm. 24.

schen Einfluß auszuüben. Dieses großartige, wennschon erfolglose Glau-
bensgespräch wurde durch zwei junge Tübinger Akademiker, Martin
Gerlach und Salamon Schweigger, welche in den 1570er Jahren in Istan-
bul als Kapläne an der kaiserlichen Botschaft wirkten, vermittelt. Auch
diesmal gab es eine innerösterreichische Dimension, denn der Bot-
schafter war David Ungnad, Neffe des schongenannten Hans.[4]

Damit können wir zu Frischlin zurückkehren. Natürlich war er über
diese Entwicklungen unterrichtet: als Schweigger 1581 wieder nach Hause kam, trug sich Frischlin als einer der ersten in sein Stammbuch ein,
und fügte ein lateinisches Gedicht hinzu.[5] Ihm dürfte sich der Widerspruch geradezu aufgedrängt haben, daß die Haupturheber der Versöh-
nungsmission im Südosten, Martin Crusius und Jakob Andreae, gleichzeitig seine Hauptwidersacher an der Tübinger Universität waren.
Abwesenheit verstärkt die Zuneigung! Diese peinliche und zum guten
Teil selbstverschuldete Konfrontation mit seinen Kollegen und dann mit
dem schwäbischen Adel, wobei selbst Frischlins Gönner, Herzog Ludwig, nicht imstande war, die Fehde beizulegen, führte bekanntlich zum
Entschluß des Dichters, die 1582 angebotene Stelle in Krain anzunehmen.[6]

Für Frischlin kam die Berufung nicht aus heiterem Himmel. Sechs Jahre
zuvor hatten die steirischen Stände schon versucht, ihn für die neugegründete Landschaftsschule in Graz zu gewinnen (mit Kepler sollten sie
etwas später besseren Erfolg haben). Im Falle Krains waren wieder Tübinger Akademiker als Vermittler im Spiel. Superintendent der dortigen
evangelischen Kirche war der aus Göppingen gebürtige Christoph Spind-

4 Grundlegend jetzt: Wendebourg, D.: Reformation und Orthodoxie. Der ökumenische
  Briefwechsel zwischen der Leitung der württembergischen Kirche und Patriarch Jeremias II. von Konstantinopel in den Jahren 1573–1781. Göttingen 1986. Zu Ungnad
  s. auch Allgemeine Deutsche Biographie, s. v., und Kovács, J. L. (Hg.): Ungnád
  Dávid konstantinápolyi utazásai. Budapest 1986; vgl. Evans, R. J. W.: Bohemia, the
  Emperor, and the Porte, 1550–1600. In: Oxford Slavonic Papers n.s. 3 (1970) S. 85–
  106 hier S. 90, 94.
5 Österreichische Nationalbibliothek [ÖNB], Wien. MS. s. n. 2973, fol. 99r (ebenda fol.
  70v eine Eintragung von Crusius).
6 Strauß, D. F.: Leben und Schriften des Dichters und Philologen Nicodemus Frischlin.
  Frankfurt a. M. 1856. S. 168ff.

ler, bei dem Frischlin nach seiner Anreise in Laibach Unterkunft fand.[7] Wichtiger noch erscheint mir die Figur eines Schülers und Jüngers von Frischlin: Hieronymus Megiser, der als junger Absolvent Anfang der achtziger Jahre als Hauslehrer bei dem Geschlecht der Kisls angestellet worden war. Diese Kisls, ähnlich den Ungnads in der Steiermark, leiteten sowohl wichtige politische Angelegenheiten der Stände als auch kulturelle Anliegen, darunter die Übersetzung religiöser Bücher ins Slawische. Auf die weitere Karriere Megisers möchte ich im folgenden verweisen: endlich hat er mehr Nutzen als sein Lehrer aus den Beziehungen zu Innerösterreich gezogen.[8]

Frischlin dürfte also durch die Berufung kaum überrascht – aber auch kaum überglücklich gewesen sein. Für ihn war das entfernte Krain bestimmt eine Notlösung – bezeichnenderweise hat er sein Haus in Tübingen nicht verkauft. Die Anstellung könnte aber als Sprungbrett dienen: sie versprach ihm eine gewisse Selbständigkeit und die Gelegenheit, seine Ideen außerhalb der begrenzten und zerstrittenen württembergischen Welt zu entfalten. Die protestantische Schule in Laibach war 1563 von Trubar mit Unterstützung des überwiegend lutherischen Landadels gegründet worden. Unter einem betagten aber rührigen Slowenen, Adam Bohoric, gedieh sie als Lehranstalt für krainische Junker sowie für die ambitioniertere Stadtjugend. Bohoric setzte eine detaillierte Schulordnung auf, die den ganzen vierklassigen Lehrplan festschrieb und den Schülern eine harte Disziplin einschärfte.[9] Auf dieser Grundlage konnte Frischlin nach seiner Amtsübernahme im Herbst 1582 eine erfolgreiche Tätigkeit ausüben. Er verfaßte eine neue, noch eingehendere Schulordnung, diesmal auf Deutsch statt auf Latein, und erweiterte die Schule um

7   Dimitz (wie Anm. 1, Bd. 3) S. 147; Strauß (wie Anm. 6) S. 64f. [Grazer Episode], S. 247ff.

8   Doblinger, M.: Hieronymus Megisers Leben und Werke. In: Mitteilungen des Instituts für Österreichische Geschichtsforschung 26 (1905) S. 431–478, scheint der einzige biographische Versuch zu sein. Daß Frischlin ebenfalls die Kisls gekannt hat, ergibt sich aus den Gedichten am Anfang seines *De Ratione* (unten, Anm. 18).

9   Dimitz (wie Anm. 1) S. 155–183; Schmidt, V.: Pedagoško delo protestantov na Slovenskem v XVI. stoletju. Laibach 1952. S. 189–201, veröffentlicht diese Schulordnung.

eine fünfte, höchste Klasse, wo das Studium klassischer Autoren vervollständigt werden sollte.[10]

Zwei Aspekte der pädagogischen Wirkung Frischlins in Krain verdienen unsere Aufmerksamkeit. Erstens hat er sich ganz offensichtlich die Gunst des dortigen Ständetums erworben, sehr im Gegensatz zu seinem äußerst gespannten Verhältnis zum schwäbischen Adel. Gewiß kannten seine Gönner in Laibach die berüchtigte *Oratio de vita rustica*; aber sie verteidigten Frischlin gegen die Ausfälle seiner Feinde. Laut einem Bericht über seine Amtsführung hätte Frischlin *wohl und treulich gedienet, sich auch darbey dermaßen ehrlich, gebührlich und fleißig erzeigt*, daß die Landschaft ihn gerne länger behalten hätte.[11] Die höfischen, sozial aufsteigerischen Neigungen des Dichters fanden hier erneut einen Widerhall.

Zweitens hat Frischlin als Schulrektor in einer gemischtsprachigen Gegend seine grammatischen und linguistischen Interessen weiterentwickelt. Es kommt nicht von ungefähr, daß er in Laibach seine ersten neuartigen Sprachlehrbücher verfertigte, die *Strigilis Grammatica* und *Quaestiones Grammaticae*. Beide Manuskripte mußte er zur Drucklegung nach Venedig bringen, wo sein überlanges Ausbleiben unter den krainischen Geldgebern angeblich Mißtrauen hervorrief. Gleichzeitig arbeitete er an einem Wörterbuch, das später als *Nomenclator Trilinguis* 1588 bei Johann Spieß in Frankfurt am Main erschien. Die drei Sprachen des Titels sind Griechisch, Lateinisch und Deutsch; aber wir wissen, daß Frischlin ursprünglich in Laibach die Absicht faßte, auch Slawisch, Italienisch und Französisch in sein Werk einzubeziehen.[12] Er mochte von der zeitgenössischen Entfaltung des berühmten Calepinus–Wörterbuchs angespornt worden sein, wo in den 1570er und 1580er Jahren mehrere neue Volkssprachen – einschließlich des Polnischen und Ungarischen –

---

10 Schmidt (wie Anm. 9) S. 69ff., S. 203–224 [Druck].
11 Langius, C. H.: Nicodemus Frischlinus vita, fama, scriptis ac vitae exitu memorabilis. Braunschweig/Leipzig 1727. S. 38ff.; Strauß (wie Anm. 6). Vgl. Frischlins Entschuldigung, Tübingen 1585, wo seine Beteuerung der Notwendigkeit, zwischen wahrem und falschem Adel streng zu unterscheiden, damit die adelige Jugend gehörig erzogen werden könne, zweifellos durch seine Erfahrungen in Krain erhärtet worden war.
12 Strauß (wie Anm. 6) S. 375f.

zu den klassischen hinzugefügt wurden, bis auf den dicken zehnsprachigen Folianten von 1585.[13]

Es gab aber auch näherliegende Beweggründe. Zwar huldigten die Humanisten einer Skala von mehr oder minder bevorzugten Zungen, wobei Griechisch (die Sprache der Stichwörter in Frischlins *Nomenclator*) oder Hebräisch an der Spitze standen, gefolgt vom Latein, ab der dritten Klasse der Laibacher Landschaftsschule dem einzig erlaubten Gesprächsmittel. Daran reihte sich dann das Deutsche, das alle Schüler ab der zweiten Klasse fließend beherrschen mußten: deshalb wurden die heranwachsenden Slowenen streng angehalten, ihre Muttersprache weiter nicht zu gebrauchen, *ut paullatim assuefiant ad linguam Germanicam* (damit sie sich allmählich an die deutsche Sprache gewöhnen). Dennoch hatte sogar das Windische seine ersten Rechte gewonnen: die mit württembergischer Hilfe veröffentlichten Glaubenstexte hielten ihren Einzug in den Stundenplan.[14]

Nach zwei Jahren bat Frischlin um die Entbindung von seinem Amt, und er verließ Krain. Wichtiger als mögliche Reibereien mit seinen Arbeitgebern dürften das Heimweh seiner Frau und seine eigene Wanderlust gewesen sein. Am wichtigsten aber war wohl die zunehmend gespannte konfessionelle Lage in Innerösterreich. Anfang der achtziger Jahre erlebten die protestantischen Adeligen und Bürger Krains und seiner Nachbarländer eine wahrhafte religiöse Krise. Auf der einen Seite gärte es unter den Bauern: es entstand eine radikale apokalyptische Bewegung der sogenannten »Springer« welche mit den (von Ginzburg erforschten) friaulischen *benandanti* etwas Gemeinsames gehabt zu haben scheinen. Auf der anderen unternahmen Landesfürst und Jesuiten die ersten Schritte in Richtung einer erzwungenen Gegenreformation.[15]

13 Vgl. Evans, R. J. W.: Das Werden der Habsburgermonarchie, 1550–1700: Gesellschaft, Kultur, Institutionen. Wien/Köln/Graz 1986. S. 38.

14 Dimitz (wie Anm. 1, Bd. 3) S. 158ff.; Schmidt (wie Anm. 9) S. 218, S. 221.

15 Angaben über die Springer bei Dimitz (wie Anm. 1, Bd. 3) S. 212–215; das Phänomen scheint noch unerforscht zu sein; vgl. Ginzburg, C.: I benandanti: ricerche sulla stregoneria. Turin 1966. Zur Gegenreformation: Dimitz (wie Anm. 1, Bd. 3) S. 3ff.; Loserth, J.: Die Reformation und Gegenreformation in den innerösterreichischen Ländern im XVI. Jahrhundert. Stuttgart 1898, bes.: S. 369ff.; ders. (Hg.): Acten und Correspondenzen zur Geschichte der Gegen-Reformation in Innerösterreich unter Karl II. und Ferdinand II. 3 Bde. Wien 1898–1907. Hier: Bd. 1.

Zu den ersten Opfern in Laibach gehörte Manlius, dessen fruchtbare Tätigkeit im April 1582, knapp vier Monate vor Ankunft Frischlins, der sonst seine Schulbücher wahrscheinlich an Ort und Stelle hätte drucken lassen, durch ein Ausweisungsdekret beendet wurde. In Graz zielten die Angriffe hauptsächlich gegen den Vorstand des lutherischen Kirchenministeriums, Jeremias Homberger, gebürtig aus Fritzlar im Hessischen, der drei Jahre später ebenfalls in die Verbannung gehen mußte.[16] Natürlich war Frischlin normalerweise kein ungestümer Glaubenseiferer wie Homberger: im Gegenteil hatte er sich eine Zeitlang mit dem Gedanken getragen, eine Professur an der katholischen Universität Freiburg anzunehmen, bis seine Frau ihn bewog, die Einladung auszuschlagen. Aber er akzeptierte die Konkordienformel, welche die Laibacher Schulordnung übrigens ihren Rektoren vorschrieb (auch diese hat Trubar ins Slowenische übersetzt).[17] Wir gehen kaum irre mit der Vermutung, daß der Dichter – geschweige denn seine Gattin – die religiösen Zustände als unerfreulich, sogar widerwärtig empfand.

Frischlin zog also mit seiner Familie weiter. Aber er hatte keine große Lust, zur Tübinger Misere zurückzukehren. Deshalb sah er sich nach einem Mäzen um, und er fand vorübergehend Aufnahme bei einem ungarischen Magnaten, Boldizsár [Balthasar] Batthyány. Über die Einzelheiten seines Besuchs wissen wir herzlich wenig: Frischlin reiste nach dem Hauptsitz der Batthyánys, auf dem Burgberg zu Güssing, einige Kilometer auf der ungarischen Seite der Reichsgrenze. Dort erkrankte er an einem Fieber, konnte aber einen kurzen erzieherischen Text verfassen und veröffentlichen lassen, mit Widmung an Boldizsárs Sohn Ferenc (Franz) Batthyány. Batthyány schenkte ihm Geld, und bot ihm Hilfe an; offensichtlich wurden aber keine dauernden Bande geknüpft.[18] So weit diese an sich unwesentliche Episode; dennoch lohnt es sich, ihre Zusammen-

---

16 Mayer, F. M.: Jeremias Homberger: ein Beitrag zur Geschichte Innerösterreichs im 16. Jahrhundert. In: Archiv für Österreichische Geschichte 74 (1889) S. 205–259; Loserth: Reformation (wie Anm. 15) S. 321–324, S. 468–478.
17 Strauß (wie Anm. 6) S. 157f. [Freiburg]; Schmidt (wie Anm. 9) S. 204.
18 Strauß (wie Anm. 6) S. 278. Frischlin, N.: De Ratione instituendi puerum ab anno aetatis sexto et septimo ad annum usque decimum quartum. Güssing 1584; vgl. Borsa, G. u. a. (Hgg.): Régi magyarországi nyomtatványok. Bd. 1. Budapest 1971. Nr. 555.

hänge etwas weiter zu verfolgen. Denn obwohl wir bezüglich der Beziehungen zwischen Frischlin und Batthyány größtenteils auf Vermutungen angewiesen sind, besitzen wir bemerkenswerte Informationen über die Mitglieder und die Anliegen des Batthyány–Zirkels. Aus diesen läßt sich das Bild eines wichtigen, gleichzeitig aber typischen Vertreters der humanistischen Adelskultur ostmitteleuropäischer Prägung rekonstruieren.[19] Die Batthyánys waren ein führendes Geschlecht des damaligen habsburgischen Restungarns, eines verstümmelten Landes am Rande der westlichen Zivilisation. Unmittelbar südöstlich von ihren Ländereien verlief schon die türkische Grenze; trotz eines seit 1566 währenden offiziellen Waffenstillstands mußte sich Batthyány selber fast jedes Jahr zur Wehr setzen. Im ganzen Königreich gab es keine Universität. Außer der Kriegskunst gedieh an erster Stelle die juristische Ausbildung, deren der Adel bedurfte, um seine Ständeverfassung gegen die habsburgische Verwaltung und seine Besitzungen in unendlichen Streitfällen zu verteidigen.[20]

Doch waren die Batthyánys keine kulturellen Hinterwäldler, wie jene schwäbischen Ritter, die auf Frischlins Schmähungen so heftig reagiert hatten. Boldizsár genoß eine auserlesene Erziehung als Hofjunker, zuerst in Wien, dann in Paris.[21] Nach Güssing zurückgekehrt, unterhielt dieser

---

19 Dieser Abschnitt stützt sich hauptsächlich auf die Korrespondenz Batthyánys im Ungarischen Landesarchiv = O[rszágos] L[evéltár, Budapest], P 1314 (Batthyány család levéltára, misszilisek). Ansätze zu einer Würdigung zuerst bei Iványi, B.: Batthyány Boldizsár, a könyvbarát [1947]. Unveröffentlichte Fahnenabzüge in der Ungarischen Nationalbibliothek = Országos Széchényi Könyvtár. Budapest. MS. 2903 fol. Hung., fol. 91–134, seither gedruckt in: A magyar könyvkultúra múltjából. Iványi Béla cikkei és anyaggyüjtése. Szeged 1983. S. 389–435; neuerlich bei Barlay, Ö. Sz.: Boldizsár Batthyány und sein Humanisten–Kreis. In: Magyar Könyvszemle (1979) S. 231–251.
20 Zimányi, V. (Hg.): A herceg Batthyány család levéltára. Budapest 1962. Wichtige Informationen auch in zwei Beiträgen zur Sozial- und Wirtschaftsgeschichte: Dies.: Der Bauernstand der Herrschaft Güssing im 16. und 17. Jahrhundert. Eisenstadt 1962; dies.: A rohonc–szalonaki uradalom és jobbágysága a XVI és XVII században. Budapest 1968. Zur allgemeinen Lage in Ungarn s. jetzt Pach, Zs. P./Várkonyi, R. A. (Hgg.): Magyarország története, 1526–1686. 2 Bde. Budapest 1985, mit reichhaltiger Bibliographie; auf deutsch ist es immer noch notwendig, auf Salamon, F.: Ungarn im Zeitalter der Türkenherrschaft. Leipzig 1887, zurückzugreifen.
21 Eckhardt, S.: Batthyány Boldizsár a francia udvarnál. In: Magyarságtudomány (1943) S. 36–44.

»Achilles Hungariae«, wie ihn Frischlin apostrophiert, einen ausgedehnten Briefwechsel, dessen Bruchstücke noch vorhanden sind. Er ließ sich ständig nicht nur mit italienischen Kleidern und Juwelen,[22] sondern auch mit Hunderten der neuesten Bücher beliefern, deren Verzeichnisse, sogar mit Preisangaben, ebenfalls erhalten geblieben sind. Als Vermittler diente ihm der österreichische Agent der Frankfurter Firma Wechel, deren eigene Verlagstätigkeit im gebildeten Europa weitbekannt war: unter ihren Autoren befand sich auch unser Dichter.[23] Zur Zeit von Frischlins Besuch unterhielt Batthyány darüber hinaus einen eigenen Hofdrucker, und zwar keinen anderen als den exilierten Manlius: dieser hat also das neue *opusculum* Frischlins herausgebracht. Auch wenn das Büchlein an so entlegener Stelle erschien und heute sehr selten ist, wissen wir, daß es auf der Frankfurter Messe zu besorgen war.[24]

Frischlins Anweisungen für den jungen Ferenc Batthyány (es bleibt dahingestellt, ob er den Buben tatsächlich unterrichtet hat) sind bündig und treffend. Er wiederholt die in Laibach schon ausgearbeiteten Grundsätze, aber diesmal ganz im Gewand eines aristokratischen Privatlehrers. Übrigens kommt der mehrsprachige Gesichtspunkt hier schon im Titel zum Ausdruck: es wird beabsichtigt, daß der Jüngling *praeter duas aut tres maternas linguas etiam Latinam discat recte loqui et scribere, Graecam vero mediocriter intelligere* (außer seinen zwei oder drei Muttersprachen lateinisch richtig sprechen und schreiben, griechisch genügend verstehen lernen soll).

---

22 Vgl. OL, P 1314, Nr. 16274–16284 [Briefe von Andrea und Silvestro Gioannello]; 37455–37500 [Briefe von Dr. Nicolaus Pistalotius].
23 Evans, R. J. W.: The Wechel Presses: Humanism and Calvinism in Central Europe, 1572–1627. Oxford 1975, bes.: S. 35f.; diese Verzeichnisse sind seither gedruckt worden bei Barlay, Ö. Sz.: 400 éves francia levelek és könyvszámlák. Batthyány Boldizsár és Jean Aubry barátsága. In: Magyar Könyvszemle (1977) S. 156–166, und in Iványi (wie Anm. 19). Unter Frischlins Wechel–Drucke gehören seine *Rebecca* in der Ausgabe von 1576 und sein *Dialogus logicus* [...] *pro Aristotele*, 1589.
24 Manlius' Güssinger Drucke werden in Borsa (wie Anm. 18) verzeichnet. Vgl. Fitz, J.: A magyarországi nyomdászat, könyvkiadás és könyvkereskedelem története. Bd. 2. Budapest 1967. S. 260–271; Semmelweis, K.: Der Buchdruck auf dem Gebiete des Burgenlandes bis zu Beginn des 19. Jahrhunderts. Eisenstadt 1972. S. 7–52. Collectio in unum corpus omnium librorum [...] qui in nundinis Francofurtensibus ab anno 1564 usque ad [...] 1592 [...] venales exiterunt. Frankfurt 1592. S. 528 [Frankfurter Meßkatalog].

Batthyány Vater war wirklich völlig polyglott: *octo linguarum Phoenix*, mit Frischlins Worten. Für ihn und seinesgleichen galt das Latein nicht nur als Bildungs–, sondern als allgemeine Verständigungs– und als Landessprache für die gesamte Verwaltung Ungarns in Wort und Schrift. Er korrespondierte auch fließend auf magyarisch, deutsch, kroatisch, französisch und italienisch.[25]

Dieselbe Weltbürgerlichkeit spiegelte sich in religiösen Zuständen wider. Batthyánys Einstellung war diejenige eines duldsamen Protestanten. In Frankreich hatte er die hugenottische Bewegung kennengelernt, und seine spätere Lektüre, sowie Andeutungen in seinen Briefen, legen den Schluß nahe, daß er mit den Reformierten weiterhin sympathisierte.[26] Aber sein Hofprediger, István (Stefan) Beythe, läßt sich weder als Lutheraner noch als Kalvinist einstufen; desgleichen andere ungarische Geistliche in der Gegend.[27] Obwohl eifrige katholische Bekannte, wie Kardinal Draskovich, der einer versippten westungarischen Magnatenfamilie angehörte, ihn zu einer gegenreformatorischen Haltung bewegen wollten, scheint seine Freundschaft mit anderen Katholiken – besonders mit der Humanistengruppe in Preßburg um die Bischöfe Liszti und Radéczi, den Chorherrn Ellebodius, den Arzt Purkircher und den Hofsekretär Istvánffy – durch keine solchen Rücksichten getrübt worden zu sein. Sogar Anabaptisten und weitere Sektierer fanden auf seinen Gütern Unterschlupf.[28] Auch aus lutherischer Sicht konnte Toleranz als Lauheit abgestempelt werden. Die Batthyánys hatten materielle Gründe, nament-

---

25 Iványi (wie Anm. 19) fol. 96ff., bürgt für das Kroatische; die anderen Sprachen scheinen in der von mir untersuchten Korrespondenz auf.

26 Barlay (wie Anm. 19) S. 234ff.; die Wechsels waren als zwar gemäßigte, aber treue Kalvinisten bekannt: vgl. Evans (wie Anm. 23).

27 Fabó, A.: Beythe István életrajza. Pest 1866; Thury, E.: A dunántúli református egyházkerület története. Bd. 1. Pápa 1908. Vgl. auch die Angaben in Szakály, F.: Adalékok Szegedi Kis István és Skaricza Máté életéhez. In: A Ráday Gyájtemény Évkönyve 2 (1981) S. 159–178.

28 OL, P 1314, Nr. 10674, 10676 [Draskovich]; 29504–29555 [Liszti]; 39049–39059 [Radéczi]. Zu Ellebodius und Istvánffy s. unten, Anm. 31, 32. Interessant ist in dieser Beziehung ein sanfter Aufruf von Liszti 1574, angesichts der unseligen Zerwürfnisse unter Christen: *Quapropter Do.Vram Magam et tanquam suus syncerus amicus, et tanquam eius Ordinarius Episcopus amanter rogamus et hortamur, desistat ausculta-re Sectis modernis et sequatur Veram religionem, quam Maiores sui contra omnium opinionum Sectas professi sunt, et in ea mori etiam non dubitarunt.*

lich Anspruch auf verwaistes Klostergut, um sich der Reformation anzu-
schließen. Frischlin selber, in seiner *Oratio*, hatte Adlige, die ein Ge-
misch von Glaubensregeln erlaubten, ausdrücklich aufs Korn genommen.[29] Aber bei Batthyány kamen die Lutheraner gleichermaßen zu ihren Rechten. Der streitsüchtige Homberger war imstande, mehrere seiner
Werke bei Manlius in Güssing veröffentlichen zu lassen. Einer der eng-
sten Mitarbeiter Boldizsárs war der steirische Freiherr Felician von Herberstein, der sich als Führer der evangelischen Sache in Innerösterreich
ebenfalls hervortat.[30]

Was für Studien sind die Freunde und Korrespondenten Batthyánys
nachgegangen? An erster Stelle frönten sie dem literarischen Humanismus. Ein Interesse an der lateinischen Dichtung war unter ihnen, wie allgemein im ostmitteleuropäischen Raum des späteren 16. Jahrhunderts,
stark vertreten. Elias Corvinus, Professor an der Wiener Universität, und
poeta laureatus wie Frischlin, galt als eines der besten Talente auf diesem Gebiet; ebenso der Chorherr Ellebodius in Preßburg.[31] Corvinus hat
auch die Geschichtsepik gepflegt, wie sein jüngerer Kollege, Nikolaus
Gabelmann, dessen *carmina* zu den Türkenkriegen zuerst bei Manlius in
Güssing erschienen. Batthyány besonders nahe stand Istvánffy, der nicht
nur Sekretär bei der ungarischen Hofkanzlei, sondern der beste und aus-
führlichste der lateinischen Historiker Ungarns war.[32] Solche Namen

29 Barlay (wie Anm. 19) S. 232; OL, P 1314, Nr. 10676 [Brief von Kardinal Drasko-
vich]; Evans (wie Anm. 13) S. 354, Anm. 55. Strauß (wie Anm. 6) S. 196.
30 Homberger, J.: Viola Martia. Güssing 1582; ders.: Granum Frumenti. Güssing 1583;
ders.: Flosculus Eden. Compendium totius Christianae theologiae. Güssing 1584; s.
auch Borsa (wie Anm. 18, Bd. 1) Nr. 518, 534, 556. Loserth (wie Anm. 15) S. 214,
333, 597 [Herberstein]; vgl. OL, P 1314, Nr. 18580–18618, passim.
31 Corvinus, E.: Joannis Hunniadae res bellicae contra Turcas. Hg. Sárkány, O. Leipzig
1937, mit einer Kurzbiographie des Dichters; Barlay, O. Sz.: Elias Corvinus és
magyarországi barátai. In: Magyar Könyvszemle 93 (1977) S. 345–353; Ellinger, G.:
Geschichte der neulateinischen Literatur Deutschlands im 16. Jahrhundert. 3 Bde.
Berlin/Leipzig 1929–1933. Bd. 2. S. 261–264. Zu Ellebodius s. Evans (wie Anm. 13)
S. 36 und Anm. Vgl. auch OL, P 1314, Nr. 41771 [Brief von Stephanus Schlachter].
32 Gabelmann, N.: Monomachia Hungaro–Turcica. Güssing 1588; Thallóczy, L.: Gablman Miklós, császári hadi történetíró emlékezete. In: Történelmi Tár (1896) S. 577–
645; ders.: Adatok Gablman Miklós és Blotius Hugo viszonyához. In: Történelmi Tár
(1897) S. 422–438. OL, P 1314, Nr. 20982–21071 [Briefe von Istvánffy]; vgl. Evans
(wie Anm. 13) S. 33 und Anm.

mochten Frischlin angesprochen haben: schon 1583, als er noch in Laibach verweilte, treffen wir ihn als Mitverfasser, zusammen mit einem weiteren Dichter, eines von Manlius gedruckten Hochzeitsgrußes. Und damit die Landessprache nicht zu kurz kommt, muß hinzugefügt werden, daß der überragende Lyriker der ungarischen Renaissance, der erste bedeutende magyarische Dichter überhaupt, Bálint (Valentin) Balassi, auf seine eigentümliche Art und Weise auch mit den Batthyánys eng verbunden war.[33]

Noch bemerkenswerter sind die naturwissenschaftlichen Belange dieser Gruppe. Als berühmtester unter den Güssinger Manlius–Drucken (deren Originale insgesamt sehr selten geworden sind) erscheint ein dünnes Büchlein mit dem Titel *Stirpium Nomenclator Pannonicus*, das Ergebnis einer botanisch–linguistischen Zusammenarbeit (wieder einmal ein »Nomenclator«!) zwischen dem schon erwähnten Pfarrer Beythe und dem niederländischen Gelehrten, Carolus Clusius. Clusius hielt sich wiederholt bei Batthyánys auf, um die Pflanzen Westungarns zu erforschen; später ist ein schön bebilderter Band über dessen Pilze hinzugekommen, sowie ein selbständiges Kräuterbuch in ungarischer Sprache von Beythe.[34] Die botanische Beobachtung hat ihre Entsprechungen in der damaligen Anatomie, zum Beispiel, oder in der Entwicklung der Stillebenmalerei. Wichtiger für die Umgebung Boldizsár Batthyánys waren parallel verlaufende Untersuchungen, die zur wahren Besessenheit wurden, auf dem Gebiet der Metallurgie und der Chemie. Es entstand ein dichter Briefwechsel zwischen Batthyány, Herberstein, Corvinus, und einigen ortsansässigen Ärzten über die Eigenschaften der Metalle, über das *aurum vegetabile*, über den *spiritus vini*, über mineralische Heilmittel, u.s.w.[35]

33 Frischlin, N./Arconatus, Hieronymus: Epithalamia in honorem nuptiarum [...] Rogerii Lotharii [Augustani]. Güssing 1583. OL, P 1314, Nr. 1496, 1498–1500 [Briefe von Bálint Balassi]; vgl. Eckhardt, S.: A körmendi Balassi–emlékek. In: Archivum Philologicum (1943) S. 32–48.
34 Istvánffi, Gy.: A Clusius–Codex mykológiai méltatása adatokkal Clusius életrajzához. Budapest 1900, bes. S. 184ff.; Hunger, F. W. T.: Charles de l'Escluse (Carolus Clusius), nederlandsch kruidkundige. 2 Bde. Den Haag 1927–1943, bes. Bd. 1. S. 132. Vgl. OL, P 1314, Nr. 7811 [Brief von Ogier Ghislain de Busbecq].
35 Hier werden folgende Bestände ausgewertet: OL, P 1314, Nr. 8056–8133 [Corvinus];

Diese Arbeiten stützten sich zum Teil auf echte Experimente und praktische Kenntnisse: Herberstein war ein Bergwerkskapitalist, Pächter der wichtigsten Gruben im siebenbürgischen Erzgebirge.[36] In den 1580er Jahren wird die Stimmung der Korrespondenten immer geheimnisvoller und mystischer: mit einem Wort, die Teilnehmer wurden zu regelrechten Alchimisten. Während Batthyány eifrig alle einschlägigen Bücher und Geräte ansammelte, schrieben ihm seine Kollegen ihre Fragen oder Feststellungen auf dem langen, steinigen Weg zur Entdeckung bzw. Erfindung des Steins der Weisen. Und während Herberstein sich auf deutsch ausdrückt ([...] *bitt dich hierauf gantz freundlich mein lieber herr brueder du wolst mir die Augen öffnen in operatione philosophica* [...]), berichten die anderen im Latein des internationalen Humanismus: so der bekannte Anhänger des Paracelsus, Dr. Homelius aus Pettau (*Certum est quod* [mercurium] [lunae] *et* [sol]*is sit basis totius Chymicae verae et lapidis illius ph*[ilosoph]*ici*), und der gekrönte Dichter, Dr. Corvinus aus Wien:

> *Quaeso ne turbetur: nihil celabo: o*[mn]*ia clare aperiam: tam facilis aut*[em] *est via, quod si laborantibus apertè diceretur, eam deriderent. Si Hannibal aceto Alpas perfregit* – wieder hat Corvinus das Wort – *forsitan etiam mineras eo modo frangemus, ut egrediat id quod interius latitat* [...].

(Wenn Hannibal die Alpen mit Essig durchbrochen hat, sollten wir vielleicht die Mineralien aufbrechen, damit das, was drinnen steckt, zum Vorschein kommt).[37]

Solche Gedanken, und ein solcher Gebrauch der Sprache der gelehrten Welt, hätten Frischlin kaum ermutigt, auf den batthyányischen Länderei-

18580–18618 [Herberstein]; 19599–19611 [Dr. Johann Homelius]; 27849–27853 [Christoph Kubinyi].

36 Holban, M. u. a. (Hg.): Călători străini despre Țările Romậne. Bd. 3. Bucharest 1971. S. 186–197. Vgl. OL, P 1314, Nr. 34132 [Brief von Georg Nogaroll]; 39890–39899 [Briefe von Bergwerksverwalter Jakob Richter]; 52586–52594 [Briefe von H. Ygl]. Barlay (wie Anm. 19) S. 238–248, hebt etwas einseitig den »maßhaltenden, realistischen, pragmatischen Charakter« dieser »alchimistisch–chemischen Forschungen« hervor.

37 OL, P 1314, Nr. 18615 [Herberstein (2. März 1587)]. Ebenda Nr. 19601 [Homelius (16. Feb. 1586)]; zu Homelius s. auch Dimitz (wie Anm. 1, Bd. 3) S. 221f., und Sudhoff, K.: Versuch einer Kritik der Echtheit der paracelsischen Schriften. 2 Bde. Berlin 1894–1899. Bd. 1. S. 333, S. 373, S. 375f. OL, P 1314, Nr. 8102, 8111 [Corvinus (17. Dez.1582, 10. Okt.1587)].

en länger zu bleiben. So weit ich das beurteilen kann, war er allen Geheimkünsten abhold. In seiner zwei Jahre später veröffentlichten Abhandlung über die Sternkunde hat er nicht nur die Ansprüche der Astrologen verurteilt; er zeigte sich eher skeptisch gegenüber den Ergebnissen der beobachtenden Astronomie. Wenn er über seine *spiritus vitales* spricht, dann nur scherzhaft, indem er dem Wein gegenüber dem Bier oder dem Wasser den Vorzug gibt.[38] Seine Abneigung wurde von anderen »orthodoxen« Humanisten geteilt, zum Beispiel von einem gewissen Matthaeus Zuber – wieder ein *poeta laureatus* – der um diese Zeit griechische alchemistische Handschriften ins Latein übersetzen mußte. *Himmlischer Vater*, vermerkt er am Rande,

was muß doch diser ungriechischer Schreiber für gedancken gehabt haben? [...] Hilff lieber Gott: wie ist das ein gmisch gmesch? Ich glaub das der Amanuensis ganz blind seye gewesen. [...] Bei meiner Seelen, ich schäme mich von Hertzen, ds. ich dises unnütze geschwetz solle transferiren. Es verstehts wahrhaftig kein gelehrter vel in totâ Europâ was alhier tractirt wirdt.[39]

Wie dem auch sei, gab es dennoch weit berühmtere zeitgenössische Höfe, wo sich, wie in Güssing, Humanismus und Okkultismus die Waage hielten. Nach seiner unglücklichen Heimkehr und seinem endgültigen Ausschluß aus der württembergischen Gesellschaft, sehnte sich Frischlin nach dem berühmtesten im damaligen Mitteleuropa. Im Dezember 1586 traf er in Prag ein.

Auch wenn es bei den Habsburgern Anzeichen einer Neigung zur politischen Zentralisation und Gegenreformation gab, galten die Kaiser der

---

38 Frischlin, N.: De astronomicae artis cum doctrina coelesti [...] congruentia. Frankfurt 1586; vgl. Schmitt, C. B./Skinner, Q. (Hgg.): The Cambridge History of Renaissance Philosophy. Cambridge 1988. S. 700f. Strauß (wie Anm. 6) S. 67 [spiritus vitales].
39 ÖNB, MS. 11427, fol.164r, 174v, 197v. Diese Übersetzung scheint um 1606 für ein Mitglied der Familie Fugger angefertigt worden zu sein. Deren Autor ist mir sonst unbekannt, aber es besteht eine lockere Verbindung mit dem Batthyány–Kreis: Sambucus (vgl. unten, Anm. 42) hat mit Boldizsár über eine griechische Handschrift korrespondiert, die wohl als das Original von Zubers Übersetzung zu identifizieren ist (s. Szalay, R. A.: Zsámboki János levelei Batthyány Boldizsárhoz. In: Galavics, G. u. a. (Hgg.): Collectanea Tiburtiana. Tanulmányok Klaniczay Tibor tiszteletére. Szeged 1990. S. 209–214).

Spätrenaissance im Grunde genommen noch als kosmopolitische und tolerante Gönner der Wissenschaften und der Künste. Maximilian II. unterstützte zum Beispiel die Initiative Hans Ungnads und Trubars; stillschweigend duldete er sogar die Berührungen Tübingens mit der orthodoxen Kirche. Auf seine empfindlichere und weniger berechenbare Art pflegte sein Sohn Rudolf II. mit seiner nunmehr nach Prag verlegten Hofhaltung diese Tradition weiter. Frischlin hatte daraus schon Nutzen gezogen: 1570 widmete er der Dynastie sein erstes Gedicht aus Anlaß der Heirat der Schwester Rudolfs mit dem französischen König. Sechs Jahre später wartete er dem Herrscherhaus beim Regensburger Reichstag auf, wobei seine Lobrede, sowie eine Aufführung seiner *Rebecca* ihm wichtige Auszeichnungen einbrachte: er wurde nicht nur zum gekrönten Dichter (die Bestätigung liegt noch im Haus–, Hof– und Staatsarchiv vor), sondern auch zum auserleseneren Hofpfalzgrafen.[40]

Dieser Ruhm, und die mit der Pfalzgrafenwürde verbundenen wirklichen oder vermeintlichen Privilegien, verschärften nun den Neid und die Verbitterung, mit denen man Frischlins Ansprüchen in Württemberg gegenüberstand. Als er bei dem Kaiser um Schutz und um die Erlaubnis ansuchte, seine *Oratio* im Reich neu auflegen zu lassen, entfesselte er dort einen Sturm der Entrüstung. Diese Anhänglichkeit des Dichters an das Kaisertum und an ihre Überlieferungen war zum Teil gewiß ehrlich gemeint: man erinnere sich an den Reichspatriotismus, den er etwa in seinem *Julius redivivus* an den Tag gelegt hat.[41] Aber sein Ehrgeiz kam stets mit ins Spiel; er versuchte ständig, sein Netz von Beschützern weiter auszubauen. Nur wenn wir dieses Desiderat des fahrenden Humanisten etwas näher untersuchen, können wir die Bedingungen seines Prager Aufenthalts richtig verstehen.

Frischlins erster Kontakt im Jahre 1570 war mit dem Hofhistoriographen Sambucus – die Empfehlung kam sogar von Crusius. Später soll Sambucus Frischlins grammatische Reformen gebilligt haben, aber er verstarb schon 1584. Am Reichstag 1576 kam Frischlin mit dem kaiserli-

---

40 Strauß (wie Anm. 6) S. 47f., S. 94ff.; H[aus–] H[of– und] StA [Staatsarchiv, Wien], Reichshofrat, Privilegia varii generis latinae expeditionis, Fasz. 4: dem Dichterprivileg liegen ein Brief von Frischlin sowie die Zustimmung seitens des Herzogs von Württemberg und der Universität Tübingen bei.
41 Strauß (wie Anm. 6) S. 236ff.; vgl. ebd. S. 130ff.

chen Leibarzt Crato und mit dem Reichsvizekanzler Weber zusammen. Zu dieser Zeit dürfte er auch Cratos Kollegen und Freunde aus der Familie Monau kennengelernt haben, sowie Sigmund Viehäuser, der kurz darauf das Reichsvizekanzleramt übernahm. An letzteren, der in hohem Maße das Vertrauen Kaiser Rudolfs genoß, wandte sich Frischlin, als er seinen Weg nach Prag ebnen wollte. In seiner Rolle ähnelt Viehäuser dem langjährigen Verteidiger des Dichters am württembergischen Hof, Melchior Jäger.[42]

Diese Männer waren durchwegs bürgerlicher Herkunft, selbst wenn sie, wie der energische, aber überhebliche und bestechliche Viehäuser, die oberste Stufe der Erfolgsleiter erklommen hatten. Sambucus stammte aus dem ungarischen Tyrnau; Crato und die Monaus gehörten dem gehobenen Mittelstand in Breslau an; Weber und Viehäuser waren bayrische Juristen. Sie teilten viele der Werte und Veranlagungen einer Schar von überwiegend bürgerlichen Humanisten, die im rudolfinischen Prag ihr Auskommen zu finden suchten. Diese werden gewiß die Ankunft Frischlins, als eines bekannten Schriftstellers, begrüßt haben. Mit einigen von ihnen, so mit dem Hofkriegsratsbeamten Hieronymus Arconatus, hatte Frischlin schon zusammengearbeitet; mit anderen verfaßte er in Prag gemeinsame Gelegenheitsgedichte. In mehreren Fällen handelt es sich um Latinisten, deren Begabungen denjenigen Frischlins ebenbürtig waren: ich erwähne als Beispiel den Meister des Epigramms, Salamon Frenzelius.[43]

Frischlin genügten diese Berufshumanisten jedoch weder materiell noch gesellschaftlich. Als bewährter Höfling bemühte er sich um die Gunst Höhergestellter. An seinen Zueignungen, sowie an anderen Anga-

---

42 Ebd. S. 93, S. 377 [Sambucus]; S. 94ff. [Crato und andere]; zu Jakob und Peter Monau s. unten, Anm. 56. Die Prager Episode wird ebd. S. 400ff., beschrieben. Gross, L.: Die Geschichte der deutschen Reichshofkanzlei von 1559 bis 1806. Wien 1933. S. 22ff.,119, 316–319 [Viehäuser]; vgl. Vann, J. A.: The Making of a State: Württemberg, 1593–1793. Ithaca, NY. 1984. S. 61f., 70, 75, 78, 84 [Jäger].

43 Siehe im allgemeinen, Evans, R. J. W.: Rudolf II and his World. A Study in Intellectual History, 1576–1612. Oxford 1973. S. 116ff.; vgl. oben, Anm. 33 [Arconatus]. Frenzelius' Poemata sacra et nova, Straßburg 1585 – also ein Jahr vor Frischlins Ankunft in Prag – enthält eine Einleitung aus der Feder des letzteren; ein Exemplar dieser Gedichte in der British Library (Sig. 11403 aa 52) trägt Frenzelius' eigenhändige Widmung an Primus Trubar.

ben können wir diese Verbindungsversuche ablesen: dem betagten Obersthofmeister Rudolfs, Adam von Dietrichstein, widmete er die erste seiner Aristophanes–Übersetzungen. Zwei südböhmische Hochadelige besaßen ebenfalls ungeheuren Einfluß beim Herrscher: der Oberstkanzler, Adam von Neuhaus, und der Oberstburggraf, Wilhelm von Rosenberg, denen beiden, als einzigen Dienern der Dynastie in Mitteleuropa, der Orden des Goldenen Vließes kurz zuvor verliehen worden war.[44] Neuhaus widmete Frischlin seinen *Perseus*; Rosenberg, der sich im Jänner 1587 zum vierten Mal vermählte, erhielt von ihm ein Hochzeitsgedicht, welches durch seine Anspielungen auf die gemeinsamen Anfangsbuchstaben der Familiennamen der aufeinanderfolgenden Bräute Aufmerksamkeit erregte (diese – Braunschweig, Brandenburg, Baden, und Bernstein [= das einheimische Geschlecht Pernstein] – deuten übrigens auf den internationalen Stellenwert der Rosenbergs).[45]

Darüber hinaus gab es in Prag Vertreter jener Habsburgerländer, mit denen Frischlin Verbindungen schon angeknüpft hatte. Aus Innerösterreich stammte der Hofkammerpräsident, Ferdinand von Hofmann, ein Lutheraner, weitbekannter Bücherfreund und Humanistenspender, der sich später anstrengte, Tycho Brahe und Kepler für Rudolfs Hof zu gewinnen. Ihm galt eine Frischlin–Zueignung; ebenfalls seinem Pendant in Graz, Hans Kobenzl.[46] Präsident des Hofkriegsrats war gerade jener David Ungnad, der ein Jahrzehnt zuvor den Tübinger Briefwechsel mit Konstantinopel ermöglicht und der sich seitdem mit dem unglücklichen ungarischen Dichter Balassi befreundet hatte. Ob Frischlin mit ihm in Berührung gekommen ist, wissen wir nicht. Wir sind nicht besser unterrichtet, ob er in Prag weitere Krainer kennengelernt hat: einer von ihnen war der bedeutsame Komponist, Jacobus Gallus.[47]

44 Langius (wie Anm. 11) S. 45f.; Evans (wie Anm. 43) S. 50, S. 65f.; Janáček, J.: Rudolf II. a jeho doba. Prag 1987. S. 255–268.

45 Frischlin, N.: Epithalamion in thalamum [...] Guillelmi Ursini. Prag 1587; vgl. Březan, V.: Životopisy posledních Rožmberků, 2 Bde. J. Pánek (Hg.). Prag 1985. S. 336, 705; Janáček (wie Anm. 44) S. 269ff.

46 Evans (wie Anm. 43) S. 153f. [Hofmann]; Gross (wie Anm. 42) S. 359ff. [Kobenzl].

47 Allerdings galt Ungnad in seinen letzten Jahren als notorischer Säufer: Janáček (wie Anm. 44) S. 320. Über seine Beziehungen zu Balassi s. Kovács (wie Anm. 4) S. 13f., sowie OL, P 1314, Nr. 1501. Die Musik in Geschichte und Gegenwart. 14 Bde. Kassel 1949–1979. Bd. 4. S. 1329–1334 [Gallus]; übrigens war auch Frischlins Vorgän-

Auch ungarische Beziehungen zu Böhmen vermehrten sich zur Zeit Rudolfs, und wir finden Namen wieder, mit denen Frischlin schon vertraut sein mochte, unter ihnen den Humanisten Gabelmann, der später zum Hofhistoriographen avancierte, und seinen Kollegen Istvánffy. Die Familie Batthyány selbst war mit den Rosenbergs verschwägert; nachher würde Boldizsárs Sohn Ferenc eine Lobkowitz heiraten, so wie die nächste Generation der Herberstein eine böhmische Ehe einging.[48] Dennoch gab es hier gleichzeitig schwerwiegende Reibungen politischer Art. Obwohl Boldizsár Batthyány früher bei Maximilian II. als Ratgeber tätig gewesen war, gestaltete sich sein Verhältnis zu Rudolf (und dasjenige anderer westungarischer Magnaten) weniger herzlich; außerdem pflegte er Kontakte zu rivalisierenden Mächten, besonders zum Polenkönig ungarischen Ursprungs Stefan Báthory, den übrigens Frischlin auch mit einem längeren Gedicht verherrlicht hat.[49] Báthorys Tod, als Frischlin eben in Prag eintraf, löste eine gefährliche osteuropäische Krise aus. Zum kaiserlichen Bevollmächtigten, mit der Aufgabe, die habsburgischen Ansprüche auf Polen durchzusetzen, bestellte Rudolf Wilhelm von Rosenberg; aber die Angelegenheit beunruhigte das Hofleben während der ganzen Zeit von Frischlins Besuch.[50]

Lediglich als »Besuch« hat der Aufenthalt sich erwiesen. Warum? Auf beiden Ebenen ist Frischlin gescheitert. Unter den werktätigen Humanisten war für ihn kein angemessener Platz. Schon gegen Ende der siebziger Jahre scheint er sich um eine Anstellung als Hofbibliothekar beworben zu haben. Als er nach Prag kam, gab er sich als »k. k. May.

ger in Laibach, Bohoric, ein namhafter Musiker.

48 Boldizsárs Schwager, János/Jan Zrinyi, war mutmaßlicher Erbe der Rosenbergs: Rybička, A.: Poslední Rožmberkové a jich dědictví. Studie rodopisná. In: Časopis Českého Musea 54 (1880) [S. 85–109, 218–248, 437–457] S. 97–102, 239ff.; Březan (wie Anm. 45) Register, s.v. S. Takáts, Zrínyi Miklós nevelőanyja. Budapest 1917 [Eva Batthyány geb. Lobkowicz]. Kumar, J. A.: Geschichte der Burg und Familie Herberstein. 3 Bde. Wien 1817. Bd. 3. S. 58.

49 Iványi, B.: A körmendi levéltár memorabiliái. Körmend 1942. Nr. 334–490, passim, bes.: S. 364, 375, 440, 463, 487, dokumentiert Boldizsárs Beziehungen zu Maximilian II. Kárpáthy–Kravjánszky, M.: Rudolf uralkodásának első tíz éve, 1576–1586, a velencei királyi állami levéltár császári udvarból való követjelentései alapján. Budapest 1933, behandelt seine Beziehungen zu Rudolf. Strauß (wie Anm. 6) S. 227 [Frischlin und Báthory].

50 Janáček (wie Anm. 44) S. 271ff.

böhmischer Historicus und Bibliothecarius« aus, was namentlich bei Hugo Blotius, dem amtierenden Hofbibliothekar in Wien, Anstoß erregte. Er suchte Aufnahme an der ehrwürdigen Karlsuniversität und wurde anfänglich dort untergebracht – angeblich im selben Zimmer, wo einst Jan Hus gewohnt hatte. Dann kam seine Frau an, und Frischlin erfuhr, daß die alten Vorschriften dieser nur quasi–protestantischen Bildungsanstalt bloß Unverheirateten die Lehrtätigkeit erlaubten.[51] Selbst ohne dieses Mißverständnis wäre er beim heruntergekommenen Stand der ältesten Reichsuniversität, die sich von den Hussitenstürmen nie richtig erholt hatte, auf mindere Unterrichtsposten angewiesen worden – oder wohl auf eine Beamtenlaufbahn: aber dazu fehlte ihm offensichtlich die Geduld. Überhaupt vertrug er seine alten und neuen, realen oder imaginären Verunglimpfungen schlecht und fuhr fort mit Versuchen, die Scharte auszuwetzen: die einzigen gewichtigen Publikationen Frischlins in Prag waren zwei ätzende Polemiken, *Poppysmus Grammaticus*, gegen Crusius, und eine *Oratio* gegen den Sachsen Wagner.[52]

Schmeichelei hat kaum mehr Früchte getragen, als Anprangerung. Die beabsichtigten Gönner haben nicht viel für Frischlin getan. Allem voran ging es um die Gunst Rudolfs. Anfang März 1587 nahm Frischlin ein kaiserliches Geldgeschenk mit dick aufgetragenem Dank entgegen. Als er aber, unter Hinweis auf seine bevorstehenden Arbeiten über Geschichte und Heldentaten der Habsburger, um mehr einkam, wurde er enttäuscht.[53] Am Hofe des wißbegierigen aber sonderbaren Monarchen, den der klassische Humanismus – obwohl er ihn zu schätzen wußte – nicht befriedigte, hätte Frischlin eines zusätzlichen Talents, oder Tricks, oder Kunstgriffs bedurft.

51 ÖNB, MS 9737z18, fol. 206 [Brief von Hubert Giffen an Hugo Blotius, undatiert, späte 1570er Jahre, über Frischlin und die Hofbibliothek]; Strauß (wie Anm. 6) S. 404, erwähnt den späteren Zusammenstoß. Hejnic, J. und Martínek, J. (Hgg.): Rukověf humanistického básnictví v Čechách a na Moravě̌. 5 Bde. Prag 1966–1982. Bd. 2, S. 172f ; Strauß (wie Anm. 6) S. 105 [Karlsuniversität].
52 Zur Situation an der Karlsuniversität im allgemeinen s. Tomek, V. V.: Geschichte der Prager Universität. Prag 1849. S. 173–207. Hejnic und Martínek (wie Anm. 51) verzeichnen Frischlins Prager Drucke.
53 Jahrbuch der kunsthistorischen Sammlungen des allerhöchsten Kaiserhauses 19 (1898). Register, Nr. 16151f.

Vergleichen wir den Fall des englischen, oder vielleicht irischen Alchimisten und Wahrsagers, Edward Kelley, der mit seinem Landsmann, dem Wissenschaftler und Magier John Dee, in den 1580er Jahren in Böhmen sein Glück suchte. Zuerst gewannen sie das Wohlwollen Rosenbergs. Dann wechselte der hochtrabende Kelley (bezeichnenderweise nicht sein viel gelehrterer Gefährte) in die Dienste des Kaisers. Er machte eine steile Karriere, wurde geadelt und reichlich belohnt. Kurz darauf aber – man schreibt das Jahr 1591 – schlug alles ins Gegenteil um, und Kelley lernte, wie Frischlin, das Innere eines fürstlichen Kerkers kennen. Was in diesem Zusammenhang der Geschichte ihre besondere Pointe gibt: er brach sich danach bei einem mißlungenen Fluchtversuch das Bein.[54]

Frischlin verließ Prag also wahrscheinlich, weil er nach eigenem Ermessen auf keinen grünen Zweig kommen konnte. Außerdem mochte – wie bei den Batthyánys – die Erkenntnis wieder einmal eine Rolle gespielt haben, daß die Geheimwissenschaften bei Hofe höher als die Literatur veranschlagt würden. Frischlin selber gibt einen dritten Grund an:

Si mihi relligio Latii placuisset Averni
Civis adhuc essem Praga Bohema tuus.

Wie in Laibach hätte ihn also die üble konfessionelle Lage verscheucht. Er nahm die Straße nach Wittenberg. Dort begegnete er einem noch berüchtigterem Außenseiter, den ein noch grauenhafteres Ende erwartete, als er gewaltsam in die Heimat zurückgeschleppt wurde: Giordano Bruno. Dem Gerücht nach ermunterte Frischlin Bruno, nach Prag zu ziehen, damit auch er, wie Frischlin, ein Jahresgehalt von 300 Talern beziehen könnte. Auch Bruno ging, schaute sich ein halbes Jahr um, aber siegte nicht. Hat vielleicht der große besessene Okkultist umgekehrt den andauernden Vorrang des orthodoxen Humanismus beanstandet?[55]

Ich befasse mich nicht länger mit Frischlins letzten Jahren oder mit deren traurigem Abschluß. Unter anderen haben die Brüder Monau versucht, zwischen ihm und seinen Feinden zu vermitteln, aber der launen-

---

54 Evans (wie Anm. 43) S. 218–228.
55 Hejnic/Martínek (wie Anm. 51) [Frischlins Vers]. Strauß (wie Anm. 6) S. 414 [Bruno].

hafte, unbeständige Dichter hat seine scheinbar gesichertere Existenz in Norddeutschland gerade durch eine lutherische Streitschrift verdorben, was seine eigenen früheren Anschuldigungen wegen angeblicher katholischer Machenschaften in einem schlechteren Licht erscheinen läßt.[56] Nach Frischlins Verhaftung wurde erneut klar, wie sehr man ihm in Tübingen und Stuttgart seine Appelle an die kaiserliche Justiz verübelt hatte. Als er in der Festung Hohenurach schmachtete, hat er wirklich daran geglaubt, daß Rudolf ihm seinen Schutz und Schirm gewähren würde, wenn es ihm gelingen sollte zu entkommen? Wurde er gewahr, daß er ausgerechnet an jenem Orte saß, wo vor dreißig Jahren die württembergische protestantische Hilfsaktion für Krain – und damit unsere Erzählung – ihren Ursprung genommen hatte?

Nach 1590 geriet Frischlin in den Habsburgerländern noch nicht in Vergessenheit. Zwar erschien die Flut von postumen Ausgaben seiner Werke meist in Straßburg, Wittenberg, und Frankfurt, aber die gebildete Welt Ostmitteleuropas unterhielt um 1600 immer engere Beziehungen zu diesen Städten.[57] Gedichte Frischlins wurden in entsprechenden Sammelbänden veröffentlicht, und man sann seinem Schicksal nach: 1599 trifft man im fernen Bartfeld auf einen Beitrag *De tragico casu et obitu Nicodemi Frischlini*. Ein Jahr später sorgte eine Prager Aufführung seiner *Rebecca* für einen Skandal.[58] Der ungarische Gelehrte Albert Molnár, ein ebenso wandernder Humanist wie Frischlin selbst, nahm das Werkchen wieder auf, welches Frischlin (*peregrinans in Ungaria*) zu Güssing geschrieben hatte: er ließ sie wiederholt als Anhang zu seinen eigenen pädagogischen Schriften abdrucken.[59]

Zum Nachwort dienen mir aber die zwei anderen Laufbahnen, die am Anfang dieses Kapitels angedeutet wurden, vornehmlich diejenige des Schülers und Verteidigers von Frischlin, Hieronymus Megiser. In gewis-

---

56 Strauß (wie Anm. 6) S. 397f., 429, 436f. [Monaus]; S. 419ff. [Streitschrift].
57 Evans (wie Anm. 23); ders. (wie Anm. 13) S. 37–41.
58 Monau, J.: Symbolum Ipse Faciat variis variorum auctorum carminibus expressum. Görlitz 1595. S. 125; Exner, B.: Anchora utriusque vitae: hoc est symbolicum Spero Meliora. Hanau 1619. S. 55; Borsa (wie Anm. 18, Bd. 1) Nr. 846, S. 153 [Bartfeld]. Hejnic/Martínek (wie Anm. 51) [Skandal].
59 Borsa (wie Anm. 18) S. 2, Nr. 1239; Csanda, S./Keserű, B. (Hgg.): Szenci Molnár Albert és a magyar késő–reneszánsz. Szeged 1978, bes.: S. 46, 72; vgl. Evans (wie Anm. 23) S. 51.

sem Maße gilt Megiser, der nur um einige Jahre jünger war als sein Lehrer, aber erst 1619 starb, als Symbol für die unverwirklichten Möglichkeiten, die durch Frischlins verfrühten Tod abgeschnittenen Might–have–beens. Wir verließen ihn als Hauslehrer bei den Kisls in Kaltenbrunn bei Laibach während der achtziger Jahre. Er blieb dann länger in Innerösterreich; ab 1593 wurde er zum Rektor des lutherischen Gymnasiums in Klagenfurt. Auch weitere bekannte Namen begegnen uns in diesen letzten Jahren des dortigen Protestantismus: Homberger tauchte für kurze Zeit wieder auf; letzter lutherischer Superintendent in Krain war Megisers Studienfreund aus Württemberg, Felician Trubar, Sohn von Primus; 1596 reiste Kepler nach Graz, um seine Anstellung an der Landschaftsschule anzutreten.[60]

Dieser Tätigkeit bereitete die landesfürstliche Ausweisung aller Protestanten aus den innerösterreichischen Städten 1599–1600 ein jähes Ende. Megiser zog nach Deutschland zurück. Bei Lebzeiten Kaiser Rudolfs und seines Nachfolgers Matthias konnte indessen die Gegenreformation und die Selbstherrlichkeit der Dynastie in anderen habsburgischen Ländern kaum Fortschritte machen. Es gab deshalb einen lutherischen und ständischen Nachsommer, namentlich in Linz, wo Megiser ab 1613 als Geschichtsschreiber und Bibliothekar bei den oberösterreichischen Ständen angestellt war. Vorsichtiger als Frischlin, hielt Megiser seine konfessionellen Überzeugungen im Zaum; er genoß sogar die Gunst des nunmehrigen Kaisers Matthias. Sein Kollege und Freund war Kepler, der Landesastronom. Ob sie Frischlins Andenken in Ehren hielten, bleibe dahingestellt: letzten Endes hatte Keplers Lehrer Mästlin Frischlins Lehrbuch der Astronomie heftig kritisiert.[61]

Megiser war ein fruchtbarer Schriftsteller, nicht z u l e t z t auf dem Gebiet des klassischen Humanismus: auch sein Diplom als gekrönter Dichter liegt noch vor; vielleicht war er ebenfalls Pfalzgraf. Aber nicht z u e r s t auf diesem Gebiet: bei Megiser überwog in zunehmendem Maße

60 Doblinger (wie Anm. 8) S. 436ff. [Megiser]. Mayer (wie Anm. 16) S 256–259 [Homberger]. Dimitz (wie Anm. 1. Bd. 3) S. 315f. [Trubar]. Urban, P. / Sutter, B. (Hgg.): Johannes Kepler, 1571–1971: Gedenkschrift. Graz 1975.
61 Doblinger (wie Anm. 8) S. 446f.; Grossmann, K.: M. Christalnick und die Annales Carinthiae. In: Mitteilungen des Instituts für Österreichische Geschichtsforschung 57 (1949) S. 359–373. Strauß (wie Anm. 6) S. 328ff. [Mästlin].

ein Interesse an Neuphilologie und an den Naturwissenschaften. Als begeisterter Lexikograph erweiterte er Frischlins Ansätze, gleichzeitig aber verwässerte er sie. Sein viersprachiges Wörterbuch, das 1592 in Graz erschien, basiert auf deutschen – statt griechischen – Stichwörtern, und enthält *die illyrische* [Sprache], *quae vulgo Sclavonica appellatur.* Der elf Jahre später veröffentlichte *Thesaurus Polyglottus* umfaßt Dutzende von Zungen, mit Entsprechungen nicht nur etwa in englisch oder ungarisch oder in verschiedenen slawischen Mundarten (hier nutzt Megiser wieder seine ostmitteleuropäische Kenntnisse aus), sondern auch in überseeischen Sprachen. 1612 stellte er eine bahnbrechende Grammatik des Türkischen zusammen. Inzwischen hatte er sogar das Madagassische liebgewonnen.[62]

Überhaupt befaßte sich Megiser viel mit exotischen Ländern: er gab mehrere Reisebeschreibungen heraus. Seine Neugierde erstreckte sich außerdem auf Geheimwissenschaften, und er edierte Texte über Alchimie, über die okkulte Kunst des Gedächtnisses, und über Prophezeiungen (und zwar keine geringeren als die englisch–walisischen Wahrsagungen Merlins, die vom fabelhaften König Arthur berichteten). Man könnte behaupten, daß Megiser für diese Endphase des Humanismus typischer war, als Frischlin. Wenigstens stand er nicht vereinzelt da: sein Schwiegervater war ja jener Johann Spieß, der das erste Faustbuch herausbrachte.[63]

Rings um den alternden Megiser waren jedoch die Voraussetzungen des Humanismus im Auflösen begriffen. Die religiösen Gegensätze verschärften sich überall, sogar im verhältnismäßig duldsamen Westungarn, wo trotz der Beschwichtigungsversuche eines Ferenc Batthyány sich

---

62 HHStA, Reichshofrat, a. a. O. [privilegium poetae laureati]. Megiser, H.: Dictionarium quatuor linguarum, videlicet Germanicae, Latinae, Illuricae [...] et Italicae sive Hetruscae. Graz 1592; ders.: Thesaurus polyglottus vel dictionarium multilingue, ex quadringentis [!] circiter tam veteris quam novi [...] orbis nationum linguis, dialectis [...] incredibili labore, summaque diligentia [...] collectum. Frankfurt a. M. 1603; ders.: Institutionum linguae Turcicae libri 4. Leipzig 1612; ders.: Warhafftige, gründliche und außführliche so wol historische alß chorographische Beschreibung der [...] Insul Madagascar. Altenburg 1612.

63 Villa[nova], Arnoldus de: Speculum alchemiae. Hg. Megiser, H. Frankfurt a. M. 1602; Marafioti, G.: Artis memoriae pars IV: de memoria praeparanda. Hg. Megiser, H. Frankfurt a. M. 1602; Prophetia anglicana Merlini. Hg. Megiser, H. Frankfurt a. M. 1603. Doblinger (wie Anm. 8) S. 436 [Spieß].

Kalvinisten – unter Beythe und seinem Sohn – und Lutheraner voneinander abspalteten, und beide offen gegen die Katholiken auftraten: der Hauptangriff der Evangelischen stellte gleichzeitig das letzte Druckwerk des greisen Manlius dar.[64] Megiser selbst, nachdem er angefangen hatte, die Geschichtschroniken seiner österreichischen Wahlheimat herauszugeben, mußte kurz vor seinem Tode ihre volle politische Brisanz am eigenen Leib erfahren: seine Deduktion der Rechte der oberösterreichischen Stände gegen das Haus Habsburg 1619 blieb Manuskript.[65]

Der Wendepunkt war der Prager Fenstersturz und die darauffolgende Nemesis des Protestantismus in den habsburgischen Ländern. Kepler und seinesgleichen wichen ins Ausland aus. Nach 1620 gab es keine Landschaftsschulen mehr und keine lutherischen Drucke. In Laibach erschienen bis gegen Ende des Jahrhunderts überhaupt keine Bücher mehr; die auserlesenen Drucktypen Ungnads wurden in einer Kärntner Burg beschlagnahmt und der *Congregatio de Propaganda Fide* in Rom ausgehändigt.[66] Als unmittelbare Konsequenz brach der Markt für württembergische Theologen in Österreich zusammen, was sowohl die Anstellungsmöglichkeiten Tübinger Theologen als auch die weiteren Kulturbeziehungen mit Schwaben beeinträchtigte. Nur als Beispiel für die Erfindungsgabe der Württemberger sei hinzugefügt, daß sich die neugegründete Calwer Zeughandlungskompagnie ab den 1620er Jahren ein reges Geschäft daraus machte, daß sie der wiedereingesetzten katholischen Geistlichkeit in Ostmitteleuropa ihren Bedarf an Meßgewändern aus vorgeschriebenem Wollstoff deckte.[67]

Die kulturelle Entfremdung dauerte bis ins Zeitalter der Aufklärung, als die Schranken zwischen Katholiken und Protestanten im Reich durchbrochen wurden und der aus Nord- und Mitteldeutschland stammende Neuhumanismus an eine noch lebendige Tradition des Lateins als Verwaltungs- und Gelehrtensprache in weiten Teilen Ostmitteleuropas anknüpfen konnte. Als späte Frucht dieser Entwicklungen, angeregt

---

64 Fabó (wie Anm. 27) S. 33ff.; Thury (wie Anm. 27) S. 60ff.; Borsa (wie Anm. 18, Bd. 2) Nr. 890: es handelt sich um die Streitschrift von István Magyari: Az országokban való sok romlásoknak okairól.
65 Doblinger (wie Anm. 8) S. 468ff.
66 Elze, Th. In: Allgemeine Deutsche Biographie. Bd. 39 (1895) S. 308f.
67 Dipper, C.: Deutsche Geschichte, 1648–1789. Frankfurt a. M. 1991. S. 156.

durch die romantische Wiederentdeckung markanter Schöpferpersönlich-
keiten der Renaissance, können wir das »Leben Frischlins« von David
Friderich Strauß einstufen, dieses wohl am wenigsten gelesene Werk eines vielgelesenen Autors.[68] Zweck dieses Essays war es natürlich nicht,
ernsthafte Ergänzungen zu Straußens klassischer biographischer Darstellung unseres Dichters zu liefern: dafür waren meine Quellen zu neben-
sächlich. Aus einem Schweinsohr – wie sowohl ein englisches als auch
ein deutsches Sprichwort lauten – läßt sich kein seidener Beutel machen.
Hoffentlich werden aber diese Ausführungen dem auferstandenen
Frischlin ein wenig dazu verhelfen, endlich aus seinem württembergischen Gefängnis zu entkommen und die ihm gehörige Stelle auf der internationalen Bühne einzunehmen.

68 Strauß (wie Anm. 6); vgl. Zeller, E. In: Allgemeine Deutsche Biographie. Bd. 36
    (1893), [S. 538–548] S. 546. Sein nächstes Werk in derselben Gattung, über Ulrich
    von Hutten, wurde viel mehr beachtet: vgl. Kreutz, W.: Der Huttenkult im 19. Jahr-
    hundert. In: Laub, P. (Hg.): Ulrich von Hutten: Ritter, Humanist, Publizist, 1488–
    1523. Kassel 1988. S. 347–358, bes.: S. 351f. Ein Vergleich liegt nahe zwischen
    Strauß' Frischlin und der ausgezeichneten Humanistenbiographie von Pattison, Mark:
    Isaac Casaubon, 1559–1614. London 1875.

Barbara Bauer

Nicodemus Frischlin und die Astronomie an der Tübinger Universität

1586 erschien in Frankfurt am Main ein Lehrbuch des ehemaligen Tübinger Poesieprofessors Nicodemus Frischlin mit dem Titel:

> Von der Übereinstimmung der Astronomie mit der Himmelslehre und Naturphilosophie, aus den besten griechischen und römischen Schriftstellern, Theologen, Medizinern, Mathematikern, Philosophen und Dichtern in fünf Büchern zusammengetragen.[1]

Es ist ein Zwitter zwischen einem Astronomielehrbuch und einer philosophischen Abhandlung, einem bibelexegetischen Werk und einer praktischen Kalender–Anleitung. Außerdem ist es durchsetzt mit polemischen Ausfällen gegen die Astrologie, die in einem Astronomielehrbuch nicht üblich waren. Zwei Fachgutachten – das erste vom Tübinger Mathematikprofessor Michael Mästlin (1550–1631), dem Lehrer Johannes Keplers (1571–1630), das zweite vom Dekan der Wittenberger Artistenfakultät – weisen Frischlins Buch als Werk eines Außenseiters der mathematischen und physikalischen Zunft aus. Mästlin zweifelte an Frischlins mathematischer Kompetenz, und der Wittenberger Gutachter nahm Anstoß an seiner Astrologiekritik, mit der sich Frischlin in Opposition zu der an allen protestantischen Hochschulen verbreiteten Lehrmeinung Philipp Melanchthons (1497–1560) setzte.

Um die Besonderheiten von Frischlins Lehrbuch einzuschätzen und zu verstehen, welche Schwächen und Stärken (denn auch die gibt es!) es hatte, ist es zweckmäßig, die Entstehungsgeschichte des Buches vor dem

---

1 Frischlin, Nikodemus: De astronomiae artis cum doctrina coelesti et naturali philosophia congruentia ex optimis quibusque Graecis Latinisque scriptoribus, Theologis, Medicis, Mathematicis, Philosophis & Poetis collecta libri V. Passim inserta est huic operi solida divinationum astrologicarum confutatio. Frankfurt a. M. 1586 (Im folgenden zit.: Congruentia).

Hintergrund des mathematischen Lehrbetriebs an der Tübinger Universität zu rekonstruieren.

1. Der Tübinger Lehrbetrieb in der Astronomie

Zu Frischlins Lebenszeit standen konfessionelle Streitfragen im Vordergrund der gelehrten und politischen Diskussionen. Die theologische Fakultät der Tübinger Universität gewann in den Jahren von 1570 bis 1580 unter dem Einfluß von Jacob Heerbrand (1521–1600) und Jacob Andreae (1528–1590), die gute Beziehungen zum Stuttgarter Hof hatten, eine Bedeutung, die sich durchaus mit der Glanzzeit der Wittenberger Theologie zur Zeit der Reformation messen lassen konnte.[2] Die Bemühungen protestantischer Theologen um die Abgrenzung des reinen lutherischen Dogmas von reformierten Lehrmeinungen und der römischen Lehre, die 1580 ihren Abschluß im Konkordienbuch fanden, hatten auch Auswirkungen auf eine der Theologie scheinbar so fernliegende Disziplin wie die Mathematik und den mathematisch–astronomischen Lehrbetrieb an den Artistenfakultäten. Bibelexegetische und dogmatische Fragen nehmen daher in Frischlins *Congruentia*–Lehrbuch ebenso wie in vielen prominenten Astronomielehrbüchern protestantischer und katholischer Autoren einen wichtigen Platz ein. Die Stellungnahmen protestantischer Mathematiker zur Gregorianischen Kalenderreform 1583 brachten durchweg politische Gesichtspunkte wie größere Selbständigkeit gegenüber dem Kaiser und Papst ins Spiel; nur der protestantische Bürger und Gelehrte Frischlin argumentierte so sachbezogen für die Reform wie die besten katholischen Mathematiker und später der kaiserliche Mathematicus Kepler.

Frischlin hatte sich nicht auf die Astronomie spezialisiert. Seine mathematischen Kenntnisse erhielt er ebenso wie andere Studenten der Ar-

---

2   Stälin, Christoph Friedrich von: Wirtembergische Geschichte. Bd. 4. 1. Abtheilung. Stuttgart 1870. S. 817–828, bes. S. 823ff.; Uhland, Robert (Hg.): 900 Jahre Haus Württemberg. Stuttgart 1985, bes. S. 170 und S. 569f.; Frischlin äußerte sich 1585 kritisch zur Dominanz der theologischen Fakultät in Tübingen: *Studia humaniora apud nos vilescunt, nam dominatur hic supercilium theologicum, quod ausim jurare natum esse ad perniciem omnium bonarum artium* (zitiert von Stälin S. 825f.).

tes–Fakultät von Samuel Siderokrates (Eisenmenger, 1534–1585), der diese Fächer in Tübingen von 1557 bis 1567 lehrte.[3] Themen, auf die Frischlin in seinem Astronomielehrbuch besonderen Wert legt, nämlich Chronologie und Medizin, finden sich auch in den Schriften seines Lehrers: Siderokrates handelte von der Astronomie als einer göttlich beglaubigten Meßkunst, die der Chronologie und Kalenderkunst zur Grundlage diene. Die Astrologie betrachtete Siderokrates im Gegensatz zu Frischlin als nützliche Hilfswissenschaft des Arztes für Diagnose und Therapie, sofern sie von kundigen Astronomen praktiziert würde.[4] Siderokrates hatte in Wittenberg bei Melanchthon und seinen Schülern Jacob Milichius (1501–1559) und Caspar Peucer (1525–1602) studiert und war später mit paracelsischen Lehren in Berührung gekommen.[5] Seine Affinität zur Iatromathematik und besondere Hochschätzung der Astrologie, die er in Wittenberg erworben hatte, weckten vielleicht schon während der Studienzeit Frischlins Aversionen gegen die *ars divinatrix* und ihre Vermischung mit der Heilkunst. Frischlin hörte wahrscheinlich auch beim Mediziner Johannes Schegk (1511–1587) und seinem Kollegen Georg Liebler (1524–1600) Vorlesungen über die aristotelische Naturphilosophie. Er besuchte außerdem die medizinischen Vorlesungen des berühmten Botanikers Leonhart Fuchs (1501–1566), bei dem schon sein

3 Strauß, David Friderich: Leben und Schriften des Dichters und Philologen Nikodemus Frischlin. Ein Beitrag zur deutschen Culturgeschichte in der zweiten Hälfte des sechszehnten Jahrhunderts. Frankfurt a. M. 1856. S. 16; Hofmann, Norbert: Die Artistenfakultät an der Universität Tübingen 1534–1601. Tübingen 1982. S. 247; zum ganzen Abschnitt vgl. Röckelein, Hedwig / Bumiller, Casimir: [...] ein unruhig Poet. Nikodemus Frischlin 1547–1590. Ausstellungskatalog Balingen 1990. S. 40 und die Übersicht S. 44f.
4 Siderokrates, Samuel: Libellus Geographicus locorum numerandi intervalla rationem in lineis rectis & sphaericis complectens. Tübingen 1562. S. 4–8, 13 und 108; Cyclopaedia paracelsica christiana. Drey Buecher von dem waren vrsprung vnd herkommen der freyen Künsten [...] darinn auß der H. Schrifft mit beständigen grund nach notturfft dargethan wuert / daß alle freye kuenst [...] nit auß menschlichen vermeinten erfindungen / sonder allein von Gott dem Allmächtigen / als vom reichen vberquellenden Bronnen herkommen [...] Erstlich von einem Anonymo liebhaber der warheit zusammen getragen [...] yetzt vbersehen [...] von Samuel Siderocrates. 1585. Buch I. S. 60–112.
5 Müller–Jahncke, Wolf–Dieter: Astrologisch–magische Theorie und Praxis in der Heilkunde der frühen Neuzeit (Sudhoffs Archiv Beiheft 25). Stuttgart 1985. S. 233f.

Vater studiert hatte und den er später in seinem *Congruentia*–Buch in einer Reihe mit Hippokrates und Galen zitiert.

Frischlins kurze Seitenkarriere als Astronomielehrer in Tübingen ist mit der Berufung Philipp Apians (1531–1589) 1569 auf den dortigen Mathematiklehrstuhl verbunden. Apians Anstellung hatte vermutlich politische Gründe, ebenso seine spätere Entlassung. Herzog Ludwig von Württemberg (1554–1593, reg. seit 1568) wollte dem renommierten Mathematiker, der wegen seiner lutherischen Konfession die Universität Ingolstadt verlassen mußte, an der Landesuniversität Tübingen eine neue Wirkungsstätte bieten. Als sich Apian jedoch – ähnlich wie später Kepler – weigerte, den Eid auf die Konkordienformel zu leisten, wies man ihm 1583 wieder die Tür. Apian legte seinen Vorlesungen die Lehrbücher des Proclus, Georg Peurbachs (nach 1421–1461) und des Wittenberger Mathematikers Sebastian Theodoricus von Winsheim sowie die Kosmographie seines Vaters Peter Apian (1495–1552) zugrunde.[6] Der junge Magister Nikodemus Frischlin, der seit 1568 *lector poetices* war, vertrat Apian in seiner Funktion als *lector astronomicae* zweimal, 1569/70 und 1571/72[7] Apian, der 1571/72 Dekan der Artistenfakultät war, beauftragte Frischlin außerdem 1571 damit, den Vorsitz der philosophischen Disputationen zu übernehmen. Bei dieser Gelegenheit verfaßte er eine kurze konventionelle Lobrede auf die Astronomie und ihren praktischen Nutzen.[8]

Es liegt nahe, Frischlins Leistungen als Astronomielehrer an denen Mästlins zu messen, denn dieser studierte wenige Jahre nach Frischlin seit Dezember 1568 in Tübingen und wurde dort am 1. August 1571 zum Magister promoviert.[9] Schon während seiner Studienzeit konzipierte er

6   Westman, Robert S.: Three Responses to the Copernican Theory. Johannes Praetorius, Tycho Brahe and Michael Maestlin. In: Ders. (Hg.): The Copernican Achievement. Berkeley/Los Angeles/London 1975. S. 285–345. Hier: S. 330; Günther, Siegmund: Peter und Philipp Apian, zwei deutsche Mathematiker und Kartographen. Prag 1882. S. 106ff.

7   Strauß (wie Anm. 3) S. 39–41; Hofmann (wie Anm. 3) S. 247.

8   Frischlin, Nikodemus: Orationes insigniores aliquot. Straßburg [2]1618, bes. S. 193–198 *Laus astronomiae* und S. 218–228 *De fortuna*.

9   Vgl. Rosen, Edward: Michael Mästlin. In: Gillispie, Charles C. u.a. (Hgg.): Dictionary of Scientific Biography. Bd. 9. New York 1979. S. 167–170; Kommerell, Viktor: Michael Mästlin. In: Schwäbische Lebensbilder. Hg. Württembergische

ein Astronomiehandbuch für Anfänger, weil er mit dem miserablen Unterricht seiner Lehrer unzufrieden war.[10] 1570 hatte er ein Exemplar von Copernicus' *De revolutionibus* erworben und bekannte sich in seiner Edition von Georg Joachim Rheticus' *Narratio prima*, die 1596 zusammen mit Keplers *Mysterium Cosmographicum* veröffentlicht wurde, zur copernicanischen Kosmologie. 1571 gab er Erasmus Reinholds *Prutenische Tafeln* mit einem Anhang neu heraus. Die Beobachtungsbeschreibung der Nova in der Cassiopeia von 1572 fand als eine der präzisesten der Zeit Eingang in Tycho Brahes *Astronomiae instauratae progymnasmata*. Aus eigenen Höhenmessungen der Kometen von 1577 und 1580 zog Mästlin zusammen mit den fortschrittlichsten Astronomen seiner Zeit den Schluß, daß die aristotelische Himmelslehre falsch sei und die beobachteten Anomalien nur unzureichend mit dem ptolemäischen Himmelsmodell erklärt werden könnten.[11]

Mästlin war zuerst Assistent bei Apian und vertrat ihn – ähnlich wie vor ihm Frischlin – vorübergehend von 1575 bis 1576. Im Wintersemester 1580/81 wurde Mästlin auf den Mathematiklehrstuhl in Heidelberg berufen. Inzwischen hatte er die Entwürfe zu einem für Anfänger geeigneten Astronomielehrbuch ausgearbeitet. Seine *Epitome astronomiae* erschien 1582, und bis 1624 folgten weitere sechs Auflagen. Obwohl Mästlin in seinen Fachpublikationen seit 1571 ein Anhänger der copernicanischen Kosmologie war und in seiner Darstellung der Planetentheorien mit den Daten des Copernicus und Erasmus Reinholds arbeitete, präsentiert die *Epitome* aus didaktischen Gründen noch das ptolemäische Weltbild. Der ehemalige Tübinger Stiftler Mästlin war außerdem auch Theologe. 1575–1576 hatte er eine Pfarrstelle in Backnang. Mit seiner

Kommission für Landesgeschichte. Bd. 4. Stuttgart 1948. S. 86–100; Westman (wie Anm. 6) S. 329–331.

10 Mästlin, Michael: Epitome astronomiae qua brevi explicatione omnia tam ad sphaericam quam ad theoricam eius partem pertinentia ex ipsius scientiae fontibus educata perspicue per quaestiones traduntur. Heidelberg 1582. Vgl. die Widmung an Herzog Ludwig von Württemberg (Appendix I).

11 Westman (wie Anm. 6) S. 332–337; Hellman, C. Doris: The Comet of 1577. Its Place in the History of Astronomy. New York 1974.

theologischen Ausbildung ist seine ablehnende Haltung im Streit um die Durchführung der Gregorianischen Kalenderreform zu erklären.[12]

Im Mai 1584 löste Mästlin einem Wunsch des Württemberger Landesherrn entsprechend Philipp Apian auf dem Tübinger Lehrstuhl ab.[13] Er lehrte an der Tübinger Universität bis zu seinem Tode und war achtmal Dekan. Er hat den Studenten Johannes Kepler um 1588/89 in die copernicanische Astronomie eingeführt, selber allerdings nie den Bruch mit der theologisch sanktionierten Lehre von der ruhigen Zentralstellung der Erde provoziert.

Als sich Frischlin während seines fünfmonatigen Hausarrests 1582 zur Überarbeitung und Publikation seiner Tübinger Astronomievorlesung entschloß,[14] waren mehr als zehn Jahre vergangen. Um die neusten Entdeckungen und Forschungen auf dem Gebiet der Astronomie hatte sich Frischlin sicherlich nicht gekümmert. Inzwischen hatte er sich als Grammatiklehrer und Komödiendichter einen Namen gemacht, wurde jedoch wegen seiner provozierenden Adelskritik in der *Oratio de vita rustica* aus seiner Tübinger Position gedrängt.[15] Das Projekt einer Veröffentlichung seiner Astronomievorlesungen kann als ein Versuch verstanden werden, seine universelle Qualifikation unter Beweis zu stellen, in der Hoffnung, in Tübingen wieder angestellt zu werden. Daß dies sein ernsthafter Wunsch sei und er sich auch in seiner neuen Position als Schulrektor in Laibach dafür bereithalten würde, teilte er seinem württembergischen Landesherrn unmittelbar vor seiner Abreise in Richtung Graz mit.[16] Frischlin legte wie alle Humanisten stets Wert darauf, mehr

---

12 S. dazu ausführlich unten, Kap. 5.

13 Rosen (wie Anm. 9); vgl. das Schreiben Ludwigs von Württemberg an den Pfalzgrafen Ludwig vom 24. September 1583, in dem der Württemberger seinen Vetter bittet, Mästlin nach Tübingen ziehen zu lassen (Universitätsarchiv Tübingen 15/5). An dieser Stelle möchte ich Herrn Dr. Volker Schäfer für seine freundliche Hilfe bei der Suche nach Archivalien im Zusammenhang mit Frischlins astronomischen Vorlesungen danken.

14 Das genaue Datum des Abschlusses seines Manuskripts ist unklar. Lynn Thorndike vermutet 1582 (Thorndike, Lynn: A History of Magic and Experimental Science. Bd. 6. New York ³1959. S. 191f.).

15 Außer Strauß s. Röckelein/Bumiller (wie Anm. 3) S. 78–94 und den Beitrag von Wilhelm Kühlmann in diesem Band.

16 Vgl. Frischlin, Nikodemus: Brief an Herzog Ludwig von Württemberg vom 13. Juni 1582 (Tübingen, Universitätsarchiv 10/11): [...] *Wann auch fürs dritte, hoch: vnnd*

als ein bloßer Sprachlehrer (grammaticus) zu sein. Mit seinem Astronomiebuch stellte er tatsächlich unter Beweis, daß er dem ciceronischen
Ideal des orator perfectus genügte, der über jedes beliebige Thema pru-
denter et composite et ornate et memoriter reden und allein vermöge seiner Eloquenz und Allgemeinbildung jeden Fachspezialisten in den
Schatten stellen könne.[17]

Mästlin hatte sich mit der termingerechten Publikation seines Einfüh-
rungslehrbuchs (Heidelberg 1582) glänzende Chancen für die Apian–
Nachfolge erworben. Frischlin wollte es ihm vielleicht gleich tun und mit
seinem Lehrbuch nicht nur seine mathematische Kompetenz, sondern
seine universelle Verwendbarkeit überhaupt unter Beweis stellen, um
von der Fakultät als konkurrierender Kandidat für die Apian–Nachfolge
in Erwägung gezogen zu werden. Daß ihm dies nicht gelang, liegt meiner
Meinung nach weniger an seinem Lehrbuch, als an seiner Unbeliebtheit
bei den Tübinger Professoren. Sie erklärten dem Herzog, daß sie den unruhigen, streitlustigen und überheblichen Mann nicht als Kollegen wollten, denn ihm, der am liebsten in allen Fächern die praecepta ändern
wolle, sei keiner gelehrt genug.[18]

*offterwenter mein gnediger Fürst vnnd Herr, vber kurz oder lang, meiner widerumb
begeren/ vnnd zu Ihrer D. G. diensten bey derselben Vniuersitet zue Tübingen, fürfal-
lenden gelegenheit nach, abfordern würde, alsdan soll vnnd will Ihrer D. G. beu-
elchs, Ich darüber gewertig zusein, vnnd mich gehorsamlich bey derselben widerumb
einzustellen, Jeder Zeit schuldig sein.*

17 Cicero, Marcus Tullius: De oratore I, 64–70. In: M. Tulli Ciceronis Rhetorica 1. Hg.
Wilkins, A. S.. Oxford 1969; ein entsprechendes Frischlin–Zitat bei Strauß (wie
Anm. 3) S. 335.

18 Schreiben des Rektors und der Professoren an der Tübinger Universität an Herzog
Ludwig von Württemberg vom 27. Mai 1585 (Tübingen, Universitätsarchiv 10/11):
[...] *So ist dargegen auch allermeniglich wissend, so gemelten Frischlinum kennen,
das er ain solcher vnruwiger mensch, der iederman vbel redet, die Professores uexie-
ret, dem niemand gelert gnug, wie dann nie kain rhue in Vniuersitate, so lang er derselben beygewonet, gewesen, sonder er one vnderlass ainen handel nach dem andern
angefangen, also dz wir hier nichts, dann immer mit ime zu thun gehabt. [...] Darzu
vundersteet er sich alle praecpta artium & Philosophiae, in Grammatica, Dialectica,
Rhetorica, Physica, Ethica, vnd Astronomia zuendern, vnnd was nützlichs, loblichs,
vnd den studijs fürtreglichs biß anhero in allen Schulen dises Fürstenthumbs vnnd gantzen Teutschen Lands gebreüchlich, gelert, getribenn, vnnd der lieben iugent in Nidern
vnnd hohen Schulen mit mercklichem nutzen eingepflanzt zu nouuellieren vnnd zu wi-
dertreiben, dargegen aber vnnd darwider, sein newe Kunst die Jugent damit irr zuma-
chen, anzustellen, das sie hernacher weniger dann zuuor könden vnnd wissen [...].*

Mästlins ausführliche Schilderung in der Dedicatio seines Heidelberger Lehrbuchs an den Württemberger Herzog, wie schlecht der Tübinger Astronomieunterricht zu seiner Studienzeit gewesen sei, wirft allerdings kein günstiges Licht auf Frischlins astronomisches Intermezzo. Mästlin erklärte, mit seinem Einführungslehrbuch diesen Mißständen abhelfen zu wollen. Häufig seien Lehrsätze diktiert und mitgeschrieben worden, die falsch oder unverständlich waren. Die meisten Artes–Studenten seien zu jung gewesen, um schon eine eigene Meinung zu haben, viele konzentrierten sich zudem auf ihr Hauptfach, die Theologie, und hielten die Mathematik für weniger wichtig. Wer sich für Mathematik und Astronomie interessierte, sei leider durch die Art ihrer Darstellung abgeschreckt und entmutigt worden[19] (Vgl. Appendix I).

2. Der Inhalt der beiden Gutachten[20]

Ursprünglich wollte der erfolgreiche Hofsänger und Ex–Professor, der inzwischen an der Landesuniversität mehr Feinde als Freunde hatte, sein Astronomiebuch wahrscheinlich seinem Landesherrn und zeitweiligen Gönner, dem Herzog Ludwig von Württemberg, widmen.[21] Der Herzog bat vorsichtshalber den neu berufenen Mathematikprofessor Mästlin um ein Gutachten zur neuen Frischlin–Veröffentlichung. Mästlin beginnt diplomatisch mit einem Lob des reich begabten Gelehrten und *poetae eximii*, dessen *Julius redivivus* ja ein Jahr zuvor mit großem Erfolg zur Vermählung Herzog Ludwigs aufgeführt worden war. Sein Astronomiebuch habe jedoch gravierende Mängel: Frischlins Methode weiche von der üblichen wissenschaftlichen Lehrmethode ab, und die Darstellung enthalte schwerwiegende Irrtümer: *multa item satis intricatè et imperfectè traduntur*. Der Autor habe offenbar die Mathematik vergessen, und das Buch schade seinem Ansehen. Leicht könnte sich einer finden, der auf Frischlins Absurditäten antworten würde, wenn es ihm nicht um die

19 Vgl. Appendix I.
20 Zum Text s. Appendix II und III.
21 Nach Thorndike enthält das Manuskript der *Congruentia* eine Praefatio an Erzherzog Karl von Österreich (1564–1590). Vgl. Thorndike (wie Anm. 14) S. 192.

Zeit schade wäre. Mästlin warnt daher den Herzog davor, einem Werk seine Druckerlaubnis zu geben, das dem Ruf des Poeten Frischlin nachteilig wäre. Er solle es sich auch überlegen, ob er sich diese Buch widmen lassen wolle, und erhält den abschließenden Rat, es nicht in seine Schulen einzuführen. Aus Mästlins Wunsch, Frischlin möge doch seine hervorragenden Fähigkeiten nutzbringender der *respublica literaria in vsum Scholasticae iuuentitis* zur Verfügung stellen, spricht die Genugtuung des überlegenen Spezialisten gegenüber dem rhetorisch versierten Humanisten. Frischlin reagierte auf das wenig schmeichelhafte Gutachten, indem er das fehlerhafte Latein in Mästlins *Epitome* kritisierte und nicht ohne Stolz darauf hinwies, daß der inzwischen berühmte Astronom und Mathematiker Mästlin früher seine Astronomievorlesungen gehört haben müsse. Demnach können sie wohl nicht so schlecht gewesen sein.[22] Noch 1587 beklagte sich Frischlin darüber, daß Mästlin ihn *in seinen lectionibus ehrrüerig angreifft, das oftermal die Auditores zu dem Auditorio hinauß lauffen*, und drohte ihm, *wirdt derselb seinen text auch gar bald zulesen bekhommen*.[23]

Mästlins Gutachten stammt vom 18. Januar und trägt das Eingangsdatum vom 26. Januar. Zur selben Zeit hatte Frischlin der Wittenberger Artistenfakultät ein Exemplar seines neuen Werkes geschickt, vielleicht in der Hoffnung, dort eine Anstellung zu erhalten. Die Wahl des sächsischen Kurfürsten Christian I. (reg. 1586–1591) als Widmungsempfänger war jedenfalls nicht ungeschickt, hatte doch sein Vater August bei der Ausarbeitung des Konkordienbuchs eng mit dem Württembergischen Herzog zusammengearbeitet.[24] Das kritische Gutachten des Wittenberger Dekans vom 27. Januar 1586 machte aber eventuelle Hoffnungen des Autors zunichte. Frischlin behandele in seinem Buch zwei Themen, die Astronomic und die Astrologie. Die Hypothesen über die Planetenbewegungen würden erstaunlicherweise nur flüchtig gestreift. Auf die Astro-

---

22 Strauß (wie Anm. 3) S. 334.
23 Frischlin, Nikodemus: Brief an Herzog Ludwig von Württemberg aus Prag, 4. Juni 1587 (Tübingen, Universitätsarchiv 10/11). Frischlin unterzeichnete den Brief mit *Der Zeit [...] in Böhem Bibliothecarius*.
24 Stälin (wie Anm. 2) S. 822; Kötzschke, Rudolf / Kretzschmar, Hellmut: Sächsische Geschichte. Frankfurt a. M. 1965. S. 219–235; Blaschke, K.: Sachsen im Zeitalter der Reformation. Gütersloh 1970.

logie komme es Frischlin allein an, ihre Widerlegung scheine der Hauptzweck der ganzen Schrift zu sein. Frischlin habe durchaus recht, wenn er den Mißbrauch und die Übertreibung der Nativitätenpraxis rügt. »Diejenigen verdienen Haß und Tadel, die aus den Gestirnen Zukünftiges versprechen und die Menschen mit eitler Hoffnung und Furcht hinhalten, indem sie sich zu Einzelprognosen herablassen.«[25] Es könne jedoch nicht in Frischlins Sinn sein, dem Himmel und Gestirn überhaupt jeglichen Einfluß auf die irdische Welt abzusprechen, da er immerhin von einer geheimen Kraft (*occulto quodam vigore*) spreche, deren Wirkung im sublunaren Bereich spürbar sei. Diese könne ohne Gefahr für den Glauben in einer *praedictio sobria* vorausgesagt werden. Was die Abgrenzung der erlaubten christlichen von der teuflischen Astrologie betrifft, verweist der Dekan Frischlin an die Autorität »unseres heiligen Melanchthon«, der allerdings, wie Frischlin in seiner Widmung der *Congruentia* an den sächsischen Kurfürsten freimütig bekannte, an der Tübinger Universität längst (d.h. nach den württembergisch–sächsischen Bemühungen um die Konkordie) in Ungnade gefallen war. Von Melanchthon, Milichius und Peucer hatte sich Frischlin wegen ihres Glaubens an die *divinatio astrologica* ebendort auch explizit distanziert.[26] Nach der Meinung des Wittenberger Gutachters hatte es sich Frischlin mit seiner radikalen Ablehnung der Astrologie indes zu einfach gemacht. Die physischen Einflüsse der Gestirne auf die elementarische Welt seien doch manifest. Das ptolemäische *Quadripartitum*, das Frischlin für unwissenschaftlich hielt, könne ohne Gefahr in den Schulen weiter benutzt werden, da Ptolemaios genau die Grenzen der Divinationskunst festlege und seine *praecepta* durch Erfahrung bewährt seien. Frischlin schieße über das Ziel hinaus, wenn er den Einfluß des Gestirns auf die Veränderungen der Luft und des Wetters gänzlich leugnet. Die abschließende Empfehlung des Dekans ist ganz im Geiste Melanchthons: Man möge aus der Astrologie den

---

25 Vgl. Text im Appendix III.
26 Frischlin: Congruentia. Dedicatio, erste Seite (!): *Etsi autem non ignoro, quantum isti viri* [Peucer, Milichius u.a.] *tribuerint* τῇ μαντικῇ *divinationi Astrologicae & quantum Philippus ipse: quia omnes rationes habeo non contemnendas (opinor) quae me ab illorum sententia retrahunt, & aliorum partibus accedere hortantur: icciro neminem puto fore, qui aegrè sit laturus, quòd ego veterum & recentùm scriptorum armis, contra Astrologicas divinationes milito.*

Mißbrauch und Aberglauben verbannen und das stoische Fatum aus-
schließen, das für die christliche Morallehre und den Gottesbegriff nach
Melanchthon die größte Gefahr darstellte. Alles übrige sei aber Teil der
Physik.

Frischlin hatte in sein Buch zwei Lehrstücke mit aufgenommen, die
vermutlich nicht zu seinem früheren Kursprogramm gehörten und tatsächlich quer zum mathematischen Lehrbetrieb an protestantischen
Hochschulen standen. Seine polemisch gegen die Melanchthon–Schule
gerichtete, medizinisch begründete Astrologiekritik und die kenntnisrei-
che Anleitung zur Kalenderberechnung mit weiterführenden Verweisen
auf die katholische Spezialliteratur mußten den Argwohn der Melanchthon–Anhänger sowie aller protestantischer Gegner der Gregorianischen Kalenderreform provozieren. Der Württemberger Herzog ließ sich
offenbar von Mästlins Gutachten überzeugen und verweigerte dem Buch
seines Hofdichters die *Dedicatio* und die Druckerlaubnis.

3. Astronomielehrbücher des späten 16. Jahrhunderts und Mästlins *Epitome*

Die Astronomie als Lehre von den Himmelsbewegungen bestand aus zwei
Teilen, der *doctrina sphaerica* und der *theorica planetarum*. Sie sollte es
den Studenten ermöglichen, die wichtigsten Himmelsphänomene zu identifizieren, die Unregelmäßigkeiten der Planetenbahnen mathematisch zu
beschreiben und die Positionen der Planeten sowie die Sonnen– und
Mondfinsternisse präzise vorherzusagen. Die meisten Lehrbuchautoren
beschränkten sich darauf, die Phänomene durch die Konstruktion mathematischer Hypothesen zu retten und überließen die physische bzw.
kosmologische Ursachenerklärung für die Diskrepanz zwischen den beobachteten Anomalien der Planetenbewegungen[27] und der theologisch

---

27 Als erste Anomalie ist das Phänomen der verschiedenen Entfernungen der Planeten
    vom irdischen Beobachtungszentrum und ihre unterschiedlichen Abweichungen von
    der Ekliptikebene bekannt. Die scheinbare Schleifenbewegung der oberen Planeten
    mit ihren *stationes* und *retrogradationes*, die erklärbar wird, sobald man der Erde ei-
    ne jährliche Bewegung um die Sonne zuschreibt, wird üblicherweise als zweite An-

und philosophisch postulierten Einfachheit und Schönheit des Himmelsgebäudes den Theologen und Naturphilosophen. Die wichtigste Autorität
für die mathematische Astronomie war Ptolemaios; seine Planetentheorie
war inzwischen durch die Forschungen Georg Peurbachs, Copernicus'
und Erasmus Reinholds verbessert worden.

Die Notwendigkeit des Astronomiestudiums wurde u. a. damit begründet, daß ohne eine Kenntnis der Planetenbewegungen keine astrologischen Vorhersagen und Deutungen möglich seien. Eine präzise Mond–
und Sonnentheorie war insbesondere für die Kalenderberechnug nötig.
Die Astronomie lieferte also Astrologen und Kalenderstellern ein solides
Fundament. Gelegentlich waren es dieselben Autoren, welche die Astronomie und die Astrologie in jeweils verschiedenen Lehrbüchern abhan-
delten. Melanchthon hatte in seinen *Initia doctrinae physicae* (erstmals
1549) ebenso wie Caspar Peucer in *De divinationum generibus* (erstmals
1560) der astrologischen Deutungskunst die Weihen einer christlichen
Wissenschaft erteilt.[28] Unter folgenden Bedingungen durfte sie genauso
wie die Medizin praktiziert werden: Der Astrologe sollte der göttlichen
Allmacht und Vorsehung nicht durch den Anspruch auf letzte Gewißheit
vorgreifen. Die Gestirne, deren Einflüsse auf die irdische Welt aus Erfahrung bekannt seien, dürften nicht selber zu Göttern hypostasiert werden.
Die hohe Irrtumsrate der Astrologen wurde damit entschuldigt, daß die

omalie bezeichnet. Eine Skizze des historischen Problems liefert Kuhn, Thomas S.:
Die kopernikanische Revolution. Braunschweig 1981. Kap. 2.

28 Melanchthon, Philipp: Initia doctrinae physicae (1594). In: Bretschneider, Carl Gottlieb / Bindseil, Heinrich Ernst (Hgg.): Corpus Reformatorum. Bd. 13. Halle 1846.
Nachdruck 1963. Sp. 180–412; Peucer, Caspar: Commentarius de praecipuis divinationum generibus [...]. Wittenberg 1560; wichtig für Melanchthons Astrologiever-
ständnis sind außerdem seine Reden und Vorreden: De dignitate astrologiae (1536).
In: Bretschneider/Bindseil (wie Anm. 28) Bd. 11. Sp. 261–265; Praefationes zu Johannes de Sacrobosco: Sphaera (1531) und Johannes Schoner: De iudiciis nativitatum (1545). In: Bretschneider/Bindseil (wie Anm. 28) Bd. 2. Sp. 530–538 und ebd.
Bd. 5. Sp. 818–824. Zu Melanchthons Begründung der Astrologie in Reden, Lehr-
buchvorworten und seiner Physik s. Bauer, Barbara: Philipp Melanchthon. In: Füssel,
Stephan (Hg.): Deutsche Dichter der frühen Neuzeit. Ihr Leben und Werk. Berlin
1992. Teil B; dies.: Der Weg wissenschaftlicher Aufklärung von den Gelehrten zu
den Laien am Beispiel der Astronomiegeschichte (1543–1760). Tübingen 1993;
Müller–Jahncke (wie Anm. 5) S. 226–245; Caroti, Stefano: Melanchthon's Astrolo-
gy. In: Zambelli, Paola (Hg): Astrologi hallucinati. Stars and the End of the World in
Luther's Time. Berlin/New York 1986. S. 109–121.

Astrologen ähnlich wie die Ärzte nur aufgrund von Erfahrungswerten, durch trial and error, Prognosen anstellten und ihnen – als Folge des Sündenfalls – bisher noch die Kausalzusammenhänge zwischen siderischen und irdischen Ereignissen bzw. zwischen Krankheitssymptomen und Krankheitsverlauf unbekannt seien. Melanchthon ging davon aus, daß Adam und Eva vor dem Fall die Kunst der astrologischen Zukunftsdeutung perfekt beherrschten. Die *imbecillitas mentis* und eine ihrer Folgen, die geringe Trefferquote der Astrologen, sei die Strafe für die *superbia* der ersten Eltern. Der Überzeugung Melanchthons, daß der kosmische *ordo* die göttliche Allmacht und Providenz widerspiegle und daß sich Gott besonderer Himmelsereignisse bediene, um den Menschen Handlungsdirektiven zu vermitteln, schlossen sich die meisten protestantischen Mathematiker, Ärzte und Kalendersteller an.[29] Katholische Astronomen standen der Astrologie skeptischer gegenüber als ihre protestantischen Kollegen. Der Glaube an siderische Einwirkungen stand mit der Lehre vom freien Willen und der Eigenverantwortlichkeit des Menschen für seine Sünden im Widerspruch und schadete der disziplinierenden Wirkung der katholischen Morallehre. 1586 wurde die *astrologia iudiciaria* in der Bulle Sixtus V. als häretisch verdammt.[30]

Für den Anfangsunterricht hatte sich die um 1230 entstandene *Sphaera* des Johannes von Sacrobosco (Ende des 12.Jh.–1256) wegen ihres klaren didaktischen Aufbaus bewährt.[31] Im 16. Jahrhundert hatten die Astronomielehrbücher die Form von mehr oder weniger ausführlichen Kommentaren zu Sacroboscos Text. Das unterschiedliche Niveau der Lehrbücher und der jeweilige Problemhorizont ihrer Autoren spie-

---

29 Zu Melanchthons Einfluß s. Thorndike (wie Anm. 14) Kap.17.

30 Contra exercentes artem astrologiae iudiciariae et alia quaecumque divinationum genera, librosque legentes vel tenentes. In: Bullarum diplomatum et privilegiorum Sanctorum Romanorum Pontificium Taurinensis editio. Bd. 8. Turin 1863. S. 646–650.

31 Thorndike, Lynn (Hg.): The Sphere of Sacrobosco and its Commentaries. Chicago 1949. Lat. Sphaera mundi. S. 76–117; Brévart, Francis B. (Hg.): Johannes von Sacrobosco. Das Puechlein von der Spera (!). Abbildung der gesamten Überlieferung, kritische Edition, Glossar (Litterae 68) Göttingen 1979; zu den Kommentaren des 16. Jh. s. Johnson, Francis R.: Astronomical Text-Books in the 16th Century. In: Underwood, E. Ashworth (Hg.): Science, Medicine and History. Bd. 1. London/New York/Toronto 1953. S. 285–302.

geln sich genau in der Ausführlichkeit ihrer Kommentare wider. Der anspruchsvollste Sacrobosco–Kommentar war zu Frischlins Lebzeit das Lehrbuch des in Rom lehrenden Jesuiten Christoph Clavius (1537/8–1612), das erstmals 1570 erschien und bis 1612 mehrmals überarbeitet und den neuesten Beobachtungsergebnissen angepaßt wurde.[32] Mit ihm können sich auf protestantischer Seite Mästlins *Epitome* und die Anfängerlehrbücher einiger Wittenberger, z.B. die *Absolutissimae orbium coelestium hypotyposes* von Caspar Peucer (Köln 1573), messen. Sie betonen übereinstimmend, aus didaktischer Rücksicht auf die Anfänger einige Lehrsätze vereinfacht vorzutragen. Frischlin und Mästlin orientierten sich beide an der vierteiligen Gliederung der Sacrobosco–*Sphaera*.

In den ersten beiden Büchern stellt Sacrobosco die *Sphaera materialis* und die wichtigsten Koordinaten, d.h. die Großkreise der imaginären Himmelskugel, vor. Ihre Kenntnis war zur Orientierung, zur Lokalisierung von Himmelsobjekten und Berechnung ihrer Bewegungen notwendig. Das aristotelische Kugeluniversum mit der zentralen Erde, die von sieben Planetensphären und der achten Sphäre der Fixsterne, dem Firmament, umgeben ist, trug der Intuition des naiven Beobachters Rechnung. Exkurse über die Berechnung des Erddurchmessers und der Polhöhe beschließen Buch I und II. Im dritten Buch seines Traktats konzentrierte sich Sacrobosco auf den Fixsternhimmel und die sogenannte erste Bewegung der Sterne. Die Sternbilder des Zodiacus und die der nördlichen und südlichen Hemisphäre werden angegeben und ihre periodischen Auf–und Untergänge verzeichnet. Die Erklärung der unterschiedlichen Tageslängen gehört ebenfalls hierher. Das vierte Buch führt in die Planetentheorie ein. Zur Erklärung der unregelmäßigen Bewegungen der sieben bekannten Planeten werden die mathematischen Hilfskonstruktionen eingeführt, mit denen Ptolemaios gearbeitet hatte, Epizykel, Deferenten, Exzenter und Ausgleichspunkte. Die mathematischen Hypothesen über die Bahnen von Sonne und Mond sollten es zum Schluß ermöglichen, Mond– und Sonnenfinsternisse zu erklären und sie zu prognostizieren. Sacrobosco

32 Clavius, Christoph SJ: In sphaeram Joannis de Sacrobosco commentarius. Rom 1570. Die letzte Fassung berücksichtigt schon die jüngsten Entdeckungen, die Galilei mit dem Fernrohr gemacht hat; vgl. Clavius: Opera omnia mathematica. Bd. 3. Mainz 1611. Bauer, Barbara: Christoph Clavius. In: Killy, Walther (Hg.): Literaturlexikon. Bd. 2. Gütersloh/München 1989. S. 429f.

verzichtete auf jegliche Berechnungen und lieferte nur eine dürftige Skizze der ptolemäischen Theorie für die Sonnen–und Mondbewegungen.

Mästlin geht es um eine möglichst präzise mathematische Beschreibung der sogenannten ersten Bewegung (d.h. der täglichen Umdrehung der Fixsternsphäre) und der Eigenbewegung der Planeten. Er referiert die ptolemäischen Hypothesen zur Rettung der Phänomene und hält hypothetisch an der ruhigen Zentralstellung der Erde fest, ohne sich um eine kosmologische Erklärung bzw. die Frage nach den physischen oder theologischen Ursachen für die verschiedenen Bewegungen zu kümmern.[33] In der Planetenastronomie trägt Mästlin den neuesten Forschungsergebnissen Rechnung. Frischlin referiert hingegen nur die ptolemäischen Hypothesen für Sonne und Mond, vergleicht die Aussagen antiker Schriftsteller mit den Bibelstellen über diese Himmelskörper und verzichtet auf Berechnungen ganz. Mästlin stützt sich auf Georg Peurbachs *Theoricae novae planetarum*, geht auf Copernicus' Planetenhypothesen ein, vergleicht die Zahlenangaben in Reinholds prutenischen Tafeln mit den alphonsinischen und betont, alle Daten durch eigene Beobachtungen und Berechnungen nachgeprüft zu haben. Um eine präzisere Bestimmung der täglichen Drehung der Fixsternsphäre und eine physikalische Erklärung für die scheinbar unregelmäßige Präzession der Äquinoktien bemüht sich Mästlin ähnlich wie sein katholischer Kollege Christoph Clavius in einem Anhang zum Sacrobosco–Kommentar.[34] Er nennt die differierenden Meßwerte für die Präzessionsbewegung von Ptolemaios bis Copernicus und fragt nach ihrer möglichen Ursache. Frischlin referiert dagegen an mehreren Stellen bloß die bekannte (*vulgò*), von Hipparch und Ptolemaios überlieferte Hypothese, daß sich die Fixsternsphäre im Laufe von 70 oder 100 Jahren um ca. einen Grad

---

33 Mästlin (wie Anm. 10) S. 26. Hier unterscheidet Mästlin zwischen der astronomischen Beschreibung διὰ ϑέσιν und der Frage nach der Realität der mathematisch postulierten *orbes* und *circuli* κατὰ φύσιν *De situ terrae in centro.* S. 71–75; *de motu seu potius de quiete globi terrestris.* S. 78–81. Zu Mästlins Lehrbuch s. Thorndike (wie Anm. 14) S. 46f. und 82f.

34 Ebd. S. 475–500. Clavius Sphaera–Kommentar enthält in der 4. Auflage (1608) einen Appendix über die vierfache Bewegung der achten Sphäre und eine Widerlegung der arabischen *trepidatio*-Theorie (S. 64ff.).

verschiebe.[35] Die Tatsache, daß z.B. Copernicus einen anderen Wert (nämlich 1 Grad in 66 Jahren) gemessen habe, erklärt Frischlin theologisch mit Gottes Absicht, den menschlichen Verstand zu verwirren und ihn vor ungebührlicher Neugier zu warnen.[36]

Ein Begriff wie *trepidatio*, der seit der arabischen Astronomie des Mittelalters in der Diskussion war und der Schwankung dieser langsamen Bewegung Rechnung tragen sollte, war Frischlin offenbar nicht bekannt. Auch auf die von seinen Zeitgenossen im Zusammenhang mit der Kalenderreform heftig diskutierte Möglichkeit, die Oszillationsbewegung des Firmaments durch die Annahme zusätzlicher Sphären zu erklären, geht Frischlin nicht weiter ein.[37] Mästlin erläutert in einem Vorspann zu seiner Astronomie die Grundbegriffe der sphärischen Geometrie. Zahlreiche detaillierte Holzschnitte sollen besonders im schwierigen vierten Buch die Planetenbewegungshypothesen veranschaulichen. Anders als Clavius arbeitete Mästlin jedoch in die Neuauflage seiner *Epitome* nicht mehr die neuesten Forschungsergebnisse ein.

Eine Einführung in die Astrologie und den *Computus ecclesiasticus*, die Kalenderberechnung, gehörten traditionellerweise nicht in ein Astronomielehrbuch. Mästlin verzichtet auf sie in seiner *Epitome* und begnügt sich damit, den Unterschied zwischen Sonnenjahr und Sternjahr sowie die geometrischen Planetenaspekte zu beschreiben.[38] Eine affirmative Einstellung zur Astrologie wird nur in der Widmungsadresse deutlich, dem traditionellen Ort für Topoi über den Nutzen der Astronomie und Astrologie. Hier interpretiert Mästlin im Gegensatz zu Frischlin auf der

---

35 Frischlin: Congruentia. S. 34.
36 Ebd. S. 181f.
37 Ebd. S. 47ff. Frischlin kennt nur acht Sphären; als Autoritäten zitiert er lediglich Platon und Aristoteles. Das Präzessionsphänomen, das Hipparch entdeckt hatte, war den mittelalterlichen Astronomen aus Ptolemaios' *Almagest* bekannt. Die vermeintliche *trepidatio* der Erdachse ist auf die Ungenauigkeit der Beobachtungen der Präzession zurückzuführen. Vgl. Dreyer, J. L. E.: A History of Astronomy from Thales to Kepler. New York ^{2}1953. S. 276f.; Grant, Edward: Cosmology. In: Lindberg, David C. (Hg.): Science in the Middle Ages. Chicago 1978. S. 265–302, bes. S. 278 und S. 296f.
38 Mästlin (wie Anm. 10) S. 256–259 und 392ff.

Grundlage von Gen. 1,14 die Sterne als göttliche Zeichen, deren Deutung dem Menschen vom Schöpfer aufgegeben sei.[39]

4. Frischlins Astronomie

Die Widerlegung der Astrologie und die Erklärung der Zeitmessung gehören zu den Stärken von Frischlins Lehrbuch. Seine größte Schwäche, die der Gutachter Mästlin offenbar im Visier hatte, liegt in der philologischen Methode. Anstatt die Lehrmeinungen über die Himmelsphänomene aufgrund des jüngsten Forschungsstandes oder eigener Beobachtungen und Berechnungen zu referieren und inzwischen veraltete Ansichten stillschweigend zu übergehen, bemüht sich Frischlin, die heterogensten, z.T. widersprüchlichen Zeugnisse z.B. über die Eigenschaften von Sonne, Mond und den Planeten zu kompilieren und auf einen gemeisamen Nenner zu bringen. Dieses Programm bezeichnet er als Suche nach *congruentia*. Heidnisch–antike, biblische und patristische Autoren sind in seiner Quellensynopse in der Mehrzahl.[40] Von den modernen Autoren referiert Frischlin nur Jacob Milichius, den Verfasser eines astronomisch überholten Kommentars zum zweiten Buch der *Naturalis historia* des C. Plinius Secundus, Caspar Peucer, einige zeitgenössische Mediziner wie Leonhart Fuchs und Thomas Erastus (1523–1583) sowie den Kompilator Ludovicus Caelius Rhodiginus (1460–1525), über dessen *Antiquae lectiones*, eine unübersichtliche, ungeordnete Enzyklopädie, sich Erasmus in seinen *Adagia* bereits lustig gemacht hatte.[41] Jedes Lehrstück aus Sacroboscos

---

39 Ebd., Dedicatio. Mit Bezug auf Mt. 16,2–3 und Lk. 16,54–56 schreibt Mästlin: *Eodem modo Saluator ipse cum Iudaeorum praeposterum discernendi tempus aduentus Messiae iudicium redargueret, obseruationem signorum seu faciei coeli disertis uerbis approbat.*

40 Frischlin: Congruentia. Im Quellenverzeichnis werden unter den *sacri* Basilios und Augustin genannt, unter *philosophi* Platon, Aristoteles, Cicero, Plutarch, Seneca, Plinius und Macrobius aufgeführt; in der Rubrik der *mathematici* werden Euklid, Ptolemaios, und Proklos aufgezählt; unter den *medici* Hippokrates und Galen. Auch antike Dichter (Homer, Aratos, Vergil, Lukian und Ovid) werden als Quellenautoren genannt.

41 Phillips, Margaret Mann: The Adages of Erasmus. A Study with Translations. Cambridge 1964. S. 123. Erasmus erwähnt die Erstausgabe der *Antiquae lectiones* (Venedig 1516) in der *Adagia*–Edition von 1517.

Sphaera, die übrigens Frischlin nirgends erwähnt, beginnt mit einer Doxologie. Der Sinn der sprachlich und wissenschaftlich heterogenen Stellenkompilation sollte sein, die überzeitliche Kontinuität in den Ansichten und Lehrmeinungen über die Himmelsphänomene deutlich zu machen, also Gemeinsamkeiten zwischen den Perspektiven der biblischen Propheten, der kirchlichen Schriftsteller und der antiken Naturphilosophen mit den Ergebnissen der mathematischen Astronomie herauszuarbeiten. Dabei verliert Frischlin völlig den Anschluß an die zeitgenössische Fachdiskussion. Ein Beispiel ist das zweite Kapitel des ersten Buches: *De coelo eiusque substantia*.[42] Die dort aufgezählten Eigenschaften des Himmels sind Résumés aus der aristotelischen Himmelslehre *De caelo*. Der Himmel ist rund, in ständiger, regelmäßiger Bewegung, seine Substanz ist fest, durchsichtig, einfach und unveränderlich; seine Ausdehnung ist endlich. Frischlins zweites Textzeugnis ist die Genesis. Das Himmelsgebäude ist so, wie es sich dem gegenwärtigen Beobachter präsentiert, das Resultat von Gottes Schöpfungswerk. Am ersten Tag wurde Licht und Finsternis geschieden; seitdem bildeten sich feste Körper und präsentierten sich im Licht. Am zweiten Tag wurden die festen Himmelskreise eingerichtet, die aber noch nicht rotierten. Erst am vierten Tag wurden Sonne, Mond und Sterne erschaffen. Frischlin zögert nicht, die biblischen *aquae supercoelestes* (Gen. 1,6) in seine Erklärung der Kosmogonie einzubeziehen, die den mittelalterlichen Exegeten stets Probleme bereitet hatten.[43] Die überirdischen Gewässer, über denen der Geist schwebte, dienten Gott zur Konsolidierung des Himmelsgewölbes. Sie eigneten sich dazu besser als Feuer und Luft und unterschieden sich vom irdischen Wasser durch völlige Schwerelosigkeit. Die anschließend zitierten Zeugnisse Platons und Aristoteles' enthalten an sich unvereinbare Lehrmeinungen über die Substanz des Himmels, zu denen Frischlin nicht eigens Stellung nimmt. Platon zufolge sei der Himmel aus den vier Elementen zusammengesetzt. Aristoteles grenze indes in *De caelo* die irdischen Elemente, die der *generatio* und der *corruptio* unterworfen sei-

---

42 Frischlin: Congruentia. S. 22ff.
43 Zur mittelalterlichen Exegese s. Grant (wie Anm.37) S. 276.

en, radikal von der Beschaffenheit der supralunaren Welt ab; alles in den Himmelsregionen sei unveränderlich und unzerstörbar.[44]

Mit der doxographischen Methode drückt sich Frischlin um das Problem der Wahrheitsfindung herum. Er zitiert unbekümmert aus der aristotelischen Himmelslehre, obwohl neueste Beobachtungen das aristotelische Dogma der Solidität und Unveränderbarkeit des Himmels radikal in Frage stellten. 1572 war ein neuer Stern in der Cassiopeia aufgetaucht, der den Messungen Tycho Brahes und Mästlins zufolge eindeutig oberhalb der Mondsphäre zu lokalisieren war, also in dem Teil des Himmelsgebäudes, wo nach Aristoteles a priori keine Veränderungen möglich sein sollten. Auch der geometrische Nachweis, daß sich der Komet von 1577 weit oberhalb der Mondbahn bewegte (weil an ihm im Gegensatz zum Mond keine Parallaxe feststellbar war), erschütterte die aristotelische Ansicht von der Unzerstörbarkeit des Himmels und der meteorologischen Natur der Kometen. Während diese Phänomene Clavius, Tycho Brahe, Mästlin und Peucer zu neuen Hypothesen über die elementarische Natur des Himmelsgewölbes anregten, blieb Frischlin von diesen Theoriediskussionen völlig unberührt.[45]

Eine ähnliche Synopse heterogener δόξαι enthält der Einleitungsabschnitt über die Sonne.[46] Aus Macrobius und Plutarch zitiert Frischlin poetische Äußerungen über die Sonne als *praesidem diei, orbis Rectorem, cor & mentem Mundi, in medio illius sic positum, vt cor in animantibus positum videmus.* Sie sei mit dem Mond am vierten Tag erschaffen worden, als *vehiculum primogenitae lucis,* jenes Lichts, das es schon seit dem ersten Tag gab. Der Hauptzweck der Sonne sei nach den übereinstimmenden Zeugnissen von Platon und Moses die Zeitmessung.[47] Die mathematische Sonnen– und Mondtheorie referiert Frischlin anschlic-

---

44 Ebd. S. 22. Hier verweist Frischlin auf die Diskussion bei Caelius Rhodiginus.

45 Eine Übersicht bei Hellman (wie Anm. 11); Brahe, Tycho: Astronomiae instauratae progymnasmata. In: Dreyer, J. L. E. (Hg): Opera omnia. Bd. 3; ders.: De Cometa Anni 1577. In: Opera omnia. Bd. 4. S. 381–396.

46 Frischlin: Congruentia. lib. IV, cap. 6. S. 263–275.

47 Ebd. S. 263–265. Genauso verfährt Frischlin auch im Kapitel über den Mond (lib. V, cap 1. S. 341–350). *Hoc consilio, & hac mente Dei, in quam illa insistebat, cogitans de ratione temporis: factus est Sol & Luna & quinque stellae, quas Planetas cognominant, ut tempus existeret, & ut numeri temporum discerni atque observari possent* (S. 265).

ßend aufgrund von Ptolemaios' *Almagest* und der Daten der alphonsinischen und prutenischen Tafeln.[48] Er erklärt nicht, wie man den Sonnen- und Mondstand berechnen könne; aber die Graphik, welche die Exzentrizität der Sonnenbahn illustriert, ist immerhin auf demselben Niveau wie Mästlins Darstellung.[49]

Frischlin geht das Problembewußtsein dafür ab, daß einige Bibelstellen über Himmel und Erde mit den Ergebnissen der empirischen und mathematischen Astronomie in Widerspruch geraten könnten. Copernicus' heliozentrische Hypothese war schon von Andreas Osiander und Melanchthon genau deswegen abgelehnt worden, weil sie dem Wortlaut einiger Bibelstellen über die ruhige Zentralstellung der Erde und den Lauf der Sonne zuwider war. Seitdem gehörte die Diskussion derartiger Bibelstellen (z.B. Eccl. 1,4–6; Ps. 92,1 und Jos. 10,12f.) und die Ablehnung der copernicanischen Hypothese zum Themenrepertoire der katholischen und protestantischen Astronomielehrbücher.[50] Der Titel von Frischlins Lehrbuch, *De congruentia*, weckte vermutlich bei zeitgenössischen Lesern, denen Copernicus' heliozentrische Hypothese nicht unbekannt war, falsche Erwartungen. Es ging Frischlin überhaupt noch nicht um die problematische Kongruenz des Schriftwortlauts mit den neuesten Ergebnissen der Astronomie. Wenn sich astronomische Hypothesen von dem in der Bibel dargebotenen Weltbild entfernten, so nahm sie Frischlin erst gar nicht in seine *Congruentia* auf.[51]

Der doxographische Ansatz, nach *congruentia* zu suchen, aber häufig auch Paradoxa kommentarlos nebeneinanderzustellen, offenbart eine zutiefst skeptische Erkenntnistheorie, die dem Realismus eines Copernicus

---

48 Ebd. lib. IV, cap 7. S. 275–298; lib. V, cap 2–4. S. 350–382.
49 Ebd. S. 237; Mästlin (wie Anm. 10) S. 355.
50 Wardewska, Zofia: Teoria heliocentryczna w interpretacij teologow XVI wieku (Studia Copernicana 12). Breslau 1975, bes. S. 105–125; Westman, Robert S.: The Copernicans and the Churches. In: Lindberg, David C. / Numbers, Roland L. (Hgg.): God and Nature. Berkeley 1986. S. 76–113; Pedersen, Olaf: Galileo and the Council of Trent. The Galileo Affair Revisited (Vatican Observatory Publications. Special Series Studi Galileiani 1,1) Rom 1983; Bauer (wie Anm. 28, Der Weg wissenschaftlicher Aufklärung) Kap. 3.
51 Zur Hypothese *Terra in coeli centro sita* zitiert Frischlin z.B. Genesis 1 und Basilios' Gen.-Kommentar, Platon und Aristoteles sowie Lukrez, Plinius, Ovid und Macrobius; die heliozentrische Hypothese wird gar nicht erst erwähnt.

und Kepler diametral entgegengesetzt ist.[52] Frischlin zweifelt an der Fähigkeit des Menschen, die wahre Natur des Kosmos zu verstehen und Hypothesen aufzustellen, die tatsächlich den Gesetzen entsprächen, nach denen der Schöpfer verfahren sei. Die beobachtbaren Anomalien der Planetenbewegungen, für die Astronomen seit Ptolemaios ein mathematisches Modell suchten, hielt Frischlin nur für Zeugnisse unserer beschränkten Wahrnehmungsfähigkeit. Wir konstruierten konzentrische und exzentrische Kreise, Epizykel und Deferenten, um das, was uns als unregelmäßig vorkomme, beschreiben zu können. Uns erscheine als anomal das, wofür nur wir keine einfache Regel hätten. Das schließe jedoch nicht aus, daß es eine solche gebe, die uns Gott jedoch vielleicht deswegen vorenthalte, um Neugierde und Erkenntnisoptimismus einen Riegel vorzuschieben.[53] Es sei den Forschern erlaubt, mathematische Hypothesen zur Rettung der Phänomene aufzustellen; sie dürften aber nicht zur astrologischen Spekulation ermuntern. Auch Frischlins Astrologiekritik entspringt derselben skeptischen Grundhaltung. Wer aus den Gestirnen die Zukunft bzw. Gottes Pläne ablesen wolle, überschreite die Grenzen, die der Schöpfer dem Menschen zur Strafe für den Sündenfall gesetzt habe.[54] Immer wenn Frischlin auf ein Problem stößt, für das er keine mathematische oder physikalische Erklärung hat, nimmt er zu Gottes unbegreiflichem Ratschluß seine Zuflucht, den der ignorante, sündige Mensch zu akzeptieren habe. Für die Ewigkeit und Regelmäßigkeit der planetarischen Kreisbewegungen müssen daher Intelligenzien einstehen. Die Bewegungsrichtung der Fixsternsphäre von Ost nach West wird mit göttlicher Willkür begründet. Die Ursache für die erste Anomalie sei Gottes Wunsch, die Forscher bei ihrer Suche nach Gesetzmäßigkeiten zu verun-

---

52 Zu den erkenntnistheoretischen Hintergrundsannahmen der Astronomen des 16. und 17. Jh. s. Jardine, Nicholas: The Forging of Modern Realism. Clavius and Kepler against the Sceptics. In: Studies in History and Philosophy of Science 10 (1979) S. 141–171.

53 Frischlin: Congruentia. S. 42. Die ptolemäischen Hypothesen sind eher Indizien unserer Erkenntnisschwäche, als daß sie die Unregelmäßigkeit des Kosmos abbildeten: *Quare istae hypotheses Ptolemaicae licet ingeniosae sint, tamen potiùs imperfectionis cuiusdam, qua noster intellectus laborat, quàm perfectionis argumenta sunt* (S. 260).

54 Ebd. S. 44f. *Deinde rationes certas reddere non est humanae opis, viriumque nostrarum.* Vgl. auch lib. I, cap. 1.

sichern. Gott wolle uns die Hoffnung nehmen, aus Bekanntem *per analogiam* auf Unbekanntes zu schließen.[55]

5. Frischlins Astrologiekritik und seine Haltung zur Kalenderreform

Die Auseinandersetzung mit der Astrologie findet im ersten Kapitel (über den Ursprung und Nutzen der Astronomie), in III,3 *De prognosticis* und V,13 *De prognosticis astrologorum ad motum Lunae* statt.

Frischlins Bedenken sind zunächst in der astrologiekritischen Tradition des Giovanni Pico della Mirandola (1463–1494) theologisch motiviert. In der Bibel sei nirgendwo von der Kraft der Gestirne die Rede, auf Irdisches einzuwirken. Die Propheten seien keine Astrologen gewesen. Lk. 12, 2–3 spreche von meteorologischen Vorzeichen, deren Deutung zulässig sei. Die Macht der Gestirne sei mit Gottes Allmacht unvereinbar, bringe Gott als Urheber des Bösen in Verruf und mache die Eigenverantwortlichkeit des Menschen für seine Handlungen zunichte.[56]

Der wichtigste Beleg dafür, daß die Astrologie grundlos und unerlaubt und daß die Zeitmessung das vornehmste Stück der *doctrina astronomica* sei, ist Gen. 1,14: *fiant luminaria in firmamento caeli ut dividant diem ac noctem et sint in signa et tempora et dies et annos.* Diese Stelle wurde von Melanchthons Schülern (wir sahen es an Mästlin) im Gegenteil stets im Sinne einer Lizenz verstanden, die Gestirne als *signa futurorum* zu deuten. Frischlin zufolge erschuf Gott die Gestirne allein als Orientierungsmarken für die Zeitmessung, die Bestimmung von Tages–, Monats– und Jahreslängen. Auf diese Deutung legten sich auch Siderokrates und Caelius Rhodiginus fest.[57] Außerdem seien die Gestirne Zeichen der göttlichen Weisheit und Güte ebenso wie unserer Knechtschaft.[58] Wäh-

55 Ebd. S. 32, 39 und 41.
56 Frischlin: Congruentia. S. 137ff., 142–148 und 153–157.
57 Siderocrates (wie Anm. 4, Libellus geographicus) Dedicatio S. 13; ders. (wie Anm. 4, Cyclopaedia Paracelsica) S. 100–112; Caelius Rhodiginus, Ludovicus: Lectionum antiquitatum libri XXX. Basel 1550. S. 529.
58 Frischlin: Congruentia. S. 8.

rend nach Melanchthons Auffassung die Menschen im Paradies kraft der *lux divina* die Gabe der Zukunftsdeutung aus den Sternen besaßen,[59] war Frischlin zufolge der Wunsch, aus den Sternen Wissen über Zukünftiges zu erlangen, kennzeichnend für die Sündhaftigkeit der Menschen nach dem Fall. Im Paradies hatte nämlich Gott für die Menschen perfekt vorgesorgt, so daß sie sich um die Zukunft keine Sorgen zu machen brauchten. Von divinatorischen Fähigkeiten Adams und Evas sei in der Genesis nicht die Rede. Auch die Namen der Planeten und Sterne stammten nicht von unseren Voreltern, sondern von den heidnischen Babyloniern, die von den an sich willkürlichen, ja gottlosen Bezeichnungen dann auf bestimmte astrologische Eigenschaften geschlossen hätten. Sie hätten die Planeten und Sternbilder zu Göttern erhoben und seien daher verantwortlich für die Korruption der Astronomie, die Adam, Abraham und Moses direkt von Gott gelernt hätten.[60]

Die Astrologie sei vom Teufel als dem Affen Gottes inspiriert. Ihm seien gelegentliche Scheinerfolge astrologischer Prophezeihungen zuzuschreiben. Nach seinem Himmelssturz siedelte sich der Teufel im Firmament an und machte aus den Sternen furchterregende Bilder von Fischen, Schlangen und Böcken.[61] Die Astrologen gäben nach dem Vorbild des delphischen Orakels stets so vage Auskünfte, daß die nachfolgenden Ereignisse sie auf jeden Fall scheinbar bestätigten.[62]

Es ist merkwürdig, daß Frischlin die Zeitmessung als höchsten Zweck der Sonne und der übrigen Planeten angibt und ihre Daseinsberechtigung nicht final mit ihren lebensspendenden Eigenschaften – Licht und Wärme – begründet. Frischlin zögert, diese Eigenschaften unmittelbar der Sonne

59 Melanchthon (wie Anm. 28, Praefatio in libros de iudiciis nativitatum Joannis Schoneri). In: Bretschneider/Bindseil (wie Anm. 28) Bd. 5. Sp. 822: *Si hominum natura mansisset integra, fulsisset in nobis lux divina, gubernatrix omnium motuum, et stellae in materia non contaminata alias actiones habuissent. At nunc in his sordibus infeliciores sunt actiones et extincta est illa lux, quae rexisset omnes humanos motus.*

60 Frischlin: Congruentia. S. 4 und S. 12f.

61 Ebd. S. 148.

62 Ebd. S. 149: *Sicut autem Delphicus ille Pytho λοξά dedit responsa & ambigua oracula, ut quoquo modo res eueniret, vera praedixisse videretur: ita etiam Astrologicus & Chaldaicus Pytho, per contrarias astrorum virtutes & domos XII coeli, quas diversißimarum constituit naturarum, praedicit tempestates Caeli & fata hominum, ut quoquo modo res eveniat, semper habeat, quo mendacium excuset.*

und gleichermaßen dem Mond die Kälte und Feuchtigkeit der Nacht zuzuschreiben. Wer das annehme, müsse auch alle übrigen Eigenschaften zugeben, mit denen die Astrologen die siderischen Wirkungen begründeten. Wenn Christus von den *virtutes coelorum* spreche, so meine er damit allein die *virtutes motrices* der Gestirne. Wärme und Feuchtigkeit seien dagegen Eigenschaften der Luft, welche durch die Einwirkung der Sonnenstrahlen hervorgerufen würden. Das Sonnenlicht besitze einzig nur die Eigenschaften, zu erleuchten und dickere Medien zu durchdringen, um sie so geschmeidiger zu machen und auszudehnen. Das Sonnenlicht an sich sei wie alle Phänomene oberhalb des Mondes gut, wenn es auch auf Erden bisweilen Dürre hervorrufe. Wer hingegen Sonne und Mond für alle meteorologischen Unpäßlichkeiten verantwortlich machen würde, welche wiederum Menschen krank machten, der müßte so wie die Astrologen diesen Himmelskörpern einen eigenen Willen zuschreiben und sie zu Göttern erklären.[63] Kälte, Wärme und Feuchtigkeit seien irdische Witterungserscheinungen, mit deren Wirkungen Gott die Nachkommen Adams und Evas bestrafe und die heilsamen Wirkungen von Sonne und Mond dämpfe.[64] Alles Kontingente unterhalb des Mondes, z.B. Wechsel der Witterung, die Erregung von Krankheiten, der schädliche Einfluß der Luft oder die tödliche Wirkung bestimmter Kräuter, sei als Folge des Sündenfalls zu verstehen.[65]

Allerdings glaubt Frischlin an einen Zusammenhang zwischen dem Mondzyklus, dem Wetter und bestimmten irdischen Prozessen.[66] Die je nach Mondphasen unterschiedlich intensiven Strahlen hätten einen Einfluß auf die Luft; in manchen Positionen seien sie schädlich und würden Krankheiten erregen. Geburten unter dem Einfluß des Vollmondes seien für Mutter und Kind nachteilig.[67] Außerdem löse die Mondwärme in Bäumen und Wurzeln die natürlichen Säfte auf, weswegen es die Zim-

---

63 Ebd. S. 275.
64 Ebd. S. 268–271.
65 Ebd. S. 369.
66 Ebd. S. 344–350.
67 Ebd. S. 344 *Lunae calefactio sit mollis & languida; humoresque non exsiccant, sed tantum resolvent: Infantes etiam si Lunae ostentur, pleni humorum conuelli solent, commotis humoribus; & qui in Lunae lumine decubuerunt, quasi attoniti consurgunt, humore cerebri per radios Lunae diffusos.*

merleute verböten, bei Vollmond Holz zu fällen. Wettervorhersagen und ärztliche Prognosen seien allein aufgrund der Position und des jeweiligen Einflusses des Mondes zulässig.[68] Frischlin nimmt die am Mondlauf orientierte antike Theorie der *dies critici* sowie die hippokratische Lehre von der Luft als Krankheitsursache also scheinbar kritiklos auf.

Dies ist aber nur auf den ersten Blick eine Inkonsequenz des Astrologiekritikers. Vielmehr haben wir hier den Schlüssel für die Gründe, warum Frischlin die Astrologie so vehement ablehnte. Es ging ihm dabei um die Wiederherstellung der antiken Doktrin des Hippokrates und Galen, deren Texte zum Teil falsch überliefert und übersetzt, zum Teil von späteren Exegeten mißverstanden worden seien. Frischlins Bemühungen um den Originalgehalt des *Corpus Hippocraticum* entspringt demselben philologischen Bestreben wie sein Engagement für eine gute Grammatik.

Dies wird im Schlußkapitel (V,13) des Lehrbuchs deutlich. Die Bauernregeln und die medizinischen Vorschriften, die im Kalender abgedruckt wurden, stellten einen Zusammenhang zwischen den Mondphasen und menschlichen Verrichtungen her (Kräutersammeln, Holzfällen, Aderlaß, Purgation). Der Arzt habe bei seinen Therapien unbedingt auf den Mondzyklus (*incrementa et decrementa Lunae*) Acht zu geben. Dies impliziere jedoch keineswegs, daß der Arzt auch astrologisch gebildet sein müsse, um seinen Patienten das Krankheitshoroskop zu stellen oder den günstigsten Zeitpunkt zum Aderlaß festzulegen. Auch die Zuordnung bestimmter Tierkreiszeichen und Planeten zu Körperteilen (Zodiakal- und Planetarmelothesien) verwirft Frischlin als Aberglauben.[69] Wer diese Ansicht aus den Schriften von Hippokrates und Galen herauslese, verstehe diese Klassiker falsch: *Plantas enim debet inspicere Medici, non Planetas: & in curandis aegrotis Galenum: non Calendarium consulere*.[70] Allen astrologischen Ärzten, die seit dem Mittelalter aus der antiken Medizin eine Iatromathematik gemacht haben, erteilt Frischlin eine scharfe Abfuhr:

> Wenn daher einer gefragt wird über die günstigste Zeit, die Haare zu schneiden, neue Kleider anzuziehen, zu reisen, an Fürstenhöfe zu gehen,

---

68 Ebd. S. 455.
69 Ebd. S. 436f. und 460f.; dazu Müller–Jahncke (wie Anm. 5) S. 154–160.
70 Frischlin: Congruentia. S. 461, auch zitiert von Müller–Jahncke (wie Anm. 5) S. 252.

Käufe und Verkäufe zu tätigen, Nägel zu schneiden usw., antworte ich gewöhnlich folgendermaßen: du sollst Nägel und Haare dann endlich schneiden, wenn sie zu lang sind; neue Kleider sollst du nicht eher anziehen, als
bis die alten abgetragen sind; zum Fürsten sollst du dann gehen, wenn er dir
eine Gunst erwiesen hat; kaufe, wenn du Geld hast, verkaufe deinen Besitz
und das, woran du keinen Mangel hast; reise, wenn es dir nicht an Reise–
und Kostgeld fehlt; baue, sobald du Material und Vermögen hast, heirate die
Frau, die sich mit dir aus Gottesfurcht trauen läßt; feiere deine Hochzeit,
wann immer dir es beliebt; laß dich schröpfen, wenn es die Notwendigkeit
erfordert; laß zur Ader, wenn es dir der Arzt rät![71]

Zur Bekräftigung seiner Mondprognosetheorie und der abschließenden
Ratschläge verweist Frischlin auf Hippokrates und Galen, die für die
Heilkunst nie die Astrologie gebraucht hätten, den ferrarensischen Arzt
Giovanni Manardo (1462–1536), die Tübinger Ärzte Leonhart Fuchs und
Jacob Schegk sowie den Heidelberger Medicus Thomas Erastus und
führt außerdem eine Reihe berühmter Astrologiekritiker wie Savonarola
(1384–1468/69), Giovanni Pico della Mirandola und Angelo Poliziano
(1454–1494) an.

Eine besondere Zielgruppe seiner Astrologiekritik waren also weniger
die Geistlichen und auch nicht allein Melanchthon und seine Schüler, die
er in der Dedicatio als besonders abergläubische Vertreter der Mantik
herausgriff. Vielmehr richtet er sich gegen alle Anhänger der Iatromathematik, die antike Krankheitslehren verfälscht hätten.[72] Sie sollten die

71 Frischlin: Congruentia S. 464. *Itaque interrogatus de temporibus ponendi capillos,
induendi vestes nouas, peregrinandi, adeundi principes, emendi, vendendi, aedifi-
candi, ungues praesecandi, & similibus ita soleo respondere: ungues & capillos tum
demum praecidito, cùm oblongiores fuerint; vestes nouas priùs non induas, quam sint
sartae & confectae; principem adito, cum sui copiam tibi fecerint; eme cum aes fuerit: vende, quae tua sunt, & quibus non eges; peregrinare, cum non defuerit via-
ticum; aedifica, vbi materiam & sumtus habueris: duc uxorem, quae tibi nubat in ti-
more Domini; celebra nuptias, quandocunque libuerit: scarifica, si postulat
necessitas: venam seca, si consulat medicus.*
72 Vgl. die Nachweise bei Müller–Jahncke (wie Anm. 5) S. 150ff. und 226–245. Zu den
astrologischen Interpreten der antiken Ärzte gehörten auch Milichius und Melanchthon. Beispiele für eine astrologische Hippokrates– und Galenexegese finden
sich im Hippokrates-Kommentar von Almanus, Adrian: Hippocratis medicorum
omnium principis de aere, aquis & locis [...] commentariis quatuor illustratus. Paris
1557 (Vgl. die Praefatio) und im Galen-Kommentar von Lalamantius, Johannes:
Claudii Galeni Pergameni de diebus decretoriis libri II. Lyon 1560 (S. 447f.).

reine Lehre über die Verursachung und den Verlauf von Krankheiten aus den antiken Autoren selber schöpfen.

Nichts anders lehrt Hippokrates dort [in seinem Traktat *De aere, aquis et locis*], als daß der Arzt die Jahreszeiten, Winde und geographischen Gegebenheiten beachten müsse. Denn aus keinem anderen Grunde, so sagt er, müßten die Aufgänge und Untergänge des Hundsterns, des Arcturus und der Plejaden, der Solstitien und Äquinoktien beobachtet werden, als nur deshalb, weil der Arzt durch sie Wetterumschwünge erkennt, mit denen, wie er [bereits früher] gesagt hat, sich auch der Magen der Menschen ändere.[73]

Hippokrates rate von Purgationen während der Hundstage nicht deswegen ab, weil er fürchtete, daß dieses Sternbild einen ungünstigen Einfluß darauf hätte, sondern weil einfach der menschliche Körper in dieser Hitzeperiode ausgedörrt sei. Galens Glaube, daß es »kritische Tage« (*dies decretorii*) gebe, stamme dagegen aus einer Irrlehre der Ägypter und Chaldäer.[74]

Welches war nun der Inhalt der hippokratischen Lehre? Krankheiten werden durch eine Störung in der physischen Konstitution verursacht, welche wiederum im Zusammenhang steht mit bestimmten atmosphärischen Veränderungen und klimatischen Bedingungen. Normalerweise reguliert der menschliche Körper äußere Einflüsse dieser Art mit Hilfe der inneren Hitze. Die Luft kommt als besonderer Krankheitserreger in Frage. Die kritischen Tage, an denen der Kampf zwischen der natürlichen Konstitution und der Krankheit in eine Krise gerät, hängen mit den Mondphasen zusammen. Nach Galen gibt es zwei Ursachen für die krankhafte Veränderung der Konstitution: den Jahreszeitenwechsel und saisonbedingte Wetterwechsel.[75]

Wegweisend für Frischlins Ehrgeiz, den ursprünglichen Sinn der hippokratischen Krankheitslehre bzw. der galenischen Hippokrates–Kom-

---

73 Frischlin: Congruentia. S. 460: *Nihil enim aliud ibi Hippocrates docet, nisi consideranda medico anni tempora, ventos, loca & regiones. Non enim alia de causa, caniculae, arcturi, vergiliarum exortus vel occasus, Solstitiaque & Aequinoctia obseruanda dicit: quàm vt Medicus per ea cognoscat temporum mutationes: cum quibus etiam hominum ventriculos dixit permutari.*

74 Frischlin: Congruentia. S. 461ff.

75 Vgl. Hippocrates: Opera omnia (griech.–engl). 4 Bde. Übers. Jones, W. H. S. Cambridge 1948. Einleitung zu Περὶ ἀέρων, ὑδάτων καὶ τόπων In: Bd. 1. S. 65–137 und Περὶ χύμων In: Bd. 4 (Cambridge 1953) S. 84–92.

mentare wiederherzustellen, waren insbesondere die Arbeiten von Fuchs und Manardus. Sie ließen – wie Frischlin selber – an der Astrologie kein gutes Haar und betonten, daß Ärzte von ihr keine seriöse Hilfe zu erwarten hätten. Wiederholt verwiesen sie auf die Astrologiekritiken Picos und Savonarolas, denen nichts mehr hinzuzufügen sei. Fuchs schreibt in seinem Hippokrates–Kommentar, wichtig für den Arzt sei allein eine solide astronomische Kenntnis. Wer die Gesetze der Planetenbewegungen kenne, sei auch in der Lage, die Jahreszeit, ihre charakteristische Witterung und die kritischen Tage zu bestimmen und könne darauf eine Diagnose und spezielle Therapie gründen. Die Häufigkeit bestimmter Krankheiten hänge mit Besonderheiten des Wetters zusammen.[76] Es wäre zu wünschen, daß jemand käme, der die *vanitatem & divinandi curiositatem* ausrotten würde. Auch Manardus betont, daß Hippokrates und seine wahren Interpreten unter Astronomie nur die zur Zeitrechnung notwendige Lehre der Planetenbewegungen verstünden, deren Kenntnis sie allein dem Arzt empfohlen hätten. Für die Bestimmung der kritischen Tage (*crisima*) die Hilfe der Astrologen in Anspruch zu nehmen, sei gar nicht im Sinne des Hippokrates. Auch Pico habe bestritten, daß die Pest auf eine *causa universalis* in den Sternen zurückzuführen sei, wie die Astrologen fälschlich behaupteten. Folglich plädierte Manardus dafür, die Astrologen zur Verbesserung der Heilkunde aus dem christlichen Gemeinwesen zu verbannen.[77]

Eine natürliche Konsequenz aus Frischlins gegen die Astrologie gerichteter Ansicht, wie wichtig die Planetenbewegungsgesetze für die Zeitrechnung seien, war ferner sein Anliegen, den Studenten in seinem Lehrbuch auch Grundgesetze der Kalenderstellung zu vermitteln. Daraus erklären sich sein Engagement für die Gregorianische Kalenderreform und die ausdrückliche Empfehlung der päpstlichen Schriften, in denen

---

76 Hippocratis medicorum omnium principis Epidemion liber VI, a Leonardo Fuchsio medico latinitate donatus: Basel 1537. Zum Aphorismus 21 fol. 176v–177v.

77 Manardus, Joannes: Epistolarum medicinalium libri XVIII. Basel 1535. S. 17f., S. 341–355: *De falsitate iudiciariae astrologie*. Manardus spielt hier Hippokrates gegen seinen astrologischen Interpreten Galen und seine Nachfolger aus: *Quo magis igitur ad astrologos convertimus, eo magis ab Hippocrate diuertimur. Sed haec quidem ad omnes pertinent, qui in reddenda crisimorum dierum ratione, ad astrologos confugiunt* (S. 348).

sie, ihr Nutzen und ihre Wirkung genau erläutert würden. Frischlin geht erstmals in Buch II im Zusammenhang mit der Präzession der Äquinoktien auf die Gründe für die Kalenderverwirrung ein; ausführlicher behandelt er sie im Rahmen der Mondtheorie in V, 10.[78]

Für die Präzession war die minimale Zeitdifferenz zwischen tropischem und siderischem Jahr verantwortlich; die Zeit, die die Sonne auf der Ekliptik von einem Frühlingsäquinoktium zum nächsten braucht, ist um ca. 20 Minuten kürzer als die Spanne, die vergeht, bis sich die Sternbilder im ersten Grad des Widders wiederholen.[79] Für die Kalenderunstimmigkeit war indes die Differenz zwischen dem natürlichen Sonnenjahr und dem von Julius Caesar festgelegten, sogenannten julianischen Sonnenjahr maßgeblich. Der Umlauf der Sonne bis zu ihrem Ausgangspunkt im ersten Grad des Widders beträgt 365d, 5h, 49'. Das julianische Jahr besteht aus 365 Tagen und 6 vollen Stunden, welche sich alle vier Jahre zu einem ganzen Tag addierten. Nach vier julianischen Jahren wächst die Differenz von ursprünglich elf Minuten auf 44 Minuten an und nach 132 Jahren auf 24 Stunden und 6 Minuten. Seit dem Konzil von Nicäa im Jahr 324, auf dem der Ostertermin festgesetzt wurde, waren 1582 ganze 1254 Jahre vergangen, und die Differenz belief sich inzwischen auf 9 Tage, 14 Stunden und 52 Minuten. Die Befürworter der Gregorianischen Reform warben für sie mit dem Argument, dieser Mißstand werde durch die Überspringung von 10 Tagen im Oktober 1582 beseitigt, das Frühlingsäquinoktium werde wieder auf das Datum des Konzils von Nicäa 324 zurückgeführt und durch den Beschluß, künftig in einem Zeitraum von 400 Jahren auf drei Schaltjahre zu verzichten, werde dem Übel auch in Zukunft vorgebeugt.[80] Das römische Reformdekret sah vor, 1600

---

78 Frischlin: Congruentia. S. 93; zur Vorgeschichte der gregorianischen Kalenderreform S. 407–418 und zur Reform selber S. 429–439.

79 Mästlin gibt für das tropische Jahr die Länge von 365 Tagen, 5 Stunden, 49 Minuten und 15 Sekunden an und bemißt das siderische Jahr auf 365d, 6h, 9' und 39'' (Mästlin (wie Anm. 10) S. 256). Zu dieser Differenz vgl. Kuhn (wie Anm. 27) S. 272–275.

80 Frischlin: Congruentia. S. 429. Grundlegend zum Verständnis der Gregorianischen Kalenderreform: Coyne, G. V. / Hoskins, M. A. / Pedersen, O. (Hgg.): Gregorian Reform of the Calendar. Proceedings of the Vatican Conference to Commemorate Its 400th Anniversary 1582–1982. Rom 1983; Aufgebauer, P.: Die Gregorianische Kalenderreform. In : Sterne 45 (1969) S. 118–121.

ein Schaltjahr einzuführen, aber 1700, 1800 und 1900 jeweils auf den 29. Februar zu verzichten und erst wieder 2000 zu einem Schaltjahr zu erklären. Frischlin beurteilt die Gregorianische Reform als Chronograph ebenso nüchtern wie die julianische Reform, durch die der Mondzyklus als Kalendergrundlage abgeschafft wurde. Auch Caesar beschloß nach Beratung mit seinen Mathematikern, einen ganzen Monat zu überspringen und künftig das Sonnenjahr von 365 Tagen + 6 Stunden dem Kalender zugrunde zu legen. So autoritär dieser Entschluß war, so sehr hat er sich in der Folge bewährt, und nicht anders verhält es sich nach Frischlins Meinung mit dem Vorschlag der römischen Kurie.[81]

Wollte man garantieren, daß der Ostertermin auch nach der Gregorianischen Reform exakt bestimmt würde, so mußte man nach dem Urteil der Reformer, dem sich Frischlin grundsätzlich anschließt, für drei Dinge Sorge tragen: erstens war das Frühlingsäquinoktium genau zu bestimmen, dann die Epakten, d.h., die Differenz zwischen der Vollendung von 12 Mondzyklen und dem Sonnenjahr von rund 11 Tagen, welche sich von Jahr zu Jahr anders verteilten, und schließlich der jährliche Rhythmus der Sonntage mit Hilfe des Sonntagsbuchstabens. Zu diesem Zwecke wurde das *Calendarium Gregorianum perpetuum* (Frischlin zitiert die ähnlich lautende Reformschrift *Calendarium Romanum*) herausgegeben, mit dessen Hilfe es dem Kalendersteller auch nach der Kalenderreform leicht möglich sein sollte, den Ostertermin den Regeln des nicäischen Konzils entsprechend (d.h., in Abhängigkeit vom ersten Vollmond nach dem Frühlingsäquinoktium) festzulegen.[82]

Entsprechend dieser Bestimmung erklärt Frischlin im fünften Buch, was unter dem neunzehnjährigen Mondzyklus zu verstehen sei, wie die Epakten berechnet werden und wie der Kalendersteller daraus für jedes

---

81 Frischlin: Congruentia. S. 408.
82 Calendarium Gregorianum perpetuum. München 1583. Bl. A2r; vgl. auch Gregor XIII: Zwo Bullen / in welchen er vermeint der gantzen Christenheit seinen neuen corrigirten Kalender gleich mit Gewalt auffdringen sol. In: Mästlin, Michael: Notwendige vnd gründtliche Bedencken / von dem allgemeinen / vhralten / vnd numehr bey sechzehenhundert Jaren gebrauchten Römischen Kalender [...] durch etliche hochverstendige Theologen vnnd Mathematicos [...] auß H. Göttlicher Schrifft/ den alten Kirchen Historien/ vnd gewissen Mathematischen Gründt [...] erkläret. Heidelberg 1584. Hier: § 7.

Jahr die Goldene Zahl ableiten könne. Dabei ist er sich vollkommen der von protestantischen Kritikern der Kalenderreform monierten Tatsache bewußt, daß der neunzehnjährige Mondzyklus inexakt und daher der Modus der Epaktenberechnung reformbedürftig war. Es macht dem Philologen und Historiker Frischlin offensichtlich Spaß, die Kalenderarten verschiedener Völker zu vergleichen, denn er erläutert ausführlich den hebräischen Mondkalender mit seinen alle drei Jahre eingeschobenen Schaltmonaten, woraus in der christlichen Kalenderkunst die Epaktenberechnung entstanden sei. Genauso ausführlich verfährt Frischlin bei der Erklärung des achtundzwanzigjährigen *Cyclus solaris*. Um ihn zu verstehen, muß man sich die Zusammensetzung des Jahres aus 52 mal sieben Tagen plus einem zusätzlichen Tag vor Augen halten. Die beweglichen Festtage verschieben sich folglich jährlich um einen Wochentag. Nach der achtundzwanzigjährigen Periode fallen alle Festtage wieder auf den selben Tag. Innerhalb dieses Zyklus ergeben die Schalttage die Folge der Wochentage.[83] Diese Erklärung liefert die Grundlage zur Kalkulation des *Sonntagsbuchstabens*, dessen Abfolge von a bis g sich nach 28 Jahren wiederholt.[84]

Am Ende des Kalenderkapitels ist die Regel zur Berechnung des Ostertermins für Frischlins geduldigen Leser einsichtig: Die Epakten müssen erstens zwischen dem 8. März und dem 5. April (alten Stils) bestimmt werden, d.h. der von Jahr zu Jahr wechselnde Neumondtermin innerhalb dieses für das Osterfest vorgesehenen Zeitraums; von dem gefundenen Datum müsse man dann vierzehn Tage bis zum Vollmond zurückrechnen. Der erste darauf folgende Sonntag sei dann der Ostertermin. Alles weitere könne man im *Calendarium Romanum* erfahren. Das Grundproblem der Kalenderreform bestand also darin, die Goldene Zahl nach der Überspringung von zehn Tagen neu zu finden und nach dem neuen Epaktenzyklus den letzten Vollmond vor dem neuen kalendarischen Ostertermin zu bestimmen. Eine weitere Konsequenz des Wegfalls der zehn Tage und der Auslassung von drei Tagen innerhalb von 400 Jahren war die Unterbre-

---

83 Frischlin: Congruentia. S. 413f.
84 Ebd., die Tabelle der Sonntagsbuchstaben im 28–Jahr–Zyklus auf S. 424f.

chung und Verschiebung des laufenden 28-Jahreszyklus des Sonntagsbuchstabens.[85]

Frischlin scherte aus der Phalanx der protestantischen Reformkritiker
aus, die sich hauptsächlich gegen den Urheber der Reform, Papst Gregor
XIII., richteten. Als Astronomen sahen zwar auch Mästlin und seine
Kollegen die Notwendigkeit einer Reform ein. Als Untertan eines lutherischen Herzogtums protestierte er aber gegen die Verordnung des Papstes, die Reform nach den Vorschlägen seiner römischen Fachberater
durchzuführen. Mästlins Unmut richtete sich außerdem gegen den Modus
der Reform, der mathematisch unbefriedigend und politisch unpraktisch
sei. Anstatt sich willkürlich am Datum des Frühlingsäquinoktiums von
324 als Richtwert zu orientieren und zehn Tage zu überspringen, könnte
man ebenso gut das Jahr von Christi Geburt als Stichtermin nehmen. Am
besten wäre es, man ließe das momentane Datum des Frühlinsäquinokti-
ums (11. März) unangetastet und trüge dafür Sorge, den seit Julius
Caesar aufgelaufenen Zeitrückstand künftig durch die periodische Auslassung von Schaltjahren allmählich zu überwinden. 1583 legte Mästlin
seine Stellungnahme zur Gregorianischen Kalenderreform schriftlich
vor.[86] Apian hatte gleichzeitig einen in der Sache ähnlichen Reformvor-
schlag ausgearbeitet, wobei er auf die älteren Gutachten von Johannes
Regiomontanus (1436–1476) und Johannes Stöffler (1452–1531) zu-
rückgriff und sich der konfessionellen Polemik gänzlich enthielt.[87] Am
24. November 1583 lehnte die Tübinger Universität in einem vom Rektor
Lucas Osiander unterzeichneten Gutachten die Einführung des Gregori-

---

85 Ebd. S. 439; genauere Angaben im *Calendarium Gregorianum perpetuum* (wie
    Anm. 82).
86 Mästlin, Michael: Außführlicher vnd Gründtlicher Bericht Von der allgemainen [...]
    Jahrrechnung oder Kalender [...]. Heidelberg 1583: *hab auch solches aus Politi-*
    schem / Ecclesiastischem vnn Mathematischem grund nach meinem ringfügigen ver-
    stand erwisen / nämlich / das dise des Bapsts änderung vnnd Correction in Politi-
    schen Handlungen jrrig / in Kirchen Ceremonien oder Geystlichen sachen ärgerlich /
    vnd in Mathematischer rechnung falsch vnd vntauglich seye. Vgl. auch ders. (wie
    Anm. 82); ders.: Alterum examen novi pontificalis Gregoriani Kalendarii. Tübingen
    1586; ders.: Defensio alterius sui examinis. Tübingen 1588.
87 Vgl. das Manuskript des Gutachtens von Philipp Apian für den Rektor der Tübinger
    Universität (Tübingen, Universitätsarchiv 5/10).

anischen Kalenders als ein *Politisch* und *Gaistlich werkh* ab und machte sich Mästlins polemische Argumentation zu eigen.[88]

Die Pointe von Frischlins Kalenderkapitel liegt darin, daß sie es dem Leser ermöglichten, die Gregorianische Kalenderreform als einen bloßen Formalismus zu verstehen, der Glaubensfragen gar nicht berührte. Außerdem versetzte Frischlin den Leser in die Lage, sich seinen eigenen Kalender nach altem oder neuem Stil zu stellen und so unabhängig von den Kalenderdekreten des Landesherrn oder des Papstes zu werden.

Es ist nun evident, warum sich Frischlin mit seiner medizinisch motivierten Astrologiekritik und der grundsätzlichen Befürwortung der Gregorianischen Reform bei seinen Glaubensbrüdern unbeliebt machte. Im ersten Fall richtete er sich gegen die offizielle Lehrmeinung, die seit Melanchthons *Initia doctrinae physicae* in allen protestantischen Hochschulen verbreitet war, und näherte sich der astrologiekritischen Position katholischer Lehrbuchautoren an, die seit der Bulle Sixtus' V. 1586 zur offiziellen kirchlichen Lehrmeinung wurde. Im zweiten Fall zog er den Argwohn der Tübinger Kollegen auf sich, die Gregors Kalenderreform rein äußerlich, aus theologischen und politischen Gründen, ablehnten. In beiden Punkten bewies Frischlin jedoch aus heutiger Sicht größere Weitsichtigkeit als seine Kollegen, wenn sie auch in ihrer Zeit erfolgreicher, weil angepaßter waren.

---

88 Bedenken der Universität Tübingen wegen der Einführung des Gregorianischen Calenders und der deßwegen zu Augspurg entstandenen Unruhen. In: Sattler, Christian Friedrich: Geschichte des Herzogtums Württemberg. Bd. 5. Ulm 1772. Beilage 18. S. 50–68, bes. S. 56, 58 und 60: *Denn der Papst will sich hiermit wiederumb des Hirten–Ampts in unsern Kürchen anmassen, so wir jne doch für unsern hirten und seelsorger nun (Gott lob) vill Jar nicht mehr erkennen [...] hiemit begert der Papst nicht allein den fueß in unsere Euangelische Kürchen zusetzen, sondern er greifft hiemit den Chur–Fürsten und Stenden nach jren Fürstlichen Hüten und Regierungen und versuchet, ob sie jne für ihren herrn leiden und erkhennen wollen [...] Neben dem auch ein modus Correctionis gantz unbequem, da auß einem Jar einsmals sollen zehen gantze tag herauß genommen werden, da dagegen, wann man etliche Jar die dies intercalares silentio ubergieng, der Defectus Juliani Calendarii khöndte verbessert werden, das es der gemein Mann nicht spürte oder merckhte.*

Quellenanhang

Appendix I

Mästlin, Michael: Epitome astronomie [...].
Heidelberg 1582.

[*Widmung an Herzog Ludwig von Württemberg*]

Haec, Princeps illustrissime, Domine clementissime, cum mecum iam ante plures annos perpenderem, omnia existimaui huic scientiae mihi sic incumbendum esse, ac si ipsa aliquando ope mea fruitura sit, placebat mihi compendiorum conscriptorum intentum & praefixus scopus: At interim non minus dolore coepi hanc animorum & docentium & discentium (vtpote proprio exemplo expertus) distractionem: Non parum me commouit desiderium plurimorum, qui epitomen aliquam, qua necessaria non omissa, nec ociosa seu super abundantia immixta essent, exoptabant. Sed multo magis miserebat me multorum irritorum laborum, quos ego commilitones meos aliquando in tyrocinio nostro in describendis nescio quibus quaestionibus à quodam olim, forsan initio satis doctè dictatis, sed multipliciter pro tenuitate cuiusque infirmioris iudicij corruptis, auctis, mutilatis, mutatis aut aliunde corrasis, insumsisse vidi. Nam cum in Tubingensi celeberrima Academia, sicut & in alijs Matheseos studium non modo fideliter doceatur, sed etiam tam publice ab altiores honorum gradus perituris, quam priuatim, praesertim à Celsitudinis vestrae alumnis, in eiusdem Collegio augustissimo per priuatos praeceptores exigatur: Hi vero partim quia Tyrones, partim quia aliis studiis principaliter dediti, videl. theologicis, quibus in vinea Domini cum fructu laborare aliquando possint, sibimet ex ipsius scientiae fontibus conscribere non possint: fieri solet, vt quaeque vndicunque excerpta commisceant, quandoquidem quae volunt habere non possunt. Quare mirum non est quod non pauci ab his Matheseos studijs, sicut communes in plaerisque Academiis querelae sunt, primo statim limine absterrentur, ingenuam enim indolem quiduis tentare taedet, si manu ductorem fidelem, quem tutò sequi audeat, non habeat. Ex quo illud etiam promanat quod dum ex eodem Celsitudinis vestrae collegio aliqui iuuenes, in reliqua politiori literatura optimè, sed in hac Philosophiae parte, propter causas recensitas, forsan haud sufficienter uersati, scholis coenobiorum praeficiuntur, vt ibi adolescentulos, quos Celsitudo vestra loco ociosorum Monachorum, qui olim sine vllo Ecclesiae fructu in eis saginabantur, munificentissimè & liberalissime quasi à cunabulis ad pia studia initiatos fouet, in moribus & pietate ad sublimiores literas praeparent: ipsi eos in Mathematum fontibus non tanta dexteritate imbuere & expolire possunt.

Has ob causas, Princeps illustrissime, ante plures annos, me his utrisque pro tenuitate ingenij mei consulere velle decreui, & idcirco cum adhuc Tubingae in eodem Celsitudinis vestrae Collegio viuerem, coepi has praesentis Epitomes quaestiones conscribere, quas tamen vix dum coeptas toto tempore intermedio, alijs occupationibus detentus, absoluere non potui. Iam nunc autem cum me ab alijs illis curis & negocijs liberiorem, in Sparta hac Mathematica fideliter exornanda totum deditum esse conueniat: coepti mei non immemor, Epitomen illam ad manus reuocatam, tandem, Deo Astrorum Rectore cooperante, qua potui diligentia absolui. Eam etsi initio singulariter in vsum eorum, quos Celsitudo vestra vel in coenobijs, vel in augustissimo Tubingensi suo Collegio fouet, quos etiam compertum habeo, toto hoc tempore, quo me in ea occupatum resciuerunt, auidissime editionem expectare, sicut etiam ipsorum gratia magni viri autoritate multa pollentes crebro apud me, ut editionem maturarem, institerunt, conscribere coeperam: Quia tamen illiusmodi Astronomiae elementa passim vbique desiderantur: in lucem publice datam omnibus Astronomiae tyronibus & studiosis, totique literariae Reipublicae hanc meam Epitomen fruendam propono, ea spe fretus, labores istos meos propter ipsos elucubratos, non fore irritos & vigilias ipsorum huic Epitome propter Astronomiae cognitionem dicatas, non fore infrugiferas. [...]
[*datiert: 19. März 1582*].

[*Über die Tübinger Mathematiklehrer*]

Lectori s. p. d. [...] Idcirco cum diu multumque circumspicerem, cuius-
nam Authoris Epitomen Astronomicam plurimae, quae extant, talem iu-
dicare possem, qua tyronibus Astronomiae cupidis, in tradendis veris eius
fundamentis, prout vel ipsius scientiae methodus vel ratio postulat, satis-
fieret: nunquam tamen quod quaerebam inueni. Nam in aliquibus (invitus
refero, quae tamen uera esse haud pauci post acceptum damnum intelligunt) certa methodus ante omnia necessaria desideratur: aliis in parergis
sunt verbosi, in rebus ipsis muti: alij praeter ullam rationem nudas &
concisas diuisiones existimant methodicum quid esse: alij non modo nihil
ad rem facientia, omißis necessariis, immiscent, sed & falsa dogmata
(quae tamen suis ipsis authoribus incognita esse constat) pro veris tradere
solent &c. plura, cum odiosa sint, recensere nolo. Condolebam igitur Tyronibus non tantum ijs, qui rudimenta saltem prima cognoscere, non autem intima penetralia Astronomiae perscrutari sibi proposuerunt, quos
tamen nihilo minus meliora doceri par erat: sed singulariter etiam ijs, qui
magno ardore quaevis tentantes, irritos labores insumere coguntur, cum
propter imbecillitatem iudicij adhuc dum tenelli quae magis propria, ge-
nuina & uera sint ex singulis excerpere non poßint. Rogatus igitur à non
paucis nolui studiosae iuuentuti dono meo qualicunque diuinitùs mihi
concesso vltrà deesse. Quare has quaestiones conscripsi, commodiore
methodo pro virili meo sic concinnatas, vt in omnibus Astronomiae
scientiae fundamentis addiscendis satisfaciant.

Appendix II

Staatsarchiv Stuttgart: 18. Januar 1586, Empfang datiert auf den 26. Januar 1586

[*Gutachten Mästlins an Herzog Ludwig von Württemberg*]

Illustrissime Princeps, Domine clementissime, Celsitudinis vestrae clementissimum mandatum, ego decreui et summa obseruantia accipi, et inde perlegi Librum CONGRVENTIAE Artis Astronomicae cum doctrina coelesti et naturali Domini Nicodemi Frischlini Poetae eximij, eumque aliquoties relectum sedulo ad normam et censuram veritatis, remoto omni affectu et praeiudicio examinaui. Viro enim huic, vt erudito, ita multis donis pollenti, meritò optimè cupio: nihilque in votis magis haberem, quam vt ipse donis illis suis Rempublicam literariam in vsum Scholasticae iuuentutis magnoperè exornaret.

Vt ergo Celsitudini vestrae meum de illo libro iudicium humilimè exponerem, ego id in certa quaedam capita, velut animaduersiones congessi, quas Celsitudini vestrae in pagellis adiunctis submissè offero, supplex orans, vt Celsitudo vestra eas (prolixiores quidem, si paginae spectentur: sed concisiores et multo breuiores, quam rei necessitas exigeret) clementer accipere dignetur. Maluissem autem, Illustrissime Princeps, Librum illum alio elogio ornare: Sed quoniam Celsitudinis vestrae clementissimo mandato mihi parendum est: et quoniam hoc libro non minima pars profectus studiosae iuuentutis in bonis artibus, eius, quam Celsitudo vestra paternè magnis sumptibus in coenobijs fouet, sperari vel periclitari potest, sicut ex praefatione libri colligitur: quoniam item autor Celsitudinis vestrae patrocinium sua dedicatione expetit: pietas et conscientia mea mihi aliud nihil dictant, quam vt omnem veritatem rei exponam. Amicus ergo sit Plato, Amicus Socrates, Amicus Frischlinus: magis tamen amica sit veritas; mandatum Celsitudinis vestrae bonum publicum.

Hic itaque Frischlini liber ad normam veritatis, et ad rectam rationem adiuuandi studiorum labores examinatus, deprehenditur habere Methodum quandam talem, quae cum modo tradendarum scientiarum non admodum congruit: Res autem, quae negocio haud sufficienter satisfaciunt. Plaeraque enim ibi compraehensa, a rectitudine non leuiter recedunt: multa item satis intricatè et imperfectè traduntur. Ex quibus non obscurè colligitur, Autorem, scientiae Mathematicae esse oblitum. Hinc vix aliud subsecuturum est, quam ipsum hominibus literatis futurum esse fabulam, quod ludibrium haud dubio aliis etiam eiusdem vtilibus laboribus et laudabilibus scriptis, multum authoritatis derogabit. Quin et liber ipse facilè aliquem inuenturus est, qui ad absurditates eius respondebit, nisi alios temporis insumendi pigeat, propterea quod ipse liber seipsum conficit.

Quapropter, Illustrissime Princeps, Domine clementissime, Celsitudini vestrae humilimè committo, primò quidem, Anne librum illum Frischlini publicandum esse censeat, siquidem id vix sine diminutione existimationis ipsius auctoris fiet? Deinde verò, si omnino autor librum hunc typis euulgare velit, anne Celsitudo vestra ipsi clementer permittendum iudicet, vt sub patrocinio eius publicetur? Tertio, anne, quod autor in praefatione supplex petit, liber ille Celsitudinis vestrae alumnis sit commendandus? quandoquidem doctissimi multi intentum autoris saepius non animaduertere possunt, difficilè ergo erit, tyronibus, vt res ipsas cum profectu ex eo addiscant, in eo versari.

Haec, Illustrissime Princeps, Domine clementissime, ad Celsitudinis vestrae clementissimum mandatum, humilimè, pro vt rei necessitas et grauitas, praesertim bonum publicum Celsitudinis vestrae alumnorum, quorum profectum Celsitudo vestra nullis laboribus et sumptibus parcendo vnicè procurat, postulat, referre debui. Celsitudinem autem vestram supplex oro, vt clementissimo vultu hanc meam relationem suscipere non dedignetur. Cui etiam me humilime commendo. Actum Tubingae die 18. Ianuarij. Anno 1585.
Celsitudinis vestrae
    subditissimus
      M. Michael Maestlin Mathematicus.

Appendix III

Staatsarchiv Stuttgart: 27. Januar 1586

[*Gutachten des Dekans der philosophischen Fakultät in Wittenberg*]

Illustrissimo Principi ac Domino, Domino Ludouico, Duci Wirtembergico, ac Tecio, Comiti Montis Peligardi etc., Domino suo clementissimo s\<alutem> d\<icit>. De libro tuo astronomico, uir clarissime et Domine colende, significatum nobis prius non fuit, quàm literas à te hoc nomine acciperemus. Nam antea priuatim eius inspiciendi copia data est à Domino pastore nostro, cuidam è nostris collegis, qui et quod uisum fuit, de hoc ad Dominum pastorem retulit, ad te ut perscriberetur.

Cum autem duo sint, in quibus liber iste consumitur, astronomica sunt eiusmodi, ut suum locum habeant: nisi quod hypotheses astronomicae ibi perstringuntur, de quo inertiae suae patrocinium (quanquam perperam) arripient, qui hoc genus disciplinarum alioquin negligere et odisse solent. Jn Astrologicis cardo negotij uertitur, contra quae ut diceres, institutam abs te hanc scriptionem apparet. Ac ut fateamur quod res est, odio & reprehensione meritò sunt digni, qui nihil non futuri ex astris pollicentur, & ad singularia descendentes, inani spe metuque homines suspendunt: quorum temerariam audaciam uel impietatem potius nos quoque execramur, cum multis modis illa noceat rebus tum publicis tum priuatis. Sed ut propterea uis omnis abrogetur caelo sideribusque agendi in haec inferiora, neque tu concedere uideris, dum disertè ais, occulto quodam uigore res sublunares confoueri: de quibus occultis, ut de alijs naturae abditis & retrusis, quin aliqua verè sint cognita, non est dubium, quorum praedictio etiam sobria profani nihil continet. De Sancto nostro Melanthone notum est ex ipsius scriptis & orationibus, quid et quantum huic μαντικῇ tribuerit, et quomodo ἀναιτιολόγητα à caeteris distinxerit, quorum causae aliquae in natura sunt manifestae.

Quanquam enim quae Ptolemaei sunt in hoc genere, non aeque probantur universa: quoniam tamen metas diuinationis praefigit, τὸ διωκτὸν καὶ χρήσιμον, ea sine superstitione in scholis retineri possunt. Neque

tam uetustatem hic ueneramur, quàm ueritatem, usu et exemplis compro-
batam: quam dum tu in aeris quoque & tempestatum mutationibus reijcis,
prouehi nobis uideris paulò longius. Tollatur ex artibus abusus et super-
stitio, atque hic fatum Stoicorum excludatur: caetera quae pars sunt
physicae retineantur, iisque temerè obtrectare, nefas sit. Haec respondere
ad literas tuas uoluimus, quae ut pro tua humanitate in bonam partem
accipias, ut bono animo scripta sunt, reuerenter et officiosè oramus. Librum à Reuerendo Dn. M. Dalmatino accipies. Bene uale. Datae VVitebergae VI. Cal: Janua<rii> Anno Christi ineunte.

    Tui studiosissimus
        Decanus & collega docentium
        philosophiam in Academia VVitebergensi.

Quellenliteratur:

Bedenken der Universität Tübingen wegen Einführung des Gregorianischen Calenders und der deßwegen zu Augspurg entstandenen Unruhen.
24. Nov. 1583. In: Christian Friedrich Sattler: Geschichte des Her-
zogthums Württemberg [...]. Bd. 5. Ulm 1772. Beilage 18. S. 50ff.

Notwendige vnd gründtliche Bedencken / Von dem allgemeinen / uhral-
ten / vnd numehr bey sechtzehenhundert Jaren gebrauchten Röm. Kalender [...] durch etliche hochverstendige Theologen vnnd Mathematicos
[...] auß H. Göttlicher Schrifft / den alten Kirchen Historien / vnd gewissen Mathematischen Gründt [...] erkläret. Heidelberg 1584. Darin die
Gutachten von Maestlin, der Pfalzgräfl. Schule in Neustadt an der Hardt,
Lucas Osiander, dem Württembergischen Hofprediger, Tobias Moller
aus Leipzig, Lampertus Floridus und die Bulle Gregors XIII. sowie eine
gereimte Bawrenklag / Vber den Newen Kalender / so Pabst Gregorius
der dreyzehndt deß Nammens [...].

Nicodemus Frischlin: De astronomicae artis cum doctrina coelesti, et
naturali philosophia congruentia, ex optimis quibusque Graecis Latinisque scriptoribus, Theologicis, Medicis, Mathematicis, Philosophis &

Poetis collecta libri V. Passim inserta est huic operi solida divinationum astrologicarum confutatio. Frankfurt a.M. 1586. Neue Aufl.: Straßburg 1601.

Nicodemus Frischlin: Orationes insigniores aliquot [...]. Straßburg ²1618, bes. S. 193–198 und S. 218–228 (*Laus astronomiae; De fortuna*).

Michael Maestlin: Epitome astronomiae, qua brevi explicatione omnia, tam ad sphaericam, quam theoricam eius partem pertinentiae, ex ipsius scientiae fontibus deducta, perspicue per quaestiones traduntur. Heidelberg 1582.

Michael Maestlin: Außführlicher vnd Gründtlicher Bericht von der allgemeinen [...] Jarrechnung oder Kalender. In was Gestalt er anfänglich geweßt / vnd was durch länge der Zeit für Irrthumb dareyn seyen eyngeschlichen [...] Item ob / vnd wie er widerumb ohn merckliche verwürrung zu verbessern were [...]. Heidelberg 1583.

Quellen für Frischlins Astrologiekritik:

Hippocratis medicorum omnium principis epidemion liber VI, a Leonardo Fuchsio medico latinitate donatus [...]. Basel 1437. [Enthält einen wohlwollenden Brief Melanchthons und die Übersetzung von Hippokrates' Aphorismen.]

Samuel Siderocrates Brettanus (= Eisenmanger/Isenmanger): Cyclopaedia paracelsica christiana. Drey Buecher von dem waren vrsprung und herkommen der freyen Künsten / auch der Physiognomia, obern Wunderwercken [...] darinn auß der H. Schrifft mit beständigen grund nach notturfft dargethan wuert / daß alle freye kuenst [...] nit auß menschlichen vermeinten erfindungen / sonder allein von Gott dem Allmächtigen / als vom reichen vberquellenden Bronnen herkommen. Brüssel 1585.

Samuel Siderocrates: Libellus Geographicus, locorum numerandi intervalla rationem in lineis rectis & sphaericis complectens, in Academia inclyta Tubingensi collectus & dictatus. Tübingen 1562.

Johannes Manardus Medicus Ferrariensis: Epistolarum medicinalium libri XVIII. Basel 1535.

Ludovicus Caelius Rhodiginus: Lectionum antiquitatum libri XXX. Basel 1550.

Kalendarium Gregorianum perpetuum. München 1583.

Carolus Henricus Langius: Nicodemvs Frischlinvs. Vita, fama, scriptis ac vitae exitu memorabilis recensuit variis observationibus ac notis illustravit [...]. Braunschweig/Leipzig 1727.

Not found on Google books ...

Held in BL ∅ yes (70 MMs).

——— BODLEIAN ?

364

Jörg Baur

Nikodemus Frischlin und die schwäbische Orthodoxie

Im Jahr 1590 kam das Leben von zwei Männern an sein Ende, die für das gängige Urteil nach Werk und Geltung weit auseinander liegen.

Am 7. Januar starb in Tübingen im Alter von 61 Jahren, acht Monaten und dreizehn Tagen Jakob Andreä, Professor primarius der Theologischen Fakultät, seit Juli 1562 Kanzler der Universität und Propst der Stiftskirche St. Georg, vor allem aber der Mann, dessen unbeirrbare Beständigkeit, Wortgewalt und Geschick die Kirchen der lutherischen Reformation drei Jahrzehnte nach Luthers Tod aus dem Gewirr religiöser Dissonanzen und theologischer Widersprüche zur Einheit eines Bekenntnisses führten, zur *Formula Concordia* von 1577, die dann über anderthalb Jahrhunderte im Herzogtum Württemberg und in den meisten evangelischen Territorien des Reiches in Geltung stand.

In der Nacht auf den 30. November stürzte beim Versuch, sich aus der obrigkeitlichen Gefangenschaft auf der Festung Hohenurach über die steile Felswand in die Freiheit abzuseilen, der bedeutendste neulateinische Poet der Schwaben, der Balinger Pfarrersohn – und über seine Mutter mein Ebinger Landsmann – Nikodemus Frischlin im Alter von 44 Jahren, zwei Monaten und sieben Tagen in den Tod.

Dem einen, dem Vertreter der kirchlichen und universitären Institution, der in der Tübinger Stiftskirche sein Grab fand, wurde ein Epitaph errichtet, dessen Text bis heute »den Mann von großer Urteilskraft, glücklichster Begabung, außerordentlicher Frömmigkeit, Bildung und bewundernswerter Beredsamkeit rühmt«.[1]

Den anderen begruben sie am 4. Dezember an der Mauer des Uracher Kirchhofs, wenn auch keineswegs *cum infamia*, sondern begleitet vom

---

1 Vir judicii magni, ingenii dexterrimi, pietatis et eruditionis eximiae, eloquentiae admirandae; Epitaph in der Vorhalle der Tübinger Stiftskirche.

Uracher Superintendenten Johann Schmidlin,[2] der nicht verschwieg, was dann am 1. Februar 1591 der aus Ingelfingen am Kocher gebürtige David Chyträus (1530–1600), Coautor der Konkordienformel und dominierender Kopf der Universität Rostock, an Braunschweigs Superintendenten Polykarp Leyser schrieb:

> den elenden und so traurigen Ausgang des gottbegeisterten Dichters Frischlin, dessen Genie kaum ganz Deutschland ein hervorragenderes oder auch nur gleiches zur Seite zu stellen hat, beweine ich schmerzlich und beklage, daß mit ihm so große und hohe Geistesgaben zugrunde gingen.[3]

Andreä, dessen ganzes Leben nach dem Urteil der akademischen Gedenkrede Jakob Heerbrands beständige Arbeit und andauernde Tätigkeit war,[4] konnte im Bewußtsein einer gelungenen Leistung ruhig sterben. Er hatte vermocht, was ihm Hirsaus Abt Anton Varenbüler zurecht zuschrieb: »Gordische Knoten zu lösen«[5] und die widerläufigen Stränge evangelischer Frömmigkeit und Theologie zu einem zu bündeln. Leicht war dieses *Werck der Concordien* nicht gewesen. An Himmelfahrt 1579 nahm Andreä vor versammeltem kurfürstlichen Hof in der Dresdener Schloßkirche kein Blatt vor den Mund:

> *Und ist [...] kein Wolff oder Beer jemals gehetzt worden / an dem so viel Hunde gewesen / als mir in diesem Werck unzalbahr widerfahren. Dann von allen enden und orten her / von freunden und feinden wider mich gestürmet*

2 Zu Schmidlin vgl. Fischlin, Ludwig Melchior: Memoria Theologorum Wirtembergensium resuscitata, h.e. Biographia Praecipuorum Virorum, qui a tempore Reformationis usque ad hanc nostram aetatem partim in Ducatu Wirtembergico Verbum Domini docuerunt, partim extra suam hanc Patriam vocati Ecclesiae Christi aliis in terris inservierunt, atque Vel scriptis Theologicis, vel officiorum dignitate, vel aliis meritis praestantibus inclaruere. Accessit Elenchus Scriptorum tum editorum, tum in Manuscriptis latentium cum Supplementis atque Indicibus necessariis. Pars I. Ulm 1710. S. 233f.

3 *Frischlini vatis, cuius ingenio vix tota Germania praestantius, aut simile habuit, exitum miserabilem et tristissimum veris gemitibus deploro, et tanta ingenii bona, cum eo periisse doleo.* Davidis Chytraei Theologi ac Historici Eminentissimi, Rostochiana in Academia Professoris quondam primarii Epistolae, [...] editae a Davide Chytraeo Authoris filio. Hanoviae 1614. S. 789.

4 *Tota ipsius vita, [...], continuus fuit labor, et actio perpetua*: Oratio funebris de vita, et obitu D. Jacobi Andreae, Fama Andreana, Reflorescens, sive Jacobi Andreae Waiblingensis, Theologiae Doctoris, Vitae, Funeris, Scriptorum, Peregrinationum et Progeniei, Recitatio, curante Joh. Valentino Andreae Nepote, Straßburg 1630. S. 296.

5 *[...] potuit Gordios notos solvere*: Fama Andreana (wie Anm. 4) S. 341.

worden. Doch jhr sehet und höret / das ich / Gott lob / noch weder an der
Zungen / noch an den Henden lahm bin.[6]

Doch nun konnte er die Hände sinken lassen. Der Aufbruch der Reformation hatte zur Gestalt gefunden.

Frischlin aber, der *poeta et vates*, hatte die Leinentücher seines Ge-
fangenenzimmers am späten Abend des 29. November nicht fest und wi-
derständig genug geknüpft, und so riß ihm bei der Flucht mit dem Seil
dann auch der Lebensfaden – unglücklich und zu früh.

Und doch blieb ihm, auf dessen Grab bald ein Rosenstrauch wuchs,
mehr als der gewichtige Andreä für sich gewinnen konnte: die Erinnerung der Nachgeborenen, die der Magister Georg Conrad Maicler in die
noch immer bewegenden lateinischen Distichen sammelte:

> *Quid rosa purpureo signet vestita colore,*
> *Dicam, quae vatis nascitur e tumulo.*

> Was diese Rose, purpurfarben gekleidet, euch zuspricht,
> Die dem Grabe des Dichters entsprießt, sage ich euch.

> *Hinc omnis te doctus amat, quotiesque viator,*
> *Praeteriens tumulum viderit atque rosas,*
> *Ille tui memor et suspirans pectore dicet.*
> *Hoc nemo vates maior in orbe fuit.*

> [...] wenn immer ein Wanderer
> Das Grab und die Rosen im Vorbeigehn erschaut,
> So sag er, deiner gedenk und mit herzlichem Seufzen:
> Kein größerer Seher als dieser war in der Welt.[7]

Doch wir scheinen mit dem Ausgriff auf ein Dokument verfrühter Emp-
findsamkeit unser Thema zu verlieren.

---

6 Fünff Predigen: Von dem Wercke der Concordien, Und endlicher Vergleichung der
vorgefallenen streitigen Religions Artickeln. Auch welcher gestalt die Hohen / Fürsten / und Particular Schulen / Kirchen / derselbigen Visitationen, Consistoria, Syn-
oda, und was sollichen mehr anhanget / Im Hochlöblichen Churfürstenthumb Sachs-
sen angestellet: In Dreßden / Leiptzig und Wittembergk / Durch Jacobum Andreae D.
gehalten. Dreßden 1580. S. 50f.
7 Vita Nicodemi Frischlini Balingensis, Comitis Palatini Caesarei, Poetae Laureati Viri
Clarissimi. Cui adhaerescunt, Vitae Rodolphi Agricolae, Joannis Capnionis, et Erasmi
Roterodami. Recensente M. Georgio Pfluegero Ulmano, Straßburg 1605. S. 3–40, bes.
S. 36f.

Dann freilich nicht, wenn uns das steinerne Grab Andreäs und die Rosen über dem Leichnam des unglücklichen Frischlin, deren Duft Maicler besang:

Haec ut perpetuo benolentem servat odorem /
sive ubi mane viget, sive ubi nocte cadit,[8]

zu Metaphern einer Antithese werden, für die Renaissance und Reformation als gespaltener Einsatz der Neuzeit gelten: Dort die neue Geburt der Freiheit, der Gewinn von Selbstbewußtsein und der Kraft zur Selbstbestimmung, die Erfahrung der Schönheit der Welt; hier aber nur der Bruch mit der päpstlichen Institution aus einer noch mittelalterlichen Unruhe des um sein ewiges Heil besorgten Gewissens, ein Rückgriff auf die schärfsten paulinischen Gegensätze von Sünde und Gnade, die exklusive Behauptung der Rettung des Menschen allein durch Christus, die Verengung des Hörens allein auf die Bibel und daraus erwachsend eine die Scholastik noch überbietende Primärstellung der Theologie als Schule der reinen Lehre mit allen Folgen dieses Anspruchs: dogmatischer Doktrinarismus, religiöse Erstarrung, gesellschaftliche Intoleranz, Zensur der wissenschaftlichen Forschung, neuerliche Einbindung der Artes als Magd der Theologen und ein auf das volksdisziplinarische Programm des christlichen Fürstenstaates hin funktionalisiertes kümmerliches Überleben von Kunst und Dichtung: Die zur konfessionellen Orthodoxie petrifizierte Reformation als Grab der wiedergeborenen Antike und bleiche Nachlaßverwalterin des Humanismus. Die Tragödie der deutschen Unfreiheit spielte auf der Schwelle der Neuzeit ihren ersten Akt.

Gewiß, in so groben Klischees mag heute kein Kundiger sich mehr verfangen. Der Sachverhalt ist nicht zu übersehen: »Die humanistische Geisteshaltung stand zur Religion und zum christlichen Glauben in einem viel komplizierteren Verhältnis, als es sich viele Historiker des 19. Jahrhunderts vorgestellt haben«.[9] Aber dennoch ist auch ein differenzierteres Urteil immer wieder geneigt, mit Hilfe dieser Konstruktion die Terra incognita der frühen Neuzeit zu vermessen – es sei denn, das historische Bewußtsein vergegenwärtige sich die Genese dieser Deutung und damit

---

8 Ebd.
9 Spitz, Lewis W.: Humanismus. In: Theologische Realenzyklopädie 15. S. 639–661, bes. S. 641.

zugleich die Motive, die zu deren Ausbildung führten. Dann aber kann nicht länger unbedacht bleiben, daß erst seit der Mitte des vergangenen Jahrhunderts Renaissance, Humanismus und Reformation als weltanschauliche Bewegungen gedeutet wurden. Die Tendenz dieser Interpretation spricht sich in Karl Hagens dreibändigem Werk über *Deutschlands literarische und religiöse Verhältnisse im Reformationszeitalter*[10] noch nicht so aus, daß die Renaissance bzw. der Humanismus der Reformation entgegengesetzt werden; vielmehr konstruiert Hagen einen universalen Begriff von »Reformation«, verstanden als »die neue Richtung in Literatur und Religion«; »Ihr Prinzip war die Freiheit: das Streben, sich von den unnatürlichen Fesseln los zu machen, in welchen sie die herrschenden Gewalten, namentlich Kirche und Schule, gefangen hielten.«[11]

Demgegenüber gehört Luther, »der eigentlich gar nicht auf der Höhe der Zeit stand, ja, wie die Folge bewies, gegen die freieren Richtungen derselben gewissermassen in Opposition trat«,[12] gar nicht zur eigentlichen Reformation, deren »ursprüngliche Tendenz [...] viel großartiger, bedeutender, umfassender«[13] war. Daraus folgert Hagen schließlich: »Der Protestantismus, wie er sich in den neuen ›Kirchen‹ mit der neuen Dogmatik aussprach, erscheint mir mehr oder minder als ein Abfall von der ursprünglichen freien reformatorischen Richtung.«[14] In Georg Voigts Schrift Die Wiederbelebung des classischen Alterthums oder das erste Jahrhundert des Humanismus (Berlin 1859) ist dann der Zerfall der Hegelschen Vermittlung des allgemein Menschlichen und des christlich Besonderen so weit gediehen, daß eine Reflexion auf die Reformation überhaupt entfällt. »Im Ausgange der mittelalterlichen Zeit« stehen ihm – »analogen Wesens« – »die Entdeckungsfahrten und der Humanismus«.[15]

---

10 Der 1. Band erschien 1841 in Erlangen mit dem Untertitel: Mit besonderer Rücksicht auf Willibald Pirkheimer. Die beiden folgenden Teile, 1843 und 1844, firmierten unter der Explikation: Der Geist der Reformation und seine Gegensätze. Erster bzw. Zweiter Band.
11 Ebd. Bd 2. 1843. S.1.
12 Ebd. S. 3.
13 Ebd. Vorwort X.
14 Ebd.
15 Voigt, Georg: Die Wiederbelebung des classischen Alterthums oder das erste Jahrhundert des Humanismus. Berlin 1859. Vorwort.

Den Humanismus aber begreift er, wenngleich noch mit Vorbehalten,[16] als Wiedergeburt des »dem Geistesleben der Hellenen und Römer Eigenthümlichste[n]«, der »Darstellung des Reinmenschlichen«;[17] »dieses Prinzip des H u m a n i s m u s hat Petrarca in die geistigen Gährungen der modernen Welt getragen.«[18]

Ein Jahr nach Voigts programmatischer Stilisierung des Humanismus hat dann Jakob Burckhardts einflußreiches Werk[19] die Renaissance als Epoche und Weltanschauung installiert. Seitdem gelten Humanismus, Renaissance und Reformation als miteinander unverträgliche Weltanschauungen, als gespaltener Einsatz der Neuzeit, dessen Antithetik durch den Übergang der Reformation in die konfessionelle Orthodoxie vollends unversöhnbar wurde.

Diesem Bild fügt sich im Rahmen des württembergischen Herzogtums und der Tübinger Universität die Lebensgeschichte von Andreä und Frischlin scheinbar fugenlos ein. Nicht weniger mühelos lassen sich dann die Objekte der sympathetischen und der verweigerten Identifikation finden. Und so gesehen, wäre jedes Wort über die Tübinger Orthodoxie, das nicht diesem Schematismus folgt, vergeblich.

Daß dem nicht so sein muß, dafür steht niemand anderer als eben Nikodemus Frischlin ein. Schon sein erster Biograph, der Ulmer Magister Georg Pflüger, hat sich auf ihn selbst berufen, als er 1605 schrieb:

> Von seiner Frömmigkeit und dem beständigen Eifer für die orthodoxe Religion zeugt das ganze erste Buch der Elegien, spricht Phasma, sprechen die heiligen Komödien, sprechen das Elend und das Unglück, die er eher mit tapferem Mut ertragen wollte, als das Bekenntnis der erkannten Wahrheit zu verleugnen.[20]

---

16 »Was wir sagen, erscheint uns selbst unvollkommen und nicht erschöpfend, und wollen wir es kurz zusammenfassen, so erscheint es oft als eine vieldeutige Phrase«. Ebd. S. 38.

17 Ebd.

18 Ebd., umgestellt.

19 Die Cultur der Renaissance in Italien. Ein Versuch. Basel 1860. Für Frankreich vgl. Renan, E.: Averoës et averoïsme. Paris 1852.

20 *De pietate ejus in Deum et constanti orthodoxae Religionis studio loquitur totus primus liber Elegiarum, loquitur Phasma, loquuntur sacrae Comoediae, loquuntur miseriae et calamitates, quas maluit forti animo perferre, quam confessionem agnitae veritatis abjicere.* Vita Nicodemi Frischlini Balingensis (wie Anm. 7) S. 38f.

Nun wäre aber auf eine solche Stimme dann noch nicht viel zu geben, wenn wir nicht deutlicher erkennen könnten, daß dieser neulateinische Dramatiker für sich und seine Zeit von der in der Mitte des 19. Jahrhunderts als unausweichliche Alternative empfundenen Entgegensetzung von Reformation und Humanismus, des Aufblühens der Künste und des Wortes vom Heil, nicht nur nichts sagt, sondern vielmehr beides als den doppelten Gewinn seines Zeitalters beim Namen nennt:

> O seclum felix omnique beatius aevo,
>   Quo f l o r e n t   a r t e s et p i e t a t i s amor.
> Quo velut e tenebris longa rubigine laesi
>   Antea, sub lucem iam rediere libri.
> L i n g u a r u m q u e   d e c u s toto splendescit in orbe,
>   Et Sophia hinc merces pandit ubique suas.
> Cumprimis p u r a e   v e r b u m   c o e l e s t e   s a l u t i s,
>   In toto fulgens explicat orbe jubar.[21]

Artes und *pietas*, die Sprachen und die Weisheit, vor allem aber *das himmlische Wort des reinen Heiles* strahlen jetzt in diesem glücklichen Zeitalter auf. Ein nicht ernst zu nehmender Zynismus des eben zweiundzwanzigjährigen Extraordinarius für Geschichte und Poetik? Oder nicht vielmehr der Widerhall der zweiten und endgültigen Reformation, durch die Herzog Christoph und Johannes Brenz das Herzogtum nach den Halbheiten Ulrichs und den Rückschlägen des Interims nicht nur stabilisierten, sondern zu einem Gemeinwesen formten, dessen kulturelle, politische und religiöse Strahlkraft weit über das Ländle hinausreichte, dessen Theologen *in Ecclesia renascente*[22] die Einsichten Luthers vom *Deus humanus et corporeus* gegen den Widerspruch der Schweizer und der Pfälzer *sit venia verbo*: gerettet haben und seit 1568 durch den unermüdlichen Andreä darangingen, in Thüringen und Kursachsen die Hypothek des späten Melanchthon abzutragen, die Schwankenden zur Sache zu bringen und die definitiv von Luthers Verständnis Geschiedenen von der Kirche zu trennen.

---

21 Stipendium Tubingense Ducis Wirtembergici. Iohann Ulrich Pregizer, Suevia et Wirtembergia sacra [...]. Tübingen 1726. S. 260–313 (Zitat S. 313; Sperrung vom Vf.).
22 Frischlin, N.: Phasma, Act. V. Scena III. In der Wittenberger Ausgabe von 1596

Auch wer Bedenken hat, vom Goldenen Zeitalter der Reform Christophs zu sprechen, Christophs u n d seines Nachfolgers Ludwig, den nicht einmal mehr die Karikatur als pfaffenhörigen Trunkenbold präsentieren kann, sollte zumindest erwägen, ob nicht in den vier Jahrzehnten

PHASMA,
Hoc est
COMOEDIA POST-
HUMA, NOVA ET SA-
CRA: DE VARIIS HAERESI-
BUS ET HAERESIARCHIS: QUI
cum luce renascentis per Dei gratia
Evangelij hisce novissimis tem-
poribus extiterunt.

AUCTORE

NICODEMO FRISCHLINO, DO-
CTORE, ORATORE ET PHILOSOPHO
Corumpantur ut alia Momis, clarißimo, sacri Palatij
Comite, nec non Poeta Coronato.

CUR SINT TOT HAERESES
Epigramma.
Una fides: et vera fides est una; quid, inquis
Ergo tot Haeresium schismata ubique vigent?
Nempe UNUS DEUS est verus: sed plurima contra
Numina: quae falso mundus honore colit.

IMPRESSUM IN JACYGIBUS ME-
TANASTIS, Anno CHRISTI NATI 1612.
Antichristi vero revelati 95.

Nicht weniger weitschweifig war der Titel der deutschen Übersetzung von Glaser, A.: Phasma, d. i. Eine neue nachgehendige Comödie und Gesicht, von mancherlei Ketzereien sammt derselben Anhängern und Erzketzern, so neben dem hellen Licht des heiligen Evangelii aus Gottes Gnaden durch Dr. Martin Luther, seligen Gedächtniß, wieder auf die Bahn gebracht, zu diesen letzten Zeiten herfürkommen sind; im Latein von dem hochgelahrten und weltberühmten Herrn Nicodemo Frischlino erstlich beschrieben, alles aus allerseits Schriften und Bekenntnissen selbsten wie auch aus göttlicher Schrifften Grund klärlich erwiesen und dargethan. Jetztund aber dem gemeinen Mann zu Nutz, Lehre, Warnung und bessern Unterricht, sich für solchen Ketzereien zu hüten, einfältig in deutsche Reime verfaßt durch M. Arnoldum Glaser, der heiligen Schrift Studiosum. Greifswald 1593.
Auch die von mir nicht eingesehene deutsche Übersetzung von Johann Bertesius – Leipzig 1606 – versteht Phasma als lutherisch–konfessorischen Text. Die Ausführun-

zwischen dem Ende des Interims und dem Regierungsantritt Friedrichs I. 1593 das Herzogtum ein in der Geschichte seltenes Musterbild gelungener innerer Gestaltwerdung und kraftvoller, friedensstiftender Wirkung nach außen darstellt. Macht und Geist, Herrschaft und Religion, Kultur und Glaube fanden im lutherischen Württemberg zu einer Übereinkunft, die dürftigeren Zeiten als unwahrscheinlich gilt, aber dennoch bestand. Sie fand im Prachtbau des Stuttgarter Lusthauses, das im Sommer des Jahres 1590 nach dem biblisch–christologischen Bildprogramm des Hofpredigers Lukas Osiander ausgemalt wurde,[23] ihre eindrückliche Präsentation.

Nicht weniger eindrücklich hatte Frischlin in der *comoedia Julius redivivus* seinem Epochenbewußtsein Ausdruck verliehen. Waren die alten Deutschen einst *grobe ungeschudierte Heyden [...] die nit allein von Gott und seinem wort: Sonder auch von den Herlichen Freyen künsten [...] nichts wuesten*, so werden nun die durch Merkur wunderbar in die Gegenwart versetzten Repräsentanten römischer Macht und Bildung, Julius Cäsar und Cicero, dessen gewahr,

> *daß die Teutschen nit allein wunderbarlich kriegs Rystung, Buechsen Pulver, Harnisch und wehr [...] sonder auch wunderlicher weyß papeyr, buecher, Schrifften, Lateinisch und Griechisch, sampt den Truckereyen [...] erfunden haben.*

Was so nach der deutschen Vorrede des Bruders Jakob Frischlin in *hoch teutschland* von den wiederkehrenden Repräsentanten antiker Macht und Bildung angetroffen wird, das gilt im besonderen vom Land des württembergischen Herzogs, den der Übersetzer, eben der Bruder Jakob Frischlin, 1585 in der Vorrede anspricht, weil *E. F. G. nit allein die Schulen und stifftungen seiner voralter hoch Ehrt / Erhallt und mehrt /*

---

gen von A. Elschenbroich über das Stück in: Killy, Walther (Hg.): Literatur Lexikon. Autoren und Werke deutscher Sprache. Bd. 4. Gütersloh/München 1989. S. 38, sind ohne Anhalt an der Vorlage. Für die Aussage, das Stuttgarter Konsistorium habe im Sommer 1590 während der Untersuchungen gegen den auf Hohenurach Inhaftierten Phasma »als Zeugnis calvinistischer Neigungen« (ebd.) aufgeboten, gibt Elschenbroich keinen Beleg.

23 Vgl. Lieske, Reinhard: Protestantische Frömmigkeit im Spiegel der kirchlichen Kunst des Herzogtums Württemberg. Forschungen und Berichte der Bau- und Kunstdenkmalpflege in Baden–Württemberg. Bd. 2. München 1973.

sonder auch die gelerten leut / sonderlich und wunderbarlich liebt / und hoch haltet.[24] Und nicht anders als Nikodemus, der 1568 beides gerühmt hatte, den *decus linguarum* und das *verbum coeleste*, verbindet der Bruder den Wunsch für ein *glueklichs und Ruewigs Regiment* des Herzogs mit der religiösen und kulturellen Verpflichtung solcher Herrschaft, *damit die Schulen unnd Gottes wort / bey uns je lenger je mer wachßen und zunemen / daß wir jn disem hoch teutschland diß lob nimmermehr verlieren / unnd alle Barebarrey und Grobheit vergessen und hinlegenn. Amen.*[25]

Im deutschen Text des *Julius redivivus* selbst wird das Bild der Gegenwart nicht anders gezeichnet. Der Prolog des Mercurius erinnert die *großmechtig / durchleuchtige Herrn / der Teutschen Nation* zuvörderst an *Gottes segen / Liebe Brunst / die er durch sein Göttliche Gnad / dem Teutschen Landt erzeiget hatt.*[26] Mercurii Beschluß aber fordert die Fürsten auf, *das sie Gottswort helffen behaltten / Damit das reich werde lang verwaltten / Dan wan Gotts wort verachtet wuerdt / Und Christus nit ist unser huertt / Fuer wahr / das reich zertrennet wuertt.*[27] Denn die Höhe der Kultur und das gewährte Wort Gottes sind keine unverlierbaren Gaben. Sie müssen darum dem vergeßlichen Undank vor Augen gestellt werden: *Wach auf Teutschlandt zu diser Frist / In Himmel du erhaben bist / Erkenn die groß erzeigt gutthat / Die dir der Herr erzeiget hat.*[28] Kein erreichter Zustand der politischen Ordnung hat in sich und aus sich Bestand:

Dan Gott der Herr ordnet die Reich /
Verendert sie auch offt deßgleich /
Jetz disem / und jetz ienem landt /
Gibt er das scepter inn die handt /
Verordnet all ding wa er hin will /
Und ist ihm eben nichts zuvil /

---

24 Frischlin, Nikodemus: Julius Redivivus, Comoedia, in der Übersetzung von Jacob Frischlin. Hg. Schade, Richard E., Reclam – Universal – Bibliothek Nr. 7981 [2]. Stuttgart 1983. S. 6f.
25 Ebd. S. 7.
26 Ebd. S. 9.
27 Ebd. S. 116.
28 Ebd. S. 115.

Setzt hoch iezt das / jetz macht jens nider /
Jetzt geht das ab / und kombt jens wider /
Er handlet alles auß freyem mut /
Nach seinem gfallen / allein er thut.[29]

Deshalb will die Botschaft dieser »Komödie«, die zeigte, *was das Teutsch volck* [...] *Wunderbarlichs Erfunden und erdacht hat,*[30] *Ein jeden auch in sonderheitt / Uffmanen zu der dankhbarkeitt.*[31] Doch was ist mit diesen Hinweisen gewonnen? Selbst wenn Frischlin die Reformation und die Kultur seiner Zeit, die seit 150 Jahren als Renaissance–Humanismus gilt, nicht als weltanschauliche Alternativen verstand, selbst wenn er nicht als intellektueller Einzelner gegen die Dogmenherrschaft der Theologen anging, so waren doch sein Verhalten und sein Charakter weit ab von dem Bild, das wir uns von einem rechtgläubigen Christenmenschen machen. Hat ihn nicht Andreä als »leichtsinnig und unzuverlässig«[32] abgetan, und stellt sich uns damit der Gegensatz nicht doch wieder her – nun auf der Ebene des Individuellen – zwischen dem »unruhigen Poeten« und dem Vorkämpfer lutherischer Orthodoxie, den Frischlin im Gedicht auf das *Stipendium ducale* vorstellte als:

Heros ANDREAE, pectore et ore potens.
Doctorum columen, fulcrum lumenque virorum?[33]

Doch auch in dieser Hinsicht ist das Gegenwort fällig. Die seit dem Pietismus herrschende Vorstellung von der konsistenten christlichen Persönlichkeit führt nicht nur im Blick auf Frischlin in die Irre. Aus der

---

29 Ebd. S. 66. Das lateinische Original, das in der 3. Szene des 2. Aktes Caesar im Zwiegespräch mit Hermann dem Cherusker zeigt, lautet allerdings sehr viel knapper:

    He. Nam Deus est, qui stabilit, et transfert imperia:
    admovens, modo hos,
    Modo illos supremis imperij gubernaculis, et regnis.
    Hic res humanas pro libitu suo dispensat: hic premit,
    Hic tollit, quos vult. nam solus agit libere.

30 Titel der deutschen Übersetzung von 1585.
31 Reclam–Ausgabe 116.
32 [...] *levis et plenus rimarum*, nach: Strauß, David Fr.: Leben und Schriften des Dichters und Philologen Nicodemus Frischlin. Ein Beitrag zur deutschen Culturgeschichte in der zweiten Hälfte des sechszehnten Jahrhunderts. Frankfurt/Main 1856. S. 27.
33 Pregizer (wie Anm. 21) S. 307f.

Vielzahl vergleichbarer Gestalten sei nur an Dietrich Reysmann (1503–1543/4) erinnert, den Autor der *Fons Blavus*, des ersten Blautopfgedichtes von 1531, der 1541 wegen Trunksucht als Pfarrer aus Cleebronn weichen mußte, aber noch im Pfälzer Exil bis zuletzt an seiner religiösen Versdichtung arbeitete,[34] oder an Caspar von Barth (1587–1658), der im selben Jahr 1623 unter dem Titel *Pornodidascalus* die lateinische Fassung der *Ragionamenti* Pietro Aretinos u n d seine *Libri Duo De Fide Salvifica*[35] veröffentlichte, in denen er bekannte: *Nempe fide in Christum, caeli salvabitur haeres*[36] und dabei in durchaus konfessionsspezifischer Weise einschärfte:

> *Casta Fides: quae vita trahit, quae vita reducit,*
> *Iusticiam ad divam atque amissi vulnera Recti*
> *Nequaquam meritis reparantur, et indole magna;*
> *Sed sola in Christi mortem vitaque fideque.*[37]

Auch wenn wir uns die tragische Gestalt des Lyrikers Rompler von Löwenhalt vergegenwärtigen, der 1674 in Mömpelgart starb, diesen »dem Trunk ergebenen Sonderling, der in seiner strengen lutherischen Frömmigkeit, auch in seinem offenkundigen Widerwillen gegen [...] die Fürstenwirtschaft zerfallen mit den Lebensverhältnissen lebte«,[38] ginge unser Urteil fehl, wenn wir die evidente Eindeutigkeit des Charakterbildes als Maßstab reformatorisch–christlicher Authentizität ansetzten. So auch bei Frischlin, von dem nicht weniger gilt, was Heerbrand im akademischen Gedenkakt von Andreä sagte: *Homo tamen fuit, non Angelus.*[39] Als Christ wußte er sich darin, daß er sich als Sünder bekannte, nicht erst in dem Vers der *Hebraeis* vom Sommer 1590, der Straußens Ekel erregte: *Ablue tot sordis, quibus haec mea pectora foetent,*[40] sondern exemplarisch in den Versen, die sein erster Biograph Georg Pflüger als *Precatio Nicodemi Frischlini ad Deum quotidiana* in den Druck gab: Aus

---

34 Vgl. Killy, Walther (Hg.): Literatur Lexikon. Autoren und Werke deutscher Sprache. Bd. 9. Gütersloh/München 1991. S. 409.
35 De Fide Salvifica Libri Duo. De Constantia Libri Duo. Francofurti 1623.
36 Ebd. S. 6.
37 Ebd. S. 12.
38 Killy (wie Anm. 34) S. 510.
39 Fama Andreana (wie Anm. 4) S. 297.
40 Strauß (wie Anm. 32) S. 520.

ihnen spricht nicht die selbstbewußte, ihrer sittlichen Fortschritte gewisse religiöse Persönlichkeit, wohl aber eine unerbittliche Schärfe der Selbstanalyse und die Zuwendung zu Christus, dem zugehörig dieser *confessor* allein Christ ist:

> *Nam mea te coram transversis moribus acta,*
> *Mens fugienda facit, mens facienda fugit.*
> *Ambitione, dolo, furore, cupidine, et ira*
> *Hoc DEUS offendi numen in orbe tuum.*
> [...]
> *Sors mea sit tua sors, mea mors, tua mors, pie CHRISTE,*
> *Nec Sathanas obsit, nec mihi mundus iners.*[41]

Wenn deshalb Frischlin in der Zeit des heftigsten Streites, in den er durch seine Angriffe auf den Adel in der *Oratio de vita rustica* geraten war, am 15. März 1581 dem Hofprediger Lukas Osiander schreibt: »Morgen werde ich mich durch den Empfang des Herrenmahles stärken, damit ich den näher habe, von dem der Geist des Trostes ausgeht«[42], dann beansprucht er eben jene Gemeinschaft, von der seine *precatio quotidiana* sagt: *Sors mea sit tua sors.* Diese Zugehörigkeit hat ihm das von institutionellen Rücksichten freie Gewissen des in Derendingen als Pfarrer wirkenden slowenischen Reformators Primus Truber gerade angesichts der *Oratio de vita rustica* in einem Schreiben nach Laibach eindrücklich bestätigt:

> *Last euch den gueten hochgelehrten d. Fröschlinum treulich bevohlen sein;*
> *was er von lastern der edelleut geschriben, das hat er aus getrieb des h.*
> *geistes gethan. Aber der schwabische und franckische adel, wie die welt vor*
> *der sündfluß, lest sich vom h. geist durch die Prediger und gelehrten nicht*
> *straffen.*[43]

Frischlin selbst hat denn auch seine Adelskritik nicht als Ausdruck des Protestes eines aufmüpfigen Intellektuellen verteidigt, sondern bean-

41 Operum Poeticorum Nicodemi Frischlini, Balingensis, Pars Epica [...] opera et studio M. Georgii Pfluegeri, Ulmani. Straßburg 1598. S. 484ff., bes. S. 484, 485.

42 *Cras usu coenae dominicae me recreabo, ut eum habeo propriorem, a quo spiritus paracletis procedit.* Strauß (wie Anm. 32). S. 224.

43 Rupel, Mirko: Primus Truber. Leben und Werk des slowenischen Reformators. (Südosteuropa–Schriften im Namen der Südosteuropa–Gesellschaft. Hg. Vogel, Rudolf. Bd. 5). München 1965. S. 267.

sprucht, als *homo Lutheranus*, der es nicht nötig hat, von dem obskuren Marcus Wagner Theologie zu lernen;[44] wieder eingeschärft zu haben, was Luther deutlich genug gesagt hatte: »So wenige Adlige sind fromm und der wahren Religion ergeben, daß es keiner großen Burg bedarf, um die ganze fromme Ritterschaft eines Herzogtums aufzunehmen.«[45]

Doch damit stehen wir vor der schwierigsten Frage: Läßt sich von Frischlin sagen, er sei *verae religionis studiosus* gewesen?

Als scharfzüngiger Satiriker, der die Feinde der lutherischen Sache dem Spott preisgab, stand er unbestreitbar seinen Mann: Als es 1567 galt, dem in Dillingen konvertierten Sohn des Ulmer Superintendenten,[46] dem katholischen Neuling und gottlosen Apostaten Jakob Rabus heimzuleuchten,[47] erinnerte er den einst so munteren Tübinger Studenten daran, wie dieser sich damals eher vom Schein der Wirtshausschilder als vom Glanz des Evangeliums hatte anziehen lassen:

> Mich wundert, daß du sagst, das höh're Licht
> Sei erst in Dillingen dir aufgegangen:
> Dem schon zu Tübingen so schön der Stern
> Geleuchtet; dem die Sonne ihre Strahlen
> So reich gespendet, den das zarte Lamm,
> Dort auf dem Markte, zu sich hergewinkt.[48]

Noch 1590 scheute er die Parteinahme für den Landsmann Polykarp Leyser nicht, der als Braunschweiger Superintendent im Streit mit dem in Wittenberg wieder herrschenden Kryptocalvinismus und dessen Sympathisanten im Braunschweiger Stadtrat stand. Frischlin meldete sich zu

---

44 *Tu ne Theologiam me doceas; aut te magistro ego condiscam* [...]: Oratio in Marcum Wagnerum Frimariensem Saxonem, superioris de Vita rustica, defendendae orationis causa. Anno 1582 scripta et demum Anno 1587 Pragae edita. In: Nicodemi Frischlini Balingensis, Comitis Palatini Caesarei, Poetae Laureati, viri clarissimi, Orationes insigniores aliquot [...]. Straßburg 1605. S. 334–456, S. 361.

45 *Lutherus, cujus auctoritas Lutherano homini sacrosancta est, tam paucos ait nobiles esse pios, et verae religionis studiosos, ut arcem eam non magnam esse oporteat, quae universam nobilitatem alicujus ducatus, quae quidem sit pia* [...] *possit capere.* Ebd. S. 404.

46 Ludwig Rabus, im Ulmer Amt 1556–1592.

47 Adversus Jacobum Rabum, Novitium catholicum, Apostatam impiissimum [...] Satyrae octo; vgl. Strauß (wie Anm. 32) S. 22, Anm. 2.

48 Strauß (wie Anm. 32) S. 24.

Wort in seiner *Oratio Pro causa Martini Lutheri, et Polycarpi Leyseri*.[49] Zehn Jahre zuvor hatte er sich *Pro Luca Osiandro*, den Stuttgarter Hofprediger, ins Getümmel des konfessionellen Streites gestürzt. Unter dem eher pompösen als verdeckenden Pseudonym des Laonicus Antisturmius bot er dem scharfsinnigen Mitarbeiter Bezas in Genf, dem *Calvinista Gallicanus* Lambertus Danaeus, die Stirn im Kampf um die Anerkennung der Konkordienformel in Straßburg, der auch von Tübingen aus geführt wurde.[50] Die Entgegnung Danaeus'[51] nahm Frischlin in einem *Breve responsum* auf die Hörner[52]:

> Nein, da irrt der heiligmäßige Kritiker; in Bierstuben treibe ich mich nicht herum. Wir trinken Wein. Ich hole ihn mir aus dem eignen Keller. Wie wär's Danaeus, trinken wir auf unsere Brüderschaft! Zum Wohl! Auf ein frisches Alter. Schon seh' ich zwei Sonnen und einen gedoppelten Danaeus, der eine mein Bruder, der andere nicht – und durchschaue so in der Wahrheit des Weines – der Genfer konnte das Stichwort von der Verdoppelung nicht überhören – den Irrtum eures Denkens, das aus dem einen Christus,

49 Nicodemi Frischlini Pro causa Martini Lutheri, et Polycarpi Leyseri, totiusque Brunsvicensis Ministerij, adversus Michaelum Mascum, Syndicum, aut potius Rabulam Brunsvicensem, ORATIO, Accesserunt aliquot Elegiae ejusdem, de eadem re: quarum una in Ioannem Majorem, Poetam inutilem, mataeologum virulentissimum. Ursellis, Ex officini Nicolai Henrici, 1590; zu Joh. Major (1533–1600) vgl. Jöcher, Chr. Gottlieb: Allgemeines Gelehrten–Lexikon. 3. Theil. Leipzig 1751. S. 56.

50 Spongia Laonici Antisturmii, a Sturmeneck, Equitis Germani, adversus L. Danaei Gallicani Antiosiandrum. Pro Luca Osiandro. Tubingae 1580.

51 De tribus Gravissimis et hoc tempore maxime vexatis quaestionibus: I. De S. Dominica Coena, II. De Majestate Hominis Christi, III. De non Damnandis Dei Ecclesiis, nec auditis, nec vocatis, Ad fratres Tubingensis, et triplex eorum scriptum. Lamberti Danaei Responsio Triplex. Genf 1581; auf die beiden gegen Johann Sturm in Straßburg gerichteten Schriften von Lucas Osiander: Antisturmius unus. Tübingen 1579; Antisturmius alter. Tübingen 1580, hatte der Genfer Danaeus seinen Antiosiander: sive Apologia Christiana. Genf 1580, verfaßt; darauf entgegnete Stephan Gerlach mit dem: Antidanaeus sive Responsio, qua L. Danaei figmenta et calumniae quas contra Antisturmium D. D. Osiandri, et in causa Coenae Dominicae et Maiestatis Christi Hominis, impotenter evomuit. Tübingen 1580; die andere Tübinger Erwiderung war eben Frischlins Antisturmius.

52 Breve responsum Nic. Frischlini adversus injuriosas contumelias, quas L. Danaeus, ex aliorum relatu acceptas, circa initium ac finem fuliginosae suae Encausticae scripsit. Tübingen, 12. April 1581; vgl. Strauß (wie Anm. 32) S. 230.

dem Gott, der Mensch und dem Menschen, der Gott ist, die Doppelfigur eines reinen Gottes und eines bloßen Menschen gemacht hat. [53]

Sieben Jahre später stürzt sich der inzwischen aus Tübingen Vertriebene
– vertrieben vom Haß des altphilologischen Kollegen Crusius, ausgesto-
ßen von einer auf ihre moralische Reputation bedachten Universität, aber
gewiß nicht wegen des Vorwurfs mangelnder Rechtgläubigkeit – auf geradezu halsbrecherische Weise ins theologische und nun auch kirchen-
politische Getümmel. Im Juli 1587, ein Jahr nach der Landesverweisung
aus dem Herzogtum, konnte er in Wittenberg die ihm von der Universität
zugestandenen Privatvorlesungen mit einer glänzend besuchten *Oratio de
exercitationibus oratoriis et poeticis*[54] eröffnen. Frischlin versäumte es
bei diesem Anlaß nicht, Melanchthon und dessen rhetorische Unterwei-
sung rühmend herauszustellen.[55] Damit hatte er in Kursachsen, wo seit
dem Regierungsantritt Christians I. im Februar 1586 die lutherische Erneuerung zielstrebig abgewürgt wurde, den richtigen Ton getroffen, zumal diese Rede keinen Anlaß bot, die theologischen Fragen des Abendmahls und des Verständnisses der Person Christi zu berühren, jene
Themen also, hinsichtlich deren die philippistische Reaktion in Kirche
und Universität in einen immer deutlicher werdenden Widerspruch zu
den Artikeln der *Formula concordiae* von 1577 trat.

Die Gelegenheit, in die theologischen und kirchenpolitischen Vorgän-
ge am Ort einzugreifen, bot sich dem sachkundigen und dogmatisch sat-
telfesten Frischlin aber bald genug. Am 11. Februar 1588 war der zweite
Jahrestag des Todes von Kurfürst August, der seit 1574 in Kursachsen
die kryptocalvinistischen Kräfte zurückgedrängt und sein Territorium mit
Hilfe des für mehrere Jahre (April 1576 – Ende 1580) im Lande wirkenden Andreä zum Zentrum der lutherischen Sammlungsbewegung gemacht hatte. Das wußte Frischlin; er sah auch, daß unter dem neuen
Herrscher die Dinge wieder zurückgedreht wurden. Und so nahm denn

---

53 Frei nach Strauß (wie Anm. 32) S. 230.
54 In: Nicodemi Frischlini Cum in Q. Horatii Flacci Venusini Epistolarum libros duos
    [...] adiecta eiusdem Authoris Oratione de Exercitationibus Oratoriis et Poeticis, ad
    imitationem veterum, recte utiliterque instituendis: Nec non Carmine Panegyrico de
    quinque potentissimis Saxoniae Ducibus, etc [...]. Frankfurt 1602. S. 320–377.
55 [...] *per magnum illum Germaniae nostrae Apollinem, Philippum Melanchthonem*
    [...]. Ebd. S. 321.

der Privatdozent in seiner Vorlesung am Gedenktag das Wort mit einem *Carmen panegyricum de quinque Saxoniae ducibus.*[56] Nach seinem Lebensmotto: »nur keinen Streit vermeiden«, ging er jetzt in die Vollen. Der schwächliche Kompromiß Melanchthons im Interim mußte beim Namen genannt und der »ängstlich trippelnde Philipp« – *trepidante Philippo*[57] – von Luther distanziert werden, der den Hörern vergegenwärtigt wurde als der *unus, qui nobis scribendo restituit rem.*[58] Dieser durch Luther wiederhergestellten Sache hat August gedient. Und nun wird der theologisch versierte Tübinger Stiftler peinlich exakt: Der vor zwei Jahren verstorbene Kurfürst »ließ nicht zu, daß die Meißnischen Städte vom wahnsinnigen Nestorius verwüstet, die Altäre durch die schrecklichen Furien des Eutyches verheert und die Geheimnisse des heiligen Mahls verhöhnt wurden«:

> *Non tulit insano foedari Misnidos urbes*
> *Nestorio, aut furiis immanibus Eutychis aras*
> *Turbari, et sacrae eludi mysteria coenae.*[59]

Er ließ nicht zu, daß der gespaltene Christus des Nestorius oder der nur göttliche des Eutyches, und also der verkehrte Glaube der Wittenberger Melanchthonschüler, aber auch die Meinungen Schwenckfelds, das Land um die rechte Lehre vom Abendmahl brachten. Dem Kurfürsten kommt das Ehrenverdienst zu, daß des Nestorius hoch aufgetürmter doppelter Wahnwitz jetzt durch Gottes Stimme zur Erde niedergeworfen liegt, daß Zwinglis Träume, die ihm ein weißer oder eher ein schwarzer Genius eingab, Sachsens Altäre noch nicht von ihren Plätzen gerückt:

> *Nam quod Nestorij, procul bis deliria terris*
> *Voce Dei prostrata iacent, quod somnia Cingli*
> *Seu genio dictata albo, seu certius atro,*
> *Saxonicas nondum vertere e sedibus aras*
> *Unius hoc merito AUGUSTI debetur honori.*[60]

Nondum – noch nicht. Frischlins eindeutiges Wort für die schwäbische

---

56 Im Druck von 1602 (wie Anm. 54) S. 379–414.
57 Ebd. S. 408.
58 Ebd. S. 408.
59 Ebd. S. 409.
60 Ebd. S. 409.

Christologie und die wahrhaftige Gegenwart von Leib und Blut Christi im Mahl, die Absage an die Träume Zwinglis, die er in seiner *Sacra comoedia Phasma* schon 1580 vollzogen hatte, beides, das christologische und das sakramentstheologische Votum, ist nicht nur seiner Aussage nach von Gewicht. Wenn er 1588 den verstorbenen Kurfürsten rühmt, dieser habe nicht zugelassen, daß Sachsens Altäre verwüstet wurden, dann fordert er zugleich – und zwar auf dem Höhepunkt der rasanten Calvinisierung Kursachsens – den gegenwärtigen Herrscher auf, diese angeblich zweite Reformation abzubrechen. Frischlin tut, was er immer tat: er mischt sich ein. Er weiß freilich auch, daß er, der nur geduldete Gastdozent in Wittenberg, wenig ausrichten kann. So endet das *Carmen* auf Sachsens Fürsten denn auch mit der Bitte:

> Erhalte uns schonend dein Wort, schau gnädig auf unser Ergehen:
> Gib, Vater, schließlich uns Hilfe und stärke dies alles fest.

> *Parce tuo verbo et propius res aspice nostras:*
> *Da deinde auxilium pater, atque haec omnia firma.*[61]

Eine unbedachte Glaubenstat war dieses provozierende Bekenntniswort freilich nicht. Seit dem August des Vorjahres hatte Frischlins Landsmann und Gesinnungsgenosse Polycarp Leyser das leitende kirchliche Amt in Braunschweig übernommen und dafür gesorgt, daß Frischlin schon einen Monat nach seiner Wittenberger konfessorischen Provokation, im März 1588, die Stelle des Rektors der Schule an St. Martini in Braunschweig antreten konnte – wiederum mit einer fulminanten programmatischen Rede.[62]

Wir verfolgen seinen Weg bis hin zur schließlichen Katastrophe von Hohenurach jetzt nicht weiter. Statt dessen soll versucht werden, unsere Frage nach der Tübinger Orthodoxie im Kontext mit Frischlin so zu bündeln, daß er selbst als deren Stimme und individueller Interpret zur Sprache kommt. Dazu bedarf es keiner langen Suche. In seiner *Comoedia*

---

61 Ebd. S. 413.
62 Der Text der ersten Rede: *De studiis scholasticis* ist verloren; über die zweite orientiert Strauß (wie Anm. 32) S. 421–425: Nic. Frischlini Oratio de scholis et Gymnasiis aperiendis, et simul tempestatibus, quibus affliguntur, avertendis; ebd. S. 421, Anm. 1.

nova et sacra, im *Phasma,*[63] das in Tübingen an Fastnacht 1580 aufgeführt wurde, hat Frischlin alles gesagt, was uns auch aus den theologischen Texten von Brenz und Andreä, Heerbrand, Theodor Schnepf und
Lucas Osiander als geistige Gestalt der schwäbischen Renaissance–
Orthodoxie vor Augen tritt.

Als Renaissance haben diese Theologen erlebt und gedeutet das Auf-
leuchten des wiedergeborenen Evangeliums – *renascentis Evangelij* –
und die Wiederauferstehung Luthers in der Bewegung der Siebziger Jahre.[64] Am 4. Mai 1577, drei Wochen vor dem Abschluß der Arbeiten an
der Konkordienformel, meldet Andreä triumphierend nach Straßburg:
»Luther, der in Wittenberg tot und begraben lag, ist von den Toten auf-
erstanden, schon erhebt er das Haupt aus dem Grab, auf daß der (ganze)
Leib folge«.[65] Diesem bewegten Geschehen konnte nur ein lebendiges
Denken gerecht werden. Der Patriarch von Konstantinopel, Jeremias II.,
mit dem die württembergische Kirche, der Weite ihres ökumenischen
Bewußtseins entsprechend, 1573–1581 in einem intensiven Briefwechsel
stand, hat dafür die treffende Charakterisierung gefunden: »Euer Verstand steht nie still.«[66]

Weil es in dieser Theologie nicht um die restaurative Wiederholung
von Richtigkeiten ging, konnte Frischlin im Prolog von *Phasma* die Zu-

---

63 Vgl. S. 6f., Anm. 22.

64 Der preußische Lutheraner polnischer Nationalität Coelestin Mislenta (1588–1653)
    qualifizierte die Jahre von 1568–1609 als die Zeit der Erquickung, der die Zeit der
    Erleuchtung (1520–1548) und die Zeit der Anfechtung (1549–1566/67) vorausgin-
    gen. Die Jahre von 1609–1646 gelten ihm als die Zeit der Neigung zum Untergange;
    ab 1646 ist die letzte Zeit angebrochen; nach Hartknoch, Christoph: Preussische Kir-
    chen–Historie. Frankfurt/Leipzig 1686. S. 266.

65 *Lutherus Wittebergae mortuus et sepultus a mortuis resurrexit, ut vides, aut caput
    saltem extulit sepulchro, ut corpus sequatur.* In: Fecht, Jo.: Historiae Ecclesiasticae
    Seculi A. N. C. XVI Supplementum; plurimorum et celeberrimorum ex illo aevo
    Theologorum epistolis, ad Joannem, Erasmum et Philippum, Marbachios, antehac
    scriptis, nunc vero ex Bibliotheca Marbachiana primum depromptis, constans. Divi-
    sum in VIII. libros. Ad illustrandas plerasque ejus aetatis in Ecclesia puriore Histori-
    as, una cum apparatu, ad totum opus necessario, et tabulis chronologico–historicis.
    Durlach 1684. Pars IV., S. 553.

66 οὐδὲ ἵσταταί πωσ ὑμῶν ἡ διάνοια: Wendebourg, Dorothea: Reformation und
    Orthodoxie. Der ökumenische Briefwechsel zwischen der Leitung der württembergi-
    schen Kirche und Patriarch Jeremias II. von Konstantinopel in den Jahren 1573–1581
    (Forschungen zur Kirchen– und Dogmengeschichte 37). Göttingen 1986. S. 342.

hörer auffordern, ihre *praejudicia* zu suspendieren und dem Dichter zu-
zugestehen, daß er Päpstliche und Wiedertäufer, Zwingli und Schwenckfeldt ihr Wort sagen läßt, selbst auf die Gefahr hin, daß der Eindruck
entsteht, er wolle für sie sprechen:

> *Primo omnium vult vestra praeiudicia vos*
> *Suspendere, neque de caussa non cognita*
> *Temere proferre iudicem sententiam:*
> *Deinde iubet omnes expectare exitum,*
> *Nec ante catastrophen foras procurrere:*
> *Si quem audiendi ceperit fastidium*
> *Atque sacietas; cum Poeta habiturus est*
> *Pro Pontificio, aut Anabaptista, aut Cinglij*
> *Discipulo, aut Bezae, aut Swencofeldij assecla:*
> *Aut pro alio sectario, et homine fanatico.*

Wo der Streit um die Wahrheit offen ausgetragen wird, kommt auch der
einzelne zu der ihm zugestandenen und zugemuteten Erkenntnis. In der
Gestalt des Bauern Corydon findet die ihre Unvertretbarkeit beanspru-
chende evangelische Subjektivität ihr Wort. Corydon, anders als in
Vergils Bucolica nicht nur eben ein Name für einen aus der Gattung der
Hirten und Bauern, läßt sich nicht beirren von der Aufforderung des als
Mönch verkleideten Satans, sich um die Religion nicht zu bekümmern,
für die, auch zugunsten der schnarchenden Bauern, die fürbittenden
Mönche zuständig seien.[67] Er schärft vielmehr seinem Standesgenossen
Menalcas, dem Prototyp des zweifelnden und ungewiß gewordenen ein-
fachen Mannes,[68] der die Verantwortung für wahre und falsche Lehre,
Heil und Verdammnis auf Priester und Prediger abschiebt, die einfache

---

67 *Sa.: Quid ad vos religio,*
    Qui mundo vivitis? cur hanc curam non imponitis
    Nobis monachis, qui noctes et dies pro vobis apud Deum
    Nostris precibus intercedimus, et vigilamus, dum vos
    stertitis? Act. IV, scena II.
68 *Co.: Nihil*
    Te commoveat, dummodo tu saluti tuae recte consulas,
    Et veritatem asserues, dum potes: ne misere pereas.
    Nam dum illi paribus armis congrediuntur, et singuli
    Divinis pro se dimicant oraculis, tu dubius
    Atque incertus relinqueris, quem sectare. Ebd.

Wahrheit ein: *Tua res hic agitur;* Himmel oder Hölle – es geht immer um dich.[69]

Nicht anders hatte Andreä 1573 gepredigt:

Ja, spricht aber ein einfeltiger Laie, ich höre wol, [...], daß beide theil die heilig Schrifft anziehen. Wer will aber mir sagen, wölcher theil recht oder unrecht darvon rede? Dann ich bin ein einfeltiger Laie, kan weder schreiben noch lesen, wem soll ich glauben oder volgen?[70] Dise Frag oder Disputation ist mir zuhoch, ich weiß mich nicht darein zuschicken. Nein, mein lieber Christ, dise Frag ist dir gar nicht zuhoch, zuscharpff, oder zusubtil, sonder neme nur den einfaltigen Christlichen Glauben für dich, so kanst du dich gar leichtlich darein schicken, und greiffen, wölcher theil der warheit verfehle.[71] Darzu uns besonders an disem Artickel viel und hoch, namlich, unser seligkeit als namlich an der rechten erkanndtnuß Jhesu Christi gelegen, wie geschriben stehet: Diß ist das ewig Leben, daß sie dich, daß du allein warer Gott bist, und den du gesandt hast, Jesum Christum, erkennen, davon man nicht zuvil hören kan.[72]

Hören – und nicht träumen, so lautet dann die Botschaft von Frischlins *Phasma.* Darum die Absage an Zwinglis durch ein Traumgesicht legitimierte Lehre[73] und an Schwenckfelds *phantasmata nocturna.*[74] Die Alternative von Wort und Traum wird deshalb so entschieden aufgerichtet,

---

69 *Co.: ah erras Menalca,*
   Si isthuc credas, neminem hic excusabit ignorantia,
   Sed suo quisque stabit iudicio, neque enim illi, qui vera docuerint,
   Pro te salutem acquirent sempiternam, nec, qui falsa docuerint,
   Pro te cruciatum sustinebunt Tartareum, tua res hic agitur.
   De tuo curio luditur. Ebd.

70 Sechs Christlichn Predig / Von den Spaltungen / so sich zwischen den Theologen Augspurgischer Confession / von Anno 1548. biß auff diß 1573. Jar / nach unnd nach erhaben / Wie sich ein einfältiger Pfarrer und gemeiner Christlicher Leyc / so dardurch möcht verergert sein worden / auß seinem Catechismo darein schicken soll. Durch Jacobum Andree / D. Propst zu Tübingen / und bey der Universitet daselbsten Cantzlern, Tübingen 1573; nach Heppe, H.: Geschichte des deutschen Protestantismus in den Jahren 1555–1581. 4 Bde. Marburg 1852/1859. Bd. 3. Beilagen, S. 3–75, S. 19.

71 Ebd. S. 65.

72 Ebd. S. 61.

73 *Quorum antesignanus et coryphaeus Zwinglius/Assertionis fundamenta erroneae/Opinione pro stabilienda sua/Fatetur ipse: se didicisse in somnio/ A quopiam vero, de quo pronunciat:/Nescire se, num fuerit albus, an niger.* Prologus.

74 Prologus.

weil für Frischlin, wie für Andreä, alles daran hängt, die irdisch vermittelte Nähe des Heils und die neue Gemeinschaft von Gott und Mensch in Christus gegen die Trennungen Karlstadts und Zwinglis zum einen und im Widerspruch zu der spiritualistischen, aber auch zur kirchlich – institutionellen Identifikation von Göttlichem und Menschlichem, also im Gegensatz zu Schwenckfeld und den Päpstlichen, zur Sprache der Gewißheit des Glaubens zu bringen. So wird die angemessene Bestimmung der Gegenwart Gottes zum Heil das Thema von Frischlins *Phasma*. Schon der Prolog weist es zurück, daß »Christi wahrer Leib und sein wahres Blut weit ab vom Mahl seien;«[75] bei der ersten Begegnung von Luther und Brenz mit Karlstadt und Zwingli stellt Luther die Gretchenfrage nach dem *adesse* von Leib und Blut *in coena Domini*.[76] Daran entzündet sich der Widerspruch der Kontrahenten bis hin zu dem Ausruf des Beza zitierenden Karlstadt: »Der Arsch meiner sauber gewaschenen Magd riecht besser als der Mund jener, die sagen, sie empfingen Christi Leib und Blut.«[77] Diese abergläubischen Sakramentsverehrer sind Menschenfresser, Kannibalen, Gottesverschlinger, Blutsäufer und Fleischfresser.[78]

Nur scheinbar moderater geht der Streit um die rechte Bestimmung der neuen Gemeinschaft von Gott und Mensch in Christus. Schon der Prolog tritt jenen entgegen, die leugnen, »daß Christus, der Mensch mit dem LOGOS, wahrhaftig allmächtig, allenthalben gegenwärtig und aller Dinge eingedenk sei;«[79] und wieder kommt es bei der ersten Begegnung mit Karlstadt und Zwingli zur eindeutigen Klarstellung – diesmal durch

75 *Christi corpus verum, verumque sanguinem*
   A coena abesse.
76 *Utrum te, Cingli et Carlstadi*
   vere credatis, in coena Domini adesse corpus et sanguinem
   Christi, an secus? Act. III, scena III.
77 *Idem ego idem affirmo, quod Beza meus abnepos*
   scripsit: candidae meretricis suae culum et cunnum melius
   Olere, quam ora illorum, qui dicunt, se Christi corpus
   et sanguinem percipere. Act. III, scena III.
78 *Anthropophagi, Cyclopes, Deivori, Haematopotae, Sarcophagi; Ebd.*
79 *[...] neque Christum hominem cum LOGO*
   Vere omnipotentem, ubique praesentem, omnium Gnarum esse diceret: sed natu ras
   invicem
   Seiungeret, dilaceraret, divelleret. Prolog.

Brenz: »Wo immer Christus, der Gott, ist, ebendort ist auch Christus, der Mensch, untrennbar mit Gott verbunden und geeint.«[80] Erneut bricht auch dagegen der keine Obszönität scheuende Widerspruch auf, wenn Karlstadt fragt, ob der allgegenwärtige Christus in allen Kloaken, Scheißhäusern und Bordellen anwesend sei?[81]

Frischlin bewegt sich mit *Phasma* in vermintem Gelände. Wenn er 1574 in seinem *Carmen* auf das technische Wunderwerk der Straßburger Münsteruhr[82] von Christus bekennt: *Unus homo ut nobis moriendo restituat rem*, wenn er Anfang 1580 im *Liber unus de Natali Jesu Christi* den Gottmenschen anruft: *Unus homo nobis nascendo restituis rem*,[83] dann wiederholt er nicht rechtgläubige Gemeinplätze; er versteht und vertritt dieses christlich Allgemeine im Licht des Ereignisses Luther, dessen Lebenswerk er 1588 Person und Werk Christi zuordnet, wenn er von ihm sagt: *Unus, qui nobis scribendo restituit rem.*[84] Die Verbindung der Wiederherstellung der *res*, der Sache von Mensch und Welt, durch Christi Geburt und Tod mit der Reformation Luthers, dessen Wiederauferstehung Andreä proklamierte, diese Zuordnung macht Frischlin zum Genossen und Mitstreiter der Tübinger Orthodoxie. In diesem Zentrum steht er mit Andreä zusammen. Ein Gott, der nur oben ist, wird definitiv verabschiedet. Andreä hat es an Himmelfahrt 1579 in Dresden unmißverständlich genug ausgesprochen:

Dann bei den Kindern gehet es wol hin / das man jhnen prediget vom Himmel / wie Gott der Vater in einem güldenen Sessel sitze / und die lieben Engel umb jhn stehen oder fliegen / zu welchen Christus in seiner Himmelfart eingangen / und das auch die Kinder / wann sie fromm sind / zu jhnen kom-

---

80 *Ut ubi sit Deus Christus, ibidemque quoque sit Christus homo*
    Inseparabiliter Deo conjunctus et unitus.
    Act. III, scena III.
81 *Ubique praesens in omnibus*
    Cloacis, foricis, latrinis? Ebd.
82 Liber unus de astronomico horologio Argentoratensi. In: Operum Poeticorum (wie Anm. 41) S. 39–82, bes. S. 42.
83 In: Operum Poeticorum (wie Anm. 41) S. 1ff., bes. S. 1, Zeile 1–4:
    A te principium mihi carminis huius, IESU
    CHRISTE, DEI proles, aeterna parentis imago,
    Qui verus sine matre DEUS, sine patre homo verus,
    Unus homo nobis nascendo restituis rem.
84 Panegyricum de quinque Saxoniae Ducibus (wie Anm. 54) S. 408.

men werden. Daß sie aber solch kindische gedancken für eine warheit ausgeben [...] / das ist keines wegs zu leiden / noch darzu stil zuschweigen.[85] *Weil der Vater in Christus ist, weil das hohe Geheimnis in Kraft ist, daß dieser Mensch Gott,*[86] *so ist die frage wie weit Christus habe zu fahren gehabt / bis er zu seinem Vater / komen ist / [...], so zu beantworten: Nicht eines Schuchs breit / ja nicht eines Haars breit.*[87]
Allein durch solche gründliche und eigentliche erklerung der Himelfarth Christi verlieren wir Christus Leib auff Erden nicht / sonder behalten jhn gegenwertig / nicht allein im heiligen Abendmal / sondern auch in allen unsern nöten / Es sey im Fewer / Wasser / oder wo wir seyen.[88]

Diese neue Gewißheit der mit Christi Menschheit vermittelten Gegenwart Gottes ist an keine Schranken der Stände oder der Bildung gebunden. Menalcas fordert – im Gleichklang mit Frischlins *Oratio de vita rustica* – :

Der Himmel ist für den Bauern nicht weniger da als für den Adligen, gleichermaßen für den Ungebildeten, wie für den Gelehrten und Weisen.

Et coelum aeque praeparatum est rustico, ac nobili:
Aeque imperito et rudi literarum, ac docto et sapienti.[89]

Aber während Menalcas nur die Stimmen der sich bestreitenden religiösen Parteien hört – »Aber mein Priester lehrt ganz anders und übergibt Luther dem Teufel, und der Lutheraner im Gegenzug diesen, der Zwinglianer schließlich verdammt beide – und jeder zitiert die kanonischen Schriften für sich«[90] –, erweist sich Corydon als urteilsfähiger Christ, der das Credo beim Wort nimmt und deshalb in den Kontroversen Kurs halten kann:

Meine Väter lehrten mich, den Vater, der im Himmel ist, anzurufen, an Gott den Vater zu glauben, der mich geschaffen hat, an den Sohn, der mich durch

---

85 Fünff Predigen (wie Anm. 6) S. 14.
86 Ebd. nach S. 142.
87 Ebd. S. 16.
88 Ebd. S. 18.
89 Act. I, scena I.
90 Act IV, scena II:
    At meus sacerdos longe aliter docet, Et Lutherum tradit Satanae: Lutheranus eum.
    Contra Zinglianus utrumque damnat: singuli item
    Scripta canonica pro se citant.

seinen Tod von meinen Sünden erlöst hat, an den Heiligen Geist, der mich heiligt und durch sein Wort recht erleuchtet.[91]

So kann er denn auch dem als Franziskaner verkleideten Satan Paroli bieten und die Zumutung, sich im Glauben durch andere vertreten zu lassen, ebenso abweisen wie die Forderung, einen *vicarius Christi* als Herrn und Vater anzuerkennen:

> Ich habe den Vater im Himmel, der mich als Mensch geschaffen hat, und den Befreier Christus, der mich durch sein teures Blut von meinen Sünden erlöst hat, und den H. Geist, der mich heiligt. Ich kenne auf Erden keine Herren meines Gewissens, keine allerheiligsten Väter in Sachen des Glaubens.[92]

Und zugleich weiß der genuine Protestant Corydon, daß er damit zur Kirche gehört, der er durch die Taufe eingefügt wurde und in der er zur Stärkung des Glaubens das Sakrament Christi nach dessen Anordnung empfängt.[93]

Kein Wunder, wenn der Teufel kommentiert: *Eho! nunquid tu Lutheranus es sectarius?*,[94] und darauf von Corydon zu hören bekommt: »Ich bin kein Häretiker, denn ich folge Christus, dem Hirten.«[95]

Dieses Plädoyer für den einfachen Glauben wird aber von Frischlin nicht umgemünzt zur simplizistischen Verweigerung der Klärung der religiösen und theologischen Grundfragen.

---

91 *Nihil ad me istae controversiae.*
    Nam patres mei docuerunt me Patrem
    Qui in coelis est, invocare, et credere in Deum
    Patrem, qui me creavit: Filium, qui me morte sua
    A peccatis meis redemit: et spiritum sanctum, qui me
    Sanctificat, et verbo suo recte illuminat. Act. IV, scena II.
92 *Patrem in coelo habeo, qui me creavit hominem.*
    Et Liberatorem Christum, qui me a peccatis suo pretioso sanguine
    Redemit, et Sp. s., qui me sanctificat. In his
    Terris nullos ego novi sanctissimos, nullos conscientiae
    Meae dominos, nullos in negotio fidei patres. Ebd.
93 *[...] Ecclesiae per Baptismum initiatus sum:*
    Cum Ecclesia patrem coelestem, ex praescripto Christi, invoco:
    Cum Ecclesia Sacramentum Christi, sicut ille voluit
    Et ordinavit, ad fidem roborandum mihi usurpo. Ebd.
94 Ebd.
95 *Non sum hareticus, nam Christum pastorem sequor.* Ebd.

Seine Strategie ist denn auch keineswegs einförmig. In der Auseinandersetzung mit den Sätzen des Trienter Konzils genügt die Zitation der Schrift, um klare Verhältnisse zu schaffen.[96] Die Auslegung von Mt 16, 18 gerät zur überlegenen Satire: Petrus versetzt den schließlich nur noch stammelnden Papst in hilflose Verlegenheit: – »Du tust Unrecht, wenn du leugnest, daß ich Petri Nachfolger bin.«[97] In der schließlichen Zurechtweisung Zwinglis durch Christus, Petrus und Paulus wird die neue Gemeinschaft von Gott und Mensch endgültig bestätigt – »der Logos hat seiner Menschheit alles mitgeteilt«[98] –, werden der Bruch des Testamentes Christi und die Entleerung seines Sakramentes eingeklagt.[99]

Dagegen fordert die Gestalt Schwenckfeldts zu einer eigenständigen und vertieften Besinnung heraus. Beansprucht dieser doch, als einziger die himmlische Herrlichkeit Christi wahrhaft erkannt und auf Christus allein die Augen des Glaubens gerichtet zu haben. Er hat Gottes Wort nicht mit der menschlichen Predigt verwechselt und die Gnade nicht in Wasser, Brot und Wein gesucht:

> *O rex coelestis, Iesu Christe, Deus Deorum maxime.*
> *Tuum ego honorem solus defendi seculo hoc novissimo.*
> *Solus monstravi hominibus maiestatem gloriae*
> *Tuae, cum alii te creaturam dicerent, alii loco*
> *Circumscriberent, et coelesti cuidam ergastulo*
> *Includerent: in te ego solus mentis aciem per oculos*
> *Fidei direxi, neque sonos humanae vocis tibi praetuli.*
> *Neque in undis, neque in pane et vino gratiam tuam*
> *Quaesivi, sed coelitus expectavi a te, Domine.*[100]

Er allein hat die Freiheit der Gnade und die Unmittelbarkeit der Geisterfahrung zugleich verfochten. Mit ihm erst ist die Reformation zu ihrer Wahrheit gekommen.

---

96 Actus IV, scena III.
97 *Facis iniuriam, qui me Petri successorem negas.* Act. V, scena II.
98 λόγος *enim humanitati suae communicavit omnia.* Act. V, scena III.
99 [...] *et insuper testamentum meum confregistis.*
   Corpus et sanguinem meum a pane et vino nequiter
   Removistis. Ebd.
100 Ebd.

Frischlin erweist gerade an dieser Front sein hochkarätiges Urteilsvermögen. Zur Frage steht ja das zentrale Thema der schwäbischen Theologie: die vermittelte Gegenwart Gottes zur Welt. Wird Frischlin dabei beharren, was Brenz und Andreä erschlossen hatten? *Die Gottheit die wesentlich im Himmel ist / eben dieselbige Gottheit ist auch wesentlich [...] in allen Creaturen auff Erden*[101] und ist *allen [...], auch den allergeringsten dingen gegenwertig.*[102]

Dagegen stellt sich mit Schwenckfeld der Protest des reinen, des unvermittelten Geistes:

> Ihr vergottet das Taufwasser, macht aus der Schrift einen Götzen und rückt die Prediger an Gottes Stelle; ihr schreibt eurer Waschung zu, was allein Gottes Sache ist, und gebt Brot und Wein, was allein vom Geist ausgehen kann.[103]

Christus gibt seine Gnade ohne die Beihilfe irdischer Elemente.[104]

Brenz, den Frischlin mit Bedacht in den Disput mit Schwenckfeld bringt, versucht zuerst, in die Kunst der Differenzierung einzuüben: zu unterscheiden, heißt nicht zu trennen.[105] Die Stimme des Predigers und die *virtus divina* sind nicht identisch, aber Gottes Kraft wirkt durch je-

---

101 Fünff Predigen (wie Anm. 6) S. 81.
102 Ebd. S. 85.
103 *Brenz: Quasi Baptismum pro DEO habeamus [...]*
Quod ex sacra scriptura faciamus Deum,
Et concionatores in sedem et locum Dei
Ipsius collocemus. Su: Cur igitur vos concionibus
Vestris tantum tribuitis, quasi per illas Spiritus
Sanctus et beneficia coelestia dentur hominibus?
Cur lotioni vestrae et aquis adscribitis,
Quod unius est Dei? Cur pani et vino datis,
Quod a solo spiritu Dei proficscitur?
Act. III, scena IIII.
104 *Su: Quia Christus sine adminiculis / Rerum elementarium suam contribuit gratiam.*
»Darum: Was soll diese Verknechtung, die Gott an Irdisches bindet« *(Quae enim ista servitus, Deum alligare terrestribus?) ?* Ebd.
105 *Br. Audi, bone vir: et disce res aptas distinguere,*
Nec a se invicem divellere et discerpere. Ebd.

nen.[106] Doch Schwenckfeldt beharrt auf der Alternative: »Wozu sollte irgendein dazwischentretendes Medium gut sein?« – *Quorsum opus est intermedio quodam adminiculo?*[107] – Daraufhin appelliert Brenz mit dem Gewicht der *conditio humana*, auf die sich Gott in Christus eingelassen hat: »Wäre es so, wie du sagst, ich ginge elend zugrunde. Denn dies ist das ewige Leben, daß wir den Vater, und den, den er zu uns gesandt hat, den Sohn, erkennen.«[108] Jetzt triumphiert Schwenckfeldt: »Nun habe ich deinen Grundschaden getroffen.«[109] Schwenckfeldt sieht Brenz in einem fatalen Irrtum verfangen: Weil der Heilsegoismus des alten Adam sich einen nahen Rettergott wünscht, behaupten die Lutheraner – und Brenz vor allen anderen –, Christus sei auch Geschöpf, während er doch in Wahrheit, vom Heiligen Geist empfangen, Herr aller geschaffenen Dinge ist:

> *Su:* Quia tu scribis, Christum esse creaturam, qui tamen a spiritu
> Sancto conceptus est, qui omnium rerum creatarum Dominus est.
> Qui ad dextram Dei locatus est, qui nomen accipit supra
> Omne nomen, qui oleo laetitiae inunctus est, qui primogenitus est
> E mortuis: qui noster supremus Pontifex est, qui mediator est
> Inter hominem et Deum.[110]

Deshalb kann er nicht Mensch sein wie wir. Er ist vielmehr der himmlische Übermensch, als Gott immer auch schon der mit Gott verbundene Mensch, der eine Besondere, von dem nicht gesagt werden darf, er sei als Mensch Geschöpf. In ihm verbinden sich Gottheit und Menschheit nicht so, daß er Knechtsgestalt angenommen hätte und als Mensch uns gleich, zu einer endlichen Größe im Raum geworden wäre. Er nimmt zwar aus Maria einen Leib an, aber dieses Ereignis darf nicht so gedeutet werden, als hörte der schon himmlische Mensch, der aus dem Vater geboren ist und immer schon mit dem Vater gleich ist, auf, der eine und

---

106 *Quippe aliud est vox ministri Ecclesiastici,*
     Aliud virtus divina, quae per ipsum agit. Ebd.
107 Ebd.
108 *Nam si ita sit, ut dicis, ego misere perierim.*
     Est enim haec vita aeterna, ut Deum patrem, et quem ille ad nos misit, filium
     Agnoscamus. Ebd.
109 *At ego te manifeste teneo in noxa.* Ebd.
110 Ebd.

unverändert Selbe zu sein. Die Inkarnation ist nichts als die Offenbarung des ewig vergöttlichten Menschen, Christus ist die Epiphanie der ursprünglich vergotteten Menschheit. Diesen als Gott und Mensch in völliger Identität Konstituierten, der immer schon Gott und *homo deificatus* ist, dessen übermenschliches himmlisches Fleisch im Menschen Jesus seine makellose Entsprechung annimmt, verfehlt Brenz, wenn er darauf beharrt, der Sohn habe geschöpfliches Wesen, unser Fleisch und Blut, angenommen, er sei also beides, Gott von Gott und zugleich wahrhaftiger Mensch. Diese doppelte Bestimmung des einen Christus will Schwenckfeld unter keinen Umständen zugestehen. Durch die Inkarnation vermittelt sich Gott nicht mit der Kreatur; er wird als Mensch nicht einer wie wir, sondern er offenbart sich als der urbildlich Eine, der als der stets schon Vergottete die Erleuchteten aus ihren irdischen Fesseln löst und in die ihm gleiche geisthafte Unmittelbarkeit der neuen Gemeinde versetzt. In Christus hat sich nicht Gott mit der endlichen Menschheit zu neuer Gemeinschaft verbunden, er ist nicht in die Bedingungen endlichen Daseins eingetreten, er ist nicht unserem Elend gleich geworden, um unser Geschick durch Leben und Tod zu wenden.[111]

111 *Su. Quomodo igitur isthic, qui talis est, creatura sit?*
Br. Habetne Christus verum corpus et animam, ut alius homo?
Su. Non sane, sed habet corpus humanum coniunctum cum Deo.
Br. Sed estne verum illud corpus, quod cum Deo unitum est?
Su. Ita crediderim.
Br. An id attulit secum in terra coelitus?
Su. Nequaquam.
Br. Igitur ex beata virgine Maria assumpsit.
Su. Equidem.
Br. Et principium habet originis suae?
Su. Omnino habet.
Br. Quomodo igitur creaturam esse negas, quod ex homine
Natum est: quod verum est corpus, quod habet originem?
Su. Fortassis hoc modo genus istud dicendi admitterem.
Sed illos ferre non possum, qui per humanam naturam
Nescio, quam servilem formam intelligunt, quam Christus induit. Dicunt enim,
hominem Christum aliorum quorumvis hominum Similem, circumscriptum loco,
finitum, multarum
rerum nescium. Et haudquaquam omnipotentem.
Br. At tu cum illis, Qui hoc dictitant, expostula, ut voles,

Mit einem Wort: In Christus vermittelt sich nicht Gott mit der Menschheit. Er offenbart uns im Gleichnis der irdischen Geschichte die ewige Wahrheit der Gleichheit von Gott und himmlischem Übermenschen. Gott ist reine geisthafte Identität, ihr entspricht die ewige Menschheit Christi, die im Menschen Jesus ihre nochmalige Entsprechung hat. Christentum ist nichts anderes als die innere Erleuchtung, die uns dieses ewigen Tatbestandes vergewissert. In der neuen Gemeinde der wenigen, die den Durchbruch zum unvergänglichen Licht erfahren,[112] findet der urbildliche Übermensch Christus seine nachbildliche Entsprechung. Durch Predigt, Taufe und Abendmahl, durch Bibel und beauftragte Diener, durch irgendein äußeres Wort oder gar eine welthafte Institution gibt es hier nichts zu vermitteln. Brenz dagegen – und damit nähern wir uns dem Kern der Differenz zwischen dem Programm Schwenckfelds und der schwäbischen Theologie – Brenz geht vom Geschehen der in Christus neuen Vermittlung Gottes mit der Menschheit aus. Er kennt nicht die Identitätsfigur des immer schon vergöttlichten Menschen. Die Inkarnation eröffnet nach ihm vielmehr eine neue Bestimmung Gottes und des Menschen zugleich. Im Sohn wird Gott zur *infima creatura*; und nur so wird in Christus die Menschheit zur Rechten Gottes erhoben. Nicht die ewige Selbigkeit des mit sich übereinstimmenden, im himmlischen Christus sich immer schon entsprechenden Gottes wird epiphan und offenbar, sondern Gott läßt sich auf die

nam mecum frustra Litigabis, qui iam pridem a Cinglianorum
sententia Abhorreo.
Su. Ego certe tantum ab illorum opinionibus Dißideo, ut credam,
inter hominem Christum et patrem Nihil interesse.
Br. Nihil?
Su. Nihil prorsus, nam Christus ex semine Patris homo natus
est.
Br. Ergo non ex Maria virgine.
Su. Imo, sed conceptus a spiritu sancto, et sic Deificatus
homo. Alias secundum humanam naturam patri per omnia Non
sit similis.
Br. Ah, obsecro, si talis est homo Christus, quomodo potuit
pati et mori?
Su. At tum nondum erat in gloria.
Br. Deum immortalem! quae isthaec lerna haereseon? Ebd.
112 [...] *vertex ecclesiae meae / Coeli apicem et inaccessam lucem attingere.* Ebd.

verlorene Sache der Menschheit ein, nimmt sie in die Gemeinschaft seines Lebens auf und eröffnet sich so im Geschehen der gegenseitigen Partizipation, in deren fortgehender Geschichte – zur Vermittlung an uns – die welthaften Momente gerade nicht ausgeschlossen, sondern ihrerseits einvermittelt sind.

Deshalb wird Schwenckfeldt, durch Christus in der Gerichtsszene des V. Aktes ironisch als *novus homo* angesprochen, von seinen erleuchtenden Träumen, den Phantasmata der Privatoffenbarung, zurückgeholt zu dem Gott, der als Mensch Geschöpf ist wie wir, festgehalten bei den Dienern der Kirche, angebunden an die Mittel von Brot und Wein, die Christus selbst *ad remissionem peccatorum* eingesetzt hat:

> *Quis tu novus homo es, qui me creaturam secundum humanitatem negas?*
> *Qui Ecclesiae ministros, non audis, negligis?* [...]
> *Ego panem et vinum in coena ordinavi ad remissionem Peccatorum: tu hanc utraque spoliasti gratia.*[113]

Die Alternative ist hart, aber unausweichlich. Der *somniator*, der Träumer, der die Unmittelbarkeit eines überweltlichen Gottes und seiner übermenschlich vergotteten Entsprechung im *homo deificatus* erschwingen will, wird zum *contemptor verbi Dei*.[114]

Der Poet des *Phasma* aber war in aller Unbeständigkeit seines Charakters, auch im Streit mit den Institutionen seiner Zeit,[115] der *vates*, Seher und Dichter, *renascentis Evangelij*, einer jener Schwaben, die »Bestehendes gut gedeutet« (Hölderlin), darum gut gedeutet, weil wir ihn ohne Vorbehalt zu denen zählen können, die mit dem Schlußchorus des

---

113 Act. V, scena IIII.
114 [...] *tu somniator, Svencofeld, et coelici*
    Contemptor verbi Dei. Ebd.
115 Daß Frischlin von der kryptocalvinistischen Polemik mit Jakob Andreä ineins gesehen wurde, belegt die geifernd – obszöne *Parodia Catulliana in Nicodemum Frischlinum, qui se nunc Hectorem Abusigerum, nunc Laonicum Antisturmium, nunc nescio quid: Sturmius autem Suculam, Danaeus Spongiam nominat,* deren Text sich in der anonymen Sammlung von Pamphleten gegen Andreä findet, die 1581 wohl im Kursächsischen erschien. Der Titel des unpaginierten opus lautet:

Phasma nicht vergebens gesungen haben: »Erhalt uns, Herr, bei deinem Wort.«

NOVA, SUPRA NOVA NOVORUM:
IN QUIBUS,
TUM AUTORES ,
CONFESSIO ET DO–
CTRINA LIBRI, QUEM PATRES
BERGENSES CONCORDIAM VOCANT;
TUM VERO SYMBOLA, PRECATIONES,
Epistolae, adeoque varia Epigrammata, Secre–
ta, & Acta breviter & perspi–
cue continentur.
UBIQUISTICA NOVA:
Das ist/
Allenthalbische Newezeittung / von der
BERGISCHEN VAETTER Wunderge–
burt und Newangestellten CON–
CORDIEN:
Darinn derselben Autoren Lehr/Bekandtnuß und
Wandel / neben vil andern sonderbaren
Decreten und Agenden / kürtzlich be–
griffen werden.
Zum theil in Teutscher / zum theil in Lateinischer Sprach /
Ubique, und uberal von den Protestierenden zusamen gebracht/
und an jetzo von newem in offnen Truck verfertigt / gemehrt und gebessert.
ANNO
AngeLorVM Urbs pVgnabIt pro
DeI VerItate pIe, IVste & fortIter.

Auf Seite v 2f. wird Frischlin aufs Korn genommen:
CYdaemus ille, qui fricare nobiles, / Ait fuisse Sycophanta pessimus, / Neque ullius bene audientis os viri / Nequisse collutare, siue crimine / Aueret his nocere, siue toxico./ Et hocce pernegat lacus Lemannici / Deos negare, Tethyasque Rhenidas, / Lycumque Sueuicum, vuidamque Rhaetiam, / Badenida, atque plenum arundinis Necrum / Vbi iste, post Cydaemus ante fuit / Susurra vespa, nae Tybingia in Schola / Procace saepe puluerem exciit sono. / Sceleste Pappe, & Osiandre furcifer / Tibi hoc futurum & esse cognitissimum / Probe histrio scit, ex mera libidine. / Flagrasse dicit in vorace Thaide, / Putri imbuisse coleos in inguine: / Itemque nequiore cum iuuencula / FABRVM cubasse, pura siue menstrua / Vocaret hora, siue vtrumque pruriens / Subinde penis appetisset ad specum. / Neque vlla flagra criminalium Deum / Sibi esse inusta, cum subaret has nates / Cinae dicas, ad vsque putridum fimum. / Sed haec satis superque. nunc reciproco / Rubet pudore, seque mancipat tibi / Canine Anubi, & os profanum Anubidis. / Script. ab Aegidio Charopino Rhamnate, cuius / literas falso suis praetexuit nugis Abusiger.

396

Wilfried Barner

Nicodemus Frischlins »satirische Freiheit«

Nam hoc poetarum munus est, ad quod divinitus sunt ipsi vocati, et peculari quadam dicendi scribendique facultate ornati pro ceteris, ut numeris dulcissimis Deum et Dei amicos laudent: Diabolum vero, et mancipia illius, Satyrica amaritie insectentur.

Mit dieser prinzipiellen Bekundung verteidigt Nicodemus Frischlin im März 1585 in einer praefatio[1] seine Weise zu reden und zu schreiben, wie er sie in seinem officium, ja in seiner vocatio gegründet sieht. Fast ein halbes Jahrzehnt bereits liegt die skandalträchtige Druckpublikation jener *Oratio de vita rustica* zurück, die er im November 1578 als Einleitung in eine Vergil–Vorlesung gehalten hat.[2] Und diese Jahre sind angefüllt mit immer neuen Versuchen, sich nicht nur gegen Nachstellungen aus dem Bereich des von ihm attackierten Adels zu wehren, sondern auch gegen Disziplinierungsakte der eigenen Institution, der Tübinger Universität. In ihr ist schließlich jenes officium verankert, auf das er sich von Mal zu Mal beruft. Doch ihr wiederum kann es nicht gleichgültig sein, wie sich ihr akademisches Mitglied – gar im Rahmen seiner Lehrtätigkeit – mit dem Adel[3] anlegt.

---

1   Salomonis Frenzelii Vratislaviensis, Poëtae Laureati Poemata sacra et nova [...] Argentorati 1585 [...] Cum praefatione Nicodemi Frischlini [...]. Benutztes Exemplar: The British Library, Sign.: 11403.aa 52 (ich danke David L. Paisey, daß er mir den auf dem Kontinent nicht greifbaren Druck in London zugänglich gemacht hat).Text der *praefatio:* fol. 5a bis 8a; Datierung am Schluß: *Argentorati XVIII. Cal. Mar.* Eine deutsche Übersetzung des oben zitierten Textes bei Strauß, David Friderich: Leben und Schriften des Dichters und Philologen Nicodemus Frischlin. Ein Beitrag zur deutschen Culturgeschichte in der zweiten Hälfte des sechzehnten Jahrhunderts. Frankfurt am Main 1856. S. 205f.; so auch bei Schreiner, Klaus: Frischlins *Oration vom Landleben* und die Folgen. In: Attempto 43/44 (1972) S. 122–135. Hier: S. 133.
2   Zu den näheren Umständen Schreiner (wie Anm.1). Informativer, illustrierter Überblick auch in: Röckelein, Hedwig / Bumiller, Casimir: [...] ein unruhig Poet. Nicodemus Frischlin 1547–1590. 1990 (Katalog zur Balinger Jubiläumsausstellung) S. 78–94; vgl. auch den Beitrag von Wilhelm Kühlmann.
3   Wenn hier im folgenden von »Adel« die Rede ist, wird generell vorausgesetzt, daß bekanntermaßen bestimmte Adels–Schichten sich vor allem angegriffen fühlten, die

Als Frischlin zu Beginn des Jahres 1581 in einer Sallust–Vorlesung eine Textstelle bespricht, an der von der *superbia nobilitatis* die Rede ist, kann er sich einen aktuellen Seitenhieb nicht verkneifen.[4] Eine einschlägige Satire Juvenals als »Brücke« zitierend, holt er zu einer Invektive gegen die *Cyclopes, die Scharrhansen*[5] aus, die ihm einen Passus aus der *Oratio* verübelt hätten: es seien gar wenig fromme *nobiles.* Doch das habe Luther so befunden, der im übrigen gefordert habe, man solle den Scharrhansen *sagen, was sie für schöne Gesellen seyn.* Dies aber ungescheut zu sagen, seien *Freiheiten Academiae; wo das nicht ist, so hat man keine Freiheiten.*[6] Ein altes Netzwerk von Autoritäts– und Traditions–Berufungen wird schon hier erkennbar.

Als er bald darauf vor den Senat zitiert wird – nicht nur wegen der Sallustvorlesung[7] – hält ihm der mächtige Kanzler Jacob Andreä rigoros entgegen:

> Ihr seid ein Poet [...], kein Prophet; ihr habt euch nicht in fremde Dinge zu mischen, über Höfe und Adel zu richten, sondern euch in den Gränzen eurer Vocation zu halten. Die Mängel und Laster der verschiedenen Stände zu rügen, ist Sache der Propheten, d.h. der Prediger, nicht der Poeten.[8]

Poet und Prediger als komplementäre oder als konkurrierende öffentliche Funktionsträger – ist dies in der zweiten Hälfte des 16. Jahrhunderts ein exemplarischer Casus? Wo liegen die *Gränzen* von Frischlins *Vocation?* Ohne Zweifel geht es um die Existenzgrundlagen und um das individuelle Profil dieses Späthumanisten. Nicht von ungefähr hat Hans Joachim Schädlich in seinem »Kurzen Bericht vom Todfall des Nicodemus Frischlin« Andreäs Argumentation in ein strenges Verhör transponiert, das ein herzoglicher Abgesandter mit dem auf der Feste Hohenurach In-

---

ihre Interessen dann insbesondere über die Institutionen der Reichsritterschaft verfolgten. Zum sozialgeschichtlichen Kontext vgl. besonders den Beitrag von Dieter Stievermann in diesem Band.

4   Die Details kennen wir u.a. aus einer Nachschrift, die Strauß (wie Anm.1) S. 202–205 bereits ausgewertet hat.

5   *Scharrhansen:* etwa »Prahlhansen«, »Aufschneider«, »Maulhelden«.

6   Zitate hier nach Strauß (wie Anm.1) S. 203.

7   Seit Ausbruch der »Adelsfehde« waren erst wenige Monate vergangen; inzwischen war Andreä von einer längeren Reise zurückgekehrt, so daß der »erste Aufwasch« sogleich etwas grundsätzlicher ausfiel.

8   Nach Strauß (wie Anm.1) S. 204.

haftierten abhält.[9] Ob Universitätskanzler oder Hofbeamter – in dieser Spätphase des Frischlinschen Überlebens rücken die beiden Rechtsautoritäten Universität und Herzog[10] (zwischen denen Frischlin immer wieder zu jonglieren versucht) in eine Front, was die Freiheit des Poeten angeht. Was ist das für ein gottgegebenes *officium*, auf das sich Frischlin da beruft? Ist zweihundert Jahre nach Petrarca das den großen antiken Mustern nachgestaltete Pathos des *poeta* noch »gedeckt«? Was hat hier das Rechtsprinzip der »akademischen Freiheit« zu suchen? Und wieso steckt in ihm die Legitimation ausgerechnet zum »Satirischen«?

Poet, *poeta* – das ist institutionengeschichtlich betrachtet,[11] auch in Deutschland seit Peter Luders Antrittsrede von 1456[12] an den humanistisch reformierten Universitäten bekanntermaßen die verknappte Amtsbezeichnung des jeweiligen Vertreters der *humaniora*, der *studia humanitatis* innerhalb der Artistenfakultät. Poesie, Beredsamkeit und Historie (d.h. vor allem: Traktierung antiker Geschichtsschreiber), aber bisweilen auch nur Poesie und Beredsamkeit oder nur Poesie bilden die offiziellen Teilfächer der humanistischen Lektur oder auch Professur. *Lectio poetices* war die Zeitstellen–Bezeichnung, unter der Heinrich Bebel, der früheste bestallte Tübinger Humanist, 1496 sein Amt antrat, eine Stelle, um deren Bestand – und Fixierung an seine Person – Bebel lange Jahre kämpfen mußte.[13] *Lectio poetices latinae et historiae* lautet der Titel der

---

9 Schädlich, Hans Joachim: Versuchte Nähe. Prosa. Reinbek bei Hamburg 1977. S. 196–202 (der auf 1974 datierte Text trägt im Titel den Zusatz »Aus den Quellen«). Auf Hohen–Urach ist Frischlin zwar von »privaten« wie von »offiziellen« Besuchern zu Abbitte und Umkehr gedrängt worden, aber aus den dazu publizierten Quellen sind die hier von Schädlich verwendeten Formulierungen nicht erkennbar.

10 Hierbei ist klar, daß die Universität als dem Fürsten unterstehende Landesuniversität nur teilautonom handeln konnte. Die komplizierten Relationen, in denen Frischlin sich bewegte, können hier nicht erörtert werden; dazu vor allem die Beiträge von Volker Schäfer und Dieter Stievermann.

1 Knappe Abrisse bei Barner, Wilfried: Barockrhethorik. Untersuchungen zu ihren geschichtlichen Grundlagen. Tübingen 1970. S. 418–425; Grimm, Gunter: Literatur und Gelehrtentum in Deutschland. Untersuchungen zum Wandel ihres Verhältnisses vom Humanismus bis zur Frühaufklärung. Tübingen 1983. S. 227–251.

12 Barner, Wilfried: *Studia toto amplectenda pectore*. Zu Peter Luders Programmrede vom Jahr 1456. In: Respublica Guelpherbytana. Wolfenbütteler Beiträge zur Renaissance– und Barockforschung. Festschr. f. Paul Raabe. Hgg. Buck, August / Bircher, Martin. Amsterdam 1987. S. 227–251.

13 Die näheren Umstände in: Bebel, Heinrich: *Comoedia de optimo studio iuvenum.*

außerordentlichen Professur, die Nicodemus Frischlin an der Tübinger *Academia* ergatterte,[14] der 21jährige »Senkrechtstarter«[15] aus dem nahegelegenen Balingen.[16] Auf dem Titelblatt der ersten Gesamtausgabe seiner lateinischen Dramen (1585) präsentiert er sich als *Poeta, Orator et Philosophus*:[17] »Philosoph« vor allem als Angehöriger der Philosophischen, der Artistenfakultät.[18]

Und was ist seine *vocatio*, auf deren *fines* der Kanzler Andreä ihn wieder einzuschwören bedacht ist? Die Studenten in den antiken, besonders den römischen Klassikern (Poesie und Prosa) zu unterrichten, in Lektüre und praktischer *imitatio*, sie in der für den gesamten Universitätsunterricht zentralen Kunst des Disputierens zu schulen (der *ars disputandi*) und schließlich der Universität zu festlichen Anlässen mit kunstgemäßen lateinischen *poemata* – prinzipiell auch *orationes* – zu Diensten zu sein. Zum hundertjährigen Jubiläum der Tübinger Hohen Schule, das der Pest wegen auf das Jahr 1578 verschoben werden mußte,[19] hat er als *poeta* ganz hoch gegriffen. Er hat in der »Muster«–Linie des berühmten Horazischen *Carmen saeculare* – freilich nicht als erster deutscher Humanist[20] – ein ebensolches aktualisiertes »Jahrhundert–Lied« verfaßt, das auch chorisch aufgeführt wurde.[21]

Über die beste Art des Studiums für junge Leute. Lateinisch/deutsch. Hgg. u. Übers.: Barner, Wilfried u. Mitarbeiter. Stuttgart 1982. S. 103–173. Zur »Einführung« bes. S. 134–139 (auch zum Amt des *poeta*).

14 Sehr instruktives Schema der Universitätsfächer bei Röckelein / Bumiller (wie Anm. 2) S. 44f.

15 So Dieter Stievermann.

16 Nicht aus Erzingen bei Balingen, wie lange Zeit angenommen; s. das Urkundliche jetzt bei Röckelein / Bumiller (wie Anm. 2) S. 19.

17 *Operum poeticorum pars scenica*. Straßburg 1585.

18 Als solcher hat er nicht nur über die bereits genannten Fächer des poeta gelehrt und publiziert, sondern auch über *naturalis philosophia*, Astronomie, Logik u.a.

19 Daß diese Festlichkeiten (Februar 1578) in eine Blütezeit der Universität wie des Landes fielen – nicht unwichtig für Frischlins Vorhaben – betont Decker–Hauff, Hansmartin in: Ders. / Fichtner, Gerhard / Schreiner, Klaus (Hgg.): 500 Jahre Eberhard–Karls–Universität Tübingen 1477–1977. Tübingen 1977. S. XIVf.; vgl. Jens, Walter: Eine deutsche Universität. 500 Jahre Tübinger Gelehrtenrepublik. München 1977. S. 98f.

20 Ellinger, Georg: Geschichte der neulateinischen Literatur Deutschlands im 16. Jahrhundert. Bd. 2: Die neulateinische Lyrik in der ersten Hälfte des sechzehnten Jahrhunderts. Berlin und Leipzig 1929.

21 Bei der Interpretation des Frischlinschen *Carmen seculare* verdanke ich mehreres den

Dieses *Carmen seculare*, nach einem Jahrzehnt akademischer Tätigkeit entstanden, und noch vor dem Ausbruch der verhängnisvollen Adelsfehde, ist von herausgehobener Aussagekraft für Frischlins Selbstdefinition als *poeta*, für die Situierung seines Amts in der akademischen Sozietät und für die Würdigung des Herrscherhauses als des Protektors dieser Universität. Dreierlei hebe ich hervor. Zunächst: Das Gründungsgelöbnis des Grafen Eberhard, im Heiligen Land in lateinischer Sprache abgelegt, hält verpflichtend fest, daß diese Hohe Schule den *lateinischen Musen* (*Latinis* [...] *Camoenis*, v. 27f.) geweiht sei, ganz der Neigung Eberhards zu den Musen gemäß (v. 35); und nach der Wiedergewinnung der verlorenen Territorien wird durch Herzog Ulrich diese »musische« Orientierung ausdrücklich bestätigt (v. 37–40). Frischlin insistiert mit Recht – freilich ohne hier die entscheidende Rolle des Johannes Vergenhans[22] würdigen zu können – auf dem humanistischen Ursprung der Gründung selbst, und auf dessen verpflichtendem Charakter. Das zweite Moment ist im ersten schon impliziert: Ganz im Sinne der landesherrlichen Konstruktion, als Landes–Universität,[23] wird das Fürstenhaus, dem sich Frischlin damals persönlich noch nahe verbunden fühlt,[24] als Beförderer der humanistischen Studien gefeiert. Und es wird der eigenen Universitätsöffentlichkeit als verpflichtende Instanz ins Bewußtsein gerufen. Ein besonderer Glanz aber fällt auf das Herrscherhaus (und natürlich auf die feiernde Universität) durch die unausgesprochenen Parallelen zur sä-

Vorarbeiten Nicola Kaminskis. Den lateinischen Text mit deutscher Übersetzung bringt die Broschüre: Nicodemus Frischlin (1547–1590). Tübinger Poet, Humanist, schwäbischer Querkopf. Eine Einführung. Tübingen 1991 (erarbeitet v. Barner, Wilfried; Braungart, Georg; Fischer, Gudrun; Müller, Nicola; Schubert, Wolfgang; Seidel, Mark) S. 12–15.

22 Auf ihn als den »bildungspolitischen« Berater des Grafen Eberhard - aber auch auf dessen Mutter Mechthild von Rottenburg – gehen die humanistischen Impulse der Tübinger Universitätsgründung sehr wesentlich zurück.

23 Hierzu mehrere Beiträge des vorliegenden Bandes; außerdem Baumgart, Peter / Hammerstein, Notker (Hgg.): Beiträge zu Problemen deutscher Universitätsgründungen der frühen Neuzeit. Nendeln/Liechtenstein 1978. Schulze, Winfried: Deutsche Geschichte im 16. Jahrhundert. 1500–1618. Frankfurt/M. 1987. S. 230–244 (mit weiterer Literatur).

24 Seit Ende 1575 ist Frischlin wiederholt mit eigenen Arbeiten für den Stuttgarter Hof hervorgetreten (die Hochzeitsbeschreibung aus Anlaß der Vermählung Herzog Ludwigs mit Dorothea Ursula stammt vom November 1575); Frischlin war bekanntlich wiederholt auch an die herzogliche Tafel eingeladen.

kularen Staats– und Kulturpolitik des großen Augustus. Denn im Dienste der augusteischen Propaganda hat das Horazische *Carmen saeculare* vom Jahre 17 v. Chr. ja gestanden.

Und drittens: Die Horaz zum Teil wörtlich folgende, von Frischlin sorgsam ins Christliche transponierte religiöse Einbettung des Liedes, als Gebet an den höchsten Gott und Hüter des Menschengeschlechts gefaßt (*Gentis humanae pater atque custos*, v. 1), präsentiert den *poeta* selbst, wie bei Horaz mit dem chorischen Ich/Wir verschmelzend, in seiner höchsten nur denkbaren, fast priesterlichen Legitimation. Er ist es, der die Segenswünsche für die einzelnen Fakultäten am Schluß formuliert (v. 65–68), für die *docilis juventa* (v. 69), für ein Alter in Frieden und Ruhe (welche Perspektive, wenn man an Frischlins eigenes späteres Schicksal denkt!). Er ist es, der Gottes Willen singt, den Willen dessen, der die Welt geschaffen hat und die Geschicke der Menschen lenkt. Auch die *Oratio de vita rustica* beginnt ja, als Einleitung in eine Vorlesung über Vergils *Georgica*, mit einer ostentativen Hinwendung (*conversio*) zum *Deus Optimus Maximus*[25] (hinter dem typologisch unverkennbar Jupiter durchscheint), und mit dem argumentativen Hinweis auf die Götterverehrung bei den alten Dichtern (*veteres poetae*). Und die *Oratio* schließt[26] mit der Segensbitte an eben jenen *Deus Optimus Maximus* um gedeihliche Studien des *docens* selbst (Frischlins) wie auch der *discentes*, und um Bewahrung des heiligen Worts, usf.

Auf die seit Petrarcas *poeta*–Ideal strittige, widersprüchliche, typenreiche Problematik der Einformung antiker Religiosität in humanistisch–christliche Dichterkonzepte kann ich mich hier nicht einlassen: auf Hoffnungen und Tatsächlichkeiten, auf dogmatische Hemmnisse, auf Anmaßung und pflichtgemäße Demut.[27] Für Frischlins Selbstverständnis haben hierbei vor allem Celtis, der »Amtsvorgänger« Bebel, Hutten und vor allem Eobanus Hessus (dessen Rolle Frischlin im *Julius redivivus* selbst gespielt hat) Bedeutung gewonnen. Ich halte zweierlei Spezifisches fest.

---

25 Oratio de vita rustica. Tübingen 1580. S. 17.
26 Ebd. S. 139.
27 Prototypisch hierfür: Petrarcas 1. Ekloge, die einen bukolisch kostümierten Dialog mit dem im Kloster lebenden Bruder (Gherardo) bietet. Schon hier gehen antike Götterwelt und christliches Weltbild (verbindend: der oberste Gott als »Weltgott«) eine humanistisch austarierte Koalition ein.

Als Hochburg der protestantischen Orthodoxie,[28] wie sie als Machtträger nicht zuletzt der Kanzler Jacob Andreä verkörpert, fordert die Tübinger Universität eine solche christliche Verankerung von Frischlins Poetentum nachgerade heraus – und daß es konfessionell auf der richtigen Linie liegt,[29] dafür sorgt etwa die polemische Religionskomödie *Phasma* (es sei auch erinnert, daß Frischlin sich bei dem *Scharrhansen*–Vorwurf unmittelbar auf Luther beruft). Und: Dem Stuttgarter Hof empfiehlt sich dieser *poeta* gleich doppelt: indem er den Territorialfürsten als den Beschützer des wahren Glaubens wiederholt apostrophiert, zugleich aber das christlich–humanistische Erbe des Herrscherhauses (seit dem Grafen Eberhard) im Universitätskontext programmatisch vertritt; schon im *Carmen seculare* wird dies unüberhörbar.

Eine dritte Instanz tritt aber noch hinzu und bedeutet Komplizierung: die kaiserliche Autorität. Frischlin ist seit 1576 nicht nur ein innerhalb der *res publica litteraria* profilierter Poet, *orator*, Grammatiker und Philologe, sondern kaiserlich dekorierter *poeta laureatus*.[30] Schon 1570, bald nach Antritt der Tübinger außerordentlichen Professur, hat sich Frischlin am Rande des Speyerer Reichstags, bewaffnet noch mit einem Empfehlungsschreiben seines Lehrers und jetzigen Kollegen Martin Crusius, bei Maximilian II. mit Huldigungsgedichten unterschiedlicher Machart um den Laureatentitel bemüht; aber zunächst vergebens. 1576 in Regensburg nahm er einen zweiten Anlauf, nun mit einer Elegie und einem ganzen Theaterstück, *Rebecca*; und nun schien es zu klappen. Da starb plötzlich Maximilian II. Aber die Verwaltung stand für Kontinuität. Und so erhielt Frischlin bald darauf schon, nun unter Kaiser Rudolf II., die ersehnte Würde. Ein Jahr später kam, unter Nachhilfe durch drei panegyrische Reden, der Titel eines *comes palatinus*, eines Pfalzgrafen, noch hinzu (mit dem Privileg, selbst Titel zu verleihen). Neue »Freiheiten«? Die Bewertung beider Titel ist in der Forschung, nicht nur für den

---

28 Hierzu namentlich die Beiträge von Jörg Baur und Volker Press.
29 Einschränkend muß immerhin erwähnt werden, daß Frischlin zeitweise offenbar auch mit dem katholischen Freiburg/Breisgau liebäugelte (wohin er im Oktober 1579 einen »Ruf« erhielt).
30 Gute Zusammenstellung bei Röckelein / Bumiller (wie Anm. 2) S. 73–77; vgl. auch Schulz–Behrend, George: Nicodemus Frischlin and the Imperial Court: New Evidence from his Letters. In: Germanic Review 30 (1955) S. 172–180.

Fall Frischlin, umstritten;[31] ja die Rechtsverhältnisse selbst sind zu seiner Zeit schon uneinheitlicher geworden. Seit Celtis, dem ersten deutschen Laureaten des Kaisers (1487), ist die Ehrung inflationär geworden, im Wert gesunken; ähnlich steht es mit dem *comes palatinus*. Für unsere Fragestellung ist zweierlei von Belang. Innerhalb der Universität, deren Kollegenschaft Frischlin – jetzt unter Anführung durch Crusius – bei der Bemühung um eine bessere Stelle wiederholt hatte abblitzen lassen, bedeutete der Titel ein wichtiges Stück interner Anerkennung. Und zum anderen: Natürlich konnte auch sein landesfürstlicher Protektor, der Herzog Ludwig, stolz auf diese Bestätigung für seinen persönlichen Günstling sein. Der Tübinger *poeta* legte sich die Ehrung schließlich noch ganz anders aus: als ein zusätzliches Stück Freiheit, das gerade über den Landesfürsten hinausreichte.[32] Aber das schlug zuletzt gar noch zu seinem Verderben aus. Daß er im Frühjahr 1590, bereits in herzoglicher Haft auf dem Schloß Württemberg, versuchte, als kaiserlicher Laureat und Pfalzgraf sich an der Stuttgarter Hofkanzlei vorbei mit einer Bittschrift direkt an den Kaiser in Prag zu wenden,[33] hat entscheidend dazu beigetragen, daß er sich die außerordentliche, immer wieder hart geprüfte Gunst des Herzogs endgültig verscherzte.

Der Vorgang hat noch in seiner Outrierung etwas Bezeichnendes. Dieses hochtalentierte Enfant terrible des Universitätsbetriebes, dieser solipsistische humanistische Poet, reagiert auf Widerstände, auf Sanktionen immer nur zeitweise mit einem Sich–zurück–Nehmen, auch mit Ergebenheitsbekundungen. Aber dann pocht er sehr bald wieder auf sein Eigenrecht als *poeta*. In der eingangs erwähnten Vorladung vor Senat und Kanzler stehen einander die behaupteten *Gränzen* der *Vocation* und die *Freiheit* des akademischen *Poeten* offenkundig unversöhnbar gegenüber. Und dies vor allem – hier liegt ja der Konfliktpunkt – bei der selbst

---

31 Verweyen, Theodor: Dichterkrönung. Rechts– und sozialgeschichtliche Aspekte literarischen Lebens in Deutschland. In: Literatur und Gesellschaft im deutschen Barock. Hg. Wiedemann, Conrad (GRM Beiheft 1) 1977 S. 7–29 (mit weiterer Literatur).

32 Das Privileg, auch selbst Dichter zu krönen, hat Frischlin so sehr ausgeschöpft, daß der Kaiser ihm schließlich weitere Krönungen untersagte.

33 Nach eigener Formulierung wollte er den württembergischen Räten »ein Feuer unter den A. machen« (Strauß (wie Anm. 1) S. 477).

formulierten Verpflichtung, alles Verwerfliche (den *Teufel* und *seine Knechte*) *Satyrica amaritie* zu verfolgen.

Solange der bestallte Dichter die ehrwürdige humanistische Tradition der eigenen Hohen Schule festlich besang und dabei auch Apologie des eigenen Metiers gegenüber weniger Begeisterten trieb (ein Leitmotiv vieler Frischlinscher Reden und Traktate),[34] solange er sein Poetenamt solchermaßen auch propagandistisch wahrnahm, brauchte er sich in seinem Bewußtsein der Erwähltheit nicht eingeengt zu fühlen. Dies gilt generell für die zahlreichen *occasiones*, bei denen er mit Gedichten, Reden und vor allem Theaterstücken unmittelbar dem Fürstenhaus huldigte, gar am Stuttgarter Hof selbst. 1575 bereits wurde er anläßlich der Hochzeit des Herzogs Ludwig und der Tochter des Markgrafen von Baden, Dorothea Ursula, mit einer Festbeschreibung beauftragt. Im gleichen Jahr war der Herzog in Tübingen anwesend, als die lateinische Komödie *Rebecca* aufgeführt wurde. Und als im Januar 1579 Herzog Ludwig förmlich die Regierungsgeschäfte übernahm, erlebte Frischlins soeben fertiggestellte patriotische Komödie *Hildegardis magna* ihre festliche Uraufführung im Stuttgarter Schloß. Noch sein bekanntestes Drama, *Julius redivivus,* kam dort im Mai 1585 aus Anlaß der zweiten Vermählung des Herzogs, mit Ursula, erstmals »offiziell« auf die Bühne.[35] Außerdem wurde dem Autor die Festbeschreibung übertragen.

All diese fürstlichen Ehrbezeigungen über Jahre hin – die kaiserliche nicht zu vergessen – waren gewiß dazu angetan, Frischlins hochgespanntes humanistisches *poeta*–Bewußtsein zu stärken, zumal der Hof durchgängig das Lateinische als Medium akzeptierte.[36] An und für sich hätte auch die Universität Genugtuung darüber empfinden mögen, daß einer

---

34 Natürlich schon in seiner Antrittsvorlesung *De dignitate et multiplici utilitate poeseos* (1568), aber auch in der systematischen Lehrschrift *De ratione instituendi puerum* (1584) und schließlich in der fast verzweifelt werbenden Wittenberger Programmrede *Oratio de exercitationibus oratoriis et poeticis* (1587 – dazu weiter unten).

35 Eigener Angabe zufolge stammen erste Entwürfe aus dem Jahr 1572, eine »Zwischenfassung« wurde offenbar 1583, während Frischlins Laibacher Rektorat, in Tübingen aufgeführt; s. Frischlin, Nikodemus: *Iulius redivivus. Comoedia.* In der Übersetzung von Jacob Frischlin. Hg. Schade, Richard E.. Stuttgart 1983. S. 149–174, im Nachwort zu seiner Ausgabe des *Iulius redivivus*.

36 Allerdings mit muttersprachlichen Hilfestellungen (deutsche Inhaltsangabe vorweg u. a.). Im einzelnen nachvollziehen konnte die Texte nur eine Minderheit am Hof.

der Ihren solchermaßen ausgezeichnet wurde und sich an allerhöchster Stelle als nützlich erwies. Aber Frischlins ungefestigte, umstrittene Position innerhalb des Lehrkörpers – wie auch immer »gemischt« erklärbar aus Neid und Provinzialität mancher Kollegen und aus übermäßiger Streitsucht dieses *poeta* – ließ diesen Mechanismus nur bedingt zur Wirkung kommen.

Immerhin, die durchaus »affirmativen« Züge in einem Großteil des Frischlinschen Oeuvres, das Fürstenlob, das schwäbisch Patriotische, das mitunter auch Reichspropagandistische, auch das eingeschworen lutherisch Orthodoxe dürfen nicht vernachlässigt werden, wenn man – mit Recht – den *unruhigen Poeten* heraushebt, das *unbhäb Maul* (von dem im Jubiläumsjahr mit Vorliebe die Rede ist). Lob des Fürstenhauses, Lob der *studia humanitatis* mit der Poesie an höchster Stelle: In Frischlins Selbstbewußtsein sind die Leistungen im *genus laudativum* das genaue Komplement, ja eine Mitlegitimation dessen, was ich hier abgekürzt, in Anlehnung an alte Prägungen,[37] die »satirische Freiheit« nennen möchte.

»Satirisch« in welchem Sinne? Die Forschung der letzten zweieinhalb Jahrzehnte hat im Wechselspiel zwischen »historischer« und »philosophischer« Gattung[38] für die Wirkungsgeschichte der römischen Satire[39] und vor allem für das »satirische« 16. Jahrhundert[40] eine solche Fülle von Differenzierungen und neuen Durchblick erbracht, daß hier nur ganz unzureichende Stichworte gegeben werden können. »Ästhetisch sozialisierte Aggression«:[41] In dieser vielzitierten Formel Jürgen Brummacks

---

37 Damit sind einerseits die Formulierungen gemeint, in denen die besondere sprachliche *libertas* oder *licentia* der Poeten hervorgehoben wurde, andererseits die mehr moralistisch ausgerichteten Selbstapologien der Satiriker.

38 »Historisch« als (mit polymetrischen Partien durchsetzte) Prosa-Satire nach dem Muster des Menippos (Menippeische Satire) und als Vers-Satire mit dem »Erfinder« Lucilius; »philosophisch« als in einer bestimmten Weltsicht gründenden »Schreibweise« oder »Schreibart«. Die längst unüberschaubar gewordene Literatur kann hier auch nicht in Auswahl verzeichnet werden. Einen für unsere Zwecke besonders geeigneten Überblick über die wichtigsten Positionen bietet Könneker, Barbara: Satire im 16. Jahrhundert. Epoche – Werke – Wirkung. München 1991. S. 11–21.

39 Einen aktuellen Überblick (mit reichlichen Literaturangaben) enthält Arntzen, Helmut: Satire in der deutschen Literatur, Geschichte und Theorie. 1: Vom 12. bis zum 17. Jahrhundert. Darmstadt 1989. S. 1–26.

40 Umfassend Könneker (wie Anm. 38).

41 Brummack, Jürgen: Zu Begriff und Theorie der Satire. In: Deutsche Vierteljahrs-

sind die drei Dimensionen des Literarischen, des Gesellschaftlichen und des Psychologischen greifbar. Und wenn man den indirekt sich äußernden » moralischen« Impetus hinzunimmt,[42] lassen sich eine große Zahl charakteristischer Phänomene des Satirischen seit der Antike einander typologisch plausibel zuordnen: sowohl was die älteren »Gattungs«–Gesetze als was die »Schreibart« angeht. Daß die Satire (wie auch das Epigramm)[43] in der Wahl ihrer Gegenstände (*res*) wie in ihrer Sprachgebung (*verba*) prinzipiell keine Grenzen kennt und daß sie fast alles »mischen« kann, gehört – mit mehr oder weniger Reservation – zu den ältesten »Konsenspunkten« der Satiretheorie. Es ist derjenige Grundzug, der die Satire, ob in Vers oder in Prosa, seit jeher den klassizistischen und puristischen Doktrinen besonders verdächtig gemacht hat.

Im Zusammenhang unserer Fragestellung ist die Erinnerung an eine traditionsreiche sozialgeschichtlich–religionsgeschichtliche Konstellation von Belang: die Verknüpfung des Satirischen mit institutionalisierten, zeitlich begrenzten Freiräumen, mit bestimmten populären Festen zumal. Die altrömischen Saturnalien (deren etymologische Kombination mit *satura* bereits antik ist)[44] und Karneval respektive Fastnacht sind die klassischen Bespiele.[45] In ihrem Rahmen werden – durch die Obrigkeit –

<hr>

schrift f. Lit.wiss. u. Geistesgesch. 45 (1971, Sonderheft Forschungsreferate) S. 275–377. Hier: S. 282.

42 So ebenfalls Brummack (wie Anm. 41); in den antiken und den auf der Antike fußenden Theorien ist *indignatio* über das moralisch Verwerfliche der Ursprung der satirischen Äußerung.

43 Spätestens seit Juvenal gehen Satire und Epigramm – nicht nur in der Theorie – zum Teil eng nebeneinander, bis hin zu der von Scaliger in den *Poetices libri septem* von 1561 (I 12) kodifizierten und dann jahrhundertelang weitergegebenen Formel vom Epigramm als einer »kurzen Satire« und der Satire als einem »langen Epigramm«. Strukturell ist beim Epigramm besonders das Pointierte, Spitze, ja potentiell auch Verletzende des Satirischen besonders evident.

44 Auf die verschiedenen Spekulationen und deren »Triftigkeit« kann hier nicht eingegangen werden.

45 Unter den zahlreichen komparativen Arbeiten, die oft mehr assoziativ vorgehen, sei hier hervorgehoben Fuhrmann, Manfred: Fasnacht als Utopie: Vom Saturnalienfest im alten Rom. In: Narrenfreiheit. Beiträge zur Fastnachtforschung (Untersuchungen des Ludwig–Uhland–Instituts der Univ. Tübingen. 51) 1980. S. 29–42. Neuestes Zwischenresümee zu Ansätzen, in denen Satire anthropologisch im »Lachen« fundiert wird, bei Hermand, Jost / Grimm, Reinhold (Hgg.): Laughter unlimited: Essays on humour, satire, and the comic. Madison 1991.

»Freiheiten« gewährt, »Narrenfreiheiten«,[46] in denen temporär bestimmte Normen und Sanktionen außer Kraft gesetzt oder doch hinausgescho-
ben werden: solche des Sozialspotts zumal, der Verspottung von Autoritäten, ja der Autoritätenkritik. Daß von solchen Freiheiten auch
literarische Äußerungsweisen profitiert haben, »Gattungen« wie altrömi-
sche Komödie und Satire oder wie das Fastnachtspiel, bedarf hier keiner
Erörterung. Es ist von besonderer historischer Aussagekraft, daß Sebastian Brant sein Muster einer neuen, spätmittelalterlich–hochhumanistischen Narrensatire zur Basler *Vasenaht* des Jahres 1494 erscheinen
läßt: Autochthonie und Freiheit zum Narrenspiegel konvergieren. Michail Bachtins Theorien zur »Karnevalisierung«[47] haben die Forschung
der letzten Jahre weit über solche institutionellen Ursprünge hinausge-
führt.

Libertas und *licentia*, und als Verhaltenskategorie das *ridere*, sind
zwei Zentralbestimmungen, mit denen die römische Satiretheorie – in
Nachbarschaft zur Komödientheorie – auch in ihren rudimentärsten Fassungen stets arbeitet, wobei im *ridere* der Spott des Autors und die Reaktion der Zuhörer ineinander gehen. Horaz, zu Beginn seiner Satire I 4,
stellt sein eigenes Vorbild Lucilius ganz in die »Abhängigkeit« von der
großen *libertas* der alten Komödie (*comoedia prisca*, v. 2: Eupolis, Kratinos, Aristophanes). Und noch die Repräsentanten der späteren, schärfe-
ren, »verdüsterten« kaiserzeitlichen Verssatire, Persius und Juvenal
(analog zu ihnen der Epigrammatiker Martial), verteidigen so ihre *licentia* gegen den Typus des die Augenbrauen hochziehenden Cato.

Frischlin steht mitten in dieser – realiter noch viel weiter verzweig-
ten[48] – Tradition, wenn er seine »satirische Bitterkeit« rechtfertigt. Als er
in der erwähnten *praefatio* des Jahres 1585 sein Recht als *poeta* auf Mo-
ralkritik auch prinzipiell einklagt (gegen Vorwürfe, wie sie etwa der

46 Siehe den Band »Narrenfreiheit« (wie Anm. 45) sowie Welsford, Enid: The Fool. His
social and literary history. London 1968; Der Narr. Beiträge zu einem interdisziplinären Gespräch (Studia ethnographica Friburgensia 17) 1991.
47 Das Wichtigste jetzt in Bachtin, Michail M.: Literatur und Karneval. Zur Roman-
theorie und Lachkultur. Frankfurt/M. 1990; vgl. auch Howes, George: Rhetorics of
attacks. Bakhtin and the aesthetics of satire. In: Genre 19 (1986) S. 215–244.
48 Hier der Knappheit wegen vernachlässigt: vor allem Lukian und die zahlreichen
Formen der menippeischen (varronischen usw.) Satire, nicht zuletzt die reiche mittelalterliche Überlieferung mit ihren vielen oft auch regionalen Varianten.

Kanzler Andreä erhoben hat), nennt er die großen antiken Vorbilder wie Horaz, Persius, Juvenal.[49] Aber die entscheidende Grenzziehung, die ihm aufgezwungen werden soll, ist ja die zwischen dem *poeta* und dem *propheta*, d.h. dem Geistlichen, dem Prediger. Hier ist nun bezeichnend, wie Frischlin aus seiner Epoche heraus argumentiert: auch etwa Ulrich von Hutten, Eobanus Hessus, Sebastian Brant und Thomas Murner hätten als Poeten »Tadel und Ermahnung« praktiziert, ohne Geistliche zu sein. Frischlin arbeitet hier also bereits mit der Kanonizität christlich moralbewußter, patriotischer Humanisten, deren Wirkungszeit schon zwei und mehr Generationen zurückliegt.

Geht es noch um dieselbe »satirische Freiheit«? Und mit welchem Recht kann Frischlin sie für sich beanspruchen? Was immer zu der eindrucksvollen Konjunktur des Satirischen im ausgehenden 15. Jahrhundert geführt haben mag:[50] die Anknüpfungsmöglichkeit an spätmittelalterliche Überlieferungen (Ständesatire usw.), das sozial »Eingreifende«, das Pädagogische, die Chancen zur Modernisierung antiker Gattungsmuster in Poesie und Prosa – in Frischlins Zeit haben sich wichtige Voraussetzungen entscheidend verändert. Vor allem die Reformation und ihre Folgen (einschließlich der Bauernkriege) haben zu neuen Funktionalisierungen der satirischen Schreibweisen geführt. Die neuen Formen von Öffentlichkeit (wie sie besonders die Flugblattliteratur ermöglicht), das Vordringen der Muttersprache in vormals hauptsächlich »lateinisch besetzte« Bereiche, insonderheit aber die sich verschärfende Konfessionspolemik lassen Frischlins Zeit, was das poetisch–moralische Recht auf »satirische Freiheit« angeht, mit der eines Sebastian Brant kaum noch vergleichbar erscheinen. Exemplarisch hierfür mag das lateinische Schuldrama stehen, in dessen Tradition sich ja ein wesentlicher Teil des Frischlinschen Werkes bewegt.[51] Hat bei Wimpfeling, Kerckmeister oder Bebel sich der satirische Spott noch überwiegend auf Schwächen des

---

49 *Praefatio* zu Salomo Frenzelius (wie Anm. 1) fol. 6a.
50 Dazu Könneker (wie Anm. 38) S. 22–43 und vor allem Hess, Günter: Deutsch-lateinische Narrenzunft. Studien zum Verhältnis von Volkssprache und Latinität in der satirischen Literatur des 16. Jahrhunderts. München 1971.
51 Hierzu der neueste Stand bei Price, David: The political dramaturgy of Nicodemus Frischlin. Essays on humanist drama in Germany. Chapel Hill and London 1990 (dort auch die umfangreiche ältere Literatur).

spätscholastischen Unterrichts und auf die Karrieresucht von Klerikern ergossen, so wird etwa in den antirömischen Tendenzdramen des Thomas Naogeorgus schonungslos und erbittert um Glaubens– und Machtpositionen gekämpft.[52] Von einem »Freiraum« des Satirischen im Sinne noch der hochhumanistischen Ansätze kann kaum mehr die Rede sein.

Gewiß gelten solche Tendenzen nicht für den Gesamtbereich der nachreformatorischen satirischen Literatur im Spektrum von Hans Sachs bis zu Johann Fischart.[53] Aber sie gehören offenkundig zu den Voraussetzungen, unter denen der ebenso hochtalentierte wie reizbare *poeta* Frischlin seine satirischen Äußerungsformen entwickelt. An zwei für Frischlin einschlägige Teilprozesse, von denen im Jubiläumsjahr wiederholt die Rede war, sei immerhin andeutend erinnert: an die neue »Funktionskrise« des Adels[54] (mit der besonderen Empfindlichkeit gegenüber aller Kritik) und an das Engwerden der Entfaltungsmöglichkeiten an manchen Universitäten.[55] Engwerden in einem mehrfachen Sinn: Überproduktion an universitär Ausgebildeten, wissenschaftlich Ehrgeizigen (mit dem besonderen württembergischen Phänomen des »Theologenexports« – der aber bei dem Humanisten Frischlin nicht gelingen konnte); weitgehendes Sichabschließen des Lehrkörpers nach außen, Kleben an den einmal errungenen Lehrstühlen über Jahrzehnte hin;[56] aber auch Engwerden in einem – hiermit durchaus zusammenhängenden – mentalitätsgeschichtlichen Sinn: Orthodoxisierung, Zunahme der Intoleranz, auch der ins Kleinliche gehenden Streitsucht.

Was in dieser historischen Lage dem überspannten Selbstbewußtsein, dem humanistischen Ehrgeiz und der – besonders im Alkohol – hohen Reizbarkeit des *poeta*, und was den ständischen Spannungen, auch der akademischen Atmosphäre anzulasten ist, wird sich nie auseinander

---

52 Im »Musterstück« *Pammachius* des Naogeorgus zum Beispiel wird der Titelheld (ein Bischof) in einer Höllenszene gezeigt, wie er mit dem Satan einen Pakt schließt, und der Papst inszeniert dem Teufel eine rauschende Siegesfeier. Zur Konfessionspolemik im Drama vgl. auch die Beiträge von Richard E. Schade und Fidel Rädle.
53 Neuester Überblick bei Arntzen (wie Anm. 39) S. 171–202.
54 Von ihr ist in mehreren Historiker–Beiträgen wiederholt die Rede, etwa bei Volker Press und Dieter Stievermann.
55 Dies gilt vor allem für die protestantischen Hohen Schulen. Frischlin hat es bei seinen vielen Versuchen des Fußfassens immer wieder erfahren müssen.
56 Für Tübingen exemplarisch errechnet von Volker Schäfer.

rechnen lassen. Doch es liegt auf der Hand, daß der junge, vielseitige, virtuose Vertreter der *humanoria* mit seinem prinzipiellen Anspruch auf Poeten–»Freiheit« massiven Widerspruch provozieren mußte. Denn es ging ihm ja nicht um jene *licentia poetica* oder *poetarum licentia*, von der bespielsweise schon Cicero in *De oratore* spricht (3, 38, 135, häufig auch Quintilian) und die sich wesentlich auf Abweichungen des Wortgebrauch und der Grammatik bezieht.[57] Frischlin zielt auf ein moralisch–gesellschaftliches Sonderrecht des akademischen Poeten, das die Legitimation auch zur satirischen Kritik einschließt.

Darin stecken zwei brisante Probleme zugleich. Es ist höchst bezeichnend, daß Frischlin in der erwähnten Sallustvorlesung vom Jahre 1581 die Freiheit, den *Scharrhansen* die Wahrheit zu sagen, kurzerhand aus den *Freiheiten Academiae* herleitet, sozusagen als paradigmatischen Punkt: *wo das nicht ist, so hat man keine Freiheiten.*[58] Der Poet verkörpert in herausgehobener Funktion nicht nur einen kulturellen Standard – man denke an Eobanus Hessus im *Julius redivivus*, wo dieser glanzvolle Humanist den Altrömern Caesar und Cicero das »moderne« Deutschland vorführt[59] – sondern als akademischer Poet repräsentiert er zugleich die *libertas academica* schlechthin. Und: Diese *libertas* bedeutet, als durch den Vertreter der *humanoria* wahrgenommen, das Recht auf moralische Kritik, und sei es auch Adelskritik.

Diese Ideologie, von Frischlin mit apologetischer Emphase vorgetragen, konnte außerhalb der Universität, gar in der Reichsritterschaft, nur als schiere Anmaßung, ja als Usurpation erscheinen. Und auch die Korporation selbst, allen voran der Kanzler, konnte schon wegen der externen Konsequenzen diese Ineinssetzung von *libertas poetica* und *libertas academica* nicht tolerieren.

---

57 Auch auf metrische Freiheiten. Ein hiervon sorgfältig unterschiedenes Feld ist die Freiheit des »Erfindens«, des Abweichens von Überlieferung (etwa bei Erzählstoffen) und prinzipiell des *fingere* (das dann, als »Erschaffen« illusionärer Welten, ins Feuer christlicher Kritik gerät).

58 Siehe oben.

59 Barner, Wilfried: Vorspiele der Querelle. Neuzeitlichkeits–Bewußtsein in Nicodemus Frischlins *Julius redivivus*. In: Fortuna vitrea. Festschr. f. Walter Haug und Burghart Wachinger. Bd. 1. Tübingen 1992. S. 873–892.

Indes, aus Frischlins Poeten–Selbstverständnis heraus ist die Freiheit zur satirischen Kritik, zum *vituperare*, nur notwendiges Komplement zum Amt des *laudare*, wie es glanzvoll–repräsentativ für die Universität und das Fürstenhaus im *Carmen seculare* greifbar wurde. Wenn er etwa in *Fraw Wendelgard* dem Stuttgarter Hof und seinem Herzog theatralisch huldigen und in *Phasma* die Verwirrung der Andersgläubigen auf der Bühne verspotten durfte: Warum wurde ihm nicht verstattet, im durchaus typisierenden Kontext der *Oratio de vita rustica* Mißstände im Bereich der *nobilitas* namhaft zu machen? In seinen vielen nachträglichen Rechtfertigungen, von der förmlichen *Apologia* des Jahres 1580 an, hat Frischlin immer wieder darauf verwiesen, daß er weder den Adel generell angegriffen noch gar bestimmte Namen genannt habe.[60]

Hier ist an eine Unterscheidung innerhalb der satirischen Schreibart zu erinnern, die bereits antiken Ursprungs ist und dann im 16. Jahrhundert neue Bedeutung gewinnt: die »lachende« und die »strafende« Satire.[61] Die »lachende« Satire nimmt sich aus überlegener Distanz eine vergleichsweise harmlose Torheit vor (etwa Kleiderluxus oder auch eine literarische Mode – beides beliebte Satirethemen schon der Antike), die sie dem Gelächter der Einsichtigen preisgibt. Hier ist sie dem *ridere* der Komödie ganz nahe, sie wird auch häufig analog moralisch legitimiert (aus dem Zweck der »Besserung«). Diesem Typus hat man gerne die oft feinfühligen, moralphilosophisch getönten Satiren des Persius als Muster zugerechnet – eben desjenigen Autors, dem sich Frischlin als universitärer *poeta* besonders widmete, zu dem er auch ein Bändchen mit Text und Paraphrasen publiziert hat (1582).[62] Die »strafende« Satire attackiert vorzugsweise gefährliche Perversionen, Sexuelles, Kriminelles, aber auch etwa religiöse Vergehen; hier ist das Muster der als düsterpessimistisch geltende Juvenal – den Frischlin in seiner Sallustvorlesung ja auch als »Brücke« zitiert, bevor er zu seiner scharfen Kritik der *Scharrhansen* ausholt.

60 Einschlägige Frischlin–Zitate bei Schreiner (wie Anm. 1) S. 123–127.
61 Eine knappe Zusammenfassung (mit Hinweisen auf Quellen und Sekundärliteratur) gibt Könneker (wie Anm. 39) S. 19–21. Bekanntlich arbeitet noch Schiller in »Über naive und sentimentalische Dichtung« mit dieser Typologie.
62 Der Text ist dann mehrfach zusammen mit den Paraphrasen zu Horazens Epistulae gedruckt worden – offenbar ein gern benutztes Lehrbuch.

Hier, bei der »strafenden« Satire, setzt auch eine einschlägige »wirkungsästhetische« Waffenmetaphorik an, von den satirischen »Spitzen« über die »Pfeile« bis zu den schweren »Geschossen« (ein metaphorisches Arsenal, mit dem noch im 18. Jahrhundert über die Typen der Satire – und des Epigramms – gestritten wird). *Straf(f)red, Strafrede* setzt sich während des 16. Jahrhunderts, neben *Schimpfred* (der im allgemeinen zahmeren Variante) als der wichtigste Eindeutschungsversuch für *satura* durch. Wie weit aber reicht seit Brant, Murner und Erasmus die »satirische Freiheit«? Wie weit reicht sie insbesondere, wenn der Angriff nicht im Typisierten bleibt,[63] sondern – auch dieses Problem wird schon im antiken Rom diskutiert[64] – Persönliches, gar Ehrverletzendes aufgreift, sich also dem Pasquill[65] annähert? Das Zeitalter der Konfessionskämpfe hat einem besonders legitimierten Satiretypus Vorschub geleistet, den Günter Hess im Anschluß an eine Kennzeichnung des Brant' schen *Narrenschiffs* durch den Abt Trithemius von Sponheim *divina satyra* genannt hat:[66] »göttliche Satire« in dem Sinn, daß hier der satirische Blick auf die Verderbtheit, die Verblendetheit der Welt (so bei Brant), daß dieser universal religiös gerichtete Blick auf die Welt etwas Göttliches an sich hat, jedenfalls in seinem strafenden Impetus göttliche Rückbindung, wenn nicht gar Beauftragung beanspruchen kann. Es ist dieser Satiretypus, der sich aus der ins Unübersehbare anwachsenden konfessionell bestimmten Streit– und Satirenliteratur des 16. Jahrhunderts,[67] von den Dialogen des Hans Sachs bis zu den antipapistischen Dramen des Thomas Naogeorgus, als Ausdruck eines besonders hehren *officium* heraushebt.[68] Und es ist eben dieser Anspruch, den Frischlin für seine *Oratio*

63 Hierzu, was das wichtige Beispiel Hofkritik betrifft, Kiesel, Helmuth: *Bei Hof, bei Höll*. Untersuchungen zur literarischen Hofkritik von Sebastian Brant bis Friedrich Schiller. Tübingen 1979.
64 So besonders in Vorreden und programmatischen Gedichten bei Horaz, Juvenal, Martial u.a.
65 Ob des juristischen Aspekts (Einklagbarkeit der Ehre bei verletzendem Pasquill) ist die Unterscheidung von Satire und Pasquill auch in literaturtheoretischen Diskussionen bis weit ins 18. Jahrhundert hinein sorgfältig beachtet worden.
66 Hess (wie Anm. 50) S. 87–98 u. ö.
67 Für das Spektrum muß wieder auf Arntzen (wie Anm. 39) und Könneker (wie Anm. 38) verwiesen werden.
68 In den Rechtfertigungsversuchen begegnet wegen des »Schmerzenden« der Satire

de vita rustica und ihre adelskritischen Partien dem Kanzler Andreä gegenüber hartnäckig verteidigt: nämlich, wie der Kanzler es widersprechend zusammenfaßt, »die Mängel und Laster der verschiedenen Stände zu rügen«,[69] oder wie es vier Jahre später in der *praefatio* heißt, sich mit der Sorge für das *Sacrum* zu befassen und dabei auch *vituperatio* und *admonitio* zu praktizieren – von Hutten, Brant, Murner, von Horaz, Persius, Juvenal nicht zu reden. Es ist das alte *officium* des Satirikers, zu *vituperare*, nun aber religiös gewendet, und hier schiebt der orthodox disziplinierende Kanzler sofort den Riegel vor: das ist Amt der Geistlichen.

Höchst bemerkenswerterweise leistet gerade hier der Herzog Ludwig seinem Günstling zunächst Sukkurs, wohl um den aufmüpfigen und überempfindlichen Adel in seine Grenzen zu weisen und auch die universitären Autoritäten zu relativieren. In seiner Antwort vom 5. Januar 1581[70] an die Ritterschaft schiebt er nachgerade dem Adel die Schuld zu, da er sich unrechtmäßig ein Exemplar der *Oratio* besorgt habe. Frischlin habe glaubhaft versichert, keineswegs *die ganze Ritterschaft oder allgemein den Adel* mit seiner Rede *zu injurijrn oder zuschmehen* (das alte Problem der »iustitiablen« Satire oder des Paquills!). Und nun das Entscheidende: Frischlin habe als *Orator, Historicus, Poeta und Praeceptor* sein Recht wahrgenommen, *die Tugenden der Frommen unnd ehrnliebenden offentlich zu loben unnd die Laster der unerbaren und bösen in allen Stennden zu taxirn oder zu straffen*.

Bis in die Terminologie des »Strafens« hinein hat der Herzog – bzw. seine Sekretäre – hier Frischlins Ideologie der »satirischen Freiheit« des akademischen *poeta* adoptiert. Fällt er damit nicht sowohl dem attackierten Adel wie auch vor allem der Leitung seiner Landesuniversität in den Rücken? Diese Interessenkonstellation, von der Frischlin so manches Mal profitiert hat, soll weniger unsere Aufmerksamkeit bestimmen als die Tatsache, daß hier ein Kernproblem unseres Themas auf den Punkt gebracht ist. Im Selbstverständnis verbindet sich (und wird vom Herzog aus erklärbaren Gründen auch noch unterstützt) die alte moralischsoziale Mahnfunktion der Satire/des Satirikers, sein Anrecht auf *vitu-*

---

besonders häufig das *officium* des Arztes als Vergleich oder gar als Metapher.
69 Im folgenden zitiert nach Strauß (wie Anm. 1) S. 204.
70 Zitiert nach Schreiner (wie Anm. 1) S. 127.

perare aus *indignatio* heraus,[71] mit dem schon etwas in die Jahre ge-
kommenen humanistischen Anspruch des universitären *poeta* auf prinzipielle *libertas* in seinem Amt, eine *libertas* oder *licentia*, die eben auch
satirische Ständekritik umfaßt. Die Kollision mit den Interessen der
Geistlichkeit mußte Frischlin – daran kann kein Zweifel bestehen – bewußt sein. Und dies mitten in einen Prozeß hinein, in dem vor allem der
lutherische Klerus seine kirchen– und staatstragende Funktion Stück für
Stück ausbaute.[72] Es ist, als ob Frischlin, der immerhin eine Frau aus der
Reformatorenfamilie Brenz geehelicht hatte, nachgerade provokatorisch
habe ignorieren wollen. Jedenfalls sollten die *Gränzen* seines Sendungs-
bewußtseins als *poeta* dadurch nicht eingeengt werden. Es ist charakteristisch, daß er mit seiner Erwiderung ostentativ auf eine vor– oder allenfalls frühreformatorische Ära zurückgreift, als der poetisch–moralische
Impetus des Hochhumanismus noch ungeschwächt war. Die »Nichtgeist-
lichen« Brant, Murner, Hessus und Hutten stehen ihm für eine gleichsam
noch heroische Frühzeit.

Frischlins Trotz besitzt auch hier etwas von der Attitüde des zu spät
Kommenden, der einen hohen Anspruch mit einer Mischung aus religiö-
sem Sendungsbewußtsein und reizbarer Arroganz durchzusetzen sucht.
Daß er sich dabei in seiner Verteidigung der »satirischen Freiheit« auch
auf die römischen Muster Horaz, Persius und Juvenal beruft, liegt auf der
Hand; und daß er Persius und die *epistolae* des Horaz je auch mit einer
Publikation bedenkt, rechnet er zu seiner Philologenpflicht.[73]

Eigentümlich und besonderer Aufmerksamkeit wert ist hier sein in-
tensives Sich–Einlassen auf Aristophanes.[74] Frischlin kommt das Verdienst zu, in der – vergleichsweise späten – humanistischen Wiederentdeckung dieses Hauptvertreters der Älteren attischen Komödie eine
Pionierleistung vollbracht zu haben. Durch seine textkritischen Versuche,
die metrische Übersetzung einiger Stücke ins Lateinische, durch die Ein-

---

71 Vgl. Anm. 42.
72 Hierzu die Beiträge von Jörg Baur und Volker Press.
73 Vgl. Anm. 62. Dieser Bereich des Frischlinschen Oeuvres ist bisher nur sporadisch
   gewürdigt worden, am ausführlichsten immer noch von Strauß (wie Anm. 1).
74 Price (wie Anm. 51) S. 51–54 und S. 121–123 gibt einstweilen die kompetenteste
   knappe Zusammenfassung (der Verfasser hat über Frischlins Aristophanes–
   Beschäftigung seine Magisterarbeit geschrieben).

führungen und Interpretationen (auch Vergleiche mit Plautus und Terenz) hat Frischlin diesen Autor neu zugänglich gemacht: *Aristophanes, veteris comoediae princeps, poeta longe facetissimus et eloquentissimus* [...], wie das Titelblatt (1586) verheißt.[75] Natürlich ist Frischlin vorrangig von dem Theaterautor angezogen worden, und man hat längst auch Anregungen für seine eigene Theaterproduktion beobachtet, etwa die Heraufholung Caesars und Ciceros aus der Unterwelt im *Julius redivivus*, analog zu den *Fröschen* des Aristophanes – und vieles andere.

Vielleicht am tiefsten aber hat ihn der Autor angezogen, der mit Witz und Schärfe (*facetissimus*) sein öffentliches *officium* als Poet wahrgenommen und als Patriot gesellschaftliche Mißstände auf die Bühne gebracht, seinem Publikum ins Gewissen geredet hat. Man braucht die Parallelen nicht im Detail auszuziehen. Horaz nennt in der bereits erwähnten Satire I 4 Aristophanes, Eupolis und Kratinos als diejenigen Autoren der alten Komödie, von deren *libertas* sein Vorbild als Satiriker, Lucilius, ganz »abgehangen« habe. Aristophanes ist, so betrachtet, der älteste uns mit einem größeren Corpus überlieferte Autor der antiken satirischen Tradition. Und gerade das hat offenkundig den späthumanistischen Frischlin gereizt. Im *Julius redivivus* (v. 1842) verkündet der Unterweltsgott Pluto als Aufgabe der Poeten genau das, was Frischlin in seinen vielen Rechtfertigungen, nicht nur gegenüber dem Kanzler Andreä, immer für sich als Doppel–*officium* beansprucht hat: *Volo laudare illos* [*sc. poetas*] *culpanda et rursus culpare laudanda*; sie sollten *veritatem effari* und damit gegen die Macht des Satans in der Welt kämpfen; sie sollen παρρησιάζοντες *poetae* sein (v. 1848), d.h. Redefreiheit praktizieren.[76]

Altgriechische, attische Parrhesie, die bei Aristophanes auch die Redeweisen des Grotesken und Burlesken einschließt, Redefreiheit, die auch das *vituperare* des zu Tadelnden ermöglicht, ist das Ideal, das Aristophanes – vielleicht ausgeprägter noch als Persius und Juvenal oder Brant und Murner – für Frischlin verkörpert.[77] Man mag dieses Verhält-

---

75 Die Auswahl der Stücke (die Frischlin zu erweitern beabsichtigte): Plutos Ritter, Wolken, Frösche, Acharner.

76 Dazu näher Price (wie Anm. 51) S. 67f.

77 Dies gilt jedenfalls unverkennbar für den *Julius redivivus*, dessen humanistisch–patriotischer »Bekenntnis«–Charakter auf der Hand liegt.

nis unterschiedlich interpretieren, psychologisch als nostalgisches oder sentimentales Beschwören von etwas Unerreichbarem, oder auch traditionsanalytisch als ein humanistisches *argumentum auctoritatis* für das, was hier mit dem Verständigungsbegriff »satirische Freiheit« bezeichnet wurde.

Daß Frischlin den wiederentdeckten[78] Aristophanes überdeutlich als einen *facetissimus* herausstellt, erinnert an die Übergängigkeit der Bezeichnungen im Umkreis von »satirisch«, und an die noch offene Aufgabe, das ganze Spektrum des Satirischen in Frischlins weitgespanntem Oeuvre näher ins Auge zu nehmen: die Gegenstände, die Anlässe, die Gattungsformen, die Stilkombinationen, die Zwecke,[79] und dies wiederum im Kontext vor allem der lateinsprachigen Literatur der zweiten Hälfte des 16. Jahrhunderts.[80] Die *Oratio de vita rustica*, von der hier wiederholt gesprochen wurde, trägt ja durchaus nicht im Ganzen satirischen Charakter. Es sind nur kurze adelskritische Partien, an denen sich die Diskussion immer wieder entzündet hat und auf die hin Frischlin sich gezwungen sah, seine – auch – »satirische« Freiheit zu erklären und zu verteidigen.

Es ist eine Freiheit, die ihm bei anderen Objekten seiner satirischen Feder offenbar bereitwillig, jedenfalls ohne massive Beanstandung durch die Autoritäten (Universität und Herzog), eingeräumt wurde. Nur drei Textgruppen seien genannt. Wenn Frischlin sich in der humanistischen Prestigegattung der Fazetie[81] versuchte (eine Sammlung von *Facetiae selectiores* erschien zuerst postum 1603), so stellte er sich dabei schon in eine Tradition, die mit Poggio Bracciolini eingesetzt hatte und

---

78 Vgl. Süß, Wilhelm: Aristophanes und die Nachwelt. Leipzig 1911; Friedländer, Paul: Aristophanes in Deutschland. In: Die Antike 8 (1932) S. 229–253 und 9 (1933) S. 81–104.

79 Wichtige Ansätze insbesondere bei Hess (wie Anm. 50) S. 161–172 und bei Kohl, Josef: Nikodemus Frischlin: Die Ständesatire in seinem Werke. Diss. Mainz 1967 (mit der These, Frischlin habe sich nach und nach, stufenweise, die einzelnen Stände kritisch »vorgenommen«).

80 Die von Hans–Gert Roloff neu initiierte (nach verdienstvollen Ansätzen von Adalbert Elschenbroich) Frischlin–Ausgabe, jeweils mit Übersetzungen der lateinischen Texte, wird dieser Aufgabe, wie zu hoffen steht, ein neues Fundament geben.

81 Barner, Wilfried: Überlegungen zur Funktionsgeschichte der Fazetie. In: Haug, Walter / Wachinger, Burghart (Hgg.): Literarische Kleinformen. Tübingen 1993.

die von Frischlins Tübinger »Vorgänger« Bebel, dem »deutschen Poggio«, auch akademisch sozusagen hoffähig gemacht worden war. In dieses spezifisch neuzeitlich–humanistische *genus* war ein Großteil der
breiten satirischen Überlieferung (seit Aristophanes *facetissimus*) eingegangen. Wenn Frischlin hier sich Stadtbürger, Bauern, Professoren und
Kleriker »schwänkisch« vornahm (auch einmal »Adlige«), so war dies
alles durch Gattungsautoritäten, durch anonyme Erzählüberlieferung und
durch Typisierung (Tradition etwa der Ständesatire) weitgehend »abgefe-
dert«; kein Universitätskanzler hat ihn, soweit ich sehe, je ob solcher
Texte zur Rede gestellt.[82] Dies gilt ebenso für zahlreiche Schriften, in
denen Frischlin als eifriger, mitunter auch eifernder Unterrichtsreformer
(vor allem auf dem Gebiet der lateinischen Grammatik) Sprachschnitzer
von Kollegen und von Lehrbuchautoren satirisch aufspießte.[83] Die inner-
gelehrten Polemiken, die sich etwa um die einschlägige *Strigilis* entspan-
nen, waren weitgehend durch die Eigengesetzlichkeit des *bellum philologicum* abgesichert. Und die immer wütenderen Abrechnungen mit
seinem ehemaligen Lehrer und nunmehr ihm zutiefst mißgünstigen Kollegen Martin Crusius gingen so ins Persönliche, daß sie vom Prinzip der
»satirischen« Freiheit, wie es Frischlin für den *poeta* postulierte, kaum
noch berührt wurden.

Das Feld, auf dem Frischlins satirische Ader sich am vielfältigsten,
am virtuosesten entfaltet hat, ist natürlich, wie schon mehrfach angedeutet, das lateinische Drama: mit einer fast schon überständigen Tradition
spezifisch satirisch ausgestalteter Szenen seit Wimpfeling, Kerckmeister
und Bebel,[84] vorzugsweise zur Demonstration von Mißständen eingesetzt und im Zeichen der Konfessionspolemik mittlerweile auch zum pu-
ren Mittel der Agitation herabgesunken. Wenn in der Religionskomödie
Phasma, 1580 in Tübingen zur Fastnacht (!) vor auch »hohen Personen«
aufgeführt, die Andersgläubigen, Schwärmer und Sektenangehörigen in
ihren »Visionen« als vom Teufel geblendet vorgeführt werden, so wissen

---

82 Diese Texte sind freilich zu Frischlins Lebzeiten auch noch nicht als Sammlung erschienen.
83 Der am erbittertsten attackierte Gegner ist auch hier Martin Crusius, der auf
   Frischlins satirische Invektiven mit eigenen Gegenschriften antwortete; zu dieser
   »Feindschaft« vgl. den Beitrag von Hubert Cancik.
84 Siehe oben.

sich die Zuschauer mit dem Autor auf der »richtigen« Seite (so auch, wenn beim Universitätsjubiläum 1578 der *Priscianus vapulans* einen verrotteten Grammatikunterricht durchhechelt). Selbst wenn in der muttersprachlichen Komödie *Fraw Wendelgard*, 1579 am Stuttgarter Hof inszeniert, die weitgereisten Bettler »Heiratspolitik« wie die Fürsten treiben, in Nebenszenen, bleibt dies für das Hofpublikum goutierbar. Und im *Julius redivivus*, der ehrgeizigen lateinischen Zugabe zu den Stuttgarter Hochzeitsfeierlichkeiten im Mai 1585 (mit deutschen Verstehenshilfen), bestätigen der radebrechende lombardische Kaminfeger und der schmierige französische Tandverkäufer durch ihre satirische Präsentation, wie es das »neue« Germanien, insonderheit Schwaben, doch so herrlich weit gebracht hat.

Funktionalisierte Satire dieser Art, nicht als eigene Gattung, wie man es von den Facetien noch behaupten könnte, sondern als Kompositionselement eines lateinischen Dramas in humanistischer Tradition, auch dem (Stuttgarter) Hof bereits attraktiv gemacht: Solcherart Satire hat dem Frischlinschen Theater Buntheit, »Terrassendynamik«, szenischen Einfallsreichtum, Vielfalt der sozialen Spiegelungen ermöglicht oder doch dazu beigetragen. Aber daß ein solches Drama geschaffen wurde, ist humanistische Errungenschaft auf einem bestimmten Kulturniveau, von einem genialischen Einzelnen auf die Bühne gebracht. Ein *poeta*, Eobanus Hessus (von Frischlin selbst gespielt), ist es, der im *Julius redivivus* eben dieses erreichte Niveau repräsentiert und es den staunenden Altrömern präsentiert. Als das Stück in glanzvollem Rahmen über die Bühne geht, liegt der Ausbruch der Adelsfehde ein halbes Jahrzehnt schon zurück. Die ersehnte Stelle an der Tübinger Universität hat der Autor immer noch nicht erhalten. Die Hoffnungen, die sich an einen mehrmonatigen Straßburger Aufenthalt knüpften, haben sich zerschlagen. Im Jahr nach dem Stuttgarter Prestige–Erfolg wird er in Tübingen mit einem Ehebruchsvorwurf konfrontiert, flieht, kehrt zurück, wird arrestiert und muß schließlich Württemberg verlassen. Das jahrelange, zermürbende »Wanderleben« beginnt. Unterwegs schafft dem *poeta* die Inklination zur Satire immer wieder auch Feinde, so in Braunschweig.[85] Seine Gegner unter den Tübinger Kollegen und vor allem in der Reichsritterschaft las-

85   Strauß (wie Anm. 1) S. 419ff.

sen ihm keine Ruhe. Im Herbst 1587 gelingt es ihm, in Wittenberg, an Melanchthons Hoher Schule,[86] zeitweise Fuß zu fassen. Vor einem Auditorium, zu dem auch eine Reihe Hochadliger zählen, deklamiert er, ganz in der auch Melanchthonschen Tradition,[87] zur Eröffnung von Privatlektionen eine humanistische Programmrede: *Oratio de exercitationibus oratoriis et poeticis*.[88] Unsere Aufmerksamkeit soll nur dem Schlußabschnitt gelten, einer der eigenartigsten Partien des gesamten Frischlinschen Werks. Er ist gemischt aus christlicher Ergebenheit, satirisch–anklagenden Ausfällen, Formulierungen, die sich wie Manifestationen von Verfolgungswahn lesen, ja von Märtyrerperspektive. Mit apokalyptischen Vorstellungen von der eigenen Ära ruft er den »höchsten Redner« um Hilfe in seinem humanistischen Kampf gegen das Wüten des Satans an (wie in der *praefatio* vom Jahre 1585 und wie Pluto im *Julius redivivus*): *fac, ut in hac delira mundi senecta, haec artium et linguarum studia contra furores Sathanae conserventur*; Fürsten mögen sich aufgerufen fühlen, die *studia* zu fördern, *ut quibus nos telis aliunde impetimur* [...] *usum fructum tueri possimus*.[89] Die »Geschosse«, mit denen der Satiriker all die Jahre sendungsbewußt operiert hat, bedrohen nun auch ihn selbst.

Auch der Wittenberger Versuch schlug fehl, und die weiteren Stationen seines Umhergetriebenseins brachten allenfalls für kurze Zeit einmal neue Hoffnungen. Daß er schließlich die verhängnisvolle Invektive gegen wichtige Persönlichkeiten des Stuttgarter Hofes (März 1590), die sogenannte *Famosschrift*, im Suff geschrieben haben will und so zu revozieren versuchte, bedeutete den schmählichen Höhepunkt, der den einst um seine »satirische Freiheit« kämpfenden *poeta* nur noch als den *rasenden Poeten* erscheinen ließ.[90] Welches Licht fällt vom Ende her auf dieses Ideal, für das der eingeschworene Individualist mehr als einmal erbittert gestritten hat? Sicher wäre es verfehlt, unter Fixierung auf den Patrioten

---

86 Zu Melanchthon, so ging das Gerücht, habe Frischlin sich abfällig geäußert. Es gelang ihm jedoch, dieses Vor–Urteil durch Lobeshymnen zu korrigieren.
87 Wo Melanchthon im Jahre 1518 mit der (bald berühmt gewordenen) Deklamation *De corrigendis adolescentium studiis* seine Reformtätigkeit programmatisch begonnen hatte.
88 Noch 1587 in Wittenberg gedruckt erschienen.
89 Oratio de exercitationibus oratoriis et poeticis S. 33.
90 Zu dieser Leitformel: knappe Zusammenfassung mit charakteristischen Zitaten bei Röckelein / Bumiller (wie Anm. 2) S. 121–133.

und den Adelskritiker, der das Frischlinbild lange Zeit geprägt hat, nun auch dieser *licentia* als Forderung eines Pioniers zu interpretieren, der es dem verrotteten Adel und der professoralen Mediokrität einmal gezeigt hat.

Eher stellt sich sein Insistieren auf der Freiheit des *poeta*, mit Lizenz auch zum Satirischen, als späte, radikal auf seine *persona* gewendete Inanspruchnahme eines Rechts dar, das einmal evidenter moralisch–gesellschaftlich legitimiert gewesen war.[91] Seine Verehrung der aristophanischen Parrhesie mag man als verklärend ansehen, aber in ihrem poetisch aktivierenden Impetus erwies sie sich bei Frischlin als genuin humanistisch. Der Punkt des generalisierenden Überziehens, mit Tendenz zur satirischen *superbia*, ist wohl spätestens in dem Moment erreicht, als er den persönlichen publizistischen Ehrgeiz mit dem moralisch–religiösen Pathos des universitären *poeta* in seiner Person zu identifizieren versucht. Der Herzog unterstützt ihn darin vorzugsweise deshalb, weil er damit sowohl der unruhig gewordenen Ritterschaft als auch den universitären Hagestolzen eins auswischen kann. Die exemplarische Kollision mit den *officia* der lutherischen Geistlichkeit – gewiß nur ein Teilaspekt – konnte Frischlin nicht auf die Dauer bestehen.[92]

Im Grunde unternahm Frischlin den nachreformatorischen Versuch, die moralistischen Rollen eines Brant oder Murner unter erheblich veränderten ständisch–konfessionellen und publizistischen Verhältnissen durchzuspielen – oder zumindest Segmente dieser Rollen. Und dies in einer historischen Periode, als das Lateinische längst in die Enge geraten war, als selbst an den Universitäten der *poeta* althumanistischer Provenienz kaum mehr eine Pionierrolle einzunehmen vermochte. »Satirische Freiheit« artikulierte sich längst im muttersprachlichen Dialog, im Flugblatt, ja im Schwankroman viel attraktiver.

In seiner prinzipiellen Verteidigung, bei der er sich auf die großen satirischen Autoritäten bis zu Hutten und Brant und Horaz und Juvenal zurück beruft (*praefatio* vom März 1585),[93] weist er mit Entrüstung die

---

91 Zur religiösen Fundierung vgl. die in Anm. 45 und 46 genannten Arbeiten.
92 Die Kollision ereignet sich vor allem auf der Ebene des prinzipiellen Anspruchs, nicht etwa von Person zu Person.
93 *Praefatio* zu Salomo Frenzelius (wie Anm. 1) fol. 6bf.

Auffassung von Leuten zurück, *dicentes, Poëtam esse solum modo Grammaticum, et ad hoc munus a Deo vocatum, ut aut in scholis trivialibus, aut in Academiis artem, et imprimis prosodiam doceat.*[94] Das hat er, mit nicht geringer Anerkennung, auch vermocht; und seine eigentliche Karriere als Schulautor begann erst nach seinem Tode.[95] Daß er als Solipsist, weit über dieses Fundament hinaus, ein uraltes, aristophanisches Recht durchzusetzen versuchte, hat ihm schließlich den Hals gebrochen.

94 Ebd. Fol. 5a.
95 Besonders mit seinen Dramen und grammatischen Schriften.

Wilhelm Kühlmann

Akademischer Humanismus und revolutionäres Erbe

Zu Nicodemus Frischlins Rede *De vita rustica* (1578)

I.

Im Jahre 1586 veröffentlichte der junge schlesische Dichter Salomo Frenzelius (1561–1605) in Straßburg einen Band mit *Poemata Sacra et Nova*, dem Nicodemus Frischlin eine Leservorrede voranschickte.[1] Nicht ohne Grund verstanden die späteren Herausgeber der Werke Frischlins diese Leservorrede als *praefatio universalis* der Frischlinschen Dichtungen, handelte es sich doch um die wohl deutlichste Stellungnahme Frischlins zur Grundsatzfrage nach Amt und Autorität des christlichen Rhetors und Dichters: *de Rhetorum & Poetarum Christianorum officio & authoritate.*[2] Daß Frischlin in dieser Formulierung den Begriff des Rhetors voranstellte, deutete gewiß nicht nur auf den Systemzusammenhang von Rhetorik und Poetik, sondern auch auf den apologetischen Charakter des Textes, auf seine Rolle als Replik innerhalb jener Kette von Angriffen und Verteidigungen, die Frischlins 1578 vorgetragene Rede *De vita rustica* hervorgerufen hatte. Es war diese *declamatio*, die bekanntlich Frischlins Lebensverhängnis nach sich zog, ein Text, der in mehrfacher

---

1 Abgedruckt in: Frischlin, Nicodemus: Methodus Declamandi [...] Cui Praeterea annexae sunt Epistolae et Praefationes. Straßburg 1606. S. 148–156; im selben Band ein Brief Frischlins an Frenzelius (S. 197f). Die *Oratio de Vita Rustica* wird im folgenden zitiert (als *Oratio*) nach: Nicodemi Frischlini Balingensis: Orationes Insigniores Aliquot: Quibus hac secunda Editione accessit ejusdem Vita [...]. Opera & studio M. Georgii Pfluegeri, Ulmani. Straßburg 1605. S. 253–333. Verglichen wurde die Erstausgabe Tübingen 1580. Dr. Georg Braungart (Tübingen) und Dr. Wolfgang Schibel (Mannheim) danke ich für freundliche Hilfe bei der Beschaffung der Texte.

2 Ebd. S. 147; zu Person des Frenzelius vgl. neuerdings (mit weiteren Literaturhinweisen) Henze, Ingrid: Der Lehrstuhl für Poesie an der Universität Helmstedt. Hildesheim u.a. 1990 (Beiträge zur Altertumswissenschaft 9). S. 81ff.

Hinsicht hermeneutisch zu erschließen ist: im Umkreis der teils beteuernden und beschwichtigenden, teils scharfsichtig ins Grundsätzliche vorangetriebenen Apologien und Interpretationen ihres Verfassers, in der Kontinuität des rhetorischen Genres, im Bedingungsgeflecht der außer– und innerakademischen Positionskämpfe des *poeta doctus,* zugleich aber und nicht zuletzt – jenseits aller biographischen Bezüge – als ein literarhistorisches Dokument, an dem sich mit kaum zu überbietender Signifikanz ein Entwicklungsstadium des deutschen Humanismus ablesen läßt.[3] Denn noch einmal verbanden sich hier die Positionen der älteren humanistischen Gesellschafts– und Adelskritik mit dem revolutionsschwangeren Erbe des frühen Protestantismus, – entsprechend jener Interferenz erasmischer und radikal spiritualistischer Geistigkeit, deren Konturen vor allem in Werk und Leben Sebastian Francks so unvergleichlich eingezeichnet sind.

In solcher Sichtweise wird Frischlins Rede keineswegs in eine sachfremde Perspektive gerückt. Vielmehr war es der Autor selbst, der in seiner Verteidigung gegen den Savoyarden Lambertus Danaeus (Daneau, 1530–1596)[4] beide Traditionslinien auszog: jene im Rekurs auf illustre Namen des älteren Humanismus – von Juan Luis Vives bis Erasmus von Rotterdam[5] – diese in einem knappen, aber gewichtigen Hinweis auf ei-

---

3 Genaueres zu der *Oratio de Vita Rustica* bisher nur bei Strauß, David Friderich: Leben und Schriften des Dichters und Philologen Nicodemus Frischlin. Ein Beitrag zur deutschen Culturgeschichte in der zweiten Hälfte des sechszehnten Jahrhunderts. Frankfurt/M. 1856. S. 168–223; vgl. neuerdings auch die Studie von Schreiner, Klaus: Frischlins Oration vom Landleben und die Folgen. In: Attempto 43/44 (1972) S. 122–135, sowie Röckelein, Hedwig / Bumiller, Casimir: ein unruhig Poet. Nicodemus Frischlin 1547–1590. Balingen 1990 (Veröffentlichungen des Stadtarchivs Balingen. Bd. 2). S. 78–94; lesenswert und materialreich in diachronischer Perspektive nach wie vor Martini, Fritz: Das Bauerntum im deutschen Schrifttum von den Anfängen bis zum 16. Jahrhundert. Halle 1944 (Deutsche Vierteljahrsschrift für Literaturwissenschaft und Geistesgeschichte, Buchreihe. Bd. 27). Spez. zu Frischlin S. 369–375. Die Werke von Strauß und Schreiner werden im folgenden nur mit dem Verfassernamen zitiert.

4 Methodus Declamandi usw. (wie Anm. 1) S. 283–303; über Anlaß und Zusammenhang dieser *defensio* vgl. Strauß (wie Anm. 3) S. 228ff.

5 Vgl. ebd., spez. S. 293ff.; Frischlin will demnach für adelskritische Passagen seiner Rede (*Oratio*, S. 304–309) u. a. benutzt bzw. zitiert haben: Erasmus von Rotterdam (Liber ad Reginam Angliae de Christiano matrimonio d. h. die Institutio christiani matrimonii an Katharina von Aragon, ersch. 1526), dazu eine Sentenz aus Terenz'

nen *Argentinensis scriptor*. Frischlin verschwieg den Namen mit Grund, denn sollte dieser *scriptor* nicht Sebastian Franck sein mit seiner 1531 in Straßburg veröffentlichten *Geschichtsbibel*, enthaltend jene vernichtende Vorrede *vom Adler*, in der Franck in Anlehnung an Adagien des Erasmus mit der bestialisch–grausamen *Natur* des Adels abrechnete?[6]

Zwei Vorreden also: harmlose Genres, harmlos auf den ersten Blick und etabliert auch ihre literarische Technik. Franck schwenkte scheinbar ein auf gewohnte Methoden der Wappenallegorese, um dann allerdings nicht mehr praeskriptiv oder panegyrisch normative Herrscherbilder und

Komödie: Phormio (II 34f.); L. Vives: De Veritate fidei (Buch II), ferner Arbeiten, d. h. die historischen Schriften von Johannes Nauclerus, Johannes Trithemius, Johannes Funccius (1518–1566), Caspar Hedio und Johannes Stumpf (offenbar dessen Schweizerchronik). Bei seinem Hinweis auf die *commentarii Tettingeri* denkt Frischlin offensichtlich an Johannes Tethingers Versepos: Wirtembergiae libri duo (Freiburg i. Brg. 1545) und den daran angehängten *commentarius* in Prosa, in dem die Kriege Ulrichs von Württemberg wie auch der südwestdeutsche Bauernkrieg behandelt waren; vgl. dazu Schäfer, Eckart: Der deutsche Bauernkrieg in der neulateinischen Literatur. In: Daphnis 9 (1980) S. 1–31, spez. S. 17f. Zu den Gewährsmännern der Adels– bzw. Hofkritik zählt Frischlin Gian Francesco Poggio: De nobilitate (zuerst 1440), Aeneas Sylvius (mit Stellen aus der Novelle: Euryalus und Lucretia; vielleicht auch mit seinem Brief: De curialium miseriis, Erstdruck 1473, danach auch in deutscher Übersetzung weit verbreitet); ferner Theodor Zwinger (1533–1588) mit seinem enzyklopädischen Werk: Theatrum Vitae Humanae (1565; 1586f.), Hartmann Schopper mit seiner lateinischen Fassung des Reineke Fuchs (Frankfurt 1567 u. ö.), die sich als *Speculum Vitae aulicae* verstand; in der Erinnerung an Johannes Bohemus (ca. 1485–1535), der eine Art »Volks– und Völkerkunde« (Stammler) unter dem Titel *Omnium gentium mores, leges et artes* vorlegte, ist wie im Fall des Nauclerus eine Vorlage für Sebastian Francks *Geschichtsbibel* erfaßt; sehr wohl möglich, daß Frischlin auf diese älteren Autoren durch die Lektüre Francks aufmerksam wurde. Daß sich Frischlin konfessionspolitisch absichert, indem er zuletzt die Linie von Erasmus und Vives zu Luther und Nikolaus Selnecker (1530–1592) zieht, kann nicht überraschen, hatte aber wohl eher deklamatorischen Charakter. Wie in der *defensio* gegen Danaeus versuchte Frischlin auch in seinen anderen – gedruckten wie ungedruckten Apologien die Angriffe der Gegner durch Autorenkataloge zu entkräften. Dabei bezieht er sich gleichermaßen auf historische Berichte wie expositorisch–lehrhafte Schriften, will sich also durch die Überlieferung auf Faktisches wie auch durch die Berufung auf namhafte Autoritäten verteidigen. Eine einläßliche Analyse dieser – tatsächlichen oder vorgeblichen – Quellenbezüge verlangt weitere intensive Forschungsarbeiten und würde den hier gegebenen Darstellungsrahmen sprengen; vgl. die exemplarischen Hinweise bei Schreiner (wie Anm. 3) S. 125f.

6   Dazu im einzelnen Kühlmann, Wilhelm: Staatsgefährdende Allegorese. Die Vorrede vom Adler in Sebastian Francks Geschichtsbibel. In: Literaturwissenschaftliches Jahrbuch N. F. 24 (1983). S. 51–76.

Regimentslehren zu entwerfen, sondern in der Exegese des »renaturalisierten« Wappentiers zu zeigen, daß der Adel, ja selbst der Kaiser dieses grausame Naturwesen zu Recht als Zeichen ihrer unchristlich–heidnischen, rechtlosen und gewalttätigen Lebensweise führen. Harmlos auch Frischlins Verfahren und desto überraschender und provokativer: auf den ersten Blick eine Vorrede wie zahllose andere, gehalten als Vorspann und *adhortatio* von Vorlesungen, deklamatorische Übung ebenso wie didaktische *intimatio*, Elemente der textnahen *enarratio* aufnehmend und scheinbar ganz in der gewohnten Topik der *laus vitae rusticae* verankert. Und dann der plötzliche Blick abseits auf die im Medium der literarischen Allusionen kontrastiv verborgene Realität: nicht eine vergangene, nicht eine mythologisch verbrämte, typologisch verallgemeinerte, nicht eine in zeitloser Moralistik auf den immer und je sündhaften Habitus des Menschen reduzierte Realität, sondern auf die zeitgenössische, die regional benachbarte, die erfahrungsgemäße Realität, zu deren Überprüfung der Hörer und Leser aufgefordert wird: *Confer nunc cum his agricolarum laudibus, vitam nostrorum Nobilium quos vocant* [...].[7]

Das scheinbar nur rhetorische Exercitium der *laus vitae rusticae* erschöpfte sich nicht mehr in gängigen Bildern und Argumenten, sondern diese verwandelten sich zu Bewertungsmaßstäben für die Wirklichkeit der Machtverhältnisse und des Machtmißbrauchs, zugleich für die Nachfrage nach Recht und Wesen des möglichen und tatsächlichen Adels. Die literarische Traditionsbindung des Textes, anknüpfend an Vergils Lehrgedicht, das im Lob des italienischen Landmanns auch als ein politisches Plädoyer im Zusammenhang des augusteischen Reformprogramms gelten muß, enthüllte plötzlich ihre nicht mehr nur ästhetische, sondern gesellschaftliche Verbindlichkeit, ihren latenten Appell an das Publikum und die Betroffenen, ihr Protestpotential, zugleich die Schärfe eines argumentativen Zugriffs, der mit den Mitteln der rhetorischen Topik, den Topoi *ex contrario et ex similitudine*, den Bogen zur gemeinsamen Gegenwart des Sprechers und seiner Hörer zu schlagen in der Lage war.

Gewiß hat Frischlin nicht das Ständesystem bekämpft, gewiß war sein Ansatz »moralistisch«, doch waren moralische wie politische Kategorien untergeordnet einer *philosophia practica*, in der – angelehnt an das me-

---

7 Wortlaut des Erstdrucks (wie Anm. 1) S. 96.

lanchthonsche Verständnis des Dekalogs – so etwas wie naturrechtliche Verbindlichkeit gedacht werden konnte,[8] vor allem dann, wenn im Rekurs auf literarische Muster von Alterität und im Kontext antikisierender Bezüge der Gedanke der erbsündigen Verderbtheit des Menschen und die eschatologische Vorläufigkeit aller schlechten Ordnungen des Miteinanders nicht assoziiert zu werden brauchten. Gewiß war es eine bösartige, wenngleich für die traumatische Sensibilität aller Beteiligten höchst kennzeichnende Verleumdung, wenn der sächsische Theologe und Historiker Marcus Wagner 1581 in seinem Pasquill auf Frischlin in dessen *heimlichen grillen* geradezu den *Müntzerischen Geist* witterte.[9]

Doch Frischlins Nähe zu Sebastian Franck, der aller Gewalt abhold war, konnte tatsächlich von Scharfsichtigen kaum unentdeckt bleiben. Auch Cyriacus Spangenberg (1528–1604) war auf diesem Ohr hellhörig. Sein voluminöser *Adelsspiegel*, direkt gegen Franck gerichtet, erschien 1591 als polyhistorisch entfaltetes und standesethisch systematisiertes Handbuch aller – positiv gedeuteten – Information zum Thema *de nobilitate.*

Spangenberg berichtet, daß bereits sein Vater Johann Spangenberg das Werk als Gegenschrift zu Francks Weltchronik begonnen, dann aber dem Sohn übergeben habe. Vorläufig verlor dieser die Lust an dem Werk bis – doch hören wir Spangenberg selbst:[10]

Als mir nu Anno 1581, von etlichen stadtlichen Junckern ein extract aus einer Oration Nicodemi Frischlini ubergeben / und ich gebeten worden / etwas darwider zu stellen / habe ich die gantze Oration / wie dieselbige in Druck gegeben worden / begeret zu sehen / damit ich intentionem Autoris gewis haben köndte / denn aus solchen nur ausgezwackten puncten nicht leichtlich von des Autoris meinung zu richten / viel weniger publice darwider zu schreiben: Da ich als dann befinden würde / das der Autor den gantzen löblichen Adel dergestalt (wie aus dem extract geschlossen werden

---

8 Vgl. Kisch, Guido: Melanchthons Rechts- und Soziallehre. Berlin 1967; Bauer, Clemens: Die Naturrechtsvorstellungen des jüngeren Melanchthon; sowie ders.: Melanchthons Naturrechtslehre. In: ders.: Gesammelte Aufsätze zur Wirtschafts- und Sozialgeschichte. Freiburg usw. 1965. S. 266ff. bzw. 305ff.
9 Zit. nach Schreiner (wie Anm. 3) S. 128.
10 Spangenberg, Cyriacus: Adelsspiegel. Historischer ausführlicher Bericht: Was Adel sey und heisse [...]. 2 Bde. Schmalkalden 1591 bzw. 1594. Hier: Vorrede Bd. 1 (unpag.), fol. iiij.

wolte) zun unehren angegrieffen / geschmehet / verurteilt und verdampt /
wolte ich jhm der gebür und mit solchem grunde begegnen / das sein unbe-
fugtes fürnemen menniglichen bekant / und einem ehrliebenden Adel sein
gebürlicher rhum zur billigkeit gnugsam und notdürfftiglich wider alle ca-
lumnien / schmach und lesterung solte gerettet werden.

Spangenberg verzichtete jedoch auf eine Streitschrift gegen Frischlin,
angeblich weil ihm *die vollstendige Oration Nicodemi nicht worden /*
noch zukommen, und machte sich an seine *Collectanea,* um die Adelsdis-
kussion in einer umfassenden Darstellung abzuklären: keineswegs blind
für die erbarmungswürdigen Fälle des Machtmißbrauchs und der Bauern-
schinderei, doch an der gottgewollten Ständeordnung entschieden festhal-
tend, letztlich in apologetischer Absicht, katechetischer Strenge und in
der Überzeugung eines Gnesiolutheraners, der im Elend des Menschen
nur die schlüssige Konsequenz der nicht zu heilenden adamischen Ur-
schuld zu sehen vermochte. Es war auch noch gegen Ende des Jahrhunderts unmöglich, das Verhältnis Adel–Bauern literarisch aufzugreifen,
ohne direkt oder indirekt, gewollt oder ungewollt Stellung zu einer längst
nicht bewältigten Vergangenheit zu beziehen. Gerade die Reaktion auf
Frischlins Rede beweist, daß das Trauma des Bauernkrieges, seine Vor–
und Nachgeschichte, damit die Frage nach der theologischen und moralischen Begründung des Anspruchs und der Praxis adeliger Herrschaft unversehens aus dem Untergrund der ungeschriebenen oder unterdrückten,
nur bei den Resten der »Sektierer« und »Schwärmer« nach wie vor wachen Erinnerung ans Tageslicht der öffentlichen Kontroverse gebracht
werden konnten. Nicht allerdings die Aktualisierung des alten Themas
war Frischlins Verbrechen, sondern das Wagnis, die Idealtypik der ständischen und rechtlichen Ordnung auf dem akademischen Ketheder an der
Wirklichkeit messen zu wollen, ja das Publikum direkt auf diese Wirklichkeit und damit auf den Widerspruch zwischen konformen Diskursen
und möglicher Erfahrung zu verweisen.

Frischlins Vorrede zu Frenzelius' Gedichten eröffnet den Blick für die
sozialen Konstellationen und die persönliche Haltung, die Frischlin zu
seinem sensationellen Vorstoß veranlaßten.

Scharf umreißt Frischlin hier entgegengesetzte Standpunkte. Zunächst
diejenigen, die den Dichter auf die Schule beschränken wollen, ihn nur
als Grammatiker und Hüter der sprachlichen *puritas* ansehen; auf der

anderen Seite das Bild universaler intellektueller Kompetenz, die althu-
manistische, an Ciceros Ideal des Orators ausgerichtete Personalunion
des Rhetors, des *Poeta*, des *Philosophus* und *Historicus*. Frischlin stellt
sich bewußt in die Tradition eines Erasmus, eines Vives, eines Sebastian
Brant, eines Ulrich von Hutten und Euricius Cordus, ja selbst eines Thomas Murner und dies im Zeichen einer *satyrica libertas*, in der das Recht
zur Kritik der gesellschaftlichen Wirklichkeit behauptet wird.[11] Es sind
in Frischlins Augen die Theologen, die den sozialen Auftrag des Rhetors
und Dichters beschneiden, sein Amt trivialisieren, seine Zuständigkeit
begrenzen. Jene Theologen, die Rollenbilder und Zuständigkeiten des
Dichters, wie sie im alten Rom wie auch im frühen Humanismus para-
digmatisch entwickelt waren, mit dem Hinweis auf die geänderten Zeiten
und Umstände entkräften, als ob es früher keine Gesetze gegeben hätte,
als ob nicht angesichts der offenkundigen »Freiheit zu sündigen« gerade
die Freiheit der Kritik notwendig sei.[12]

Zielsicher steuert Frischlin auf den entscheidenden Kontroverspunkt
in der zeitgenössischen Auseinandersetzung zu. Wenn er sich gegen Mo-
nopolisierung der öffentlichen Rede bei den »von Gott verordneten Len-
kern von Staat und Kirche« wendet,[13] reflektiert er ebenso wie in seiner
immer wieder nachdrücklich verteidigten akademischen Freiheit jene
Veränderung des geistigen Klimas in der zweiten Hälfte des 16. Jahrhun-

---

11 Frenzelius–Vorrede (wie Anm. 1) S. 149.
12 Ebd. S. 150: *Quod si quis illis Horatium, Iuvenalem, Persium Satyricos opponat:
    continuo dicunt aliam fuisse istorum temporum rationem, quam hodie sit: quando
    verbum Dei sonet, & pii magistratus faciunt officium suum. Quasi vero temporibus
    Horatii Augustus Caesar non fecerit officium boni principis [...] Neque vero pro illis
    facit, quod dicunt Seb. Brandii, & Thomae Murneri temporibus, majorem fuisse scri-
    bendi ac dicendi libertatem quam sit hodie. Nam hoc ipso fatetur, majorem esse ho-
    die libertatem peccandi: quandoquidem taxandi vitia minor est libertas?*
13 Ebd. S. 148f.: *Nam priores illi, qui Poetas Christianos intra tam angustos cancellos
    concludent, eosque a rerum sacrarum cura, & morum vitaeque humanae censura ali-
    enos esse volunt, sic dicere solent: Esse in Ecclesia & Repub. Christiano gubernato-
    res a DEO constitutos: non modo pios verbi ministros & praecones, qui in Ecclesia
    Christi doceant, & vitam hominum regant [...] sed etiam bonos principes & magistra-
    tus: qui LL. civilium capistro, subditos intra metas officii sui cohibeant, rebelles pu-
    niant, innocentes defendant. Ac proinde nihil opus esse Poetarum reprehensionibus
    aut admonitionibus. [...] Quae certe gravis est censura, gravis accusatio: & nostri
    seculi scriptoribus pene intolerabilis.*

derts, in der sich der konfessionelle Absolutismus, die soziale Reglementierung im Zeichen regimentaler Souveränität und damit die Entmächtigung humanistisch–intellektueller Verantwortlichkeit ankündigten. Es waren Theologen wie Jacob Andreae, die sich von Frischlins Angriff getroffen fühlen mußten.[14] Moralische Kritik, ausgerichtet an der heiligen Schrift *und* an den *libri Philosophici* ist für Frischlin nicht nur das *officium* der *Ecclesiae ministri*, sondern geht *alle Menschen* an, soweit sie urteilsfähig und der gebildeten Sprache mächtig sind.[15] Moralische Kritik gehört gleichsam zur öffentlichen Hygiene,[16] ist Zeichen nicht der *curiositas*, sondern christlicher *caritas*. Für Frischlin gilt:[17]

> Deshalb ist die Meinung jener zu schwächen, die für sich allein beanspruchen, die Geheimnisse des Himmels zu kennen; die davon träumen, ihnen allein sei die himmlische Wissenschaft reserviert, und die glauben, daß die moralische Kritik den Poeten, Philosophen und christlichen Rednern nicht zukomme.

Frischlins Einsatz für den Wirkungsanspruch der nicht von den Organen des Staates und der Kirche legitimierten, d. h. »ordinierten« öffentlichen Rede, einer Rede, die sich nicht wie später so oft auf das Prinzip des *laudando praecipere* beschränken sollte, besitzt außerordentlichen Indizwert für die veränderten politischen Rahmenbedingungen des zeitgenössischen literarischen Lebens. Frischlin bezog eine – mittlerweile und vorläufig jedenfalls – aussichtslose Position. Darin lag abseits aller Intrigen und alles anekdotischen Beiwerks der Grund für sein Scheitern.

Wenn sich Schriftsteller der Aufklärung und des Vormärz auf Frischlin als den Ahnherrn literarischer Öffentlichkeit beriefen, zuletzt

14 Vgl. die Äußerung Andreaes bei Strauß (wie Anm. 3) S. 204.
15 Frenzelius–Vorrede (wie Anm. 1) S. 151: *Nam hoc officium itidem non ad solos pertineat Ecclesiae ministros: sed ad omnes homines, qui de virtutibus ac vitiis e sacra scriptura, quam vocant, & e libris Philosophicis dextre judicare, & Latina oratione animi sensa eleganter proferre possunt.*
16 In diesem Sinne der Vergleich S. 153: *Ubi rabidum canem homines vident: nemo est qui non prehendat lapidem, ut e medio tollatur animal pestiferum ac noxium: ac tum unus quisque suo se perfunctum judicat offico ac munere.*
17 Ebd. S. 150: *Quare minuenda est illorum opinio, qui sibi solis datum judicant, mysteria nosse coelorum: qui doctrinam caelestem ad se solos pertinere somniant: & qui censuram morum a Poetis, Philosophis & Oratoribus Christianis, alienam esse credunt.*

David Friderich Strauß in seiner heute noch bewundernswerten Monographie, so hatte diese Beschwörung des in Frischlin repräsentierten humanistischen Freiheitsraums ihre mentale und auch ihre politische Berechtigung. Nicht zuletzt in Schubarts Versen, im Lobgedicht eines Literaten also, der über Frischlins Kerkerhaft in eigenen Gefängnisjahren nachdenken konnte, erhielt sich die mahnende Erinnerung an den unglücklichen Poeten des 16. Jahrhunderts:[18]

Wie silbernes Geträufel aus den Wolken
War deine Red'im vollgedrängten Saal.
Die Wahrheit schien ein Schwert in deinem Munde,
Ein Wetterstrahl.

Als Römer schriebst du; aber deine Seele
Voll Vaterland, liebt deutschen Biederton.
Du sprachst den stolzen purpurnen Tyrannen
Ins Antlitz Hohn.

Da schlug Gewaltthat dich in Eisenfessel;
Sie ging voll Hohn um deine Gruft herum,
Und brüllte: Ha, da fault er nun, mein Hasser,
Auf ewig stumm.

Du aber schnellst mit wuthbeflammten Händen
Die dichtgeringte Eisenlast entzwei;
Entreißt dich muthig durch des Kerkers Quader
Der Sklaverei.

Doch ach! an eines grauen Felsen Wurzel
Fand er, der Edle, seinen Martertod.
Ein Winzer sah den Dichter blutig liegen
Im Morgenroth.

Wo ruht er nun, der Bruder meines Geistes?
Wo scharrten sie des Edlen Trümmer hin?
O sagt mir's, daß ich ihn mit Thränen salbe:
Wo liegt F r i s c h l i n ?

---

18 C[hristian] F[riedrich] D[aniel] Schubart's, des Patrioten, gesammelte Schriften und Schicksale. Bd. 3. Stuttgart 1839. S. 345–347; hier zitiert die sechs letzten Strophen.

II.

Was aber hat Frischlin eigentlich gesagt? Wo lag das spektakuläre Aussagezentrum des Textes? Wer sich nach einem ersten Überblick über die Rezeption bzw. Resonanz der Rede und nach ersten Einsichten in Frischlins Selbstverständnis genauer mit dem Wortlaut und der Struktur der fraglichen *oratio* zuwenden möchte, stößt zunächst auf die eklatanten Versäumnisse der Literaturwissenschaft. Während vor allem Frischlins Dramen zwar nicht kontinuierlich, aber doch von Zeit zu Zeit in Beiträgen gewürdigt wurden, zum Teil auch in neueren Editionen vorliegen, hat sich mit der *Georgica*–Vorrede seit den Tagen eines David Friderich Strauß eigentlich nur Klaus Schreiner (in seinem bereits erwähnten Aufsatz) beschäftigt. Diese Zurückhaltung der Wissenschaft mag mit politischen Berührungsängsten zu tun gehabt haben, ist vielleicht aber doch eher noch auf die komplexe Überlieferungslage zurückzuführen und auf jene Mißachtung, die im Horizont einer muttersprachlich orientierten und gegen alles Rhetorische lange Zeit allergischen Germanistik sowohl dem lateinischen Deklamationsschrifttum wie auch der rhetorisch fundierten Lyrik zuteil wurde.

Für die in Aussicht genommene kommentierte Ausgabe und für jede einläßlichere Analyse der Rede, die im Zusammenhang einer Rekonstruktion des gesamten *casus* erfolgen müßte, ist – grob skizziert – folgender Quellenbestand von Bedeutung:[19]

1. Die zwei Jahre nach dem mündlichen Vortrag in Tübingen erschienene Fassung der Rede (mit einem autobiographischen Vorspann), die unter Umgehung der Zensur gedruckt, dann von Frischlin zurückgehalten wurde, schließlich aber doch in Einzelexemplaren und Auszügen, z. T. in zweckgerichteten Übersetzungen bekannt wurde und zu den bekannten Anklagen der schwäbischen Reichsritterschaft führte.

2. Die später von Frischlin an den entscheidenden Stellen entschärfte und gedämpfte Version, die in der Straßburger Ausgabe seiner *Orationes* (1598 u. ö.) vorliegt und die allein bisher in vielen Bibliotheken zugänglich ist.

---

19 Hinweise zu den Archivmaterialien gibt in leider äußerst verknappter Form Schreiner (wie Anm. 3) S. 135.

3. Die 1585 gedruckte *Erklärung* wie auch die handschriftlichen Entschuldigungen Frischlins *an den löblichen Adel / Deutscher Nation*,
   vorliegend in zwei Manuskripten im Staatsarchiv Stuttgart bzw. Universitätsarchiv Tübingen. Hier nahm Frischlin wichtige Partien seiner
   Rede mit eigenen Übersetzungen und Kommentaren auf.
4. Die sekundäre Überlieferung, bestehend in jenen umfangreichen, in
   Stuttgart und Tübingen lagernden Brief- und Aktenbeständen, die
   Frischlin und seine akademischen und außerakademischen Gegner
   bzw. Beschützer zu Wort kommen lassen und die einiges Licht auf die
   Verständnispraemissen des skandalösen Textes werfen.
5. Dazu kommen die gedruckten Briefe und Apologien Frischlins wie
   auch die Veröffentlichungen seiner Widersacher; beide sind zu ergänzen durch bisher kaum überschaubares, in den Archiven und Bibliotheken verstreutes handschriftliches Material wie etwa durch eine Ab-
   schrift der brisanten Adelskritik in der HAB Wolfenbüttel, die
   möglicherweise nicht nach einer Druckvorlage genommen wurde,
   sondern auf umlaufenden Manuskripten oder sogar letzthin auf Mit-
   schriften von Zuhörern beruhte.[20]

Wenn wir uns bei der folgenden, exemplarisch gewichtenden Analyse an
die Fassung der Straßburger Ausgabe halten, ist der manchmal differie-
rende Wortlaut der Erstausgabe gebührend zu berücksichtigen.

In einem *exordium ante rem* mit aktueller Bezugnahme geht Frischlin
aus von der guten Ernte des Jahres 1578: nach Jahren des Mangels ein
Schutz vor Hungersnot und zugleich – wider alle Anfechtungen – eine
Bestätigung der gleichbleibenden Güte Gottes. Solch ebenso pragmati-
sche wie theologische Deutung exponiert offenkundig zwei wichtige Ar-
gumentationslinien der folgenden *laudatio*. Zum einen wird im Lob des
Erntesegens klargestellt, wie sehr die Wohlfahrt aller Stände, der elemen-
tare Lebenserhalt, vom Erfolg bäuerlicher Arbeit abhängt, zum anderen
sieht Frischlin in Gott nicht nur den *conservator* der Schöpfung, sondern
auch den »Befreier« der Menschen (*liberator*, S. 254). In diesem zweiten
Terminus war unweigerlich Luthers Schrift *Von der Freiheit eines Christenmenschen* (1520) berufen, damit aber auch der gesamte Konnotati-

---

20 Herzog August Bibliothek Wolfenbüttel, Cod. Guelf. 15. 3. Aug. 2°.

onsbereich dieser Formel assoziiert: von den politischen Parolen des Bauernkrieges bis hin zu den – daraufhin erschreckt reagierenden – Interpretamenten Luthers und seiner Nachfolger, in denen die Vorstellung christlicher Freiheit spiritualisiert und heilsgeschichtlich verengt wurde.[21] Frischlin erfaßt dagegen im Thema christlicher Freiheit erneut ein moralisch–historisches, ein gesellschaftskritisches Urteilsprinzip: in der späteren Polemik gegen die Scheinfreiheit der Hofleute, Richter und Stadtmenschen, aber auch in der unbekümmerten Neuverteilung des gesellschaftlichen Prestiges. Denn wider alle akademische Exclusivität soll auch dem Landbau die Würde einer *ars liberalis* zukommen, damit aber die Grenze zwischen Hand– und Kopfarbeit gegenstandslos werden.

Mit der Behandlung seines eigentlichen Themas schwenkt der Redner nicht sofort auf die für das panegyrische Genre naheliegenden Gesichtspunkte der *utilitas* und *necessitas* ein, sondern verbindet zunächst Elemente der antiken Kulturentstehungslehre mit der in der Bibelexegese verbundenen Frage nach dem *status naturalis* des Menschen. Bäuerliche Arbeit wird hier nicht als unvermeidliche Folge des Sündenfalls entwertet, sondern mit den Bildern des *aureum saeculum* verknüpft. Schon im Zustand der Unschuld, im *hortus amoenissimus* des Paradieses, in dem der Friede des Menschen mit der Natur (den Tieren) noch ungestört war und alle ohne körperliche Schwäche und Krankheiten lebten, gehörte demnach bäuerliche Arbeit zu der von Gott gewährten Glückseligkeit. Frischlin geht es um eine zweiseitige Argumentation. Die Entfaltung des Topos *de antiquitate* rehabilitiert das *genus vitae* des Landmanns theologisch, indem es zugleich den *status innocentiae* polemisch zunächst gegen die Erscheinungsformen des urbanen Lebens ins Feld führt. Frischlin mußte dabei wissen, daß in der politischen Literatur der Zeit mit der Bewertung der humanen Ordnung *post* und *ante lapsum* die Frage

---

21 Vgl. vor allem Luther, Martin: Vermahnung zum Frieden auf die zwölf Artikel der Bauernschaft in Schwaben (1525): Weimarer Ausgabe. Bd. 18. S. 292–334. Hier bes.: Auf den dritten Artikel; auch die entsprechende Passage in Melanchthons *Loci praecipui theologici* (1559), zweisprachig in: Melanchthon, Philipp: Glaube und Bildung. Texte zum christlichen Humanismus. Ausgewählt, übers. und hgg. v. Schmidt, Günther R. Stuttgart 1989. (Reclams UB 8609) S. 118ff; als Grenze des politischen Gehorsams verweist Melanchthon allerdings ausdrücklich auf die Normen des *ius naturae* (S. 126/27).

nach dem Ursprung und der Legitimität der *politica subjectio* überhaupt, d. h. die gesamte Ableitung des sozialen Status quo zur Frage stand. Die Arbeit des Menschen im Paradies, unbefangen über die Kluft des Sündenfalls mit dem agrarischen Leben der biblischen Patriarchen koordiniert, spiegelt zwar nicht, wie Frischlin gegen Ende der Rede vorsichtig ausführt, unmittelbar das tatsächliche Leben und die moralische Verfassung der Bauern des 16. Jahrhunderts, versteht sich aber als eine regulative Vorstellung, die kulturhistorische und moralische Fehlurteile korrigieren soll.

Wenn die ciceronische These entkräftet wird, der gebildete Rhetor habe die wild lebenden Menschen zusammengeführt und kultiviert,[22] dient dies nicht – wie zumeist im 17. Jahrhundert – der Rechtfertigung einer durch schiere Macht oder durch reinen Selbsterhalt erzwungenen Sozialisation des Menschen, sondern der moralischen Aufwertung der *vita agrestis* gegen die in Kain und Nimrod personifizierten Stadien einer entarteten Zivilisation. Insofern macht sich der Poet Frischlin einer argumentativen Lizenz schuldig, die – mutatis mutandis – später auch Rousseau vorgeworfen wurde und die gegen Frischlin vor allem von Martin Crusius, dem Erzfeind, scharfsichtig vermerkt wurde:[23] der kritischen Instrumentalisierung eines praesumptiven Urzustandes, der in der erfahrbaren *vita agrestis* keinen Anhaltspunkt besitzt, gegen Depravationserscheinungen der gesellschaftlichen Wirklichkeit.[24] Die »Objekte« der Satire werden an einem transgeschichtlichen, vom Schöpfergott bestätigten Entwurf sozialer Harmonie und ungestörter, friedvoller Gerechtigkeit gemessen. Frischlin verlagert dabei das Glück der *vita agrestis* nicht wie analoge literarische Genera der Zeit in eine fiktionalästhetische Welt von Dichters Gnaden, nicht also in die erträumte arkadische Welt der Bukolik. Argumentative Strukturen der zeitgenössischen und späte-

---

22 Vgl. *Oratio*, S. 265; Frischlin polemisiert hier mit wörtlichen Anklängen gegen den Eingang von Ciceros *De inventione*, in dem die Überwindung der *fera agrestisque vita* und damit die Begründung zivilisierter Lebensform dem Rhetor zugeschrieben wird.

23 Vgl. das Referat bei Strauß (wie Anm. 3) S. 184.

24 Frischlins Aufsatz berührt sich auffällig mit spätmittelalterlichen Äußerungen: *Da got himel und erden beschuff und Adam Eva in dise werlt beruff, do was ein paur der erste man*; vgl. im einzelnen Martini (wie Anm. 3) S. 228–231.

ren Landlebendichtung in Form der ihr zugehörigen Stadt– und Hofkritik werden zwar aufgenommen,[25] doch kommt es Frischlin nicht darauf an, alternative Räume moralischer Autonomie und Fluchtpunkte privater Glückserfüllung vorzustellen. Die Rolle des auf dem Landgut oder im Garten sich vor der Welt bergenden Weisen liegt dem Redner fern. Im Rekurs auf die Ur– und Vorzeit der Patriarchen gewinnt eine satirische »Strafrede« mit politischem Aussageanspruch ihr normatives Fundament. Damit aber wären auf Frischlin – im Nachhinein – jene Warnungen des bekannten Tübinger Staatsrechtlers Christophorus Besoldus (1577–1638) zu beziehen, der beim Thema *principium et finis politicae doctrinae* den Mythos der moralisch–politischen Unschuld in das Reich der Dichter verwies:[26]

> Und deshalb glaube ich, daß das, was die Poeten über dies goldene Zeit überliefern, keiner historischen Epoche, sondern nur dem Stand der Unschuld zugewiesen werden kann. [...] Und deshalb irren jene sehr, die uns irgendein anderes goldenes Zeitalter, eine andere Freiheit in Erinnerung bringen, dabei von über die Feldern hin, in Wäldern und Höhlen zerstreuten Menschen berichten und glauben, daß diese am glücklichsten gelebt haben. [...] Mag die Goldene Zeit in Volksreden sich entfalten, für die Urteilsbildung soll sie keine Rolle spielen; mag sie in Meinungen und Predigten ihre Kraft beweisen; von begabten klugen Leuten wird sie zurückgewiesen werden. [...]

Mit Kain, dem Brudermörder, vor allem aber mit Nimrod, dem sagenhaften Jäger und Erbauer des Turms von Babel, finden Formen und Institutionen der Gewalt und Unterdrückung ihre mythischen Repräsentanten. Vor allem in seiner Erwiderung auf den Angriff des Marcus Wagner verwendete Frischlin viel Mühe auf den Nachweis, daß seit den Kirchenvätern, dann gerade bei Luther und Calvin und ihren Schülern[27] Nimrod

---

25 Zur Entwicklung und Topik des einschlägigen Schrifttums umfassend Lohmeier, Anke–Marie: Beatus ille. Studien zum Lob des Landlebens in der Literatur des absolutistischen Zeitalters. Tübingen 1981 (Hermaea. Bd. 44); hier auch zur vor allem neulateinischen Literatur des 16. Jahrhunderts (ohne Bezug auf Frischlin!).

26 Vgl. zur Bewertung dieser Äußerung im Zusammenhang – mit dem hier ausgesparten Originaltext – Kühlmann, Wilhelm: Gelehrtenrepublik und Fürstenstaat. Entwicklung und Kritik des deutschen Späthumanismus in der Literatur des Barockzeitalters. Tübingen 1982 (Studien und Texte zur Sozialgeschichte der Literatur). S. 162–165.

27 Ich benutze die lateinische Fassung: Oratio in Marcum Vaganerum Frimariensem

als Prototyp des widergöttlichen Tyrannen gegolten habe, der – nach dem
Vorbild Kains – die Bauern unter seine Macht gebracht habe: nicht nur
ein Jäger der wilden Tiere, vielmehr *ein Jäger von Menschen, die er wie
wilde Tiere oder das Vieh behandelte und aufs grausamste hinschlachte-
te*.[28] Gewiß habe er, Frischlin, nicht Kain den ersten Adeligen genannt

Saxonem, Superioris De Vita Rustica defendendae orationis causa, Anno 1582 scripta
& demum Anno 1587 Pragae edita. In: Orationes Insigniores Aliquot (wie Anm. 1)
S. 334–456.

28   Ebd. S. 341: *alter vero Caini exemplum secutus, deserto rure, colonos in suam pote-
statem redegisset, ac tyrannidem sibi in Ecclesia Dei, usurpasset: factus venator
hominum: quos ferarum an pecudum loco habebat, atque crudelissime contrucida-
bat: tum quod impia quadam, & caeca ambitione inflammatus, ut nominis sui gloriam, ad posteritatis memoriam propagare posset, & simul ab aquis diluvii, in po-
sterum tutus viveret, arcem sibi aedificasset excelsissimam quae postea in
contumeliam auctoris dicta est Babel quasi confusio.* Kaum zu bezweifeln ist, daß
Frischlin das Adels–Kapitel in Agrippa von Nettesheims (Kap. LXXX) *De Vanitate
et incertitudine omnium scientiarum et artium* (Erstdruck 1530) gekannt und benutzt
hat, hier zit. in der deutschen Übersetzung von Mauthner, Fritz. 2 Bde. München
1913. Hier: Bd. 1. S. 32–56, hier: S. 33f.: »Aber nun wollen wir den Adel an sich
selbst und bis aufs Haar genau betrachten. Er ist aber fürwahr nichts anders als eine
robuste Boshaftigkeit, eine Dignität, welche durch Schelmenstücke erlanget ist und
eine Erbschaft jeder schlechten Nachkommenschaft. Und dass es also und nicht anders sei, das sehen wir sowohl aus der Heiligen Schrift, als aus den alten und neuen
Historien vieler Völker; denn, als vom Anfang bei Erschaffung der Welt der Übertre-
ter Adam seinen ersten Sohn, den Kain, welcher ein Ackermann war, und seinen andern, den Abel, welcher ein Schafhirte war, gezeugt hatte, so bestunde dazumal das
ganze menschliche Geschlecht in diesen zweien, nämlich in Abel, welcher das gemeine Volk, und Kain, welcher den Adel repräsentierte. Kain aber war nach dem
Fleische grausam und stolz, und verfolgte Abel, welcher nach dem Geist demütig
war, und schlug ihn zu Tode; da repräsentierte Seth, der dritte Sohn des Adams, das
Geschlecht des gemeinen Volkes und also sehen wir ja, dass Kain durch den Bruder-
mord den Anfang zu dem Soldatenstande und dem Adel gemacht hat, worauf er,
nachdem er Gott und die Gesetze der Natur aus den Augen setzete, und seiner Stärke
trauete, sich der Herrschaft anmassete; erstlich bauete er Städte, danach formierte er
Reiche, und fing an, die von Gott frei erschaffenen Leute und Kinder der heiligen
Geburt mit Gewalt, Raub, Dienstbarkeit und unbilligen Gesetzen zu unterdrücken,
und sich der Gewalt über sie zu gebrauchen, bis auch hernach diese alle Gottes Gericht verachteten, sich miteinander fleischlich vermischten und Riesen gebaren, welche die Schrift mächtige und berühmte Männer der Zeit nennet. Das ist die wahre und
beste Beschreibung des Adels und der Adeligen; denn sie unterdrückten die Armen,
und erhuben sich durch Rauberei und Diebstahl, wurden stolz wegen ihres Reich-
tums, machten ihre Namen der Welt bekannt, und nenneten ganze Länder, Städte,
Berge, Flüsse, Wasser und das Meer nach ihnen; deren erster Vater nun war Kain,
welcher von Natur bösartig, missgünstig, verstockt, auch ein Verräter und Totschlä-

(so der Vorwurf Wagners), – doch diese vorsichtige Korrektur wird sogleich durch ein autoritatives Zitat gleichsam widerrufen: im Hinweis auf die Bergpredigten des Johannes Matthesius (1504–1565), des Lutherbiographen, der Kain als den ersten *nobilis* und Stammvater einer *nobilitas* bezeichnet habe, die von der Sündflut vertilgt, d. h. aber – so darf man ergänzen – bestraft worden sei.[29] Kain war für Matthesius und so mittelbar auch für Frischlin der erste Edelmann in jener Urzeit, *da Adam hackt und Eva spann.* Wie beim Thema der christlichen Freiheit läuft die von Frischlin auszutragende Kontroverse erneut auf ein sozialtheologisches Argument zu.[30]

ger seines eigenen Blutes, von Gott verflucht und heimatlos, und ein rechter Gotteslästerer war. Sehet, das sind die ersten und ältesten Leistungen des Adels, die ersten Tugenden und die ersten Taten, mit welchen noch heutigen Tages der Adel gezieret ist.«

29 Ebd.: S. 344: *Annon enim hoc ipsum affirmat Iohannes Mathesius, in sua Sarepta, quod scilicet primus in terra fuerit Cainus: & quod prima nobilitas, aquis diluvii, una cum Caino, fuerit absorpta? Cum hoc igitur litiget Vaganerus, quam diu volet: si quidem ferre non vult, ut Caino principium nobilitatis, vel a me, vel ab alio quoquam adscribatur.*

30 Einen Überblick über die Stoffgeschichte bietet Winzer, Johannes: Die ungleichen Kinder Evas in der Literatur des 16. Jahrhunderts. Diss. Greifswald 1908; Gebauer, Hans Dieter: Grimmelshausens Bauerndarstellung. Literarische Sozialkritik und ihr Publikum. Marburg 1977 (Marburger Beiträge zur Germanistik. Bd. 53) spez. Kap. 2.; Frischlin wendet sich (ebd. S. 354) ausdrücklich gegen die im 16. Jahrhundert verbreitete Deutung, dernach Kain als Urbild der *rusticitas* angesehen wurde. Im allgemeinen wurde die Geschichte von den ungleichen Kindern Evas zur Begründung und Bekräftigung der Ständeordnung herangezogen, wenn nicht überhaupt nur moralisch ausgelegt. Bei Hans Sachs z. B. gehören zur bösen Rott Kains die pauperisierten Unterschichten, die gerechte Strafe für ihren Ungehorsam und Trotz erleiden: vgl. die Ausführungen und Nachweise von Könneker, Barbara: Die Ehemoral in den Fastnachtspielen von Hans Sachs [...]. In: Brunner, H. u.a. (Hg.): Hans Sachs und Nürnberg [...]. Nürnberg 1976 (Nünberger Forschungen. Bd. 19). S. 219–244. Hier: 233f. Die historische Erinnerung an die Gleichheitsparole der Bauernaufstände verblaßte oder wurde verschwiegen, stattdessen auf die Differenz zwischen dem *status naturalis* und dem *jus civile* abgehoben; so exemplarisch bei Agricola, Johannes: Die Sprichwörtersammlungen. 2 Bde. Hg. Gilman, Sander L. Berlin/New York 1971. Bd. 1. Nr. 264. S. 207–212. Vgl. dazu den im weiteren Kontext äußerst instruktiven Aufsatz von Bleek, Klaus / Garber, Jörn: Standes- und Privilegienlegitimation in deutschen Adelstheorien des 16. und 17. Jahrhunderts. In: Blühm, Elger/ Garber, Jörn / Garber, Klaus (Hgg.): Hof, Staat und Gesellschaft in der Literatur des 17. Jahrhunderts. Amsterdam 1982 (Daphnis. Bd. 11, Heft 1–2). S. 49–114. Hier: S. 89f.

Es ist auffällig, daß Frischlin sich in der polemischen Ordnung seiner Rede zunächst gegen das Stadtleben wendet. Mit Hilfe antiker Exempel, – Kriegshelden und Königen, die Landbau betrieben haben –, soll die *vita agrestis* sozial nobilitiert werden: gegen die Geldwirtschaft der Händler, aber auch gegen die »unnatürliche« Expansion des Menschen, der als landgebundenes Wesen (*terrestre animal*) zur See fährt.[31] Wenn Frischlin gerade in diesem Zusammenhang auf die Barbarei des Krieges zu sprechen kommt, mag er an die Folgen der Entdeckungsreisen gedacht haben. Indem das Ansehen des ländlichen *genus vitae* als einer *ars liberalis* gehoben wird, will der Redner auch die Vorstellungen von wahrer und falscher Knechtschaft zurechtrücken, Hofleute, Richter, Städter leben für Frischlin gemeinsam unter dem Joch einer fatalen Dienstbarkeit.

Die Rede übernimmt nun ausführlich bekannte Argumente der älteren Hofkritik, um im Gegenzug trotz aller äußeren Bedrängnisse die innere Freiheit des Bauern – wieder am Modell von Kain und Abel illustriert – zu berufen, zugleich aber im Rekurs auf zivilisationskritische Bilder des alten Rom Luxus und Müßiggang anzugreifen. Im biblischen Gebot »Wer nicht arbeitet, soll auch nicht essen« (2.Th. 3.10) bemüht Frischlin wiederum ohne Zögern ein in seiner Konsequenz historisch befrachtetes und gefühlsmäßig hochbesetztes sozialtheologisches Diktum.

Wie zu sehen ist, beginnt der argumentative Hauptteil der Rede mit der *refutatio*, der Widerlegung und Kritik landläufiger Vorurteile: die soziale und moralische Aufwertung des *genus vitae* – am Thema der *libertas* ausgerichtet – gipfelt im Nachweis einer besonderen Kompetenz, die dem Bauern als standesgemäßes Wissen zukommt und die Frischlin selbstverständlich im antiken Schrifttum *de re rustica* (Cato, Varro, Plinius, Columella, Palladius und Vergil) verankert.

An die *refutatio* schließt sich der positive Teil der Argumentation an, die *probatio*, in der »Nutzen« und »Notwendigkeit« des bäuerlichen Daseins für die ganze Gesellschaft, dann die *commoda et emolumenta* für

---

31 Vgl. *Oratio*, S. 271f. Bereits in der Antike gehörte zum Lob des Landlebens (Vergil, Geo. II 457ff) der protreptische Vergleich mit anderen *genera vitae*, zumal – wie hier – mit denen des Kaufmanns und des Soldaten. Neben der Popularphilosophie konnte Frischlin zahlreiche Anregungen auch bei den Elegikern (z. B. Properz III, 7) und bei Horaz finden, bei letzterem etwa neben epod. 2 auch sat. I, 1, 4ff., die Verknüpfung von *mercator* und *nauta*.

den Bauern, seine spezifischen »Tugenden« und schließlich im Schlußteil – diesmal mit bukolischem Kolorit – die *oblectationes* des Landlebens ausgemalt werden. Indem dieses Leben dem »Glück« der ersten Menschen am nächsten kommt, wird der Bauer zum Repräsentant natürlicher Kraft, wahrer Frömmigkeit und spontaner Gerechtigkeit.

Erst hier (S. 304) – nach dieser erneut sozialtheologisch eingefärbten *laudatio* – holt Frischlin zu seinem berüchtigten Exkurs gegen den Adel aus, direkt an das Publikum appellierend und durchaus im Einklang mit anderen karikaturhaften Zeichnungen adeliger Figuren vor allem im dramatischen Werk.[32] Adelige zeichnen sich wie kein anderer Stand durch Gotteslästerung aus. Nicht Eifer für die wahre Religion leitet ihr Handeln, sondern die Hoffnung auf fette Pfründe. Ihrer Willkür sind kaum Grenzen gesetzt. Sie neigen zur Revolte gegen den Fürsten und prügeln ihre Bauern nicht selten aus kaum erheblichen Grund halb oder ganz zu Tode. Vor allem aber – hierauf liegt ein wesentlicher Akzent – tun dies die ländlichen Tyrannen ungestraft. Ungestraft auch deshalb, weil sich bei jedem Versuch, Adelige zur Rechenschaft zu ziehen, alle Standesgenossen in falscher Solidarität gegen den Rechtsuchenden verbünden. Fürsten und Kaiser sind aufgerufen, den Adel zu bestrafen, ja eigentlich – nun verschärft sich die Argumentation – sind der Titel und der Stolz des Adels nichtssagend und anmaßend. Mit Berufung auf Erasmus und Vives schildert Frischlin den Adel als treulos und wahrhaft bäurisch, treulos selbst gegen die Fürsten, auch und nicht zuletzt von Neid gegen die Gebildeten erfüllt. An Beispielen der württembergischen Geschichte (Graf Eberhard der Greiner und Herzog Ulrich)[33] läßt sich nach Frischlin zeigen, daß der Landesfürst nicht beim Adel, sondern bei den Bauern d. h. den einfachen Untertanen wahre »Treue« und Hilfe finden kann. Gewiß gibt es Ausnahmen, d. h. Adelige, die nicht auf ihre Vorfahren, sondern auf ihre eigenen Leistungen stolz sind, sich also von jenen *Cen-*

---

32 Dazu zusammenfassend Kohl, Josef A.: Nikodemus Frischlin. Die Ständesatire in seinem Werk. Diss. masch. Mainz 1967. S. 169–170a; vgl. jetzt auch Price, David: The Political Dramaturgy of Nicodemus Frischlin. Chapel Hill and London 1990 (University of North Carolina. Studies in the Germanic Languages and Literatures 111). S. 35ff.

33 Zu den historischen Bezügen und den diesbezügl. Irrtümern Frischlins s. Strauß (wie Anm. 3) S. 181f.

tauren unterscheiden, die ein Hercules wie Kaiser Maximilian I. vernichten sollte.

Erst eine genauere Lektüre dieses Passus zeigt, daß Frischlins Rede hier weitergreifende Themen aktualisiert: die Frage nach der ohne Ansehen der Person und des Standes auszuübenden Rechtssprechung – dies ein Appell an den Fürsten – und die Statuskonkurrenz zwischen *nobilitas litteraria* und *nobilitas generis*.[34] Indem Frischlin den Fürsten nicht nur von aller Kritik ausspart, sondern ihn und den Kaiser als Garanten eines Staates suggeriert, in dem Rechtlichkeit und moralische Vernunft zur Deckung kommen und in dem die Teilhabe an Würde und Macht nach Maßgabe der Leistung und der humanen Integrität zuerkannt wird, erscheint Frischlins Bauernlob als Transformation der bürgerlich–gelehrten Staatsutopie. Es geht demnach in dieser *oratio* auch um den Vorausentwurf einer Fürstenherrschaft, die dem Adel eine Bringschuld an Bildung und Disziplin einfordert und den Gelehrten als moralisch gebildeten Sachwalter des öffentlichen Wohls vor den Anmaßungen des Geburtsadels verteidigt. So wird auch verständlich, daß Herzog Ludwig lange schützend seine Hand über Frischlin hielt und ihn erst dann in Ungnade fallen ließ, als er, der Untertan, es wagte, nicht den Fürsten, sondern den Kaiser als realpolitische, nicht nur imaginäre Rechtsinstanz anzurufen.[35] Indem Frischlin für die Bauern und ihre Lebensform als ein mythisch idealisiertes *genus vitae* plädierte, stand das Verhältnis des Fürsten zu seinen Untertanen insgesamt zur Debatte, damit auch die Wendung gegen jene intermediäre Gewalten, eben den barbarisch–libertinären Adel, die dem Fürsten und seinen akademisch–gelehrten Sachwaltern bei der Sorge für die *salus publica* im Wege standen.

Frischlin hat die Erstfassung seiner Rede, wie gesagt, später entschärft. Abgeschwächt wurden alle generalisierenden Beschuldigungen, vor allem wurde gleich zu Beginn die Wendung an das Publikum entak-

---

34 Zu diesem Interpretationshorizont Kühlmann (wie Anm. 26) S. 351ff. sowie Garber, Klaus: Zur Statuskonkurrenz von Adel und gelehrtem Bürgertum im theoretischen Schrifttum des 17. Jahrhunderts [...]. In: Blühm u.a. (wie Anm. 30) S. 115–144; fürstlichen Interessen entsprach es durchaus, daß Frischlin – wiederum in einer *retorsio criminis* – den Adel der Verschwörung gegen den Fürsten beschuldigte: s. Strauß S. 235.
35 Vgl. Strauß (wie Anm. 3) S. 236ff.

tualisiert: *Confer nunc cum his v e t e r u m agricolarum laudibus vitam nostrorum q u o r u n d a m nobilium* [...].[36] Zu wehren hatte sich Frischlin auch gegen den Vorwurf der »Schwenkfelderei«, d. h. eines spiritualistisch verinnerlichten Christentums, das dem konfessionellen Absolutismus hartnäckig Widerstand leistete. Wagner hatte Frischlins Rede damit in Verbindung gebracht.[37] In der späteren Druckfassung der Rede griff Frischlin die Beschuldigung auf (S. 304), wandte sie aber – in einer *retorsio criminis* auf die Adeligen, d. h. ihre religiöse Heuchelei und vor allem ihr Bestreben, »immer die besten zu sein«. Das elitäre Verständnis der Sekte erschien nun als Pendant feudaler Arroganz.

Genützt haben dem Autor diese nachträglichen Redaktionen und der begleitende Schwall von Entschuldigungen und Beteuerungen wenig. Landgraf Wilhelm von Hessen warnte seinen württembergischen Schwager vor der Gefahr, sich *Läuß in den Pelz zu setzen* und erinnerte an *die Exempla vor 60 jahren, da über solchen disputionibus der arm Cuntz, Bundschuh, und letztlich die allgemeine Baurenaufruhr entstund, und eben durch solche captatio aurae popularis a litteratis scurris ward angerichtet.*[38]

Der Redner Frischlin als »gebildeter Narr«? Das ist desillusionierend, bezeichnet aber genau das historisch Unzeitgemäße dieser Rede. Es war ein vergebliches Unterfangen, die Eigenmächtigkeit des Adels, seine Partikularinteressen und die Rechtlosigkeit von Untertanen noch im Rückblick auf vergangene sozialtheologische Theoreme bäuerlicher *libertas* und moralisch–politischer Unschuld anprangern zu wollen; es war eine vergebliche Hoffnung, daß ausgerechnet dem akademischen Poeten, dem Rangniedersten der Universitätshierarchie, das Amt des »Propheten« und das Recht öffentlicher Kritik zugestanden werden könnte; es war auch ein vergebliches Unterfangen, im latenten Appell an den gerechten Fürsten und in Berufung auf den öffentlichen Auftrag des Dichters dem Elend des rechtlosen Untertanen abhelfen zu können.

36 *Oratio*, S. 306; die unterstrichenen Wörter wurden gegenüber dem Erstdruck (S. 96) hinzugefügt.
37 Vgl. die lateinische Apologie gegen Wagner (wie Anm. 27) S. 368f.
38 S. das Zitat bei Strauß (wie Anm. 3) S. 215f.

Indem Frischlin das revolutionäre Erbe des Bauernkriegs in mancherlei Wendungen anklingen ließ, machte er die Ohren seiner Zuhörer und zuletzt auch die seiner Gönner taub gegenüber den zukunftsweisenden Konzepten seiner Rede, taub gegenüber dem Vertrauen auf die moralische Vernunft als Basis eines mit feudaler Willkür aufräumenden Regiments, konzentriert in der Hand eines gerechten Souveräns, an dessen Seite der gelehrte Bürger unangefochten von adeligen Prärogativen seine Kompetenz hätte entfalten dürfen. Mit diesem Gegenbild zur politisch-moralischen Verwilderung wies Frischlin auf die Postulate des idealen Fürstenstaats. Seine Rede und darin besonders der Vorstoß gegen den Adel bildet deshalb ein herausragendes Beispiel für die Konstanz humanistischer Staatsdoktrinen des 16. wie auch des 17. Jahrhunderts. Daß es allerdings fortan in gelehrter Argumentation kaum mehr gelingen konnte, sich unmittelbar zum Anwalt des Bauern, d. h. aber des größten Teils der Bevölkerung zu machen, für diesen Befund war Frischlins Schicksal selbst ein symbolisches Menetekel.

Siegfried Wollgast

Frischlin als junger Müntzer?
Zu einer Polemik

Martin Luther hatte 1527 formuliert: *Der Müntzer ist todt, aber sein Geist ist noch nicht ausgerottet.*[1] Für die Richtigkeit dieser Feststellung steht die Wirkung von Ideen Müntzers im 16. und 17. Jahrhundert. Ob dabei die festzustellenden Ideen direkt auf Müntzer fußen, möchte ich jedoch bezweifeln. Müntzer steht in einer Traditionslinie, und sie wird in der Folgezeit fortgesetzt. Es geht also nicht allein um die Person Müntzers, sondern um diese Traditionslinie. Sie ist noch heute so weit verschüttet, daß sich höchstens ihre Konturen erahnen lassen.

Luther hatte 1525 Thomas Müntzer als *mördischen und blut gyrigen propheten* charakterisiert.[2] Diese Worte waren über Jahrhunderte für das offizielle Denken in Deutschland prägend. Es gab aber auch Kräfte, die sich zum Ideengut Müntzers bekannnten, seine Anliegen zu realisieren suchten. Das geschah im Rahmen zeitgemäßen Denkens. Demgemäß müssen wir uns solchen Schlüsselbegriffen der Weltanschauung Müntzers und des 16. und 17. Jahrhunderts verstärkt zuwenden, wie Mystik, Chiliasmus, Apokalyptik, Eschatologie, Messianismus und Utopie. Hier gibt es einen großen Nachholbedarf. Das komplizierte Geflecht theoretischer Prozesse in Deutschland vom 15. bis weit ins 18. Jahrhundert läßt sich ohne Nutzung und Interpretation dieser Begriffe weder ordnen noch werten. Ohne Nutzung und Wertung dieser Begriffe dürfte es schier unmöglich sein, die Feststellungen zu untersetzen und zu begründen: Die

---

1 Vgl. Steinmetz, Max: Das Müntzerbild von Martin Luther bis Friedrich Engels. Berlin 1971. S. 15–36 (Leipziger Übersetzungen und Abhandl. zum Mittelalter Rhe B, 4). In: Luther, Martin: Werke. Kritische Gesamtausgabe. Bd. 58, T. 1. Weimar 1948; S. 255ff. sind die Quellen für alle Äußerungen Luthers zu Müntzer – außer den Briefen – zusammengestellt.

2 Luther, Martin: Eine schreckliche Geschichte und ein Gericht Gottes über Thomas Müntzer [...]. In: Luther, Martin: Werke. Kritische Gesamtausgabe. Bd. 18. Weimar 1908. S. 367.

historische Funktion von Thomas Müntzers Ideen »bestand darin, das Unmögliche anzustreben, um dem Realisierbaren ein Stück voranzuhelfen.«[3] Und ich halte dafür, daß dies ein Charakteristikum einer jeden radikalen Revolution, Reformation, Reform usw. ist. Die englische Revolution mit Gerrard Winstanley, den Diggern usw. bietet dafür ein ähnliches Beispiel.

Müntzers Vision, besser meines Erachtens: Utopie hat durchaus auch oppositionelle Denker und Gruppierungen in Deutschland im 16. und 17. Jahrhundert beflügelt. Müntzers Worte und Taten gaben den feudalen Obrigkeiten und Kirchen Vorwand und Anlaß, oppositionelle Bewegungen ihrer Zeit niederzuwerfen. Ich habe das ausführlich an der Wirkung V. Weigels dargelegt,[4] es läßt sich ebenso an den Rosenkreuzern, Paracelsi Wirken, den Pansophen, J. Böhme, den deutschen Oppositionellen zur Zeit des Dreißigjährigen Krieges (etwa Christian Hoburg, Pantel Trapp, Ludwig Friedrich Gifftheil, Joachim Betke) u.a., bis hin zum radikalen Pietismus dartun.[5]

Sicher hatte Thomas Müntzer auch unmittelbare Anhänger. Spuren hat er bei Hans Denck und Sebastian Franck hinterlassen. Die Täufer Hans Römer, Melchior Rinck und Hans Hut gelten als unmittelbare Anhänger Müntzers. »Ihr Leben und ihre Lehren verdeutlichen eine Verbindung zwischen Müntzers chiliastischer Revolution, Bauernkrieg und Täufertum, die allerdings über den Raum Thüringen, Hessen und Franken hinaus nicht verallgemeinert werden darf.«[6] Römer und Hut führten Müntzerische Lehren in das Täufertum ein, beide hatten Müntzer noch

---

3   Thesen über Thomas Müntzer. Zum 500. Geburtstag. Berlin 1988. S. 34.
4   Weigel, Valentin: Ausgewählte Werke. Hg. Wollgast, Siegfried. Stuttgart/Berlin/Köln/ Mainz 1978; Wollgast, Siegfried: Philosophie in Deutschland zwischen Reformation und Aufklärung 1550–1650. Berlin 1988. S. 499–676.
5   Wollgast, Siegfried: Mystische Strömungen in Literatur und Philosophie der ersten Hälfte des 17. Jahrhunderts in Deutschland. In: Daphnis. Zeitschrift für Mittlere Deutsche Literatur 21 (1992) H. 2/3. S. 269–303; ders.: Theologie, Naturphilosophie und Literatur in der Frühen Neuzeit. Einige Aspekte. In: Hardin, James/Jungmayer, Jörg (Hgg.): »Der Buchstab tödt – der Geist macht lebendig«. Festschrift zum 60. Geburtstag von Hans–Gert Roloff. Bern/Berlin/Frankfurt a.M. u.a. 1992. S. 1197– 1236.
6   Dülmen, Richard van: Müntzers Anhänger im oberdeutschen Täufertum. In: Zeitschrift für bayrische Landesgeschichte 39 (1976). S. 885.

kennengelernt. Hans Römer predigte Müntzers Geist- und Leidenstheologie und gehörte seinem Bund an. Nach Müntzers Tod predigte er in seinem Sinne spiritualistisch–eschatologisch.[7] Unter seiner Leitung wurde ein Aufstandsplan in Erfurt erarbeitet: Römer fühlte sich mit seinen Anhängern berufen, gegen die Gottlosen den Kampf zu führen und das Schwert zu ziehen. Als er 1534 in Göttingen aufgegriffen wurde, hatte er allerdings solchen Plänen bereits Valet gesagt. H. Hut predigte nach 1525 zwar zunehmend Gewaltlosigkeit, sah aber in der Täuferbewegung den neuen Träger der Reich–Gottes–Idee. Er sehnte die Strafe Gottes über alle Gottlosen, vor allem über die Obrigkeit, die den kleinen Mann unterdrückte, herbei. Für ihn sind jetzt die Täufer angesichts der Niederlage des Bauernheeres bei Frankenhausen am 15. Mai 1525 das revolutionäre Subjekt.

Steinmetz stellt fest, und wir möchten ihm folgen, die protestantische Orthodoxie habe bereits in der ersten Hälfte des 17. Jahrhunderts »Weigelanhänger, Rosenkreutzer und Pansophisten als Aufrührer bezeichnet, deren Treiben in einem neuen Bauernkrieg und einem neuen Münsterischen Königreich enden müsse.«[8] Die entsprechende Literatur dürfte jenen vertraut gewesen sein, die um die Wende vom 17. zum 18. Jahrhundert die gleiche Linie verteufelten und bis zu den Pietisten spannten. Mit Gottfried Arnold erfolgt eine völlige Umwertung des bisherigen Anti–Müntzerbildes;[9] darauf braucht hier nicht eingegangen zu werden. Valentin Ernst Löscher und Ernst Salomon Cyprian sind Hauptgegner der Arnoldschen Müntzerauffassung, beide sind – wie auch ihre Schüler – Vertreter der protestantischen Orthodoxie, entschiedenste Gegner jeder Form des Pietismus. Das gilt auch für den Verfasser des anonym erschienenen, offenbar von Johann Friedrich Corvinus verfaßten

---

7 Vgl. Wappler, Paul: Die Täuferbewegung in Thüringen von 1526–1584. Jena 1913; List, Günther: Chiliastische Utopie und radikale Reformation. Die Erneuerung der Idee vom tausendjährigen Reich im 16. Jahrhundert. München 1973. S. 140–171.
8 Steinmetz (wie Anm. 1) S. 258.
9 Vgl. Rogge, Joachim: Gottfried Arnolds Müntzerverständnis. In: Bornkamm, Heinrich / Heyer, Friedrich / Schindler, Alfred (Hgg.): Der Pietismus in Gestalten und Wirkungen. Martin Schmidt zum 65. Geburtstag. Bielefeld 1975. S. 395–403; Wollgast, Siegfried: Zu den philosophischen Quellen von Gottfried Arnold und zu Aspekten seines philosophischen Systems. In: Wolfenbütteler Forschungen (im Druck).

Pantheon, das sich hinsichtlich des Bauernkrieges, Thomas Müntzers und der Täufer »auf dem Niveau ordinärer Schwätz– und Schimpferzeugnisse« bewegt, ein »Zeugnis gesunkenen Geschmacks und mangelhaftester Kenntnisse.«[10]

Es wäre reizvoll, hier auf Messianismus, Chiliasmus, Mystik, Spiritualismus, Apokalyptik u. a. oben genannte Schlüsselbegriffe näher einzugehen. Das habe ich an anderer Stelle getan.[11] Hier sei die Existenz einer von der Radikalen Reformation herkommenden, stark auf Th. Müntzer basierenden Argumentationslinie vorausgesetzt, die u. a. jeden Vergleich mit Th. Müntzer als erfolgreichen Rufmord zu verbinden vermochte. Wie das konkret auch schon im 16. Jahrhundert ausgesehen hat, sei am Beispiel von Nicodemus Frischlin belegt. Dessen *De vita rustica* war zunächst eine Einführung in Vergils Hirtengedichte. Als Frischlin,

> der unvorsichtige Mann sie 1578 drucken läßt, erregt sie ungeheures Aufsehen im ganzen Schwaben– und Frankenland. Der Verfasser der alsbald übersetzten, entstellten und gefälschten Schmähschrift der Aufreizung zu Aufruhr und Umsturz bezichtigt, verteidigt sich bissig: endlose Verhandlungen folgen, ohne daß die erhitzten Gemüter sich abregen.[12]

In der Tat enthielt die Rede ein Loblied auf den Bauernstand und Angriffe auf den Adel – wie schon etwa bei S. Franck. Das Echo reichte bis Sachsen, nicht nur lokal in Schwaben und Franken war Frischlins *De vita rustica* Gesprächsgegenstand. Ein Teil der Auflage der *Vita* wurde nach ihrem Erscheinen beschlagnahmt.[13] Die Rede selbst war bereits im November 1578 an der Universität Tübingen gehalten worden.[14] Als Grundlage für die noch zu referierenden Anwürfe M. Wagners dient u. a.: Der Ackerbau sei von Gott eingesetzt, die ersten Burgen und Städte seien nicht von guten und weisen, sondern von schlechten und gottlosen Men-

---

10 Steinmetz (wie Anm. 1) S. 293; vgl.: Anabaptisticum et Enthusiasticum Pantheon und geistliches Rüsthauß / Wider die alten Quacker / und Frey–Geister / welche die Kirche Gottes zeithero verunruhiget, [o.O.] 1702.

11 Vgl. Wollgast (wie Anm. 5); ders.:(wie Anm. 4).

12 Bebenmeyer, Gustav: Tübinger Dichterhumanisten. Bebel / Frischlin / Flayder. Der Eberhard Karolina zu ihrem 450jährigen Jubelfest dargebracht. Tübingen 1927. S. 57.

13 Vgl. Strauß, David Friderich: Leben und Schriften des Dichters und Philologen Nicodemus Frischlin. Ein Beitrag zur deutschen Culturgeschichte in der zweiten Hälfte des sechszehnten Jahrhunderts. Frankfurt/M. 1856. S. 174f.

14 Ebd. S. 175.

schen wie Kain und Nimrod gegründet worden. Frischlins Ausfälle gegen das städtische Patriziat nimmt Wagner nicht zur Kenntnis – dies richtet sich ja nicht gegen den Adel. Auch Schiffahrt, Krieg und Handel sind dem Landbau nicht ebenbürtig. Der Landmann sei freier als der Höfling, der Beamte und der Städter. Ackerbau ist die notwendigste und nützlichste Beschäftigung. Weil die Bauern arbeiten, zudem an der frischen Luft, werden sie älter als die Stadtbewohner. Die Bauern sind die frömmsten und redlichsten Menschen, zugleich sind sie anspruchslos, friedliebend, ehrlich. Und diese Eigenschaften setzt Frischlin mit bei den Junkern vorherrschenden Lastern in Kontrast.

Bei D. F. Strauß finden wir die entscheidenden angefochtenen Stellen aus Frischlins Rede in deutscher Übersetzung.[15] Frischlin hatte den angefochtenen Abschnitt seiner Rede zu seiner Rechtfertigung selbst ins Deutsche übersetzt, und diese Übersetzung samt dem lateinischen Text in seine Ende 1580 verfaßte, noch handschriftlich vorhandene Apologie aufgenommen. Daraus sei nur einiges davon hier zitiert.

Die Anklage gegen die Landjunker und Ritter übertrifft an Schärfe wie an Umfang noch die gegen die Höflinge. Sie leisten nichts, nützen ihren Fürsten nichts, sie saufen und treiben Völlerei und schinden die Bauern. Ihre rohen Sitten und ihre grobe Unbildung werden nur noch durch ihren Hochmut übertroffen, den sie mit Grobianismen zu verdekken suchen. Frischlin zitiert als Zeugen Erasmus[16] und L. Vives. Diese Kaine, Nimrode, Räuber, Mörder, schmutzige, trotzige Scharrhanse, dumme Prachthanse, Schreier und Schnarcher überschüttet der Humanist Frischlin mit Spott, weil sie kein oder nur miserables Latein sprechen. Er beschuldigt sie der religiösen Indolenz, unterstellt ihnen Aufruhr und Renitenz und nennt sie unhöfliche grobe Knöpf, *Welche, wenn sie zu Ro-*

---

15 Ebd. S. 178–183.
16 Frischlin, Nicodemus: Oratio de vita rustica. In: Frischlin, Nicodemus: Orationes insigniores aliquot. Argentinae 1598. p. 306. Certè Germaniae Principes, ac praecipuè Caesar, optimè mereretur de rebus mortalium, si TALIA PORIENTA tolleret de medio, cum suis equis et turribus, nec sineret illis, IN FACINORE DEPREHENSIS, in aliud prodesse generis titulum; nisi ut, velut imminentes, in altiorem rotam tollerentur: sicut iam olim Magnus ille Erasmus optimè admonuit.

sen aufgehen sollten, so würden die Blätter aussehen wie Eselsohren.[17]
Frischlin schreibt in *De vita rustica* weiter:

> *Was soll ich aber sagen von dem grausamen Wüten, so etlich Leutfresser*
> *(Centauri) unter denen vom Adel an ihren Bauren gar jämmerlich begehen?*
> *Dann wie viel meinet ihr, daß an denen Orten, da die größte Straflosigkeit*
> *ist, heutigstags Edelleut seien, da ein jeder* (Leutfresser – Zusatz d. Übers.)
> *etlich gar unschuldige Bauren um schlechter Ursache willen auf den Tod*
> *oder auch gar zu todt geschlagen hat?* [...] *Wolan, du siest aus ander Leut*
> *Stand wer du wollest, wann dir vor einem solchen Baurenschinder eine*
> *Schmach widerfährt, nimm dir für, solche zu rächen: Gott weich von mir, wo*
> *nit die andern* (Baurenschinder – Zusatz d. Übers.) *all, gar wenig ausge-*
> *nommen, (paucissimis exceptis) sich gleich einer Kettin aneinanderhenken,*
> *und wider dich Einzigen eine Meuterei, wie vor Zeiten Catilina [...], anrich-*
> *ten werden. So du hierin Einen kennest, so kennest du sie all: all stimmen*
> *zusammen;* (bei solchen Leutfressern – Zusatz d. Übers.) *ist Alles gleich und*
> *eben; Einer ist an der Uebelthat schuldig, die Andern vertheidigen ihn all.*[18]

Frischlin meint weiter: »Ich [...] halte es mit L. Vives, daß nichts Närri-
schers und Eitlichers jemals von Menschen erdacht sei, und das weniger
Festes, das du greifst, in sich habe, denn der Adel.«[19] Die Adeligen seien
Söhne des Teufels, da sie sich wegen des ganz eitlen Wahns ihres Adels
über andere Menschen stellen. Dabei betont Frischlin nachdrücklich, daß
er im Adelsstande auch viele anständige Menschen kennengelernt habe.

> *Welche nun solche Adelspersonen oder Geschlechterer (patricii) seind,*
> *gleichwohl an der Zahl wenig (quamlibet numero exigui), die gehet diese*
> *mein vorgehende Red nichts an; sondern allein die Cyclopen und Scharr-*
> *hansen, die edlen Centauros und Onmenschen, die edlen Rottierer und*
> *Aufwigkler, da ich wünschete, daß einmal ein anderer Hercules käm, als da*
> *war Kaiser Maximilianus der Erst und seines gleichen, der sie ausrottete.*[20]

17 In Apologia. STA Stuttgart. Zit. nach: Kohl, Josef A.: Nikodemus Frischlin. Die
    Ständesatire in seinem Werk. Phil. Diss. Mainz 1967. S. 177.
18 Zit. nach Strauß (wie Anm. 13) S. 179f.; Der Anfang auch zitiert in: Froeschlin, Eck-
    hard: Nicodemus Frischlin. Ein unbehäbig Maul wider die Obrigkeit. Leben und
    Wirken des Dichters Nikodemus Frischlin (1547–1590). Tübingen 1979. S. 22.
19 Strauß (wie Anm. 13) S. 180; Original: *Ego verò cum Ludovico Vive, nihil puto ab*
    hominibus stultius & inanius unquam excogitatum; quodq; minus habeat solidi, quod
    apprehendas, quam est eiusmodi nobilitas. Frischlin (wie Anm. 16) S. 306.
20 Strauß (wie Anm. 13) S. 182.

Und ziemlich derb erscheint wahrlich, wenn er den Bauern *unsre schwitzenden, rülpsenden, gleich Mastochsen ausgestopfte Hofleute* gegenüberstellt.[21]

Verständlich, daß ein Entrüstungssturm des württembergischen Adels, der bei Frischlin in einigen Passagen direkt angegriffen wurde, einsetzte. 1581 beklagte sich Frischlin über ein beim Hofrichter eingegangenes, möglicherweise in Hessen entstandenes Pasquill *contra physignathum Polyphemum, Tubingensem Ranulam* (wider den hochaufgedunsenen Pausback Dr. Fröschlin).[22] Darin wird die Redlichkeit der württembergischen Bauern in Erinnerung an den Bauernkrieg in Schwaben 1525 entschieden angezweifelt.

Frischlins *De vita rustica* hat also nicht nur lokale Beachtung erfahren. So wurde Frischlins Gönner, der württembergische Herzog Ludwig, vom Landgraf Wilhelm von Hessen vor Frischlins Ideen freundschaftlich aber nachdrücklich gewarnt:

> *Man darf vorwahr kain Läuß in Pelz setzen, ingleichen auch die Bauern nit gegen die vom Adel concitiren oder über sie erheben; dann solch ein Ungeziefer wext vor sich selbst, und man hat zu schaffen es zu tilgen, wie Solches die E x e m p l a vor 60 Jahren bezeugen, da über solchen d i s p u t a t i o n i b u s der schwarz (soll heißen: arm) Cuntz, Bundschuh, und letztlich die allgemeine Baurenaufruhr entstund, und eben durch solche c a p t a t i o a u r a e p o p u l a r i s a l i t e r a t i s s c u r r i s ward angerichtet; darum hat man sich wol vorzusehen, n e h o c m a l u m t a l i b u s n u g i s r e f r i c e t u r.*[23]

Zur Herbstmesse 1581 lag nun Marcus Wagners Anti–Frischlin–Schrift vor. Frischlin hat sie sofort erhalten. Um wen handelte es sich bei Marcus Wagner?

Marcus Wagner[24] wurde 1529 in Friemar bei Gotha geboren. Er starb um 1597. Der Beruf der Eltern ist nicht bekannt. Wagner besuchte in sei-

---

21 Ebd. S. 182; Original: *Confer cum his sudantes, ructantes, refertos epulis, tanquam opimos boves, aulicos nostros, proceres.* (Frischlin [wie Anm. 16] S. 311).

22 Strauß (wie Anm. 13) S. 212.

23 Ebd. S. 216. Auch verdeutscht zitiert in: Froeschlin (Anm. 18) S. 21.

24 Vgl. Schöttgen, Johann Christian: Leben Marcus Wagners, eines bekannten Thüringischen Historici und Pfarrers zu Buffleben. In: Sammlung verschiedener Nachrichten zu einer Beschreibung des Kirchen– und Schulenstaats im Herzogthum Gotha. 12. Stück. Gotha 1757. S. 56–91. Der Aufsatz erschien erstmalig in: Dreßdnische gelehr-

nem Heimatort, danach in Arnstadt und Gotha die Schule. Welche Universitäten er besuchte, ist nicht bekannt. Ab 1550 oder 1551 reiste Wagner durch verschiedene Länder Europas, offenbar, um Bibliotheken zu besuchen, um Bücher, bzw. Manuskripte aufzufinden. Diese Nachricht ist ebenso unsicher, wie seine Auftraggeber.[25] Nach eigenen Angaben war Wagner 1553 in Kopenhagen, danach in Schottland, in Ostpreußen, Mainz, Regensburg, Würzburg, Wien, Magdeburg. War Kaiser Maximilian II. sein Auftraggeber, wie G. M. Pfefferkorn offenbar meint? Nach Schöttgen war Wagner *ein anschlägiger Kopf, ein schlechter Historicus,*[26] nach G. M. Pfefferkorn *ein singularer und unfreundlicher Mann.*[27] 1557 ging Wagner nach Thüringen zurück. Er hielt sich in Jena auf und schrieb hier eine Reihe von Arbeiten, so gegen den bekannten Reformationstheologen Justus Mennius. Dieser hatte lange in Thüringen gewirkt, stand Melanchthon nahe und war ein Gegner der Gnesiolutheraner. 1559 erhielt Wagner ein Pfarramt in Buffleben bei Gotha. Um 1565

te Anzeigen auf das Jahr 1749. Stück 1–3. S. 212; Stück 5–7. S. 17–32; (Signatur: Sächsische Landesbibliothek Dresden: Epist. hist. 120 1323, 451–453); Pfefferkorn, Georg Michael: Merkwürdige und Auserlesene Geschichte von der berühmten Landgrafschaft Thüringen [...]. [o.O.] 1685. S. 8–11.

25 Bei Pfefferkorn (wie Anm. 24) S. 8–9 heißt es*: Welcher Wagner dem Synergistischen Schwarm des Strigelii / dessen Famulus er gewesen / angehänget / und deßwegen niemals zu einem Pfarrdienst befördert worden / sondern / nachdem er sich zu Jehna bey einigen Professoren auffgehalten / endlich nebst dem Huberto Lagueto / zu Colligirung derer zu den Magdeburgischen Zenturien benöthigten Sachen / hin und wieder zu Reisen / und die Klöster– und Stadt–Bibliotheken zu durchsuchen / committiret / und zu Wien von Ihro Keyserl. Majestät öffentlich zum Inqvisitore Antiqvitatum in Euorpâ erklärt und bestätiget worden / hat er auf diesen Reisen einen feinen Vorraht von Vaterländischen Antiqvitäten zusammen gebracht / die er nachgehends stükweise der Welt mit geheilet [...].* Victorinus Strigel (1524–1569) war einer der ersten Jenenser Theologieprofessoren. Begeistert übernahm er die synergistische Postition Melanchthons zur Willensfreiheit, stellte sich damit letzlich gegen Luther. Dieser Gegensatz wurde sichtbar, als M. Flaccius 1557 nach Jena kam. Nach Gefangensetzung Strigels, einer Disputation zwischen ihm und Flaccius, ständigen Auseinandersetzungen zwischen den Fraktionen beider kam es 1562 zur Landesverweisung Flaccius'; Strigel wurde wieder in seine Rechte als Universitätsprofessor eingesetzt. Nach Leipzig 1563 übergesiedelt, mußte er hier wegen seiner Neigung zur calvinistischen Abendmahlslehre 1567 ebenfalls die Universitätskanzel räumen. Es erscheint doch wohl zweifelhaft, daß Wagner ein Cryptocalvinist oder »Strigelianer« gewesen sein sollte.

26 Schöttgen (wie Anm. 24) S. 64f.

27 Pfefferkorn (wie Anm. 24) S. 9.

wurde er seines Amtes entsetzt, vielleicht wegen der »positiven Haltung« zu V. Striegel? Wagner lebte danach in Friemar von seinem väterlichen Erbe. Gleichzeitig unternahm er Reisen nach Ost– und Westfriesland, wohl auch nach Westfalen, Bremen und Aachen, um erneut alte Manuskripte zu entdecken. Das Ergebnis ist nach Schöttgen äußerst dürftig gewesen. 1579 erschien von Wagner in Magdeburg ein Buch *Auserlesenes Chronicon von den herrlichen, wunderlichen und großen Thaten Caroli Magni*. Es enthält eine Vorrede vom Magdeburger Domprediger Siegfried Sack, der darin Wagner seinen alten und guten Freund nennt. Siegfried Sack (1527–1596) war der erste lutherische Prediger an der Domkirche zu Magdeburg. Vor seiner Ordination (1567) hatte der gebürtige Nordhäuser 1550 bis 1554 als Lehrer und Hilfsprediger in Nebra, dann als Konrektor bzw. Rektor der Stadtschule in Magdeburg gewirkt.[28] 1580 erschien in Erfurt Wagners *Einfältige, kurtze, warhaftige, schreckliche, unerhörte Historie von den dreyen Wasserfluten in Frießland, 1512, 1570, 1577*. 1581 erschien in Magdeburg Wagners 17 Bogen umfassende Schrift *Von des Adels Ankunfft oder Spiegel [...]*. S. Sack schrieb auch hierzu die Vorrede. Dabei rühmt er den Fleiß und das Anliegen seines *alten guten Freundes / Herrn Marci VVagneri, das er etlicher fürnehmlicher Geschlechter vom Adel / Historien auffzuzeichnen angefangen.*[29] Wagner selbst widmet sein Vorwort dem Adel *in Sachsen / Meissen / Düringen / Francken / Schwaben und Hessen*.[30] Schon hier klingt die Anti–Müntzer Tendenz an. Wagner wendet sich, auf Frischlin zielend, gegen

> *etliche / so dem Müntzerischen Geist mehr folge[n] / als den veris fundamentis in sacris Biblijs confirmatis, spöttisch vom Ritterlichen Adelstand reden / schreiben / und vnter das gemeine Volck putida scripta in contemptum ordinis DEI ausgehen lassen / mit stachlichen / groben / hönischen worten [...].*[31]

28 Vgl. Allgemeine Deutsche Biographie. Bd. 30. Leipzig 1890. S. 161.
29 Wagner, Marcus: Von des Adels ankunfft Oder Spiegel / Sampt zweien Ritterlichen / Adelichen Geschlechten / als zur Tugend anreitzung / und Manlichen Heroischen Thaten nachforschung / kurtzer auszug aus vielen Antiquiteten, Chronicis, und monumentis in Bibliothecis Europae. Magdeburg 1581. p. C 1b.
30 Ebd. p. cIIb. Das Widmungsschreiben insgesamt p. cIIb–DIIa.
31 Ebd. p. cIIIa–b.

Daraus entstehe Empörung und Zerrüttung. Ohne Namensnennung, aber wieder ist, wie Wagner weiter unten schreibt, Frischlin gemeint, wird auf eine *newlicher weile* erschienene Schrift verwiesen, in welcher der Autor *den löblichen Adel oder Ritterstand gantz unbedechtig / un*[d] *Gottes ordnung zu widder verkleinert / vnd zur Banck hawet.*[32] Am Schluß des Widmungsschreibens ermahnt er nochmals den wiederum noch ungenannten *unnützen Poeten* [...] */ das er auffhöre die Maiesteten Gottes zulestern.*[33]

Die Vorrede ist Friemar, den 22. Februar 1581 datiert. Die ganze Schrift, eine Lobrede auf den Adel mit Apg 17 als Grundlage (die Athener Paulusrede) selbst, sei hier nicht Gegenstand. Sie propagiert eine keineswegs originelle Theorie von der Entstehung des Adels, von dessen Existenzrechtfertigung. Auch der Ordo–Gedanke liegt dem zugrunde; die Bibel und viele antike Autoren müssen zur Rechtfertigung der Theorie Zitate oder schlicht ihren Namen darleihen. Die Rangordnung innerhalb des Adels wird dabei sorgfältig beachtet und auch theoretisch begründet. Der Kaiser steht demgemäß in einer besonderen Klasse über dem Adel. Das Wort Adel sei von Adler herzuleiten[34] – ebenfalls nicht originell.

Wilhelm Kühlmann hat Sebastian Francks Adlerallegorese in dessen *Chronica / Zeytbuch und geschycht bibel*[35] näher untersucht. Vergleicht man Frischlins Argumentatio mit Francks Allegorese, so stößt man auf eine verblüffende Übereinstimmung. Für beide ist der Adler das Wappentier von Kaisern, Fürsten und Herren. Dabei wird auf einer bis auf die Patristik zurückgehende Tradition gefußt.

> Indem Franck die in der Naturkunde gesammelten Merkmale über Verhalten, Lebensweise und Gestalt des Vogels zusammenstellt, wird die naturhaft gedachte Realität zum Spiegel der Politik, das Unzivilisiert–Bestialische –

---

32 Ebd.
33 Ebd. p. DIb.
34 Ebd. p. EIb–EIIa.
35 Kühlmann, Wilhelm: Staatsgefährdende Allegorese. Die Vorrede vom Adler in Sebastian Francks Geschichtsbibel (1531). In: Literaturwissenschaftliches Jahrbuch NF 24 (1983) S. 51–76; Franck, Sebastian: Chronica / Zeytbuch und geschycht bibel von anbegyn biß inn diß gegenwertig MDXXXI. jar. Straßburg 1531. Bl. CXIX–CXXIV; Vgl. zur Interpretation auch: Wollgast, Siegfried: Der deutsche Pantheismus im 16. Jahrhundert, Sebastian Franck und seine Wirkungen auf die Entwicklung der pantheistischen Philosophie in Deutschland. Berlin 1972. S. 80f. u.a.

von Franck stets im Begriff »Fleisch« assoziiert – fungiert als Analogon sozialer Wirklichkeit. Dadurch entwickeln sich im allegorischen Verfahren Kategorien einer historischen Hermeneutik [...] durch die Projektion dieser Naturdeutung auf eine zweite Ebene des Diskurses, die des *signum proprium* oder *institutum*, gewinnt Francks Vorgehen eine konkrete politische Zielrichtung und eine brisante polemische Wendung.[36]

Nicht mit gleicher Brisanz, nicht mit gleicher theoretischer Tiefe, wohl aber in der Grundtendenz findet sich diese Linie, diese Stoßrichtung auch bei N. Frischlin. Das muß einer gesonderten Untersuchung vorbehalten bleiben. Jedenfalls haben wir bei Franck eine gewisse Skepsis gegenüber den Wappen vorliegen (auch bei Frischlin?). Beide fußen dabei auf Erasmus von Rotterdams Adagion *Scarabaeus aquilam quaerit*.[37] Ich möchte dabei W. Kühlmanns Feststellung zustimmen, daß Franck bei seiner Adleralllegorese »auf das Erlebnis der Bauernkriege und Täuferverfolgungen abzielt.«[38] Die an gleicher Stelle Franck attestierte pessimistische Weltanschauung würde ich komplexer sehen, weniger R. Stadelmann folgend. In dieser Sicht habe ich in meinem Buch zu S. Franck[39] dessen Weltsicht zu fassen gesucht. Und wie sollte diese »pessimistisch betrachtete Lebenswirklichkeit« (W. Kühlmann) bei N. Frischlin zu erklären sein?

Cyriacus Spangenberg (1528–1604) ist auf Francks Adlerallegorese in seinem *Adelsspiegel* eingegangen. Die mir vorliegende Ausgabe des zweiten Teils ist der Reichsritterschaft in Schwaben, Franken, am Rheinstrom und in der Wetterau gewidmet und *Geben zu Vacha in Buchen / Anno 1594*. Sie enthält zwei Widmungsgedichte *In Specvlvm nobilitatis, collectvm a clarissimo viro, M. Cyriaco Spangenbergio*, das eine von dem Erfurter *Arzt Bartholomaeus Hubnerus*, das andere von *Marcus*

---

36 Kühlmann (wie Anm. 35) S. 58.
37 Vgl. Franck (wie Anm. 35) fol. CXXIIr/v; Erasmus von Rotterdam: Adagiorum Opus exquisitiore quam antehoc unquam cura recognitum [...] accesserunt ferme quinque Centuriae. Basel 1533. Chiliadis Tertiae Centuria VII. S. 711–786. Bes.: S. 722; vgl. dazu Kühlmann (wie Anm. 35) S. 66f.
38 Kühlmann (wie Anm. 35) S. 64.
39 Vgl. Wollgast (wie Anm. 35); Stadelmann, Rudolf: Vom Geist des ausgehenden Mittelalters. Studien zur Geschichte der Weltanschauung von Nicolaus Cusanus bis Sebastian Franck. Halle 1929.

VVagnerus, Frimariensis, Antiq. Indagator.[40] Spangenbergs Arbeit enthält entschiedene Angriffe gegen S. Francks Adlerallegorese, auch solche auf Frischlins *Oratio de vita rustica*.[41] Nach Kühlmann bildet sich an Frischlins Rede erneut die »Frontstellung zwischen Orthodoxie einerseits und der gesellschaftskritischen Allianz zwischen linkem Protestantismus und Teilen der humanistischen Bewegung andererseits.«[42] Bekanntlich hat C. Spangenberg in mehreren Werken auch Thomas Müntzer gründlich behandelt, dabei »die weitaus umfangreichste, vollständigste und in ihrer Art auch wirkungsvollste Darstellung der Geschichte Thomas Müntzers, die seit den Schriften der zwanziger Jahre entstanden war« gegeben.[43] In seinem *Adelsspiegel* folgt C. Spangenberg z. T. Sebastian Francks Erklärung von Adel und Adler.[44] Es gibt aber auch wesentliche Unterschiede zwischen Francks und Spangenbergs Deutung. Wir haben sie angedeutet. Kühlmann hat sie gründlich herausgearbeitet,[45] eine Wertung Frischlins dabei aber ausgespart. Diese Lücke auszufüllen, wäre eine wichtige Aufgabe weiterer Forschung. Zudem wäre dabei die Wirkung Erasmischen Humanismus bei S. Franck und sein vermitteltes Weiterwirken bei Frischlin näher zu untersuchen. Denn immer sind es auch erasmische Ideen, die Grundlagen für oppositionelles Ideengut im 16. und 17. Jahrhundert hergeben.

---

40 Spangenberg, Cyriacus: Ander Teil des Adels Spiegels: Was Adel mache / befördere / ziere / vermehre vnd erhalte: Vnd hinwider schwäche / verstelle vnd verringere. Darinnen auch am Adler / vnd sonst [...] ein schöner Regentenspiegel [...] für gestellet wird. Schmalkalden 1594. Fol. iiij–IV (Vorw.).

41 Vgl. Spangenberg, Cyriacus: Adels Spiegel. Historischer Ausfürlicher Bericht: Was Adel sey vnd heisse / Woher er komme / Wie mancherley er sey / Und Was denselben ziere vnd erhalte / auch hingegen verstelle und schwäche. T. I. Schmalkalden 1591. p. IIII (Vorw.).

42 Kühlmann (wie Anm. 35) S. 71.

43 Vgl. Steinmetz (wie Anm. 1) S. 147.

44 Spangenberg (wie Anm. 40) fol. 2a, bes.: fol. 2r: *So lasse ich doch jener meinung mit passieren / unnd stelle es dahin / das es wol sein möge / das der hohe Politische / Welt und Amptadel in Regimenten / auch der gemeine Reutterische Adel / vom Adler möge genandt werden / das sie Edelleute / Adelleute / oder Adlersleute heissen / die zum Adler gehören / das sie dem Keyser / so den Adler füret helffen / und jn mit dem Schwerdt wider die Feinde des Reichs vertheidigen und handhaben sollen / Denn der Keyser ist dem Volck von Gott zum Haupt gesetzt / und dem Volck ist befohlen / dem Keyser zu dienen und zu gehorsamen.*

45 Kühlmann (wie Anm. 35) S. 72–75.

456

Vielleicht läßt sich J. A. Kohls Feststellung weiterdenken, wenn man Frischlin vornehmlich als Humanisten faßt:

> Frischlins Religiosität in Leben und Werk war eine merkwürdige Vermischung profaner und sakraler, heidnisch–antiker und christlich–lutherischer Vorstellungen und Begriffe, die eine verinnerlichte echte Frömmigkeit vermissen lassen. Es lag im Zuge der nachreformatorischen Zeit, daß die konfessionellen Auseinandersetzungen ihre Unmittelbarkeit und erste Schärfe, aber auch den durch sie entfachten Glaubenseifer auf beiden Seiten verloren hatten, und daß hier wie auch in Dichtung und Kunst das Epigonenhafte vorherrschte. Bei Frischlin spürt man weit darüberhinaus eine freimütige und völlig undogmatische Toleranz, die er aber in fragwürdiger Weise zum Ausdruck brachte.[46]

Doch zurück zu Marcus Wagners Tendenzschrift! Entschieden grenzt M. Wagner Adel und Ritterschaft vom *Pöbel* ab.[47] Insgesamt ist nach Wagner

> *der Adelstand ein Mittler oder Scheidesman / der des Keysers / vnd des gemeinen Mannes vnordentliche begierde oder a f f e c t e n , darmit sie sonsten widder einander entzündet / vnd entbrennet möchten werden / t e m p e r i r t , vnd gleich in o f f i c i o beyde helt.[48]*

Das gerade widerspiegele sich im Deutschen Reiche.

Wagners Pamphlet läßt theoretischen Tiefgang vermissen. Insgesamt erscheint die Welt in ihrer Herrschaft so wie sich sich darbietet wohlgeordnet. Jeder hat seinen Platz und auch der Adel vermag nicht die ihm vom Ordo–Prinzip gesetzten gesetzlichen und moralischen Handlungsgrenzen zu überschreiten. Daher möge man es ja bei dieser Ordnung belassen! Der Adel sei eben

> *eine löbliche nötige vn[d] Göttliche Ordnung / die er [Gott - S. W.] bey verlust Leibs vnd lebens / allhie auff dieser Erden / wil geehret vnd gefürchtet haben / als seine Stadthalter / die er darumb mit seinem Namen titulirt, das sie Götter sollen genennet werden.[49]*

---

46   Kohl (wie Anm. 17) S. 97.
47   Wagner (wie Anm. 29) p. EIIIb–EIVa.
48   Ebd. p. F1a.
49   Ebd. p. FIVa. Vgl. p. GIVa: *Der Adelstand ist gar ein tewr zart kleinod / von Gott eingesetzt vnd bestetiget.*

Selbst wenn ein Adeliger in Sünde und Schande lebe, ist er nach seinem Stande zu behandeln und zu ehren.[50] Denn eine völlige Gleichheit der Menschen gibt es nicht, wie *sonderlich der Widderteuffer und anderer schwermer einrede*.[51]

Unvermittelt folgt der Einschub, der besser als Hauptteil der Arbeit zu bezeichnen ist:

> *Kurtze / einfeltige / Bewrische verantwortung / auff das lesterliche / vnnütze / vnnd Fladdergeisterische geschmeis vnd gewesch eines queckenden Frö-schleins / so sich titulirt Nicodemum Frischlinum, P. L. Comitem Palatinum Caesareum, & Professorem in einer namhafftigen hohen Schul in Deutschland / Anno 1580, im offentlichem druck ausgegangen / wider die Ordenung Gottes / den löblichen Adel-stand.*[52]

Den Namen der Hochschule nennt Wagner nicht, im von mir benutzten Exemplar[53] steht zu Recht mit Tinte Tübingen am Rande.

Wir wissen: dieser Angriff richtet sich gegen Frischlins *De vita rusti-ca*. Wagner erinnert zunächst an sein Vorwort. Frischlin, dieser *Poesita-ster*, sei offenbar nur Sprachrohr von mehreren.[54] Den einzelnen An-schuldigungen und deren »Widerlegungen« sei hier nicht im einzelnen nachgegangen. Frischlin, so referiert Wagner, sage, der Städte und Schlösser Anfang liege nicht bei Gott bzw. gottseligen und weisen Leu-ten, sondern bei Kain und Nimrod.[55] Auch hier sei auf die Nähe von Frischlins Argumentation zu S. Franck nur beiläufig verwiesen. Frischlin wird von Wagner schon wegen der Ableitung des Adels von Nimrod als *Müntzerischer Geist* bezeichnet.[56] Immer wieder steht statt der Argumen-tation die Verbalinjurie. Frischlin sei *das quackende Fröschlein vnnd vnverschampte Geckeler,*[57] *dieser Knipperdölling / oder Fröschekönig*

---

50 Ebd. p. GIb.
51 Ebd. p. GIIb.
52 Ebd. p. JIa–RIIa.
53 Signatur: Universitäts– und Landesbibliothek Halle: m 436.
54 Wagner (wie Anm. 29) p. JIIa–b.
55 Ebd. p. JIIIa.
56 Ebd. p. JIVa.
57 Ebd. p. JIVb. Frischlin wird auch als Otter bezeichnet (p. II b), als Coaxens Rana (p. LIIIa).

458

vermeine, den Adelstand aufzuheben; er wolle Fürsten und Adel ausrotten.[58] Diese – meines Wissens bei Frischlin gar nicht so geäußerte Behauptung – schmecke *nach dem auffrührischem Müntzerischem Geiste.*[59] Mißbräuchliche Handlungen des Adels soll man nach Frischlin bestrafen. Dazu Wagner:

> *Hie mag man den Vogel aus seinem eigem gesang wol lernen kennen / das er eine TUBA INGENS S e d i t i o n i s, und Müntzers nachfolger sey mit dem schwerd Gedeonis / welcher die armen Bawren jämmerlichen verführet und verleitet mit diesen worten: L a s s e t e w e r s c h w e r d n i c h t k a l t w e r d e n v o m B l u t / s c h m i d e t p i n c k e p a n c k e / a u f f d e m A m b o s N i m r o d / v n d w e r f f e t j h n d e n T h u r m z u b o d e n.*[60]

Frischlin schreibe: *Städte / Schlösser und die vom Adel haben jre erste ankunfft / von Cain vnd Nimrod. Ergo sol man den Adel ausrotten.* Wagner fügt hinzu: *Antwort / dis Argument ist gut Müntzerisch / wolte gern ein new Fewer anzünden.*[61] Langatmig macht sich Wagner an die Widerlegung, dabei auf den Syllogismus bauend. Er mißachtet dabei aber, daß es von 256 möglichen aristotelischen Formen desselben aber nur 19 gültige gibt. Vieles wird Frischlin einfach unterstellt und dann munter drauflos widerlegt. Wagners Ziel ist, Frischlin als *gut auffrührisch / widertäuffisch* als *Mordgeist* zu qualifizieren.[62] Frischlin wolle *Ein new Müntzerisch / auffrührisch Regiment / das alle Obrigkeit gerne wolte degradirn / vnd allein alles gemein haben.*[63] Sicher gebe es im Adel, wie in allen Ständen, auch schlechte Menschen, aber deswegen sei doch nicht der ganze Adelstand schlecht. Frischlin sei ein guter Zechbruder, ein Lä-

---

58 Ebd. p. LIb–LIIa.
59 Ebd. p. LIIa.
60 Ebd. p. LIIIb. Vgl. Müntzer, Thomas: Brief an die Allstedter. ca. 26. oder 27. April 1525. In: ders.: Schriften und Briefe. Kritische Gesamtausgabe. Hg. Franz Günther unter Mitarbeit von Kirn, Paul. Gütersloh 1968. S. 455. Zu den Etappen der Müntzerischen Obrigkeits– und Widerstandslehre vgl. zusammenfassend: Wolgast, Eike: Die Obrigkeits– und Widerstandslehre Thomas Müntzers. In: Bräuer, Siegfried / Junghans, Helmar (Hgg.): Der Theologe Thomas Müntzer. Untersuchungen zu seiner Entwicklung und Lehre. Berlin 1989. S. 195–220. Vgl. Frischlins De vita rustica als TUBA INGENS SEDITIONUM, Wagner (wie Anm. 29) p. NIb.
61 Wagner (wie Anm. 29) p. LIVa.
62 Ebd. p. MIIb, p. NIb.
63 Ebd. p. NIIa.

459

sterer.[64] Und wieder wird der bereits zitierte Ausspruch Müntzers variiert: Frischlin sei

ein Mordgeist vnd eine T u b a   i n g e n s   s e d i t i o n i s, vnd ein Junger Thomas Müntzer [...] / der mit dem Schwerd Gideonis umb sich fichtet / vnd die armen Bawren zum auffruhr wider die obern stende gern anhetzen wolte / wie jener auch schrey: L a s s e t   e w e r   S c h w e r d   n i c h t   k a l t   w e r - d e n   v o m   b l u t   / S c h m i d e t   p i n c k e   p a n c k e   a u f f   d e m   A m - b o s   N i m r o d   /   w e r f f e t   s i e   i n   d e n   T h u r m. [65]*

Wagner billigt, daß Frischlins Arbeit in den meisten Exemplaren von den Herren *auffgekaufft / vntergeschlagen vnd beybracht* worden.[66] Ja Wagner verlangt sogar, man solle Frischlin wegen seiner Schrift hängen.[67] Das ist eigentlich der Höhepunkt der Forderungen, aber weitere Beschimpfungen Frischlins folgen noch seitenlang.

Frischlin hatte natürlich M. Wagners, zur Herbstmesse 1581 erschienenes Werk gegen seine *Oratio de vita rustica* sofort erhalten. Er vermutete, diese Schrift sei auf Einflüsterungen seines entschiedenen Gegners, des Hofrichters Hans Burkard von Antweil zurückzuführen, der 1580 dienstlich in Dessau gewesen war.[68]

Was Frischlin, M. Wagner antwortend, diesem nachsagt, mag unbändigem Zorn entsprungen sein, aber es mag doch etwas daran sein. Er nennt ihn einen

verloffenen Buben, der dreißig ganzer Jahre vagirt (an den Herzog, 1. Jan. 82), *der wegen Kirchendiebstahls, und weil er in Schottland aus alten Büchern in Klöstern Blätter ausgeschnitten, hätte gehenkt werden sollen; und nur durch Fürbitte gerettet worden sei* (an den Kurfürsten von Mainz, 21. Febr. 90, St.A).

---

64 Ebd. p. OIIa.
65 Ebd. p. OIIIb; vgl. Müntzer (wie Anm. 60).
66 Wagner (wie Anm. 29) p. OIVb.
67 Ebd. p. PIVb–QIa.
68 Vgl. Bernhardt, Walter: Die Zentralbehörden des Herzogtums Württemberg und ihre Beamten 1520–1629. 1. Stuttgart 1972. S. 135f (Veröffentlichungen der Kommission für Geschichtliche Landeskunde in Baden–Württemberg B 70); Strauß (wie Anm. 13) S. 231 meint, Antweil sei auch in Sachsen gewesen. Nach frdl. Auskunft von Dr. Manfred Kobuch vom 19. 7. 91 finden sich dafür im Staatsarchiv Dresden keine Belege.

Er bittet seinen Herzog, ihm zu gestatten, *diesem Pfaff Marx Schelmen auf sein Lu[e]genwagen und sein seyförzischen Lumpensack (bitt um gnädiges Urlaub) eine ausführliche grundfeste Antwort zu geben.*[69] In der Tat hat Frischlin gegen M. Wagners Schrift zwei Gegenschriften verfaßt: eine lateinische Rede im Dezember, eine deutsche Gegenschrift bereits Ende September bis Anfang Oktober.[70] Die lateinische stellt lediglich eine rhetorisch ausgearbeitete und besser geordnete Schrift der ersten dar.

Diese ist nämlich nach den '36 landkündigen Lügen' disponirt, die Marx Wagner gegen Frischlin vorgebracht haben sollte; die zweite will einen andern Gang befolgen, indem sie zuerst Wagners Beschuldigungen gegen die *oratio de vita rustica* widerlegt, hierauf Frischlins Leumund gegen dessen Schmähungen schützt, und schließlich die Beweggründe beleuchtet, die Wagner gehabt haben möge, gegen ihn zu schreiben. Daß dieser die Rede vom Bauernstande als Ganzes gar nicht gesehen hatte, sondern nur das vom Adel in einer Uebersetzung verbreitete Bruchstück kannte, ist von Frischlin überzeugend nachgewiesen.[71]

Eine Entschuldigung für seine *Oratio de vita rustica* publizierte Frischlin 1585.[72] Nach D. F. Strauß[73] ist sie von Lukas Osiander d. J. verfaßt, Frischlin habe lediglich seinen Namen hergeliehen, um wieder eine Anstellung zu erhalten. In der Entschuldigung bezeugt er vor Gott,

---

69 Strauß (wie Anm. 13) S. 231.
70 Die Titel der beiden Schriften lauten: 1. Grundfeste, warhafte und unvermeidenliche Anwurtt Nic. Frischlini wider ein ehr– und schandlos Gedicht Marx Wagners, eines Prädicanten, der sich ein Theol. und Historicum nennet, belangend den teutschen Adel. Sammt einer kurzen Erinnerung an ein ganzen Adel und löbliche Ritterschaft teutscher Nation, und einer kurzweiligen Abfertigung der Vorred Seyfrids Sackpfeiffers, im lutherischen Stift zu Magdeburg. Vel tandem vincit odiosa veritas (Zit. nach Strauß [wie Anm. 13] S. 233); 2. Oratio in Marcum Vaganerum Frimariensem Saxonem, Svperioris De Vita rustia defendendae orationis causâ. Anno 82 scripta, & demum 87. Pragae edita. In: Frischlin (wie Anm. 16) p. 334–456.
71 Strauß (wie Anm. 13) S. 233.
72 Frischlin, Nicodemus: Entschuldigung / Und endtliche bestendige Erklärung Doctoris Nicodemi Frischlini, gestelt an den löblichen Adel / Teutscher Nation. In wölcher lautter dargethon würdt / daß er in seiner Oratio de vita rustica (wie auch in anderen seinen Schrifften) den löblichen Adel anzutasten / zuuerkleinern / oder zuschmähen niemals bedacht gewesen. Tübingen 1585.
73 Strauß (wie Anm. 13) S. 310.

461

daß mein Meinung vnnd Fürnemen weder damalen noch jetzt gewesen / oder ist
/ den Adel oder Ritterstandt mit meiner Schrifft zubeleidigen / zuuerkleinern /
an seine[n] Ehren vnnd Reputation anzutasten / noch vil weniger zuschmähen /
oder bey jemanden verhasset zu machen.[74]

In humanistischer Manier führt er Beispiele vornehmlich aus der römischen Geschichte an. Er beteuert, er halte den Adel höchstlich in Ehren und habe ihn keineswegs gänzlich beziehungsweise überhaupt verunglimpfen wollen. Er habe sich lediglich gegen einige wenige Entartungen gewandt. Zudem hätten sich Erasmus von Rotterdam wie auch L. Vives bedeutend schärfer zu diesem Thema geäußert. Zum Vorwurf Wagners, auf Müntzers Spuren zu wandeln, nimmt er hier nicht Stellung.

Anders hatte sich Frischlin in seiner bereits 1582 geschriebenen *Oratio in Marcum Wagnerum* verhalten.

Frischlin verwahrt sich hier gegen Beschimpfungen seitens Wagners, die dieser nach Frischlin deswegen gemacht hat, weil ihm Frischlins Verachtung Nimrods nicht passe. Nachdem Frischlin Autoritäten für die Verachtung Nimrods angeführt hat, verlangt er von Wagner Belege für die positive Wertung Nimrods.[75] Er betont darauf seine eigene Bildung und Wagners Unbildung. Dann geht er zur Suche nach den Gründen für Wagners Meinung über. Schon Müntzer habe Nimrod positiv herausgehoben und sich gegen die Obrigkeit aufgelehnt beziehungsweise die Bauern gegen diese aufgehetzt.[76] Zwischen Müntzer und Wagner gäbe es verblüffende Ähnlichkeiten:

Ac nescio profecto, quonam fato accidere dicam, quod tantam ambo isti
seditionum auctores, inter se obtineant morum, vitae, studij, ac patriae si-
militudinem. Sicut enim Thomas Monetarius, homo fuit vagabundus & ver-
tiginosus: ita Marcus Plaustrarius, siue Vagnerus, erro est leuissimus, &
Panagaea Diana magis vagabundus; vt qui totis triginta annis, per mare,
per terras, per montes, per nemora, per saxa, per imbres longè lateq; vt ip-
semet iactat, in omni Europa circuuolitauit.[77]

Beide stammten zudem aus Sachsen! Sicher hätten sie unterschiedliche

74 Frischlin (wie Anm. 72) S. 5.
75 Frischlin, Nicodemus: Oratio Nicodemi Frischlini in M. Vaganerum Frimariensem
    Saxonem. Prag 1587. P. 26f.
76 Ebd. S. 29.
77 Ebd. S. 29.

Namen, hinzu komme, daß der eine die Bauern im Kampf anstachelte, der andere aber den Adel gegen die Fürsten und Könige.[78] Frischlin fleht den Kaiser und die Fürsten an, daß Deutschland durch die Taten bzw. Worte von Wagners Anhang kein Unheil geschieht. Und erneut verwahrt er sich gegen Wagners Behauptung, er habe den Ursprung des Adels in Nimrod und Kain gesehen.[79]

Wagners Grobianismus wird von Frischlin noch übertroffen. Er bezeichnet Wagner als

einen Wag–Narren, Wagenschmierer, einen groben Dilltapp, Bierenderlin, seinen Vorredner Sigfried Sack einen Sackpfeiffer und Säusack; in der lateinischen Rede [...] heißt Wagner wegen seines thörichten Vagierens Vaga–narrus, beide zusammen asinus et saccus ejus.

Im äußerst grobianischen Tone sind vollends die angehängten Reime abgefaßt. Davon folgende Proben: *Abfertigung der Vorred des thummen und dollen lutherischen Predigers im Stift zu Magdeburg, genannt Seyfriz oder Sewförz Sack (mit einem Wort Sewsack) Sr. Mataeologiae Doctoris, meines fürgeliebten Esels [...]:*

Nun, da ich aber auch dein Namen
Mit Säcken reimen wolt zusamen,
Da fand ich, daß du heißt Sewfrid;
Die letzte Silbe fraß mein Rüd,
Und wie er dapffer um sich frißt,
(Weil er so gern das Sewfleisch ißt)
Da ist von dir (wie vor geschrieben)
Nir nu ein Sewsack überblieben u.s.f.

Es folgt ein *Widerhall* von Marx Wagner und Seyfrid Sackpfeiffer. z. B.:

Sie sind zwei lutherische Pfaffen – Affen,
Was macht sie also hart vermessen? – Essen u.s.f.

l .terzeichnet: *Tubingae in Frischliniano, Nonis Oct. anno 81.*[80] Sack € .tschuldigte sich nachher brieflich durch die Versicherung, bei Abfas-

---

78 Ebd. S. 30. Original: *Quare per omnia similes sunt; neq; quicquam alter ab altero discrepat, nisi quòd Thomas Apostoli, Marcus Euangelistae; nomen inique sortitus est; & quod ille agricolas ad arma incitauit.*
79 Ebd. S. 30f.
80 Strauß (wie Anm. 13) S. 234.

sung seiner Vorrede von dem gegen Frischlin gerichteten Abschnitt der Wagnerschen Schrift nichts gewußt zu haben.[81]

Für die Sache, die Fehde mit dem Adel, bringen die beiden Gegenschriften Frischlins nichts Neues. Und hatte Wagner Frischlin einen neuen Müntzer genannt, mit unterschiedlichen Verdächtigungen, so hieß nun dagegen Frischlin Wagner einen neuen Müntzer, der sich des meuterischen Adels gegen die Fürsten annehme und einen neuen Adelsaufstand erregen wolle. Hatte Wagner Frischlin des Galgens und Rades für wert gehalten, so erhob jetzt Frischlin gegen Wagner die gleiche Forderung.

Kennengelernt haben die beiden Gegner einander wohl nie. Frischlin weilte auf der Reise nach Prag im November und Dezember 1586 in Erfurt, Schulpforte, Leipzig und Dresden.[82] Auf Wagner dürfte er dabei kaum gestoßen sein. Dieser hat noch 1581 weitere Arbeiten publiziert, wir würden sie als Gelegenheitsschriften oder journalistische Arbeiten bezeichnen. Schöttgen entschuldigt sich, daß er sich relativ ausführlich *eines so schlechten Mannes, der von Prahlerey und Windmacherey Profeßion gemacht und dessen Schrifften vor nichts, als Bettelbriefe anzusehen, Leben und Umstände so genau untersuche.* Und er begütigt, *daß es auch gut sey, wenn andere gewarnet werden, sich vor solchen Leuten zu hüten und ihre Schrifften nicht so schlechter dings anzunehmen.*[83]

In seinem Verteidigungs– bzw. Entschuldigungsschreiben während seiner Haft kommt Frischlin auch auf seine *Oratio de vita rustica* und die sich daran entzündenden Polemiken zurück. Darin heißt es:

Dann als ich in meiner o r a t i o d e v i t a r u s t i c a allein o b i t e r etlicher Adelspersonen cyclopisch Wesen hatt gescholten, und über das ein ausdruckenliche e x c e p t i o n e m hinzugesetzt, daß meine Rede allein auf die Cyclopen dirigiret, und denn schreib, daß ich selber fürbündige Adelspersonen kenne (gleichwohl aber derselben fürbündigen wenig seien): da muß ich auf unerhörte Weis in Gefahr kommen und noch dazu in offentlichem Druck den unverdienten Namen haben, als sei ich ein Adelsschänder, ein aufrührischer Thomas Müntzer, ein radmäßiger Bluthund.[84]

81 Frischlin, Nicodemus: Prodromus in secundum Celestismi grammatici dialogum adversus Martinum Crusium. Ursel 1588. Fa.
82 Strauß (wie Anm. 13) S. 399.
83 Schöttgen (wie Anm. 24) S. 85.
84 Strauß (wie Anm. 13) S. 499f.

Aber in Frischlins Denken schwingt Müntzer stets mit. Seine *Phasma de variis Haeresibus et Haeresiarchis* bezeugt dies, in der Müntzer mit Karlstadt letztlich auf eine Stufe gestellt wird. Die Zeit war unruhig, alle suchten nach der wahren Lehre. Deshalb fragt auch der eingangs des Fastnachtspiels eingeführte Bauer Melcher: *Wem soll ich folgen? Soll ich Papist bleiben? oder Zwinglianer werden? oder Lutheraner? Wiedertäufer? Münzerianer? soll ich Schwenkfelds inneres Licht abwarten?*[85] *Phasma* erschien postum 1592 – natürlich lateinisch. Aber bereits 1593 erschien in Greifswald eine deutsche Übersetzung, die zweite 1606 in Leipzig. In diesen Übersetzungen wird Frischlin als orthodoxer Lutheraner verstanden. Geschrieben hat er *Phasma* 1580 – auch deshalb ist dieses Drama für uns so interessant. Frischlin hat es bei Lebzeiten unterdrückt. Das befremdet zunächst, denn Wiedertäufer, Spiritualisten, Antitrinitarier, Karlstadt, Zwingli, Schwenkfeld, Müntzer und selbstverständlich die katholische Kirche fallen hier nacheinander der Verurteilung anheim; Luther und Johannes Brenz treten als die alleinigen Anwälte des rechten Glaubens auf. Elschenbroich meint: »Es können philologische und literarästhetische Skrupel gewesen sein, die Frischlin auf eine Veröffentlichung des *Phasma* verzichten ließen.«[86] Das erscheint mir aber nicht ausreichend, auch nicht wegen der Eitelkeit Frischlins und ob der Tatsache, daß er seine Position doch häufig in seinem Leben wechselte. Aber Frischlin ging mit diesem »Drama« auf Zeitprobleme ein, auf Lebende:

> Karlstadt, Zwingli, Schwenckfeld, der päpstliche Legat Thommaso Campeggio, der Kardinal Stanislaus Hosius, Papst Pius IV., Luther und Brenz

85 Frischlin, Nicodem: Die Religionsschwärmer oder Mucker; als da sind: Wiedertäufer, Nachtmahlschwärmer und Schwenkfelder. Ein Fastnachtspiel. Aus d. Lat. übers. von Horch, Immanuel. Stuttgart 1839 (Repr. Tübingen 1979). S. 47. Original: *Quid igitur faciam, Corydon? aut quemnam sequor? Moneámne Papista? an fiam Cinglianus? an magis Lutheranus? an Anabaptista et monetorius? An more Svvencofeldij arcanam revelationem [...] expectem?*
86 Elschenbroich, Adalbert: Imitatio und Disputatio in Nikodemus Frischlins Religionskomödie Phasma. Späthumanistisches Drama und akademische Unterrichtsmethode in Tübingen am Ausgang des 16. Jahrhunderts. In: Schöne, Albrecht (Hg.): Stadt – Schule – Universität – Buchwesen und die deutsche Literatur im 17. Jahrhundert. Vorlagen und Diskussionen eines Barock–Symposions der Deutschen Forschungsgemeinschaft 1974 in Wolfenbüttel. München 1976. S. 345.

sind für die Zeit noch keine historischen Gestalten, sie gelten als gegenwärtig Handelnde, deren unausgetragene Konflikte in das Schicksal jedes einzelnen Menschen eingreifen können.[87]

Elschenbroich mutmaßt weiter, Frischlin hätte bei den orthodoxen Theologieprofessoren Anstoß erregen können. Warum aber? Luther und Brenz siegen doch. Die Frage ist meines Erachtens noch offen. Man weiß aber, daß man oft Meinungen offiziell scheinbar verurteilt, die man teilt. Jedenfalls zeigt sich Frischlin über die Häresien der Zeit hervorragend informiert. Der Kunstgriff, sie zum Ausdruck zu bringen besteht darin, daß der Teufel eingeführt wird. Dieser sieht als bestes Mittel, Seelen von Gott abtrünnig zu machen, die Erneuerung alter Irrtümer. Er gibt sie Schlafenden in Traumgeschichten ein. Seine Erfolge zeigen sich an Karlstadt, der in der Abendmahlsfrage *iam olim damnatam Berengarij haeresin / Restauret*, dessen Lehre von den zwei Naturen Christi *etiam Nestorij pestilens furor fuit*. Sie zeigen sich weiter an Thomas Müntzer, der mit den Wiedertäufern auch den Bauernkrieg heraufbeschworen haben soll:

> [...] *nocturnis freti somnijs*
> *Ac spectris, Rusticos ad arma bellica*
> *Contra Magistratum excitabant inprobi*
> *Hinc atrox et successtum illud Germaniae*
> *Bellum exorsit, quo penè centum millia*
> *Agricolorum miserè procubuere in acie*
> *Nam veterum Catharorum, et Novati dogmata*
> *Renovabat* [...][88]

---

87 Elschenbroich (wie Anm. 86) S. 347.
88 Frischlin, Nicodemus: Phasma. Hoc est; Comoedia Posthvma, Nova et Sacra: De Variis Haeresibus et Haeresiarchis; Qui Cum Luce renascentis per DEI gratiam Evangelii hisce novissimis temporibus extiterunt. Impressum in Jacygibvs–Metanastis. A.C.n. 1598, A2. In: Frischlin, Nicodemus: Operum Poeticorvm. Pars Scenica. Argentorati 1598 (nach p. 632, unpaginiert). Zu Th. Müntzers Darstellung in Phasma vgl. auch: Price, David: The Political Dramaturgy of Nicodemus Frischlin. Essays on Humanist Drama in Germany. Chapel Hill and London 1990. S. 95f. S. 107 (University of North Carolina Studies in the Germanic Languages and Literatures p. 111).

Sie zeigen sich auch am Antitrinitarier Michael Servet:

> *Qui Spiritui Sancto Deitatem adimeret:*
> *Et, ne deesset, qui errorem defenderet*
> *Execrandi Eutychis [...]*[89]

Selbst Zwingli, dem hervorragendsten Opponenten in den folgenden Disputationen, wird vorgeworfen:

> *Fatetur ipse, se didicisse in somnio*
> *A quopiam viro: de quo pronunciat:*
> *Nescire se, num fuerit albus, an niger.*[90]

Offen bleibt, ob nicht die auf diese Weise vom Satan Ergriffenen, unschuldig Verführte sind. Übrigens läßt schon der erste Akt Frischlins Sympathien für die Klagen von Bauern über die geistige Not der Zeit deutlich werden. Der zweite Akt beschäftigt sich zunächst mit der radikalen Neugestaltung des Gottesdienstes 1524 durch Karlstadt in Orlamünde. Dabei werden Karlstadt und Thomas Müntzer, die von Luther dem widertäuferischen Bauern Meliboeus gegenüber als *huius seculi Furias* bezeichnet werden[91] miteinander und beide zusammen mit den Wiedertäufern gleichgesetzt. Auf Einzelheiten, die viele Zeitbezüge des 16. Jahrhunderts widerspiegeln, kann hier nicht eingegangen werden.

Wagner hat nach Frischlins Tod eine eigene Arbeit zu Thomas Müntzer verfaßt.[92] »Es handelt sich hierbei nicht um ein Erzeugnis historischer Wissenschaft, sondern um ein 'Historienbüchlein' mit buntestem Inhalt, bestimmt für einen breiten Kreis sensationslüsterner, abergläubischer und ungebildeter Leser.«[93] Wagner bleibt sich also auch mit dieser

---

89 Frischlin (wie Anm. 88) A3.
90 Ebd. A3.
91 Ebd. A8.
92 Wagner, Marcus: Einfeltiger Bericht: Wie durch Nicolaum Storcken die auffruhr in Thüringen / vnd vmbligendem Revir angefangen sey worden, an alle Teutschen [...] zur vermahnung, sich fur Auffwigelung zu hüten / Samt einem grossen vnerhörten Wunderzeichen eines schrecklichen vngestümmen Wetters / das groß schaden gethan / an den Bäumen in den Wäldern [...] Sonderlich wie ein Storck oben auff den Zinnen sitzende auffm Thurn neben dem Kirchner / so die Wetterglocken geleutet, zu Frimar tode seind gefunden worden / auffm Kirchhof [...] Anno a nato Christi, / Erfurt / MDXCVII.
93 Steinmetz (wie Anm. 1) S. 159.

Schrift treu. Allerdings hat er hier einige Nachrichten über Nicolaus Storch und seine Lehre mitgeteilt, die der Forschung ansonsten unbekannt sind. Das gilt vornehmlich für Storchs *Artikelbrief*, der uns nur in Wagners Schilderung überliefert ist.[94] Storch ist hiernach der eigentliche Urheber des Thüringischen Bauernkrieges. Natürlich beinhaltet auch diese Arbeit Wagners ein Bekenntnis zur bestehenden Obrigkeit.[95]

Sicherlich: bei all seinem Aufbegehren, bei seiner Unrast, seiner oppositionellen Grundhaltung, seinem taktischen Ungeschick usw.: »ein junger Thomas Müntzer« ist Nicodemus Frischlin k e i n e s f a l l s gewesen. Wenn ihn etwas mit Müntzer verbindet, so vielleicht sein Humanismus,[96] nicht dagegen seine spezifische Religiosität, seine Mystiknähe, sein Chiliasmus und seine Apokalyptik. Wenn er als »junger Müntzer« tituliert wird, so zeugt das lediglich von der Macht des Namens Müntzers, den die Reaktion jeglichen Coleurs für Inbegriff alles Bösen, Schlechten, Verdammenswerten setzt – noch mehr denn fünfzig Jahre nach Müntzers Hinrichtung und weit darüber hinaus. Und immerhin wird M. Wagner vom Herausgeber von Frischlins *Vita*, von Carolus Henricus Longius als zweiter Hauptfeind Frischlins (nächst Martin Crusius) eingestuft:

> *Alter, quem expertus est Frischlinus aduersarium, theologus quidam erat Magdeburgensis, Marcvs Wagnervs, qui sine dubio, tum a CRVSIO, tum nobilibus instigatus, triginta mendacia, praecipue in caussa nobilium aduersus FRISCHLINUM publice edidit, ea quidem vehementia vt & dignum eum iudicaret, qui in rotam tolleretur, propterea praecipue, quod Poetam laureatum & comitem palatinum caesareum sese nominauerit. Cui vero noster orationem, solidissime conscriptam, opposuit, atque ita se gessit, vt nisi eamdem qua WAGNERVS male audiit, exercuisset in aduersarium vehementiam, nihil esset quod non aut innocentiam suam demonstraret, aut jure WAGNERO exprobari posset.*[97]

---

94   Wagner (wie Anm. 29) S. 10b–17a; vgl. Steinmetz (wie Anm. 1) S. 160–168.

95   Vgl. Wagner (wie Anm. 92) p. 29a–b.

96   Vgl. Bubenheimer, Ulrich: Thomas Müntzer. Herkunft und Bildung. Leiden/New York/Kobenhavn/Köln 1989. S. 194–229; ders: Thomas Müntzer und der Humanismus. In: Bräuer/Junghans (wie Anm. 60) S. 302–328.

97   Vgl. Frischlin, N.: Vita, fama, scriptis ac vitae exitv memorabilis recensvit viriis observationibvs ac notis illvstravit atqve cum praefatione Jo. Lavr. Moshamii [...] Edidit Carolus Henricvs Langivs. Brauschweig/Leipzig 1727. p. 78ff.

Sollte das nicht auch mit den Müntzerverdächtigungen erklärbar sein? Nähere Untersuchungen hierzu stehen noch aus.

Mit Wilhelm Kühlmann möchte ich den Terminus »Späthumanismus« als Inbegriff einer sozioliterarischen Formation verwenden, wie sie für die deutschen Verhältnisse bei den Gelehrten ausgebildet worden ist.

> Unter einem wissenschaftsgeschichtlichen Blickwinkel bedingt dies die Konzentration auf die »studia humanitatis«, vor allem also Grammatik, Rhetorik, Ethik und Geschichtswissenschaft, dazu die deren Praxis programmatisch begründende und begleitende akademische Literatur.[98]

Hierbei wird wohl jeder N. Frischlin ohne Probleme einordnen. Aber ist dieser »Späthumanismus« als Einheit zu fassen? Dies wohl eben nicht, aber darauf gehen weder Schreiner[99] noch Kühlmann ein. Dies ist aber meines Erachtens eine wichtige Forschungsaufgabe – ebenso vernachlässigt wie die Forschung über den deutschen Humanismus überhaupt. Mir scheint, für den Späthumanismus bietet sich eine ähnliche Dreiteilung wie für den deutschen Humanismus Ende des 15. bzw. des beginnenden 16. Jahrhunderts überhaupt an. Dann wäre meines Erachtens Frischlin zur zweiten Gruppe zu zählen, zu jener, die sich irgendwie mit dem Protestantismus arrangiert. Diese Gruppe ist »zahmer« als ihre Vorgänger – den Zeitverhältnissen geschuldet. Alle Gruppen gehen auf die Antike als Vorwurf ein. Und in gewisser Hinsicht war v o r Bernegger – den Kühlmann anführt – auch N. Frischlin

> Repräsentant einer Geschichtswissenschaft und Philologie [...], welche auf der Basis der humanistischen Textlektüre und Textexegese die aktuellen politischen und gesellschaftlichen Probleme der eigenen Gegenwart ganz bewußt in den Mittelpunkt stellten. In den Berichten der antiken Historiker suchte er weniger die Kunde einer idealisierten Vergangenheit, die Botschaft einzuholender Größe, als vielmehr übertragbare Verhaltensmuster und Präzendenzfälle für die epochale Neuordnung des öffentlichen Lebens.[100]

---

98 Kühlmann, Wilhelm: Gelehrtenrepublik und Fürstenstaat. Entwicklung und Kritik des deutschen Späthumanismus in der Literatur des Barockzeitalters. Tübingen 1982. S. 10.

99 Schreiner, Klaus: Frischlins Oration vom Landleben und die Folgen. In: Attempto Tübingen 43/44 (1972). S. 122–135.

100 Kühlmann (wie Anm. 98) S. 46.

Es ist wohl selbstverständlich, daß sich dazu die Berufung auf die humanistischen Vorväter, auf Erasmus, Vives u. a. ebenso gesellt, wie die Berufung auf M. Luther. Die Zeit bis zur Aufklärung »träumt« davon, Luthers Reformation zu vollenden, in eine Generalreformation zu überführen.

Ich möchte auch J. A. Kohls Verständnis Ernst nehmen: Durch Frischlins ganzes Werk gehe

> ein in konservativen Grundvorstellungen verharrendes konstantes Standesdenken, von dem er sich niemals zu lösen vermochte. Sein gesamtes literarisches Schaffen wurzelt in ständischen Vorstellungen, gleichviel, ob sich diese gelegentlich als Lob oder häufiger als Tadel zeigen. Man muß angesichts dieser Feststellung von einer M o t i v k o n s t a n z sprechen, die stellenweise zu einer Art M o t i v z w a n g wird. Und dies in einer so starken Ausprägung, daß es selbst für die noch von ständischem Denken erfüllte Zeit Frischlins einmalig und ungewöhnlich ist.[101]

Mir scheint, dies sind brauchbare Ansätze zur Interpretation von N. Frischlins gesellschaftspolitischen bzw. adelskritischen Intentionen, so ungebärdig er sich auch meistens geben mag.

---

101 Kohl (wie Anm. 17) S. 258f.

Günter Hess

Deutsch und Latein bei Frischlin

Imitatio und Abweichung

»Vergraben den ersten Tag des zwölften Monats ohne sonderliche Zeremonie.«[1] Hans Joachim Schädlichs »Kurzer Bericht vom Todfall des Nikodemus Frischlin« (1974) endet in diesem trostlosen letzten Satz, der
auch die Spur des virtuosen Dichters und Philologen in der Geschichte
der deutschen Literatur bezeichnet. Es sind nur wenige gewesen, die auf
der Suche nach Frischlin den Enthusiasmus des rebellischen Christian
Friederich Daniel Schubart teilten:[2]

> *Wo liegt Frischlin, der Bruder meines Geistes,*
> *Wo scharrten sie des Edeln Asche hin?*
> *Wo ist das Grab mit stillem Moos bewachsen?*
> *Wo liegt Frischlin?*

1786 erscheinen diese Verse in der Buchdruckerei der Herzoglichen Hohen
Carlsschule, 1791, im Todesjahr des Dichters, setzt der Sohn, Ludwig
Schubart, auf das Titelblatt einer Humanisten–Biographie in deutscher
Sprache ein lateinisches Frischlin–Zitat als Motto: aber diese Biographie
ist nicht Frischlin, sondern Hutten gewidmet.[3] Die Konstellation scheint
symptomatisch zu sein. Während zur gleichen Zeit Jacob Balde von Herder
aus seinem lateinischen Grab erweckt wurde,[4] rettet sich allenfalls der
Schatten Frischlins ins 19. Jahrhundert und die Anfänge nationaler Literaturgeschichtsschreibung hinüber. Was Schädlich »aus den Quellen« den

---

1   Schädlich, Hans Joachim: Versuchte Nähe. Prosa. Reinbek bei Hamburg 1977.
    S. 202.
2   Schubart, Christian Friederich Daniel: Frischlin. In: Sämtliche Gedichte. Bd. 2. Stutt-
    gart 1786. S. 426–429.
3   Schubart, Ludwig: Ulrich von Hutten. Leipzig 1791. Das Frischlin–Motto auf dem
    Titelblatt: *Ingenii sui vires pro gloria ac libertate patriae adversus malorum conatus,*
    proque defendendo Luthero convertit.
4   Herder, Johann Gottfried: Terpsichore. 3 Bde. Lübeck 1795f.

gefangenen *poeta laureatus* im Verhör sagen läßt, trifft auch die Mehrzahl seiner späten Kritiker: »Sie heißen mich einen räudigen Poeten und haben doch über meine Schriften weniger Urteil als abgehäutete Esel.«[5]

Die Entfaltung einer lateinischen Literatur in Deutschland war durch die Reformation erheblich gestört worden, und da Nicodemus Frischlin vor allem ein höchst artifizieller lateinischer Poet blieb und sich nicht wie Hutten programmatisch der deutschen Sprache zuwandte, blieb er vergraben und verscharrt.

Wer über Latein und Deutsch bei Frischlin spricht, hat zunächst diese durchaus exemplarische Rezeptionsgeschichte eines lateinischen Späthumanisten in Deutschland zu berücksichtigen: »Vergraben [...] ohne sonderliche Zeremonie.«

I.

David Friderich Strauß, der berühmte schwäbische Nachfahre und Biograph unseres Autors, hat um die Mitte des 19. Jahrhunderts den literarischen »Todfall« seines Helden, das Vergessen und Vergraben in Bibliotheken und Archiven, mit einer bemerkenswerten Pointe begründet:

> Daß Frischlins Werke verschollen sind, sein Name in der deutschen Literaturgeschichte nur eine untergeordnete Stelle einnimmt, kommt nicht daher, daß er ein zu schlechter Dichter, sondern daß er ein zu guter Lateiner war.[6]

Die Dialektik dieser Pointe trifft einen neuralgischen Punkt der deutschen Literaturgeschichtsschreibung und mit ihm das labile nationale Bewußtsein des zu Beginn des 19. Jahrhunderts sich als selbständige wissenschaftliche Disziplin konstituierenden Faches der »Deutschen Philologie«. Sie hatte sich in Konkurrenz mit anderen nationalen Philologien zu profilieren und zugleich von den Wertungsperspektiven wie vom Methodenkanon der Klassischen Philologie zu emanzipieren, deren Geschichte in Deutschland von einem besonderen Maß an Klassizität geprägt ist.

---

5 Schädlich (wie Anm. 1) S. 200.
6 Strauß, David Friderich: Leben und Schriften des Dichters und Philologen Nicodemus Frischlin. Ein Beitrag zur deutschen Culturgeschichte des sechszehnten Jahrhunderts. Frankfurt am Main 1856. S. 4.

Daß die Frage nach dem Verhältnis von deutscher Literaturgeschichte und neulateinischer Literatur das historische Selbstverständnis der um 1850 gerade etablierten Germanistik zentral berührt und als Aspekt der Wissenschaftsgeschichte ein spezifisch deutsches Problem darstellt, läßt sich sehr deutlich durch den Kontext belegen, in dem das Zitat aus dem 1856 erschienenen Buch von Strauß steht.[7] Frischlin wird zwar als »Epigone der großen Humanisten des 15ten und des beginnenden 16ten Jahrhunderts«, ja sogar als »Gipfelpunkt« einer Tradition des *poeta philologus* gesehen, der »verständliche Auslegung und künstliche Nachbildung der klassischen Sprachdenkmale« noch einmal mit bewundernswerter Virtuosität verband. Die »absteigende Geschichtsperiode« aber, in der die Ideen der Reformation, des Humanismus und der politischen Reformen abgestorben waren, »konnte keine Heroen mehr bilden«, und »die verwüstenden Stürme des dreißigjährigen Krieges« ziehen bereits am Horizont auf. Hutten, dessen monumentale Biographie Strauß zwei Jahre nach der Frischlin–Monographie veröffentlichen wird, muß als Kontrastfigur einer Einleitung dienen, die das Scheitern und die Grenzen einer poetischen Existenz programmatisch aus den absteigenden Zeitläuften und der Ungunst der historischen Situation entwickelt. Literarische Blüte ist nicht allein Geschenk großer Individuen, sondern auch Resultat historischer Konstellationen und Prozesse im Zyklus »einer Zeit des Werdens oder des Verfalles.«[8]

Der Argumentations–Kontext der pointierten Frischlin Charakteristik von David Friderich Strauß darf als repräsentativ für das literarhistorische Bewußtsein in Deutschland nach 1850 gelten, das eine Identität von National–Literatur und nationaler Entfaltung zu begründen suchte. Es ist gerade die lateinische Artistik des Philologen, die Fähigkeit zu virtuoser Imitation, die mit der individuellen poetischen »Eigenthümlichkeit«[9] auch den literarischen Nationalcharakter einebnet:

---

7 Vgl. dazu Hess, Günter: Deutsche Literaturgeschichte und neulateinische Literatur. Aspekte einer gestörten Rezeption. In: Tuynman, P. / Kuiper, G. C. / Keßler, E. (Hgg.): Proceedings of the Second International Congress of Neo–Latin Studies at Amsterdam. München 1979. S. 493–538. Hier S. 497–501.

8 Strauß (wie Anm. 6) S. 1–5.

9 Ebd. S. 4: »Bei dem Philologen Frischlin war auch der Dichter Frischlin in die Schule gegangen, und hatte in dieser Schule ebensoviel an Fertigkeit und Geschmack ge-

Wäre er nicht so geschickt mit lateinischen Versen gewesen, so hätte er mehr
deutsche gemacht, und das wäre gleicherweise der Entwicklung unsrer einheimischen Dichtung, wie seinem Nachruhm zu Gute gekommen. Aber dem
Aschenbrödel zu huldigen, während er sich mit allen Fertigkeiten ausgestattet wußte, um der glänzendern Schwester den Hof zu machen, dazu war
Frischlin leider nicht der Mann.

Strauß lastet solche lateinische Selbstbeschränkung freilich auch dem
historischen Gesetz der Verspätung an, das die Deutschen in phasenver-
schobenen Höhepunkten fremde Blütezeiten umso glänzender nachholen
läßt. So war,»vermöge des eigenthümlich langsamen Entwickelungsgan-
ges unserer Nation, die Zeit einer neudeutschen Poesie und Literatur
überhaupt noch nicht gekommen.« Italien konnte nach dem frühen Glanz
des Volgare die ungebrochene Kontinuität seiner lateinischen Vergangenheit propagieren, Spanien erlebte sein »Goldenes Zeitalter«, in Frankreich bereitete sich das Jahrhundert der Klassik vor. Am meisten jedoch
belastete der Geist Shakespeares das nationalliterarische deutsche Selbstbewußtsein:

Blicken wir nach England hinüber, so finden wir als jüngeren Zeitgenossen
unsres Frischlin keinen geringern als Shakespeare. Also, während das
Tochtervolk, mit den neuen Bildungsstoffen des 15. und 16. Jahrhunderts
bereits so weit im Reinen war, daß es das Höchste in einheimischer Dichtung hervorbringen konnte: war das Stammvolk noch so weit in der Irre, daß
seine hervorragenden Köpfe sich schämten, in der Landessprache zu dichten, und wenn sie es einmal thaten, eine Entschuldigung für nöthig hielten.

Gleichwohl steht Frischlin an der Grenze, die das Imperium der Latinität
von einer im europäischen Kontext konkurrenzfähigen volkssprachlichen
Dichtung scheidet. Sein Werk markiert eine Epochenschwelle und eine
Zone des Übergangs. Die Beleuchtungsmetaphorik, mit der Strauß diese
Phase des Übergangs illustriert, läßt zugleich das Wertungsgefälle zwischen lateinischer Tradition und deutscher Produktion im literarhistori-
schen Bewußtsein durchscheinen:»Aber merkwürdig spielen doch in der
Zeit und den Werken unseres Frischlin das Lampenlicht der lateinischen
und das noch schwache Morgenlicht der deutschen Dichtung ineinander.« Die Ablösung lateinischer Dämmerung durch eine Volkssprache

wonnen, als an Eigenthümlichkeit und bleibender Bedeutung eingebüßt.« Die folgenden Zitate S. 4f.

von Rang wird geradezu als pfingstliche Epiphanie dargestellt: »Als sein Zeitgenosse lebte und im gleichen Jahre mit ihm starb Johann Fischart, der den Schatz und den Beruf der deutschen Sprache wie im Gesichte geschaut hatte und nun in Zungen davon redend weissagte.«

In seiner *Geschichte der poetischen National–Literatur der Deutschen* (*Dritter Theil. Leipzig 1838*) hatte Georg Gottfried Gervinus diese Perspektive der Wertung vorbereitet, auch wenn er sie als Historiker nach sozialen und ständischen Aspekten differenzierte. Für ihn ist die Epoche durch den »Rücktritt der Dichtung aus dem Volke unter die Gelehrten« charakterisiert, und so sind seine Anmerkungen zu den »neueren lateinischen Comödienschreibern« denn auch nur als Abschweifung »von dem Gebiete der deutschen Vulgardichtung« zu sehen:

> Wie war es ewig schade, daß Huttens Vorgang deutsch zu dichten so wenig Nachahmer fand unter den Gelehrten. Es ist doch ein kleinliches Geschlecht, diese Büchermänner. [...] Wenn Nicodemus Frischlin [...] seine deutsche Sprache geübt hätte, statt seines eleganten Lateins, wie nützlich hätte er werden können![10]

Ein Unglück also, daß ausgerechnet er, »vielleicht der Geistverwandteste von Hutten im ganzen Jahrhundert sich von dem Volk und seiner deutschen Comödie ausdrücklich wegwandte.«

> *Quod reliquum est, quaeso benignas date*
> *aures, et vulgus nonnihil compescite.*
> *Nam quia latino sermone isthaec peragimus,*
> *occlamant imperiti linguae, ogganniunt*
> *mulieres, obstrepunt ancillae, servuli,*
> *opifices, lanii, sartores, ferrarii:*
> *sibique, germana lingua postulant dari*
> *comödiam.*

Mit diesem Zitat aus dem Prolog zu den *Helvetiogermani*,[11] der sich in topischem Rückbezug auf die römische Komödie von der *plebecula* und ihrer Forderung nach deutscher Unterhaltung distanziert, bedauert Gervinus den demonstrativen Rückzug des Latinisten aus den sozialen Nie-

---

10 Gervinus, G. G.: Geschichte der poetischen National–Literatur der Deutschen. Bd. 3. Leipzig 1838. S. 77.
11 Ebd. S. 78, Anm. 70. Ich gebe hier die Zitierweise von Gervinus wieder.

derungen der Volkssprache und ihres Publikums in die aristokratische Höhenlage der *respublica literaria.*

Dabei hat der Historiker pedantisch genau gelesen, ja er läßt zum Beweis seiner These von der Minderwertigkeit deutscher Verse sogar eine lateinisch–deutsche Synopse des Komödien–Anfangs von *Phasma* in seinen Anmerkungsapparat setzen:

> Vergleicht man sein Latein mit den deutschen Uebersetzungen, die von fast allen seinen Stücken erschienen sind, so begreift man noch mehr, warum kein feiner Mann damals deutsch schreiben mochte, weil nämlich der bäurische Ton an jene vierfüßigen Verse einmal gebannt schien, was man auf allen Blättern finden kann, wo man nur aufschlägt. [...] Es ist [...] kläglich zu sehen, wie die reine Darstellung in dem lateinischen Original im Deutschen überall heruntergezogen ist, wie der Geist abstirbt, während doch selbst in Huttens ungehobeltem Deutsch die Seele nicht vermißt wird, die es schrieb.[12]

Deutsch und Latein bei Frischlin: im Spiegel der Literaturgeschichtsschreibung um die Mitte des 19. Jahrhunderts wird nicht nur deren eigene Vorurteilsgeschichte im Umgang mit lateinischer Dichtung deutscher Humanisten sichtbar, das Florilegium pointierter Diagnosen und Wertungen öffnet auch den Blick für eine Vielzahl von Problemen, die aus der Situation eines zweisprachigen literarischen Lebens, aus der Kollision, der Konkurrenz oder dem Nebeneinander von Latinität und Volkssprache resultieren.

Frischlins lateinischer Patriotismus, sein faustdick aufgetragenes Nationalbewußtsein, das er im *Julius redivivus* in Szene setzt, lassen seinen »Fall« in der Geschichte deutscher Nationalliteratur besonders vertrackt erscheinen, und gerade die paradoxe Konstellation, die der Dichterphilologe am Ende des 16. Jahrhunderts mit seinem Werk dokumentiert, provoziert die widersprüchliche Argumentation seiner Bewunderer und Verächter. Es ist ein deutscher Poet lateinischer Sprache, Eobanus Hessus, der dem aus der Unterwelt auferstandenen Cicero gegenüber einer degenerierten Latinität in Italien und Frankreich die vollendete *Translatio Latinitatis* und die allein in Deutschland rein und unverfälscht bewahrte römische Tradition vorführt. In der ersten Szene des dritten Aktes pro-

---

12 Ebd. S. 78ff. und Anm. 71.

voziert Eoban an Hand eines Katalogs lateinischer *poetae Germaniae* die gewagtesten Komplimente Ciceros, der an römische Seelenwanderung nach Deutschland und unterirdische Verbindungswege zwischen Rhein und Permessos glauben möchte.[13] »Gerade dieß«, so klagt Gervinus, »läßt diese Lateinschreiberei so sehr beklagen, daß diese Männer sonst so deutsch waren, so ganz im Sinne der Zeit und ihrer neuern Ideen lebten und schrieben.«[14] Wolfgang Menzel (1798–1873), der von Stuttgart aus als ebenso einflußreiche wie problematische Agentur literarischer Meinungen Ansichten über Epochen, Personen und Werke in Umlauf setzte und in seiner dreibändigen *Deutschen Dichtung* (1859) die neulateinische Literatur erstmals einem größeren Publikum präsentierte, fügt dem ambivalenten Bild vom deutschen *poeta philologus* eine weitere Variante hinzu. Es ist bezeichnend, daß trotz des pauschalen Verdikts gegen die Latinität in Deutschland Frischlins Opera nicht unter die »Lateinischen Dichtungen der Humanisten« eingeordnet werden, die »wie Dantes Verdammte in Bleimänteln [...] das unbequeme Gewand der Classicität über der Natur« tragen.[15] Sie repräsentieren vielmehr unter anderen die »Volksthümliche Reaction innerhalb der lateinischen Dichtung«, »in welcher trotz der lateinischen Sprache, der echte deutsche Volkshumor gegen die Renaissance reagirte. Und zwar hat S c h w a b e n die Ehre, daß von hier diese rühmliche Reaction hauptsächlich ausgegangen ist.«[16]

Nach Reuchlin und Bebel, der »den schwäbischen Volkswitz« in seinen lateinischen *Facetien* mit der »neuclassischen Zotologie« zu verschmelzen verstand,[17] folgt ein vergleichsweise umfangreicher Abschnitt über Frischlin, dem die Feder mit den lateinischen Versen gleichsam davonlief.[18] Die Sympathie für ihn mag auch einem gewissen Lokalpatriotismus entspringen: Menzel war in den dreißiger Jahren auf Seiten der

---

13 Frischlinus, Nicodemus: Julius redivivus. Hg. Janell, Walther. Berlin 1912. S. 102ff.
14 Gervinus (wie Anm. 10) S. 81.
15 Menzel, Wolfgang: Deutsche Dichtung von der ältesten auf die neueste Zeit. Bd. 2. Stuttgart 1859. S. 266–285. Hier S. 265.
16 Ebd. S. 285–297. Hier S. 285.
17 Ebd. S. 286.
18 Wolfgang Menzels Frischlin-Charakteristik (S. 287–292) hat bereits die Biographie von D. F. Strauß verarbeitet, der 1857 im Rahmen der Bibliothek des Literarischen Vereins in Stuttgart bezeichnenderweise nur die deutschen Dichtungen Frischlins ediert hatte (vgl. Anm. 20).

Opposition in der württembergischen Ständekammer Abgeordneter des Oberamts Balingen, dem Geburtsort von Nicodemus Frischlin, »der bei aller Gewandtheit des Geistes nicht zum Schmarotzer gemacht war.« Die Kritik an feudalen Lebensformen und das dadurch verursachte unglückliche Ende auf der Festung Hohenurach konnten Menzel neben dem Patriotismus der »volksthümlichen Reaction« mit der Latinität versöhnen.

II.

In den lateinischen Viten wird man vergeblich nach Spuren solcher »volksthümlicher Reaction« suchen. Georg Pflüger zählt in seiner *Vita Nicodemi Frischlini Balingensis* ausschließlich die *Opera & monumenta* auf, die in lateinischer Sprache erschienen sind: *quae post se reliquit, & quibus immortale nomen sibi peperit.*[19] Dichtungen in der Volkssprache und deutsche Verse verdienen in der Hierarchie der Sprachen und Gattungen keine Erwähnung. Eine *comoedia germana* wie *Fraw Wendelgard* (1579) war allenfalls einer *Genädigen Fürstin vnd Frawen* zu widmen,[20] in der gelehrten Welt zählte sie nicht. Ihr mußte man viel eher die symbolträchtig vorausweisende Bedeutung von Frischlins *dies natalis* mitteilen, der mit dem Todestag Virgils zusammenfiel: *haec ipsa dies quae Frischlino Vitae initium, illa ipsa Principi Poetarum Latinorum Virgilio ejusdem finem & exitum attulit.*[21]

Über hundert Jahre später wird Carolus Henricus Langius in seiner Frischlin–Vita (1727) einen Band deutscher Komödien (*Volumen germanicarum comoediarum*) ganz am Ende der Werkreihe zitieren, obwohl er nicht einmal weiß, ob dieses Buch, das er nach einem Buchhändlerkatalog auflistet, überhaupt erschienen ist.[22]

---

19 Vita Nicodemi Frischlini Balingensis [...] descripta per Georgium Pflüegerum. Argentorati Anno M.DC.XVIII., S. 447 (Im Anhang der Edition von Frischlins Orationes insigniores aliquot: Quibus hac tertia Editione accessit ejusdem VITA, [...] Operâ & studio M. GEORGII PFLUEGERI, Ulmani. Argentorati Anno M.DC.XVIII.)

20 Frischlin, Nicodemus: Deutsche Dichtungen. Hg. Strauß, David Friderich. Stuttgart 1857. S. 7ff. (Widmung und Prologus).

21 Pflüger (wie Anm. 19) S. 418.

22 Langius, Carolus Henricus: Nicodemus Frischlinus. Vita, fama, scriptis ac vitae exitu

Auf jeden Fall aber waren unter den »opera posthuma« Frischlins, *quibus ipse vltimam manum addere non potuit,* die *Facetiae selectiores* auf den Büchermarkt gekommen, von dem sie der fromme Autor mit allen Zeichen des Abscheus hinwegwünscht:

> *Prodierunt, haec facetiae, dignae potius, quae semper latuissent Lipsiae MDCV. [...] Auctor, qui haec edidit, nomen suum non adiecit, vt plerumque solent, qui eiusmodi libros euulgant, animis nostris perniciosos.*

Ein anonymes Machwerk also, das den berühmten Namen nur annektiert habe, wie Langius meint?[23]

Der Fall der *Facetien* Frischlins ist für unsere Überlegungen insofern von Interesse, weil er die Abweichung von der Norm, die Ablösung vom sanktionierten Kanon »klassischer« literarischer Formen, den Verstoß gegen die Reinheit des Stils durch Sprachmischung und Barbarolexis vor Augen führt. Dabei ist es gar nicht so wichtig, über den Wandel des guten Geschmacks oder eine besonders ausgeprägte Prüderie des Langius zu spekulieren, der seine lateinische Vita im übrigen fast gleichzeitig mit dem Tübinger »Kampf gegen das Deutsche als Gelehrten–Diktion« (1725) verfaßt hat.[24]

Diese *Facetiae selectiores,* von denen mir ein Exemplar des Straßburger Druckers Johannes Carolus vorliegt (*Argentorati. M.DC.XV.*),[25] der nach Langius auch das *Volumen germanicarum comoediarum* angekündigt hatte, markieren in der Tat die äußerste Grenze im Spektrum der literarischen Formen und Gattungen, die Frischlin der Nachwelt hinterließ. Im Vergleich mit Heinrich Bebels differenziertem Sprachbewußtsein, der die Sprach– und Stilebenen zwischen Latein und Deutsch ebenso wie das idiomatische Gefälle immer wieder selbst zum Thema seiner Geschichten macht, wäre bei Frischlin, wenn er denn überhaupt als Autor oder Samm-

---

memorabilis. Brvnsvigae et Lipsiae 1727. S. 122 u. 124 (h): *Hoc opus vtrum prodierit, certo adfirmare haud possum, promisit tamen Ioannes Caroli argentinensis Typographus in catalogo librorum Frischlini secundo ita scribens: Volumen germanicarum comoediarum vti spero, futuris nundinis tibi exhibebo.*

23 Ebd. S. 121 (e).
24 Vgl. Jens, Walter: Eine deutsche Universität. 500 Jahre Tübinger Gelehrtenrepublik. München 1977. S. 169.
25 Nicodemi Frischlini Balingensis Facetiae selectiores. Argentorati M.DC.XV.

ler dieser anrüchigen Mischung gelten darf, das Ende eines fortschreitenden Degenerationsprozesses der »Gattung« um 1600 erreicht. Das Personal dieser grobianischen Späße, geile Pfaffen und Mönche, tumbe Bauern
und Schweinehirten, bornierte Tübinger Studenten und Gelehrte ohne
Bildung, garantiert die penetrante obszöne Eindeutigkeit aller deutsch-
lateinischen Zweideutigkeiten, deren pointierte Kontrastierung durch die
schwäbische Dialekteinfärbung weder ein sprachkritisches noch ein stän-
desatirisches Potential gewinnt. Ob Predigtgeschichte oder Beichtge-
spräch, schlüpfrige Vergil–Exegese, absurde Übersetzung (*Latinum non
intellectum*, 13^V) oder zur Zote mißverstandenes Latein (*Latinum obsco-
enè intellectum*, 15^V): diese Summe misogyner und frauenverachtender
Männerphantasien, die im letzten Drittel ausschließlich auf die Genitalien
fixiert bleiben, sind eher von kulturgeschichtlichem und sozialpsycholo-
gischem Interesse als von literarischer Bedeutung.[26]

Es mag ja sein, daß die Tübinger Scholaren und Magistri sich bei ihren Gelagen in der *Corona* (Krone), im *St. Angelus* (Engel) oder in der
Ovis aurata (im Goldenen Schaf)[27] an solchen Schwänken delektierten,
in der Aula galten andere Rituale, andere Gesetze der Rhetorik und Poesie.

Ich habe bewußt von den Rändern her, über die Verletzung der Norm
und die Durchbrechung des Kanons, kurz: über das Phänomen der
»Abweichung« zu argumentieren versucht, um den Wechsel der Perspektiven zwischen lateinischer Vita und deutscher Literaturgeschichtsschreibung um 1850 samt ihrer Trennung von lateinischen Opera und
»Deutschen Dichtungen« zu akzentuieren. Denn gerade da, wo *sermo
vulgaris* und Latinität in Kollision geraten, wird, wie ich meine, das
vermißte »Eigene« sichtbar, wie es Strauß am Anfang seiner Biographie
angemahnt hat:

---

26 Vollert, Konrad: Zur Geschichte der lateinischen Facetiensammlungen des 15. und
    16. Jahrhunderts. Berlin 1912 (Palaestra 113). S. 113: »Der durch den lateinischen
    Ausdruck bedingten Milderung arbeitet er dadurch entgegen, daß er gerade die derbe
    Pointe in deutschen Worten gibt, oder doch deutsch wiederholt.« Der obszöne Witz
    von Frischlins Facetien resultiert nicht aus dem Kontrast zwischen deutscher Pointe
    und lateinischer Chiffrierung, da die vulgäre Latinität oft eindeutiger wirkt als die
    volkssprachliche Exegese. Vgl. die letzte der *Facetiae selectiores*, S. 21r.
27 Jens (wie Anm. 24) S. 64.

Bei dem Philologen Frischlin war auch der Dichter Frischlin in die Schule gegangen, und hatte in dieser Schule ebensoviel an Fertigkeit und Geschmack gewonnen, als an Eigenthümlichkeit und bleibender Bedeutung eingebüßt.[28]

Frischlin, so scheint mir, war auf dem Wege, trotz seiner lateinischen Virtuosität die Trennung zwischen Deutsch und Latein aufzuheben, wenn sein Leben nicht so unselig abgebrochen wäre. Zu einem Fischart hätte er sich gewiß nicht entwickelt, aber die Abweichung von der Norm war in seiner rebellischen Natur angelegt.

III.

Über die »Eigenthümlichkeit« von Frischlins »Deutschen Dichtungen«, die ja erst 1857 in der Edition von David Friderich Strauß vollständig vorlagen, läßt sich auf den ersten Blick wenig sagen. Doch dürfte das Urteil des Lesers von heute (was die Verskunst betrifft) durchaus mit den kritischen Bemerkungen der zeitgenössischen Zensurbehörde übereinstimmen, von der Strauß aus den Akten zum ersten Mal berichtet hat. Die biblische Komödientrilogie nach Terenz, welche die Geschichte Josephs in die thematische Vorlage des *Eunuchus*, der *Adelphi* und des *Heautontimoroumenos* projizierte, liegt uns nur in gereimten deutschen Prologen und Summarien vor.[29] Die Stuttgarter Hoftheologen, den Propst Johannes Magirus und den Hofprediger Osiander scheinen diese deutschen Entwürfe wenig beeindruckt zu haben. Jedenfalls erklärten die beiden Zensoren, Frischlin

sei bei Weitem nicht so felix in deutschen Reimen (die unterweilen übel klappen) als in lateinischen Versen; möchten vielleicht solche Comoediae, wenn sie vollends also teutsch verfertigt würden, die gratiam nicht erlangen, die sonst latinae Comoediae Frischlinianae haben ... [Man finde] allerwegen deutsche Reimenmacher, die in hoc genere feliciores seien dann Frischlinus.[30]

28 Strauß (wie Anm. 6) S. 4.
29 Ebd. S. 105.
30 Ebd. S. 522.

Ebenso negativ fiel Osianders Kritik an der *Comoedia Ruth* aus: sie habe eine schlechte *gratiam*, wie fast alle seine *teutschen Reime* und es wäre besser, daß er solchen *laborem* an lateinische *scripta* verwendete.[31]

Als besondere Pointe dieser deutsch–lateinischen Literaturkritik ist anzumerken, daß – so geht aus den zum deutschen Summarium verfaßten Marginalien hervor – in den geplanten *Adelphi* (Joseph II) die lateinische Sprache als Sprachrolle der Intrige dramaturgisch eingesetzt war. In dieser komödiantischen Szene am Hof des Pharao verstellt sich Joseph und gibt sich seinen Brüdern nicht zu erkennen. E r kennt sie zwar,

> [...] *doch stellt er sich*
> *Als kent ers nitt, gantz meysterlich,*
> *Redt auf ein frembde sprach mit hohn*
> *Durch sein Dolmetsch Serapion* [...]

Joseph et Serapio colloquuntur Latine in Actione Germanica, so heißt es am Rande. Erst bei der Erkennungsszene *Redt er mitt ihn ihr muottterspraach*, auf Deutsch also.[32]

Frischlins lateinische Artistik und die Virtuosität seiner Anverwandlung antiker Vorbilder hatten offenbar gegenüber seiner deutschen Reimkunst überzogene Erwartungen geweckt. Der *poeta philologus*, der selbst die Stilebene seiner lateinischen Paraphrasen nach dem Prinzip der *imitatio* differenziert und die Episteln des Horaz wie die Satiren des Persius eben nicht in einer ihnen unangemessenen *grandiloquentia*, sondern im Stil der Invektiven Ciceros paraphrasiert,[33] hat sich in seinen lateinischen Komödien programmatisch an die Sprache des Plautus und Terenz gehalten: *spoliavi Terentium et Plautum in sua phrasi.*[34]

Vor allem in seiner *Oratio de exercitationibus oratoriis et poeticis ad imitationem veterum rectè utiliterque instituendis, Witebergae Anno 1587 recitata* versuchte Frischlin eine Poetik der *imitatio* zu entwickeln. Dabei belegen die als Modelle vorgeführten *exercitationes poeticae* und die erörterten Techniken der Heterosis, der Metaphrasis, der Parodia und der Paraphrase, wie der Assoziationsbereich der vom Dichterphilologen in-

---

31 Ebd. S. 523.
32 Frischlin (wie Anm. 20) S. 74, 77.
33 Strauß (wie Anm. 6) S. 38ff.; Janell (wie Anm. 13) S. LXIV.
34 Janell (wie Anm. 13) S. LXXI.

szenierten Formeln und Zitate durch die jeweils korrespondierenden Gattungsmuster vorgeprägt ist.[35]

Die Anspielung auf das eigene Werk als Muster lateinischer Poesie in Deutschland begegnet immer wieder: so beim Kampf gegen die *verba BARBARA, & nostris quibusdam scriptoribus valdè usitati Germanismi,* der in die Beschwörung des verprügelten Priscian mündet:

> *Hic ego vos omnes quotquot tum honoris mei causa, tum discendi studio, adestis, vos, inquam, vos omnes oro, & per Priscianum vapulantem obtestor: benignè ut aures detis mihi [...]*[36]

Und der *Iulius redivivus* wird als Vorbild für die angemessene Bezeichnung der *res novae* und *nova inventa* mit einigem Stolz zitiert: zudem handelt es sich um deutsche Erfindungen, für die der patriotische Lateiner wie ein zweiter Adam neue Namen findet:

> *Est hoc ingenij haud vulgaris, & omninò rarae industriae, posse describere res novas, & inventa, verbis veteribus & priscis. Ego [...] hujus rei specimen pro modulo ingenij mei, dedi, in Iulio meo Redivivo, ubi & Sipho tormentarius quem uno verbo dixi Stlopetum, & praeli Typographici instrumenta [...] describuntur.*[37]

Der Kampf gegen Germanismen und Barbarismen führt schließlich zur Lehre von der Eigentümlichkeit einer jeden Sprache, der Deutschen wie der Lateinischen:

> *Nam verba quaedam sunt & phrases neque novae, neque antiquae, sed omnino tamen barbarae, & quae Germanicae nostrae linguae proprietatem magis, quàm Latinae exprimunt. Est enim sua cuique linguae proprietas: Suus cuique genti Idiotismus, suus loquendi mos, sua consuetudo.*[38]

Zum Glück gibt es auch bei Frischlin die Abweichung von der reinen Lehre der *imitatio* wie der rigorosen Trennung der Sprachen und Stilebenen.

---

35 Frischlin: Orationes (wie Anm. 19) S. 101–152.
36 Ebd. S. 114.
37 Ebd. S. 121. Vgl. die philologische Kommentierung von Stloppetum durch Hermannus im *Julius redivivus* I/2, V. 471 ff. (bei Janell [wie Anm. 13] S. 31).
38 Frischlin: Orationes (wie Anm. 19) S. 124.

Überall da, wo die Sprache in den lateinischen Komödien zum Thema wird, dient die Abweichung von der Norm, die Mischung der Stilebenen, die Auflösung der *linguae proprietas* als Medium der Sprachkritik und Satire. Das gilt selbst von den in die lateinische Horazvorlesung eingestreuten deutschen Marginalien, die uns ein Kollegheft mitteilt, und die so emotional polemisch die gelehrte Abhandlung unterbrechen wie einst Luthers volkssprachlicher Unmut die Wittenberger Vorlesungen. Nicht alle Bemerkungen sind freilich so satirisch getönt wie die Gesellschaftskritik des Philologen, der die mangelnde *aurea mediocritas* so kommentiert: Thema ist die Ode II,10,5ff. des Horaz.

> *Auream quisquis mediocritatem*
> *Diligit [...] caret invidenda*
> *Sobrius aula.*

> *Es wölte ein jeder, das der Ander am galgen hieng Unnd er der nechst am Herren würde [...] Man findt seltten ein Hofjuncker, dem nitt die Augen vorm kopff haußen stehn von des sauffens wegen.* [39]

Die Wendung erinnert an jenen Abschnitt der berühmten *Oratio de vita rustica, recitata Tubingae M.D.LXXVIII.*, deren redigierte Fassung Frischlin zu seiner Rechtfertigung selbst übersetzt hat:[40]

> *Wenn heutigs Tags die Gebärden und die Laster einen Bauern machten, wäre, bei der ewigen Wahrheit, nichts Bäurischers, nichts Gröbers, denn diese Leut, welche jetzunder Junker und Edel sein wöllen.*

> *Quod si mores & vitia hodie facerent hominem rusticum, nihil per immortalem Deum rusticius, nihilque agrestius esset, eo genere hominum, qui quod revera non sunt, volunt esse Junckeri & nobiles. Sed de aulica perfidia, quid obsecro attinet dicere?*

Mit den *Junckeri* hat der Redner ein *verbum novum et barbarum* in den lateinischen Text gesetzt. Der Horazkommentar aber läßt den satirischen Sinn des Regelverstoßes deutlich erkennen. Und so markiert die Rede

---

39 Zitiert nach Janell (wie Anm. 13) S. LXIII (nach dem Kollegheft des Theophil Dachtler).

40 Frischlin: Orationes (wie Anm. 19) S. 277. Strauß (wie Anm. 6) S. 178, 180f.

von den *Junckeri* als sprachlicher Defekt die Degeneration des adeligen Hoflebens.

Frischlins Übertragung macht aber auch deutlich, daß er (in der Sprache seiner Zensoren) *felicior* in deutscher Rede als in deutschen Reimen ist. Die Briefe mit ihrer Sprachmischung und ihrer Balance zwischen *sermo vulgaris* und lateinischen Formeln wären ein wichtiges Dokument, um die Abweichung von der rhetorischen Norm noch differenzierter zu beschreiben.

IV.

In gewissem Sinn sieht sich der Dichter Frischlin als Institution einer vollkommenen und reinen Latinität in Deutschland selbst historisch. Die Einführung längst verstorbener Autoritäten (Cicero und Erasmus, Eobanus Hessus und Melanchthon) hat mit dieser spätzeitlichen historischen Optik zu tun, und es ist dabei nicht von Bedeutung, ob der *poeta* selbst in einer konkreten Aufführung die Rolle des Eobanus oder des Melanchthon agiert hat. Seine Theorie der *imitatio* stellt ihn ans Ende einer erlauchten Tradition und im Sinne dieser Sukzession trägt er ohnehin das *ingenium* seiner Vorläufer und Vorbilder weiter.

Da es mir indessen darauf ankommt, das »Eigenthümliche« des Dichters Frischlin, die Abweichung vom System der *imitatio*, zu beobachten, soll ein Text zur Sprache kommen, der in der Auflösung der Stiltrennung und in der Vermischung der Sprachebenen die Verletzung der Norm programmatisch und propagandistisch betreibt.

Zwar ist die Komödie der Worte in den sprachsatirischen Szenen des *Priscianus vapulans* und des *Julius redivivus* mit größerem Raffinement inszeniert, doch scheint mir *Phasma* als *Comoedia sacra* die entschieden größte Provokation auf die Bühne zu bringen.

Das Stück war zur Fastnacht 1580 in Tübingen aufgeführt worden, und Frischlin scheint die Narrenfreiheit zu nutzen, um mit den deutsch–lateinischen Szenen sein Spiel zu treiben, um Ketzerhistorien und Heilsgeschichte im Fastnachtspiel darzustellen.[41]

---

41 Strauß (wie Anm. 6) S. 125. Ich beziehe mich im folgenden auf Thesen, die ich in

Ein deutsches Summarium geht jedem Akt voraus: *Cuiuslibet huius comoediae actus argumentum et summa Germanice propter foeminas & virgines, ut & alias Latini sermonis ignaras personas ab auctore ipso composita.*[42]

Zwitracht der Religion ist Thema des ersten Argumentum, und es scheint so, als sei das auf den ersten Blick so merkwürdig desorganisierte Nebeneinander von Latein und Deutsch nicht nur mit Rücksicht auf mangelnde Lateinkenntnisse des Publikums, sondern auch als Abbild der vom Teufel verwirrten Welt in Szene gesetzt.

Bereits der auf Menander anspielende Titel *Phasma*, im Prolog kommentiert, bringt so programmatisch wie polemisch die Wahnbilder, Träume und Teufelsvisionen der Sektierer ins Spiel.[43]

Gegen diese satanische Welt ist die deutsche Szenerie des 5. Aktes komponiert:

> *Christus mit seinr Apostel zwen*
> *wird auch auff das Theatrum gehn /*
> *Weissagen von dem Jüngsten tag /*
> *Vnd führen noch sein alte klag /*
> *Wie im Matthaeus gschrieben steht:*
> *Bald da der Bapst für vber geht /*
> *Vnd setzt sich auff sein stul gar hoch /*
> *Zu enden sein Concilium noch.*[44]

einem größeren Kontext satirischer Inszenierung (Zweisprachigkeit und Reformationspolemik) entwickelt habe. Vgl. Hess, Günter: Deutsch–lateinische Narrenzunft. Studien zum Verhältnis von Volkssprache und Latinität in der satirischen Literatur des 16. Jahrhunderts. München 1971. S. 165–170. In diesem Zusammenhang verweise ich auf die wichtigen Untersuchungen von Price, David E.: Nicodemus Frischlin and Sixteenth–Century Drama. New Haven 1985, und Schade, Richard E.: Studies in Early German Comedy. Columbia 1987. Die von Schade seit langem angekündigte deutsch–lateinische Phasma–Edition, die 1988 in Tübingen erscheinen sollte, liegt leider noch nicht vor.

42 Frischlinus, Nicodemus: Phasma: Hoc est Comoedia posthuma, nova et sacra: de variis haeresibus et haeresiarchis. In: Operum poeticorum Nicodemi Frischlini poetae, oratoris et philosophi pars scenica. Vvitebergae 1596. S. 552–681. Hier S. 556. Neben dem Exemplar der UB München habe ich den Straßburger Druck von 1585 (*Ex recentißima ac omnium postrema ipsius Auctoris emendatione relicta*) benutzt (UB Würzburg: Horn 269).

43 Roethe, Gustav: Frischlin als Dramatiker. In der Ausgabe des *Julius redivivus* von W. Janell (wie Anm. 13) S. XXIV–LIX. Hier S. XLI f.

44 Frischlinus (wie Anm. 42) S. 639.

Der Dichter wählt in dieser Gerichtsszene die höchste Instanz. Der satirische Vorgang vollzieht sich in der Rekapitulation der im Evangelium vorhergesagten Situation einer verkehrten, entarteten Welt und in der Entlarvung der falschen Auslegung des Wortes. Und gerade der Verdammung des Papstes geht eine deutsche Szene voraus:

> *Scena Germanica, condemnationem papae et asseclarum eius praecedens,*
> *in qua virgo Maria, mater Iesu Christi, de iniuriis a papa et illius asseclis*
> *sibi illatis, suo filio conqueritur, propter quas etiam in nequam ultionem*
> *petit: oblectationis gratia interposita.*[45]

Diese interpolierte Szene ist wohl nicht nur deshalb in der Volkssprache abgefaßt, weil die Jungfrau Maria »als Frau lieber deutsch spricht«,[46] obwohl das die lateinische Begründung der deutschen Summarien nahelegt.

1. Die Szene ist für die gesamte Komödie wie für das Publikum von zentraler Bedeutung. Diese *scena Germanica* löst die Katastrophe aus, die unter dem Aspekt der beiden Gegenwelten, Luthertum und Papsttum, eine deutsche Tragödie ist, und, mit anderen Worten, gerade für den gemeinen Mann besondere Aktualität besitzt. Tridentinum und Gegenreformation hatten die Situation erheblich verschärft.

2. Der poetologische Aspekt scheint nicht weniger wichtig. Der Sprachwechsel signalisiert einen Gattungssprung in einer Komödie, die als inszeniertes Theologengeplänkel (allenfalls vom bäuerlichen Personal her) zum wenigsten Komödie ist. Der Abstieg zur deutschen Sprache leistet mit der Sprachmischung die komische Stilmischung *oblectationis gratia*. Dem theologischen *ernst* folgt der deutsche *schimpff*. Und die Jungfrau Maria, die sich durch die literarischen Erfindungen der Papisten kompromittiert fühlt, besorgt das mit deftigen antirömischen Schwankgeschichten ganz gründlich. Damit ist die burleske Sphäre des Fastnachtspiels in die lateinische Aktion hereingeholt: gerade auf dieser unteren Ebene, die volkssprachliches Schwankmaterial im *sermo vulgaris* präsentiert, werden die Predigtmärlein und Legendenstoffe der Romanisten ad absurdum geführt.

45 Ebd. S. 655.
46 Roethe (wie Anm. 43) S. XLII.

Im biblischen Pathos des Untergangs vollzieht sich dann die Verdammung des Antichrist, und mit ihr vollendet sich die Heilsgeschichte
der Menschheit. Daß der poetologische Aspekt der Sprachmischung keineswegs so abwegig ist, wie es zunächst vielleicht den Anschein hat, beweist der Epilog des Apostels Paulus, der die Poetik des Komödien-
schlusses reflektiert.

> *Ne quis poetam accuset, quod ex Comoedia fecerit*
> *Tragoediam, hoc scire vos velimus bonis et pijs*
> *Nunc exitum esse comicum: nam laeti ipsi domum*
> *Caelestem intrabunt, vt sempiternis cum Christo gaudijs*
> *Fruantur: [...] et vos si Christo soli volueritis credere [...]*
> *[...] denique huic Comoediae plausum dare comicum:*
> *Tum Christus vos omnes, cum electis omnibus, in*
> *paradisum promittit ducere.*[47]

Das gute Ende der Komödie weist über diese selbst hinaus; die Poetik
differenziert sich unter dem Aspekt der Eschatologie. Die Weltgeschichte
als Heilsgeschichte ist nur für den Antichrist *tragoedia*. Für die wahren
Gläubigen aber ist sie mit der Erfüllung der Zeit *divina comoedia*.

Im Epilog, der eigens für die *illiterati* verfaßt wurde, hat die deutsche
Sprache das letzte Wort: *EPILOGVS TOTIVS COMOEDIAE, NON-*
NVLLORVM ILLITERATORVM illius calumniatorum haereticorum gra-
tia, ab auctore ipso compositus, et post finem Comoediae recitatus.[48]

Auch dieser Epilog impliziert eine poetologische Rechtfertigung der
geistlichen Komödie und diskutiert den Zwiespalt zwischen *geistlichen*
sachen und einer *Comedi also schlecht*. Der *sermo humilis* dieser niedri-
gen Gattung, welche die *Warheit* den *Poeten* und einem *affenspil* zur
Fastnacht überläßt, könnte Ärgernis erregen. Demgegenüber werden die
Parabeln Christi ebenso als *Comedi* interpretiert wie die biblischen
Comedi–Stoffe von Susanna, Judith und Tobias: *Dasz lauter gedicht Spil*
seind gwesen. Damit mußte auch dem Kritiker klar werden

> *Dass wir einander sollen lehren /*
> *In schimpff vnd ernst / in Gottes ehren.*[49]

---

47 Frischlinus (wie Anm. 42) S. 673.
48 Ebd. S. 676–681.
49 Ebd. S. 680f.

Zur Ebene des *schimpffs* sind auch jene beiden konkurrierenden Schluß-
chöre zu rechnen, die zwischen das lateinische Schlußwort des Paulus
und den deutschen Epilog gefügt sind: *SEQVVNTVR NVNC DVO
CHORI GERMANICI & GENERALES: QVOrum prioris Christus, po-
sterioris Satanas duces erant: canebantur alternis vicibus post huius
Comoediae finem.*[50]

Diese beiden Chöre bedienen sich nicht der lateinischen Hymnenstro-
phe wie die Abschlußchöre der ersten vier Akte. *CHRISTVS CVM SVIS*
singt das Lutherlied *ERhalt vns HErr bey deinem Wort*, und *SATANAS
CVM SVIS* antwortet mit der satirischen Kontrafaktur:

> *ERhalt vns HErr bey deinem Wort /*
> *Vnd steur des Bapsts vnd Türcken Mord*
> *Die Jhesum Christum deinen Son /*
> *Wolten stürtzen von deinem Thron /*
>
> *ERhalt die Römisch kirch O Gott /*
> *Vnd wehr des Luthers hohn und spott /*
> *Der Papam PIVM meinen Sohn*
> *Begert zu stürtzen von seim thron [...]*[51]

Das Ineinander von Lied und Liedparodie (*alternis vicibus*) bezieht das
Publikum mit in den Gesang der Anhänger Christi ein. Die polemische
Konfrontation des geläufigen lutherischen *Kinderlied*[s] / *Zu singen /
wider die zween Ertzfeinde Christi vnd seiner heiligen Kirchen / den
Bapst vnd Türcken / etc.* mit dem parodistischen Kontrafakt war nur in
der Volkssprache möglich. Die Gemeinde ergreift im Lied, das ohnehin
schon protestantische Propaganda repräsentiert, Partei im Sinne des pro-
pagierten guten Endes der *Comoedia*; sie tritt aus ihrer Zuschauerrolle in
den dramatischen Vorgang und die auf die eigene Gegenwart bezogene
Gerichtssituation ein, indem sie mit dem Gesang Satans und seiner Scharen konkurriert. Die parodistische Verkehrung durch den Satansgesang
ist Ergebnis bewußter satirischer Strategie, nicht zufälliges Ergebnis

---

50 Ebd. S. 673.
51 Luther, Martin: Die deutschen geistlichen Lieder. Hg. Hahn, Gerhard. Tübingen
    1967. S. 53, Nr. 35. Vgl. Hahn, Gerhard: Evangelium als literarische Anweisung. Zu
    Luthers Stellung in der Geschichte des deutschen kirchlichen Liedes. München und
    Zürich 1981. S. 96ff.

deutscher Reimkunst. Die programmatisch in der ersten Zeile aufgenommene Thematik der Worttheologie Luthers wird durch die *Römisch kirch* ersetzt, der es nicht um die Herrschaft Christi, sondern um den Thron des Papstes zu tun ist. Schon allein der philologische Bezug des Gegengesangs zur entsprechenden Lesart im ursprünglichen Kontext entlarvt den Papst als Antichrist.[52]

Wir sehen, daß die deutsche Propaganda der lateinischen Komödie im Rahmen der poetologischen Diskussion und der parodistischen Technik durchaus differenziert zu interpretieren ist. Die formale Desintegration ist hier keineswegs nur notwendige Konsequenz der Stil– und Sprachmischung. Den Erfolg der lateinisch–deutsch inszenierten Propaganda bestätigt die Zahl der Drucke und Übersetzungen. Erst die deutsche Übertragung hat die lateinische Sprachbarriere für den »gemeinen Mann« endgültig überwunden.

Im Latein Von Nicodemo Frischlino [...] *erwiesen vnd dargethan, Itzundt aber dem Gemeinen Mann zu nutz* [...] *einfältig in deutsche Reime verfasset* [...] heißt es in Glasers Übertragung, die 1593 zu Greifswald erschienen ist.[53]

Indem diese Übertragung die lateinisch–deutsche Phantasmagorie der *Comoedia sacra* auslöscht, geht auch jene Provokation der scheinbar so chaotischen Sprach und Stilmischung verloren, die den Prozeß der Abweichung vom reinen *imitatio*–Modell charakterisiert. Wobei die Vorrede des Übersetzers Arnold Glaser beweist, daß man durchaus mit einem Vergleich von Original und Übertragung rechnete: *Wie solches ein jeglicher wird befinden / der diß Deutsche gegen das Lateinische Exemplar conferiren vnd vergleichen wird* [...].[54]

---

52 Auffällig ist die Verengung der eschatologischen Perspektive auf die antipapistische Propaganda. Martin Spiess wird in einem Druck (Gera 1608) die literarische Tradition von Phasma mit apokalyptisch–aggressiven Formeln weiter verschärfen: Phasma Romano–Catholicum: Sive ecclesia Romano–Babylonica, antiqui illius Draconis Sponsa [...].

53 PHASMA: *Das ist: Ein newe / Geistliche / nachgehndig Comoedie vnd Gesicht: von mancherley Ketzereyen / sampt deroselben Anfenger vnd Ertzketzern / so neben dem hellen Liecht des heiligen Euangelij auß Gottes gnaden durch D. Mart. Luth. seliger gedechtnus wider auff die Bahn gebracht/ zu diesen letzten zeiten herfu[e]r komen sind.* [...] *Gryphißwalt Anno M.D. XCIII.*

54 Ebd. fol. Avr: *Nemlich die Argumenta eines jedern Actus / wie auch der Epilogus*

Damit ist das Problem der deutschen Übersetzung von Frischlins lateinischen Komödien wenigstens angesprochen. Daß die Komödie der Sprache des *Priscianus vapulans* so unübersetzbar war, wie es im Grunde auch die *Epistolae obscurorum virorum* sind, versteht sich von selbst.

V.

Wenn man Funktion und Bedeutung der deutschen oder lateinischen Sprache bei Frischlin reflektiert, sollte auch von einer scheinbar marginalen Frage die Rede sein, die den Namen des Dichters betrifft. Nun ist die poetische Namengebung in der Geschichte der deutschen Literatur an sich schon ein spannendes Kapitel, für den Humanisten aber bezeichnete das Taufen mit einem neuen Namen so etwas wie den Beginn eines neuen Lebens und die rituelle Aufnahme in den Kreis der gelehrten Welt.

Noch den Biographen Langius hat im ersten Drittel des 18. Jahrhunderts dieses Thema und Problem beschäftigt, in der Vita von Georg Pflüger wird die Namengebung ausführlich behandelt und selbst David Friderich Strauß geht am Anfang des ersten Kapitels seiner Monographie mit zahlreichen Quellenbelegen auf die Varianten des Namens Frischlin und die Geschichte seiner satirischen Deformation ein.[55] Im streitbaren 16. Jahrhundert war es geläufig, »die Namen von Widersachern in ähnlich lautende Schimpfwörter zu verzerren; wornach es den Feinden Frischlins Befriedigung gewähren mochte, ihn ein *queckend Fröschlin*, oder lateinisch *Ranula, Ranunculus*, zu nennen.«[56]

Der Name konnte Stigma sein, er konnte aber auch nach den Gesetzen etymologischer Deutung einen verborgenen allegorischen Sinn erschließen, der ein Lebensprogramm und Lebensgefühl bezeichnet. Frischlin hat diese tiefere Bedeutung seines guten deutschen Namens, den er sich von seinen Gegnern nicht entstellen lassen wollte, in einer lateinischen Elegie

---

sampt die beiden Allgemeinen Chori vnd klag Mariae, sint nicht von mir / sondern von dem Poeten selbst in deutscher Sprach hinzugesetzt / neben etliche Marginalia.

55 Langius (wie Anm. 22) S. 10 (b): *mox Fröschlinum tanquam ranunculum, mox ranam coaxantem, mox Frischling quasi porcellum eum vocitabant.* Vgl. die Vita von Pflüger (wie Anm. 19) S. 419ff. Strauß (wie Anm. 6) S. 9f.

56 Strauß (wie Anm. 6) S. 10.

(XX/12) entwickelt. Indem er das Schicksal seines Namens mit dem des Virgil verbindet, erhält das Festhalten am richtigen Wort eine poetische Weihe und Legitimation. Das Festhalten des lateinischen Poeten am rechten deutschen Namen aber wird als patriotischer Akt programmatisch behauptet:

> Fröschlin nennt mich ein thörichter Mund: als stammt' ich von jenem
> Komischen Fröschegeschlecht des Aristophanes her.
> Ist ein Aehnliches doch dem göttlichen Maro begegnet,
> Der von Hause Virgil, wie wir ja wissen, sich schrieb.
> Dennoch nannt' ihn Vergil ein unverständiger Pöbel:
> Eben wie er nun mich Fröschlin, der tolle, benennt.
> Frischlin lautet, nicht Fröschlin, mein angeborener Name:
> Deutsch ist das Wort und beweist, daß ich von deutschem Geblüt.
> Willst du es griechisch haben, so nenne mich flugs Hygiäus;
> Oder lateinisch: wohlan, nenne Vegetius mich.
> Doch mein Sinn ist, den Namen, wie ich ihn erbte, zu lassen;
> Denn stolz bin ich darauf, Deutscher von Deutschen zu sein.
> *(Mens tamen est nobis, nomen retinere paternum,*
> *Ut me Germani stemmatis esse probem.)*[57]

Langius referiert mit deutlicher Sympathie, daß Frischlin der humanistischen Mode der Latinisierung oder Gräzisierung nicht folgte, und er liefert einen Kommentar zur Semantik des Namens, nachdem er das patriotische Festhalten des lateinischen Dichters am deutschen Wort gewürdigt hatte.[58]

> *Eam vero cum primis ob rationem illud retinuit, vt adeo*
> *non solum germanico nomine germaniae, cuius gloriam unice*
> *quaerebat, se ciuem probaret [...]. Nullum enim prope est*
> *dubium, quin nomen gentilitium, quod Frischlinus ipse-*
> *met a vegeto corpore deriuat, maiores nostri ab vigore*
> *animi & corporis, masculisque virtutibus acceperint.*

Der deutsche Name als programmatische Aussage zu einem deutschen Humanismus lateinischer Sprache wäre eine letzte Abweichung des Autors vom üblichen gelehrten Ritual.

In seinem *Nomenclator trilinguis, Latino–Germanico–Graecus* (1586) vertritt Frischlin die These, daß seit der adamitischen Namengebung »die

---

57 Ebd. S. 11.
58 Langius (wie Anm. 22) S. 10f.

Namen aller Dinge nicht das Werk eines blinden Zufalls oder menschlicher Willkür, sondern einer tiefern Einsicht in das Wesen derselben seien.«[59]

Die eigene Namens–Etymologie des deutschen Vegetius aber war am Ende seines Jahrhunderts und seines Lebens doch wohl eher der Traum eines Philologen geblieben, der nur entfernt an den frühen Humanismus und »die Werdelust einer sich erneuernden Zeit«[60] erinnert, an Huttens optimistische Diagnose im berühmten offenen Brief an Pirckheimer vom November 1518: *Vigent studia, florent ingenia.*[61]

Die vitale Kraft des Körpers und des Geistes, auf die seine Deutung des deutschen Namens verweist, verlosch nicht erst mit dem »Todfall« am 29. November 1590. Frischlins Sturz, so Wilfried Barner, sei »vielleicht doch auch ein wenig symptomatisch für das vorläufige Ende einer faszinierenden Tradition.«[62] Die Virtuosität seiner Kunst poetischer *imitatio* und die gelegentliche Abweichung, der Ausbruch aus dem gelehrten System der Latinität, sollten indessen nicht nur als Phänomene einer Spät– oder Endzeit, sondern auch als Zeichen einer Phase des Übergangs gesehen werden.[63] Wenn die interdisziplinäre Humanismusforschung sich ein wenig von der Vitalität anstecken läßt, die der Name Frischlin »bedeutet«, sollten weder er noch seine deutschen und lateinischen *Opera omnia ohn sonderlich Ceremonien begraben* bleiben.[64]

59 Strauß (wie Anm. 6) S. 376.
60 Ebd. S. 1.
61 Vlrichi de Hutten equitis ad Bilibaldum Pirckheymer patricium Norimbergensem epistola vitae suae rationem exponens. In: Ulrichs von Hutten Schriften. Hg. Böcking, Eduard. Bd. 1. Leipzig 1859. S. 195–217. Hier S. 217.
62 Barner, Wilfried: Humanismus an Rhein und Neckar. In: Zeller, B. / Scheffler, W. (Hgg.). Literatur im deutschen Südwesten. Stuttgart 1987. S. 27.
63 Vgl. Wehrli, Max: Geschichte der deutschen Literatur vom frühen Mittelalter bis zum Ende des 16. Jahrhunderts. Stuttgart 1980. S. 1128.
64 Vgl. Strauß (wie Anm. 6) S. 583. Hier das Dokument Von dem jämmerlichen und kläglichen Todfahl und abschied auß dieser Welt deß Hochgelehrten und weiterümbten Nic. Frischlini, das Hans Joachim Schädlich (wie Anm. 1) als Quelle in seiner Prosa–Montage zitiert.

Fidel Rädle

Frischlin und die Konfessionspolemik im lateinischen Drama des 16. Jahrhunderts

Da dem offensivsten religiösen Drama Frischlins, *Phasma. De variis haeresibus et haeresiarchis*, bisher bereits viel Aufmerksamkeit zuteil geworden[1] und in einer jüngst erschienenen Monographie von David Price[2] sogar ein eigenes Kapitel gewidmet ist und da von den übrigen Komödien nur noch der *Priscianus vapulans* nennenswerte konfessionspolemische Elemente enthält, wird sich der vorliegende Beitrag zunächst ganz bewußt ein wenig aus dem Bann des Helden lösen und das Problem derartiger Konfessionspolemik in einem weiteren Rahmen betrachten. *Audiatur et altera pars*: berücksichtigt werden soll vor allem die polemische Praxis der konkurrierenden katholischen Dramatik. Auf dieser Kontrastfolie wird sich Frischlins Eigenart dann möglicherweise deutlicher erkennen und sicherer bewerten lassen.

Ich möchte also zu Beginn einige allgemeine und daher grobe Bemerkungen zum konfessionspolitischen Einsatz des lateinischen Dramas im Gefolge der Reformation machen,[3] danach einen bedeutenden katholi-

---

1   Vgl. vor allem Elschenbroich, Adalbert: Imitatio und Disputatio in Frischlins Phasma. Späthumanistisches Drama und akademische Unterrichtsmethode in Tübingen am Ausgang des 16. Jahrhunderts. In: Schöne, Albrecht (Hg.): Stadt – Schule – Universität – Buchwesen und die deutsche Literatur im 17. Jahrhundert. Vorlagen und Diskussionen eines Barock Symposions der Deutschen Forschungsgemeinschaft 1974 in Wolfenbüttel. München 1976. S. 335–379. Ferner Hess, Günter: Deutschlateinische Narrenzunft. Studien zum Verhältnis von Volkssprache und Latinität in der satirischen Literatur des 16. Jahrhunderts (MTU 41). München 1971. S. 165–171. Vgl. auch den Beitrag von Richard Erich Schade im vorliegenden Band.

2   Price, David: The Political Dramaturgy of Nicodemus Frischlin. Essays on Humanist Drama in Germany (University of North Carolina. Studies in the Germanic Languages and Literatures 111). Chapel Hill and London 1990. Chap. 6: »The Theology of Politics. Phasma and Confessional Drama«. S. 84–102.

3   Vgl. dazu Roloff, Hans–Gert: Konfessionelle Probleme in der neulateinischen Literatur des 16. Jahrhunderts. In: Garber, Klaus (Hg.): Nation und Literatur im Europa der frühen Neuzeit. Tübingen 1989. S. 207–225; ders.: Neulateinisches Drama. In: Real-

schen, aber nichtjesuitischen Dramatiker der unmittelbar nachtridentinischen Zeit betrachten: den hauptsächlich im Dienste der Herzöge von Bayern tätigen Andreas Fabricius aus Lüttich, und schließlich, nach diesem Einzelkämpfer, die gegenreformatorische Ideologie und Praxis des Jesuitentheaters untersuchen – dies alles natürlich im ständigen und dann auch abschließend bilanzierenden Blick auf Frischlin.

Die innere Verbindung zu ihm wird sich dabei in allen Punkten plausibel ergeben. Denn daß Frischlin ein Erbe und Fortsetzer des Reformationsdramas, des Bibeldramas wie des satirischen Kampfdramas, war, ist evident. Ein Vergleich mit Fabricius empfiehlt sich vor allem deshalb, weil dieser, wie Frischlin eng an einen konfessionell sehr entschiedenen Fürstenhof gebunden, die katholische Position zu den Protestanten unmittelbar nach dem Konzil von Trient in mehreren Dramen mit großem Ernst reflektiert und dargestellt hat. Erst recht geboten scheint schließlich die Einbeziehung des »organisierten« gegenreformatorischen Jesuitentheaters. Die Jesuiten nämlich haben gerade zu Frischlin ein bemerkenswert positives Verhältnis gepflegt. In der *Vita Nicodemi Frischlini* des Ulmer Magisters Georg Pflüeger, die im Jahre 1605 in Straßburg erschien, liest man im Zusammenhang der abschließenden Würdigung folgende Sätze:

Tot et tam praeclara opera magni ab omnibus solidè doctis aestimantur. Paraphrases Virgilianas ut et Comoedias, ipsi pontificii, et qui inter eos doctissimi habentur Iesuitae admirantur et discipulis suis proponunt.[4]

(Seine zahlreichen und hervorragenden Werke stehen bei allen gründlich Gebildeten in hohem Ansehen. Die Vergilparaphrasen wie auch die Komödien werden selbst von den Katholischen, und zwar denen, die unter ihnen als die gelehrtesten gelten, den Jesuiten, bewundert und in der Schule behandelt.)

lexikon der deutschen Literaturgeschichte. Bd. 2. Berlin [2]1963. S. 645–678; Rupprich, Hans: Die deutsche Literatur vom späten Mittelalter bis zum Barock. Bd. 2. Das Zeitalter der Reformation 1520–1570 (Geschichte der deutschen Literatur. Bd. 4,1.). München 1973. S. 313–391; Parente, James A. Jr.: Religious Drama and the Humanist Tradition. Christian Theater in Germany and in the Netherlands 1500–1680 (Studies in the History of Christian Thought 39). Leiden / New York / København / Köln 1987.

4   Vita Nicodemi Frischlini Balingensis [...] Recensente M. Georgio Pflüegero Ulmano. Straßburg 1605. S. 38.

Einer dieser wirklich gründlich gebildeten Jesuiten und ein führender Literat und Dramatiker der Oberdeutschen Kirchenprovinz, Georg Stengel (1584–1651)[5] aus Augsburg, auf den am Schluß noch zurückzukommen ist, lobt in einem ungedruckten Brief vom 19. Februar 1610 an seinen Lehrer Matthäus Rader den patriotischen Stolz Frischlins, der im *Julius redivivus* zum Ausdruck komme,[6] und er bewertet den Autor als *doctissimus poeta et nostri saeculi Plautus*.[7]

1. Zur konfessionspolitischen Funktionalisierung des Dramas im 16. Jahrhundert

Auch die Dramatiker gehörten zu den »Sturmtruppen der Reformation«.[8] In den Dramen der ersten Reformationsphase entlud sich mit dem heftigen Ausdruck der Befreiung lang angestauter Verdruß und aggressive Wut auf einen Gegner, den alle kannten und über den man sich in seinem Urteil ziemlich einig war: das Papsttum mit seinen für jeden sichtbaren und von vielen erlittenen Beschädigungen und Deformationen des kirchlichen, also sozialen und individuellen Lebens. Dies war zunächst nicht die Stunde der *ratio* und der subtilen Theologie, sondern die Stunde der Emotion. Die Dramen dieser ersten Zeit sind dementsprechend feindselig im Ton und vollkommen einheitlich in ihrer Stoßrichtung. Der Anteil der l a t e i n i s c h e n Stücke unter diesen frühen reformatorischen Kampfdramen ist allerdings relativ gering,[9] und das kann nicht überraschen.

---

5 Vgl. Rädle, Fidel: Georg Stengel S. J. (1585[recte 1584]–1651) als Dramatiker. In: Brinkmann, Richard / Habersetzer, Karl–Heinz / Raabe, Paul / Selig, Karl–Ludwig / Spahr, Blake Lee (Hgg.): Theatrum Europaeum. Festschrift für Elida Maria Szarota. München 1982. S. 87–107.

6 *Tribuit enim et Germanis inventionem muralis phalaricae, seu tormentorum ad plumbi globos eiaculandos factorum, tribuit aenei typi primam gloriam Moguntiaco Fausto, et alia aliis Germaniae hominibus.* (München, Arch. Prov. Germ. Sup. S. J. Mscr. I, 29. Nr. 130).

7 Ebd.

8 Berger, Arnold E.: Die Sturmtruppen der Reformation. Flugschriften der Jahre 1520–1525 (Deutsche Literatur. Sammlung literarischer Kunst– und Kulturdenkmäler in Entwicklungsreihen, Reihe Reformation 2). Leipzig 1931.

9 Vgl. die bibliographische Übersicht bei Schade (wie Anm. 1) S. 25–31.

Eines der befreiendsten Momente der Reformation und ihr publizistisch effektivster Schachzug war ja gerade der Einsatz der Volkssprache.

a) Das überkonfessionelle humanistische Forminteresse der lateinischen Dramatik

Die Neubegründung des lateinischen Dramas, die tatsächlich auch in diese Epoche der frühen Neuzeit fällt, hat zwar dieselben Wurzeln wie die Reformation, nämlich den erwachenden liberalisierenden Geist des Humanismus, aber sie hat mit der Reformation als einem historischen Datum nichts zu tun. Das humanistische lateinische Drama existierte bereits als gelehrte, die Schule betreffende Institution. Sein Anliegen war zunächst ausschließlich ein philologisches, latinistisch–stilistisches, was den vom Autor neu geschriebenen Text betraf, und ein technisch–pädagogisches, was die von den Schülern agierte Aufführung betraf. Die Akteure sollten dabei öffentlichen Umgang mit dem gesprochenen Latein pflegen, ihr Gedächtnis üben und sich vor allem an den Auftritt vor Publikum gewöhnen – das sind die für protestantische wie katholische Schüler, also potentielle spätere Diener der Kirche und des Staates, gleichbleibenden Gesichtspunkte.[10] Dramatische Aufführungen, die bald auch von den Fürstenhöfen in Anspruch genommen wurden, gehörten primär zum Studium des Lateinischen, sie waren die öffentlich gezeigten, festlich inszenierten Resultate des Lateinunterrichts.

Wie erst kürzlich durch eine Göttinger Dissertation von Ingrid Henze bekannt geworden ist, hat sich Frischlin im Frühjahr 1589 noch um eine Professur an der Universität Helmstedt bemüht. Eine der entscheidenden Überlegungen, die in diesem besonderen Fall angestellt wurden, war, daß der ausgewiesene Dramatiker Frischlin dort jedes Jahr eine Komödie verfassen könnte, die, je nach Weisung des Herzogs von Braunschweig,

---

10 Vgl. dazu Rädle, Fidel: Das Jesuitentheater in der Pflicht der Gegenreformation. In: Valentin, Jean–Marie (Hg.): Gegenreformation und Literatur. Beiträge zur Interdisziplinären Erforschung der katholischen Reformbewegung (Beihefte zum Daphnis 3). Amsterdam 1979. S. 176 mit Anm. 32. Ferner: Valentin, Jean–Marie: Gegenreformation und Literatur: Das Jesuitendrama im Dienste der religiösen und moralischen Erziehung. In: Historisches Jahrbuch 100 (1980) S. 240–256.

in Wolfenbüttel oder in Helmstedt aufzuführen wäre.[11] Der Plan zerschlug sich jedoch, weil die Professorenschaft in Helmstedt die *große mängel und unleidliche naevi* des *virulentus poeta* kannte und Unruhe für ihr Kollegium befürchtete.[12]

Man kann es nicht stark genug betonen, und es gilt, wie ich mit David Friderich Strauß[13] als Bundesgenossen glaube, für keinen Autor des 16. Jahrhunderts mehr als gerade für Frischlin: die lateinischen Dramen sind primär humanistische Creationen, Produkte gelehrten philologischen Anspruchs oder gar Ehrgeizes, in Frischlins Fall sicher auch Produkte gelehrter Schöpferlust, und sie sind primär Gegenstand philologisch–rhetorischen Interesses. Das ist allerdings nichts Geringes, wenn man sich klar macht, daß der Humanismus eine Weltanschauung war, die ihr Heil in der verantwortlichen Pflege der lateinischen Sprache und der unverfälschten antiken Literatur gesichert sah. Man braucht nur die »Dunkelmännerbriefe« zu lesen, um ermessen zu können, welche Bedeutung damals der lateinischen Sprache als Richtnorm der gesamten Kultur zuerkannt wurde.

b) Christliche Thematik und konfessionelle Tendenzen

Als durch die Reformation die christliche Religion wieder akut diskutiert wurde und vor allem von den Gebildeten, den humanistisch Gebildeten, Entscheidungen verlangte, konnte das lateinische Drama verständlicher-

---

11 Henze, Ingrid: Der Lehrstuhl für Poesie an der Universität Helmstedt bis zum Tode Heinrich Meiboms d. Ält. († 1625) (Beiträge zur Altertumswissenschaft 9). Hildesheim 1990. S. 78f.

12 Ebd. S. 79. *Dann ein solcher Mensch, der die besten scriptores in humanioribus artibus in sonderheit Drn Philippum Melanthonem und andere auch in Grammaticis temere sugilliret, verachtet und traduciret, dargen seine newe ungegrundete fundt in die schulen einzufuhren bedacht, wurde leichtlich alle einigkeit und correspondentz zerrutten und zerstören.*

13 Strauß, David Friderich: Leben und Schriften des Dichters und Philologen Nicodemus Frischlin. Ein Beitrag zur deutschen Culturgeschichte in der zweiten Hälfte des sechzehnten Jahrhunderts. Frankfurt 1856: »Bei dem Philologen Frischlin war auch der Dichter Frischlin in die Schule gegangen, und hatte in dieser Schule ebensoviel an Fertigkeit und Geschmack gewonnen, als an Eigenthümlichkeit und bleibender Bedeutung eingebüßt.«(S. 4); im gleichen Zusammenhang urteilt Strauß, Frischlin sei »nicht ein schlechter Dichter, sondern ein zu guter Lateiner« (ebd)

weise nicht abseits stehen. Wenn man absieht von einzelnen extremen Fällen lateinischer Kampfdramatik, wie dem *Eckius dedolatus*,[14] dem »Enteckten Eck«, einer 1520 anonym erschienenen grobianischen Satire auf die Leipziger Disputation zwischen Luther und Johannes Eck aus dem Jahre 1519, und wenn man absieht von den außerordentlich wuchtigen Anti–Papst–Stücken des Thomas Naogeorg[15] aus den dreißiger Jahren, ist vor allem e i n e Spezies des humanistischen Dramas für die Reformation wichtig und sozusagen zuständig geworden: das Bibeldrama.[16] Das Wort der Bibel hatte neue Würde bekommen, und Luther selber sah in der dramatischen Nacherzählung biblischer Ereignisse eine schöne Möglichkeit, den Schülern das Evangelium vertraut und liebenswert zu machen. Er empfahl dafür auch Frauengestalten des Alten Testaments,[17] und sein treuer Gefolgsmann Frischlin hat sich diese Empfehlung mit *Susanna* und *Rebecca* offensichtlich zu Herzen genommen.

Das lateinische Bibeldrama, das protestantische wie später auch das katholische, vollzog eine sichtbare, fast demonstrative Verbindung zwischen der von der Profanantike bestimmten gelehrt humanistischen und der christlichen Welt. Für die humanistische Formkultur stand in der Regel der Name des Terenz, der auch bei Frischlin in den Vorreden immer gegenwärtig ist, z.T. allerdings polemisch in Frage gestellt, weil er wegen seiner erotischen Themen pädagogisch ungeeignet sei.[18] Frischlin selber hat als ein *Terentius christianus* bisweilen seine Stelle in den Schulen, z.B. in Laibach, eingenommen. Die Jesuiten hegten, hier ganz auf einer Linie mit Frischlin, erhebliche Vorbehalte gegen Terenz, und

---

14 Pirckheimer, Willibald: Eckius dedolatus. Der enteckte Eck. Lateinisch / Deutsch. Übers. u. Hg. Holzberg, Niklas. Stuttgart 1983.

15 Vgl. vor allem Naogeorgs *Tragoedia nova Pammachius* (1538) und *Mercator seu Iudicium* (1539). Über Naogeorg vgl. Roloff, Hans–Gert in: Killy, Walther (Hg.): Literaturlexikon. Autoren und Werke deutscher Sprache. Bd. 8. Gütersloh 1990. S. 330ff.

16 Vgl. dazu Parente (wie Anm. 3), bes.: Kapitel II: »Theology and Morality on the Humanist Stage«.

17 Vgl. Rupprich (wie Anm. 3) S. 319.

18 Vgl. dazu Rädle, Fidel: Einige Bemerkungen zu Frischlins Dramatik. In: Revard, Stella P. / Rädle, Fidel / Di Cesare, Mario A. (Hgg.): Acta Conventus Neo–Latini Guelpherbytani. Proceedings of the Sixth International Congress of Neo–Latin Studies (medieval & renaissance texts & studies 53). Binghamton, New York 1988. S. 289–297, bes.: S. 290–293.

sie haben seine Stücke am Anfang selten, nach der Jahrhundertwende überhaupt nicht mehr gespielt.

c) Der gemeinsame Kampf gegen die Ignorantia

Die paradox erscheinende Verbindung biblischer und dann allgemein christlicher Inhalte mit der Formkultur der paganen antiken Komödie war und blieb, auch als Terenz umstritten war, ein unangetastetes Prinzip der lateinischen Dramatik im 16. Jahrhundert und darüber hinaus. Diese unbedingte humanistische Fundierung, oder deutlicher gesagt: das allgemein anerkannte Ideal kultivierter Latinität, war auch in der Zeit erbittertster konfessioneller Feindschaft ein tertium comparationis zwischen den Parteien und ein verbindendes Band, das, wie sich im Falle Frischlins und der Jesuiten zeigt, sogar die einander widerstrebenden Kräfte konträrer konfessioneller Interessen aushalten konnte. Im Grunde nämlich und bei ruhigem Blut hatten der Philologe und Dichter Frischlin und die menschlich und intellektuell kultivierten unter den Mitgliedern der Societas Jesu nur e i n e n wirklichen Feind, den sie aus ganzer Überzeugung bekämpften: die *ignorantia*, die Dummheit, das schlimmste Laster, das die Humanisten kannten. Die dauernde Aussöhnung zwischen *religio* und *sapientia* ist darum das zentrale Anliegen, das der bereits erwähnte Jesuit Georg Stengel in seinem 1614 an der Universität Dillingen a. D. aufgeführten *Otho redivivus* thematisiert hat. Dort spricht die Figur der Sapientia u. a. folgende geradezu antik klingende Verse:

> *hoc tantummodo cura, Religio, Sapientiam*
> *Ut nunquam abesse velis istis finibus.*
> *Sapientia enim infinitus est thesaurus hominibus,*
> *Quo qui usi sunt, participes facti sunt amicitiae Dei [...] Multitudo sapientium est sanitas orbis terrarum.*[19]

(Nur sei darauf bedacht, Religion, daß du aus diesem Land niemals die Bildung verbannst. Bildung nämlich ist ein unendlicher Schatz für die Men-

---

19 Dillingen, Studienbibliothek: Cod. XV, 236a. fol. 55v. Die Allegorie der Ignorantia tritt in diesem Stück gemeinsam mit Haeresis und Licentia auf: allen dreien ist durch die Gründung der Dillinger Jesuiten–Universität der Garaus gemacht worden (fol. 39r). Näheres dazu bei Rädle (wie Anm. 10) S. 169–172.

schen, und diejenigen, die ihn nutzen, haben teil an der Freundschaft Gottes
[...]. Wo es viele Gebildete gibt, dort ist die Welt in einem gesunden Zustand.)

2. Verwirrung der Fronten. Kampf um Besinnung
(*resipiscere*). Gnapheus und seine Dramen

Es dauerte nicht lange, bis die protestantische Bewegung ihre Dynamik
durch die Kollision mit den Realitäten beschädigt, durch politische Inter-
ferenzen und innerprotestantische Aporien und Rivalitäten gehemmt und
kompliziert sah. Im Zweifelsfall freilich blieb ihr immer das Papsttum als
Gegner, auf den man sich einigen konnte: in der frühen Phase der Reformation das von Luther erlebte und entlarvte Papsttum, das leicht zu
erledigen war, in der Phase der Gegenreformation das durch das Tridentinum restaurierte und neu organisierte Papsttum, und dieser Gegner war
umso gefährlicher, als nun die einheitliche Stoßkraft der Protestanten
verlorengegangen war. Diese spätere Konstellation prägt die beiden
letzten Akte von Frischlins *Phasma*.

Wie rasch sich die Verhältnisse änderten und tragisch blockierten,
zeigt der Fall des Niederländers Gulielmus Gnapheus.[20] Ich erwähne
diesen Namen, weil er wie kein anderer das protestantische Bibeldrama
in seiner unpolemischen Form repräsentiert und weil an ihm, dessenun-
geachtet und paradoxerweise, sichtbar wird, welche politische Brisanz
das lateinische Drama im 16. Jahrhundert in jedem Fall hatte. Gnapheus
ist der Verfasser des berühmt gewordenen, im 16. Jahrhundert mehr als
50 Mal aufgelegten *Acolastus*, eines Spiels vom Verlorenen Sohn aus
dem Jahre 1529.[21] Unter dem Eindruck der lebensgefährlichen Bedrohung durch die Inquisition in den Niederlanden, aber vermutlich auch aus
rationaler Einsicht und aus angeborenem irenischen Bedürfnis, nicht zu-

---

20 Über Gnapheus vgl. Kühlmann, Wilhelm in: Killy, Walther (Hg.): Literaturlexikon.
    Autoren und Werke deutscher Sprache. Bd. 4. Gütersloh 1989. S. 180f.
21 Acolastus. De filio prodigo comoedia Acolasti titulo inscripta, authore Gulielmo
    Gnapheo, Gymnasiarcha Hagiensis, Antverpiae 1529. In: Bolte, Johannes (Hg.): La-
    teinische Litteraturdenkmäler des XV. und XVI. Jahrhunderts. Bd. 1. Berlin 1891.
    Sowie auch Hg. Minderaa, P. (mit niederländischer Übersetzung). Zwolle 1956.

letzt aber aus einem überwiegenden humanistischen Schulinteresse distanziert sich Gnapheus im Widmungsbrief wie im Prolog des Stücks ausdrücklich von jeglicher konfessionellen Parteinahme, und er erzählt seine Geschichte vom Verlorenen Sohn, der vom Vater in Gnaden – oder soll man sagen: »in Gnade« – aufgenommen wird, auf so menschliche und moderat evangelische Weise, daß dieses Stück dem ganzen Jahrhundert »gepaßt« hat und (wenn man den Titel *Acolastus* so einfach auf Gnapheus beziehen darf) sogar als eines der ersten Dramen überhaupt von den Jesuiten in Córdoba (1555) und Lissabon (1556)[22] sowie in Wien (1560)[23] auf die Bühne gebracht wurde. Derselbe Gnapheus nun, der vor der Inquisition aus den Niederlanden in das zu Polen gehörende Elbing bei Danzig geflohen war, nach mehreren Jahren sehr erfolgreicher Tätigkeit als Rektor der dortigen Lateinschule wegen seines nichtkatholischen Bekenntnisses ausgewiesen wurde und schließlich zu den ersten Lehrern der neugegründeten Universität Königsberg gehörte, hatte in seiner Elbinger Zeit zwei weitere Dramen geschrieben, die kaum bekannt sind: *Morosophus*[24] und *Hypocrisis.*[25]

Es handelt sich um zwei Bekehrungsdramen im weitesten Sinn, in denen der Begriff *resipiscere*, »wieder zur Einsicht kommen«, »umdenken«, »metanoein«, eine entscheidende Rolle spielt. Dieses *resipiscere* ist, wie ich glaube, ein Schlüsselwort des Jahrhunderts, zumindest nach dem Befund der Dramen:[26] Fast immer geht es um die Korrektur einer

---

22 Vgl. Briesemeister, Dietrich: Das mittel- und neulateinische Theater in Spanien. In: Pörtl, Klaus (Hg.): Das spanische Theater (Grundriß der Literaturgeschichten nach Gattungen). Darmstadt 1985. S. 21.

23 Vgl. Valentin, Jean-Marie: Le Théâtre des Jésuites dans les Pays de Langue Allemande. Répertoire chronologique des pièces représentées et des documents conservés (1555–1773) (Hiersemanns Bibliographische Handbücher. Bd. 3,1). Stuttgart 1983. Nr. 14.

24 Morosophus. De vera ac personata sapientia. Comoedia (Danzig) 1541. Eines der ganz seltenen Exemplare befindet sich in der Herzog August Bibliothek Wolfenbüttel unter der Signatur: P 615 4° Helmst. (2).

25 Hypocrisis. De Hypocrisis falsa religione, ficta disciplina et supplicio [...] Autore Gulilmo Gnapheo. Basel 1544. Ein Exemplar im Stadtarchiv Rothenburg o. Tauber (Th 805,6).

26 Vgl. die folgenden beliebig herausgegriffenen Stellen: Morosophus, fol. Cv, CIIr, Fv, FIIIr; Hypocrisis, S. 54, S. 56, S. 64; Fabricius (wie Anm. 31, Religio patiens) Praefatio,

(vermeintlich) verfehlten Haltung, sei es im moralischen Leben eines einzelnen, sei es, wie in unserm Zusammenhang, im konfessionspolitischen Ringen: die Protestanten appellieren explizit oder implizit an die unaufgeklärten Papisten, die Katholiken appellieren explizit oder implizit an die von den modernen Erzketzern verführten Protestanten, oder vielmehr: jede Seite weist der anderen ihren Irrtum nach und erwartet ihre Umkehr.

Im *Morosophus* bekehrt sich ein der Astrologie buchstäblich verfallener Gelehrter in einem langen geistigen Kampf zunächst zur Zwischenstation einer heiteren Bejahung der die Welt beherrschenden Torheit und von dort aus zur wahren Weisheit; in der *Hypocrisis* reinigt sich die von Cupido verführte Psyche und ersteigt den Gipfel der verzichtenden Erkenntnis und damit des Glücks und Friedens.

Nach seiner Anstellung in Königsberg geriet der Verfasser dieser Stücke bald in den Verdacht, ein, wie er selber in einem Brief an Johannes Dantiscus vom 23. März 1539 schreibt, *Suermerus, fanaticus, et anabaptista*[27] zu sein. Die ganze Anklage, in deren Gefolge er aus der protestantischen Glaubensgemeinschaft exkommuniziert wurde, ist aufgebaut aus angeblich häretischen Äußerungen verschiedener Personen dieser beiden harmlos scheinenden Dramen. Ihr Autor wurde des protestantischen Landes verwiesen, weil *aus seinen Dramatibus Ketzereyen gezogen* worden seien, wie es im Protokoll des Prozesses heißt.[28] Gnapheus seinerseits halte *diese Koenigsbergische Inquisition fuer haerter [...], als die er in Holland von den Papisten ausgestanden*, liest man ebenda. Eine ironische Pointe gewinnt dieser Vorgang dadurch, daß sein Rivale und Ankläger in Königsberg niemand anders war als Friedrich Staphylus (1512–1564), der selber 5 Jahre später zum katholischen Glauben konvertierte, 1558 Rat Herzog Albrechts V. von Bayern, bald darauf Professor in Ingolstadt wurde und als solcher Gutachten über die Kirchenre-

---

S. 22; (wie Anm. 31, Evangelicus fluctuans) S. 62; Stengel (wie Anm. 19, Otho redivivus) fol. 8rv, 30v etc.

27 Johannes Dantiscus and his Netherlandish Friends as revealed by their Correspondence 1522–1546, published from the Original Documents with Introductions and Notes by Henry de Vocht. In: Humanistica Lovaniensia 16 (1961) S. 313.

28 Salig, Christian August: Vollständige Historie der Augspurgischen Confession [...]. Halle 1733. S. 910.

form im Sinne des Trienter Konzils verfaßte. In seine Stellung am bayerischen Hofe Herzog Albrechts folgte ihm bald der Mann, der mit Sicherheit der bedeutendste, theologisch geschulteste und politisch bewuß-
teste katholische Dramatiker außerhalb des Jesuitenordens war: Andreas
Fabricius.[29]

3. Andreas Fabricius: Kampf und Trauerarbeit

Fabricius, 1520 in der Nähe von Lüttich geboren, in Ingolstadt ausgebildet, war bis 1566 Philosophieprofessor in Löwen, einer schon von Luther
besonders gehaßten Hochburg konservativer katholischer Theologie, gewesen. Danach trat er in die Dienste des Augsburger Bischofs und Kardinals Otto Truchsess von Waldburg, der ein Vorkämpfer der Gegenreformation in Bayern war und im Jahre 1563 die Jesuitenuniversität
Dillingen gründete. Als dessen langjähriger Geschäftsträger bei der Römischen Kurie und Rat Herzog Albrechts von Bayern sowie als Erzieher
von Herzog Ernst verfügte Fabricius über außerordentlichen politischen
Einfluß. Er starb im Jahre 1581 als Stiftspropst von Altötting.

Neben seinen kontroverstheologischen Schriften gegen das Luther-

---

29 Über ihn vgl. Zeeden, Ernst Walter in: Lexikon für Theologie und Kirche. Bd. 3.
Freiburg 1959. Sp. 1335; Lutz, Heinrich in: Spindler, Max: Handbuch der Bayerischen Geschichte. Bd. 2. München 1969. S. 778 mit Anm. 4; Valentin, Jean–Marie:
Le théâtre des Jésuites dans les pays de langue allemande (1554–1680). Salut des
âmes et ordre des cités. Bd. 1 (Berner Beiträge zur Barockgermanistik 3). Bern /
Frankfurt am Main / Las Vegas 1978. S. 434. In der an Wilhelm V. von Bayern gerichteten *Epistola dedicatoria* zu seiner Tragödie *Samson* (wie Anm. 31) rühmt
Fabricius den eben verstorbenen Staphylus, der als intimer Kenner der »Szene« den
häretischen Füchsen (nach dem Beispiel Samsons, vgl. Idc. 15, 4f.) die Schwänze zusammengebunden und angezündet und ihre Verstecke aufgedeckt habe: *Unum igitur
ex fortibus illis athletis in medium producam, qui non ita diu naturae debitum per-
solvit, Fredericum Staphylum, qui sub tui parentis alis sustentatus egregiam Reipublicae navavit operam, tacere nequeo. Quis eo, utpote multis annis cum lupis animo-
sisque vulpibus conversatus, vulpecularum latebras melius retexit? Quis Melanchtonis,
Suencfeldii, Illyrici, Musculi, caeterarumque eius generis vulpium caudas validioribus
vinculis colligavit? Quis deceptoris illius VVitenbergici imperitiam, quis Smidelini
officinam ignibus cupiditatum, et fraudibus perpetuò calentem, incautis populis cla-
riùs retexit? etc. (fol. A5v).*

tum[30] hinterließ Fabricius mehrere lateinische Dramen, die uns hier interessieren müssen.[31] Diese äußerst kompakten und mühsam zu lesenden Stücke sind weit differenzierter und intellektuell anspruchsvoller, als es die polemische Restaurationstendenz, die sie in ihren umständlichen Untertiteln so plakativ vor sich hertragen, erwarten läßt. Vor allem illustrieren sie in vorzüglicher Weise die offen eingestandene schwierige Lage der Katholischen Kirche in den 60er Jahren des 16. Jahrhunderts[32] (die allerdings, wie man ex eventu weiß, zumindest in Bayern den rettenden Durchbruch gebracht haben), und sie geben einen Begriff von der konzentrierten theologischen, politischen und auch subjektiv moralischen Anstrengung um eine Erneuerung der Kirche und eine vielleicht doch noch mögliche Einigung der Konfessionen.

a) Religio patiens

Das erste Stück mit den Titel *Religio patiens* ist 1566 in Köln gedruckt und dem frisch gewählten Papst Pius V. gewidmet. Das Thema erweist

30 Quaestiones et Adnotatiunculae in Catechismum Romanum. Antwerpen 1572; Harmonia Confessionis Augustanae. Köln 1573.
31 Religio patiens. Tragoedia, qua nostri seculi calamitates deplorantur, et principes causae, quibus miserè nunc affligitur Christi Ecclesia, reteguntur. Ad Pium Quintum Pontificem Maximum. Coloniae 1566. – Samson. Tragoedia nova, ex sacra Iudicum historia desumpta, praemissis ad eius illustrationem insignibus orthodoxorum Patrum sententiis. Coloniae 1569. – Evangelicus fluctuans. Tragoedia, qua proposito erratici hominis paradigmate, haeresum vanitas, haereticorum fraudes percurruntur: ac simul clarum efficitur, non esse ulli spem aeternae salutis relictam, qui coetui Catholicorum se non aggregarit: quibus scilicet hoc proprium est, ut doctrinae suae originem ad Apostolos, virosque apostolicos, per continuatam temporum seriem referre possint. Coloniae 1569. – Jeroboam rebellans. Tragoedia perquam funesta ex sacra Regum et Paralipomenon historia; successus et miserandos fructus earum defectionum et Schismatum, quae nostris temporibus in Religione emerserunt, sub illustri quodam Typo in prospectum adducens: Unde pii omnes facile collegerint, quibus potissimum ex causis, tam horrendae vicissitudines in Regnis Christianorum hactenus eruperint. Ingolstadt 1585 (posthum von dem Ingolstädter Jesuiten Petrus Stewardus, einem Verwandten des Fabricius, veröffentlicht).
32 Über die um diese Zeit »in ihrem Glauben unsicher gewordene, auf weite Strecken hin konfessionell ungeformte Bevölkerung, besonders in katholischen Landschaften« vgl. Zeeden, Ernst Walter: Die Ausformung der Konfessionen im 16. und 17. Jahrhundert. Gesichtspunkte und Forschungsmöglichkeiten. In: Gegenreformation und Literatur (wie Anm. 10) S. 21–49. Hier: S. 32.

sich erst auf den zweiten Blick als massiv antireformatorisch. Der Autor beschwört in seiner *Praefatio* an Pius prophetisch klagend die Bedrohung der Christenheit durch die Türken und äußert die Hoffnung, daß der Himmel die *dissidentes inter se Christianos Principes* (S. 25) im gemeinsamen Kampf gegen die Türken unter Führung des Papstes wieder zur *concordia* führe. *Discordia* und *concordia* sind die Schlüsselworte der ganzen Tragödie. *Concordia* ist gestört durch unser aller Sünden – immerhin durch u n s e r a l l e r Sünden – und natürlich durch die *Haeresis*.

Die erste Szene bringt einen großen anklagenden Monolog der schwer mitgenommenen Fides, die sich wie eine verächtliche Hure (*ut vile scortum*, S. 28) behandelt findet, gegen die Haeresis. Was aber schon hier auffällt und was die Dramen des Fabricius charakteristisch von denen der Jesuiten unterscheidet, ist dies: die Haeresis bzw. die Häretiker werden nicht einfach gnadenlos attackiert, vorgeführt und »überfahren«, ohne daß sie die Möglichkeit hätten, sich ihrerseits darzustellen, sie kommen vielmehr ausführlich zu Wort und dürfen ihre Meinung sagen. Und manches, was sie sagen, ist schmerzlich, nicht etwa nur Karikatur und eo ipso eine Denuntiation ihrer selbst. So zitiert Fides in ihrem Anklagemonolog die Worte, die ihr Haeresis entgegenhält:

> [...] *Quis, inquit, est*
> *Caecus? quis amens, surdus, insulsus, nisi*
> *Tu? nil tuas nugas moror. Doctoribus*
> *Credo meis, fidos sequor meos duces.*
> *Malè pereant monachi, ruat Papa, pereat.*
> *Vestram salutem quaeritis? nostro gregi*
> *Vos iungite, et tentate quam sint omnia*
> *Hic dulcia.* (S. 31)

(Wer von uns beiden, so sagt Haeresis, ist denn hier blind, wer ist unvernünftig, wer will nicht hören, wer ist unaufgeklärt? Das bist doch gerade du! Ich kümmere mich nicht mehr um dein dummes Geschwätz. Ich glaube meinen Lehrern, ich folge meinen vertrauenswürdigen Führern. Zum Teufel mit den Mönchen, weg mit dem Papst, zum Teufel mit ihm! Sucht ihr euer Heil? Dann kommt doch zu uns, und probiert einmal aus, wie schön hier alles ist.)

Zugegeben, Haeresis befindet sich hier natürlich im Sinne der Fides in einem schwerwiegenden Irrtum, und spätestens am Schluß des Zitats wird die Ironie offenkundig: nur bei den Protestanten lebt es sich angenehm.[33] Trotz dieser ironischen Relativierung des Standpunktes von Haeresis wird in der *Religio patiens* und in den übrigen Fabricius–Dramen ehrlicher gerungen, und die Karten kommen offener auf den Tisch als in anderen Stücken der katholischen Seite.

In der 2. Szene des ersten Aktes disputiert Fides in großem Ernst mit der allegorischen Figur Technologus.[34] Sie beschuldigt ihn, das Volk durch Hirngespinste (*somniis vestris*) zu verführen:

> *Omnem creatoris timorem evellitis*
> *Ad omne vitium audatiam improbis datis.* (S. 37)

> (Ihr rottet die Angst vor Gott aus und ermutigt die Bösen zu jeglichem Laster.)

Die *securitas* (Gefühl der Sicherheit) und die *futilis fiducia* (das eitle Selbstvertrauen) nehmen überhand, jeder sündigt munter in den Tag hinein und hält sich dennoch für gerecht (*iustus*). Hölle und Gericht werden aber eine böse Überraschung werden für all die Sorglosen und Verführten (S. 38).

In der ersten Szene des zweiten Akts führen Fides und Spes einen Disput über die durch die Reformation verursachten aktuellen Mißstände in der Kirche: das monastische Leben liegt verachtet am Boden, die guten Werke gelten nichts. Aber der Glaube, der allein auf die Heilswirksamkeit des *Verbum Dei* vertraut, ist ein große Anmaßung (*praesumptio*). Und dann fällt der Name Luther:

> *Tantum potuit unus minister daemonis,*
> *Haec damna nobis potuit inferre unicus*
> *Lutherus, astruens opera nihil bona*

---

33 Es ist ein Topos der katholischen Polemik, daß die Protestanten ihren Glauben nur deshalb gewählt hätten, weil das Leben dort bequemer, permissiver sei als bei den Katholiken. In einem handschriftlich erhaltenen Fuldaer Jesuitendrama des Jahres 1601 mit dem Titel *Pueritia Samuelis* (Fulda LB 4° B 15, fol. 59r–73r), dessen Handlung wie auch sonst oft in die Preisverteilung an die besten Schüler mündet, verweigert Apollo als *Praemiorum Distributor* den Faulen wegen mangelnder Verdienste diese Auszeichnung, und rügt, daß sie sich wie Luther nach der Devise *sola gratia* verhalten hätten (fol. 70r).

34 Technologus meint den kunstvoll Redenden und zielt auf den so stark betonten Umgang der Protestanten mit dem Wort der Bibel; sonst heißen solche »Wortkünstler« auch *logodaedali*.

Fini bono prodesse. Poenitentiam
Nostram esse vanam et futilem. Solam fidem
Coram Deo iustos bonosque reddere. (S. 42)

(So viel vermochte ein einziger Diener des Teufels: Luther allein hat es fertiggebracht, uns diesen Schaden zuzufügen, indem er behauptete, gute Werke könnten nichts zu unserm guten Ende beitragen, unsere Buße sei nichtig und unwirksam, allein der Glaube mache uns vor Gott gerecht und gut.)[35]

Die Szene endet mit einer Verwünschung Luthers: er wäre besser als kleines Kind gestorben, – jetzt ist es zu spät, jetzt ist er in der Hölle (S. 42).

Aber Fides und Spes und Fabricius machen es sich dann zum Glück doch nicht so leicht. Es beginnt nun eine Reihe von Szenen, in denen eine Art katholischer Trauerarbeit stattfindet. Fides und Spes begegnen nacheinander typischen Zeitgenossen, aus deren Haltung die religiöse und moralische Katastrophe des Jahrhunderts und damit auch das Versagen der Katholischen Kirche sichtbar wird.

Als erster in diesem Reigen tritt ein Mercator (Kaufmann) auf, der nur das Geld anbetet und besingt, und auch am Sonntag seinen Handel treibt. Er verteidigt sich u.a. mit dem Hinweis, auch die Priester nähmen Geld für ihre Messen (*Nunquid sacerdotes suam / Venalem habent Missam levi pecunia?* S. 45). Ein jeder wisse doch, wie es bei den Papisten zugehe (*Quid grex agat papisticus notum omnibus*), worauf Fides immerhin einräumt:

> *Hi viderint, qui sacra tractant perperam.*
> *Non alliges tamen laboranti os bovi.* (S. 45)

(Diejenigen, die ihr heiliges Amt mißbrauchen, mögen sich selber verantworten. Und doch soll man dem Ochsen, der da drischt, das Maul nicht verbinden.)

Der Kaufmann kritisiert auch noch die katholische Abendmahlslehre, worauf ihm Fides bedeutet, das sei zu kompliziert für ihn. Danach tritt er ganz unbeeindruckt ab. In der folgenden Szene sind Fides und Spes verzweifelt, denn sie sehen Macht und Ansehen der Katholischen Kirche zerstört:

---

35 Ähnliche Beschuldigungen Luthers in der Rolle des Sündenbocks wiederholen sich leitmotivisch das ganze Stück hindurch.

Veterem religionem sequens fit fabula,
Fit risus, ut iam cesserit proverbio
›*Papista inanior*‹. (S. 48)

(Wer heute noch der alten Religion anhängt, wird zum Gespött, man lacht
nur noch über ihn, und es gibt schon eine sprichwörtliche Redensart, die
lautet: ›eine größere Niete als ein Papist‹.)

Zu dieser Szene, in der Fides und Spes eine Art Theodizee betreiben
müssen, weil Gott die katholische Sache so schlecht aussehen läßt, hat
Fabricius am Rand noch folgenden Kommentar gedruckt:

Non mirum, si hodie catholici frequenter ab haereticis audire coguntur istud
probrum: ›*Ubi est Deus tuus?*‹ [...] (S. 49)

(Es ist nicht verwunderlich, daß heute die Katholiken oft von den Häretikern
folgende höhnische Frage hören müssen: ›Wo ist denn dein Gott?‹)

In der ersten Szene des dritten Aktes ist die Stimmung nicht viel besser.
Inzwischen hat sich noch die dritte theologische Tugend, Charitas, zu
Fides und Spes gesellt. Spes tröstet sich mit dem Gedanken, daß ja doch
immer noch viele Geistliche Tag und Nacht sich bemühten, Gottes Zorn
zu besänftigen: *Ecclesiasticos scio quosdam viros / Noctu diuque qui Dei*
iram leniunt. (S.55)

Charitas antwortet ihr – und hier blitzt einmal beträchtlicher ironi-
scher Witz unseres Autors auf: *En huius ordinis quidam fit obvius.* (Ja
seht, da kommt uns gerade einer von dieser Sorte entgegen.)

Jetzt tritt Mystopolus[36] auf, ein, wie sich herausstellt, völlig verwelt-
lichter Priester, der sich gerade mit seinem Gefolge auf die Jagd begibt.
Die nun folgende Szene ist in ihrem wirklich verblüffenden Kontrast die
dramatisch stärkste des ganzen Stücks. Der Priester, auf dem Weg zur
Jagd, ist etwas verstört, als ihm die drei abgehärmten Jungfrauen Fides,
Charitas und Spes entgegentreten und ihren Namen verraten.[37] Die Tu-

---

36 Das Wort μυστοπόλος (von μυστιπολεύω »Mysterien feiern«) ist zwar als Beiwort
   Apollons belegt, vermutlich aber denkt Fabricius an das Verb πωλέω »verkaufen«,
   und meint mit Mystopolus nichts anderes als den, der Heiliges wie eine Ware behandelt. Im Verlauf des Gesprächs begegnet dann auch ausdrücklich der Begriff der Si-
   monie.
37 Die Methode, durch den Einsatz allegorischer Figuren den inneren Verlauf eines
   Dramas und gleichzeitig die zutreffende Bewertung durch den Autor sichtbar zu ma-

genden lesen Mystopolus nun gehörig die Leviten, aber dieser, ganz ahnungslos und selbstgerecht, bleibt uneinsichtig, weit entfernt vom *resipiscere.* Er betont, er nehme niemandem etwas weg, bringe niemanden
um und habe sich nichts vorzuwerfen. Auf die Frage der Charitas, wie er
denn die Mittel für seinen aufwendigen Lebensstil erworben habe, antwortet er mit einem schönen etymologisierenden Wortspiel:

> *Praebenda praebet omnia,*
> *Augent sacerdotia facultates meas.*
> *Quod saepius sim pastor, est percommodum.* (S. 56)

(Meine Pfründe bietet mir das alles, die Priesterstellen erhöhen mein Vermögen. Es ist ein großer Vorteil, daß ich mehrfach Hirte bin.)[38]

Die drei Tugenden reden Mystopolus ins Gewissen und machen ihm
zumindest den Ernst der Lage bewußt, so daß er schließlich fragt:

> *Qui vis gregem pascam meum? quod hactenus*
> *Non didici, egone tentavero risu meo?* (S. 59)

(Wie soll ich meine Herde weiden? Das habe ich doch bisher nie gelernt.
Soll ich es etwa versuchen und mich dabei blamieren?)

Und nun antwortet Fides, mit einer sprichwörtlichen Wendung aus Terenz beginnend:

> *Hinc hinc obortae lacrimae, et omne scandalum.*
> *Nihil minus curatis ac scientiam.*
> *Summaeque nullus est amor sapientiae.*
> *Et interim vultis gregem nunc pascere? [...]*
> *Regere (velut monet quidam) est ars artium.*
> *Et vos scientia carentes, sumere*
> *Audetis hoc munus.* (S. 59)

(Daher kommt ja die Misère und das ganze Ärgernis: um nichts kümmert ihr
euch weniger als um Bildung. Keinerlei Verlangen gibt es bei euch nach der

chen, ist aus den sog. »Moralitäten« geläufig und wird von den Jesuiten fast bis zum
Überdruß angewandt. Sehr oft treten klagende Tugenden oder triumphierende Laster
auf, wodurch auch der einfache Zuschauer in die Lage versetzt wird, das Geschehen
auf der Bühne richtig einzuordnen.
38 Euphemismus für die weitverbreitete Pfründenhäufung.

höchsten Weisheit, und ihr wollt da trotzdem eure Herde weiden [...] Menschen zu lenken ist, wie jemand gesagt hat, die höchste aller Wissenschaften, und ihr, bei eurem Mangel an Bildung, traut euch die Übernahme eines solchen Amtes zu.)

Hier ist ein wunder Punkt berührt, der bei allen, die im 16. Jahrhundert Dramen schreiben, ob protestantischer oder katholischer Konfession, unbestritten ist. Die geistige Verwahrlosung des Klerus war nach Überzeugung auch der Jesuiten die große historische Gelegenheit für den Teufel und die Ursache der Reformation. Das Thema wird in unserm Stück noch weiter variiert, und es begegnet konsequenterweise auch noch der zentrale Begriff *ignorantia*. Spes klagt:

> *Heu indormiunt vitiis suis, vana et vident.*
> *Videant suum luxum, suam ignorantiam,*
> *Qui religionis cardines[39] dici volunt.* (S. 60)

(Ach, sie leben sorglos dahin in ihren Lastern und achten nur auf die nichtigen Dinge der Welt. Sie sollten ihr ausschweifendes Leben und ihre Unbildung erkennen, sie, die sich gerne als die Stützen der Religion bezeichnen lassen.)

Die Tugenden mahnen dringend zur Umkehr, Mystopolus verspricht sich eine Besänftigung des göttlichen Zornes durch die klassischen »guten Werke«, Fasten und Beten: *Sed iam furor per nos Dei placabitur / Ieiunio, et praecationibus piis.*(S. 61)

Man kennt dieses evangelisch bedenkliche Motiv des eitlen Rechnens mit »guten Werken« aus reformatorischen Dramen, etwa aus Naogeorgs *Mercator*. Der Vorsatz, der, katholisch bewertet, eigentlich zu loben wäre, wird bei Fabricius allerdings von den Tugenden ironisiert: man wisse ja, wie dieses Fasten aussehe, es bestehe aus Würfel– und Kartenspiel. Stattdessen drängen sie Mystopolus zu wirklicher *poenitentia*. Dieser erweckt zum Schluß der Szene nicht unbedingt den Anschein, als wolle er sich alles zu Herzen nehmen, und er zieht sich nun mit einer komödiantisch sehr ansprechenden Wendung aus der ganzen Affäre. Er verweist die drei Tugenden an andere Adressaten: die Juristen seien noch schlimmer als die Theologen. Mystopolus sagt:

---

39 Vermutlich eine ironische Anspielung auf die Cardinales.

[...] *Meminero, sed certe velim*
Simul sui officii, moneri Iudices,
Qui mille litibus misellos implicant. (S. 62)

(Ich will eure Mahnungen beherzigen, indes hätte ich gerne, daß zugleich auch die Richter einmal an ihre Pflicht erinnert würden. Diese nämlich verwickeln das arme Volk in Tausende von Prozessen.)

Dementsprechend werden im nächsten Akt die Juristen vorgeführt, verkörpert in der Person des Cacocrites, der, wie sein Name verrät, schlimme Urteile fällt. Spätestens hier, beim Auftritt des dritten »Berufsstandes« – nach dem Kaufmann und dem Priester – darf man sich an Frischlins *Priscianus vapulans* erinnert fühlen, in dem ja auch der Reihe nach die versagenden Vertreter aller »akademischen Stände«, aller Fakultäten, vorgeführt und geprüft werden. Im *Priscianus vapulans* werden sie von Priscian auf ihre lateinische Sprachkompetenz getestet, bei Fabricius untersuchen die theologischen Tugenden und auch – im folgenden – die Kardinaltugenden die moralische und religiöse Qualifikation der nacheinander auftretenden verschiedenen Vertreter der Berufsstände. Doch ist dies nur eine Kongruenz in der formalen Struktur der beiden Dramen.

Nun ist also der Jurist Cacocrites an der Reihe. Wir erleben ihn in einem Dialog mit zweien der vier Kardinaltugenden, Prudentia und Temperantia, die mit ihm keineswegs zufrieden sind. Die angeblichen *Iustitiae ministri* sind, so urteilt Prudentia, in Wirklichkeit Blutsauger (*sanguisugae*), die in ihrer Habsucht und in ihrem schlimmen Ehrgeiz über Leichen gehen und das arme Volk schröpfen, die sich bestechen lassen und die Prozesse künstlich in die Länge ziehen. Temperantia beklagt schließlich die moralischen Defekte der Juristen: sie saufen, huren, machen ihre frivolen Witze, arrangieren ihre Gelage und sagen es selber ganz offen: *Rusticus / Sumptus feret* (Die Zeche zahlt der einfache Mann). Die Szene weitet sich aus zu einer allgemeinen Klage über die Zügellosigkeit der Zeit, über Luxus und aufwendige Kleidung, besonders die Hoffart der Frauen. Wie in der voraufgegangenen Szene beim Wechsel vom Priester zum Juristen, wird jetzt der eigentlich angeklagte Cacocrites dramatisch »entsetzt« durch einen ankommenden Fürsten, an den der Jurist sozusagen die Verantwortung weiterreicht:

Hem noster est Princeps, ad hunc vos vertite.
Mores reforment Principes suos: Ita
Spes esse possit corrigant se subditi. (S. 69)

(Da kommt gerade unser Fürst daher, wendet euch doch an den: die Fürsten
sollten zuerst ihre eigenen Sitten verbessern, dann wäre auch Hoffnung, daß
die Untertanen sich besserten.)

Die folgende Szene gerät zu einem dramatischen katholischen Fürsten-
spiegel. Prudentia und Temperantia beschuldigen den »schlechten Fürsten« (Phaulodynastes) mit seinem »Höfling« (Aulicus), zu nachlässig zu
sein in der Sorge um die Religion und auf die falschen Propheten herein-
zufallen. Auch hier werden die Mängel der aktuellen Katholischen Kirche deutlich. Der Fürst beklagt, daß die Bischöfe ihm jämmerliche Diener schickten: *qui latrare nesciunt canes* (Hunde, die nicht bellen
können), und er fragt schließlich, wie man sich denn vor falschen Propheten in acht nehmen könne: *cavere qui potero prophetas subdolos?*
Die Antwort ist einfach: Die Geistlichen müssen an den alten katholischen Glaubenslehren festhalten, jede neue Wahrheit ist suspekt.

In der folgenden Szene, in der die vier Kardinaltugenden vollzählig
versammelt sind, wird der Fürst geduldig über seine Pflichten belehrt und
noch einmal in den signifikant katholischen Punkten (Abendmahls– und
Gnadenlehre) regelrecht katechesiert. Die Fürsten sollen, so der Befehl
der Tugenden, den Wolf töten, der die Herde bedroht.

Der fünfte Akt besteht aus einer mehrfach variierten Anklage gegen
Luther: der nämlich ist schuld am erbarmungswürdigen Zustand Deutschlands und auch Frankreichs. Alle orientieren sich an ihm, er ist der Re-
gisseur der ganzen Tragödie dieser Zeit (*Tragoediae* [...] *choragus*, S. 90).
Pest, Krieg, Hunger, Gefangenschaft und das bevorstehende Jüngste Gericht sind die gerechten und konsequenten Strafen Gottes für die *Haeresis furens* und die *Libido victrix*, die überall herrschen. Die Umkehr muß
durch politische, aber vor allem durch moralische Anstrengung erreicht
werden. Charitas schließt mit den Worten:

Dum tempus est, refert salutem quaerere.
Pusilla res est vita hominis, hanc convenit
Acceptam ei referre qui olim praestitit. (S. 99)

(Solange Zeit ist, sollte man sich um das Heil bemühen. Das Leben des Menschen ist zwar eine geringe Sache, aber wir müssen dem, der es einst gegeben hat, dankbar sein.)

Der Schlußchor bittet noch einmal flehentlich um ein Ende der Leiden und der *Discordia*.

b) Samson. Evangelicus fluctuans

Es ist im hier gegebenen Rahmen nicht möglich, die übrigen Stücke des Fabricius ähnlich ausführlich vorzustellen wie die *Religio patiens*. Nur durch das Festspiel *Samson*, das im Jahre 1568 zur Hochzeit Wilhelms V. von Bayern mit Renate von Lothringen aufgeführt wurde und dessen Chöre durch Orlando di Lasso vertont waren, ist Fabricius als Dramatiker eigentlich bekannt geworden. Die konfessionspolemische Potenz dieses Stücks liegt aber nicht in der dramatischen Handlung, in der die biblische Samson–Geschichte getreu nacherzählt wird, sondern in der ganz verwissenschaftlichten, mit patristischen Zitaten angefüllten *Praefatio*. Das politische Anliegen des *Samson* ist, nicht viel anders als in der *Religio patiens*, die Einigkeit der christlichen Fürsten gegen die Türken. Ein paar Verse des Epilogs seien zitiert:

> [...] *Excitetque Samson Principes*
> *velim viros, zelo religionis piae,*
> *Quae tradita est per tot recursus temporum.*
> *Non ille censuit novam et natam nuper*
> *Fidem tuendam viribus, sed quam patres*
> *Ceu transtulissent per manus ad posteros.*
> *Pro illa, velut pro aris focisque dimicat.*
> *Concordiâ si Christiani principes*
> *Semel ligentur invicem, et animo pari,*
> *Unàque maiorum fide, Turcas petant,*
> *Facile et cito tyrannidem represserint.*
> *Si autem tenere pergat hos discordia,*
> *Furor, peribunt omnia, et regna invicem,*
> *Distracta tandem corruent.* (S. 139)

(Ich möchte, daß Samson die Fürsten mit dem Eifer für die wahre christliche Religion anspornt, die durch so lange Zeitläufte überkommen ist. Er glaubte nicht, seine Kräfte für den Schutz einer neuen, eben erst entstandenen Religion einsetzen zu sollen, sondern für jene, welche die Väter gewissermaßen von Hand zu Hand an die Nachkommen weitergereicht haben. Für sie kämpft er wie für sein heiligstes Gut. Wenn die christlichen Fürsten sich einmal in Eintracht und gleiches Sinnes verbinden wollten und gemeinsam im Glauben der Väter gegen die Türken zögen, könnten sie leicht und rasch diese Bedrohung niederwerfen. Wenn aber weiterhin Zwietracht und Feindseligkeit sie gefangen halten, wird alles zugrunde gehen, und die Reiche werden sich gegenseitig voneinander lösen und schließlich zusammenstürzen.)

Thematisch viel näher verwandt mit der *Religio patiens* und voll brisanter konfessionspolemischer Energie ist der *Evangelicus fluctuans*, der 1569 in Köln erschien und dem Neffen Papst Pius des V., Michael Bonellus, gewidmet ist. Dieses Stück wendet sich nicht mehr nur mit Klagen, Anklagen und Appellen gegen die unter Luthers Namen subsumierte Reformation bzw. gegen die politische, religiöse und moralische Katastrophe in ihrem Gefolge, vielmehr werden jetzt, wie in Frischlins *Phasma*, die einzelnen ketzerischen Lehren und ihre Hauptvertreter, z. B. Calvin, vorgeführt und widerlegt. Es gebe inzwischen ja mehr Konfessionen als Fürsten, sagt Fabricius in der *Praefatio* (S. 16); das sei zwar für die Katholiken sehr tröstlich und stabilisiere den katholischen Glauben (*Nam quo magis sibi invicem adversantur, eo magis fidem nostram confirmant*; S. 16), doch sei die *Discordia* kompromittierend für die Kirche. Das Stück will überprüfen, ob das, was die Häretiker so selbstbewußt verkünden, wahr sei: *Disquirere in praesens lubet, num vera sint / Quae iactitant* [...], S. 19). Zu diesem Zweck hat der Autor die Titelfigur *Evangelicus fluctuans* erfunden, eines Schwankenden und Irrenden, der sich, übrigens ganz ähnlich wie der Bauer Menalcas in Frischlins *Phasma*, nicht mehr zurechtfindet im konfessionellen Chaos seiner Zeit: [...] *induximus / Erraticum quendam ambigentem quid sequi / Oporteat tanta in hominum atque dogmatum / Discordia. (S. 19)*

Die Titelfigur des *Evangelicus fluctuans* ist dramatisch wie ideologisch ein sehr ergiebiger Einfall: diese Person pendelt zwischen den Lagern – um nicht zu sagen zwischen den konfessionellen Angeboten – informiert sich auf allen Seiten und trägt Argumente hin und her, die von der jeweiligen Gegenseite erst einmal widerlegt werden müssen. Sie verbürgt also, daß es sich die katholische Partei, die natürlich am Ende siegt und den Schwankenden zu sich herüberzieht, nicht zu einfach macht, daß – genau wie in der *Religio patiens* – wunde Punkte berührt werden und das Versagen der Katholischen Kirche durchaus sichtbar wird. Durch die Einführung der alles dirigierenden und klärenden Person der Sophia scheint der Autor überdies eine für alle Parteien akzeptable Kompromiß–Figur anzubieten, die eine gemeinsame Norm verkörpert.[40]

Trotzdem ist dieses Stück härter in seiner Haltung gegenüber den Häretikern, voll aggressiven Spotts gegen Luther und Calvin, diese *Picardica pica* (den Schwätzer, eig. die Elster, aus der Picardie) und diesen *Jupiter Lemannicus* (den Jupiter vom Genfer See, S. 51), gegen Beza und Zwingli und die *Confessio Augustana*, die in Wirklichkeit zur *confusio Babylonica* (S. 63, am Rand, und 64) geworden ist. Die Häresie in Gestalt der Hure Pandora, hinter der man Luther zu sehen hat, wird begleitet von zwei üblen Gestalten, einer jungen und einer alten: Cupido und Theomachus, d.h. von der Lüsternheit und dem Kämpfer gegen Gott, der rücksichtslos Kriege führt, um die Macht der Häresie zu erweitern. Das Stück ist nicht mehr so elegisch besorgt und ratlos (und also im Grunde versöhnlich) wie die *Religio patiens*, es wird viel stärker von der theologischen Argumentation bestimmt und ist in seinem entschlossenen Beweisdrang unnachgiebig rechthaberisch, offensive katholische Partei.

Die beiden hier ausführlicher vorgestellten Dramen des Fabricius, die offenbar nie aufgeführt wurden und für den Leser gedacht waren, sind, wie schon angedeutet, in mancherlei Hinsicht, zumal in ihrer Handlungsstruktur, vergleichbar mit den zwei die Konfessionen thematisierenden Stücken Frischlins, *Priscianus vapulans* und *Phasma*.

4. Frischlins Konfessionspolemik (*Priscianus vapulans* und *Phasma*): Satirische Anthropologie statt Theologie

Im *Priscianus vapulans* (dem malträtierten Priscian), der im Jahre 1578 zum 100–jährigen Jubiläum der Universität Tübingen entstand, sieht man den spätantiken Grammatiker Priscian in die Neuzeit versetzt – zu sei-

---

40 Natürlich vertritt Sophia, hinter der manchmal die Figur der Gratia oder sogar der Jungfrau Maria sichtbar wird, die eindeutig katholische Lehre.

nem Unglück, denn das Latein, das er von den Akademikern aller Fakultäten hören muß, ist für ihn eine einzige Qual. Jede lateinische Äußerung der Philosophen, Mediziner, Juristen und Theologen, die aktweise nacheinander immer durch zwei Vertreter auf der Bühne repräsentiert werden, wirkt wie ein Hieb oder Stoß auf Priscian. Aus tausend Wunden blutend und bereits ohnmächtig geworden, wird er von Erasmus und Melanchthon, den humanistischen Heroen des reinen lateinischen Stils, wiederbelebt und für immer gerettet. Zusammengehalten ist die Handlung, dieser Gang durch die Fakultäten, von der Geschichte des Bauern Corydon, der im zweiten Akt mit dem Urin seiner Frau bei den Medizinern vorspricht, dann wegen des Ehebruchs seiner Frau mit einem Kleriker zu den Juristen kommt und schließlich an die von ihm verfluchten Theologen gerät. Der eine von ihnen, der Weltpriester, ist eben der Liebhaber seiner Frau. Corydon möchte sie alle, wie er immer wieder ausruft, nicht nur verhauen, sondern totschlagen.

Die beiden Kleriker, der Weltpriester Quodlibetarius und der Mönch Breviarius, sind natürlich die ergiebigsten Rollen des ganzen Stücks. Sie haben den aktionsreichsten Part, weil sie z. B. den ohnmächtigen Priscian als vermeintlich Besessenen in der Kirche des hl. Anastasius exorzisieren dürfen. Ihr »Vergehen« besteht auch nicht nur in ihrem schlechten lateinischen Stil, sie stellen sich selber in einem moralisch und intellektuell völlig verkommenen Zustand dar. Ihre Habgier kennt keine Grenzen: *Omnia in nostrum rostrum, per Christum Dominum nostrum* (S. 366), ist die Devise des Quodlibetarius.

Wenn man allerdings in diesem Stück eindeutige Belege für eine doch naheliegende Konfessionspolemik Frischlins sucht, sieht man sich enttäuscht. Zwar sind die beiden Theologen die in jeder Hinsicht schlimmsten aus dem ganzen Reigen der Fakultätsvertreter, nirgends aber fällt eine auf die »aktuellen« kirchenpolitischen Verhältnisse gemünzte negative Bemerkung oder Wertung. Frischlin betreibt hier in offener Nachfolge der Dunkelmännerbriefe unter Gelächter eine Kirchenkritik, die sich auf einen historisch überholten Zustand bezieht. Als ob er dies ausdrücklich unterstreichen wollte, hat er in seinem Stück eine geradezu pointierte Datierung untergebracht, die alle Zweifel beseitigt: am 7. Februar des Jahres 1517, also im letzten Frühjahr vor dem Beginn der Reformation, findet der Prozeß des Bauern Corydon statt. Dieses Datum wird aus der Urkunde eigens verlesen.

Was Frischlin im *Priscianus vapulans* an den beiden Klerikern vorführt, ist also keine Konfessionspolemik, es ist Kirchenkritik in Schwankform und erinnert an die zahlreichen Pfarrer– und Mönchgeschichten der Fazetien, wie sie bereits vor der Reformation gang und gäbe waren.

Die Instanz, von der die Prüfung der akademischen Vertreter der Fakultäten, darunter der Theologen, im *Priscianus vapulans* ausgeht, verfolgt jedenfalls kein erkennbares moralisches oder gar religiös–konfessionelles Interesse, wie das in der *Religio patiens* des Fabricius unbestreitbar der Fall war. Das einzige Gut, das hier, bei Frischlin, auf dem Spiele steht und um das in humanistischer Weise gebangt wird, ist die lateinische Sprache, die einzige Norm, nach der geurteilt und gerichtet wird, ist die lateinische Grammatik. Alles übrige ist Gelächter.

Über *Phasma* traue ich mich kaum, abschließend zu urteilen. Vordergründig geht es, wie im *Evangelicus fluctuans* des Fabricius, um eine große Auseinandersetzung mit den verschiedenen rivalisierenden Konfessionen. In beiden Stücken wird jeweils nur eine der zahlreichen Konfessionen als die richtige vorausgesetzt (was gar nicht ausdrücklich zu beweisen ist), alle übrigen müssen falsifiziert werden. Fabricius hatte sich mit spürbarem Ernst, humorlos, aber nicht ohne witzige Schärfe, darum bemüht, die aktuellen Positionen der diversen protestantischen Lehrer durch theologische Argumentation und moralische Abwertung zu widerlegen.

Frischlin scheint mir im *Phasma* seinerseits viel stabiler lutherisch zu sein, als Fabricius katholisch ist. Er führt von einem unerschüttert lutherischen Standpunkt aus vor, wie die Nichtlutheraner, darunter die Katholiken, im Irrtum befangen sind, oder vielmehr: er führt vor, auf wie lächerliche Weise die Nichtlutheraner irren. Der Irrtum betrifft nämlich nicht so sehr die theologischen Lehrgebäude, die etwa durch Argumente zu erschüttern wären, sondern vielmehr die menschlichen Persönlichkeitsdefekte und intellektuellen Seltsamkeiten der einzelnen Sektengründer wie etwa Schwenckfelds Traumphantasien, sowie die im Effekt antihumanen Deformationen, zu denen die diversen »häretischen«

Konfessionen ihre Gläubigen führen.[41] Ein Paradebeispiel dafür ist die menschenunwürdige Behandlung, die Karlstadt in seiner schwärmerischen Verblendung seiner Frau zumutet.[42] Hier mobilisiert sich das satirische Organ des Humanisten Frischlin, und er führt die nichtlutherischen Konfessionen auf der Bühne vor, wie sie ihm vorkommen: zum Lachen, als »verkehrte Welt«. Ich fühle mich hier im Einklang mit Günter Hess,[43] der den erlösenden Begriff des »Fastnachtsspiels« in die Diskussion um Frischlin gebracht hat.

Sperrig bleiben im *Phasma* die beiden letzten Akte, die sich in nun unversöhnlichem Ton mit der Katholischen Kirche, insbesondere mit dem Papsttum auseinandersetzen. Hier liegt, wie Gustav Roethe,[44] Adalbert Elschenbroich[45] und Hess[46] zu Recht feststellen, ein gravierender Bruch. Es ist, als forderte die alte Gattung des vernichtenden protestantischen, Naogeorgischen Gerichtsdramas,[47] von Frischlins drei ersten, satirisch–toleranten Akten unbelehrt geblieben, noch einmal ihr Recht. Erkennbar hat zur Verschärfung des Tons und zur Verhärtung der Urteile die aktuelle Wirkung des Trienter Konzils beigetragen. Jetzt sind auch die beiden monastischen Vertreter der Katholischen Kirche, Franciscus und Brigitta, die sich in den ersten Akten neben den protestantischen Sektierern hatten gut behaupten können, doch wieder die verächtlichen

---

41 Vgl. Phasma, Actus III Argumentum Scenae IV: *ZUletzt kompt auch auff diesen Plan/ // Schwenckfeldt ein glerter Edelman/ // Doch nur halbglehrt / wie gmeinlich geschicht/ // Wenn einer ein Ketzrey erdicht* [...]. (Operum Poeticorum Nicodemi Frischlini, Poetae, Oratoris, et Philosophi Pars Scenica [...] Wittenberg 1621. Dd 12v).

42 Ebd. Actus I. Scena II: (Thestilis klagt): *O tempora! o mores! ubinam est fides? ubi pietas? // Ubi religio? huccine rerum miserè pervenimus? // Ut propter religionem dissipentur etiam matrimonia, // Violentur omnia jura? omnia rumpantur foedera?* (Ebd. Cc 10).

43 Vgl. Hess (wie Anm. 1) S. 166.

44 Roethe, Gustav: Frischlin als Dramatiker. In: Janell, Walther (Hg.): Nicodemus Frischlinus: Julius redivivus (Lateinische Litteraturdenkmäler des XV. und XVI. Jh. 19). Berlin 1912. S. 43ff.

45 Vgl. Elschenbroich (wie Anm. 1). Bes.: S. 361ff.

46 (Wie Anm. 1) S. 166ff.

47 Es hat den Anschein, als ob hier nicht nur Naogeorgs Pammachius, sondern auch Mercator seine Spuren hinterlassen hätte.

Kreaturen, die keine Gnade finden, weder vor Christus noch vor Frischlin.

Trotz der Einschränkung, die den deutlich theologischeren zweiten Teil des *Phasma* betrifft, möchte ich die These wagen, daß Frischlin in seinen Dramen kein primäres, nämlich persönlich motiviertes und theologisch orientiertes Interesse an Konfessionspolemik verrät. Es ist schwer zu sagen, wieviel persönliche oder taktische Rücksichten dabei im Spiel waren – Frischlin hatte ja zeit seines Lebens gute Beziehungen zu katholischen Personen und Institutionen, wie zwei Rufe nach Graz und Freiburg bezeugen. Was Frischlin, nach Ausweis seiner Dramen, ansprach und herausforderte, war aber vermutlich nicht die Frage nach der Wahrheit einer Religion und die Frage des Rechtbehaltens einer Konfession, es waren vielmehr die anthropologischen Aspekte und humanen Effekte der Religion und der Konfessionen. Frischlin überprüft mit dem begabten Auge des humanistisch geschulten Menschenbetrachters die humanen und rationalen Unverträglichkeiten, Zumutungen und Deformationen im konfessionstypischen religiösen Leben, und er mißt dieses Leben an der humanen Vernunft, die für ihn mit der Lehre Luthers schlicht zusammenfällt.

Jedenfalls zeichnet sich Frischlins Behandlung religiöser Probleme zumindest in den Dramen – nicht so in den Satiren – aus durch eine gelassene Distanz, die sich souverän des humanisierenden Mittels der Komik bedient. Es ist aber gut möglich, daß diese Komik in Erasmischer Weise auch ein Einverständnis in die Absurdität der Welt mit einschließt. *Priscianus vapulans* und *Phasma* sind beides Komödien, in denen man auf komische und groteske, im Effekt aber auch tragische Weise aneinander vorbei redet.

5. Das Jesuitendrama: Werben, Rechtbehalten, Triumphieren

Wenn zum Abschluß noch ein Blick auf die konfessionspolemische Praxis des Jesuitentheaters geworfen werden soll, so muß man einschränkend vorausschicken, daß das Bild hier nicht so einheitlich ist, wie man

es bei diesem streng organisierten Orden vielleicht erwartet. Es gibt große regionale Unterschiede, die sich leicht aus den politisch z. T. delikaten
Bedingungen erklären. Vor allem in konfessionell gemischten Städten
war ein vorsichtigerer Ton geboten als dort, wo man sozusagen unter sich
war. In Fulda etwa kann man die über Jahre hin unentschiedene und labile konfessionelle Situation geradezu an den Dramen der Jesuiten und an
ihrer Bewertung in der Chronik des Kollegs verfolgen, und es ist tatsächlich erlaubt zu vermuten, daß Fulda ohne den behutsamen und die Protestanten umwerbenden Einsatz der Jesuitenbühne möglicherweise nicht
katholisch geblieben wäre.[48]

Gewöhnlich aber findet man vor allem in den frühen Jesuitendramen
eine harte, theologisch argumentierende und die Stifter der Reformation
nominatim attackierende und diskriminierende Polemik. In seinen *Lectio-*
nes de fide aus dem Jahr 1583 hat der maßgebliche spanische Theologe
Francisco Suarez neun *Signa* aufgezählt, an denen man eine Häresie erkennen und damit überführen könne. Das zweite *Signum* dieser Art ist
das *vitium auctoris* bzw. die *prava vita* des neuen Religionsstifters, und
in diesem Punkt hat Luther bei den Jesuiten nichts zu lachen gehabt. Mit
Vorliebe bringt man ihn, wie schon bei Fabricius zu sehen war, in Verbindung mit den Lastern der *libido*, mit *cupido*, *libertas* oder *licentia*.
Luther trägt die Verantwortung nicht nur für die politische »Tragödie« in
Europa, sondern auch für den Verfall der Sitten. Fastnacht, die *Bachana-*
lia, könne man auch als »Lutherfest«, *Lutherania festa*, bezeichnen, liest
man in einem noch unveröffentlichten Dillinger Hercules–Drama (in
Hexametern) aus den 60er Jahren des 16. Jahrhunderts, nur daß eben die
Lutherfastnacht das ganze Leben dauere. Sobrietas, die Nüchternheit,
spricht diese anklagenden Worte:

> *Me* (scil. Sobrietate) *spreta festa acsi Bachanalia suasit*
> *Perpetua illa suis traducere, verius immo*
> *Esse ex re dicemus ›Lutherania festa‹.*[49]

---

48 Vgl. dazu Rädle, Fidel: Eine Comoedia Elisabeth (1575) im Jesuitenkolleg zu Fulda.
    In: Arnold, Udo / Liebing, Heinz (Hgg.): Elisabeth, der Deutsche Orden und ihre
    Kirche (Quellen und Studien zur Geschichte des Deutschen Ordens 18). Marburg
    1983. S. 78–145, bes.: S. 82–94.
49 Dialogus qui Hercules inscribitur, cuius exemplo omnibus posthabitis voluptatibus

(Mich, die Nüchternheit, ließ er verachten und riet den Seinen, ununterbrochene Feste zu feiern wie Fastnacht, ja man könnte diese sogar der Sache nach zutreffender als ›Lutherfest‹ bezeichnen.)

Die Polemik war bei den Jesuiten immer scharf und vor allem ohne das Eingeständnis von Versagen und Schwäche, ohne die Trauerarbeit des Fabricius. Es ging ihnen immer um das Rechtbehalten, und es wäre ihnen nie eingefallen, die Häretiker so ausführlich zu Wort kommen zu lassen, wie es diesen in der *Religio patiens* und im *Evangelicus fluctuans* gestattet war. In der *Ratio studiorum* der Jesuiten aus dem Jahre 1586 ist eine in unserem Zusammenhang aufschlußreiche Regel enthalten: sie betrifft die Ausbildung der Kontroverstheologen, und dabei ist ausdrücklich an die *Ultramontani*, besonders die Deutschen, gedacht. Es heißt dort:

> [...] *nec referantur haereticorum scommata et exaggerationes, nec verba, sed nuda sententia.*[50]

> (Bei der Widerlegung der Häretiker sollen weder ihre Verhöhnungen und Übertreibungen zitiert noch auch nur ihre Lehren wörtlich wiedergegeben werden, vielmehr ist nur die nackte Kernaussage ihrer Lehre vorzutragen.)

An diese Regel haben sich die Jesuiten auch in ihren Dramen gehalten. Es dauerte aber nicht allzu lange, bis die Societas Jesu so gefestigt und selbstsicher war, daß sie wenigstens auf der Bühne ihre Gegner ignorierte. Aus der Gegenreformation wird auch hier die »Konkurrenzreformation«, von der Ernst Walter Zeeden[51] gesprochen hat. Aus der Aggression wird der Agon. Man stellte sich selber dar, und man erhielt es oft sogar von den Ketzern bestätigt, daß s i e dem Jesuitentheater nichts Adäquates entgegenzusetzen hätten. Derartige Urteile werden in den Chroniken geflissentlich festgehalten. So kommt es vor allem in Bayern von den 70er Jahren des 16. Jahrhunderts bis in die erste Zeit des Drei-

---

solam virtutem complectendam esse ob oculos ponitur (Dillingen, Studienbibliothek: Cod. XV 219. S. 1057–1075. Hier: S. 1074).
50 De controversiis praelegendis. Bd. 5. In: Monumenta paedagogica Societatis Iesu. Bd. 5. Lukács, Ladislaus S. J. (Hg.). Romae 1986. S. 84. Zum Problem vgl. Mancia, Anita: La controversia con i protestanti e i programmi degli studi teologici nella Compagnia di Gesù 1547–1599 (Archivum Historicum Societatis Jesu anno 54. Fasc. 107). Roma 1985. S. 3–43.
51 Zeeden, Ernst Walter: Das Zeitalter der Glaubenskämpfe. In: Grundmann, Herbert (Hg.): Gebhardt: Handbuch der Deutschen Geschichte Bd. 2. Stuttgart ⁹1970. S. 129.

ßigjährigen Krieges zu einem lustvollen und selbstbewußten, teilweise geradezu triumphalistischen Theaterbetrieb, einem inszeniertem »Wir sind wir« auf lateinisch.

In dieser Zeit haben es sich die Jesuiten sogar geleistet, selbst häretische Autoren, sofern sie sich nur als gute Latinisten ausweisen konnten, zur Kenntnis zu nehmen, wie das für den Fall Frischlin weiter oben bereits angedeutet wurde. Vor allem Anton Dürrwächter hat bei Jakob Gretser (1562–1625) in zahlreichen Fällen literarische Nachwirkungen Frischlins identifiziert.[52] Gretsers vertrautester jüngerer Mitbruder war der schon mehrfach erwähnte Georg Stengel, der Frischlin den »Plautus des Jahrhunderts« nannte. Dieser Georg Stengel hat seinerseits im Jahre 1614 zu Ehren des Gründers der Dillinger Universität, des Kardinals Otto Truchsess von Waldburg, seinen schon öfter zitierten *Otho redivivus* geschrieben. Der Titel stammt der poetischen Idee nach natürlich von Frischlin. In einer komischen Szene dieses Stücks tritt sogar auch, wie im *Julius redivivus*, ein Savoyischer Händler auf.[53] Aber im Gegensatz zu dem Savoyer Allobrox bei Frischlin, der sich auf französisch mit seinen erotischen Erfolgen brüstet, spricht der Händler bei Stengel lateinisch und bietet, neben Brillen, Mausefallen und Seifen, eine sehr fromme Ware (*rem piissimam*, fol. 17[V]) feil, nämlich Rosenkränze, die sich jedoch, solange die Jesuiten Dillingen noch nicht kultiviert haben, als unverkäuflich erweisen.

---

52 Dürrwächter, Anton: Jakob Gretser und seine Dramen. Ein Beitrag zur Geschichte des Jesuitendramas in Deutschland (Erläuterungen und Ergänzungen zu Janssens Geschichte des Deutschen Volkes. Bd. 9,1 und 9,2). Freiburg im Breisgau 1912. S. 74f. und S. 81–86. Es gilt im besonderen für *Hildegardis magna, Priscianus vapulans* und *Julius redivivus.*
53 Dillingen, Studienbibliothek: Cod. XV 236a. Fol. 17v–22v.

Richard Erich Schade

Nicodemus Frischlins *Phasma* (1592): Eine Dokumentation zu den Übersetzungen

Als einziges Drama Nicodemus Frischlins (1547–1590) ist die neulateinische Religionskomödie *Phasma* über Jahrhunderte hinweg ins Deutsche übertragen worden.[1] Jacob Frischlin (1557–um 1642), der Waiblinger Schulmeister und erfolgloser Nachfolger seines Bruders als Stuttgarter Hofpoet, übersetzte *Julius redivivus* zweimal (1585, 1592)[2] wie auch *Rebecca* und *Susanna* (1589). Obwohl 1599 noch zwei Fassungen von *Rebecca* durch Calagius bzw. Schön und 1616 durch Merck erschienen und obgleich Calagius auch Frischlins *Susanna* (1604) übersetzte, die Übertragungen von *Phasma* zeugen von einem außergewöhnlich anhaltenden Interesse für den Stoff.[3] Während die Übersetzungen von den biblischen Dramen und *Julius redivivus* vornehmlich aus zeitbedingten Intentionen der Schuldramatik unternommen worden sind, wie aus der Schulordnung (1594) der Reichstadt Speyer hervorgeht –

> *Es konnen auch zu Zeiten etliche vnserer Zeit poeten nutzlich gebraucht werden [...] Ja auch etwan [...] Comici Nicodemi Frischlini Comedien eine, welcher, so [obgleich] es den Alten Comicis nicht gleich gethan hatt, jedoch jnen neher khommen ist, dann kein anderer heitigs Tags. Solche seint Rebecca, Susanna, Hildegardis magna, Julius Rediuivvs, vnnd andere mehr.*

[Mein Dank für großzügige Unterstützung gilt dem Charles Phelps Taft Memorial Fund der Universität Cincinnati].

1   Gewissermaßen ein Pendant zu der vorliegenden Arbeit ist Schade, Richard E.: Komödie und Konfession: Eine Dokumentation zu Frischlins PHASMA. In: Euphorion 86 (1992) S. 284–318; dort weitere Sekundär- und Primärliteratur. Vgl. auch ders.: Nikodemus Frischlin (1547–1590). In: Deutsche Dichter der frühen Neuzeit (1450–1600). Füssel, Stephan (Hg.). Berlin (erscheint demnächst).

2   Vgl. Frischlin, Nicodemus: Ivlivs Redivivvs Comedia; Frischlin, Jacob (Übs.). Schade, Richard E. (Hg.). Stuttgart 1983.

3   Price, David: The Political Dramaturgy of Nicodemus Frischlin. Chapel Hill 1990, setzt sich ausführlich mit den genannten Dramen auseinander. Vgl. auch Strauß, David F.: Leben und Schriften des Dichters und Philologen Nicodemus Frischlin. Frankfurt 1856. Im folgenden als Dramaturgy bzw. Frischlin abgekürzt.

Diese Authoren sollen die knaben auswendig lernen, vnnd sunderliche Mores, vnnd hoffentlichkeit daraus zufassen, wie auch sich jn pronuntiatione vnnd geberden zu vben [...].[4]

– waren die Übersetzer von *Phasma* aus drei Jahrhunderten jeweils in erster Linie durch die lutherisch orthodoxe Tendenz der Komödie motiviert. Grundsätzlich dienten deutsche Fassungen von lateinischen Werken in der frühen Neuzeit pädagogischen Zwecken, wie der Tübinger Boltz in der Vorrede zu seiner wiederholt aufgelegten Terenz–Ausgabe hervorhebt:

Ich bezeüg mich aber Gott [...] das mich hierzuo [zu der Übersetzung] kein ehrgirigkeit [...] getriben hat / dann nur allein das sich die ermen Schülerlein / so nit allwegen interpretes [Dozenten] haben / darinn selbs treiben vnd üben mögen / vd wort auf wort / Cola auff Cola [...] applicieren vnnd vergleichen mögen. Darumb ich Translatz / bei gefundener eigenschafft des Lateins / so vil immer müglich was / hab lassen blieben.[5]

Die *Phasma*–Fassungen von Arnold Glaser (1593) bis Immanuel Hoch (1839), Gegenstand vorliegender Dokumentation, zeugen aber eher von der Absicht, die lutherische Orthodoxie literarisch zu untermauern, als schuldramatisch zu wirken.

1. Zu Glasers Übersetzung (Greifswald 1593)

Die Laufbahn von Arnold Glaser (1564–1624) ist die eines religiös Gesinnten. Auf dem Titelblatt (fol. A$_i$^{r}) steht schlicht: *M. ARNOLDVM Glasern / Othmar: Tuentium, der H. Schrifft Studiosum.* In *OOtmarsum / Overissel*, im damaligen *Circulus Westphalicus* (ab 1592 Teil der Vereinigten Niederlanden), geboren, wuchs er in Zwolle und Osnabrück auf.[6] Im April 1586 schrieb er sich als *Arnoldus Glaserus Otmarensis West-*

---

4 Zit. nach Frischlin/Schade (wie Anm. 2) S. 157.
5 Boltz, Valentin: Terentij [...] Comedien. Basel 1540. Fol. iiv–iiir.
6 Glaser, Arnold (Übs.): Frischlin, Phasma. Greifswald 1593. Zitate im folgenden in Klammern; zit. wird nach der Ausgabe Herzog–August–Bibliothek [HAB] Wolfenbüttel. Signatur: 1023.10 Th. (6). Die Biographie basiert auf: Bijdragen Tot De Geschiedenis Der Evang.–Luterische Kerk In De Nederlanden. 3. Utrecht 1841. S. 111–126 und auf Loosjes, J.: Naamlist van Predikanten, Hoogleergren, en Proponenten der Luthersche Kerk in Nederland. S–Gravenhage 1925. S. 91.

phalus an der mecklenburgischen Universität Rostock ein.[7] Ferner ist bezeugt, daß er am 5. September 1590 an einer theologischen Disputationsübung unter der Leitung vom Professor und lutherischen Hauptpastor der Rostocker Marienkirche Lukas Bacmeister (1530–1608)[8] zum Thema *De IIII. Capiti Amos* teilgenommen hat. Er setzte sich also mit einem biblischen Text auseinander, zu dem Luther sich in seiner Vorrede so äußerte: *AMos zeigt seine zeit an: das er zur zeit Hosea vnd Jesaias gelebt vnd geprediget hat / Vnd eben wider dieselbige Laster vnd Abgötterey / oder falsche Heiligen [...]*[9] – bzw. mit einem Kapitel, das Luther in den Marginalien folgendermaßen kommentierte –

> *Text: HOret dis wort / jr fetten Küe / die jr*
> *auff dem berge Samaria seid [...]*
> *Luther: Kühe vnd jr Herrn sind die Abgöttischen mit*
> *jren Götzen / dauon sie Reich werden.*[10]

Am 2. September 1591 erhielt Arnoldus Glaserus Othmariensis nach bestandener Prüfung durch den Professor für Poetik und Rektor der öffentlichen Stadtschule Nathan Chytraeus den Magistertitel.[11] 1593 – das Vorwort ist *Rostock am Tage Gregorij.* [d. h. am 12. März] *Anno 1593* (fol. A$_{vii}$^{V}) datiert – erschien Glasers *Phasma*–Übertragung, eine Arbeit der Rostocker Zeit, obgleich er in dem Jahr höchstwahrscheinlich bereits Hofprediger des in Sachen der Orthodoxie strengen Grafen Edzard II. von Ostfriesland (1532–1599), geworden ist.[12] Danach diente er zeitweilig Herzog Alexander II. von Holstein–Sonderburg in Hatzum, bis er 1595 dem großem späthumanistischen Historiker und Gelehrten Ubbo Emmius (1547–1625)[13] als Rektor der Schule zu Leer, Ostfriesland, folgte. Dieses Amt hatte er inne, bis er am 26. September 1601 als lutherischer Prediger nach Woerden berufen wurde. Aus dieser Zeit wird sein

---

Hofmeister, Adolf (Hg.): Die Matrikel der Universität Rostock. Bd. 1. Rostock 1889. S. 218.
8 Siehe Allgemeine Deutsche Biographie. Bd. 1. Leipzig 1875. S. 758.
9 Luther, Martin: Biblia. 2 Bde. Hans Volz (Hg.). Darmstadt 1973. S. 1595.
10 Ebd. S. 1600.
11 Hofmeister (wie Anm. 7) S. 237f.
12 Vgl. Schmidt, Heinrich: Politische Geschichte Ostfrieslands. Leer 1975. S. 195–217 und Klopp, Onno: Geschichte Ostfrieslands. Bd. 2. Hannover 1856. S. 80–85.
13 Siehe Neue Deutsche Biographie. Bd. 4. S. 486.

Aussehen umschrieben. Demnach war er »ein jungaussehender Mann mit einem langen, mageren Angesicht, einem schwarzen dünnen Bart, der ihm zu einer phantastischen, fast jesuitischen Erscheinung machte«.[14] Er diente in Woerden bis 1613, eine heroische Leistung, denn seine evangelische Gemeinde wurde vom reformierten Stadtrat verboten, bis am 28. Dezember 1603 in Den Haag beschlossen wurde, daß sie – als einzige Gemeinde in den calvinistischen Vereinigten Niederlanden – toleriert werden mußte. In den Jahren 1613 bis zu seinem Tod war er in Amsterdam tätig. Der Übersetzer von Frischlins *Phasma* war ohne Zweifel ein besonders engagierter Lutheraner.

Als Glaser 1586 bis 1593 in Rostock studierte, erlebte die Universität eine Blütezeit. Seit langem war David Chytraeus (1531–1600), Tübinger Stiftler, Schüler Luthers und Melanchthons, Mitarbeiter an der Konkordienformel – er unterschrieb sie – mit Bacmeister Professor der Theologie in Rostock.[15] Infolgedessen war die theologische Fakultät rechtgläubig; sie »galt in den weitesten Kreisen als Vertreterin der reinen lutherischen Lehre«.[16] Deshalb studierte u. a. Ludwig Hollonius (1570–1622), der evangelische Pastor und Verfasser der Komödie *Somnium Vitae Humanae* (1605), ab 1590 in Rostock.[17] Es herrschte an der Universität aber ebenfalls ein reges Interesse für das literarisch Dramatische, eine Einstellung, die auch in Hollonius' lutherischer Dramenapologetik ihren Niederschlag findet.[18] Als z. B. Glasers Prüfer, Nathan Chytraeus (1562–1598) – der Bruder Davids, 1592 des Kryptocalvinismus verdächtigt wurde, mußte er trotz der Vermittlung seines Bruders beim mecklenburgischen

14 Siehe Nieuw Nederlandsch Biografisch Woordenboek. Bd. 2. S. 481.
15 Vgl. Anm. 1. Neuere Untersuchungen der Komödie betonen die thematische Verbindung zwischen Komödie und Konfession, so z. B. Price (wie Anm 2) S. 84–102. Zu Chytraeus s. Allgemeine Deutsche Biographie. Bd. 4. S. 254–56.
16 Krabbe, Otto: Die Universität Rostock im 15. und 16. Jahrhundert. Rostock 1854. S. 677. Vgl. auch Geschichte der Universität Rostock 1419–1969. Bd. 1. Berlin 1969. S. 37–48.
17 Vgl. Schade, Richard E.: Studies in Early German Comedy 1500–1650. Columbia, S.C. 1988. S. 150–170.
18 Vgl. Schade, Richard E.: Martin Böhme and Ludwig Hollonius: Lutheran Apologists for Drama. In: Modern Language Notes 92. (1978) S. 81–89.

Herzog seine Stelle aufgeben,[19] eine Maßnahme, die zwar drastisch, aber durchaus verständlich war. Der Calvinismus hatte sich eben im Zusammenhang mit dem Freiheitskampf in den Niederlanden, der zahlreiche Calvinisten zur Flucht zwang, in den norddeutschen Hansestädten verbreitet. Er stellte eine ernste Gefahr für die evangelische Kirche dar, die selbst nach der Konkordienformel in zahllose Lehrstreitigkeiten verstrickt war.[20] Frischlins Drama war in diesem religiös problematischen Kontext äußerst aktuell, und es waren auch höchstwahrscheinlich David und Nathan Chytraeus, die Glaser mit *Phasma* vertraut machten. 1587 hatten die Rostocker bereits Epigramme an Frischlin gerichtet.[21]

Obgleich Glaser die lateinische Komödie Frischlins aus konfessionellen bzw. propagandistischen Gründen ins Deutsche übertrug (fol. A$_{ij}$^{r}– A$_v$^{v}), stechen die persönlichen Motivationen hervor. Nach eher topisch bedingten Ausführungen im Vorwort kommt Glaser auf seine eigene Situation zu reden. Er sei zunächst *in der Blintheit des Bapstthumbs* erzogen worden und nur durch den Einsatz seiner Eltern *zum rechten Glauben* gekommen. Seine Familie sei immer noch lebensgefährlich bedroht, wie er vor *anderhalb jar augenscheinlich gesehen* habe. Der feste Glaube sei den Menschen in seiner Heimat und anderswo wahrlich abhanden gekommen – *da auch wol einer ds Freydags noch ein Papist ist / vnd am Sondag ein arg Calviniste wird*, ja, er wolle seine Übersetzung nur seinen gläubigen Gönnern widmen, weil das Werk inmitten der besorgniserregenden Zustände der konfessionellen Leichtgläubigkeit sonst miß– bzw. ungeachtet bleiben werde (fol. A$_{vi}$^{r}–A$_{vii}$^{v}). Der persönliche Ton und die Intensität der Polemik zeugen von der überdurchschnittlichen Bedeutung der Komödie für Glaser. Er kennt aus eigener Erfahrung die römische und calvinistische Kirche. Die Auseinandersetzung mit dem Dramatext bewirkt für ihn, für seine Gönner, für den Leser letztzes Endes die ewige Freude:

19 Zu Nathan Chytraeus s. Allgemeine Deutsche Biographie. Bd. 4. S. 256 und Krabbe (wie Anm. 16) S. 727–731.
20 Siehe Schnell, Heinrich: Mecklenburg im Zeitalter der Reformation 1503–1603. Berlin 1900. S. 237–275, für eine ausführliche Darstellung der konfessionellen Situation.
21 Siehe Frischlin, N.: OPERVM POETICORVM [...] pars scenica. Straßburg 1587. S. 535 und 579f.

Hiermit [...] thue ich in den schutz vnd schirm des Allerhöchsten befehlen /
der wolle [...] das wir bey der einen vnd einmahl erkandten Lere bestendig-
lich biß ans ende vnsers Glaubens dauon bringen / Nemlich der Seelen se-
ligkeit / Amen. (fol. Aviir–v)

Indem der »richtige Glaube« im Zeitlichen entweder beibehalten oder
durch das Drama erst bewirkt wird, geht der Gläubige in das Ewige ein.
Für Arnold Glaser hatte die Übersetzungsarbeit geradezu endzeitliche
Implikationen.

2. Zu Bertesius' Übersetzung (Leipzig 1606)

Iohannes Bertesius Cammerforstensis, wie er sich selbst charakterisier-
te,[22] war ein Schulmeister und Pastor, der sich dem Literarischen widmete:

> *So habe ich a functione mea, von meinem Beruff vnd Stande / nicht alienum*
> *sein erachtet / wenn ich der Jugend vnd einfeltigen Christen vnd Leyen / qui*
> *literas non callerent, in diesem gedienet were. Vnd derowegen vor wenig*
> *Jahren [er schreibt im Januar 1605] der Schulen zu Thamßprücken Modera-*
> *tor, wenn ich nach meinem Dienst / in Kirch vnd Schule zuverrichten / biß-*
> *weilen von meinen andern studiis, ein horam succisive hab können abbre-*
> *chen / dieselbe auf diß studium scribendarum Comoediarum collociret vnnd*
> *angewendet [...].*[23]

Wie seine Zeitgenossen, die evangelischen Pastoren–Dichter Ludwig
Hollonius und Martin Böhme (1557–1622), hielt er es für notwendig,
seinen Hang zur literarischen Tätigkeit zu rechtfertigen. Seine dichterische und daher weltliche Tätigkeit lenke nicht von seiner eigentlichen
Aufgabe als Pastor ab, denn sie sei bloß eine Nebenbeschäftigung, die
auch zum kirchlich pädagogischen Amt wesentlich beiträgt:

> *Daß man also in Comediis allwege als in einen Spiegel zu sehen hat / nicht*
> *allein wie zu jeder zeit / Tugend / Erbarkeit vnd ehrliches Wesen / von Gott*
> *dem Allmechtigen belohnet / vnd im gegentheil / Sünde / Laster vnd Schan-*
> *de / gestraffet / vnd falsche Practicken vnd böse Anschläge / jhnen ein*

---

22 Bertesius, Johann: PHASMA. Leipzig 1606. fol. Aiiiijr; s. Anm. 30 unten.
23 Bertesius, Johann: REGVLVS. Leipzig 1606. fol. A4v; s. Anm. 28 unten.

gleichsams Ende genommen: Sondern auch daran zu lernen / was zu diesem Leben nützlich / wie Tugend / Erbarkeit vnd guten Sitten nachzufolgen / vnd widerumb Vntugend / Laster vnd böse Gewonheiten abzustehen vnd zu fliehen. Wie dann zu diesem ende anfänglichen die Tragoedien vnd Comoedien erfunden [...].[24]

Die Gattung sei ein *spiegel oder Ebenbild / des Menschlichen täglichen vnd gemeinen Lebens* (fol. A$_{ij}$^{v}) und habe eine moralische Wirkung, selbst wenn *gemeine Standes Personen* mit ihren unbeholfenen und zotenhaften Reden eingeführt werden – *So sagen doch dieselben vielmal am ersten die beste Wahrheit [...]* (fol. A4^r).

Bertesius' Auffassung von der moralischen Funktion des geistlichen Schuldramas findet dann auch ihren Niederschlag in den von ihm verfassten Werken:

– Hiob TRAGICOMOEDIA, Ein schön Newes Geistliches Spiel / darinne der Gedult ein sondermercklich Exempel wird fürgestellet. (Jena 1603).[25]

– Der Schalckß Knecht. TRAGOEDIA. Ein new Geistlich Spiel / aus dem Euangelio des 22. Sonntags nach Trinitatis. Matthaei am 18. Capitel. (Leipzig 1606).[26]

– VINEA: Ein kurtze doch schöne Comodia vom Weinberg deß Herren / vnd Arbeiters darinnen Matthaei. am 20. Capitel. (Leipzig 1606).[27]

– REGVLVS. COMOEDIA: Ein schön Geistliches Spiel aus dem Euangelio Johannis am 4. Capitel. Von dem Königischen / des Sohn kranck lag zu Capernaum. (Leipzig 1606).[28]

24 Ebd. fol. Aiijv.
25 Herzog Heinrich Julius von Braunschweig–Lüneburg, dem gewandten Dramatiker gewidmet (fol. Aijr) und vor ihm aufgeführt (fol. A7v) HAB Wolfenbuttel, Signatur: 107.16. Eth. (4).
26 Vorrede datiert Cammerforst / den 13. Januarij / ANNO 1605. Vgl. Luther (wie Anm. 9) S. 2003f. (Matthäus 18, 21–35), für die Quelle. Bertesius nimmt im Vorwort zu seiner Quelle poetologisch Stellung (fol. Avv). HAB Wolfenbüttel, Signatur: Lo Sammelband 64 (4).
27 Vgl. Luther (wie Anm. 9) S. 2006 (Matthäus 20, 1–15), für die Quelle. In diesem Drama treten – wie bei Frischlin – Melanchthon, Luther, ein Jesuit und zwei Widertäufer aus Mähren auf. HAB Wolfenbüttel, Signatur: Lo Sammelband 64 (3).
28 Möglicherweise die 2. Auflage (Gebessert / vnd mit Personen gemehret); vgl. Luther (wie Anm. 9) S. 2146 (Johannes 4, 47–54), für die Quelle. HAB Wolfenbüttel, Signatur: Lo Sammelband 64 (2).

– Dina / TRAGOEDIA: Wie DINA / des Patriarchen IACOBS Tochter jhr Ehrenkränztlein verspatzieret / Und das gantze Hauß SICHEM darumb erschlagen wird / Genesis am 34. Capitel. (Leipzig 1606).[29]

Als Bertesius sich im Jahre 1605 der Übersetzungsarbeit an Frischlins *Phasma* zuwand, unternahm er die literarische Aufgabe ganz im Sinne der zeitgenössischen Schuldramatik evangelischer Prägung. Der vollständige Titel [fol. A$_i$^{r}] lautet wie folgt:

PHASMA
Das ist:
Eine newe Geist–
liche Comoedia: Von manch–
erley Secten vnd Rottenmeistern:
Welche mit dem liecht / deß / durch Got–
tes Gnade wiederwachsenden Euangelii /
in dieses letzten zeiten ent–
standen.

Autore
NICODEMO FRISCHLINO,
Doctore, Oratore, vnd treflichen
Philosopho (wenn Neidhart auch bersten
solt) Sacri palatij comite, vnd ge–
krönten Poeten.
Nach seim Tode in Latein außgang–
en / vnd nun also von wort zu wort
verdeutschet /

Von
IOHANNE BERTESIO
Cammerforstense.
Leipzig /

―――――――――――――――――

ANNO M. DC. VI.[30]

---

29 Vgl. Luther (wie Anm. 9) S. 87ff. (1. Buch Mose 34), für die Quelle. HAB Wolfenbüttel, Signatur: Lo Sammelband 64 (1). Es handelt sich um ein Schuldrama: *Wann jhr zu diesen lieben Herrn / uns günstig seid / vnd hört vns gern / So werden diese junge Knabn / So viel mehr lust zu spielen habn.* (fol. A3r).

30 Exemplare vorhanden in der UB Mainz, Signatur: RF 273 und British Library, Signatur: 11746. df. 29.

Der Schuldramatiker Bertesius, der in seiner *Vinea*–Komödie Motive aus Frischlins Drama übernahm, rechtfertigt seine literarische Beschäftigung mit dem Frischlin–Text vom pädagogischen Gesichtspunkt her (*propter sermonis puritatem, dispositionis artificium, & Elocutionis elegantiam* – fol. $A_{ij}{}^v$), aber auch aus der thematischen Perspektive:

> So ist diese *Actio posthuma* [...] *in dem fürtreflich / daß sie der Ketzer vnd der verfürischen Rottengeister / der Wiederteuffer / Carolstadischen / Zwinglianer / Caluinisten vnd Papisten / verdamlichen Lehre an tag gesetzet / ac satanae strophis ac praestigiis, quibus homines fanaticos exagitare solitus est detectis, Vns die reine vnd allein seligmachende Lehre des H. Euangelij von Christo selbst vnd seinen Aposteln getriben vnd geprediget / fein außgesetzet / commendiret vnd vns dahin weiset.* (fol. $A_{ij}{}^v$–$A_{iij}{}^r$)

Das Thema eignet sich bestens zum schuldramatischen Kontext. Anders als bei Glaser, dessen Übersetzung Bertesius anscheinend nicht bekannt war (vgl. fol. $A_{ij}{}^r$), war die Übertragung eher eine ernstgemeinte pastorale Pflichtübung bzw. eine Auftragsarbeit für seinen adligen Gönner *Hans Melchior von Wittern zu Wundersleben / Fürstlich. Sächs. Vornehmen Cammerrath zu Weimar / vnd Assessorn des Hoffgerichts zu Jhena.* (fol. $a_{ij}{}^r$). Wie dem auch sei, eine abschließende Gegenüberstellung der Fassungen von Glaser und Bertesius dokumentiert ihre jeweilige Verfahrungsweise als Übersetzer von Frischlins *Phasma*.

Eine gewisse Schlüsselstelle in *Phasma* nimmt das Marburger Gespräch zwischen Zwingli, Karlstadt, Brenz und Luther ein. Es geht um die Problematik der Abendmahlslehre, und Frischlin läßt die »Ketzer« den Satz Christi *Das ist mein Leib* (Matthäus 26, 26) auslegen:

> [fol. $D_i{}^r$]   [...] *Br. Quomodo igitur*
> *Tu verba Testamenti interpretaris, Cingli? Ci. Mihi verbum EST prorsus*
> *valet*
> *Quod SIGNIFICAT. Ca. Et mihi pronomen HOC non denotat*
> *Panem, sed corpus Christi: quod ipse tum indice digito monstraverat,*
> *Cum diceret haec verba HOC EST CORPUS MEUM. Ci. Posset etiam*
> *Oecolampadij expositio locum habere, qui per CORPUS accepit*
> [fol. D^v] *FIGURAM CORPORIS. Lu. Vide obsecro, quam versipellis sit*
> *Satanas.*
> *Qui se tanquam Vertumnus aut Proteus in tot formas permutat?*

In der Übertragung von Glaser lautet die gleiche Stelle:

[fol. I^v]   *Brentius. Wie wiltu / Zwingel / derwegen*
           Die Wort des Testaments außlegen?

           Cinglius. Das Wörtlein (Ist) heist Mir so viel /
           Als (Bedeutet) zu diesem ziel.

           Carolstadius. Und Mir das Wörtlein (Das) forn an /
           Mit nichten das Brot deuten kan /
           Sondern den abwesenden Leib
           Christi des Herrn (dabey ich bleib)
           Auff welchen Er am Tisch domals
           Mit seim Finger gezeigt desfals /
           Da Er bey seinen Jüngern treib
           Nachfolgend Wort: Diß ist mein Leib

           Cinglius. Es ist auch der Warheit gar ebn /
           Wies Oeclampadius thut gebn /
           Der durch das Wort (Leib) versteht nur
           Des abwesenden LeibsFigur.

[fol. I$_{ij}$^r]   *Lutherus. Sich / lieber / wie gar vmbwendig*
           Der Satan sey / vnd vnbestendig /
           Wie Proteus vnd Vertumnus ist /
           Der sich itzt vnd zu jeder frist
           Kan in so mancherley Gestalt Verendern gar geschwind
           vnd bald?

Bertesius übersetzte den Frischlin–Text wie folgt:

[fol. H$_8$^r]   *Brentius. Mein liber Cingli saget fort*
           Wie leget jhr dann aus die Wort

           Cinglius. Das Wörtlein Est: gilt gantz vnd gar
           Bey mir so viel als stünde dar
5   *Diß meinen Leib bedeuten thut:*

           Carolstad: Abr ich halt nicht das Hoc für gut
           Als solte solchs auffs Panem gehn
           Man muß von Christi Leib verstehn
           Darauff mit fingern also fort
10 [fol. H$_8$^v]   *Er weiset / wie er red die Wort:*
           Das ist mein Leib

           Cinglius. Auch kundte hie
           Woll stehen des Oeclampadij

534

Gesetzte Expositio,
Der durch das Wörtlein: Leib : also
Wil ein Figuram han verstandn
Weß leibes der nicht sey vorhandn.

Lutherus. Ey sehet lieber bitte ich
Wie kan der Böß verstellen sich
Und manche formen nemen an
Gleich wie der Proteus hat gethan
Ja wie ein rechter wetterhan
Auff all seit sich wenden kan.

Die deutschen Fassungen sind grundsätzlich von den literarischen Konventionen der Zeit bestimmt. Der heimische, paargereimte Knittelvers kann die lateinischen Zeilen bloß unzulänglich ersetzen. Auf acht des Originals kommen bei Glaser und Bertesius 22 bzw. 23 Zeilen, wovon viele nur zum Zweck des Reimes entstanden sind. Luther spricht bei Frischlin lediglich zwei, bei Glaser und Bertesius aber sechs Verse. Frischlins Wort *permutat* entfacht jeweils einen wahren Wortschwall. Die technischen Anforderungen des Deutschen haben ebenfalls zur Folge, daß Einzelheiten im lateinischen Text (wie Frischlins Namensnennung von Proteus und Vertumnus) stillschweigend abgeändert werden (Bertesius Z. 20ff.) bzw. wie bei der ausdrücklichen Erwähnung vom (Neuen) Testament, gänzlich fehlen (Bertesius Z. 1–2). Es sind unbedeutende Unstimmigkeiten, denn die Übersetzer fühlten sich gewiß keineswegs gezwungen, waren vielmehr möglicherweise gar nicht in der Lage, in einem anspruchsvollen Stil zu arbeiten. Ja, selbst Frischlin, der wortgewandte Neulateiner, vermochte in seiner Muttersprache vergleichsweise ungekonnt zu dichten.[31]

Von wesentlicher Bedeutung bei dieser Betrachtung ist allerdings der Umgang mit dem biblischen Zitat. Bei Matthäus 26, 26, Markus 24, 22, Lukas 22, 19, und in Luthers Schrift zu dieser theologisch problematischen Stelle[32] heißt es jeweils *Das ist mein Leib.* Glaser verfährt aber recht lässig –

---

31 Zu Frischlins Latinität vgl. Hess, Günter: Deutsch–Lateinsche Narrenzunft. München 1971. S. 161–171.
32 Luther, Martin: Werke. Bd. 23. Weimar 1901. S. 38–320: Daß diese Wort Christi ›Das ist mein Leib‹ noch fest stehen / wider die Schwärmgeister (1527).

Und Mir das Wörtlein (Das) forn an (Z. 3)

Nachfolgend Wort: Diß ist mein Leib (Z. 12)

– und Bertesius ebenfalls, aber gerade auf umgekehrter Weise:

Diß meinen Leib bedeuten thut: (Z. 5)
Er weiset / wie er red die Wort:
Das ist mein Leib. (Z. 10–11)

Nun ist *Phasma* keine theologische Abhandlung zur Abendmahlslehre gewesen, aber die beliebige Verwendung von *das* und *diß* als Übersetzung von Frischlins *Hoc* (Z. 3 und 5) zeugt von einer fast fatalen Unachtsamkeit dieser stets tückischen Bibelstelle gegenüber. Glaser war sich der Problematik generell bewußt (fol. A$_{iii}$^{v}); es waren grundsätzliche Schwierigkeiten syntaktischer Art, die Luther im Jahr 1527 so kommentierte:

D. Carlstad ynn diesem heiligen text ›Das Ist Mein Leib‹,
martert das wörtlein ›Das‹, Zwingel martert das wörtlein ›Ist‹,
Ecolampad martert das wörtlein ›Leib‹, Die andern
martern den gantzen text und keren das wörtlein ›Das‹ umb
und setzens hinden an und sprechen also: ›Nemet, esset,
Mein leib, der fur euch gegeben wird, Ist das‹.[33]

Gerade dieser Satz hätte also von Arnold Glaser und Johannes Bertesius genaustens übertragen werden müssen. Daß es nicht geschehen ist, zeugt aber letztlich eher von den konfessionellen Tücken ihrer Aufgabe, weniger von irgendwelchen Unzulänglichkeiten als Übersetzer Frischlins.

3. Zu den anonymen Übersetzung (Romanopoli 1671)

Der anonyme Übersetzer, der 1671 eine Fassung der Komödie an einem fingierten Druckort veröffentlichte, kannte weder die Ausgaben von Bertesius, noch von Glaser. Wahrscheinich war ihm auch Frischlins Text unbekannt. Der Titeltext gibt keinen Hinweis auf irgendeine Vorlage, die Fassung heißt gar nicht Phasma sondern:

---

33 Ebd. S. 107.

Eine anmuthige
COMOEDIE,
Von
Der wahren / alten Catholischen /
und Apostolischen Kirchen /
In welcher von denen eingeführten
Personen alle Controversien
und Streitigkeiten erörtert werden / so heutiges
Tages unter denen Römisch–Catholisch / Lutheranern / Zwinglianern / Calvinisten / Wieder-
täuffern / Schwenckfeldern / und andern /
der Religion wegen / sich
ereignen.

Ein sehr nützliches und annehmliches
Werck einem wahren Catholischen
Christen.
ROMANOPOLI.

———————————————

Gedruckt /
Im Jahr 1671.[34]

Allerdings läßt sich die Vorlage eruieren. Es handelt sich um eine italienische Fassung, auf deren Titelblatt der eigentliche Verfasser ebenfalls
unerwähnt bleibt:

Comedia piacevole: della vera, antica, Romana, Catholica &
apostolica chiesa. (Romanopoli 1611).[35]

Es geht dem italienischen bzw. dem deutschen Anonymus lediglich um
die Handlung und den Stoff, nicht um irgendwelche sprachliche Kunst-
fertigkeit. Frischlins Gestalten reden nunmehr Prosa:

Br. Wie verstehet ihr dann die Wort Christi.

*Zvv. Also verstehe ich sie, daß das Wort ist / so viel als es bedeutet / zu ver-
stehen sey.*

*Carl. Und das Wort dieser / verstehet sich nicht vom Brodt / sondern von
dem Leib / auf welchen er zeigete.*

———

34 Exemplar: HAB Wolfenbüttel, Signatur: 3927 (1).
35 Exemplar: HAB Wolfenbüttel, Signatur: Li 2675.

Zvv. Des Oecolampadii seine Außlegung kann auch stehen / welcher durch den Leib die Figur oder Bedeutung des Leibes verstehet.

Luth. Siehe umb Gottes willen / wie der Teufel in gestalt des Protei oder Vertumni in unterschiedliche Gestalt sich verstellen kan.[36]

Der theologische Sinn wird bewahrt, selbst wenn der biblische Schlüsselsatz fehlt, denn es geht dem »Übersetzer« vornehmlich um eine möglichst deutliche Vermittlung und dadurch die Entlarvung der irrigen Lehre. Die Konkordienformel war Anfang des 17. Jahrhunderts von aktueller Bedeutung – etwa bei Martin Rinckhart (um 1630):

> *Als Wittenberg / durch heimlich Schrifft /*
> *Vertiefft im Calvinisten–Gifft; 1574.*
> *Und solches endlich greiffen must*
> *Der löblich Sax / Churfürst AUGUST. 1575.*
> *Grieff er ins Spiel / mit groser Sorg /*
> *hielt Rath zu Liechtenberg / vnd Torg. 1576.*
> *Vornehm Theologn von Rostock /*
> *Franckfurth vnd Tübingen dazu zog:*
> *Stellt / durch sie vnd sein Lehrer rein /*
> *In eilff Articl / ein Büchlein klein: 7. Junii.*
> *Trugs keinen Schew / schicktz vmb vnd vmb / 1577.*
> *In Evangelisch‹ Fürstenthumb.*
> *Uor Magdeburg ein Closter ligt / 1578.*
> *Zum Berg; da wards recht außgeführt.*
> *Solch Buch die Luthrisch Kirch annahm /*
> *Vnd nennt es die Concordiam. 1580.*[37]

Dies gilt auch 1685 für den evangelischen Historiker Abraham Calov (1612–1686)

> *Das Buch aber von den Concordien redet nicht von den*
> *Personen / sondern von der Lehre [...] und verdammet diese*
> *Lehr als falsch / unrecht / und den Worten des Testaments*
> *Christi zuwider. Damit aber fromme Hertzen / so verführet*
> *und durch Gottes Gnade noch wieder zu bringen / sich nicht*
> *daran ärgern / sondern vielmehr dadurch zu Christlichen*
> *Nachdenken bewegt / und aus solchem Irrthum erlöset / oder*
> *andere dafür verwaret werden möchten [...].*[38]

---

36 Vgl. Exemplar (wie Anm. 34) S. 35.
37 Rinckhart, Martin: CIRCULORUM MEMORIAE DECAS. Leipzig 1629. fol. X6v.
38 Calov, Abraham: HISTORIA SYNCRETISTICA. 1685. S. 29.

In diesem feierlichen Kontext des historischen Bewußtseins war Frischlins *Phasma*, wenn auch in stark veränderter Prosafassung, noch im ausgehenden 17. Jahrhundert aktuell. Das Drama diente auch weiterhin der Propagierung des rechten Glaubens.

4. Zu Hochs Übersetzung (Stuttgart 1839)

Im Laufe des 18. Jahrhunderts wurde Nicodemus Frischlin wiederentdeckt. In den 20er Jahren erscheint Karl F. Langes Biobibliographie gleich zweimal (1725, 1727), Gottsched verzeichnet M. Arnold Glasers *Phasma, oder neue geistliche Comödie von Kezereyen; Gryphiswald 1593* in der *Schaubühne*, und Jöcher bringt ebenfalls eine biobibliographische Notiz. In Carl Friedrich Flögels »Geschichte der komischen Litteratur« (1786) sind mehrere Seiten Frischlin gewidmet: er bringt eine Biographie, bespricht Frischlins Rede *De vita rustica*, sowie *Priscianus vapulans*, und befaßt sich abschließend etwas eingehender mit *Phasma* – er kennt die lateinische Erstausgabe (woraus er auch zitiert) und Glasers Übersetzung. August Friedrich Böks Tübinger Universitätsgeschichte (1774), im Kontext des 300jährigen Jubiläums veröffentlicht, setzt sich sachlich mit Frischlins Leben auseinander, weniger mit dem Werk. Dies kennzeichnet auch Karl P. Conz' (1762–1827) pathetische Biographie. Darin wird die Person des späthumanistischen Dichters zum Stürmer und Dränger hochstilisiert, was sich auch in Christian F. D. Schubarts Gedicht Frischlin abzeichnet:

> *Doch ach! an eines grauen Felsen Wurzel*
> *Fand er, der Edle, seinen Märtertod.*
> *Ein Winzer sah den Dichter blutig liegen*
> *Im Morgenroth.*
>
> *Wo ruht er nun, der Bruder meines Geistes?*
> *Wo scharren sie des Edlen Trümmer hin?*
> *O sagt mir's, daß ich ihn mit Thränen salbe:*
> *Wo liegt Frischlin?*

Der gemarterte Frischlin: So hat David Friderich Strauß ihn noch 1856 gesehen. Seine Biographie ist kulturpatriotische Hagiographie württembergischer Prägung:

An zwei alte Bergvesten des Würtemberger Landes knüpfen die Namen unglücklicher Dichter: Schubarts an Hohenasperg, an Hohenurach Nikodemus Frischlin's. Landsmännische Neigung hatte mich getrieben [...], für das Andenken des Ersteren etwas zu thun: es lag nah, auch für das des Andern, seines Geistes– und Schicksalsverwandten, Aehnliches zu versuchen.

Im Zusammenhang mit dieser Tradition der Frischlinrezeption ist Immanuel Hochs Fassung von *Phasma* (1839) zu bewerten.[39]

Die
Religionsschwärmer
oder Mucker;
als da sind:
Wiedertäufer, Nachtmahlsschwärmer und
Schwenckfelder.

Ein Fastnachtspiel
von
Nicodem Frischlin.

Aus dem Lateinischen übersetzt
von
Immanuel Hoch.

———————————

Stuttgart.
Druck und Verlag von G. L. Friz.
1839.

Hoch begründete die Übersetzung mit seinem Interesse für die Vergangenheit Württembergs:»In einer Monographie über Frischlins Leben, die sich in meiner Geschichte des Veste Hohenurach und ihrer Staatsgefangenen findet, bemerkte ich, Frischlin verdiene wohl, daß der Kern seiner Dichtungen deutsch erscheine [...]« (S. III). Als Verfasser mehrerer Studien zu den schwäbischen Festungen, zu Hohenasperg (1838), Hohentwiel (1837), und zu Hohenurach (1838),[40] fühlte er sich – wie Conz,

39 Nachdruck durch die Schwäbische Verlagsanstalt. Tübingen 1979. – Für eine Behandlung der Frischlinrezeption vgl. Schade (wie Anm. 17) S. 102–108.
40 Hoch, Immanuel: Geschichte der württembergischen Vesten Hohenurach und Hohenneuffen und ihrer merkwürdigsten Staatsgefangenen. Stuttgart 1838. S. 39–59, befaßt sich ausführlich mit Frischlins Gefangenschaft. Vgl. auch Strauß (wie Anm. 3) S. 480–558 und auch Meyer, Werner (Hg.): Eckhard Froeschlin. Werkverzeichnis Radierungen. Göppingen 1989. S. 17–38.

Schubart und Strauß – aus kulturpatriotischen Gründen verpflichtet, »Frischlins Geist zu beschwören« (S. III). Er ist sich dessen bewußt, daß gerade dieses Werk nicht das repräsentativste ist, aber er rechtfertigt seine Wahl durch den Hinweis auf seine gegenwärtige Aktualität im konfessionellen Kontext Württembergs:

> Die Schwärmereien, die man dem Pietismus zur Last legt, waren, wie man aus diesem Stück ersteht, längst vor seinem Ursprung vorhanden, und gehören nicht als wesentliche Merkmale zu seinem ursprünglichen Begriff. Speners gute Absicht war, nicht seine Secte zu verhüten, vielmehr kirchliche Trennungen dadurch zu erhüten, daß er mit Pastoralklugheit Canäle neben dem Hauptstrom zuließ nach den Wünschen einzeler Volkstheile. (S. VI)

Trotz Hochs Versicherung, daß die Pietisten nicht Schwärmer seien (»Demnach kann ich nicht zugestehen, daß der Pietismus eine Secte, und als solche unter dem Titel dieses Stücks begriffen sei.« [S. VI]), bedient er sich der abfälligen Bezeichnung für sie: »Mucker« ist der Spitzname für die scheinheiligen, frömmelnden Heuchler, für Pietisten gewesen. Ob der Übersetzer beim Wort genommen wird oder nicht, der neue Titel signalisiert seine polemischen Intentionen. Seiner eingangs gestellten Frage – »Ist der Pietismus eine Secte?« (S. V) – wird nur zum Teil Genüge getan. Der Leser wird dadurch aufgefordert, sie sich im Laufe der Lektüre selber zu beantworten, eine höchst aktuelle Aufgabe, denn im frühen 19. Jahrhundert »entfaltete der gesamte württembergische Pietismus eine unerwartete sozialpolitische und geistige Kraft.«[41]

Immanuel Hoch war mit dem lateinischen Text Frischlins bestens vertraut. Er charakterisiert das Drama treffend: »Weniger ein Lustspiel, als vielmehr eine Reihe von Dialogen« (S. IV). Er nennt es auf dem Titelblatt »Fastnachtspiel«. Mit dieser Bezeichnung sind für den Leser gattungsmäßige Vorstellungen verbunden; der »*rusticus*« wird das Wort haben, der Geist wird moralisierend und engagiert sein, die theatralische Wirkung liegt in der Kürze. »Ich habe daher vom vierten Akt nur etwas aus dem zweiten Auftritt behalten, wodurch das Stück auch Einheit erhält, und den fünften Act ganz abgeschnitten.« (S. V) Dadurch gewinnt Hochs Fassung zwar die von ihm erwünschte »Einheit«, Frischlins eigentliche Intention –

---

41 Lehmann, Hartmut: Pietismus und weltliche Ordnung in Württemberg. Stuttgart 1969. S. 188.

der endzeitliche Kontext – wird durch den Eingriff völlig negiert. Andererseits liegt gerade in Hochs Absicht, den Text zu kürzen, eine Stärke. Die deutsche Prosafassung entspricht weitgehend dem lateinischen Original:

> *Brenz. Wie erklärst denn du die Worte des Testaments, Zwingli?*
>
> *Zwingli. Ich erkläre das Wort: ist, für: es bedeutet*
>
> *Carlstadt. Und das Wort: Dieß, bezeichnet nach meiner Ansicht nicht das Brod, sondern den Leib Christi, auf den er damals mit dem Finger deutete, als er die Worte sprach: Dieß ist mein Leib.*
>
> *Zwingli. Auch Oeclampadius Erklärung könnte stattfinden: dieß ist das Sinnbild meines Leibes.*
>
> *Luther. Sieh doch, wie Satan so schlau ist, er verwandelt sich in so viele Gestalten, als Vertumnus oder Proteus.*
> *(S. 37–38)*

Um das Wort Luthers abschließend anzuwenden: Die Fassungen von Frischlins *Phasma* verwandeln sich in so viele Gestalten als Vertumnus oder Proteus und durch sie erhält man einen Eindruck vom aktuellsten Werk des großen schwäbischen Dichters und Humanisten, Nicodemus Frischlin – *Wer Latein versteht, vnd sein Zwergfell erschüttern will, der lese [...] Phasma.*[42] Und: Wer Latein nicht beherrscht, der lese Frischlins Religionskomödie in der in Kürze erscheinenden Fassung von dem US–Amerikaner David Price,[43] nach vier Jahrhunderten die erste (sprach)-wissenschaftlich exakte Übertragung von *Phasma*.

---

42 Flögel, Carl F.: Geschichte der komischen Litteratur. Bd. 3. Liegnitz und Leipzig 1786. S. 307.

43 Frischlin, Nicodemus: Sämtliche Werke. Bd. III. Price, David (Übers.). Berlin (voraussichtlich) 1994. Zum Vergleich eine Probe aus dem 3. Akt (mit Genehmigung des Übersetzers – R.E.S.):

Brenz: Also, wie legst du die Worte des Testaments aus, Zwingli?
Zwingli: Für mich heißt das Verbum »ist« eigentlich »bedeutet«.
Karlstadt: Und für mich bezeichnet das Pronomen »Dies« nicht das Brot, sondern den Körper Christi, weil er auf sich mit dem Zeigefinger wies, als er sagte: »Dies ist mein Fleisch.«
Zwingli: Die Auslegung des Ökolampad könnte hier eine Rolle spielen. Er nahm an, daß Fleisch metaphorisch gemeint war.
Luther: Ich bitte dich, sieh mal wie chamäleonhaft Satan ist; er kann sich wie Vertumnus und Proteus, in viele verschiedene Gestalten verwandeln.

542

David Price

Die (Ohn-)Macht des Wortes: Humanistische Gesellschaftskritik in Frischlins *Susanna*

Im Jahre 1577 fand die Uraufführung von Nicodemus Frischlins zweitem Drama, *Susanna*, vor dem Stuttgarter Hof Herzog Ludwigs statt.[1] Es muß ein äußerst erfolgreiches Stück gewesen sein, denn es wurde in den nächsten Jahren häufig nachgedruckt,[2] zweimal ins Deutsche übersetzt[3] und mehrmals als Vorlage für spätere Dramatisierungen des gleichen Stoffes benutzt.[4] Auch am Hofe muß es auf große Resonanz gestoßen sein, denn Frischlin erhielt in den folgenden drei Jahren mindestens vier weitere Aufträge für neue Dramen.[5] Mit dem Stuttgarter Hof, einem wich-

1   Strauß, David Friderich: Leben und Schriften des Dichters und Philologen Nicodemus Frischlin. Frankfurt/M. 1856. S. 112, vermutet, daß Frischlins verschollenes Drama *Der Weingärtner* wohl im Februar oder März 1577 uraufgeführt wurde; wenn diese Vermutung richtig ist, dann ist *Susanna* Frischlins drittes Drama. Sein erstes Stück, *Rebecca*, wurde Ende 1575 uraufgeführt.

2   *Susanna* wurde zweimal separat gedruckt (bei Alexander Hock, 1578 und 1583), bevor es in die *Operum poeticorum [...] pars scenica* (Jobin, 1585) aufgenommen wurde. Als Teil der *pars scenica* erschien *Susanna* mindestens siebzehn Mal zwischen 1585 und 1636.

3   Jakob Frischlin übersetzte *Susanna* im Jahre 1589; es erschien in: Zwo schöne Geistliche Comoedien/Rebecca unnd Susanna. Frankfurt/M.: Johann Spiessen, in Verlegung Wendel Hommen, 1589. Andreas Calagius übersetzte das Drama erst im 17. Jahrhundert: Susanna, eine zumal lustige und gar newe Comoedia. Görlitz: Johann Rhambaw, 1604.

4   Der beste Überblick über die Nachwirkung des Stückes findet sich bei Casey, Paul F.: The Susanna Theme in German Literature. Bonn 1976. Casey faßt zusammen: »In fact, late 16th–century adaptations of the Susanna theme are all obligated to a considerable extent to Frischlin« (S. 100). Pilger, Robert: Die Dramatisierungen der Susanna im 16. Jahrhundert. In: Zeitschrift für deutsche Philologie 11 (1879) S. 129–217, hat zeigen können, daß Herzog Heinrich Julius Passagen aus Frischlins *Susanna* für seine eigene *Susanna* einfach ins Deutsche übersetzt hat.

5   Die Aufträge waren für *Priscianus vapulans* (uraufgeführt 1578 vor dem Herzog u.a. in Tübingen), *Hildegardis Magna* (uraufgeführt 1579 in Stuttgart), *Frau Wendelgard*,

543

tigen Element in jedem bedeutenden Stück Frischlins, verbindet diesen Dramatiker ein paradoxes Verhältnis. Die Tatsache, daß *Susanna* überhaupt existiert, ist ein Zeichen der Gunst, die Frischlin in jenen Jahren am Hofe genoß. Doch führte die gesellschaftskritische Publizistik, der Frischlin auch in seinen Hof–Dramen nachging, im Zusammenhang der Streitigkeiten mit dem Adel und der Universität Tübingen sowie der verschärften Auseinandersetzung mit dem Hof selbst schließlich zu seinem frühen Tod. Zunächst duldete und förderte der Hof seine gesellschaftskritische Dramatik, brachte den streitbaren Dichter später aber bekanntlich zum Schweigen.

Ich werde Frischlins *Susanna* implizit aus der Perspektive seines frühen »Dichtertodes« interpretieren. Ein solches Verfahren ist meiner Meinung nach seiner Dramatik angemessen, ist das Drama doch zu einem wichtigen Teil die literarische Manifestation seiner Zivilcourage (oder, in der Sprache der Zeit, seines *unbeheb unverschembt Maul*[6]). Wie er in *Julius redivivus* mit besonderer Emphase zeigt, waren die παρρησιάζοντες *poetae*, also die Dichter, die trotz aller Gefahr die Wahrheit aussprechen, sein Ideal.[7] Im Kontext der Stuttgarter Auftragsarbeiten entwickelte er sogar die politisch–literarische Sensibilität, die zur berühmt–berüchtigten *Oratio de vita rustica* führte.[8] In *Susanna* geht es, wie ich argumentieren werde, um Fragen der politischen Ordnung, wie zum Beispiel um das Ausmaß politischer Autorität, um die Gerechtigkeit innerhalb einer Standesgesellschaft sowie um die richtige Haltung gegenüber einer korrupten Obrigkeit. *Susanna* wirft außerdem, in geradezu paradigmatischer Weise, wichtige Fragen für die Frischlin–Interpretation insgesamt auf. Im Folgenden werde ich mich auf drei miteinander verbundene Fragen–Komplexe konzentrieren: 1) die politische Basis der te-

---

wohl Frischlins bestes Stück in deutscher Sprache (uraufgeführt 1579 in Stuttgart), und *Phasma* (uraufgeführt 1580 vor dem Herzog u.a. in Tübingen).

6   Strauß (wie Anm. 1) S. 209.

7   Vgl. hierzu Janell, Walther (Hg.): Julius redivivus. Berlin 1912 (Lateinische Litteraturdenkmäler des 15. und 16. Jahrhunderts 19) Z. 1841–1848 sowie meine Diskussion in: The Political Dramaturgy of Nicodemus Frischlin. Chapel Hill and London 1990. S. 66ff.

8   Über den Streit mit dem Adel vgl. Strauß (wie Anm. 1) S. 168–223, sowie Schreiner, Klaus: Frischlins Oration vom Landleben und die Folgen. In: Attempto 43/44 (1972) S. 122–135.

renzianischen *imitatio*; 2) die gesellschaftspolitischen Themen des Stük-
kes, insbesondere die Definition einer Ethik des politischen Widerstandes; und 3) die Rolle der Rhetorik in der Suche nach Gerechtigkeit.

I.

Einleitend ist die Frage nach der äußeren Form der *Susanna* zu stellen.
Inwiefern hat sich Frischlin die antike Form der *palliata* angeeignet?
Diese Frage gehört sicherlich zu den *loci communes* der Humanismus–
Forschung, doch ist sie, meiner Meinung nach, immer noch nicht ausreichend beantwortet worden. Hinsichtlich des Gewichtes des römischen
ornatus muß gefragt werden, ob *Susanna* wirklich nur ein Paradestück
seiner Beherrschung des antiken Stiles ist.

Beim ersten Lesen zeigt *Susanna* unmißverständlich Frischlins starke
Abhängigkeit von der Sprache des Terenz und des Plautus. In seiner Dissertation hat Erich Neumeyer über 100 Entlehnungen aus der *palliata*
belegt,[9] ein Befund, der sich mit Frischlins Erstlingsstück *Rebecca* und
mit dem späteren *Hildegardis Magna* vergleichen läßt, während er die
Zitat–Spielerei in *Priscianus vapulans, Julius redivivus* und *Phasma*
weitgehend aufgab. Neumeyers Versuch, Frischlin als Nachahmer der
Antike zu lesen, hat allerdings sein historisches Recht. Frischlin selber
hat die *Susanna* aufgrund ihres klassischen Stils für Primaner auf der
Laibacher Schule als Lektüre vorgeschlagen.[10] Der Frischlin–Bewunderer Georg Pflüger hat zudem schon am Anfang des siebzehnten Jahrhunderts sämtliche lateinische Dramen ediert, und mit einer langen Liste
der Entlehnungen versehen, die Frischlins Eignung als Schulautor dokumentieren sollte.[11] Jakob Frischlin, der jüngere Bruder des Dichters, begründete seine Beschäftigung mit den Dramen auf der Schule damit, daß
sie den Geist und die Sprache terenzianischer Dramatik evozierten. Über
die beiden Bibeldramen Frischlins schrieb er beispielsweise:

---

9 Neumeyer, Erich: Nicodemus Frischlin als Dramatiker. Rostock Diss. 1924. S. 21ff.
10 Vgl. Roethe, Gustav: Frischlin als Dramatiker. In: Janell (wie Anm. 7) S. XXXIII.
11 Pflügers annotierte Ausgabe der *Operum poeticorum* [...] *pars scenica* erschien im
   Jahre 1608; eine zweite Ausgabe folgte im Jahre 1612.

Jedoch weil diese sacrae Comoediae auß heiliger Göttlicher Schrifft und Biblischer Historia genommen / und zumal auß dem Terentio und Plauto, als dem Brunnen der Lateinischen Sprach herfliessen / unnd nichts anders seyn / dann eben der Terentius selber in phrasibus, und aber zu dem / unnd uber das auch Gottselige Gespräch unnd H. Schrifft Historiae unnd Geschichten seyn / acht ich das für nützlich / löblich und gut / wann man ein Comoediam Terentianam, als Andriam, absolviert und außgelesen hat / daß man Rebeccam darauff oder darzwischen / horis privatis et succisivis, tractiere unnd außwendig lehrne / dann die schön Rebecca sich aller Dings mit jener Terentianischen vergleichet.[12]

Laut Jakob Frischlin stellen die beiden biblischen Dramen eklektische Nachahmungen der *palliata* dar, wobei *Susanna* im Unterschied zur *Rebecca* mit keiner einzigen Komödie des Terenz verglichen werden kann.

Frischlin beginnt die Handlung von *Susanna* in typischer Weise mit einer Nachahmung der ersten Szene des *Heautontimorumenos* (»Der Selbstquäler«). Eine Gegenüberstellung beider Passagen vermittelt einen Eindruck von dem Umfang der textuellen Abhängigkeit. Bei Terenz gewinnt Chremes das Vertrauen seines sich quälenden Nachbarn mit folgenden sorgevollen Worten:

> *quod mihi videre praeter aetatem tuam*
> *facere et praeter quam res te adhortatur tua.*
> *nam pro deum atque hominum fidem quid vis tibi?*
> *quid quaeris? annos sexaginta natus es*
> *aut plus eo, ut conicio.*[13]

In Frischlins Umgestaltung sagt Midian, einer der beiden korrupten Richter, das gleiche über den häufigen Aufenthalt seines Kollegen vor Susannas Haus:

> *Nam mihi videre praeter aetatem tuam*
> *Facere, et praeterquam res te adhortatur tua.*
> *Quid vis tibi? annos septuaginta natus es,*
> *Aut plus.*[14]

12 Zwo schöne Geistliche Comoedien, fol. A3r.
13 Kauer, Robert / Wallace, Linsay (Hgg.): P. Terenti Afri Comoediae. Oxford 1926. Z. 59–63.
14 Operum poeticorum [...] pars scenica ([Straßburg]: Bernhardus Iobin. 1589) S. 87. *Susanna* wird nach dieser (der letzten zu seinen Lebzeiten erschienenen) Ausgabe zitiert.

Es ist offensichtlich, daß es Frischlins Absicht war, durch solche gut integrierten Zitate sein Stück als klassisches Formgut zu legitimieren. Zwar wandelt er zwei positive Figuren aus Terenz in skrupellose Schurken um, doch bleibt die Bedeutung dieser Parodie an der Oberfläche: Frischlin will seine Virtuosität als Terenz–Nachahmer mit einem gängigen stilistischen Verfahren unter Beweis stellen, das als Voraussetzung für eine mögliche Aufnahme eines Stückes ins Schultheater galt.

Nichtsdestoweniger erschöpft sich die Bedeutung von Frischlins *imitatio* nicht völlig in der Funktion stilistischer Apologie; sie ist zugleich eine Rechtfertigung der politisch heiklen Thematik. Frischlin war es von Bedeutung, daß er auf einen literarischen Vorgänger zeigen konnte, sollte seine kritische Einstellung Anstoß erregen. Diese Strategie benutzte er im Jahre 1578 sogar bei der Ausarbeitung seiner *Oratio de vita rustica*. Nach dem Ausbruch des großen Skandals über die harten Attacken gegen den niederen Adel (also im Jahre 1580) konnte Frischlin behaupten, die ganze *Oratio de vita rustica* sei sowohl im Wortlaut wie in der kritischen Einstellung völlig derivativ.[15] Die imitative Ästhetik erlaubte es ihm, einen Teil seiner Verantwortung für die Urheberschaft von sich abzuwälzen. Für seine Gesellschaftskritik in der *Oratio de vita rustica* berief er sich bezeichnenderweise nicht nur auf die Klassiker, sondern auch auf moderne Schriftsteller wie Erasmus, Luther, Vives, u.a.

In diesem Zusammenhang lohnt es sich, einen kurzen Blick auf die Terenz–*imitatio* im Prolog zur *Susanna* zu werfen. Dabei ist es wichtig zu sehen, daß er den terenzianischen Prolog eigentlich nur suggeriert. Terenz hat sich in allen seinen Prologen, mit Ausnahme des Prologs der *Hecyra*, gegen die Vorwürfe eines nicht näher definierten »alten Dichters« sowie unbestimmter *malevoli* verteidigt. In Anlehnung vor allem an *Andria* und *Heautontimorumenos* identifiziert sich Frischlin ebenfalls als ein umstrittener Dichter, der ständig der Kritik seiner Feinde begegnen muß. Es besteht jedoch ein großer Unterschied zwischen der terenzianischen und der frischlinischen Apologetik. Während sich Terenz gegen stilistische Bedenken verteidigt – etwa, gegen den Vorwurf, seine Vorla-

---

15 In seinem *Grundtlicher unnd Nottwendiger Bericht Nicodemi Frischlini Poetae L.* (Hauptstaatsarchiv Stuttgart A 274 Bü 42, 18) führte Frischlin eine erstaunlich lange Liste von Entlehnungen aus antiken und zeitgenössischen Schriften an.

gen in unrichtiger Weise benutzt zu haben, – macht Frischlin deutlich, daß der Inhalt seines Stückes ihn zu einem kontroversen Dichter mache. Zum Beispiel beginnt Terenz den Prolog zur *Andria* mit der folgenden Klage:

> *Poeta quom primum animum ad scribendum adpulit,*
> *id sibi negoti credidit solum dari,*
> *populo ut placerent quas fecisset fabulas.*
> *verum aliter evenire multo intelligit.*[16]

Terenz fährt mit der Erklärung fort, daß er in seinen Stücken immer wieder kritischen Vorwürfen entgegenkommen müsse; in der *Andria* muß er erklären, warum er zwei verschiedene Komödien des Menandros kontaminiert habe. Frischlin zieht in seiner Nachahmung statt einer stilistischen eine moralische Lehre aus dieser Stelle des Terenz:

> *Nam cum primum is animum ad Comoediam appulit:*
> *Id sibi negoti credidit unicum dari:*
> *Bonis placere ut posset perquam plurimis:*
> *Et minime multos laederet: mores malos*
> *Sic carperet, ut tanquam in speculo vitam omnium*
> *Proponeret: unde alii exemplum sibi sumerent.*
> *Verum aliter evenire multo intelligit.*[17]

Wie aus diesem Zitat hervorgeht, sorgt sich Frischlin nicht so sehr um den künstlerischen Wert seines Dramas in den Augen seiner Kritiker als um die Rechtfertigung seiner Politisierung der *palliata*. Mit der *imitatio* will er andeuten, daß die Kontroverse eigentlich zur terenzianischen Form gehört. Er benutzt dabei den ciceronischen Topos des *speculum vitae*, obgleich es in seinem Drama nicht nur um allgemein menschliche Schwächen im Sinne der *palliata* geht. Worauf er jedoch anspielt ist die Auseinandersetzung, die seine *Rebecca* vor zwei Jahren auslöste. Bei der Aufführung der *Rebecca* hatten sich einige Kritiker – darunter Frischlins späterer Erzfeind Martin Crusius – danach erkundigt, ob es angemessen sei, den deutschen Landadel in den Figuren Ismael und Chamus zu persiflieren.[18] Diese Kontroverse bildet den Hintergrund der Verteidigung

---

16 Terentius: Andria. Z. 1–4.
17 Operum poeticorum [...] pars scenica. S. 85.
18 Vgl. hierzu Strauß (wie Anm. 1) S. 109, und auch Price (wie Anm. 7) S. 33–37, für eine Diskussion der sozialkritischen Tendenzen in Rebecca.

seiner auf Kritik zielenden Komödienstruktur, wobei er freilich die Positionen seiner Kontrahenten verzerrt:

> *Nam clamitant nonnulli homines nasutuli,*
> *Leves personas in sacris Comoediis*
> *Non introduci oportere, sed omnes graves:*
> *Et quas imitari possit adolescentia:*
> *Quaeplaerunque ad malum siet proclivior.*
> *Quasi vero nequam, flagitiosi, subdoli,*
> *Periuri, blasphemi, salaces, ebrii,*
> *Idcirco in scenam producantur, ut alii*
> *Fiant similes malis, et non potius bonis.*[19]

Man muß hier zwischen den Zeilen lesen, um zu verstehen, daß mit den *periuri, blasphemi, salaces, ebrii* eigentlich der Landadel von *Rebecca* sowie die beiden ausdrücklich adligen Richter Simeon und Midian in *Susanna* gemeint sind. Im Prolog zur *Susanna* geht es ebenso wenig um die Verführbarkeit der Jugendlichen wie um eine exakte Reproduktion terenzianischer Verteidigungsstrategie. Frischlins Nachahmung des terenzianischen Prologs ist letzten Endes eine Parodie, die eine Verbindung zwischen seiner Ästhetik und der des Terenz nur suggeriert, denn Terenz kann nur mit Abstrichen als Muster einer gesellschaftskritischen Dramatik gelten. In *Susanna* geben Terenz und Plautus Modelle für die Sprache, für die Szenengestaltung sowie für einige Figuren ab. Vor allem jedoch fungiert Frischlins Terenz–Nachahmung als Legitimationsverfahren. Frischlins Parodie zeugt von seiner extremen, literarischen Umsichtigkeit und – noch wichtiger – von seiner Intention, die terenzianische Form für die politische Dramatik in Dienst zu nehmen. Bemerkenswerterweise läßt Frischlin Terenz dabei für eine Thematik und eine kritische Einstellung bürgen, die die private Sphäre der Neuen Komödie eigentlich nur tangieren und sich eher auf die Öffentlichkeit beziehen. In späteren Stücken wird Frischlin sogar die mimetische Struktur der *palliata* völlig überwinden, um nun auch mit betont fiktiven, politischen Konstruktionen zu arbeiten.[20]

---

19 Operum poeticorum [...] pars scenica. S. 85.
20 Das geschieht zum ersten Mal in *Priscianus vapulans*. Diese Neuorientierung zur dramatischen Struktur vollzog sich wohl in Anlehnung an seine Rezeption aristophanischer Komödien. Vgl. hierzu Price (wie Anm 7) S. 51–54 sowie Strauß (wie Anm. 1) S. 122.

II.

Von grundsätzlicher Bedeutung für die Interpretation der *Susanna* sowie
manch anderer humanistischer Dramen ist die Politisierung der Ehe im
16. Jahrhundert. Unter den Protestanten ist die Konstituierung der Ehe
ein geläufiges Thema für das Drama, wobei diese Institution wiederholt
als Mikrokosmos der Gesellschaftsordnung aufgefaßt wird. Die Gefährdung der Ehe verkörpert in den meisten Fällen eine Krise der sozialen
Ordnung. Die Verkettung von Ehe und Gesellschaftsordnung ist spätestens seit Luthers Ehetraktaten der zwanziger Jahre ein gängiges Thema.[21] Die früheren *Susanna*–Dramen, besonders das von Paul Rebhun,[22]
legen viel Wert auf die Definition einer Ehezucht: Rebhun, der auch ein
sehr häufig gedrucktes Ehehandbuch verfaßte,[23] teilt Susanna nachdrücklich die Rolle der absolut hörigen Frau zu. Diese Auffassung der
Ehe ähnelt seinem Idealbild der Gesellschaftsordnung, denn Rebhun
operiert mit dem lutherischen Begriff des politischen Gehorsams, der
jeglichen Widerstand selbst gegen eine korrupte Obrigkeit untersagt:
Der/die Unterdrückte habe dann eben das christliche Kreuz zu tragen.[24]
Diese politische Haltung findet ihre Entsprechung in der Domestizierung
der Frau. Sie schuldet ihrem Mann absoluten Gehorsam, selbst wenn er
ein grausamer Haustyrann ist.[25] Das Paradigma des passiven Leidens gilt

---

21 Zum Thema Ehe im 16. Jahrhundert vgl. Ozment, Steven: When Fathers Ruled:
    Family Life in Reformation Europe. Cambridge, Mass. 1983. S. 1–49 und die dort
    angeführte Literatur. Zur Problematik der gesellschaftlichen Position der Frau vgl.
    Wiesner, Merry E.: Working Women in Renaissance Germany. New Brunswick
    1986. Luther selbst hat das Familienleben mit der Gesellschaftsordnung in Zusam-
    menhang gebracht; in seiner *Auslegung der zehen Gepot* (1528) heißt es zum Bei-
    spiel: *Denn was ist eine Stat anders denn ein hauffen heusser? Wie solt denn ein
    gantze stat wol regieret werden, wo ynn den heusern kein Regiment ist, ja widder
    kint, knecht noch magd gehorsam ist?* (Luther, Martin: Werke. 16. Weimar 1899.
    S. 500.)
22 Das gilt auch für die sogenannte Nürnberger *Susanna* und selbstverständlich für die
    Version von Joachim Greff, die eigentlich ein Plagiat der Nürnberger *Susanna* ist.
23 Rebhun, Paul: Hausfried. Wittemberg: Veit Creutzer, 1546.
24 Vgl. Rebhun: Susanna. Vorrede Z. 25: Das Creutz zu tragn / gedult zu habn.
25 Dies ist vor allem in *Hausfried* zu sehen; vgl. fol. T3r: *Ists aber sach / das dir dein
    Man für deinen gehorsam nicht allein gar kein liebe / sondern eitel haß / plage und
    marter beweiset / so wisse / das solches Gott nicht verborgen sey / Und gleube / wie*

für Rebhun sowohl im häuslichen wie im politischen Bereich. Laut Rebhun darf sich Susanna weder als Frau noch als Untertan ihren Richtern aktiv widersetzen. Ihr wird angesichts der versuchten Vergewaltigung und des eklatanten Unrechts sogar eine Rhetorik des Schweigens auferlegt. Ihre ansonsten als wohlwollend dargestellte Familie schreibt ihr schon vor dem gerichtlichen Verfahren das Schweigen vor. In Antwort auf ihren Versuch, sich über die Gewalttätigkeit der Richter zu beklagen, wird ihr entgegengehalten: *Schweyg liebe Tochter got wird sein / Der Helffer und erretter dein* und *Ey schweygt / got wird es schaffen wol*.[26] Selbst in der Gerichtsszene bringt sie kein einziges Wort zu ihrer eigenen Verteidigung vor. Schließlich akzeptiert sie expressis verbis die Gewalttätigkeit der Richter:

> *Kann ich dann ja nicht lenger gnade finden?*
> *So wil ich mich in eure gwalt ergeben*
> *Und meinem Gott auff opfern hie mein leben.*[27]

Auch Frischlin legt viel Wert auf die Gestaltung der Susanna als Ehefrau. Zum Teil scheint es, daß er nicht wesentlich über Rebhuns Auffassung der Frau hinausgeht. Er betont durchaus die ideale Gehorsamkeit der Frau: *Quam rara merx est hodie mulier, quae proba: / Aut obsequens probo marito in omnibus*.[28] Ausdruck der Gehorsamkeit der Ehefrau ist auch hier ihre Keuschheit. Weibliche Sexualität scheint eine potentielle Gefährdung für den Mann (und damit implizit für die Gesellschaftsordnung) darzustellen, sind die alten Richter doch eigentlich von Susannas ungewöhnlicher Schönheit überwältigt worden.[29] Midian ist von ihr so

---

denn war ist / das dir Gott solchen Tyrannen zu einem seligen Creutz und probe deines Glaubens habe zugeschickt.

26 Rebhun, Paul: Susanna. Hg. Roloff, Hans–Gert. Stuttgart. 1967. Akt 4, Z. 173f. und 178.

27 Ebd. Akt 5, Z. 74ff.

28 Operum poeticorum [...] pars scenica. S. 123.

29 Zu einem gewissen Grad baut Frischlin solch eine misogyne Einstellung zur weiblichen Sexualität ab, indem er Susanna freien Raum verschafft, ihre Sexualität zumindest innerhalb der Ehe zu behaupten. Susanna betont die Sensualität ihres luxuriösen Bades als Ausdruck ihrer Begierde nach Geschlechtsverkehr mit ihrem heimkehrenden Manne. Die beiden lauschenden Richter mißverstehen Susannas Sexualität als etwas Anrüchiges, weil sie solcherlei sexuelle Offenheit selbst innerhalb der Ehe nur als ein ihnen willkommenes Zeichen von Perversion bewerten können.

hingerissen, daß er am Ende die vor dem Gericht stehende Susanna ohne Schleier sehen möchte, um sich ein letztes Mal an ihrer Schönheit ergötzen zu können.[30] Susanna selbst gibt an, daß sie weibliche Sexualität für subversiv halte. Sie sagt, Sarah und Rebecca hätten durch ihren Reiz nicht nur sich, sondern auch ihre Gatten in Gefahr gebracht.[31] Für Susanna ist es wichtig, das Sexuelle durch die eheliche Keuschheit zu disziplinieren: *Probam itaque me dici, quam formosam aut pulcram malo, Thamar. / Nam litem cum forma pudicitiae esse quidam aiunt.*[32]

Zugleich ist Susanna jedoch zu einer beträchtlich großen Gruppe von charakterstarken Ehefrauen in Frischlins Dramen zu rechnen. Wie schon angedeutet, überwindet Frischlin zwar nie völlig die Geschlechtshierarchie, doch modifiziert er das Ideal der passiven Frau in entscheidender Weise. Daß die »starke« Frau ein Merkmal seines Werkes ist, erklärt sich meiner Meinung nach aus seiner Beschäftigung mit den Unterdrückten oder Benachteiligten in Machtverhältnissen der verschiedensten Form, sei es in dem zwischen dem Bauern und dem Adligen, dem Artisten und den oberen Fakultäten oder zwischen Frau und Mann. Einige Dramen (*Rebecca*, *Hildegardis Magna* und *Frau Wendelgard*[33]) können geradezu als Lobgesänge auf die Treue und Keuschheit der Ehefrau gelesen werden. In *Ruth*[34] und *Hildegardis Magna* ist es die Frau, die entweder eine Ehe zustandebringt oder sie vor Anfeindungen rettet. Unter den Frauenfiguren in den Dramen macht wohl Hildegard den größten Eindruck. Sie wird von ihrem Mann Karl dem Großen aufgrund einer unhaltbaren Anklage des Ehebruches durch den Höfling Talandus zum Tode verurteilt.

---

30 Vgl. Operum poeticorum [...] pars scenica. S. 141: *An non videtur peplo velata mulier?* [...] *at ego videndae eius cupidine / Etiam num ardeo.* In der Bibel ist das entblößte Haupt Susannas ein Zeichen ihrer Ungnade; Frischlin hat das Motiv in ein Zeichen der Begierde der Richter umgewandelt.

31 Vgl. ebd. S. 94: *Nam Sarae, ut in sacris est legere literis, plus obfuit / Quam profuit venustas,* usw.

32 Ebd. S. 94.

33 *Frau Wendelgard* wurde als deutschsprachiges Stück in die *Operum poeticorum* [...] *pars scenica* nicht aufgenommen. Es wurde aber von Frischlins Amanuensis Hieronymus Megiser herausgegeben und separat bei Hock (Tübingen, 1580) gedruckt.

34 Frischlin verfaßte das deutschsprachige Stück *Ruth* erst 1590, und zwar im Kerker auf Hohen Urach; es wurde zum ersten Mal von Strauß, David Friderich: Deutsche Dichtungen von Nicodemus Frischlin. Stuttgart 1857 (Bibliothek des literarischen Vereins in Stuttgart 41), veröffentlicht.

Nachdem sie durch die Barmherzigkeit der Henker entkommen ist, verkleidet sie sich als männlicher Arzt. Dadurch gewinnt sie schließlich die Huld ihres Mannes zurück und stellt den Intriganten Talandus bloß, der ihre Ehe und ihr soziales Recht gefährdete.[35] Diese Bedrohung der Ehe offenbart zugleich die politische Instabilität des Hofes.

Wenn auch ohne Aussicht auf Erfolg, versucht auch Susanna die Gewalttätigkeit der Richter zu bekämpfen. Sie ist einerseits die ideale Gattin, die ihrem Mann Gehorsam leistet und – noch wichtiger – Liebe gewährt, andererseits verkörpert sie den politischen Widerstand gegen die Richter. Im schroffen Kontrast zur Susanna Rebhuns ist sie nicht von vornherein als resigniertes oder passives Opfer gestaltet. Während Rebhuns Susanna den Angriff im Garten passiv hinnimmt, bis sogar die Richter nach Susannas Dienern rufen,[36] versucht Frischlins Susanna, den Richtern ihr Vorhaben auszureden; den Vergewaltigungsversuch vereitelt sie dann selber durch Hilferufe. Susanna wird zum Vorbild des politischen Widerstandes, indem sie selbst während der versuchten Vergewaltigung die Korruption der Obrigkeit tadelt: *Tune populi sis judex? tu ne praesidium reipublicae? / Hoscene magistratum est aequum mores civibus largirier?*[37] Zudem kritisiert sie den Mißbrauch der politischen Macht und des gesellschaftlichen Amtes durch die Richter, wenn sie Simeon, der doch ein »Pfeiler des Senats« sein sollte, als Wüstling anprangert: *Ecquid te pudet, hominem senem, senatus columen, iudicem, / Clam in hortum perrepere, ut insidias mihi struas claro die?*[38]

Die politische Dimension der Susanna–Figur ist übrigens auch in der Nebenhandlung über die Schwierigkeiten in einer Bauerngemeinde zu erkennen.[39] In ähnlicher Weise wie Susanna leiden hier zwei Bauern

---

35 Die protestantische Ehethematik ist auch in *Phasma* zu sehen, wo eine radikale Auffassung der freien Ehe unter einigen Täufern die Gesellschaftsordnung unterminiert. Eine Frau leidet so sehr unter der Auflösung des Haushaltes durch ihren zum Täufer bekehrten Mann, daß Martin Luther ihr die Scheidung als einzige Lösung vorschlägt. Vgl. *Phasma* (Impressum in Iazygibus–Metanastis [viel eher: Straßburg], 1592), fol. A7v ff.

36 Vgl. Rebhun: Susanna. Akt 3, Z. 157–58.

37 Operum poeticorum [...] pars scenica. S. 100.

38 Ebd. S. 102.

39 Die Nebenhandlung, ein wichtiger Aspekt der politischen Dramatik Frischlins, beginnt hier in Akt 2, Szene 3 (ebd. S. 109).

unter der Korruption der (in diesem Kontext ausdrücklich betont) adligen Richter. Die beiden Bauern Sichar und Hiram erscheinen in regelmäßigen Abständen, um sich über die Ungerechtigkeit der Richter zu beklagen. Sichar empört sich darüber, daß Midian seine gerechte Klage gegen einen Nachbarn nur dann vertreten bzw. anhören wird, wenn Schmiergelder bezahlt werden; Midian verallgemeinert diese Ungerechtigkeit in seiner schonungslosen Erklärung gegenüber Sichar: *Nam si nummos habes: ius exequar tuum: / Alia ratione non licet.*[40] Sichar ist nicht nur bestürzt, weil man *sine auro* das Recht nicht gelten lassen kann, sondern auch, weil er als Angehöriger des Bauernstandes verachtet wird. Vor allem beklagt sich der sensible Bauer über Midians Manier:

> [...] *Is igitur, cum hodie de quadam illi queror iniuria,*
> *Meos sermones nihili pendit: nec me respicit magis*
> *Quam si bos sim aut asinus.*[41]

Solche Korruption verblaßt aber neben einem noch schamloseren Rechtsbruch. Ohne jegliche Erfolgsaussichten versucht Hiram einen Adligen, der zufälligerweise Simeons Sohn ist, vor Gericht zu bringen, weil er ein Bauernmädchen vergewaltigt hat. Aber Midian, dem der Fall vorgebracht wird, hatte den Bauern selbst geraten, die Klage wegen des Standesunterschiedes zurückzuziehen. In Hirams Erzählung erscheint das Verbrechen an dem Mädchen durch Simeons Sohn und durch Midian noch grausamer, da sich herausstellt, daß auch der Richter das Mädchen im Laufe der Untersuchung vergewaltigte:

> [...] *et quando, inquit, vitium oblatum est, quod ad illum attinet*
> *Talem, tali genere atque animo, natum ex hac tanta familia:*
> *Vis quisquam credet. quapropter ne quam facias iniuriam*
> *Huic adolescenti, nobili, cognato et populari meo,*
> *cave. nihil ipsa territa his dictis, quod factum est, lacrymans*
> *Fatetur. verum ille fidem non habiturum subiicit, nisi*
> *Rem factam exploret: et mox vitiatam vi denuo opprimit.*[42]

Es ist skandalös genug, so Frischlin, daß der Adel vor der Rechtsklage durch Bauern geschützt zu sein scheint, aber die wiederholte Vergewalti-

---

40 Ebd. S. 111.
41 Ebd. S. 119.
42 Ebd. S. 121.

gung der Rechte der Bauern übertrifft in eklatantester Weise das Zumutbare. Frischlin erweitert also die Tragweite des Falls der Susanna, indem er eine wirkliche Vergewaltigung im Kontext der Standesunterschiede stattfinden läßt. Die Parallelität zwischen der Frau und den Bauern in der Familien– wie in der Gesellschaftsstruktur wird explizit ausgearbeitet: Als Bäuerin repräsentiert die mißhandelte Frau die Unterschicht, während der Vergewaltiger, ein Angehöriger der Oberschicht, den unhaltbaren Rechtsbegriff dieser Klasse repräsentiert.

Das Entscheidende bei Frischlins Bauern ist, daß sie sich in solche Ungerechtigkeit und Barbarei nicht fügen, auch wenn es hoffnungslos scheint, den Rechtsbrüchen und Vergehen der Richter Einhalt zu gebieten. Hiram hat zum Beispiel vor, beim babylonischen König Klage wegen Notzucht zu erheben, falls sich je eine Möglichkeit dafür biete.[43] In weniger idealistischer Weise bezahlt Sichar die Bestechungsgelder, um seine Klage aufrechterhalten zu können. Doch Midian versucht den Kläger auch noch um die Bestechungsgelder zu betrügen, indem er falsche Anweisungen für die gerichtliche Verfolgung des Falles gibt.[44] Es ist außerdem nicht ohne Bedeutung, daß Sichar am Ende wieder erscheint, um Midian und Simeon vor Gericht als Betrüger und Vergewaltiger zu denunzieren:

> [...] *filium habet, qui Hirami civis mei*
> *Et popularis cognatam vitiavit: quam contumeliam*
> *Cum queritaretur Midiani isti, vitiatam ille virginem,*
> *Ad se accersitam, oppressit denuo.*[45]

Auch die hartnäckige Opposition der Bauern – so will Frischlin es verstanden wissen – trägt also zur Bestrafung der skrupellosen Juristen bei. In Daniels endgültiger Formulierung der Anklage wird Susannas Fall mit denjenigen der Bauern ausdrücklich gleichgesetzt:

> [...] *leges pretio fixas, refixisti pretio*
> *Torsisti iura, extorsisti pecunias: quin insuper*
> *Vitiasti virgines: probis matronis insidiatus es.*[46]

---

43 Vgl. ebd. S. 122.
44 Vgl. Akt 4, Szene 2 (ebd. S. 133ff.).
45 Ebd. S. 161.
46 Ebd. S. 157–58.

III.

Ein weiteres politisches Thema in *Susanna* – und dies trägt eine spezifisch humanistische Färbung – besteht in der Rolle der Sprache beim Fehlschlagen der Gerechtigkeit bzw. bei ihrer Durchsetzung. Die Ansicht, daß die Ausübung sprachlicher Fertigkeiten zum sozial–politischen Fortschritt führen werde, gehört ja fast zu den Gemeinplätzen der deutschen Humanisten. In seiner bekannten Ingolstadter Rede (1492) betonte Conrad Celtis zum Beispiel, daß die Griechen und die Römer die Redekunst nicht so fleißig gepflegt hätten, *nisi intellexissent linguae viribus sapientiaeque partibus hominum coetus, urbes, religiones, deorum cultum et sanctissimos mores amplissimaque imperia conservari et gubernari posse.*[47]

Von der biblischen Handlung her müßte man annehmen, daß die Rhetorik in *Susanna* keine Rolle spiele, denn die Verurteilung erfolgt lediglich aufgrund der Eide bzw. Meineide der beiden Richter. Frischlin hat aber, ohne der Bedeutung der Eide Abbruch zu tun, die Rolle der Rhetorik im Geschehen ziemlich stark erweitert. Einerseits führt dies zu einem für einen Humanisten unerwarteten Pessimismus gegenüber der positiven Wirkung der Beredsamkeit, denn trotz allen Sprechens und Räsonnierens bleiben allein die Eide wirksam. Andererseits scheint Frischlin, wie ich zeigen werde, den Glauben an die Macht der Rhetorik nicht völlig aufgegeben zu haben. Er weist zwar auf die Wirkungslosigkeit der Redekunst hin, warnt im gleichen Zuge aber vor dem gefährlichen Mißbrauch gekonnter, also wirkungsvoller Rhetorik.

Daß er die Rhetorik und deren Mißbrauch betonen wollte, läßt sich an der Gestalt des Simeon ablesen: Frischlin hat ihn vor allem als einen äußerst fähigen Redner dargestellt. In der Gartenszene versucht er, Susanna durch Überredungskunst zu verführen. Midian geht sogar davon aus, daß Simeon als begabter Wortkünstler großen Erfolg bei Susanna erzielen werde: [...] *Nam ea tibi eloquentia est: / Ut vel Syriae Deae, te ut amet, persuadeas.*[48] Auch in späterer Stelle setzt Midian auf das rhetorische

---

47 Celtis, Conrad: Selections from Conrad Celtis. Hg. Forster, Leonhard. Cambridge 1948. S. 60.
48 Operum poeticorum [...] pars scenica. S. 90.

Können seines Kollegen: *Amorem huiusce mulieris mihi concilia verbis tuis.*[49] Zuerst versucht Simeon, sie durch eine Lügengeschichte zu erobern: Gott habe ihm im Traum offenbart, daß er und Susanna den Messias zeugen müßten.[50] Simeons Verführungsversuch ist vor allem als Kritik an der epideiktischen (in diesem Fall: schmeichelnden) Rhetorik zu lesen. In seinem Kommentar zu Simeons eloquenter Preisrede auf *Susanna* bezeichnet Midian seinen Kollegen gar als geschickten Manipulator: *Ut blandus est palpator mulierum hic senex.*[51] In Zusammenhängen, die eher auf die Praxis am Hofe abzielen, hat Frischlin seine Befürchtungen vor solchem Mißbrauch epideiktischer Rhetorik explizit zum Ausdruck gebracht. In *Julius redivivus* und *Hildegardis Magna* wird die trügerisch schmeichelnde Rhetorik der Höflinge sowie das Fehlen einer kritischen, wenn nicht polemischen Rhetorik als Gefährdung der politischen Stabilität und der sozialen Gerechtigkeit betrachtet.[52]

Der Mißbrauch der Rhetorik erreicht seinen Höhepunkt in der Gerichtsszene. In der Gestaltung dieser Szene unterscheidet sich Frischlin von den früheren *Susanna*–Bearbeitern dadurch, daß er nun die rhetorische Kunst beider Kontrahenten herausstellt. Cleophas, der vorsitzende Richter, eröffnet Simeons Anklage damit, daß er ihm einen bestimmten rhetorischen Stil vorgibt: *Dic tu ergo prior, Simeon, et dic omissis vocum ambagibus: / More Attico.*[53] Simeons äußerst schlichte, aber umso eindrucksvollere Anklage gegen Susanna beginnt mit dem elegant formulierten Appell an die Richter, ihm Glauben zu schenken: [...] *Dicam. sed hoc primum mihi credatis velim, / Nihil a me cuiusquam odio, nihil invidia, sed studio rei, / Et veritatis omnia dici.*[54] Mit diesem Anfang scheint Simeon die Richter völlig für sich zu gewinnen. Seine Anklagerede er-

---

49 Ebd. S. 97.
50 Solche »Witze« wie dieser über den kommenden Messias sind ein Bestandteil antijüdischer Polemik. Vgl. hierzu Bebel, Heinrich: Facetiae. Hg. Bebermeyer, Gustav. Leipzig 1931. S. 82 Historia de Iudaea filiam pro Messia pariente (2.104). Frischlin war bestens vertraut mit Bebels Schriften.
51 Operum poeticorum [...] pars scenica. S. 99.
52 In *Julius redivivus* wird das Thema im allgemeinen Sinne angesprochen. *Hildegardis Magna* stellt den schmeichelnden Höfling konkret in der Person Talandus dar.
53 Operum poeticorum [...] pars scenica. S. 145.
54 Ebd. S. 145.

schöpft sich in einer zwar verlogenen, aber gleichwohl überzeugenden *narratio* des angeblichen Verbrechens.

Simeon ist aber nicht der einzige redegewandte Sprecher. Auch Susanna ist, wie sich herausstellt, eine beschlagene Rhetorikerin. Während Rebhuns, Bircks und Greffs *Susanna*–Figuren vor dem Gericht schweigen,[55] trägt Frischlins Protagonistin eine einducksvolle Verteidigung vor. Selbst Simeon muß die Kraft ihrer Rede anerkennen: *Ni nossem causam tam probe ac bene: crederem vera hanc loqui.*[56] Ihre Rede bleibt auch nicht ganz ohne Wirkung, denn am Ende scheint Susanna Cleophas tatsächlich beeindruckt zu haben.[57] Sie beginnt mit einem pathetischen Exordium, worin sie durch die Beschreibung ihrer schwierigen Lage Sympathie erweckt:

> [...] *Ah mi Praetor, et vos o reverendi Iudices:*
> *Quid agam, aut quo me vertam, equidem nescio, nam praesidia omnia,*
> *Quae reorum fuerant, actor uterque praeoccupavit: et fidem*
> *Meam, meumque pudorem suspectum fecit.*[58]

Diese genaue Einsicht in ihre gesellschaftliche wie existentielle Identitätslosigkeit nach den Gewaltakten der Richter bezeugt die extreme Verletzlichkeit der entehrten Frau: »Wohin sollte ich mich wenden?« Gleichwohl hält Susanna eine würdevolle Rede, in der die Richter scharf, aber maßvoll angeprangert werden und der von den Richtern formulierte Tatbestand mit Emphase bestritten wird. Diese gefaßte Verteidigungsrede kontrastiert Frischlin mit Susannas emotionaler Hinwendung zu Gott, nachdem sie ihre Verurteilung erfahren hat.[59] So eindrucksvoll Susannas Selbstverteidigung und *lamentatio* auch ausfallen – Frischlin rückt jedoch von seiner pessimistischen Einschätzung der potentiellen Wirkungs-

---

55 In der deutschen Urfassung von Bircks *Susanna* darf Susanna nicht vor dem Gericht sprechen. (Vgl. Birck, Sixtus: Sämtliche Dramen. Hg. Brauneck, Manfred. Berlin 1976. 1, Z. 641ff. In der lateinischen Fassung von 1537 darf Susanna nur sehr kurz während des Prozeßes das Wort ergreifen (vgl. Z. 896–901).

56 Operum poeticorum [...] pars scenica. S. 148.

57 Vgl. ebd. S. 149ff. Cleophas meint, man solle sich noch Gedanken über den Fall machen. Er zeigt auch weniger Mitgefühl als die anderen Richter für Simeon und Midian.

58 Ebd. S. 147.

59 Vgl. ebd. S. 151ff.

losigkeit der aufrichtigen sowie der gewandten Rhetorik nicht ab. Dieser Pessimismus findet seinen dramatischen Höhepunkt am Ende der Verteidigungsrede Susannas, wo sie, unterbrochen von den gewalttätigen Richtern, schließlich zu schweigen beginnt: *Proin taceo*.[60]

Gleichzeitig aber versucht Frischlin, die pessimistische Einschätzung der Rhetorik zu relativieren. Wie in der Gartenszene und bei Daniels Auftritt zu erkennen ist, ist die unaufrichtige Rhetorik doch teilweise durchschaubar. Nach dem Scheitern der rhetorischen Strategie der Verführung versuchen die Richter es mit rein körperlichen Mitteln. Dies macht deutlich, daß die nackte, politische und misogyne *vis* das Komplement der mißbrauchten Redekunst darstellt. Es ist in dieser Hinsicht auch von Bedeutung, daß Frischlin vor dem Eingreifen Daniels zeigt, daß das Volk auf Simeons Rede und Eid nicht hereingefallen ist, da die *lorarii* (die Schergen) von Anfang an lieber die Richter als Susanna steinigen wollten.[61]

Frischlin unternimmt in *Susanna* den Versuch, eine Ethik der rhetorischen Opposition zur politischen Ungerechtigkeit zu präsentieren. Dies ist vor allem im Leitmotiv des *clamor* zu erkennen, ein Motiv, das sich als roter Faden durch das ganze Stück hindurchzieht. *Clamor* wird zum Gegenstück des Schweigens als Zeichen der Fähigkeit der Richter, die öffentliche (sowie private) Rhetorik zu kontrollieren. Diese Spannung zwischen *clamare* und *tacere* herrscht im ganzen Stück vor: Wo Susanna ihr *clamabo* ausspricht, sagen die Richter *tace sis*.[62] In ähnlicher Weise versucht Midian sie mit seiner Aussage unter Kontrolle zu bringen: *Quid clamatis? tace sis*.[63] Selbst wenn Susanna sich in dem Garten den gewalttätigen Richtern entzieht, geschieht das durch einen starken, die Wahrheit behauptenden *clamor: Siccine agitis? enimvero mihi clamore hic opus esse video*[...][64] Leitmotivisch erscheint der *clamor* am Ende, nach dem *proin taceo* sowie der Verurteilung Susannas, noch einmal.

---

60 Ebd. S. 148. Sie beendet hiermit ihre Rede, bezeichnenderweise aber antwortet sie weiterhin auf die Vorwürfe der Richter.
61 Vgl. ebd. S. 154 (der *lorarius* spricht zu Simeon): *Expecta parum. ubi tu olim in manus nostras perveneris / Properabimus utique celerius*.
62 Ebd. S. 97.
63 Ebd. S. 102.
64 Ebd. S. 105.

Hier entspricht Daniels Rolle genau der der Susanna im Garten, wenn er den ihn angreifenden Richtern entgegenhält: [...] *fuga, / Et clamore mihi est opus: omitte me ocyus.*[65] Wie Susannas Opposition zuvor, wird auch seine Anklage gegen die Richter als ein kräftiger *clamor* aufgefaßt. Cleophas beschreibt Daniels Eingreifen mit den Worten: *Quid hic clamoris oritur.*[66] Und zurückschauend können auch die vor dem Gericht ausgesprochene Denunzierung der Richter durch Sichar sowie Susannas Verteidigungsrede als Ausdruck eben dieser politischen Ethik betrachtet werden. Trotz allem Pessimismus suggeriert Frischlin, daß der öffentliche Widerstand gegen die Richter, auch wenn er erfolglos blieb, doch zu dem endgültigen *clamor* Daniels und Gottes führte. Laut Daniel ist Gott ja der letzte redegewandte Zeuge der Unschuld Susannas: *Imo non hoc meum est, sed ipsius optimi meritum Dei: / Cui gratias ago, quod tuae innocentiae testis fuit / Tam locuples.*[67]

Als Ganzes betrachtet zeigt das Drama eine tiefgreifende Ambivalenz gegenüber der politischen Macht der Rhetorik. Diese Ambivalenz – eigentlich eine Ausnahme in den humanistischen Schriften – ist von großer Bedeutung, denn sie erhebt das Stück über das Niveau monologischer Didaktik oder einfacher Propaganda für die humanistische Bewegung (wie dies zum Beispiel bei Celtis' Ingolstadter Rede der Fall war) und verleiht ihm den Charakter eines nachdenklich stimmenden und wohl auch beunruhigenden Problemstückes.

Das hier gezeichnete Porträt Frischlins als eines bewußt kontroversen Dichters mag vielleicht auf Bedenken stoßen. Schließlich gilt er ja doch als ein Hofdichter, der seine Aufträge nicht nur dankbar annahm, sondern sie auch mit Engagement und Esprit ausführte. Bekanntlich wußte er die Hochzeiten Ludwigs mit Epen zu besingen,[68] die zwei stattliche Bände füllten, sowie allerlei andere Gelegenheiten – Geburten, Hochzeiten, Todesfälle, gelungene Jagdzüge – mit dem entsprechenden *ornatus* zu

---

65 Ebd. S. 155.
66 Ebd. S. 156.
67 Ebd. S. 165. *Testis locuples* hat hier die Bedeutung von rhetorisch mächtiger Zeuge.
68 Die epischen Beschreibungen der zwei Hochzeiten Ludwigs sind: *De nuptiis* (Tübingen: Gruppenbach, 1577) und *De secundis nuptiis* (Tübingen: Gruppenbach, 1585).

würdigen.[69] Außerdem muß zugegeben werden, daß Frischlin als Dramatiker nie jemanden am Hofe angriff oder gar die politische Autorität des Herrschers je in Frage stellte. Im Gegenteil, Frischlin setzte alles daran, bei Ludwig und seinem Hof einen guten Ruf zu bewahren, auch wenn letzten Endes seine streitbare (und ebenso leicht verletzbare) Natur, seine Unbesonnenheit und wohl auch seine Integrität diese Bemühungen vereitelten. Die Gesellschaftskritik seiner Dramen bleibt auch da noch idealistisch, wenn nicht gar abstrakt, wo sie politisch und gesellschaftlich relevante Themen anspricht, da er diese eher auf theoretischem als auf aktuellem Niveau ansetzt und abhandelt. Gleichzeitig ist es jedoch wichtig zu sehen, daß sich Frischlin trotz diverser Bedenken für eine politische Ethik des Widerstandes der Unterdrückten gegen die korrupte Obrigkeit einzusetzen versuchte. Diese findet ihren Niederschlag in der Struktur der *Susanna*, in der der grundlegende Konflikt zwischen den Machtlosen und den Machthabern auf verschiedenen Ebenen behandelt wird. Wie bei Frischlin öfters der Fall, ist auch hier die eigentliche Konflikthandlung im Drama mit seiner Einstellung zur Dramatik überhaupt gleichzusetzen: das Schreiben sowie die Ausübung der Rhetorik stellen in seinen Augen eine politische Tat dar. Daher darf nicht übersehen werden, daß das in *Susanna* als politische Handlung aufgefaßte Reden gleichzeitig eine Legitimierung der eigenen Ästhetik ist. In anderen Worten: Frischlin offeriert eine idealistisch scheinende Ethik des rhetorischen Widerstandes, die er in seinen Schriften exemplifiziert und zugleich problematisiert.

---

69 Seine Gedichte, die überwiegend Gelegenheitsgedichte sind, wurden posthum in einem Band gesammelt und herausgegeben: Frischlin, Nicodemus: Operum poeticorum [...] pars elegiaca, mit einer Einleitung von Georg Pflüger (Argentorati: Haeredes Bernh. Iobini, 1601).

Joachim Leeker

Frischlins Cäsar-Stücke im Spiegel der Tradition

I.

Da Frischlins *Julius redivivus* (1585) und *Helvetiogermani* (1588) innerhalb seines Theaterschaffens zu den Komödien zählen, müssen einer Betrachtung dieser beiden Cäsar–Stücke im Spiegel der Tradition zwei kurze Überblicke vorangehen – zum einen eine kurze Charakterisierung des Cäsar–Bildes von der Antike bis zum 16. Jahrhundert und zum anderen ein Abriß über die Komödie in der gleichen Zeitspanne.

Im 1. Jahrhundert v. Chr. ist das Urteil über Cäsar im wesentlichen politisch geprägt: Cäsar selbst und die pseudo–cäsarischen Schriften bieten nur einen nüchternen Tatsachenbericht; doch Cicero schwankt in seinem Urteil zwischen Bewunderung für den genialen Mann und Zorn auf den Tyrannen und Verräter römischer Institutionen. Nach Cäsars Tod beginnen die abschließenden Bewertungen: Große Wirkung bis ins Mittelalter übte Sallusts Gegenüberstellung von Cäsar und Cato aus, bei der Catos Sittenstrenge in mittelalterlichen Augen besser abschnitt als Cäsars Milde und Freigebigkeit. Noch negativer erscheint Cäsar in Lucans *Pharsalia*, überzieht er doch hier als machthungriger Tyrann sein Vaterland mit Krieg; im Mittelalter galt das Werk lange als Warnung vor einem Bürgerkrieg; seit dem 12. Jahrhundert wurde es jedoch unter dem Einfluß der Reichsidee und ähnlicher Prätentionen der französischen Könige cäsarfreundlich umgedeutet – erscheint der Bürgerkrieg doch nun als Weg zur Weltmonarchie. Mit der frühen Kaiserzeit setzt aber auch das Interesse für Einzelzüge ein: Plinius etwa lobt Cäsars geistige Fähigkeiten, Valerius Maximus erwähnt eine Reihe von Anekdoten über ihn, Sueton häuft in seiner Vita viele Details zu seiner Amtsführung, seinem Privatleben und seinem Charakter an, und Plutarchs Biographie liefert neben Anekdoten und Omina eine Reihe geflügelter Worte.[1]

Mit der Spätantike beginnt die christliche Betrachtung Cäsars, und das heißt vor allem seine Einordnung in das christliche Geschichtsbild: War schon im 1. Jahrhundert v. Chr. der Name »Caesar« zum Bestandteil des Kaisertitels geworden, so gilt Julius Cäsar spätestens seit Isidor von Sevilla als erster römischer Kaiser, der durch seinen Sieg über das vorangegangene Weltreich Ägypten die Würde des Weltreiches auf Rom übertragen hatte. Es ist dieser Aspekt – Cäsar als Reichsgründer –, der im mittelalterlichen Deutschland dominiert, und zwar etwa seit der Jahrtausendwende, wo Otto III. mit seiner Idee einer vollständigen Wiederherstellung des antiken Kaisertums bewußt an Cäsars Vorbild anknüpft; ihren Höhepunkt fand diese Inanspruchnahme Cäsars als Reichsgründer und Vorläufer des deutschen Kaisers im 12. Jahrhundert unter Barbarossa, wobei man Cäsar stets die Herrschaft über ganz Germanien zuschrieb. Patriotisches Empfinden verlangte hier jedoch schon im 11. Jahrhundert nach einer Ergänzung: Wegen ihrer Tapferkeit konnte Cäsar die Germanen nämlich nicht im Kampf besiegen, sondern nur mit Geschenken auf seine Seite ziehen, wobei vier Stämme sich besonders auszeichneten: die Schwaben, die Bayern, die Sachsen und die Franken. Auf diese Weise erscheinen ihre Nachfahren, die Deutschen des Mittelalters, als würdig, selbst das Imperium innezuhaben. Hieran sind andere Aspekte des deutschen Cäsar–Bildes geknüpft: Im 12. Jahrhundert kann Cäsar als idealer Herrscher, im 13. als vollkommener Ritter, aber auch als Beweis für die Vergänglichkeit irdischer Macht dastehen, und in der Weltchronik des Jansen Enikel von 1277 erweitert Cäsar seinen Siegeszug bis nach Indien. Schließlich begegnet Cäsar als angeblicher Gründer diverser deutscher Städte: Den Anfang macht im 10. Jahrhundert Jülich, im 11. Jahrhundert kommen etliche Städte am Rhein hinzu – Worms, Speyer, Deutz, usw. –, im 12. treten einige Städte in Westfalen, Sachsen und Pommern hinzu, und im 13. schließlich solche im Osten Polens.[2]

---

1 Vgl. Gundolf, F.: Cäsar. Geschichte seines Ruhms. Berlin 1924. S. 30–32; Leeker, J.: Die Darstellung Cäsars in den romanischen Literaturen des Mittelalters. Frankfurt 1986. S. 43–60.

2 Vgl. Gundolf (wie Anm. 1) S. 85–90; Leeker (wie Anm. 1) S. 16f., 20f., 49f., 62f., 167f., 242; Wesemann, H.: Cäsarfabeln des Mittelalters. Löwenberg/Schlesien 1879.

Das erste europäische Land, das einen radikalen Bruch mit mittelalterlichen Cäsar–Darstellungen vollzieht, ist Italien. Schon in der ersten
Hälfte des 14. Jahrhunderts führt in Petrarcas frühen Schriften humanistische Republik–Verehrung dazu, daß Cäsar nunmehr als Rechtsbrecher
und Tyrann dasteht, und obwohl Petrarca selbst später sein Urteil revi-
diert, wird diese negative Einschätzung Cäsars im 15. Jahrhundert von
vielen italienischen Humanisten übernommen; zum anderen tritt mit
Petrarcas Biographie erstmals auch Cäsars Persönlichkeit hervor. Ganz
neue Wege schließlich beschreitet das 16. Jahrhundert: Während man
sich in Italien jetzt nur noch unter militärstrategischem Blickwinkel für
Cäsar interessierte, wird er in Frankreich zur Theaterfigur. 1545 schreibt
Marc–Antoine Muret mit seinem Caesar die erste einer ganzen Reihe von
Tragödien, die Cäsars Ermordung schildern. Sowohl die Frage der Staats-
form als auch die Tyrannenmord–Diskussion waren in der Zeit hochak-
tuell und Cäsar selbst durch die Plutarch–Übersetzung ein sehr bekannter
Stoff. Doch während Muret und auch hugenottische Autoren wie Jacques
Grévin vor einer eindeutigen politischen Stellungnahme ausweichen,
macht Robert Garniers *Cornélie* von 1574 Cäsar fast zum Idealbild eines
Monarchen.[3]

Nach Deutschland gelangt diese Form des Cäsar–Stoffes erst n a c h
Frischlins Tod. Michael Virdungs Tragödie *Brutus* von 1596 beginnt mit
Cäsars Auftritt als Rachegeist und endet mit der Niederlage der Cäsar–
Mörder bei Philippi, wobei Cäsar als Tyrann dargestellt wird. In Kaspar
Brülows Tragödie *C.I.Caesar* von 1616 dagegen erscheint Cäsar zwar als
Herrscherideal, doch bleibt seine Ermordung nur eine Episode in einem
großen historischen Gemälde, das von der Verschwörung gegen Cäsar

---

S. 7–19, 26–30; Schulze, U.: Cäsar im Mittelalter. D1: Deutsche Literatur. In: Lexikon des Mittelalters. Bd 2. München/Zürich 1983. Sp. 1355f.

3   Vgl. Gundolf (wie Anm. 1) S. 105–116, 123f., 127f., 163–169, 175–178; Leeker (wie
Anm. 1) S. 251ff., 274; Gundelfinger, F.: Cäsar in der deutschen Literatur. Ber-
lin/Leipzig 1904. S. 43–49; Rossi, V.: Il Quattrocento. Milano 1933. S. 156f.; Brune-
au, J.: La figure de Jules César de Dante à Shakespeare. In: Etudes anglaises 17
(1964) S. 591–604, 597f.; Hüther, J.: Die monarchische Ideologie in den französischen Römerdramen des 16. und 17. Jahrhunderts. München 1966. S. 9–23, 36, 55–
63; Pineaux, J.: César dans la poésie protestante des guerres de religion. In: Actes du
IXᵉ Congrès de l'Association Guillaume Budé. Rome 13–18 avril 1973. Paris 1975.
S. 561–569, ebd. S. 566ff.

bis zu Oktavians Sieg über Antonius im Jahre 31 reicht. Indes bahnt sich in den deutschen Chroniken des 15. und 16. Jahrhunderts langsam ein Wandel im Cäsar–Bild an: Zum Teil aufgrund einer vertieften Kenntnis von Lucan und Sueton, zum Teil aufgrund von dem bürgerlichen Leben entnommenen Wertmaßstäben erscheint Cäsar immer mehr als Frevler gegenüber Bürgerrechten, ja als Tyrann, und die gleiche negative Bewertung erfährt er etwa bei Sebastian Brant oder bei Hans Sachs. Soweit das Cäsar–Bild der Tradition, auf das Frischlin zurückblicken konnte.[4]

Was die Komödie vor Frischlin betrifft, so kann ich mich kürzer fassen, da der Autor sich wenig um kompositorische oder sonstige Gattungsregeln kümmert.[5] Aufgrund seiner philologischen Tätigkeit darf man bei Frischlin eine gute Kenntnis der antiken Tradition annehmen,[6] d.h. der alten attischen Komödie mit ihrem Wechsel von Dialog– und Chorpartien sowie ihrer satirisch–aktuellen Personen– und Zeitkritik, der neuen attischen Komödie mit ihrer moralisierenden Darstellung typisch menschlicher Charakterzüge sowie der römischen Komödie mit ihrem Personeninventar aus großsprecherischen Soldaten, betrügerischen Kaufleuten, lobhudelnden Parasiten oder Dirnen.[7] Im lateinischen Mittelalter ist die antike Komödientradition weitgehend verschüttet; christliche Vorbehalte gegen die heidnische Literatur, gegen das Theater im allgemeinen und gegen die Komödie im besonderen haben hier lange nachgewirkt. Nichtsdestoweniger lebt der B e g r i f f der Komödie seit der Antike durchaus weiter, doch man definierte die Komödie rein inhaltlich: nämlich als Werk, das einen traurigen Beginn und ein glückliches Ende hat; der szenische Charakter bleibt jedoch unberücksichtigt. Wenn daher Terenz seit dem 10. Jahrhundert als Schulautor verwendet wurde, so nur zu lateinischen Redeübungen und, weil er sich moralisch interpretieren ließ; antike Aufführungen stellte man sich nämlich als Rezitation vor, die

4   Vgl. Gundolf (wie Anm. 1) S. 178f.; Gundelfinger (wie Anm. 3) S. 26–28, 30–33, 49–58.
5   Vgl. Roethe, G.: Frischlin als Dramatiker. In: Frischlin, N.: Julius redivivus. Hg. Janell, W. Mit Einleitungen von Hauff, W. / Roethe, G. / Janell, W. Berlin 1912. S. XXV–XXVIII.
6   Vgl. Janell, W.: Frischlin als Philolog. In: Frischlin (wie Anm. 5) S. LIX–LXXIII.
7   Vgl. Duckworth, G. E.: The nature of Roman comedy. Princeton NJ 1952. S. 20–33 und passim; Prang, H.: Geschichte des Lustspiels. Stuttgart 1968. S. 10–36.

eventuell von Schauspielern pantomimisch begleitet wurden. Auch die *comoediae* des 10. und 12. Jahrhunderts sind daher keine Theaterstücke, sondern Legenden und andere erzählende Dichtungen in Dialogform. Für die erste wirkliche Aufführung einer antiken Komödie müssen wir das Ende des 15. Jahrhunderts abwarten.[8]

Im deutschsprachigen Raum entstehen in der Zwischenzeit in einigen Städten kurze, derb–komische Spiele und Schwänke; in Nürnberg etwa ist seit dem 15. Jahrhundert das Fastnachtsspiel literarisch greifbar. Was ursprünglich nur Einzeldarbietungen bei Fastnachtsfeiern waren, verselbständigt sich im 16. Jahrhundert und erhält unter Wegfall der Obszönitäten eine moralisierende, ja z.T. sogar eine konfessionspolemische Tendenz. Mit Hans Sachs rückt dabei nicht nur die moralische Belehrung in den Vordergrund, sondern auch die Form: Raum und Zeit werden genau fixiert, die Figuren werden komplexer, ihr Verhalten psychologisch motiviert, und die Handlung selbst wird kausal verknüpft.[9] Neben dieser volkssprachlichen Tradition gab es eine humanistisch–lateinische. Ihr Ursprung lag im Italien des 15. Jahrhunderts, wo Plautus und Terenz vor allem seit den dreißiger Jahren eifrig gelesen und übersetzt wurden. Lateinische Komödien wie die *Chrysis* von E.S. Piccolomini (1444) imitieren diejenigen der Antike, welche dann in den achtziger Jahren im Druck erschienen und aufgeführt wurden und seit Ariostos *Cassaria* von 1508 auch Imitationen in italienischer Sprache nach sich zogen. Die erste deutsche Übersetzung einer antiken Komödie ist die von Terenz' *Eunuchus* durch Hans Nythart von 1486, der zu Anfang des 16. Jahrhunderts weitere Übersetzungen folgten. Doch wenn man von einigen Stücken von Wimpfeling, Reuchlin oder Naogeorg absieht, ist die lateinische Komö-

---

8 Vgl. Prang (wie Anm. 7) S. 39–41; Holl, K.: Geschichte des deutschen Lustspiels. Leipzig 1923. S. 61; Curtius, E. R.: Europäische Literatur und lateinisches Mittelalter. Bern/München ⁸1973. S. 58f., 265f., 436, 459–61; Suchomski, J. (Hg.): Lateinische comediae des 12. Jahrhunderts. Darmstadt 1979. S. 1–26; Klopsch, P.: Einführung in die Dichtungslehren des lateinischen Mittelalters. Darmstadt 1980. S. 17f., 97f., 112–16; Kelly, H. A.: Tragedy and comedy from Dante to Pseudo–Dante. Berkeley 1989. S. 7f.

9 Vgl. Holl (wie Anm. 8) S. 43–57, S. 70–77; Prang (wie Anm. 7) S. 45–56, S. 62–69; Catholy, E.: Das deutsche Lustspiel. Bd. 1. Stuttgart 1968. S. 19–93; ders.: Die deutsche Komödie vor Lessing. In: Hinck, W. (Hg.): Die deutsche Komödie vom Mittelalter bis zur Gegenwart. Düsseldorf 1977. S. 32–48, bes. S. 35–39.

die in Deutschland nie richtig heimisch geworden: Einmal ließ hier die Reformation sehr schnell die weltfrohen Züge der alten Komödien vergessen, und an ihre Stelle traten moralisierende Tendenzen; und zum anderen lag die Wiederbelebung von Plautus und Terenz hier weitgehend in den Händen der Schule, wo bestimmte Elemente aus pädagogischen Gründen eh wegfallen mußten. Der gemäßigte Terenz war daher verbreiteter als der urwüchsige Plautus und wirkte außer durch seine Form vor allem dadurch, daß in ernstere Stücke komische Szenen nach dem Muster antiker Komödien eingefügt wurden. Frischlin bleibt einer der wenigen, die sich – vielleicht aufgrund einer Wesensverwandtschaft – im Deutschland jener Tage mit Aristophanes beschäftigten.[10] Das Gleiche gilt auch für die Komödientheorie, die auf Aristoteles basierte und im Italien der Zeit ihren Niederschlag etwa in den Poetiken von J.C. Scaliger (1561) oder L. Castelvetro (1571) fand; auch sie hat für das Deutschland Frischlins noch keine große Rolle gespielt.[11] Vor dem Hintergrund dieser beiden Traditionen – der des Cäsar–Stoffes und der der Komödie – verbleibt es nun, Frischlins *Julius redivivus* und *Helvetiogermani* näher zu untersuchen.

II.

Im *Julius redivivus* besuchen Cäsar und Cicero das Deutschland des 16. Jahrhunderts und staunen über dessen Errungenschaften: viele prächtige Städte mit Wunderwerken der Technik und fruchtbares Land. Im

---

10 Vgl. Janell (wie Anm. 6) S. LXV–LXVI; Holl (wie Anm. 8) S. 60–70; Prang (wie Anm. 7) S. 56f., 60f.; Catholy: Lustspiel (wie Anm. 9) S. 94–112, 197; ders.: Komödie (wie Anm. 9) S. 39f.; Süss, W.: Aristophanes und die Nachwelt. Leipzig 1911. S. 28–50; Bebermeyer, G.: Tübinger Dichterhumanisten. Tübingen 1927. S. 17; Friedländer, P.: Aristophanes in Deutschland. In: Die Antike 8 (1932) S. 229–253 und 9 (1933) S. 81–104, bes. 230f.; Petronio, G. u.a. (Hgg.) : Dizionario enciclopedico della letteratura italiana. 6 Bde. Bari 1966–70. Artikel:»Plauto«. Bd. 4. S. 402ff.; Artikel:»Terenzio«. Bd. 5. S. 258ff.; Faccioli, E.: Einleitung zu E. S. Piccolominis Chrysis. In: Ders. (Hg.): Il teatro italiano. Bd. I 2. Torino 1975. S. 386; Röckelein, H. / Bumiller, C.: Ein unruhig Poet: Nicodemus Frischlin 1547–1590. Balingen 1990. S. 96f., 100.
11 Vgl. Catholy (wie Anm. 9) S. 94f.; Jeffery, B.: French Renaissance comedy 1552–1630. Oxford 1969. S. 101; Bray, R.: La formation de la doctrine classique en France. Paris 1978. S. 34–48, 59–61, 99f., 192–195, 240–243, 253–257, 333ff.

1. Akt begegnen sie dabei dem Feldherrn Hermannus, der sie durch das Abfeuern einer Muskete in Verwunderung versetzt; doch während Cäsar ihm begeistert ins Zeughaus folgt, bleibt Cicero voll Skepsis über den Wert dieser militärischen Erfindungen zurück. Er findet den Mann seines Interesses im zweiten Akt in dem Humanisten Eobanus Hessus, der zu seiner großen Verwunderung nicht nur fließend lateinisch dichtet, sondern ihm auch noch Papierherstellung und Druck erklärt und ihn schließlich in eine Druckerei mitnimmt. Doch dann müssen Cäsar und Cicero begreifen, daß diese Weiterentwicklung Deutschlands zu Lasten ihrer eigenen Heimat vonstatten gegangen war: In Deutschland herrscht jetzt ein römischer Kaiser deutscher Nation, die einst von Cäsar unterworfenen Gallier scheinen jetzt aus diebischen und feigen Händlern zu bestehen, und während die Spitzenleistungen in Literatur und Philosophie jetzt in Deutschland entstehen, erscheint vor Cäsars und Ciceros entsetzten Augen ein italienischer Kaminfeger, der gerade wieder Ehebruch begangen hat. Von diesem Schreck müssen sich beide bei einem Festessen in der Akademie erholen. Die beiden letzten Akte schränken dieses strahlende Deutschland–Bild ein: Hermannus muß zugeben, daß unter den deutschen Soldaten Trunksucht und Zügellosigkeit herrschen, und als er allein auf der Bühne ist, erkennt man, daß hinter seinen Angriffen auf den gallischen Händler, den er für die Verweichlichung in Deutschland mitverantwortlich macht, nur persönliche Rache steht. Das zuvor gehörte Lob auf die Dichtung erweist sich jetzt als zweischneidig, denn wenn diese nicht die Wahrheit verkündet, dient sie dem als Teufel verstandenen Unterweltsdämon Pluto. Das zuvor gepriesene Militärwesen aber werde schon bald zu verheerenden Kriegen führen, auf deren viele Tote sich die Unterwelt jetzt, wo Cäsar und Cicero dorthin zurückgekehrt sind, schon intensiv vorbereitet. Die letzten beiden Akte sind also keineswegs, wie aus der sukzessiven Entstehung des Werkes[12] heraus

12 Zur Entstehung vgl. Strauß, David Friderich: Leben und Schriften des Dichters und Philologen Nicodemus Frischlin. Frankfurt 1856. S. 130–135; Hauff, W.: Frischlin als Mensch. In: Frischlin (wie Anm. 5). XXII–XXIV; Neumeyer, E.: Nicodemus Frischlin als Dramatiker. Diss. Rostock 1924. S. 152–160; Ridé, J.: Der Nationalgedanke im Julius redivivus von Nikodemus Frischlin. In: Daphnis 9 (1980) S. 719–741, ebd. S. 720; Schade, R. E.: Nachwort. In: Frischlin, N.: Julius redivivus in der Übersetzung von Jacob Frischlin. Hg. Schade, R. E. Stuttgart 1983. S. 159–163; und

vermutet,[13] ein reines Füllsel, sondern haben zwei Aufgaben: Zum einen beleuchten sie das euphorische Deutschland–Bild der ersten drei Akte recht kritisch, und zum anderen klären sie noch offene Fragen und zeigen den wahren Charakter einiger Figuren.[14] Was den Ort und die Zeit der Handlung betrifft, so findet man merkwürdige Unstimmigkeiten: In der Sekundärliterarur wird meist Schwaben genannt,[15] was sicher für die deutsche Fassung von Jakob Frischlin zutrifft und sich auch auf die Erwähnung des Weinbaus stützen kann;[16] bestimmte Details wie die genaue Schilderung des Münsters und seiner Uhr oder des Marktes und vor allem Frischlins eigene Worte in der Widmung sprechen aber eher für Straßburg.[17] Die gleiche Unschärfe gilt auch für die Zeit: Vers 298–304 zufolge spielt das Stück 1576, Vers 912–

vor allem Elschenbroich, A.: Eine textkritische Nicodemus Frischlin–Ausgabe: Vorüberlegungen. In: Jahrbuch für internationale Germanistik 12 (1980) S. 179–195, ebd. S. 188ff.; zu Details zur Aufführung von 1585 bei Hof vgl. Sittard, J.: Zur Geschichte der Musik und des Theaters am Württembergischen Hofe. Bd. 1. Stuttgart 1890. S. 146–163.

13 Z.B. Bebermeyer (wie Anm. 10) S. 78; Roustan, L.: De N. Frischlini comoediis latine scriptis. Diss. Paris 1898. S. 62, 69.

14 Hermannus' wahres Motiv: vv. 1775–1790/S. 144f. (Diese und alle folgenden Stellenangaben beziehen sich auf die in Anm. 5 genannte Ausgabe); der Kaminfeger ist nicht, wie anfangs befürchtet (vv. 1503–1523/S. 119ff.), mit Pluto im Bunde (vv. 1872–1890/S. 149f.). Wir wissen nicht, ob die im *argumentum* erwähnten Schlußakte, wonach auch ein Unglück prophezeiender Astrologe und ein türkischer Heerführer auftreten sollten, tatsächlich existiert haben oder nur ein Plan waren, den die Zensur durchkreuzte (vgl. Elschenbroich (wie Anm. 12) S. 190; Kohl, J, A.: Nikodemus Frischlin. Diss. Mainz 1967. S. 145, 151); anscheinend bestand aber ihre Funktion, außer in einer Verspottung der Astrologie (vgl. Röckelein /Bumiller (wie Anm. 10) S. 15f.), auch darin, das idealisierte Deutschland–Bild der Akte I–III in Frage zu stellen.

15 Vgl. Scherer, W.: Nikodemus Frischlin. In: Allgemeine Deutsche Biographie. Bd. 8. Leipzig 1878. S. 96–104, bes. S. 99; Müller, E.: Nikodemus Frischlin. In: Ders.: Stiftsköpfe. Heilbronn 1938. S. 22–30, bes. S. 24; Wheelis, S. M.: Nikodemus Frischlin: comedian and humanist. Diss. Berkeley CA 1968. S. 26; Ridé (wie Anm. 12) S. 721 Anm. 5.

16 Zur deutschen Fassung vgl. Frischlin (wie Anm. 12) Prolog, v. 21/S. 9; Schade (wie Anm. 12) S. 166; Kohl (wie Anm. 14) S. 143–146; zum Weinbau vgl. vv. 234–239/S. 12.

17 Vgl. vv. 132–163/S. 7f.; vv. 1385–1396/S. 108f.; Strauß (wie Anm. 12) S. 136; Müller, B. A.: Straßburger Lokalkolorit in Frischlins Julius redivivus von 1585. In: Archiv für das Studium der neueren Sprachen und Literaturen 135 (1916) S. 1–10.

915 zufolge dagegen 1584, und mit beiden Daten paßt nicht zusammen, daß der im Stück auftretende Eobanus Hessus bereits 1540 gestorben war. Vermutlich ist diese räumliche und zeitliche Unschärfe beabsichtigt – um die Allgemeingültigkeit der Aussage zu unterstreichen.

Dem Prolog zufolge geht es Frischlin um zwei Dinge, um ein Lob Deutschlands und um die Erziehung der Jugend.[18] Liest man nur die ersten drei Akte des *Julius redivivus*, so drängt sich das Deutschlandlob in so grellen Farben auf, daß man fast geneigt ist, von Chauvinismus zu sprechen. In Wirklichkeit aber besitzen diese Züge einmal einen Verteidigungscharakter – denn Frischlin war mehrfach vorgeworfen worden, er beschäftige sich zu sehr mit nichtdeutschen Autoren[19] –, und zum anderen werden sie durch die Akte IV und V in ihrer Tragweite relativiert. Das Ziel, die Jugend zu erziehen, aber entsprach nicht nur Frischlins Lehrtätigkeit,[20] sondern auch seinem dichterischen Selbstverständnis: Dichtung hat moralisch anzuleiten;[21] und wie wichtig der Autor diese Aufgabe nahm, zeigt nicht zuletzt der als Warnung gedachte Wunsch Plutos am Ende des Stückes, die Dichter möchten doch mehr Lobenswertes tadeln und Tadelnswertes loben – dann würden sie der Hölle auch besser gefallen.[22]

Frischlin läßt also zwei Tote der Antike auferstehen, um Deutschland zu loben, vergißt aber auch nicht, die Schattenseiten aufzuzeigen. Daß Tote zu Ruhm und Ehre des eigenen Vaterlandes bemüht werden, ist nicht neu. Drei Formen lassen sich unterscheiden: 1. Rangstreitigkeiten unter Toten. Sie benutzt der lange in Athen ansässige Lukian etwa dazu, um bei der Frage nach dem größten Feldherrn Alexander der ersten Platz vor Scipio und Hannibal einzuräumen, und zu Beginn des 16. Jahrhunderts läßt Ulrich von Hutten seinen Arminius eben diese Rangfolge zugunsten der Deutschen in Frage stellen.[23] 2. Jenseitsbesuche Lebender.

18 Vgl. vv. 44f.; 66–69/S. 3f.
19 Vgl. Roustan (wie Anm. 13) S. 61f.
20 Vgl. Scherer (wie Anm. 15) S. 97ff.; Hauff (wie Anm. 12) S. X–XXI.
21 Vgl. Roustan (wie Anm. 13) S. 6–8; Wheelis, S. M.: Nicodemus Frischlin's Julius redivivus and its reflections on the past. In: Studies in the Renaissance 20 (1973) S. 106–117, ebd. S. 111f.; Price, D. E.: Nicodemus Frischlin and 16th century drama. Diss. Yale 1985. S. 9f., 18, 212.
22 Vv. 1834–1851/S. 147–148 in der in Anm. 5 genannten Ausgabe.
23 Lukian: Totengespräche. In: Ders.: Gespräche der Götter und Meergötter, der Toten

Diese müssen keinen patriotischen Hintergrund haben – in Ciceros *Somnium Scipionis* etwa geht es um den Aufbau des Universums –, aber sie können es: Äneas erfährt in der Unterwelt die glorreiche Zukunft Roms, und Dante streut in seine Jenseitswanderung auch Prophezeiungen ein, die einen geheimnisvollen Retter Italiens ankündigen.[24] 3. Die Wiederkehr von Toten. Auch sie muß nicht patriotischem Lob dienen: In Aristophanes' *Fröschen* holt Dionysos Aischylos als den für die Erziehung nützlichsten Tragödiendichter aus der Unterwelt zurück, in Lukians *Der Fischer* kehrt eine ganze Gruppe von toten Philosophen auf die Erde zurück, um einen Satiriker zur Rechenschaft zu ziehen, und bei Eobanus Hessus kehrt Cicero zurück, um das Rom durch die Kriege der Zeit zugefügte Unglück zu beklagen.[25]

Die Rückkehr von Toten zwecks Bewunderung der neuen Zeit hat ihren Ursprung in politischen Argumentationen und Vergleichen: Um die Klage einiger Deutschen, die Kurie habe das einst blühende Deutschland an den Bettelstab gebracht, abzuschmettern, weist Kardinal E.S. Piccolomini an antiken Autoren nach, daß, im Gegenteil, es dem zeitgenössischen Deutschland weit besser gehe als dem der Antike; wenn daher, so Piccolomini, Ariovist oder ein anderer germanischer Held der Antike von den Toten auferstehen würde, würde er seine Heimat Deutschland nicht wiedererkennen. Deutsche Humanisten greifen den Gedanken in dieser hypothetischen Form auf, nehmen aber statt der Germanen staunende Römer: Bei J. Wimpfeling und S. Münster ist es Tacitus, bei A. Althamer Julius Cäsar, und bei S. Franck sind es Cäsar und Livius.[26]

und der Hetären. Hg. Seel, O. Stuttgart 1967. S. 87–154, ebd.12/S. 113–117; Hutten, U. v.: Arminius. In: Ulrichi Hutteni Opera. Bd. 4. Hg. Böcking, E. Lipsiae 1860. S. 407–418.

24 Cicero, M. Tullius: De re publica. Hg. Ziegler, K. Lipsiae 1969. VI 9–29/S. 126–136; Vergil: Aeneis. Goelzer, H. und Bellessort, A. (Hgg.). Bd. 1. Paris 1967. VI 752–886/S. 192–97; Dante Alighieri: La Divina Commedia. Hg. Provenzal, D. Bd. 1. Milano 1972. S. 9f./Inferno I 100–111.

25 Aristophanes: Die Frösche. Hg. Heubner, H. Stuttgart 1951. IV 6 und V/S. 111–114; zu Lukian und Eobanus Hessus vgl. Gewerstock, O.: Lucian und Hutten [...]. Berlin 1924. S. 41.

26 Vgl. Piccolomini, Ae. S.: Germania und Jakob Wimpfeling: Responsa et Replicae ad Eneam Silvium. Hg. Schmidt, A. Köln/Graz 1962. II 28/S. 65f.; Ridé (wie Anm. 12) S. 723ff.; Schade (wie Anm. 12) S. 164f.; Price (wie Anm. 21) S. 30f.

Frischlin verbindet Elemente aus allen drei Traditionen miteinander: Thematisch in der Tradition der Totengespräche steht die Unterredung zwischen Pluto und Merkur am Ende des Stückes (V3): Die Ausbesserung von Charons Schiffen, Merkurs Rolle als Seelenführer, aber auch der Gedanke, daß ein Krieg Charons Arbeit vermehrt, entstammen Lukian.[27] Die Prophezeiung der Zukunft, hier drohender Kriege, knüpft an die zweite Tradition an; und die Auferstehung von Cäsar und Cicero an die dritte, nur daß Frischlin aus der Hypothese ein Bühnenstück macht. Andere Anleihen kommen hinzu: Den Gedanken, daß Tote vor ihrer Rückkehr in ein weiteres Leben aus dem Lethe trinken, um zu vergessen, finden wir auch bei Vergil;[28] der Titel des Stücks lehnt sich an Lukian an;[29] die Idee, umgeformte Zitate zu verwenden, ist sicher einmal Aristophanes' *Fröschen* entlehnt, resultiert aber auch aus der von Frischlin verwendeten Unterrichtsmethode der Paraphrase; hinter dem Wechsel von Rede und Gegenrede in manchen Dialogpartien stehen sicher die Disputationsübungen aus Frischlins Lehrtätigkeit; und schließlich kommen noch wörtliche Anleihen aus den Schriften von Cäsar, Cicero und Tacitus, technische Details aus Plinius und Ovid, szenische Nachbildungen aus Plautus und Terenz sowie patriotische Argumente aus Hutten und Celtis hinzu.[30] Doch die mosaikartige Zusammensetzung aus so vielen Quellen dürfte einen konkreten Hintergrund haben, nämlich die im 15. und 16. Jahrhundert – zumindest in Italien – so verbreitete Idee von Imitation als Eklektizismus im positiven Sinne, wie sie in dem verbreite-

---

27 Frischlin (wie Anm. 5) vv. 1958–1961, 1985–1991, 1933–1961/S. 152–155; Lukian (wie Anm. 23) 4/S. 94f.

28 Frischlin (wie Anm. 5) vv. 1219–1228/S. 98f.; Vergil (wie Anm. 24) VI 713ff., 748–751/S. 190ff.

29 Lukians *Der Fischer oder die Wiederauferstehenden* lautete in der lateinischen Übersetzung von Pirckheimer (1517) *Piscator seu reviviscentes*; vgl. Gewerstock (wie Anm. 25) S. 41 und S. 171.

30 Vgl. Aristophanes (wie Anm. 25) IV 1–6/S. 72–112; Elschenbroich, A.: Imitatio und Disputatio in Nikodemus Frischlins Religionskomödie Phasma. In: Schöne, A. (Hg.): Stadt, Schule, Universität, Buchwesen und die deutsche Literatur im 17. Jahrhundert. München 1976. S. 335–370, bes. S. 335–343; Roethe (wie Anm. 5) S. XLIV–XLVI; Janell (wie Anm. 6) S. LXXXII–LXXXVII; Roustan (wie Anm. 13) S. 2; Ridé (wie Anm. 12) S. 723, 737.

ten Bienengleichnis zum Ausdruck kam, das Frischlin aus Aristophanes und anderen Quellen kannte.[31]

Eklektisch ist auch Frischlins Bild der Antike. So vereint der Cäsar des *Julius redivivus* in sich antike, mittelalterliche und renaissancehafte Züge. Natürlich tritt er einmal auf als Kenner der antiken Germanen, obwohl seine Äußerungen dazu auch aus Tacitus geschöpft sind.[32] Typisch für den Cäsar der antiken Literatur sind auch sein Interesse an technischen und militärischen Dingen, der Hinweis auf seine Schnelligkeit, die Anspielung auf seine Selbstvergötterung, aber auch die immer noch unterschwellig vorhandenen Spannungen mit Cicero.[33] Historisch richtig ist auch Cäsars Kalenderreform; sie spielte jedoch gerade in der mittelalterlichen Literatur eine solche Rolle, daß Cäsar bei Honorius Augustodunensis zum Repräsentanten der Astronomie schlechthin werden kann; obwohl durch antike Quellen belegt, obwohl Frischlin selbst auch Vorlesungen über Astronomie gehalten hat, und obwohl Kalenderfragen in dieser Zeit sehr aktuell waren, darf man diesen Zug daher als mittelalterlich einstufen.[34] Ähnliches gilt für Cäsars Behauptung, ohne die Hilfe der Germanen hätte er seinerzeit die Arverner nicht besiegen können: Gemeint ist offensichtlich die Schlacht von Alesia, in der der germani-

---

31 Zum Bienengleichnis vgl. Stackelberg, J. von: Das Bienengleichnis [...]. In: Romanische Forschungen 68 (1956) S. 271–293; zu Aristophanes und anderen antiken Stellen vgl. ebd. S. 271–278; im Anschluß an Petrarca (vgl. dazu auch Gmelin, H.: Das Prinzip der Imitatio in den romanischen Literaturen der Renaissance. In: Romanische Forschungen 46 (1932) S. 83–360, bes. S. 118–127) verbreitet sich das Gleichnis mit dem Akzent auf der Neuschöpfung in den romanischen Literaturen des 15. und 16. Jahrhunderts, findet sich aber auch etwa bei Erasmus (vgl. Stackelberg (wie Anm. 31) S. 281–293). Zu anderen Formen der *imitatio* bei Frischlin vgl. Price (wie Anm. 21) S. 24f.

32 Z.B. vv. 89–96, 101–115, 152–154, 169–178, 194–220; vgl. Janell (wie Anm. 6) S. LXXXII.

33 Frischlin (wie Anm. 5) vv. 154–159, 169–178, 227–231, 485f., 1489–1494/S. 8f., 12, 32, 117f.; vgl. Leeker (wie Anm. 1) S. 47; Caesar: Bellum Gallicum. Hg. Du Pontet, R. Oxford ¹⁵1966. VII 23 (unpag.). Sueton: Divus Julius 76§1. In: Sueton: De vita Caesarum. Hg. Ihm, M. Stuttgart 1958. S. 37; Plutarch: Caesar 50. In: Plutarch: Große Griechen und Römer. Bd. 5. Hgg. Ziegler, K. / Wuhrmann, W. München 1980. S. 155f.

34 Frischlin (wie Anm. 5) vv. 142–154/S. 7f.; vgl. Sueton (wie Anm. 33) 40/S. 20; Leeker (wie Anm. 1) S. 333–336, zu Honorius siehe bes. S. 333, Anm. 97; Röcklein / Bumiller (wie Anm. 10) S. 7–18, bes. S. 7f.

schen Reiterei in der Tat eine entscheidende Rolle zufiel; doch dahinter scheint ein typisch mittelalterlicher Topos durch, dem zufolge Cäsar ganz Gallien nur mit germanischer Hilfe und ganz Deutschland nur mit Zustimmung der Germanen einnehmen konnte. Sinn dieser Konstruktion war es, die Germanen der Antike und damit die Deutschen des Mittelalters als gleichberechtigt neben Cäsar und somit als legitime Nachfolger des römischen Kaisers erscheinen zu lassen.[35] Dies wird dadurch bestärkt, daß Cäsar bei Frischlin selbst mit dem Universalitätsanspruch mittelalterlicher Kaiser auftritt – eine Idee, die im 16. Jahrhundert noch fortbesteht. In der Tat bezeichnet Hermannus Cäsar als Reichsgründer und berichtet von der *translatio imperii* sowie vom Prinzip der Kurfürsten.[36] Schließlich erklärt diese Projektion Cäsars auf den zeitgenössischen Kaiser auch ein Detail, in dem man bisher nur einen Irrtum Frischlins zu sehen vermochte: Im Gegensatz zum *Bellum Gallicum* rechnet Frischlin die Nervier nicht zu den Galliern, sondern zu den Germanen; das erlaubt ihm einerseits, Cäsars Lob auf die Tapferkeit der Nervier den eigenen Vorfahren zuzuschreiben, entsprach aber auch der Wirklichkeit des 16. Jahrhunderts, wo das Gebiet der Nervier, das zwischen Schelde und Maas lag, zum Deutschen Reich gehörte.[37] Ausgesprochen renaissancehaft an Frischlins Cäsar ist seine menschliche Seite – seine Angst vor dem vermeintlichen Jupiter oder seine Freude über Lob: Eine individuelle Zeichnung Cäsars begegnet in der neueren Literatur erst bei Petrarca und Cäsar als Bühnenfigur erst im 16. Jahrhundert. Und hinter Ciceros Vorwurf, Cäsar hätte sich auch die kulturellen Errungenschaften der Deutschen ansehen sollen, steht vermutlich die Forderung von Castigliones *Cortegiano*, auch der Fürst und der adlige Höfling solle sich für Kultur interessieren.[38] Die wichtigste Neuerung von Frisch-

---

35 Frischlin (wie Anm. 5) vv. 877–883/S. 66; vgl. Caesar (wie Anm. 33) VII 65 §4f., 87 §4, 88 §3, 89 §5; Leeker (wie Anm. 1) S. 156, 167f., 220.

36 Frischlin (wie Anm. 5) vv. 898–900, 903–920/S. 68–70; vgl. Ridé (wie Anm. 12) S. 735–737; Leeker (wie Anm. 1) S. 19–23, 239–249; Röckelein / Bumiller (wie Anm. 10) S. 10f.

37 Frischlin (wie Anm. 5) vv. 392–394/S. 24; vgl. Janell (wie Anm. 6) S. LXXXIII; Caesar (wie Anm. 33) II 4 §8, 15 §4f.; im Mittelalter entwickelte besonders die Stadt Tournai, die sich von den Nerviern herleitete, eine weit verbreitete Sage vom heroischen Kampf ihrer Ahnen gegen Cäsar (vgl. Leeker (wie Anm. 1) S. 84–101).

38 Frischlin (wie Anm. 5) vv. 477–516, 1413–1415, 1461–1470/S. 31–35, S. 111, 114f.;

lins Cäsar–Bild gegenüber dem der Tradition aber ist das Bewußtsein, daß das 16. Jahrhundert nicht mehr der Zeit Cäsars entspricht – denn nur so kann Cäsar die neuen Errungenschaften gebührend bewundern.[39] Frischlin entsprach mit dieser Verbindung antiker, mittelalterlicher und zeitgenössischer Züge aber nicht nur dem Prinzip einer eklektischen *imitatio*, sondern suggeriert damit zugleich eine Projizierbarkeit auf zeitgenössische Herrscher: Dabei steht Cäsar nicht nur für den Kaiser, mit dem er Wertschätzung der Deutschen sowie Universalitätsanspruch teilt und kulturelles Interesse teilen sollte, sondern auch für Herzog Ludwig, der den historischen Cäsar als Vorbild ansah und mit dem Frischlins Cäsar den höflichen Umgang mit Intellektuellen gemeinsam hat, von denen der eine – Eobanus – ihn in seiner Dichtung verherrlicht, wie Frischlin selbst die Hochzeiten des Herzogs dichterisch gefeiert hatte.[40]

Auch Frischlins Cicero, im *Julius redivivus* der Repräsentant der römischen Kultur, vereint in sich Züge aus mehreren Epochen. Typisch für den historischen Cicero ist sein innerer Zwiespalt gegenüber Cäsar – hier Bewunderung für den genialen Mann, dort Zorn auf den Verächter römischer Institutionen.[41] Und wie der historische Cicero stets bemüht war, seine eigene politische Leistung rühmlich hervorzuheben,[42] so stellt sich

vgl. Gundolf (wie Anm. 1) S. 105–116; Leeker, J.: Baldassar Castigliones Beitrag zur Frühgeschichte der Romanischen Philologie. In: Niederehe, H.–J / Schlieben–Lange, B.: Die Frühgeschichte der romanischen Philologie [...]. Tübingen 1987. S. 91–107, bes. S. 97–99; Herzog Ludwig, Frischlins Landesvater, kam aufgrund seiner literarischen Interessen und seines Mäzenatentums diesem Ideal entgegen, besaß er doch auch selbst ein Exemplar des *Cortegiano* in seiner Bibliothek (vgl. Schade (wie Anm. 12) S. 170f.).

39 Frischlin (wie Anm. 5) vv. 79–107, 127–131, 142–144, 563–565, 822–860/S. 4–7, S. 39, 62–65; das Mittelalter dagegen betonte durch vielerlei Anachronismen gerade die Kontinuität zwischen der Antike und der eigenen Zeit (vgl. Leeker (wie Anm. 1) S. 119–131).

40 Frischlin (wie Anm. 5) vv. 1417–1457/S. 111–114; Schade (wie Anm. 12) S. 168–172; Scherer (wie Anm. 15) S. 97; Bebermeyer (wie Anm. 10) S. 57f.

41 Frischlin (wie Anm. 5) vv. 221–231, 1408–1412, 590–596/S. 11f., 111, 41; vgl. dazu auch Kohl (wie Anm. 14) S. 209–212; zu Ciceros Schwanken vgl. Leeker (wie Anm. 1) S. 46f.

42 *Tertium poema exspectato, ne quod genus a me ipso laudis meae praetermittatur,* gesteht Cicero in seinem Brief an Atticus vom 15.3.60 (Cicero: Att. I 19 §10. Hg. Kasten, H. München ²1976. S. 74); zu Ciceros weiteren Bemühungen um Verherrlichung seiner eigenen staatsmännischen Größe vgl. Misch, G.: Geschichte der Auto-

Frischlins Cicero zunächst fälschlich als Feldherr in Rom und Asien vor (was Eobanus allerdings nicht glaubt), dann mit der gleichen mangelnden Bescheidenheit als *lumen eloquentiae Romanae* (vv. 333–35/S. 19–20), um schließlich zu bedauern, daß es in seiner Zeit noch keinen Druck gab, so daß viele Bücher – er meint wohl auch seine eigenen – verloren seien (vv. 1201–2/S. 97). Historisch ist schließlich auch Ciceros Ausrichtung auf griechische Autoren.[43] Doch der antike Cicero war Staatsmann, Redner und Philosoph, derjenige Frischlins ist nur Redner. Diese Einengung entspricht einmal dem mittelalterlichen Cicero–Bild,[44] trägt aber auch der Tatsache Rechnung, daß Cicero seit Lorenzo Valla für die Humanisten wie für Frischlin das stilistische Vorbild schlechthin war. Vielleicht ein Relikt des mittelalterlichen Cicero–Bildes ist die Attitüde des redegewandten Höflings, mit der Cicero um Cäsars Gunst für Eobanus bittet.[45] Einige Züge schließlich sind typisch für das 16. Jahrhundert, so die Bewunderung, die ihm von Eobanus entgegengebracht wird (vv. 1195–6/S. 97), und die Verlebendigung Ciceros durch Allzumenschliches.[46] Wie bei Frischlins Cäsar besteht aber auch hier die wichtigste Neuerung im Bewußtsein der Andersartigkeit der Zeit: Denn nur so kann er die Papierherstellung (vv. 663–4/S. 47) und den Buchdruck (vv. 1188–1206/S. 97–8), aber auch die Latinität, die Akademien und die Bibliotheken der Deutschen gebührend bewundern; Cicero attestiert also den Deutschen, daß die bisweilen gegen sie erhobenen Vorwürfe der Barbarei unbegründet sind. Da er in gewisser Hinsicht für Frischlin steht,[47] kommt

biographie. Bd. 1. Frankfurt ³1949. S. 215, 258–264; Frischlin behandelte Ciceros Briefe im Kolleg (vgl. Janell (wie Anm. 6) S. LXIX).

43 Frischlin (wie Anm. 5) vv. 1265f., 1305–1314, 1333f./S. 101, 104f.; zugleich stehen die Deutschen als Erben der Griechen so gleichberechtigt neben den Römern (vgl. Ridé (wie Anm. 12) S. 730f.).

44 Bei Honorius Augustodunensis etwa ist Cicero der Repräsentant der Rhetorik; vgl. Leeker (wie Anm. 1) S. 333, Anm. 97.

45 Frischlin (wie Anm. 5) vv. 1428–1435/S. 112f.; vgl. Leeker (wie Anm. 1) S. 47.

46 So Ciceros Hunger (Frischlin (wie Anm. 5) vv. 254ff./S. 13), sein Vergleich des Musketenschusses mit Blähungen (v. 550/S. 38) oder Cäsars Verdacht, Cicero sei beim Friseur (vv. 1183f./S. 96) oder in Kneipen (vv. 1385–1396/S. 108f.) gewesen.

47 Vgl. Ridé (wie Anm. 12) S. 727–730; Amelung, P.: Das Bild des Deutschen in der Literatur der italienischen Renaissance (1400–1559). München 1964. S. 33–66, 135–141, 172f.; Frischlin und Cicero verbindet etwa das Ideal des *homo novus* (vgl. Wheelis (wie Anm. 15) S. 109f.).

seinen antimilitärischen Äußerungen – Fernwaffen sind ein Ergebnis persönlicher Feigheit, aber welch ein Unheil hätte Cäsar mit ihnen im Bürgerkrieg anrichten können (vv. 588–604/S. 41) – eine besondere Bedeutung zu: Er fällt das Urteil über den grellen Hurra–Patriotismus, das Pluto am Ende des Stückes bestätigen wird: Es wird einen großen Krieg geben und viele Tote, ja, vielleicht das Ende der Welt (vv. 1943–50, 1962–64/S. 153). Auch hier erfüllt also ein eklektisch zusammengesetztes Cicero–Bild einen bestimmten Zweck.

Für die Darstellung des antiken Germaniens standen Frischlin zwei Traditionen zur Verfügung: Tacitus und Cäsar zufolge waren die Germanen groß, kriegerisch, tapfer und loyal, ihr Gebiet aber wenig besiedelt – meist Wald oder Sumpf – und ihre Lebensweise daher einfach und unverdorben. Für Piccolomini dagegen waren die antiken Germanen primitiv, wild, grausam und barbarisch, weil ohne Gesetze.[48] Frischlin übernimmt das positive Germanen–Bild von Cäsar und Tacitus und folgt darin der patriotischen Tradition des deutschen Humanismus, setzt jedoch an die Stelle von Arminius, der für Hutten oder Luther der germanische Held schlechthin gewesen war, dessen Nachfahren Hermannus.[49] Übertraf schon für Hutten das moderne Deutschland seine antiken Vorfahren dadurch, daß es nicht allein Kraft verkörperte, sondern auch geistige Leistungen aufweisen konnte, so folgt Frischlin auch hierin der Tradition, ergänzt diese jedoch um die Fruchtbarkeit des Landes, die Reichhaltigkeit des Kulturlebens und die Pracht und Stärke der Städte.[50] Dabei greift Frischlin einen Topos des mittelalterlichen Städtelobs auf: Denn wie Aa-

48 Tacitus: Germania 4 §2, 5 §1–5, 6 §6, 14, 16 §1–2, 19 §1–5. Hg. Anderson, J. G. C. Oxford 1958; Caesar (wie Anm. 33) I 39 §1, IV 18 §4, VI 21 §2–5, 23 §1, 25 §1–4; Piccolomini (wie Anm. 26) II 2–4/S. 46–48.

49 Frischlin (wie Anm. 5) vv. 89–96, 101–115, 194–220, 347–353, 382, 389–391, 861–876, 889–895, 962–965/S. 5f., 10f., 21–24, 65ff., 74; vgl. Strauß (wie Anm. 12) S. 132; Roustan (wie Anm. 13) S. 65; Ridé (wie Anm. 12) S. 722, 733f.; Wheelis (wie Anm. 21) S. 108; Borchardt, F. L.: German antiquity in Renaissance myth. Baltimore 1971. S. 121f., 145, 153f., 169, 179; zur Rezeption von Tacitus' Germania im frühen deutschen Humanismus vgl. Krapf, L.: Germanenmythos und Reichsideologie [...]. Tübingen 1979. S. 68–116.

50 Frischlin (wie Anm. 5) vv. 79–88, 116–123, 127–194, 450–476, 563–568, 663–666, 801–810, 1461–1488, 1620f./S. 4–10, S. 29–31, 39, 47, 60f., 114–117, 131; vgl. Strauß (wie Anm. 12) S. 132; Ridé (wie Anm. 12) S. 734f.; Schade (wie Anm. 12) S. 167.

chen, Florenz, Mailand, Reims, Tongern, Tournai und Trier im Mittelalter behaupteten, einmal den Ehrennamen *Secunda Roma* getragen zu haben, so empfindet Cicero Augsburg als neues Rom und Nürnberg als neues Korinth (vv. 185–94/S. 10).[51]

Frischlin differenziert diese Überlieferungen jedoch – vor allem im Sinne persönlicher Stellungnahmen. So läßt er etwa den helvetischen Stamm der Tiguriner, deren Gebiet Cäsar zufolge wohl nördlich des Genfer Sees lag, weiter über den Rhein vordringen (vv. 1123–4/S. 91), d.h. bis nach Württemberg – vermutlich, weil Frischlins Vorfahren aus der Schweiz stammten.[52] Von den Lobeshymnen, die Cicero auf die deutschen Humanisten singt, sind ein Werk und eine Gruppe ausdrücklich ausgenommen: die törichten, uneleganten und dünkelhaften *Quaestiunculae* von Frischlins Gegner Crusius (vv. 1273–79/S. 101–2) und jene *novi antiqui*, die glaubten, alles mit Schmähungen korrigieren zu müssen (vv. 1230–36/S. 99) und mit denen wohl ebenfalls Frischlins Tübinger Feinde gemeint waren.[53] Das spartanische Leben schließlich, das Hermannus an den alten Germanen lobt und für seine Soldaten beibehalten möchte (vv. 1685–1703/S. 137–8), ist sicherlich ein Ideal des Luthertums; doch Frischlin unterhöhlt die Glaubwürdigkeit von Hermannus' rigoristischen Vorwürfen an den gallischen Händler, dieser sei an der Verweichlichung der Zeit mitschuldig (vv. 1716–28/S. 139–40), dadurch, daß er schließlich Hermannus' wahres Motiv durchscheinen läßt – persönliche Rache, denn der Händler hatte ihm ein Mädchen ausgespannt; Frischlins eigene Vorliebe für Festgelage ist im übrigen wohlbekannt.[54] Der Autor deckt aber nicht nur die Hohlheit von übertriebenem Rigorismus auf, er schränkt auch das grell patriotische Deutschland–Bild des deutschen Humanismus ein, und zwar einmal, wie schon im Zusammenhang mit der Struktur des Stückes gesehen, durch die Akte IV und V und zum anderen

51 Vgl. Leeker (wie Anm. 1) S. 27ff.
52 Vgl. Caesar (wie Anm. 33) I 2 §3; zu Frischlins Vorfahren vgl. Müller (wie Anm. 15) S. 22.
53 Zum Hintergrund vgl. Roustan (wie Anm. 13) S. 63; Janell (wie Anm. 6) S. LXXXIV.
54 Frischlin (wie Anm. 5) vv. 976f., 981f., 993f., 1027–1031, 1788f./S. 75–77, 80, 144f.; zum Ursprung des Rigorismus vgl. Ridé (wie Anm. 12) S. 740 (Luthertum) und Price (wie Anm. 21) S. 117–119 (Tacitus); eine ähnliche Skepsis gegenüber dem Luthertum macht Elschenbroich (wie Anm. 12) S. 186 für *Phasma* aus; zu Frischlins Freude an Gelagen vgl. Hauff (wie Anm. 12) S. XIf.

wohl auch dadurch, daß er die patriotischen Züge, die bei Hutten etwa todernst gemeint waren, zum Gegenstand einer Komödie macht; man hatte ja Frischlin vorgeworfen, er beschäftige sich zuviel mit dem Ausland.[55] Ein *dux* Hermannus schließlich ist ein Adliger; ihm aber zu unterstellen, seine rigoristischen Worte seien hohl, ist ein weiterer Zug jener Adelssatire, die die meisten Stücke Frischlins durchzieht und in den *Helvetiogermani* ihren Höhepunkt erreichen wird. Und auch der andere Repräsentant des zeitgenössischen Deutschland, Eobanus Hessus, besitzt eine persönliche Note. Als schon von Luther gefeierter *rex poetarum* darf er Cicero die kulturellen Errungenschaften Deutschlands vorführen:[56] die Papierherstellung (vv. 723–49/S. 53–5), den Buchdruck (vv. 752–95/S. 56–60), den Akademiebetrieb, die Bibliotheken und die große Zahl der deutschen Humanisten (vv. 1188–1384/S. 97–108). Der individuelle Zug, der ihm anhaftet, ist sein Verhalten als Panegyriker auf den Kaiser; in der lateinischen Fassung ist Cäsar voller Bewunderung, in der deutschen wird Eobanus von Cäsar sogar zum Dichter gekrönt und zum Pfalzgrafen geadelt wie seinerzeit Frischlin durch Rudolf II.; Eobanus ist also letztlich eine Maske für Frischlin selbst.[57]

Frischlins Deutschland–Bild besitzt aber noch einen anderen Zug, der neu ist gegenüber der Tradition: die Darstellung des Landes als Vielvölkerstaat. Während mittelalterliche Texte entweder jene vier deutschen Stämme nennen, die sich durch ihre Tapferkeit oder ihr Arrangement mit Cäsar für eine Aufnahme in den Reichsverband qualifiziert hatten, oder aber Cäsar die ganze Welt erobern lassen,[58] geht Frischlin einen anderen Weg: Er illustriert die Größe des Reiches durch Berichte aus seinen Randgebieten. Die aber sind wenig erfreulich: An drei Stellen des Stückes ist von Unruhen in Belgien die Rede, womit Frischlin offensichtlich auf drei Etappen des Freiheitskampfes der Niederlande anspielt.[59] Von

55 Vgl. Roustan (wie Anm. 13) S. 61f.; Ridé (wie Anm. 12) S. 739.
56 Vgl. Ridé (wie Anm. 12) S. 721, 726, 737.
57 Frischlin (wie Anm. 5) vv. 645–650, 1438–1460/S. 45f., 113f.; Frischlin (wie Anm. 12) III 2, vv. 108–112/S. 94; vgl. Roustan (wie Anm. 13) S. 27, 39f.; Schade (wie Anm. 12) S. 168.
58 Vgl. Leeker (wie Anm. 1) S. 167f., 291–296.
59 Frischlin (wie Anm. 5) vv. 400–414/S. 25f.: Fremde wollen plündernd von Belgien nach Germanien ziehen, werden aber gebremst: Gemeint ist wohl die spanische Soldateska, deren Plünderungen die Genter Pazifikation von 1576 Einhalt gebot; zu-

Savoyen kann der gallische Händler berichten, der König bereite wohl einen Krieg vor (vv. 1135–38/S. 92), womit vermutlich die Schaffung eines stehenden Heeres unter Herzog Emanuele Filiberto und die prospanische Politik unter dessen Sohn Carlo Emanuele I. gemeint sind. Als drittes deutsches Randgebiet erwähnt Frischlin Wien, wo nach der türkischen Niederlage bei Lepanto (1571) erneute Spannungen mit den Osmanen ab 1593 wieder zu einem Krieg führen werden.[60] Frischlin illustriert also die Grenzen des Deutschen Reiches einmal durch drei Krisengebiete im Westen, Süden und Osten.

Ein Zweites kommt hinzu: Im *Julius redivivus* treten zwei Nebenfiguren auf, die durch ihre Sprache – französisch bzw. italienisch – bisher stets als Repräsentanten der romanischen Nationen verstanden wurden;[61] durch ihre Mischsprache, ihre Neigung zu sexuellen Abenteuern und ihren Krämergeist würden der Allobroger und der Kaminfeger, so diese Deutung, als Gegensatz zur kulturellen Blüte der Deutschen romanische Dekadenz verkörpern.[62] Doch ein gallischer Straßenhändler und ein italienischer Kaminfeger sind kaum ernsthafte Gegenbilder zu deutschen Humanisten, wie es Ciceros Entsetzen zu implizieren scheint. Im übrigen wissen wir, daß Frischlin Franzosen wie Muret und Italiener wie Scaliger so sehr schätzte, daß man ihm mangelnden Patriotismus vorgeworfen hatte; die abfällige Darstellung des Galliers und des Italieners ist so einmal wohl ein Zugeständnis an das Publikum um des Witzes willen, zu-

gleich wirkt die Situation wie eine Neuauflage vom Beginn des Gallischen Krieges (vgl. Caesar (wie Anm. 33) I 7 §1 u. 5), so daß Hermannus quasi auf Cäsar projiziert wird. Vv. 1139f./S. 93: Der spanische König werde neue Truppen nach Belgien schicken: Gemeint ist wohl der neue Generalgouverneur Alessandro Farnese, der 1578 eingesetzt wurde. Vv. 1943–1950/S. 153: Ganz Belgien steht unter Waffen: Gemeint ist wohl der Kampf gegen Farnese im Anschluß an die Unabhängigkeitserklärung von 1581, vor allem ab 1584.

60 Frischlin (wie Anm. 5) vv. 1951–1957/S. 153: Der türkische Herrscher Murad III. hatte in Wien Unterwerfung und Geiseln gefordert.
61 Vgl. z.B. Müller (wie Anm. 15) S. 25; Kohl (wie Anm. 14) S. 137f., 228ff.; Wheelis (wie Anm. 15) S. 49; Ridé (wie Anm. 12) S. 731ff.
62 Frischlin (wie Anm. 5) vv. 976–98, 1019, 1027–1038, 1660–1715/S. 75–76, 79ff., 135–139 (der Allobroger); vv. 1512–1514, 1522–1538, 1857–1860, 1866–1871/S. 120–123, 148f. (der Kaminfeger); das *O fega*, mit dem letzterer die Bühne betritt (vv. 1503–1519/S. 119–121) ist offensichtlich eine Verballhornung des deutschen Wortes fegen, dem er zugleich eine obszöne Nebenbedeutung gibt (vgl. vv. 1866–1871 S. 149).

mal gallische Händler und italienische Kaminfeger im Württemberg der damaligen Zeit tatsächlich anzutreffen und nicht gern gesehen waren.[63] Doch der Gallier kommt aus Savoyen und damit genauso aus dem Reichsgebiet wie der aus Bergamo stammende Kaminfeger; sie können also nicht für Frankreich bzw. Italien stehen, sondern dienen eher als Warnung vor einer Überfremdung des Reichsgebietes – worauf im übrigen auch Hermannus' Seitenhieb auf den Snobismus des französisch redenden deutschen Adels abzielt. Beide Figuren illustrieren also einmal – wie die Erwähnung der Krisengebiete – die Größe des Deutschen Reiches, das auch Belgien, Savoyen, Oberitalien und Österreich umfaßt, aber auch die damit verbundenen Gefahren: kulturelle Überfremdung und Kriege an allen Enden;[64] zudem schränken beide den Hurra–Militarismus von Hermannus und Cäsar ein.

Frischlins Fortschrittsglaube ist nämlich im *Julius redivivus* keineswegs so ausgeprägt, wie es scheinen könnte. Zwei Dinge werden bewundert, einmal der rein technische Fortschritt im Bereich von Städtebau, Landwirtschaft, Mechanik und Waffenherstellung und zum anderen die kulturelle Blüte durch Papierherstellung, Buchdruck, Bibliotheken und Akademien. Doch beides erfährt eine Einschränkung – der technische Fortschritt durch Ciceros Befürchtung und Plutos Prophezeiung der daraus resultierenden Zerstörung und die Vorstellung von einem kulturellen Fortschritt durch die prinzipielle Orientierung dieser Kultur an der Antike, um deren Neuauflage man sich bemüht; ein Abweichen von dem antiken Vorbild wird nicht erwogen – mit einer Ausnahme: Frischlin orientiert sich an christlichen Werten.[65] Damit bezieht Frischlin Position in

63 Vgl. Roustan (wie Anm. 13) S. 63ff.; Bebermeyer (wie Anm. 10) S. 50.
64 Frischlin (wie Anm. 5) v. 1022/S. 79: Hier spricht Hermannus von *nostris Gallis;* auch die Perspektive ist rein deutsch: Probleme wie die Religionskriege in Frankreich mit ihrer Bartholomäus–Nacht oder wie die Hispanisierung Italiens und die Rolle der Kurie dort nach dem Tridentinum tauchen gar nicht auf. Und bezeichnenderweise treten im *Julius redivivus* auch weder Engländer noch Spanier auf, obwohl Cäsar beide Völker von seinen Feldzügen her kannte.
65 Frischlin (wie Anm. 5) vv. 588–607, 1943–1976/S. 41, S. 153f. zur zu erwartenden Zerstörung; vv. 1289–1335/S. 102–105 zur Orientierung an der Antike. Im *Priscianus vapulans* feiert Frischlin die lange ersehnte Wiederherstellung der arg mißhandelten klassischen Latinität durch Erasmus und Melanchthon, und der Autor selbst ver-

Diskussionen, die schon im Mittelalter einsetzten. So entwickelte sich in Frankreich die Idee einer *translatio militiae* und *translatio studii*, einer Übertragung höchsten militärischen und kulturellen Könnens vom antiken Griechenland über Rom nach Frankreich, wie wir sie im 12. Jahrhundert bei Chrestien de Troyes finden, und deutsche Autoren des 13. Jahrhunderts entwickeln die Vorstellung, daß von dem christlichen Erbe der Antike Frankreich das *studium*, Italien das *sacerdotium* und Deutschland das *regnum* zugefallen sei. Aufgrund eines zunehmenden Vertrauens in die eigene Leistungsfähigkeit verglich schon Bernhard von Chartres im 12. Jahrhundert seine Zeitgenossen in ihrer Beziehung zur Tradition mit Zwergen, die, da sie auf den Schultern von Riesen sitzen, weiter sehen als jene dank ihres zusätzlichen Wissens; und dieser Vergleich lebt noch etliche Jahrhunderte weiter. Nach anfänglichen Selbstzweifeln gegenüber der vermeintlichen Unerreichbarkeit der antiken Vorbilder erklärten auch italienische Humanisten als ihr Ziel die *aemulatio*, d.h. die schöpferische Nachahmung, die das antike Vorbild übertreffen will, um schließlich in Vergleichen die Überlegenheit der Moderne zu dokumentieren: Bei Accolti (15. Jahrhundert) besteht diese etwa in der christlichen Religion, bei Rinuccini (15. Jahrhundert) in Kunst, Architektur und Technik und bei Autoren des 16. Jahrhunderts dazu etwa in Medizin, Lebensart, Musik, Kriegskunst und geographischen Kenntnissen.[66]

Eine andere Tradition stand dem entgegen: Während des ganzen Mittelalters existierte – weit mehr als das Gefühl der eigenen Überlegenheit – eine Orientierung an einer als ideal verstandenen Antike, der gegenüber die eigene Zeit gelegentlich als dekadent empfunden wurde; dies äußerte sich etwa in der »ubi sunt?«–Thematik, wo der Akzent auf die politische und moralische Größe von Verstorbenen gelegt wurde, wie es sie in der eigenen Zeit nicht mehr gab.[67] Daneben tauchen im 16. Jahrhundert,

stand sich ja als christlicher Terenz (vgl. Frischlin (wie Anm. 5) Widmung des *Julius*, LXXVII; dazu Roethe (wie Anm. 5) XXVII und Janell (wie Anm. 6) LX).

66 Vgl. Leeker (wie Anm. 1) S. 3; Grundmann, H.: Sacerdotium – Regnum – Studium. In: Archiv für Kulturgeschichte 34 (1952) S. 5–21, bes. S. 6–8; Buck, A.: Die Rezeption der Antike in den romanischen Literaturen der Renaissance. Berlin 1976. S. 228–236.

67 Vgl. z.B. Alain de Lille: Textes inédits. Hg. D'Alverny, M.–Th. Paris 1965. S. 41 für das 12. Jahrhundert; Deschamps, E.: Oeuvres complètes. Hgg. Marquis de Queux de Saint Hilaire und Raynaud, G. 11 Bde. Paris 1878–1903. Ballade 330, vv. 51–

vielleicht unter dem Einfluß von Ovid, wieder Vorstellungen von einem Goldenen Zeitalter auf, das sich u.a. durch Naturnähe auszeichnet.[68] Insgesamt verbinden sich also in Frischlins Vorstellung vom Fortschritt der Menschen mehrere Traditionen: Aus dem italienischen Humanismus kommt die Vorstellung von einem technischen, religiösen und kulturellen Fortschritt, wobei aber gerade letzterer auf dem antiken Erbe aufbaut. Aus religiösen Motiven wie der »ubi sunt?«–Thematik stammt dagegen die Suche nach moralischer Größe gerade in der Vergangenheit, und dem Wiederaufleben der Idee von einem Goldenen Zeitalter dürfte die Suche nach dem Ideal eines einfachen und ruhigen Lebens in der Vergangenheit entspringen.[69] Hier bestätigt sich also ebenfalls Frischlins eklektisches Vorgehen bei der Verarbeitung der Tradition.

Auch in bezug auf die Theatertechnik verbindet Frischlin mehrere Verfahren: Obwohl er Scaliger sehr schätzte,[70] werden die Regeln von dessen auf Aristoteles und Horaz basierender Poetik nur sehr oberflächlich befolgt. Der *Julius redivivus* besitzt weder eine Handlungs– noch eine Orts– oder Zeiteinheit. Und die Vermischung von komischen und tragischen Elementen, d.h. hier Figuren wie der Kaminfeger und dort die Ankündigung vieler Toter, wäre demnach ebensowenig erlaubt wie das Auftreten von Toten und heidnischen Dämonen. Von der zeitgenössischen, sich an der Antike orientierenden Komödientheorie übernimmt Frischlin also nur die Einteilung in 5 Akte und das Verständnis von Komödie als Spiegel der zeitgenössischen Wirklichkeit. Hinzu kommen Übernahmen aus einzelnen antiken Komödien: Aus Aristophanes etwa stammen die Verwendung von Zitaten, anderssprachigen Einlagen und persönlichen Angriffen, aus Plautus und Terenz viele Floskeln und Situationen der Nebenhandlung, aus der mittelalterlichen Theatertradition

55/Bd. 3. S. 33–35; Ballade 368, vv. 1–32/Bd. 3. S. 113–115; Ballade 399, vv. 1–30/Bd. 3. S. 182–184; Ballade 1457, vv 1–30/Bd. 8. S. 149f. für das 14. und 15. Jahrhundert.

68 Vgl. Ovid: Metamorphosen. I 89–150. Hg. Rösch, E. München 1968. S. 10–14; Montaigne, Michel de: Essais I 31. Hg. Micha, A. 3 Bde. Paris 1979 (GF 210–212) Bd. 1. S. 251–263.

69 Zu Frischlins Ideal eines einfachen und ruhigen Lebens in der Vergangenheit vgl. Wheelis (wie Anm. 15) S. 12, 24, 94, 99f.; Wheelis (wie Anm. 21) S. 113; Ridé (wie Anm. 12) S. 740.

70 Vgl. Roustan (wie Anm. 13) S. 65; Elschenbroich (wie Anm. 12) S. 189.

dagegen die fehlende Handlungseinheit, die Vermischung komischer und tragischer Elemente, die Hinwendung zum Publikum und die Verwendung einer possenhaften Nebenhandlung samt obszöner Sprache.[71] Auch hier bedient sich Frischlin also einer eklektischen *imitatio*.

Eine Untersuchung von Frischlins zweitem Cäsar–Stück, den 1588 in Braunschweig geschriebenen *Helvetiogermani*, bestätigt das bisher Gesagte. Die fünfaktige Komödie ist im wesentlichen eine Dramatisierung des ersten Buches von Cäsars *Bellum Gallicum* und beinhaltet Cäsars Kriege gegen die Helvetier (I 1/fol. S2^r–III 3/fol. T7^r)[72] und gegen den Germanenfürsten Ariovist (III 4/fol. T7^r–V 8/fol. X5^v). Das für den Gymnasialunterricht gedachte Stück sollte einmal als Übungsmaterial zum Memorieren und für die Paraphrase dienen. Doch als Autor will Frischlin auch moralisch belehren[73] und nennt so als sein zweites Ziel, die Menschen an ihre Zerbrechlichkeit gegenüber dem Schicksal zu erinnern (*Prologus*/fol. S2^r). Frischlins Änderungen gegenüber dem *Bellum Gallicum* beinhalten also nicht nur einige für eine Theaterfassung notwendige Vereinfachungen,[74] sondern auch eine neue Akzentsetzung.

71 Zu Frischlins Theaterkonzeption vgl. Roustan (wie Anm. 13) S. 6–8, 69ff.; Roethe (wie Anm. 5) S. XLIV–LVIII; Süss (wie Anm. 10) S. 49f.; Holl (wie Anm. 8) S. 64ff.; Neumeyer (wie Anm. 12) S. 19–86; Bebermeyer (wie Anm. 10) S. 78f.; Kohl (wie Anm. 14) S. 17f., 139f., 151; Wheelis (wie Anm. 21) S. 111–114; Elschenbroich (wie Anm. 30) S. 345ff., 368; Price (wie Anm. 21) S. 118.

72 Hier und im folgenden zitiere ich nach der Ausgabe: Frischlin, N.: Helvetiogermani. In: ders.: Operum poeticorum [...] pars scenica. Hg. Pflüger, G. Argentorati 1612. fol. S1r–X7v.

73 Vgl. Frischlin (wie Anm. 72) Prologus/fol. S1v–S2r; Roethe (wie Anm. 5) S. XXVIII; Elschenbroich (wie Anm. 30) S. 337–340; Barner, W.: Barockrhetorik. Tübingen 1970. S. 423f.

74 Schlachten finden entweder zwischen den Akten statt, so die an der Saône (B.G.I 12) zwischen Akt I und II, oder während der burlesken Szenen der Nebenhandlung, so die Entscheidungsschlacht von Bibracte (B.G.I 23ff.) während der Szene II 4; das Reitergefecht gegen die Helvetier (B.G.I 15 §2f.) wird nur nebenbei erwähnt (II 3/fol. S11v), und die Schlacht gegen Ariovist schließlich findet zwischen V 7 und V 8 statt, wo man sich wohl eine Pause vorstellen muß. Auf die Bühne bringt Frischlin Unterredungen, in denen Geschehenes berichtet oder Absichten geäußert werden. Hinzu kommen weitere Vereinfachungen: Aus zwei gallischen Bitten gegen Ariovist (B.G.I 30 §1, I 31 §1f.) wird eine (III 4/fol. T7v), aus zwei Gesandtschaften Cäsars (B.G.I 34 u. 35) wird eine (IV 2/fol. T12r), und Cäsars Vorsichtsmaßnahmen gegenüber Dumnorix (B.G.I 20 §6 = II 3/fol. T1v), die Reaktion der Truppen auf Cäsars Rede

Zum einen neigt Frischlin dazu, Cäsar zu idealisieren: Der sehr pathetische gallische Hilferuf gegen Ariovist und eine erfundene Wiedersehensszene mit den aus Ariovists Gefangenschaft befreiten römischen Gesandten lassen ihn als Retter erscheinen; Cäsars Offiziere loben seine *prudentia* und seine Vorbildlichkeit, er selbst handelt großzügiger und energischer als in der Vorlage und bedient sich in seinen Ansprachen auch patriotischer und sogar religiöser Argumente.[75] Frischlins wichtigste Neuerung aber besteht in der hinter den *Helvetiogermani* stehenden christlichen Schicksalsthematik. Schon im *Julius redivivus* trugen einige Elemente der antiken Welt christliche Züge: Cicero vergleicht den Turm des Straßburger Münsters mit dem zu Babel (vv. 135–6/S. 7), Merkur wehrt sich gegen den Vorwurf, nur erdichtet zu sein (vv. 6–28/S. 2–3), wie ihn etwa die frühchristliche Apologetik erhoben hatte,[76] und Pluto, der die Dichter zur Verherrlichung des Bösen verleiten will und sich selbst als Feind Christi bezeichnet (vv. 1820–43/S. 146–48), erinnert an die Verteufelung der antiken Götter als Höllendämonen, wie wir sie seit der Spätantike in etlichen Werken des christlichen Mittelalters finden.[77] Schließlich hebt für den Cäsar des *Julius* wie für Hermannus Fortuna die einzelnen Menschen wie auch die Weltreiche bald in die Höhe und läßt sie bald wieder fallen, doch hinter dem Wirken Fortunas steht der Wille Gottes (vv. 923–34/S. 70–1): Frischlin verbindet hier die mittelalterliche Fortuna–Konzeption, der zufolge Gott hinter dem Schicksal steht, mit

(B.G.I 41 = IV 6/fol. V5r) und vor allem der Ausbruch der Schlacht gegen Ariovist (B.G.I 48 §1–50 §3 = V 6/fol. V12rv) werden ebenfalls stark vereinfacht.

75 Frischlin (wie Anm. 72) III 4/fol. T9r = B.G.I 31 §16 (der Hilferuf der Gallier); V 8/fol. X4v (die Wiedersehensszene); II 5/fol. T3v (Cäsars prudentia); II 5/fol. T4v (Cäsars Vorbildlichkeit). In B.G.I 19 §3–5 will Cäsar selbst Dumnorix verurteilen, bei Frischlin (II 3/fol. T1r) überläßt er das Urteil dem Stamm. In B.G.I 28 §1 werden die auf der Flucht ergriffenen Helvetier als Feinde behandelt, bei Frischlin (III 2/fol. T6r) werden sie gefoltert. Anders als in B.G.I 45 §1 geht Cäsar bei Frischlin (V 1/fol. V7r) nicht auf Ariovists Argumente ein. Im Gegensatz zur Vorlage spricht Cäsar bei Frischlin in seinen Reden auch die nationale Ehre (IV 6/fol. V4v), die Pflicht der Vaterlandsverteidigung (V 7/fol. X2r) und die zu erwartende Hilfe der Götter (IV 6/fol. V4v) an.

76 Vgl. Simon, M.: Les dieux antiques dans la pensée chrétienne. In: Zeitschrift für Religions– und Geistesgeschichte 6 (1954) S. 97–114, bes. S. 97ff.

77 Vgl. Simon (wie Anm. 76) S. 99ff.

derjenigen Machiavellis, der zufolge auch der Wechsel der Weltreiche dem Willen Fortunas untersteht.[78]

Die gleiche Schicksalskonzeption – eine Fortuna, die die Reiche der Welt auf- und niederbewegt und dabei Gottes Willen untersteht – bringt Frischlin in den *Helvetiogermani* noch deutlicher zum Ausdruck: Schon im Prolog bezeichnet er die Niederlagen der Helvetier und Ariovists als von Gott gewollt; das Schicksal bewege alles schnell auf und ab, um dem Menschen seine Zerbrechlichkeit vor Augen zu halten (Prologus/ fol. S1^v–S2^r). Bei verschiedenen Gelegenheiten greifen einzelne Figuren des Stückes die genannten Elemente dieser Schicksalskonzeption wieder auf, und zwar vorzugsweise in Form von Sentenzen: Der Mensch müsse sich seiner Schwäche bewußt und gegen alles Unheil gewappnet sein.[79] Ein weiterer Aspekt christlichen Ursprungs kommt hinzu: Gott bedient sich des Schicksals auch, um die Menschen zu bestrafen oder zu belohnen – so argumentiert vor allem Cäsar.[80] Mit dieser christlichen Schicksalskonzeption, die verschiedene Traditionen miteinander verknüpft und im übrigen auch bei anderen Autoren des 16. Jahrhunderts zu finden ist,[81] gehen die *Helvetiogermani* weit über eine simple Dramatisierung von Geschichte hinaus.[82]

Eine weitere Neuerung Frischlins gegenüber der Vorlage besteht in einer burlesken Nebenhandlung, die alle Akte durchzieht. In ihrem Mittelpunkt steht Cäsars Offizier Thrasymachus, der sich als nur an Essen,

---

78 Vgl. Leeker, J.: Fortuna bei Machiavelli – ein Erbe der Tradition? In: Romanische Forschungen 101 (1989) S. 407–432, bes. S. 410–414, 430.

79 Frischlin (wie Anm. 72) II 5/fol. T5r (als Kommentar von Labienus), V 2/fol. V8rv (Ariovist in Sentenzenform), V 3/fol. V9r (als Procilius' Wunsch), V 8/fol. X5r (als Kommentar von Procilius, als Sentenz Cäsars und als belehrende Aussage von Titius). Auch die daraus zu ziehende Lehre – der Mensch müsse sich seiner Schwäche bewußt und gegen alles Unheil gewappnet sein – erscheint mehrfach: IV 1/fol. T11r (in Nasuas Mund) und V 8/fol. X5r (in Cäsars Mund).

80 Frischlin (wie Anm. 72) II 1/fol. S10r (als Kommentar zur Niederlage der Tiguriner), IV 6/fol. V4v (in der Strafpredigt an seine Soldaten).

81 Vgl. Price (wie Anm. 21) S. 27f. für den deutschen und Leeker, J.: Étienne Jodelle und die Antike. In: Wolfenbütteler Renaissance Mitteilungen 14 (1990) S. 65–84, bes. S. 72ff. für den französischen Bereich.

82 Das hatte Schwabe, E.: Das Fortleben von Caesars Schriften in der deutschen Literatur und Schule seit der Humanistenzeit. In: Neue Jahrbücher für das klassische Altertum, Geschichte und deutsche Literatur 10 (1902) S. 307–326, bes. S. 315 gemeint.

Trinken und Frauen interessierter Drückeberger, Prahlhans und Schmarotzer offenbart; damit, so Thrasymachus, lege er nur das typische Verhalten seiner Schicht an den Tag, das des Adels (I 3/fol. S6^r–S7^v); eine Lebensbeichte des Offiziers bringt noch weitere Facetten dieser Adelssatire zum Vorschein: Arroganz, mangelnde Bildung, Spielleidenschaft, Verschuldung, sexuelle Ausschweifungen und Flucht vor Verantwortung – all das sei typisch für ihn und seinesgleichen (I 4/fol. S7^v–S9^v). Doch wie die Helvetier und Ariovist in Cäsar ihren Meister finden, so Thrasymachus in der schwäbischen Prostituierten Tusnelda, so daß der Offizier am Ende im Essen, Trinken und Würfelspiel besiegt (III 1/fol. T5^v–T6^r), mit anderen Männern betrogen (IV 4/fol. V1^v–V2^v) und seiner ganzen Habe beraubt ist (V 5/fol. V9^v–V11^v). Frischlin verbindet also in Thrasymachus, dessen Worte zum Teil Plautus und Terenz entnommen sind, den antiken Komödientyp des Schmarotzers und den des *miles gloriosus*,[83] formt das Ganze aber um zu der wohl bösesten Adelssatire, die der in dieser Hinsicht ohnehin nicht zimperliche Autor je zu Papier gebracht hat.[84] Es ist im übrigen nur diese Nebenhandlung, die es erlaubt, das Stück mit seiner an sich ernsten Thematik als Komödie zu bezeichnen.

Schicksalsthematik und anachronistische Adelssatire sind aber nur zwei Aspekte des Geschichtsbildes, das in den *Helvetiogermani* zu finden ist. Man hat gelegentlich in dem Stück patriotische Tendenzen sehen wollen,[85] doch genau das Gegenteil ist der Fall: Wie schon gesehen, wird Cäsar idealisiert; Ariovist aber besitzt in den *Helvetiogermani* die gleiche Arroganz wie im *Bellum Gallicum*, und das in seiner Ansprache vorgebrachte Argument, es gehe um die Verteidigung von Rhein und Germa-

---

83 Zu den Plautus– und Terenzanleihen vgl. Pflüger, G.: Anmerkungen zu den Helvetiogermani. In: Frischlin (wie Anm. 72) fol. X5v–X7v; zum Typ des *miles gloriosus* und des Parasiten in der antiken Komödie vgl. Duckworth (wie Anm. 7) S. 264–267.
84 Zu Frischlins Adelssatire und ihren Hintergründen vgl. Roustan (wie Anm. 13) S. 16–26; Kohl (wie Anm. 14) S. 127f., 158, 169–186; Price (wie Anm. 21) S. 212, sowie Boeckh, J. G.: Gastrodes. In: Wissenschaftliche Zeitschrift der Martin–Luther–Universität Halle–Wittenberg, Gesellschafts–und Sprachwissenschaftliche Reihe 10 (1961) S. 951–957, bes. S. 954ff.; Schreiner, K.: Frischlins Oration vom Landleben und die Folgen. In: Attempto 43/4 (1972) S. 122–135, bes. S. 122, 125, 133; Wheelis, S. M.: Publish and perish. In: Neophilologus 58 (1974) S. 41–51, bes. S. 43, 49; Rökkelein / Bumiller (wie Anm. 10) S. 78–94.
85 So Roethe (wie Anm. 5) S. XXVIII.

nien, wird durch die Gegenüberstellung mit Cäsars Ansprache in seiner Aussagekraft eingeschränkt (V 7/fol. X2^V–X3^V)[86]. Negativ wird vor allem der Suebe Nasua gezeichnet, der gemäß Frischlins Schreibweise *Suevus* ein Schwabe ist:[87] Er hetzt Ariovist zum Krieg gegen Cäsar auf (V 2/fol. V8^V) und verkörpert für Frischlin den Typ des schlechten Höflings: dumm, schmeichlerisch gegenüber seinem Herrn, aber vernichtend gegenüber anderen (IV 2/fol. T11^V). Doch nicht nur Ariovist und Nasua werfen ein merkwürdig negatives Licht auf Deutschland, sondern auch die Prostituierte Tusnelda – einmal ist auch sie Schwäbin (II 4/fol. T2^r), und zum anderen trägt sie ausgerechnet den Namen der Gattin des germanischen Helden Arminius.[88] All das erlaubt es nicht, in den *Helvetiogermani* nationale Tendenzen zu sehen; eher wirkt das Stück wie ein letzter Ausfall gegen jenes Schwaben, das Frischlin vertrieben hatte;[89] ein idealisierter Cäsar aber tritt wieder als Repräsentant des gottgewollten Weltreiches auf (IV 6/fol. V4^V): Vielleicht hoffte Frischlin, der im Winter 1586/87 in Prag gewesen war,[90] noch immer auf die Hilfe des Kaisers.

Statt einer nationalen Tendenz zeigen die *Helvetiogermani* degegen einen anderen Aspekt von Frischlins Geschichtsbild auf. An verschiedenen Stellen fügt der Autor historische Parallelen aus anderen Zeiten ein: Wenn etwa die Gallier von den zu Hilfe gerufenen Germanen versklavt wurden, so sei ihnen das Gleiche passiert wie früher etwa den Athenern durch die Mazedonier (III 4/fol. T8^r). Eine historische Situation verliert so durch ähnlich gelagerte Fälle in der Vergangenheit ihre Einmaligkeit[91] und wird quasi zum überzeitlichen Modell, aus dem man Lehren ziehen

---

86 Hier hat offensichtlich Frischlins Praxis der Disputationsübungen Pate gestanden; vgl. dazu Elschenbroich (wie Anm. 30) S. 341ff.

87 Vgl. Frischlin (wie Anm. 72) IV 1/fol. T10v; zu Suevus als Schwabe vgl. Graesse, J. G. Th.: Orbis latinus. Bearb. Benedict, F. Berlin ^{2}1909/Reprint: Berlin ^{2}1980. S. 293.

88 Vgl. Ridé (wie Anm. 12) S. 740.

89 Das Bild vom Märtyrer Frischlin, das Strauß (wie Anm. 12) und andere gezeichnet hatten, ist inzwischen durch Stahlecker, R.: Martin Crusius und Nicodemus Frischlin. In: Zeitschrift für Württembergische Landesgeschichte 7 (1943) S. 323–366 und Wheelis (wie Anm. 15) S. 112–169, ders. (wie Anm. 84) zu Recht relativiert worden.

90 Vgl. Amelung, P.: Frischlin in Wittenberg. In: Zeitschrift für Württembergische Landesgeschichte 19 (1960) S. 168ff.

91 Vgl. z.B. Frischlin (wie Anm. 72) V 8/fol. X5r der Vergleich mit Xerxes.

kann. Dies wird nicht nur dadurch unterstrichen, daß eine dieser Situationen sogar mit dem Inhalt einer Fabel verglichen wird (III 4/fol.T8^V), sondern auch dadurch, daß diese historischen Parallelen mehrfach dazu dienen, die Entscheidung für das Handeln in der Gegenwart in eine bestimmte Richtung zu lenken.[92] Dahinter steht offensichtlich der typisch humanistische Gedanke von der Geschichte als Lehrmeisterin des Lebens.[93] Frischlin benutzt also seine Hauptvorlage, um sie durch Zusätze aus anderen Quellen in seinem Sinne abzuwandeln – zur Idealisierung des Kaisers[94] und zu Angriffen auf seine württembergischen Gegner, als Lehrstück für eine christliche Schicksalsthematik, als Adelssatire und zu einer Präsentation von Geschichte als Lehrmeisterin und Entscheidungshilfe für die Gegenwart. Theatertechnisch schließlich gilt für die *Helvetiogermani* das Gleiche wie für den *Julius redivivus*.[95]

III.

Fassen wir zusammen. Es hat sich gezeigt, daß Frischlin in vielen Bereichen Züge verschiedener literarischer Traditionen miteinander verbindet; im *Julius redivivus* gilt das sowohl für die Grundfabel, die Darstellung von Cäsar und Cicero, das Deutschland–Bild als auch für die Theatertechnik. Frischlin folgt damit dem in seiner Zeit beliebten eklektischen Verfahren, das, wie das verbreitete Bienengleichnis zeigt, sich bemühte, das Beste aus allen Quellen zusammenzustellen und dieses zu etwas

92 Vgl. z.B. Frischlin (wie Anm. 72) IV 1/fol. T11v; V 6/fol. V12v.
93 Vgl. Wheelis (wie Anm. 21) S. 112.
94 Zu Frischlins Verhältnis zum Kaiser vgl. Schulz–Behrend G.: Nicodemus Frischlin and the Imperial court. In: Germanic Review 30 (1955) S. 172ff.; Röckelein / Bumiller (wie Anm. 10) S. 73–77.
95 Auch hier hat sich Frischlin nicht um die aristotelischen Einheiten gekümmert: Die Handlung besteht aus zwei voneinander unabhängigen Kriegen, spielt an mehreren Orten, z. T. sogar simultan (vgl. Frischlin (wie Anm. 72) V 7/fol. X1r–X3v die Ansprachen von Cäsar und Ariovist an ihre jeweiligen Truppen im Wechsel), und erstreckt sich über einen ganzen Sommer. Auch vermischt er den ernsten Stoff von Kriegen mit possenartigen Einlagen. An die antiken Komödien erinnern eigentlich nur die Figuren der Nebenhandlung, die 5 Akte und die wörtlichen Übernahmen aus Plautus und Terenz (vgl. die Tabelle bei Neumeyer (wie Anm. 12) S. 26). Auch hier vermischt also Frischlin mehrere Traditionen im Sinne einer eklektischen *imitatio*.

Neuem, noch Besserem zu verschmelzen. Das Ergebnis dieses Prozesses besteht im *Julius redivivus* darin, einen zu grellen Patriotismus einzuschränken und so vor Gefahren zu warnen; diese Funktion erfüllen vorzugsweise die Akte IV und V. Die Warnungen beziehen sich dabei vor allem auf den militärischen Fortschritt und die inneren und äußeren Probleme des großen Vielvölkerstaates: Kriege an den Grenzen, kulturelle Überfremdung und ein gewisser moralischer Verfall im Inneren. Frischlin übernimmt zwar aus dem italienischen Humanismus die Vorstellung von einem technischen und religiösen Fortschritt, aber seine Vorstellung von kultureller Blüte ist an die Kenntnis der Antike gekoppelt, und moralische Größe und das Ideal eines einfachen Lebens sieht er eher in der Vergangenheit verwirklicht.

Die *Helvetiogermani* bestätigen dieses Bild im wesentlichen. Zwar sind sie enger als der *Julius redivivus* an eine einzige Quelle angelehnt, doch auch hier bedient sich Frischlin für die Ergänzungen einer eklektischen *imitatio*. Die wesentlichste Neuerung betrifft das hier auftretende Geschichtsbild: In antikem Gewand und zum Teil mit den Worten antiker Autoren zeichnet er in der Figur des Thrasymachus seine bisher bissigste Adelssatire; hinter der Geschichte steht ein von Gottes Willen bestimmtes Schicksal, das bestraft, belohnt und die Nichtigkeit alles Irdischen zeigt; in jeder Hinsicht negativ ist das hier präsentierte Bild von Deutschland, d.h. vor allem von Schwaben. Doch Geschichte ist für Frischlin Lehrstoff für das Leben: Um die Allgemeingültigkeit dieser Aussagen zu betonen, läßt Frischlin im *Julius* bewußt Ort und Zeit unpräzise und zeigt in den *Helvetiogermani* für die aktuelle politische Situation historische Parallelen auf. Der Leser konnte so auch eine Brücke zur eigenen Zeit schlagen. Der Vergleich von Frischlins Cäsar–Stücken mit der Tradition zeigt also, daß mit der eklektischen *imitatio* oft eine satirische Absicht verbunden ist.

Hans-Gert Roloff

Die wissenschaftliche Frischlin-Edition

I.

Erst am Ende des zwanzigsten Jahrhunderts fangen wir Literaturhistoriker ernsthaft an, uns um Person und Werk Frischlins zu kümmern – was bisher vorgelegt worden ist, reicht nicht aus, die geistige Physiognomie dieses *poeta doctus et philologus* zu ergründen und historisch auf den Begriff zu bringen. David Friderich Strauß hatte in seiner Frischlin–Biographie, die man auch heute noch nicht ohne Anteilnahme liest, im Grunde genommen die Grundzüge eines Bildes dieses Mannes geschaffen, das sich leider kritisch nicht überprüfen ließ, da die Texte und die gerade im Falle Frischlins nicht minder wichtigen sozialen und administrativen Kontexte unzugänglich waren. Die germanistischen Aversionen gegenüber großflächigen Quellenerschließungen im Bereich der mittleren deutschen Literatur – bis hin in die 60er Jahre unseres Jahrhunderts – haben naturgemäß dazu geführt, daß ein erneutes Durchdenken der Texte und Fakten nicht möglich war, was im Verlaufe der Zeit zu einer Stagnation des Erkenntnisfortschritts geführt hat. Frischlin ist nur e i n Beispiel dafür. Vollends hatte Strauß seinen engagierten Versuch, Frischlin in das Panorama der Literatur– und Wissenschaftsgeschichte des ausgehenden 16. Jahrhunderts zu integrieren, in eine Sackgasse manövriert, indem er ausgerechnet Frischlins deutsch–sprachige Schriften edierte – eine Handvoll nicht überragender poetischer Produkte. Ohne Frage hat Frischlin den deutschen Pegasus wie einen Bauerngaul geritten. Eine Edition aber des neulateinischen Oeuvres seines Autors hat Strauß, der ein vorzüglicher Latinist gewesen sein dürfte, nicht ins Auge gefaßt. Das leuchtende Beispiel Eduard Boeckings mit seiner Hutten–Ausgabe, die sich bis heute gemeinhin bewährt hat, ist ihm in Hinblick auf seine Frischlin–Ambitionen weder anregend noch verpflichtend geworden. Schon bei Strauß findet sich hingegen in seinem Bedauern, daß Frischlin im Lateinischen verhaftet blieb, ein nicht ungefährlicher Grundgedanke, der später im Falle Hutten etwa bei Siegfried Szamatolski zu dem inadäquaten Versuch geführt hat, Hutten zu einem deutschsprachigen Autor umzupolen, was die ausgeklügelte Schreibstrategie bei Hutten völlig auf den Kopf stellte.

Es lohnt sich, Straußens Einschätzung von Frischlins poetischer Leistung ausführlich vor Augen zu führen, um eine Vorstellung davon zu bekommen, mit welchen Scheuklappen das 19. Jahrhundert allein auf die Extrapolierung einer deutschsprachigen Nationalliteratur auch im 16. Jahrhundert aus gewesen ist. Bei Strauß heißt es in der Einleitung:

Bei dem Philologen Frischlin war auch der Dichter Frischlin in die Schule gegangen, und hatte in dieser Schule ebensoviel an Fertigkeit und Geschmack gewonnen, als an Eigenthümlichkeit und bleibender Bedeutung eingebüßt. Daß Frischlins Werke verschollen sind, sein Name in der deutschen Literaturgeschichte nur eine untergeordnete Stelle einnimmt, kommt nicht daher, daß er ein zu schlechter Dichter, sondern daß er ein zu guter Lateiner war. Wäre er nicht so geschickt in lateinischen Versen gewesen, so hätte er mehr deutsche gemacht, und das wäre gleicherweise der Entwicklung unserer einheimischen Dichtung, wie seinem Nachruhm, zu Gute gekommen. Aber dem Aschenbrödel zu huldigen, während er sich mit allen Fertigkeiten ausgestattet wußte, um der glänzendern Schwester den Hof zu machen, dazu war Frischlin leider nicht der Mann.

Oder vielmehr war, vermöge des eingenthümlich langsamen Entwicklungsganges unserer Nation, die Zeit einer neu–deutschen Poesie und Literatur überhaupt noch nicht gekommen. Blicken wir nach England hinüber, so finden wir als jüngeren Zeitgenossen unsres Frischlin keinen geringern als Shakespeare. Also, während das Tochtervolk, mit den neuen Bildungsstoffen des 15. und 16. Jahrhunderts bereits so weit im Reinen war, daß es das Höchste an einheimischer Dichtung hervorbringen konnte: war das Stammvolk noch so weit in der Irre, daß seine hervorragendsten Köpfe sich schämten, in der Landessprache zu dichten, und wenn sie es einmal thaten, eine Entschuldigung für nöthig hielten.

Aber merkwürdig spielen doch in der Zeit und den Werken unseres Frischlin das Lampenlicht der lateinischen und das noch schwache Morgenlicht der deutschen Dichtung ineinander. Als sein Zeitgenosse lebte und im gleichen Jahre mit ihm starb Johann Fischart, der den Schatz und den Beruf der deutschen Sprache wie im Gesichte geschaut hatte und nun in Zungen redend davon weissagte. Als Knabe wuchs in seiner Nachbarschaft Rudolph Weckherlin heran, der Nebenbuhler Opitzens um den Ruhm, Begründer einer gebildeten deutschen Dichtung gewesen zu sein. Frischlin selbst aber konnte sich, trotz seines eigenen gelehrten Dünkels, doch nicht enthalten, die Reihe seiner lateinischen Poesien immer wieder durch deutsche zu unterbrechen. Von dem Gedanken freilich, daß, um weiter zu kommen, mit der ganzen lateinischen Poeterei gebrochen werden müßte, war er lebenslänglich weit entfernt.

Einen solchen Wendepunkt herbeizuführen, dazu war Frischlin zu wenig Kernmensch, zu sehr Virtuos. Er lebte weniger aus dem Innern heraus, als er sich im äußerlichen Getriebe von Fertigkeiten und Leistungen gefiel.[1]

Diese nationalistisch–befangene, erschreckend ahistorische Haltung des 19. Jahrhunderts – und Strauß ist ein seriöser Gewährsmann des gelehrten Standes seiner Zeit – pervertiert gerade in der Frischlin–Biographie in eine merkwürdige Schizophrenie der geschichtlichen Kulturwerte: Auf fast fünfhundert Druckseiten hat Strauß das Wesen Frischlins und seines Werkes aus den Quellen erarbeitet – ein langwieriger und viel Lebenszeit fordernder Arbeitsprozeß, gewidmet einem anscheinend für die Nationalliteratur doch minderwertigen Poeten und Philologen!

Hier stimmt etwas nicht! Die Diskrepanz zwischen der historiographischen Leistung und der ideologischen Absicherung in der Einleitung läßt das allgemeine literaturgeschichtswissenschaftliche Dilemma des 19. und weithin auch des 20. Jahrhunderts gegenüber der Literatur der mittleren Periode deutlich hervortreten. Gerade in der jüngsten Zeit läßt sich allenthalben erkennen, daß man sich anschickt, am Ende des 20. Jahrhunderts die ideologischen Erbmassen des 19. Jahrhunderts zu überwinden und sich neue Bilder der Humangeschichte zu schaffen – dies auf der Basis der geschichtlichen Zeugnisse und das heißt ja für uns: auf der Basis von Text und Kontext und deren eingehendem Studium. Und das müssen viele Wissenschaftler betreiben können, um kritisch zur Fixierung und Einschätzung der Phänomene zu gelangen. Die Grundlage hierfür ist die wissenschaftliche Edition – z.B. im Falle Frischlins; ihre Rechtfertigung und ihr hoher wissenschaftlicher Wert liegen gerade in diesem Instrumentalcharakter, geschichtliche Denkmäler zugänglich und im vollen geschichtlichen Kontext erfahrbar zu machen.

Unter dieser Prämisse steht in besonderem Maße auch das Konzept einer wissenschaftlichen Frischlin–Ausgabe. Sie stellt zwei gewichtige

---

1 Strauß, David Friderich: Leben und Schriften des Dichters und Philologen Nicodemus Frischlin. Ein Beitrag zur deutschen Culturgeschichte in der zweiten Hälfte des sechzehnten Jahrhunderts. Frankfurt am Main 1856. S. 4f.

Aufgaben an die Editoren: zum einen sind die Schriften Frischlins, bis auf wenige deutschsprachige Texte, in Latein geschrieben – zweifellos eine Hürde, weniger für die Editoren, als für die weiten Rezipienten-Kreise, aber eine Hürde doch, die sich durch Übersetzungen und Kommentare überwinden läßt.

Schwieriger ist die Entscheidung des anderen Problems: Frischlin tritt uns als Dichter, Philologe und Kritiker seiner Zeit entgegen; in ihm verbinden sich Literatur und philologische Wissenschaft. Was ist davon und wie der Nachwelt zu tradieren? Soll er nur als *poeta doctus* glänzen? – das wäre zu wenig und zu einseitig, um überhaupt sein Wesen zu erfassen und seine Intentionen in den Griff zu bekommen. Vielmehr besteht sein historischer Reiz und Wert gerade darin, die Position eines Intellektuellen aus der zweiten Hälfte des 16. Jahrhunderts zu behaupten. Leben und Werk Frischlins dürften in mehrfacher Hinsicht repräsentativ für intellektuelle Existenzweisen in dieser Zeit sein, sowohl was die literarische Produktion wie die mannigfachen und irritierenden Lebenssituationen betrifft. Ohne den Dialog mit der Zeit, d.h. die Konfrontation von Leben und Werk mit den vielfältigen Reaktionen der Zeit darauf, blieben die Texte für uns stumm und letztlich auch salzlos. Frischlin wird nicht erfahrbar werden, wenn nicht die sein soziales und berufliches Umfeld ausmachenden Energien verdeutlicht werden. Er scheint im Zentrum nicht uninteressanter sozialgeschichtlicher Kräftespiele gestanden zu haben, die von allgemeinem historischem Interesse sein dürften.

Frischlin zu edieren, heißt demnach, eine totale Edition zu erwägen. Wollte man etwa nur die Dramen allein edieren – sie sind bisher am bekanntesten geworden – was wäre damit erreicht?! Sie sind sicherlich nett für diejenigen, die Spaß an solchen Texten haben – aber sonst? Oder: was machen wir mit den grammatischen Schriften? Sie sind wacker und hatten Signalwirkung für die Zeit, aber was gelten sie uns heute?! Und die vielen Streitereien – war das wirklich nur humanistische Egozentrik und gekränkte Eitelkeit – oder nicht doch kompromißloses Aufbegehren gegen verharschte Traditionen? Es scheint häufig, daß alles miteinander zusammenhängt und alles in- und auseinander seine Entsprechungen, Parallelen und Erklärungen findet.

Demzufolge dürfte eine Teiledition weder historisch sinnvoll noch wissenschaftlich ratsam sein. Die Aufgabe kann nur heißen: durch eine »totale Edition« die Strukturen von Leben und Werk dokumentieren und erschließen. Gewiß ist ein solches Verfahren nicht bei jedem Autor möglich und sinnvoll, aber im Falle Frischlin dürfte es ohne Zweifel angebracht sein.

II.

Die Vorarbeiten zu einer Frischlin–Ausgabe liegen weit zurück. Die Edition war für die in den 60er Jahren konzipierte Reihe »Ausgaben deutscher Literatur des XV. bis XVII. Jahrhunderts« vorgesehen, mußte aber dann wegen der Schwierigkeiten ihrer Realisierung zugunsten anderer Ausgaben zunächst zurückgestellt werden. Ende der 70er Jahre konnte ich Adalbert Elschenbroich für das Projekt gewinnen; er lebte damals noch in Ludwigsburg, hatte sich aber krankheitshalber bereits pensionieren lassen müssen. Da die Archive, die den Hauptanteil an Frischlin–Material enthalten, sozusagen vor seiner Haustüre lagen, griff er meinen Vorschlag auf, in Zusammenarbeit mit der Berliner Forschungsstelle für Mittlere Deutsche Literatur die Ausgabe in Gang zu bringen. Die fortschreitende Krankheit machte für ihn die Arbeit immer schwieriger, die Forschungsstelle, insbesondere Dr. Lothar Mundt, versuchten, durch Materialbeschaffung und kontrollierende Arbeitsunterstützung dem schwerkranken Herausgeber soweit zu helfen, daß er wenigstens noch den ersten Band im Manuskript abschließen konnte. Das ist zwar noch gelungen, aber kurz darauf ist Herr Kollege Elschenbroich von seinem Leiden erlöst worden. Das bereits im Verlag befindliche Manuskript mußte zurückgeholt werden, um die Drucklegung nicht vor einer neuen Konzeption außerhalb der Verantwortung Elschenbroichs beginnen zu lassen.

Elschenbroich hatte 1980 im Jahrbuch für Internationale Germanistik »Vorüberlegungen« zu einer »textkritischen Nicodemus Frischlin–Ausgabe« angestellt[2] und darin die Ansicht vertreten, daß das Frischlin–

---

2 Elschenbroich, Adalbert: Eine textkritische Nikodemus–Frischlin–Ausgabe. Vorüber-

Werk zwar von »zeitbedingtem Epigonentum bewahrt« geblieben sei und eine »Faszination« ausübe, »die manche künstlerische Unzulänglichkeiten vergessen läßt«, hatte aber in demselben Atemzug die »Edition des Gesamtwerkes [...] in Zweifel gezogen«. Ihm schienen die Dramen am wertvollsten zu sein, die Lyrik und die epischen Dichtungen stufte er niedrig ein; zur gelehrten Produktion hatte er keine rechte Beziehung gefunden. Diese abgleitende Stufung entsprach wohl seinen literarästhetischen Kriterien, andererseits aber auch wohl dem zunehmend weniger ausgewogenem Verhältnis von schwindenden Kräften und Arbeitsumfang. Auf meinen Vorschlag, sich andere Wissenschaftler zur Realisierung zu verbinden, ist er jedoch nicht mehr eingegangen. Wir einigten uns darauf, daß zunächst die Dramen zu edieren wären, danach wäre dann weiterzusehen. So ist das nunmehr zehn Jahre alte Konzept im wesentlichen auf die Edition der Dramen ausgerichtet worden. In der Anlage der Edition wollte sich Elschenbroich weitgehend an der Naogeorg–Ausgabe orientieren, also die zeitgenössischen Übersetzungen dem lateinischen Text beigeben.

Erst am Schluß seiner Abhandlung gibt Elschenbroich für eine Gesamtausgabe eine knappe »Gliederung nach Abteilungen«, und zwar: I Dramen, II Lyrische und epische Dichtungen, III Reden, IV wissenschaftliche Schriften, V Übersetzungen, VI Briefe und Lebensdokumente. Er tendierte dabei zu Selektionen und – was mir sehr bedenklich erschien – zu Regesten bei den Abteilungen wissenschaftliche Schriften und Briefe und Lebensdokumente, aber auch bei der Kasualpoesie.

Später legte Elschenbroich noch eine andere Gliederung vor, die auf 16 Bände »sämtlicher Werke« abzielte – er hatte sich wohl inzwischen davon überzeugt, daß die weiteren Werke doch in gleichem Maße editionswürdig sind.

Nach Elschenbroichs Tod wurde eine erneute Erarbeitung eines Editionskonzepts notwendig, das zu einer starken Modifizierung der früheren Vorstellungen geführt hat.

legungen. In: Jahrbuch für Internationale Gemanistik 12 (1980) Heft 1, A. S. 179–195. Hier: S. 181.

III.

Die Realisierung einer wissenschaftlichen Frischlin–Ausgabe stellt als gravierendstes Problem die Aufgabe, eine neulateinische Ausgabe zu bewältigen. Die Benutzerkreise, die für eine solche Ausgabe in Frage kommen, sind nicht nur versierte Latinisten, sondern auch historisch und literarisch Interessierte, deren lateinische Zunge aber etwas schwer geht oder die zwar historisch interessiert sind, aber mit einer neulateinischen Vorlage wenig anfangen können, bzw. nicht willens sind, ganze lateinische Texte in extenso zu lesen. Wir wissen heute, daß wir auf die neulateinische deutsche Literatur keinesfalls verzichten können, da sonst das historische Bild völlig schief ist. So haben die Editoren auch die Verpflichtung, solche Texte einem großen Benutzerkreis zugänglich zu machen, ganz abgesehen von der Berücksichtigung verlegerischer Gründe, die einen breiten Absatz erwarten. Unter diesen Prämissen spielt die Übersetzung neulateinischer Texte für deren Verbreitung eine entscheidende Rolle. Allerdings hat die Übersetzung hier nur eine Funktion im Sinne einer bilinguen Ausgabe. Denn auch die zeitgenössische Übersetzung ohne den lateinischen Originaltext ist historisch gesehen weder ein zuverlässiger Behelf, noch gar ein adäquater Ersatz, da die Übersetzer der früheren Jahrhunderte weniger Gewicht auf die Erhaltung von Form und Idee legten, als vielmehr eine lebendige und ansprechende Bearbeitung oder Adaption vorzulegen.

Grundsätzlich ist die Konfrontierung des lateinischen Originals mit einer nationalsprachlichen Übersetzung für das Verständnis des lateinischen Textes heute unerläßlich. Die klassischen Philologen sind – nicht nur in Deutschland – auf diesem Wege weit vorangekommen! Umstritten ist im Bereich der älteren Literaturgeschichte lediglich die Frage, ob man eine zeitgenössische Version verwendet, oder ob man dem lateinischen Text eine moderne Übersetzung beigibt. Die zeitgenössische Übersetzung stellt für den Editor zweifellos eine Arbeitserleichterung dar, führt aber auch dazu, die Distanz zum Original, gelegentlich sogar die Mißverständnisse eines schwächlichen Übersetzers konservieren zu müssen. Bei der modernen Übersetzung, die arbeitsmäßig ungleich aufwendiger ist, bietet sich allerdings die Möglichkeit, durch engen Textbezug den lateinischen Text transparent zu machen. Ob die moderne Übersetzung ihrerseits einen eigenständigen Text bieten soll und nicht nur eine paraphrasierende Hilfskonstruktion für das schnellere Erfassen des lateinischen Textes, steht dahin.

Was nun die Frischlin–Ausgabe betrifft, so wird man es wohl so handhaben können, daß diejenigen lateinischen Texte, zu denen eine deutsche Übersetzung bzw. Bearbeitung aus der eigenen Zeit vorliegt, mit dieser Version parallelisiert werden. Sofern, wie im Falle der Lyrik und der Epik keine zeitgenössischen Übertragungen vorliegen, wird man moderne Übersetzungen erarbeiten müssen, die weniger eigenständige Sprachkunstwerke darstellen, als vielmehr die Besonderheiten des lateinischen Originals erfahrbar machen sollen. Freilich geht die Diskrepanz zwischen lateinischem Originaltext und deutscher Übersetzung auch bei Frischlin sehr weit auseinander: wir haben deshalb bei Band I der Dramen die beiden lateinischen Fassungen, die *Rebecca* und die *Susanna*, hintereinander publiziert und in einem zweiten, gesondert gebundenen Teil die deutschen Bearbeitungen von Jacob Frischlin abgedruckt, so daß der Benutzer auf seinem Arbeitsplatz beide Fassungen parallel benutzen kann.

Allerdings drängt sich im Falle des Frischlinschen Werks die Frage auf, ob man etwa die grammatischen Schriften, die Paraphrasen und Frischlins Übersetzungen aus dem Griechischen auch wieder ins Deutsche übersetzen sollte, oder ob hier nicht eine ausführliche Kommentierung, gegebenenfalls mit einer Art Regestierung den daran Interessierten Genüge tun dürfte. Ähnlich wird man wohl auch mit den Briefen und den Lebenszeugnissen verfahren können. Gegen Regesten ist nichts einzuwenden, wenn der Originaltext im Lateinischen unmittelbar zugänglich ist. Ein Regest allein kann – das muß in aller Deutlichkeit gesagt werden – für die wissenschaftliche Arbeit kaum die Zugänglichkeit des Textes ersetzen. Hier bei der Frischlin–Ausgabe sprechen für ein solches Verfahren natürlich auch Gründe des Umfangs, sich bei den grammatischen Texten, den Paraphrasen und Übersetzungen aus dem Griechischen für Kommentierung und Regestierung zu entscheiden.

Hingegen scheint mir eine Übersetzung der Reden und Abhandlungen wünschenswert zu sein, um auch diese Texte in ihrem Gehalt möglichst weiten Kreisen zugänglich zu machen.

Was den kritischen Text betrifft, so hängt seine Erstellung jeweils von der Überlieferung ab; grundsätzlich wird man den dem Autor am nächsten stehenden Text–Zeugen zugrunde legen, soweit das heute noch möglich ist. Die vorhandenen Handschriften müssen in vollem Umfang berücksichtigt werden; ob sie jedoch im einzelnen Fall den Druckfassungen überlegen sind, bedarf der Klärung durch den verantwortlichen Herausgeber.

Die Geschichte der Texte und ihrer Publikationsprozeduren ist ein Teil von Frischlins bewegten Lebenssituationen gewesen. Insofern ist die Überlieferungsgeschichte jedes einzelnen Textes von den Editoren nach Maßgabe der Möglichkeiten zu dokumentieren und darzustellen. Die Klärung der Datierungsprobleme und der noch offenen Fragen der Überlieferung in Handschrift und Druck wird bei einzelnen Texten einigen Aufwand und Einsatz fordern, aber es wäre nicht zu verantworten, wenn man bei einer solchen Edition nicht alle textgeschichtlichen Zeugnisse und Umstände vorlegte – vorausgesetzt, daß sie für Frischlins Werk, Lebensumstände, Wirkung und Rezeption aussagekräftig sind. Allerdings ist davor zu warnen, funktionslose Schutthalden von autorfremden Lesarten aufzuschaufeln.

Ein Textcorpus editorisch zu gestalten, ist die e i n e Aufgabe des Editors, die zweite ist, die Texte erfahrbar zu machen. Dazu gehört neben der Übersetzung eine texterschließende Kommentierung, für die im Rahmen dieser Ausgabe genügend Raum zur Verfügung gestellt wird. Die Prinzipien der Kommentierung von Texten dieser Periode und Art sind in der letzten Zeit theoretisch und praktisch mehrfach behandelt worden – ich verweise hier nur auf die Acta der letzten Tagung der »Kommission für die Edition von Texten der Frühen Neuzeit«, die im Frühjahr in einem Beiheft der *editio* erscheinen werden.[3] Es liegt auf der Hand, daß eine Frischlin–Ausgabe in ihren einzelnen Texten ohne eine

---

3   Probleme der Edition von Texten der Frühen Neuzeit. Beiträge zur Arbeitstagung der Kommission für die Edition von Texten der Frühen Neuzeit. Mundt, Lothar / Roloff, Hans–Gert / Seelbach, Ulrich (Hgg.). Tübingen 1992 (editio, Sonderheft 4).

weitgehende und intensive Kommentierung ein historisch toter Körper bleiben würde. Ja, man kann sogar sagen, daß das künftige Bild Frischlins, das durch die Ausgabe erarbeitet werden soll, wesentlich von den die Texte erschließenden Kommentaren abhängen wird.

IV.

Das Strukturkonzept der Frischlin–Ausgabe ist so angelegt, daß es den vorgetragenen Erwägungen und Bedenken Rechnung trägt. Zu berücksichtigen sind sämtliche Schriften Frischlins, die in Handschriften oder Druck überliefert sind, wozu die editorischen Beigaben Übersetzung, Dokumentation, Kommentar hinzukommen müssen.

Die Anordung der Schriften erfolgt zweckmäßigerweise unter dem Aspekt der Textsorte u n d des Sachbezugs. Innerhalb der so entstehenden Gruppen sollte grundsätzlich das chronologische Prinzip die Anordnung bestimmen, es sei denn, thematische Zusammenhänge machen es wünschenswert, gegen die absolute Chronologie Texte enger zusammenzustellen.

Aufgrund der noch nicht restlos geklärten Datierungen und der Überlieferungslage besteht die Möglichkeit, daß Zuordnungen einzelner kleinerer Texte zu anderen Gruppen durch die Herausgeber letztendlich vorgenommen werden müssen. So sind z.B. in den posthum veröffentlichten Sammelbänden der *pars elegiaca* Texte vorhanden, die eher zu den epischen Dichtungen gehören dürften. Auch der Bereich der Reden/Abhandlungen und Grammatischen Schriften ist im Augenblick noch nicht exakt abzustimmen gewesen.

Im ganzen aber ergibt sich folgende Struktur für die Ausgabe:

Band I: Dramen I[4]
Band II: Dramen II
Band III: Dramen III
Band IV: Deutsche Dichtungen und Entwürfe
Band V: Elegien I
Band VI: Elegien II, Anagramme, Oden, Carmina
Band VII: Epische Dichtungen I
Band VIII: Epische Dichtungen II
Band IX: Reden
Band X: Latein. Übersetzungen aus dem Griechischen
Band XI: Paraphrasen
Band XII: Philologische Schriften I
Band XIII: Philologische Schriften II
Band XIV: Abhandlungen I
Band XV: Abhandlungen II
Band XVI: Briefe von und an Frischlin I
Band XVII: Briefe von und an Frischlin II
Band XVIII: Lebenszeugnisse und Dokumente I
Band XIX: Lebenszeugnisse und Dokumente II
Band XX: Bibliographie, Gesamtregister

Dazu Kommentarbände:

K_1:   Dramen und Deutsche Dichtungen (I – IV)
K_2:   Lyrisches Werk (V – VI)
K_3:   Epische Dichtungen (VII – VIII)
K_4:   Reden, Übersetzungen, Paraphrasen (IX – XI)
K_5:   Philologische Schriften (XII – XIII)
K_6:   Abhandlungen (XIV – XV)

---

4   Inzwischen ist Band I erschienen: Frischlin, Nicodemus: Sämtliche Werke. Bd. I.
    Dramen I: Rebecca. Susanna. Adalbert Elschenbroich (Hg.). Mundt, Lothar (redak-
    tionelle Bearbeitung). 1. Teil: Lateinische Texte. 2. Teil: Deutsche Übersetzungen von
    Jacob Frischlin. Auszüge aus anderen Übersetzern. Paralipomena. Berlin/Bern usw.
    544 Seiten (=Berliner Ausgabe).

V.

Die Realisierung dieses Konzepts bedarf einiger Überlegungen. Die Fülle und die fachliche Breite von Frischlins Schriften lassen es wenig sinnvoll erscheinen, daß sich e i n Herausgeber um die Edition kümmert. Insbesondere die fachspezifische Kommentierung zur allgemeinen Erschließung der Texte dürfte kaum zumutbare Probleme und Arbeitsbelastungen mit sich bringen. Andererseits sollte man auch das nicht seltene Delegationsprinzip vermeiden, bei dem ein Herausgeber die anfallenden Arbeiten an jüngere Mitarbeiter delegiert. Hinzu kommt, daß bei einem editorischen Alleingang das Erscheinen des dringend benötigten Textes unweigerlich in die Länge gezogen wird. Dafür lassen sich im einzelnen vielerlei verständliche und plausible Gründe anführen. Wenn aber mehrere eigenverantwortliche Herausgeber parallel an ihren Bänden arbeiten, dürfte sich der Zeitfaktor wesentlich begrenzen lassen.

So ist im Fall der Frischlin–Ausgabe vorgesehen, daß sich ein Herausgeberteam zusammenfindet, dessen einzelne Mitglieder einzelne Gebiete respektive Bände übernehmen und sie nach gemeinsam abgesprochenen Editionsprinzipien bearbeiten. Selbständigkeit und volle Verantwortung des einzelnen Herausgebers im Team sind dadurch gewährleistet. Das Team selbst soll sich aus am Gegenstand interessierten und selber aktiv tätig werden wollenden Wissenschaftlern zusammensetzen. Dies Verfahren ermöglicht, Wissenschaftler verschiedener Fächer – Germanisten, Historiker, klassische Philologen – für die Editionsarbeiten zu gewinnen.[5]

Die Editionsprinzipien, die in Grundzügen vorgegeben sind, werden in den Verlagsverträgen festgeschrieben, um eine relative Einheitlichkeit der Gesamtausgabe gewährleisten zu können. Damit erübrigt sich auch ein nomineller Gesamtherausgeber. Der Bandherausgeber trägt die volle wissenschaftliche Verantwortung für seine Arbeiten.

---

5 Inzwischen konnten für die Herausgeberschaft vertraglich gewonnen werden: Nicola Kaminski (Tübingen), Wilhelm Kühlmann (Heidelberg), Lothar Mundt (Berlin), David Price (Austin, Texas), Fidel Rädle (Göttingen), Hans–Gert Roloff (Berlin), Peter Schäffer (Davis, California).

Für die editorischen Arbeiten der Herausgeber ist es ein wesentliches Moment, an den Materialfundus, der für die Textredaktion Voraussetzung ist, heranzukommen. Es wäre arbeitstechnisch und kostenmäßig unökonomisch, wenn jeder Herausgeber die generellen Dokumentationsrecherchen allein durchführte, was zu parallelen Leerläufen führen würde. Hier ist die Einrichtung einer Zentralstelle für Fundus–Recherchen notwendig. Die Aufgaben einer solchen »Ein–Mann–Arbeitsstelle« wären der Aufbau des Dokumentationsapparates, die Durchführung der Recherchen nach Frischlin–Texten und Dokumenten im Umfeld seines Lebensweges, und zwar regional (Straßburg, Frankfurt, Wittenberg, Prag, Marburg, Laibach usw.) und personal, ferner die Sichtung, Kumulierung und Ordnung des zweifellos umfangreichen Materials in Mikrofilmen und die Weitergabe von Kopien des recherchierten Materials an die dafür im einzelnen zuständigen Editoren.

Der Editor muß sämtliches Material, das zu seinem festumrissenen Arbeitsbereich gehört, am Arbeitsplatz haben, um alle seine Energien auf die Herstellung des wissenschaftlichen Textes und dessen Kommentierung konzentrieren zu können. Nach meinen Vorstellungen müßten wesentliche Teile dieses Dokumentationsapparates etwa in Jahresfrist zu erstellen sein.

Zu den Aufgaben einer solchen Zentralstelle gehörte auch die Edition der Lebenszeugnisse und Dokumente und die Erarbeitung der maßgeblichen Frischlin–Bibliographie. Der Stelleninhaber ist dadurch wesentlich und eigenverantwortlich an der Ausgabe beteiligt und hat nicht nur organisatorische Dienstleistungen zu erbringen. Die Finanzierbarkeit einer solchen Stelle dürfte aus Mitteln der DFG möglich sein. Neben den Personalkosten kämen nur Kosten für Archiv– und Bibliotheksreisen und für Mikrofilme in Betracht.

Der Nutzen einer solchen Zentralstelle für die Erarbeitung der Frischlin–Ausgabe dürfte auf der Hand liegen, denn dadurch wäre einmal dem einzelnen Herausgeber die zeitaufwendige Materialrecherche weitgehend zu ersparen, zum anderen aber ist der Stelleninhaber auch beweglich genug, einzelnen Ansätzen und Vermutungen nachzugehen, um alle möglichen Dokumente und Zeugnisse heranzuziehen, was erfahrungsgemäß einem Herausgeber nicht immer gelingt.

Ich meine, daß ein solches Konzept den besonderen Anforderungen einer Frischlin–Ausgabe und dem interdisziplinären Editorenteam gerecht würde. Die leidigen Probleme der Terminierung der Arbeitsvorgänge bei einzelnen Editoren des Teams sind bei diesem Verfahren variabel. Vorrang sollte auf jeden Fall die Textkonstituierung und Textedition haben; die Kommentarbearbeitung ist davon weitgehend unabhängig; Diachronie oder Synchronie dieser Arbeitvorgänge wird man tunlichst dem verantwortlichen Herausgeber zu überlassen haben. Entscheidend ist für diese Ausgabe die vertiefende historische Erschließung der Texte, vor allem auch derjenigen aus dem Bereich der *artes*–Literatur.

Als die erste Berliner Kleist–Ausgabe (»im Verein mit Georg Minde–Pouet und Reinhold Steig, hrsg. v. Erich Schmidt«) seinerzeit 1906 abgeschlossen war, gab es Literarhistoriker, die die Meinung vertraten, »die Akten über Kleist seien nun geschlossen«! – Wenn diese hier konzipierte Frischlin–Ausgabe vorliegen wird, kann man gerade das Gegenteil sagen: Die Akten über Frischlin liegen dann auf dem Tisch und was sich jeder Editor nur wünschen kann: Die Forschung setzt auf dieser Basis an, Werk und Person des Autors zu erschließen.

Personenregister

Corvinus, Johann Friedrich 447
Crato von Craftheim, Johannes 313
Crusius jun., Martin 49, *266*
Crusius (Kraus) sen., Martin *50*, 106,
  116, 118f., 121f., 134, *136*, *141*,
  144-146, 148-150, 153-156, 160f.,
  170f., 173f., 177, 180, 206-210,
  226, *243*, 244, 246, 248, 250f., 254,
  261-268, 270-283, 294f., 300, 312,
  316, 380, 403f., 418, 435, 468, 548,
  579
Crusius jun., Sibylla *266*
Crusius sen., Sibylla *265*, *266*
Cyprian, Ernst Salomon 447

Dalmatin, Georg 299
Dalmatinus, M. 362
Danaeus, Lambertus 379, 424, *425*
Dante Alighieri 477, 572
Dantiscus, Johannes 504
Dee, John 317
Degen geb. Vogler, Corona *119*
Degen gen. Schegk, Jakob 116, *119*,
  135, *139*, 325, 348
Demler, Anastasius *119*, *138*
Demler, Barbara; s. Cellius geb.
  Demler, Barbara
Demosthenes 98, *263*
Denck, Hans 446
Dietrichstein, Adam von 314
Diez, Grafen von 29
Diodoros aus Agyrion *263*
Dorothea Ursula von Baden–Durlach,
  Herzogin von Württemberg 32, 45,
  60, 175, 271, *401*, 405
Draskovich, Kardinal 307, *308*
Dumnorix *585f.*

Eberhard von Württemberg (Sohn
  Herzog Christophs) 29-31, 57
Eberhard I. (im Bart), Herzog von
  Württemberg 77, 109, 175, 237f.,

248, 401, 403
Eberhard II. (der Greiner), Graf von
  Württemberg 194, 440
Eck, Johannes 500
Edzard II., Graf von Ostfriesland 527
Eitelfriedrich, Graf von Hohenzol-
  lern–Hechingen 211f.
Elisabeth von Zweibrücken–Bitsch,
  Gräfin von Württemberg 237
Elisabeth I., Königin von England 36,
  64
Ellebodius, Nicasius 307f.
Emmius, Ubbo 527
Enikel, Jansen 564
Enzlin, Matthäus 117, 119
Erasmus, Desiderius 86, 102, 134,
  139, 258, 339, 413, 424f., 429, 440,
  449, 455f., 462, 470, 485, 518, 547,
  574, *583*
Erastus, Thomas 339, 348
Ernst von Bayern, Administrator von
  Passau und Salzburg 22
Ernst von Bayern, Bischof von
  Freising, Hildesheim, Lüttich,
  Münster und Köln 505
Euklid *339*
Eupolis 408, 416
Eutyches 381
Eva 335, 345f.

Fabricius, Andreas 495f., 505, 507,
  509, *510*, 512f., 515-517, 523
Farnese, Alessandro *581*
Faust, Johann 122
Feinaug, Johannes 122
Ferdinand I., König 20, 23
Ferdinand II., Kaiser 94
Filiberto Emanuele, Herzog von Sa-
  voyen 581
Fischart, Johann 410, 475, 481, 594
Flacius Illyricus, Matthias *452*
Flögel, Carl Friedrich 539

ARBEITEN UND EDITIONEN ZUR MITTLEREN DEUTSCHEN LITERATUR (AuE)*
Neue Folge

Herausgegeben von Hans-Gert Roloff. Die Reihe bringt Monographien, thematisch orientierte Sammelbände und vor allem kleine Editionen aus dem Bereich der deutschen und neulateinischen Literatur zwischen 1400 und 1750. Besonderes Gewicht liegt auf der Publikation deutscher und neulateinischer Dramentexte der mittleren Periode sowie auf Dokumenten und Untersuchungen zum Theaterwesen dieser Zeit.

* Verlagswechsel: Die früher erschienenen Bände sind beim Verlag Peter Lang, Bern, zu bestellen. Die Reihe wird in unserem Verlag als »Neue Folge« mit eigener Bandzählung fortgesetzt.

CHRISTIANE CAEMMERER
Siegender Cupido oder Triumphierende Keuschheit

Deutsche Schäferspiele des 17. Jahrhunderts dargestellt in einzelnen Untersuchungen. - *AuE 2. 1998. 526 S. Br. ISBN 3 7728 1831 5. Lieferbar*

Ab 1600 werden auch in Deutschland Schauspiele publiziert, in denen Schäfer über die Liebe reden. Die vorliegende Studie zeigt, daß es sich bei den Schäferspielen von Dach, Gryphius, Stieler, Harsdörffer, Birken, Anton Ulrich, Hallmann u.a. um eine Textgruppe handelt, die sich mit ihren traurigen Verwicklungen und ihrem guten Ausgang als wichtige dritte Möglichkeit zwischen Lust- und Trauerspiel innerhalb des literarischen Kanons der Zeit erweist.

SEBASTIAN BRANT
Kleine Texte

Kritische Edition. Band 1, Teil 1 und 2: Kleine Texte, eingeleitet und hrsg. von THOMAS WILHELMI. Band 2: Noten zur Edition von TH. WILHELMI. *AuE 3. 1998. Zus. 855 S. 18 Abb. Ln. ISBN 3 7728 1874 9, -1875 7 und -1876 5. Lieferbar*

Sebastian Brant (1457-1521) kennt man gemeinhin als Autor des 1494 in Basel publizierten ›Narrenschiffs‹. Zu seiner Zeit war Brant aber auch bekannt und berühmt als hervorragender Jurist, gewandter Politiker

(Straßburger Stadtschreiber und Berater Kaiser Maximilians) und Verfasser zahlreicher lateinischer und deutscher Gelegenheitsgedichte sowie als Übersetzer, Bearbeiter, Herausgeber und enger Mitarbeiter der Basler Drucker und Verleger (Amerbach, Petri, Furter, Froben und vor allem Bergmann von Olpe). – Die vorliegende Ausgabe umfaßt 469 kleinere Texte. Die meisten dieser Texte werden hier zum ersten Mal kritisch und in ungekürzter Fassung ediert, und groß ist die Zahl der bislang weitgehend oder gänzlich unbekannten Texte: lateinische Poesie, lateinische und deutsche Gelegenheitsgedichte verschiedenster Art, Vorreden, Briefe, deutsche Übersetzungen und Bearbeitungen mittelalterlicher Prosa und Poesie. – Band 2 enthält Erläuterungen zu den einzelnen Texten und umfassende Register, außerdem zahlreiche Abbildungen wenig bekannter Handschriften.

SEBASTIAN BRANT
Fabeln

Hrsg. von BERND SCHNEIDER. - *AuE 4. Ca. 590 S. Ca. 140 Abb. Ln.*
ISBN 3 7728 1877 3.   *Sommer 1999*

Die Ausgabe bietet zum ersten Mal in einer modernen, quellenkritischen Edition die Texte (Fabeln, Facetien, historische Exempel, Sprichwörter und Sentenzen, Berichte über Raritäten, Anomalien und Monstrositäten sowie Rätsel), die Sebastian Brant 1501 für den zweiten Teil seiner Bearbeitung des Steinhöwelschen ›Aesop‹ aus antiken und humanistischen Quellen kompiliert hat. Dem lateinischen Text sind eine moderne deutsche Übersetzung sowie Abbildungen aller Holzschnitte der Ausgabe von 1501 beigegeben. Im Nachwort werden Brants Absichten und Methoden bei der Kompilation dieser Texte, die Frage nach den Textvorlagen sowie das Verhältnis von Holzschnittillustration und Text untersucht.

BRIGITTE STUPLICH
Zur Dramentechnik des Hans Sachs

AuE 5. 1998. 363 S. Br. ISBN 3 7728 1932 X.   *Lieferbar*

Hans Sachs (1494-1576) hat ein umfassendes Dramenwerk von mehr als 120 Komödien und Tragödien hinterlassen. Der Dichter wird zwar als Fastnachtspielautor gewürdigt - nicht aber als Dramatiker. Die vorliegende Arbeit zur Dramentechnik des Hans Sachs ist ein wichtiger Schritt, die Gesamtkonzeption seines dramatischen Werkes neu zu erschließen. Die Autorin betrachtet Sachsens Werk im Kontext des dramatischen Schaffens im 16. Jahrhundert. Ausgehend von der Strukturierung der Dramen bietet der Band Einblicke in die Umsetzung des Dramentextes in Bühnenaktion. Die Kommunikation der Akteure, die Ausgestaltung der Figuren und ihre dramatische Handlung zeugen vom individuellen Gestaltungswillen des Dramatikers. Die eigenständige Dramentechnik des Hans Sachs wird in Einzelanalysen ausgewählter Komödien und Tragödien überzeugend dargestellt.

CARLA WINTER
Humanistische Historiographie in der Volkssprache:
Bernhard Schöfferlins ›Römische Historie‹

AuE 6. Ca. 280 S. Br. ISBN 3 7728 1933 8.   *Sommer 1999*

Die 1505 in Mainz gedruckte ›Römische Historie‹ von Bernhard Schöfferlin und Ivo Wittich, die erste deutschsprachige Darstellung der frühen römischen Geschichte, welche nach überwiegend antiken Quellen erarbeitet wurde, ist ein wichtiges Werk der frühneuzeitlichen deutschen Prosaliteratur. Im Umkreis des württembergischen Hofes unter Eberhard im Bart konzipiert und entstanden, wirkte es auf das literarische Rombild der Zeit (Hans Sachs, Jakob Ayrer u.a.). Die Arbeit untersucht mittels einer Textanalyse ausgewählter Abschnitte (Königsherrschaft, Ständekämpfe u.a.) die Eigenart der Schöfferlinschen Geschichtsschreibung und zeigt deren Einbettung in den zeitgeschichtlichen Kontext, der als Ausgangs- und Zielpunkt des vom Humanismus beeinflußten Bemühens um die Historie erscheint.

THE SHELL COLLECTOR'S GUIDE

an introduction to
the world of shells

S. PETER DANCE

DAVID & CHARLES

Newton Abbot   London

Produced by Cameron & Tayleur (Books) Limited, 25 Lloyd Baker Street, London WC1X 9AT,
for David & Charles (Publishers) Limited, Brunel House, Newton Abbot, Devon.

Setting by SX Composing Limited, 61 Oakwood Avenue, Leigh-on-Sea, Essex.
Colour reproduction by Colour Workshop Limited, Mimram Road, Hertford.
Monochrome printing by T. J. Press Limited, Trecerus Industrial Estate, Padstow, Cornwall.
Colour printing by Colorgraphic Limited, Chartwell Drive, Wigston, Leicester.
Binding by Robert Hartnoll Limited, Victoria Square, Bodmin, Cornwall.

Printed and bound in Great Britain.
ISBN 0 7153 7304 8

Design and photography by Ian Cameron.
Drawings by Annabel Milne.

Frontispiece: a plate from J.-C. Chenu's Illustrations Conchyliologiques *(1843–53) showing several species of the genus* Malleus.
Reverse of frontispiece: a plate from L.-C. Kiener's Spécies Général et Iconographie des Coquilles Vivantes *(1834–79) showing the shell and animal of* Ovula ovum *Linnaeus.*

CONTENTS

Specimens to be drawn or photographed were provided by Peter Oliver and Gregory Noel-Smith, and by Eaton's Shell Shop of Manette Street, London W.1. Classic shell books were photographed at the National Museum of Wales, Cardiff, by kind permission of the Keeper of Zoology, Mr J. A. Bateman. We would like to thank these individuals and organisations as well as Dr June Chatfield of the National Museum of Wales and Mr K. R. Wye of Eaton's Shell Shop for their help in the preparation of this book.

Illustrative material has been adapted and redrawn from the following sources:
Lemche, H. and Wingstrand, K.G., *Galathea Report 3* for *Neopilina galatheae* (p. 31).
Cooke, A.H., *Mollusca* in Cambridge Natural History Series, Macmillan, London, for *Chaetoderma* (p. 32), radulae (p. 79), larvae (p. 82).
Morton, J.E., *Molluscs*, Hutchinson, London, for generalised mollusc (p. 75).
Cox, I. (ed), *The Scallop,* Shell, London for *Pecten maximus* (p. 80).
Wilson, B.R. and Gillett, K., *Australian Shells*, A.H. and A.W. Reed, Sydney, for *Harpa amouretta* and *Terebra triseriata* (p. 85), *Ancillista cingulata* (p. 87), *Cypraea arabica* (p. 112).
British Museum (Natural History), London, *British Mesozoic Fossils* for *Tessarolax fittoni* (p. 127), *Anchura carinata* (p. 128).

The quotation from *Collected Poems of Dylan Thomas* printed on page 9 appears by kind permission of J. M. Dent & Sons and the Trustees of the Copyrights of the late Dylan Thomas.

For my mother and father
who weren't sure where I was going
but tried to help me get there

FOREWORD

Not so long ago, the publication of a book on molluscs or their shells was a rare event. Now things are different. No sooner is one shell book off the press than another is taking its place. The publication of a book dealing with the molluscan fauna of a limited area is always welcome because it is almost certain to contain some information that has not been readily available. But when a book takes up what appears to be a well-worn theme, such as that implied by the title of the present offering, it runs the risk of being branded a pot boiler, or worse. Can a guide for shell collectors say anything that has not been said before? Can it be universally relevant in view of the different requirements of collectors living in different parts of the world?

These are pertinent questions and I cannot pretend that the information I have given is largely novel or universally relevant. All I have done is to bring together information which should be of practical help to a majority of collectors. I have also tried to show that close examination and comparison of different shells may reveal certain facts which may not have been noticed by collectors and which may, in turn, suggest other lines of inquiry to them. I am aware that my approach is often unconventional and occasionally heretical, but as convention and orthodoxy in writing usually make dull reading, I believe that the book gains rather than loses by it.

Having decided to write this guide, I was agreeably surprised to find that the recent flood of conchological literature included very few books covering the broader aspects of shell collecting. Perhaps I have stepped in too boldly where others with far greater knowledge have been too frightened, or more likely too wise, to set foot. If the book I have written is acceptable to most of its readers, it may be because there are so few books around which compete with it. Hopefully, it is because its readers find in it something which they wanted to know but have not been able to find elsewhere.

Clifford, Hereford
March 1976.

THE DELIGHTS OF SHELL COLLECTING

'But you must unbend you know', said Mr Brooke to Mr Casaubon, who had suffered a mild heart attack a few days earlier. After suggesting that Casaubon should try his hand at fishing, wood turning, backgammon and shuttlecock, and not meeting with an enthusiastic response from the invalid, Brooke suddenly thought of the very thing for someone needing to unbend. 'Why, you might take to some light study: conchology, now: I always think that must be a light study.'

Poor old Casaubon didn't take to some light study, as anyone who has read *Middlemarch* knows; he died soon afterwards. George Eliot knew that conchology would have been good for him because she had herself benefitted from a casual acquaintance with it when, in company with George Henry Lewes, she had rambled in search of molluscs and other lowly creatures among the rocks at Tenby in South Wales.

It is not easy to say why men and women derive pleasure from collecting and studying seashells. Maybe collecting things comes very naturally to human beings, as Laurence Sterne suggested in *Tristram Shandy*: 'Sir, have not the wisest men in all ages, not excepting Solomon himself—have they not had their Hobby-Horses—their running horses— their coins and their cockle shells?' Certainly, but what inclines the wisest men towards cockle shells in the first place?

As far as shells are concerned, the sea has something to do with it. 'The fact is,' said Lewes, 'the sea is a passion. Its fascination, like all true fascination, makes us reckless of consequences. The sea is like a woman: she lures us, and we run madly after her.' (*Sea-side Studies*, 1858.) Lewes went so far as to compare a man who had 'once tasted of a noble sea-side passion' with a lion who had once tasted human flesh. Neither bore any resemblance to his counterparts who had not so gratified their appetites. The man who has discovered the delights of the seashore, Lewes says, returns home and 'continues the daily round, but not as before. He is a changed man. The direction of his thoughts is constantly seawards. Murmurs of old ocean linger in his soul, as they murmur in a shell long since taken from the deep, and now condemned to ornament the mantlepiece of some lodging-house, the daily witness of prosaisms and peculations. To the casual eye he may not seem changed; but read his soul, and you will find he is another man.'

Once enslaved by the sea, we cannot endure to be parted from her. Knowing this, we look for some mementoes of the happy times we enjoyed by her side. We soon find them, for they are at our feet just waiting to be picked up. From his 'seashaken house on a breakneck of rocks', Dylan Thomas wrote of:

> Geese nearly in heaven, boys
> Stabbing, and herons, and shells
> That speak seven seas.

(From the Author's Prologue to *Collected Poems of Dylan Thomas*, 1952).

That's it exactly: shells that speak seven seas. The shell collector knows it; only the poet can say it.

Our ancestors were collecting shells, for various purposes, long before recorded history. From prehistoric settlement sites in central France, seashells, pierced for suspension on cords as personal adornment, have been exhumed. Some of them must have been collected well over 30,000 years ago from coasts as much as 150 miles away. Undeniably they were collected because they appealed to some basic instinct. Later cultures in Europe, pre-Columbian Ecuador and pre-Dynastic Egypt, among others, provide abundant evidence of shell-collecting activities. The Minoan culture of Crete provides us with some of the earliest illustrations of shells, or of artefacts modelled from them, and by the fourth century B.C., the first writings on them and the animals which make them had been produced by Aristotle.

Cicero relates that the Roman consuls Laelius and Scipio collected shells in the second century B.C. to help them forget the problems of governing and warring. When Pompeii was buried under the lava and ashes disgorged by Vesuvius in A.D. 79, a collection of shells was buried with it. As some of these must have come from the Red Sea or the Indian Ocean, they bespeak more than a passing interest in shells on the part of the unknown collector.

Some shells were usually included in the collections of relics and curiosities found in early churches and monasteries, but it was not until Renaissance times that any collections of importance or interest were made. Erasmus had a collection of shells. So had Leonardo da Vinci, Albrecht Dürer and the potter Bernard Palissy, each of whom, in his own way, utilised shells in his art, da Vinci and Dürer by drawing and studying spirals and curves, Palissy by modelling whole shells and incorporating them in his ceramic wares. There were some sizable collections around during the seventeenth century, by the end of which had

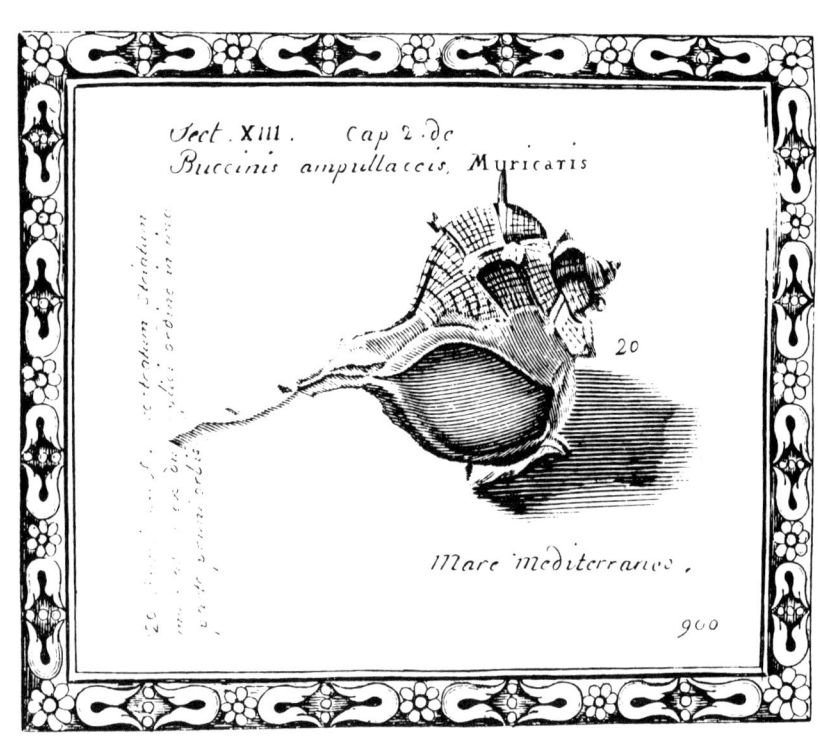

Illustration of *Murex brandaris* Linnaeus
from M. Lister's *Historia Conchyliorum* (1685–92).

appeared the earliest conchological manuals, notably those of Buonanni
in Italy and Lister in England.

As traders and explorers ventured ever further from Europe's shores,
so collections of shells and other natural objects multiplied. By the
eighteenth century, many more collections had been formed by noble-
men, apothecaries, merchants, men of science and others. There were
also many more books illustrating and describing shells. The eighteenth

Opposite: a plate from the Neues systematisches Conchylien-Cabinet *of
F. H. W. Martini and J. H. Chemnitz (1769–96) showing several species of
the family* Olividae.

*Overleaf: another plate from Martini and Chemnitz (left) showing various
species of* Conus. *Right: a plate from the revised edition, the* Systematisches
Conchylien-Cabinet, *edited by H. C. Küster and others (1837–1920);
this plate, which was published in the monograph on the genus* Pyrula *in
1881, illustrates species belonging to three different superfamilies.*

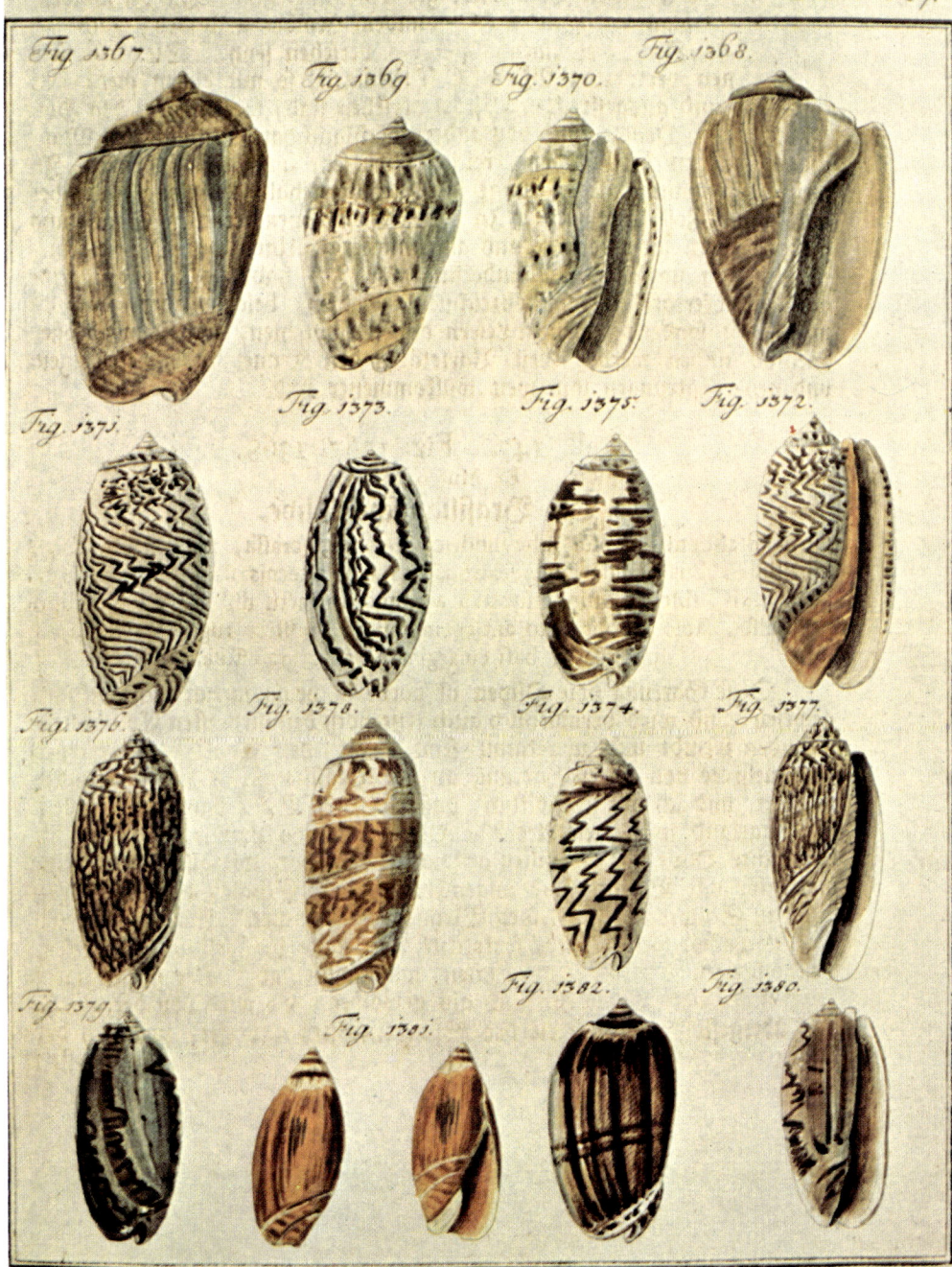

Fig. 1367.   Fig. 1369.   Fig. 1370.   Fig. 1368.

Fig. 1371.   Fig. 1373.   Fig. 1375.   Fig. 1372.

Fig. 1376.   Fig. 1378.   Fig. 1374.   Fig. 1377.

Fig. 1379.   Fig. 1381.   Fig. 1382.   Fig. 1380.

Fig. 1295.

Fig. 1297.

Fig. 1296.

Fig. 1299.

Fig. 1298.

Fig. 1300.

Fig. 1304.

Fig. 1305.

Fig. 1302.

Fig. 1301.

Fig. 1303.

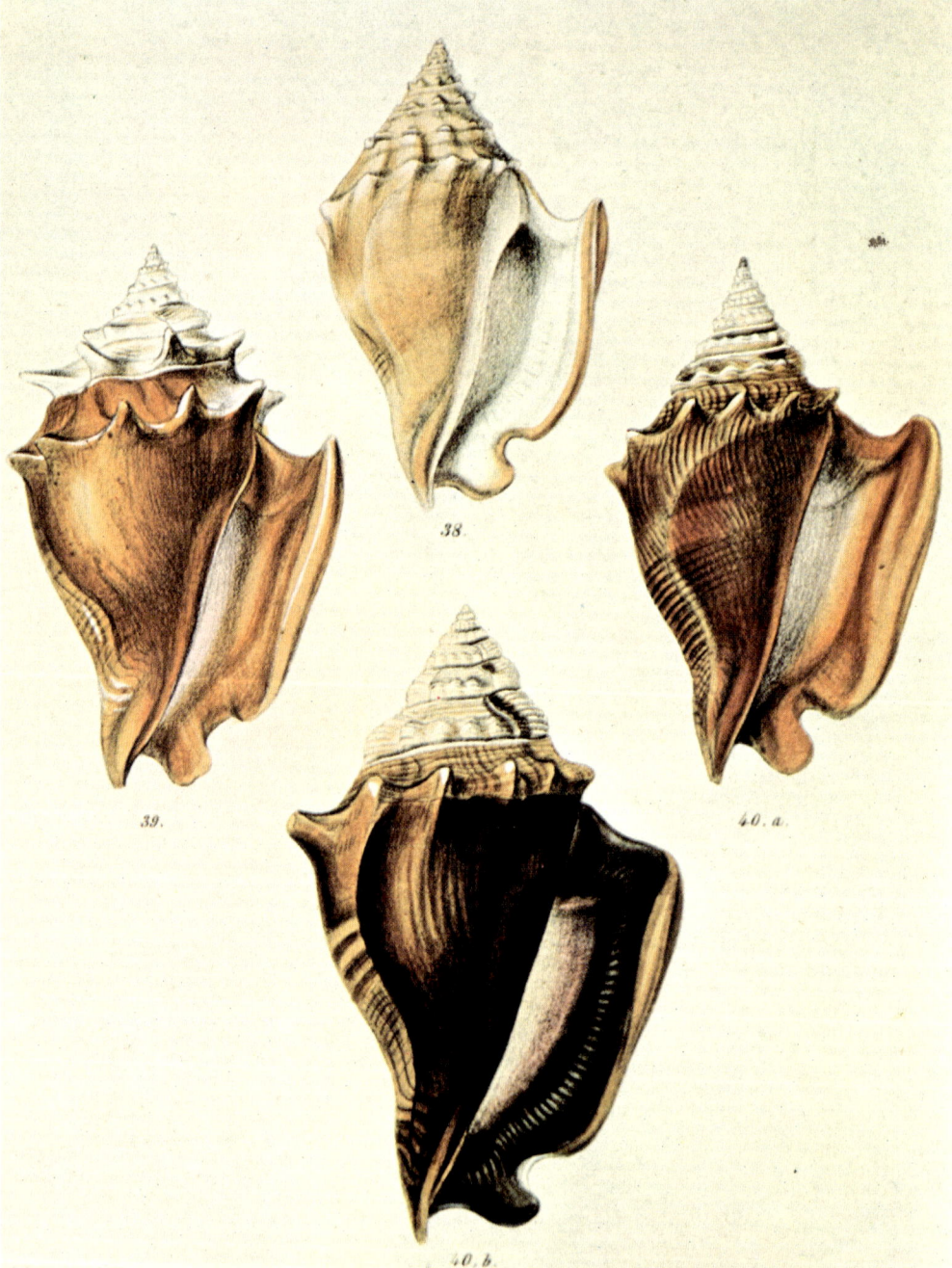

38

39.

40. a.

40. b.

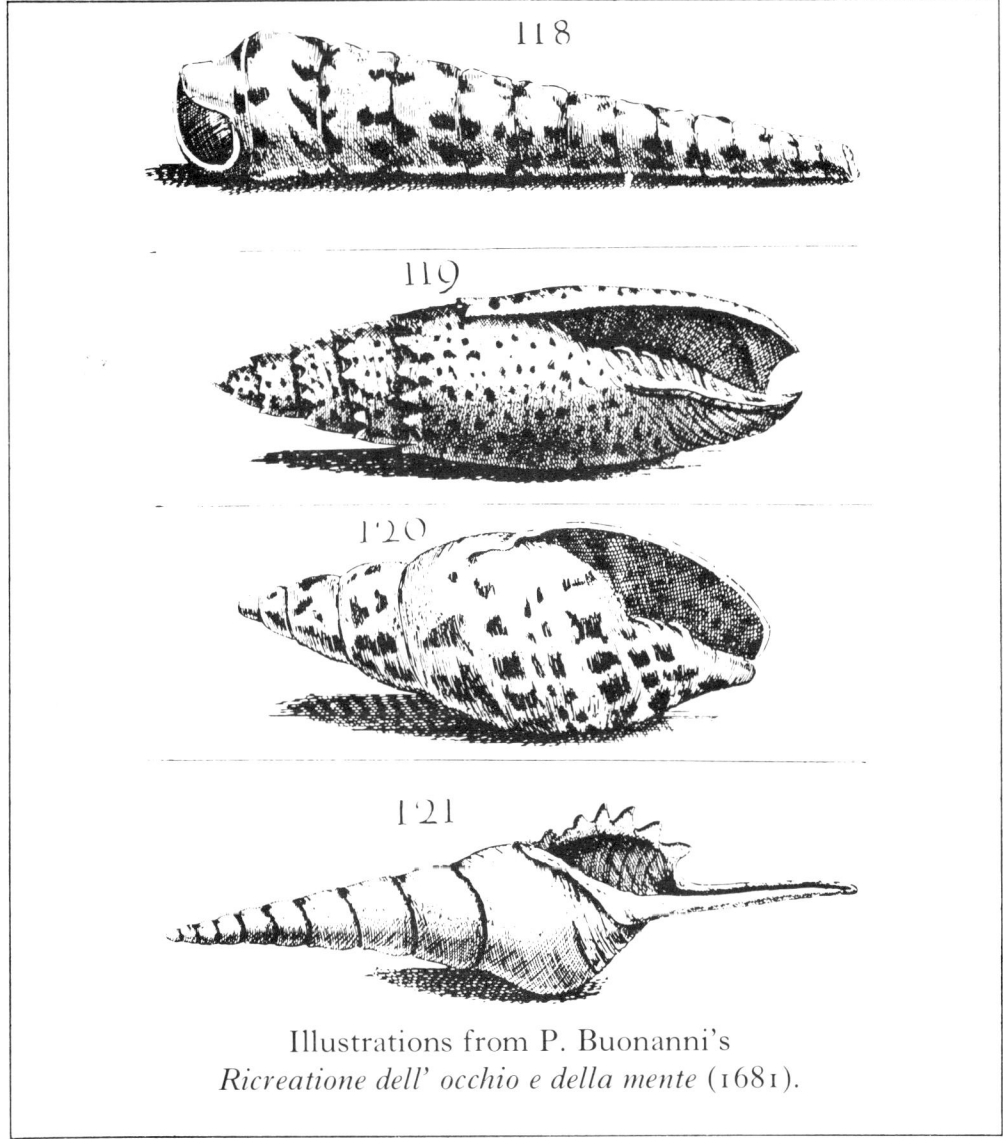

Illustrations from P. Buonanni's
Ricreatione dell' occhio e della mente (1681).

century after all was pre-eminently the Age of Nature, the age of Voltaire and Rousseau, Bougainville and Cook, Buffon and Banks. Fortunately the systematic Linnaeus was also there to bring order into the chaos of biological nomenclature.

In the early years of the nineteenth century, communication between scientists was impeded by war, but after the defeat of Napoleon, there was remarkable progress in the natural sciences. Well-equipped exploratory ships travelled far and wide, with naturalists and surgeons—

Opposite: a plate from L. A. Reeve's Conchologia Iconica *(1843–78) showing species of the genus* Strombus.

very often one and the same—on board to record their observations on animals and plants. Sometimes these observations were published in sumptuously illustrated volumes, which customarily included several pages and plates devoted to molluscs and their shells. National museums, then or later, acquired the collections made during these voyages: thus, those brought back in the *Coquille* and *Bonite* went to Paris, while those from the *Beagle* and *Samarang* went to London.

Intrepid naturalists began to take themselves off to distant places just to collect natural objects. Between 1827 and 1840, Hugh Cuming, an Englishman of humble birth, personally collected thousands of shells, many of them new to science, in South America, Polynesia and the Philippines, single-handedly revolutionising descriptive conchology. As a result of his remarkable collecting activities, some of the great classics of conchological literature came into being, most notably the 20-volume *Conchologia Iconica* of L. A. Reeve. At the same time, many hundreds of species were being discovered and described by others in Europe and North America. This Golden Age of conchology spanned the middle years of the nineteenth century. With the voyages of the deep-sea research vessel *Challenger* in the 1870s, the collecting of natural objects took on a new dimension and opened up possibilities of discovery which have not been fully realised even now. Most of the exciting conchological finds during the present century have been made in deep water.

Going down to the sea to get away from it all is a relatively recent phenomenon. Before the Victorian era, it was most unusual for city dwellers to travel to the seaside and even more unusual to do so for the pleasure of picking up shells. The dearth of cheap and convenient transport was not the only inhibiting factor: going to the seaside was just not in vogue in Britain—and it was probably less in vogue elsewhere—until industrial pollution and squalor in the big cities made the need to get away became almost imperative.

It was the desire to sample the therapeutic properties of fresh air, salt water and unspoilt scenery that first took town dwellers to the coast. Only towards the middle of the nineteenth century, through the proselytising activities of Philip Henry Gosse, Charles Kingsley, Edward Forbes and other natural-history writers, did people from the cities trek down to the shore with collecting buckets, forceps, spades and other collecting paraphernalia.

William Turton, that Grand Old Man of British conchology (who happened to live by the sea) gave succinct and useful hints to the would-be shell collector away back in 1819: 'To assist his pursuits . . . it will be necessary to be provided with a small conchological apparatus, easily portable. A chisel and hammer; a knife and a saw; boxes and bags for the preservation of minute species; a pocket magnifier, with two or three powers; a spoon, such as is described in Brown's Elements, five inches long and three and a half wide, of an oval shape, with rim about an inch in height, and a hollow handle by which it may be put on and taken off the end of a stick or umbrella.' (*A Conchological Dictionary of the British Islands*) But to anyone living in London, or Liverpool, or Birmingham, these instructions were so much wasted paper. Even if they could have got to the coast, they would have been unwilling to dirty their hands or soil their clothes in the search for shells. If they wanted shells, or any other natural objects, they went to a dealer for them, or attended auction sales. Obviously, therefore, shells attracted attention whether or not they recalled the sight or sound of the sea. Their beauty was almost all that mattered.

An anonymous article on conchology, written in 1822, typifies the popular attitude to the subject at that time. 'Shells form a link in the great chain of nature, and constitute a department of rational inquiry worthy of the researches of men of science; and when we consider the wonderful diversity of singular and beautiful forms which they present to our notice, they cannot fail to invite the attention of the most common observer. Conchology, indeed, is a study peculiarly adapted to recreate the senses, and insensibly to lead us to the contemplation of the glory of God in creation.' (*Outlines of Conchology, Times Telescope*, 1822) You could learn much or little about shells, as you wished, but you should not miss the opportunity to elevate your soul by studying them.

Students of conchology were mostly interested in shells as things to accumulate painlessly, just to make a pretty show of them in a cabinet where they could be admired and could perhaps spark off polite con-versation. To the affluent classes of those days, shells were of only marginal interest as objects of natural history. In the middle years of the nineteenth century, however, much happened to revolutionise con-chology and other branches of natural history. There were, for instance, voyages which set out, among other things, to study natural history in places far from western civilisation, which frequently meant places where shells were abundant and varied. On board were men such as Quoy and Gaimard, Peron and Lesueur, Lesson and Garnot from France, Darwin, Hinds and Adams from Britain, and Couthouy from the United States. They and others observed and collected many molluscs, studying living specimens when possible, and recording and drawing what they saw. Their drawings of living molluscs and of shells, when published, were a revelation, and with the accompanying texts helped to initiate a new era in conchology (for which a new term, malacology—emphasising the

A predecessor of H.M.S. Challenger: deep-sea dredging
apparatus on the stern derrick of H.M.S. Porcupine,
from C. Wyville Thompson's *The Depths of the Sea* (1873).

importance of the soft parts rather than the shell—was beginning to gain currency).

The change is exemplified by the difference between two accounts of the growth of cowries. In 1823, Charles Dubois, a London shell dealer, wrote: 'The circumstances of frequently seeing examples of this genus in an incomplete state, twice the size of other mature examples of the same species, may be accounted for, by the presumptive fact that the animal in some instances, after having completed its shell to a certain period of growth, becomes too large for it; and possessing the faculty of removing from it altogether, new models another habitation on the increased size of its body, which it completes to its second stage of growth; and then, from a similar necessity to that by which it was first prompted, again quits it, or, the term of its existence being then completed, dies and leaves the shell as it is so often found.' (*An Epitome of Lamarck's Arrangement of Testacea.*) Twenty five years later, in 1848, the youthful Arthur Adams wrote in an altogether different vein about the development and growth of cowries; 'The young of *Cypraea,* when they first issue from the ovum, are provided with two membranous alar expansions, like some of the Pteropods, and a delicate hyaline, simple, spiral, flattened, ear shaped shell . . . This forms the nucleus of the Cowry shell, which afterwards grows and undergoes several changes in form, gradually becoming more complicated until the outer lip is inverted and marked with numerous sulci.' (*Natural History of the Countries Visited during the Voyage of H.M.S. Samarang.*) In quarter of a century, the 'presumptive'– and wildly erroneous—idea of a cowry quitting its shell to form a new, more commodious habitation is replaced by the quietly observed—and accurate—picture of steady and continuous growth.

When observant men with a certain amount of scientific training, like Adams, visited the native haunts of exotic molluscan life, shell collecting was more than a dilettante pursuit. But most collectors, with neither the chance nor the inclination to visit distant shores in search of molluscs, still depended on the dealer and the auctioneer to supply them with shells. It was to be many years before shell collecting became primarily an active rather than a passive occupation. While the commercial activities of professionals like Hugh Cuming were able to supply collectors with almost any shell they wanted, there was really no need for them to be active. All this has now changed, and many shell collectors prefer the active pursuit of their treasures.

During the nineteenth century the *literary* progress of conchology was largely in the hands of non-scientists, men such as L. A. Reeve and the Sowerby family in Britain, Chenu and Kiener in France, Küster and

Rossmässler in Germany, and Tryon in the United States. They were primarily interested in describing and illustrating the new or little-known species which were being constantly brought to light during the nineteenth century (although in Reeve's case, at least, there was also a profit motive, as he was a publisher). Such books as Reeve's *Conchologia Iconica* and *Conchologia Systematica,* Sowerby's *Thesaurus Conchyliorum,* and *Conchological Illustrations,* Kiener's *Spécies Général,* Küster's *Systematisches Conchylien-Cabinet,* Rossmässler's *Iconographie,* and Tryon's *Manual* found a ready sale among people who collected shells for pleasure, profit or scientific interest.

In mid-Victorian times—halcyon days if you were a shell collector—you usually didn't know much about molluscs as living creatures and didn't particularly want to know much. Mostly, you wanted books with descriptions of shells and, above all, pictures. But, whether you knew it or not, you wanted a smattering of science at the same time. An arrangement or classification of information was desirable in the books you bought if you were to understand them, and the facts were assumed to be scientifically correct.

The desire to arrange objects or information in a systematic, orderly fashion is characteristic of many shell collectors. It helps to explain why so many of them are fond of groups containing similar species, such as cowries and cones. But first, the collector wants to acquire shells because they are individually attractive by virtue of their colour or shape, or both. Many collectors are well satisfied if they can bring together a collection of beautiful shells, asking no more of their hobby than that. Others, however, become deeply interested in the subject and want to delve into the life histories and habits of molluscs. With today's almost unlimited travel facilities, a collector with a desire to add something to existing knowledge can make significant contributions to conchology. He can show that Gertrude Himmelfarb was wrong when she wrote in 1959: 'It is salutary to remember that shell-collectors rarely grow up to be conchologists . . .' (*Darwin and the Darwinian Revolution*) That may have been true of shell collectors in 1859. A hundred years later, it wasn't.

The auction room has an excitement all its own, and many collectors have derived enormous pleasure from bidding there for rare shells. Hunting through a dealer's stock can also be great fun. But it is almost impossible to write about such experiences; the satisfaction of acquiring shells in these ways is personal and has little to do with the knowledge that it is shells which you are buying. When you go hunting for shells in their native element, however, you experience excitement of a very different kind. And to a certain extent this experience can be communicated to others through the written word. Unfortunately, very few collectors have had the inclination or ability to record their field experiences. We shall never know, for example, what has been lost to us because Hugh Cuming, the most experienced shell collector of all time, was not also a skilled writer. That there is no literary record of what he saw and found in the Philippines in the late 1830s is a great and permanent loss to the history of conchology (as well as to the history of the Philippines). No-one had ever before visited this conchological paradise expressly to look for shells, and no-one since has combed it so thoroughly and successfully for them. It is rare for collecting skill, conchological knowledge and literary accomplishment to be combined in one person, and there are very few memorable accounts of shell collecting in print. One of the few that comes to mind is by the American conchologist, S. S. Berry, in which the abundance and variety of molluscan life in the Gulf of California are beautifully and dramatically highlighted (an extract from Berry's description appears later in this book). Such accounts are very welcome, particularly as the molluscan faunas of the places described are likely to alter over the years, and literary pictures of conditions as they once were may be all that is left to posterity.

But most people do not require a literary picture, no matter how

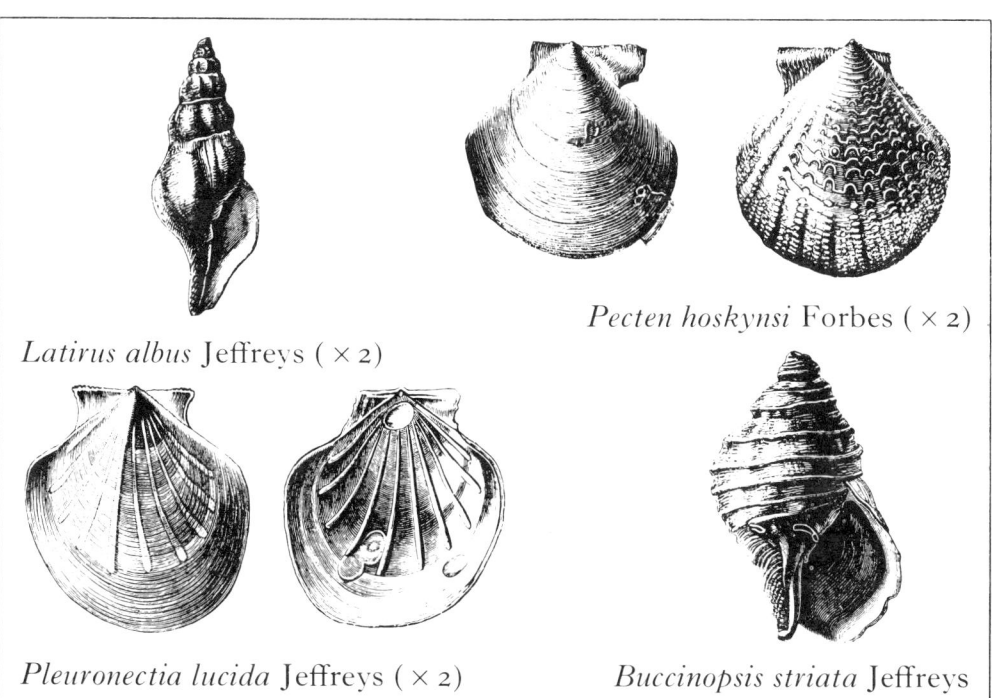

Latirus albus Jeffreys (× 2)

Pecten hoskynsi Forbes (× 2)

Pleuronectia lucida Jeffreys (× 2)   *Buccinopsis striata* Jeffreys

Abyssal molluscs found by H.M.S. Porcupine
with the names assigned to them at the time

alluring, to encourage them to go in search of seashells. What they want is a little help once they have started collecting, and so they turn to popular handbooks on the subject. But may it not be wrong to collect shells merely for pleasure? If it is, then this book and many others on the market should never have been published. The question here does not involve conservation, an issue that overrides the interests of the scientific and non-scientific communities. It was not raised in Victorian times, and indeed it would have seemed absurd to have raised it then. If collecting shells (or seaweeds or butterflies, or fossils—in fact, anything) did not give pleasure, there was not much point collecting them. You might have been expected to derive moral satisfaction, in some obscure way, from contemplating what you had collected, but that was all. Nobody said it was wrong to collect such things. Not so today. There is a powerful body of opinion which says it is wrong to collect natural objects except for scientific purposes. The first objective of the collector of natural objects, it says, must be to advance science. Only when he has satisfied that demon god is he allowed to enjoy himself.

For some mysterious reason, the scientific world appears to think that it has almost a divine right to Nature's products. Even more mysteriously, many of us seem to accept that it has that right. Unless shells are collected according to a set of rules laid down or approved by the scientific fraternity, it seems unjustifiable to collect them at all. Thus, it is wrong to collect a dozen cowries simply because you like cowries, but it is alright to do so if they are needed for a scientific experiment or are intended for the research collection of a scientific institution. 'Mere shell collecting,' said S. P. Woodward in *A Manual of the Mollusca* (1851), 'is no more scientific than pigeon-fancying, or the study of old china.' The comment is fair enough, but does not mean that collecting purely as a source of innocent pleasure is wrong. Bertrand Russell, who understood better than most of us the need to find peace of mind in a troubled world, once wrote: 'I have always understood that the study of shells brings contentment to those who engage in it . . .' (*The Conquest of Happiness*, 1930.) Being scientific about the study of shells may also bring contentment, and that is a good enough excuse to be scientific. Trying to be scientific because the apostles of science say you should be is not a good enough excuse. There is no more reason to expect a shell collector to be scientific than to expect a scientist to be contented. If this digression helps someone to enjoy his shell collecting without feeling guilty because he doesn't have a scientific aim in view, it will have served a purpose.

Opposite : species from the family Muricidae in a plate from the Thesaurus Conchyliorum *(1842–87) by three generations with the name G. B. Sowerby.*

NOMENCLATURE

The newcomer to shell collecting may be baffled at first by the array of strange names he encounters in conchological handbooks or on dealers' lists. He may be puzzled, even annoyed, to discover that familiar shells such as the Map Cowry, the Fig Cone, the Giant Clam and the Pod Razor have unfamiliar aliases, respectively *Cypraea mappa, Conus figulinus, Tridacna gigas,* and *Ensis siliqua.* Often, he is put off by what seem to him unnecessarily complicated refinements of nomenclature and continues to use the colloquial (or vernacular) names. Then he finds that advanced collectors are quite at home with scientific names and seldom use any others. So he tries to do the same. At this point, he wants some guidance.

First of all, how has it come about that a mollusc (or for that matter any animal or plant) can be known by a common name and a scientific one? Why is there a double nomenclatural standard? In simple terms, it happened as a result of a historical necessity. Until comparatively recent times, plants and animals were known only by their common names and to the great majority of people they still are. Relatively few people even now are aware that the expression 'cockle' can be applied to many different species, and even fewer need to distinguish one species of cockle from another. In early books on natural history, we find that numerous different cockles were recognised and given different common names. These names were either in the native language of the writer, or were latinised, and varied from book to book. It was thus difficult to equate a cockle species described by one author with that described by another. These writers followed no universally accepted system of nomenclature because there wasn't one to follow.

In the eighteenth century, Carl Linnaeus, a Swedish naturalist of encyclopedic knowledge and immense industry, set himself the daunting

Opposite : a scallop encrusted with the non-molluscan shells of acorn barnacles and serpulid worms (× 1·4, above) ; a pair of brachiopod shells, Krausina rubra *Kraus (× 2·2), from South Africa.*

task of describing every known plant and animal, a task which would have been more or less impossible without a system of nomenclature. In his *Systema Naturae,* he introduced what is now know as the bi-nominal system, which came to be universally adopted among biologists.

Organisms are assigned two-part latinised names, e.g. *Strombus gigas* (the Queen Conch), the first part being the generic name (which is shared by a genus of related species) and the second the specific name (or trivial epithet). As Latin is a dead—and therefore politically neutral—language formulated according to well-defined rules, it is a suitable foundation for scientific nomenclature, and so the binominal system is accepted in countries where Latin never intruded as a living language. As a method of naming species, it is both precise and simple. A generic name cannot be used for more than one group of animals, and the same specific name must not be used for more than one species in a genus; thus there can be only one species called *Strombus gigas.*

As similar Species are grouped into a Genus, so related Genera (the correct plural of the Latin word Genus) form a Family. The Family, in turn is a unit of classification subordinate to the Superfamily, as the Superfamily is to the Order, the Order to the Class, and the Class to the Phylum. Some of these groupings are further subdivided. With all this information we can pinpoint the position which a species is thought to occupy in the classification of the Animal Kingdom—the ultimate group to which all animals belong. By presenting all the names in tabular form, we can show how two familiar species, the Queen Conch and the Edible Mussel, which are related only in both being molluscs, fit into the scheme:

Phylum	Mollusca	Mollusca
Class	Gastropoda	Bivalvia
Subclass	Prosobranchia	Pteriomorpha
Order	Mesogastropoda	Mytiloida
Superfamily	Strombacea	Mytilacea
Family	Strombidae	Mytilidae
Subfamily		Mytilinae
Genus	*Strombus*	*Mytilus*
Subgenus	*Tricornis*	*Mytilus*
Species	*gigas*	*edulis*
Subspecies		*galloprovincialis*
Common name	Queen Conch	Edible Mussel

This formidable array of names shows that some of the subdivisions are

Illustration of *Distorsio anus* Linnaeus
from N. Gualtieri's *Index Testarum Conchyliorum* (1742).
The need for the binominal system is shown by the name
under which it was listed: *Purpura curvirostra, gibbosa,
rictu auriculatio, ore utrinque dentato, striis raris,
papillosis cancellata, albida, colore rufo maculata.*
The orientation of the shell with the aperture upwards
was for a long time the convention in parts of Europe.

not necessarily employed, and that below subfamily level the names are italicised. The generic name always begins with a capital initial but the specific name never does and should not be hyphenated.

The italicised names are the ones which the collector needs to understand most because they are the ones that will appear on his labels and in his correspondence. For each specific name, there is an authority: the person who first published a valid description of a species and gave it a name. Thus *Strombus gigas* was first validly described and named by Linnaeus in 1758 (the date of the tenth edition of his *Systema Naturae* and the starting point for zoological nomenclature). This is important because different authorities have sometimes assigned various names to animals that are now placed in the same species or have used the same name for more than one species. To minimise the chances of confusion, the authority for a name should always be given. It is correct and indeed obligatory procedure for *Strombus gigas* to be followed by the name Linnaeus, and for greater precision—although it is not invariably stated— the date 1758 may be added. Linnaeus placed the species in *Strombus* and it is still considered to belong to that genus. If future research indicates that it differs significantly from other species of *Strombus*, it can always be removed to another genus; if this happens, the author's name is placed in brackets as (Linnaeus), although this is a convention which is not always adopted and, in popular handbooks, is of little value.

Strictly speaking, the concept of a genus resides in the characteristics of its 'type species', the species which typifies the genus. The type species of the genus *Strombus* is *Strombus pugilis* Linnaeus, the West Indian Fighting Conch. *Strombus gigas* is maintained in the same genus because it shares enough characteristics—of the animal and its shell—with the type species.

Very often, a species may have been named and described by several different people at different times. Widespread and variable species may have been given a dozen or more names which produce considerable confusion. Only one, of course, should be maintained; the others are, as the technical expression has it, 'relegated to synonymy'. In published accounts, the synonyms—the various names which have been given to a species—are often collected up and presented as a list below the correct name, and this list is known as 'the synonymy'.

According to the Law of Priority, it is mandatory that the oldest available name for a species is the one by which it should be known. Rarely is the oldest available name discarded in favour of another. It sometimes happens that the oldest name cannot be used because it is identical to one which was proposed at an earlier date for a totally different species. There are also instances when it would be confusing to alter a name which has been in general use for a very long time in favour of an unfamiliar one, particularly if the alteration affects a common and well-known species. The Rose Branch Murex, a well-known and un-mistakable species from the Indo-Pacific region, had been known for about one and a half centuries as *Murex palmarosae* Lamarck, when it was discovered that George Perry had christened it *Murex foliatus* in 1810, twelve years before Lamarck's publication. Because it was en-visaged that the substitution of the earlier name for the later, familiar one would be confusing and irritating, steps were taken to keep Lamarck's name so that the species should be called *palmarosae,* as before.

The rules of zoological nomenclature are a study in themselves; they are regulated by a permanent Commission with its headquarters in London. To conserve the name *palmarosae* in preference to *foliatus* it was necessary to set out the argument and lay it before the Commission which then made an impartial decision on it. The code of rules by which zoologists are guided and to which they attempt to conform has been published in a book entitled *International Code of Zoological Nomen-clature, adopted by the XV International Congress of Zoology* (1964), and a very full treatment of the whole subject is given in R. E. Blackwelder's *Taxonomy* (1967).

CLASSIFICATION

Invertebrates—animals without backbones—make up about 95% of the animal kingdom, and the phylum Mollusca is the second largest invertebrate group (the phylum Arthropoda, containing insects, crustaceans, spiders, etc., is easily the largest). Conchology therefore deals with a very large assemblage of animals, probably as many as 100,000 species. Mature molluscs are unlike the majority of other animals but are sometimes confused with members of other phyla which have hard, external, shelly coverings.

When buying seafood, you may be offered different kinds of molluscs, such as mussels, cockles, clams and winkles as well as non-molluscan creatures such as crabs, lobsters, prawns and shrimps. All of them are described as 'shellfish', and for the cook, these disparate creatures might be considered related. The only feature common to them all, however, is a hard external covering. In a mollusc, this takes the form of a shell, usually either in one piece and spirally coiled, or in two pieces, convex in shape and joined at one point by an elastic ligament. Crabs, lobsters and other crustaceans, however, have a hard outer casing within which the animal is encased, legs and all, as if in a suit of armour. None of the creatures denoted by the term 'shellfish' is remotely related to a fish.

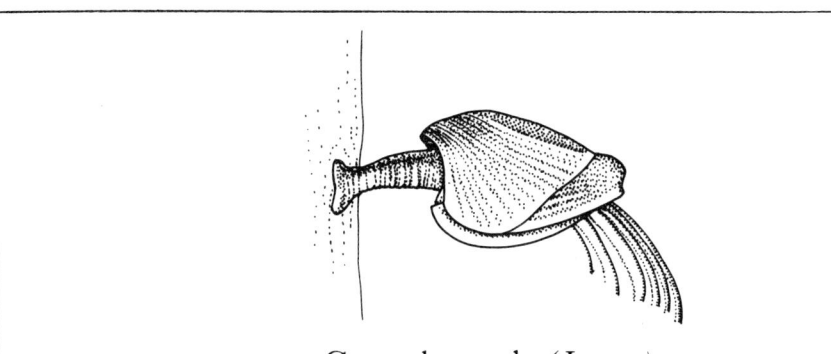

Goose barnacle *(Lepas)*,
a crustacean with a calcareous shell.

There are some other invertebrates which have hard external coverings similar to molluscan shells. They are the brachiopods and barnacles, both of which were actually considered by early students of biology to be related to molluscs. Brachiopods (or lamp shells) have two hinged, shelly valves and look similar to bivalve mollusc shells. But there the resemblance ceases: there is nothing molluscan about the animal inside the brachiopod shell. Its most conspicuous feature is a pair of coiled tentacular arms called the lophophore, a structure not found in molluscs. Unlike the right and left valves of a bivalve mollusc shell, brachiopod shell valves are upper and lower, with the hinge at the rear end. As most of the two hundred or so existing brachiopod species live at considerable depths in the sea and are not distinguished for their beauty they are rarely encountered by the average shell collector, who would be little interested by the members of this small phylum.

Barnacles, which are familiar seashore animals, also have solid shells which could be mistaken for those of molluscs. But the internal organs show the barnacle to be an arthropod, and the chitinous (i.e. horny) jointed, two-branched appendages which it thrusts out of its shell periodically to trap its food are characteristically arthropodan. The shelly tubes of some serpulid worms may be mistaken for those of vermetid molluscs, but again the animals inside are very obviously not molluscs as their bodies are divided into segments for their whole length —a characteristic of the phylum Annelida, which includes earthworms and leeches.

Having disposed of the animals which may be mistaken for molluscs, or strictly speaking of those with shells which may be mistaken for molluscan shells (there are also shell-less molluscs), we can now look at the main groups included in the phylum Mollusca. Until 1957 it was generally accepted that the phylum contained five classes: Amphineura, Scaphopoda, Gastropoda, Bivalvia and Cephalopoda. In that year, however, a report was published describing a remarkable mollusc obtained in 1952 by the Danish research vessel *Galathea* at a great depth off the coast of Costa Rica. This mollusc, christened *Neopilina galatheae* by Dr Henning Lemche, proved to belong to another class, the Monoplacophora, which was previously thought to include only fossils which had become extinct about 250 million years ago (three more species of *Neopilina* have since been described).

Apart from adding a new class to the living representatives of the phylum Mollusca, the discovery of *Neopilina* reopened the question of whether or not the Amphineura should be split into two classes, the Polyplacophora and the Aplacophora. Indeed, it has even been suggested that the Aplacophora should be further divided and another class, Caudo-

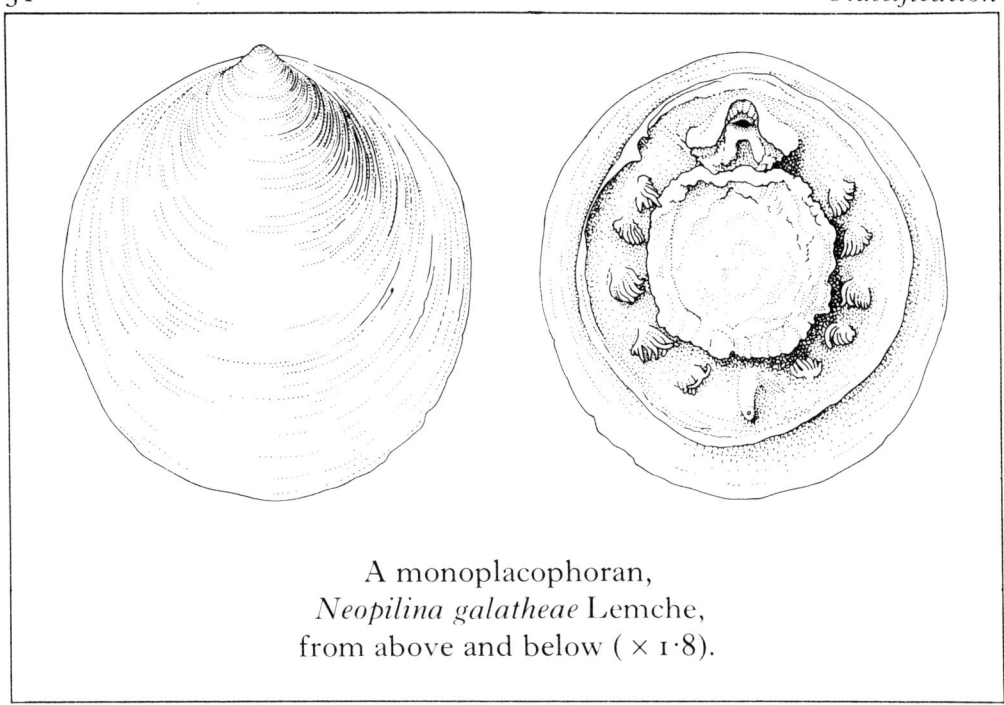

A monoplacophoran,
Neopilina galatheae Lemche,
from above and below (× 1·8).

foveata, instituted, a suggestion that has not met with universal accept-
ance. The classes described briefly below are those currently accepted by
a majority of conchologists: Monoplacophora, Polyplacophora, Aplacophora, Gastropoda, Scaphopoda, Bivalvia, Cephalopoda.

Monoplacophora

Sometimes referred to as 'gastroverms', these are almost symmetrical
bilaterally—i.e. around a central axis running from front to back of the
body. They are more or less circular in outline, with a thin, limpet-like
shell covering the whole animal. Internally, they are segmented. Between
the edge of the mantle (which secretes the shell) and the central, muscular
foot lie five or six pairs of gills; some other organs are paired, too—a
condition found in no other living molluscs. A rasp-like feeding apparatus, the radula, is present. There are no cephalic eyes (i.e. eyes in the
head region) or tentacles. Feeding habits, reproduction and development
are as yet unknown. The few living species are from very deep water.
Fossil forms occur in Paleozoic rocks.

Polyplacophora

The chitons or coat-of-mail shells are bilaterally symmetrical and
elliptical or elongated in shape. The shell is usually made up of eight
overlapping plates or valves, encircled by a leathery or fleshy girdle. This
may be decorated with calcareous spicules, with spines, scales or

chitinous, hairy projections. There is a muscular foot. As in the Mono-placophora, the mouth is at the anterior end, the anus at the posterior. There are up to 40 gills on each side, and a radula is present. Cephalic eyes or tentacles are absent but there are sometimes sensory organs in the upper surface of the valves, and these take the form of eyes. Fossil chitons are known from the Upper Cambrian—over 500 million years ago—onwards.

Aplacophora

These are wormlike animals known as solenogasters. They have no shells but often have spicules imbedded in the thickened outer cuticle. The

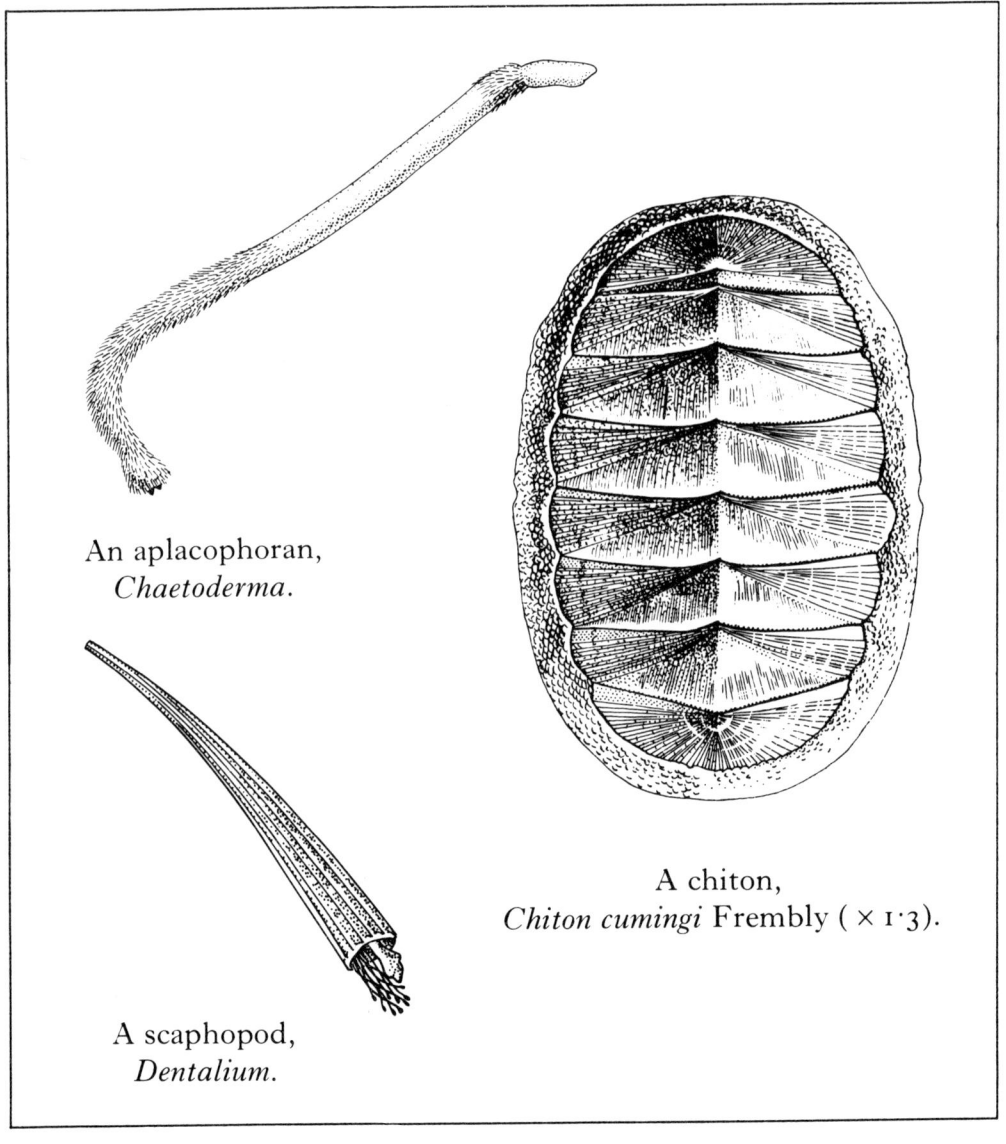

An aplacophoran,
Chaetoderma.

A scaphopod,
Dentalium.

A chiton,
Chiton cumingi Frembly (× 1·3).

A gastropod,
whelk, *Buccinum undatum* Linnaeus (× 0·7).

animal is almost entirely enveloped by the mantle, and a much simplified radula is sometimes present. There is no fossil record.

Gastropoda

The largest class of molluscs includes snails, whelks, winkles, conches, limpets and abalones. These asymmetrical animals may or may not have a single-piece shell. When they have, it usually shows spiral coiling at some stage of its development. Most of the internal organs have been reorientated because of 'torsion' a process during which the embryonic mollusc is subjected to a twisting movement of 180°. Several organs that are normally posterior come to adopt a forward position, so that the mouth, reproductive aperture and anus are often placed close together. A radula is usually present. The cephalic eyes may or may not be stalked.

The gastropods are divided into three large sub-classes: Prosobranchia, Opisthobranchia, and Pulmonata (although the last two are united by some authorities as the sub-class Euthyneura). Prosobranchs, which include the majority of shells that will be mentioned in this book, have gills in the mantle cavity; on the foot of most species there is an operculum, which closes the aperture of the shell when the animal has withdrawn inside. The sexes are separate. Opisthobranchs contain many forms without shells such as the sea slugs; the shell, when present, is extremely thin and fragile, as in the bubble shells. One group of opisthobranchs, the pteropods, have glassy shells; the rudimentary foot has wing-like extensions which enable the animal to swim about rapidly. All opisthobranchs are hermaphrodites and have both male and female sex organs. The pulmonates have a modified mantle cavity which functions as a lung. With one or two exceptions none has an operculum and very few live in the sea. Gastropods have a long geological history, having made their first appearance in Lower Cambrian times (up to 600 million years ago).

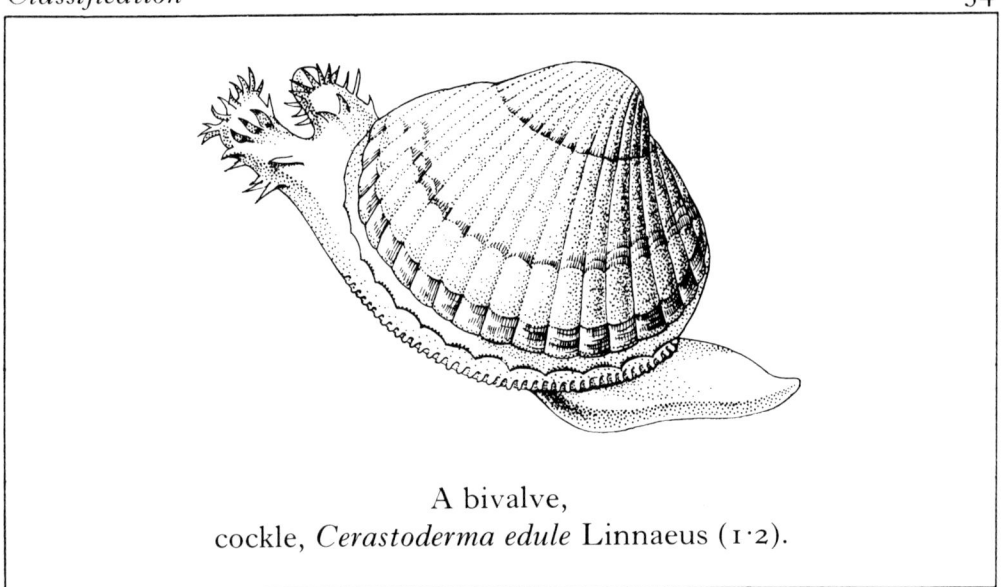

A bivalve,
cockle, *Cerastoderma edule* Linnaeus (1·2).

Scaphopoda
The tusk shells are bilaterally symmetrical animals with a shell open at
each end, the anterior end being the larger. The shell is not coiled at any
stage of growth. Head, eyes and gills are lacking, but a radula is present.
The sexes are separate. Fossil scaphopods first appeared in Ordovician
times (440 to 500 million years ago).

Bivalvia
This class was also known until recently as Lamellibranchia or Pelecy-
poda. The bivalves are laterally compressed animals protected by a two-

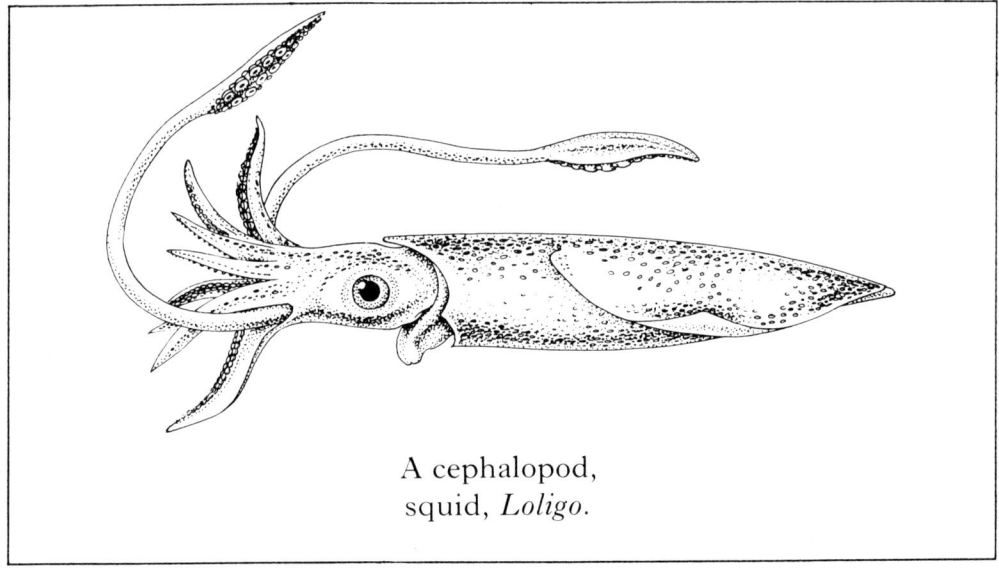

A cephalopod,
squid, *Loligo.*

piece shell. Except in a few forms, each piece (or valve) is external, one lying on the right side and one on the left. The valves are usually connected by an elastic ligament and are hinged along an axis situated near to it. They are closed by one or two adductor muscles attached to the inner surface of each valve. Head, radula and other cephalic organs are lacking, but some bivalves, such as scallops, have eye-like organs around the margins of the mantle. A foot is usually present, and most bivalves have a pair of gills. The mantle has two joined lobes, one lining each valve, and encloses the soft parts. The mouth and anus are usually situated at the opposite ends of the animal. Two tubular siphons are often present: one draws in food-laden water; the other expels waste products.

There is still no agreement among modern authorities on the higher levels of bivalve classification but at least six sub-classes are currently in use, the definitions of which need not concern us here. In most bivalves, the sexes are separate but some are hermaphrodites and a few change sex during their life span. As fossils, they are known from deposits of Middle Cambrian times (550 million years ago) onwards.

Cephalopoda

The cephalopods include squids, octopuses and cuttlefish, a few of which are very large. Their characteristic feature is a group of tentacles around the mouth which are used for grasping. Except for *Nautilus,* none of the living forms has a true external shell. In the mouth is a chitinous beak rather like that of a parrot. A radula is present, and the eyes are often large and well developed. The sexes are separate. The sub-class Nautiloidea is represented only by the few living species of *Nautilus,* each with an external shell. The sub-class Coleoidea includes the octopuses, squids and cuttlefish, which have internal shells. Cephalopods are known as fossils from the Upper Cambrian (over 500 million years ago) onwards, and include many of the most familiar fossils such as belemnites (which belong to the Coleoidea) and ammonites, which form the large and now extinct sub-class Ammonoidea.

This rather condensed survey of molluscan classification gives some indication of the many creatures, at first sight totally dissimilar, that are included in the phylum Mollusca. Few phyla in the animal kingdom show such diversity of form. The life styles of molluscs are just as varied.

The systematically arranged list that follows shows the relationships of the molluscan families and many of the genera mentioned in this book. It will also help the reader to locate the vernacular equivalents of the scientific names and *vice versa.* The genera listed are those mentioned in the text, with the exclusion of some that appear only in passages quoted from other writers. The left-hand column (words ending in -acea) is of superfamilies; the next column (words ending in -idae) is of families. Vernacular names are given only when they are in common currency.

Phylum MOLLUSCA

    Class MONOPLACOPHORA   *Neopilina*   monoplacophorans

    Class GASTROPODA

      Subclass PROSOBRANCHIA

PLEUROTOMARIACEA	Pleurotomariidae	*Pleurotomaria*	slit shells
	Haliotidae	*Haliotis*	abalones
FISSURELLACEA	Fissurellidae	*Fissurella, Emarginula, Scutus*	keyhole limpets
PATELLACEA	Patellidae	*Patella*	limpets
	Acmaeidae	*Acmaea*	limpets
	Lepetidae	*Lepeta*	
TROCHACEA	Trochidae	*Trochus, Tectus, Calliostoma, Cantharidus, Monodonta, Diloma, Austrocochlea, Clanculus, Umbonium, Synaptocochlea, Cittarium*	top shells
	Stomatellidae	*Stomatella, Broderipia*	
	Cyclostrematidae	*Cyclostrema, Liotia, Arene*	
	Orbitestellidae	*Orbitestella*	
	Angariidae	*Angaria*	
	Turbinidae	*Turbo, Chrysostoma, Chlorostoma, Astraea, Subninella, Guildfordia*	turban shells
	Phasianellidae	*Phasianella*	pheasant shells
NERITACEA	Neritidae	*Nerita, Neritina*	nerites
	Phenacolepadidae	*Phenacolepas*	
COCCULINACEA	Cocculinidae	*Cocculina*	
	Lepetellidae	*Lepetella*	
LITTORINACEA	Littorinidae	*Littorina, Tectarius, Echininus Bembicium,*	winkles
RISSOACEA	Rissoidae	*Rissoa*	
	Vitrinellidae	*Vitrinella*	
	Skeneopsidae	*Skeneopsis*	
	Omalogyridae	*Omalogyra*	
CERITHIACEA	Turritellidae	*Turritella, Vermicularia*	
	Architectonicidae	*Architectonica, Pseudomalaxis, Philippia*	sundials
	Vermetidae	*Vermetus*	worm shells
	Siliquariidae	*Siliquaria*	worm shells
	Caecidae	*Caecum, Meioceras*	
	Planaxidae	*Planaxis*	
	Modulidae	*Modulus*	
	Cerithiidae	*Cerithium, Cerithidea*	ceriths
	Triphoridae	*Triphora*	

EPITONIACEA	Epitoniidae	*Epitonium*	wentletraps
	Janthinidae	*Janthina, Recluzia*	
EULIMACEA	Aclididae	*Aclis*	
	Eulimidae	*Balcis*	
HIPPONICACEA	Vanikoridae	*Vanikoro*	
	Hipponicidae	*Hipponix*	hoof shells
		Cheilea	false cup and saucer limpets
CALYPTRAEACEA	Capulidae	*Capulus*	cap shells
	Calyptraeidae	*Crepidula*	slipper limpets
		Crucibulum, Calyptraea	cup and saucer limpets
STROMBACEA	Xenophoridae	*Xenophora, Tugurium, Stellaria*	carrier shells
	Struthiolariidae	*Struthiolaria*	
	Aporrhaidae	*Aporrhais*	pelican's foot shells
	Strombidae	*Strombus,*	strombs
		Lambis,	scorpion shells
		Terebellum, Varicospira	
		Tibia,	
LAMELLARIACEA	Lamellariidae	*Lamellaria, Capulacmea*	
CYPRAEACEA	Cypraeidae	*Cypraea*	cowries
	Triviidae	*Trivia,*	false cowries
		Pedicularia	
	Ovulidae	*Ovula, Volva*	
ATLANTACEA	Carinariidae	*Carinaria*	heteropods
NATICACEA	Naticidae	*Natica, Lunatia, Sinum Polinices, Haliotinella*	necklace shells
TONNACEA	Cassididae	*Cassis, Phalium, Morum*	helmet shells
	Cymatiidae	*Cymatium, Apollon, Charonia*	
	Bursidae	*Bursa*	frog shells
	Tonnidae	*Tonna*	tun shells
	Ficidae	*Ficus*	fig shells
MURICACEA	Muricidae	*Murex, Hexaplex, Muricanthus, Chicoreus, Drupa, Nucella, Urosalpinx, Thais, Rapana, Acanthina*	rock shells
	Coralliophilidae	*Coralliophila, Latiaxis, Magilus, Rapa*	
	Columbariidae	*Columbarium*	pagoda shells
BUCCINACEA	Pyrenidae	*Pyrene, Columbella*	
	Buccinidae	*Buccinum, Siphonalia, Babylonia, Phos, Bullia*	whelks
	Melongenidae	*Melongena, Busycon, Syrinx, Volema*	
	Nassariidae	*Nassarius, Cyclope*	
	Fasciolariidae	*Fasciolaria, Fusinus, Opeatostoma*	
VOLUTACEA	Olividae	*Oliva, Ancilla, Ancillista*	olives
	Mitridae	*Mitra, Vexillum, Pterygia*	mitres
	Vasidae	*Vasum*	vase shells
		Tudicla, Tudicula	
	Xancidae	*Xancus*	
	Harpidae	*Harpa*	harp shells

	Volutidae	*Voluta, Cymbium, Cymbiola, Melo*	volutes
	Cancellariidae	*Cancellaria*	
	Marginellidae	*Marginella*	margin shells
CONACEA	Turridae	*Turris, Mangelia, Drillia*	turrids
	Thatcheriidae	*Thatcheria*	
	Conidae	*Conus*	cones
	Terebridae	*Terebra*	auger shells

Order PYRAMIDELLOIDA

PYRAMIDELLACEA	Pyramidellidae	*Pyramidella*	

Subclass OPISTHOBRANCHIA

			opisthobranchs
ACTEONACEA	Acteonidae	*Acteon*	
	Aplustridae	*Aplustrum, Hydatina*	
	Cylichnidae	*Cylichna*	
BULLACEA	Bullidae	*Bulla*	bubble shells
PLEUROBRANCHACEA	Pleurobranchidae	*Pleurobranchus*	
APLYSIACEA	Aplysiidae	*Aplysia, Dolabella*	
	Akeridae	*Akera*	
TYLODINACEA	Tylodinidae	*Tylodina, Umbraculum*	
JULIACEA	Juliidae	*Julia, Berthelinia*	bivalved gastropods

Order THECOSOMATA

	Cuvieridae	*Creseis, Clio*	

Subclass PULMONATA

AMPHIBOLACEA	Amphibolidae	*Amphibola*	
SIPHONARIACEA	Siphonariidae	*Siphonaria*	
	Trimusculidae	*Trimusculus*	

Class POLYPLACOPHORA

		Chiton	chitons

Class APLACOPHORA

		Chaetoderma	solenogasters

Class SCAPHOPODA

			scaphopods
	Siphonodentaliidae	*Siphonodentalium, Cadulus*	
	Dentaliidae	*Dentalium*	tusk shells

Class BIVALVIA

			bivalves
NUCULACEA	Nuculidae	*Nucula, Acila*	nut shells
ARCACEA	Arcidae	*Arca*	ark shells
PINNACEA	Pinnidae	*Pinna*	pen shells
PTERIACEA	Pteriidae	*Pteria*	wing shells
	Malleidae	*Malleus*	hammer shells

MYTILACEA	Mytilidae	*Mytilus,*	mussels
		Lithophaga,	date mussels
		Modiolus, Idasola	
PECTINACEA	Pectinidae	*Pecten, Chlamys*	scallops
	Spondylidae	*Spondylus*	rock oysters
LIMACEA	Limidae	*Lima*	file shells
ANOMIACEA	Anomiidae	*Anomia*	jingle shells
		Enigmonia	
OSTREACEA	Ostreidae	*Ostrea*	oysters
		Lopha	cock's comb oysters
TRIGONIACEA	Trigoniidae	*Neotrigonia*	brooch shells
CRASSATELLACEA	Astartidae	*Astarte*	
	Crassatellidae	*Crassatella*	
CARDITACEA	Carditidae	*Cardita*	
ARCTICACEA	Arcticidae	*Arctica*	
LUCINACEA	Lucinidae	*Lucina*	
CHAMACEA	Chamidae	*Chama, Pseudochama,*	
		Arcinella	
CARDIACEA	Cardiidae	*Cardium, Cerastoderma,*	cockles
		Nemocardium,	
		Trachycardium	
		Corculum	heart cockles
TRIDACNACEA	Tridacnidae	*Tridacna, Hippopus*	giant clams
	Glossidae	*Glossus*	
	Veneridae	*Venus, Pitar, Sunetta,*	venerids
		Circe, Lioconcha,	
		Dosinia, Callista, Chione	
MACTRACEA	Mactridae	*Mactra*	trough shells
TELLINACEA	Donacidae	*Donax*	
	Solecurtidae	*Pharus*	
	Tellinidae	*Tellina*	tellins
SOLENACEA	Solenidae	*Solen*	razor shells
	Cultellidae	*Ensis, Siliqua*	razor shells
HIATELLACEA	Hiatellidae	*Hiatella*	
MYACEA	Corbulidae	*Corbula*	
	Myidae	*Mya*	
GASTROCHAENACEA	Gastrochaenidae	*Gastrochaena*	
PHOLADACEA	Pholadidae	*Pholas*	piddocks
	Teredinidae	*Teredo*	ship worms
PANDORACEA	Thraciidae	*Thracia*	
CLAVAGELLACEA	Clavagellidae	*Penicillus*	watering pot shells
POROMYACEA	Verticordiidae	*Halicardia, Halicardissa*	

Class CEPHALOPODA

cephalopods

Subclass NAUTILOIDEA

	Nautilidae	*Nautilus*	nautiluses

Subclass COLEOIDEA

	Argonautidae	*Argonauta*	paper nautiluses
	Octopodidae	*Octopus*	octopuses
	Spirulidae	*Spirula*	
	Sepiidae	*Sepia*	cuttlefishes
	Loliginidae	*Loligo*	squids

GLOBE TROTTING FOR SHELLS

The art of collecting shells—as distinct from acquiring them passively by gift, exchange or purchase—has to be learnt by experience. It is not enough to know that a particular locality is good for shell collecting without also knowing that it may be pointless to visit it at high tide, or without a clear idea of the probable appearance of the species you want to look for and the kinds of environment they are likely to be found in. There is more to collecting shells than picking them up off the beach.

There is nothing wrong with collecting empty shells on a beach, of course, and many of us derive great pleasure from doing so. Sooner or later, however, anyone who becomes infatuated with shell collecting is not content to remain a beachcomber and begins to look for molluscs in their natural habitats. Shells which have been cast up on a beach are out of their true environment and are often broken or worn. They teach us nothing about the life style of the animals which made them, and we can only guess where they originated. Their poor condition may also disappoint us. For these reasons, the beginner may like to know where else he may look for specimens and when. It may take him some time to find out that his collecting activities are more successful at certain times of the year and at certain states of the tide.

To a great extent, any advice must depend on where you intend to go shelling and what kinds of shells you hope to find. Conditions along the Florida Keys, for instance, are quite different to those along the west coast of Scotland. Windy weather, muddy water, red tides, pollution and many other local factors can make a reputedly productive area useless for collecting. If you want to find delicate bivalves, it is as well to know that they are more likely to be found in a sandy environment than a stony one. Similarly, it is useful to know that limpets shun sand and need to cling to a firm substrate (the general term for the rocks or sediments which molluscs live on or in). But before we look at the environments where molluscs are to be found, it is worth saying a few words about tides.

Opposite : Hexaplex brassica *Lamarck (× 1·2), a Panamic gastropod.*

Tides

Most of the world's seas are subject to the effects of rising and falling tides. The sun and moon exert a gravitational pull on the waters of the globe, causing movement towards themselves. Because the sun and moon change their positions relative to each other and to the earth, and because the earth rotates on its axis every 24 hours, tidal movements are complicated and vary considerably from one part of the world to another. In some places, such as the Mediterranean, there are virtually no tides at all. Whatever tidal effects are experienced, however, they follow a pattern of alternating high and low tides.

The height of the tides varies within a 28-day period, the time taken for the moon to go round the earth. At the new moon, the earth, sun and moon are almost in a straight line, with the earth at one end of the line. Thus the pulling power of the sun is added to that of the moon and a correspondingly higher tide, known as a spring tide, is produced. At full moon, the earth is again more or less in a line with the sun and moon, but this time it lies between them. The sun and moon now pull in opposite directions, and the resulting tide (a neap tide) is lower.

In March and September, the spring tides are extra high because these are the times of the vernal and autumnal equinoxes when sun, moon and earth are exactly in a straight line. It is scarcely necessary to add that an extra high tide means there will also be an extra low one.

Obviously, the best time to look for living molluscs is at extremely low tide at one of the equinoxes. Failing that, the collector should note the time of spring tides and prepare himself accordingly. As the time of high tides varies from place to place, it is advisable to consult a tide table relevant to the area to be visited. Bear in mind that each high tide is just over twelve hours later than the previous one. Collect, if possible, on the ebb tide as this gives the maximum amount of collecting time.

Where Molluscs Live

The effect of the constantly rising and falling tide on marine animal communities varies in strength according to the configuration and elevation of the land which is alternately covered and uncovered. Its total effect over the world is vastly to increase the available living accommodation for molluscs and many other animals. The area between high-tide level and low-tide level is so important for shell collectors and so diverse that it deserves close consideration here.

The seashore lies between high water mark and low water mark of the

Opposite: Voluta ebraea *Linnaeus (× 1·7), a large and handsome volute from the Caribbean.*

spring tides. Its extent depends on its slope. Where vertical cliffs descend into deep water, as in the Norwegian Fjords, there is no shore at all. Where the surface is nearly horizontal, as it is at several places along the south coast of Wales, the shore extends a long way out to sea.

Because the ratio of exposure and submersion varies with level in the Littoral Zone—the area between the tide-marks—the flora and fauna varies too. The Littoral Zone can be sub-divided into narrower zones, each with its own plants and animals, and often with its own distinctive assemblage of molluscs (though some overlap is to be expected). Five sub-divisions are usually, but not always, recognisable. These are, in descending order: the Splash Zone, the Upper Shore, the Middle Shore, the Lower Shore and the Sub-littoral Zone.

The Splash Zone is not, properly speaking, a part of the shore as it is wetted only by spray. It is the home of some winkles and limpets but is inimical to bivalves and other classes of molluscs. Sometimes true land molluscs are found here alongside marine species.

The Upper Shore is a narrow strip between the level of the highest spring tides and the average high-tide level. As it is covered with sea-water for only a few hours every fortnight, the greatest dangers to molluscs living in it are exposure and desiccation. Plant life is so sparse here that it affords little or no protection for delicate species.

The Middle Shore comprises the largest part of the area between the tide marks and is where the shell collector spends most of his time. Molluscs are often abundant and varied here; they are adapted to a life spent as much out of the water as in. Rock pools allow some species to be submerged almost constantly but are liable ᵗo considerable fluctuations in temperature and salinity. Seaweeds as well as corals, bryozoans and other plant-like invertebrates flourish here and provide refuge for molluscs large and small.

The Lower Shore lies between average low-tide level and the level of the lowest spring tides. It is an area uncovered for only a few hours every fortnight (extending marginally lower twice a year at the time of the equinoctial spring tides). Often an area with a great variety of flora and fauna, it may harbour a wealth of molluscan life, much of it the same as that found in off-shore waters. The experienced collector is well aware of the potentialities of this zone and usually takes advantage of the equinoctial spring tides to look for species otherwise beyond his reach.

The Sub-littoral Zone is always submerged and is not, strictly speaking, part of the shore, but has much in common with the Lower Shore. Often, after storms or gales, some living or dead molluscs may be found on the upper parts of the shore which originated in the Sub-littoral Zone. The collector with snorkelling gear has access here.

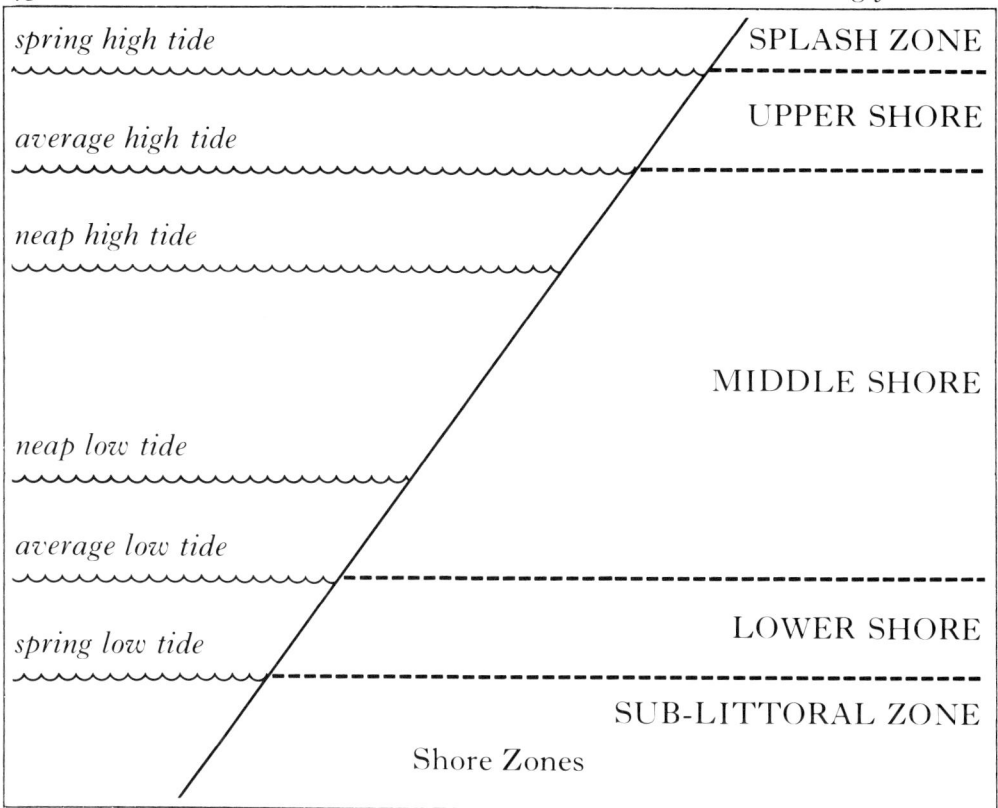

Shore Zones

Local conditions vary so much from one part of the world to another that a typical shore-zone sequence in, say, Norway differs greatly from one in, say, the Bay of Bengal. Conditions in tropical waters differ from those in temperate waters to such an extent that it is inadvisable to generalise from one to the other. In the tropics, too, there are environments which have no counterparts in temperate waters. Two uniquely tropical or sub-tropical environments are so productive of animal life in general and of molluscs in particular that they merit descriptions in their own right: mangrove swamps and coral reefs.

Mangrove swamps occur in brackish-water estuaries and lagoons in the many parts of the tropical and sub-tropical world where the mangrove tree is found. Mangroves flourish under a variety of conditions. They may be found along the borders of coral reefs and thus very close to the open sea and its undiluted salt water, but they also occur near large rivers, often forming dense aggregations in places where the water is brackish or where the ground is alternately covered and uncovered by the tidal seas. Mangroves have long stilt-like aerial roots, among which may be found characteristic birds, crabs, fishes and molluscs. Often the mangrove-dominated environment is muddy, stagnant and smelly; unless adapted to living there, animals tend to avoid it. Certain kinds of molluscs—cerithiids (members of the family Cerithiidae), nerites (Neritidae) and oysters especially—thrive there, sometimes in extraordinary abundance, but not many different species have made their permanent homes in mangrove areas.

Corals come in various forms, soft and rubbery in texture, or hard and strong. Coral reefs are largely composed of hard corals and make up most of the 1200-mile-long Great Barrier Reef off Australia's east coast. There are three main types of coral reef: the Fringing Reef, which grows in shallow water and runs parallel to and not far distant from the coast, the Barrier Reef, which also runs parallel to the coast but is separated from it by a fairly deep channel, and the Atoll, which is a ring-shaped island of coral rising out of deep water and enclosing a shallow lagoon. Each type of reef is associated with a rich mollusc fauna, though few molluscs live in direct association with living coral and these are mostly species which either burrow into coral or grow with it—as the bivalve *Pedum* and the gastropod *Magilus* do—or live closely attached to the root-like bases of the coral, as does the gastropod *Coralliophila*. In, on and under the coral rubble which is found near reefs, the molluscan fauna may be very rich and varied, as the loose lumps provide a wide variety of habitats. Very tiny molluscs also abound in this environment. The superabundance of all forms of life associated with a coral reef indicates that the main factors needed to ensure a comfortable existence—warmth, shelter and plenty of food—are here present in full measure.

Within each of the principal types of habitat, there are many lesser ones, each with its characteristic mollusc fauna, so many that it is impossible to describe them all here. Molluscs are often very particular in their choice of a home and do not stray far from it. Species found commonly on the seaward edge of a coral reef may be extremely rare on the landward edge because the conditions on the two sides are very dissimilar for a mollusc. On a stretch of rocky shore exposed at low tide, there will be species crawling on the exposed rock, some will be hiding in crevices or under rocks, some will be buried in the sand and silt under and around the rocks and others will be snugly hidden in holes they have excavated in the rocks. Many molluscs live loosely buried in sand or mud and others have their permanent homes among seaweeds. Many small molluscs are parasitic on other organisms, such as sea-anemones, sea urchins and larger molluscs.

Then, of course, there are all those molluscs without a home, the pteropods, heteropods and cephalopods which swim and dart about perpetually under the sea, and the *Janthina* and *Recluzia* snails which float on or near its surface. Far below them, sometimes miles below is

that other world of the abyss where strange animals and plants eke out a
precarious existence in total darkness. There live weirdly-shaped cephalopods, some of them with fluorescent light organs, and colourless, thin-
shelled molluscs which live on the thin supply of detritus which rains
down to the ocean bed from the waters above. The molluscan invasion
of the sea is total. If any part of it is not inhabited by molluscs, it is
probably unhabitable by any other animals.

Out with the experts
A look at one or two accounts of their shelling activities by experienced
conchologists will show how specific to certain habitats molluscs may be.
Talking about his collecting experiences in the North Arabian Sea and
Persian Gulf at the turn of the present century, Captain F. W. Townsend
wrote:
'The most prolific and interesting ground for collecting in the Karachi
district is on a sandstone reef of large extent on the western shore; this
reef is of uneven surface, with numerous shallow pools and loose boulders
on it, and along its inner side there is a sand ridge. On certain parts of the
reef, mostly under and around the edges of the boulders, are to be found
the same *Cypraea* as on the training groins in the harbour, but in this
clean water the shells have a brighter and more wholesome hue. When
the boulders are partly embedded in sandy mud, shells will be found
close in round the edges, just under the surface, others clinging on to the
rocks. In the fine season, that is, the winter months, October to March,
the various species of *Cypraea* can be found in all stages of growth, as
also the three species of *Conus* found here: *C. punctatus* Gm., *C.
coronatus* Gm., and *C. taeniatus* Brug. A close examination of the weed
growing on the rocks and the short mossy growth will well repay any
keen collector, for here will be found numerous small shells such as
Cerithiopsis, Drillia, Mangelia, etc., all alive and busy in their ordinary
pursuits. In cracking open the sandstone slabs and lumps a number of
species of *Pholadidae* and other boring shells will be found . . . On the
sandy foreshore to the west of Manora—a narrow peninsula which forms
one side of Karachi Harbour—are to be found several very interesting
things such as *Tellina, Donax, Bullia,* etc., but to get these it is necessary
to scrape or dig down into the sand, the likely spots being shown by
some slight unevenness of the surface, small holes, tracks on the surface,
etc.' (*Proc. Malac. Soc. Lond.,* vol. 18, pp 120–121, 1928)
    Many hundreds of miles away, at Madras on the east coast of India,
M. D. Crichton collected shells over a number of years before World
War II. The account he wrote of his experiences there shows, once
more, that an intimate knowledge of micro-habitats, weather and tides

is essential for anyone wishing to build up a representative collection in such a place. Speaking of Madras harbour he says:

'The collector is recommended to steer his boat to the inner quay on the northern side where good "bags" can be secured amongst the submerged agglomeration of seaweeds, sponges, hydroids, and other seagrowths rooted to the wooden piles. The Lamellibranchia are almost exclusively of the fixed type, that is either cemented to the piles or to each other, or anchored by a byssus. Amongst the former are the massive *Chama* and *Spondylus* whose rough surfaces bear strong outgrowing spines, the interiors being flushed with purple-rose . . . The limpets, of which there are two or, possibly, three species, and several species of *Thais* thrive on the rocks outside the harbour walls. Small chitons, *Plaxiphora indica* Thiele, may be taken clinging to the barnacle-roughened walls or lying closely hidden under the sea moss which covers the submerged concrete blocks of the breakwaters . . . An opportunity should be watched for to explore the pools at the base of the blocks of concrete piled up in the fork at the northern end of the East Quay. Suitable conditions of low tide, combined with a westerly wind to check the incoming swell, will be met with during July. This exclusive site possesses a distinctive fauna which includes several molluscs not to be found elsewhere at Madras. Pride of place must be given to a large colony of *Turbo argyrostoma* L. clinging to the outer rocks at or below sea-level; these are in such numbers that a handful of three or four at a time can be gathered . . . At one point occurs an unsuspected crop of coral (*Pocillopora*) within the stems of which will be discovered specimens of *Gastrochaena* and *Lithophaga*; in another pool a densely rooted seaweed furnishes a secluded retreat for *Arca navicularis* Brug. Groups of a tiny *Arca* (*sculptilis* Rv.) will be found nested together in the hollowed undersurface of submerged stones.'(*J. Conch. Lond.*, vol 21, pp 207–209, 1940)

It is not difficult to find a wide range of species in the littoral zone of many beaches around the less productive coasts of Britain, but only an experienced conchologist will know where and how to look for more out-of-the-way species. Perhaps the Salcombe Estuary in Devon is as close as you can get to an ideal collecting ground; it has extensive areas of sand and mud, rocks and stones, rock pools, and a rich fauna and flora. It is the home of several species which are not easily found elsewhere in Britain, but you must know exactly where and how to look, as A. P. Gardiner tells us:

'If we examine some of the harder parts of the shore,' he says, speaking of the Submerged Zone (i.e. Lower Shore), 'we shall see definite holes: on thrusting down the fork and lifting the ground quickly, burrows with a yellowish lining of as much as an inch in diameter will be seen. If we are fortunate and quick, and if the water does not fill the holes too quickly, we shall capture the two crustaceans, *Upogebia deltaura* Leach and *Upogebia stellata* (Montagu) . . . With still greater good fortune we shall see on the yellow lining of the burrows the beautiful flat bivalve, *Lepton squamosum* (Montagu) . . . The *Lepton* leads a sheltered life and feeds upon debris and minute organisms in the burrow. The most exciting find is yet to be made. Far down the zone the fork will expose the worm-like Echinoderm, *Leptosynapta inhaerens* (Müller). Firmly attached to this we may find one, perhaps more examples of the bivalve *Entovalva (Devonia) perrieri* (Malard). These are generally attached to the posterior end of the Echinoderm . . . This case, and that of *Lepton squamosum,* are good examples of the comparative ease with which some animals are found when looked for in the right places, but never elsewhere.' (*J. Conch. Lond.* vol. 20, pp. 68–9, 1934).

But if you're after quantity and variety, if you prefer your shells in all shapes and sizes, if you would like to witness a conchological extravaganza, then go to Sonora in the Gulf of California, to Cholla Cove and its tidal flats. The next best thing to going there is to read S. Stillman Berry's account of it. This wide tract of water, mud and sand offers such a variety of exposure and terrain that there are many diverse intertidal associations, each one with its characteristic molluscs. Picking our way through higher levels with their black mud and *Cerithidea* snails, we reach the broad expanse of sandy mud-flat with its runnels and drainage channels. Immediately the variety of life becomes greater. Here many different bivalves may be dug up—but let Berry tell us what's there.

'*Theodoxus luteofasciatus, Cerithium stercusmuscarum,* and two small species of *Nassarius* occur in countless numbers ploughing through the surface layer, and *Polinices uber* is also common here. Sometimes a big *Pinna* or an *Atrina* (both of which inhabit the flat) may be taken, and every now and then one picks up a complete shell of the infrequently seen *Solecardia eburnea,* the richly hued *Tellina simularis,* the exquisitely lovely *T. crystallina,* the strangely formed *Tellidora burnetti* . . . or the large fragile *Labiosa (Raeta) undulata,* although living ones may be quite another matter. By careful screening in likely spots, scores upon scores of minute species will be brought to light—several scaphopods including a four-sided one, a few tiny taxodonts, the lesser Lucinidae, Veneridae, and Tellinidae, *Crassinella,* leptonids, and *Corbula* of several kinds, a host of oddly formed Vitrinellidae, Rissoidae, Triphoridae, Caecidae, Pyramidellidae in amazing diversity, and diminutive opisthobranchs belonging to many genera, as well as Eulimidae, Marginellidae, *Cerithiopsis, Tricolia,* bizarre forms such as *Macromphalina,* and various minor turrids allied to *Mangelia.* In the runnels are several species of *Nassarius,*

Hanetia pallida . . . several *Chiones* and *Cardiums* . . . and, as the outer strand is approached, two dainty species of *Donax* are common, whilst a number of striking turrids, cones, and *Terebrae* appear, particularly during night hours.'

The conchological riches of this amazing place are not exhausted yet, far from it. Berry continues:

'At extreme low tide, the outer strand offers a number of interesting faunal associations of its own. This is the region *par excellence* for beautiful Olividae in three genera and perhaps half a dozen species, those giants of their kind, *Dosinia ponderosa, Laevicardium elatum,* and *Macrocallista squalida,* and for *Strombus gracilior, Melongena patula, Murex nigritus,* and *M. erythrostoma,* all so persecuted by the commercial collectors, as well as for more cones and terebras . . . Here in the water's edge is the special home of the wonderful little shell-inhabiting *Octopus digueti* Perrier and Rochebrune, and during their breeding season it is here that we look for assemblages of the magnificent *Turritella goniostoma broderipiana* crawling along at tide-line, or sometimes collecting head-on in star-shaped groups in shallow water to emit their great strings of ova . . . The interior of empty clam-valves . . . provides shelter for a fine *Calyptraea* or *Crucibulum* in two species. Several species of *Crepidula* are found on the shells of such gastropods as *Murex,* with *Crucibulum* also sometimes occurring there. A curious site for *Crepidula onyx* is on the large Turritellas just behind the aperture. Away out at extreme low tide a few low banks of fossiliferous reef are exposed . . . If one is especially fortunate an occasional *Cancellaria,* or a chubby little operculate volute of the genus *Enaeta* will be encountered. Here and there in gaps between the reefs one may run across a patch of purple or white gorgonian to the branches of which are affixed small specimens of *Pteria,* or they may now and then carry a beautiful *Neosimnia* closely matching its particular host gorgonian in colour.' (*J. Conch. Lond.,* vol 24, pp 81–84, 1956.)

Finally let us go with R. C. Willis to a very different place, to the Hall Islands, two tiny atolls in the South Pacific 550 miles south east of Guam, where coral reigns supreme. Like all atolls in the Pacific, these two have fringing reefs, one of which, that of Nomwin atoll, is only just below the surface and thus gives more protection to the lagoon waters. Willis writes:

'As in the case of most of the lagoons formed by fringing reefs, however, it must be remembered that the waters inside the reef are like water in a soup bowl—there is a ledge that gradually slopes into the deeper waters of the lagoon. The water averages from two to four feet deep at the shallower parts and slopes gradually into waters 130 to 200 feet deep, depending upon the formation of the sand slope. This descent may be gradual or rapid . . .

'Using a face mask and snorkel, the hunter swims along the ledge where there is a good view of the shallower waters and the sloping ledge. I use an inner tube from an old tire, with a canvas covering attached. Some people make a circle of plywood for a bottom and lash it into the tube with line. It saves a lot of energy by eliminating the shell sack. If you have picked a day during the phase of the full moon, it is sometimes possible to load your tube in a short period with excellent specimens. However, if the day is during the "dark of the moon", considerable hunting will be necessary to find good specimens. Most of those found during the latter period will be covered with algal and coral growth. Those found during the light of the moon will be clean and in perfect shape. It seems that the shells found during the first phase of the full moon are cleaned of all growths and are found crawling on top of the sand. As the moon gradually wanes, the algal growth seems to increase rapidly.'

Speaking of two unnamed species of *Cassis,* Willis says that the young of one of them can be found under the protecting ledges of coral heads and large boulders. In the type that lives in the fine, sandy bottom, the juvenile shells appear to be attracted to the loose, moderately fine sand at the lower ledge of sand bars formed by the tidal action at the mouths of tidal channels. At these spots there is considerable food available in the form of small worms.

'When the swimmer is tired of looking for helmet shells, he may move into shallower waters. There, in the area where slabs of beach pavement are prevalent, the real work of shell hunting commences. Select an area and start in. Dive down and start turning over rocks. You will be amazed at the size of slab you can turn over under water. Don't be satisfied with just turning over the slab and investigating the under side. With your hand, gently fan the sand away from the area which the slab covered. Most of the cones will be found under the surface of the sand, about two inches deep in most cases. Unless you fan the sand away, you will never know they are there. Often during the egg-laying season, a mass of egg capsules will be attached to the underside of the slab, giving a good indication that a cone is inhabiting that particular area . . .

'Having investigated the sand carefully, turn your attention to the underside of the slab. Examine it thoroughly. That black mass having the appearance of a small sea slug may turn out to be *Cypraea isabella* if you touch it and the mantle is withdrawn. Look in every crevice and cranny of the slab, and you will be amazed by the shell population growing there. Under the protective slab, the still waters are a favourite growing spot of all types of *Chama* and *Spondylus*. If you are collecting these, a hammer and chisel are a "must" to prevent breaking the shell. Proceed into the still shallower water of the reef where there is an active growth of coral, and peer into each clump and under every coral head. Take your time and move slowly; your patience will be rewarded. Fan the sand away from the base of each coral head, and you will discover many types of *Mitra*. Where there is plenty of fresh water breaking over the reef, *Cypraea testudinaria* can be found clinging to the underside of the ledges in the coral head. Under slabs on the reef flat, *Conus textile* may be found living where there is an abundance of small fish for food. Have a bag with you and *never,* as a matter of safety, handle *any* live cone in the hands more than is necessary. Pick them up by the large end and pop them into your bag; admire them after they have been cleaned . . .

'Now you are all set to find shells, but a word of warning to the wise: as you float along in the warm waters hunting shells and admiring the beauty of the fish and coral, watch that pretty lemon-yellow coral growth. It is beautiful, wonderfully shaped, and would look fine as a setting for your shells. It also has a souvenir for you that you will remember for months to come. Touch or brush against it and you will think you have tipped over a nest of hornets. If your skin is tender you will have a tattoo for months, and the discomfort will lessen your fervor for shell hunting . . . In almost all cases in this area, it is possible to use a face mask and snorkel exclusively. The waters are warm enough and in most cases shallow enough to lie face down and just float along, taking time to investigate all areas thoroughly. Using the magnifying power of the face mask, it is possible to obtain small specimens that would otherwise go unnoticed. You can pick up a shell easily under water, and you will be amazed by its smallness when you examine it later. A good thing to have along on a shelling trip is a pair of leather gloves. They will save much wear and tear on your fingers if you wear them while rolling over rocks and boulders. Your hands may be the toughest in the world, but they will become very tender in a session with coral slabs.' (*Shells and their neighbours* No 10, April 1962).

These brief glimpses of shelling in various parts of the world show how diverse are the different habitats frequented by molluscs. They also show that different collecting techniques must be adopted for each type of habitat and suggest that shelling is an art which, in some situations anyway, may be mastered only by those who have patience, stamina, ingenuity and luck. There can be no doubt, however, that a successful sheller is one who is properly equipped and knows how to use his equipment.

COLLECTING

Knowing how to find shells is as important as knowing when and where they may be found. Seeing a shell cleaned and polished up in a cabinet is very different to seeing it in its native haunts. More often than not you don't see it at all in its living condition unless you dig for it, chisel it out of rock or coral, sieve it out of sand or dredge it up, and often it will be so encrusted with other organisms that it will be unrecognisable except to an experienced eye. Evidently a certain amount of collecting equipment is needed as well as a knowledge of how to use it effectively. The information given here on equipment and its use is meant to cover most requirements, but collectors usually limit the things they carry to a minimum and never overload themselves unnecessarily. Remember that equipment gets heavier the longer you carry it around, and too much of it hampers progress.

Let us begin with the beach, where collecting can be enjoyed in its simplest form. The wise collector will have checked on tidal movements beforehand, either from a book of tide tables or from a local newspaper so that he can time his collecting forays accordingly. At the same time, it is advisable to find out if there are any restrictions on collecting in the area (as there are, for instance, in California and the Seychelles).

You may need to protect yourself from the sun's rays, and in the tropics you will certainly have to do so. A wide-brimmed hat is recommended, and your body should not be uncovered for long periods. Be careful about the choice of footwear too. Even on sandy beaches, there is always the possibility of injury from broken glass or even from broken or spiny shells. I recall only too well the agonies inflicted on me many years ago when collecting along the shore of Lake Timsah in the middle of the Suez Canal. The seemingly innocuous sand just concealed a small *Murex* which was abundant there. Its hollow spines were needle-sharp, brittle and filled with oil-tainted mud. Stepping on them was excruciatingly painful but was nothing compared with the prolonged torment which ensued because a piece of spine was inadvertently left in my foot. Canvas-soled shoes may be sufficient, but in rocky places or when collecting among sharp-edged coral or where long-spined sea urchins abound, it may be necessary to wear rubber boots.

Flotsam which accumulates at high-water mark can be worth examining because shells in good condition are sometimes found in it, particularly in masses of sea-weed. Even though only a thin deposit of organic matter has accumulated, a close scrutiny of it may be rewarding. This was demonstrated to me in dramatic fashion in the 1950s by B. S. Kisch, a collector who had a considerable knowledge of the shells inhabiting the coasts of the south-west corner of France. At Hendaye beach, near the Spanish border, he showed me just such a deposit which, he told me, was a familiar feature of that beach, and that a very rare and unusual shell could be found there and there only. I couldn't see anything resembling a shell, not even a fragment of one. 'Look closer,' he said. I did, and still saw nothing conchological. 'Get down on your knees,' he said, 'and you'll find one of the world's most unusual bivalves.' Then I saw some little shiny discs. I had found the separated valves of *Vasconiella jeffreysiana* de Folin, assuredly one of the oddest bivalves known, with one valve circular and one deeply indented. A single indented valve of this remarkable shell had been dredged up from very deep water in the Fosse de Cap Breton many years before. All the others have been found on this beach in the manner described, two or three of them with the dissimilar valves still united. Similar chance discoveries of rarities have been made by keen-eyed collectors in other parts of the world.

No doubt I could have taken away many specimens of *Vasconiella* had I skimmed some of the débris into a plastic bag and sorted through it, after it was dry, at home. Then again it would have been possible to pre-sort the débris by screening. This method of collecting small shells can be done satisfactorily on location and involves an inexpensive piece of equipment: the screen, or sieve. A simple screen may be constructed out of wood and wire mesh. If square-sided, it should not be less than 45 cm along each side. If longer than wide, it should not be less than 55 cm long and 30 cms wide. The height of the sides should be 7–12 cm. In any event, it should not be so large that, when full of sand and rubble, it quickly tires the user. Normally one screen is used within another; the inside screen has a coarse wire mesh of about 0.8 cm gauge and the outer has a mesh of about 0.4 cm. Some collectors prefer a series of graduated meshes. Because the wooden frames will swell when wet (though this may be minimised by painting them), they should fit neatly but not tightly into each other. Several variations on this simple plan have been devised by collectors who are specially interested in minute shells. It is even possible to use a small screen for collecting tiny non-marine molluscs, terrestrial or fresh-water forms, although for this purpose graduated nylon mesh is adequate. It is necessary to have an implement with which to shovel in the debris, as well as plastic bags or other containers to hold the screened material. Sorting is best done at home, in comfort.

In many situations, a plastic bucket is a godsend. It may be used for carrying assorted pieces of equipment or for holding specimens; it floats upright and may be anchored to a stick, a post, a mangrove root or any convenient fixture, and as it is usually gaily coloured, it acts as a convenient marker when you have wandered some distance from it. Two or three buckets can be carried inside each other. A conspicuous feature of Sanibel Island, that sheller's paradise off the west coast of Florida, is the constant procession of bucket-carrying tourists scouring its fabled beaches for shells. It is instructive to watch the first-timers pressing into service their pockets, paper bags or other unsuitable receptacles and leaving a trail of lost or jettisoned shells behind them. When they turn out for their second excursion, they are usually carrying gaily coloured plastic buckets and are already beginning to show signs of that inevitable local ailment, the 'Sanibel stoop'. A wash tub tied to the waist by a length of stout string and towed around with you is a more commodious receptacle which some collectors find indispensable for carrying almost everything needed when collecting in shallow water. If this doesn't satisfy you, then you need a boat.

In places where calm conditions prevail, the water glass, view box or, as most collectors prefer to call it, look box, is indispensable. This is a glass-bottomed box or bucket, the main function of which is to eliminate surface reflections and allow you to see the bottom clearly. It also helps you to avoid stepping on anything nasty. Sponge fishermen use one which has a circular plate of glass let into the bottom of a wooden receptacle resembling an upturned bucket. In sponge-fishing areas, it is usually possible to buy such a look box from local stores. With a little ingenuity it is possible to make one yourself but the bucket shape is difficult to copy and most home-made look boxes are rectangular and have a larger viewing area. A large look box is a very convenient storage receptacle and may be used as such at the same time as it is being looked through. Again it is wise to attach it to yourself with stout twine to prevent it drifting away. If you are going to make your own look box, you will need to bear in mind your potential collecting pattern. If you are likely to travel long distances to the chosen area, it will be inconvenient for you to have to transport a bulky look box. You may, therefore, choose a smaller one, or perhaps a series of two or three of different sizes which will nest within each other. A large look box is usually heavy out of water and may be an encumbrance. It is also easily broken, especially if it is stood on end and topples over on to stones or coral blocks, as I found out when I borrowed a particularly fine one to use on a collecting trip in the Florida Keys some years ago.

It is essential to seal the glass bottom with a caulking compond or some other water-tight medium, and the whole contraption must be heavy or it will be too mobile. The sides should be painted dull black inside to reduce reflections. In use, the upper surface of the glass should be wetted to improve visibility. Floated on the surface and steadied with one hand, a snorkeller's face mask is a serviceable substitute for a look box, but only in very calm water.

A useful accessory to employ in conjunction with the look box, particularly in rocky situations or where loose coral blocks abound, is a long-handled rake. This should have several stout, curved prongs, three prongs being ideal for most purposes. With one hand you steer the look box, and with the other you manipulate the rake. A rake is also useful for scraping off any shells which attach themselves to sea-weeds and gorgonians under water, and it can be handy for dragging in promising bunches of weed, personal articles which have come adrift, or even a companion who's toying with the idea of drowning. A small metal scoop with fairly fine wire mesh at the bottom may also be fixed to a long or short handle (the equivalent of William Turton's 'spoon' mentioned in the opening chapter) for screening promising substrates. If the handle has an attachment at the end on which either the scoop or rake will fit securely, it will serve for either purpose. Instead of a long-handled rake, the collector who wants to turn over heavy rocks and boulders may prefer to use a bale hook like that used by dockers. This should have a cord loop so that it can be slipped over the wrist. As it will sooner or later be left lying around, it is advisable to paint it in some bright colour so that it is easily found. A coat of paint on other pieces of equipment will help you locate them as well.

For carrying equipment around, a plastic bucket serves as a makeshift carrier but sooner or later, you hope it will be full of shells. A belt around the waist, or worn in bandolier fashion serves very well for carrying. It can be provided with a series of snap hooks on which may be hung various items to leave your hands free. The nature of the equipment to be carried will suggest to you other refinements, such as pockets or loops, which can be added to the belt.

Most items of collecting gear often have to be manipulated with one hand, as you will be holding a specimen or specimens in the other. This means that receptacles which can be opened and closed with one hand are often preferable to those which require both hands. Screw-top containers, though essential for some things, are almost impossible to deal with one-handed, particularly in cold weather. So choose your containers carefully. Polythene screw-top containers are very useful for holding larger specimens, particularly if you want to bring back live molluscs and are ideal for holding preservatives, such as formalin or alcohol. It is possible to use one, minus the top, for collecting molluscs too large for the glass or polythene tubes which are reserved for small specimens, or too small to be mixed with the larger ones which normally go into the game bag. It may be carried in a hip pocket or fixed to a waist belt and should always be upright. If it is a third filled with sea water, molluscs may be dropped into it, so that their fall is cushioned by the water, which does not spill out if the vessel is carried properly.

Smaller molluscs which you want to protect from damage or loss may be stored in small tubes, usually either of glass with corks or polythene stoppers or of polythene with flip-top stoppers hinged to the lip. Although they are expensive and prone to break at the hinge when the plastic becomes brittle, polythene tubes are mainly preferred because they can be opened and closed by the fingers and thumb of the hand holding the tube.

The game bag is very useful where the molluscs are large and heavy. It should be made of light canvas, or similar tough material, and is most conveniently carried attached to the waist belt. It may be provided with an internal partition, giving one compartment for shells, the other for equipment.

At least one pair of forceps ought to be carried, preferably attached to a loop of string around your neck or elsewhere about your person. If you intend to take a closer look at some of the smaller things with a pocket lens (a magnification of ×10 is recommended), this should also be secured to a loop of string around your neck. A strong-bladed knife comes in useful for all sorts of things, such as prising chitons, limpets and abalones off rocks, or for cutting off sea-weed stems. It is sometimes necessary to use a hammer and chisel to dislodge chitons, limpets and abalones, so firmly do they clamp themselves down on rocks and coral. Neither of these implements should be heavier than is necessary to do the job.

A hammer and chisel—a crowbar even—will be essential if you want to obtain species which bore into or lodge themselves in crevices of rock and coral. A small trowel is very useful for digging up molluscs which do not burrow deeply into sand or mud. If you want to dig for deep-burrowing bivalves, you will find a spade or a fork essential.

To inspect a tide pool, rock pool or water-filled pot hole for specimens, you sometimes need to empty out the water. For this purpose, a few short lengths of plastic hose should be carried.

So much for equipment to use in collecting on the beach. The list of items is formidable and could easily be lengthened. Of course, it is not necessary, even possible, to carry all this equipment at any one time. Decide what kind of collecting you want to do and equip yourself accordingly.

Of the several ways to collect molluscs off shore the most obvious are by dredging and diving. But there are two or three others which are not so obvious and should not be ignored as they may be very productive in certain areas. One of these is planktonic collecting. To collect the pelagic molluscs which live in the upper levels of the open sea, you need a cone-shaped net made of fine-meshed cloth on a rigid wire loop, about 30 cm in diameter, and attached to your boat by three lines. Proceed slowly on your way for a few minutes, towing the net, then haul it in, reverse it and wash out the contents into a bowl or other receptacle. Good results may be obtained in daylight but the most effective plankton sampling is done at night. Results will probably be more satisfactory the further away from the shore you go. In the open ocean, you should get pteropods, which are among the most abundant of all sea creatures, and you may be lucky enough to net the delicate *Janthina* and *Recluzia* snails, or the pelagic sea slug *Glaucus*.

The most exciting discoveries, however, are not to be made in the upper levels of the sea but at the bottom. If you are a sporting fisherman, you may like to try your hand at fishing in deep water for bottom-feeding molluscs. The right conditions for this method of collecting are seldom met with. Probably few collectors nowadays have tried it, but around Mauritius and Réunion and maybe other parts of the Indian Ocean, rare shells were being obtained in the eighteenth century by using baited fishing lines a hundred metres or more in length.

The more familiar method of fishing for molluscs with baited traps has produced spectacular results. If the molluscs living in deep water are carnivorous, baiting is no problem. Decaying meat of most kinds, fish heads, crushed lobsters and dead molluscs are all suitable. Commercial fishermen frequently find shells in their traps, and some of the most desirable Caribbean species have been found in this way. A trap for use in shallow water need not be anything more complicated than an old sack or a bundle of wire netting stuffed with any sort of animal flesh. A simple

Opposite page. Top: Muricanthus radix *Gmelin (× 0·9), a common Panamic species; the right hand specimen has been cleaned to remove marine growths like those which encrust the other shell. Bottom: a common Pacific cone,* Conus pulicarius *Hwass (× 1·6), showing the effect of removing the opaque periostracum, which is still retained on the centre specimen.*

trap used by Mexicans to obtain large numbers of the Pink-mouthed Murex (*Hexaplex erythrostoma* Swainson), consists of an old car-tyre rim over one side of which is stretched chicken wire or fish netting. Over-ripe shark meat is tied to the middle as bait, and three wires are attached to the rim at equal intervals and joined together above the bait bridle-fashion. A rope is tied to the bridle, its other end being attached to an airtight tin can which acts as a float and a marker. The trap is let down in the afternoon and pulled up the following morning, usually with satisfactory results. Such traps do not prevent molluscs escaping and only succeed because molluscs are not fast movers.

It is not difficult to construct a more efficient kind of trap, one which actually traps as well as attracts molluscs. Commercial lobster and cray-fish traps often capture carnivorous and occasionally herbivorous molluscs. Many fine and rare species have been obtained from them. Shellers in the Caribbean make traps basically similar in function to these, but with ramps on the sides to allow the molluscs to crawl up to the trapping hole and drop inside. The sides of the trap are made of strong reeds and small-gauge wire mesh. Again it is necessary to attach the rope to a buoyant marker. The shells found in such traps are fre-quently tenanted by hermit crabs—many rarities have been trapped with the assistance of these crustaceans. A cone-shaped trap made of woven bamboo splints may be used to capture the floating *Nautilus*. Baited with cooked and bruised crabs, it may capture several *Nautilus* overnight.

There are two other kinds of animal which act as auxiliary collectors of shells: fishes and starfishes. Some of the choicest shells known to the collector have been obtained from the stomach contents of fish and, in some instances, have not been obtained in any other way. Bottom-feeding fish often include molluscs in their diet, and although the soft parts are digested by them, the shells are often undamaged and make handsome additions to the cabinet. A list of the different species obtained from fish stomachs would be very lengthy and would include such treasures as *Conus dusaveli* H. Adams, *Cypraea broderipi* Sowerby, *C. leucodon* Broderip and *C. fultoni* Sowerby. Without commercial and private fishing, whether for fish, crustaceans or other sea creatures, the wealth of rare species available to collectors today would be very much reduced. The wonderful mollusc fauna inhabiting the deep waters off the east coast of South Africa includes several extremely rare and desirable species which have been obtained only from stomachs of fishes brought

Opposite: shells with (left) and without (right) the periostracum. Top: Volema cochlidium *Linnaeus (×0·9), a common Indo-Pacific species.* *Bottom:* Vasum tubiferum *Anton (×0·75), an uncommon Pacific species.*

up by commercial fishing vessels. To obtain specimens from fish stomachs, therefore, it is well worth while befriending crew members of fishing vessels and making it profitable for them to bring to shore specimens which would otherwise be thrown away. It may be possible to provide the captain or the owner of a fishing vessel with pans and buckets so that the stomachs and intestines of fish gutted at sea may be preserved for you to examine at leisure. Be prepared to pay for this service even though the results may be disappointing. To try catching the fish yourself with rod and line would be time consuming and ultimately more expensive. It is also unlikely to be as productive.

The entrails should be examined as soon as possible, preferably in the open or in a well-ventilated room, before decomposition sets in. With knives, forceps, scissors, pans, tubes, jars, a fine-meshed sieve and a bucket at hand, you have all the equipment you need for the admittedly unpleasant task of inspection. Placing the stomach and attached intestines on a tray you feel the intestine along its length and cut through it whenever something solid is encountered and remove any shells you find. The

Victorian collectors dredging off Whitenose, Dorset
from Philip Henry Gosse's *The Aquarium* (1854).

faecal matter in the lower part of the intestine should be removed and put aside in a jar for inspection later. Then cut open the stomach and remove any molluscs. Some of these may still be alive. The faecal matter may be rinsed into a pan partly filled with water, stirred gently and the material in suspension poured into the sieve. The contents in the sieve should be washed thoroughly in running water until all organic matter has disappeared and the washed material is then left to dry. A pressed-paper plate helps to speed the drying process by absorbing some of the water. A microscope or high-power hand lens may be needed to discern the very small molluscs which could be present.

It has been proved that molluscs recovered from fish are the same as those which would have been obtained from the sea floor by dredging in the area frequented by the fish. In some circumstances, fish may give even better results than a dredge because they can go where the dredge cannot. If you can overcome a natural aversion to messing about with fish entrails, this mode of shell collecting has exciting possibilities. So too, though on a smaller scale, has the examination of starfish stomachs. Starfish will engulf an amazing variety of objects and their stomachs are often full to bursting with stones, shells and miscellaneous bits and pieces. Fishermen often bring up large numbers of starfish in their nets and can sometimes be persuaded to bring them ashore. Many small shells can be obtained by gently cutting away the stomach wall around the centre of the underside of the starfish.

The classic method of collecting shells from deep water is to dredge for them. It is still almost the only way to collect them from the abyssal depths, where deep-sea research vessels are capable of dredging the sea floor effectively. At 200 fathoms or less, however, the conchological treasures of the sea bed are within the reach of anyone who can handle a boat, a length of rope or cable and a simple dredge. A dredge may be any shape or size as long as it is not too big for the boat or the operator and does the job expected of it. In practice, one of two or three simple and well-tried designs should prove satisfactory.

The commonest design requires a rectangular frame, to one end of which a net bag is attached and to the other two pairs of metal arms, each joined at a common apex. The frame should be made of flat steel or iron about 2.5 cms wide and 0.5 cms thick. The scraping edge should be chisel-edged and turned slightly outwards so that it tends to dig into the substrate very superficially. To be workable by one person a dredge should not have a larger frame size than 50×40 cm. An angle of about 20 degrees from the horizontal should be sufficient for working on non-stony substrates. Fine-meshed fish netting is sewn to the frame and should be of one continuous piece so that there is no sewn edge to be pulled apart. To protect the net, a strong canvas flap should be attached to each of the two longer sides of the frame and should also be attached to the net at various points to prevent it riding up and constricting the net opening.

The two pairs of arms are attached to the shorter sides of the frame by rings which are allowed to move freely. Each pair of arms is joined at the forward end to form triangles with circular holes at each extremity. The two pairs of arms are tied together at their forward ends with strong twine which is a safety device allowing the operator to pull them apart should the dredge become stuck fast on an obstacle. A rope or cable is attached to the end of one arm. A weight should be attached to the line about five metres from the dredge otherwise it may not sink to the bottom mouth first, as it must if it is to function properly, or the scraping edge may be lifted up and drift over the desired objects. The length of towing line required is usually calculated at about three times the depth of the water. Working in 20 fathoms, therefore, calls for a line of 120 metres.

In some areas, a triangular dredge with a copper screen net may produce better results, especially on a rocky or coral-strewn sea bed. Two triangular iron frames are connected with iron bars at the corners and copper screen attached. The screen should be protected with canvas flaps in the same way as for the rectangular dredge. Because the maximum cutting edge is always on the bottom and because the contained material is already screened before it is removed, this dredge has some

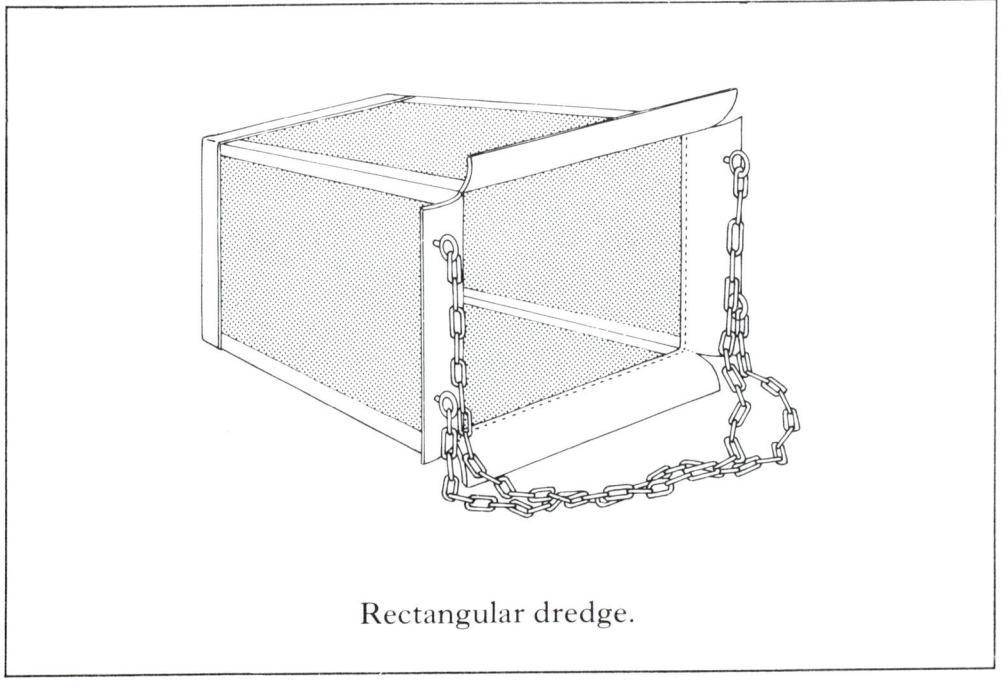

Rectangular dredge.

obvious advantages over the rectangular type. It should not be more than
60 cm across, and the scraping edge should be sharp and should flare
outwards so that it will dig deeply into the substrate.

Whichever dredge you use, you will probably find it difficult to work
with in depths below 20 fathoms without a windlass on which to wind
the line. If you intend to dredge at depths below 50 fathoms, it is advisable to use cable rather than rope which tends to float and pull the
dredge up. Undoubtedly, the cost of dredging is directly proportional
to the depth being worked. On the other hand, the deeper you go, the
more interesting the haul is likely to be.

When dredging, you should know how deep the water is and hence
what length of line you are going to need. Similarly, it helps to know
beforehand what kind of bottom you will be sampling. With practice,
you will come to know by the way the dredge behaves what it is up
against. A jerky, uneven movement indicates rocky, gravelly or other
rough conditions; on a muddy substrate, the dredge gets progressively
heavier; on sand, it will progress by little jerks. When using a cable,
keep it taut once the dredge has grounded, or it will develop kinks and
become liable to break. It is only possible to operate at very slow speeds;
if you go too fast, the dredge will be pulled clear of the bottom. The
several accounts of dredging experiences published in the American
Malacological Union's *How to Collect Shells* are required reading for anyone who wants to try his hand at this very rewarding method of collecting.

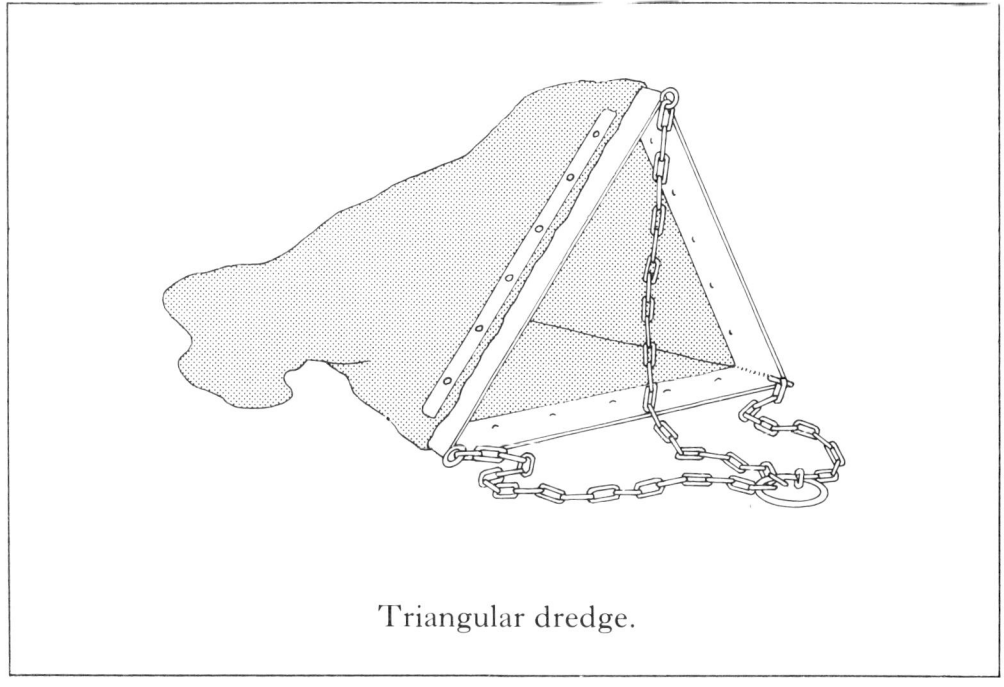

Triangular dredge.

Of necessity, I leaned heavily on these accounts when compiling this chapter and gratefully acknowledge my debt to those who wrote them.

For exploring under-water caverns, submerged parts of coral reefs, very rugged terrain, in fact any part of the ocean floor down to a depth of about 50 fathoms, the aqualung is indispensable. This piece of equipment has revolutionised shell collecting since the end of World War II (it was perfected by Jacques-Yves Cousteau about 1943) and Scuba diving, as it is now universally known, has become the favourite method of obtaining shells from off-shore habitats. A great deal of interesting information about the way molluscs live and exactly where they live has been obtained by Scuba divers, and indeed much of it could have been obtained in no other way.

Basically the Scuba-diving apparatus comprises a tank of compressed air carried on the back, a weight to counterbalance the buoyancy of the body and the tank, and a mechanical valve permitting air to flow from the tank via a short length of hose to a mouthpiece. A face mask is usually worn, and flippers, stout gloves and enveloping wet suit are the other accessories of the Scuba diver.

Being a total stranger to the practical art of Scuba diving, I am in no position to offer advice on the use of the equipment or to wax lyrical about the wonders of the under-water world to which it gives access. Fortunately, the camera has captured the under-water experience on film and provides a very good idea of what it is like to be under the sea and free to wander at will. About the operation of the equipment, precautions to take, training to be recommended, and many other practical matters associated with Scuba diving, I am not even qualified to paraphrase the words of an expert. It is far better that those wishing to know the ins and outs of Scuba diving should go to someone qualified to tell them. A book on shell collecting is not the place to retail information which could lead an enthusiastic sheller into serious difficulties, or worse. Some useful advice for shellers wishing to take up Scuba diving is given by C. M. Burgess in *How to Collect Shells*. I understand that on the bottom, collecting procedures are much the same as they are at the surface. A shell pole with a reinforced working end is essential for breaking up coral heads, prising objects off the bottom and generally for doing things that are impossible with the unaided hands. A game bag should be carried, of course, but obviously it is impossible to take more than a limited amount of collecting gear.

The equipment and collecting methods described in this chapter will not, of themselves, make you into a competent shell collector, but they will certainly give you a considerable advantage over the man whose shelling is limited to what he picks up on the beach.

CLEANING, LABELLING & STORING

Let us assume that you have been out collecting, that you have acquired a number of living molluscs and want to keep their shells. If you don't want to be put off shelling for ever, you will have to do something to get the animals out of the shells and do it quickly. Out of their native element, molluscs die in a short time and begin to decompose as soon as they are dead. The smell of decaying molluscs is difficult to describe because comparisons are not easily found: it would probably make a skunk blush for shame and could clear a restaurant in seconds. Shell cleaning can be a long and messy business, or not, depending on the number of specimens, their shapes and sizes and the cleaning method you adopt.

The worst shell-cleaning problems involve gastropods whose shells are constructed in such a way that the animal is not easily dislodged; the attachment of the animal by a strong muscle to the columella of its shell docs not make those problems any easier to overcome. First, the animals must be killed in such a way that the difficulties of removing them from their shells are minimised. This may be done by using one or other of the following methods: drenching in alcohol, rotting in water, boiling in water, freezing, suspension of the animal, or removal by insects or their larvae. These methods are particularly applicable to gastropods but may occasionally be helpful when dealing with some other kinds of mollusc.

Drenching in alcohol

Wash away the mud, sand and debris clinging to your specimens, then immerse them in 70% alcohol in plastic containers with screw tops, or in any other leak-proof receptacle, for as long as you like, from a week to several months or even years. The longer a specimen is drenched, the easier it becomes to extract the animal from its shell, as the columella muscle becomes loosened to some extent. It is possible to drench specimens for three or four days, remove them from the alcohol and pack each in a plastic bag, with pieces of cotton wool or paper wadding stuffed into the apertures of larger specimens. Pack carefully so that there is no chance of the shells breaking or the bags splitting. Back home, the specimens can be replaced in alcohol for a further drenching.

Rotting in water
This is the simplest method and the smelliest but it can be very effective. Molluscs left in a closed container full of water decompose and dis-integrate rapidly. The liquefied animals may then be flushed out of their shells with clean water. The water in the container should be changed several times, or the shells will become discoloured by the obnoxious fluid. One disadvantage is the length of time some animals take to rot down. Another is the speed with which your best friends will desert you if they are around when the container is opened. Your very best friends, of course, will be fellow collectors who know when not to pay a social call.

Boiling in water
This is probably the most familiar and most generally advocated method of killing molluscs and weakening the attachment to their shells. Per-formed judiciously, it is still the best and certainly the speediest method. The molluscs should be placed in a sieve—a gravy strainer or flour sieve will do admirably—and submerged in a pot of water (fresh or salty) at room temperature. The water should be brought to the boil slowly, left to simmer for about five minutes (more or less, according to the size of the specimens) and then allowed to cool down gradually. Deal with the specimens while they are still warm and re-warm them if they have become cold. The main disadvantage of boiling, especially if it is done carelessly, is the possibility of cracking the surface layer of highly polished shells, such as cowries. There is also a possibility of shattering certain bivalve shells because of the differing expansion and contraction rates of the shell layers, a likely result if the specimens are plunged straight into boiling water.

Freezing
This method has several advantages. It is quick, does not harm shells, and is the safest for dealing with glossy species. It is also an excellent one to use if you want to prepare chitons in an uncurled state. The live molluscs should be placed in plastic containers with pads of absorbent paper to protect them and soak up any free water. Two days in a freezer or the freezing compartment of a refrigerator is long enough to do the job but molluscs may be left frozen for years and the method will still work. The specimens should be thawed out aperture downwards. When they are fully thawed, it is often possible to shake the soft parts out because the freezing process has a shrinking effect on them and tends to loosen

them in their shells. The only drawback to this method is the scarcity of freezers and refrigerators at most collecting sites.

Suspension

The decision to kill a mollusc because you want its shell for your collection is not always easy to make, especially when the mollusc is very large. Hanging a large gastropod until it's dead is not the most appealing aspect of the shell game but it is one which may have to be faced—or avoided—if you covet the shells of large molluscs which you have collected alive. I find it difficult to accept the method at all and have never practiced it. Probably my reluctance to accept or practice it has an anthropomorphic foundation (and maybe others share my reluctance for the same reason). I have no hesitation in despatching live molluscs by boiling them slowly, freezing them solid, dropping them into alcohol or drowning them. If these were methods of execution currently employed to despatch a socially unacceptable human being, I daresay I'd find them abhorrent. I describe the hanging method here only because I know it is widely used and because no other more humane method of removing the soft parts from large gastropod shells is known to me.

Assuming you can overcome the obvious objections to this form of molluscan execution—the thought of losing a fine large shell may help you to do so—the condemned animal does not require an elaborate scaffold. The shell may be tied, aperture downwards, to a tree branch, a horizontal bar, or a rope stretched between two uprights. The animal dies, droops from the aperture of its shell and, in two or three days, is ready to be pulled out—or so you hope—leaving you with an empty shell requiring only washing to be ready for the collection. If you can do this to a mollusc without flinching, then you should be able to go one step further and help it to hang itself by slipping a noose of nylon or wire around its foot and suspending it some distance off the ground. The animal, not surprisingly, will become lengthened inordinately (it reminds me forcibly of a description in John Evelyn's *Diary* of a man being stretched on the rack) and the suspension line must therefore be shortened to keep the shell off the ground. As the attachment muscle sometimes gives way altogether, the shell may drop to the ground. For this reason a soft landing should be prepared for it. The operculum may be cut away from the foot while the execution is taking place and may be suitably labelled so that it can be re-united with the shell later.

After the soft parts from the shells of gastropod molluscs have been processed by one or other of the methods outlined above, they may be removed by vigorous shaking, or by flushing them out under a jet of water, or by winkling them out with hooks, bent wires, hat pins, needles, ice picks, meat skewers or similar homely tools. If the tool is stuck in the usually muscular foot, the whole animal can often be removed cleanly by twisting the shell around its own axis. If small pieces are left in the upper reaches of the spire the shell may be partly filled with 70% alcohol, the aperture plugged with cotton wool or paper tissue, and left upside down in a tray of sand for a week or more. The alcohol will dehydrate the organic matter and reduce its potential odour. Eventually the aperture may be unplugged. There is another way to remove recalcitrant pieces of animal.

Removal by insects or their larvae
This time-honoured method—nature's own—is sometimes the only one available, particularly for large shells, but it is slow, not always efficient, and attracts thieves. The mollusc should be buried in loose earth or sand, or may be left exposed out of direct sunlight. Ants and fly larvae—the latter are probably the more useful—will gradually remove the animal tissues. Obviously an attempt should have been made to kill the mollusc and remove at least some of the soft parts before handing it over to the insects. It should be borne in mind that this method has attractions for other shell collectors, rats, mice and hermit crabs. These, and maybe other creatures, may surprise you by carrying off several shells overnight, so take precautions against these elusive conchophiles.

Living bivalves present few problems to the shell cleaner. They may be killed by immersion in fresh water for a day or two. Their adductor muscles are then relaxed and the valves gape open. By severing the adductor muscles, you can easily remove the whole animal. As the ligament of a bivalve dries hard in a short time, it is necessary to bind the two valves together with twine or elastic bands if you want to preserve a specimen in a closed position.

Chitons, unless killed by freezing, will curl up as soon as they are removed from a flat surface and will stay that way when killed. If they can be coaxed onto a slip of glass or a flat sliver of wood, they may be bound in the extended position with twine or elastic bands and immersed for a day or so in 70% alcohol. Once the animal is dead, the soft parts may be scraped away with a knife or scalpel. Removing a chiton from its native rock requires a little patience and skill. Slip a knife blade under its foot quickly and prise it off the rock before it knows what's happening. If you fail first time, you should allow it to relax for several minutes before making a second attempt. Trying to remove a chiton when it is using its considerable suction powers will almost certainly mean that one or more valves will be broken and its surrounding fleshy girdle may be lacerated.

Be sure to remove all traces of sea water from your specimens by re-peated washings in fresh water. Failure to do this may lead to chemical reactions which are harmful to the shells.

Giving shells a face-lift
Many shells are suitable for the collection once the soft parts have been removed, but others will be so encrusted with algal or coral growths, barnacles, serpulid worm tubes, vermetid mollusc shells, byssal threads of bivalves or other adhesions that some external cleaning is often called for. A stiff brush will often get rid of less persistent adhesions, but coral growths, for instance, are not so easily removed. An overnight soaking in a domestic bleach helps to remove adhesions of all kinds by tending to loosen them (this is also an excellent way to remove the periostracum from a shell). The bleach may be used full strength or diluted, and the beginner should experiment on some poor-quality material before sub-jecting any prized shells to this treatment. Wash the shells thoroughly in fresh water to remove all traces of the bleach and then set to work with the brush. Adhesions which fail to respond to this treatment must be chiselled and scraped away with sharp tools. Some shells require patience and skill of a high order before they are finally seen in their pristine beauty. The result is usually well worth the effort. Hydro-chloric acid is sometimes used by collectors when all else has failed. Its use is not recommended, however, because it eats into the shell surface and may destroy rather than increase a shell's attractiveness. Avoid over-cleaning and don't clean all specimens as a matter of routine; even unsightly adhesions may have scientific value for someone. A thin coating of mineral oil often brings the colours of a shell to life (water will do the same temporarily) but is also a marvellous collector of dust and dirt. It is more usefully employed on shells which have an otherwise brittle periostracum and helps to keep bivalve ligaments supple.

Labelling
Once the shells have been cleaned and prepared to your satisfaction, they must be labelled. A clearly written label, to many collectors and all serious students of molluscs, is as important as the material labelled; it should not be looked upon as an optional extra. Your own interest in shells may be only in the visual pleasure they provide, but they may have a different appeal to someone who inherits them; if that someone has scientific leanings, then your labels will have considerable value (inci-dentally, the commercial value of shells can be much enhanced when they are accurately labelled). Whether or not you maintain a catalogue of additions to your collection is a matter of personal choice; catalogues

have an annoying tendency to become divorced from the collections to which they refer and, in my opinion anyway, should not contain important information which is not also recorded on the labels placed with the specimens. If a catalogue is to be maintained, then each entry should be serially numbered and the number should be repeated on the relevant labels (some collectors also write the number on each shell associated with the label).

Ideally the label should include the following items of information, which are arranged here in order of importance (paradoxically, the name of the species, though of paramount interest to most collectors, is the least important of all—a shell carries its own identity):

a) accurate locality information

b) details of habitat, including depth, abundance, tidal state and whether collected alive or dead

c) date

d) collector's name

e) scientific name

This information is usually presented on the label in the order e, a, b, d, c, as in the following example:

> *Nucella lapillus* Linnaeus
>
> Porthcawl, Glamorgan, Wales.
>
> On rocks at low tide. Common.
>
> M. Lister. 4.8.1976.

It is common in the United States to write the date in the form '8.4.1976', with the month preceding the day. My own practice, which removes the ambiguity, is to write the date in the form '4.viii.1976'. Printed specimen labels are available from suppliers of natural history collecting materials, but the printed matter on them merely states the categories of information stated above and adds some straight lines to write on. Printed matter takes up valuable writing space; the nature of your written information should be obvious and should be understandable with or without lines. The paper used should be of good quality and heavy rather than light (and the labelling should ideally be in Indian or some other permanent waterproof ink). Remember though that fragile shells can be crushed by the pressure of a folded label made of stiff paper, so play safe and put the label in the receptacle first, or place the fragile item in a transparent receptacle within the main one.

Storing

Single shells or sets of shells of the same species may be kept in a variety of containers, or in none at all if they are of large size. Tubes made of glass or clear plastic are ideal for the majority of small and minute species. These should be plugged loosely with cotton wool and not with tight-fitting corks; hermetically sealed tubes promote condensation and this, in turn, may start chemical reactions which may ruin shells and labels. More expensive, but more attractive, are rectangular plastic boxes with hinged or snap-on lids. The card-based, glass-topped boxes seen in the older museum collections are no longer readily available, at least not at an economical price, but plastic containers may be obtained in various sizes and are relatively cheap. They have the added advantage of being transparent top and bottom so that the label may be placed under the specimens, separated from them by a piece of thin plastic foam, thus giving unimpeded views of shells and label. Except for display purposes for special occasions shells should never be glued down on cards or wooden tablets, as they were in the past. Glue is detrimental to shells. Large shells should be labelled, in Indian ink, on a suitable part of the shell itself, usually just within the aperture of a gastropod and inside one of the valves of a bivalve. If a paper label is used, it should be taped on securely. Elongated shells, such as Solenidae and Terebridae, may be placed in plastic bags with an accompanying label and laid in home-made card trays with shallow sides.

If you wish to keep specimens complete with their soft parts, these will have to be preserved in 70% alcohol (various other preservatives are used for sea slugs and cephalopods and for delicate parts of certain molluscs such as the pallets of Teredinidae). To distribute stoppered tubes or other containers full of alcohol throughout the cabinet so that they fit into a systematic order among the dry specimens is not recommended. It is far better to keep all sets of preserved material together in a suitable container, such as a glass fruit-preserving jar, complete with sealing rubber ring and clip-on lid. Each set of specimens may be placed in a glass tube with its label, the tube filled with alcohol, stoppered lightly with cotton wool and placed upside down in the jar which is itself full of alcohol. The jar should periodically be topped up to counteract evaporation. Incidentally, the labels accompanying specimens in alcohol should be made of a paper which does not disintegrate; it is best to use a pencil for writing on these labels.

Good-quality cabinets are expensive and difficult to find, but effective substitutes may be made from cheap materials. Simple trays made of hardboard and edged with narrow beading may be housed in a sturdy 'cabinet framework' also made largely of hardboard, though the top and bottom may be of plywood for extra strength. The runners may be constructed of stout wood beading or strips of metal which are L-shaped in cross section fixed to the sides. If a door is added it should not close too tightly. Dust may get in but so does air, which is vital to the shells.

The arrangement of shells in a collection is a personal matter. If a strictly systematic arrangement is attempted, it will soon become evident that some specimens must be placed out of order. A large-shelled family, comfortably sandwiched in the text books between two small-shelled ones, may need a cabinet to itself; and within a single genus there is sometimes considerable variation in the sizes of shells belonging to different species so that it may be necessary to divorce them from each other. Most shell-collecting guides recommend a systematic arrangement and it certainly makes sense to keep the members of one family or groups of related families together if possible, but don't hesitate to arrange your shells to suit your fancy. Common sense should tell you that mixing up shells belonging to one family with those of an unrelated one serves no useful scientific purpose, but if it pleases you to do so, then go ahead. Place your larger shells in attractive poses and light them glamorously if that pleases you, but beware of exposing them for long periods to daylight and always protect them from strong sunlight (purple and reddish shells are particularly vulnerable to fading). Look after them, play with them, learn from them but, above all, enjoy them.

The original shell collector,
a carrier shell, *Xenophora* (× 1·0).

THE BIOLOGY OF MOLLUSCS

Few phyla of animals have colonised the earth and its waters as successfully as the Mollusca. Its members have invaded almost every kind of habitat, from the dark and silent abysses of the oceans, where the pressure of the water would crush a human to jelly, to the bleak and windswept fastnesses of some of the world's great mountain ranges, where a human finds breathing difficult and living conditions intolerable.

How is it that such humble creatures can be so adventurous and get away with it? It is certainly not because they have shells: some of the most adventurous and most successful molluscs have no shells. Neither can it be because they have soft bodies; many other soft-bodied animals are conspicuously less successful than molluscs. No, the answer to their phenomenal success is something less obvious than the essential hardness or softness of their make-up. It may be summed up

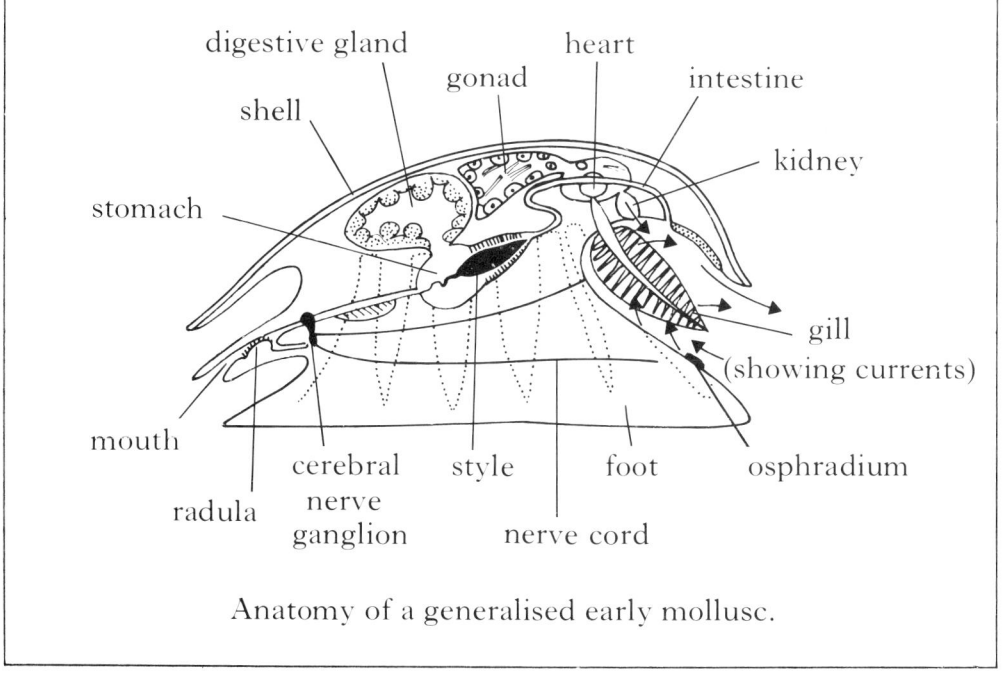

Anatomy of a generalised early mollusc.

in one word: adaptability. Molluscs, as will become apparent, are among the most adaptable creatures in existence. It is their adaptability—plasticity is another, perhaps more evocative, expression—which makes them so successful and makes the study of them so fascinating.

Anatomy

Before we look at the ways in which molluscs have become adapted to their environment, it is worth outlining the salient features of molluscan anatomy. With the possible exception of the primitive monoplacophoran, *Neopilina,* molluscs are not segmented. In other respects, the anatomy of all molluscs conforms fundamentally to the following plan.

Four body regions are discernible: head, foot, visceral mass and mantle. The head is often well developed and may have tentacles and eyes (although bivalves are headless). The foot, which is present in nearly all molluscs, is usually well developed and muscular. The great majority use it as a locomotory organ (it does not exist in cephalopods and we do not yet know what function it fulfils in *Neopilina*). The vital internal organs form the visceral mass which, in gastropods, is usually tucked away in a coiled shell. In bivalves, the visceral mass lies between the valves in the dorsal region and is enclosed within two mantle lobes. The sheet-like mantle envelops the whole animal, or most of it, and secretes the shell.

Between the mantle and the underlying tissues is a mantle cavity in which lie paired gills (in air-breathing gastropods, the mantle cavity itself functions as a kind of lung). In the cephalopods, the mantle is muscular and is associated with a flexible funnel, or siphon, which is situated on the underside of the body. By drawing water into the mantle cavity and forcibly ejecting it through the funnel, a cephalopod propels itself along, sometimes at high speed.

The anus and the excretory and reproductive organs usually open into the mantle cavity. With the obvious exception of the bivalves, a mouth is situated in the head. The mouth leads to a buccal cavity in which there is a radula, a characteristic, vital and extremely variable feeding organ. It may be described as a flexible length of tough tissue bearing rows of a few or many minute, hooked tooth-like structures. Primitive gastropods, such as the Fissurellidae, Trochidae and Neritidae, have at least a hundred teeth in each row (a rhipidoglossate radula). More advanced herbivorous

Opposite: two molluscs of the family Strombidae illustrated in the Spécies Général *of L.-C. Kiener (1834–79). Top:* Tibia insulaechorab *Röding, a well-known Indian Ocean species. Bottom:* Lambis truncata *Lightfoot, a common Indo-Pacific species.*

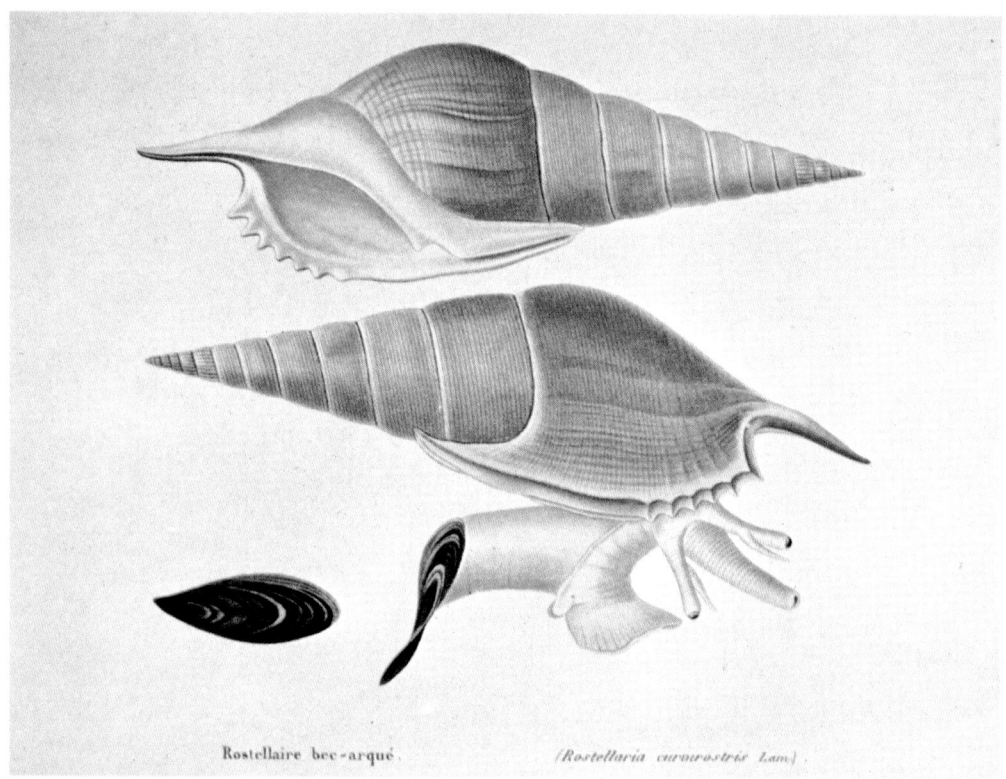

Rostellaire bec-arqué.   (*Rostellaria curvirostris* Lam.)

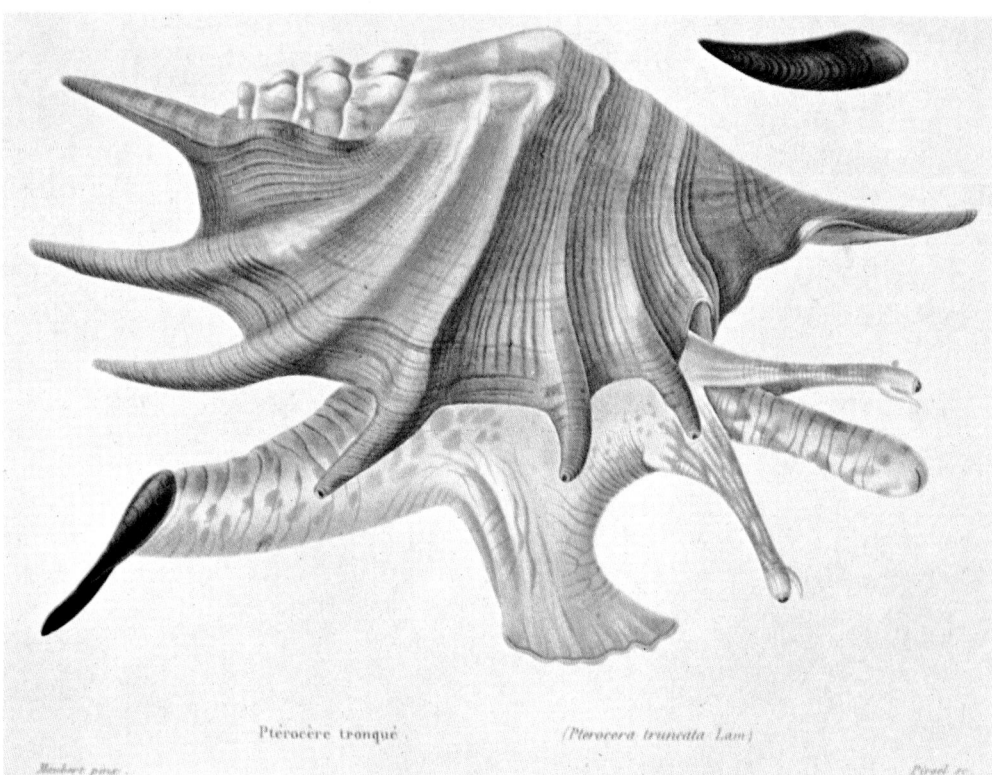

Ptérocère tronqué.   (*Pterocera truncata* Lam.)

Meubert pinx.   Piruel sc.

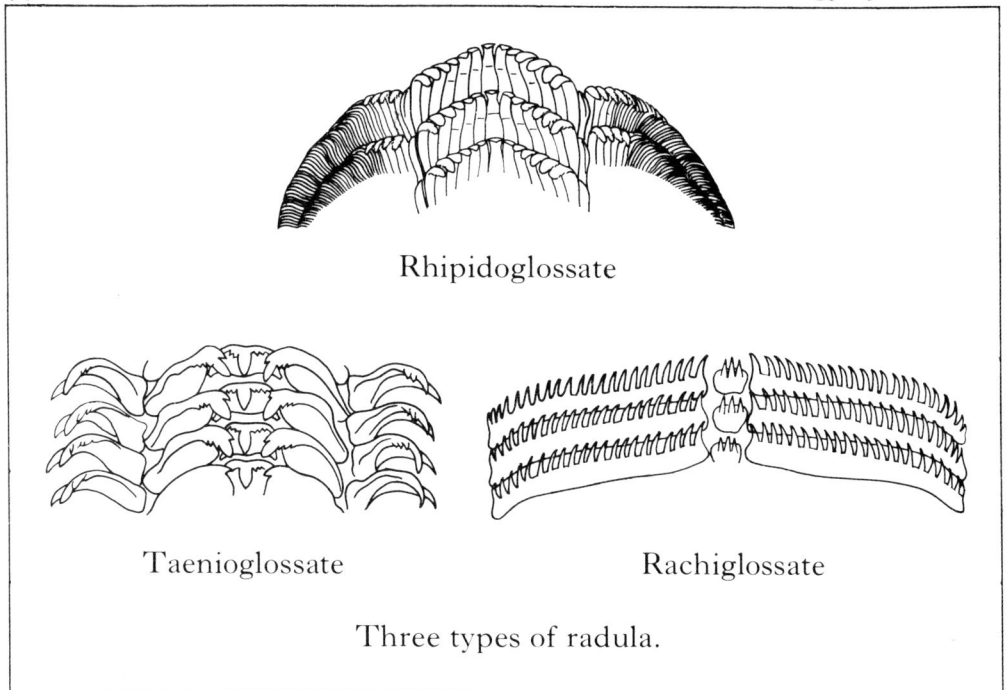

Rhipidoglossate

Taenioglossate   Rachiglossate

Three types of radula.

gastropods, such as the Cypraeidae, Littorinidae and Strombidae, have seven delicate teeth in each row (a taenioglossate radula). Most carnivorous gastropods, such as Mitridae, Buccinidae and Volutidae, have three strong teeth to each row (a rachiglossate radula). The number, arrangement and type of teeth indicate how a mollusc feeds, and as nearly all gastropods have a radula, it has played an important part in gastropod classification.

The gastropod digestive system comprises the mouth and radula, an intestinal tube, variously convoluted, a stomach and a digestive gland or a pair of digestive diverticula. In many herbivorous gastropods, there is also a crystalline style, a clear, rod-like structure which rotates in the stomach and sheds into it enzymes that enable the mollusc to digest its food. Bivalves have a simple opening for a mouth which may be associated with a pair of siphons. There is no radula and none of the organs normally associated with it. Most bivalves feed on suspended organic matter. Food is usually drawn into one of the siphons (which are modified parts of the mantle) and eventually finds its way into the stomach.

Opposite : a plate from the Mollusca section of The Zoology of the Voyage of HMS Samarang *edited by Arthur Adams, who was assistant surgeon to the expedition. The species represented belong to* Aplysia, Dolabella *and to two or three other opisthobranch genera which are collectively known as bubble shells.*

Most bivalves have a crystalline style, and the stomach and style sac are more complex than those of any other molluscs.

The molluscan circulatory system comprises a heart with two auricles (usually) and a ventricle which forces blood through arteries into blood sinuses (capillaries are present only in cephalopods). The heart lies in the fluid-filled pericardial cavity, from which the kidneys, the main organs of the excretory system, open into the mantle cavity.

The nervous system of molluscs is remarkably diverse and ranges from the chiton's simple ring of nervous tissue, connected with two pairs of longitudinal nerve cords and small ganglia (knots of nerve cell bodies), to the well-developed brain (actually several pairs of ganglia fused together), giant fibres, olfactory system (for the sense of smell) and highly efficient eyes of the squid. In bivalves, each of the three main regions of the body—the foot, viscera and mouth region—has a pair of ganglia, and two long nerves run from each 'head' ganglion to each of the other ganglia. The sense organs are very poorly developed in bivalves and are limited to the mantle margins and siphons. In both these areas, ocelli— they can hardly be called eyes as they are merely light-sensitive and do not, as far as we know, perceive shapes—may be located; they are particularly noticeable around the mantle edges of some scallops. Gastropods have cerebral ganglia connected to the tentacles and 'eyes', two larger pedal ganglia serving the foot and columella muscle, and small ganglia may be scattered around other regions of the body. The ganglia

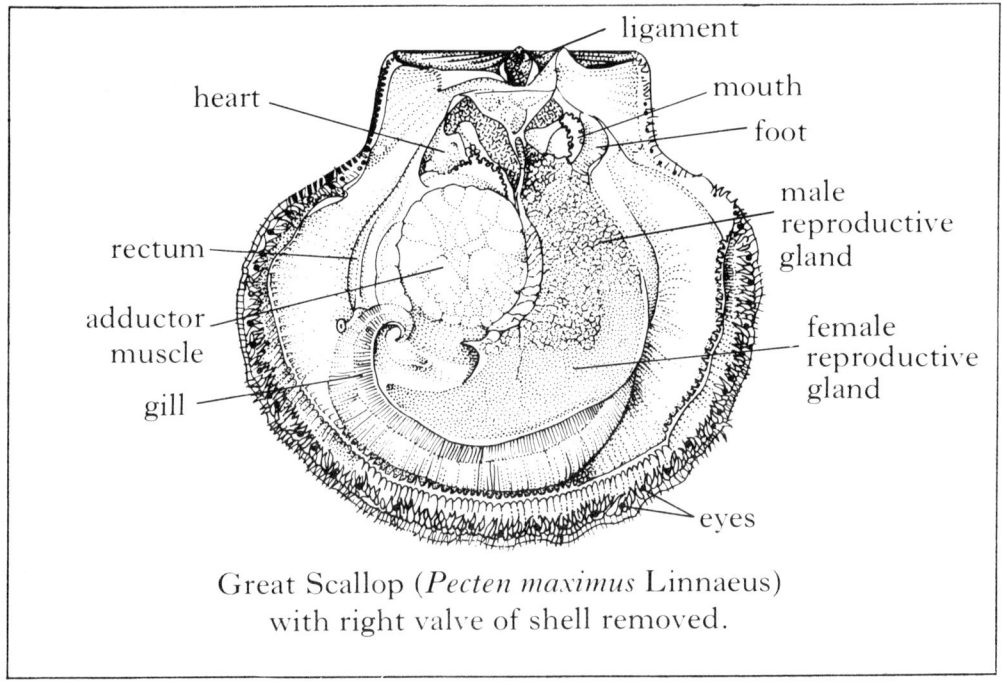

Great Scallop (*Pecten maximus* Linnaeus)
with right valve of shell removed.

are joined by nerve cords, and fine nerves reach various parts of the animal.

Many molluscs are equipped with a pair of sac-like statocysts in which a calcareous statolith (or 'ear stone') moves freely and makes contact with nerve endings on the inner walls of the sac. It is supposed that this apparatus helps the mollusc to orientate itself and maintain its balance in the water. The senses of smell and touch are mostly centred in specialised cells in the tentacles and skin of snails, and those of bivalves in the mantle margins and siphons.

To test the quality of the water entering the mantle cavity, gastropods have developed a structure known as an osphradium, which is situated next to the gills; in more advanced carnivorous gastropods, it is large and gill-like. A cone is able to detect living or dead animal food some distance away. Herbivorous gastropods have no need for a very sensitive osphradium and in most of them it is reduced to a mere patch of sensory cells. The carnivorous heteropods (members of the opisthobranch superfamily Carinariacea) also have a much-reduced osphradium, but their eyes are surprisingly efficient and enable them to seek out their prey.

Reproduction

There is considerable variation in the way molluscs reproduce and hence in the types of reproductive system. Basically, this consists of gonads in which the ova of the female and the sperms of the male are developed, tubes for the passage of seminal products—the oviduct in the female and the vas deferens or sperm duct in the male—and external genital organs.

In all scaphopods and chitons, most bivalves and cephalopods and many gastropods, the sexes are separate. The winkle (*Littorina*) illustrates how the reproductive organs are disposed in a bisexual gastropod. In the female, the lobe-shaped ovary embedded in the liver is linked by a convoluted oviduct to the uterus. The ova descend into the uterus and come into contact with sperms on the way. The fertilised ova become encapsulated or enclosed in a gelatinous substance in the oviduct and are released from an orifice adjacent to the anus. The male testis is also embedded in the liver. The vas deferens is convoluted and eventually emerges near the right tentacle where it may be prolonged into a copulatory organ. Sperms manufactured in the testis travel along the vas deferens to the genital aperture.

Bivalves have a pair of gonads each of which is either an ovary or a testis (though sometimes a single gonad may function as ovary and testis) with a duct or ducts through which their products are discharged. Sperms are shed into the water and occasionally are carried into the branchial chamber of a female bivalve where they fertilise the ova.

The majority of male cephalopods have a most curious method of fertilising the females. One of the tentacles, known as a hectocotylus, is modified for this purpose into a carrier of spermatophores (cigar-shaped sperm packets) which are taken from the animal's own genital opening by the tentacle. The spermatophores are placed within the female's mantle cavity and they eventually reach the oviduct and fertilise the ova. In some cephalopods, the hectocotylus breaks off and remains in the female's mantle cavity. At one time, this organ was thought to be a parasitic animal.

The sexes are united in one individual in opisthobranchs, the pulmonate (or air-breathing) gastropods and some bivalves. The reproductive system in hermaphrodite gastropods is necessarily complicated. In some species, a single orifice serves for both male and female organs; others have two openings. As by far the largest number of hermaphrodites are pulmonates and as this book is almost exclusively concerned with marine molluscs, the intricacies of the hermaphrodite reproductive system need not be described here.

Some gastropods have the experience of being progressively male, hermaphrodite and female. The best known example of this presumably delightful sexual condition is *Crepidula fornicata* Linnaeus, the Slipper Limpet. It is not unusual to find chains of specimens of this pest of oyster beds in which the topmost and youngest specimen is a male, the next a young female, the middle ones hermaphrodites and the lowest

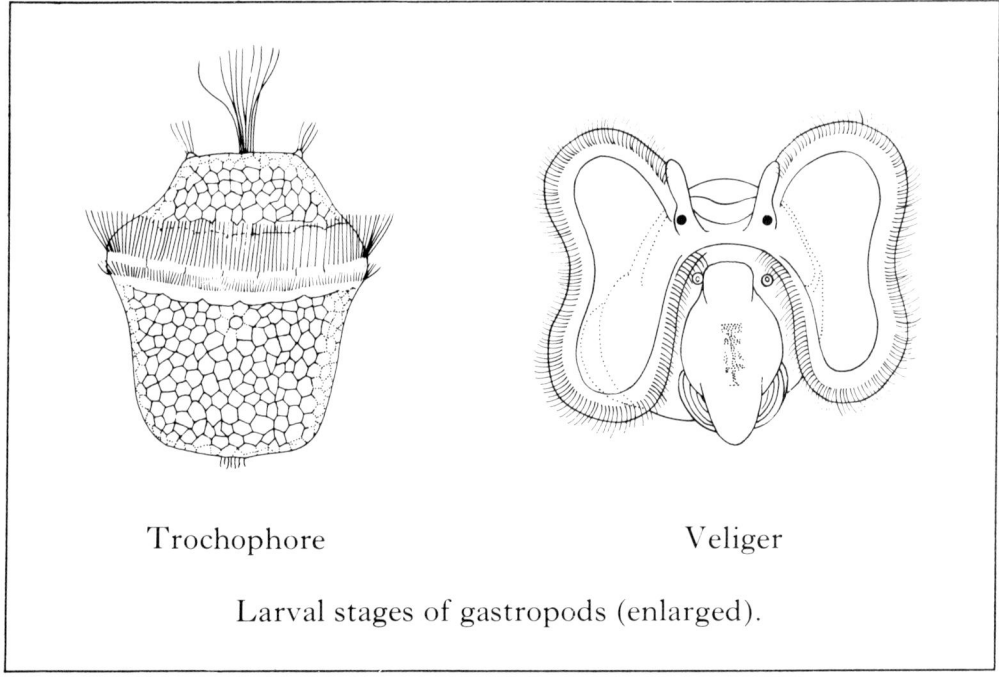

Trochophore   Veliger

Larval stages of gastropods (enlarged).

ones females. Self-fertilisation is rare in molluscs and, with one or two exceptions, is unknown in marine forms. Even rarer is the incidence of parthenogenesis (reproduction without fertilisation), which is unknown for any marine mollusc.

Development

The fertilised egg in all molluscs except cephalopods divides in two, then into four, followed by a multi-celled stage. Eggs may be released into the water and complete their development in the plankton or, as in some bivalves, may be incubated in the mantle cavity and released as free-swimming larvae. The free-swimming larva which hatches from the egg is known as a trochophore; it is cylindrical in shape and fringed with rows of ciliated cells. In the more primitive gastropods, this changes into a veliger, with a minute shell, paddle-like lobes or velum, for floating, and some fairly well defined anatomical features. After feeding for a while on algae, the veliger larva dispenses with its velum. Its larval life is over and it now begins life as a recognisable miniature version of its parent.

Some molluscan eggs, including those of most bivalves, chitons and scaphopods, are released into the water without a protective coating and some are brooded in the mantle cavity or the oviduct. More advanced gastropods, such as *Buccinum, Busycon, Fasciolaria* and *Conus,* envelop their eggs in tough, leathery capsules and lay them in bunches or strings. Cowries lay bunches of eggs and then sit on them until they hatch. The European Dog Winkle (*Nucella lapillus* Linnaeus), the Atlantic Oyster Drill (*Urosalpinx cinerea* Say) and many other carnivorous gastropods deposit individual capsules which are attached to the substrate by a stout stalk. Necklace shells *(Natica)* deposit their eggs in a collar-like strip made of congealed sand grains. Opisthobranchs lay small eggs, each of which is coated with albumen and egg membrane, and these are massed together in a jelly-like string or ribbon. Similar coils of spawn are laid by the marine pulmonates *Amphibola* and *Siphonaria,* whose spawn contains encapsulated veligers. No matter how the eggs are produced and protected, the vast majority of them never live to mature into full-grown molluscs. As a single mussel, *Mytilus edulis* Linnaeus, may spawn up to 12 million eggs it is perhaps just as well that there is a high mortality rate.

Movement

Many molluscs are sedentary for the greater part of their lives, but many more spend much of their time creeping, digging, burrowing, swimming or floating, and cephalopods may actually walk on their tentacles or

glide through the air for short distances. The foot of chitons and gastropods is used primarily for creeping and is sometimes bathed in a mucous
secretion to make progress easier. In chitons, abalones, limpets and some
other limpet-like gastropods the foot acts also as a sucker and so effective
is its action that much force may be necessary to prise them off rocks.

Gastropods with long, tapering shells, such as *Turritella* and *Terebra,*
drag their shells behind them; in these forms, the foot is rather small but
very muscular. Quite different is the foot of most other advanced gastropods such as the Olividae. Members of this family are very active and
creep about on top of the sand or more often under it. Olives have a large
head as well as a large foot and are able to plough through sand with
consummate ease, leaving a tell-tale trail behind them.

The foot in the harp shell family (Harpidae) is disproportionately
large compared to the size of the shell, and again there is a very well-
developed and muscular forepart (or propodium) which helps the animals
to burrow. A singular feature of some harp shells is their ability to escape
from an attacker by breaking off a large piece of the rear part of the foot.
This gambit, known as autotomy, does no harm to the animal, and the
missing piece is soon replaced by new growth.

From the peculiar conformation of the outer lip of their shells, it
would be reasonable to assume that members of the family Strombidae
would have some difficulty creeping along in a conventional manner.
The same difficulty would be experienced, presumably, by carrier shells
(Xenophoridae) and by *Aporrhais.* As far as carrier shells are concerned,
it is doubtful if some of them would be able to progress by a creeping
action at all because their shells are sometimes so encumbered by the
weight and disposition of the stones and shells they have fixed to them,
particularly around the periphery, that they would constantly tend to
bury themselves.

All these molluscs overcome the problem of locomotion by adopting a
lunging type of movement. They are helped in this by the location of
the operculum, which projects beyond the edge of the foot, and, in the
Strombidae and Xenophoridae at least, by the muscular character of the
foot, which is capable of extreme flexure. When a stromb or a carrier
shell wants to move, it twists the foot to one side so that it is like a
muscular hook, digs the operculum into the sand, flexes the foot and
leaps forward vigorously.

The torpedo-shaped gastropod *Terebellum terebellum* Linnaeus, a
relative of the strombs, is also given to leaping. During his Philippine
travels, Hugh Cuming often saw this species leap well off the ground, and
on one occasion he lost a beautiful specimen when it suddenly leaped into
the water from the palm of his hand.

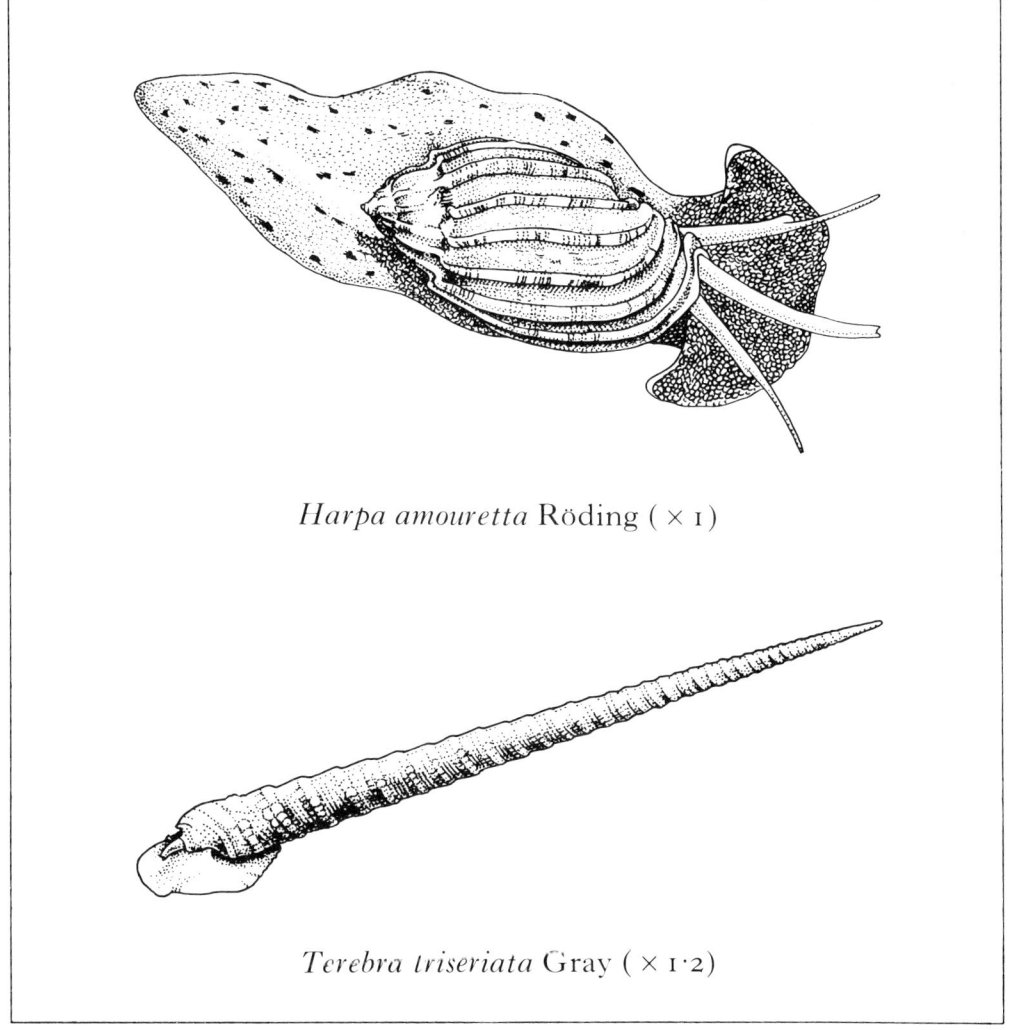

Harpa amouretta Röding (× 1)

Terebra triseriata Gray (× 1·2)

A leaping action is also within the capability of some bivalves. A species of *Neotrigonia* has been known to leap off the edge of a boat after capture (it happened to the first living specimen ever found), and the Common European Edible Cockle (*Cerastoderma edule* Linnaeus) is able to avoid predators by extending its long foot and sharply bending it back so that the whole animal leaps out of the way. Razor shells, too, are capable of leaping by suddenly straightening out the foot. Sometimes they will somersault along a beach several times in succession.

Swimming
The ability to take off from the sea bed and move around freely in the water, if only for a short time, is shared by several very different molluscs, being universal among cephalopods and more common in gastropods (particularly opisthobranchs) than in bivalves. Nevertheless, it is a

spectacular feature of scallops and has been closely observed in the Queen Scallop (*Chlamys opercularis* Linnaeus). By suddenly ejecting water from its valves, the Queen is able to move, hinge foremost. The mantle edges are muscular and may form themselves into a nozzle anywhere around the mantle margin. This gives the Queen considerable control over the direction it takes and enables it to swim and twist and to leap away from danger. It swims by rapidly opening and closing the valves. The Great Scallop (*Pecten maximus* Linnaeus) can turn a somersault by a variation of the jet propulsion activity; it does so if it finds itself lying on the sea bed in an upside-down position.

Many shelled and shell-less opisthobranchs swim by undulating the body or by rapidly opening and closing their thin side flaps (or parapodia). Sea hares (*Aplysia*) can make short 'flights' off the sea floor in this way, and so can *Dolabella,* a better swimmer than *Aplysia* because of its larger parapodia. The Soft Bubble-shell (*Akera bullata* Müller) of northern seas is an energetic swimmer; its cloak-like parapodia enable it to swim around rather in the manner of a jellyfish. Pteropods, nick-named sea butterflies, spend their whole lives swimming. Their two parapodia resemble diaphanous wings, which they flap up and down like those of a butterfly or use alternately. Heteropods are the only other group of gastropods which swim habitually, undulating the thin foot or lashing the body from side to side.

Few marine gastropods belonging to other groups have been seen to swim, and indeed most of them are ill fitted to do so, but given a light-weight shell and a certain configuration of the foot or other external anatomical features, it should be possible for a prosobranch gastropod to swim, if only very occasionally. But until recently it seemed as though no prosobranch could do so.

Way back in 1848 Arthur Adams, who sailed as the assistant surgeon on board H.M.S. *Samarang,* wrote what proved to be prophetic words about the animal of *Ancilla,* a genus in the family Olividae. 'I have no doubt', he says, 'that occasionally the lateral membranous expansions are horizontally extended, and that the animal is enabled to swim in the same manner . . . as . . . some of the *Bulla* tribe.' (*Natural History of the Countries Visited during the Voyage of H.M.S. Samarang,* 1848) In 1969, Barry Wilson of the Western Australian Museum, Perth, published an article which proved that a gastropod closely allied to those which Adams must have watched can swim. The large Australian ancillid, *Ancillista cingulata* Sowerby, a notably light-weight member of the family Olividae, has the necessary anatomical equipment for making short 'flights' off the bottom. Wilson watched it swim erratically by flapping the large propodium up and down, its large parapodia helping the

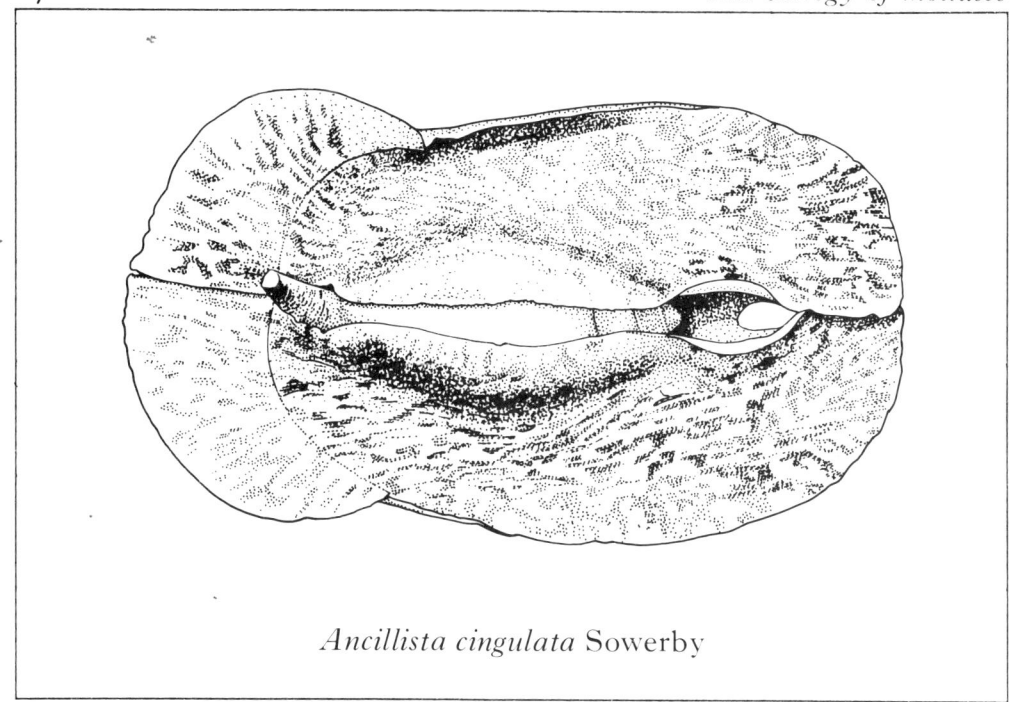

Ancillista cingulata Sowerby

swimming movement. Most cephalopods, of course, are built for swimming and some can move through the water at great speed, often fast enough to shoot out of the water.

Burrowing and Boring

The burrowing habit is widespread in molluscs and is characteristic of the majority of bivalves, all scaphopods and many gastropods. Bivalves usually burrow by protruding the tip of the foot and insinuating it into the substrate; when it is extended fully, the foot swells considerably and stiffens; anchored by the swollen tip, the rest of the foot is withdrawn and the shell pulled downwards. Razor shells, among others, burrow deeply, but many bivalves, such as the majority of the cockles and tellins, are content to stay just below the surface. The siphons of shallow burrowers often protrude above the substrate, but deep burrowers, the Long-necked Clam (*Mya arenaria* Linnaeus) for example, also extend their very long siphons to the surface of the sand.

Scaphopods burrow into sand at an oblique angle but usually keep their posterior end above its surface. While buried, they feed on minute organisms captured with the aid of sticky-ended filaments. Gastropods do not burrow deeply and most bottom dwellers either creep over the surface or plough into it superficially. Olives have a broad flat foot and a prominent propodium with which they thrust their way through the sand. Necklace shells (Naticidae) also have a broad and flat foot, but the propodium takes the form of a fleshy head-shield which sweeps back over the front of the shell and helps to shovel the sand up as the animal progresses. Its parapodia also envelop the shell as it moves along so that the whole animal resembles a fleshy, wedge-fronted mass.

Mud snails of the genus *Nassarius* often stay completely buried but for their siphons which stick up prominently. Olives also bury themselves in the same way but leave their long siphons waving about in the water above. These, and other carnivorous or scavenging gastropods, such as the Marginellidae and Mitridae, may appear in large numbers as if from nowhere if a piece of meat or a recently crushed clam is placed on a sea floor frequented by them. *Terebellum terebellum* Linnaeus, when not leaping about, travels along just below the surface of the sand protruding first the tip of one eye stalk and then the tip of the other as it does so. It is possibly the only mollusc which has this curious habit.

It seems scarcely credible that such soft-bodied creatures as molluscs should be able to penetrate rock, coral and wood, but many of them do. The great majority of borers are bivalves and most of them belong to families in which the boring faculty is characteristic. Of the bivalves which bore into wood, the most familiar example is *Teredo,* mis-named the ship worm, once the deadly enemy of ships on the high seas and of wooden installations on the coast. Having settled on exposed wood as a larva, the *Teredo* bores into it by using its small shell as an abrading tool, rocking the valves sideways. The animal, as its popular name suggests, is worm-like; it lines its burrow with a calcareous layer. The tip of the long, fused siphons are protected by small shelly plates, known as pallets which are unique to these molluscs and are the only structures of a *Teredo* which may be relied upon for identification. The excavated wood particles are conveyed through the mantle cavity and the siphons and ejected into the water outside the burrow. A piece of timber may be so honeycombed with calcareous burrows made by these destructive animals—who rarely seem to bore through each others' living space—that it falls to pieces, or even to powder, at a blow.

A more powerful boring mechanism is required for boring into stone. Some bivalves, *Hiatella* for example, take advantage of crevices in the rocks or of holes vacated by other rock borers, attach themselves to the end of their intended resting place with their foot or a bunch of byssus threads, and file the edges of the rock to their liking by using the ridges on their shell.

The rock borers, *par excellence,* are the piddocks (Pholadidae), close relatives of *Teredo.* Purely by the abrasive action of the file-like anterior edge of each valve, the piddock can bore slowly through the hardest stone. The large foot grips the end of the burrow and the animal then

rotates the shell in alternate directions. As there is no connecting ligament—the valves are held together by the action of the adductor
muscles—there is considerable play in the valves so that they can be
opened widely. Part of the anterior adductor muscle in piddocks is exposed on the outside, and to protect this, some species have accessory
shell plates. The burrow is smooth and circular in cross section, but as
the piddock is broader at the anterior boring end, it cannot avoid
imprisoning itself.

In warm seas, the date mussels *(Lithophaga)* also bore into hard substrates, especially limestone and coral, but they do so with chemical
assistance. The inner lobes of the mantle secrete an acid mucus which
softens calcareous substances and makes it possible for the smooth-
shelled date mussel to excavate a hole merely by rotating its shell against
the softened substrate. The acid secretion does not penetrate the date
mussel's own shell because it is covered with a thick, chitinous periostracum.

Gastropods do not actively bore into hard substances to seek refuge,
but some of them are found embedded in coral. One of these, *Magilus
antiquus* Montfort, settles on brain coral and in its early growth stages
develops a conventionally coiled shell. As the coral threatens to grow
over the shell, sealing it in, the mollusc keeps pace with the coral by
lengthening its own more or less straight calcareous tube to ensure that
it is always in contact with the sea.

Species of *Coralliophila,* smaller relatives of *Magilus,* are also closely
associated with coral. They do not become enclosed within growing coral
but form depressions in its surface into which they fit neatly, in much
the same way as a limpet will form a depression in rock by constant
attrition. The *Rapa* snails, thin-shelled relatives of *Magilus* and *Coralliophila,* also live embedded in coral, but their host is a soft coral. A small
hole in the coral is their only contact with the water.

Attachment
Many bivalves attach themselves to rocks, corals, shells or other natural
objects by the fibrous threads of their byssus. Some mussels and wing
oysters (Pteriidae), among others, attach themselves singly or in masses
in this way to other objects. At St Jean-de-Luz in south-west France,
I have seen a small tree which was cast up in a creek but had evidently
been floating in the sea for a long time because, studding the branches
and twigs and looking remarkably like leaves, were many byssally
attached speciments of *Pteria hirundo* Linnaeus, a common off-shore
wing oyster in that part of the world.

Occasionally, byssus-spinning bivalves congregate in such numbers that they form a suffocating carpet on the sea floor. Horse mussels *(Modiolus)* have this propensity, and one species spreads itself over a large area in the Gulf of Manaar, between southern India and Ceylon, to the detriment of the valuable pearl-oyster fisheries there.

The file shells *(Lima)* produce an abundance of byssal threads and put them to novel use by constructing nests formed of the threads and assorted debris, within which they conceal themselves. Most remarkably, whales' skulls form the unusual but invariable anchorage for the byssal threads of the small deep-water mussel *Idasola simpsoni* Marshall.

The nearest approach to byssal attachment by a gastropod is seen in some ceriths of the genus *Cerithidea,* which are sometimes found hanging upside down (i.e. apex downwards, which would not be considered upside down as far as the mollusc or a French conchologist is concerned) from mangrove roots by mucus threads, although this method of attachment cannot be considered homologous with the byssus of a bivalve.

It is again among the bivalves that we find most examples of species whose shells are permanently cemented in one position. The jewel boxes (Chamidae) are attached firmly to the substrate, and the uncemented parts of the shell are sometimes ornamented with long foliate spines. In *Chama,* attachment is by the left valve, in *Pseudochama* by the right. Thorny oysters *(Spondylus)* are attached by the right valve too. The Cock's-comb Oyster (*Lopha cristagalli* Linnaeus, which is probably a form of *L. folium* Linnaeus) grows on mangrove roots, or on other shells

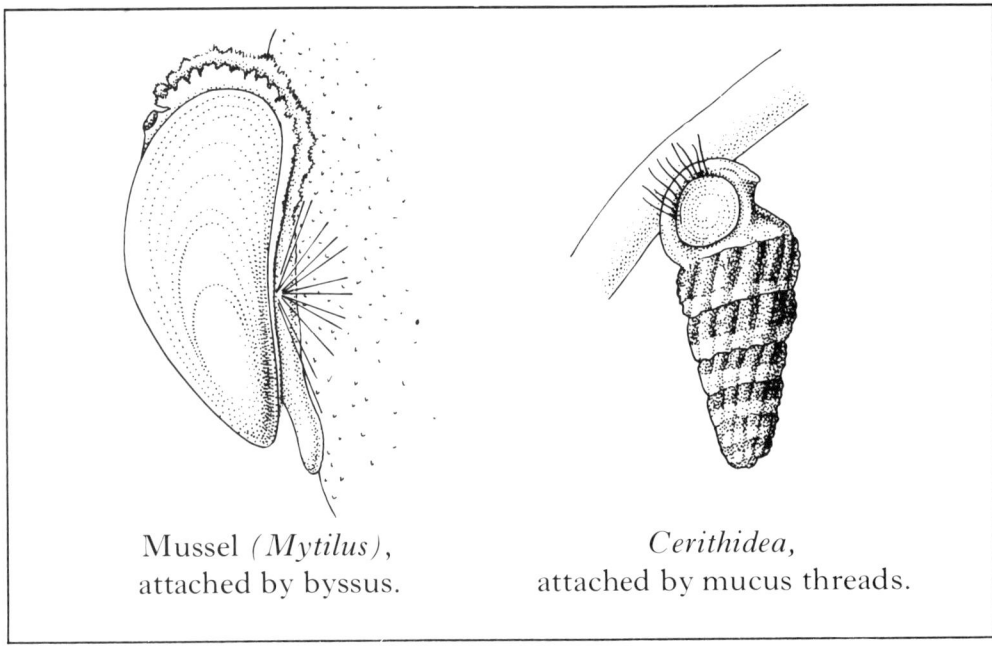

Mussel *(Mytilus)*,
attached by byssus.

Cerithidea,
attached by mucus threads.

to which it is attached by 'clasping' hollow spines issuing from some of the crests of 'V'-shaped folds of the left valve.

Among gastropods, some of the Vermetidae and Siliquariidae, collectively known as worm shells, are cemented to the substrate, sometimes throughout most of their length. In the family Hipponicidae, which includes the false cup-and-saucer limpets (*Cheilea*) and hoof shells, most species secrete a shelly platform on a rock to which the animal is permanently attached, though some settle on the spines of sea urchins or other natural objects including the shells of living molluscs and sometimes even each others' shells. Some of these platform-building molluscs have a superficial resemblance to certain bivalves, particularly as living animals.

Gastropods fated to spend their lives immobile or carried passively by other animals have to capture their food in much the same way as sedentary bivalves do, by capturing organisms and organic debris swimming or floating in their immediate vicinity. Worm shells do this by secreting long strings of mucus which will trap plankton, and the platform builders use their gills to filter food organisms from the water passing through them.

Having mentioned one kind of gastropod which bears a vague resemblance to a bivalve, it is apposite to mention another and much more convincing example, the so-called 'bivalved gastropod', a small sea slug incongruously enveloped in a pair of thin and fragile valves; it is discussed in some detail later in this book. But equally interesting, and as unexpected, was the recent discovery of a bivalve which can crawl up out of the water upon mangrove leaves in gastropod fashion. *Enigmonia aenigmatica* Holten, as this creature was prophetically named many years before its peculiar habits had been observed, is a small, limpet-like bivalve, elongate-oval in shape, with a long extensible foot which protrudes through a hole in the lower (right) valve. Its relatives in the family Anomiidae extrude a plug-like byssus through the hole in the lower valve and are usually fixed to other objects. The discovery of this bivalve crawling upon mangrove leaves in a Malayan estuary proved, once again, that adaptability is the keynote of the phylum Mollusca.

Very little has been said in this chapter about the characteristics of the molluscan shell, the most enduring, the most conspicuous and, for many, the most important feature of the great majority of molluscs. At the risk of displacing facts proper to an anatomical and biological account of the Mollusca, I shall devote a separate chapter to a detailed treatment of the molluscan shell as a separate entity. First, though, it is worth indicating for the benefit of readers who are interested in molluscs and not just in their shells how marine molluscs may be kept alive.

STUDYING LIVE MOLLUSCS

Living molluscs should ideally be studied in their natural surroundings. The movements of a particular animal may be followed by marking the shell with paint, by tagging it with a metal tag, or by filing a notch in it. Long-term observations on migration and growth have been carried out successfully on such marked specimens. Short-term observations are possible under favourable circumstances, and in warm water it is pleasant and instructive to watch molluscs in shallow water by using a face mask and snorkel. Scuba divers have made valuable observations in deeper water and have filmed live molluscs there.

Unfortunately there are so many drawbacks to making prolonged observations on molluscs in the field that it is usually necessary to transfer them to an indoor aquarium. Although this is an artificial method of keeping molluscs under observation it has many advantages, not least the pleasure and satisfaction it may bring. The secret of success in keeping live molluscs for long periods is in maintaining a healthy, though artificial, marine environment for them.

The aquarium can be as large or as small as you wish, but the very large ones present problems which only experts know how to handle. A large aquarium requires correspondingly large quantities of sea water which may not be readily available. An aquarium holding 40 or 50 gallons may be very attractive to look at but it is time consuming and expensive to maintain. On the other hand, one with a capacity of less than 20 gallons is not really suitable for the larger molluscs. For the smaller molluscs, clear plastic containers, such as those used to hold sandwiches, are adequate and cheap.

It makes sense to have your aquarium set up before introducing any molluscs—you should not set it up on the same day as you bring home freshly collected specimens. If, as usually happens when you are new to the game, you want to do just that it is best to keep the molluscs in separate, open containers in a small quantity of sea water until the aquarium has been prepared and the organisms in it have had a little time to settle down.

The setting up procedure for large or small aquaria is fairly standard and basically simple. For keeping small molluscs, the aquarium you choose should be broad and the water in it shallow so that in relation to the volume of water a maximum surface area is exposed to the air. If an aerator is used, the water can be deeper. As an adequate supply of oxygen is essential to the wellbeing of all the inhabitants, it is advisable to use an aerator whenever possible. One small pump with connecting hoses will aerate three or four small aquaria without difficulty. Evaporation may be minimised by covering the aquarium with plate glass or a plastic lid, but it will still be necessary to top up the water level from time to time to maintain the correct salinity. Distilled water should always be used for topping up or the salinity level will be increased. Mark the original water level on the outside of the aquarium and inspect the level regularly, topping up as required. Collect water from as far out at sea as possible to ensure that it is free from suspended debris. A bucket let down from a pier will do if you cannot get out to sea. Water for the aquarium must not be transported or stored in a metal container. Well sterilised plastic containers with plastic screw tops, also sterilised, are eminently suitable. Before use, the water should be filtered through cotton wool or layers of clean cloth in a plastic funnel. Spare containers of sea water may be stored in a cool, dark place. Artificial sea water, which can be purchased in salt form, is an acceptable substitute for the real thing and is free from impurities. Long-handled forceps, a pipette and a small nylon-mesh net should always be handy for removing objects from the water.

The materials needed to furnish an aquarium vary to some extent according to the kinds of mollusc to be placed in it. It is essential that anything placed in it is clean and preferably from the same environment as the molluscs. A layer of fine, washed sand about three or four centi-metres deep should cover the bottom. Coarse sand or gravel should not be used because organic debris will be trapped in it and will decay and pollute the water. Two or three smooth stones reaching nearly to the water surface should be placed on the sand. If you want to keep rock-dwelling molluscs, the stones should be hygroscopic and should be large enough to rise well above the water surface. Coral rock, a piece of sea-worn brick or any other stone which attracts water is recommended; it should preferably have a covering of fine green algae. The stones should not have barnacles, sponges or brown weeds attached to them as these organisms die almost immediately and pollute the water. Unless they are provided with a suitable rock to climb on, rock-dwelling molluscs will crawl up the glass sides of the aquarium and may perish. Newly-hatched molluscs, rock-dwellers or not, habitually crawl up the glass. They should be brushed down into the water again at frequent intervals with a wet brush. In setting up an aquarium, it is important not to over-do the decoration by straining after effect. Decide at the outset whether you are interested in rearing and studying molluscs or in developing a submarine garden; don't attempt to do both in a single aquarium.

As a rule, a small unaerated aquarium will support very few specimens and fewer species of the Mollusca. Some species, such as limpets and sea slugs, are usually dead within two or three days. This goes for most sea anemones, sea urchins, sponges and ascidians too. They fare much better in aerated water. Clearly some molluscs are much happier in an aquarium than others, and it is worth finding out which kinds are hardy and useful. Species of *Nassarius* are helpful scavengers which will survive even in putrid water. Mussels may be employed to clear water which is cloudy; if a few are placed in a jar and submerged, any deposit they leave can be lifted out with them. Other bivalves will burrow into the sand and will extract scarcely visible organic debris out of the water. If you are going to introduce moderately large bivalves, however, the aquarium should be relatively deep and well aerated. Top shells seem to do well and so do tiny gastropods such as Rissoidae. Cockles and scallops usually survive for a long time, particularly if they are small specimens. Even newly hatched carnivorous gastropods may do well if they are fed tiny pieces of meat, mussel or cockle flesh, shrimp, or even mollusc eggs.

When placing different species in the same aquarium, be careful not to mix aggressive and non-aggressive ones unless you are prepared to lose the latter. Ascertain beforehand, if you can, the food requirements of a particular species. If it likes molluscan flesh, ensure that you lay in a stock of mussels or other easily acquired molluscs. These may be stored in a freezer until needed. Some carnivorous species will happily feed on preserved meat (but don't leave any fat on, as it will create a film on the water surface). Others, such as cones, require live food. Feed your charges little by little, remembering to remove immediately any scraps left over from their meal. An insignificant piece of meat or chopped mussel can pollute an aquarium in a remarkably short time. If the water becomes badly polluted—and you can tell when it does by its unpleasant smell, its cloudy appearance and ultimately by the dead and dying animals in it—replace it with clean sea water from your reserve stock.

The water temperature should be stable, and cool rather than warm. Around the 50° F mark, most molluscs seem to be comfortable although many thrive in somewhat higher temperatures. Lowering the temperature is likely to slow them up; intense cold is usually fatal. Naturally,

Opposite : a unicolorous shell, Melo melo *Lightfoot (× 1·3), a large volute from Malaysian and Chinese waters.*

a tropical shallow-water species likes a higher temperature than one from a deep, cold environment, but neither is happy with extremes. For this reason, the positioning of the aquarium is important. Avoid placing it in direct sunshine at any time or the glass sides will rapidly be obscured with algal growth and the water temperature will tend to rise. A north-facing window is ideal as long as the plants receive enough light to perform their vital functions.

Apart from the visual pleasure it gives, a marine aquarium is a place where interesting activity may be observed—it is worth making a permanent record of this. Even the most trivial occurrence may be worth noting down. Keep a pencil and pad by the tank so that observations can be written down, timed and dated, on the spot. It is a good idea to keep regular records of temperature, of the dates when molluscs or other organisms are introduced, of mating, egg laying and feeding habits. A précis of the observations made on a particular specimen may be included with its shell when this is removed and placed in your collection. You may well be able to rear some eggs to the veliger stage, and veligers are always worth watching. If you can get them beyond the veliger stage, you will be a very competent aquarist indeed and should have little difficulty inducing them to grow into recognisable shelled molluscs.

You do not need to be a trained artist to make passable sketches of some of the creatures you observe. Of course, they are often moving and present different appearances as you watch them. It is thus worth concentrating your sketching abilities on the features which are most mobile. Make a series of little drawings if you wish and make colour notes. Draw the shell last, then fit on it a composite drawing of your other sketches.

If you are a photographer and have the necessary equipment for aquarium photography, you will find molluscs challenging objects to capture on film. If you are prepared to accept a few initial setbacks you will not fail to derive an enormous amount of pleasure from the study of live molluscs in an aquarium. No matter how fascinating you may find the study of empty shells, you will soon find that living molluscs are even more fascinating.

Opposite: colour and colour pattern in shells. Left: Janthina exigua *Lamarck (top, × 2·3), a pelagic species found in warm seas;* Tellina albinella *Lamarck (centre, × 1·2), a common species from southern Australia;* Conus princeps *Linnaeus (bottom, × 2·1), a Panamic cone shell. Right, from top to bottom:* Aplustrum amplustre *Linnaeus (× 1·2); a common Indo-Pacific bubble shell;* Philippia radiata *Röding (× 2·2), a Pacific species;* Natica violacea *Sowerby (× 1·2), an Indo-Pacific species;* Babylonia formosae *Sowerby (× 0·8) from the China Sea.*

THE SHELL ANALYSED

All shells have structure and form. Many are embellished with some kind of ornament (or sculpture). The majority show at least a trace of colour and in many it is displayed as a colour pattern.

Structure
Up to 97% of the molluscan shell is made of calcium carbonate. Together with other inorganic substances such as silica and magnesium carbonate, as well as a very small amount of organic material, it is secreted in liquid form between the mantle and the previously laid-down part of the shell. With the exception of the horny material known as the periostracum, which provides an outer protective coating, the shell consists of crystals of calcium carbonate and small amounts of other substances bound together by a fine network of organic material known as conchiolin (the operculum of many species is also largely made up of conchiolin).

The calcium carbonate crystallises into two forms, calcite or aragonite, and is deposited in structurally distinct layers. Most of the layers are aragonitic, but there are whole families of molluscs whose shells are either entirely aragonitic or calcitic.

The crossed-lamellar structure is the commonest in gastropod and bivalve shells; it is usually aragonitic and gives more strength than the other structures do. It consists of parallel rectangular plates lying perpendicular to the shell surface.

The nacreous structure (always formed of aragonite, at least initially) never forms the outermost layer but is familiar as the mother-of-pearl inside many gastropod and bivalve shells. Thin leaves of aragonite alternate with thin leaves of conchiolin—it is easy to peel the layers away once the surface is fractured. The nacreous structure tends to be found in primitive molluscan groups such as the Turbinidae among gastropods and Nuculidae among bivalves.

The prismatic structure is almost confined to calcite layers and is mostly found in the outermost one. The calcite prisms are usually perpendicular to the shell surface, but are sometimes oblique or parallel to it. The other structures are less important and occur in relatively few species.

Form

At first glance, there seems to be no end to the shapes assumed by molluscan shells. The fundamental shapes, however, are relatively few. Scaphopods all have tubular shells resembling elephant tusks, and members of the gastropod family Caecidae have similar, though usually much smaller shells. Chitons, alone among molluscs, have a series of eight shelly valves all more or less arched when seen end on. In *Nautilus,* the only living genus of cephalopods with a true external shell, there is a bilaterally symmetrical, coiled shell divided internally into partitions. No other mollusc has a shell anything like this. Most other molluscan shells fall into two broad groupings: univalves (one-piece shells), which are mostly gastropods, and bivalves (two-piece shells).

As gastropod shells have acquired their various forms via many different evolutionary routes, it frequently happens that a similar shell form is shared by numerous unrelated groups. The overwhelming majority of marine gastropods have coiled shells. As not one shell-less

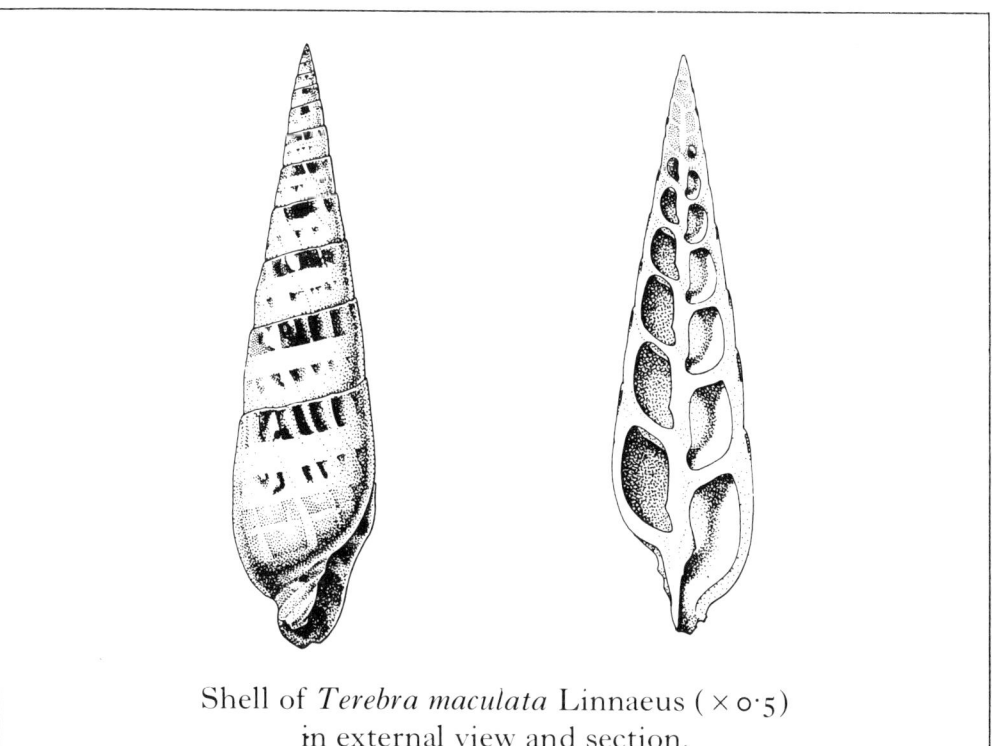

Shell of *Terebra maculata* Linnaeus (× 0·5)
in external view and section.

mollusc is coiled in the adult state, it is reasonable to assume that the shell coils the animal.

But in what way does the animal benefit from having a spirally coiled shell? First of all, we should try to imagine a shell-bearing mollusc such as the Common European Whelk (*Buccinum undatum* Linnaeus) crawling along without its shell. We would find that the visceral mass containing the digestive organs and other vital parts not connected with the business of crawling was disposed in a spiral manner on the creature's back. Evidently the shell's function is to protect and support these parts. The spiral coiling gives added strength to the shell and allows the vulnerable soft parts to be tucked away safely and economically. But the spiral form adopted by gastropods for their shells is a very special one and deserves to be examined more closely.

Gastropod shells are essentially tubes coiled about imaginary axes, with the successive coils in contact with each other, but they do not all coil in the same direction. Most gastropods have shells which coil in a clockwise direction, as is readily apparent when a shell is viewed from directly above its apex. Such a shell is said to be right handed (or dextral): when it is held in the hand with its aperture facing the observer and its apex uppermost, the aperture is on the observer's right. Conversely, a shell which coils in an anticlockwise direction is said to be left handed (or sinistral) because its aperture is on the observer's left when it is similarly orientated.

Shells may be coiled on the flat or may assume the form of upright spirals. Flat or upright, they all adopt mathematically the same kind of spiral, the logarithmic or equiangular spiral. In shells, the logarithmic spiral is seen at its purest in the lines of a sectioned Pearly Nautilus (*Nautilus pompilius* Linnaeus), where the outlines of the partitioning walls (or septa) exhibit a series of logarithmic curves each one being a multiple, in a definite ratio, of another.

The logarithmic spiral is the only curve in which one part differs from another in size but not in shape. This is singularly appropiate because, potentially anyway, the mollusc inside the shell may grow rhythmically and continually forever and there will always be enough space inside for it. Leonardo da Vinci, who seems to have studied the spiral formation of shells very closely, was aware of the advantages to the gastropod mollusc of this mode of construction when he wrote: 'The creature that resides within the shells constructs its dwelling with joints and seams and roofing, and the other various parts, just as a man does in the house which he inhabits; and this creature expands the house and roof gradually in proportion as its body increases and as it is attached to the sides of these shells' (quoted in T. A. Cook's *The Curves of Life,* 1914).

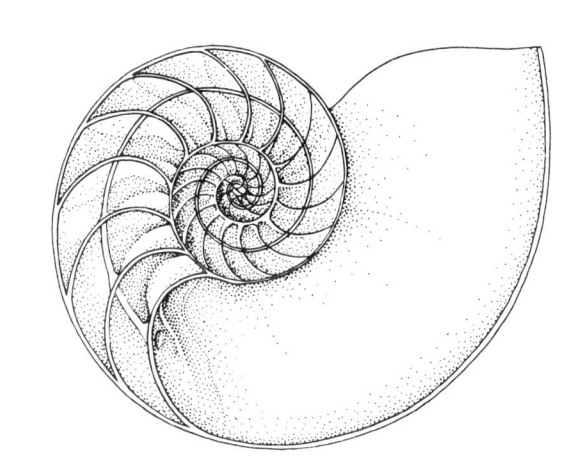

Section through shell of *Nautilus pompilius* Linnaeus (× 0·5).

The great variety of form in gastropod shells would not have been possible had they all been coiled in one plane like the Pearly Nautilus. But the great majority of gastropods have directed the growth of their shells downwards as well as outwards from the apex. Had they not done so, how dull the conchological scene would be. No mitres, no terebras, no volutes, no cones—scarcely any of the shells most admired today—would have come into being.

A curious point first noticed by Canon Moseley in the early nineteenth century concerns the relationship of the formation of the operculum to that of the shell in certain gastropods. In some species of the family Turbinidae (among others), there is a correlation between the spiral of the shell and the spiral of the operculum. By cutting the shell at any point in the plane of its axis, every section will give a form similar to that of the operculum. Thus Moseley was able to prove that the form of a shell is produced by the revolution round the axis of the gradually enlarging perimeter of the operculum. The operculum, therefore, shows us in plane view how the shell gradually increases in size as it grows older.

Long before Moseley published his mathematical analysis of shell form, the seventeenth-century Dutch scientist Jan Swammerdam had shown that all spiral shells are simple tubes curved according to mathematical laws. No matter how much ornamentation the mollusc adds to its shell in the way of spines, tubercles, ribs and so on, the shell is still a tube, and if there is an observable difference in the form of the tube between one species and another (occasionally, as we now know, between two sexes of one species) that difference is of a geometrical nature.

There is wide variation in basic shell form among gastropods because of the differing rate of expansion of the coiled tube and because the curves of successive whorls cut one another differently according to the angle of the spiral. Rate of expansion is not the same thing as rate of growth. A shell which expands rapidly may grow slower than one which expands slowly.

There are exceptions to the rule of steady expansion with growth. Some shells, after a period of steady expansion, diminish the size of the tube. This phenomenon, well seen in several genera of non-marine shells, is also a characteristic of the trochid genus *Clanculus*. Even in *Clanculus,* however, the tube does not diminish until the growing process has almost ceased, and it is a common feature of many shells, marine and non-marine, for the aperture to be constricted by a thickening of the lips or by the development of shelly processes within it.

A shelly tube coiling in a logarithmic spiral may grow in such a way that the inner sides of the tube do not touch at the axis of the shell. Instead there is a resulting hole around which the whorls revolve; this is the umbilicus and shells possessing it are called umbilicate. The umbilicus, an important feature in identification, may be wide or narrow, deep or shallow, smooth or ornamented. It may be partially or completely plugged by shelly matter, and many species have the outer lip

Babylonia spirata Linnaeus (× 1) showing fasciolar ridge bordering umbilicus.

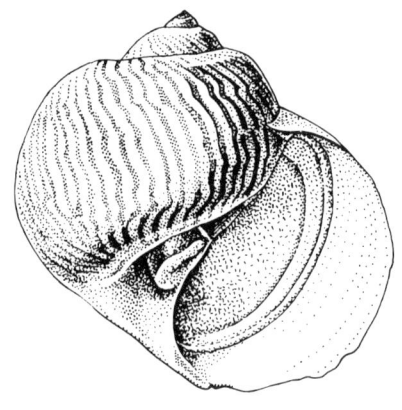 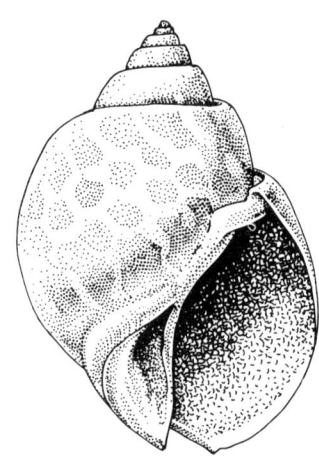

Natica lineata Röding (× 1·3),
showing umbilicus with funicle.

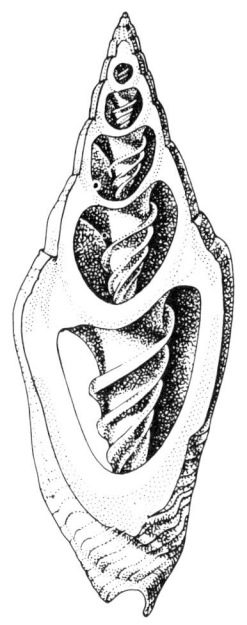

A mitre, *Vexillum vulpecula* Linnaeus (× 1·8),
sectioned to show columella folds.

turned back over it so that it is quite obscured or may appear as a mere
chink. In many Naticidae, a thick ridge of shelly matter, known as a
funicle, ascends spirally into the umbilicus, and in the buccinid genus
Babylonia, a ridge, known as a fasciolar ridge, borders the basal edge of
the umbilicus. A similar ridge is found on shells of Olividae although,
with the exception of some species of *Ancilla,* it is not associated with an
umbilicus.

Another feature which is structural rather than ornamental is the
columella fold (or plait). This is a ridge that winds around the columella
and may be seen projecting from the aperture. Columella folds, which
provide attachment for the muscle, are especially characteristic of the
Volutidae and Mitridae. The best way to see them is to cut a longitudinal
slice from the shell of a mitre or a volute so that the columella is revealed
entire. The resemblance to the central pillar of a winding staircase is very
striking, and it has been suggested that the idea of this architectural
feature might have been inspired by a shell.

Unlikely though it may seem, the growth of a majority of bivalve shells
also appears to be logarithmic. A bivalve shell is a pair of more or less
convex valves usually hinged at or close to one margin. Along the inner
edge of this hinge margin are various structures, such as the ligament and

hinge teeth, which draw the two valves together and give them support. Growth proceeds away from the larval shell (prodissoconch) outward by successive increments in the same way, essentially, as it does in gastropod shells, with the umbo (or beak) being formed first. The increments are usually broadest at the points furthest from the larval shell, very commonly at the ventral margin where the valves open widest, and where the foot of the animal protrudes. To some extent it is true to say of many bivalve shells, as it is of most gastropod shells, that the variety of form they display is due to their growing logarithmically. This may be demonstrated with the lower valve of a radially ribbed scallop of the genus *Pecten*. One rib and only one will be found to be entirely within a

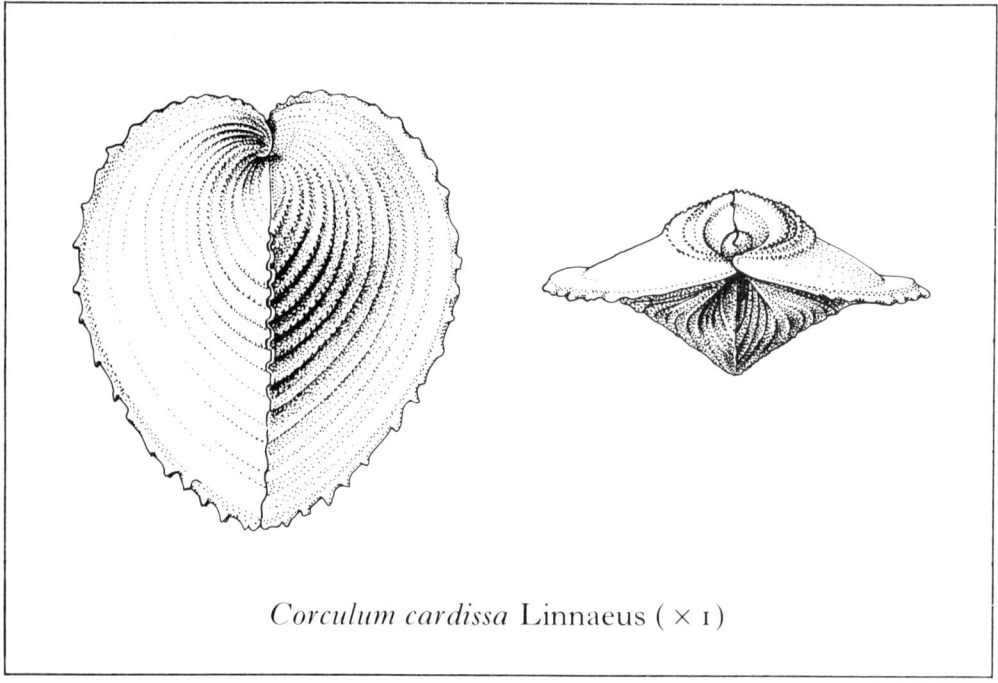

Corculum cardissa Linnaeus (× 1)

Opposite page. Top : bivalves (× 0·9) showing radial colour patterns— Chlamys caroli *Iredale (top left), from New South Wales;* Tellina rastellum *Hanley (top right) from the Indian Ocean;* Siliqua radiata Linnaeus *(centre) from the Indo-Pacific;* Callista kingi Gray *(bottom left), from southern Australia;* Chione subrugosa Wood *(bottom right), a Panamic species. Bottom : more elaborate colour patterns in two specimens of* Chlamys pallium Linnaeus *(× 1·4), an Indo-Pacific scallop.*
Overleaf: Cymbiola imperialis Lightfoot *(left, × 1·5), a large volute from the Philippines with a row of spines on the shoulder of the whorls;* Lambis scorpius Linnaeus *(right, × 1·3), an Indo-Pacific species with long digitations on the outer lip.*

single plane, every part of it appearing straight in longitudinal view. If the shell valve is cut along the course of that rib, the resulting section forms a logarithmic spiral.

It is because two valves are growing in opposition to each other that bivalves have been unable to exploit the possibilities of the logarithmic spiral to the full. If both valves were spirally coiled in the same way as a gastropod shell is coiled, the bivalve would be unable to open its valves at all. Some have overcome this problem to a point by developing umbones which are not exactly opposite each other (as in the heart cockle *Corculum cardissa* Linnaeus). As the animal protrudes from the ventral margin, its umbones slide past each other. Some bivalves, on the other hand, cannot open their valves without damaging them. In some species of the genus *Thracia* (e.g. *T. conradi* Anthony), the umbo of the left valve always pierces the umbo of the right, as it must do if the animal within is to open its shell.

Here we see one important reason why bivalves are less numerous in species and less successful than gastropods. Bivalves have gone as far as they can go in an evolutionary sense and are now at the apogee of their development. If they have not become immensely successful by now, they never will. All along they have been hindered by their two-piece, hinged coverings. In a fiercely competitive world, there is not much future for animals with so many limitations, and it is a rare dispensation indeed which permits species to survive only at the expense of self-inflicted damage.

Bivalves may be equivalve (with valves of equal size and shape) or inequivalve (with valves dissimilar in size and shape and sometimes with different ornament). They are also equilateral or inequilateral according to whether the umbo is half way along or closer to one end of each valve. Despite the limitations of the two-piece shell, bivalves have exploited a remarkable range of shapes. In cross section they may be very thin, as in some Tellinidae, or very inflated, as in some Arcidae. In outline they may be long and narrow as in *Lithophaga,* or almost circular, as in *Dosinia,* and some have developed wing-like extensions of the dorsal margin, as in *Pteria* and *Chlamys.*

In life some are cemented to the substrate by the right or left valve (consistently one or the other according to the species) and some have a

Opposite : variations in colour and colour pattern within three common species. Top : Phasianella australis *Gmelin (× 0·8) from southern Australia. Bottom :* Neritina communis *Quoy & Gaimard (left, × 1·3), from the Philippines, and* Umbonium vestiarium *Linnaeus (right, × 2·0), from the Pacific.*

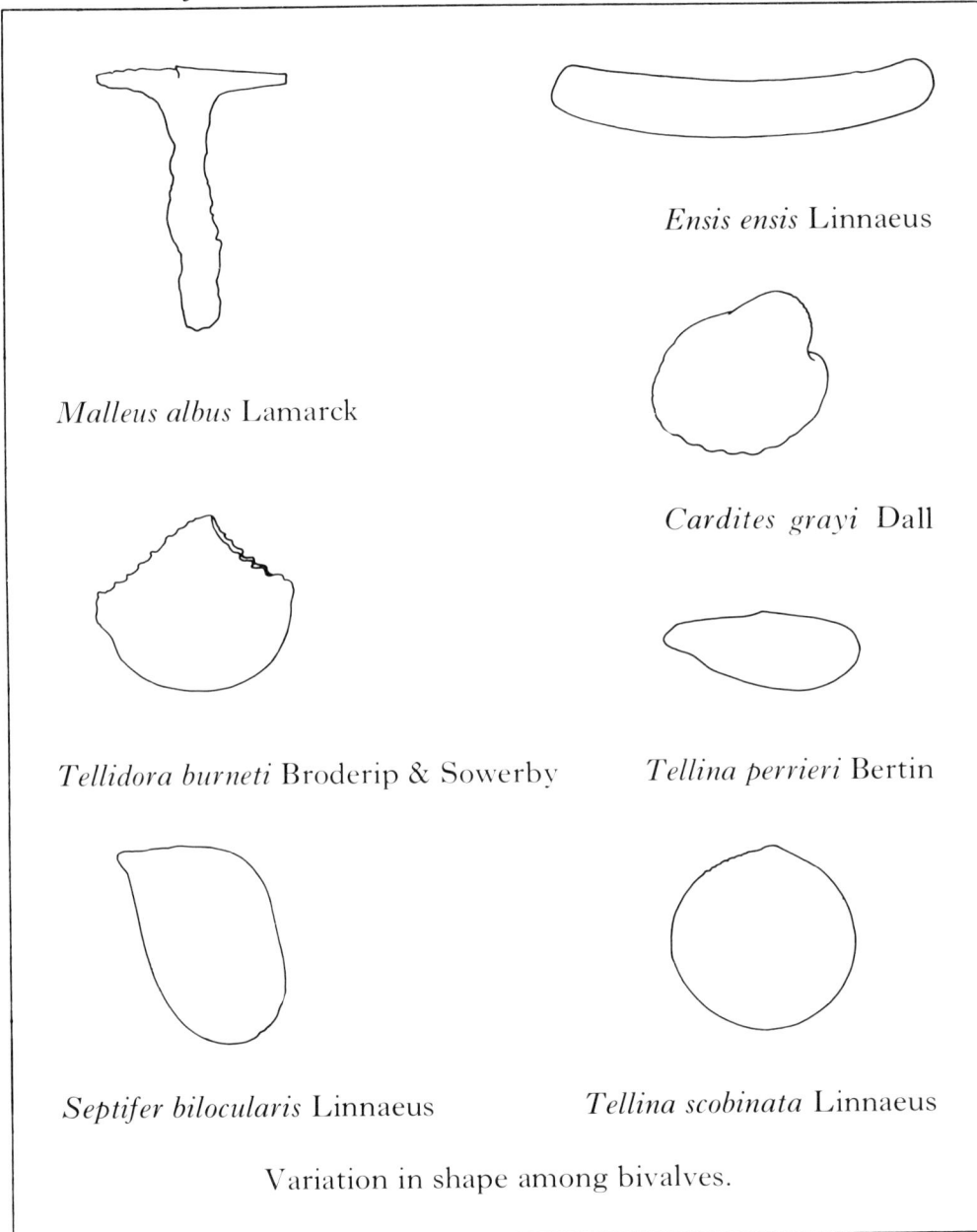

Ensis ensis Linnaeus

Malleus albus Lamarck

Cardites grayi Dall

Tellidora burneti Broderip & Sowerby

Tellina perrieri Bertin

Septifer bilocularis Linnaeus

Tellina scobinata Linnaeus

Variation in shape among bivalves.

hole in one valve, as in *Anomia,* or a marginal gape, as in *Arca,* through which a bunch of fibrous threads (called a byssus) protrudes; this is used to anchor the animal to the substrate. Bivalves have a complicated inter-locking mechanism known as the hinge. This mechanism, comprising tooth-like structures, lamellae and corresponding pits and grooves into which they fit, is part of the basic shell structure rather than an orna-mental feature and is not visible externally.

There is no sign of spirality in any of the eight valves which make up

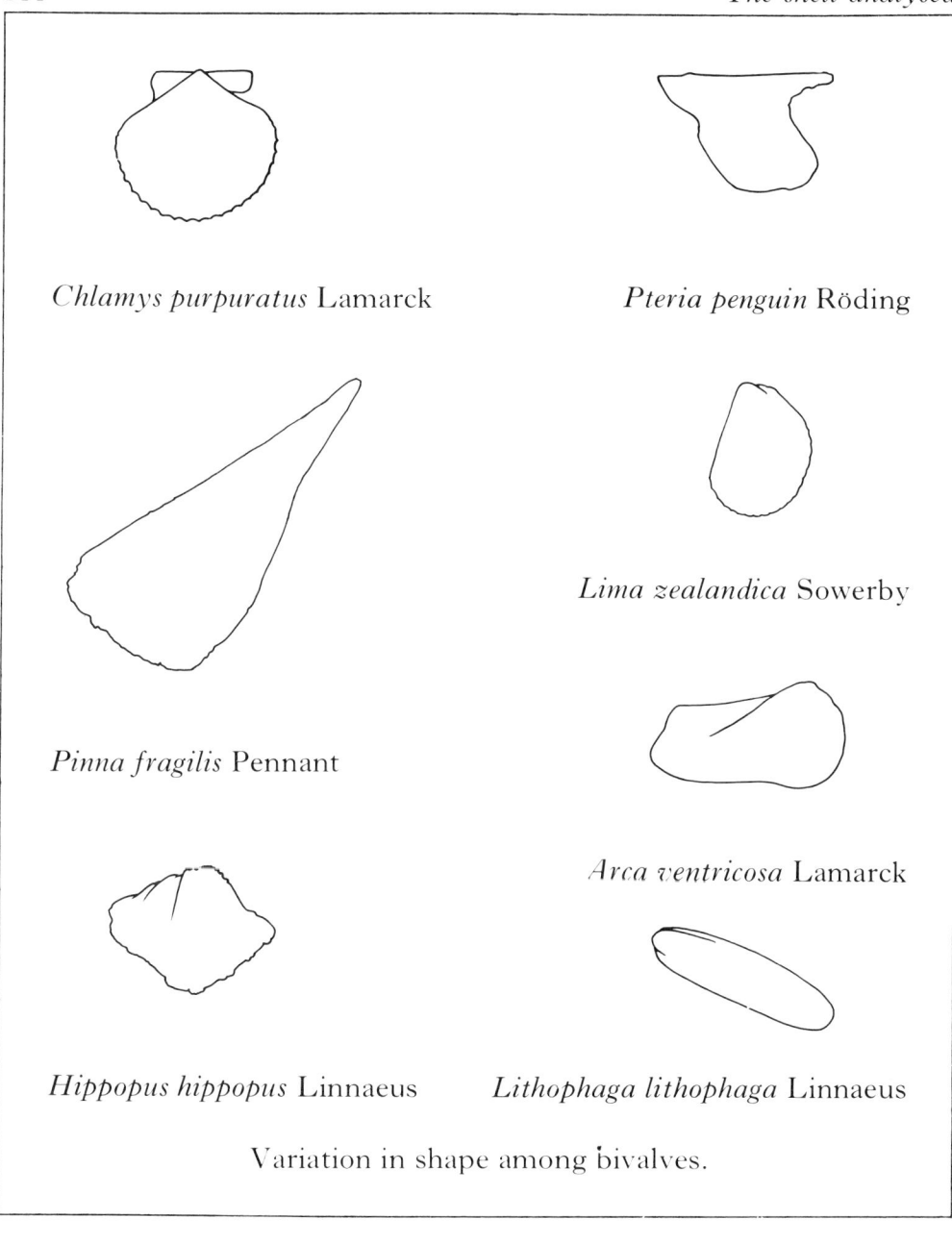

Chlamys purpuratus Lamarck

Pteria penguin Röding

Lima zealandica Sowerby

Pinna fragilis Pennant

Arca ventricosa Lamarck

Hippopus hippopus Linnaeus   *Lithophaga lithophaga* Linnaeus

Variation in shape among bivalves.

the shell of a chiton. Typically, the valves are arch-shaped, overlap each
other and have slits or notches at the sides where they are inserted into
the surrounding fleshy girdle. Each valve is bilaterally symmetrical, as is
the whole animal, and is not very variable. Similarly there is no spiral
growth in a scaphopod shell, although the tube does expand gradually
as it grows.

It is worth saying something more about the immature stages of shells
which, through unfamiliarity, may puzzle the collector. Before it has

acquired its thickened and toothed apertural margins, a cowry bears a striking resemblance to a narrow-sided opisthobranch and, for that reason, it is said to be in the 'bulla' stage. Gastropods which develop digitations along the outer lip when fully grown, in particular some species of *Aporrhais* and *Lambis*, look very different when immature. Similarly, the various species of *Strombus* can be puzzling when immature, and no shell has been as constantly mis-identified as the Bloodmouth Conch, *Strombus luhuanus* Linnaeus, which, before it has acquired its thickened outer lip and blood-red columella lip, looks remarkably like a species of *Conus*. The very young stages of some gastropods are so dissimilar in appearance from their full-grown counterparts that they have deceived even expert eyes. The embryonic whorls of *Syrinx aruanus* Linnaeus, one of the very largest gastropods when fully grown, were described by leading conchologist as specimens of a new genus and species; other highly qualified conchologists have made similar mistakes.

Ornament

Few molluscan shells are completely devoid of ornament. Even those which appear to be smooth often have striations, pittings or other forms of ornament which can be seen only under a lens or a microscope. Most molluscan shells have distinct growth lines and many of them have prominent ornamental features such as ribs, lamellae, spines, rows of

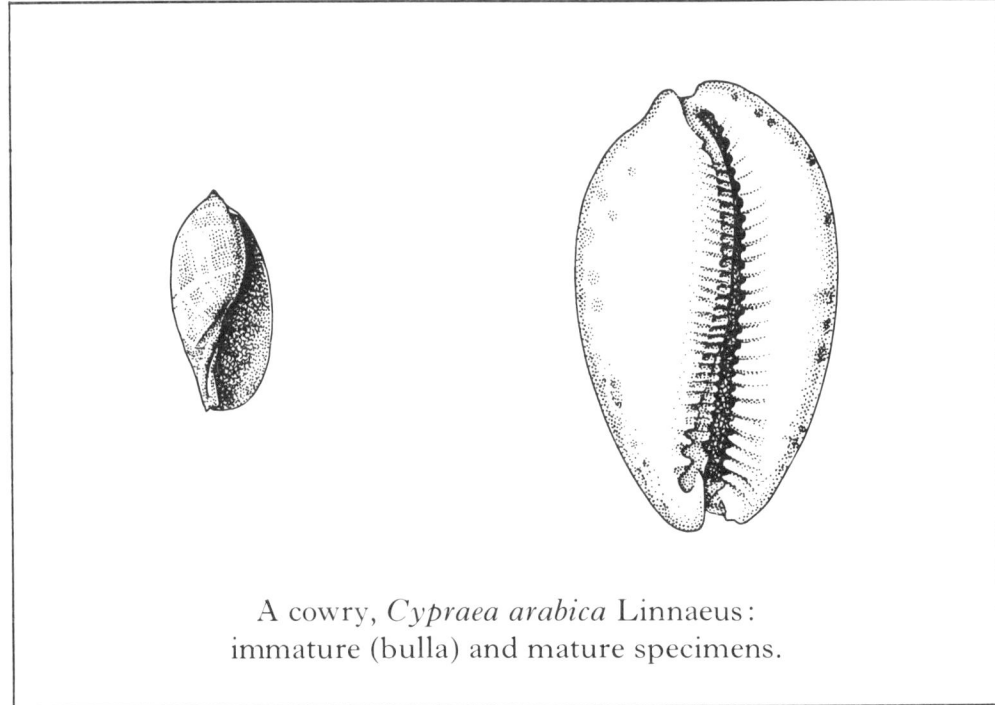

A cowry, *Cypraea arabica* Linnaeus:
immature (bulla) and mature specimens.

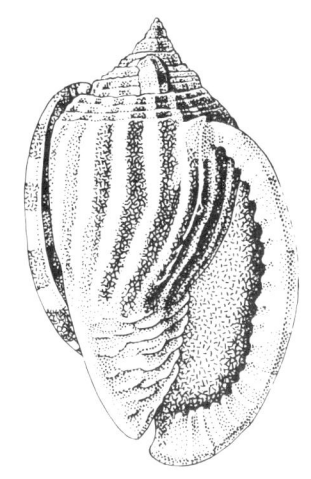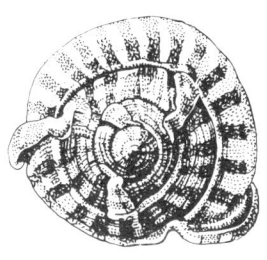

Two views of *Phalium strigatum* Gmelin (× 1),
showing varices.

nodules, beading, etc. In a majority of species, these ornamental features combine to form a pattern distinctive enough to enable an observer to identify the species confidently.

Spines, lamellae, tubercles and other conspicuously raised forms of ornament are limited to the shells of gastropods and bivalves. The shells of scaphopods and chitons have only lesser forms of ornament such as ridges, striae, pustules and tiny pits (or punctae). *Nautilus* shells have only weak growth lines, although the extinct ammonites are characterised by their strongly ornamented shells.

The successive growth stages of gastropod shells appear as lines which may be conspicuously elevated or not. Sometimes growth is temporarily held up and the growth stage may become more marked, so much so at times that a permanent rib (or varix) is formed. A varix (plural varices) is a normal feature of many gastropods; when two or more varices are present on a shell, their arrangement often follows a pattern which is distinctive for the species. In helmet shells of the genus *Phalium,* for instance, the varices on shells of the same species, viewed from the apex downwards, occur at certain definite angular intervals. On the other hand, the disposition of the varices varies from species to species.

The number of varices also varies from group to group. In the Muricidae, for example, there are three varices to each whorl and they are aligned down the sides of the shell. In the Cymatiidae and Bursidae, there are two varices per whorl and these may or may not be aligned. A

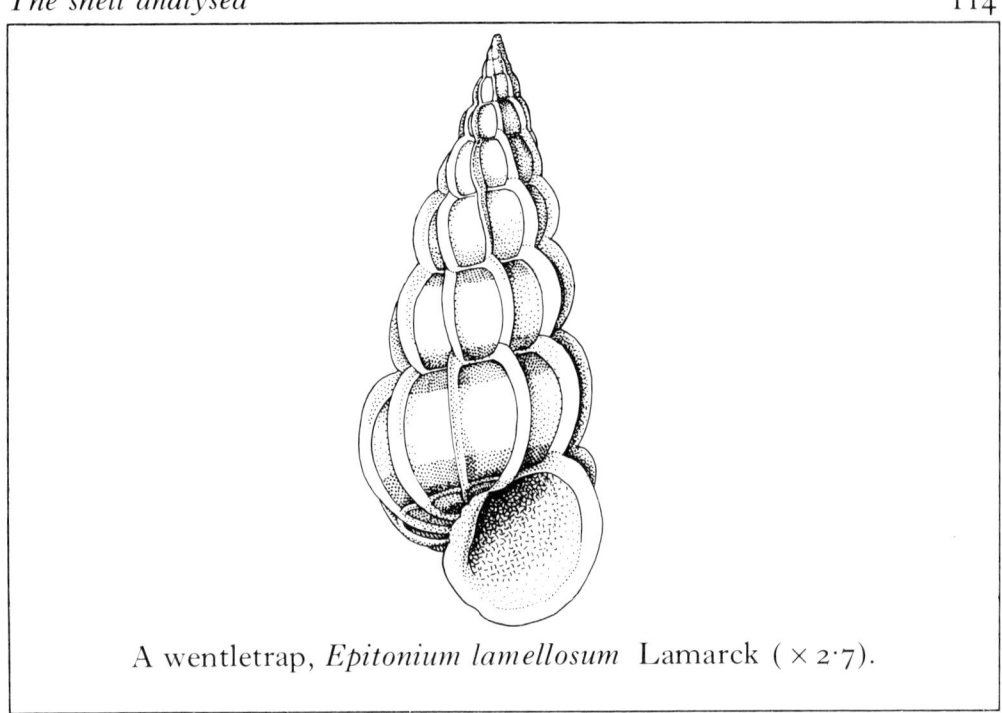

A wentletrap, *Epitonium lamellosum* Lamarck ($\times 2\cdot 7$).

varix is really nothing more than a well-developed vertical (or axial) rib, and many gastropod shells are decorated with numerous so-called ribs which are really former apertural lips. Harp shells and wentletraps demonstrate this fact very clearly. In other axially ribbed shells, the ribs are not so prominent and in many they are merely slight elevations on the shell surface. Often, the ribs are broken up into tubercles or pustules. In the cymatiid genus *Apollon* such broken up axial ribs occur between the more prominent and continuous varices.

Axially aligned (or collabral) ornament results from rhythmic or periodic fluctuations in the shell-secreting activity of the entire mantle edge, and such ornament is parallel with the outer lip. At the same time, spiral ornament may pass continuously round the whorls parallel with the suture (the join between successive whorls). Variations in the secretion of the shell by different parts of the mantle edge form features which have spiral rather than vertical alignment. Conspicuous spiral ornament is well seen in most tun shells and top shells. In many gastropod genera, however, collabral and spiral ornament is present in combination. Shells of the genera *Cancellaria*, *Phos*, *Morum* and *Nassarius* show this combination very well. Sometimes, as in one or two mitres of the genus *Vexillum,* the ornament of the early whorls is predominantly collabral and of the later ones predominantly spiral.

A few gastropod shells, such as some turrids, display transverse ornament, i.e. not strictly parallel to the axis and not truly collabral. There is no precise terminology for the various ornamental features, and different terms are used to describe them according to the whim of the describer. Collabral raised elements may be described as keels (or carinae), bands, ribbons, cords and threads. Depressed elements may be known as grooves, channels and striae. When the collabral or spiral elements are broken up, the components are known variously as nodules or tubercles (large and rounded protuberances), pustules (smaller), granules (smaller still); spines, prickles (small, pointed elevations), scales (small, vaulted elevations, usually thin). A series of pustules gives rise to beaded ornament and the pustules may then be described as beads. When a narrow collabral element intersects a narrow spiral kind, the resulting pattern is called cancellate. Minute, often microscopical depressions are called punctae (singular puncta) and when they form a row in a spiral groove, the groove is then said to be punctate.

Some features associated with the aperture of gastropod shells may here be treated as ornamental. The inside of the aperture is usually smooth, but in some species there are parallel elevated lines called lirae (singular lira). Members of the buccinid genus *Siphonalia* have lirate apertures, and lirae are very conspicuous features of most species of *Lambis*. The margin of the outer lip of many species is wrinkled, notched or provided with small sharp spines and a shell so provided is said to have a crenulate outer lip. The crenulations are extensions of the internal lirae or, in some mitres, terminations of external, spiral ornament. The outer lip may also bear well-formed denticles (small teeth) either just inside the lip margin or on it.

The character of the ornament on the sides of the whorls within the umbilicus is usually similar to that on the outside of the whorls, but in species of *Architectonica* it differs. In many of the umbilicated species of Trochidae, too, the external ornament bears little resemblance to that seen inside the umbilicus, but this is because another layer of shelly material has been deposited over the original shell wall and a different kind of ornament has been produced in the process.

A majority of bivalve shells have lines or coarser markings on their surfaces correlated with successive growth stages. These growth lines and growth rugae are laid down all around the free edges of the valves and are known as concentric (though commarginal—the bivalve equivalent to collabral—has been suggested as a more suitable term). The varix found in some gastropods does not have a bivalve counterpart although bivalve shells are frequently found with irregular and prominent growth stages. Bivalves sometimes develop exaggerated growth stages when they are compelled to stop growing because of adverse environmental conditions.

Except for their growth lines, many bivalve shells are smooth but many more are ornamented. Their ornamentation is almost as diverse as that of gastropod shells. As in gastropods, there are two fundamental kinds of ornament. Concentric ornament is deposited rhythmically along the edges of the valves by the mantle. Radial ornament is deposited at the edges of the valves at certain points only and in such a way that it tends to radiate from the umbones towards the ventral margin, crossing the concentric ornament at an angle. Sometimes the radial ornament seems to go haywire, and patterns resembling chevrons or broadly undulating waves are constructed.

Bivalve ornament may be incised in the shell surface or raised above it, sometimes projecting conspicuously from the shell surface. Incised ornament takes the form of striae, grooves and punctae. These features are essentially similar in appearance to their gastropod namesakes. Raised ornament, according to its prominence and relative width, may take the form of lines, threads, riblets (or costellae), ribs (or costae), undulations or folds. Ribs may be prominent or depressed and may be rounded or flat-topped. When they are thin and sharp-edged they are called lamellae.

The different kinds of ornament may be arranged concentrically or radially; frequently there are strong concentric and radial elements on the same shell. By and large, radial ornament tends to be stronger than concentric, although few bivalves have such strong radial ornament as that seen on some scallops. When radial and concentric elements are present together, one kind may be confined to the intervals between the other or may override it. When both kinds are of about equal strength, the concentric ornament may show as pustules, beads, nodules (or tubercles) or bars. In many species concentric ornament develops as eave-like or erect scales, as in some scallops, or as spines which may be thin as in some *Cardita* species, or thick and strong as in some *Spondylus* species.

Most bivalve shells have similarly ornamented valves but there are some curious exceptions. *Tellina scobinata* Linnaeus appears, at first glance, to follow the general rule but close examination shows that the short, erect scales which cover the whole shell are noticeably larger and less numerous on the right valve than they are on the left. Some species of *Corbula,* a genus in which the valves are markedly unequal,

Opposite page. Top : Chama brassica *Reeve (× 2·3), from the Pacific ; the lower valve (behind in the picture) was cemented to a hard substrate. Bottom :* Chlamys delicatulus *Hutton (× 1·3), from New Zealand, showing the difference in coloration between two valves of one specimen.*

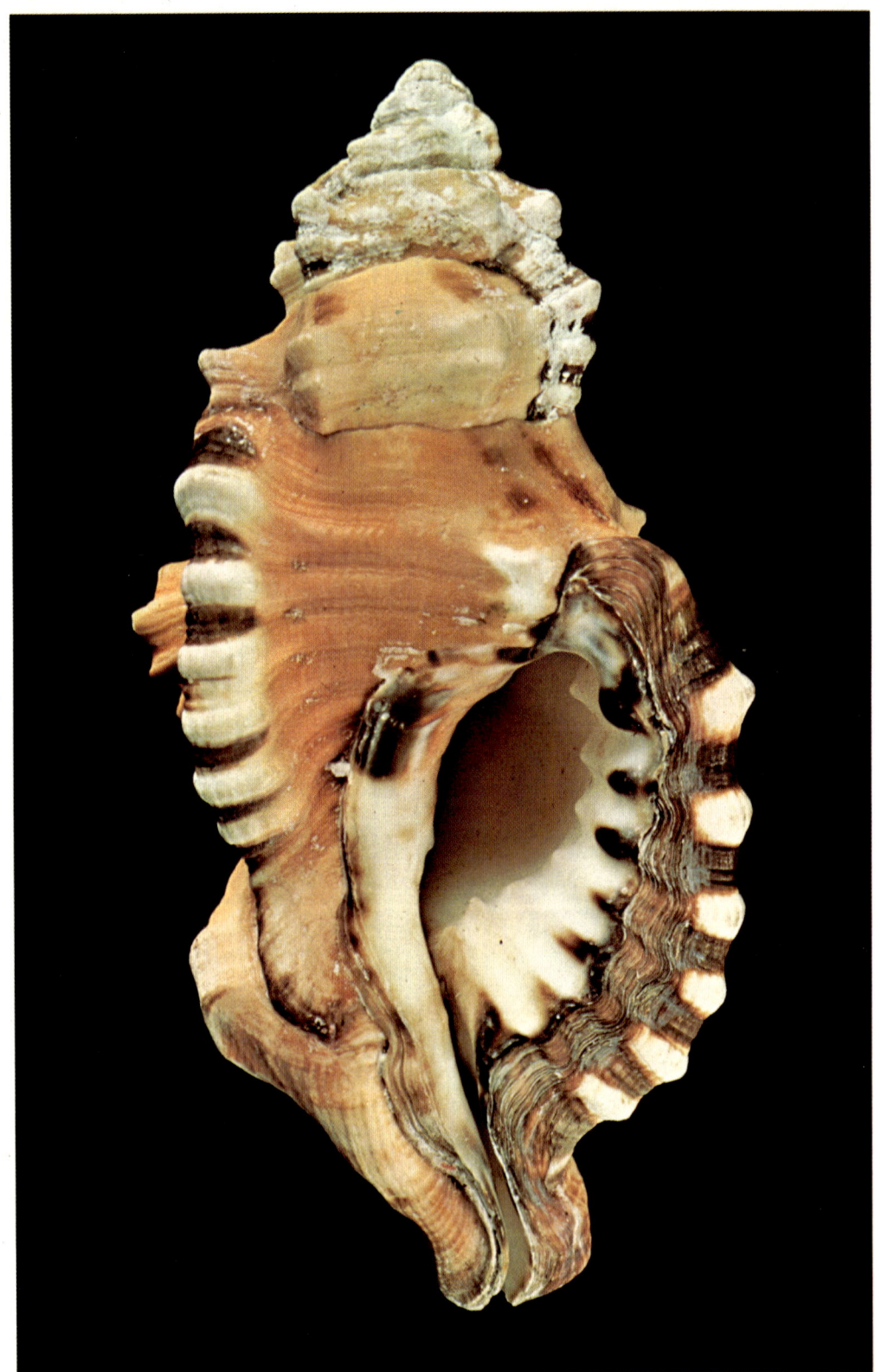

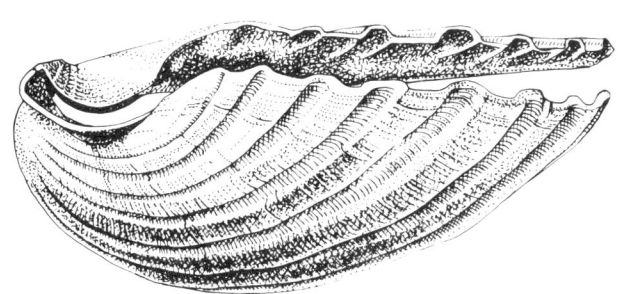

Scallop, *Pecten* (× 1·2), an inequivalve bivalve,
showing scalloped edge.

have the larger right valve more prominently ribbed than the left. The difference in the ornamentation of the two valves in members of the genus *Pecten* is even more marked.

Bivalves which are cemented to a substrate or to other organisms cannot develop clearly defined ornament on the cemented valve except at its free edges. Thus the stout spines and lamellae of *Chama* and *Spondylus* are much more developed on the upper valve. A few bivalves which are permanently fixed in one place either by a byssus or a lower valve adopt the relief pattern of the objects to which they are fixed. As those objects are very often shells of other molluscs, their own ornamental features are combined with ones derived from other, unrelated molluscs. The contours of the borrowed ornament are transmitted through the whole animal and are just as prominently displayed on the upper valve as on the lower.

Finally, there are ornamental features which are confined to the margins of the valves. Many bivalve shells with external ribs have scalloped edges corresponding to the positions of the ribs and the intervals between them. Most members of the Cardiidae, Pectinidae, Arcidae and Limidae have conspicuously scalloped edges. When the internal marginal ornament is finer, it is said to be denticulate and the components are known as denticles or denticulations. Usually this finer ornament also corresponds to external ornamental features, but in some smooth-shelled species, notably in the family Nuculidae, it does not.

Opposite : Cymatium lotorium *Linnaeus* (× 1·3), *from the Indo-Pacific, showing thick and prominent varices.*

Colour and colour pattern

Without colour and colour pattern, seashells would certainly not attract us as much as they do. The shells most admired by collectors may be smooth and glossy or rough and dull, but they are nearly always colourful. But what is to many of us the most compelling feature of a shell is a throw-away to the creature that made it, and it is commonly believed that the secretion of pigment is primarily a means of disposing of unwanted metabolic products. Some shells are not easily distinguished from their immediate environment, but as a very large number of molluscs have conspicuously coloured and patterned shells, it is obvious that they do not lose by the advertising effect of gaily painted external coverings. It has been shown experimentally that the nature of a mollusc's food may affect the colour of its shell by altering the kind of pigment deposited, but there is nothing to suggest that a mollusc eats a particular kind of food to make a specific colour appear on its shell.

The chemistry of shell pigmentation is still imperfectly understood, and discussion of it is beyond the scope of this book. One interesting feature, however, is worth mentioning: some pigments can be extracted from crushed shells by solution in acid and these are characteristic of more primitive molluscs; pigments which are not soluble in acid are characteristic of higher molluscan groups. All molluscs whose shells have acid-soluble pigments live in the sea. They include the Trochidae and Turbinidae among gastropods and the Pinnidae and Pteriidae among bivalves. Pigments not obtainable by treating crushed shells with acid are intimately associated with conchiolin, which is itself insoluble in acid.

There seems to be no rhyme or reason to the different colours found on shells or to the patterns formed on some of them. It can safely be assumed that molluscs have not developed an aesthetic appreciation of colour and there is certainly no evidence to suggest that colour and colour patterns have any sexual meaning for them. If colour is important for molluscs it is difficult to understand why a cone develops a striking pattern on its shell and then covers it up with an opaque and drab-coloured periostracum, or why a cowry envelops its colourful shell in its fleshy mantle folds. And although volutes are brightly coloured and patterned, the animals inside have colours and patterns which often eclipse those of the shells.

Having failed to find a purpose behind the colours and patterns, it is possible, nevertheless, to discover certain trends in their distribution on seashells. It is well known that spectral colours may be represented in the form of a circle with yellow at a 12 o'clock position, red at 4 o'clock and blue at 8 o'clock with a gradation through intermediate shades between the primary colours. Bearing in mind their relative positions on the circle, we can now see how the colours are distributed.

Many shells show only a single colour, and by far the majority of them are white. Absence of light, among other factors, is unfavourable to the development of colour, and thus the prevalence of white shells is easily explained. Other shells displaying only one colour are found, of course, but they are rarer than might be supposed. The yellow to red range accounts for most of them, and shades of orange or brown are most frequent within this range. Shades of purple or violet are fairly frequent in the red-blue range but you won't find any shells that are really blue. Green is scarce and is usually restricted to the periostracum.

When we examine multi-coloured shells, however, we discover that the total range of colour is greater. The colours also appear to be brighter. Again the commonest colour is a shade of brown. Even blue can be found occasionally—it is a particularly striking feature of the columella and operculum of *Astraea stellaris* Gmelin. Most shells have more than one colour but few, if any, have more than five. The Trochidae, Phasianellidae and Olividae are noteworthy for species having as many as five different colours on one shell. It is unusual to find a shell having two colours from opposite sides of the colour circle next to each other. Yellow occurs adjacent to violet on *Spondylus monachus* Chenu; yellow occurs adjacent to blue on *Oliva tricolor* Lamarck: and green and red occur together on *Turbo petholatus* Linnaeus. It is difficult to find many other examples.

When colour occurs on spines and other forms of produced ornament, it is usually paler than the rest of the shell and is often white. The opposite condition seldom occurs on bivalve shells and on gastropod shells it occurs most usually among members of certain carnivorous families such as the Muricidae. Lesser forms of ornament, such as ribs, nodules and pustules are commonly (but not exclusively, as has been claimed by several authorities) white or paler than the rest of the shell, and this condition, too, is much more frequent among gastropods than bivalves.

There are several types of colour pattern, and these are sometimes associated with raised ornament. Axial (or longitudinal) lines are seldom truly axial. Occasionally, as in some mitres, they occur on ribs, but more often they do not. Good examples of shells with truly axial lines are the ribbed *Vexillum transpositum* Dautzenberg and the smooth *Terebra lanceata* Linnaeus. Several volutes of the genus *Amoria* have lines which vary from oblique to wavy to zig-zag. A zig-zag pattern is characteristic of several unrelated gastropod species including *Neritina gagates* Lamarck, *Cypraea diluculum* Reeve and *Cymbiola nobilis* Lightfoot; it

fish eaters are the only cones which can seriously harm or even kill human beings, the scientific interpretation of shell markings, in this instance anyway, is useful.

Shell markings have been interpreted in other, less scientific ways. *Oliva sayana* Ravenel, the Lettered Olive, often has hieroglyphic-like markings which may be clearest towards the outer lip. At no time do these markings clearly resemble letters of the Roman alphabet, yet in his *Conchyliologie* of 1742 Dezallier d'Argenville illustrated a specimen which displayed the letters 'ABB' very distinctly (but his text says, 'one may read distinctly two Bs and a D').

An even more blatant attempt to discern on a shell markings which could have meaning only for human beings, intellectually awakened human beings at that, involved the Music Volute, *Voluta musica* Linnaeus. The shell of this common species has an extremely variable colour pattern, sometimes with five thin bands, like the lines used in musical notation, spiralling around the whorls. Within these lines, there may be markings which have a distant resemblance to musical notes—hence the name Music Volute. To try to see more than a distant resemblance is futile, but not so long ago someone sat down at the piano and tried to play the piece of music he imagined he could see represented on a particular shell! If the imagination can intrude this far, is it any wonder that many of us find it difficult to accept that the colour and pattern on a shell may be nothing more than the chance result of a mollusc's need to dispose of unwanted materials?

Abnormal shells

Occasionally something happens in the life of a mollusc which has a strange effect on its shell. Striking abnormalities have been observed in the shells of chitons, bivalves and gastropods. Chitons normally have eight valves, but specimens with as few as three and as many as nine valves are known. Bivalves are often distorted out of their natural shape because they have developed in cramped situations or have been living

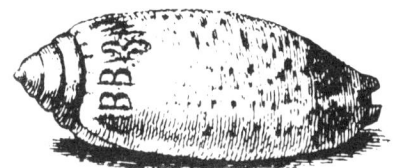

Lettered olive, *Oliva sayana* Ravenel,
as depicted by d'Argenville in 1742.

is the hallmark of several bivalves, notably *Circe scripta* Linnaeus and *Sunetta scripta* Linnaeus.

Spiral bands of colour may be broad as in *Tonna sulcosa* Born, or thin as in *Mitra praestantissima* Roding. In both these instances, the colour bands are associated with raised spiral ribs. Less commonly spiral bands occur on a flat surface, as in *Nassarius glans* Linnaeus. The occurrence of alternating broad and thin bands on the same shell is rare but may be seen on some Pyramidellidae, two or three species of *Cerithium,* and the opisthobranch *Hydratina vesicaria* Lightfoot. The bivalve equivalent of a spiral band is a ray proceeding from the umbo to the ventral margin. The rays may vary considerably within a single species.

Axial or spiral colour bands may be interrupted at regular or irregular intervals and the resulting pattern is made up of islands of colour which vary in size and in shape from more or less circular to more or less rectangular. Cowries are often spotted, but not through the breaking up of the colour bands. The spots are deposited in a shell layer over a layer which is banded. In the Eyed Cowry (*Cypraea argus* Linnaeus), three broad, spiral, greyish-brown bands are overlaid by scattered rings of a similar colour. In the Ocellate Cowry (*Cypraea ocellata* Linnaeus), the shell surface has many white spots, some of which have a brown spot within, giving them an 'eyed' appearance.

Loops or crescent-shaped markings are characteristic elements in the colour pattern of *Harpa* and *Charonia* but with the difference that in *Harpa,* where they occur in axial rows between the ribs, the ends of the crescents point in the direction of the outer lip, while in *Charonia* the ends of the crescents point in the opposite direction. Tent-like markings are commonly seen on several species of *Conus,* particularly in the *textile* group, and are beautifully displayed on the shell of *Oliva porphyria* Linnaeus and immediately suggest its popular name, the Panamanian Tent Olive. They are also characteristic of several bivalve shells such as the various species of *Lioconcha.*

Although the markings on shells seem to have no significance for the animals which lay them down, they may tell us something about a mollusc's feeding habits. Recent work on the surface markings of cone shells indicates variation according to whether the species feeds on fish, on other molluscs or on worms or worm-like creatures. Cones with a pink apex and interrupted striae on the body whorl are usually fish eaters. Those with tent marks on the body whorl are usually mollusc eaters. Those lacking a pink tip, tent marks and interrupted striae are usually worm eaters. The markings cannot be used to determine infallibly these three feeding types, but they may be successfully employed to distinguish cones which feed on fish from those which do not. As the in overcrowded conditions. Their valves may be unnaturally flattened or inflated, deeply grooved, or stunted. Rarely, a bivalve is found in which the hinge teeth proper to the left valve are found in the right, and vice versa, or in which the transposition of the teeth is only partial.

It is among gastropods that the most striking abnormalities occur. Shells of *Haliotis* have been found with a double row of perforations running parallel to each other, with a continuous slit instead of perforations, or unperforated. Some cowry species develop elongated shells with produced extremities. These rostrate cowries, as they are called, have been mostly recorded from the waters around New Caledonia and have excited much comment from cowry specialists who prize them more than the normal forms. The New Caledonia cowries show a higher incidence of melanism compared with those from other areas in the tropics, and these dark-coloured forms are also much sought after by cowry enthusiasts.

Spiny shells are subject to considerable variation and may have more or less than the normal complement of spines, or they may even be spineless. The digitations of some scorpion shells (*Lambis*) may be fewer or more numerous than is normal for the species, and sometimes they are deformed or tend to fuse together. Cones and olives have shells which are normally smooth sided, or nearly so, but specimens have been found with a raised band encircling the body whorl. The normally straight anterior siphonal canal typical of many Muricidae, most species of *Fusinus* and some other groups may sometimes be tilted at an angle or curved, and similar distortions of the spires of tall-spired shells are also found occasionally. These are just a few of the abnormalities which have been noted among gastropod shells. Many other kinds of abnormal growth have been recorded, but most of them are of a minor nature. Of surpassing interest, however, are the freak shells produced as a result of a reversal of the normal direction of spiral coiling.

The incidence of reverse coiling in marine gastropods is extremely small. Perhaps no more than 75 species have been found with reversed shells (reversal is much more prevalent among non-marine gastropods but is very rare even among these). The phenomenon of reversal, in marine shells anyway, seems to be linked to high temperature because most of the recorded examples are from warm waters. Reversal is probably initiated at the egg stage—a logical suggestion when you think about it—but experimental work is needed to establish the cause or causes. Of the sixteen families of marine gastropods in which reversal has been recorded, the Marginellidae has the lion's share of species (about 40% of the total). The known examples of reversal among marine gastropods are of shells which have a clockwise (or dextral) spiral, but among non-marine gastropods several species normally coiled in an anti-clockwise (or sinistral) direction have been found with reversed shells. Naturally enough, reversed shells are prized by collectors more highly than their normally-coiled counterparts.

Altered shells

In the eighteenth century, it was common practice to clean shells so thoroughly that their appearance was often altered drastically. Unscrupulous dealers distributed as specimens of rare species many common shells which had been transformed by professional 'shell doctors'. Some of these doctored specimens, relics of a time when interesting and unusual shells were in very short supply, may still be seen in old collections.

Now that there is such a wealth of high-quality shells around, it might be thought that the adulteration of shells for commercial purposes is entirely a thing of the past. This is not so. Of course, large quantities of common shells are marketed each year for the shell craft industry and many of them have been over-cleaned, acid treated and polished. In addition a certain amount of specimen-shell doctoring is still practiced with the aim of enticing tourists and collectors into buying shells which would have looked less tempting in their original state. Often the apertural lip of a gastropod shell is filed down to a smooth and even edge, with cones and volutes the favourite victims for this treatment.

Artificially rubbed down specimens of the common Humpback Cowry (*Cypraea mauritiana* Linnaeus) are being sold to tourists in Fiji for extravagant prices as examples of the rare 'Tapa Cowry'. The Lion's Paw Scallop (*Chlamys nodosus* Linnaeus) is a much-prized collector's item, especially so when the raised knobs which ornament it are in perfect condition. In recent years, numerous specimens have been distributed in the United States adorned with knobs which have been moulded and painted by hand.

Of all the shells living in the waters around Sri Lanka, the Rose branch Murex (*Chicoreus palmarosae* Lamarck) is probably the most sought after. The pink and mauve colouring of its fronds largely determines the value of a specimen, even though the colouring fades noticeably after a few months. A few local dealers, who are well aware of the greater value placed on fresh colouring, make sure of top prices for their specimens by immersing the ends of the fronds for a short time in a tray of the appropriate dye. No doubt human ingenuity is being put to nefarious use elsewhere on other shells to deceive unwary collectors. Would-be buyers of expensive shells should be on their guard when obtaining specimens from less than impeccable sources.

DISTRIBUTION

Molluscs have had a long distribution in time and have a very wide one in space. Sometimes the two kinds of distribution are linked: in some parts of the world, notably New Zealand and around the Mediterranean, the fossil record shows that the living molluscs are the direct descendants, modified or otherwise, of those which lived in the same area thousands or millions of years ago. Molluscs are among the earliest of all animal groups whose fossilised remains have been preserved, and throughout their history they have always been abundant.

Distribution in time

As a molluscan shell is calcified and slow to disintegrate, it is not surprising that the most numerous animal remains of former ages should be those of Mollusca. The complete shell may be preserved; a cast or internal mould may be formed by the deposition inside the empty shell of mud and silt which solidifies; or the shell may leave behind an impression of itself on an originally soft and subsequently hardened substrate. The preservation is sometimes so effective that the finest details of ornament are retained and occasionally there are traces of the original coloration. There are also rare instances of the internal organs being preserved. Thus we can make direct comparisons of extinct molluscs with their living counterparts.

During the Paleozoic era (from 600 to 225 million years ago), there were already representatives of the principal molluscan classes, but they remained basically simple forms. Astonishingly, one class, the Monoplacophora, has survived unaltered from Cambrian times to the present day, to become one of our oldest 'living fossils', and there are other molluscan survivors of the Paleozoic era. But the vast majority of the molluscan types which flourished in those days have long been extinct.

In the Mesozoic era (from 225 to 70 million years ago), the world's seas became playgrounds of a profusion of molluscs belonging to many genera and species. For more than 200 million years from the Permian, the last period in the Paleozoic era, the seas were dominated by the ammonites, cephalopods of various sizes with straight or coiled shells. In the first two periods of the Mesozoic era, the Triassic and Jurassic, the seas teemed with them. Paleontologists, who have already described about 10,000 species belonging to hundreds of genera, will be kept busy describing newly discovered ones for many years to come. Out of this incredible number of species, not one has survived to the present day, the last ammonites having died out in the Cretaceous, the third and last period of the Mesozoic. Of all fossil molluscs, ammonites have attracted most attention, and many fine collections have been built up.

The Cretaceous age saw the development of a great many different molluscan species, some of them very similar to those living today. Some of the oysters, scallops and clams differ only in detail from their modern counterparts, and many of the gastropods living then would not seem out of place in our seas now.

Some Cretaceous bivalves and gastropods, however, had a more adventurous attitude to shell morphology and developed extravagant processes which must have been more of a hindrance than a help. In the modern genus *Aporrhais,* for instance, there are species with projections on the outer lip. These projections are well-developed in *Aporrhais serresianus* Michaud. In the Cretaceous species *Tessarolax fittoni* Forbes, however, they are much longer and more curved. In the fossil *Anchura carinata* Mantell, there is a long, narrow and almost straight process issuing from the outer lip upwards and parallel to the spire which

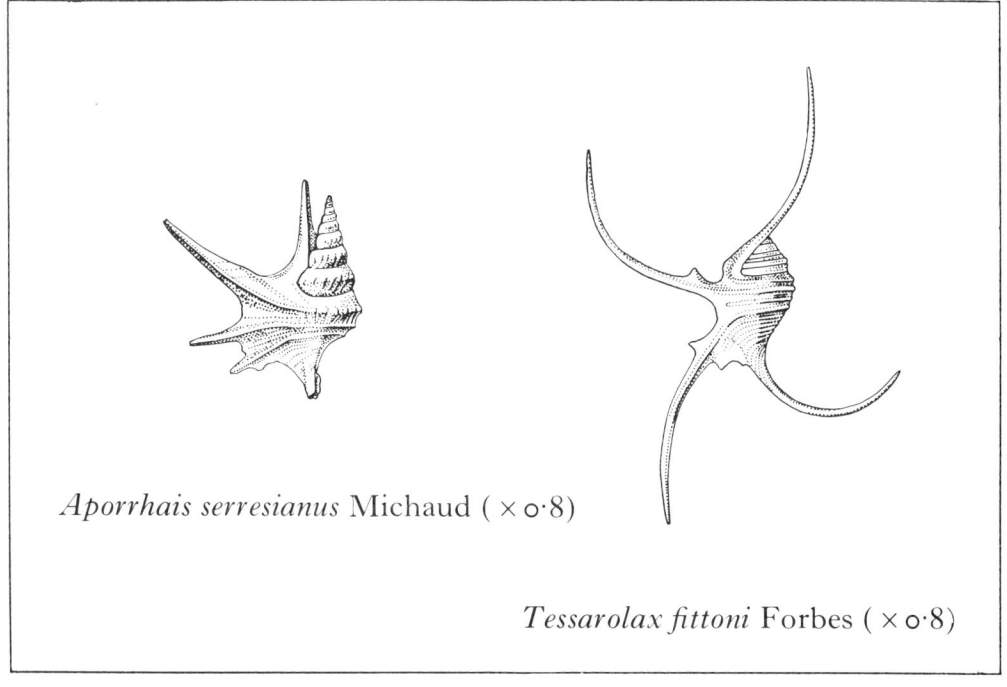

Aporrhais serresianus Michaud (× 0·8)

Tessarolax fittoni Forbes (× 0·8)

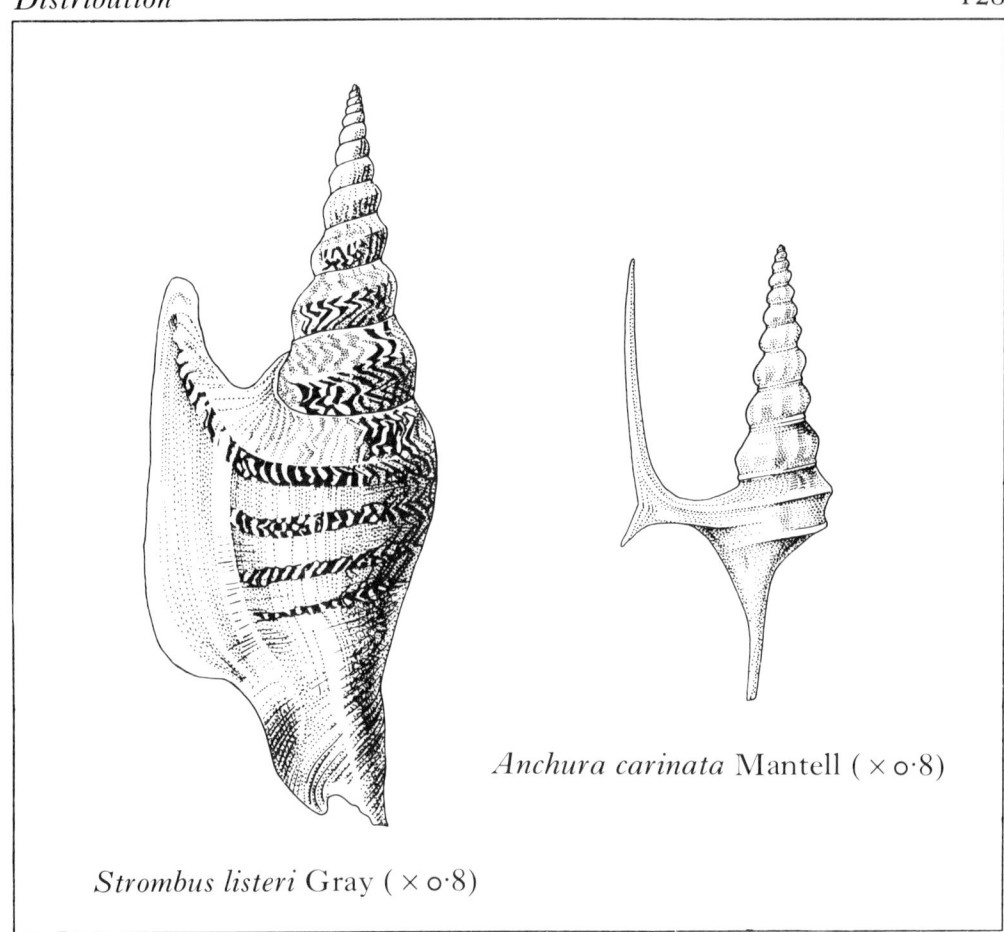

Anchura carinata Mantell (× 0·8)

Strombus listeri Gray (× 0·8)

it equals in height. The modern *Strombus listeri* Gray shows a similar feature but the process is much shorter and blunter. Both Cretaceous species must have been in constant danger of losing their processes. Such extravagant embellishments would certainly be vulnerable in the modern marine environment. Of course, those were early days in the evolution of gastropods and bivalves: *T. fittoni* and *A. carinata* were only two of the many species whose reward for being progressive and adventurous was annihilation.

By the end of the Cretaceous age, then, the ammonites had disappeared and their place had been taken by molluscs similar in general appearance to those now living in our seas. But it was not until the Eocene age (between 70 and 40 million years ago) that bivalves and gastropods really began to come into their own, and many of the ancestors of our present-day species evolved then. In Eocene rock strata we meet representatives of many genera familiar to us now as inhabitants of warm-water areas (for this was a notably warm period). The genera *Tibia, Conus, Aporrhais, Terebellum, Ficus, Siphonalia, Pterynotus,*

Fusinus, Volutocorbis, Turricula, Olivella among gastropods, and *Thracia, Cultellus, Corbula, Callista, Nemocardium, Thyasira, Arctica, Cardita, Astarte, Crassatella* among bivalves, and many others were well represented then. A group of freshly excavated Eocene shells from the clay of the Paris Basin is not all that different to a collection of modern shells obtained from a tropical area. It is when you see them side by side that you realise there is some purpose in studying fossil and modern shells together. Much could be gained from amalgamating the two in our large public collections. In places like New Zealand, where there is strong continuity between the fossil fauna and surviving one, it is inadvisable to study the systematics of the local marine molluscs without also studying the fossil molluscs of the area.

The Eocene period ended about forty million years ago—not a very long time in geological terms—and the molluscan species to which it gave birth, though not its genera, have disappeared. Most of the species in our modern molluscan fauna seem to have had a short geological history, but for large areas of the world only scanty paleontological evidence is available. It is in the Pliocene (from eleven to one million years ago) that we begin to find fossil shells which are identical or closely similar to those found in our seas today. There can be no doubt, however, that the modern molluscan fauna is more varied and richer in species than any that has existed before. The day of the mollusc is now.

Zoogeographical Distribution

It might have been expected that the present-day distribution of non-marine molluscs over the globe would show differences from one land mass to another. Each land mass, after all, is surrounded by water and, being cut off from other land masses, is likely to show the effects of geological isolation. Everyone knows that isolation affects living organisms in various ways. A man trapped on a desert island for ten years will seem to differ from his fellows, in behaviour at any rate, when he rejoins them, and we should expect the difference to be more marked after twenty years isolation. When isolation has been acting upon animal populations for thousands of years, distinctive and unique morphological characteristics may be produced. Many of the animals now living on the Galapagos Islands show the effects of prolonged isolation to a remarkable degree, and in a purely molluscan context, the land snails of the island of St Helena show—or rather, showed, because they are nearly all extinct—how animals on an island which has long been isolated can evolve in a distinctive and unique way. Their shells are unlike those of any of the snails inhabiting Africa, the nearest land mass.

But how, it might be asked, can animals which live in the sea ever be truly isolated as there are no obvious barriers to prevent their spreading from one place to another? The answer is in the nature of the barriers. One stretch of sea can be effectively isolated from another, as far as a marine animal is concerned, by being warmer or colder, deeper or shallower, more or less turbulent, cleaner or dirtier. Non-availability of food will inhibit the dispersal of animals, and so will the presence of predators. Molluscs requiring the food-laden environment of a coral reef will not willingly leave it for any other environment, while those accustomed to the cold, dark and food-impoverished environment of circumpolar waters or the abyssal depths could not migrate to, much less survive in, warmer, sun-soaked waters teeming with nourishing food organisms.

Another limiting factor is the life style of the mollusc itself. Some molluscs have a free-swimming stage which may be of long duration. Consequently, they will often be found widely distributed over the globe. Many more, however, have a short free-swimming stage, or none at all, and these usually have a restricted range. Sometimes there are so many limiting factors at work that the range of a particular species will be very restricted indeed.

Members of the gastropod family Cymatiidae often have a long free-swimming stage, which means that veliger larvae may be carried great distances over a period of two months or so before they settle down to complete their development. One of these, *Ranella olearium* Linnaeus, long known as a Mediterranean species, has been obtained in recent years from stations as far away as New Zealand, Australia, South Africa and Angola, and it usually occurs in fairly deep water. It will not be surprising, therefore, if it is dredged up in other places far away from the Mediterranean. By contrast, members of the family Haliotidae have a very short free-swimming stage. The larva of *Haliotis tuberculata* Linnaeus, a coastal species which has not travelled further north than the Channel Islands off the north coast of France and no further south than Senegal in West Africa, is free-swimming for only about forty hours. Evidently *Ranella olearium* can and does cross oceans and so may colonise any suitable habitat. Of course, there are many limiting factors which ensure that the sea is not infested with *R. olearium,* not least the unsuitable nature of many of the places settled upon by the veligers and the high probability of their being devoured by a predator long before they can settle. As a larva, *Haliotis tuberculata* cannot undertake long sea voyages; it can extend its territory only by progressive colonisation of a stretch of coast, and then only if the coast is suitable to its particular requirements.

From this it might be inferred that molluscs usually have a more or less limited range, but it might not have been foreseen that their ranges tend to form patterns, that in certain areas there will be a number of species which do not occur in other areas. That marine molluscs do tend to form these patterns of distribution has been obvious for a long time, but it was Samuel Pickworth Woodward who showed in the mid-nineteenth century that the world's seas could be divided into zoo-geographical zones on the basis of molluscan distribution. He showed that numerous zoogeographical provinces could be established on the basis that at least 50% of species in each do not occur in any other province. As most molluscs live out their mature lives close to land masses, the provinces in which they are found appear to hug coastlines. Many molluscs live at considerable depths away from the major land masses but are far outnumbered by those which live on continental shelves. Such deep-water molluscs do not tend to link up one zoo-geographical zone with another, and do not affect the statistical analyses of the zones.

Since Woodward's time, many modifications to his zones have been proposed. Those around North America, for instance, have been in-creased from seven to nine, and those around New Zealand from one to six. Undoubtedly zoning patterns elsewhere will be modified—usually by subdivision—from time to time and Woodward's scheme may become unrecognisable. There are also, of course, some remarkable anomalies in distribution patterns for which we have, as yet, no satisfactory ex-planations. And there are many instances of species, common in one province, being known from widely separated localities in other pro-vinces where they seem to be quite out of place. Because of these com-plicating factors (and there are many others), the marine zoogeographer's task is not easy. In view of the amazing propensity that molluscs and other animals have for disobeying man-made boundaries, Woodward's scheme, with all its faults, still provides us with a reasonably accurate framework to help us understand the present-day distribution of marine molluscs. Furthermore it gives us a convenient means of expressing the range of distribution of a species without having to use the names of geographical locations, many of which are unfamiliar.

Climate and temperature have a profound influence on animals which is revealed in their morphology and life style. The molluscs living in the cold, hostile waters of the Arctic Province, for instance, have monotonously similar shells, which are usually whitish and often covered with a thick greenish or brownish periostracum. They rarely have spiny processes and are often extremely thin. These features indicate the harshness of the conditions that are prevalent in Arctic regions: when temperatures are low, and the beneficial effect of the sun's rays scarcely apparent, food is limited and lacks variety. Such conditions are not propitious for the development of sturdy shells. Shell-building material is too scarce to be squandered on embellishments such as spines.

Molluscs living in the Indo-Pacific Province, however, display a wonderful variety of shell form and ornament as well as being conspicuously colourful. Warmth and light produces an abundant and varied food supply and the right conditions for building strong and colourful shells. To some extent, therefore, we should expect the zoogeographical provinces to be divided up according to latitude, but so many factors have been at work to modify this arrangement that the overall picture does not fulfil that expectation. The Indo-Pacific Province, it is true, extends almost right across the Indian and Pacific Oceans. But it does not reach the western coasts of the Americas. One reason for this is the presence, off the west coast, of the cold Humboldt current. A noticeable feature of the shallow water fauna of the west coast is the high incidence of dark-coloured shells. This contrasts strikingly with the fauna of the east coast where such dark colours are seldom found on the shells of shallow-water species.

The Woodwardian zoogeographical provinces, as represented on the accompanying map, were named by him as follows:

Aleutian Province : Aleutian Islands, coasts of Alaska, British Columbia, Sea of Okhotsk. A cold-water province containing relatively few *species*, but in which *specimens* are abundant. Now considered by some authorities to be a sub-province of the Boreal Province.

Arctic Province : all the area above the Arctic Circle, Greenland except for its southern tip, the northern half of Iceland, the east coast of Kamchatka, the North American coast from North Alaska on the west to the Gulf of St Lawrence on the east (although some authorities place its eastern limit further north). Most of the very few species live below low-tide line and about half of them are carnivorous.

Australian Province : Australia south of Brisbane on the east coast and of Geraldton on the west, Tasmania and New Zealand (four provinces are recognised by some authorities for Southern Australia, and six are recognised for New Zealand waters). Undoubtedly the limits of Woodward's province are too broad and later subdivisions, or some of them, are justified. A province very rich in species; New Zealand in particular has a high proportion of endemic molluscs.

Boreal Province : north-east coast of North America from the Gulf of St Lawrence to Cape Cod, southern tip of Greenland, southern half of Iceland, Norway, Shetlands, Faroes, British Isles, Baltic (there are now

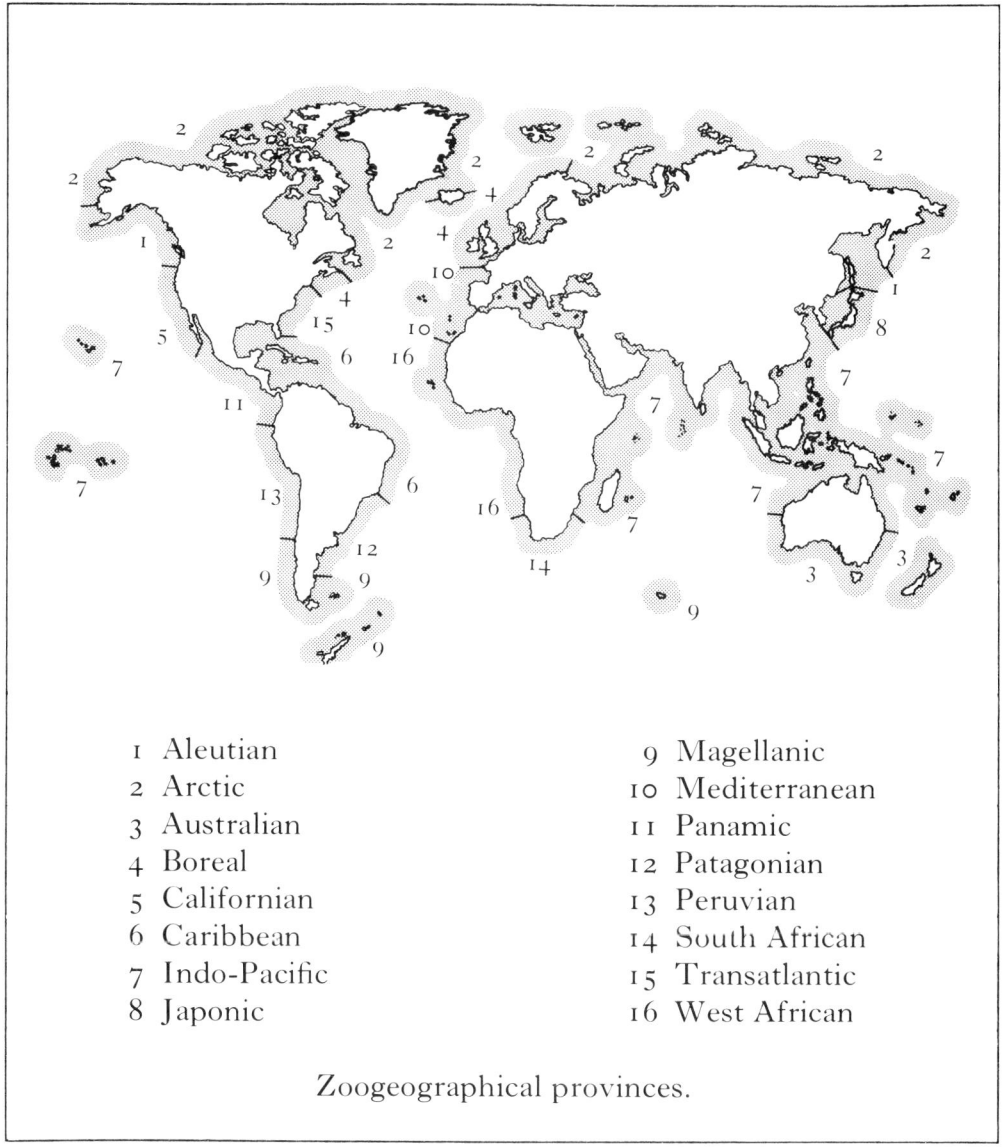

1 Aleutian	9 Magellanic
2 Arctic	10 Mediterranean
3 Australian	11 Panamic
4 Boreal	12 Patagonian
5 Californian	13 Peruvian
6 Caribbean	14 South African
7 Indo-Pacific	15 Transatlantic
8 Japonic	16 West African

Zoogeographical provinces.

considered to be Boreal outliers off southern Alaska and in Hudson Bay). Contains Arctic-like species to the north and species belonging to sub-tropical genera in the south.

Californian Province : west coast of North America from British Columbia to the Gulf of California (now often divided into two provinces, the Oregonian—extending from British Columbia to central California—and the Californian proper, extending from central California south-wards). Again Woodward's limits for this province are certainly too wide, as might be expected from a coastline which extends from near-Arctic conditions to sub-tropical ones. The species represented show a correspondingly wide range of generic types.

Caribbean Province: the Florida Keys, Caribbean Sea, West Indies, Antilles, east coast of South America down to Rio de Janeiro (some authorities treat the southern coast of North America from Cape Hatteras to Texas as part of the Carolinian Province, distinguished from the Caribbean by its preponderance of cooler-water species). A characteristically tropical province in which reef corals are found and, as expected, a large number of colourful, mostly shallow-water species.

Indo-Pacific Province: Indian Ocean and Pacific Ocean from Suez and Durban on the west to Clipperton Island on the east, including all the island groups of the Indian Ocean as well as those of the Central Pacific, Australia north of Brisbane and Geraldton, Indonesia and islands and coasts northwards to Korea and the China Sea. An immense province, entirely tropical and the home of most of the world's showier shells. Though so large a province, it seems to be very homogeneous. At the same time, certain areas within it seem to have well-defined faunas of their own which, as future discoveries are made, could justify some sub-divisions. The north-western Indian Ocean (including the Red Sea, Persian Gulf and North Arabian Sea), for instance, contains many species not found in the north-eastern Indian Ocean. Sub-division of this great province is not likely to be attempted until its fauna has been analysed as intensely as the New Zealand and North American faunas have been.

Japonic Province: Japan and the east coast of Korea. The molluscan riches of this province seem to be inexhaustible. One suspects that it could be subdivided on similar lines to those which have been proposed for New Zealand waters, as both Japan and New Zealand have coastlines and islands which extend a long way from north to south.

Magellanic Province: Antarctica, southern Chile, Tierra del Fuego, Falkland Islands, South Georgia and other islands in comparable latitudes. A cold-water fauna but comprising a more varied and more shore-bound assemblage of species than that of its northern hemisphere equivalent, the Arctic Province.

Mediterranean Province: Mediterranean, Black Sea, Azores, Canaries and the Atlantic coasts from the Bay of Biscay to the Spanish Sahara. For the most part, the fauna of this province may be described as an improved version of that encountered in the Boreal Province, but around the Moroccan coast it has sub-tropical elements which suggest the proximity of the West African Province.

Panamic Province: Gulf of California to Ecuador. The fauna of this

Opposite: Architectonica trochlearis *Hinds, from the Indo-Pacific; section (× 2·5) and close-up (× 4·0) showing external ornament and colour pattern.*

province is quite distinct from that of the Indo-Pacific. The Galapagos Islands are generally considered to belong to the Panamic (or Panamanian) Province although so many species found there are endemic that it is tempting to regard the waters around this island group as a sub-province.

Patagonian Province : east coast of South America from Rio de Janeiro to Tierra del Fuego. Contains a rich though not very colourful collection of species, many of which belong to genera characteristic of tropical regions.

Peruvian Province : west coast of South America between Ecuador and southern Chile. Very rich in rock-dwelling species, many of them with dark-coloured shells due, apparently, to the influence of the cold Humboldt current.

South African Province : South African coast. Many distinct species, but renowned for the worn and bleached condition of shells found on its beaches. The often-repeated statement that numerous species are common to this province and the Mediterranean Province is fallacious, the resemblances being superficial.

Transatlantic Province : east coast of North America from Cape Cod to south-east Florida (divided up by some authorities into the Carolinian Province to the south and the Virginian—a sub-division of the Boreal Province—to the north). Apart from some distinctive species of its own, the northern part of this province has a Boreal-type fauna, but in the southern half the Boreal influence is overwhelmed by the influence of the warm-water fauna of the adjacent Caribbean Province.

West African Province : west coast of Africa from the Spanish Sahara to the southern end of Angola, the Cape Verde Islands and islands in the Bight of Biafra. Though Mediterranean species do occur, this province has a very high proportion of endemics, many of them outstanding for their size or beauty. For the most part, these can be obtained only by dredging or diving.

As well as these principal provinces, there is an Aralo-Caspian Province, encompassing the Aral and Caspian Seas, the only inland salt-water seas with endemic molluscs. Most of the species belong to the cockle tribe and several different genera have been proposed for them.

Opposite : Calliostoma formosensis *Smith (× 2·2), a common top shell from Taiwan. The lower specimen has been treated with acid to remove the periostracum and an outer layer of the shell, revealing a nacreous (pearly) layer.*

SHELLS
WHICH
DECEIVE

Nature does not work out her patterns according to rules of logic: she follows only those of expediency. It cannot be assumed, for instance, that because the shell of one mollusc resembles the shell of another that the two molluscs are closely related. Conversely it would be incorrect to assume that molluscs closely related to each other always have similar shells. This chapter highlights some of the many superficial and often very deceptive resemblances between shells belonging to different genera and families. The points raised are elementary, but readers with only a limited knowledge of the different molluscan families may find it helpful to have handy one or two illustrated books dealing with shells of the world.

When an inexperienced shell collector looks at a group of assorted shells, he sees a chaotic mixture of shapes and colours. Almost in-

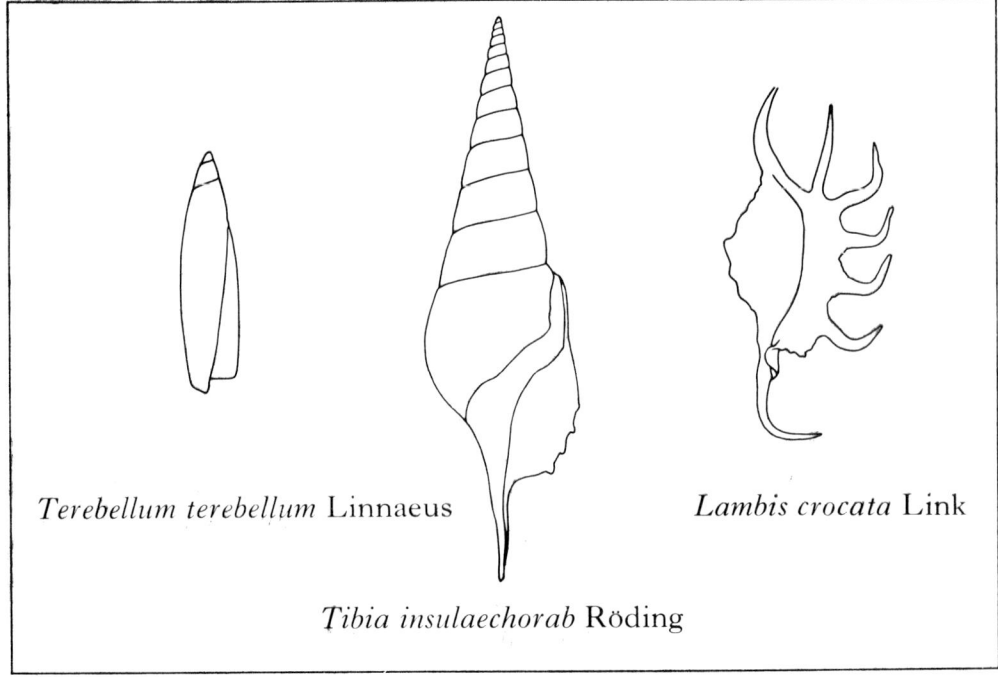

Terebellum terebellum Linnaeus   *Lambis crocata* Link

Tibia insulaechorab Röding

stinctively, he wants to bring order into the chaos. The books he turns to for guidance will usually show him a series or illustrations accompanied by brief descriptions, and the illustrations and text will be arranged in what is called a natural order, i.e. in the order of the supposed evolutionary development of the Mollusca. The result—wholly admirable in a scientific sense—is to bring together groups of related molluscs whose shells do not necessarily have a family likeness.

The collector who wants to name a cone-like shell will have little difficulty because nearly all cone-like shells belong in the family Conidae, and his only problem is in the differentiation of the various species within the family. But he may not find it so easy to identify the species, or even the family, to which many other shells belong. The family Strombidae, for instance, includes genera which are totally dissimilar to each other, in shell characteristics: *Terebellum,* smooth-sided and fragile; *Varicospira,* with its two or three varices and long siphonal channel curving up the spire; *Tibia,* with a long siphonal canal and small projections on the outer lip; *Lambis*, heavy and with prominent digitations on its outer lip; *Strombus,* heavy or light and with or without a conspicuously flared outer lip. Who could have guessed, from an examination of the shell alone, that these genera are closely related? Anyone who has had to organise a large shell collection knows only too well that there are innumerable species belonging to unrelated gastropod families, such as the Buccinidae, Muricidae and Vasidae, which have annoyingly

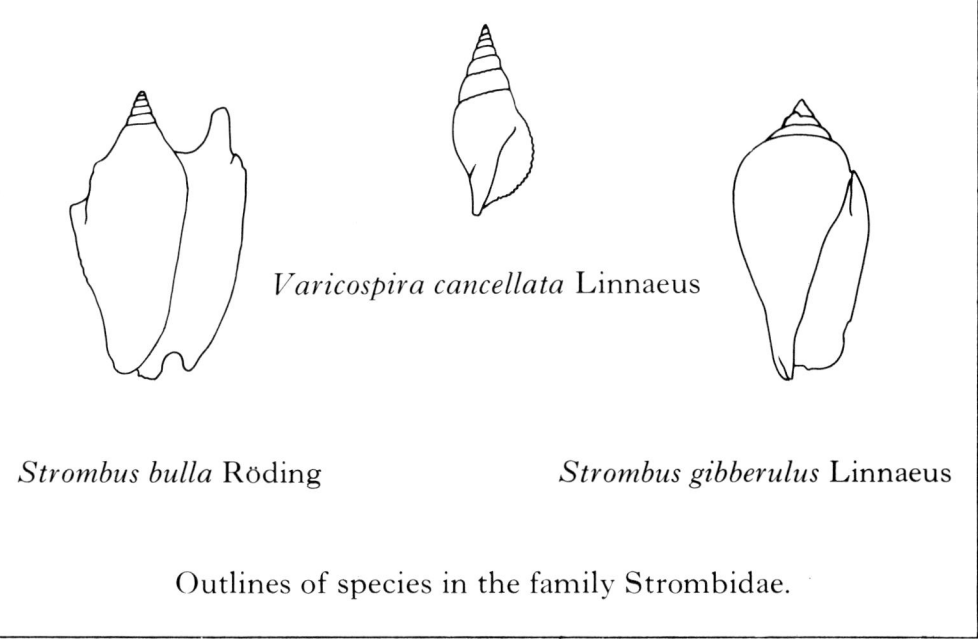

Varicospira cancellata Linnaeus

Strombus bulla Röding   *Strombus gibberulus* Linnaeus

Outlines of species in the family Strombidae.

similar shells; the anatomical characteristics of the animals which secreted the shells may have been distinct enough to indicate which families they belonged to, but if the animals are no longer in the shells, they are no help.

We have already seen that the phylum Mollusca contains species with shells made of one piece, of two pieces, or of eight. Scaphopods, mono-placophorans, cephalopods and gastropods all have one-piece shells; bivalves have two-piece shells; and chitons have eight-piece shells. This, of course, is too neat an arrangement for Nature, and so she has thrown in a few exceptions to puzzle and amuse us. With eight-piece shells, there are no pitfalls; they can belong only to chitons. But if a shell is formed of two pieces or of one, it does not present us with an automatic choice. It is not safe to assume that all two-piece shells belong to the class Bivalvia, or that a one-piece shell cannot belong to that class.

Until 1959, it was axiomatic that a two-piece shell was a bivalve. In that year, however, the impossible happened: a bivalved gastropod was found. Dr Siro Kawaguti, a Japanese zoologist, was watching a tiny green 'bivalve' on a piece of green seaweed when, to his astonishment, the valves parted and out came the head and tentacles of the occupant! Within a very short time, the existence of a bivalved gastropod was common knowledge wherever the scientific study of molluscs was carried out and was soon being hailed as the most important molluscan discovery since *Neopilina*. It proved to be of minor importance compared to the oldest 'living fossil' mollusc but created almost as much interest among conchologists because, somehow, it was even less expected and was, so to speak, against the rules. Several different species of this unorthodox mollusc have now been found, all of them small and with a tell-tale gastropodan feature on the 'umbo' of one valve, a minute, spirally coiled structure representing the embryonic growth stage of the snail. The bivalved gastropods, now placed in the genus *Berthelinia*, are opisthobranchs, which is clear enough from an examination of the animals, but no-one had guessed that they might not be bivalves when

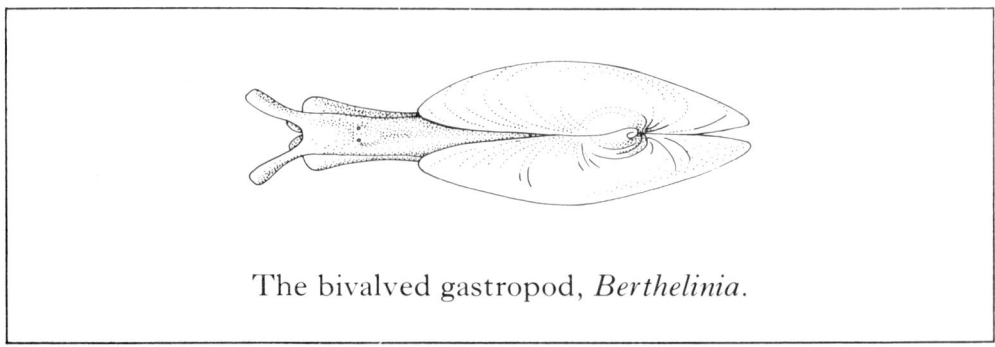

The bivalved gastropod, *Berthelinia*.

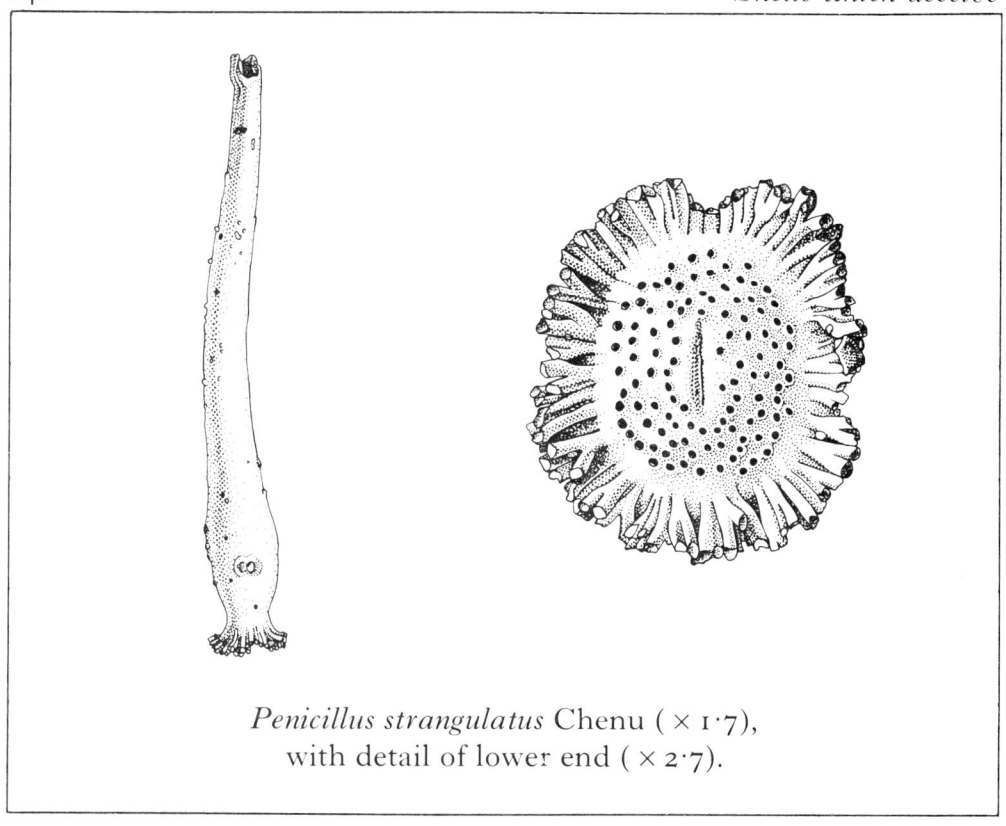

Penicillus strangulatus Chenu (× 1·7),
with detail of lower end (× 2·7).

there were only shells to go by. Separate valves of one or two species
had been known many years before 1959, but they had always been
classified with the Bivalvia. One of the generic names by which these
small molluscs were known before 1959, *Edenttellina,* indicates that they
are related to bivalves of the family Tellinidae. Nothing could be further
from the truth. It doesn't pay to take molluscs at their face value.

We should not, therefore, be surprised to find a bivalve with a one-
piece shell. Sure enough, such a bivalve exists: *Penicillus,* popularly
known as the watering-pot shell. *Penicillus* starts life conventionally with
a tiny two-piece shell which has the valves united at the umbones in the
usual manner. Subsequent growth, however, is not conventional. Instead of enlarging its two valves around their edges, the mollusc secretes
a shelly tube, one end of which sticks up out of the sand in which it
buries itself. The lower end develops into an extraordinary structure
resembling the rose of a watering can, the surface of which is peppered
with tiny holes; there is a central slit, and the perimeter is fringed with
short tubes. All that is left to indicate the bivalve nature of *Penicillus* is
the pair of embryonic valves which are embedded ludicrously in the
side of the main tube. Had these valves not been so conspicuously displayed, it is possible that this strange mollusc would have been passed

over as a gastropod until someone had made a study of the animal. The 'rose' structure was long considered to be the part of the shell which protruded from the sand. The discovery that it is orientated in the opposite manner is of recent date and shows, once again, how easy it is to jump to a false conclusion when confronted with an unusually formed shell.

There is a curious example of shells belonging to one class resembling those of another. Shells of the Caecidae, a family of gastropods, are tiny and tusk shaped. In these respects—particularly in the subgenus *Meioceras*—they resemble the shells of some small scaphopods belonging to *Cadulus,* a genus in the family Siphonodentaliidae. A similar, but less convincing resemblance may be seen between shells of the pteropod genus *Creseis* (Cuvieridae), which are small, straight or slightly curved, tapering cylinders, and shells of the scaphopod family Dentaliidae. The resemblance of the shell of *Neopilina* to shells of the Patellidae (and numerous other gastropods) is the only other instance of close resemblance between shells of two different classes that comes readily to mind (although others may be found among non-marine molluscs).

With the exception of *Penicillus,* the examples I have given of resemblances between shells belonging to different classes are rare and occur among molluscs which are tiny, obscure or virtually unobtainable by a collector. But if we examine shells of unrelated species within a single class, we will often see a similar shell shape being shared by unrelated species which differ considerably in size and mode of life. It may seem strange to us now that species so dissimilar in everything but their shape should have been united at one time under one family or even one genus. In the early days of conchology, however, very little was known about molluscs as living organisms, and only their shells were available for study. Some of the resemblances are so striking that it is hardly surprising if conchologists have been misled by them. Undoubtedly, many molluscs which are classified in certain families and genera today on the basis of shell features alone will have to be placed elsewhere when information on their anatomy and habits becomes available (the story of the bivalved gastropod, after all, belongs to modern, not ancient, conchological history). Of the several basic shell forms which have been adopted independently by unrelated gastropods, the cap shape (or limpet shape) is probably the commonest.

Cap shaped

A simple cap-shaped shell without a hole or a slit and with little or no trace of spiral coiling in the adult stage is characteristic of all limpets (Patellidae) and the closely allied Acmaeidae and Lepetidae. The shape is very suitable for species which cling to rocks and may have to withstand constant buffeting by the waves. The Siphonariidae and Trimusculidae, families of air-breathing pulmonates, live on intertidal rocks and have shells almost indistinguishable from those of some limpets. *Tylodina* and *Umbraculum,* both members of the opisthobranch family Tylodinidae, have limpet-like shells and live intertidally or just off shore. *Broderipia,* whose relatives in the family Stomatellidae have coiled shells, is also cap shaped and lives intertidally. Other molluscs with simple cap-shaped shells, such as the Cocculinidae and Lepetellidae among gastropods and the monoplacophoran *Neopilina,* live in deep water.

All cap-shaped shells with an apical hole or a marginal slit (my statements throughout this chapter exclude any non-marine molluscs) belong to the family Fissurellidae. Cap-shaped shells with a markedly hooked apex, on the other hand, are found in such widely separated families as the Lamellariidae (*Capulacmea*), Capulidae, Phenacolepadidae and the heteropod family Carinariidae. Nothing could be more different than the animal and life style of *Carinaria* (the animal is several times larger than the shell and floats in the open sea with the shell hanging below) and the animal and life style of *Capulus* (which lives with its shell clamped down on a firm substrate in shallow water environments). A cap-shaped shell is characteristic of the Crepidulidae, or slipper limpets, but internally there is a shelly cup (as in *Crucibulum*) or shelf (as in *Crepidula*).

Most gastropods are spirally coiled to some extent, and convergence of shell shape among unrelated families is not uncommon but often involves only certain genera or species within a family. Let us first consider shells with a flattened spire (in some there is virtually no spire at all, the flattening being complete).

Spire flattened
Most species in this group belong to primitive families and with the notable exception of the Naticidae are mostly herbivorous. Examples of

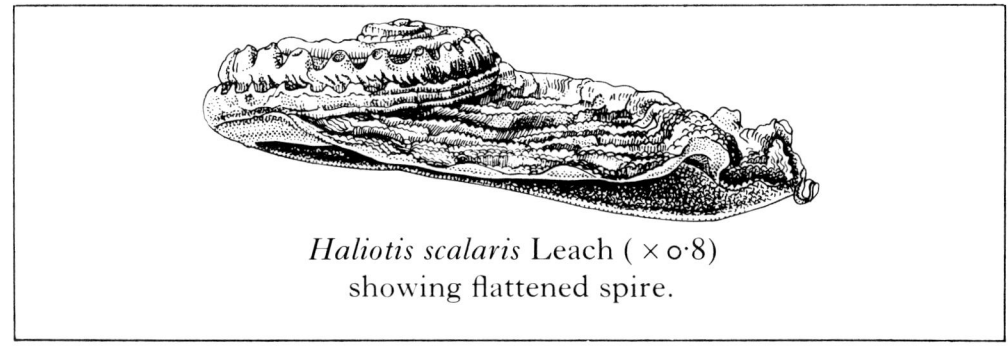

Haliotis scalaris Leach (× 0·8)
showing flattened spire.

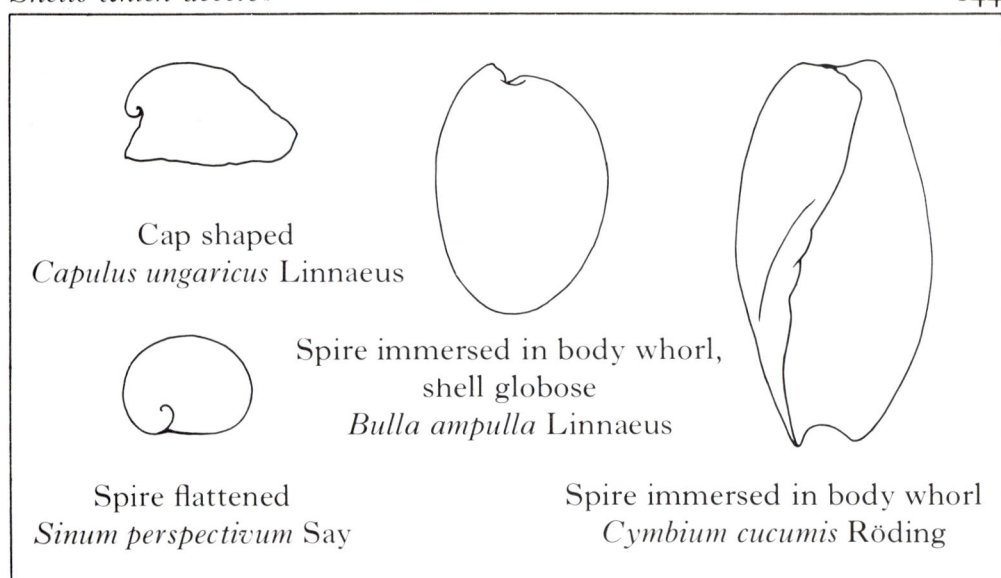

Cap shaped
Capulus ungaricus Linnaeus

Spire immersed in body whorl,
shell globose
Bulla ampulla Linnaeus

Spire flattened
Sinum perspectivum Say

Spire immersed in body whorl
Cymbium cucumis Röding

extreme flattening of the spire are found in the Naticidae (*Sinum,
Polinices* and *Haliotinella*), Stomatellidae (*Stomatella*), Littorinidae
(*Littorina littoralis* Linnaeus), Trochidae (*Synaptocochlea, Umbonium,*
etc.), Tylodinidae (*Pleurobranchus*), some Vitrinellidae, Turbinidae
(some species of *Astraea*), Nassariidae (*Cyclope*). Most Haliotidae fit into
this category but are easily distinguished by the row of perforations in
the body whorl. In the Lamellariidae and Vanikoridae the shell is more
globose and the suture more evident.

Spire immersed in body whorl
Nearly all shells with an immersed spire, such as the Bullidae and
Cylichnidae, are opisthobranchs, in some of which the spire is not only
sunk into the large body whorl but is involuted as well (i.e. it projects
downwards). Conspicuous examples among the higher gastropods are
found in the Volutid genus *Cymbium* where the spire is not involuted.

Spire concealed by shelly deposit
The spire may be hidden by shelly material laid down at a late stage of a
mollusc's growth. The shells of cowries and the related Triviidae and

*Opposite: two similarly shaped but unrelated Indo-Pacific shells with
flattened spires. Top:* Haliotis asinina *Linnaeus* (× 1·1). *Bottom:* Stoma-
tella auricularia *Lamarck* (× 4·2).
*Overleaf: two species with well-defined tent markings—*Conus textile
Linnaeus *(left,* × 2·0), *a common Indo-Pacific cone, and* Oliva porphyria
Linnaeus *(right,* × 1·7) *a large Panamic olive.*

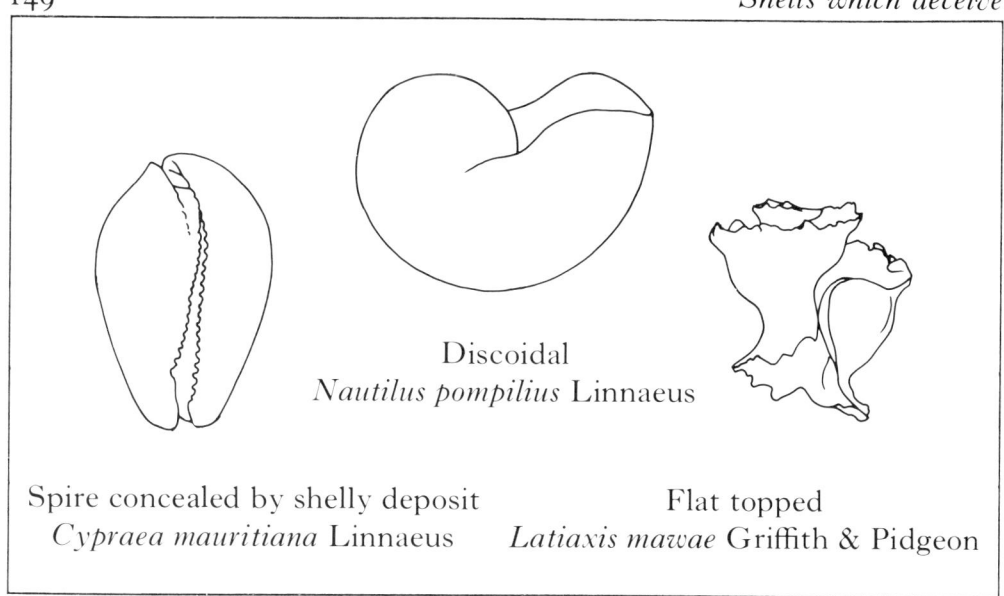

Discoidal
Nautilus pompilius Linnaeus

Spire concealed by shelly deposit   Flat topped
Cypraea mauritiana Linnaeus   *Latiaxis mawae* Griffith & Pidgeon

Ovulidae have a raised spire in their early growth stages, but as they approach maturity, they deposit enamel over it so that it is usually hidden, though it remains visible in certain cowries, such as *Cypraea argus* Linnaeus.

Discoidal

In some molluscs, the spire disappears, although the shell is still spirally coiled, because it is coiled on the flat, in which state it is said to be discoidal or planorboid (in allusion to the shells of the freshwater pulmonate snail *Planorbis*). The Nautilidae provide good examples of shells coiled on the flat and are the only ones which are of large size. Another cephalopod family, Spirulidae, shows this kind of coiling to perfection and, as in the genus *Pseudomalaxis* (Architectonicidae), the whorls are disconnected. Several species in the Skeneopsidae, among the smallest of all marine molluscs, are discoidal as are some of the equally tiny Omalogyridae. Other families containing species with discoidal shells are the Orbitestellidae and Cyclostrematidae and these shells, too, are tiny. We can now take a look at gastropod shells which are taller than broad and may have a conspicuously raised spire.

Opposite : four unrelated species with elongated siphonal canal. Left : Tibia fusus Linnaeus (× 1·1), from the Indo-Pacific. Top centre : Murex aduncospinosa Beck (× 0·95) from Taiwan. Bottom centre : Turris indica Röding (× 1·2), an Indo-Pacific turrid—note the conspicuous anal sinus in the upper part of the outer lip. Right : Fusinus novaehollandiae Reeve (× 0·9), from southern Australian waters.

Flat topped

Some gastropods have shells which are formed in a raised spiral but have a flat apex. Among them are the beautiful delphinula snails of the family Angariidae. Other gastropods with a flat apex occur in the families Modulidae and Cyclostrematidae (some species of *Liotia* and *Arene*), and *Latiaxis hirasei* Pilsbry is also flat topped. Some cones have a flattened spire, it is true, but this is a feature subordinate to their cone shape which justifies placing them all in a category based on that shape, which will be discussed further on.

Turbinate

Any coiled shell which is shaped like a turban is said to be turbinate, a term which calls for some explanation. The word 'turban' is derived from Persian but 'turbinate' is derived from the Latin 'turbinatus' which means 'resembling a spinning top'. Strictly speaking, therefore, turbinate does not mean turban shaped, or turbanned. The generic name *Turbo,* which is Latin for 'whirlwind, or a top', was applied by Linnaeus to shells which are not really top shaped; for top-shaped shells, he instituted the genus *Trochus* which in Latin means not a top but a boy's hoop. Although a turban seems a rather unusual and exotic object to relate shells to, it would not have seemed so in eighteenth-century Europe as men commonly sat for their portraits in turbans. I think that the use of the expression turbinate as applied to shells originates from a

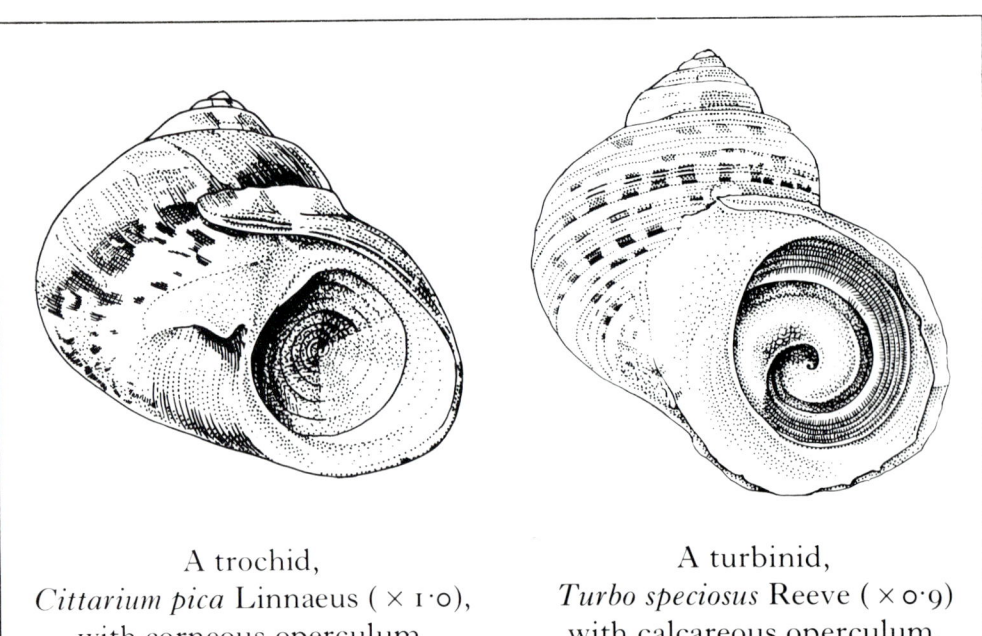

A trochid,
Cittarium pica Linnaeus (× 1·0),
with corneous operculum.

A turbinid,
Turbo speciosus Reeve (× 0·9)
with calcareous operculum.

comparison with this form of head dress and that Linnaeus possibly intended the name *Turbo* to be understood as such. Anyway, no word other than turbinate has been coined to describe the shape of shells which are characteristic of the genus *Turbo*.

Several genera in the Turbinidae, such as *Turbo, Subninella, Chlorostoma* and *Chrysostoma,* may be described as turbinate, but so may several in the Trochidae, such as *Austrocochlea, Monodonta* and *Diloma*. The sure way to distinguish members of the two families is to examine the operculum. In the Turbinidae it is calcareous, flat where it is attached to the animal and raised (and often elaborately ornamented) on the outside. The operculum in the Trochidae is corneous (horny), thin and spirally wound. Some species of *Natica, Polinices* and *Lunatia* in the Naticidae as well as most Littorinidae may also be described as turbinate.

Top shaped

Shells which, when placed apex downwards, resemble a child's spinning top are characteristic of several genera of the Trochidae. If a spinning top may be described as a short cone with a flat top and straight sides then the trochid genera *Calliostoma* and *Tectus* are its most perfect analogues among shells, but a close approach to it is made by some species of *Astraea* (Turbinidae) and by *Bembicium, Tectarius* and *Echininus* (Littorinidae). The genus *Tugurium* in the Xenophoridae includes species which are essentially top shaped, but the resemblance is partly obscured because of the peripheral flange which forms a kind of shelly skirt hanging below the level of the shell base.

So far, very few of the shells discussed have possessed an anterior siphonal canal or a siphonal notch, which is not surprising as these features, by their very nature, must tend to elongate a shell. Many gastropods have a long anterior siphon which is often enclosed in a prolongation of the shell (the siphonal canal) or which protrudes from a narrow or broad embayment (the siphonal notch). (The extra notch which occurs a little further up the outer lip on shells of the Strombidae, known as the stromboid notch, allows the animal's left eye stalk to protrude without hindrance.) Most of the gastropod shells now to be described have one or other of these structures and most of them are more or less elongate. Many have folds or plaits on the columella which help to differentiate otherwise similar species.

Cone shaped

Although one assumes that all cones are cone shaped, closer examination shows that they range from obconic to biconical, the height of the spire varying the shape considerably from species to species. *Conus sculletti*

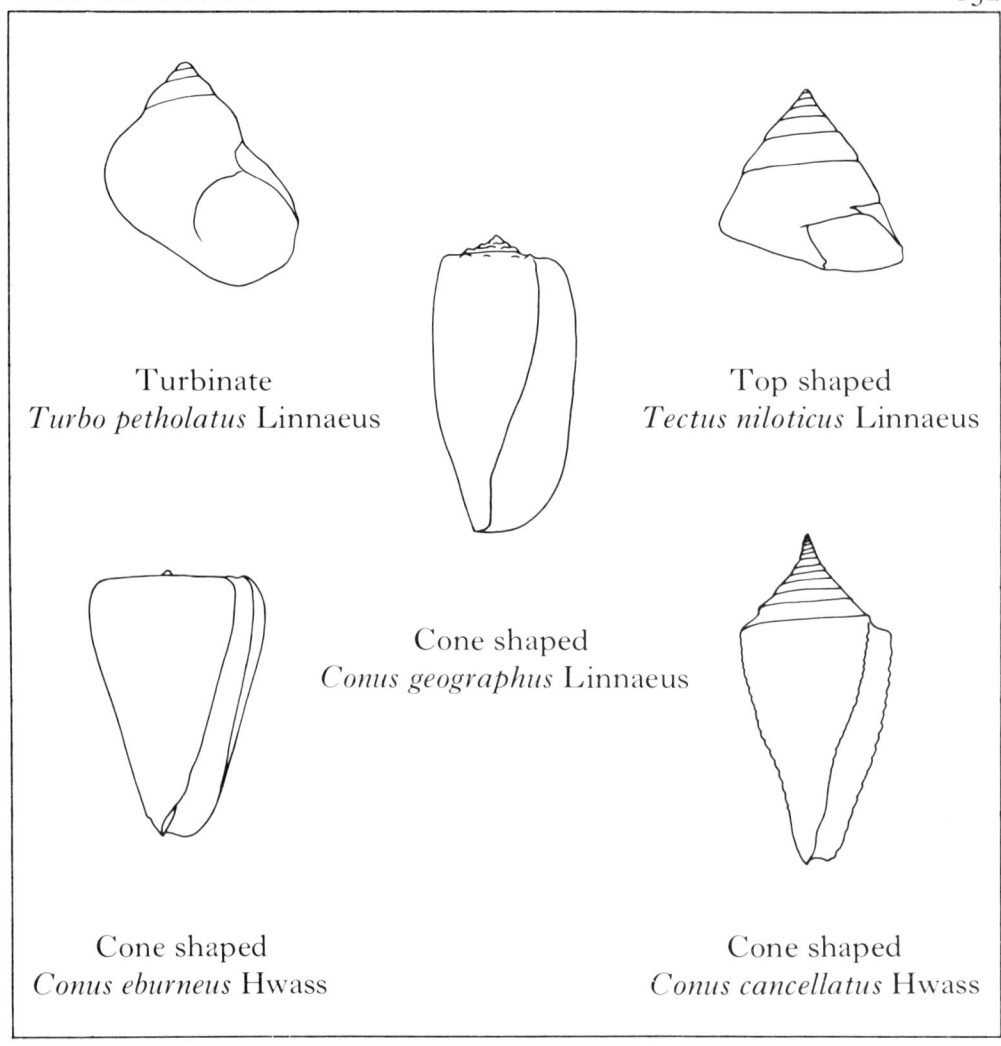

Turbinate
Turbo petholatus Linnaeus

Top shaped
Tectus niloticus Linnaeus

Cone shaped
Conus geographus Linnaeus

Cone shaped
Conus eburneus Hwass

Cone shaped
Conus cancellatus Hwass

Marsh and *C. nielsenae* Marsh have slightly concave-sided shells; *C. mitratus* Hwass, as the name suggests, is like a mitre in shape; *C. cancellatus* Hwass and *C. clarki* Rehder & Abbott are almost spindle shaped, i.e. swollen in the middle and tapering at top and bottom. Nevertheless, a cone shell is rarely mistaken for anything else. On the other hand, as already mentioned, immature specimens of one or two species of *Strombus* look remarkably like cones and are often mistaken for them. One member of the family Cassididae, *Morum tuberculosium* Reeve, may be described as cone shaped, although it is not likely to be confused with true cones.

Auger shaped
The auger shells of the family Terebridae have been likened to the boring tool used by carpenters and have also been called marlinspikes. They are

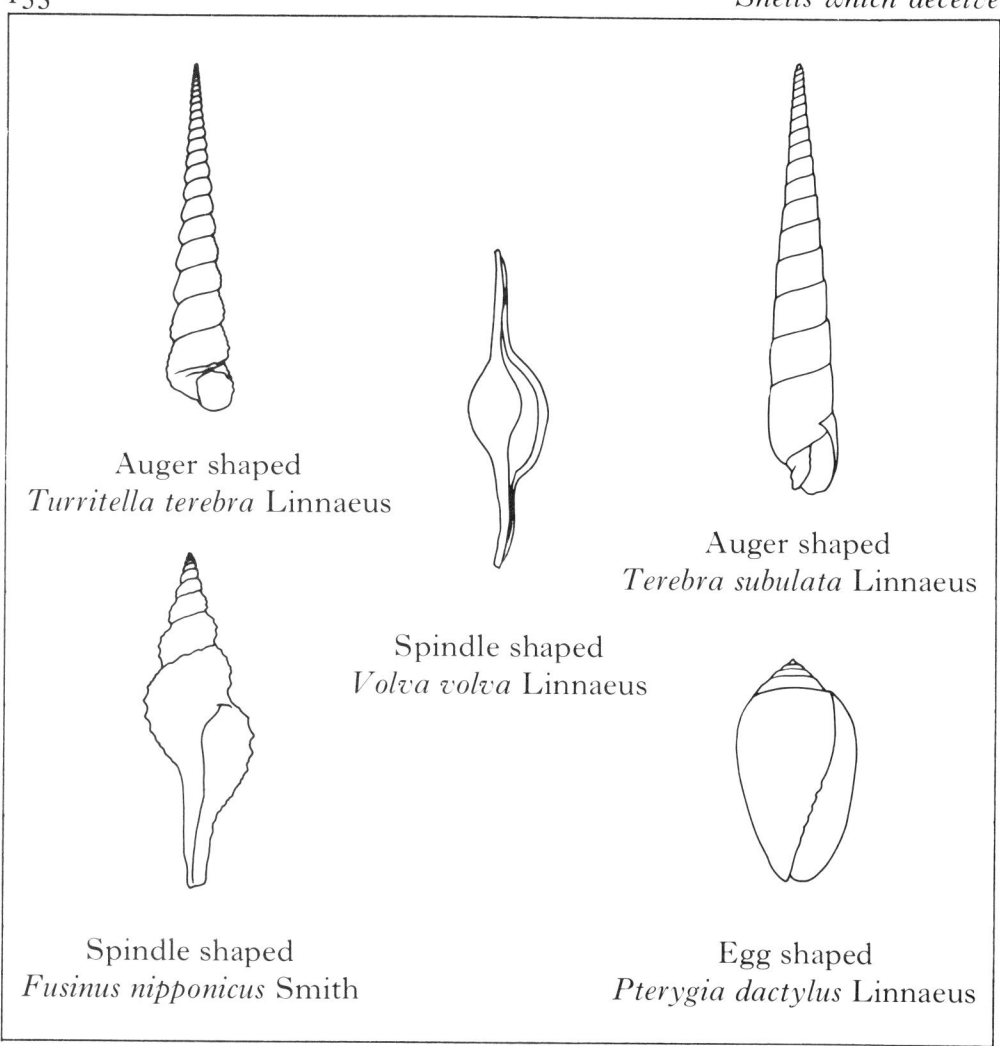

Auger shaped
Turritella terebra Linnaeus

Auger shaped
Terebra subulata Linnaeus

Spindle shaped
Volva volva Linnaeus

Spindle shaped
Fusinus nipponicus Smith

Egg shaped
Pterygia dactylus Linnaeus

long, many-whorled and taper to a fine point at the apex. The only other shells which approach them in shape and size belong to the family Turritellidae. Some species in the Cerithiidae and Epitoniidae may also find a place here. Other gastropods with auger-shaped shells are all small or tiny and belong to several genera in the Pyramidellidae.

Spindle shaped
The technical expression for shells of this shape is fusiform, a word derived from *Fusus,* the name of a genus—now known as *Fusinus*—comprising spindle-shaped shells. Many shells fall into this category although relatively few are truly spindle shaped; most shells described in text books as fusiform (e.g. many Buccinidae) are much more produced in the spire than at the other end. The spindle shape finds its most perfect expression in the genus *Volva* (Ovulidae), especially in its largest and

best known species *Volva volva* Linnaeus (its popular name, Weaver's Shuttle, evokes its shape). Some shells of *Tibia* (Strombidae), many Turridae and, of course, *Fusinus* (Fasciolariidae) also provide good examples of the spindle shape; it is easy to distinguish turrids from other fusiform shells by the usually prominent anal slit towards the upper end of the outer lip. Most molluscs with shells of this shape are carnivorous (*Tibia* is herbivorous), and most are without folds on the columella (some of the Volutidae and Mitridae are fusiform and have conspicuous folds).

Egg shaped
This term (ovate is the technical equivalent) is employed loosely to describe a large number of shells belonging to several families. Few of them give as exact an impression of being egg shaped as the Poached-egg Cowry, *Ovula ovum* Linnaeus (Ovulidae). Except for a few species of *Cantharidus* (Trochidae) and some of the Phasianellidae and Planaxidae, gastropods with egg-shaped shells are nearly all carnivorous and belong to families such as the Olividae, Nassariidae, Mitridae (*Pterygia*), Buccinidae (*Babylonia*), Pyrenidae, Muricidae (*Thais*), Marginellidae, Harpidae and Cassididae.

Globose
Shells with a capacious and well-rounded body whorl, a low spire and little or no development of an anterior siphonal canal or notch are inevitably globose. A few Trochidae (*Monodonta, Diloma*), Neritidae (*Nerita*), Littorinidae (*Littorina*) among primitive gastropods, and several carnivorous families, such as the Naticidae, Cassididae, Tonnidae and

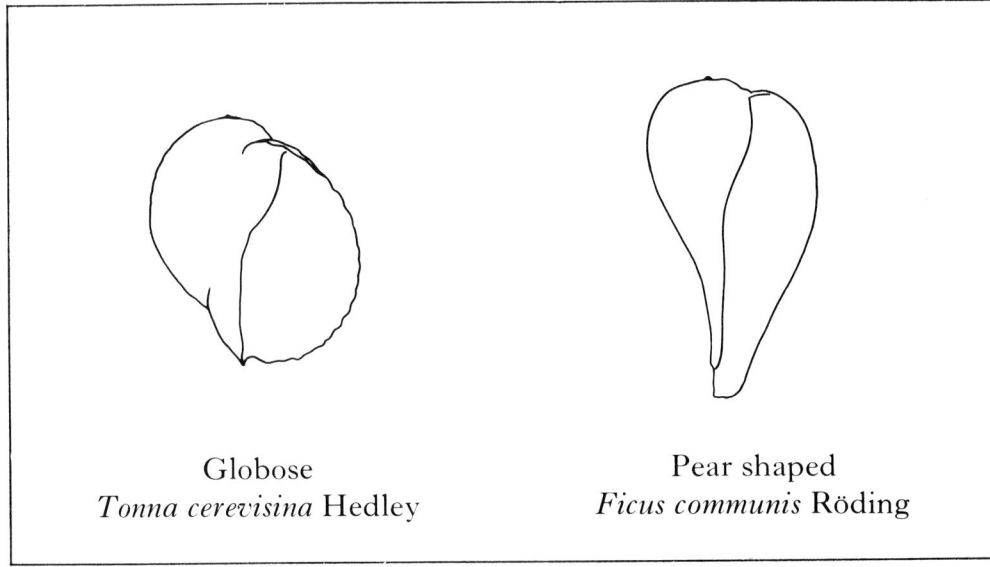

Globose
Tonna cerevisina Hedley

Pear shaped
Ficus communis Röding

Muricidae (*Rapana*) contain species which meet this description to some extent. The gastropods which may most aptly be described as globose, however, are the suitably named bubble shells (opisthobranchs belonging to the Bullidae and other closely allied families).

Pear shaped
Few gastropods have developed shells which fit comfortably into this category, the technical expression for which is pyriform. The family Ficidae contains its best known and most fitting exemplars. The only other species which may be loosely described as pear shaped belong to the genus *Busycon* (Melongenidae) and *Rapa* (Coralliophilidae).

Turnip shaped
Here may be placed some species of the genera *Tudicla* and *Tudicula* in the family Vasidae and a species of *Busycon*, the Turnip Whelk *B. coarctatum* Sowerby (Melongenidae).

Loosely coiled
In their early growth stages, species in the Vermetidae as well as the genus *Vermicularia* (Turritellidae) may have shells coiled in a conventional upright spiral. Later, the tube of the shell unwinds and growth proceeds irregularly so that it cannot be said to have a regular shape. Shells of other species of Vermetidae as well as members of the Siliquariidae are irregularly and loosely coiled in all growth stages. The shells of Siliquariidae differ from all other gastropod shells by having a row of holes extending along the entire shell length.

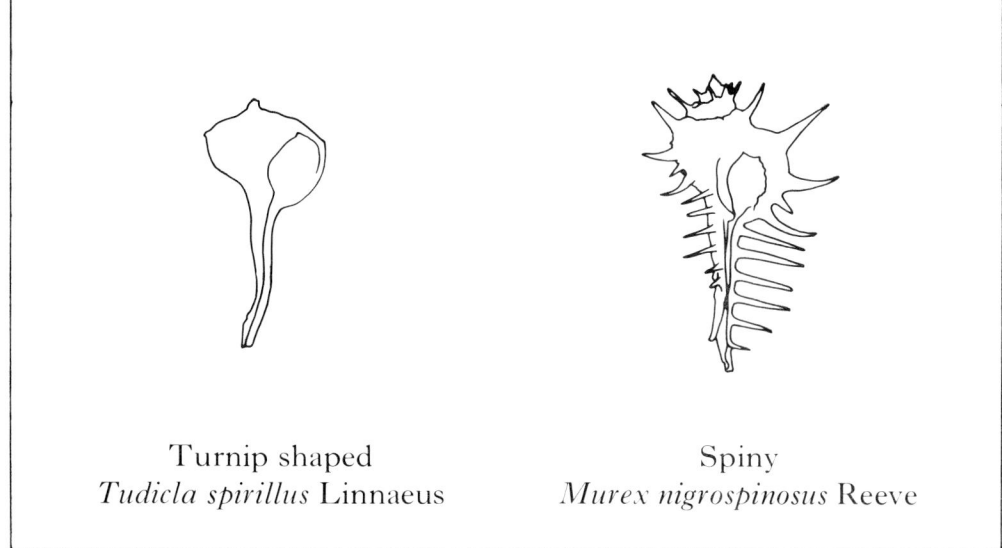

Turnip shaped
Tudicla spirillus Linnaeus

Spiny
Murex nigrospinosus Reeve

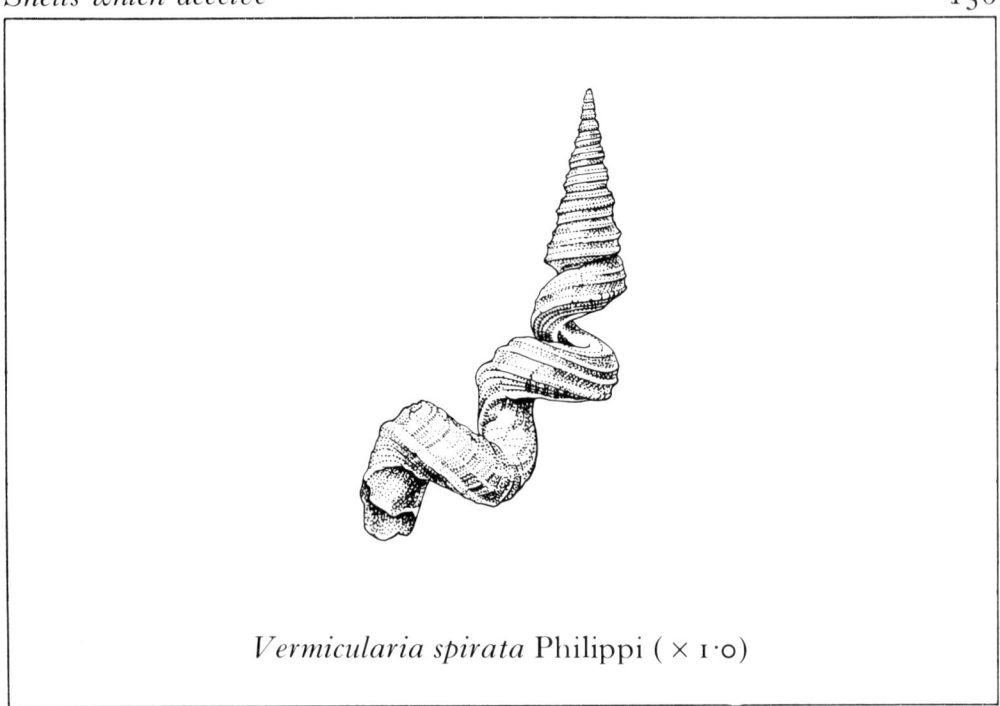

Vermicularia spirata Philippi (× 1·0)

Varicose

Few genera and fewer families comprise species whose shells are always varicose. Most species in the families Cymatiidae, Bursidae, Cassididae, Muricidae and the genus *Varicospira* (Strombidae) are normally varicose and the varices tend to be constant in number and disposition. In the Cerithiidae, varices are often present but are not consistently present in all specimens of a particular species. In one or two species of the genus *Bullia* (Buccinidae), a strong varix may sometimes be present. In the Cassididae, the varices tend to be disposed at regular intervals according to the species. Their shells are much less roughened and have a much taller aperture relative to total height than those of the Bursidae and Cymatiidae, two families which are confusingly similar to each other. The Muricidae are noteworthy, of course, for their spines, but these are always placed on varices (except for those on the siphonal canal). This is not the case with *Tudicula* which has spines but no varices.

Spiny

Conspicuous spines are found on numerous unrelated species. Though characteristic of the carnivorous Muricidae, they are also well developed

Opposite page. Cymbium cymbium *Linnaeus* (× 0·73, from the collection of Peter Oliver) from Senegal. The left hand specimen is a sinistral (or left-handed) abnormality of this normally dextral species.

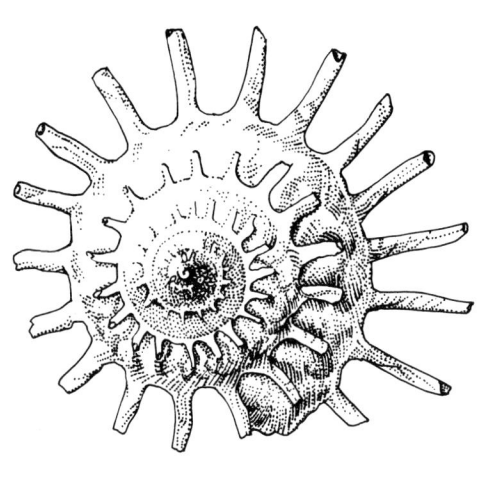

Stellaria solaris Linnaeus (× o·7)

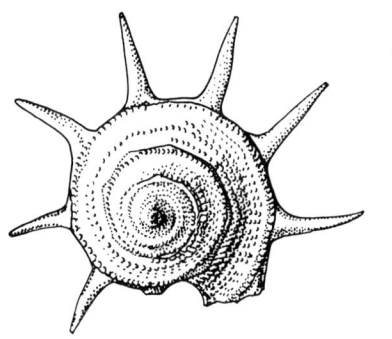

Guildfordia triumphans Philippi (× o·5)

in the herbivorous Angariidae, but not consistently so. They also decorate shells of some species of Melongenidae, *Guildfordia* (Turbinidae), a few volutes, some Vasidae, *Stellaria solaris* Linnaeus in the Xenophoridae, most *Latiaxis* (Coralliophilidae) and *Bursa echinata* Link in the Bursidae.

Toothed

Shells of *Acanthina* (Muricidae) are noteworthy for the small spine which projects downwards from the base of the outer lip. This spine is used by the mollusc to help it force open barnacle shells or other shell-bearing organisms on which it feeds. There is a striking similarity between one or two species of *Acanthina* and *Opeatostoma pseudodon*

Opposite : the bear's paw clam, Hippopus hippopus *Linnaeus (× 1·1), a colourful relative of the giant clams ; it comes from the western Pacific.*

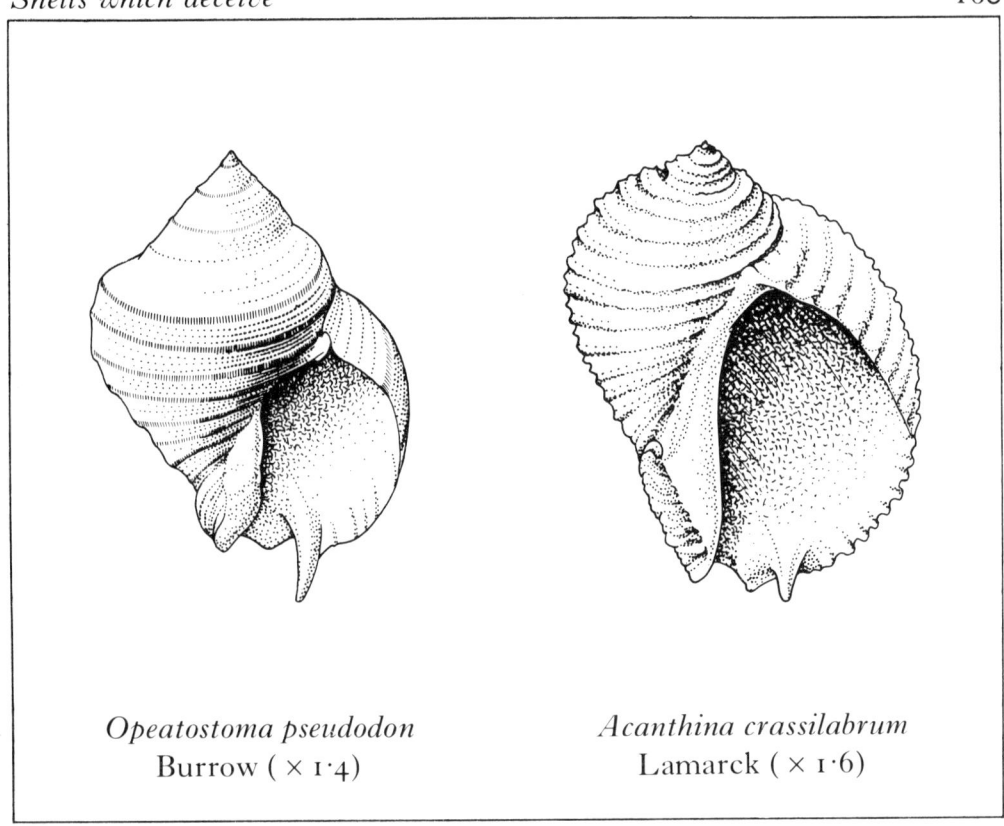

Opeatostoma pseudodon
Burrow (× 1·4)

Acanthina crassilabrum
Lamarck (× 1·6)

Burrow, a member of the Fasciolariidae, and it is difficult to believe that all these species are not closely related.

Digitate
The development of finger-like processes on the outer lip of gastropod shells is characteristic of the Strombidae, especially of *Lambis* in which genus they are often numerous and long. The nearly related Aporrhaidae, or pelican's-foot shells, have similar processes. Those on the outer lip of some species of *Drupa* (Muricidae) are relatively shorter.

There is much less variety in the shapes of bivalve shells, and so many of them resemble each other externally that it would serve no useful purpose to categorise them here. The characteristics of the hinge are often the only certain guides to the correct systematic position of a bivalve, but this is not the place to discuss and compare these characteristics, which are best expressed as formulae. Consequently only a few instances of resemblances between unrelated species are discussed here.

The Solenidae and the closely related Cultellidae, familiarly known to most collectors as razor shells because of their resemblance to the old fashioned type of razor, are not likely to be confused with any other bivalves except those of the genus *Pharus* in the Solecurtidae. *Pharus* differs from the true razor shells by being hinged at the mid point rather than near the anterior end.

Shells which are heart shaped in outline are rare but are typical of the heart cockles, the genus *Corculum* in the Cardiidae. *Halicardia flexuosa* Verrill & Smith and *Halicardissa perplicata* Dall, both deep-water species of the Verticordiidae, have a similar outline when viewed from the anterior end. The so-called Heart Cockle, *Glossus humanus* Linnaeus, is heart-shaped when viewed over the top of the umbones, but even then does not much resemble the species mentioned above.

Spines occur in a few unrelated families and are the hallmark of the Spondylidae. Included in the Chamidae are one or two spiny species, especially *Arcinella arcinella* Linnaeus. The only other spiny marine bivalves belong in the otherwise spineless family Veneridae; the two spiny species are *Pitar dione* Linnaeus and *P. lupanaria* Lesson, in which the spines form a row at the posterior end of each valve.

From this elementary and necessarily incomplete account, you will see that Nature has, indeed, laid many traps for the unwary or uninitiated student of molluscs. Small wonder that students often fell into some of those traps when conchology was in its infancy. No doubt they still fall into a few now and then, as Nature has certainly laid some which no-one has yet detected.

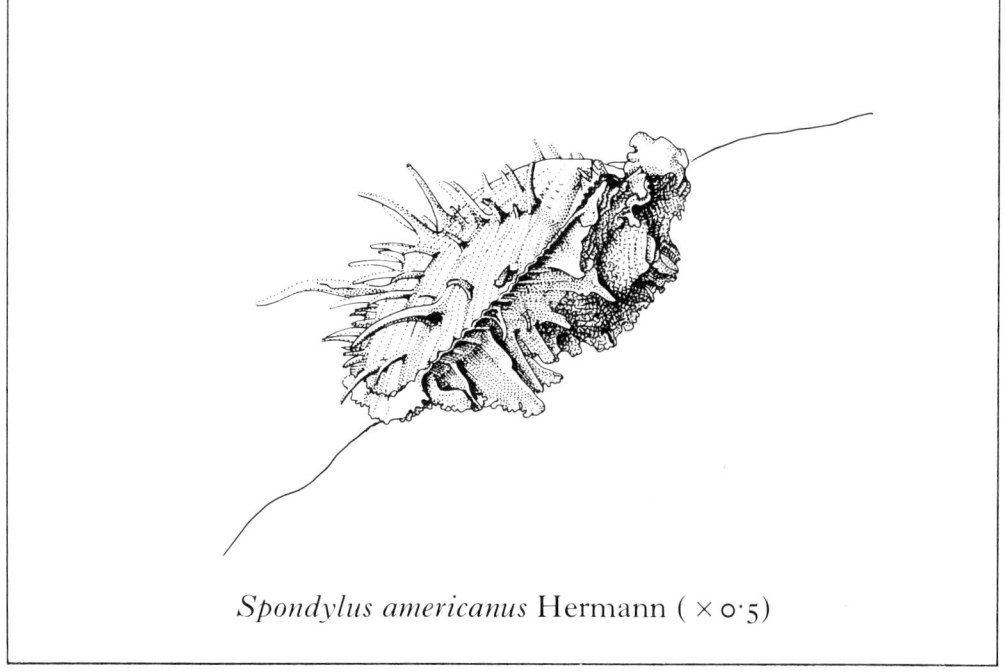

Spondylus americanus Hermann (× o·5)

COLLECTOR'S CHOICE

What turns collectors on and what turns them off? Let us suppose that twenty shell collectors have been brought together at random and given the run of a comprehensive seashell collection, with each species represented by one specimen. Each collector is asked to select 100 specimens for his or her own collection, the selection being made one shell at a time by each collector in rotation until 2,000 specimens have been removed. It is safe to predict that all specimens belonging to the following families would be removed: Volutidae, Cypraeidae, Conidae, Angariidae, Struthiolariidae, Columbariidae, Xenophoridae, Tonnidae, Melongenidae, Aporrhaidae, Harpidae, Xancidae, Vasidae, Strombidae, Muricidae, Janthinidae and Pleurotomariidae among the gastropods; Nautilidae and Argonautidae among the cephalopods; Spondylidae and possibly Pectinidae among the bivalves.

Most other gastropod families would be largely depleted, especially Haliotidae, Mitridae, Terebridae, Cancellariidae, Olividae, Marginellidae, Fasciolariidae, Cassididae, Architectonicidae, Phasianellidae, Turbinidae, Trochidae and Buccinidae. Certain gastropod families would be scarcely touched, including extensive ones such as Nassariidae, Pyrenidae, Planaxidae and Vermetidae. Among bivalve families considerable inroads would be made into the Trigoniidae, Chamidae, Carditidae, Cardiidae, Tridacnidae, Tellinidae, Donacidae and Veneridae, but most other families would be little touched. Some chitons and scaphopods would be removed, but only the larger, more conspicuous kinds.

If my predictions are accurate, certain aesthetic factors must be at work influencing the collectors' choices of specimens. Up to a point, it is possible to say what these are and to discuss in general terms the subject of choice in shell collecting. Undeniably, there is a marked bias towards gastropod shells, a bias which is reflected in many popular shell books where the space devoted to gastropods tends to be disproportionately large and is sometimes exclusive.

Among bivalves there is no lack of exquisite shapes, bright colours and delightful ornamentation, but their shells are formed of two pieces joined by a usually unattractive ligament, and these are serious flaws in their make-up as far as many shell collectors are concerned. The two valves come apart easily and may have to be held together artificially. The analogous problem of keeping the operculum artificially associated with a gastropod shell doesn't diminish the collector's appreciation of the shell because the operculum is a relatively insignificant accessory piece and is dispensable.

Many chitons are colourful and show great variation in colour pattern and ornament, but their multivalve character is a deterrent to many would-be chiton collectors. The difficulties of identification (often more apparent than real) also make collectors think twice before taking up bivalves and chitons in earnest. With very few exceptions, the shells of scaphopods lack colour, have a limited range of ornament, a simple and not very arresting shape, and are often difficult to identify. Few collectors are interested in them. It has to be admitted that most collectors have a conservative attitude to shells. Perhaps this makes them no different to collectors of other objects, but it does mean that many of them plough a well-worn furrow and leave barren much of the enormous field which is open to them.

Many collectors will have nothing to do with bivalves, chitons or tusk shells, but very few exclude gastropods and other univalves from their collections. Apart from the Pectinidae, there are scarcely any bivalve families which are collected exhaustively (there are numerous admirers of the thorny oysters, *Spondylus,* for instance, but collectors are usually happy to acquire varieties of one or two species and are not interested in making a comprehensive collection of members of the genus). There is also a marked preference for gastropod shells which are voluptuously coiled, although voluptuous coiling is not an obvious characteristic of the two most popular gastropod families, Cypraeidae and Conidae. This characteristic is probably the most compelling feature of the volutes and accounts for their wide appeal.

The combination of high gloss and smoothness, the twin hall marks of cowries, olives and margin shells, seems to be irresistible for a majority of collectors. That alone doesn't explain the incredible popularity of cowries. In my book *Rare Shells,* I mentioned several attributes which combine to make cowries so popular: 'nearly all are attractively marked and all are glossy; there are many different species, all of them having an unmistakable "family likeness"; none is minute, none outsized; most are easy to collect in their native habitats; relatively few are excessively scarce; they are easily cleaned; and they are not readily broken or disfigured'. I would now add that they are very pleasing objects to handle, providing a decidedly sensual tactile satisfaction.

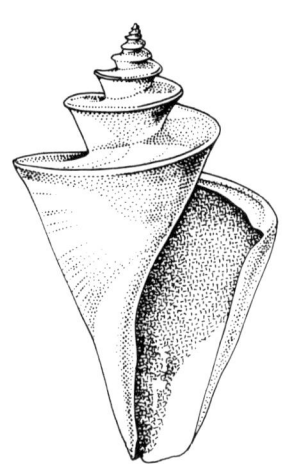

Thatcheria mirabilis Angas (× 0·8),
a Japonic shell widely appreciated for its elegant shape.

The presence of gaudy colours must be the reason for the popularity of scallop shells, although their simple but graceful shapes provide very pleasing backgrounds to display colours on. Thorny oysters are often colourful too, but here the attraction seems to be mostly in the long spines because collectors admire all-white specimens almost as much as colourful ones. Spines are characteristic of the rock shells (Muricidae) but the most desirable specimens are colourful and tend to have delicate, leaf-like varices rather than narrow, sharp spines (the most popular thorny oysters, it may be noted, have thick, blunt spines rather than thin, sharply-pointed ones).

Long, spindly shells, such as the Turritellidae and Terebridae, attract presumably because they are long and spindly, but of these two families the Terebridae are the more popular because they are glossier, smoother, more colourful and have a more 'finished' aperture. The simple cone shape of the Conidae, if shared by only a few species, would probably not be enough to make collectors go for them in a big way, but there are hundreds of different species, many of them exquisitely coloured and patterned, and this probably accounts for their popularity as much as anything else.

Rarity certainly influences a knowledgable collector's opinion of a shell and may override all other considerations. Perhaps the rarity of most volutes is as important as their beauty to such a collector, the combination of rarity and beauty having earned for them the title 'aristocrats

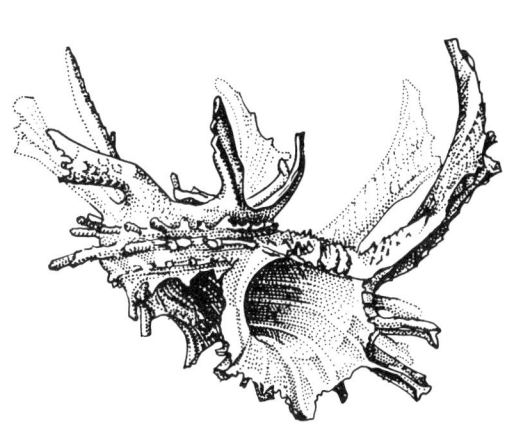

One of the many attractive forms
of *Angaria delphinus* Linnaeus (× 1·0).

of the shell world'. How an awareness of a shell's rarity may place it above its fellows in popular estimation is neatly demonstrated by two of the scarcer harp shells. In the genus *Harpa*, every species is appreciated for beauty of form, ornament and colour pattern, but the main eye-catching feature of each species is its regularly disposed axial ribs, which differ in number and disposition from species to species. It so happens that the Indian Ocean species, *Harpa costata* Linnaeus, one of the two scarce species in question, is strongly built, has more ribs than any other *Harpa* and usually grows much larger than the West African, *Harpa doris* Röding, the other scarce species, which is thin shelled and has fewer ribs than any other member of the genus. *H. costata,* despite the glowing praise usually showered upon its multiple ribs, is not estimated very much higher than its attractive but sparsely-ribbed West African cousin (as long as the latter is full grown and in perfect condition). The disparity in pulchritude between the two is of lesser moment to collectors than the fact of their almost equal rarity.

Among the species which our hypothetical twenty collectors would probably ignore are most members of the Nassariidae and Pyrenidae. These two families (and there are others comparable to them) are very extensive and each includes species with a strong 'family likeness'. As a rule, collectors are interested in families which comprise many species closely resembling each other in size and general appearance, so why should they eschew some families which meet this requirement?

Collectors may not like the look of certain species for several reasons: absence of attractive colour or ornament, or small size are the usual deterrents. An additional drawback is inability to identify them. If most of the members of a family are difficult to identify, this is often enough to make the whole family unpopular, hence the limited appeal of several large families, such as the Nassariidae and Pyrenidae among gastropods, the Corbulidae and Arcidae among bivalves, and most families among the chitons and scaphopods.

Identification difficulties may be smoothed out as soon as an authoritative, illustrated revision of a group is published. When this happens, as it does with increasing frequency these days, the group in question may become popular with collectors in a short space of time. Undoubtedly, such a revision of the Nassariidae, for instance, would bring this family into vogue because, in other respects—abundance of material, its variety, and the convenient size of its members—it is a most suitable one for collectors of limited means to take up. Its present obscurity is due partly to the dearth of acknowledged rarities in it (a factor which applies to several other, as yet unpopular, groups or families). The presence of rarities in a group stimulates interest in it generally. Publication of authoritative revisions, such as those currently appearing in the serial *Indo-Pacific Mollusca,* not only creates interest in groups which were previously ignored (e.g. Patellidae) but also increases the popularity of groups which have already found favour with collectors (e.g. Strombidae and Harpidae). To a considerable extent, therefore, appreciation is closely linked to publication.

Certain species, because of their bizarre or beautiful appearance, are universally popular. Very often such species are appreciated by people with little or no general knowledge of shells and are often bought by them to satisfy a momentary whim (which may occasionally lead to permanent addiction). In this category would be placed *Tibia fusus* Linnaeus (the long, slightly curved siphonal canal being the attraction here), *Cypraea tigris* Linnaeus and *C. mauritiana* Linnaeus (standard curio sellers' offerings and, in size and markings, outstanding examples of a family which never lacks admirers) and *Cypraecassis rufa* Linnaeus (colourful and good for shelf ornaments or for making electric-light bulb holders).

A short list of the most popular families would certainly include the Cypraeidae, Conidae, Volutidae, Muricidae, Strombidae, Mitridae and Marginellidae. Of these, only the last two include very small species. Our twenty collectors, unless they included specialists in these families, would probably leave the small mitres and margin shells alone but would snap up all specimens in the other families. It is possible, indeed probable, that at least one of the collectors would be a specialist (it is almost inconceivable that a cowry or cone enthusiast would not be among them) whose predilection for a certain group or family may be described as a passionate, unfaltering and exclusive love affair.

To the uninitiated, it may seem far-fetched to describe a shell collector as being in love with cowries, cones, or any other group of shells, but the *aficionado* knows it to be true. If the earnest lover cannot bear to be parted from his beloved, is jealous in possession, captivated by real or imagined beauty, and is sublimely unaware of any counter-attractions, no matter how alluring, such as a square meal or a good night's sleep, then there is no lover more passionate, more faithful or more reckless than a specialist shell collector. By comparison, a general shell collector, dallying with a cockle here, a chiton there, enthusing over a mitre one minute and capriciously diverting to a top shell or a tellin the next, is merely a flirt. So it has always been with true collectors (and true lovers), or anyone else possessed by a great passion.

Sooner or later, the collector discovers that he is fascinated by some kinds of shell more than others and may decide to concentrate his attention on a particular family or group. If he decides to specialise in something to the exclusion of all else, he both gains and loses; he gains an intimate and sometimes profound knowledge of his speciality, but he may lose the broad understanding of molluscs as a whole. It is possible to specialise and still maintain a lively interest in other molluscs.

J. R. le B. Tomlin (1864–1954), one of the most knowledgeable shell collectors who ever lived, maintained that if a collector takes an active interest in many different branches of conchology, he may come to know a little about the Mollusca in a lifetime, but that he will know much less if he takes an exclusive interest in one circumscribed branch. He obeyed his own maxim throughout his long life, combining an unrivalled specialist knowledge of the Marginellidae, Conidae and some other groups with a broad knowledge of the Mollusca generally. His huge collection contained something of most groups but was particularly rich in specimens belonging to his favourites. Few collectors now can afford to build up a very large general collection in the way Tomlin did, but it is worthwhile for them to follow his example to a limited extent. Undoubtedly, it is a great advantage for a specialist to have a broad-based knowledge of the phylum Mollusca as well as a profound knowledge of a small branch of it. If he limits himself to that branch only, and attempts to study it in a scientific manner, he runs the risk of reaching incorrect conclusions which could have been avoided had he related his studies to a broader theme.

VALUING, EXCHANGING & BUYING

The commercial aspect of shell collecting has become a controversial subject in recent years. Reviled by those who consider trafficking in specimen shells objectionable, defended by those who consider shells fair game for gainful exploitation, it is an aspect, nevertheless, which cannot be ignored by collectors who hope to increase their collections from more than parochial sources. For collectors with a passion for the rare and beautiful it is an aspect which must be explored.

As long as men and women are prepared to pay for something they desire, they will do so if there is no other way to get it. Like all desirable commodities, shells have a commercial value which is regulated by supply and demand. Those who can meet the demand stand to profit, and it is human nature for them to strive for a healthy profit margin. I do not propose to argue the rights and wrongs of commercial conchology in this short chapter. Whether or not one condones the evaluation of shells in financial terms, they are widely appraised in that way. It is therefore instructive to discuss the factors which affect the value of a shell.

Value may be influenced by several factors, of which quality, rarity, size and abnormality are among the most important and the easiest to comprehend. Among less obvious factors which may affect a shell's value is the additional importance or interest it acquires through historical association, e.g. it bears documentary evidence of former ownership by a famous collector, is known to be one of the specimens from the original (or type) series of the species, or is a specimen illustrated or discussed in a publication.

If you compare the lists of shells for sale issued by shell dealers, you will see that the price asked for the shell of a run-of-the-mill species varies from one to the other. Shells of scarce species vary in price much more strikingly. Of course there are 'pricey' dealers and 'reasonable' ones, as there are where other luxury goods are concerned; a dealer in New York or Paris has considerably higher overheads than one from Burkesville, Kentucky, or Bergerac, Dordogne, and has accordingly to

charge more for his wares. For species which are available in quantity—
the so-called 'common' species—prices are low and vary only slightly
from list to list. Obviously such species are going to be marginally
cheaper if bought from someone who has easy access to them than if
bought from someone who has to import them from the other side of the
globe.

Some species, though common, are desirable to collectors because
they belong to favourite genera or families. Consequently, they are
valued higher than other common species which do not belong to
popular groups. Thus a species of *Cerithium* is likely to be valued below
a species of *Cypraea* even though both are easily obtained. Many
species are so common as to be almost valueless. They appear on a
dealer's lists at a figure which mostly represents his handling charges;
the price of such shells may well include an estimate of the cost to him
of cleaning and labelling them.

Van Nostrand's Standard Catalog of Shells (edited by R. J. L. Wagner
and R. T. Abbott) was published in 1964. It set out to establish definite
values for shells based on various criteria. Values of specimens are given
in US dollars, with two prices for each species, the higher one for a
specimen in perfect condition and the lower for a less than perfect
specimen lacking important information concerning locality and date of
collection. A second, enlarged, edition appeared in 1967 and further
editions are envisaged.

As this catalogue is not advertising a dealer's wares, the assessments of
value in it may be considered impartial. The suggested prices are not to
be construed as recommended dealers' prices; many of the common
species are priced too low as far as dealers are concerned (although the
editors stress that the values are only relative). Collectors wishing to have
some idea of the relative values of shells are earnestly recommended to
obtain a copy of this book—though it is out of print at the time of
writing—but should use it circumspectly. Values fluctuate from year to
year, or even from month to month, as specimens of certain species
become more readily available or more difficult to obtain, and monetary
inflation operates in this sphere as in others. The book is far from being
a complete inventory of molluscan species, but the second edition covers
a majority of the groups most favoured by collectors. Regardless of the
way you arrive at a shell's value, always bear in mind that the main
justification for valuing it higher than other specimens of the same
species is its greater perfection (it cannot be rarer).

Most of the shells you will be dealing with are likely to be of little
value. But it is worth bearing in mind that many shells are on a par in
value with pieces of high-quality antique furniture and porcelain; a few

are impossible to place a realistic figure upon because they are quite unobtainable. The now greatly devalued Glory-of-the-sea Cone (*Conus gloriamaris* Chemnitz) changed hands for $2000 in 1964, and higher prices have been obtained for other species at public auction. The highest prices obtained for rare shells, understandably, are not made common knowledge although they have certainly topped the $4000 mark in recent years. Very rare shells belonging to a favourite group, such as the cowries *Cypraea leucodon* Broderip and *C. broderipii* Sowerby, may realise this kind of figure if the specimens are perfect. A collector usually pays a high price for a shell simply because he wants to own it. Occasionally he may do so with half an eye on its potential investment value, but sooner or later he is likely to burn his fingers if he makes a habit of that. A few years ago, for instance, several cowries, including *Cypraea coxeni* Cox and *C. teulerei* Cazanavette, were almost unobtainable because no-one had discovered a productive source of them. Fancy prices were given for the few specimens which came on the market; collectors would often give shells which are now comparatively scarcer and more valuable in exchange for them. When the headquarters of each of these two species were discovered, specimens became available by the basketful. On the other hand, some species have become more difficult to obtain. This is particularly true of species which used to be obtained almost exclusively by fishing vessels working in relatively deep water. Transference of their fishing activities to other, less shell-productive areas or modifications of their fishing methods may make these vessels stop being a useful source of rare shells.

Buying or exchanging shells requires a certain amount of caution and expertise but, by and large, shell collectors and dealers are an honest fraternity and don't try to short-change each other. When considering what you can send in exchange, don't underestimate the shells of your own area. They may seem commonplace to you but they could gladden the eyes and improve the collection of someone living in an area which has a totally different fauna to your own. When making an exchange, send only the kind of material you are sure will please the recipient and try to be generous. If the shipment you receive in return falls below your expectations, as is bound to happen sometimes, be philosophical about it and still continue to send out the best material you can afford. Before long, you will have acquired a circle of reliable contacts.

As the postal authorities are no respecters of fragile objects inadequately packaged, always use stout containers, preferably made of cardboard, and pad the contents carefully. Ascertain the weight and dimensions of a package before sealing it up. Nothing is more annoying than having to unwrap a parcel to remove some of its contents or even reduce its dimensions because it does not satisfy post office regulations. A parcel posted to a destination within your own country may usually be sealed with gummed tape which is certainly an efficient way to prevent it coming apart. It is not suitable for a parcel destined to go to another country, however, because customs officials cannot conveniently open it as they have a right to do; the parcel should be tied with string or cord and must be accompanied by a declaration, such as 'Seashells for scientific study. Of no commercial value.'

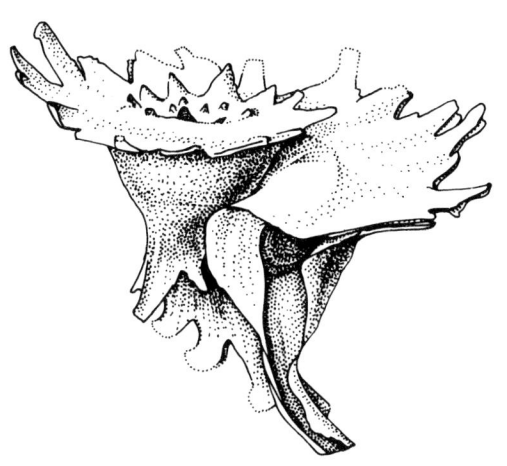

Latiaxis pilsbryi Hirase (× 1·5),
another collector's favourite from Japan.

SHELL SHOWS AND SHELL CLUBS

Collecting shells in the open air or contemplating them indoors can be so pleasurable and absorbing that you will often be happy to engage in both activities alone. Sooner or later, however, you will want to meet other collectors. The solitary pursuit of an interest may be very enjoyable, but sharing that interest with others usually increases the enjoyment. There are many shell clubs throughout the world, particularly in the United States, Australia, New Zealand and parts of Europe. Societies for the promotion of the scientific study of molluscs also exist in several countries. Through their meetings indoors and outdoors as well as their publications, these clubs and societies do a great deal to foster interest in the Mollusca and keep their members informed about the latest developments in conchology. If you want to join one of these organisations, inquiries made at a local library will usually produce useful addresses. If the organisation you approach turns out to be unsuitable for your needs, its secretary will usually be able to give you details of other organisations which may be more to your liking.

Membership of a shell club is likely to be less expensive than membership of a scientific society, which usually has to meet the cost of publishing a high-quality journal (the publication of which is usually the principal—sometimes the only—function of a scientific society). Shell clubs are geared to the needs of shell collectors rather than to those of the scientific community. Before joining a conchological organisation, therefore, make sure that your own needs will be catered for. Some of these organisations aspire to satisfy the requirements of all students of the Mollusca, whatever their level of interest. The Hawaiian Malacological Society has succeeded very well in this endeavour and produces an excellent illustrated journal, *Hawaiian Shell News,* which benefits from the support of scientists and non-scientists alike. Most shell clubs operate on a low budget, however, and cannot afford to publish expensive journals, but most of them produce modest bulletins or newsletters of some kind and, with the help of enthusiastic and capable volunteers, arrange and mount exhibitions or hold regular meetings.

Shell clubs sometimes organise annual shell shows, which may be competitive. These shows are popular in the United States and have become major tourist attractions in Florida and elsewhere. Most of the Florida shell shows are competitive, highly organised and very successful; the competition ensures that entries are of a high standard. Such shows are catching on in other countries and are likely to become familiar features of the conchological scene in the fairly near future. It is not necessary for a competitive shell show to be organised on the lines of those mounted in Florida, but the high attendance figures notched up at these shows must be attributable as much to the exhibition formula adopted as to the meticulous organisation, the guaranteed warmth and sunshine and the concentration of shell enthusiasts there. As collectors elsewhere may be interested to know what happens at competitive shell shows, some aspects of those staged in Florida are worth examining.

Usually exhibits may be entered free of charge and an exhibitor may contribute one exhibit under each of the various categories. Prizes take the form of ribbons coloured differently according to the award: e.g. blue—first place, red—second place, white—third place; any number of ribbons of another colour may be awarded as 'honorable mentions'. Extra large rosettes may be given to outright winners of special awards, such as 'Shell of the Show' or 'Most Scientific Display'. These ribbons and rosettes are very attractive and usually have the name of the shell show and the date printed on them. In addition, there are usually one or two major awards presented by leading scientific institutions in the United States. The du Pont Trophy, an impressive and highly coveted prize resembling an Oscar, is awarded by the Delaware Museum of Natural History to the outstanding exhibit of the show, the one which, in the opinion of the judges, contributes most to the success of the show and is the most instructive and inspiring to visitors because of its attractiveness, scientific accuracy and educational value.

Each category is judged by three competent judges whose decisions are final. It is within their discretion not to give an award in a particular category if they consider the exhibits are not of a sufficiently high standard. It is also within their discretion to split awards between two or more exhibitors. The judges pay special attention to attractiveness, originality, neatness, choice and quality of specimens and materials, scientific accuracy of facts and correctness of labels, and they give credit for the apparent amount of work involved. The winner of a top award (other than one given for a single shell) may, and often does, spend several months preparing an exhibit.

The categories of exhibits may be numerous and may be placed in one of several divisions, e.g. Division I—Florida Shells, Division II—

World-wide Shells, Division III—Educational, and so on. There is usually a division for shell art, an aspect that is extremely popular with tourists. The Naples Shell Club, a long-established shell club, has at least 30 categories of exhibits in its annual shell show. There are two major divisions: Division I—Collections, Division II—Artistic Exhibits. Division I is organised into the following categories:

DIVISION I—COLLECTIONS

Specimens may be obtained in any manner, through exchange, gift or purchase, except where a class is specified *self-collected.*

A. *Shell Collections*—Marine Mollusks, unless otherwise specified: Identification by full scientific name (genus, species or sub-species, and author) and locality data required in classes 1 through 6; requested in classes 7 through 13.

1. One Species ⎫
2. One Genus ⎬ one or more localities throughout the world.
3. One Family ⎭
4. Land or Fresh-water Mollusks—any suitable theme.
5. Educational—with instructive notes as to use, distribution, life history, etc. (Marine, Land or Fresh-water forms permitted.)
6. Miniatures—adult and/or juvenile shells not to exceed one inch in any dimension.
7. Fossils—any suitable theme, as one species, genus or family; one epoch, etc.
8. World-wide shells.
9. One country or locale.
10. Florida Shells—mixed taxa—one locality, one section or statewide.
11. Local Shells—Cape Haze to Cape Romano—*self-collected,* beach or shallow water.
12. Adult Beginners—2 years or less experience.
13. Specialty Collections—as albinos, freaks or deformities, giants, demonstrations of shell repair, etc.
14. Beautiful Shells—attractively arranged in cases.
15. Shell Exhibits—for Naples Club Members only.

B. *Live Mollusk Collections—Marine, Fresh-water or Land* in aquaria or terraria:

16. Living Mollusks—Identification, locality and explanatory notes required for all molluscan occupants. Other forms permitted for useful purposes, food or oxygen only.

Opposite : Charonia tritonis *Linnaeus (× 0·55), a very large Indo-Pacific species. Note that the ends of the crescent-shaped markings are directed towards the aperture.*

C. *Sea-life Collections*—Marine Plants and/or Animals other than
Mollusks:

17. Sea-life—preserved forms as seaweed, corals, fans, starfish, crabs,
     etc. Identification and locality requested.

D. *Junior Collections:*

18. Entrants 10 years of age and younger. Mixed shells, or preserved
     sea-life, from any source; emphasis to be placed on self-collected
     and self-arranged.
19. Entrants 11 through 17 years of age. Exhibits of Marine Mollusk
     Shells, extant or fossil, entirely self-collected and self-arranged, any
     suitable theme, identification and locality data required.

A further 12 categories comprise Division II—Artistic Exhibits (the
details given above are taken verbatim from a 1971 exhibitor's application
form). As each of these categories may attract awards for first, second
and third places, severable honorable mentions, and perhaps one or two
special awards as well, the judges have a busy time (although they don't
judge the categories in Division II which are taken care of by a separate
panel of judges). The show is open to the public for three days, and for
most of that time the exhibition hall is crowded.

Competitive shell shows undoubtedly bring the study of shells to the
notice of a wide public, give young and not-so-young shell enthusiasts a
great deal of pleasure, and direct attention towards aspects of conchology,
aesthetic or scientific, which may be unfamiliar. Exhibitors and visitors
alike are not only made aware of the beauty and variety of the world of
molluscs but also of the scientific applications of the study of the
Mollusca. The active support of major scientific institutions (they supply
many of the judges as well as most of the top awards) is a sufficient
indication of the seriousness of purpose which motivates the organisers
of most shell shows in the United States. Some people imagine that a
competitive shell show is merely an excuse to collect a pretty ribbon or
two by displaying a few assorted shells. Anyone who has judged one of
these shows knows differently.

*Opposite: four species of harp shells (× 1·3), showing variation in the num-
ber of ribs. Top left: Harpa costata Linnaeus, from the Indian Ocean. Top
right: Harpa doris Röding from West Africa. Bottom left: Harpa kaki-
yamai Rehder, a recently described species from the Philippines. Bottom
right: Harpa ventricosa Lamarck, from the Indo-Pacific; note that the
ends of the crescent-shaped markings on this shell point in the opposite
direction to those of Charonia tritonis.*

GLOSSARY

With few exceptions, the glossary is limited to expressions used in this book.

adductor muscle The muscle, or muscles, connecting the two valves of a bivalve and drawing them together.

adductor muscle impression Impression on inside of valves of bivalve shell showing where adductor muscle was attached.

anterior The end of a shell nearest to the front of the mollusc when in motion.

apertural Pertaining to aperture or on same side as aperture.

aperture Anterior opening of shell in univalve molluscs.

apex Point from which shell growth proceeds.

arcuate Arched, or gently curved.

auricle *See* ear.

autotomy The self-induced separation of part of the body, a reflex escape mechanism practised by some gastropods of the genus *Harpa.*

axial Parallel with shell axis of univalve molluscs.

axis Imaginary line through shell apex about which are coiled the whorls of most univalve shells.

band A narrow or broad zone, coloured or uncoloured, which spirals around the whorls of a univalve shell.

base Last formed part of gastropod shell, opposite to apex.

bead Small rounded knob on a rib.

biconical Resembling two cones placed base to base.

bivalve A member of the class Bivalvia with a shell consisting of two pieces.

body whorl The last-formed complete whorl of a univalve.

byssal gape Opening between bivalve shell margins through which byssus is extruded.

byssus Bunch of fine silky threads by which some bivalves are fixed to other objects.

calcareous Composed of calcium carbonate or lime.

callus A thickening of shelly material found principally on parietal region of gastropod shells.

canal Narrow extension of aperture through which siphon may be extruded.

cancellate Ornament consisting of intersecting threads meeting more or less at right angles.

cardinal tooth Elevated process on hinge plate near umbo of bivalve, usually with corresponding socket in opposite valve.

carina Keel.

cephalic organs Organs associated with a head.

cephalopod Member of the class Cephalopoda, e.g. squid, cuttlefish, octopus, nautilus. Only the nautilus has a true external shell.

chitin The non-calcareous horny substance forming the thin and flexible operculum of many prosobranch gastropods, the beaks of cephalopods and some other molluscan parts. In its pure form, chitin is colourless.

chiton A member of the class Polyplacophora with a shell formed of eight pieces.

class A major group of molluscs, e.g. Gastropoda.

collabral Conforming to the shape of the outer lip of the aperture of univalve shells.

columella Pillar surrounding imaginary axis of univalve shell.

columella fold Ridge winding round columella and projecting into aperture of shell.

commarginal Concentric.

compressed Flattened.

concentric or **commarginal** Coinciding in direction with growth lines on bivalve shells.

cord Line of coarse, elevated ornament with rounded top.

corneous Non-calcareous, horny.

coronate With tubercles or low spines at shoulder of whorls.

costa (plural **costae**) Line of ornament similar to, but more prominent than, cord.

crenulate Notched (describing edge of inner margins of some bivalve shells); wrinkled (describing edge of outer lip margin of gastropod shells).

crossed lamellar structure A layer consisting of parallel rectangular lamellae lying perpendicular to the surface of most gastropod and bivalve shells. Usually formed of aragonite, it gives added strength to the shell.

decussate With lines of ornament crossing at right angles.

dentate Possessing tooth-like protuberances.

denticle Small, rounded, tooth-like protuberance.

depressed Low in relation to diameter.

dextral Right-handed. Expression applied to a gastropod shell with its aperture on observer's right when shell apex is directed upwards; definition really depends on the disposition of some anatomical features.

digitation Finger-like projection outwards from outer lip of gastropod shells.

discoidal Disc-like and more or less compressed. *See* also planorboid.

dorsal In the direction of hinged region of bivalves, or the uppermost side of cowries and certain other gastropods.

dorsum Upper surface of certain gastropods, e.g. cowries.

ear Small extension of dorsal region of bivalve shell, usually with a notch between it and main part of shell, as in Pectinidae.

emarginate With margin, or edge of shell, cut into by a notch or notches or gently indented.

equilateral With portion of bivalve shell on anterior side of umbones approximately same size and shape as that on posterior side.

equivalve With valves of same size and shape.

escutcheon Depressed, elongate area behind umbones, encompassing ligament, if external, on one or both valves of bivalve shell. Usually differs from rest of shell in ornament and/or colour.

fasciole Raised band, or a groove round basal portion of some gastropod shells.

flaring Widening outwards towards opening (usually describing outer lip of gastropod shells).

fluted With rounded excavations resembling architectural flutings, found on some bivalve shells. Also descriptive of arched scales.

fold *See* columella fold.

foliated With branched or crimped outer ends (applied to the appearance of spines of gastropods such as the Muricidae).

fossula Shallow depression of inner lip in some cowries.

fusiform Spindle shaped, as in the gastropod genus *Fusinus.*

gape Space between edges of valves of a closed bivalve shell. *See also* byssal gape.

gastropod A member of the class Gastropoda with a shell formed of one piece, sometimes shell-less, rarely with shell of two pieces.

girdle Muscular, plain or ornamented integument binding together and surrounding valves of chitons.

granule A small tubercle on a shell's surface.

growth lines Elevated and concentrically disposed lines or ridges indicating former margins of shell.

growth stages Exaggerated growth lines indicating a cessation of growth.

hectocotylus The specialised tentacle of a male cephalopod adapted for the transference of spermatophores to the female.

heteropod A member of the superfamily Atlantacea, also known as Heteropoda. Heteropods are pelagic gastropods with fragile, translucent shells.

hinge Thickened internal area in dorsal region of bivalve shells where ligament and interlocking teeth are situated.

hinge line Dorsal or upper side of hinge.

hinge plate Part of hinge bearing teeth, sockets and ligament.

hinge tooth Structure projecting from hinge plate which, in conjunction with an opposing socket, is a strengthening device in bivalve shells.

impressed more or less indented at the suture.

incurved Expression used to indicate that a structure curves in upon itself, as do the umbones of certain bivalves, or the spines or lamellae of various shells.

inequilateral With the portions of shell on either side of umbones of unequal size and shape.

inequivalve With one valve of a bivalve larger than the other.

inflated or **ventricose** Swollen or strongly convex.

inner lip Inner margin of aperture extending from base of columella to top of aperture.

keel or **carina** More or less sharp edge of gastropod shell periphery or a straight, prominently elevated ridge on a bivalve shell.

labial teeth Teeth-like processes around the aperture of some gastropods, notably cowries.

lamella Thin plate-like ridge.

lamellibranch An alternative name for a bivalve.

last whorl Body whorl.

left valve Valve situated on observer's left when bivalve shell is placed with anterior end pointing away from him and the hinge line uppermost.

ligament Elastic, corneous structure joining valves of bivalve shell dorsally and causing valves to open when adductor muscles are relaxed.

lira (plural **lirae**) Fine linear elevation of shelly material usually within outer lip of some gastropod shells.

lirate Bearing lirae.

logarithmic spiral A spiral curve which expands in such a way that it retains its shape as it increases in size, each interval being wider than the one which precedes it. Many molluscan shells have a shape approximating to this curve.

lunule The usually heart-shaped depression anterior to umbones of many bivalves.

mantle Integument surrounding internal soft parts of a bivalve which secretes the shell and which is attached to inside of valves at the pallial line.

mantle cavity The space between the mantle and the underlying tissues in which lie the gills. In air-breathing gastropods, the mantle cavity functions as a kind of lung.

margin Extreme edge of valve of bivalve shell. Also the thickened periphery of base of some gastropod shells, such as cowries.

melanism Abnormally dark pigmentation. Its effects are particularly well seen on shells of some New Caledonia cowries which are occasionally much darker than normal.

metamerism or **segmentation** The condition of animal body in which segments (or metameres) are are repeated.

monoplacophoran A member of the class Monoplacophora with a shell formed of one piece. The few living species are all placed in the genus *Neopilina.*

multispiral With numerous whorls, usually referring to spiral line on an operculum.

nacreous structure The mother-of-pearl inner layer of many gastropod and bivalve shells, formed of alternate leaves of aragonite and conchiolin.

nodule Small, rounded protuberance on a shell's surface.

nucleus Earliest-formed part of gastropod shell or its operculum.

operculate With an operculum.

operculum Calcareous or corneous structure attached to foot of many gastropods and used to close aperture of shell but sometimes too small to do so effectively.

opisthobranch A gastropod of the sub-class Opisthobranchia. Opisthobranchs may have a shell, which is usually fragile, as in the bubble shells and pteropods. The sea slugs are shell-less.

ornament Sculpture on shell surface.

osphradium A sensory organ found in most molluscs which tests the nature of water entering the mantle cavity before it passes over the gills. It is large and plume-like in many carnivorous gastropods.

outer lip Outer margin of aperture extending from base of columella to top of aperture.

ovate Egg shaped or with egg-shaped outline.

palatal Belonging to outer lip.

pallets Small paired structures found at the siphonal end of the body in shipworms (Teredinidae). They provide the most useful characters for identification.

pallial line Impressed line on inside of each valve of a bivalve shell towards margin indicating former line of attachment of mantle muscle.

pallial sinus Embayment in pallial line indicating former line of attachment of siphonal retractor muscles.

parapodia Lateral extensions of the foot found in some gastropods which may assist locomotion.

parietal Describes the region just inside and just outside the aperture opposite the outer lip of a gastropod shell.

parthenogenesis Reproduction without fertilisation.

patelliform Limpet shaped, resembling shells of the genus *Patella*.

paucispiral With relatively few whorls (usually referring to spiral lines on operculum).

periostracum Coating or skin of corneous material, known as conchiolin, covering the shells of many molluscs.

periphery Outermost part of any whorl.

peristome Margin of aperture.

phylum A major division of the animal kingdom, e.g. Mollusca.

planorboid Resembling the shell of the fresh-water gastropod *Planorbis*. *See* also discoidal.

porcellaneous With translucent or porcelain-like appearance.

posterior The end of a shell nearest to the rear of the mollusc when in motion.

prickle A short pointed protuberance on a shell's surface.

prismatic structure A layer formed of calcite prisms found in many molluscan shells. The prisms are usually perpendicular to the shell surface but may be oblique or parallel to it.

propodium A flattened extension of the anterior part of a gastropod's foot.

prosobranch A member of the gastropod sub-class Prosobranchia (so named because the gills face forwards and are situated in front of the heart). Prosobranchs are distinguished from nearly all other molluscs by the possession of an operculum.

pteropod A member of the gastropod order Thecosomata in the sub-class Opisthobranchia. Commonly known as sea butterflies, pteropods have thin, glassy shells and float or swim around in the upper layers of the open ocean.

pulmonate A member of the gastropod sub-class Pulmonata. Pulmonates breathe air by means of the modified mantle cavity. Most of them are inhabitants of land or fresh-water environments.

puncta (plural **punctae**) A small pit in the shell surface. A shell conspicuously ornamented with punctae is said to be punctate.

pustule Small rounded protuberance on a shell's surface. Smaller than tubercle.

pyriform Pear shaped.

radial Surface feature directed from umbo towards margin of a bivalve shell.

radula The rasping organ in the mouth region of all molluscan classes except Bivalvia. In some carnivorous gastropods, such as turrids and cones, it consists of a single replaceable tooth associated with a poison apparatus with which the animal harpoons and paralyses its prey.

recurved Bent or curved away from central axis of shell.

reflected Turned outwards and backwards at margin (usually referring to margin of outer lip of gastropod shells).

reticulation Pattern formed by obliquely intersecting threads or linear ridges of ornament. Shells so ornamented are said to be reticulate.

rib Fairly broad and prominent elevation of shell surface, usually occurring as a continuous line.

riblet Same as rib but closely associated with an obviously broader rib.

ridge Sharp-edged elevation of shell surface occurring as a single line.

right valve Valve situated on observer's right when bivalve shell is placed with anterior end pointing away from him and the hinge line uppermost.

rostrate Beaked. Expression used to describe certain malformed cowry shells in which the anterior and posterior ends are drawn out.

ruga (plural **rugae**) Coarse line of growth on a bivalve shell.

scale Slightly or strongly raised ledge, usually very small and often on a rib.

scalloped With shell margin showing regular flutings.

scaphopod A member of the class Scaphopoda with a tusk-shaped shell.

sculpture Ornament.

septum Transverse plate sealing off chambers in some shells, notably *Nautilus* and *Spirula*. A plate or shelf inside certain gastropod shells such as *Crepidula*.

shoulder Angulation of whorl just below suture.

sinistral Left handed. Expression applied to a gastropod shell with its aperture on observer's left when shell apex is directed upwards; definition really depends on disposition of some anatomical features.

sinus Embayment, notch or slit. In gastropod shells, a sinus close to suture on upper part of outer lip is sometimes called the anal sinus. *See* also pallial sinus.

siphon Tube-like, protrusible organ of a gastropod,

or similarly shaped extension of mantle of a bivalve. Used for passage of inhalant or exhalant current or for more specialised purposes.

siphonal canal Tubular or gutter-like extension of lower part of apertural margin, often continuous with columella, also known as anterior canal, for enclosure of anterior siphon of gastropods.

siphonal notch Narrow or broad, shallow or deep, embayment in apertural margin near base of columella where anterior siphon of gastropods protrudes.

spermatophore A pouch-like envelope containing sperms. All male cephalopods and many pulmonate gastropods transfer sperms to their partner by means of these sperm packets.

spicules Small, usually spiny processes on girdle of a chiton.

spine Spiky or thorn-like protuberance on shell surface. May be flattened or rounded, foliated or pointed at outer end, solid or tubular.

spire The part of a gastropod shell preceding the body whorl.

statocysts Fluid-filled, sac-like organs, situated in the head region of many molluscs, each of which contains a statolith. The statolith knocking against the sensory walls of the statocyst helps to orientate the animal when it moves.

statolith A small, spherical piece of calcium carbonate enveloped in organic matter which floats freely in a statocyst.

stria (plural **striae**) Incised groove or furrow anywhere on shell surface. The same as striation.

stromboid notch A narrow or broad, shallow or deep, embayment in apertural margin additional to and above siphonal notch in shells of the Strombidae.

substrate or **substratum** Any substance, solid or particulate, to which a mollusc is attached, within which it is embedded or through which it moves.

suture The continuous spiral line on gastropod shells where whorls meet.

teeth Expression loosely applied to structures seen on inside of outer lip or on parietal region of gastropod shells. *See also* hinge teeth.

thread Fine raised line of ornament.

torsion The twisting of the organs of the visceral mass through 180° which takes place in the larval stage of a gastropod's life. Its result is to bring the organs which would have been behind the 'neck', had it not taken place, into a reversed position. Torsion is a process independent of the spiral coiling of the shell.

transverse Direction of growth crossing at right angles to axis or length of shell in univalves and crossing growth lines in bivalves.

trochoidal Like an inverted spinning top, or like the shell of a *Trochus,* having a pointed spire, flat sides and flat base.

trochophore A usually free-swimming, top-shaped larva, a developmental stage characteristic of molluscs, some annelid worms and a few other lowly animal phyla. In many molluscs it develops into a veliger larva.

truncate Abruptly cut off. Expression applied to the square-ended appearance of certain bivalve shells and to the abrupt termination of the columella in some gastropod shells.

tubercle Small rounded elevation on shell surface, larger than pustule.

turbinate Turban-shaped, with broadly conical spire and convex base, as in shell of *Turbo.*

umbilicus The hole around which the inner surface of a gastropod shell is coiled and through which an imaginary axis passes. A shell possessing an umbilicus is said to be umbilicate.

umbo (plural **umbones**) Earliest-formed region of bivalve shell. Its extremity is sometimes called a beak.

univalve A mollusc with a one-piece shell.

valve One half of a bivalve shell or one of the eight pieces comprising a chiton's shell.

varicose Bearing a varix or varices.

varix (plural **varices**) An axial growth stage of gastropod shells, usually very prominent, which is a former outer lip margin not fully covered by subsequent growth.

veliger An advanced larval stage peculiar to molluscs and present in all classes except Cephalopoda —and not known in the Monoplacophora—differing from the trochophore larva (which precedes it) by possessing a large ciliated lobe, or velum, which is used for swimming.

velum The ciliated lobe of a veliger larva, used for swimming. It assumes different shapes in different species and is shed at the conclusion of larval development.

ventral In the region opposite to the ligament where the valves of a bivalve shell open most widely. Also the apertural side of a gastropod shell.

ventricose Inflated.

whorl One complete turn of a coiled, tubular gastropod shell around its imaginary axis.

SELECTED REFERENCES

The following list of books is limited to titles which are in print or are at least easily obtainable. Though far from being a complete, list, even of modern titles, it represents a majority of the most useful titles which exist in book form. For books which are in the antiquarian category or are not readily available, reference may be made to the comprehensive Bibliography in my *Shell Collecting: an illustrated history*. There are also useful and well-arranged lists in R. T. Abbott's *Kingdom of the Seashell* and A. G. Solem's *The Shell Makers*.

TEXTBOOKS

Cooke, A. H. *Mollusca*. Cambridge Natural History Series, vol. 3. MacMillan and Co: London, 1895 (reprinted 1959).

Fretter, V., and Graham, A. *British Prosobranch Molluscs, their functional anatomy and ecology*. Ray Society: London, 1962.

Hyman, L. H. *The Invertebrates* vol. 6. *Mollusca 1*, McGraw-Hill: New York, 1967.

Morton, J. E. *Molluscs*. (2nd edn). Hutchinson University Library: London, 1963

Pelseneer, P. *Mollusca. A Treatise on Zoology* (E. R. Lankester ed.), vol. 5. London, 1906 (reprinted by Asher and Co: Amsterdam, 1964).

Purchon, R. D. *The Biology of the Mollusca*. Pergamon Press: Oxford and New York, 1968.

Thiele, J. *Handbuch der systematischen Weichtierkunde*. 4 vols. G. Fischer: Jena, 1929–35 (reprinted 1963).

Wenz, W. (and Zilch, A.). *Gastropoda* in *Handbuch der Palaozoologie*, O. H. Schindewolf ed. 7 vols. Berlin. 1938–44, 1959–60.

Wilbur, K. M., and Yonge, C. M. *Physiology of the Mollusca*. Academic Press: London and New York, 1964.

MAJOR SHELL GROUPS

Allan, J. *Cowry Shells of World Seas*. Georgian House: Melbourne, 1960.

Burgess, C. M. *The Living Cowries*. A. S. Barnes and Co: South Brunswick, N. J., 1970.

Lane, F. W. *The Kingdom of the Octopus*. Jarrolds: London, 1957.

Marsh, J. A., and Rippingale, O. H. *Cone Shells of the World* (2nd edn). Jacaranda Press: Brisbane, 1968.

Weaver, C. S., and du Pont, J. E. *The Living Volutes*.
Delaware Museum of Natural History: Greenville, Delaware, 1970.

Ziegler, R. F., and Porreca, H. C. *Olive Shells of the World*. Richard Petit: North Myrtle Beach, S.C., 1969.

ILLUSTRATED BOOKS USEFUL FOR IDENTIFYING SEASHELLS OF VARIOUS REGIONS

A. WORLD

Abbott, R. T. *Sea Shells of the World*. A Golden Nature Guide. Golden Press: New York, 1962.

Dance, S. P. *The Collector's Encyclopedia of Shells*. McGraw-Hill: New York (and as *The Encyclopedia of Shells*. Blandford Press: London), 1974.

Melvin, A. G. *Sea Shells of the World, with Values*. Charles Tuttle Co: Rutland and Tokyo, 1966.

Oliver, A. P. H. *The Hamlyn Guide to Shells of the World*. Hamlyn: London, 1975.

Shikama, T., and Horikoshi, M. *Selected Shells of the World Illustrated in Colour*. 2 vols (main text in Japanese). Hokuryu-Kan Publishing Co., Ltd: Tokyo, 1963.

B. EUROPE

Arrecgros, J. *Coquillages Marins*. Librairie Payot: Lausanne. 1958.

Beedham, G. E. *Identification of the British Mollusca*. Hulton Educational Publications Ltd: Amersham, 1972.

Graham, A. *British Prosobranchs*. Linnean Society: London, 1971.

McMillan, N. F. *British Shells*. F. Warne and Co: London, 1968.

Nordsieck, F. *Die europaischen Meeres-Gehauseschnecken*. vol. 1 *Prosobranchia*; vol. 2 *Bivalvia*; vol. 3 *Opisthobranchia mit Pyramidellidae, Rissoacea*. G. Fischer: Stuttgart, 1968–72.

Tebble, N. *British Bivalve Seashells*. British Museum (Natural History): London, 1966.

C. AFRICA

Barnard, K. H. *A Beginner's Guide to South African Shells*. Maskew Miller: Cape Town, 1953.

Kennelly, D. H. *Marine Shells of Southern Africa*. (2nd edn). Books of Africa, Ltd: Cape Town, 1969.

Nickles, M. *Mollusques testacés marins de la côte occidentale d'Afrique*. Lechevalier: Paris, 1950.

Spry, J. F. *The Sea Shells of Dar-es-Salaam*. Tanganyika Society: Dar-es-Salaam, 1961.

D. NORTH AND SOUTH AMERICA

Abbott, R. T. *How to Know the American Marine Shells*. New American Library: New York, 1970.

Abbott, R. T. *Seashells of North America*. A Golden Field Guide. Golden Press: New York, 1968.

Abbott, R. T. *American Seashells*. (2nd edn). Van Nostrand Reinhold Company: New York, 1974.

Andrews, J. *Sea Shells of the Texas Coast*. University of Texas Press, 1972.

Bousfield, E. L. *Canadian Atlantic Shells*. National Museum of Canada, 1960.

Humfrey, M. *Sea Shells of the West Indies*. Collins: London, 1975.

Jacobson, M. K., and Emerson, W. K. *Shells of the New York City Area*. Argonaut Books, Inc: Larchmont, New York, 1961.

Keen, A. M. *Marine Shells of Tropical West America*. (2nd edn). Stanford University Press, 1971.

Keen, A. M., and Coan, E. *Marine Molluscan Genera of Western North America*. Stanford University Press, 1963.

Rice, T. *Marine Shells of the Pacific Northwest*. Ellison Industries: Edmonds, Washington, 1971.

Rios, E. de Carvalhos. *Brazilian Seashells*. Richard Petit: North Myrtle Beach, S.C., 1970.

Warmke, G. L., and Abbott, R. T. *Caribbean Seashells*. Livingston Co: Narberth, Pa., 1961.

E. INDO-PACIFIC AND AUSTRALASIA

Abbott, R. T. *Indo-Pacific Mollusca*. (A series of monographs on the molluscs of the Indo-Pacific region, illustrated largely in colour). Delaware Museum of Natural History: Greenville, Delaware, 1959–.

Allan, J. *Australian Shells*. Georgian House: Melbourne, 1960.

Brost, F. B., and Coale, R. D. *A Guide to Shell Collecting in the Kwajalein Atoll*. C. E. Tuttle and Co: Rutland, Vermont, 1971.

Cernohorsky, W. O. *Marine Shells of the Pacific*. 2 vols. Pacific Publications, Ltd: Sydney, 1967–72.

Cotton, B. C. *South Australian Mollusca*. 3 vols. Government Printer: Adelaide, 1940–61.

Habe, T. (English trans. by T. I. Elliott). *Shells of Japan*. Hoikusha: Osaka, 1971.

Hinton, A. G. *Shells of New Guinea and the Central Indo-Pacific*. Robert Brown and Associates Pty Ltd., and Jacaranda Press, 1972.

Hirase, S., and Taki, I. *A Handbook of Illustrated Shells*. Maruzen: Tokyo, 1951.

Kira, T., and Habe, T. *Shells of the Western Pacific in Color*. 2 vols. Hoikusha: Osaka, 1962–64.

McMichael, D. F. *Shells of the Australian Seashore*. Jacaranda Pocket Guide: Brisbane, 1960.

Macpherson, J. H., and Gabriel, C. J. *Marine Molluscs of Victoria*. National Museum of Victoria: Melbourne, 1962.

May, W. L. *An Illustrated Index of Tasmanian Shells*. (2nd edn revised by J. H. Macpherson). Government Printer: Hobart.

Penniket, J. R., and Moon, G. J. H. *New Zealand Seashells in colour*. A. H. and A. W. Reed: Wellington, 1970.

Powell, A. W. B. *Shells of New Zealand*. (3rd edn). Whitcombe and Tombs, Ltd: Christchurch, 1957.

Wilson, B. R., and Gillett, K. *Australian Shells*. A. H. and A. W. Reed: Sydney, 1971.

MISCELLANEOUS

Abbott, R. T. (ed.). *How to Collect Shells*. (A symposium). (3rd edn). American Malacological Union, Inc: Seaford, New York, 1966.

Abbott, R. T. (ed.). *American Malacologists. A national register of professional and amateur malacologists and private shell collectors*. American Malacologists: Virginia, 1973.

Abbott, R. T. (ed.). *ibid. Supplement*, 1975.

Cameron, R. *Seashells*. Pleasures and Treasures Series. Weidenfeld and Nicholson: London, 1961.

Cox, I. (ed.). *The Scallop*. Shell Transport and Trading Co: London, 1957.

Dance, S. P. *Shell Collecting: an Illustrated History*. Faber and Faber: London; University of California Press: Berkeley, 1966.

Dance, S. P. *Rare Shells*. Faber and Faber: London; University of California Press: Berkeley, 1969.

Dance, S. P. *Seashells*. Hamlyn all-colour paperbacks. Hamlyn: London, 1971; Grosset all-colour guide. Grosset and Dunlap: New York, 1973.

Dance, S. P. *Shells and Shell Collecting*. Hamlyn: London, 1972.

Feininger, A., and Emerson, W. K. *Shells*. Thames and Hudson: London, 1972.

Gantes, R. T. F. *Les Coquillages*. Marabout: Verviers, 1974.

Johnstone, K. Y. *Collecting Seashells*. Grosset and Dunlap: New York, 1970.

Krauss, H. K. *Shell Art*. Hearthside Press: New York, 1965.

Marcy, J., and Bot, J. *Les Coquillages*. N. Boubée et Cie, 1969.

Ritchie, C. I. A. *Carving Shells and Cameos*. A. S. Barnes and Co: New York, 1970.

Sandved, K. B., and Abbott, R. T. *Shells in Colour*. Pelham Books Ltd: London, 1973.

Saul, M. *Shells: an illustrated guide to a timeless and fascinating world*. Country Life: London, 1974.

Solem, A. G. *The Shell Makers. Introducing Mollusks*. Wiley—Interscience Publications: New York, 1974.

Stix, H. and M., and Abbott, R. T. *The Shell: five hundred million years of inspired design*. Harry N. Abrams: New York, 1968.

Swainson, W. *Exotic Conchology*. London, 1821–34 (reprinted by Delaware Museum of Natural History: Greenville, Delaware, 1968).

Travers, L. A. *The Romance of Shells in Nature and Art*. M. Barrows: New York, 1962.

Wagner, R. J. L., and Abbott, R. T. *Van Nostrand's Standard Catalog of Shells*. (2nd edn). Van Nostrand Co., Inc: Princeton, New Jersey, 1967.

INDEX

This index excludes names from the systematic list of molluscs which appears on pp. 36–39 and from the glossary. Page numbers in italic indicate monochrome pictures; numbers in bold are for colour pictures.